Barthelmess, Kommentar zum 2. Wohnraumkündigungsschutzgesetz

# Zweites Wohnraumkündigungsschutzgesetz
# Miethöhegesetz

## Kommentar

**Jochen Barthelmess**
Richter am Landgericht Stuttgart

3., neubearbeitete und erweiterte Auflage 1984

Werner-Verlag

1. Auflage 1976
2. Auflage 1980
3. Auflage 1984

CIP-Kurztitelaufnahme der Deutschen Bibliothek

**Barthelmess, Jochen:**
Zweites Wohnraumkündigungsschutzgesetz, Miethöhegesetz:
Kommentar/Jochen Barthelmess. –
3., neubearb. u. erw. Aufl. – Düsseldorf:
Werner, 1984.
ISBN 3-8041-1195-5

ISB N 3-8041-1195-5

Vorgeschlagene Zitierweise: Barthelmess, 2. WKSchG, 3. Aufl., § 2 MHG, Rn 10

DIN 283 ist wiedergegeben mit Erlaubnis des DIN Deutsches Institut für Normung e.V.
Maßgebend für die Anwendung der Norm ist deren Fassung mit dem neuesten Ausgabedatum, die bei der
Beuth Verlag GmbH, Burggrafenstraße 4–10, 1000 Berlin 30, erhältlich ist.

DK 347.254: 333.323 (094.4)
351.778.351/.532
351.778.541/.542

© Werner-Verlag GmbH · Düsseldorf · 1984
Printed in Germany
Alle Rechte, auch das der Übersetzung, vorbehalten.
Ohne ausdrückliche Genehmigung des Verlages ist es auch nicht gestattet, dieses Buch
oder Teile daraus auf fotomechanischem Wege (Fotokopie, Mikrokopie) zu vervielfältigen.
Zahlenangaben ohne Gewähr

Satz: ICS Computersatz GmbH, Bergisch Gladbach
Druck: palmer druck, Bergisch Gladbach

Archiv-Nr. 190/3 – 11.83
Bestell-Nr.: 11955

# Inhaltsverzeichnis

|  | Seite |
|---|---|
| Vorwort | IX |
| Benutzungshinweis | XI |
| Abkürzungsverzeichnis | XIII |
| **Gesetzestext des 2. WKSchG** | 1 |

## Erläuterungsteil

**Art. 1 (Änderung des Bürgerlichen Gesetzbuches)**
Einführung .............................................................. 11
    I.    Entstehungsgeschichte und allgemeine Ziele des Gesetzes ...... 11
    II.   Verfassungsmäßigkeit des Gesetzes ........................ 14
    III.  Grundbegriffe und Geltungsbereich des Gesetzes ............ 23

**§ 564 b BGB (Berechtigtes Interesse bei Vermieterkündigung)** ........ 33
    I.    Zweck ................................................ 36
    II.   Anwendungsbereich ..................................... 36
    III.  Nicht geschützte Mietverhältnisse ........................ 45
    IV.  Sonstige Schutzrechte des Mieters ....................... 53
    V.   Berechtigte Interessen an der Beendigung ................. 54
    VI.  Geltendmachung berechtigter Interessen .................. 90
    VII. Sonderkündigungsrecht bei Einliegern .................... 100
    VIII. Abweichende Vereinbarungen ........................... 117
    IX.  Der Räumungsprozeß ................................... 120
    X.   Schadenersatzpflicht bei unberechtigter Kündigung ......... 132

**§ 564 c BGB (Bestandsschutz bei Zeitmietverhältnissen)**
    I.    Gewöhnliche befristete Mietverhältnisse ................... 149
    II.   Besondere Zeitmietverhältnisse .......................... 166

**§ 565 Abs. 3 BGB (Kündigungsfristen bei nicht geschützten Mietverhältnissen)** ...................................... 213
    I.    Entstehung der Vorschrift ............................... 213
    II.   Kündigungsfristen bei geschützten Mietverhältnissen ........ 213
    III.  Kündigungsfristen bei nicht geschützten Mietverhältnissen ... 214

**Gesetz zur Regelung der Miethöhe** ................................ 215
Einführung vor § 1 MHG ........................................... 215
    I.    Mietzinsbegriff ........................................ 215
    II.   Mietzins bei preisfreiem Wohnraum ...................... 218
    III.  Mietzins bei preisgebundenem Wohnraum ................. 222
    IV.  Anwendungsbereich des MHG ........................... 225
    V.   Kritik am MHG ....................................... 226

§ 1 MHG (Recht der Mieterhöhung) .......................... 227
    I.    Anwendungsbereich ................................. 227
    II.   Unzulässigkeit der Kündigung zum Zwecke der Mieterhöhung .. 228
    III.  Die Mieterhöhung kraft Gesetzes (MHG) bei preisfreiem Wohnraum ............................................. 230
    IV.  Vertraglicher Ausschluß des Mieterhöhungsrechts ........... 238

§ 2 MHG (Mieterhöhung bis zur ortsüblichen Vergleichsmiete) ...... 244
    I.    Allgemeines ....................................... 247
    II.   Die einjährige Wartefrist ............................. 255
    III.  Die ortsübliche Vergleichsmiete als Obergrenze ............ 258
    IV.  Die Kappungsgrenze ............................... 280
    IVa. Umfang des Mieterhöhungsanspruchs ..................... 289
    V.   Schriftform des Erhöhungsverlangens .................... 294
    VI.  Begründung des Erhöhungsverlangens .................... 298
    VII. Vertragsänderung durch Zustimmung des Mieters ............ 331
    VIII. Zeitpunkt des Wirksamwerdens der Mieterhöhung ........... 339
    IX.  Das gerichtliche Erhöhungsverfahren .................... 342
    X.   Beweislast ........................................ 364

§ 3 MHG (Umlegung von Modernisierungskosten) ................. 365
    I.    Zweck und Allgemeines ............................. 367
    II.   Voraussetzungen des Erhöhungsanspruchs ................. 372
    III.  Umfang des Erhöhungsanspruchs ....................... 379
    IV.  Vorherige Unterrichtung des Mieters .................... 383
    V.   Die Form der Erhöhungserklärung ...................... 386
    VI.  Eintritt der Erhöhungswirkung ........................ 388
    VII. Frühere Sonderregelung nach § 32 Städtebauförderungsgesetz ... 389
    VIII. Beweislast ........................................ 390
    IX.  Prozessuales ...................................... 390

§ 4 MHG (Umlegung von Betriebskostenerhöhungen. Betriebskostenvorauszahlungen) ............................... 391
    I.    Begriff der Betriebskosten ............................ 392
    II.   Regelung für Betriebskostenvorauszahlungen ............... 397
    III.  Umlegung von Betriebskostenerhöhungen: Allgemeines ....... 406
    IV.  Umfang der Erhöhung (Umlegungsmaßstab) ................ 409
    V.   Form der Mieterhöhung .............................. 410
    VI.  Eintritt der Erhöhung ............................... 411
    VII. Mietzinsherabsetzung bei Betriebskostenermäßigung ......... 414
    VIII. Beweislast ........................................ 417
    IX.  Prozessuales ...................................... 417

§ 5 MHG (Umlegung von Kapitalkostenerhöhungen) ................ 419
    I.    Zweck der Vorschrift ............................... 420
    II.   Voraussetzungen des Erhöhungsrechts .................... 421
    III.  Umfang der Erhöhung ............................... 426
    IV.  Form der Erhöhung ................................. 427

| | | |
|---|---|---|
| V. | Eintritt der Erhöhungswirkung | 428 |
| VI. | Ausschluß des Erhöhungsrechts bei unterlassener Offenlegung | 428 |
| VII. | Mietzinsherabsetzung bei nachträglicher Zinssatzermäßigung | 430 |
| VIII. | Beweislast | 431 |
| IX. | Prozessuales | 432 |

**§ 6 MHG (Sonderregelung für öffentlich geförderten und steuerbegünstigten Wohnraum im Saarland)** ... 433
  - I. Zweck der Sonderregelung ... 434
  - II. Voraussetzungen ... 434
  - III. Umfang der Erhöhung (Kostenmiete als Obergrenze) ... 439
  - IV. Form der Erhöhung ... 439
  - V. Eintritt der Erhöhung ... 439
  - VI. Sonstige Arten der Mieterhöhung ... 439
  - VII. Herabsetzung der Kostenmiete bei Ermäßigung der laufenden Aufwendungen ... 440
  - VIII. Beweislast ... 440

**§ 7 MHG (Sonderregelung für Bergmannswohnungen der Ruhrkohle AG)** ... 442
  - I. Zweck ... 442
  - II. Anwendungsbereich (Grundvertrag über Bergmannswohnungen) ... 443
  - III. Mieterhöhung wegen gestiegener Verwaltungs- und Instandsetzungskosten ... 443
  - IV. Sonstige Mieterhöhungen ... 444

**§ 8 MHG (Erhöhungserklärung mittels automatischer Einrichtungen)** ... 445
  - I. Zweck ... 445
  - II. Voraussetzungen ... 445
  - III. Wirkung ... 446

**§ 9 MHG (Kündigung auf Grund einer Mieterhöhung)** ... 447
  - I. Sonderkündigungsrecht des Mieters: Allgemeines ... 448
  - II. Kündigungsrecht bei einer Mieterhöhung nach § 2 MHG ... 450
  - III. Kündigungsrecht bei Mieterhöhung nach §§ 3, 5–7 MHG ... 452
  - IV. Beendigung des Mietverhältnisses ... 454
  - V. Wegfall der Mieterhöhung ... 454
  - VI. Kündigung wegen Zahlungsverzugs bezüglich des Erhöhungsbetrages ... 456

**§ 10 MHG (Unabdingbarkeit. Staffelmietvereinbarung. Unanwendbarkeit des MHG)** ... 458
  - I. Unwirksamkeit abweichender Vereinbarungen ... 459
  - II. Ausnahme: Wirksamkeit konkreter Mieterhöhungsvereinbarungen ... 468
  - III. Staffelmietvereinbarung ... 473
  - IV. Unanwendbarkeit des MHG ... 489

**Anhang I  Sonstige Gesetzesvorschriften** .......................... 493

**Anhang II  Übersichten, Musterbeispiele u. a.** ..................... 511

A.  Schaubild 1: Räumungsanspruch ............................. 512
Übersichten der Voraussetzungen des Räumungsanspruchs des Vermieters gem. § 556 Abs. 1 BGB

I.  bei ordentlicher Beendigung eines Wohnraummietverhältnisses auf folgende Art:
   1) unbefristet, geschützt, ordentl. Kündigung des Vermieters (RV) .... 513
   2) unbefristet, geschützt, ordentl. Kündigung des Mieters (RM) ....... 518
   3) unbefristet, geschützt, Sonderkündigung bei Einliegerwohnraum (RE) ................................................................. 518
   4) unbefristet, nicht geschützt, ordentl. Kündigung des Vermieters (RN) ................................................................. 519
   5) unbefristet, Sonderkündigung bei Werkwohnungen (RW) ......... 520
   6) Zeitmietverhältnis, geschützt, gewöhnliches (RZ) ................. 522
   7) Zeitmietverhältnis, geschützt, bei Einliegern (REZ) .............. 524
   8) besonderes Zeitmietverhältnis (RBZ) ............................. 524
   9) Zeitmietverhältnis, ungeschützt (RNZ) ........................... 525

II.  bei außerordentlicher Beendigung eines Wohnraummietverhältnisses (gleichgültig welcher Art):
   1) durch fristlose Kündigung einer Partei (R1) ..................... 526
   2) durch außerordentliche befristete (vorzeitige) Kündigung einer Partei (R2) .......................................................... 527
   3) durch sonstige Umstände (R3) ..................................... 528

III.  Räumungsanspruch des Vermieters gegen den Untermieter von Wohnraum (§ 556 Abs. 3 BGB) (RU) ............................................. 529

IV.  Räumungsanspruch des Vermieters gegen den Geschäftsraummieter (RG) ................................................................. 531

B.  Schaubild 2: Mieterhöhungsanspruch ............................. 532
Übersicht Mieterhöhungsanspruch gem. § 2 MHG – Voraussetzungen ... 533
Fristenschema gem. § 2 MHG ........................................ 534
Fortschreibung der Hinweise für die Aufstellung von Mietspiegeln ... 535
Hinweise für die Erstellung eines Sachverständigengutachtens ....... 548
Musterbeispiele für eine Mieterhöhungserklärung nach
   § 2 MHG .......................................................... 556
   § 3 MHG .......................................................... 557
   § 5 MHG .......................................................... 558
DIN-Norm 283 über Wohnflächenberechnung ........................... 559

C.  Praktische Tips für Vermieter und Mieter ....................... 564

**Sachverzeichnis** .................................................... 571

# Vorwort

Das Wohnraummietrecht stellt für die meisten Bürger ein Rechtsgebiet dar, das sie im täglichen Leben betrifft. Unmittelbar werden sie berührt von Fragen der Beendigung des Mietverhältnisses (ob und wann der Mieter ausziehen muß) und der zulässigen Miethöhe, insbesondere der Mieterhöhung. Das Zweite Wohnraumkündigungsschutzgesetz, einschließlich des in ihm enthaltenen Gesetzes zur Regelung der Miethöhe (Miethöhegesetz), befaßt sich mit diesen beiden Kernbereichen des sozialen Mietrechts. Die mit dem Räumungsanspruch des Vermieters bzw. Kündigungsschutz des Mieters einerseits und der zulässigen Miethöhe bzw. Mieterhöhung andererseits zusammenhängenden Rechtsfragen des materiellen und prozessualen Rechts werden in vorliegendem Kommentar eingehend — unter Berücksichtigung des dazu erschienenen Schrifttums und der umfangreichen Rechtsprechung (einschließlich der einschlägigen Rechtsentscheide der Oberlandesgerichte und des Bundesgerichtshofs) mit Stand 1. November 1983 — kommentiert.* Der Verfasser hat sich dabei bemüht, alle in der Rechtspraxis auftauchenden Fragen — einschließlich der Angabe des Meinungsstandes — zu behandeln.

Mit dem 1971 geschaffenen Ersten Wohnraumkündigungsschutzgesetz verfolgte der Gesetzgeber den Zweck, den vertragstreuen Mieter vor dem Verlust seiner Wohnung durch eine willkürliche Kündigung des Vermieters zu schützen und ungerechtfertigte Mieterhöhungen einschließlich der Kündigung zum Zwecke der Mieterhöhung zu vermeiden. Dieses Gesetz wurde ab 1. 1. 1975 durch das Zweite Wohnraumkündigungsschutzgesetz ersetzt. Es stellt eine differenziertere und ausgewogenere Regelung des Kündigungsschutzrechts und der Mietzinsgestaltung, insbesondere der Mieterhöhung, dar und wurde als Dauerrecht ausgestaltet. Die Kündigungsschutzregelung wurde in das Bürgerliche Gesetzbuch übernommen; das Recht der Mietzinsgestaltung hat in dem — selbständigen — Miethöhegesetz eine ausführliche Regelung erfahren.

Die erste Auflage dieses Kommentars erschien im Herbst 1975, die zweite im Herbst 1979. Seit der letzten Auflage ist — erfreulicherweise — die Institution des Rechtsentscheids auf alle grundsätzlichen (materiellrechtlichen) Fragen des Wohnraummietrechts ausgedehnt worden. Inzwischen sind im Mietrecht fast zweihundert Rechtsentscheide ergangen. Wenn auch unter ihnen einige als unzureichend begründet, teilweise auch als bedenklich oder unzutreffend zu bezeichnen sind, so bilden sie doch im ganzen einen wesentlichen Beitrag zu der dringend gebotenen Rechtsvereinheitlichung des für den Rechtsalltag so bedeutsamen sozialen Mietrechts und damit zur Vermeidung von Rechtsstreitigkeiten in diesem Bereich. Wünschenswert wäre allerdings eine gesetzliche Verankerung der Pflicht zu einer unverzüglichen geeigneten Veröffentlichung der ergangenen Rechtsentscheide durch das betreffende Obergericht.

---

\* Der Problemkreis des Kündigungsschutzes (Beendigung des Mietverhältnisses) wird in diesem Gesetz nur zum Teil (hinsichtlich des Erfordernisses der berechtigten Interessen des Vermieters) geregelt, während das BGB dazu weitere Vorschriften (über Form und Frist der Kündigung, Kündigungswiderspruchsrecht des Mieters) enthält, die hier nicht voll kommentiert, aber angesprochen sind.

Nach fast zweijährigem parlamentarischem Tauziehen und anschließendem Regierungswechsel ist am 1. 1. 1983 das Gesetz zur Erhöhung des Angebots an Mietwohnungen (hier MWoAEG abgekürzt) in Kraft getreten, das dem fast zum Erliegen gekommenen Mietwohnungsbau neue Impulse zu geben beabsichtigt. Nach den Mietrechtsänderungen der vergangenen Jahrzehnte, die sich fast immer zugunsten des Mieters auswirkten, wurde mit diesem neuen Gesetz eine Regelung geschaffen, welche neben einigen technischen Verbesserungen gegenüber der bisherigen Rechtslage den Vermieter begünstigt. Dies dürfte der vom Bundesverfassungsgericht für das soziale Mietrecht geforderten Ausgewogenheit zwischen den Belangen der Vermieter (Eigentumsgarantie einschließlich der Wirtschaftlichkeit des Hausbesitzes) und der Mieter (Sozialbindung des Eigentums) Rechnung tragen. Man wird erst nach Jahren beurteilen können, ob das neue Gesetz die daran geknüpften Erwartungen erfüllt und sich bewährt. Die Neuregelungen betreffen im wesentlichen das Vergleichsmietenverfahren (Einführung der aktualisierten, d. h. auf die letzten 3 Jahre bezogenen ortsüblichen Vergleichsmiete, andererseits der 30%-Kappungsgrenze), die Einführung der Staffelmietvereinbarung und besonderer Zeitmietverträge mit absoluter Beendigungswirkung bei Eigennutzungs- bzw. Bauabsichten des Vermieters. Das neue Gesetz wird hier einschließlich der Neuregelung der Zeitmietverhältnisse (§ 564 c BGB) eingehend kommentiert unter Berücksichtigung des dazu bisher erschienenen Schrifttums und (vereinzelter) Gerichtsentscheidungen.

Die gemäß der Neuregelung des Vergleichsmietenverfahrens** vorgesehene Rechtsverordnung über das Verfahren der Erstellung und Anpassung von Mietspiegeln ist noch nicht erlassen. Die Gemeinden werden sich mit der Erstellung neuer Mietspiegel, welche den aktualisierten Begriff der ortsüblichen Vergleichsmiete zugrunde legen, zurückhalten und auf den Erlaß dieser Rechtsverordnung warten. Bis dahin wird die Höhe der ortsüblichen Vergleichsmiete mangels geeigneter neuer Mietspiegel schwer zu ermitteln sein (meist nur mittels Sachverständigengutachten).

Zur schnellen Orientierung für den in Mietsachen wenig versierten Leser enthält der Anhang II Schaubilder, Übersichten der Anspruchsvoraussetzungen des Räumungsanspruchs (in verschiedenen Fällen) und des Mieterhöhungsanspruchs, Musterbeispiele von Mieterhöhungserklärungen, Hinweise der Bundesregierung über die Erstellung von Mietspiegeln und die Anfertigung von Sachverständigengutachten über die ortsübliche Vergleichsmiete u. a. Erstmals wurden mit der vorliegenden 3. Auflage „Praktische Tips für Vermieter und Mieter" aufgenommen. Sie sollen den Mietparteien helfen, Tücken des oft komplizierten Wohnraummietrechts zu erkennen und die sich aus der Rechtslage ergebenden Vorteile zu nutzen.

Stuttgart, im November 1983

Jochen Barthelmess

---

** Vgl. die Ermächtigung der Bundesregierung zum Erlaß einer solchen Rechtsverordnung in § 2 Abs. 5 MHG.

# Benutzungshinweis

Bei der Zitierung von Literatur und Rechtsprechung, welche während der Geltung des 1. WKSchG (November 1971 bis 31. 12. 1974) veröffentlicht wurden, ist davon abgesehen worden, jedesmal „zum früheren Recht" (z. fr. R.) anzufügen, da für den Leser an den Jahreszahlen 72, 73 und 74 der angegebenen Zeitschriftenfundstelle zu erkennen ist, daß es sich um ein Zitat zum früheren Recht handelt. Ab dem Jahre 1975 veröffentlichte Entscheidungen, die sich auf das 1. WKSchG beziehen, sind dagegen durch den Zusatz „z. fr. R." kenntlich gemacht.

Soweit bei der Zitierung des 1. WKSchG die Angabe des Artikels weggelassen wurde, beziehen sich die zitierten Paragraphen auf Artikel 1.

Bei der Zitierung anderer Kommentare wurde die Bezeichnung „Rn" weggelassen (z. B. *Sternel* III 84 bedeutet *Sternel*, Rn III 84).

# Abkürzungsverzeichnis

| | |
|---|---|
| a. A. | andere Ansicht |
| a. a. O. | am angegebenen Ort |
| Abg. | Abgeordneter |
| abl. | ablehnend |
| Abs. | Absatz |
| a. F. | alte Fassung |
| AG | Amtsgericht |
| AGB | Allgemeine Geschäftsbedingung |
| AGBG | Gesetz zur Regelung des Rechts der Allgemeinen Geschäftsbedingungen vom 9. 12. 1976 (BGBl. I, 3317) |
| allg. M. | allgemeine Meinung |
| AMVO | Altbaumietenverordnung v. 23. 7. 58, BGBl. I, 549 (aufgehoben) |
| Anl. | Anlage |
| Anm. | Anmerkung |
| AnwBl. | Anwaltsblatt (Jahr und Seite) |
| arg. | argumentum (Umkehrschluß) aus ... |
| Art. | Artikel |
| B. | Beschluß |
| BAG | Bundesarbeitsgericht |
| *Baumbach* | *Baumbach/Lauterbach/Albers/Hartmann*, ZPO-Kommentar, 40. Auflage 1982 |
| BayGWW | Zeitschrift für das gemeinnützige Wohnungswesen in Bayern (Jahr u. Seite) |
| BayObLG | Bayerisches Oberstes Landesgericht |
| BB | Der Betriebsberater (Jahr u. Seite) |
| BBauG | Bundesbaugesetz i. d. F. vom 18. 8. 1976 (BGBl. I, 2256) |
| Begr. | Begründung |
| bestr. | bestritten |
| Betr. | Der Betrieb (Jahr u. Seite) |
| BetrVG | Betriebsverfassungsgesetz v. 15. 1. 72, BGBl. I, 13 |
| BFH | Bundesfinanzhof |
| BGB | Bürgerliches Gesetzbuch v. 18. 8. 1896 |
| BGBl. | Bundesgesetzblatt (I = Teil I) |
| BGH | Bundesgerichtshof |
| BGHZ | Entscheidungen des Bundesgerichtshofs in Zivilsachen (Band u. Seite) |
| Bl. | Blatt |
| BlGBW | Bl. für Grundstücks-, Bau- und Wohnungsrecht (Jahr u. Seite) |
| 1. BMietG | 1. Bundesmietengesetz v. 27. 7. 55, BGBl. I, 458 |
| 2. BMietG | 2. Bundesmietengesetz v. 23. 6. 60, BGBl. I, 389 |
| 3. BMietG | 3. Bundesmietengesetz v. 24. 8. 65, BGBl. I, 971 |
| 9. BMietG | 9. Bundesmietengesetz v. 30. 10. 72, BGBl. I, 2054 |
| *Bormann/Schade/Schubart* | Soziales Miet- und Wohnrecht, Loseblattkommentar |
| BPersVG | Bundespersonalvertretungsgesetz vom 15. 3. 1974 (BGBl. I, 717) |
| II. BV | Zweite Berechnungsverordnung i. d. F. v. 18. 7. 1979, BGBl. I, 1077 |
| BVerfG | Bundesverfassungsgericht |
| BVerfGE | Entscheidungen des Bundesverfassungsgerichts (Band u. Seite) |
| BVerwG | Bundesverwaltungsgericht |
| bzgl. | bezüglich |
| bzw. | beziehungsweise |
| *Derleder* | Alternativkommentar zum BGB, 1980, Mietrecht bearb. von *Derleder* |

| | |
|---|---|
| DGVZ | Deutsche Gerichtsvollzieher-Zeitung (Jahr und Seite) |
| d. h. | das heißt |
| DWW | Deutsche Wohnungswirtschaft, Organ des Zentralverbandes der Deutschen Haus- und Grundbesitzer (Jahr u. Seite) |
| EGZPO | Einführungsgesetz zur Zivilprozeßordnung vom 30. 1. 1877 (BGBl. S. 244) |
| Einf. | Einführung |
| Emmerich/Sonnenschein | Mietrecht, Kommentar zu den mietrechtlichen Vorschriften des BGB und zum 2. WKSchG, 1979 (Sonderausgabe der §§ 535–580 a BGB des Staudinger-Kommentars, ergänzt um das 2. WKSchG, 2. Auflage 1981) |
| Emmerich/Sonnenschein, Miete | Miete (§§ 535–580a BGB – 2. WKSchG), Handkommentar, bearbeitet von *Emmerich* und *Sonnenschein*, 1983 |
| ErbbauVO | Verordnung über das Erbbaurecht v. 15. 1. 19, RGBl. S. 72 |
| Erl. | Erläuterungen |
| Erman | BGB-Hand-Kommentar, 7. Auflage 1981 (Mietrecht bearbeitet von *Schopp*) |
| evtl. | eventuell |
| FamRz | Zeitschrift für das gesamte Familienrecht (Jahr und Seite) |
| ff. | folgende |
| Fischer-Dieskau/ Pergande/Schwender | Wohnungsbaurecht, Loseblattkommentar |
| FWW | Die freie Wohnungswirtschaft (Jahr u. Seite) |
| gem. | gemäß |
| GG | Grundgesetz für die Bundesrepublik Deutschland v. 23. 5. 49, BGBl. 1 |
| GKG | Gerichtskostengesetz v. 26. 7. 57, BGBl. I, 941 |
| GrundE | Grundeigentum, Berlin (Jahr u. Seite) |
| GVG | Gerichtsverfassungsgesetz i. d. F. v. 12. 9. 50, BGBl. I, 513 |
| GWW | Gemeinnütziges Wohnungswesen (Jahr u. Seite) |
| Hans | Das neue Mietrecht, Kommentar (Loseblattausgabe) |
| HausratsVO | Verordnung über die Behandlung der Ehewohnung und des Hausrats (Sechste Durchführungsverordnung zum Ehegesetz) vom 21. 10. 1944 (BGBl. I, 256) |
| h. M. | herrschende Meinung |
| Hs. | Halbsatz |
| i. d. F. | in der Fassung |
| i. S. v. | im Sinne von |
| i. V. m. | in Verbindung mit |
| JZ | Juristenzeitung (Jahr u. Seite) |
| KG | Kammergericht Berlin |
| KO | Konkursordnung i. d. F. v. 20. 5. 1898, RGBl. 612 |
| Köhler | Das neue Mietrecht 1983, 94 S., Verlag C. H. Beck (MWoAEG-Kommentierung) |
| KSchG | Kündigungsschutzgesetz (im Arbeitsrecht) v. 25. 8. 69, BGBl. I, 1317 |
| LAG | Lastenausgleichsgesetz i. d. F. v. 1. 10. 69, BGBl. I, 1909 |
| Landfermann, Erl. u. Mat. | Gesetz zur Erhöhung des Angebots an Mietwohnungen, Erläuterungen und Materialien zum neuen Mietrecht, Bundesanzeiger, Beilage zu Nr. 46 vom 8. 3. 1983 |
| LG | Landgericht |
| LM | *Lindenmaier-Möhring*, Nachschlagewerk des Bundesgerichtshofs (zitiert nach Paragraph und Ordnungsziffer) |
| Ls bzw. L | Leitsatz allein abgedruckt |
| m. Anm. | mit Anmerkung von … |
| MDR | Monatsschrift für Deutsches Recht (Jahr u. Seite) |
| m. E. | meines Erachtens |

| | |
|---|---|
| MHG | Gesetz zur Regelung der Miethöhe (Art. 3 des Zweiten Wohnraumkündigungsschutzgesetzes) |
| ModEnG | Modernisierungs- und Energieeinsparungsgesetz (Gesetz zur Förderung der Modernisierung von Wohnungen und von Maßnahmen zur Einsparung von Heizenergie) i. d. F. d. Bek. v. 12. 7. 1978, BGBl. I, 993 |
| 3. MRÄndG | Drittes Gesetz zur Änderung mietrechtlicher Vorschriften v. 21. 12. 67, BGBl. I, 1248 |
| MRVerbG | Gesetz zur Verbesserung des Mietrechts und zur Begrenzung des Mietanstiegs sowie zur Regelung von Ingenieur- und Architektenleistungen v. 4. 11. 71, BGBl. I, 1745 |
| MSchG | Mieterschutzgesetz v. 15. 12. 42, RGBl. I, 712 (nur noch in Berlin gültig) |
| MüKo | Münchener Kommentar zum BGB, Band 3 1. Halbband (Mietrecht), bearbeitet von *Voelskow* |
| m. w. N. | mit weiteren Nachweisen |
| MWoAEG | Gesetz zur Erhöhung des Angebots an Mietwohnungen vom 20. 12. 1982, BGBl. I, S. 1912 |
| n. F. | neue Fassung |
| *Niederberger* | Mietspiegel – Erstellung, Anwendung, Fortschreibung – 3. Auflage Mai 1979, Institut Wohnen und Umwelt GmbH, Darmstadt |
| *Niederberger/Wullkopf* | Die ortsübliche Vergleichsmiete und ihre Ermittlung durch Mietspiegel, 1979, Institut Wohnen und Umwelt GmbH, Darmstadt |
| NJW | Neue Juristische Wochenschrift (Jahr u. Seite) |
| NMV | Verordnung über die Ermittlung der zulässigen Miete für preisgebundene Wohnungen i. d. F. v. 18. 7. 1979, BGBl. I, 1103 |
| Nr. | Nummer |
| OLG | Oberlandesgericht |
| OLGE | Die Rechtsprechung der Oberlandesgerichte auf dem Gebiet des Zivilrechts (Band und Seite) |
| OWiG | Gesetz über Ordnungswidrigkeiten i. d. F. vom 2. 1. 1975 (BGBl. I, 80) |
| *Palandt/...* | BGB-Kommentar, 42. Auflage 1983 (Mietrecht bearbeitet von *Putzo*) mit Nachtrag zum Mietrecht 1983 |
| *Pergande* | Wohnraummietrecht, Kommentar (1968) |
| Prot. | Protokoll |
| RE | Rechtsentscheid (des Oberlandesgerichts oder Bundesgerichtshofs in Wohnraummietsachen) |
| Reg. Entw. | Regierungsentwurf |
| RGRK/... | BGB-Kommentar, 12. Auflage 1978, Mietrecht bearbeitet von *Gelhaar* |
| RGZ | Entscheidungen des Reichsgerichts in Zivilsachen (Band u. Seite) |
| Rn | Randnummer |
| *Roquette* | Das Mietrecht des Bürgerlichen Gesetzbuchs, Systematischer Kommentar, 1966 |
| RPfl. | Der Deutsche Rechtspfleger (Jahr u. Seite) |
| RPflG | Rechtspflegergesetz v. 5. 11. 69, BGBl. I, 2065 |
| S. | Satz, Seite |
| *Schmidt-Futterer/Blank* | Wohnraumschutzgesetze, Kommentar, 4. Auflage 1981 |
| *Soergel/...* | Kommentar zum BGB, 11. Auflage 1978/81, Mietrecht bearbeitet von *Kummer* |
| sog. | sogenannt |
| *Staudinger/...* | Kommentar zum BGB, 12. Auflage 1978/81, Mietrecht bearbeitet von *Emmerich/Sonnenschein* |
| StBFG | Städtebauförderungsgesetz i. d. F. v. 18. 8. 1976, BGBl. I, 2318 |
| *Stein/Jonas/...* | ZPO-Kommentar, 20. Auflage 1978 (mit Name des Bearbeiters) |
| *Sternel* | Mietrecht, 2. Auflage 1979 |

| | |
|---|---|
| StGB | Strafgesetzbuch i. d. F. v. 1. 9. 69, BGBl. I, 1445 |
| *Thomas/Putzo* | ZPO-Kommentar, 12. Auflage 1982 |
| u. | und |
| U. | Urteil |
| u. a. | unter anderem |
| v. | vom, von |
| VB | Vorlagebeschluß (im Rechtsentscheidverfahren) |
| VerglO | Vergleichsordnung v. 26. 2. 35, RGBl. I, 321 |
| VersR | Versicherungsrecht (Jahr u. Seite) |
| vgl. | vergleiche |
| Vorb. | Vorbemerkung |
| WEG | Wohnungseigentumsgesetz v. 15. 3. 51, BGBl. I, 175 |
| WGG | Wohnungsgemeinnützigkeitsgesetz v. 29. 2. 1940, RGBl. I, 437 |
| WGG-DV | Verordnung zur Durchführung des Wohnungsgemeinnützigkeitsgesetzes i. d. F. v. 24. 11. 1969, BGBl. I, 2141 |
| WiStG | Wirtschaftsstrafgesetz i. d. F. v. 3. 6. 75, BGBl. I, 1313 |
| 1. WKSchG | Gesetz über den Kündigungsschutz für Mietverhältnisse über Wohnraum v. 25. 11. 71, BGBl. I, 1839 |
| 2. WKSchG | Zweites Wohnraumkündigungsschutzgesetz vom 18. 12. 74, BGBl. I, 3603 |
| WM | Wohnungswirtschaft und Mietrecht (Jahr u. Seite) |
| I. WoBauG | Erstes Wohnungsbaugesetz i. d. F. v. 25. 8. 53, BGBl. I, 1047 |
| II. WoBauG | Zweites Wohnungsbaugesetz (Wohnungsbau- und Familienheimgesetz) i. d. F. v. 30. 7. 1980, BGBl. I, 1085 |
| WoBindG | Wohnungsbindungsgesetz i. d. F. v. 22. 7. 1982, BGBl. I, 972 |
| z. B. | zum Beispiel |
| z. fr. R. | zum früheren Recht |
| Ziff. | Ziffer |
| ZMR | Zeitschrift für Miet- und Raumrecht (Jahr u. Seite) |
| *Zöller/...* | ZPO-Kommentar, 13. Auflage 1981 (mit Name des Bearbeiters) |
| ZPO | Zivilprozeßordnung i. d. F. v. 12. 9. 50, BGBl. 535 |
| ZVG | Zwangsversteigerungsgesetz v. 24. 3. 1897, RGBl. 97 |

# Zweites Gesetz über den Kündigungsschutz für Mietverhältnisse über Wohnraum

## (Zweites Wohnraumkündigungsschutzgesetz – 2. WKSchG)

Vom 18. Dezember 1974 (BGBl. I, S. 3603), geändert durch Gesetz zur Änderung des Bundesbaugesetzes vom 18. 8. 1976 (BGBl. I, S. 2221), durch Gesetz zur Änderung des Wohnungsmodernisierungsgesetzes vom 27. 6. 1978 (BGBl. I, S. 878)* und durch Gesetz zur Erhöhung des Angebots von Mietwohnungen vom 20. 12. 1982 (BGBl. I, S. 1912).

### Artikel 1
### Änderung des Bürgerlichen Gesetzbuches

Das Bürgerliche Gesetzbuch wird wie folgt geändert:

1. Nach § 564 a wird folgender § 564 b eingefügt:

### § 564 b
### (Berechtigtes Interesse bei Vermieterkündigung)**

(1) Ein Mietverhältnis über Wohnraum kann der Vermieter vorbehaltlich der Regelung in Absatz 4 nur kündigen, wenn er ein berechtigtes Interesse an der Beendigung des Mietverhältnisses hat.

(2) ¹Als ein berechtigtes Interesse des Vermieters an der Beendigung des Mietverhältnisses ist es insbesondere anzusehen, wenn

1. der Mieter seine vertraglichen Verpflichtungen schuldhaft nicht unerheblich verletzt hat;

2. der Vermieter die Räume als Wohnung für sich, die zu seinem Hausstand gehörenden Personen oder seine Familienangehörigen benötigt. ²Ist an den vermieteten Wohnräumen nach der Überlassung an den Mieter Wohnungseigentum begründet und das Wohnungseigentum veräußert worden, so kann sich der Erwerber auf berechtigte Interessen im Sinne des Satzes 1 nicht vor Ablauf von drei Jahren seit der Veräußerung an ihn berufen;

3. der Vermieter durch die Fortsetzung des Mietverhältnisses an einer angemessenen wirtschaftlichen Verwertung des Grundstücks gehindert und dadurch erhebliche Nachteile erleiden würde. ²Die Möglichkeit, im Falle einer anderweitigen Vermietung als Wohnraum eine höhere Miete zu erzielen, bleibt dabei außer Betracht. ³Der Vermieter kann sich auch nicht darauf berufen, daß er die Mieträume im Zusammenhang mit einer beabsichtigten oder nach Überlassung an den Mieter erfolgten Begründung von Wohnungseigentum veräußern will.

---

\* Die Änderungen betreffen nur die §§ 2 und 3 MHG.
\*\* Die Überschriften in Klammern sind nicht amtlich.

(3) Als berechtigte Interessen des Vermieters werden nur die Gründe berücksichtigt, die in dem Kündigungsschreiben angegeben sind, soweit sie nicht nachträglich entstanden sind.

(4) ¹Bei einem Mietverhältnis über eine Wohnung in einem vom Vermieter selbst bewohnten Wohngebäude mit nicht mehr als zwei Wohnungen kann der Vermieter das Mietverhältnis kündigen, auch wenn die Voraussetzungen des Absatzes 1 nicht vorliegen. ²Die Kündigungsfrist verlängert sich in diesem Fall um drei Monate. ³Dies gilt entsprechend für Mietverhältnisse über Wohnraum innerhalb der vom Vermieter selbst bewohnten Wohnung, sofern der Wohnraum nicht nach Absatz 7 von der Anwendung dieser Vorschriften ausgenommen ist. ⁴In dem Kündigungsschreiben ist anzugeben, daß die Kündigung nicht auf die Voraussetzungen des Absatzes 1 gestützt wird.

(5) Weitergehende Schutzrechte des Mieters bleiben unberührt.

(6) Eine zum Nachteil des Mieters abweichende Vereinbarung ist unwirksam.

(7) Diese Vorschriften gelten nicht für Mietverhältnisse

1. über Wohnraum, der zu nur vorübergehendem Gebrauch vermietet ist,
2. über Wohnraum, der Teil der vom Vermieter selbst bewohnten Wohnung ist und den der Vermieter ganz oder überwiegend mit Einrichtungsgegenständen auszustatten hat, sofern der Wohnraum nicht zum dauernden Gebrauch für eine Familie überlassen ist,
3. über Wohnraum, der Teil eines Studenten- oder Jugendwohnheims ist.

## § 564 c BGB*
### (Bestandsschutz bei Zeitmietverhältnissen)

(1) ¹Ist ein Mietverhältnis über Wohnraum auf bestimmte Zeit eingegangen, so kann der Mieter spätestens zwei Monate vor der Beendigung des Mietverhältnisses durch schriftliche Erklärung gegenüber dem Vermieter die Fortsetzung des Mietverhältnisses auf unbestimmte Zeit verlangen, wenn nicht der Vermieter ein berechtigtes Interesse an der Beendigung des Mietverhältnisses hat. ²§ 564 b gilt entsprechend.

(2) ¹Der Mieter kann keine Fortsetzung des Mietverhältnisses nach Absatz 1 oder nach § 556 b verlangen, wenn

1. das Mietverhältnis für nicht mehr als fünf Jahre eingegangen ist,
2. der Vermieter

    a) die Räume als Wohnung für sich, die zu seinem Hausstand gehörenden Personen oder seine Familienangehörigen nutzen will oder

    b) in zulässiger Weise die Räume beseitigen oder so wesentlich verändern oder instandsetzen will, daß die Maßnahmen durch eine Fortsetzung des Mietverhältnisses erheblich erschwert würden,

---

* gehört nicht zu Art. 1, wurde jedoch wegen Sachzusammenhangs hier aufgeführt.

3. der Vermieter dem Mieter diese Absicht bei Vertragsschluß schriftlich mitgeteilt hat und
4. der Vermieter dem Mieter drei Monate vor Ablauf der Mietzeit schriftlich mitgeteilt hat, daß diese Verwendungsabsicht noch besteht.

²Verzögert sich die vom Vermieter beabsichtigte Verwendung der Räume ohne sein Verschulden, kann der Mieter eine Verlängerung des Mietverhältnisses um einen entsprechenden Zeitraum verlangen; würde durch diese Verlängerung die Dauer des Mietverhältnisses fünf Jahre übersteigen, kann der Mieter die Fortsetzung des Mietverhältnisses auf unbestimmte Zeit nach Absatz 1 verlangen.

### § 565 Abs. 3 BGB
### (Kündigungsfristen bei nicht geschützten Mietverhältnissen)

Ist Wohnraum, den der Vermieter ganz oder überwiegend mit Einrichtungsgegenständen auszustatten hat, Teil der vom Vermieter selbst bewohnten Wohnung, jedoch nicht zum dauernden Gebrauch für eine Familie überlassen, so ist die Kündigung zulässig,

1. wenn der Mietzins nach Tagen bemessen ist, an jedem Tag für den Ablauf des folgenden Tages;
2. wenn der Mietzins nach Wochen bemessen ist, spätestens am ersten Werktag einer Woche für den Ablauf des folgenden Sonnabends;
3. wenn der Mietzins nach Monaten oder längeren Zeitabschnitten bemessen ist, spätestens am Fünfzehnten eines Monats für den Ablauf dieses Monats.

### Artikel 2
### Mietverträge auf bestimmte Zeit

(aufgehoben. Vgl. nun § 564 c BGB)

### Artikel 3
### Gesetz zur Regelung der Miethöhe (MHG)

### § 1 MHG
### (Recht der Mieterhöhung)

¹Die Kündigung eines Mietverhältnisses über Wohnraum zum Zwecke der Mieterhöhung ist ausgeschlossen. ²Der Vermieter kann eine Erhöhung des Mietzinses nach Maßgabe der §§ 2 bis 7 verlangen. ³Das Recht steht dem Vermieter nicht zu, soweit und solange eine Erhöhung durch Vereinbarung ausgeschlossen ist oder der Ausschluß sich aus den Umständen, insbesondere der Vereinbarung eines Mietverhältnisses auf bestimmte Zeit mit festem Mietzins ergibt.

## 2. WKSchG Art. 3

### § 2 MHG
### (Mieterhöhung bis zur ortsüblichen Vergleichsmiete)

(1) ¹Der Vermieter kann die Zustimmung zu einer Erhöhung des Mietzinses verlangen, wenn

1. der Mietzins, von Erhöhungen nach den §§ 3 bis 5 abgesehen, seit einem Jahr unverändert ist,

2. der verlangte Mietzins die üblichen Entgelte nicht übersteigt, die in der Gemeinde oder in vergleichbaren Gemeinden für nicht preisgebundenen Wohnraum vergleichbarer Art, Größe, Ausstattung, Beschaffenheit und Lage in den letzten drei Jahren vereinbart oder, von Erhöhungen nach § 4 abgesehen, geändert worden sind, und

3. der Mietzins sich innerhalb eines Zeitraums von drei Jahren, von Erhöhungen nach den §§ 3 bis 5 abgesehen, nicht um mehr als 30 vom Hundert erhöht.

²Von dem Jahresbetrag des verlangten Mietzinses sind die Kürzungsbeträge nach § 3 Abs. 1 Satz 3 bis 7 abzuziehen, im Fall des § 3 Abs. 1 Satz 6 mit elf vom Hundert des Zuschusses.

(2) ¹Der Anspruch nach Absatz 1 ist dem Mieter gegenüber schriftlich geltend zu machen und zu begründen. ²Dabei kann insbesondere Bezug genommen werden auf eine Übersicht über die üblichen Entgelte nach Absatz 1 Satz 1 Nr. 2 in der Gemeinde oder in einer vergleichbaren Gemeinde, soweit die Übersicht von der Gemeinde oder von Interessenvertretern der Vermieter und der Mieter gemeinsam erstellt oder anerkannt worden ist (Mietspiegel); enthält die Übersicht Mietzinsspannen, so genügt es, wenn der verlangte Mietzins innerhalb der Spanne liegt. ³Ferner kann auf ein mit Gründen versehenes Gutachten eines öffentlich bestellten oder vereidigten Sachverständigen verwiesen werden. ⁴Begründet der Vermieter sein Erhöhungsverlangen mit dem Hinweis auf entsprechende Entgelte für einzelne vergleichbare Wohnungen, so genügt die Benennung von drei Wohnungen.

(3) ¹Stimmt der Mieter dem Erhöhungsverlangen nicht bis zum Ablauf des zweiten Kalendermonats zu, der auf den Zugang des Verlangens folgt, so kann der Vermieter bis zum Ablauf von weiteren zwei Monaten auf Erteilung der Zustimmung klagen. ²Ist die Klage erhoben worden, jedoch kein wirksames Erhöhungsverlangen vorausgegangen, so kann der Vermieter das Erhöhungsverlangen im Rechtsstreit nachholen; dem Mieter steht auch in diesem Fall die Zustimmungsfrist nach Satz 1 zu.

(4) Ist die Zustimmung erteilt, so schuldet der Mieter den erhöhten Mietzins von dem Beginn des dritten Kalendermonats ab, der auf den Zugang des Erhöhungsverlangens folgt.

(5) ¹Gemeinden sollen, soweit hierfür ein Bedürfnis besteht und dies mit einem für sie vertretbaren Aufwand möglich ist, Mietspiegel erstellen. ²Bei der Aufstellung von Mietspiegeln sollen Entgelte, die auf Grund gesetzlicher Bestimmungen an Höchstbeträge gebunden sind, außer Betracht bleiben. ³Die Mietspiegel sollen im

Abstand von zwei Jahren der Marktentwicklung angepaßt werden. ⁴Die Bundesregierung wird ermächtigt, durch Rechtsverordnung mit Zustimmung des Bundesrates Vorschriften über den näheren Inhalt und das Verfahren zur Aufstellung und Anpassung von Mietspiegeln zu erlassen. ⁵Die Mietspiegel und ihre Änderungen sollen öffentlich bekanntgemacht werden.

(6) Liegt im Zeitpunkt des Erhöhungsverlangens kein Mietspiegel nach Absatz 5 vor, so führt die Verwendung anderer Mietspiegel, insbesondere auch die Verwendung veralteter Mietspiegel, nicht zur Unwirksamkeit des Mieterhöhungsverlangens.

## § 3 MHG
### (Umlegung von Modernisierungskosten)

(1) ¹Hat der Vermieter bauliche Maßnahmen durchgeführt, die den Gebrauchswert der Mietsache nachhaltig erhöhen, die allgemeinen Wohnverhältnisse auf die Dauer verbessern oder nachhaltig Einsparungen von Heizenergie bewirken (Modernisierung), oder hat er andere bauliche Änderungen auf Grund von Umständen, die er nicht zu vertreten hat, durchgeführt, so kann er eine Erhöhung der jährlichen Miete um elf vom Hundert der für die Wohnung aufgewendeten Kosten verlangen. ²Sind die baulichen Änderungen für mehrere Wohnungen durchgeführt worden, so sind die dafür aufgewendeten Kosten vom Vermieter angemessen auf die einzelnen Wohnungen aufzuteilen. ³Werden die Kosten für die baulichen Änderungen ganz oder teilweise durch zinsverbilligte oder zinslose Darlehen aus öffentlichen Haushalten gedeckt, so verringert sich der Erhöhungsbetrag nach Satz 1 um den Jahresbetrag der Zinsermäßigung, der sich für den Ursprungsbetrag des Darlehens aus dem Unterschied im Zinssatz gegenüber dem marktüblichen Zinssatz für erststellige Hypotheken zum Zeitpunkt der Beendigung der Maßnahmen ergibt; werden Zuschüsse oder Darlehen zur Deckung von laufenden Aufwendungen gewährt, so verringert sich der Erhöhungsbetrag um den Jahresbetrag des Zuschusses oder Darlehens. ⁴Ein Mieterdarlehen, eine Mietvorauszahlung oder eine von einem Dritten für den Mieter erbrachte Leistung für die baulichen Änderungen steht einem Darlehen aus öffentlichen Haushalten gleich. ⁵Kann nicht festgestellt werden, in welcher Höhe Zuschüsse oder Darlehen für die einzelnen Wohnungen gewährt worden sind, so sind sie nach dem Verhältnis der für die einzelnen Wohnungen aufgewendeten Kosten aufzuteilen. ⁶Kosten, die vom Mieter oder für diesen von einem Dritten übernommen oder die mit Zuschüssen aus öffentlichen Haushalten gedeckt werden, gehören nicht zu den aufgewendeten Kosten im Sinne des Satzes 1. ⁷Mittel der Finanzierungsinstitute des Bundes oder eines Landes gelten als Mittel aus öffentlichen Haushalten.

(2) Der Vermieter soll den Mieter vor Durchführung der Maßnahmen nach Absatz 1 auf die voraussichtliche Höhe der entstehenden Kosten und die sich daraus ergebende Mieterhöhung hinweisen.

(3) ¹Der Anspruch nach Absatz 1 ist vom Vermieter durch schriftliche Erklärung gegenüber dem Mieter geltend zu machen. ²Die Erklärung ist nur wirksam, wenn in

## 2. WKSchG Art. 3

ihr die Erhöhung auf Grund der entstandenen Kosten berechnet und entsprechend den Voraussetzungen nach Absatz 1 erläutert wird.

(4) ¹Die Erklärung des Vermieters hat die Wirkung, daß von dem Ersten des auf die Erklärung folgenden Monats an der erhöhte Mietzins an die Stelle des bisher zu entrichtenden Mietzinses tritt; wird die Erklärung erst nach dem Fünfzehnten eines Monats abgegeben, so tritt diese Wirkung erst von dem Ersten des übernächsten Monats an ein. ²Diese Fristen verlängern sich um drei Monate, wenn der Vermieter dem Mieter die voraussichtliche Mieterhöhung nach Absatz 2 nicht mitgeteilt hat oder wenn die tatsächliche Mieterhöhung gegenüber dieser Mitteilung um mehr als zehn vom Hundert nach oben abweicht.

### § 4 MHG
### (Betriebskostenvorauszahlungen. Umlegung von Betriebskostenerhöhungen)

(1) ¹Für Betriebskosten im Sinne des § 27 der Zweiten Berechnungsverordnung dürfen Vorauszahlungen nur in angemessener Höhe vereinbart werden. ²Über die Vorauszahlungen ist jährlich abzurechnen.

(2) ¹Der Vermieter ist berechtigt, Erhöhungen der Betriebskosten durch schriftliche Erklärung anteilig auf den Mieter umzulegen. ²Die Erklärung ist nur wirksam, wenn in ihr der Grund für die Umlage bezeichnet und erläutert wird.

(3) ¹Der Mieter schuldet den auf ihn entfallenden Teil der Umlage vom Ersten des auf die Erklärung folgenden Monats oder, wenn die Erklärung erst nach dem Fünfzehnten eines Monats abgegeben worden ist, vom Ersten des übernächsten Monats an. ²Soweit die Erklärung darauf beruht, daß sich die Betriebskosten rückwirkend erhöht haben, wirkt sie auf den Zeitpunkt der Erhöhung der Betriebskosten, höchstens jedoch auf den Beginn des der Erklärung vorausgehenden Kalenderjahres zurück, sofern der Vermieter die Erklärung innerhalb von drei Monaten nach Kenntnis von der Erhöhung abgibt.

(4) ¹Ermäßigen sich die Betriebskosten, so ist der Mietzins vom Zeitpunkt der Ermäßigung ab entsprechend herabzusetzen. ²Die Ermäßigung ist dem Mieter unverzüglich mitzuteilen.

### § 5 MHG
### (Umlegung von Kapitalkostenerhöhungen)

(1) Der Vermieter ist berechtigt, Erhöhungen der Kapitalkosten, die nach Inkrafttreten dieses Gesetzes infolge einer Erhöhung des Zinssatzes aus einem dinglich gesicherten Darlehen fällig werden, durch schriftliche Erklärung anteilig auf den Mieter umzulegen, wenn

1. der Zinssatz sich
    a) bei Mietverhältnissen, die vor dem 1. Januar 1973 begründet worden sind, gegenüber dem am 1. Januar 1973 maßgebenden Zinssatz,

b) bei Mietverhältnissen, die nach dem 31. Dezember 1972 begründet worden sind, gegenüber dem bei Begründung maßgebenden Zinssatz

erhöht hat,

2. die Erhöhung auf Umständen beruht, die der Vermieter nicht zu vertreten hat,
3. das Darlehen der Finanzierung des Neubaues, des Wiederaufbaues, der Wiederherstellung, des Ausbaues, der Erweiterung oder des Erwerbs des Gebäudes oder des Wohnraums oder von baulichen Maßnahmen im Sinne des § 3 Abs. 1 gedient hat.

(2) § 4 Abs. 2 Satz 2 und Abs. 3 Satz 1 gilt entsprechend.

(3) ¹Ermäßigt sich der Zinssatz nach einer Erhöhung des Mietzinses nach Absatz 1, so ist der Mietzins vom Zeitpunkt der Ermäßigung ab entsprechend, höchstens aber um die Erhöhung nach Absatz 1, herabzusetzen. ²Ist das Darlehen getilgt, so ist der Mietzins um den Erhöhungsbetrag herabzusetzen. ³Die Herabsetzung ist dem Mieter unverzüglich mitzuteilen.

(4) Das Recht nach Absatz 1 steht dem Vermieter nicht zu, wenn er die Höhe der dinglich gesicherten Darlehen, für die sich der Zinssatz erhöhen kann, auf eine Anfrage des Mieters nicht offengelegt hat.

(5) Geht das Eigentum an dem vermieteten Wohnraum von dem Vermieter auf einen Dritten über und tritt dieser anstelle des Vermieters in das Mietverhältnis ein, so darf der Mieter durch die Ausübung des Rechts nach Absatz 1 nicht höher belastet werden, als dies ohne den Eigentumsübergang möglich gewesen wäre.

### § 6 MHG
### (Sonderregelung für öffentlich geförderten und steuerbegünstigten Wohnraum im Saarland)

(1) ¹Hat sich der Vermieter von öffentlich gefördertem oder steuerbegünstigtem Wohnraum nach dem Wohnungsbaugesetz für das Saarland in der Fassung der Bekanntmachung vom 7. März 1972 (Amtsblatt des Saarlandes S. 149), zuletzt geändert durch Artikel 3 des Wohnungsbauänderungsgesetzes 1973 vom 21. Dezember 1973 (BGBl. I S. 1970), verpflichtet, keine höhere Miete als die Kostenmiete zu vereinbaren, so kann er eine Erhöhung bis zu dem Betrag verlangen, der zur Deckung der laufenden Aufwendungen für das Gebäude oder die Wirtschaftseinheit erforderlich ist. ²Eine Erhöhung des Mietzinses nach den §§ 2, 3 und 5 ist ausgeschlossen.

(2) ¹Die Erhöhung nach Absatz 1 ist vom Vermieter durch schriftliche Erklärung gegenüber dem Mieter geltend zu machen. ²Die Erklärung ist nur wirksam, wenn in ihr die Erhöhung berechnet und erläutert wird. ³Die Erklärung hat die Wirkung, daß von dem Ersten des auf die Erklärung folgenden Monats an der erhöhte Mietzins an die Stelle des bisher zu entrichtenden Mietzinses tritt; wird die Erklärung erst nach dem Fünfzehnten eines Monats abgegeben, so tritt diese Wirkung erst von dem Ersten des übernächsten Monats an ein.

## 2. WKSchG Art. 3

(3) Soweit im Rahmen der Kostenmiete Betriebskosten im Sinne des § 27 der Zweiten Berechnungsverordnung durch Umlagen erhoben werden, kann der Vermieter Erhöhungen der Betriebskosten in entsprechender Anwendung des § 4 umlegen.

(4) Ermäßigen sich die laufenden Aufwendungen, so hat der Vermieter die Kostenmiete mit Wirkung vom Zeitpunkt der Ermäßigung ab entsprechend herabzusetzen. Die Herabsetzung ist dem Mieter unverzüglich mitzuteilen.

(5) Die Absätze 1 bis 4 gelten entsprechend für Wohnraum, der mit Wohnungsfürsorgemitteln für Angehörige des öffentlichen Dienstes oder ähnliche Personengruppen unter Vereinbarung eines Wohnungsbesetzungsrechtes gefördert worden ist, wenn der Vermieter sich in der in Absatz 1 Satz 1 bezeichneten Weise verpflichtet hat.

### § 7 MHG
### (Sonderregelung für Bergmannswohnungen der Ruhrkohle AG)

(1) [1]Für Bergmannswohnungen, die von Bergbauunternehmen entsprechend dem Vertrag über Bergmannswohnungen, Anlage 8 zum Grundvertrag zwischen der Bundesrepublik Deutschland, den vertragschließenden Bergbauunternehmen und der Ruhrkohle Aktiengesellschaft vom 18. Juli 1969 (Bundesanzeiger Nr. 174 vom 18. September 1974) bewirtschaftet werden, kann die Miete bei einer Erhöhung der Verwaltungskosten und der Instandhaltungskosten in entsprechender Anwendung des § 30 Abs. 1 der Zweiten Berechnungsverordnung und des § 5 Abs. 3 Buchstabe c des Vertrages über Bergmannswohnungen erhöht werden. [2]Eine Erhöhung des Mietzinses nach § 2 ist ausgeschlossen.

(2) [1]Der Anspruch nach Absatz 1 ist vom Vermieter durch schriftliche Erklärung gegenüber dem Mieter geltend zu machen. [2]Die Erklärung ist nur wirksam, wenn in ihr die Erhöhung berechnet und erläutert wird.

(3) Die Erklärung des Vermieters hat die Wirkung, daß von dem Ersten des auf die Erklärung folgenden Monats an der erhöhte Mietzins an die Stelle des bisher zu entrichtenden Mietzinses tritt; wird die Erklärung erst nach dem Fünfzehnten eines Monats abgegeben, so tritt diese Wirkung erst von dem Ersten des übernächsten Monats an ein.

(4) Im übrigen gelten die §§ 3 bis 5.

### § 8 MHG
### (Erhöhungserklärung mittels automatischer Einrichtungen)

Hat der Vermieter seine Erklärungen nach den §§ 2 bis 7 mit Hilfe automatischer Einrichtungen gefertigt, so bedarf es nicht seiner eigenhändigen Unterschrift.

## § 9 MHG
### (Kündigungsrecht des Mieters wegen Mieterhöhung. Kündigung wegen Zahlungsverzugs)

(1) ¹Verlangt der Vermieter eine Mieterhöhung nach § 2, so ist der Mieter berechtigt, bis zum Ablauf des zweiten Monats, der auf den Zugang des Erhöhungsverlangens folgt, für den Ablauf des übernächsten Monats zu kündigen. ²Verlangt der Vermieter eine Mieterhöhung nach den §§ 3, 5 bis 7, so ist der Mieter berechtigt, das Mietverhältnis spätestens am dritten Werktag des Kalendermonats, von dem an der Mietzins erhöht werden soll, für den Ablauf des übernächsten Monats zu kündigen. ³Kündigt der Mieter, so tritt die Mieterhöhung nicht ein.

(2) Ist der Mieter rechtskräftig zur Zahlung eines erhöhten Mietzinses nach den §§ 2 bis 7 verurteilt worden, so kann der Vermieter das Mietverhältnis wegen Zahlungsverzugs des Mieters nicht vor Ablauf von zwei Monaten nach rechtskräftiger Verurteilung kündigen, wenn nicht die Voraussetzungen des § 554 des Bürgerlichen Gesetzbuchs schon wegen des bisher geschuldeten Mietzinses erfüllt sind.

## § 10 MHG
### (Unabdingbarkeit. Staffelmietvereinbarung. Ausnahmen von MHG)

(1) Vereinbarungen, die zum Nachteil des Mieters von den Vorschriften der §§ 1 bis 9 abweichen, sind unwirksam, es sei denn, daß der Mieter während des Bestehens des Mietverhältnisses einer Mieterhöhung um einen bestimmten Betrag zugestimmt hat.

(2) ¹Abweichend von Absatz 1 kann der Mietzins für bestimmte Zeiträume in unterschiedlicher Höhe schriftlich vereinbart werden. ²Die Vereinbarung eines gestaffelten Mietzinses darf nur einen Zeitraum bis zu jeweils zehn Jahren umfassen. ³Während dieser Zeit ist eine Erhöhung des Mietzinses nach den §§ 2, 3 und 5 ausgeschlossen. ⁴Der Mietzins muß jeweils mindestens ein Jahr unverändert bleiben und betragsmäßig ausgewiesen sein. ⁵Eine Beschränkung des Kündigungsrechts des Mieters ist unwirksam, soweit sie sich auf einen Zeitraum von mehr als vier Jahren seit Abschluß der Vereinbarung erstreckt.

(3) Die Vorschriften der §§ 1 bis 9 gelten nicht für Mietverhältnisse

1. über preisgebundenen Wohnraum,
2. über Wohnraum, der zu nur vorübergehendem Gebrauch vermietet ist,
3. über Wohnraum, der Teil der vom Vermieter selbst bewohnten Wohnung ist und den der Vermieter ganz oder überwiegend mit Einrichtungsgegenständen auszustatten hat, sofern der Wohnraum nicht zum dauernden Gebrauch für eine Familie überlassen ist,
4. über Wohnraum, der Teil eines Studenten- oder Jugendwohnheims ist.

## 2. WKSchG Art. 4 bis 8

### Artikel 4
### Anwendung auf bestehende Mietverhältnisse

(1) Ein Mietverhältnis, das zur Zeit des Inkrafttretens dieses Gesetzes besteht, richtet sich von diesem Zeitpunkt an nach dem neuen Recht.

(2) *

### Artikel 5*
### Geltung für mieterschutzfreie Mietverhältnisse über Wohnraum im Land Berlin

### Artikel 6*
### Sondervorschriften für München und Hamburg

### Artikel 7
### Berlin-Klausel

Dieses Gesetz gilt nach Maßgabe des § 13 Abs. 1 des Dritten Überleitungsgesetzes vom 4. Januar 1952 (BGBl I, S. 1) auch im Land Berlin.

### Artikel 8
### Inkrafttreten

(1) Dieses Gesetz tritt am 1. Januar 1975 in Kraft.

(2) *

---

* (Durch Zeitablauf gegenstandslos geworden.)

# Einführung

## Übersicht

|     |                                                                                        | Rn      |
| --- | -------------------------------------------------------------------------------------- | ------- |
| I.  | **Entstehungsgeschichte und allgemeine Ziele des Gesetzes**                            |         |
|     | 1. Entstehungsgeschichte                                                               | 1       |
|     | 2. Allgemeine Ziele des Gesetzes                                                       | 2–5     |
| II. | **Verfassungsmäßigkeit des Gesetzes**                                                  | 6       |
|     | 1. Vereinbarkeit mit der Eigentumsgarantie (Art. 14 GG)                                | 7–18    |
|     | 2. Vereinbarkeit mit dem allgemeinen Gleichheitssatz des Art. 3 Abs. 1 GG              | 19–21   |
|     | 3. Vereinbarkeit mit dem Rechtsstaatsprinzip                                           | 22      |
| III.| **Grundbegriffe und Geltungsbereich des Gesetzes**                                     |         |
|     | 1. Mietverhältnis                                                                      | 23, 24  |
|     | 2. Wohnraummietverhältnis                                                              | 25      |
|     | a) Wohnraum                                                                            | 26      |
|     | b) Wohnheime                                                                           | 27      |
|     | c) Wohnraum und Geschäftsraum                                                          | 28, 29  |
|     | 3. Begriffe Vermieter und Mieter                                                       | 30      |
|     | a) Vermieter                                                                           | 31–35   |
|     | b) Mieter                                                                              | 36, 37  |
|     | 4. Räumlicher Geltungsbereich                                                          | 38, 39  |
|     | 5. Zeitlicher Geltungsbereich                                                          | 40–43   |

## I. Entstehungsgeschichte und allgemeine Ziele des Gesetzes

### 1. Entstehungsgeschichte

Das 1. WKSchG war (gemäß seinem Art. 3 § 2 Abs. 3) bis 31. 12. 1974 befristet. Um den durch dieses Gesetz (erstmals) geschaffenen Schutz des Mieters vor unmotivierten Kündigungen und unberechtigten Mieterhöhungen nicht ersatzlos wegfallen zu lassen, entschloß sich die Bundesregierung, den Gesetzentwurf eines 2. WKSchG vorzulegen, womit die bisherigen Regelungen als Dauerrecht ausgestaltet werden sollten, jedoch mit verschiedenen Änderungen (insbesondere bezüglich des Rechts zur Mieterhöhung). Auf Grund eines Referentenentwurfs des Bundesministers der Justiz brachte die Bundesregierung den von ihr beschlossenen Entwurf eines Zweiten Gesetzes über den Kündigungsschutz für Mietverhältnisse über Wohnraum (Bundesratsdrucksache 161/74) am 22. 2. 1974 gemäß Art. 76 Abs. 2 GG im Bundesrat ein.

Der federführende Rechtsausschuß sowie der Ausschuß für Städtebau und Wohnungswesen des Bundesrates arbeiteten zum Regierungsentwurf Empfehlungen aus (Bundesratsdrucksache 161/1/74 vom 25. 3. 1974). Der Bundesrat beschloß im ersten Durchgang am 5. 4. 74 auf Grund dieser Ausschußempfehlungen eine Stellungnahme zu dem Gesetzentwurf (Bundestagsdrucksache 7/2011 Anlage 2).

**Einf., 1**

Dazu gab die Bundesregierung eine Gegenäußerung ab (Bundestagsdrucksache 7/2011 Anlage 3), mit welcher der Gesetzentwurf am 19. 4. 1974 dem Bundestag zur Beschlußfassung zugeleitet wurde.

Der Deutsche Bundestag behandelte den Gesetzentwurf in der ersten Beratung am 22. 5. 1974 und überwies ihn auf Vorschlag des Ältestenrats an seinen Rechtsausschuß (federführend) und (mitberatend) an den Ausschuß für Raumordnung, Bauwesen und Städtebau sowie den Haushaltsausschuß. Am 18. 6. 1974 führte der Rechtsausschuß gemeinsam mit dem Ausschuß für Raumordnung, Bauwesen und Städtebau eine öffentliche Anhörung von Vertretern des Deutschen Mieterbundes, des Zentralverbands der Deutschen Haus-, Wohnungs- und Grundeigentümer, des Gesamtverbands gemeinnütziger Wohnungsunternehmen, des Deutschen Richterbundes und des Deutschen Anwaltsvereins durch. Der Rechtsausschuß beriet den Gesetzentwurf in seinen Sitzungen vom 25. 9. und 9. 10. 1974 und legte unter Einbeziehung der Stellungnahme des mitberatenden Ausschusses für Raumordnung, Bauwesen und Städtebau einen Antrag (Bundestagsdrucksache 7/2629) mit den von ihm gefaßten Beschlüssen nebst einem Bericht der Abgeordneten *Gnädinger* und *Dr. Hauser* (Sasbach) vom 11. 10. 1974 (Bundestagsdrucksache 7/2638) dem Bundestag vor. Die Ausschußminderheit der CDU/CSU-Fraktion war gegen eine Übernahme der Kündigungsschutzvorschriften in das BGB, für eine Befristung des Gesetzes bis zum Jahre 1978 und für Sonderregelungen für Wohnheime eingetreten. Zudem brachte die Fraktion der CDU/CSU zwei Änderungsanträge vom 16. 10. 1974 (Bundestagsdrucksache 7/2659 und 7/2660) — betreffend das Recht zur Nachreichung von Gründen für die Mieterhöhung gemäß § 2 MHG bis zum Schluß der mündlichen Verhandlung und einen Entschließungsantrag über die Schaffung eines einheitlichen Wohnrechts — beim Bundestag ein. Der Deutsche Bundestag verabschiedete den Gesetzentwurf in 2. und 3. Beratung in seiner 125. Sitzung am 17. 10. 1974 (vgl. Bundestagsprotokoll dieser Sitzung). Er nahm das Gesetz ohne Stimmenthaltungen bei einer Gegenstimme in der Fassung des Rechtsausschusses unverändert an, ebenso den Entschließungsantrag dieses Ausschusses (Bundestagsdrucksache 7/2629).

Der Bundesrat beschloß in seiner 413. Sitzung vom 8. 11. 1974 mit der Mehrheit der CDU-regierten Länder, den Vermittlungsausschuß anzurufen (über die Gründe der Bundesratsmehrheit vgl. Bundestagsdrucksache 7/2775). Er wollte insbesondere das Gesetz auf eine dreijährige Geltungsdauer beschränken, Studenten- und Jugendwohnheime aus dem Gesetz und steuerbegünstigten Wohnraum aus dem Vergleichsmietenverfahren herausnehmen.

Der Vermittlungsausschuß bestätigte in seiner Sitzung vom 14. 11. 1974 das vom Bundestag beschlossene Gesetz ohne Änderung (Bundestagsdrucksache 7/2812). Der Bundesrat billigte den Gesetzentwurf schließlich in seiner Sitzung vom 29. 11. 1974.

Das Gesetz wurde am 18. 12. 1974 verkündet, es trat am 1. 1. 1975 in Kraft.

Die **Neuregelungen** durch das am 1. 1. 1983 in Kraft getretene Gesetz zur Erhöhung des Angebots an Mietwohnungen vom 20. 12. 1982 (**MWoAEG**) — vgl.

Anhang I – betreffen nur die §§ 564 c BGB, 564 b Abs. 7 Nr. 3 BGB, 2, 5 Abs. 5 und 10 MHG. Wegen der Zielsetzungen dieser Neuregelungen vgl. die Erläuterungen zu den genannten Vorschriften.

## 2. Allgemeine Ziele des Gesetzes

**Schrifttum:** *Ravens* WM 75, 138 ff.; *Vogel* WM 76, 137 ff. Über die Zweckmäßigkeit des Gesetzes vgl. vom Standpunkt der Vermieter: *Gather,* DWW 78, 230 ff.; *Eekhoff/Werth,* DWW 79, 212 ff. (auch kritisch zum Bericht der Bundesregierung über die Auswirkungen des Gesetzes); *Hamm* DWW 82, 6 ff. (gegen Vergleichsmietenprinzip und für Einführung von Anpassungsklauseln).

a) Das 1. WKSchG hatte sich nach Ansicht des Gesetzgebers bewährt und zu einer Beruhigung im Verhältnis der Mietvertragspartner sowohl hinsichtlich Räumungsklagen als auch bezüglich Mieterhöhungen geführt. Die Zahl der Räumungsprozesse ist merklich zurückgegangen, der Mietindex langsamer gestiegen als der Preisindex. Wegen der **überragenden Bedeutung der Wohnung als Lebensmittelpunkt des menschlichen Daseins** wollte der Gesetzgeber in Erfüllung des Sozialstaatsprinzips des Grundgesetzes (Art. 20) den **Schutz des vertragstreuen Mieters vor willkürlichen Kündigungen** (und damit dem Verlust seiner Wohnung) **als auch vor ungerechtfertigten Mieterhöhungen** nicht wegfallen lassen, sondern dauerhaft ausgestalten. Mieterhöhungen sollen nicht unter dem Druck einer drohenden Kündigung zustande kommen. **Marktorientierte Mieterhöhungen** sollen jedoch **zur Aufrechterhaltung der Wirtschaftlichkeit des Hausbesitzes** ermöglicht werden (vgl. dazu Begründung des Regierungsentwurfs, Allgemeines, A). Kern des 2. WKSchG ist demnach das Recht des Mieters, in seiner Wohnung frei von unbegründeten Eingriffen des Vermieters zu leben (vgl. *Dürr,* Protokoll der Bundestagssitzung vom 17. 10. 1974, S. 8313 A).

b) Diese Ziele verwirklichte der Gesetzgeber, indem er die Kündigungsschutzvorschriften des 1. WKSchG **in das Mietrecht des BGB als Dauerrecht übernahm** (vgl. §§ 564 b, 565 Abs. 3 n. F. BGB) und die Vorschriften zur Regelung der Miethöhe, insbesondere über **Mieterhöhungen in einem unbefristeten Sondergesetz (MHG)** zusammenfaßte. Die Regelung für Mieterhöhungen erfolgte deshalb in einem besonderen Gesetz, weil Änderungen nach den Erfahrungen der Praxis auch zur Anpassung an veränderte wohnungswirtschaftliche Verhältnisse erforderlich werden könnten. Hierbei wurde am **Prinzip der ortsüblichen Vergleichsmiete** für die allgemeine Mieterhöhung **festgehalten** (vgl. § 2 MHG), die Vorschrift jedoch in verschiedener Hinsicht an die Bedürfnisse der Praxis angepaßt, insbesondere durch eine Erleichterung der Begründungspflicht (vgl. § 2 Abs. 2 MHG). Wie schon bisher für Betriebskostenerhöhungen wurde ein vereinfachtes Verfahren eingeführt, um Erhöhungen der Betriebskosten, gestiegene Kapitalkosten und Kosten der Modernisierung in angemessenem Umfang auf den Mieter umzulegen (vgl. §§ 3 bis 5 MHG).

Die Grundprinzipien des Gesetzes waren bei allen Parteien unbestritten, nämlich daß der vertragstreue Mieter seine Wohnung nur dann soll aufgeben müssen, wenn der Vermieter ein berechtigtes Interesse hat und dies im Streitfall beweisen kann, und daß Mieterhöhungen nicht mit Kündigungsdrohungen erzwungen werden dürfen, sondern nur in einem gesonderten Verfahren durchgesetzt werden können, wobei die ortsübliche Vergleichsmiete nicht überschritten werden darf (*Dr. Vogel* in der Bundestagssitzung vom 17. 10. 1974, Prot. S. 8310 A).

**4** c) Der Gesetzgeber gestaltete das neue Recht als **Dauerrecht** aus, um eine dauerhafte Befriedung auf dem Wohnungsmarkt sicherzustellen. Eine Befristung würde Ungewißheit und Unsicherheit über die künftige Gestaltung des Wohnungsmietrechts unter den Marktpartnern und den unmittelbar und mittelbar am Mietwohnungsbau interessierten Kreisen hervorrufen (vgl. Bericht des Rechtsausschusses, Allgemeines, II). Die von der Minderheit des Rechtsausschusses des Bundestages (CDU/CSU) vorgeschlagene Befristung des Gesetzes auf vier Jahre (um die weitere Entwicklung des Wohnungsmarktes, der in vielen Teilbereichen ausgeglichen sei, abzuwarten) wurde von der Ausschußmehrheit abgelehnt. Auch der Antrag des Bundesrates, über eine Anrufung des Vermittlungsausschusses das Gesetz auf drei Jahre zu befristen, wurde vom Vermittlungsausschuß aus den genannten Gründen abgelehnt.

**5** d) Dagegen hat der Bundestag am 17. 10. 1974 auf Empfehlung seines Rechtsausschusses einen **Entschließungsantrag** angenommen, wonach die Bundesregierung u. a. ersucht wird, einen Gesetzentwurf vorzulegen, der das zersplitterte soziale Miet- und Wohnrecht vereinheitlichen und verständlich zusammenfassen soll (**„Wohngesetzbuch"**), wobei nach **vierjähriger Geltungsdauer** des Gesetzes über dessen Auswirkungen berichtet werden soll (einschließlich der Auswirkungen der Neuregelungen auf Wohnheime). Ein Wohngesetzbuch war seither nicht mehr politisch aktuell. Es erschien jedoch der Bericht der Bundesregierung über die Auswirkungen des 2. WKSchG vom 2. 3. 1979 – BTDrucks. 8/2610 – mit einer Reihe von Tabellen über die Auswertung von Gerichtsakten.

Nach langwierigem parlamentarischem Vorspiel (Entwürfe zum Mietrechtsänderungsgesetz 1981 und zum Mietspiegelgesetz) kam es schließlich zu dem am 1. 1. 1983 in Kraft getretenen Gesetz zur Erhöhung des Angebots an Mietwohnungen vom 20. 12. 1982, BGBl. I, S. 1912. Über die Neuregelungen dieses Gesetzes, soweit sie für den vorliegenden Kommentar einschlägig sind, vgl. die Erläuterungen zu den §§ 564 b Abs. 7 Nr. 3, 564 c BGB, 2, 5 Abs. 5 und 10 Abs. 2 und 3 MHG.

## II. Verfassungsmäßigkeit des Gesetzes

**6** Das 2. WKSchG ist insgesamt als verfassungsgemäß anzusehen. Ernsthafte verfassungsrechtliche Bedenken bestehen nicht (ebenso *Löwe* NJW 75, 13; *Vogel* JZ 75, 73; *Schmidt-Futterer* MDR 75, 89; vgl. zur Verfassungsmäßigkeit des 1. WKSchG bejahend LG Frankfurt WM 74, 156; AG Wiesbaden ZMR 73, 153 = WM 72, 194 und WM 73, 12; AG Köln MDR 74, 404; LG Wiesbaden WM 80, 251 für § 10

Abs. 1 Hs. 1 MHG bei steuerbegünstigten Wohnungen; *Schmidt-Futterer/Blank* A 24–37; *Emmerich/Sonnenschein* Vorb. 16–18 zum 2. WKSchG, verneinend: *Kimminich*, Die verfassungsrechtliche Beurteilung des Gesetzes über den Kündigungsschutz für Mietverhältnisse über Wohnraum (1973); AG Überlingen DWW 78, 124 für MHG hinsichtlich einer Ferien- und Wochenendwohnung, da diese nicht den Lebensmittelpunkt des Mieters bilde (fragwürdig!); AG Charlottenburg ZMR 82, 306 m. Anm. *Kreikebohm* (Vorlagebeschluß) zu § 2 MHG; vgl. dazu *Kreikebohm/Meyer* BlGBW 82, 128. Kritisch zur Rechtsprechung des BVerfG zum Mietrecht *Melzer*, Die Wirkung der Sozialbindungsklausel im Mietrecht, ZMR 78, 130. Zum Vergleichsmietenverfahren gem. § 2 MHG vgl. *Graf*, Die Vergleichsmiete in verfassungsrechtlicher Sicht, NJW 76, 1480.

Die **Neuregelungen durch das MWoAEG**, die am 1. 1. 1983 in Kraft getreten sind, sind m. E. verfassungsrechtlich unbedenklich, mit Ausnahme der **Kappungsgrenze** gem. § 2 Abs. 1 S. 1 Nr. 3 MHG (vgl. zur verfassungsrechtlichen Gültigkeit der Kappungsgrenze § 2 MHG Rn 50, zur übergangsrechtlichen Lage bei verfassungskonformer Auslegung § 2 MHG Rn 49).

**1. Vereinbarkeit mit der Eigentumsgarantie (Art. 14 GG)**

Nach Art. 14 Abs. 1 GG wird das Eigentum gewährleistet. Gemäß S. 2 werden Inhalt und Schranken durch die Gesetze bestimmt. Abs. 2 bestimmt, daß Eigentum verpflichtet; sein Gebrauch soll zugleich dem Wohle der Allgemeinheit dienen. Es fragt sich, inwieweit die **Kündigungsbeschränkungen** des Eigentümers (als Vermieter), welche das Gesetz in § 564 b BGB, Art. 2 sowie § 1 S. 1 MHG enthält, mit dieser Verfassungsnorm vereinbar sind. 7

a) Das BVerfG hat schon allgemein durch Entscheidung vom 1. 7. 1964 (BVerfGE 21, 131 f. = NJW 64, 1848, 1850 zu II) über die Grenzen der **gesetzgeberischen Ausgestaltung des sozialen Mietrechts** unter Beachtung der Eigentumsgarantie (Art. 14 GG) befunden und sich dafür ausgesprochen, daß der durch diese verfassungsrechtliche Wertentscheidung abgesteckte Rahmen dem Gesetzgeber einen **Ermessensspielraum** lasse, „in welcher Form und mit welcher Intensität er der Wohnungsmiete Bestandschutz gewähren will". 8

In dem grundlegenden Beschluß vom 23. 4. 1974 (BVerfGE 37, 132 = NJW 74, 1499 m. Anm. *Fehl* NJW 74, 1939 = ZMR 74, 297 = MDR 74, 907 = DVBl. 74, 675 = WM 74, 169 = DWW 74, 185 = BBauBl. 74, 387) hat das **BVerfG** in bezug auf die inhaltlich im wesentlichen gleichen Regelungen des 1. WKSchG (Verbot der Kündigung zum Zweck der Mieterhöhung, Anspruch des Vermieters auf Zustimmung zur Mieterhöhung bis zur ortsüblichen Vergleichsmiete) bei der Prüfung des Art. 14 GG allgemein ausgeführt: Die einschlägigen Vorschriften des Gesetzes legten Befugnisse und Pflichten des Eigentümers von Mietwohnungen und zugleich Pflichten und Rechte des Mieters fest. Es handle sich somit um Regelungen im Sinne von Art. 14 Abs. 1 S. 2 GG. Solche Vorschriften hätten nicht schon deshalb vor der Verfassung Bestand, weil sie als formelles Gesetz ergangen sind. Die Regelungsbefugnis des Gesetzgebers sei in mehrfacher Richtung beschränkt: er müsse zunächst den grundlegenden Gehalt der Eigentumsga- 9 rantie wahren, sich aber auch mit allen übrigen Verfassungsnormen in Einklang halten (BVerfGE 34, 139, 146 = NJW 73, 505). Der Gesetzgeber stehe bei der Erfüllung des ihm in Art. 14 Abs. 1 S. 2 GG erteilten Auftrags, Inhalt und Schranken des Eigentums zu bestimmen, vor der Aufgabe, das Sozialmodell zu verwirklichen, dessen normative Elemente sich einerseits aus der grundgesetzlichen Anerkennung des Privateigentums durch Art. 14 Abs. 1 S. 1 GG und andererseits aus der verbindlichen Richtschnur des Art. 14 Abs. 2 GG ergeben (BVerfGE 25, 112, 117). Das Privateigentum i. S. der Verfassung zeichne sich in seinem rechtlichen Gehalt durch Privatnützigkeit und grundsätzliche Verfügungsbefugnis über den Eigentumsgegenstand aus (BVerfGE 31, 229, 240 = NJW 71, 2163); sein Gebrauch solle aber „zugleich dem Wohle der Allgemeinheit dienen". Vorausgesetzt sei hierbei, daß das Eigentumsobjekt in einem sozialen Bezug und einer sozialen Funktion stehe. Dieses Postulat einer am Gemeinwohl orientierten Nutzung umfasse auch das Gebot der Rücksichtnahme auf die Belange des einzelnen Rechtsgenossen, der auf die Nutzung des Eigentumsobjektes angewiesen ist. Es sei Aufgabe des Gesetzgebers, dieses Gebot auch im Rahmen privatrechtlicher Normierungen nach Art. 14 Abs. 1 S. 2 GG zu verwirklichen. Er müsse hierbei beiden Elementen des im Grundgesetz angelegten dialektischen Verhältnisses von verfassungsrechtlich garantierter Freiheit (BVerfGE 24, 367, 389 = NJW 69, 309; BVerfGE 31, 229, 239 = NJW 71, 2163) und dem Gebot einer sozialgerechten Eigentumsordnung in gleicher Weise Rechnung tragen und die **schutzwürdigen Interessen aller Beteiligten** in einen **gerechten Ausgleich** und in ein **ausgewogenes Verhältnis** bringen (BVerfGE 25, 112, 117). Ebensowenig wie die Eigentumsgarantie eine die soziale Funktion eines Eigentumsobjektes mißachtende Nutzung schütze, könne Art. 14 Abs. 2 GG eine übermäßige, durch die soziale Funktion nicht gebotene Begrenzung privatrechtlicher Befugnisse rechtfertigen. Das BVerfG habe wiederholt darauf hingewiesen, daß das durch die verfassungsmäßigen Gesetze ausgeformte Eigentum den Gegenstand der Eigentumsgarantie bilde und verfassungsrechtlichen Schutz genieße (BVerfGE 24, 367, 369 = NJW 69, 309). Darüber hinaus ergebe sich unmittelbar aus der Eigentumsgarantie ein verfassungskräftiger Anspruch auf einen effektiven Rechtsschutz (BVerfGE 35, 348, 361 = NJW 74, 229). – Für die Ausgestaltung zwingender mietrechtlicher Vorschriften bedeute dies: Der **Gesetzgeber müsse** bei solchen Regelungen sowohl die **Belange des Mieters als auch die des Vermieters in gleicher Weise berücksichtigen.** Das heiße freilich nicht, daß sie zu jeder Zeit und in jedem Zusammenhang dasselbe Gewicht haben müßten. Eine einseitige Bevorzugung oder Benachteiligung stehe aber mit den verfassungsrechtlichen Vorstellungen eines sozial gebundenen Privateigentums nicht in Einklang.

10 b) § 564 b BGB, wonach eine Kündigung des Mietverhältnisses durch den Vermieter nur wirksam ist, wenn dieser ein berechtigtes Interesse an der Kündigung hat, stellt eine Beschränkung der freien Verfügungsbefugnis des Eigentümers von Wohnraum dar. Dasselbe gilt von Art. 2 des 2. WKSchG bezüglich der Beendigung von befristeten Mietverhältnissen. Über die Verfassungsmäßigkeit dieser Bestimmungen hat das BVerfG noch nicht entschieden. Es hat lediglich

über die Regelung des Kündigungsschutzes gemäß § 1 des 1. WKSchG durch Beschluß vom 25. 7. 1973 – 1 BVR 562/72 – festgestellt, die Neuregelung führe im Hinblick auf ihre Befristung **nicht zu einer unverhältnismäßigen Beschneidung der Handlungsfreiheit im Bereich der Eigentumsordnung** und sei auch zumutbar (zitiert nach *Vogel* JZ 75, 73). Dieser Beschluß erging jedoch bei der Vorprüfung einer Verfassungsbeschwerde durch den sog. Dreierausschuß nach § 93 a BVerfGG, also in einem Verfahren, in welchem ohne eingehende Prüfung lediglich festzustellen ist, daß die Verfassungsbeschwerde keine hinreichende Erfolgsaussicht hat und daher zur Entscheidung dem Senat des BVerfG nicht vorzulegen ist. Mangels einer eingehenden und sorgfältigen Prüfung aller Erwägungen kann daher aus diesem Beschluß nicht der Umkehrschluß gezogen werden, daß der jetzige § 564 b BGB, welcher im wesentlichen dem § 1 des 1. WKSchG entspricht, deshalb gegen die Eigentumsordnung des Grundgesetzes verstoße, weil diese Regelung nunmehr als Dauerrecht gilt.

Zum verfassungsrechtlichen **Inhalt des Privateigentums** gehört grundsätzlich die freie Verfügungsbefugnis über den Eigentumsgegenstand (BVerfGE 26, 215, 222 = NJW 69, 1475; BVerfG NJW 75, 730 = MDR 75, 465). Die Einschränkung des freien Kündigungs- oder Beendigungsrechts des Vermieters (Eigentümers) von Wohnraum durch das Erfordernis eines berechtigten Interesses, wie dies in § 564 b BGB und Art. 2 des 2. WKSchG statuiert ist, stellt eine im Hinblick auf die **Sozialbindung** (Art. 14 Abs. 2 GG) **zulässige Beschränkung** gemäß Abs. 1 S. 2 dieses Verfassungsartikels der aus dem Eigentum fließenden freien Verfügungsbefugnis des Eigentümers dar. Die Sozialbindung des Eigentums von Wohnraum ergibt sich daraus, daß **Wohnraum nur beschränkt zur Verfügung steht**, nicht beliebig vermehrt werden kann und als unabdingbare Lebensgrundlage für jeden Mieter dient, welcher auf eine Wohnung angewiesen ist. Es kann auch nicht beanstandet werden, daß der Gesetzgeber die Kündigungsbeschränkung grundsätzlich auf alle Wohnraummietverhältnisse im Bundesgebiet ausgedehnt hat, unabhängig davon, ob die Lage auf dem Wohnungsmarkt ausgeglichen ist oder nicht. Denn dies wird durch die Erwägung gerechtfertigt, daß jeder Wohnungswechsel für den Mieter regelmäßig nicht unbeträchtliche Kosten und andere, meist erhebliche Unzuträglichkeiten mit sich bringt und eine Belastung des vertragstreuen Mieters mit solchen Kosten und Unzuträglichkeiten bei der Bedeutung der Wohnung im sozialen Rechtsstaat (vgl. Art. 13 GG) nur gerechtfertigt ist, wenn der Vermieter ein berechtigtes Interesse an der Beendigung des Mietverhältnisses hat (vgl. Begründung des Regierungsentwurfs zum 2. WKSchG, A II 1). In einer neueren Entscheidung vom 4. 2. 1975 (NJW 75, 727, 730 = MDR 75, 465) hat das BVerfG ausgesprochen, die verfassungsrechtliche Forderung einer am Gemeinwohl ausgerichteten Nutzung des Privateigentums umfasse das Gebot der Rücksichtnahme auf die Belange derjenigen Mitbürger, die auf die Nutzung der betreffenden Eigentumsgegenstände angewiesen sind. Dieses Angewiesensein begründe einen sozialen Bezug und eine **besondere soziale Funktion dieser Eigentumsgegenstände.** Große Teile der Bevölkerung seien, zumal in den Städten, nicht in der Lage, aus eigener Kraft Wohnraum für sich zu schaffen, und deshalb auf Mietwohnungen unausweichlich angewiesen. Zudem gebietet das Sozialstaatsprinzip der Verfassung (Art. 20 Abs. 1 GG) eine Berücksichtigung der Interessen des Mieters als des regelmäßig auf dem Wohnungsmarkt schwächeren Partners.

Vergleiche kritisch zur Rechtsprechung des BVerfG bzgl. der Interessenabwägung (Güterabwägung) auf Grund der Sozialbindungsklausel: *Melzer*, Die Bindung der Sozialbindungsklausel im Mietrecht, ZMR 78, 130. Er spricht der Sozialbindungsklausel mittelbare Drittwirkung auf Mietgesetzgebung und Mietrechtsprechung zu, wobei die Interessen von Vermieter und Mieter gleichwertig zu behandeln seien. Er kritisiert die „verschwommene Argumentation" des BVerfG, die zu einer rigorosen Unterstellung des formellen unter das materielle Recht führe, die dem gesetzgeberischen Willen, den das Gericht auch nicht andeutungsweise berücksichtigt habe, zuwiderlaufe. Erforderlich sei die Entwicklung brauchbarer Abgrenzungskriterien, damit nicht die Drittwirkung zum frei beweglichen Instrument einer im luftleeren Raum operierenden Rechtsprechung werde.

**12** Die in § 564 b Abs. 2 BGB beispielhaft aufgeführten berechtigten Interessen stellen keine so einschneidenden Voraussetzungen auf, daß dadurch die Verfügungs- und Verwertungsbefugnis des Eigentümers in ihrem Kernbereich eingeschränkt wäre (vgl. Art. 19 Abs. 2 GG, wonach ein Grundrecht in keinem Falle in seinem **Wesensgehalt angetastet** werden darf). Insbesondere setzt der Kündigungsgrund des Eigenbedarfs (§ 564 b Abs. 2 Nr. 2 BGB) nicht einen dringenden Bedarf voraus.

**13** Es kann auch nicht aus der **gleichzeitigen Geltung** sowohl der **Kündigungsschutzvorschriften** (§§ 564 b, 564 c Abs. 1 BGB) **als auch der** Vorschriften der **Sozialklausel** (§§ 556 a–556 c BGB) abgeleitet werden, daß der Mieter in doppelter Weise geschützt sei und damit eine überflüssige, sachlich nicht gerechtfertigte Beschränkung der Eigentümerrechte vorliege. Zwar dienen beide Vorschriften dem Schutze des Mieters vor einem Verlust seines Wohnraums, so daß das Schutzziel in beiden Fällen das gleiche ist. Die gesetzliche Ausgestaltung dieses Schutzes ist jedoch jeweils grundverschieden und durch verschiedene soziale Sachverhalte veranlaßt: beim Kündigungsschutz soll der Vermieter nicht willkürlich, also ohne beachtliche Gründe die Beendigung des Mietverhältnisses von sich aus herbeiführen können (wobei die Belange des Mieters völlig unberücksichtigt bleiben); im Falle der Sozialklausel dagegen soll der Mieter eine sonst eintretende Beendigung des Mietverhältnisses verhindern können, wenn er seinerseits erhebliche Belange hat und diese gegenüber den Belangen des Vermieters überwiegen. Demnach werden im einen Falle die Belange des Vermieters, im anderen diejenigen des Mieters einer Regelung unterworfen, wobei jeweils der Schutz des Mieters bezweckt ist. Das Nebeneinander beider Regelungen ist daher als sachgerecht und nicht überflüssig anzusehen, somit verfassungsrechtlich nicht zu beanstanden (a. A. offenbar *Gather*, DWW 78, 230 zu I, 2).

**14** Die schutzwürdigen Interessen des Eigentümers sind durch die Regelungen des Kündigungsschutzes insbesondere auch deshalb ausreichend gewahrt, weil im Bereich des **§ 564 b Abs. 4 BGB** für den Eigentümer eine Ausnahme von der

Kündigungsbeschränkung, nämlich ein Kündigungsrecht ohne das Vorliegen berechtigter Interessen, geschaffen wurde. Der Eigentümer ist danach in dem Bereich, in welchem er durch besonders enges Zusammenwohnen mit dem Mieter am stärksten und unmittelbarsten in seinem Wohn- und Lebensbereich betroffen ist, befugt, frei zu kündigen und daher über den vermieteten Wohnraum wieder frei zu verfügen. Damit hat der Gesetzgeber zugunsten des Vermieters der Tatsache Rechnung getragen, daß auch für ihn − ebenso wie für den Mieter − die Wohnung die Grundlage seiner Existenz ist (vgl. *Vogel* JZ 75, 73); vgl. auch *Graf*, NJW 76, 1481, wonach es verfassungsrechtlich relevant sei, ob ein vom Eigentümer selbst bewohntes Einfamilienhaus oder ein Mehrfamilienhaus vorliege.

c) **§ 1 S. 1 MHG** stellt den Grundsatz auf, daß eine Kündigung zum Zweck der Mieterhöhung unzulässig ist. Dafür wurde das Mieterhöhungsverfahren des MHG eingeführt. Die inhaltlich entsprechende Regelung des 1. WKSchG wurde im Beschluß des BVerfG vom 23. 4. 74 verfassungsrechtlich nicht beanstandet. Das Gericht führt dazu aus: Zwar beschränke die Beseitigung der sog. Änderungskündigung in gewissem Umfang die Handlungsfreiheit des Vermieters; dies sei aber im Hinblick auf die hohe Bedeutung, die der Wohnung für den einzelnen und für die Familie zukomme, durch Art. 14 Abs. 2 GG gerechtfertigt. Überdies führe der Ausschluß bei korrekter Durchführung des Mieterhöhungsverfahrens nicht zu einer materiellen Beeinträchtigung. Die Regelung werde vielmehr der Interessenlage derjenigen Vertragsparteien gerecht, denen an der Fortführung des Mietverhältnisses gelegen ist. Sie sei geeignet, einerseits einen gerechtfertigten Mieterhöhungsanspruch durchzusetzen und auf der anderen Seite die mit einer Änderungskündigung verbundenen Belastungen des Mieters auszuschließen, aber auch den Mißbrauch des Kündigungsrechts zur Durchsetzung überhöhter Forderungen zu verhindern. Diese Grundsätze müssen in gleicher Weise für die Neuregelung des § 1 MHG Anwendung finden. 15

d) **§ 2 Abs. 1 MHG** begrenzt die allgemeine Mieterhöhung auf die ortsübliche Vergleichsmiete. Zu der dieser Vorschrift im wesentlichen entsprechenden Regelung des § 3 Abs. 1 des 1. WKSchG führt das BVerfG in dem Beschluß aus: Diese Regelung begegne keinen durchgreifenden verfassungsrechtlichen Bedenken. Sie sichere dem Vermieter einen am örtlichen Markt orientierten Mietzins, der die Wirtschaftlichkeit der Wohnung regelmäßig sicherstellen werde. Daß sie zugleich die Ausnutzung von Mangellagen auf dem Wohnungsmarkt verhindere und Preisspitzen abschneide, könne schon deshalb nicht beanstandet werden, weil eine solche Nutzung des Eigentums im Hinblick auf die soziale Bedeutung der Wohnung für die hierauf angewiesenen Menschen keinen verfassungsrechtlichen Schutz genieße. 16

e) In dem Beschluß vom 23. 4. 1974 (III 2 der Gründe) sah es das BVerfG als **Verstoß** gegen die Eigentumsgarantie des Art. 14 Abs. 1 S. 1 GG an, wenn die **frühere Rechtsprechung** ausschließlich den Inhalt des Mieterhöhungsschreibens als maßgebend betrachtete und eine nachträgliche Ergänzung im Lauf des Rechtsstreits keine Bedeutung haben sollte. Die formellen Vorschriften der 17

Rechtfertigungspflicht (vgl. jetzt § 2 Abs. 2 MHG) und die Klagemöglichkeiten (vgl. jetzt § 2 Abs. 3 MHG) müßten im Blick auf die den Kern des Gesetzes darstellende Regelung ausgelegt und angewendet werden, wonach der Vermieter ein Recht auf den ortsüblichen Mietzins habe. Eine Handhabung durch die Gerichte dürfe nicht einseitig zu Lasten des Vermieters gehen. Es könne zwar nicht beanstandet werden, daß die Gerichte mangels objektiver Orientierungsdaten versuchten, das für den konkreten Streitfall maßgebliche „ortsübliche Entgelt" durch Vergleiche geeigneter Wohnungen (**Vergleichsobjekte**) zu ermitteln. Diese **Methode** dürfe aber **nicht** die **alleinzulässige** sein; es müßten z. B. auch Sachverständigengutachten zugelassen werden. **Andernfalls** führe die Handhabung des Gesetzes im praktischen Ergebnis weitgehend zu einem im Gesetz nicht angeordneten **Mietpreisstopp** und zu einer **Verletzung des Anspruchs auf einen effektiven Rechtsschutz**, der sich unmittelbar aus der Eigentumsgarantie ergebe. Auch sei es mit der verfassungsrechtlich gesicherten Rechtsschutzgarantie unvereinbar, wenn jede spätere Ergänzung oder Berichtigung ungenügender Angaben des Vermieters unbeachtlich sein soll.

**18** Diese Beanstandungen des BVerfG sind, soweit sie die ausschließliche Verwendung von Vergleichsobjekten zur Begründung betreffen, nunmehr dadurch hinfällig, daß § 2 Abs. 2 MHG dem Vermieter verschiedene Arten der Begründung seines Erhöhungsverlangens gestattet (Vergleichswohnungen, Mietspiegel, Sachverständigengutachten u. a.). Im übrigen muß nach der Entscheidung des BVerfG eine nachträgliche Berichtigung oder Ergänzung des Erhöhungsverlangens im Mieterhöhungsprozeß zugelassen werden (vgl. dazu § 2 MHG Rn 173). Soweit frühere Rechtsprechung und Literatur (zu § 3 des 1. WKSchG) diesen Grundsätzen des BVerfG widersprechen, sind sie überholt.

Über verfassungsrechtliche Konsequenzen für die Wirksamkeit eines Erhöhungsverlangens gem. § 2 MHG und die Schlüssigkeitsprüfung vgl. *Graf*, NJW 76, 1482.

**18a** f) In der neuesten Entscheidung des BVerfG vom 10. 10. 1978 (ZMR 78, 363 = NJW 79, 31 = WM 79, 6 = DWW 78, 240 = JZ 78, 756 = DVBl. 78, 958) hat das Gericht die Entscheidung eines LG wegen Verstoßes gegen Art. 14 Abs. 1 S. 1 GG aufgehoben und ausgeführt: ... Es widerspricht dem Grundgesetz, eine Sachentscheidung allein deshalb zu verwehren, weil das Erhöhungsschreiben einzelne, von den Gerichten entwickelte Kriterien nicht erfüllt, obwohl der Vermieter **nachprüfbare Angaben über Vergleichsobjekte** gemacht hat. Die Pflicht des Vermieters, seinen Anspruch dem Mieter gegenüber schriftlich geltend zu machen, dient dem Ziel, dem Mieter anzuzeigen, daß der Vermieter von seinem gesetzlichen Recht Gebrauch macht. Die Notwendigkeit, das Erhöhungsverlangen zu rechtfertigen, sowie die Überlegungsfrist von sechs Wochen sollen dem Mieter die Möglichkeit der Information und Nachprüfung geben; er soll sich über das Verlangen schlüssig werden. Wenn § 3 Abs. 2 des 1. WKSchG die Angabe der das Erhöhungsverlangen rechtfertigenden Gründe fordert, besagt dies nicht, daß die Begründung einen tatbestandlich genau umschriebenen Inhalt haben müsse. Der Vorschrift läßt sich nicht entnehmen, daß der Vermieter die in § 3 Abs. 1 generell normierten Merkmale, die für die Vergleichsmiete maßgeblich sind, im einzelnen genau belegen müsse. Insbesondere gibt die Regelung keinen Anhalt für die Auffassung, daß das Aufforderungsschreiben rechtsunwirksam sei, wenn es den Anforderungen nicht entspricht, die die Gerichte – im übrigen in sehr unterschiedlicher Weise mit der Folge einer beachtlichen Rechtsunsicherheit und Rechtszersplitterung – verlangen. Sicherlich soll der Vermieter sein Begehren verständlich machen. Der Mieter kann auch hinreichend präzise Angaben über die Vergleichsobjekte erwarten, um auf Grund entsprechender Erkundigungen die Berechtigung der Mieterhöhung zu prüfen und seine Entscheidung zu treffen. Für seine Meinungsbildung wird es aber nicht entscheidend sein, ob – wie das Landgericht bereits für die Zuständigkeit einer späteren Erhöhungsklage voraussetzt – der Vermieter seine Erhöhungsforderung ausdrücklich auch auf die Behauptung stützt, „daß die Wohnung des Mieters und die Vergleichsobjekte nach Lage, Art, Größe und Ausstattung (Bad, Heizung pp.) einander entsprechen". Der Mieter wird auch ohne eine solche Erklärung davon ausgehen, daß der Vermieter genau dieses vortragen will. Er wird mehr an der Nachprüfbarkeit der tatsächlichen Angaben interessiert sein. Besitzt er aber Informationen über Namen des Wohnungsinhabers, Adresse, Geschoß und Quadratmeterpreis, die ihm eine eigene Nachprüfung ermöglichen, so ist kein Grund ersichtlich, weshalb geradezu formelhaft sämtliche in § 3 Abs. 1 genannten (und einige von den Gerichten entwickelte zusätzliche) Kriterien erwähnt werden müssen und warum es gerechtfertigt sein könnte, eine spätere Klage – sogar wenn der Mieter sich die Vergleichswohnungen angesehen hat – nur deshalb als unzulässig abzuweisen, weil nicht auch „Lage in der Etage und Größe der Wohnung" im Erhöhungsschreiben angegeben wurden. Eine derartige formale Handhabung ist auch unter dem Gedanken des im Gesetz bewußt verankerten Mieterschutzes nicht einsichtig.

## 2. Vereinbarkeit mit dem allgemeinen Gleichheitssatz des Art. 3 Abs. 1 GG

a) Fraglich könnte insbesondere sein, ob § 564 b Abs. 4 BGB mit dem Gleichheitssatz vereinbar ist. Der verfassungsrechtliche Gleichheitssatz, an den auch der Gesetzgeber gebunden ist, enthält das Gebot, sachverhaltlich Gleiches rechtlich gleich zu behandeln; er verbietet, wesentlich Gleiches ohne zureichenden Grund ungleich zu behandeln (vgl. BVerfGE 2, 340). Der Gesetzgeber hat das erleichterte Kündigungsrecht des Vermieters nur für solche Mietverhältnisse eingeführt, bei welchen er wegen des besonders nahen Beieinanderwohnens zwischen Mieter und Vermieter Störungen des harmonischen Verhältnisses besonders einschneidend ansah. Im Verhältnis zwischen Vermieter und Mieter können Störungen des harmonischen Verhältnisses um so eher und häufiger auftreten, je enger der Kontakt ist. Es entspricht der Natur der Sache und erscheint demnach sachgemäß, das Kündigungsrecht des Vermieters dann zu erleichtern, wenn die Anfälligkeit für derartige Störungen auf Grund der räumlich engen Berührung zwischen Mieter und Vermieter am größten ist. Dies ist bei den beiden in Abs. 4 genannten Gruppen von Mietverhältnissen der Fall. Am engsten wohnt der Vermieter mit seinem Mieter zusammen, wenn dieser innerhalb der vom Vermieter selbst bewohnten Wohnung wohnt (vgl. Abs. 4 S. 3). Etwas weniger eng, jedoch gegenüber anderen Fällen noch (relativ) am engsten ist ein solches Verhältnis, wenn neben dem Vermieter nur ein Wohnungsmieter im Hause wohnt (vgl. Abs. 4 S. 1). Je mehr Mieter im Hause des Vermieters wohnen, um so weniger eng ist im allgemeinen der Kontakt des Vermieters mit dem einzelnen Mieter, und um so weniger schwerwiegend wird der Vermieter Störungen eines Mieters betrachten. Deshalb war es sachgemäß und nicht willkürlich, für die in Abs. 4 S. 1 und 3 genannten beiden Fallgruppen eine Sonderregelung zu schaffen, wonach eine Kündigung auch ohne das Vorliegen berechtigter Interessen an der Beendigung des Mietverhältnisses möglich ist. Der Gleichheitssatz läßt Differenzierungen zu, die durch sachliche Erwägungen gerechtfertigt sind (BVerfGE 6, 91; BVerwGE 7, 329). Eine solche **sachlich gerechtfertigte Differenzierung** liegt hier vor, so daß ein Verstoß gegen den Gleichheitssatz nicht gegeben ist.

20 Weiter könnte ein Verstoß gegen Art. 3 Abs. 1 GG darin gesehen werden, daß der Gesetzgeber in die Sonderregelung des Abs. 4 nur die im Abs. 4 S. 1 und 3 bezeichneten Mieter im sog. Zweifamilienhaus („Wohngebäude mit nicht mehr als zwei Wohnungen") einbezogen hat, nicht jedoch diejenigen im Drei- und Mehrfamilienhaus. Auch diese Abgrenzung der tatbestandlichen Voraussetzungen des Sonderkündigungsrechts des Vermieters erscheint nicht willkürlich. Wie oben ausgeführt, hat das Gesetz die (beiden) Fälle mit dem engsten Kontakt zwischen Vermieter und Mieter einer Sonderregelung unterworfen. Bei der Abgrenzung von Differenzierungen ist dem Gesetzgeber ein weiter Ermessensspielraum einzuräumen (BVerfGE 3, 182). Der Gleichheitssatz ist nur dann verletzt, wenn sich ein vernünftiger, aus der Natur der Sache abzuleitender oder sonst sachlich einleuchtender Grund für die Differenzierung nicht finden läßt (BVerfGE 1, 16). Dies ist hier jedoch nicht der Fall.

21 b) Daß die Begrenzung der Miethöhe auf die **ortsübliche Vergleichsmiete** nur für laufende, **nicht** aber **für neu abzuschließende Mietverhältnisse** (also für den Vertragsschluß) gilt, stellt keine Verletzung des allgemeinen Gleichheitssatzes dar. Das BVerfG führt dazu im Beschluß vom 23. 4. 1974 (zu B II 3) aus: Ob der Gesetzgeber auch für die Neuvermietung eine Preisgrenze hätte anordnen können, bedürfe keiner Entscheidung. Jedenfalls könne es nicht als eine sachwidrige Differenzierung angesehen werden, wenn er den Verfügungsbereich des Eigentümers nur für den Fall binde, daß das Mietverhältnis mit seinen gegenseitigen Rechten und Pflichten entstanden ist. Diese inhaltliche Festlegung der Eigentümerbefugnisse werde einerseits dem besonderen schutzwürdigen Interesse des Mieters am Fortbestand des Mietverhältnisses gerecht, beschränke aber andererseits die aus sozialen Gründen gebotene Bindung des Eigentümers auf das zum Schutz des Mieters notwendige Maß.

## 3. Vereinbarkeit mit dem Rechtsstaatsprinzip

Das BVerfG (vgl. Beschluß vom 23. 4. 74) hält einen Verstoß des § 3 Abs. 1 des 1. WKSchG gegen das Rechtsstaatsprinzip wegen der **Unbestimmtheit des Begriffs der ortsüblichen Vergleichsmiete** nicht für gegeben. Es führt dazu aus: Allerdings müßten inhaltsbestimmende Vorschriften im Sinne des Art. 14 Abs. 1 S. 2 GG auch den Anforderungen entsprechen, die der Rechtsstaat an die Ausgestaltung von Rechtsnormen stelle (BVerfGE 34, 139, 146 = NJW 73, 505). Daß ein Gesetz unbestimmte, der Auslegung und Konkretisierung bedürftige Gesetzesbegriffe verwende, verstoße aber allein noch nicht gegen die rechtsstaatlichen Grundsätze der Normklarheit und Justitiabilität (BVerfGE 35, 348 f. = NJW 74, 229). Die grundsätzliche Zulässigkeit solcher Gesetzesbegriffe entbinde den Gesetzgeber nicht davon, die gesetzliche Vorschrift in ihrem Inhalt und ihren Voraussetzungen so zu formulieren, daß die von ihr Betroffenen die Rechtslage erkennen und ihr Verhalten danach einrichten können. Die Rechtsunterworfenen müßten auch in zumutbarer Weise feststellen können, ob die tatsächlichen Voraussetzungen für die in der Rechtsnorm ausgesprochene Rechtsfolge vorliegen. Konkret bedeute dies: Vermieter und Mieter müßten in der Lage sein, die gesetzlich zulässige Miete zu errechnen, und die Gerichte müßten nachprüfen können, ob die verlangte Mieterhöhung ganz oder teilweise gerechtfertigt ist. – Es sei nicht zu verkennen, daß die Anwendung des Begriffs der ortsüblichen Vergleichsmiete (in der Umschreibung des § 3 Abs. 1 des 1. WKSchG) nicht geringe Schwierigkeiten bereite. Die Feststellung der „ortsüblichen Entgelte" erfordere die Ermittlung der tatsächlich und üblicherweise gezahlten Mieten für vergleichbare Wohnungen. Solche Feststellungen seien – abgesehen von der Vielgestaltigkeit der Verhältnisse – schon deshalb problematisch, weil es für die Beteiligten nicht immer möglich sei, „vergleichbare" Wohnungen zu finden und gemeindliche Mietwerttabellen oder Mietwertspiegel meist nicht vorhanden seien. – Gleichwohl könne die Regelung hingenommen werden, da eine dem materiellen Inhalt der Norm gemäße Anwendung bei einer sachgerechten und an den dargelegten verfassungsrechtlichen Grundsätzen orientierten Handhabung nicht ausgeschlossen sei.

Das gleiche muß nunmehr bezüglich § 2 Abs. 1 MHG gelten.

## III. Grundbegriffe und Geltungsbereich des Gesetzes

### 1. Mietverhältnis

Ein **Mietverhältnis** ist ein schuldrechtlicher Vertrag zwischen Vermieter und Mieter, wonach der Vermieter dem Mieter den Gebrauch einer Sache für bestimmte oder unbestimmte Zeit entgeltlich überläßt (vgl. § 535 BGB). Ein wirksamer Mietvertrag setzt (im Gegensatz etwa zum Vorvertrag) voraus, daß sich die Parteien über die wesentlichen Punkte des Mietverhältnisses, nämlich den Mietgegenstand (bestimmte Wohnung), die Mietdauer und den Mietzins geeinigt haben (OLG

Hamburg ZMR 74, 242). Miete unterscheidet sich von **Pacht** dadurch, daß bei Miete nach dem objektiven Inhalt der Vertragsbestimmungen nur der Gebrauch zu gewähren ist, während bei Pacht zur Gebrauchsgewährung das Recht zum Fruchtgenuß hinzukommt, soweit Früchte nach den Regeln einer ordnungsgemäßen Wirtschaft als Ertrag der Sache anzusehen sind. Pacht liegt daher vor, wenn die Räumlichkeiten mit einer zur Fruchtziehung geeigneten Ausstattung überlassen werden, so daß sie jederzeit die Aufnahme eines Unternehmens, das Erträge abwerfen kann, gestatten (vgl. BGH ZMR 69, 206; 79, 238; WM 81, 103 (L); *Staudinger/Emmerich* Vorbem. §§ 535, 536 BGB Rn 32), z. B. Gastwirtschaft mit eingerichtetem Inventar, Bäckerei mit eingerichteter Backstube. — Bei Streitigkeiten aus Pachtverträgen gilt für die Zuständigkeit von Amtsgericht oder Landgericht die normale Streitwertgrenze des § 23 Nr. 1 GVG; es gelten auch für Räumungsansprüche nicht die Spezialvorschriften der §§ 29 a ZPO, 23 Nr. 2 lit. a GVG.

Über die Begriffe Vermieter und Mieter vgl. unten Ziffer 3.

Über das Vorliegen eines Mietverhältnisses bei der Benutzung eines Wohnheims vgl. unten Rn 27.

24 Über welches **Mietobjekt** das Mietverhältnis besteht, richtet sich nach den Parteivereinbarungen bei Mietvertragsabschluß. So kann z. B. eine Wohnung mit Garage durch einen **einheitlichen Mietvertrag** vermietet werden (Mischmietverhältnis, vgl. darüber unten Rn 29), so daß sich der Mietvertrag auf das gesamte Mietobjekt bezieht und eine Teilkündigung hinsichtlich eines Teils des Mietobjekts (z. B. Garage) unzulässig ist. Wird nach dem Abschluß eines Mietvertrages nachträglich ein zweites Objekt unter den gleichen Parteien vermietet, so stellt sich die Frage, ob eine bloße Änderung (Ergänzung) des ursprünglichen Mietvertrags vorliegt oder ob ein neuer selbständiger Vertrag hinzukommt, was grundsätzlich vom Parteiwillen abhängt. Kommt nach einem Mietvertrag über eine **Wohnung nachträglich —** gleichgültig welche Zeit danach — ein Mietvertrag über eine **Garage** (mündlich geschlossen) hinzu, so ist mangels anderer Anhaltspunkte für einen anderen Parteiwillen eine bloße Ergänzung des ursprünglichen Vertrages anzunehmen, wenn die Garage **auf dem Hausgrundstück** liegt und daher ein rechtlicher und wirtschaftlicher Zusammenhang besteht (OLG Karlsruhe (RE) WM 83, 166 = NJW 83, 1499; AG Bruchsal WM 82, 142 (L); a. A. LG Berlin WM 81, U 7 (L); LG Mannheim DWW 74, 45).

## 2. Wohnraummietverhältnis

25 Das 2. WKSchG hat es nur mit **Wohnraummietverhältnissen** zu tun, nicht mit einem Grundstück, auf dem nach Vertragsschluß eine Baracke gebaut wird (LG Köln WM 77, 10). Die Schutzvorschriften gelten daher nicht gegenüber Ansprüchen auf Herausgabe von Wohnraum aus anderen Rechtsgründen als einem Mietvertrag, z. B. aus §§ 985, 812 BGB, nach Beendigung eines dinglichen Wohnrechts oder eines Nießbrauchs. Daher kann ein Mieter sich gegenüber einem Eigentümer (Nicht-Vermieter), der wegen unberechtigter Vermietung gem. §§ 985, 986 BGB Herausgabe verlangt, nicht auf ein Recht zum Besitz und daher auf die Kündigungs-

schutzvorschriften berufen (AG Stuttgart ZMR 79, 117), was bei Vermietung durch einen von mehreren Eigentümern in Betracht kommt und für den an die Verfügungsberechtigung glaubenden Mieter eine erhebliche Härte sein kann. Der Mieter ist in diesem Falle auf einen Schadensersatzanspruch gegen den nichtberechtigten Vermieter gem. §§ 541, 538 (1. Fall) BGB (Rechtsmangel durch schon bei Vertragsschluß bestehenden Herausgabeanspruch des Eigentümers) angewiesen. Vgl. über die Anspruchskollision des Rückgabeanspruchs des Vermieters (§ 985 BGB) eingehend: *Henseler* ZMR 64, 36.

Gleichgültig ist, ob der Vermieter oder der Mieter (auf dem dem Vermieter gehörenden Grundstück) den Wohnraum geschaffen hat (LG Köln WM 76, 163 z. fr. R. m. zust. Anm. *Weimar*).

a) Bei **Wohnraum** finden grundsätzlich die Vorschriften des BGB über die Grundstücksmiete Anwendung (§ 580 BGB). Viele Vorschriften des sozialen Mietrechts gelten jedoch schon nach der Gesetzesfassung nur für Wohnraum.

Wohnraum ist jeder **zum Wohnen bestimmte Raum,** der jedoch nicht notwendig ein wesentlicher Bestandteil eines Grundstücks sein muß, daher auch ein Behelfsheim oder eine transportable Baracke (LG Köln WM 77, 10), nicht aber eine bewegliche Sache und deren Innenraum (Wohnwagen, Schiffskajüte). Zum Wohnraum gehören auch die Nebenräume wie Bad, Flur, Abstellraum, Keller (vgl. *Palandt/Putzo* Einf. 8 a vor § 535 BGB). Raum ist ein Teil des Gebäudes, der allseitig umschlossen ist, also aus Decke, Wänden und Fußboden besteht (*Roquette* § 535, 137). Wohnraum ist (im Gegensatz zu Geschäftsraum) Raum, der vertragsmäßig zum Wohnen bestimmt und (regelmäßig) auch dazu geeignet ist (vgl. LG München I, ZMR 74, 51; *Roquette* a. a. O., 138; *Weimar* FWW 74, 429), wobei unerheblich ist, ob die Räume tatsächlich als Wohnung genutzt werden (LG Essen WM 77, 206). **Wohnen** ist die Führung eines häuslichen Lebens einschließlich eines Haushalts [Schlafen, Kochen, Essen, private Benutzung wie Pflege der Familiengemeinschaft und Geselligkeit, Entfaltung der Persönlichkeit im Rahmen der Freizeitgestaltung einschließlich der (nicht beruflichen) künstlerischen, wissenschaftlichen oder handwerklichen Betätigung (BayObLG ZMR 82, 59: bejaht für die Anfertigung einer Habilitation)]. Wohnen setzt nicht einen ständigen Aufenthalt der betreffenden Person voraus (LG Berlin WM 80, 134). Die Zweckbestimmung als Wohnraum wird von den Mietparteien getroffen und muß in Zweifelsfällen im Mietvertrag zum Ausdruck kommen. Ist der Raum zwar zum Wohnen geeignet, soll er jedoch zur gewerbsmäßigen Zimmervermietung gebraucht werden, so liegt der Vertragszweck in der Ermöglichung der Gewinnerzielung durch **Weitervermietung** und nicht in der Wohnraumüberlassung (vgl. auch Art. 6 § 1 Abs. 1 S. 2 MRVerbG), so daß **kein Wohnraummietvertrag** vorliegt [BGH ZMR 79, 49 = MDR 79, 394 = NJW 79, 309 (L); BGH ZMR 81, 332 = WM 82, 109 = DWW 81, 239 = MRS 1 Nr. 12: maßgebend ist der vertragsgemäße Gebrauch des Mieters (ebenso RGZ 124, 4); besteht dieser im Weitervermieten, wenn auch ohne Gewinnerzielung (hier: Werkförderungsvertrag), so liegt ein wirtschaftlicher und kein Wohnzweck vor; BGH ZMR 83, 211: bei Vermietung zur Benutzung als Wohnheim, d. h. nicht zum Wohnen, sondern zur Ermöglichung der Weitervermietung; vgl. dazu *Jakobs* ZMR 81, 295 (zustimmend) und *Mitzkus* ZMR 82, 197].

Wohnraum ist ein Sammelbegriff. Darunter fallen sowohl **eine Wohnung** (vgl. über diesen Begriff § 564 b Rn 155) **als auch Einzelwohnraum** (ein einzelnes Zimmer).

27 b) **Wohnheime** (z. B. Alters-, Jugend-, Studenten-, Lehrlings-, Schwestern- oder Arbeiterwohnheime) fallen grundsätzlich unter den Begriff Wohnraum i. S. d. 2. WKSchG, so daß es sich bei dem Vertrag zwischen dem Wohnheimträger und dem Heiminsassen um ein Wohnraummietverhältnis handelt. Als Wohnheime gelten solche Heime, die nach ihrer baulichen Anlage und Ausstattung für die Dauer dazu bestimmt und geeignet sind, Wohnbedürfnisse zu befriedigen (§ 15 des II. WoBauG). Über die im Verlauf des Gesetzgebungsverfahrens umstrittene Frage, ob Wohnheime grundsätzlich der Geltung des Gesetzes unterliegen sollen, vgl. die Stellungnahme des Bundesrates Nr. 4 und den Bericht des Rechtsausschusses des Bundestages zu § 564 b BGB. Durch das 2. WKSchG werden viele Heime erstmals den Regelungen des sozialen Mietrechts unterworfen, da möblierter Wohnraum außerhalb des Wohnbereichs des Vermieters nunmehr dem Kündigungsschutz unterliegt. Solche Heime, bei denen nicht der Wohncharakter, sondern ein anderes Ziel (z. B. Fürsorge oder Betreuung der Heiminsassen) überwiegt (z. B. Altenpflegeheime, Heime zur Resozialisierung), fallen nicht unter das Gesetz, weil dabei die Wohnraumüberlassung dem Vertrag nicht das entscheidende Gepräge gibt (Bericht des Bundestagsrechtsausschusses); vgl. für Altenheimverträge (gemischter Vertrag, zusammengesetzt aus Elementen des Miet-, Dienst- und Kaufvertrags) BGH ZMR 79, 271 = NJW 79, 1299 (im Kern Wohnraummietvertrag); BGH ZMR 81, 119 = WM 81, 42 = MRS 1 Nr. 33 (kein Wohnraummietvertrag bei vorrangiger Dienst- und Fürsorgeleistung wie Pflege bei leichter Erkrankung, Verpflegung, Bereithaltung einer Pflegestation). Dies soll bei einem Altenwohnheim gelten, wenn das Wahlrecht besteht, dort eine Mittagsmahlzeit einzunehmen (vgl. AG Düsseldorf WM 74, 129 m. Anm. *Weimar*). Als Wohnheime gelten daher nicht: Säuglings-, Kinder-, Fürsorgeerziehungs-, Jugendfreizeitheime, Kindertagesstätten, Kindergärten, Jugendherbergen. Heimverträge fallen demnach nur dann unter den Geltungsbereich des 2. WKSchG (Kündigungsschutz, Mieterhöhungsverfahren des MHG), **wenn der Wohnzweck** gemäß dem Vertrag gegenüber anderen Zwecken **überwiegt.** Heimverträge sind keine reinen Mietverträge, sondern gemischte Verträge. Denn durch ein Pauschalentgelt werden neben der Überlassung von Raum zum Wohnen auch andere Leistungen (Verköstigung, Betreuung, Beaufsichtigung u. a.) abgegolten. (Für die Geltung des Gesetzes bei Heimvertragsverhältnissen, insbes. Altenheimen und Altenwohnheimen, vgl. *Stober*, NJW 79, 97; a. A. *Staehle*, NJW 78, 1359: das MHG finde keine Anwendung, da sich der Mietzinsanteil nicht genau ermitteln lasse; jeweils m. w. N.). Über die Kündigung eines Altenheimvertrages durch den Heimträger vgl. OLG Köln NJW 80, 1395; über das Heimgesetz vgl. *Finkelnburg* NJW 76, 1477.

Über öffentlich geförderte Wohnheime vgl. §§ 68 des II. WoBauG, 20 Wo-BindG.

Über berechtigte Interessen des Wohnheimträgers bei der Kündigung gegenüber einem Heiminsassen (Heimbedarf) vgl. § 564 b Rn 114 bis 116.

Den **Gegensatz zu Wohnraum** bildet **Geschäftsraum**. Dies ist Raum, der für andere als Wohnzwecke bestimmt ist (*Roquette* § 535, 144), z. B. Büroraum, gewerblich genutzter Raum (Gastwirtschaft, Laden, Arztpraxis). Für Geschäftsraum gilt das Wohnraummietrecht nicht, so daß die Regelungen über Kündigungsschutz, Sozialklausel, Räumungsfristbewilligung und Mieterhöhungsverfahren keine Anwendung finden. Es gelten die Vorschriften des Mietrechts des BGB, insbesondere über Grundstücksmiete. Zu beachten ist die Kündigungsfrist gemäß § 565 Abs. 1 Nr. 3 Hs. 2 BGB (spätestens am dritten Werktag eines Kalendervierteljahres auf den Quartalsablauf). Werden Wohnraum und Geschäftsraum getrennt vermietet, so findet für das jeweilige Objekt das diesem entsprechende Recht Anwendung. 28

Anders ist es jedoch, wenn Wohnraum und Geschäftsraum auf Grund eines einheitlichen Mietvertrages zusammen vermietet werden (z. B. Wohnung mit Laden, Gaststätte mit darüberliegender Gastwirtswohnung). **Bei einem** solchen **Mischmietverhältnis** entstehen Konkurrenzprobleme hinsichtlich der anzuwendenden Gesetzesbestimmungen. Um die rechtliche Einheit eines solchen Vertrages zu wahren, kann nur einheitlich hinsichtlich beider Raumteile entweder Wohnraum- oder Geschäftsraumrecht anwendbar sein. Nach h. M. **gilt** hier **die sog. Übergewichtstheorie**, d. h. das gesamte Mietverhältnis richtet sich einheitlich nach dem Recht desjenigen Raumteils, auf welchem nach dem Vertragszweck das Schwergewicht der Nutzung liegt. Dabei kommt es in erster Linie auf die Zweckbestimmung der Parteien, in zweiter Linie darauf an, ob der Mietzinsanteil des Wohnraumteils oder derjenige des Geschäftsraumteils größer ist; daneben ist auch das Verhältnis der Größe (Fläche) von Wohn- und Geschäftsraum bedeutsam (vgl. **BGH** ZMR 77, 244 = NJW 77, 1394 = WM 77, 234 = MDR 77, 745 zu § 10 MHG; ZMR 77, 150 = WM 77, 418; ZMR 79, 49 = MDR 79, 394 = NJW 79, 309 (L)), wobei offenblieb, ob für das Überwiegen in erster Linie der im Mietvertrag zum Ausdruck gekommene Parteiwille oder der objektive Mietwert über die Einordnung entscheidet (OLG Hamburg ZMR 79, 279: auch bei getrennten Verträgen, die aber eine wirtschaftliche Einheit und damit eine Vertragseinheit bilden; LG Mannheim ZMR 66, 107 = WM 66, 41 = MDR 66, 419 = DWW 66, 108; ZMR 74, 48; NJW 74, 1713 = MDR 74, 935 = WM 75, 15; AG Köln WM 73, 189; *Roquette* § 556 a, 3; *Weimar* NJW 65, 622 u. Betr. 72, 81; *Erman/Schopp*, Vorbem. zu § 535 BGB, 65). Tritt z. B. bei einer einheitlich vermieteten Gaststätte mit Wohnung der Wohnzweck gegenüber dem gewerblichen Nutzungszweck zurück, so findet auf das gesamte Mietobjekt (also auch auf die Wohnung) Geschäftsraumrecht Anwendung, so daß z. B. das Mieterhöhungsverfahren des MHG nicht gilt. Überwiegt dagegen der Wohnraumanteil, so beurteilen sich Kündigung und Mieterhöhungsrecht insgesamt nach Wohnraummietrecht, so daß das 2. WKSchG anwendbar ist. Es kann nicht 29 darauf ankommen, ob die verschiedenartigen Raumteile wirtschaftlich trennbar sind, vielmehr ist der Vertrag rechtlich einheitlich zu beurteilen, so daß auch die Rückgabe einheitlich erfolgen muß (zutreffend *Roquette* a. a. O., a. A. *Palandt/Putzo* Einf. 9 b vor § 535 BGB: bei trennbar vermieteten Sachen sollen für jeden Raumteil die dafür anwendbaren Vorschriften gelten). Für die rechtliche Einheit des Mischmietvertrages hat der auf Räumung klagende Vermieter die Beweislast (LG Mannheim WM 75, 70).

§ 29 a ZPO (ausschließliche sachliche und örtliche Zuständigkeit des Amtsgerichts bei Wohnraumklagen) findet nur Anwendung bei Mischmietverhältnissen, wenn der Wohnraumanteil überwiegt (h. M.; a. A. LG Kiel WM 76, 238: Geltung bei Mischmietverhältnissen unabhängig vom Überwiegen des Wohnraumanteils).

### 3. Begriffe Vermieter und Mieter

30  Unter **Vermieter und Mieter** sind grundsätzlich diejenigen Personen zu verstehen, welche den Mietvertrag selbst abgeschlossen haben.

31  a) **Vermieter** ist, wer durch Vertrag einem anderen gegen Entgelt Wohnraum überläßt. Der Vermieter braucht nicht Eigentümer des Hauses zu sein, in welchem sich der überlassene Wohnraum befindet; vielmehr kann auch ein Nichtberechtigter im eigenen Namen vermieten. Kann er den Gebrauch des vermieteten Raumes dem Mieter nicht verschaffen, so kommt eine Schadenersatzpflicht in Betracht. Unabhängig davon bleibt der Mietvertrag jedoch gültig. Auch der Mieter kann Vermieter sein, wenn er den ihm überlassenen Wohnraum ganz oder teilweise an einen Dritten untervermietet.

32  Der Vermieter kann auch aus **mehreren Personen** bestehen, wenn diese gemeinschaftlich beim Abschluß des Mietvertrages zusammenwirken (z. B. Miteigentümergemeinschaft, Eheleute). Die Vermieterstellung steht bei einer gemeinschaftlichen Vermietung allen Vermietern gemeinschaftlich zu, so daß sie ihre Rechte (z. B. Kündigung, Mieterhöhung) nur gemeinschaftlich ausüben können. Eine Kündigungs- oder Mieterhöhungserklärung, welche nur von einem von ihnen erklärt ist, ist unwirksam (allg. M.). Ist eine Erbengemeinschaft Vermieter, so kann das Recht zur Mieterhöhung gem. §§ 2 ff. MHG von einem Miterben ausgeübt werden, wenn die Zustimmung (im Falle des § 2 MHG) bzw. die Zahlung gegenüber allen Miterben verlangt wird (§ 2039 BGB, welcher auch bei außerprozessualer Geltendmachung von zum Nachlaß gehörenden Ansprüchen anwendbar ist). Dasselbe gilt für die Klageerhebung bezüglich der Mieterhöhung (LG Stuttgart, Urt. v. 25. 11. 76 – 16 S 123/76). Auf eine Kündigung ist jedoch § 2039 BGB nicht anwendbar.

33  Anders ist es, wenn die Erklärung von nur einem Vermieter ausgesprochen ist, der Ausspruch aber in Vollmacht der anderen Vermieter erfolgt (§ 164 Abs. 1 BGB). Die **Vertretung** muß nach außen hin erkennbar gemacht werden (z. B. durch Beifügung von „i. V." vor dem Namen). Der Vermieter kann sich

grundsätzlich bei Abgabe einer Kündigungs- oder Mieterhöhungserklärung vertreten lassen. Der Vertreter muß bevollmächtigt sein und nach außen erkennbar machen, daß er im Namen des Vertretenen auftritt (§ 164 Abs. 1 S. 1 BGB). Erklärt ein Hausverwalter die Kündigung eines Mietverhältnisses, so setzt ihre Wirksamkeit voraus, daß dabei erkennbar für den Vermieter gehandelt wurde und die Verwaltervollmacht die Kündigungsbefugnis umfaßt; fehlt die Vertretervollmacht, so kommt eine wirksame Genehmigung durch den Vermieter nicht mehr in Betracht, sobald der Mieter die Erklärung wegen des fehlenden Vollmachtnachweises gem. § 174 BGB unverzüglich zurückweist (LG Mannheim MDR 74, 584).

Vermieter kann der Ehemann allein sein, wenn die Ehefrau im Rahmen der **Schlüsselgewalt** (§ 1357 BGB), also im Rahmen ihres häuslichen Wirkungskreises, einzelne Zimmer der Ehewohnung untervermietet (KG JW 32, 3009; *Palandt/Diederichsen* § 1357 Anm. 2 b, aa). Nicht unter den häuslichen Wirkungskreis der Ehefrau fallen jedoch das Anmieten und die Kündigung der ehelichen Wohnung oder eines Ferienappartements (LG Flensburg NJW 73; 1085; LG Kiel JW 33, 185; *Erman/Bartholomeyczik* § 1357 BGB 12; a. A. OLG Celle HRR 32, 237). 34

„Vermieter" ist auch derjenige, **der die Vermieterstellung** von einem anderen **erworben hat.** Dies kann z. B. sein: 35

aa) der Erbe des verstorbenen ursprünglichen Vermieters (§ 1922 BGB);

bb) der **Grundstückserwerber,** an den der Vermieter nach Überlassung an den Mieter das Grundstück veräußert hat (§ 571 Abs. 1 BGB). Beachtlich ist, daß eine solche Veräußerung erst mit der Eintragung im Grundbuch vorliegt, so daß der Erwerber erst nach diesem Zeitpunkt eine wirksame Kündigung oder Mieterhöhungserklärung abgeben kann (LG Mannheim ZMR 77, 284 = MDR 77, 933; LG Wiesbaden ZMR 79, 145; LG Hannover WM 79, 220; AG Heidelberg WM 76, 15; AG Lennestadt WM 78, 175). Unerheblich ist dabei, ob die Nutzungen nach dem Veräußerungsvertrag schon früher auf den Erwerber übergehen sollen (LG Wiesbaden a. a. O.; LG Hannover a. a. O.). Der Erwerber kann vor seiner Eintragung auch mit Einwilligung des Voreigentümers nicht kündigen, da § 185 Abs. 1 und 2 BGB auf die Kündigung unanwendbar sind (LG Hamburg WM 77, 260). Wer noch nicht Eigentümer ist, erlangt die Vermieterstellung nur durch Vertrag mit dem Voreigentümer (Vermieter) unter Zustimmung des Mieters (LG Kiel WM 77, 228). Er kann nicht den Verkäufer (künftigen Veräußerer) für ihn berechtigte Interessen geltend machen lassen (vgl. § 564 b BGB Rn 53 a). Auch kann der Verkäufer den Käufer, der noch nicht Eigentümer ist, ermächtigen, ein Mieterhöhungsverlangen für ihn zu stellen (LG Wiesbaden a. a. O.);

cc) der Erwerber eines zum vollen Gebrauch berechtigenden und nach Überlassung an den Mieter begründeten dinglichen Rechts (Nießbrauch, Erbbaurecht, dingliches Wohnrecht, Dauerwohnrecht), vgl. § 577 S. 1 BGB.

Dies gilt nicht bei bloßer Beeinträchtigung des vertragsmäßigen Gebrauchs des Mieters durch eine Grunddienstbarkeit oder eine beschränkte persönliche Dienstbarkeit (§ 577 S. 2 BGB);

dd) der Erwerber des Eigentums oder eines zu cc) genannten dinglichen Rechts, der das Recht schon vor Überlassung an den Mieter erworben hat, soweit er sich dem Vermieter gegenüber vertraglich zur Übernahme der Vermieterstellung verpflichtet hat (§ 578 BGB);

ee) der Dritterwerber bei Weiterveräußerung eines solchen dinglichen Rechts durch den Erwerber (§ 579 BGB);

ff) der Ersteher des vermieteten Grundstücks bei Zwangsversteigerung (§ 90 ZVG).

Der Erwerb der Vermieterstellung erfolgt jeweils zeitlich mit dem Erwerb des dinglichen Rechts (vgl. LG Köln WM 75, 128: Erwerb des Anspruchs auf Zustimmung zur Mieterhöhung erst mit Grundbucheintragung) und für dessen Dauer. Jedoch kann das Kündigungsrecht als Ausschnitt aus dem Vermieterrecht allein nicht übertragen werden (LG Kiel WM 77, 228; AG Köln WM 76, 203 m. zust. Anm. *Weimar,* unter Hinweis auf die Möglichkeit, einen Dritten zu ermächtigen, das Kündigungsrecht im eigenen Namen auszuüben); daher ist die Abtretung des Räumungsanspruchs des Hauseigentümers an den Hauptmieter unzulässig (LG Ravensburg WM 77, 259). Eine Kündigungsbeschränkung (Kündigung z. B. nur bei schuldhafter Pflichtverletzung möglich) geht gem. § 571 BGB auf den Erwerber über, auch wenn Veräußerer ein Wohnungsunternehmen und Erwerber eine Privatperson sind; der Erwerber kann sich nicht auf Wegfall der Geschäftsgrundlage berufen, da dies Vertragsinhalt wurde (LG Kaiserslautern MDR 83, 56).

35a Der **Veräußerer kann,** um **dem Mieter** eines unbefristeten Mietverhältnisses den geschützten **Wohnungsbesitz** über die Veräußerung hinaus zu **erhalten,**

aa) durch Änderungsvertrag mit dem Mieter das (ordentliche) Kündigungsrecht z. B. wegen Bedarfsgründen jeglicher Art überhaupt oder für bestimmte Zeit ausschließen;

bb) vor der Veräußerung durch Änderungsvertrag mit dem Mieter einen befristeten Mietvertrag schließen, wobei bei längerer Befristung als ein Jahr die Schriftform des § 566 BGB zu beachten ist;

cc) durch Vertrag den Erwerber auf sein Kündigungsrecht wegen Bedarfsgründen auf bestimmte Zeit verzichten lassen (Vertrag zugunsten Dritter). Bei Verzicht über ein Jahr hinaus gilt § 566 BGB nicht (RGZ 103, 283).

35b Bei **Veräußerung an mehrere Erwerber** treten diese in ihrer Gesamtheit (Gesamtgläubiger bzw. Gesamtschuldner) in die Vermieterstellung ein (BGH NJW 73, 455), so daß es ein **einheitliches Mietverhältnis** bleibt. Dies gilt auch, wenn reale Teile des Mietobjekts (z. B. Wohnung und Garage) jeweils an verschiedene Erwerber veräußert werden (RGZ 124, 195; AG Nürnberg WM 83, 144). Daher müssen z. B. für eine Kündigung bzw. Mieterhöhungserklärung alle

Erwerber zusammenwirken; die Kündigung kann sich nur auf das Gesamtobjekt beziehen, so daß eine Teilkündigung des Teilobjekts unzulässig ist.

b) **Mieter** von Wohnraum ist der Partner eines Mietvertrags, welchem der Wohnraum überlassen wurde. Auch die Mietpartei kann aus mehreren Personen bestehen (Hauptfall: Ehepaar). In diesem Falle müssen alle rechtsgeschäftlichen Erklärungen allen Mietern gegenüber abgegeben werden. Wird eine Kündigungs- oder Mieterhöhungserklärung des Vermieters nur an einen von mehreren Mietern gerichtet, so ist sie unwirksam (allg. M). Formularmietverträge enthalten jedoch oft die Klausel, daß bei Ehegatten als Mietern eine Erklärung auch dann wirksam ist, wenn sie nur einem der Mieter zugeht. Diese Bevollmächtigungsklausel ist für eine Kündigung des Mietverhältnisses nicht anwendbar, denn die Bevollmächtigung gilt nur im Rahmen des fortbestehenden Mietverhältnisses, nicht jedoch für eine das Mietverhältnis beendigende Erklärung (OLG Hamburg BlGBW 61, 334; *Sternel* II 405 m. w. N.; *Schmidt-Futterer/Blank* B 44). Über die Wirksamkeit dieser Bevollmächtigungsklausel bei der Mieterhöhungserklärung vgl. § 2 MHG Rn 53. Ist ein Ehegatte alleiniger Mieter der ehelichen Wohnung, so kann er das Mietverhältnis auch allein kündigen, da die Ehewohnung nicht zu den Gegenständen des ehelichen Haushalts i. S. des § 1369 BGB gehört (LG Stuttgart FamRZ 77, 200; a. A. LG Bamberg FamRZ 57, 258). 36

Mieter ist auch derjenige, welcher die **Mieterstellung** von einem anderen **erworben hat,** insbesondere: 37

aa) wer durch Vertrag mit dem Vermieter an Stelle eines bisherigen Mieters in dessen Mietrecht eintritt;

bb) der Erbe eines verstorbenen ursprünglichen Mieters (§ 1922 BGB); vgl. über das vorzeitige Kündigungsrecht des Erben und des Vermieters § 569 BGB;

cc) wer als Ehegatte oder Familienangehöriger gem. § 569 a BGB an Stelle des verstorbenen Mieters dessen Rechtsnachfolger wird;

dd) wer als überlebender Ehegatte bei gemeinschaftlich gemietetem Wohnraum an Stelle des verstorbenen Ehegatten gem. § 569 b BGB dessen Rechtsnachfolger wird.

### 4. Räumlicher Geltungsbereich 38

Das Gesetz gilt grundsätzlich **im gesamten Bundesgebiet** einschließlich Berlin (ohne Rücksicht auf örtliche Wohnungsfehlbestände).

Das Gesetz enthält jedoch auch **örtliche Sonderregelungen.** So gilt § 6 MHG nur im Saarland, Art. 6 nur in der kreisfreien Stadt und im Landkreis München sowie in der Freien und Hansestadt Hamburg. In Berlin gilt das Gesetz nur für mieterschutzfreie Mietverhältnisse (vgl. Art. 5). 39

## 5. Zeitlicher Geltungsbereich

40 Das 2. WKSchG trat am 1. 1. 1975 in Kraft (Art. 8 Abs. 1) und gilt (im Gegensatz zum 1. WKSchG) **als Dauerrecht** (Über die gesetzgeberischen Erwägungen bezüglich der Dauerrechtsregelung vgl. oben Rn 4). Es gilt auch für solche Mietverhältnisse, die bei seinem Inkrafttreten schon bestanden haben (Art. 4 Abs. 1). Dies ist als sog. unechte Rückwirkung verfassungsrechtlich zulässig.

41 Die ab 1. 1. 1983 in Kraft getretenen Neuregelungen des MWoAEG (betr. vorwiegend § 564 c BGB, §§ 2 und 10 MHG) gelten ebenfalls als Dauerrecht.

42 Zeitlich **befristet** (bis 31. 12. 1976) galt jedoch Art. 6 (Sonderregelung des Vergleichsmietenverfahrens für München und Hamburg).

In Berlin trat, soweit dem Mieterschutz unterliegende Mietverhältnisse betroffen sind, das Gesetz (Art. 1 bis 4) mit Wegfall des Mieterschutzes ab 1. 1. 1976 in Kraft (vgl. Art. 8 Abs. 2).

43 Über die gesetzgeberischen Absichten nach 4jähriger Geltungsdauer des Gesetzes vgl. oben Rn 5.

## § 564 b BGB (Berechtigtes Interesse bei Vermieterkündigung)

(1) Ein Mietverhältnis über Wohnraum kann der Vermieter vorbehaltlich der Regelung in Absatz 4 nur kündigen, wenn er ein berechtigtes Interesse an der Beendigung des Mietverhältnisses hat.

(2) [1]Als ein berechtigtes Interesse des Vermieters an der Beendigung des Mietverhältnisses ist es insbesondere anzusehen, wenn

1. der Mieter seine vertraglichen Verpflichtungen schuldhaft nicht unerheblich verletzt hat;
2. der Vermieter die Räume als Wohnung für sich, die zu seinem Hausstand gehörenden Personen oder seine Familienangehörigen benötigt. [2]Ist an den vermieteten Wohnräumen nach der Überlassung an den Mieter Wohnungseigentum begründet und das Wohnungseigentum veräußert worden, so kann sich der Erwerber auf berechtigte Interessen im Sinne des Satzes 1 nicht vor Ablauf von drei Jahren seit der Veräußerung an ihn berufen;
3. der Vermieter durch die Fortsetzung des Mietverhältnisses an einer angemessenen wirtschaftlichen Verwertung des Grundstücks gehindert und dadurch erhebliche Nachteile erleiden würde. [2]Die Möglichkeit, im Falle einer anderweitigen Vermietung als Wohnraum eine höhere Miete zu erzielen, bleibt dabei außer Betracht. [3]Der Vermieter kann sich auch nicht darauf berufen, daß er Miträume im Zusammenhang mit einer beabsichtigten oder nach Überlassung an den Mieter erfolgten Begründung von Wohnungseigentum veräußern will.

(3) Als berechtigte Interessen des Vermieters werden nur die Gründe berücksichtigt, die in dem Kündigungsschreiben angegeben sind, soweit sie nicht nachträglich entstanden sind.

(4) [1]Bei einem Mietverhältnis über eine Wohnung in einem vom Vermieter selbst bewohnten Wohngebäude mit nicht mehr als zwei Wohnungen kann der Vermieter das Mietverhältnis kündigen, auch wenn die Voraussetzungen des Absatzes 1 nicht vorliegen. [2]Die Kündigungsfrist verlängert sich in diesem Fall um drei Monate. [3]Dies gilt entsprechend für Mietverhältnisse über Wohnraum innerhalb der vom Vermieter selbst bewohnten Wohnung, sofern der Wohnraum nicht nach Absatz 7 von der Anwendung dieser Vorschriften ausgenommen ist. [4]In dem Kündigungsschreiben ist anzugeben, daß die Kündigung nicht auf die Voraussetzungen des Absatzes 1 gestützt wird.

(5) Weitergehende Schutzrechte des Mieters bleiben unberührt.

(6) Eine zum Nachteil des Mieters abweichende Vereinbarung ist unwirksam.

(7) Diese Vorschriften gelten nicht für Mietverhältnisse:
1. über Wohnraum, der zu nur vorübergehendem Gebrauch vermietet ist,
2. über Wohnraum, der Teil der vom Vermieter selbst bewohnten Wohnung ist und den der Vermieter ganz oder überwiegend mit Einrichtungsgegenstän-

## § 564 b BGB

den auszustatten hat, sofern der Wohnraum nicht zum dauernden Gebrauch für eine Familie überlassen ist,

3. über Wohnraum, der Teil eines Studenten- oder Jugendwohnheims ist.

### Übersicht*

| | | Rn |
|---|---|---|
| I. | Zweck | 1, 2 |
| II. | Anwendungsbereich | |
| | 1. Anwendung auf alle geschützten Wohnraummietverhältnisse | 3–7 |
| | 2. Unbefristete Mietverhältnisse | 8 |
| | 3. Bei jeder Kündigung eines Wohnraummietverhältnisses anwendbare Rechtssätze | 9–19 |
| | 4. Anwendung auf alle Kündigungen, ausgenommen fristlose | 20 |
| | 5. Räumlicher und zeitlicher Anwendungsbereich | 21 |
| | 6. Kündigung durch den Vermieter gegenüber dem Mieter | 22, 23 |
| III. | Nicht geschützte Mietverhältnisse (Abs. 7) | 24, 25 |
| | 1. Zu vorübergehendem Gebrauch vermieteter Wohnraum | 26–32 |
| | 2. Möblierter Wohnraum alleinstehender Mieter innerhalb der Vermieterwohnung | 33–46 |
| | 3. Mietverhältnis über Wohnraum in Studenten- oder Jugendwohnheim | 47 |
| IV. | Sonstige Schutzrechte des Mieters (Abs. 5) | 48–51 |
| V. | Berechtigte Interessen an der Beendigung (Abs. 2) Allgemeines | 52–54 |
| | 1. Pflichtverletzung des Mieters (Abs. 2 Nr. 1) | 55–66 |
| | 2. Eigenbedarf (Abs. 2 Nr. 2) | 67–88 |
| | 3. Hinderung wirtschaftlicher Verwertung (Abs. 2 Nr. 3) | 89–101 |
| | 4. „Sonstige" berechtigte Interessen | 102–120 |
| | Vorbemerkung | 102, 103 |
| | a) Betriebsbedarf | 104–113 |
| | b) Heimbedarf | 114–116 |
| | c) Wegfall der Zweckbindung für bestimmte Personenkreise | 117–118 |
| | d) Erfüllung öffentlich-rechtlicher Pflichten | 119, 120 |

---

\* Über die Voraussetzungen des Räumungsanspruchs bei einzelnen Fallkonstellationen vgl. die Übersichten und das Schaubild im Anhang II.

| | | |
|---|---|---|
| VI. | Geltendmachung berechtigter Interessen | |
| | 1. Vorhandensein berechtigter Interessen ................. | 121–128 |
| | 2. Benennung berechtigter Interessen im Kündigungsschreiben (Abs. 3) ....................... | 129–136 |
| | 3. Nachträglich entstandene berechtigte Interessen (Abs. 3 Hs. 2) ............................................. | 137–147 |
| VII. | Sonderkündigungsrecht bei Einliegern (Abs. 4) | |
| | 1. Entstehungsgeschichte, Zweck und Allgemeines ........... | 148–152 |
| | 2. Wohngebäude mit nicht mehr als zwei Wohnungen ........ | 153–159 |
| | 3. Vom Vermieter selbst bewohntes Wohngebäude .......... | 160–167 |
| | 4. Mietverhältnis über eine Wohnung .................... | 168 |
| | 5. Geschützter Mieter innerhalb der Vermieterwohnung (S. 3) .. | 169–173 |
| | 6. „Form" der Sonderkündigung (S. 4) ................... | 174–179 |
| | 7. Wirkung der Sonderkündigung ...................... | 180–193 |
| | 8. Beweislast ....................................... | 194 |
| VIII. | Abweichende Vereinbarungen (Abs. 6) ................... | 195–199 |
| IX. | Der Räumungsprozeß ................................ | 200 |
| | 1. Zuständigkeit .................................... | 201–203 |
| | 2. Klagantrag ...................................... | 204–214 |
| | 3. Schlüssigkeit der Räumungsklage .................... | 215–219 |
| | 4. Gerichtliche Entscheidung .......................... | 220–226 |
| | 5. Entscheidung über Räumungsfrist .................... | 227–230 |
| | 6. Rechtsmittel .................................... | 231–233 |
| | 7. Vollstreckungsschutz .............................. | 234–236 |
| | 8. Vollstreckung des Räumungstitels .................... | 237–237b |
| X. | Schadenersatzpflicht bei unberechtigter Kündigung | |
| | 1. Rechtspflicht des Vermieters zu wahrheitsgemäßer Angabe des Kündigungsgrundes einschl. rechtlicher Überprüfungspflicht, Mitteilungspflicht bei Wegfall des Kündigungsgrundes, Leistungstreuepflicht ............... | 238–241 |
| | 2. Schadenersatz aus positiver Vertragsverletzung ........... | 242–244 |
| | 3. Schadenersatz aus unerlaubter Handlung ................ | 245–250 |
| | 4. Verschulden ..................................... | 251, 252 |
| | 5. Schadensentstehung durch schuldhafte Pflichtverletzung ... | 253, 254 |
| | 6. Schadensumfang (Schutzbereich) ..................... | 255 |
| | 7. Mitverschulden des Mieters (§ 254 BGB) ................ | 256–258 |
| | 8. Zuständigkeit des Amtsgerichts? ..................... | 259 |
| | 9. Schadenersatzanspruch des Vermieters bei unberechtigter Kündigung des Mieters ............................. | 260 |
| | 10. Mietzinsanspruch nach Auszug auf Grund unberechtigter Kündigung ....................................... | 261 |

11. Anspruch auf erneute Überlassung der Wohnung nach Auszug .................................... 262
12. Recht zur fristlosen Kündigung für Mieter nach unberechtigter Vermieterkündigung .................. 263

## I. Zweck

1 Der in Artikel 1 des 2. WKSchG eingeführte § 564 b BGB geht auf § 1 des 1. WKSchG zurück. Die Vorschrift wurde wegen ihrer besonderen Bedeutung als Dauerrecht in das BGB übernommen und dort im systematischen Zusammenhang mit den allgemeinen Kündigungsregelungen des Mietrechts verankert. Wegen der **überragenden Bedeutung der Wohnung als Lebensmittelpunkt** bezweckt der Gesetzgeber den **Schutz des vertragstreuen Mieters vor willkürlichen Kündigungen** (vgl. Begründung des Regierungsentwurfs, Allgemeines, A). Er hielt den Kündigungsschutz für erforderlich, unabhängig davon, ob die Lage auf dem Wohnungsmarkt als ausgeglichen anzusehen ist. Denn jeder Wohnungswechsel bringt für den Mieter regelmäßig nicht unbeträchtliche Kosten und sonstige meist erhebliche Unzuträglichkeiten mit sich. Eine Belastung des vertragstreuen Mieters mit solchen Kosten und Unzuträglichkeiten ist bei der Bedeutung der Wohnung in einem sozialen Rechtsstaat nur gerechtfertigt, wenn der Vermieter ein berechtigtes Interesse an der Kündigung hat (vgl. Regierungsentwurf, Allgemeines, II 1).

2 Grundsätzlich besteht uneingeschränkter Kündigungsschutz. Der Kündigungsschutz ist jedoch eingeschränkt im Falle des Abs. 4, wonach dem Vermieter wegen des besonders engen Zusammenwohnens mit seinem Mieter ein Sonderkündigungsrecht zusteht, bei dessen Ausübung er keine berechtigten Interessen anzugeben hat.

## II. Anwendungsbereich

### 1. Anwendung auf alle geschützten Wohnraummietverhältnisse

3 Bei § 564 b BGB handelt es sich um die wichtigste Kündigungsschutzvorschrift des sozialen Mietrechts. Sie bedeutet eine Beschränkung des freien Kündigungsrechts des Vermieters eines Wohnraummietverhältnisses.

4 Sie gilt im gesamten Bundesgebiet und findet auf alle **Wohnraummietverhältnisse** (über den Begriff vgl. Einf. vor Art. 1 Rn 24—29) Anwendung, soweit sie dem Kündigungsschutz unterliegen (**geschützte Mietverhältnisse**). Nicht geschützt sind die in Abs. 7 aufgeführten Mietverhältnisse (vgl. die Erläuterungen unten zu III); für sie gilt der Kündigungsschutz nicht.

5 Die Unterscheidung zwischen nicht preisgebundenem und preisgebundenem Wohnraum, welche für den Anwendungsbereich des MHG maßgebend ist (vgl.

Einf. vor § 1 MHG Rn 30), spielt für den Kündigungsschutz keine Rolle. Daher unterliegen **auch preisgebundene Wohnungen, insbesondere Sozialwohnungen,** den Kündigungsschutzvorschriften. Ebensowenig ist entscheidend, ob es sich um ein Haupt- oder Untermietverhältnis handelt, da Untermietverhältnisse (d. h. die Weitervermietung der vermieteten Sache oder eines Teiles davon durch den Mieter an einen Dritten) auch Mietverhältnisse sind. Allerdings werden bei Untermietverhältnissen oftmals die Voraussetzungen des Abs. 7 (Ausnahme vom Kündigungsschutz) vorliegen.

Der Kündigungsschutz gilt nur bei einem zwischen den Parteien bestehenden Mietverhältnis. Er findet daher keine Anwendung im Verhältnis zwischen Vermieter und **Untermieter** (AG Stuttgart WM 74, 180), so daß der Räumungsanspruch des Vermieters gemäß § 556 Abs. 3 BGB unbeschränkt gegenüber dem Untermieter geltend gemacht werden kann. 6

Erfaßt werden auch **Werkmietverhältnisse** (LG Ravensburg WM 77, 259; *Bormann/Schade/Schubart* Anm. 2) und Mietverhältnisse auf Grund von Werksförderungsverträgen. Dasselbe gilt für Verträge über die Unterkunft in **Wohnheimen,** soweit nicht neben dem Wohnzweck andere Zwecke (Betreuung, Verpflegung, Fürsorge, Pflege) überwiegen (vgl. *Schmidt-Futterer* MDR 75, 91). Über die Anwendung des Gesetzes bei Heimverträgen vgl. Einf. Rn 27. 7

Erfaßt werden auch Genossenschaftswohnungen, auch nach Beendigung der Mitgliedschaft des Genossen (LG Bremen WM 75, 149 z. fr. R.).

## 2. Unbefristete Mietverhältnisse

Gegenstand der Regelung des § 564 b BGB ist die Kündigung durch den Vermieter. Betroffen sind daher nur die kündbaren, also die **unbefristeten Mietverhältnisse.** Das sind Mietverhältnisse, bei denen die Vertragsdauer nicht auf eine bestimmte Zeit festgelegt ist und die ihre Beendigung auch nicht mit dem Eintritt eines Ereignisses finden, sondern die auf unbestimmte Zeit abgeschlossen sind. Bei einem unbefristeten Mietvertrag kann das Kündigungsrecht des Vermieters (zeitlich unbeschränkt) ausgeschlossen sein; es liegt dann ein Vertrag für eine längere Zeit als 30 Jahre vor, so daß gem. § 567 BGB nach 30 Jahren gekündigt werden kann (AG Ibbenbüren WM 83, 27 (L)). 8

Die Vorschrift des § 564 b BGB ist **auch** anwendbar **auf Mietverhältnisse auf bestimmte Zeit mit Verlängerungsklausel** (gleichgültig, ob die Verlängerung auf bestimmte oder unbestimmte Zeit, einmalig oder mehrmals vereinbart ist), und zwar für die Erklärung des Vermieters, durch welche die Verlängerung über die vereinbarte Mietzeit hinaus ausgeschlossen werden soll („Nichtverlängerungserklärung") als auch während der Dauer eines Verlängerungszeitraums. Befristete Mietverhältnisse mit Verlängerungsklausel sind insoweit — soweit es nicht die Mietzeit selbst betrifft — **unbefristeten** Mietverhältnissen **gleichzusetzen,** da sie diesen wirtschaftlich näher stehen als den befristeten ohne Verlängerungsklausel. Daß für 8a

**§ 564 b BGB,** 8a

sie der Bestandsschutz (§§ 564 a, 564 b, 565 Abs. 2 BGB) gelten soll, ist aus dem zweimaligen Gebrauch des Wortes „Kündigung" in § 565 a Abs. 1 BGB zu folgern, so daß die „Nichtverlängerungserklärung" des Vermieters zumindest im Bereich der Wohnraummietverhältnisse als echte Kündigung den genannten Erfordernissen bezüglich Form, Frist und berechtigter Interessen entsprechen muß. Der Gesetzgeber hat zudem bei Schaffung des § 564 b BGB eindeutig seinen Willen zum Ausdruck gebracht, diese Vorschrift auch auf befristete Mietverhältnisse mit Verlängerungsklausel anzuwenden (vgl. Begr. des Reg.-Entw. und Bericht des Rechtsausschusses zu § 564 b BGB). Dies entspricht jetzt herrschender Meinung (vgl. LG Mannheim ZMR 74, 333; LG Itzehoe WM 75, 169 z. fr. R.; LG Gießen ZMR 77, 157 = NJW 76, 1455; AG Köln WM 74, 76; AG Würzburg WM 78, 191; AG Detmold NJW 74, 242; AG Pinneberg WM 79, 193 für einen vor dem 28. 11. 71 geschlossenen Mietvertrag; LG Detmold NJW 74, 272 z. fr. R.; m. zust. Anm. *Lutz* NJW 74, 651; *Goch* ZMR 78, 134; *Gundlach* ZMR 77, 134; *Lehmann* NJW 74, 2117; *Roesch* WM 77, 177, jeweils in Aufsätzen; *Löwe* NJW 72, 2109; *Häussler* DWW 71, 379; *Palandt/Putzo* Anm. 2 b, § 565 a Anm. 1 a; *Schmidt-Futterer/ Blank* B 24, 619; *Staudinger/Sonnenschein* 14: wenn auch die Nichtverlängerungserklärung eigentlich keine echte Kündigung sei; *Sternel* IV 175, 194; *Bormann/ Schade/Schubart* Anm. 2; verneinend: LG Kaiserslautern ZMR 75, 306 = NJW 75, 1325 z. fr. R.; LG Wuppertal NJW 76, 2215 = MDR 76, 495 z. fr. R.; vgl. zum früheren Recht auch BGH NJW 75, 40 = ZMR 75, 140; *Pergande* § 556 b Anm. 7; *Barthelmess* NJW 74, 1230). Die Gegenmeinung, die der Nichtverlängerungserklärung den Charakter einer (echten) Kündigung abspricht, versagte befristeten Mietverhältnissen mit Verlängerungsklausel, die vor dem Stichtag des Art. 2 des 2. WKSchG (28. 11. 1971) eingegangen wurden, jeglichen Kündigungsschutz vor Verlängerungseintritt und unterstellte die später eingegangenen dem Bestandsschutz von Art. 2, § 556 b BGB.

Der Streit um die Frage, ob die Nichtverlängerungserklärung eine (echte) Kündigung oder nur eine bloße Beendigungserklärung mit der Wirkung des Ausschlusses der Mietvertragsverlängerung ist, dürfte in Anbetracht der eindeutigen Absicht des Gesetzgebers bei Einführung des 2. WKSchG (vgl. oben) für den Bereich der Wohnraummietverhältnisse als erledigt zu betrachten sein. Zu Recht wendet die h. M. (*Palandt/Putzo* Anm. 2 a; *Roquette,* 8; *Staudinger/Sonnenschein* 5; je zu § 556 a BGB; *Schmidt-Futterer/Blank* B 26; *Sternel* IV 197; a. A.: *Pergande* Anm. 4; *Erman/Schopp* § 556 b BGB Anm. 2) hierbei für den Kündigungswiderspruch des Mieters § 556 a BGB an. Ebenso gilt der Kündigungsausschluß gem. § 1 MHG. Abweichende Vereinbarungen sind unwirksam (§ 565 a Abs. 2 BGB).

Für die Fristberechnung der Nichtverlängerungserklärung gilt § 193 BGB (BGH ZMR 75, 140 = NJW 75, 40).

## 3. Bei jeder Kündigung eines Wohnraummietverhältnisses anwendbare Rechtssätze

Die Vorschrift regelt nur einen Teilbereich des Rechts der (ordentlichen) Kündigung eines Wohnraummietverhältnisses. Sie steht **im Zusammenhang mit anderen Vorschriften, welche die Kündigung** eines Wohnraummietverhältnisses **regeln, insbesondere den §§ 564, 564 a, 565 BGB.** Durch Eingliederung der Vorschrift in das Mietrecht des BGB wurde dieser Sachverhalt auch äußerlich manifestiert.

Durch die Einschränkung der Kündigungsmöglichkeit gem. § 564 b BGB werden die sonstigen Erfordernisse für die Kündigung von Wohnraummietverhältnissen nicht berührt, so z. B. die **Zustimmungsbedürftigkeit** gem. öffentlich-rechtlicher Grundlage oder bei Werkförderungsverträgen (vgl. *Schopp* ZMR 75, 98). Eine etwa erforderliche Zustimmung muß daher schon zum Zeitpunkt des Kündigungsausspruchs vorliegen, andernfalls die Kündigung unwirksam ist.

Ist eine **Kündigung** des Vermieters schon **aus anderen (allgemeinen) Gründen unwirksam,** z. B. wegen Verstoßes gegen Treu und Glauben (vgl. AG Aachen WM 75, 170 bei widersprüchlichem Verhalten) oder gegen die guten Sitten (vgl. §§ 242, 138 Abs. 1 BGB) oder wegen der Absicht der Mieterhöhung (vgl. § 1 S. 1 MHG), so kommt es auf das Vorliegen berechtigter Interessen nicht mehr an. Über Fälle der Unzulässigkeit (Nichtigkeit) einer Kündigung vgl. *Pergande* § 564 Anm. 8, über den Ausschluß des Kündigungsrechts bei Baukostenzuschüssen und bei LAG-Darlehen derselbe, a. a. O. Anm. 8 a und 8 b. Es können auch bestimmte Kündigungsgründe vertraglich ausgeschlossen sein (z. B. wenn bei Vertragsschluß vereinbart wird, daß der Mieter die Wohnung später nicht wegen eines Raumbedarfs für die Kinder des Vermieters verlassen muß); stützt der Vermieter eine Kündigung gleichwohl auf solche Gründe, so ist die Kündigung mangels berechtigten Interesses unwirksam (LG Mannheim WM 75, 72 z. fr. R.). Somit kann der Vermieter durch Verzichtsvertrag auf bestimmte Kündigungsgründe verzichten, wobei der Verzicht nicht der Schriftform des § 566 BGB bedarf, weil er nicht die Dauer des Mietverhältnisses regelt (LG Mannheim ZMR 78, 54 = WM 77, 258). Ein solcher Verzicht des Vermieters liegt z. B. darin, daß er beim Mietvertragsabschluß erklärt, weder er noch seine Kinder wollten in die Mietwohnung einziehen (AG Lahn-Gießen WM 78, 212).

So ist z. B. eine Kündigung wegen Verstoßes gegen Treu und Glauben unwirksam, wenn das Einverständnis des Mieters zu einer Mieterhöhung durch die Zusage des Vermieters über das weitere Verbleiben des Mieters in der Mietwohnung erwirkt wurde, der Vermieter jedoch gleichwohl kurze Zeit darauf kündigt (AG Walsrode WM 73, 118).

Hat ein Ehegatte die **eheliche Wohnung allein gemietet,** so kann er das Mietverhältnis auch allein kündigen, denn die Ehewohnung gehört nicht zu den Gegenständen des ehelichen Haushalts i. S. v. § 1369 BGB (LG Stuttgart FamRZ 77, 200; *Palandt/Diederichsen,* § 1369 BGB, Anm. 2 a; a. A. LG Bamberg FamRZ 57, 258).

**§ 564 b BGB,** 13+14

Ein Kündigungsausschluß könnte sich jedoch aus einer Anordnung des anderen Ehegatten gem. § 1357 Abs. 2 BGB ergeben.

Das **Kündigungsrecht** kann (als Ausschnitt aus dem Vermieterrecht) **nicht allein übertragen werden** (LG Kiel WM 77, 228; AG Köln WM 76, 203 m. zust. Anm. *Weimar; Schmidt-Futterer/Blank* B 52; anders aber bei Übertragung an den noch nicht eingetragenen Grundstückskäufer, vgl. eingehend *Fricke* ZMR 79, 65; *Staudinger/Sonnenschein* § 564 Rn 14; für Abtretbarkeit *Palandt/Heinrichs* § 413 Anm. 1 c, cc, m. w. N.). Daher ist auch der Räumungsanspruch des Hauseigentümers nicht an den Hauptmieter abtretbar (LG Ravensburg WM 77, 259).

13   **Allgemein** ist **bei jeder Kündigung eines Wohnraummietverhältnisses** rechtlich folgendes **zu beachten\***:

a) Der **Kündigungswille** muß **hinreichend klar in der Kündigungserklärung** zum Ausdruck kommen, wobei an Klarheit und Eindeutigkeit der Kündigungserklärung hohe Anforderungen zu stellen sind (AG Offenbach ZMR 78, 204). Die Kündigungserklärung kann nicht unter einer Bedingung erfolgen; sie ist unwiderruflich (vgl. *Palandt/Putzo* § 564 Anm. 3 a). Sie ist eine einseitige empfangsbedürftige Willenserklärung, so daß eine Zustimmung des Mieters nicht erforderlich ist. Schweigt der Mieter auf eine unwirksame Kündigung, so ist dies rechtlich unerheblich; einer Zurückweisung dieser Kündigung bedarf es nicht. Stimmt der Mieter jedoch einer unwirksamen Kündigung des Vermieters zu (z. B. auch durch schlüssiges Verhalten in Form der Räumung bis zum Kündigungstermin), so kommt damit ein Mietaufhebungsvertrag zustande.

14   b) Die Kündigung **bedarf der Schriftform** (§ 564 a Abs. 1 S. 1 BGB) und damit auch der Unterschrift des Vermieters. Die eigenhändige Unterschrift kann nicht durch automatische Fertigung ersetzt werden (vgl. § 8 MHG). In einer **Klagschrift (Räumungsklage)** kann eine **Kündigung** des Mietverhältnisses liegen, wenn dem Mieter eine vom Vermieter oder seinem Prozeßbevollmächtigten **unterzeichnete Abschrift** zugeht, die vom Prozeßbevollmächtigten **eigenhändig beglaubigt** wurde (Unterschrift) **und** zusätzlich für den Empfänger **eindeutig erkennbar** ist, daß (neben der Klage als Prozeßhandlung) eine Kündigung des Mietverhältnisses **als materiellrechtliche Willenserklärung** abgegeben worden ist (BayObLG (RE) ZMR 81, 333 = WM 81, 200 = DWW 81, 235 = NJW 81, 2197 = MRS 1 NR. 61; vgl. auch LG Hamburg WM 75, 57; LG Karlsruhe MDR 78, 672; LG Kiel WM 77, 228; dasselbe DWW 83, 50). Dasselbe gilt von einer **Kündigung durch** einen **Prozeßschriftsatz** während des Rechtsstreits, wenn dem Gegner eine vom Anwalt eigenhändig beglaubigte Abschrift zugeht,

---

\* Über die bei der Räumungsklage des Vermieters im Normalfall (Beendigung eines geschützten unbefristeten Wohnraummietverhältnisses durch ordentliche Kündigung des Vermieters) zu beachtenden materiellen und prozessualen Voraussetzungen und Besonderheiten vgl. die Übersicht RV im Anhang II, über die Voraussetzungen des Räumungsanspruchs in anderen Fällen vgl. die übrigen dort abgedruckten Übersichten sowie das Schaubild Seite 512.

wobei neben oder statt der Unterschrift unter den Beglaubigungsvermerk eine Unterschrift des Prozeßbevollmächtigten unter der Abschrift nicht erforderlich ist (OLG Hamm (RE) ZMR 82, 151 = WM 82, 44 = DWW 82, 23 = NJW 82, 452 = MRS 2 Nr. 94; OLG Zweibrücken (RE) ZMR 82, 112 = MDR 81, 585 = MRS 1 Nr. 69). Wenn auch der Beglaubigungsvermerk regelmäßig nur bezeugt, daß die Abschrift mit der Urschrift übereinstimmt, so ist entsprechend den Grundsätzen über die Rechtsmittel- und Rechtsmittelbegründungsschrift auch davon auszugehen, daß zugleich auch die Verantwortung für die in der Urkundenabschrift abgegebene Erklärung getragen werden soll. Vgl. zum Problem: *Deggau* ZMR 82, 291; *Schmidt* WM 81, 171; *Spangenberg* MDR 83, 807.

Schriftform ist nicht gewahrt, wenn die Kündigung im Verhandlungstermin zu Protokoll erklärt wird (LG Berlin ZMR 82, 238).

c) Die Kündigung soll den **Hinweis** an den Mieter enthalten, daß und in welcher Frist und Form er einen **Kündigungswiderspruch** gemäß § 556 a BGB einlegen kann (§ 564 a Abs. 2 BGB). Spätestens muß der Hinweis bis zum Ablauf der Widerspruchsfrist erfolgen, andernfalls kann der Mieter den Widerspruch noch bis zum ersten Termin des Räumungsrechtsstreits erheben (§ 556 a Abs. 6 S. 2 BGB). Der Hinweis kann durch Wiedergabe des vollständigen Wortlauts des § 556 a BGB geschehen (LG Rottweil MDR 80, 671). 15

d) Eine Kündigung über nur einen Teil der vermieteten Sache (z. B. einen einzelnen Raum einer Wohnung), d. h. eine **Teilkündigung,** ist nach h. M. grundsätzlich **unzulässig** (OLG Karlsruhe (RE) WM 83, 166; LG Mannheim ZMR 77, 27 = MDR 76, 581; dasselbe WM 80, 134). 16

e) Die Kündigung ist, wenn sie durch einen Vertreter erklärt wird und dieser eine **Vollmachtsurkunde** nicht mit der Kündigung zugleich vorlegt, unwirksam, wenn sie der Empfänger aus diesem Grunde unverzüglich zurückweist (§ 174 BGB). Dabei ist die Vollmachtsurkunde in Urschrift vorzulegen, Abschrift reicht nicht (BGH NJW 81, 1210 = WM 81, 258). Auch durch die nachfolgende Aufforderung zur Einsichtnahme in die beim Bevollmächtigten vorliegende Vollmachtsurkunde wird die Kündigung nicht wirksam (LG Mannheim Die Justiz 76, 511). 17

Die Mietvertragsklausel, wonach Willenserklärungen des einen Mieters auch für den anderen verbindlich sind **(Vollmachtsklausel),** ist nach h. M. für die Kündigung (durch nur einen Mieter) nicht anwendbar. Denn diese Vollmacht beruht auf dem Mietvertrag selbst und kann daher nicht solche Willenserklärungen decken, durch welche die Rechtsgrundlage der Vollmachterteilung beseitigt wird (vgl. OLG Hamburg BlGBW 61, 334; AG Offenbach ZMR 78, 204 m. Anm. *Schulz* m. w. N.; LG Hamburg WM 77, 184; LG Berlin MDR 83, 757 für Formularklausel; *Sternel* IV 5 und II 405).

f) Eine **Kündigung zum Zwecke der Mieterhöhung** ist **unwirksam** (§ 1 S. 1 MHG). Dies gilt auch dann, wenn ein höherer Mietzins durch den beabsichtigten Abschluß eines Mietvertrages mit einem Ersatzmieter angestrebt wird (vgl. § 564 b Abs. 2 Nr. 3 S. 2 BGB). 18

**19** g) Nicht jede wirksame Kündigung führt zu einer Beendigung des Mietverhältnisses. **Zieht der Mieter nach Beendigung des Mietverhältnisses** (im Falle der Kündigung also nach Ablauf der Kündigungsfrist) **nicht** aus dem gemieteten Wohnraum **aus,** setzt er vielmehr den Gebrauch der Mietsache fort, so **gilt das Mietverhältnis gem. § 568 BGB** als **auf unbestimmte Zeit verlängert** (Fiktion), falls nicht eine Vertragspartei (regelmäßig der Vermieter) seinen entgegenstehenden Willen innerhalb einer Frist von 2 Wochen dem anderen Teil gegenüber erklärt, wobei die 2-Wochenfrist für den Mieter mit der Fortsetzung des Gebrauchs, für den Vermieter mit dem Zeitpunkt beginnt, in welchem er von der Fortsetzung Kenntnis erlangt. Diese Vorschrift gilt für alle Fälle der Beendigung eines Mietverhältnisses, gleichgültig, ob auf Grund außerordentlicher oder ordentlicher Beendigung. Die Fiktion der Verlängerung des (alten) Mietverhältnisses auf unbestimmte Zeit tritt ohne Rücksicht auf den Parteiwillen ein, so daß der vereinbarte Inhalt des Mietvertrages weiter gilt.

Bei der der Fortsetzung des Mietverhältnisses widersprechenden Erklärung handelt es sich um eine formlose empfangsbedürftige Willenserklärung. Diese kann, wenn sie vom Vermieter ausgeht (Regelfall), in dem Bestehen auf der Räumungspflicht, in der Erklärung der Nichtfortsetzung des Mietverhältnisses, in der Gewährung einer Räumungsfrist (OLG Schleswig NJW 82, 449) oder in der Erhebung einer Räumungsklage liegen, wobei es nach h. M. auf den Zeitpunkt der Zustellung der Räumungsklage und nicht auf den der Einreichung, sofern die Zustellung demnächst erfolgt (vgl. §§ 270 Abs. 3, 495 ZPO), ankommt (vgl. zum Meinungsstand *Staudinger/Emmerich* § 568 BGB 20). Die **Widerspruchserklärung** kann nach h. M. schon vor Ablauf der Mietzeit abgegeben werden mit der Wirkung, daß sie nach dem Grundsatz von Treu und Glauben innerhalb der gesetzlichen Frist nicht wiederholt werden muß (BGH ZMR 66, 117, 241 = WM 65, 413; BGH LM Nr. 42 zu § 535 BGB (Bl. 4 f.); OLG Hamburg OLGE 36, 65; BayObLG (RE) ZMR 82, 16 = WM 81, 253 = MDR 82, 56 = NJW 81, 2759 = MRS 1 Nr. 80; h. M.), wobei ein „nicht nur loser zeitlicher Zusammenhang" mit dem Ende der Kündigungsfrist eingehalten werden muß (so BayObLG a. a. O.). Eine Treuwidrigkeit dürfte dann vorliegen, wenn man bei einer Fortsetzungswiderspruchserklärung bis zu ca. 3 bis 4 Wochen vor dem Ende des Mietverhältnisses eine Wiederholung der Erklärung innerhalb der gesetzlichen Frist verlangen wollte. Stets kommt es dabei auf die Umstände des Einzelfalles an (Dauer der Kündigungsfrist bzw. Laufzeit des befristeten Mietverhältnisses, Intensität der Widerspruchserklärung). **Keinesfalls** kann jedoch die Widerspruchserklärung schon **in dem Schreiben der ordentlichen Kündigung** des Vermieters enthalten sein, ebensowenig in der sog. Schlußmitteilung gem. § 564 c Abs. 2 Nr. 4 BGB. Sie kann **jedoch im Schreiben einer fristlosen Kündigung** durch eine darin enthaltene zusätzliche Kundgebung des der Gebrauchsfortsetzung entgegenstehenden Willens enthalten sein (Rechtsentscheide OLG Hamburg ZMR 81, 339 = WM 81, 205 = DWW 81, 264 = NJW 81, 2258 = MRS 1 Nr. 79 und OLG Schleswig ZMR 82, 144 = WM 82, 65 = NJW 82, 449 = MRS 2 Nr. 97).

Die Fortsetzungsfiktion des § 568 BGB kann abbedungen werden, auch durch allgemeine Geschäftsbedingung in einem Formularmietvertrag (OLG Hamm (RE) ZMR 83, 97 = WM 83, 48 = DWW 83, 19 = MDR 83, 319 = NJW 83, 826). Dem Vermieter ist zur Vermeidung der Versäumnis einer rechtzeitigen Widerspruchserklärung in jedem Falle eine solche **Abdingung** im Mietvertrag zu empfehlen, wenn dies nicht schon durch eine entsprechende Formularklausel geschieht.

Falls § 568 BGB nicht abbedungen wird, ist dem Vermieter im Falle der ordentlichen Kündigung eines unbefristeten Mietverhältnisses als auch im Falle der Beendigung eines befristeten Mietverhältnisses zur Vermeidung eines Rechtsnachteils (Nichteintritt der Beendigung des Mietverhältnisses) zu empfehlen, sich die Zeit für die Abgabe der Fortsetzungswiderspruchserklärung gem. § 568 BGB (am besten in den 2 Wochen ab der Beendigung des Mietverhältnisses) in einem Kalender als wichtiges Datum vorzumerken und die Erklärung in jedem Falle in beweisbarer Form (Einschreiben mit Rückschein, mündliche Erklärung unter Zeugen, Zustellung durch Gerichtsvollzieher) abzugeben. Besonders wichtig ist dies im Falle der Beendigung eines besonderen Zeitmietverhältnisses (vgl. § 564 c Abs. 2 BGB), da im Falle der fristgemäßen Versäumung dieser Erklärung die mit dem Abschluß des besonderen Zeitmietverhältnisses bezweckte (absolute) Beendigungswirkung des Mietverhältnisses entfallen würde.

Zur Auslegung von § 568 BGB vgl. *Schmid* DWW 81, 186.

h) Im nachträglichen Widerruf einer Kündigung liegt ein Angebot auf Vertragsfortsetzung; bei Zustimmung des Mieters setzt sich der bisherige Mietvertrag fort (LG Mannheim WM 78, 139). Eine solche Zustimmung des Mieters ist auch stillschweigend möglich (LG Mannheim a. a. O.). Die Kündigung kann nur mit Zustimmung des anderen Vertragsteiles zurückgenommen werden, wobei das durch die Kündigung bereits beendete Mietverhältnis durch einverständliche Aufhebung der Kündigungswirkung neu begründet wird − ohne evtl. Schriftformerfordernis (OLG Hamm ZMR 79, 249). 19a

i) Die (ordentliche) Kündigung kann auch schon bei einem noch nicht vollzogenen Mietvertrag ausgesprochen werden (BGH ZMR 79, 271 = WM 79, 139 = MDR 79, 574), wobei die Kündigungsfrist im Zweifel mit dem Zugang der Kündigungserklärung beginnt, nicht erst mit dem vereinbarten Vollzug des Mietverhältnisses. 19b

### 4. Anwendung auf alle Kündigungen, ausgenommen fristlose

20 **§ 564 b** gilt **grundsätzlich für alle Kündigungen** eines Wohnraummietverhältnisses durch den Vermieter. Vom Kündigungsschutz **ausgenommen** sind jedoch die Fälle der Kündigung ohne Einhaltung einer Kündigungsfrist (**fristlose Kündigungen** gemäß §§ 553, 554, 554 a BGB) sowie die von der Rechtsprechung (vgl. BGH NJW 51, 836; ZMR 60, 10 u. 61, 103) aus dem Grundgedanken des § 626 BGB entwickelte außerordentliche Kündigung bei grundlegender Störung des Vertrauensverhältnisses der Vertragsparteien, z. B. durch grob vertragswidriges Verhalten eines geisteskranken Mieters (*Vogel* JZ 75, 74). Diese Ansicht, die schon bisher überwiegende Meinung war, entspricht auch dem Willen des Gesetzgebers (vgl. Begründung des Regierungsentwurfs). Ein berechtigtes Interesse des Vermieters gem. § 564 b BGB muß — nach der ausdrücklichen Absicht des Gesetzgebers im Regierungsentwurf und Bericht des Rechtsausschusses — auch vorliegen bei einer Kündigung gemäß § 565 a Abs. 1 BGB, also bei einem **befristeten Mietverhältnis mit Verlängerungsklausel** (vgl. dazu Näheres oben Rn 8 a). **§ 564 b BGB gilt auch** in den Fällen der (vorzeitigen) Kündigung unter Einhaltung der gesetzlichen Kündigungsfrist (**außerordentliche befristete Kündigung**), vgl. §§ 567 S. 1, 569 Abs. 1, 569 a Abs. 5 u. 6, 1056 Abs. 2, 2135 BGB, § 30 ErbbauVO, § 19 KO, § 51 VerglO, §§ 57 a, 57 c ZVG (vgl. Begründung des Regierungsentwurfs und Bericht des Rechtsausschusses des Bundestages). Die Anwendbarkeit des § 564 b BGB im Falle der Kündigung gem. § 57 a ZVG ist in der Rechtsprechung einhellig anerkannt (LG Hamburg ZMR 75, 121; WM 76, 78 = WM 76, 234 = NJW 75, 1843; LG Essen WM 76, 264; LG München I WM 78, 70; LG Ulm ZMR 79, 175 = WM 79, 193). Eine solche außerordentliche befristete Kündigung ist in zeitlicher Hinsicht dann bedeutsam, wenn die gesetzliche oder vertragliche Kündigungsfrist über die Dreimonatsfrist hinausgeht. Vgl. über die außerordentliche befristete Kündigung *Giese* WM 73, 197; *Roquette* § 564, 20–24; *Palandt/Putzo* § 564 Anm. 2 b.

21 5. Über den **räumlichen und zeitlichen Anwendungsbereich** der Vorschrift vgl. Einf. Rn 38, 40, 42.

22 6. Die Kündigung muß **durch den Vermieter** erklärt werden (vgl. dazu Einf. Rn 31–35). Stehen auf Vermieterseite mehrere Personen, so können diese nur gemeinschaftlich das Kündigungsrecht ausüben; ist die Kündigung nicht von allen Vermietern erklärt, so ist sie unwirksam.

23 Die Kündigung muß **gegenüber dem Mieter** erklärt werden, also diesem zugehen (über den Begriff des Mieters vgl. Einf. Rn 36, 37). Sind nach dem Mietvertrag mehrere Mieter vorhanden, so setzt eine wirksame Kündigung den Zugang gegenüber allen Mietern voraus. Die einem Geschäftsunfähigen gegenüber erklärte Kündigung ist nur wirksam, wenn sie an den gesetzlichen Vertreter gerichtet ist; bloße Kenntnisnahme der an den Geschäftsunfähigen gerichteten Kündigung durch den gesetzlichen Vertreter reicht nicht aus (LG Berlin ZMR 82, 238).

## III. Nicht geschützte Mietverhältnisse (Abs. 7)

**Allgemeines** 24

Vom Kündigungsschutz des § 564 b BGB sind nach dem Gesetz die nachfolgenden drei Arten von Wohnraummietverhältnissen ausgenommen. Diese ausgenommenen Mietverhältnisse sind auch von anderen Schutzvorschriften des sozialen Mietrechts ausgenommen, so vom Schutz bei der Beendigung eines befristeten Mietverhältnisses (§§ 564 c Abs. 1 S. 2, 564 b Abs. 7 BGB) sowie eines befristeten mit Verlängerungsklausel versehenen oder eines auflösend bedingten Mietverhältnisses (§ 565 a Abs. 3 BGB), ferner von der Sozialklausel (§ 556 a Abs. 8 BGB), von der Anwendung des MHG (§ 10 Abs. 3 Nr. 2–4 MHG) sowie von den Formvorschriften für die Kündigung (§ 564 a Abs. 3 BGB). **Ausnahmen vom System des fehlenden Mieterschutzes** bestehen jedoch hinsichtlich der unten zu 2 bezeichneten Mietverhältnisse (Geltung kurzer Kündigungsfristen gem. § 565 Abs. 3 BGB) und bezüglich der unten zu 3 bezeichneten Mietverhältnisse (Anwendbarkeit der Sozialklausel, arg. § 556 a Abs. 8 BGB, und des Schriftformzwangs bei der Kündigung, arg. § 564 a Abs. 3 BGB sowie der regulären Kündigungsfrist, arg. § 565 Abs. 3 BGB). Das System der Mieterschutz-Ausnahmetatbestände ist somit uneinheitlich und kompliziert.

Die **Beweislast für** das Vorliegen eines der drei ausgenommenen Mietverhältnisse (**Ausnahmetatbestand**) hat der **Vermieter**, wenn er sich auf die Ausnahme vom Mieterschutz beruft. 25

### 1. Nur zu vorübergehendem Gebrauch vermieteter Wohnraum

Wegen der geringeren Schutzwürdigkeit des Mieters ist Wohnraum, welcher nur zu vorübergehendem Gebrauch vermietet wird, von den Schutzvorschriften ausgenommen. Dabei ist unerheblich, ob der Wohnraum leer oder möbliert vermietet wird. Ebenfalls ist gleichgültig, ob er an einen alleinstehenden Mieter oder an eine Familie überlassen wird. Für die Ausnahme vom Kündigungsschutz im Falle des kurzfristigen Verwendungszwecks kommt es grundsätzlich auch nicht darauf an, ob ein Mietverhältnis auf bestimmte oder unbestimmte Zeit vorliegt, denn die Abgrenzung der nicht geschützten Mietverhältnisse gilt genauso bei befristeten Mietverhältnissen (vgl. § 564 c Abs. 1 S. 2 BGB). Zur Klarstellung muß jedoch hervorgehoben werden, daß im Rahmen des § 564 b BGB nur ein unbefristetes Mietverhältnis in Betracht kommen kann (vgl. oben Rn 8). 26

Der Ausschluß des Schutzes des Mieters bei zu vorübergehendem Gebrauch vermietetem Wohnraum geht auf § 25 MSchG zurück, so daß die damals herausgebildete Rechtsprechung mit heranzuziehen ist (*Pergande* § 565 Anm. 10). **Der Verwendungszweck** muß **seiner Natur nach von nur kurzer Dauer** sein. Es muß also ein nur momentanes, zeitweiliges Wohnbedürfnis des Mieters, dessen baldiges Ende von vornherein ersichtlich ist, befriedigt werden (LG Mannheim ZMR 77, 238 = MDR 77, 317). Als Grenze für die kürzere Dauer kann nicht eine bestimmte Höchstdauer angegeben werden; es entscheidet vielmehr stets der Einzelfall. In der 27

Regel wird es nicht ein längerer Zeitraum als ein Jahr sein (*Schopp* ZMR 75, 97), wenn auch diese Zeitspanne im Einzelfall überschritten werden kann (*Palandt/ Putzo* Anm. 3 c).

28 Andererseits liegt vorübergehender Gebrauch nicht vor, wenn der Wohnraum für ein Jahr oder länger vermietet ist (AG Köln ZMR 62, 336 m. zust. Anm. *Weimar*; AG Frankfurt WM 81, 237; *Pergande* a. a. O.). Das Ende muß zeitlich bestimmbar sein oder doch wenigstens von einer Bedingung abhängen, deren Eintritt innerhalb einer überschaubaren Frist in naher Zukunft gewiß ist (LG Hannover MDR 71, 762). Beispielsweise ist die Überlassung in folgenden Fällen als zu vorübergehendem Gebrauch anzusehen: zum Geschäftsaufenthalt, während einer Ferienreise des Vermieters, bis zur Fertigstellung eines im Bau befindlichen Hauses, für eine Saison, für ein Semester bei einem Studenten (nicht aber mit Verlängerungsklausel bei Üblichkeit der Verlängerung, LG Freiburg ZMR 80, 143 = WM 80, 230 = MDR 80, 316), für die Dauer eines Examens, einer Messe, Ausstellung, Tagung, kulturellen Veranstaltung (Musikfestspiele, Sportveranstaltung), eines Ferien- oder Erholungsaufenthalts des Mieters (LG Braunschweig ZMR 80, 184 = MDR 80, 671), eines sonstigen der Natur nach vorübergehenden Aufenthalts (Gastzimmer) oder eines Arbeitsabschnitts (Gastprofessur) oder wenn einem Miterben bei der Auseinandersetzung die entgeltliche Weiterbenutzung eines zur Erbmasse gehörenden Hauses für die Dauer eines Jahres gestattet wird, während die anderen Erben spätestens danach das Grundstück anderweitig nutzen wollen (LG Mannheim ZMR 77, 238 = MDR 77, 317) oder beim Mietvertrag des Eigentümers mit Hausbesetzern bis zum demnächst (längstens in ca. 6 Monaten) geplanten Abriß des Gebäudes.

29 Vorübergehender Gebrauch ist jedoch zu **verneinen, wenn** die **Überlassungsdauer völlig unbestimmt** ist, wie z. B. regelmäßig für die Dauer eines (unbefristeten) Arbeitsverhältnisses eines Gastarbeiters (*Palandt/Putzo* a. a. O.; a. A. AG Frankfurt ZMR 73, 149), bei einem Gastarbeiter bis zur Erlangung einer anderweitigen besseren Ersatzwohnung (LG Hannover WM 71, 170 = MDR 71, 762) oder bei einem **Studenten bis zur Beendigung seines Studiums** bei Aufnahme in einem Studentenwohnheim für unbestimmte Zeit (so die Rechtsentscheide OLG Hamm ZMR 82, 93 = WM 81, 5 m. zust. Anm. *Borowsky* = MDR 81, 232 = MRS 1 Nr. 68 und OLG Bremen ZMR 82, 239 = WM 81, 8 = MDR 81, 586 = MRS 1 Nr. 34; LG Marburg NJW 77, 154; a. A. LG Hamburg MDR 77, 669 = WM 77, 143; LG Heidelberg Die Justiz 77, 59). Denn weder das Merkmal „möbliert", noch ein „Wohnheim", noch die Eigenschaft als Student rechtfertigen ein nur zeitweiliges Wohnbedürfnis, ein bloßes Durchgangsstadium; vielmehr ist der Wohnraum auch für einen Studenten Mittelpunkt seiner Lebensführung (anders evtl. nach OLG Bremen, wenn das Studiumsende kurze Zeit bevorsteht). Dasselbe muß m. E. gelten für einen Studenten, welcher nicht in einem Wohnheim, sondern in einem Studentenzimmer privat wohnt. Über die Ausnahme vom Kündigungsschutz bei Studenten in einem Wohnheim vgl. unten Rn 47.

30 Der Zweck des vorübergehenden Gebrauchs muß von vornherein bei Vertragabschluß zwischen den Parteien vereinbart worden sein, er **muß** also **zum Vertrags-**

inhalt geworden sein. Bei einem schriftlich abgeschlossenen Mietvertrag muß der vorübergehende Verwendungszweck nicht unbedingt in der Vertragsurkunde niedergelegt sein; es genügt, daß die Parteien beim Vertragsabschluß mündlich über den Verwendungszweck einig waren.

Durch eine **kurze Überlassungszeit allein** ist ein vorübergehender Gebrauchszweck jedoch noch **nicht** ohne weiteres gegeben. Sonst könnte durch die fortlaufende Vereinbarung einer jeweils kurzen Vertragsdauer trotz längerer Vermietungsabsicht der Schutzzweck des Gesetzes vereitelt werden (LG Mannheim ZMR 77, 238 = MDR 77, 317). Es muß daher **neben** dem **zeitlichen Moment** ein **bestimmter Zweck** für den Vermieter oder den Mieter gegeben und dem Vertragsgegner bekannt sein, aus welchem sich die kurze Überlassungsdauer ergibt (vgl. *Roquette* § 556 a, 5). Solche besonderen Umstände ergeben sich aus den oben genannten Beispielen. Zu unterscheiden ist jedoch ein auflösend bedingtes Mietverhältnis (z. B. Vermietung für die Dauer einer Veranstaltung, deren Ende noch unbekannt ist), vgl. *Pergande* a. a. O. 31

Die **bloß formale Vereinbarung eines „vorübergehenden Gebrauchs"** im Mietvertrag, ohne daß ein kurzfristiger Gebrauchszweck vorliegt, **begründet** noch **nicht** die **Herausnahme vom Schutz** gemäß Abs. 7. Andernfalls könnte der gesetzliche Kündigungsschutz zum Nachteil des Mieters abbedungen werden, was Abs. 6 widerspräche (LG Hannover WM 71, 170 = MDR 71, 762; LG Mannheim ZMR 77, 238 = MDR 77, 317; AG Frankfurt WM 81, 237). Nach AG Tübingen WM 82, 275 soll ein auf die Zeit von wenigen Monaten befristet abgeschlossener Mietvertrag mit einem Studenten, welcher nach Fristablauf jeweils wieder neu begründet wird und ausdrücklich „zu vorübergehendem Gebrauch" geschlossen ist, wegen Sittenwidrigkeit nichtig sein, weil die Umgehung von unabdingbaren Mieterschutzvorschriften bezweckt sei und die beengte Wohnungsmarktlage einer Universitätsstadt ausgenutzt werde. Dies ist abzulehnen, da der Kündigungsschutz (§ 564 c Abs. 1 BGB) mangels einer kurzfristigen Verwendungsabsicht besteht und § 138 Abs. 1 BGB nicht schon wegen der bloßen Absicht der Gesetzesumgehung zu bejahen ist, wenn objektiv sittenwidrige Umstände nicht erkennbar sind. Der Mieter braucht sich auf den jeweils vom Vermieter vorgesehenen Neuabschluß eines Mietvertrages gar nicht einzulassen, wenn er das Verlängerungsrecht gem. § 564 c Abs. 1 BGB form- und fristgemäß ausübt. 32

## 2. Möblierter Wohnraum alleinstehender Mieter innerhalb der Vermieterwohnung

a) Nach früherem Recht (vgl. § 4 Abs. 2, 2. Fall des 1. WKSchG) waren vom Kündigungsschutz (und der Mieterhöhungsregelung) ausgenommen alle Mietverhältnisse über möblierten Wohnraum, welcher nicht zum dauernden Gebrauch für eine Familie überlassen ist (vgl. auch § 565 Abs. 3 a. F. BGB). Der Gesetzgeber war jedoch bei der Schaffung des 2. WKSchG der Ansicht, daß der Kündigungsschutz nicht davon abhängen soll, ob der Wohnraum möbliert oder unmöbliert überlassen wird (vgl. Regierungsentwurf, Allgemeines II 1). **Nur das** 33

Einbezogensein in den Lebens- und Wohnbereich des Vermieters soll eine **Ausnahme** vom Kündigungsschutz **rechtfertigen**. Nicht geschützt sein soll daher nur solcher möblierter Wohnraum, der Teil der vom Vermieter selbst bewohnten Wohnung ist (sog. Quasiuntermietverhältnisse), sofern er nicht zu dauerndem Gebrauch an eine Familie überlassen ist. Gleichgültig ist dabei, ob ein Haupt- oder ein Untermietverhältnis vorliegt. Andererseits hat das Gesetz möblierten Wohnraum alleinstehender Mieter außerhalb der Vermieterwohnung nunmehr dem Kündigungsschutz unterstellt. Diese Ausdehnung des Schutzes wird vor allem ausländische Arbeitnehmer und Angehörige der Stationierungsstreitkräfte betreffen, da diese sich oft wegen der zeitlich begrenzten Aufenthaltsdauer keine eigenen Möbel anschaffen.

34  Übereinstimmend mit Abs. 7 Nr. 2 wurden auch andere Vorschriften gefaßt, welche den Anwendungsbereich der Kündigungsschutzvorschriften abgrenzen: § 565 Abs. 3 BGB (worauf die Sozialklausel gemäß § 556 a Abs. 8 BGB verweist) und § 10 Abs. 3 Nr. 3 MHG. Vgl. auch § 564 a Abs. 3 und § 564 c Abs. 1 S. 2 BGB.

35  b) Wegen der geringeren Bindung des Mieters, dessen größerer Beweglichkeit und der stärkeren Schutzbedürftigkeit des Vermieters sind vom Kündigungsschutz ausgenommen Mietverhältnisse über Wohnraum, bei denen — kumulativ — die folgenden 3 Voraussetzungen vorliegen (zu denken ist dabei vor allem an die Untervermietung einzelner möblierter Wohnräume an Einzelpersonen, z. B. durch eine Gastarbeiterfamilie an einen alleinstehenden Landsmann):

36  aa) **möblierter Wohnraum** muß es sein, d. h. solcher, „den der Vermieter ganz oder überwiegend mit Einrichtungsgegenständen auszustatten hat".

37  Entscheidend ist der Umfang der Möblierung, zu welcher sich der Vermieter verpflichtet hat, nicht der tatsächlich vorhandene Zustand. Entfernt der Mieter vertragswidrig einen wesentlichen Teil der vom Vermieter vertragsmäßig angeschafften Gegenstände, so verändert dies den möblierten Charakter nicht (*Pergande* § 565 Anm. 11). Es ist nicht erforderlich, daß die Anschaffung der Einrichtungsgegenstände schon stattgefunden hat; es genügt vielmehr, daß der Vermieter eine solche Verpflichtung eingegangen ist. Ist die vorgesehene Ausstattung durch den Vermieter noch nicht erfolgt, so ändert dies nichts an dem möblierten Charakter des Wohnraumes, selbst wenn der Vermieter mit der Möblierung in Verzug gekommen ist (a. A. *Schmidt-Futterer/Blank* C 465: die Berufung des Vermieters auf den Ausnahmetatbestand sei treuwidrig, wenn der Vermieter einer Möblierungsaufforderung des Mieters nicht nachgekommen sei). Die Ausstattungspflicht des Vermieters muß sich aus dem Mietvertrag ergeben. Eine solche Verpflichtung des Vermieters liegt nicht vor, wenn dieser bestimmte Gegenstände, die nicht für die Benutzung durch den Mieter bestimmt oder geeignet sind, in dem vermieteten Wohnraum im Einverständnis des Mieters beläßt, z. B. weil sie aus Platzgründen nicht anderweitig untergebracht werden können. Hierbei ist gleichgültig, für welche Zeit eine solche

Duldung der Einstellung vorgesehen ist. Bittet der Mieter nachträglich den Vermieter, den Wohnraum ganz oder überwiegend mit eigenen Möbeln ausstatten zu dürfen, und erlaubt dies der Vermieter, so ist damit die Ausstattungsverpflichtung nachträglich einverständlich aufgehoben worden, so daß kein möblierter Wohnraum mehr vorliegt. Gleichgültig ist dabei, ob ein solcher Möbelaustausch nach und nach oder auf einmal geschieht. Hat der Vermieter die (überwiegende) Möblierung nur zugesagt, um den Kündigungsschutz zu umgehen, ohne in Wahrheit eine Möblierungsabsicht zu haben, so liegt ein unbeachtlicher geheimer Vorbehalt vor (§ 116 S. 1 BGB), und der Mieter kann auf Durchführung der Möblierung klagen (§ 536 BGB). Die Voraussetzungen eines Scheingeschäfts (§ 117 Abs. 1 BGB) liegen regelmäßig nicht vor da dazu das Einverständnis des Mieters gegeben sein muß (a. A. *Palandt/Putzo* Anm. 3 d). Kennt der Mieter den Vorbehalt, so ist der Vertrag nichtig (§ 116 S. 2 BGB). Zugleich liegt auch ein Verstoß gegen § 564 b Abs. 6 BGB vor.

Heißt es im Vertrag nur, daß die Wohnung „möbliert" vermietet wird, so ist durch Auslegung zu ermitteln, ob dies eine volle oder eine teilweise Möblierung sein soll. Unter „Einrichtungsgegenständen" sind die für eine normale Ausstattung erforderlichen Möbel zu verstehen, einschließlich Bettzeug, Tischwäsche, Teppiche, Bilder, erforderlichenfalls auch ständige Einrichtungen wie Einbauschränke, sanitäre Einrichtungen (z. B. Waschbecken), Elektro- und Antennenanschlüsse (vgl. auch *Roquette* § 565, 29). Eine **volle Möblierung** ist eine solche, welche sämtliche üblicherweise vom Mieter für eine normale Lebensführung benötigten Einrichtungsgegenstände einer Wohnung umfaßt. Sonderwünsche des Mieters in dieser Hinsicht (z. B. Fernseher, Schreibtisch) muß der Vermieter nur dann erfüllen, wenn sie vereinbart sind. Erfüllt er seine Ausstattungsverpflichtung ganz oder teilweise nicht, so ändert dies nichts daran, daß der Wohnraum als möbliert gilt. Denn dem Mieter steht ein klagbarer Anspruch auf eine vertragsgemäße Ausstattung der Wohnung zu.

Eine **überwiegende Möblierung** liegt vor, wenn der Vermieter nach Zahl und Bedeutung die wesentlichen der üblicherweise zu einer vollen Möblierung gehörenden Gegenstände (z. B. Bett, Tisch, Stuhl und Schrank) einzurichten hat. Es kommt also darauf an, ob wertmäßig mehr als die Hälfte der bei voller Möblierung anzuschaffenden Einrichtungsgegenstände vom Vermieter zu stellen sind, wobei entscheidend die wirtschaftliche Bedeutung und nicht die Zahl der Gegenstände ist. Zum Beispiel sind Bett, Tisch, Stühle und Schrank für eine übliche Wohnausstattung bedeutender als etwa Bücher, Spiegel, Tischlampe und Teppiche. Bei der Frage, ob eine überwiegende Möblierung vorliegt, kommt es nicht darauf an, ob die vom Vermieter eingebrachten Gegenstände brauchbar sind oder nicht. Denn der Mieter hat gemäß dem Mietvertrag einen Anspruch auf Ausstattung des Wohnraums mit voll verwendungsfähigen Gegenständen.

40 bb) Zusätzlich muß der Wohnraum **Teil der vom Vermieter selbst bewohnten Wohnung** sein. Der Gesetzgeber war der Ansicht, daß nur das Einbezogensein des Mieterwohnraums in den Lebens- und Wohnbereich des Vermieters eine Ausnahme vom Kündigungsschutz rechtfertigt (vgl. oben Rn 33). Diese Voraussetzung liegt bei sog. Quasiuntermietverhältnissen vor.

41 „Teil der vom Vermieter selbst bewohnten Wohnung" ist der Wohnraum des Mieters zweifelsohne dann, wenn er **räumlich innerhalb der** — regelmäßig durch eine Wohnungstür **abgegrenzten — Vermieterwohnung** gelegen ist. Er ist dann Bestandteil der eigentlichen Wohnung des Vermieters. Aber **auch** Wohnraum des Mieters, der räumlich **außerhalb des Wohnbereichs** des Vermieters liegt, kann wirtschaftlich in die Wohnung des Vermieters so einbezogen sein, daß er als deren Teil anzusehen ist. Dies ist dann der Fall, wenn sich der Wohn- und Lebensbereich des Mieters und des Vermieters räumlich überschneiden, z. B. **wenn Küche, Bad oder Toilette des Vermieters** vertragsgemäß **auch vom Mieter benutzt werden** (so ausdrücklich die Begründung des Regierungsentwurfs zu § 565 Abs. 3 n. F. BGB).

42 Den Wohnraum eines Mieters, der wirtschaftlich von der Wohnung des Vermieters abhängig ist, da ihm ohne eine Mitbenutzung sanitärer Einrichtungen der Vermieterwohnung ein vollständiges Wohnen gar nicht möglich ist (möblierte Mansarde „vor der Glastür"), muß man bei der gebotenen wirtschaftlichen Betrachtungsweise in Ansehung des Begriffs „Wohnung" als zur Wohnung des Vermieters gehörig, somit als deren Teil, ansehen (ebenso *Hans* § 565 Anm. B 2 c; *Weimar* FWW 74, 430). Das Merkmal „Teil" darf hier **nicht nur räumlich, sondern** muß **wirtschaftlich-funktional gesehen werden** (AG Halle/Westf. WM 83, 144; vgl. jedoch *Palandt/Putzo* Anm. 3 b: getrennt zugängliche Räume im selben Haus, insbesondere Dachgeschoß- und Kellerzimmer bei einem Mehrfamilienhaus, sollen außerhalb, bei einem Einfamilienhaus jedoch innerhalb der Vermieterwohnung gelegen sein). Es spielt also hierbei keine Rolle, daß der Wohnraum des Mieters außerhalb des Kernbereichs der Vermieterwohnung gelegen ist. Es ware auch vom Ergebnis und vom Gesetzeszweck her nicht einzusehen, wenn der Vermieter gegenüber einem solchen Mieter trotz der engen Überlagerung der Wohn- und Lebensbereiche kein erleichtertes Kündigungsrecht hätte, während er andererseits dem Mieter einer Wohnung im Zweifamilienhaus ungehindert kündigen könnte, obwohl dort eine weitaus geringere Berührung der Wohn- und Lebensbereiche vorliegt. Wenn sich der Wohnbereich des Vermieters mit dem „Arbeitsbereich" des Mieters (nicht seinem Wohnbereich) überschneidet, z. B. der Mieter führt gem. vertraglicher Absprache (Werkmietverhältnis) Arbeiten im Haushalt oder im Hause (Hausmeister) des Vermieters aus, wird man dagegen ein solch wirtschaftlich enges Verhältnis nicht bejahen können.

43 Bezüglich des Bewohntwerdens durch den Vermieter selbst wird unten auf Rn 160—167 verwiesen. Es ist nicht erforderlich, daß sich der Vermieter ständig in der Wohnung aufhält (LG Berlin ZMR 80, 144).

cc) Der Wohnraum darf **nicht zum dauernden Gebrauch für eine Familie** **überlassen** sein. Der Gesetzgeber will grundsätzlich Wohnraum, welcher einer Familie überlassen ist, dem Schutz des sozialen Mietrechts unterstellen. Er entspricht damit auch der Verfassungsnorm des Art. 6 Abs. 1 GG, wonach Ehe und Familie unter dem besonderen Schutz der staatlichen Ordnung stehen. 44

Unter **Familie** ist zu verstehen eine Gruppe von Personen, welche durch Ehe oder Verwandtschaft miteinander nahe verbunden sind. Dieser Begriff der Familie entspricht auch allgemein dem mietrechtlichen Familienbegriff und dem familienrechtlichen Begriff des BGB (vgl. *Palandt/Diederichsen* Einf. 1 vor § 1297 BGB). Darunter fällt also nicht nur ein Ehepaar mit Kindern (a. A. AG Frankfurt ZMR 73, 149), sondern auch ein kinderloses Ehepaar (*Bormann/Schade/Schubert* § 10 MHG Anm. 5), ein alleinstehender Eltern(Großeltern)teil mit Kind, auch Geschwister, ein Onkel (Tante) mit Neffe (Nichte), nicht jedoch miteinander zusammenlebende nicht verwandte oder verheiratete Personen. Für das Vorliegen einer Familie ist es unerheblich, ob alle den Wohnraum benutzenden Familienangehörigen oder nur einer von ihnen als Mieter auftritt. Spiegeln mehrere Personen dem Vermieter vor, sie seien nicht verwandt, während sie in Wahrheit unter den Begriff der Familie fallen, so können sie sich nach Treu und Glauben nicht auf ein geschütztes Mietverhältnis berufen. Sie sind als alleinstehende (nicht verwandte) Mieter zu behandeln, sofern nicht der Mietvertrag vom Vermieter wegen arglistiger Täuschung (§ 123 BGB) wirksam angefochten wurde und daher nichtig ist. Ein Mietverhältnis kann jedoch im Lauf der Mietzeit seinen Charakter verändern. Heiratet z. B. der alleinstehende Mieter und nimmt er seine Ehefrau mit Zustimmung des Vermieters in den Wohnraum auf (gleichgültig, ob der Partner formal zum Mitmieter wird oder nicht), so wird daraus Wohnraum, der einer Familie überlassen ist und somit von da an dem Kündigungsschutz unterliegt (*Pergande* § 565 Anm. 11). Die Zustimmung des Vermieters ist jedoch für eine Änderung des Rechtscharakters des Mietverhältnisses erforderlich, da dem Vermieter nicht einseitig eine andere Struktur des Vertrages aufgezwungen werden kann. 45

Man macht sich die Voraussetzungen der hier erörterten gesetzlichen Fassung statt in der negativen Form („nicht für eine Familie...") besser in positiver Form klar, wonach eine Überlassung des Wohnraums an einen Einzelmieter (alleinstehende Person) vorliegen muß, d. h. an eine Person oder Personenmehrheit, bei welcher die genannte Familieneigenschaft nicht vorliegt (z. B. zwei Verlobte oder Studenten). **Dauernd** ist ein **Gebrauch,** welcher zeitlich über einen bloß vorübergehenden (vgl. dazu oben zu 1) hinausgeht. Dies muß sich aus dem vereinbarten Vertragszweck ergeben, ist jedoch beim Fehlen eines vorübergehenden Benutzungszwecks automatisch der Fall. Da eine Vermietung für kurze Zeit ohne besonderen Verwendungszweck kein vorübergehender Gebrauch ist (vgl. oben 1), liegt hier dauernder 46

Gebrauch vor. Der dauernde Gebrauch muß also nicht begriffsnotwendig für längere Zeit geplant sein.

### 3. Mietverhältnis über Wohnraum in Studenten- oder Jugendwohnheim

47 Durch den neu eingeführten Abs. 7 Nr. 3 sind durch das MWoAEG mit Geltung ab 1. 1. 1983 Mietverhältnisse über Wohnraum, der Teil eines Studenten- oder Jugendwohnheims ist, vom Schutzbereich des § 564 b BGB ausgenommen worden (ebenso durch § 10 Abs. 3 Nr. 4 MHG bezüglich der Regelung der Mieterhöhung; vgl. dort Rn 92). Nach dem Bericht des Rechtsausschusses zum MWoAEG (S. 5, 3) soll damit verhindert werden, daß in solchen Wohnheimen eine praktikable Handhabung des sog. Rotationsprinzips erschwert wird, zumal angesichts der öffentlich-rechtlichen Kontrolle, welcher die Wohnheimträger überwiegend unterworfen sind, die Mieter in diesen Heimen keine unangemessenen Nachteile erleiden würden. Nach bisheriger Rechtslage konnte der Vermieter (Heimträger) eines Studenten im Studentenwohnheim mit Rücksicht auf das sog. Rotationsprinzip ein berechtigtes Interesse an der Beendigung des Mietverhältnisses geltend machen (vgl. LG Dortmund WM 82, 276; LG Aachen MDR 82, 494).

Unter Wohnraum ist in diesem Sinne sowohl ein einzelnes zum Wohnen bestimmtes Zimmer als auch eine Wohnung (z. B. Appartementwohnung) zu verstehen. Ein **Wohnheim** ist gegeben bei einem Heim, welches nach seiner baulichen Anlage und Ausstattung für die Dauer dazu bestimmt und geeignet ist, Wohnbedürfnisse zu befriedigen (vgl. § 15 des II. WoBauG), wobei es unerheblich ist, ob der Heimträger eine Privatperson oder eine öffentlich-rechtliche Körperschaft ist. Unter einem Wohnheim ist demnach ein Gebäude zu verstehen, welches aus einer Reihe von einzelnen Wohnungen oder Wohnräumen besteht und welches nach seiner baulichen Anlage und Ausstattung, insbesondere durch das Vorhandensein von Gemeinschaftseinrichtungen (Frühstücks- oder Speiseraum, Aufenthaltsraum, Gemeinschaftsküche und dgl.) bestimmt und geeignet ist, die mit dem Wohnen zusammenhängenden Bedürfnisse der Bewohner zu befriedigen. Die Mieterschutzvorschriften des Wohnraummietrechts gelten grundsätzlich für Wohnheime nur, wenn der Wohnzweck gegenüber dem Heimcharakter (Fürsorge, Betreuung) überwiegt (vgl. Einf. Rn 27). **Studentenwohnheime** sind solche Wohnheime, die dazu bestimmt und geeignet sind, Studierende von Fachhochschulen und Universitäten zum Wohnen aufzunehmen. Dies ist nicht der Fall, wenn ein privater Zimmervermieter mehrere Zimmer seines Hauses an Studenten vermietet, ohne daß die für den Charakter eines Heimes wesentlichen baulichen Voraussetzungen vorliegen. Ein **Jugendwohnheim** liegt vor, wenn das Wohnheim dazu bestimmt und geeignet ist, für Jugendliche (Menschen im Alter von ca. 14 bis 18 Jahren) als Wohnstätte zu dienen. Dazu zählen nicht Heime für Säuglinge oder Kinder (vgl. Einf. Rn 27). Teil des Heims ist der betreffende Wohnraum nur, wenn er räumlich in das Wohnheim so eingegliedert ist, daß eine Teilhabe an den Gemeinschaftseinrichtungen des Heimes ohne weiteres möglich ist.

Für Altenheime, Altenwohnheime, Pflegeheime und gleichartige Einrichtungen, die alte Menschen sowie pflegebedürftige oder behinderte Volljährige aufnehmen, gilt das Gesetz über Altenheime, Altenwohnheime und Pflegeheime für Volljährige (Heimgesetz) vom 7. 8. 1974, BGBl. I, S. 1873 (vgl. dazu *Finkelnburg* NJW 76, 1477). Zur gesetzlichen Neuregelung vgl. kritisch *Lechner* WM 83, 71.

Bei den unter diese Ziffer fallenden Mietverhältnissen in Wohnheimen kann eine Kündigung durch den Heimträger ohne Vorliegen berechtigter Interessen (z. B. Rotationsprinzip) erfolgen. Die Kündigung bedarf jedoch der Schriftform (vgl. § 564 a Abs. 3 BGB, wo die Mietverhältnisse von Studenten und Jugendlichen in Wohnheimen nicht als Ausnahmefall aufgeführt sind). Auch gilt – von der Systematik systemwidrig – für die hier genannten „Wohnheim-Mietverhältnisse" § 556 a BGB (Sozialklausel). Die Mieter (Studenten bzw. Jugendliche) können daher Kündigungswiderspruch erheben, wenn die Beendigung des Mietverhältnisses für sie eine unzumutbare Härte bedeuten würde (z. B. beim Fehlen eines angemessenen Ersatzwohnraumes zu zumutbaren Bedingungen in einer Universitätsstadt oder bei Kündigung während der Zeit der intensiven Vorbereitung auf ein Staatsexamen).

### IV. Sonstige Schutzrechte des Mieters (Abs. 5)

Absatz 5 geht auf § 1 des WKSchG zurück. Der dort enthaltene Satzteil „insbesondere nach den Vorschriften der §§ 556 a–556 c des BGB" wurde vom Rechtsausschuß des Bundestages gestrichen, da eine Verweisung auf die Vorschriften der Sozialklausel bei der Übernahme der Vorschrift ins BGB überflüssig ist und die Bezugnahme auf § 556 b BGB zu nicht beabsichtigten Rückschlüssen über die Anwendung des Kündigungsschutzes auf befristete Mietverhältnisse geführt hat (vgl. LG Detmold NJW 74, 242 und *Barthelmess* NJW 74, 1230). Dem Mieter sollen alle übrigen ihm bisher schon zustehenden Schutzrechte unabhängig vom Kündigungsschutz des § 564 b BGB erhalten bleiben, so daß § 564 b BGB nicht anstelle, sondern neben sonstige Schutzrechte des Mieters tritt. Als Schutzrechte des Mieters kommen die **Sozialklausel** (§§ 556 a, 556 c BGB), der Schutz der **Kündigungsfristen** (§ 565 Abs. 2 BGB) und die Vorschriften über die Bewilligung einer angemessenen **Räumungsfrist** durch das Gericht (§§ 721, 794 a ZPO) in Betracht.

Zu einer **Abwägung der beiderseitigen Interessen** kommt es erst dann, wenn bei einer gem. § 564 b BGB an sich wirksamen Kündigung der Mieter Härtegründe im Rahmen eines Kündigungswiderspruchs (§ 556 a BGB) vorbringt. Für die Wirksamkeit der Kündigung im Rahmen des § 564 b BGB kommt es nicht auf die Interessen des Mieters an; eine Berücksichtigung der Mieterinteressen und damit eine Abwägung der beiderseitigen Interessen findet nicht statt. Daher war es geboten, bei der Einführung des Kündigungsschutzes in Form der Geltendmachung berechtigter Interessen die sonstigen Schutzrechte des Wohnraummieters nicht wegfallen, sondern unberührt bestehen zu lassen.

Zu beachten ist, daß im Rahmen der Sozialklausel (§ 556 a BGB) bei der Würdigung (und damit bei der Abwägung) der berechtigten Interessen des Vermieters nur die in dem Kündigungsschreiben nach § 564 a Abs. 1 S. 1 BGB angegebenen Gründe berücksichtigt werden, sofern nicht die Gründe nachträglich (also nach Abgabe der Kündigungserklärung) entstanden sind (§ 556 a Abs. 1 S. 3 BGB). Deshalb ist es für den Vermieter wichtig, die Kündigungsgründe hinreichend konkret (bei Pflichtverletzungen mit Angabe des Datums und Schilderung des Vorfalls) und vollständig im Kündigungsschreiben anzugeben, da grundsätzlich ein Nachschieben von Kündigungsgründen nicht möglich ist (vgl. Abs. 3).

51 Über die Angabe von Kündigungsgründen im Falle der Sonderkündigung (Abs. 4) bei Anwendung der Sozialklausel (§ 556 a Abs. 1 BGB) vgl. unten Rn 187—192.

## V. Berechtigte Interessen an der Beendigung (Abs. 2)

**Allgemeines**

52 Abs. 2 ist wörtlich aus § 1 Abs. 2 des 1. WKSchG übernommen. Das Gesetz führt hier die hauptsächlichen Beispielsfälle für das Vorliegen eines berechtigten Interesses in 3 Ziffern auf. Die Aufzählung ist jedoch nicht vollständig, so daß neben den gesetzlich genannten Gründen noch weitere Umstände, welche von etwa gleichem Gewicht sein müssen, als berechtigte Interessen angesehen werden können (vgl. dazu unten Rn 102—120).

53 Das „berechtigte Interesse" an der Beendigung des Mietverhältnisses ist ein unbestimmter Rechtsbegriff, über dessen Vorliegen nur unter Würdigung der Umstände des Einzelfalles entschieden werden kann (vgl. *Weimar* WM 74, 180; FWW 74, 429). Die Kündigung muß nicht das letzte Mittel für den Vermieter zur Erreichung seiner Ziele sein, was ein Vergleich mit den Anforderungen an eine fristlose Kündigung gem. § 554 a BGB zeigt (*Schopp* ZMR 75, 99).

53a Die berechtigten Interessen müssen jeweils **in der Person des Vermieters**, d. h. auf ihn bezogen, bestehen (vgl. den Wortlaut des Abs. 1: „wenn er ... berechtigtes Interesse ... hat" und den Schutzzweck der Vorschrift). Der Vermieter kann sich daher nicht berechtigte Interessen anderer Personen (z. B. Angehöriger) in seiner Kündigung zu eigen machen. Daher ist es auch nicht möglich, daß der Vermieter nach dem Verkauf, jedoch vor Eigentumsübergang der Mietwohnung aus berechtigten Interessen des Käufers (z. B. Eigenbedarf) kündigt, auch nicht unter dem Gesichtspunkt der Grundsätze über die Drittschadensliquidation (*Soergel/Kummer* 62; a. A. *Schmid* BlGBW 79, 108; derselbe BlGBW 82, 44; *Palandt/Putzo* 7 a; MüKo-*Voelskow* 58), insbes. wegen des höchstpersönlichen Charakters der berechtigten Interessen und der auf den Schadenersatzanspruch beschränkten Anwendung der Grundsätze über die Drittschadensliquidation. Dies gilt erst recht für einen (künftigen) Erwerber, welcher die Wartefrist gem. § 564 b Abs. 2 Nr. 2 S. 2 BGB einhalten muß, da sonst diese Sperrfrist umgangen werden könnte. Vgl. auch über die Rechtsstellung des künftigen Erwerbers Einf. Rn 35 zu bb. Kein berechtigtes Interesse besteht, wenn bei beabsichtigtem Verkauf des Hauses der Käufer in das Haus ziehen will (AG Ahlen WM 83, 27 (L)).

Über die **Beweislast** beim Vorliegen berechtigter Interessen vgl. unten Rn 124. Über die **Pflicht** des Vermieters **zur wahrheitsgemäßen Angabe** von Kündigungsgründen und die Schadenersatzpflicht bei ihrer Verletzung, was für alle Arten von berechtigten Interessen gilt, vgl. Rn 72, 238 ff. 54

**1. Pflichtverletzung des Mieters (Abs. 2 Nr. 1)**

a) Gemäß Ziff. 1 des Abs. 2 gilt es als berechtigtes Interesse des Vermieters, „wenn der Mieter seine vertraglichen Verpflichtungen schuldhaft nicht unerheblich verletzt hat". Das Gesetz bezweckt den Schutz des vertragstreuen Mieters. Verletzt der Mieter seine Vertragspflichten schuldhaft in nicht unerheblichem Maße, so kann er nicht mehr als vertragstreu gelten, so daß er seine Schutzwürdigkeit verliert. Wie schon oben (vgl. Rn 20) ausgeführt, bleiben die Vorschriften über die fristlose Kündigung des Vermieters (§§ 553, 554, 554 a BGB) unberührt. Nach § 554 a BGB kann der Vermieter fristlos kündigen, wenn der Mieter schuldhaft in solchem Maße seine Verpflichtungen verletzt, daß dem Vermieter die Fortsetzung des Mietverhältnisses nicht zugemutet werden kann. Bei dieser Vorschrift ist also ebenso wie hier eine schuldhafte Pflichtverletzung des Mieters vorausgesetzt. Jedoch muß diese, und dadurch unterscheiden sich die beiden Vorschriften, im Falle des § 554 a BGB so schwerwiegend sein, daß dem Vermieter eine Fortsetzung des Mietverhältnisses (auch nur bis zur Beendigung durch ordentliche Kündigung) nicht zugemutet werden kann (vgl. auch den Bericht des Rechtsausschusses, wonach bei der fristlosen Kündigung die Unzumutbarkeit der Fortsetzung des Mietverhältnisses weitere Voraussetzung ist). Der Unterschied beider Vorschriften liegt also nicht in der Art des Verstoßes, sondern in der Schwere der Pflichtverletzung, ist also nur graduell. Zwar kann auch bei einem schwerwiegenden Pflichtverstoß des Mieters vom Vermieter eine (bloß) ordentliche Kündigung gem. Abs. 2 Nr. 1 ausgesprochen werden. Um die Voraussetzungen des Abs. 2 Nr. 1 zu erfüllen, genügen jedoch schon **Pflichtverletzungen mittlerer Schwere.** Liegen die Voraussetzungen einer fristlosen Kündigung gem. den §§ 553, 554 oder 554 a BGB vor, so ist der Tatbestand von Abs. 2 Nr. 1 auf jeden Fall gegeben, so daß der Vermieter aus einem solchen Grunde auch eine ordentliche Kündigung aussprechen kann. 55

Über die Benennung konkreter Pflichtverletzungen im Kündigungsschreiben vgl. unten Rn 133.

Eine **unwirksame fristlose Kündigung kann** nur ausnahmsweise **in eine ordentliche Kündigung umgedeutet** werden (§ 140 BGB), wenn die Voraussetzungen einer ordentlichen Kündigung (insbesondere hinsichtlich der Begründung) vorliegen und wenn der **Wille,** den Vertrag auf jeden Fall **zu beenden,** für den Kündigungsempfänger bei Abgabe der Kündigungserklärung **zweifelsfrei erkennbar** ist, was sich grundsätzlich aus der Kündigungserklärung selbst ergeben muß, aber auch dem Kündigungsempfänger aus außerhalb der Erklärung liegenden Umständen eindeutig ergeben kann (so BGH ZMR 81, 113 = WM 81, 106 = NJW 81, 976 = MRS 1 Nr. 74; LG Essen ZMR 69, 309; LG Mannheim ZMR 70, 183 = WM 70, 26 = MDR 70, 240 = NJW 70, 328; ähnlich *Schmidt-*

*Futterer/Blank* B 40). Der Wille, den Vertrag auf jeden Fall zu beenden, ist im Falle einer Räumungsklage gegeben (vgl. zu den Schriftformerfordernissen einer durch Räumungsklage bewirkten Kündigung Rn 14), so daß, wenn eine wirksame ordentliche Kündigung vorliegt, die Kündigungsfrist ab Zustellung der Räumungsklage läuft (vgl. LG Hannover ZMR 71, 377). Da der Kündigende bei der fristlosen Kündigung wegen Pflichtverletzungen nicht sicher sein kann, ob auch das Gericht die Pflichtverletzung des Kündigungsempfängers für so schwerwiegend hält, daß sie eine fristlose Kündigung rechtfertigt, empfiehlt es sich, bei der fristlosen Kündigung im Kündigungsschreiben hilfsweise eine ordentliche Kündigung auszusprechen.

56 b) Eine **Pflichtverletzung des Mieters** muß vorliegen, sei es durch ein Tun oder ein Unterlassen. In Frage kommt ein Verstoß gegen irgendwelche Haupt- und Nebenpflichten aus dem Mietvertrag, z. B. unpünktliche Zahlung des Mietzinses, Vernachlässigung der Obhuts- und Erhaltungspflicht, Verstöße gegen die Hausordnung (insbesondere bezüglich Durchführung der Kehrwoche, Schmutz-, Lärm- und Geruchsbeeinträchtigungen), vertragswidrige Verwendung der Mietsache, unerlaubte Überlassung an Dritte (vgl. § 549 BGB), unerlaubte bauliche Veränderungen, unerlaubte Entnahme von Öl, Strom, Wasser u. a. Da das Mietverhältnis auf einem dauerhaften und vertrauensvollen Verhalten zwischen den Mietparteien und zwischen Mieter und Hausbewohnern beruht (vgl. über die Rechtspflicht zur Aufrechterhaltung des gegenseitigen Vertrauens *Roquette* § 554 a, 12—14), sind auch Störungen des Hausfriedens (z. B. ständige Streitigkeiten, Denunziationen, Belästigungen, Aufwiegelung anderer Mieter zu unberechtigtem Verhalten gegenüber dem Vermieter, Beleidigungen, Körperverletzungen und andere Straftaten) gegenüber anderen Hausbewohnern (auch Angehörigen oder Gästen anderer Mieter) oder gegenüber dem Vermieter und seinen Angehörigen als Pflichtverletzungen anzusehen, desgleichen eine Bestrafung wegen eines entehrenden Delikts schwerer Art oder eine solche, die im Zusammenhang mit dem Mietverhältnis steht. Auch die Verletzung der Aufsichtspflicht gegenüber Kindern kann eine Pflichtverletzung darstellen.

57 Auch die **Pflichtverletzung durch** einen **Familien- oder Hausstandsangehörigen** (Hausgehilfin) des Mieters oder seines Erfüllungsgehilfen (§ 278 BGB) muß der Mieter gegen sich gelten lassen (*Schmidt-Futterer/Blank* B 470), z. B. vertragswidriges Verhalten seiner noch nicht schuldfähigen Kinder (AG Köln WM 82, 114 [L]) oder seines Ehegatten (LG Düsseldorf WM 82, 142 [L]). Sind beide Ehegatten Mieter und hat sich einer vertragswidrig verhalten, so sind demnach beide zur Räumung verpflichtet (LG Darmstadt WM 83, 54 = NJW 83, 52), da ein Mietverhältnis mit mehreren Mietern nur einheitlich gekündigt werden kann (BGHZ 26, 103 = NJW 58, 421). Zu Unrecht sieht LG Darmstadt a. a. O. das Räumungsverlangen des Vermieters gegen den vertragstreuen Mieter im Einzelfall als Verstoß gegen Treu und Glauben an, wobei dieser einen Anspruch auf Neuabschluß des Mietvertrags als Alleinmieter zu den bisherigen Bedingungen haben soll. Der Mieter hat auch ein Verschulden eines Dritten

(Untermieters), dem er den Gebrauch überlassen hat, zu vertreten (vgl. § 549 Abs. 3 BGB). Handelt er jedoch einem rechtswidrigen Verbot des Vermieters zuwider (zum Beispiel dem Verbot, Besuche zu empfangen), so liegt keine Pflichtverletzung vor.

c) Die Pflichtverletzung darf **nicht unerheblich** sein. Die danach erforderliche Erheblichkeit kann sich aus der Schwere oder der Dauer der Vertragsverletzung ergeben (*Schopp* ZMR 75, 99). Geringfügige oder nur vereinzelte (insbesondere einmalige) Verstöße leichterer Natur (zum Beispiel gegen die Hausordnung) ohne Wiederholungsgefahr (Bagatellverstöße) scheiden aus, zum Beispiel eine einmalige Ruhestörung oder Vernachlässigung der Kehrwoche oder das Lackieren des Kunstharzfußbodens und der Heizkörperverkleidung (weil Verletzungshandlung abgeschlossen ist und keine weitere Schadensvertiefung befürchten läßt), LG Essen ZMR 82, 53 m. zust. Anm. *Tiefenbacher*. Andererseits ist eine nachhaltige Störung des Hausfriedens nicht erforderlich (*Vogel* JZ 75, 74). Die Erheblichkeit braucht also nicht so schwerwiegend zu sein, daß ein Grund zur fristlosen Kündigung besteht, daß also die Fortsetzung des Mietverhältnisses für den Vermieter nicht mehr zumutbar ist. Ein einmaliger, jedoch gewichtiger Verstoß kann ausreichen. 58

*Blank* WM 79, 137 unterscheidet bezüglich der Erheblichkeit zwischen personenbezogenen (entscheidend: Maß der Pflichtwidrigkeit) und sachbezogenen Kündigungen (entscheidend: Tatfolgen). Diese vom Gesetzeswortlaut nicht gedeckte Unterscheidung erscheint nicht überzeugend. Maßgeblich muß die verschuldete Pflichtwidrigkeit sein, also das Maß von Verschulden und Pflichtwidrigkeit in einer Gesamtschau beurteilt, wobei es auf die Tatfolgen nicht entscheidend ankommt. Ob diese Voraussetzungen vorliegen, kann nur im Einzelfall beurteilt werden. Auf die Frage der Zumutbarkeit kommt es nicht an. 59

Eine **Abmahnung** ist **grundsätzlich nicht erforderlich,** auch nicht bei unerlaubter Gebrauchsüberlassung und vertragswidrigem Gebrauch. Durch Unterlassen der Abmahnung werden aber leichtere Pflichtverstöße regelmäßig als unerheblich anzusehen sein. Denn **oft wird erst** die **Fortsetzung des pflichtwidrigen Verhaltens** durch den Mieter **trotz einer Abmahnung** die Verletzung **zu einer erheblichen** machen (vgl. LG Hamburg WM 77, 30, wonach auch bei der ordentlichen Kündigung in der Regel eine Abmahnung geboten sei). Bei einer Abmahnung ist § 174 S. 1 BGB entsprechend anwendbar (OLG Celle [RE] WM 82, 206 = MRS 2 Nr. 76). Hat der Vermieter gemäß § 550 BGB nur dann einen Unterlassungsanspruch, wenn der Mieter einen vertragswidrigen Gebrauch ungeachtet einer Abmahnung fortsetzt, so kann das schärfere Vorgehen des Vermieters, nämlich eine ordentliche Kündigung, regelmäßig nicht schon ohne Abmahnung berechtigt sein (vgl. *Vogel* JZ 75, 74: regelmäßig müsse eine vergebliche Abmahnung vorausgehen). Auch ohne Abmahnung liegt eine erhebliche Pflichtverletzung vor, wenn die Pflicht des Mieters eindeutig feststeht und die Verletzungshandlung nach ihrer Art und Schwere eine auch dem Mieter erkennbare erhebliche Beeinträchtigung darstellt. 60

Nach LG Hamburg WM 77, 30; LG Bochum WM 80, 255 soll ein Räumungsinteresse des Vermieters zu verneinen sein, wenn ein vertragsgetreues Verhalten des Mieters mit weniger harten Mitteln als der Kündigung (z. B. Abmahnung, Unterlassungsklage) erreicht werden kann und ihm das Unterlassen der Kündigung zuzumuten ist (hier: Lärmbelästigungen während der Abend- und Ruhezeiten). Dies ist abzulehnen.

61 Bei **Zahlungsverzug** müssen nicht die Grenzen von § 554 Abs. 1 Nr. 1 und Nr. 2, Abs. 2 Nr. 1 BGB erreicht sein, damit das Merkmal „nicht unerheblich" erfüllt ist. Als „nicht unerheblich" soll nach *Palandt/Putzo* Anm. 6 b, aa der Verzug mit einer mindestens halben Monatsmiete und einem halben Monat gelten, nach *Schmidt-Futterer/Blank* B 473 mit einer Monatsmiete länger als einen Monat. Es wird jedoch nur nach den Umständen des Einzelfalles entschieden werden können, ob und unter welchen Voraussetzungen bei Zahlungsverzug eine nicht unerhebliche Pflichtverletzung vorliegt, wobei die Häufigkeit, die Höhe der Schuld und die Dauer des Verzuges eine Rolle spielen. Verspätete Zahlung wird nur bei Wiederholung und mindestens mehrwöchigen Verzögerungen ausreichen. Bezahlt der Mieter über einen längeren Zeitraum trotz Mahnung laufend unpünktlich den Mietzins, so berechtigt dies den Vermieter sogar zur fristlosen Kündigung gem. § 554 a BGB (LG Berlin MDR 80, 670; LG Hamburg MDR 83, 319).

62 Die Person, welche die Pflichtverletzung begeht, muß sich der Erheblichkeit derselben bewußt sein (vgl. zum Verschulden unten Rn 63). Bei vertragswidrigem Gebrauch kommt es nicht auf die (vielleicht erheblichen) Auswirkungen (z. B. Beschädigungen) an, sondern allein auf das Maß der Pflichtverletzung.

63 d) Die Pflichtverletzung muß **schuldhaft** verübt sein. Es ist also Vorsatz oder jede Art von Fahrlässigkeit erforderlich (vgl. § 276 Abs. 1 S. 1 BGB). Dies setzt voraus, daß der Mieter das Vorhandensein der (verletzten) Pflicht kannte oder kennen mußte. Das ist zum Beispiel nicht der Fall bei schwieriger oder zweifelhafter Rechtslage auf Grund eines entschuldbaren (rechtlichen oder tatsächlichen) Irrtums hinsichtlich der Zahlungspflicht (z. B. bzgl. Nebenkosten oder einer Mieterhöhung). Ist die Verantwortlichkeit des Mieters wegen Schuldunfähigkeit ausgeschlossen, zum Beispiel bei Geisteskrankheit (vgl. §§ 104, 105 Abs. 2 BGB), so fehlt es an einem schuldhaften Verhalten. Schwerwiegende unzumutbare Übergriffe eines schuldunfähigen Mieters können jedoch auch einen Grund zur fristlosen Kündigung geben (vgl. *Roquette* § 554 a, 4; *Lutz* DWW 74, 272 m. w. N. Mit Recht bejaht *Schopp* ZMR 75, 99 ein berechtigtes Interesse auch bei schweren Vertragsverletzungen eines geisteskranken Mieters, was auch zur Annahme eines Grundes zur fristlosen Kündigung führt (vgl. dazu auch Rn 120 bzgl. eines schuldunfähigen Mieters). Das Verschulden muß bei demjenigen vorliegen, der die Pflichtverletzung begeht. Dies kann der Mieter selbst oder ein Familien- oder ein Hausstandsangehöriger sowie sein Erfüllungsgehilfe (überweisende Bank) sein. Bei Pflichtverletzungen von schuldunfähigen Personen (z. B. Kindern) kommt es auf eine schuldhafte Verletzung der Aufsichtspflicht

des Erwachsenen an. Auch im Falle der Zahlungsunfähigkeit ist Verschulden Voraussetzung der Kündigung, so daß bloßes Zuvertretenhaben (vgl. § 279 BGB) nicht ausreicht. Anders für die fristlose Kündigung wegen Zahlungsverzugs gem. § 554 BGB, bei welcher Zahlungsunfähigkeit Verzug nicht ausschließt, vgl. §§ 279, 285 BGB (a. A. *Derleder* NJW 75, 1682: § 554 sei den Voraussetzungen des § 564 b zu unterwerfen, so daß bei unverschuldeter Zahlungsunfähigkeit weder fristlos noch ordentlich gekündigt werden könne). Die aus sozialen Gründen zugunsten des Mieters geschaffene Möglichkeit, die Kündigung durch nachträgliche Zahlung gem. § 554 Abs. 2 Nr. 2 BGB wirkungslos zu machen, muß auch bei der auf Zahlungsverzug gestützten ordentlichen Kündigung entsprechende Anwendung finden (AG Schöneberg WM 78, 128 = MDR 78, 56; *Schmidt-Futterer/Blank* B 473; *Sternel* IV 73; a. A. *Palandt/Putzo* Anm. 6 b, aa). Dies ergibt sich aus dem Grundsatz a maiore ad minus: wenn der Mieter bei einer fristlosen Kündigung eine Schonfrist zur Befriedigung des Vermieters erhält, muß ihm diese erst recht bei der weniger einschneidenden ordentlichen Kündigung zustehen. Zumindest fehlt es bei Zahlung innerhalb der Schonfrist an einer nicht unerheblichen, schuldhaften Pflichtverletzung (AG Schöneberg a. a. O.; ähnlich LG Rottweil WM 73, 207).

Durch eine Provokation von seiten des Vermieters kann ein Verschulden des Mieters entfallen oder der Pflichtverstoß unerheblich sein (vgl. AG Osnabrück WM 73, 78). Das Verschulden entfällt beim Vorliegen von Schuldausschließungsgründen, also bei Notwehr, Notstand und erlaubter Selbsthilfe (vgl. §§ 227 ff., 904 BGB).

e) **Einzelne Fälle aus der Rechtsprechung**

Ein **berechtigtes Interesse wurde bejaht:** bei mehrtägigem Feiern zur Nachtzeit trotz Abmahnung, selbst wenn der Lärm durch Besucher verursacht wurde, da der Mieter für diese verantwortlich ist (AG Köln WM 74, 150); bei Hausbesetzung durch dritte Personen mit Wissen und Willen des Mieters (AG Frankfurt ZMR 73, 149; AG Wedding WM 81, 210), bei wiederholter Verletzung der Obhutspflicht für die Mieträume (mehrfacher Wasserschaden) trotz Abmahnung (AG Achern DWW 74, 237 (Ls)); bei Verletzung der Instandhaltungs- und Obhutspflicht nur bei erheblicher Gefährdung der Mietsache, d. h. wenigstens unmittelbar drohender Schädigung der Substanz (AG Köln WM 80, 134); bei Bemalung von Mobiliar und Wohnungsbestandteilen durch Mieter ohne Einwilligung des Vermieters (AG Münster WM 78, 70); bei wiederholter Nachtruhestörung in Mehrfamilienhaus nach 23.00 Uhr durch heftiges Schreien und Brüllen, auch wenn die Störungen jeweils nur 10 Minuten dauern (LG Mannheim NJW 76, 1407 = MDR 76, 757 = DWW 76, 164); bei eindeutiger **Überbelegung** im konkreten Fall, z. B. Hinzukommen vieler Kinder des Mieters (OLG Hamm (RE) ZMR 83, 66 = WM 82, 323 = DWW 82, 335 = MDR 83, 133 = NJW 83, 48; vgl. auch LG München I WM 83, 22: nur bei zu befürchtenden Substanzschäden der Wohnung; vgl. auch LG Düsseldorf WM 83, 141: fristloser Kündigungsgrund bei Einzug mehrköpfiger Familie in Appartementwohnung; LG Köln WM 81, 161); bei Informierung der Presse über Vorgänge von öffentlichem Interesse, wenn die sachliche Information falsch ist (OLG Frankfurt WM 83, 84: über Verhalten des Vermieters hinsichtlich Verdrängung der Mieter aus dem Hause; vgl. auch LG Düsseldorf ZMR 81, 117); bei Vertragsverletzungen gegenüber dem vom Vermieter beauftragten Verwalter (LG Köln WM 81, 233); bei schriftlichen Beleidigungen des Vermieters wie Bezeichnung als Ausbeuter (AG Gießen ZMR 82, 240); bei unberechtigter Minderung des Mietzinses (vgl. *Kamphausen* ZMR 83, 113 ff.); bei vertragswidrigem Einsetzen einer begünstigenden Klausel in der vorgesehenen Endfassung eines verbindlichen Vertragsentwurfs (OLG Köln ZMR 81, 177 = WM 81, 103); bei Vorspiegelung des Verheiratetseins der Mieter (AG Hannover WM 83, 142; zugleich auch Anfechtungsgrund wegen arglistiger Täuschung, vgl. *Weimar* ZMR 82, 196 zum Irrtum des Vermieters über verkehrswesentliche Eigenschaften des Mieters); bei Anbringung eines Transparents mit gesellschaftspolitischer Aufschrift an der Straßenfassade je nach Einzelfall (BayObLG ZMR 83, 352 = WM 83, 129; vgl. auch LG München I WM 83, 264 und LG Darmstadt WM 83, 137).

66 **Verneint** wurde das Vorliegen eines berechtigten Interesses bei folgenden Verhaltensweisen des Mieters: mehrwöchiger Verzug mit 2 Monatsmieten unter besonderen Umständen (LG Rottweil WM 73, 207); gelegentliches Duschen am späten Abend (AG Osnabrück WM 72, 107); geringfügige Vernachlässigung der Gartenpflege; eigenmächtige Baumaßnahmen (AG Wegberg WM 72, 108); einmaliges Randalieren, Ausüben einer Nebentätigkeit, Aufbewahren brennbarer Flüssigkeiten (Benzin) in der Wohnung ohne ein unsachgemäßes Hantieren (LG Köln WM 77, 56 z. fr. R.); bloße Störung des Verhältnisses zwischen Eltern und Kind, zwischen denen ein Mietverhältnis besteht (AG Bochum WM 75, 38); nächtliche Damenbesuche eines Mieters trotz vertraglichen Verbots, da dieses sittenwidrig ist (AG Tübingen WM 79, 77, wonach das Verbot auch dann sittenwidrig sein soll, wenn Vermieter dafür niedrigeren Mietzins verlangt — insoweit bedenklich!); Zusammenleben erwachsener Verlobter in einer gemeinsamen Wohnung (AG Bremervörde ZMR 74, 146 = WM 73, 99 = MDR 74, 142); Übernachtenlassen und Aufenthaltsgewährung der Mieterin gegenüber ihrem Verlobten (LG Aachen ZMR 73, 330; vgl. dazu auch *Schneider* ZMR 73, 131 und 325); überhaupt die Aufnahme einer Person, gleichgültig welchen Geschlechts, zum dauernden Mitgebrauch der Wohnung aus persönlichen oder wirtschaftlichen Gründen (OLG Hamm (RE) WM 82, 318 = DWW 82, 308 = MDR 83, 56 = NJW 82, 2876 m. Anm. *Finger* WM 83, 8); über die Frage eines Kündigungsrechts bei eheähnlichem Verhältnis des Mieters vgl. LG Bonn NJW 76, 1690 m. Anm. *Berg* NJW 76, 2166; AG Schöneberg NJW 79, 2051; *Langohr* ZMR 83, 222 ff.; Aufnahme von Familienangehörigen in der Mietwohnung mit Billigung des Vermieters (AG Ahaus WM 73, 248); Nichtgrüßen des Vermieters (AG Geislingen a. a. O.); Weigerung des Mieters, einer Mieterhöhung wegen Einbaus einer Sammelheizung zuzustimmen (LG Köln WM 74, 9); Verursachung von Unstimmigkeiten über Nebenkosten und sonstige Forderungen (AG Osnabrück WM 72, 107); Meinungsverschiedenheiten über den richtigen Umle-

gungsmaßstab für Heizkosten (AG Aachen a. a. O.); ungerechtfertigte Minderung bezüglich kleinerer Beträge (AG Köln WM 74, 126); vereinzelte Behinderungen von Mitmietern bei der Benutzung ihrer Garage (LG Mannheim ZMR 74, 335); einmalige Verletzung der Obhutspflicht, vor längerem Urlaubsantritt zurückgelassene Lebensmittel vor Verderb zu schützen, um Geruchsbelästigungen zu vermeiden (LG Mannheim DWW 77, 42 (L)); gelegentliche Weigerung, Schnee zu fegen (anders bei nachhaltiger Verweigerung einer eingegangenen Verpflichtung ohne triftigen Grund) (AG Lübeck WM 72, 193); unerlaubte Hundehaltung (AG Dortmund WM 74, 103), jedenfalls bei stillschweigender Genehmigung des Vermieters und nur üblichem Verhalten des Hundes (LG Mannheim ZMR 74, 335); Vogelhaltung in der Mietwohnung (LG Köln WM 74, 103); Mitgliedschaft in einer Interessengemeinschaft der Mieter gegen die Umwandlung der Mietwohnungen in Eigentumswohnungen und Heraushängen einer Fahne als Symbol der Solidarisierung mit dieser Interessengemeinschaft (LG Kassel WM 81, 211); Halten eines verwilderten Naturgartens durch Mieter eines Hauses mit gemietetem Ziergarten (AG Darmstadt WM 82, 246); mehrfache Rüge nicht vorhandener Mängel (LG Mannheim WM 82, 282 (L)).

## 2. Eigenbedarf des Vermieters (Abs. 2 Nr. 2)

a) Ein berechtigtes Interesse liegt vor, wenn der Vermieter die Räume als Wohnung für sich, die zu seinem Hausstand gehörenden Personen oder seine Familienangehörigen **benötigt** (Nr. 2 S. 1). Diesen Bedarfsgrund nennt man Eigenbedarf. Der Bundestagsrechtsausschuß war der Auffassung, daß ein berechtigtes Interesse an der Vertragsbeendigung nicht erst dann gegeben ist, wenn für den Vermieter eine Obdachlosigkeit droht oder er auf dem Wohnungsmarkt für sich keine geeignete Wohnung beschaffen kann. Der Antrag einer Minderheit, die Fassung zu verbessern, da aus dem Wort „benötigt" geschlossen werden könnte, daß hier ein besonders strenger Maßstab an den Eigenbedarf anzulegen sei, wurde daher abgelehnt. Damit setzt die Eigenbedarfskündigung **kein dringendes Eigeninteresse** (wie im Falle des § 4 Abs. 1 MSchG) voraus, also keinen Notfall (*Vogel* JZ 75, 74; *Schopp* RPfl. 72, 8; a. A. *Roquette* ZMR 72, 134; *Schmidt* WM 75, 111). Es müssen vielmehr **vernünftige und billigenswerte Gründe** des Vermieters als Bedarf genügen. Ein **„billigenswertes objektives Interesse"** muß vorliegen (vgl. OLG Karlsruhe ZMR 77, 25; LG Mannheim WM 74, 30), ein konkreter, billigenswerter Bedarf an der Erlangung der Wohnung (AG Mannheim WM 76, 184), der gegeben ist, wenn für den Vermieter oder seine Angehörigen das Verbleiben des Mieters erhebliche Nachteile bringt (LG Essen WM 76, 166 = WM 76, 233), sich also das Bedürfnis nach mehr Wohnraum nicht anders als durch Inanspruchnahme der Wohnung des Mieters befriedigen läßt (AG Frankfurt WM 77, 122). Eigenbedarf ist das rechtlich anerkennenswerte Bedürfnis des Vermieters, den vermieteten Wohnraum in Eigennutzung oder Nutzung durch Hausstands- oder Familienangehörige zu nehmen (vgl. LG München I ZMR 74, 49). Eigenbedarf liegt z. B. dann vor, wenn durch die Ingebrauchnahme des vermieteten Wohnraums einem bestehenden Mangel des

Vermieters an eigengenutzten oder eigennutzbaren Räumen für sich oder den bezeichneten Personenkreis abgeholfen werden kann. Hierbei ist bei der Bemessung des Raumbedarfs entscheidend **auf die Lebensstellung des Vermieters bzw. der Familien- oder Hausstandsangehörigen abzustellen,** jedoch nicht allein auf die unzulängliche Unterbringung des Familienmitglieds (zutreffend *Fehl* NJW 75, 1973 gegen LG Kiel a. a. O.). Aber auch wenn der Raumbedarf des Vermieters gedeckt ist, kann ein rechtlich anerkennenswertes Bedürfnis an der Erlangung der Räume des Mieters bestehen, **wenn diese Räume für die Eigenbenutzung** bzw. Nutzung durch Hausstands- und Familienangehörige **geeigneter sind als die derzeit innegehabten Räume** (z. B. kürzere Entfernung zur Arbeitsstätte [LG Köln ZMR 78, 85], gesundheitliche Gründe) oder wenn sonstige ins Gewicht fallende schutzwürdige Vorteile mit ihrer Ingebrauchnahme durch den Vermieter bzw. den gleichgestellten Personenkreis verknüpft sind, z. B. bei weniger arbeits- und kostenintensiver Unterhaltung der Mieterwohnung als des vom Vermieter bewohnten Einfamilienhauses (AG Düsseldorf DWW 76, 238; a. A. LG Mainz WM 79, 148 [Ls]); bei – trotz ausreichender eigener Unterbringung – sozial anerkennenswertem Interesse, z. B. der Absicht des Vermieters, einen wegen Krankheit oder Alters hilfebedürftigen Familienangehörigen in seinem Hause aufzunehmen, *Fehl* 75, 1974, oder bei einem billigenswerten Interesse des Vermieters am Besitz einer sog. Zweitwohnung. Objektiv müssen also konkrete Bedarfsgründe des Vermieters (zum Beispiel unzureichende eigene Unterbringung, Pflicht zur Räumung der eigenen Wohnung, krankheitsbedingte Wohnungsveränderung, Aufnahme pflegebedürftiger Familienangehöriger) vorhanden sein. Dies ist z. B. der Fall, wenn der im höheren Lebensalter stehende Vermieter in einer lauten Straße wohnt und die ruhiggelegene Mietwohnung in seinem Haus aus gesundheitlichen Gründen benötigt (LG Karlsruhe DWW 74, 238 [Ls]); wenn der Vermieter die Absicht hat, das Mietshaus abzureißen, um dort ein neues modernes Wohngebäude zu errichten, und er deshalb das Haus gekauft hat (AG Düsseldorf WM 73, 190); wenn der 12jährige Sohn des Vermieters im Schlafzimmer der Eltern schlafen muß (LG Köln WM 75, 192); wenn wegen der Geburt eines zweiten Kindes und vermehrter Arbeitsbeanspruchung Bedarf des Ehemannes an einem eigenen Arbeitszimmer besteht (LG Mannheim WM 76, 269 z. fr. R.); wenn der Vermieter die eheliche Wohnung verlassen will, weil ihm wegen ehelicher Schwierigkeiten ein weiteres Zusammenleben in der Wohnung unzumutbar erscheint, wobei es auf die Trennungsgründe und ein Trennungsverschulden nicht ankommen kann (LG Köln WM 75, 210 z. fr. R.; a. A. jedoch AG Köln WM 77, 29 z. fr. R.); wenn die Wohnung für den **unverheirateten Sohn** des Vermieters gebraucht wird, der in **eheähnlicher Lebensgemeinschaft** mit einer Frau zusammenlebt, da durchaus auch subjektiven Wünschen und Vorstellungen hinsichtlich der Lebensgestaltung Rechnung getragen werden kann (OLG Karlsruhe [RE] WM 82, 151 = DWW 82, 271 = NJW 82, 889), denn billigenswert ist jeder ernsthafte und vernünftige Eigenbedarf des begünstigten Personenkreises.

Andererseits genügen zu schwache Interessen des Vermieters **nicht**, etwa **bloße Wünsche ohne ein ernsthaftes Bedürfnis**. Der **bloße Wunsch des Vermieters, in sein eigenes Haus umzuziehen, reicht** als berechtigtes Interesse **für sich allein nicht aus** (KG [RE] ZMR 81, 154 = WM 81, 82 = MDR 81, 586 = NJW 81, 1048 = MRS 1 Nr. 62; LG Mannheim ZMR 74, 333 = WM 74, 260; LG Hamburg WM 77, 30; LG Kiel NJW 75, 1973; LG Mainz WM 79, 148 [Ls]). Jedoch wird man — orientiert an der Eigentumsgarantie des Art. 14 GG — bei einem Vermieter, der in die ihm gehörende Wohnung einziehen will, außer dem Wunsch, die eigene Wohnung selbst zu bewohnen, jeden vernünftigen, wenn auch schwächeren zusätzlichen Grund genügen lassen müssen. Andererseits muß der Eigenbedarf schon „von einiger Dringlichkeit" sein (AG Köln WM 74, 151). So **reicht es nicht aus,** wenn der Vermieter den bloßen Wunsch hat, komfortabler zu leben (LG Darmstadt WM 81, U 4 [L]); wenn er den Wunsch zum Zusammenleben mit Familienangehörigen hat, diese jedoch nicht unzureichend oder zu teuer untergebracht sind (LG Kaiserslautern MDR 81, 935 — bedenklich, es dürften jedoch auch anerkennenswerte persönliche Gründe des Zusammenlebens allein ausreichen); wenn Vermieter oder Angehöriger aus beruflichen Gründen ein Arbeitszimmer benötigt (AG Köln WM 82, 251 — bedenklich); wenn die Miete des Vermieters nur geringfügig höher ist als die seines Mieters (LG Mannheim a. a. O.; AG Hamburg WM 73, 5; bei erheblicher Mietzinsdifferenz kann kein Eigenbedarf, jedoch ein sonstiges berechtigtes Interesse vorliegen [LG Hamburg WM 75, 124 z. fr. R.]); wenn die vom Angehörigen bewohnte Wohnung nur 8 m$^2$ kleiner als die begehrte Wohnung ist (LG Darmstadt WM 81, U 4 [L]); wenn ein pflegebedürftiger Angehöriger in der genügend großen Wohnung des Vermieters Platz finden kann (AG Osnabrück WM 81, U 20 [L]); wenn die Zeitersparnis für die Fahrt des Vermieters zum Arbeitsplatz nur 5 Minuten beträgt (LG Hamburg WM 81, U 22 [L]); wenn die betagte Vermieterin den Wunsch hat, einen Mieter zu finden, der für sie das Schneefegen übernimmt (AG Lübeck WM 72, 193); wenn sich der Vermieter wohnlich verbessern will, aber selbst über genügend Wohnraum verfügt (LG Köln WM 74, 103); wenn er 2 Erdgeschoßwohnungen in einer Einheit zusammenlegen will (LG Köln ZMR 78, 85); wenn der 18jährige Sohn des Vermieters nicht mehr bei den Eltern wohnen, sondern sich auf eigene Füße stellen soll (AG Mannheim ZMR 75, 333 = WM 75, 210 = DWW 75, 43 z. fr. R.); wenn eines der Geschwister des Vermieters eine Wohnung des Vermieters beziehen will, um einen näheren Weg zum eigenen Arbeitsplatz zu haben (AG Köln WM 74, 203); wenn der Weg zum Arbeitsplatz des Vermieters von seiner bisherigen Mietwohnung nicht weiter als von seinem eigenen Haus ist und auch aus sonstigen Gründen kein konkreter Raumbedarf besteht (LG Mannheim a. a. O.; anders aber, wenn die größere Entfernung zum Arbeitsplatz dem Vermieter nicht zuzumuten ist, LG Hamburg ZMR 77, 90 z. fr. R.); wenn für die betagten, aber nicht pflegebedürftigen Eltern des Vermieters gelegentliche Hilfeleistungen auch anderweitig erbracht werden können (LG Mannheim WM 74, 30); wenn der Vermieter zu alt und zu schwach ist, um Haus und Garten instand zu setzen und er deshalb einen anderen Mieter sucht, der ihm diese Arbeiten abnimmt (AG

Osnabrück WM 75, 55); wenn der Vermieter das selbst bewohnte Haus aus finanziellen Gründen anderweitig gewinnbringend vermieten und deshalb in die Wohnung des Mieters ziehen will (AG Krefeld ZMR 72, 238 = WM 72, 93); wenn der Vermieter eine Hilfe im Haushalt und Garten nicht ununterbrochen und ganztägig braucht, so daß eine Einstellung von Hilfskräften der Nachbarschaft möglich ist, ohne ihnen eine Wohnung im Hause des Vermieters beschaffen zu müssen (LG Osnabrück WM 76, 124 z. fr. R.); wenn andere Maßnahmen (z. B. Wohnungstausch, Aufnahme im Altersheim) ausscheiden (AG Köln WM 75, 150); wenn nur ein „Probewohnen" zur Erkundung der Verträglichkeit der vorgesehenen neuen Lebensumgebung geplant ist (LG Waldshut-Tiengen WM 80, 279 (L)).

69 Der **Bedarf** muß **von einiger Dauer** sein. Wenn der Vermieter die Wohnung nur kurzfristig, also ein paar Monate benötigt, liegt kein Eigenbedarf vor (AG Ahaus WM 73, 248). Eigenbedarf ist jedoch zu bejahen bei der Absicht der Nutzung für mehr als ein Jahr bis zur Bezugsfertigkeit eines umzubauenden Hauses (AG Bonn WM 80, 53).

70 Das **Erlangungsinteresse** des Vermieters **muß bestimmt und konkret sein.** So kann Eigenbedarf nicht geltend gemacht werden für namentlich nicht genannte Erwerbsinteressenten (AG Büchingen WM 82, 307 (L)). So rechtfertigt eine bloße Heiratsabsicht die Kündigung grundsätzlich noch nicht (AG Lübeck WM 73, 23), ebensowenig der bloße Hinweis auf die Heiratsabsicht der mit einem Studenten verlobten Tochter des Vermieters ohne weitere Ausführungen (AG Hameln WM 74, 151); anders aber bei unmittelbar bevorstehender sicherer Heirat der Tochter des Vermieters, wenn damit die Aufnahme des künftigen Schwiegersohns in die Wohnung des Mieters verbunden ist, dem Schwiegersohn jedoch eine andere geeignete Wohnung nicht zur Verfügung steht (AG Frankfurt WM 77, 122). Daß die Tochter mit ihrem Freund zusammenziehen will, reicht nur, wenn es eine auf Dauer angelegte Beziehung ist (LG Hagen WM 81, U 4 (L)). Der Bedarf muß aktuell sein, nicht künftig und ungewiß (AG Köln WM 82, 111 (L)). Eine Kündigung „auf Vorrat" ist unzulässig; ein Bedarf muß daher spätestens zum Zeitpunkt des Ablaufs der Kündigungsfrist vorliegen (a. A. LG Stuttgart WM 76, 56: Erlangungsinteresse müsse in zeitlicher Hinsicht nicht eilig oder drängend sein, so daß eine Kündigung für den aus dem Ausland zweieinhalb Jahre nach Kündigungsausspruch zurückkehrenden Sohn noch zulässig sei). Die Bestimmtheit des Erlangungsinteresses setzt bei Bedarf für einen Familienangehörigen voraus, daß dieser zum Einzug fest entschlossen ist; ein „Probewohnen" zur Prüfung der Verträglichkeit der neuen Lebensumgebung reicht dazu nicht (LG Waldshut-Tiengen WM 78, 5). Ein bestimmtes und konkretes Erlangungsinteresse des Vermieters fehlt, wenn er noch keine hinreichende Gewißheit über den Einzugswillen des betreffenden Familienangehörigen hat, z. B., weil dieser noch unschlüssig ist (AG Mannheim WM 77, 166 z. fr. R.). Der Vermieter muß sich überhaupt vor der Kündigung von der Möglichkeit der Realisierung des Eigenbedarfs überzeugen, z. B. indem er sich von der zum Einzug vorgese-

henen Person eine bindende Zusage über deren Einzugswillen geben läßt (LG Essen WM 81, 183). Bei **Pflegebedürftigkeit des Vermieters** ist ein Eigenbedarfsinteresse nur dann zu bejahen, wenn eine konkrete Aussicht besteht, daß eine bestimmte Person zur Pflege in die vermietete Wohnung aufgenommen werden soll (LG Bielefeld WM 72, 178), zum Beispiel die Tochter (Krankenschwester) des Vermieters (AG Völklingen DWW 73, 123) oder ein neuer Mieter, der die Pflege übernimmt (*Hans* § 564 Anm. 13 b, dd). Eigenbedarf ist auch gegeben, wenn der betagte Vermieter die Wohnung für eine **in seinen Hausstand aufzunehmende Hilfsperson** beansprucht und aufgrund äußerer Umstände mit einiger Sicherheit damit zu rechnen ist, daß er **die Dienste in naher Zukunft für seine Lebensführung benötigt** (BayObLG (RE) ZMR 82, 368 = WM 82, 125 = NJW 82, 1159 = MRS 2 Nr. 83), wobei er diese Dienste nicht erst bei Hilfs- oder Pflegebedürftigkeit benötigt, sondern bereits dann, wenn die Umstände des Einzelfalles ihre Inanspruchnahme nach Ablauf der Kündigungsfrist aus sonstigen beachtlichen Bedarfsgründen (z. B. Alter, Gesundheit, alleinstehende Einzelperson) erfordern, andererseits gelegentliche Hilfeleistungen, die auch ohne Bereitstellung einer Wohnung anderweitig erbracht werden können, nicht ausreichen. Vgl. auch LG Köln WM 82, 27 (L): berechtigtes Interesse bei frühzeitig einsetzender regelmäßiger und ständiger Betreuung, um einen ohne solche Betreuung zu erwartenden Pflegefall abzuwenden oder hinauszuschieben.

Das Erlangungsinteresse muß auch rechtlich durchsetzbar sein. Daher kann der Vermieter einer Sozialwohnung nur wirksam Eigenbedarf geltend machen, wenn er zusätzlich zum Nachweis des Eigenbedarfs eine eigene Wohnberechtigung oder eine Freistellung darlegt (LG Essen ZMR 79, 273 m. Anm. *Tiefenbacher* = WM 79, 147).

Das **Kündigungsschreiben** muß die Eigenbedarfssituation unverwechselbar erkennen lassen, also die Interessenlage so eingehend darlegen, daß allein aus der schriftlichen Begründung der Mieter die Berechtigung zur Kündigung beurteilen kann (LG Essen WM 73, 163). Gibt z. B. der Vermieter in der Kündigungserklärung lediglich an, daß er die Mietwohnung für seinen Sohn benötige, so ist die Kündigung mangels hinreichend konkretisierter Eigenbedarfsgründe unwirksam. Vgl. auch Rn 134.

Eine **Interessenabwägung** mit den Interessen des Mieters findet im Rahmen des Eigenbedarfs (entgegen dem früheren § 4 MSchG) nicht statt. Soziale Belange des Mieters sind also dabei nicht zu berücksichtigen (h. M., AG Bochum WM 80, 226; AG Miesbach WM 80, 113 (L); Schwab DWW 83, 172 m. w. N.). Dazu muß der Mieter von seinem Recht zum Kündigungswiderspruch Gebrauch machen (§ 556 a BGB). **Bei der Prüfung von Eigenbedarf** sind nicht lediglich die vom Vermieter geltend gemachten Tatsachen **zu berücksichtigen,** sondern auf Grund einer umfassenden Würdigung aller Umstände des Einzelfalles **(Gesamtschau),** die auch gegen die Vermieterinteressen sprechende Umstände einbezieht, zu entscheiden, ob ein vernünftiges, billigenswertes Interesse an der Erlangung der Wohnung vorliegt. Die Vermieterinteressen müssen so gewichtig sein, daß es vertretbar erscheint, das generelle Interesse des Mieters an der Erhaltung seiner Wohnung dahinter zurücktreten zu lassen. Persönliche und wirtschaftliche Verhältnisse, Beruf, Lebensgewohnheiten und soziale Stellung des Einzugswilligen sind umfassend zu würdigen (OLG Karlsruhe (RE) WM 83, 9 = NJW 83, 579). Über das Wahlrecht des Vermieters bei mehreren Mietern vgl. Rn 74.

72 Die **Umstände,** welche den Eigenbedarf ausmachen (Bedarfssituation und Bedarfswille), **müssen** gemäß dem Schutzzweck des Gesetzes **der Wahrheit entsprechen;** der Bedarfswille, d. h. der Wille, die vermietete Wohnung auch dem angegebenen Verwendungszweck entsprechend zu benutzen, muß **ernstlich** vorliegen. Dies hat das Gericht, wenn es der Beklagte bestreitet, besonders sorgfältig zu prüfen, gegebenenfalls durch Parteivernehmung des Klägers unter ausdrücklichem Hinweis auf seine prozessuale Wahrheitspflicht (§ 138 Abs. 1 ZPO) und auf die Strafbarkeit eines Prozeßbetruges (§ 263 StGB) bei vorgetäuschtem Eigenbedarf (vgl. LG Köln WM 74, 9: Bei vorausgegangener Kündigung des Vermieters wegen Verweigerung der Mieterhöhung soll einer nachgeschobenen Eigenbedarfskündigung die allgemeine Arglisteinrede (venire contra factum proprium) entgegenstehen; richtigerweise hätte die Kündigung wegen nicht erwiesenen Eigenbedarfs – also mangels Ernstlichkeit – als unwirksam behandelt werden müssen).

73 Verstößt der Vermieter schuldhaft gegen die erwähnte Pflicht zur wahrheitsgemäßen Angabe eines ernsthaft vorliegenden Eigenbedarfsgrundes, so kann er sich gegenüber dem Mieter, der auf die Richtigkeit des angegebenen Eigenbedarfs vertraut und dadurch einen Vermögensschaden erleidet, **schadenersatzpflichtig** machen (vgl. dazu unten Rn 238 ff.).

74 Stehen **dem Vermieter** zur Befriedigung seines Eigenbedarfs **mehrere Mieter (Mietwohnungen) zur Verfügung,** so **kann er** unter ihnen **wählen,** von welchem die Räumung verlangt wird (AG Düsseldorf DWW 76, 238; AG Köln WM 80, 86 (L); AG Kaiserslautern WM 80, 255 (L); *Lammel* BlGBW 82, 166; *Schopp* ZMR 75, 100). Er braucht dabei auf das Vorliegen von persönlichen Härtegründen beim einen oder anderen Mieter keine Rücksicht zu nehmen (a. A. AG Krefeld NJW 78, 1265: gemäß dem Gebot der Rücksichtnahme entfalle ein Wahlrecht dann, wenn die Kündigung für den einen Mieter eine erhebliche Härte bedeuten würde, für den anderen jedoch nicht; ähnlich AG Büdingen WM 80, 225). Allerdings wird der Vermieter schon im eigenen Interesse vermeiden, von einem solchen Mieter die Räumung zu verlangen, welcher voraussichtlich beachtliche Härtegründe gemäß § 556 a BGB geltend machen kann. Das Wahlrecht des Vermieters dürfte auch dann bestehen, wenn er sich zur Bedarfsdeckung zwischen einem gewerblichen und einem Wohnraummieter entscheiden kann (a. A. offenbar *Lammel* BlGBW 82, 167).

75 Der Vermieter muß tatsächlich einen Bedarf für den Wohnraum des Mieters haben. Der Raumbedarf muß stets in dem Sinne konkret sein, daß er nach der Sachlage gegenwärtig besteht oder zumindest bei gewöhnlichem Lauf der Dinge

in naher Zukunft eintritt (LG München I ZMR 74, 51). Das ist nicht der Fall, wenn der Vermieter für einen Familienangehörigen die **Möglichkeit** einer angemessenen **anderweitigen Unterbringung** hat (AG Dortmund WM 74, 178) oder wenn für den Vermieter selbst eine andere, für ihn angemessene Wohnung frei ist oder in Bälde frei wird. Der Eigenbedarf entfällt jedoch nicht dadurch, daß der Vermieter eine andere freistehende Wohnung aus beachtlichen Gründen anderweitig vermietet hat (LG Karlsruhe DWW 74, 238 (Ls)).

Der **Eigenbedarf** muß auch **hinsichtlich des räumlichen Umfangs** so viele Räume umfassen, wie die herausverlangte Wohnung hat, wobei kleine Unterschiede des Raumbedarfs keine Rolle spielen dürfen. Nach AG Dortmund (WM 80, 186 (L)) soll Eigenbedarf an einer abgeschlossenen Zweizimmerwohnung für den 19jährigen in Berufsausbildung befindlichen Sohn des Vermieters nicht bestehen, da der Raumbedarf durch Anmietung eines Einzelzimmers gedeckt werden kann. Dem kann nicht gefolgt werden, wenn der Sohn sozial anerkennenswerte Gründe dafür hat, statt in einem Einzelzimmer in einer Zweizimmerwohnung zu leben, z. B., wenn er in erforderlichem Umfang eigene Möbel besitzt oder in Bälde anschaffen will (ähnlich AG Bochum WM 80, 226; *Lammel* BlGBW 82, 166 für den Wunsch des volljährigen Sohnes zum Bezug einer eigenen Wohnung). 75a

Der **Erwerber** eines Mietshauses kann Eigenbedarf grundsätzlich sofort nach dem Eigentumserwerb geltend machen. Er **braucht** (außer im Fall des S. 2) **nicht** erst eine angemessene **Wartefrist**, wie sie früher aus § 4 MSchG gemäß dem Grundsatz von Treu und Glauben abgeleitet wurde, **abzuwarten,** (h. M., a. A. *Vogel* JZ 75, 75: je nach den Umständen Wartefrist zwischen 1–3 Jahren). Der Ausnahmetatbestand des S. 2 bei Umwandlung in Eigentumswohnungen kann nicht auch entsprechend auf andere Erwerbsfälle ausgedehnt werden. Gegen die Annahme einer allgemeinen Wartefrist spricht auch, daß dem Mieter ja die sonstigen Schutzrechte gemäß Abs. 5 zustehen, welche er früher im Rahmen des § 4 MSchG nicht hatte. 76

Allein durch den Erwerb eines Hauses ist noch kein Eigenbedarf gegeben. **Es muß** vielmehr – wie auch sonst – ein **konkreter Bedarfsfall für den Erwerber** oder seine Familien- oder Hausstandsangehörigen **vorliegen.** Zu Recht führt das AG Köln (WM 74, 9) aus: der Umstand, daß der Käufer das Haus in der (verständlichen) Absicht erworben hat, darin später eine Wohnung zu beziehen, rechtfertigt nicht ein Eigeninteresse an einer in diesem Haus vermieteten Wohnung; erforderlich ist vielmehr das Vorliegen weiterer Umstände, z. B., wenn der Vermieter selbst nur eine zu kleine, zu teuere oder zum Arbeitsplatz wesentlich ungünstiger gelegene Wohnung hat, wenn er seine bisherige Wohnung räumen muß oder wenn persönliche Veränderungen (Heirat, Arbeitsplatzwechsel, Ruhestand) hinzutreten, die einen besonderen Bedarf begründen. **Hat der Erwerber** (eines Hauses oder einer Eigentumswohnung) **Eigenbedarfsgründe,** so **ist** seine **Kündigung nicht** deshalb unzulässig, weil der Bedarf schon zum Zeitpunkt des Erwerbs vorgelegen habe und deshalb **selbst verschuldet** sei (vgl. jedoch die anderen Fälle unten Rn 77), denn das Gesetz wollte den Eigentumserwerb zum Zwecke der Eigennutzung nicht verhindern, was auch mit der Eigentumsgarantie (Art. 14 GG) nicht vereinbar wäre (BayObLG (RE) ZMR 81, 334 = WM 81, 200 = DWW 81, 235 = MDR 81, 1019 = NJW 81, 2197 = MRS 1 Nr. 61 für sog. gekauften Eigenbedarf, es sei denn, daß treuwidrige Umstände hinzukommen; LG Frankfurt WM 78, 174 z. fr. R.; LG Freiburg ZMR 79, 50 mit zutreffender Begründung; a. A. LG Hamburg ZMR 75, 121 = DWW 75, 243; AG Rendsburg WM 77, 228; AG Frankfurt WM 74, 31; AG Friedberg WM 80, 228). Nach AG Osnabrück WM 81, 164 soll sich der Ersteher nicht auf Eigenbedarf zur Zeit des Zuschlags berufen können (bedenklich).

77   Ein **vom Vermieter selbst verschuldeter Eigenbedarfsgrund reicht nicht** aus (LG Düsseldorf WM 78, 236: z. B., wenn der Vermieter das selbst bewohnte Haus ohne zwingende wirtschaftliche Gründe verkauft und daher neuen Wohnraum benötigt). Grundsätzlich müssen die den Eigenbedarf begründenden Umstände erst nach Abschluß des Mietvertrages eingetreten sein (AG Frankfurt WM 81, 236; AG Köln WM 82, 111 (L); AG Delmenhorst WM 81, U 22), wobei sich dies richtigerweise nicht aus dem Begriff des Bedarfs ergibt, sondern aus § 242 BGB (widersprüchliches Verhalten). Ein Interesse des Vermieters, welches dieser beim Abschluß des Mietvertrages zurückstellt, kann daher nicht später als Eigenbedarfsinteresse geltend gemacht werden (vgl. AG Rendsburg WM 75, 122 z. fr. R. für schon beim Einzug des Mieters im wesentlichen vorhersehbare Umstände, wie Weg zur Arbeit bzw. zur Schule; AG Wegberg WM 72, 108: der Vermieter benötigt das zum dauernden Gebrauch überlassene Wochenendhaus selbst zur Erholung). Die Berufung auf Eigenbedarfsgründe ist aber nur dann unzulässig, wenn die den Bedarf begründenden Umstände (z. B. unzureichende Unterbringung eines Familienangehörigen und dessen Einzugswille) — der Wille des Vermieters zur Unterbringung dieses Angehörigen muß hier außer Betracht bleiben, da er durch den Abschluß des Mietvertrags mit dem Mieter zurückgestellt wird oder noch nicht vorhanden ist — schon bei Mietvertragsabschluß vorlagen, nicht jedoch, wenn der Vermieter zum Zeitpunkt der Vermietung schon weiß oder ernsthaft damit rechnet, in absehbarer Zeit Bedarfsgründe zu haben, er davon dem Mieter jedoch nichts mitteilt; im letztgenannten Fall kann der Mieter einen Schadenersatzanspruch wegen Verschuldens bei Vertragsschluß im Falle einer evtl. im Einzelfall bestehenden Offenbarungspflicht haben (vgl. auch *Lammel* BlGBW 82, 167: Eigenbedarf sei immer dann zu bejahen, wenn die Tatbestandmerkmale vorliegen, unabhängig von Vertrauensverletzung). Das gleiche gilt, wenn es der Vermieter unterlassen hat, den etwa bestehenden Eigenbedarf mit Hilfe von anderen in seinen Häusern frei gewordenen Wohnungen zu befriedigen, es sei denn, daß triftige Gründe für den unterlassenen Einzug bestehen (LG Mannheim ZMR 77, 239 = MDR 77, 231 (Ls) = Die Justiz 77, 310 (Ls) z. fr. R.); so, wenn er eine zur Zeit der Kündigung leerstehende Eigentumswohnung veräußert (AG Köln WM 81, 111 (L)) oder diese dem Mieter nicht als Ersatzwohnung anbietet (AG Koblenz WM 82, 27 (L)). Für die Ungeeignetheit der anderen Wohnung reicht die bloße Behauptung des Vermieters nicht aus, sie

habe einen anderen Grundriß (AG Osnabrück WM 78, 107). Eigenbedarf entfällt daher auch, wenn der Familienangehörige, für den er geltend gemacht wird, eine angemessene anderweitige Unterbringung im Hause des Vermieters ausschlägt und der Vermieter die frei gewordene Wohnung anderweitig vermietet (AG Dortmund WM 74, 178; AG Gelsenkirchen-Buer WM 75, 248; AG München WM 73, 6; AG Hamburg-Blankenese WM 79, 105), wenn die anderweitig frei gewordene Wohnung des Vermieters den sinnvollen Anforderungen des einzugswilligen Angehörigen in räumlicher und wohnweitmäßiger Hinsicht und hinsichtlich der Mietzinshöhe (Zumutbarkeit gemäß wirtschaftlichen Verhältnissen!) entspricht (vgl. LG Karlsruhe WM 82, 209 m. abl. Anm. *Röchling*) oder wenn der Vermieter genügend Wohnraum im Hause für eine unterzubringende Pflegeperson hat (AG Gummersbach WM 77, 123). Auch **entfällt** ein an sich gegebener **Eigenbedarf** wieder, **wenn** nach der Kündigung für den Vermieter oder die begünstigte Person **sich** eine **anderweitige angemessene Unterbringung ergibt** (AG Köln ZMR 77, 239 m. zust. Anm. *Weimar*, wonach der Mieter den Bestandsschutz nur dann verlieren soll, wenn der Vermieter nicht in der Lage ist, den Wohnbedarf in anderer Weise zu befriedigen). Beruht der Eigenbedarf darauf, daß dem Vermieter, der zur Miete wohnt, gekündigt wurde, so hat er, soweit zumutbar, die gegen die ihm gegenüber erklärte Kündigung sprechenden Bedenken gegenüber seinem Vermieter geltend zu machen; **verstößt er gegen** diese ihm **zumutbare Pflicht zur Rechtswahrung,** so ist sein Eigenbedarf verschuldet und seine Kündigung unwirksam (vgl. LG Mannheim ZMR 78, 121 hier: Pfarrer, dem Dienstwohnung der Kirchengemeinde gekündigt wird). Dem **Erwerber** einer zum Zweck des eigenen Einzugs gekauften Eigentumswohnung kann das **Risiko eines Rechtsstreits** mit dem **Vermieter seiner bisherigen,** ihm wirksam gekündigten **Mietwohnung** regelmäßig **nicht zugemutet** werden (BayObLG (RE) ZMR 81, 334 = WM 81, 200 = DWW 81, 235 = MDR 81, 1019 = NJW 81, 2197 = MRS 1 Nr. 61).

Selbst wenn in solchen Fällen ein Eigenbedarf doch bejaht wird, kann im Rahmen der Interessenabwägung gem. § 556 a BGB zum Nachteil des Vermieters berücksichtigt werden, daß dieser schon vor Mietvertragsabschluß hätte erkennen können, daß (z. B. bei einem pflegebedürftigen betagten Verwandten) in Bälde Eigenbedarf eintreten werde (vgl. AG Hagen WM 73, 23; AG Oberhausen ZMR 73, 52).

b) Der Vermieter muß die **Absicht** haben, die vermietete Wohnung wiederum **als Wohnung** für sich oder den bezeichneten Personenkreis **zu verwenden.** Damit beschränkt das Gesetz den Verwendungszweck der zurückverlangten Räume, so daß es nicht dem Belieben des Vermieters überlassen bleiben kann, wozu er den zurückverlangten Wohnraum verwendet. Ein berechtigtes Interesse liegt auch vor, wenn der Vermieter die Wohnung zusätzlich zu seiner Hauptwohnung als **Zweitwohnung** (z. B. zu Erholungszwecken an arbeitsfreien Tagen oder in den

Ferien) verwenden will (LG Hanau MDR 80, 849; *Sternel* IV 54; *Schmidt-Futterer/Blank* C 473 a; a. A. AG Gelnhausen MDR 80, 849). Zwar ist sie dann nicht sein Lebensmittelpunkt, eine Beschränkung der berechtigten Interessen auf die Erstwohnung (Hauptwohnung) ist jedoch weder dem Wortlaut noch dem systematischen Zusammenhang des § 564 b BGB zu den Fällen der nicht geschützten Mietverhältnisse (Abs. 7) zu entnehmen. Unerheblich ist dabei, ob die Mietwohnung vom Vermieter nur für 3 Monate im Jahr benutzt werden soll (a. A. AG Bad Schwartau WM 81, U 20 (L)). Will er die Räume nicht mehr als Wohnraum, sondern **gewerblich nutzen,** so kann er sich **nicht** auf Eigenbedarf berufen (LG Köln WM 74, 103; LG Karlsruhe WM 80, 249), vgl. aber Abs. 2 Nr. 3. Es ist erst recht nicht genügend, wenn der Vermieter die Wohnung benötigt, weil er diese zwecks Erweiterung seines anderweitig vermieteten Geschäftshauses als Tauschobjekt dem Geschäftsraumvermieter zugesagt hat (LG Mannheim ZMR 74, 335 = WM 74, 74). Soll das vermietete Haus vom Mieter zum größeren Teil bewohnt und zum andern Teil einer gewerblichen Nutzung zugeführt werden, so ist eine Kündigung gegenüber dem Untermieter berechtigt (AG Köln MDR 73, 39 (Ls)). Hingegen reicht die Absicht, die Mietwohnung als Raum für die Unterbringung von Gästen oder als Hobbyraum zu verwenden, als Eigenbedarfsgrund nicht aus (dies stellt zwar eine Wohnabsicht dar, jedoch ist hierbei ein „Benötigen" zu verneinen).

Gleichgültig ist, ob ein Familien- oder Hausstandsangehöriger die Wohnung des Mieters mietweise oder im Rahmen eines anderen Rechtsverhältnisses (unentgeltliche Nutzung) bewohnen will.

79 c) Normalerweise benötigt der Vermieter die vermietete Wohnung **für sich.** Bei mehreren Vermietern genügt es, daß der Bedarf nur für einen von ihnen besteht (LG Karlsruhe WM 82, 210; *Palandt/Putzo* Anm. 7a, aa).

Der Vermieter kann den Bedarf jedoch auch **für seine Familienangehörigen** geltend machen, auch wenn sie nicht in seinem Haushalt leben oder daraus ausscheiden, um in die Mieterwohnung einzuziehen. Eigenbedarf liegt also auch vor, wenn der Vermieter den in Amerika lebenden Familienangehörigen nachträglich bei sich aufnimmt (AG Köln MDR 74, 141). Unter Familienangehörige sind **die in § 8 Abs. 2 des II. WoBauG** bezeichneten Personen zu verstehen (*Lutz* DWW 71, 384; *Roquette* ZMR 72, 134; *Schopp* ZMR 75, 100; *Gutekunst* BayGWW 75, 19; a. A. *Schmidt-Futterer/Blank* B 487, wonach entferntere Verwandte als Eltern und Geschwister nur dann darunter fallen, wenn der Vermieter rechtlich oder moralisch zur Unterhaltsgewährung oder sonstigen Fürsorge verpflichtet ist; ähnlich LG Osnabrück WM 76, 55, wonach die bloße verwandtschaftliche Beziehung zum Bruder ohne weitere Interessenverknüpfung nicht ausreiche; vgl. auch AG Osnabrück WM 75, 192 für verheiratete Schwester und AG Köln WM 75, 150; ähnlich LG Braunschweig DWW 72, 170 = WM 72, 127 (m. abl. Anm. *Lutz* DWW 72, 164): nur Eltern, Schwiegereltern, Geschwister und Kinder des Vermieters, entferntere Verwandte nur, wenn ihnen der Vermieter rechtlich oder moralisch zur Unterhaltsgewährung oder sonstigen Fürsorge verpflichtet ist; ein Neffe soll daher nicht darunterfallen (ebenso AG

Mittelstadt WM 74, 104: nur die Familie im engeren Sinne (Eltern und Kinder), nicht die Großfamilie; a. A. *Lammel* BlGBW 82, 166: mit abnehmender Familiennähe müsse die Bedeutung des Bedarfsgrundes zunehmen – dies ist abzulehnen, da im Gesetz kein Anhaltspunkt)). Demgegenüber führt § 8 Abs. 2 des II. WoBauG, wonach nur Verwandte und Verschwägerte bis zum 3. Grad einbezogen sind, zu einer klareren und praktikableren Abgrenzung, als wenn auf die rechtliche oder moralische Verpflichtung des Vermieters abgestellt wird. Dieser Personenkreis ist nicht übermäßig weit gefaßt (a. A. AG Köln WM 75, 150 unter Hinweis darauf, diese Vorschrift habe bezweckt, in einer Zeit der ausweglos erscheinenden Wohnungsnot einen möglichst großen Personenkreis in den Genuß der Vergünstigung kommen zu lassen; vgl. auch *Sternel* IV 79 u. MDR 83, 271). Die eigentliche Großfamilie – Vettern, Basen, Großonkel usw. – fällt nicht darunter. Vgl. auch über den Begriff des Angehörigen § 11 Abs. 1 Nr. 1 a StGB und bzgl. des Zeugnisverweigerungsrechts § 52 Abs. 1 StPO und § 383 Abs. 1 Nr. 1–3 ZPO mit ähnlichen Definitionen, wobei jedoch beim Eigenbedarf (da auf Familienangehörige beschränkt) Ehegatten und Verlobte ausscheiden.

**Hausstandsangehörige** sind Personen, die der Vermieter entweder schon bisher auf längere Zeit in seinem Haushalt aufgenommen hat, um mit ihnen einen gemeinsamen Hausstand zu führen (vgl. zum Begriff Kommentierung zu § 569 a BGB), insbesondere Hausangestellte, oder solche Personen, die er nunmehr neu aufzunehmen beabsichtigt, wenn dafür ein beachtliches persönliches oder wirtschaftliches Bedürfnis vorliegt (vgl. LG Bielefeld WM 72, 178; AG Lübeck WM 72, 193). Nicht erforderlich ist also, daß die Hausstandszugehörigkeit schon besteht; vielmehr genügt es, daß sie zum künftigen Bedarfszeitpunkt vorliegt (BayObLG (RE) ZMR 82, 368 = WM 82, 125 = NJW 82, 1159 = MRS 2 Nr. 83; *Sternel* MDR 83, 271). Darunter können auch der unverheiratete Lebenspartner des Vermieters oder eine Pflegeperson fallen (*Sternel* a. a. O.). Zu den Hausstandsangehörigen des Vermieters zählt nicht ein Betriebsangehöriger, z. B. Verkaufsfahrer (AG Oberndorf WM 77, 168), oder ein hausstandsfremder Hausmeister oder Verwalter (*Sternel* a. a. O.). Über ein sonstiges berechtigtes Interesse zur Aufnahme eines Hausmeisters vgl. jedoch Rn 120.

Bei einem Bedarf für Familien- oder Hausstandsangehörige liegt ein berechtigtes Interesse des Vermieters nur vor, wenn der Angehörige den ernsthaften Willen zum Einzug in die Mietwohnung hat (AG Hanau WM 80, 86 (L)).

d) Da der Fall des Eigenbedarfs eine in sich abgeschlossene gesetzliche Regelung erfahren hat (vgl. *Weimar* WM 74, 180), kann **für andere als die aufgeführten Personen** (Vermieter, Familienangehörige, Hausstandsangehörige) **kein Eigenbedarf** geltend gemacht werden, also nicht für Verlobte, Freunde oder fernere Verwandte. Erst recht kann der Vermieter nicht für eine ihm fremde Person Bedarf (Fremdbedarf) beanspruchen. Nach AG Düsseldorf (WM 74, 179 mit zust. Anm. *Weimar*) kann der Vermieter, welcher ein Geschäft altershalber aufgeben muß, nicht für einen künftigen Pächter oder Käufer seines Geschäfts

(Geschäftsnachfolger) ein Kündigungsinteresse an der vermieteten Wohnung geltend machen. Anders wäre es bei einer Werkswohnung.

81a  Eine **juristische Person** als Hauseigentümer kann **keinen Eigenbedarf** geltend machen (AG Frankfurt WM 77, 99; AG Göppingen WM 79, 122; *Weimar* FWW 74, 429), da das Gesetz auf eine natürliche Person als Vermieter zugeschnitten ist (verfehlt: AG Darmstadt WM 77, 254, wonach ein Hausbesitzerverein, der das einem seiner Mitglieder gehörende Hausgrundstück im eigenen Namen vermietet hat, Eigenbedarf auf Gründe stützen könne, die bei ihm selbst, nicht bei seinem Mitglied, vorliegen). Für sie sind die unter Rn 113 dargestellten Grundsätze anzuwenden, so daß im Prinzip Betriebsbedarf und nicht Eigenbedarf als Kündigungsgrund in Betracht kommt (vgl. AG Frankfurt WM 77, 99). Vgl. für berechtigte Interessen juristischer Personen Rn 119 a.

82  Das Interesse des Vermieters, eine ihm fremde Person aufzunehmen, kann jedoch als „sonstiges berechtigtes Interesse" im Sinne des Betriebsbedarfs anzuerkennen sein, wenn eine Werkswohnung vorliegt (vgl. unten Rn 106, 107).

e) **Sperrfrist bei Umwandlung von Miet- in Eigentumswohnungen (S. 2)**

aa) **Ziel**

83  Der Rechtsausschuß des Bundestages führte in seinem Bericht bei der Schaffung des § 1 Abs. 2 Nr. 2 S. 2 des 1. WKSchG aus, zu § 4 MSchG sei von der Rechtsprechung der Grundsatz entwickelt worden, daß sich der Erwerber auf Eigenbedarf erst gewisse Zeit nach seinem Erwerb berufen könne. Diesem Grundsatz solle für die sich häufenden Fälle der Umwandlung von Mietwohnungen in Eigentumswohnungen eine besondere gesetzliche Ausgestaltung zuteil werden. Diese Sonderregelung erscheine auch deshalb geboten, weil gerade der Erwerb solcher umgewandelter Eigentumswohnungen regelmäßig zur Befriedigung eigenen Wohnungsbedarf erfolge, der erstrebte Bestandsschutz für den Mieter hier also besonders gefährdet erscheine. Satz 2 ist verfassungsrechtlich unbedenklich (so *Lechner* WM 82, 36).

Auf die Sperrfrist hat ein Makler den Käufer einer vermieteten Eigentumswohnung hinzuweisen, andernfalls macht er sich ersatzpflichtig (BGH NJW 81, 2685).

83a  Wegen S. 2 ist als berechtigtes Interesse an der Beendigung des Mietverhältnisses nicht anzusehen die Absicht des Vermieters, die Wohnung nach Umwandlung in Wohnungseigentum zu veräußern, ebenso die Absicht, vor Bildung von Wohnungseigentum und Veräußerung die Wohnung umfangreich umzugestalten (LG Düsseldorf ZMR 81, 116).

84  bb) Es muß sich um einen **Umwandlungsfall** handeln, d. h., es muß Wohnungseigentum nach der Überlassung der Wohnung an den Mieter begründet (vgl. §§ 3, 8 WEG) und vom bisherigen Eigentümer (Vermieter) an einen Dritten veräußert worden sein. Ein Umwandlungsfall liegt auch vor,

wenn die Umwandlung in Wohnungseigentum schon vor Mietvertragsabschluß beantragt und von vornherein beabsichtigt war, die Teilung jedoch erst nach Überlassung an den Mieter wirksam wird (LG Mannheim ZMR 75, 362 = WM 75, 212 z. fr. R.; AG Konstanz ZMR 79, 12 = WM 78, 212; vgl. *Schmid* BlGBW 82, 43, welcher de lege ferenda mit Recht Ausnahmen fordert). Nicht erfaßt werden daher der Ersterwerb und die bloße Teilung des Wohnungseigentums (§ 8 WEG) ohne weitere Veräußerung, ebenso die Bestellung eines dinglichen Wohnrechts als beschränkte persönliche Dienstbarkeit (§ 1093 BGB). Die Sperrfrist gilt auch, wenn der Erwerber eines Hauses in Bruchteilsgemeinschaft unmittelbar nach Erwerb eine Aufteilung in Wohnungseigentum vornimmt, da es keinen Unterschied machen kann, ob der Verkäufer vor der Veräußerung die Teilung vornimmt oder der Käufer unmittelbar nach dem Erwerb, wenn er das Haus zum Zweck der Teilung kauft (AG Frankfurt WM 81, 233; *Lechner* WM 82, 36, 38), ebenso wenn eine Bruchteilsgemeinschaft nach Vermietung eine Teilung gem. § 8 WEG, dann eine Übertragung (Veräußerung gem. § 571 BGB) einer bestimmten Wohnung an einen bestimmten Sondereigentümer vornimmt (BayObLG (RE) ZMR 82, 88 = WM 82, 46 = NJW 82, 451 = MRS 2 Nr. 81) oder wenn die Bruchteilsgemeinschaft gem. § 3 WEG einem Miteigentümer Sondereigentum an einer Wohnung einräumt (*Schmid* WM 82, 34). Anders ist es jedoch, wenn der Vermieter mehrere Eigentumswohnungen besitzt und in seiner Person daher die sonstige Gefahr einer Eigenbedarfskündigung nicht besteht (a. A. *Lechner* WM 82, 38: analoge Anwendung von S. 2). Die Vorschrift wird jedoch entsprechend anwendbar sein bei Bestellung und Veräußerung eines Dauerwohnrechts (§§ 31 ff. WEG) nach Überlassung der Wohnung an den Mieter (so *Vogel* JZ 75, 75; a. A. *Schmidt-Futterer* ZMR 74, 38). Die Wartefrist gilt nicht, auch nicht entsprechend, wenn das Wohnungseigentum schon bei Überlassung der Wohnung an den Mieter begründet war (BayObLG (RE) ZMR 81, 334 = WM 81, 200 = DWW 81, 235 = MDR 81, 1019 = NJW 81, 2197 = MRS 1 Nr. 61).

Die Wartezeit muß — in analoger Anwendung — auch eingehalten werden bei Kündigungen des Erwerbers wegen anderer berechtigter Interessen als wegen Eigenbedarfs (LG Bonn WM 78, 51), was jedoch nicht bei schuldhaften Pflichtverletzungen des Mieters (Abs. 2 Nr. 1) gelten kann. 85

cc) Die **3jährige Sperrfrist beginnt mit vollendetem Eigentumserwerb,** also mit der Anlegung von Wohnungsgrundbüchern auf Grund der Teilung gem. § 8 Abs. 2 S. 2 WEG (LG Mannheim ZMR 75, 362 = WM 75, 212 z. fr. R.; LG München I WM 79, 124 m. zst. Anm. *Pütz;* LG Köln WM 75, 128; LG Bonn WM 78, 51; AG Konstanz ZMR 79, 12 = WM 78, 212; AG Mannheim WM 79, 218). 86

Die 3-Jahresfrist beginnt mit der Eintragung des ersten Erwerbers des nach Überlassung des Wohnraums an den Mieter begründeten und sodann veräußerten Wohnungseigentums im Wohnungsgrundbuch; **weitere**

Erwerber des Wohnungseigentums **treten** gem. § 571 BGB **in die Dreijahresfrist ein,** so daß die Frist für sie nicht neu zu laufen beginnt (BayObLG (RE) ZMR 82, 88 = WM 82, 46 = NJW 82, 451 = MRS 2 Nr. 81; a. A. *Sternel* IV 86: Frist laufe für jeden neuen Erwerber neu; *Schmid* BlGBW 82, 44; derselbe WM 82, 35).

Das **Ende** der Frist bestimmt sich gemäß §§ 188 Abs. 2, 187 Abs. 1 BGB. Eine Abkürzung der Sperrfrist kommt trotz eines Härtefalles für den Erwerber nicht in Betracht (*Schmidt* BlGBW 82, 44).

87 Die **Kündigung** kann in wirksamer Form **erst nach Ablauf der 3-Jahresfrist erklärt werden,** nicht schon vorher mit Wirkung zum Zeitpunkt des Fristablaufs (OLG Hamm (RE) ZMR 81, 115 = WM 81, 35 = DWW 81, 47 = MDR 81, 319 = NJW 81, 584; AG Mannheim WM 79, 218; a. A. LG München I WM 79, 124 m. abl. Anm *Pütz; Schmid* WM 82, 35: zulässig sei Zugang der Kündigung vor Fristablauf mit Wirkung ab Fristablauf). Dies ergibt sich aus Wortlaut und Entstehungsgeschichte dieser Kündigungssperrfrist zugunsten des Mieters. Eine vor Ablauf der Wartefrist ausgesprochene (d. h. zugegangene) Eigenbedarfskündigung ist unwirksam (§ 134 BGB). Der Erwerber kann sich auch beim Vorliegen persönlicher Härtegründe (z. B. fortgeschrittenes Alter, schwere Krankheit) nicht vor Ablauf von 3 Jahren auf Eigenbedarf berufen (AG Wuppertal MDR 72, 425 = WM 72, 44 und WM 72, 93).

88 dd) Zu beachten ist auch, daß sich der Vermieter auch nicht auf Hinderung angemessener wirtschaftlicher Verwertung (Abs. 2 Nr. 3) berufen kann, wenn er in einem vermieteten Haus Wohnungseigentum begründen und dies veräußern will (vgl. Abs. 2 Nr. 3 S. 3), da es sich insoweit um einen Fall von „selbst geschaffenem Eigenbedarf" handelt (vgl. unten Rn 100).

### 3. Hinderung wirtschaftlicher Verwertung (Abs. 2 Nr. 3)

89 a) Ein berechtigtes Interesse des Vermieters liegt vor, wenn er an einer angemessenen wirtschaftlichen Verwertung des Grundstücks gehindert wird und dadurch erhebliche Nachteile erleidet. Diese Gesetzesalternative dient (neben dem Eigenbedarf) der **Erhaltung der Wirtschaftlichkeit des Hausbesitzers** durch Gewährung einer Kündigungsmöglichkeit für den Fall, daß ein Wohnraummietverhältnis ein echtes Hindernis für eine wirtschaftliche Grundstücksverwertung bildet. Der Interessenstreit zwischen der Erhaltung eines bestehenden Wohnraummietverhältnisses und dem aus dem Grundeigentum abgeleiteten Recht zur vollen wirtschaftlichen Nutzung des Grundstücks wurde für den Fall, daß dem Grundstückseigentümer wesentliche Nachteile entstehen würden, zu dessen Gunsten entschieden. In diesem Fall erkennt das Gesetz seine berechtigten Interessen an der Beendigung des Mietverhältnisses als beachtlich an.

90 aa) In der **wirtschaftlichen Verwertung des Grundstücks,** nicht nur des vermieteten Wohnraums, muß der Vermieter gehindert sein; die vermietete Wohnung muß also stets in eine Gesamtmaßnahme einbezogen sein, die

sich auf das Grundstück oder das Gebäude bezieht (*Schopp* ZMR 75, 100). Das ist dann der Fall, wenn der Vermieter das Grundstück auf eine Weise nutzen oder verwenden will, bei welcher das mit dem Mieter bestehende Wohnraummietverhältnis im Wege steht. Der Vermieter kann sich nur auf die Hinderung der eigenen wirtschaftlichen Verwertung berufen, nicht auf diejenige eines Dritten (z. B. als Nießbraucher nicht auf Verwertung durch den Grundstückseigentümer: AG Hamburg-Harburg WM 79, 29). In Betracht kommt hierbei eine Veränderung der Nutzungsart des Grundstücks, z. B., wenn es ausschließlich als Geschäftsraum (gewerblich oder freiberuflich) vermietet, verpachtet oder im Rahmen eines dinglichen Rechts (Erbbaurecht, Nießbrauch, Dauerwohnrecht) überlassen werden soll, aber auch bei einer Veräußerung (Verkauf, Schenkung) oder baulichen Veränderung (Umbau, wesentliche Modernisierung, Abriß) zum Zwecke einer besseren Verwertung, z. B. bei Umwandlung in ein Geschäftsgrundstück (*Bormann/Schade/Schubart* Anm. 6). Die beabsichtigte bauliche Veränderung als solche begründet, da sie noch nichts über den Verwertungszweck aussagt, noch kein berechtigtes Interesse an der Beendigung des Wohnraummietverhältnisses (AG Hamburg-Blankenese WM 73, 7). Die wirtschaftliche Verwertung muß sich auf das Grundstück bzw. Haus beziehen, zu welchem die zu kündigende Mietwohnung gehört, nicht z. B. auf ein anderes Haus, aus welchem der Vermieter wegen Unwirtschaftlichkeit ausziehen will (AG Krefeld ZMR 72, 238 = WM 72, 93; *Schopp* ZMR 75, 100; *Schmidt* WM 75, 111). Das bloße Wohnen in einer Eigentumswohnung ist keine sich auf das Grundstück als ganzes beziehende Gesamtmaßnahme, so daß die Grunderwerbsteuernachzahlung im Falle der Fremdnutzung nicht zur Kündigung nach Abs. 2 Nr. 3 berechtigt (LG Bonn WM 78, 51); über das Vorliegen eines sonstigen berechtigten Kündigungsinteresses in diesem Falle vgl. Rn 120.

Die **Rechtsprechung** hat ein solches **berechtigtes Interesse anerkannt:** 91 beim Verkauf eines Ein- oder Zweifamilienhauses, wenn das Haus bei Fortbestand des Mietverhältnisses nachweislich unverkäuflich wäre (AG Solingen WM 74, 128); wenn ein minderbemittelter Vermieter sein Einfamilienhaus nur bei Mieterfreiheit günstig verkaufen kann (AG Hamburg DWW 73, 13); bei geplantem Abbruch eines abbruchreifen Mietshauses mit vorliegender Abbruchgenehmigung, um an Stelle des alten ein neues Mietshaus zu errichten (AG Köln WM 81, U 22); ebenso auch ohne Abrißgenehmigung, da diese für eine wirksame Kündigung nicht − wie bei der Zweckentfremdungsgenehmigung − erforderlich ist (LG Itzehoe WM 83, 143); beim Abriß eines der öffentlichen Hand gehörenden, im Bereich eines Sanierungsgebiets gelegenen Hauses zur Durchführung einer geplanten Sanierung, wenn dieser nichts mehr im Wege steht (LG Kiel ZMR 83, 233 = DWW 83, 50); beim Ausbau des Anwesens, um das eigene Geschäft darin zu betreiben (AG Völklingen DWW 72, 230 = MDR 73, 677 = ZMR 74, 146); bei der Absicht der Modernisierung, wenn es zur Gewinnung von

Raum für Bad und WC erforderlich ist, aus bisher 3 Wohnungen 2 zu machen (AG Gelsenkirchen ZMR 75, 363 = DWW 74, 286); oder bei Zusammenlegung von Kleinwohnungen zu Großwohnungen (AG Oldenburg WM 80, 226). Die Absicht der Modernisierung ist – unabhängig vom Umfang des Eingriffs in die bauliche Substanz – grundsätzlich aus städtebaulichen und sozialpolitischen Gründen als „wirtschaftliche Verwertung des Grundstücks" anzusehen (LG Freiburg ZMR 79, 144). Über die für ein Kündigungsrecht nach Nr. 3 bei Modernisierung erforderlichen weiteren Voraussetzungen vgl. jedoch unten Rn 97, 98.

**Verneint wurde** ein **berechtigtes Interesse** dagegen, wenn der Vermieter die Mietwohnung zwecks Erweiterung eines anderweitig gemieteten Geschäftsraums als Tauschobjekt dem Geschäftsraumvermieter zugesagt hat (LG Mannheim ZMR 74, 335 = WM 74, 74); wenn der Vermieter beabsichtigt, angekaufte Häuser abzureißen, um Eigentumswohnungen zu errichten (AG Wiesbaden WM 73, 7); wenn der geplante Abbruch und die Absicht eines Neuaufbaus des Hauses lediglich auf die behördliche Abbruchgenehmigung gestützt wird (LG Münster WM 74, 128); anders jedoch bei einem wirtschaftlich zur Sanierung gebotenen Abbruch mit anschließendem Wiederaufbau (vgl. *Lutz* DWW 74, 273); wenn Reparaturen von nur 1 500,– DM durchgeführt werden sollen, der Vermieter jedoch seit drei Jahrzehnten nicht nennenswert repariert hat (LG Stade WM 76, 124 z. fr. R.); wenn überhaupt die Ausführung notwendiger Reparaturen ansteht (AG Köln WM 81, 106).

92  bb) Die beabsichtigte **wirtschaftliche Verwertung muß angemessen sein.** Die geplante Verwertungsart muß also für den Vermieter (Eigentümer) wirtschaftlich sinnvoll sein. Dies ist z. B. der Fall, wenn das Grundstück für die geplante Vermietung an einen Gewerbebetrieb, eine Behörde oder als Arzt- oder Anwaltspraxis nach Lage und Beschaffenheit geeignet ist oder wenn die beabsichtigte Verwertung öffentlichen Interessen (z. B. Sanierungsmaßnahmen nach dem Städtebauförderungsgesetz) dient. Insbesondere der Verkauf eines Mietshauses muß wirtschaftlich vernünftig sein (z. B. wegen Bedarfs an flüssigen Geldmitteln, zur Erbteilung, zur Geschäftssanierung u. a.). Der Abriß und anschließende Neubau eines Hauses ist z. B. sinnvoll bei einem veralteten, baufälligen oder unrentablen Haus. Eine Sanierung nach dem Städtebauförderungsgesetz gibt dem Vermieter ein Kündigungsrecht nach Nr. 3, wenn sie zur Zerstörung des Wohnraums (Abriß, Teilabriß, Neuaufteilung der Wohnungen im Haus) führt und bei Gesamtschau aller Einzelumstände wirtschaftlich sinnvoll ist, wobei ein Vergleich der gegenwärtigen mit der künftigen Rendite maßgebend ist und Abriß- und Zweckentfremdungsgenehmigung vorliegen müssen; dabei sind diese Einzelumstände der geplanten Sanierung nebst einer knappen Ertragsberechnung im Kündigungsschreiben anzugeben (vgl. im einzelnen *Beuermann*, Sanierung als Kündigungsgrund, ZMR 79, 97 ff.). Eine Sanierung berechtigt aber auch schon dann zur Kündigung nach Nr. 3, wenn die für

die wünschenswerte Erhaltung eines heruntergekommenen Altbaus erforderlichen Investitionen in einer solchen Höhe nötig sind, daß deren Umlegung im Rahmen der bestehenden Mietverhältnisse dem Vermieter nicht zugemutet werden kann (LG Freiburg WM 79, 148 = MDR 79, 584). Bei Kündigung einer im förmlichen Sanierungsgebiet gelegenen Wohnung ist neben dem berechtigten Interesse das gleichzeitige Angebot einer angemessenen Ersatzwohnung — aus dem Rechtsgedanken des § 26 StBFG — erforderlich (LG Wuppertal WM 81, 191).

Nicht angemessen ist eine Verwertung, die von der sozialen Rechtsordnung nicht gebilligt wird. Die **Absicht zur Modernisierung** der Wohnung ist als angemessene wirtschaftliche Verwertung anzusehen, so daß ein Kündigungsgrund gem. Ziff. 3 besteht, und zwar gerade für den Fall, daß der Mieter zur Duldung der Modernisierungsmaßnahme gem. § 541 b BGB nicht verpflichtet ist (so eingehend und überzeugend *Blank* ZMR 81, 323 f.; a. A. *Sternel* IV 92, 102 und die Vorauflage; offenbar auch *Palandt/ Putzo* Anm. 5 e). Die Modernisierung bewirkt regelmäßig eine bessere wirtschaftliche Verwertung. Auch ist nicht einzusehen, daß ein Vermieter kündigen kann, um das Haus abzureißen, nicht aber, um es zu modernisieren (*Blank* a. a. O.). Zwar entfällt ein berechtigtes Interesse für den Fall, daß der Mieter die Modernisierungsmaßnahme zu dulden verpflichtet ist oder freiwillig duldet. Daraus kann aber nicht der Schluß gezogen werden, daß ein Kündigungsgrund erst recht entfalle, wenn der Mieter nicht zur Duldung verpflichtet sei (so aber *Sternel* a. a. O.). Nur eine solche Auslegung der Nr. 3 wird dem Anliegen des Gesetzgebers (vgl. z. B. § 3 MHG, ModEnG) gerecht, aus städtebaulichen und wirtschaftlichen Gründen nach Möglichkeit die Modernisierung von Althausbesitz zu fördern. Vgl. zur Modernisierung auch die Rn 90, 91, 96, 98 sowie *Degen* WM 83, 275.

**Unwirtschaftliche** und **unvernünftige Verwendungsarten scheiden aus,** so, wenn die Hinderung wirtschaftlicher Verwertung vom Vermieter selbst verschuldet ist (z. B., wenn er von einem Geschoß nur einen einzelnen Wohnraum vermietet hat und nunmehr sich darauf beruft, er müsse das Geschoß insgesamt vermieten, da sich die restlichen Räume dieses Geschosses nicht ohne den vermieteten Wohnraum vermieten ließen). Unangemessen ist eine mit den guten Sitten nicht zu vereinbarende Verwendungsart (z. B. Verwendung als Bordell oder Absteigequartier) oder eine von der Rechtsordnung nicht gebilligte Verwendung (z. B. Erzielung eines ungerechtfertigten Spekulationsgewinnes, z. B. durch den Ankauf von Häusern zu **Spekulationszwecken,** vgl. AG Wiesbaden ZMR 73, 153 = WM 72, 194, insbesondere in der Absicht, diese abzureißen und Eigentumswohnungen zu errichten, vgl. AG Wiesbaden WM 73, 7; oder zu dem Zweck, das Haus nach Umgestaltung alsbald gewinnbringend zu veräußern, AG Bonn ZMR 78, 267 = WM 79, 150). Erst recht ist unangemessen eine Verwendung, die gegen ein gesetzliches Verbot verstößt. Ist z. B. für Umbau- und Sanierungsmaßnahmen eine öffentlich-rechtliche Genehmigung erforderlich, so muß diese vorliegen (AG Bonn ZMR 78, 267). Hier kommt insbesondere das Verbot der Zweckentfremdung von Wohnraum gemäß Art. 6 MRVerbG in Betracht. Das **Zweckentfremdungsverbot** gilt nicht überall, sondern nur in den von der Landesregierung durch Rechtsverordnung bestimmten Gemeinden, in denen die Versorgung der Bevölkerung mit ausreichendem Wohnraum zu angemessenen Bedingungen besonders gefährdet ist. Zweckentfremdung liegt z. B. vor, wenn Wohnraum in Geschäftsraum umgewandelt, vorsätzlich unbewohnbar gemacht oder abgerissen wird oder beim Leerstehenlassen von Wohnraum für längere Dauer (vgl. *Schmidt-Futterer/Blank* E 36). Trägt der Vermieter einen örtlich und sachlich unter das Zweckentfremdungsverbot fallenden Sachverhalt vor, so hat das Gericht bei Zweifeln über die Erforderlichkeit einer Zweckentfremdungsgenehmigung bei der zuständigen Verwaltungsbehörde eine amtliche Auskunft (§ 273 ZPO) einzuholen. Bei einem Verstoß gegen das Zweckentfremdungsverbot ist nur dann eine angemessene Verwertung gegeben, wenn die behördliche Genehmigung für die Umwandlung von Wohnraum in Geschäftsraum erteilt ist; eine **Kündigung** ist daher **nur wirksam, wenn** die erforderliche behördliche **Genehmigung** zum Zeitpunkt der Kündigungserklärung **erteilt** war (OLG Hamburg (RE) ZMR 82, 90 = WM 81, 155 = NJW 81, 2308 = MRS 1 Nr. 72; *Kurtenbach* Betr. 71, 2455; a. A. *Löwe* NJW 72, 1916) **und** der Vermieter **im Kündigungsschreiben vorgetragen** hat, daß die behördliche Genehmigung erteilt sei.

94 Unangemessen ist auch eine Verwertung, welche gegen das Verbot gemäß Abs. 2 Nr. 3 S. 3 verstößt.

95 Nicht unangemessen, also erlaubt ist die Absicht, bei Verwendung des Anwesens zu anderen als Wohnzwecken (mit oder ohne Ausnahme) einen höheren Mietzins zu erzielen, zumal dies nicht von S. 2 erfaßt wird. Angemessen kann auch eine Verwertung sein, die beachtlichen persönlichen Interessen des Vermieters entspricht, z. B. wenn er zum Unterhalt oder zur Alterssicherung Geldmittel benötigt.

96 cc) Die **Fortsetzung des Wohnraummietverhältnisses muß ein Hindernis** für die genannte angemessene wirtschaftliche Verwertung **sein.** Diese Voraussetzung muß zu der geplanten wirtschaftlichen Verwertung (z. B. Hausverkauf) hinzutreten (so zu Recht *Holtschoppen* in seiner abl. Anm. zu AG Kappeln WM 78, 70 bei Hausverkauf wegen Aufgabe eines Betriebes). Ist die geplante wirtschaftliche Verwertung für den Vermieter auch bei Fortbestand des Mietverhältnisses möglich, z. B. durch zulässige Mieterhöhungen oder Veräußerung anderer entbehrlicher Vermögensobjekte, so besteht das Kündigungsrecht nicht, ebenso wenn bei geplantem Umbau der Mieter wohnen bleiben kann (AG Münster WM 80, 53) oder bei geplantem Grundstücksverkauf zur Erbauseinandersetzung, weil dadurch das bestehende Mietverhältnis nicht behindert wird (LG Berlin WM 81, 105). Bei beabsichtigtem Hausverkauf ist das bestehende Mietverhältnis nur dann ein

— wirtschaftliches — Hindernis, wenn das Haus bei fortbestehendem Mietverhältnis nachweisbar unverkäuflich wäre oder die Fortsetzung des Mietverhältnisses aus sonstigen Gründen unzumutbar ist (AG Rendsburg WM 77, 228 z. fr. R.; bedenklich AG Lübeck MDR 77, 141 = DWW 77, 21 m. krit. Anm. *Hinzmann*, wonach in solchen Fällen die Kündigung nur ausgesprochen werde, um dem neuen Eigentümer die Vermietung zu höherem Mietzins zu ermöglichen). Für eine beabsichtigte bauliche Veränderung bzw. Modernisierung ist das Mietverhältnis kein Hindernis, soweit die betroffenen Mieter zur Duldung der Baumaßnahme — gem. §§ 541 a, 541 b BGB — verpflichtet sind, selbst wenn die Baumaßnahme nur bei vorübergehend geräumter Wohnung durchführbar ist (vgl. LG Mannheim ZMR 77, 239 = MDR 77, 231 (Ls); AG Mannheim ZMR 78, 182 = WM 78, 128); vgl. dazu auch Rn 92 und 98. Ein Verwertungshindernis liegt bei Fortsetzung des Mietverhältnisses nicht schon dann vor, wenn die anderweitige Verwertung wirtschaftlicher ist als die bestehende (vgl. *Hans* § 565 Anm. 13 b, cc). Der ursächliche Zusammenhang wird nicht dadurch ausgeschlossen, daß noch weitere Mietwohnungen, die gekündigt sind oder gekündigt werden sollen, der Verwertungsabsicht des Vermieters im Wege stehen (*Palandt/Putzo* Anm. 8 a, cc) oder daß der Vermieter aus mehreren kündbaren Wohnungen eine zur Kündigung auswählt, weil er nur eine zu geschäftlichen Zwecken benötigt (*Schmidt-Futterer* MDR 72, 560).

dd) Durch die Hinderung an der wirtschaftlichen Verwertung müssen **dem Vermieter erhebliche Nachteile entstehen.**

Die **Nachteile** bestehen regelmäßig in wirtschaftlichen Einbußen (Nutzungsentgang, mangelhafte Verzinsung des Eigenkapitals, Unkosten, Erzielung eines geringeren Verkaufserlöses bei Fortbestand des Mietverhältnisses, Verhinderung eines geplanten Geschäftserfolges). Sie können jedoch auch die persönliche oder berufliche Lebensentfaltung betreffen; z. B. ein im Hause wohnender Künstler benötigt den vermieteten Wohnraum als Atelier, ein freiberuflich Tätiger zur Erweiterung seiner Praxisräume. Der Vermieter wird dabei mindestens eine Verzinsung seines Eigenkapitals beanspruchen können, wie sie bei der Kostenmiete gemäß § 20 der II. BV zugrunde gelegt wird. Nicht als Nachteil ist zu werten das Ausbleiben öffentlicher Förderungsmittel für eine Baumaßnahme, da die Förderungsmittel auch im Rahmen von § 3 MHG abzuziehen sind (*von Schoenebeck* in der abl. Anm. zu AG Biberach WM 80, 54), ebenso die unterbliebene (mittelbare) Wertsteigerung des Grundstücks. Die Nachteile müssen nach dem normalen Lauf der Dinge mindestens mit Wahrscheinlichkeit zu erwarten sein (vgl. § 252 BGB), so daß vom Vermieter nur subjektiv befürchtete Nachteile ausscheiden. Dies ist vor allem bedeutsam, wenn der Vermieter behauptet, beim Verkauf eines Mietshauses würde der Käufer wegen des Fortbestandes des Mietverhältnisses einen erheblich geringeren Kaufpreis bezahlen (vgl. auch AG Hamburg WM 79, 54, wonach die Nichtvermietbarkeit als Nachteil konkret dargelegt werden muß).

98 Die **Nachteile** müssen **erheblich** sein, d. h. unter Berücksichtigung der persönlichen und wirtschaftlichen Verhältnisse des Vermieters objektiv als gewichtig gelten. Das ist der Fall bei nennenswerten wirtschaftlichen Einbußen des Vermieters — dieser hat eine Vergleichsrechnung zwischen der Lage bei Fortbestand des Mietverhältnisses und bei Beendigung desselben aufzumachen (LG Münster WM 74, 128) —, aber auch bei beachtlichen sonstigen Nachteilen (Entgang einer besonderen Gelegenheit zur beruflichen oder persönlichen Entfaltung, erheblich weiterer Weg zwischen Wohnung und Arbeitsstätte, schlechtere Ausstattung eines möglichen Ersatzobjekts). Eine erhebliche Differenz zwischen der vom Vermieter zu zahlenden und der vom Mieter erzielten Miete kann ein berechtigtes Interesse begründen (LG Hamburg WM 75, 124 z. fr. R.) ebenso die Erwirtschaftung eines wenn auch wesentlich geringeren Verlustes nach dem beabsichtigten Umbau bzw. Neubau (LG München I WM 81, 234). Als erheblicher Nachteil kann nicht angesehen werden, daß bei Modernisierung Mieterhöhungen dadurch unbefriedigend sein können, daß die Mieter die erhöhte Miete nicht mehr zahlen können und daher ausziehen (a. A. LG Freiburg ZMR 79, 144).

**Geringere Nachteile** persönlicher oder wirtschaftlicher Art hat jedoch der Vermieter in Kauf zu nehmen, ohne deshalb das Mietverhältnis kündigen zu können. Zum Beispiel genügt die Tatsache allein nicht, daß sich das Gebäude bei Auflösung von Mietverhältnissen besser wirtschaftlich verwerten ließe (*Hans* a. a. O.). Bei zweckmäßigen baulichen Veränderungen (Modernisierung) hat der Vermieter dann keine eheblichen Nachteile und damit auch kein Kündigungsrecht, wenn alle betroffenen Mieter der beabsichtigten baulichen Veränderung freiwillig zustimmen oder — gem. §§ 541 a, 541 b BGB — zur Duldung verurteilt werden können, wozu der Vermieter vor Ausspruch einer Kündigung verpflichtet ist (LG Mannheim ZMR 77, 239 = MDR 77, 231 (Ls) = Die Justiz 77, 310 (Ls); AG Mannheim ZMR 78, 182 = WM 78, 128), selbst wenn die Modernisierung nur bei vorübergehend geräumter Wohnung und deshalb bestehender Ersatzpflicht des Vermieters durchführbar ist.

Die erheblichen Nachteile müssen im Kündigungsschreiben konkret angegeben werden (LG Berlin WM 81, 105), und zwar bei wirtschaftlichen Nachteilen unter **Offenlegung der Kalkulation im Kündigungsschreiben** durch eine knappe Ertragsberechnung vor und nach der Sanierung (LG Köln WM 83, 91 (L); LG Aachen MDR 83, 670; AG Göttingen WM 81, 190 m. Anm. *Schneider*). Der Vermieter muß beweisen, daß er nach der Baumaßnahme eine wesentlich günstigere wirtschaftliche Verwertung der Mietsache erreichen kann (LG München I WM 81, 234).

b) **Ausgeschlossene Kündigungsgründe (Abs. 2 Nr. 3 S. 2 und 3)**

99 aa) Als berechtigtes Interesse ausgeschlossen ist die Absicht, den Wohnraum **anderweitig zu höherem Mietzins (als Wohnraum) zu vermieten**, d. h.

im Rahmen eines neuen Mietverhältnisses mit einem anderen Mieter (Satz 2). Dies ist eine Ergänzung zu § 1 S. 1 MHG, wonach die Kündigung zum Zwecke der Mieterhöhung ausgeschlossen ist. Die Vorschrift verhindert praktisch eine Umgehung der Regelung, daß eine Mieterhöhung (innerhalb eines bestehenden Mietverhältnisses) grundsätzlich nur bis zur ortsüblichen Vergleichsmiete als Obergrenze zulässig ist (vgl. § 2 MHG). Von diesem Verbot erfaßt wird jede geplante Wohnraumvermietung an Dritte, z. B., wenn der Vermieter aus einem Wohnhaus ein Gästehaus, ein Ausländerwohnheim oder Ferienwohnungen machen will, um dadurch einen höheren Mietzins zu erzielen; der Umbau von Großwohnungen in kleine Wohnungen zur Erzielung höherer Miete oder das Zusammenlegen von zwei Wohnungen zu einer (LG Düsseldorf WM 81, 162); Kündigung eines Einzelzimmers, um die übrigen leerstehenden Zimmer dieses Stockwerks günstiger vermieten zu können (AG Hamburg WM 79, 54). S. 2 verbietet jedoch nicht die Kündigung zum Zweck der Schaffung von Geschäftsraum oder der Weitervermietung zu Geschäftsraumzwecken mit wesentlich höherem Mietzins (vgl. oben Rn 90, 91) oder die Kündigung zu dem Zweck, den Wohnraum anderweitig als Wohnraum zu verwenden, ohne einen höheren Mietzins zu erzielen (z. B. aus sozialen Gründen).

bb) Mit **Satz 3** wollte der Gesetzgeber eine **Schranke gegen** sich häufende spekulative **Umwandlungsfälle von Mietwohnungen in Eigentumswohnungen** schaffen (vgl. den schriftlichen Bericht des Rechtsausschusses des Bundestages zu § 1 Abs. 2 Nr. 3 des 1. WKSchG). Die Vorschrift ergänzt die Regelung des Abs. 2 Nr. 2 S. 3 (3jährige Wartezeit für die Eigenbedarfskündigung des Erwerbers einer vermieteten Eigentumswohnung). Dem Vermieter ist zwar nicht verwehrt, eine vermietete Wohnung zu veräußern oder in Wohnungseigentum umzuwandeln. Er kann sich jedoch nicht auf ein berechtigtes Kündigungsinteresse berufen, wenn er nach der Überlassung der Mieträume an den Mieter diese in Wohnungseigentum umwandeln will oder schon umgewandelt hat, um die Räume danach zu veräußern. Denn andernfalls könnte er durch Beendigung des Mietverhältnisses die 3jährige Wartefrist, welche gemäß Abs. 2 Nr. 2 S. 3 für den Erwerber einer Eigentumswohnung besteht, umgehen (*Palandt/Putzo* Anm. 8 b, bb). Die Kündigungsbeschränkung gilt auch dann, wenn der Veräußerer kündigen will, um dem Erwerber die Vermietung zu einem höheren Mietzins zu ermöglichen (vgl. *Wolf* WM 78, 137: entsprechende Anwendung von Ziff. 3 S. 2 befürwortet). Über den Begriff der Begründung von Wohnungseigentum nach Überlassung an den Mieter vgl. oben Rn 84.

Auf andere Fälle als die beabsichtigte Begründung von Wohnungseigentum ist die Vorschrift nicht auszudehnen, etwa auf die Veräußerung eines vermieteten Eigenheims oder einer vermieteten Eigentumswohnung; denn der Mieter muß in diesen Fällen mit Eigenbedarf des Vermieters rechnen, während bei Umwandlung einer Miet- in eine Eigentumswohnung Eigenbedarf, mit dem der Mieter vorher kaum zu rechnen brauchte, erst geschaffen wird (vgl. *Vogel* JZ 75, 75).

### 4. „Sonstige" berechtigte Interessen

**Vorbemerkung**

102 Wie oben erwähnt (vgl. oben Rn 52), sind die in Abs. 2 aufgeführten Beispielsfälle für berechtigte Interessen des Vermieters nicht vollständig, was sich schon aus dem Gesetzestext („insbesondere") ergibt. Der Vermieter kann noch **weitere berechtigte Interessen** an der Beendigung des Mietverhältnisses haben, die allerdings **von ähnlichem Gewicht** sein müssen **wie die gesetzlichen Beispielsfälle** (vgl. Begründung des Regierungsentwurfs zu § 1 des 2. WKSchG). Der Gesetzgeber hat bei der Schaffung des 2. WKSchG bewußt davon abgesehen, den gesetzlichen Katalog der berechtigten Interessen zu erweitern, um den generalklauselartigen Charakter zu erhalten (vgl. Stellungnahme des Bundesrates). Soweit die gesetzlichen Beispielsfälle einen Sachbereich behandeln, enthalten sie eine **abschließende Regelung dieses Sachbereichs** hinsichtlich der Voraussetzungen und Ausschlußgründe (ähnlich *Hans* § 564 Anm. 13 a). Ähnliche Fälle, welche die gesetzlichen Voraussetzungen nicht erfüllen, können nicht über den Umweg der „sonstigen berechtigten Interessen" als Kündigungsgründe anerkannt werden. Läßt das Gesetz zum Beispiel in Abs. 2 Nr. 2 Eigenbedarf neben dem Vermieter selbst nur für Familien- und Hausstandsangehörige zu, so ist damit eine klare Abgrenzung getroffen, so daß der Bedarf für die Verlobte, einen Freund oder weitläufige Verwandte des Vermieters nicht als berechtigtes Interesse angesehen werden kann. Dasselbe gilt zum Beispiel bei nicht schuldhaften Pflichtverletzungen (vgl. Abs. 2 Nr. 1), so daß ein unverschuldeter Zahlungsverzug als Grund einer ordentlichen Kündigung (anders im Falle des § 554 BGB!) ausscheidet (a. A. *Palandt/Putzo* Anm. 5 e), desgleichen bei einer wirtschaftlichen Verwertungsabsicht, die nicht angemessen ist, oder bei welcher der Fortbestand des Mietverhältnisses dem Vermieter keine erheblichen Nachteile bringt (vgl. Abs. 2 Nr. 1), z. B. wenn der Vermieter die Mietwohnung benötigt, weil er diese zwecks Erweiterung seines anderweitigen vermieteten Geschäftsraums als Tauschobjekt dem Geschäftsraumvermieter zugesagt hat (vgl. LG Mannheim ZMR 74, 335 = WM 74, 74).

103 Es lassen sich hier nicht alle denkbaren weiteren Fälle berechtigter Interessen anführen. Einige hauptsächlichen weiteren Fälle sollen jedoch ausdrücklich erwähnt werden:

#### a) **Betriebsbedarf**

104 aa) Unter einer **Werkwohnung** (vgl. über diesen u. ähnliche Begriffe *Palandt/Putzo* Vorb. 2 vor § 565 b; *Pergande* § 565 b Anm. 2) ist Wohnraum zu verstehen, der mit Rücksicht auf ein Dienstverhältnis (insbesondere Arbeitsverhältnis) vermietet wird, wenn auch nicht notwendigerweise durch den Dienstberechtigten (Arbeitgeber) selbst. **Hauptfall** ist die **Werk-**

mietwohnung, bei welcher neben dem Dienstverhältnis ein selbständiger Mietvertrag besteht, wobei Vermieter der Dienstberechtigte selbst oder ein zu ihm in Beziehung stehender Dritter ist, welchem ein Belegungsrecht auf Grund eines Werkförderungsvertrags zusteht. Dafür gelten die Sonderregelungen der §§ 565 c, 565 d BGB hinsichtlich Kündigung und Kündigungswiderspruch, insbesondere verkürzte Kündigungsfristen. Eine weitere Form der Werkwohnung ist die **Werkdienstwohnung**, bei welcher die Wohnraumüberlassung Bestandteil des Dienstvertrages und Teil der Vergütung ist, so daß ein gemischter Vertrag, kein reiner Mietvertrag vorliegt. In der Regel steht dabei die Lage des Wohnraums in enger Beziehung zur Dienstleistung (z. B. Hausmeisterwohnung, Gutsinspektorwohnung). Die mietvertraglichen Sondervorschriften über Kündigung und Kündigungswiderspruch bei Werkmietwohnungen gelten hier grundsätzlich entsprechend (§ 565 e BGB).

Zur Kündigung eines Mietverhältnisses mit einem Arbeitnehmerehepaar, wenn das Arbeitsverhältnis mit einem Mieter beendet ist, vgl. LG Ulm WM 79, 244.

Trotz der Sonderregelung für Werkwohnungen (§§ 565 b ff. BGB) **gilt** für diese Wohnungen **auch § 564 b BGB** (vgl. oben Rn 7). Dies war schon nach bisherigem Recht anerkannt (vgl. AG Stuttgart WM 74, 126). Die Sonderregelung bei Werkwohnungen stellt keine außerordentliche befristete Kündigung dar. Auch für die zeitlich verkürzte Kündigung von Werkwohnungen müssen daher berechtigte Interessen gegeben sein. 105

bb) Der Gesetzgeber ging davon aus, daß bei Werkwohnungen (Wohnraum, der mit Rücksicht auf ein Dienst-, Arbeits- oder Ausbildungsverhältnis überlassen ist) für den Vermieter dann ein **berechtigtes Interesse** an der Beendigung des Mietverhältnisses **zu bejahen** ist, **wenn das Dienstverhältnis beendet ist und der Wohnraum für andere Bewerber benötigt wird** (vgl. die Stellungnahme Nr. 2 des Bundesrates und den Bericht des Rechtsausschusses des Bundestages). Insoweit ist also Betriebsbedarf als berechtigtes Interesse bei auf unbestimmte Zeit überlassenen Werkwohnungen anzuerkennen. Dies gilt z. B. auch für eine Kirchengemeinde, wenn der als Mieter wohnende Pfarrer infolge Pensionierung sein Dienstverhältnis beendet hat und die Räume dem neuen Pfarrstelleninhaber zur Verfügung gestellt werden sollen (LG Mannheim ZMR 78, 121). Dasselbe muß auch für eine **Genossenschaftswohnung** gelten, wenn der Inhaber einer solchen Wohnung aus der Genossenschaft ausscheidet und die Wohnung für ein anderes Genossenschaftsmitglied benötigt wird (vgl. Bericht des Rechtsausschusses des Bundestages). 106

Ein berechtigtes Interesse des Vermieters liegt in diesen Fällen nicht schon dann vor, wenn das Dienst- oder Arbeitsverhältnis beendet und damit dem Mietverhältnis die eigentliche Grundlage entzogen ist (LG Mannheim ZMR 73, 153 = WM 73, 22 = DWW 73, 188; AG Lübeck MDR 74, 493; a. A. 107

*Schopp* ZMR 75, 98 für Dienstwohnungen). Es müssen vielmehr weitere konkrete Umstände vorliegen und geltend gemacht werden. Ein solcher Umstand ist die **Absicht des Dienstberechtigten, einen anderen Angehörigen seines Betriebs in die Werkwohnung aufzunehmen,** sofern dieser Bewerber — auch unter Berücksichtigung seiner Dienstleistung — unzureichend untergebracht ist. Ausreichend ist dazu, daß aus dem Kreis der Bewerber um die Wohnung mindestens einer bereit und willens ist, in die gekündigte Wohnung einzuziehen (LG Karlsruhe WM 74, 243). Der Vermieter braucht im Kündigungsschreiben keine Liste von Wohnungsbewerbern aufzuführen oder den Einzugswilligen namentlich zu nennen, zumal schon bei einem mittelgroßen Betrieb in Zeiten einer Wohnungsmangellage stets eine Anzahl von Arbeitnehmern mit Wohnraumbedarf vorhanden ist (vgl. AG Lübeck a. a. O.; für eine konkrete Darlegung der Gründe im Kündigungsschreiben jedoch LG Karlsruhe a. a. O.). Beim Bestreiten des Mieters hat der Vermieter jedoch den Beweis zu führen, daß mindestens ein konkreter Bewerber für die streitige Werkwohnung vorhanden ist.

Ein berechtigtes Interesse liegt auch vor, wenn der Vermieter einen neuen Arbeitnehmer einstellen will, der den Abschluß des Arbeitsvertrages von der Erlangung einer Werkwohnung abhängig macht (a. A. AG Gelsenkirchen-Buer WM 73, 139 und ZMR 74, 52). Auf die Bedeutung des gegenwärtigen oder künftigen Beschäftigten für den Betrieb (leitende oder untergeordnete Stellung) kann es nicht ankommen. Auch muß der Wohnraum für einen anderen Beschäftigten nicht „dringend" (vgl. § 565 c Nr. 1 BGB) benötigt werden, da auch bei Eigenbedarf kein dringendes Interesse vorliegen muß (a. A. AG Oberhausen WM 74, 32: bei bergbaugebundenen Wohnungen dringender Wohnungsbedarf für Bergbauangehörige). Ein berechtigtes Interesse ist jedoch nicht gegeben, wenn der Vermieter die Mietwohnung für eine einzustellende Bürokraft benötigt, jedoch nicht ersichtlich ist, daß er diese Person nur erhält, wenn er ihr die streitige Wohnung anbieten kann (AG Gelsenkirchen-Buer ZMR 72, 123 = WM 72, 27 m. zust. Anm. *Schmidt*).

Ein berechtigtes Interesse ist auch zu bejahen, wenn das Arbeitsverhältnis aus wichtigen Gründen gekündigt wurde (*Schopp* ZMR 75, 99).

108 cc) Auch ist ein berechtigtes Interesse des Vermieters bei einer sog. **werkfremden Werkwohnung** zu bejahen (also einer solchen, die nicht im Eigentum des Arbeitgebers steht), wenn der über die Wohnung verfügungsberechtigte Arbeitgeber einen Wohnungsbedarf für Belegschaftsangehörige hat (vgl. AG Oberhausen WM 73, 164; *Schmidt-Futterer/Blank* B 516).

109 dd) Kein Betriebsbedarf und damit kein berechtigtes Interesse liegt vor, wenn eine **betriebsfremde Person** in die Werkwohnung aufgenommen werden soll, so z. B. ein Mitarbeiter des Pächters des Vermieters (AG Wermelskirchen WM 80, 249: die Wohnung werde dann nicht als Raum, sondern als wirtschaftlicher Wert erstrebt).

ee) Die gemäß § 564 b Abs. 3 BGB vorgeschriebenen Erfordernisse der **Begründung des Kündigungsschreibens** gelten bei der Kündigung einer Werkwohnung dann als erfüllt, wenn die gesetzlichen Voraussetzungen des § 565 a BGB im Kündigungsschreiben aufgeführt sind (AG Oberhausen a. a. O.). Die verkürzte Kündigungsfrist des § 565 c BGB setzt voraus, daß die vorzeitige Beendigung des Mietverhältnisses den Abschluß oder die Aufrechterhaltung eines für den Betrieb nützlichen Dienstverhältnisses ermöglicht (LG Karlsruhe WM 74, 243). 110

Auch der Mieter einer Werkwohnung kann sich in der Regel auf die **Sozialklausel** berufen und die Fortsetzung des Mietverhältnisses verlangen, jedoch mit verkürzter Frist (vgl. § 565 d Abs. 2 u. 3 BGB), wobei auch die Belange des Dienstberechtigten gebührend zu berücksichtigen sind (§ 565 d Abs. 1 BGB). In einigen Fällen ist jedoch die Berufung auf die Sozialklausel ausgeschlossen (vgl. § 565 d Abs. 3 BGB). 111

Gemäß § 87 Abs. 1 Nr. 9 BetrVG hat der **Betriebsrat** über die Kündigung einer Werkwohnung **mitzubestimmen.** Da es sich hierbei um ein echtes Mitbestimmungsrecht aus sozialen Gründen handelt, ist die Wirksamkeit der Kündigung des Vermieters von der (vorherigen) Zustimmung des Betriebsrats abhängig (§ 182 BGB), so daß der Vermieter mit dem Kündigungsschreiben die vorher gegebene Zustimmung des Betriebsrats als Wirksamkeitsvoraussetzung gemäß § 564 b Abs. 3 BGB anführen muß und der Mieter bei fehlender schriftlicher Angabe oder Vorlage der Zustimmung die Kündigung unverzüglich gemäß §§ 182 Abs. 3, 111 S. 2 BGB zurückweisen kann (h. M.; vgl. *Staudinger/Sonnenschein* 108; a. A. LG Ulm WM 79, 244; *Palandt/Putzo* § 565 c BGB Anm. 1 b, wonach die Kündigung nach Beendigung des Arbeitsverhältnisses mitbestimmungsfrei sei). Das Mitbestimmungsrecht des Betriebsrats wird durch das 2. WKSchG nicht ausgeschlossen (vgl. *Häring* DWW 74, 203). Besteht trotz gesetzlicher Vorschrift kein Betriebsrat, so entfällt die Zustimmungsbedürftigkeit. 112

ff) Anders ist die Rechtslage, wenn **keine Werkwohnung** vorliegt, sondern eine normale Mietwohnung, die an eine betriebsfremde Person vermietet ist. Ein berechtigtes Interesse ist grundsätzlich **zu verneinen,** wenn eine solche Wohnung **erst durch die Kündigung zur Werkwohnung werden,** also einem Betriebsangehörigen überlassen werden soll (LG Hannover NJW 74, 1094; AG München ZMR 73, 53 (L) = WM 72, 142 (L); AG Frankfurt WM 77, 99; AG Miesbach WM 80, 250). Ausnahmsweise liegt jedoch hier ein berechtigtes Interesse vor, wenn ein konkret nachweisbares und billigenswertes Interesse an dem Freiwerden gerade dieser Wohnung besteht, zum Beispiel, wenn die Tätigkeit des betreffenden Arbeitnehmers durch eine besondere räumliche Beziehung zum Betrieb gekennzeichnet ist, welche es erforderlich macht, ihn durch Freimachen der umstrittenen Wohnung in unmittelbarer Nähe des Betriebs unterzubringen; beachtenswert wird dabei auch das Interesse an der Gewinnung und Erhaltung von Schlüsselkräften sein, wenn diese mit Recht die Mithilfe des Unternehmers 113 bei der Wohnungssuche erwarten können, weil es ihnen wegen örtlicher Anspannung des Wohnungsmarktes sonst nicht möglich ist, eine Wohnung zu zumutbaren Bedingungen zu finden (LG Hannover a. a. O.; a. A. AG Kassel WM 80, 256 (L) bei drohendem Verlust eines Mitarbeiters des Vermieters).

b) **Heimbedarf**

114 Ein „sonstiges" berechtigtes Interesse ist grundsätzlich auch in Fällen des Wohnbedarfs für Wohnheime (z. B. Lehrlings-, Alters-, Arbeiterheime) **anzuerkennen** (neben einem etwaigen berechtigten Interesse gemäß Abs. 2 Nr. 1 bei schuldhafter Störung der Heimordnung). Der Rechtsausschuß des Bundestages wollte die Bewohner von Wohnheimen grundsätzlich vor unberechtigten und motivlosen Kündigungen schützen, weshalb er einen Antrag des Bundesrates ablehnte, wonach die Wohnheime von der Geltung des Kündigungsschutzes ausgenommen werden sollten. Nach seiner Ansicht (vgl. Bericht des Rechtsausschusses) liegt ein berechtigtes Interesse zur Kündigung in Wohnheimen beispielsweise vor, wenn die Voraussetzungen für die Überlassung des Heimplatzes nicht mehr gegeben sind, diese dem Heimbewohner bekannt waren und der Heimplatz für einen anderen Berechtigten benötigt wird. Ein Wegfall der Voraussetzungen für die Überlassung eines Heimplatzes liegt somit nach Beendigung der Ausbildung, eines Dienst-, Arbeits- oder Betreuungsverhältnisses oder bei Erreichung der (wegen Knappheit von Heimplätzen) festgelegten Überlassungsdauer (**Rotationssystem**) vor. Dieser Rechtsansicht des Bundestagsrechtsausschusses ist voll zuzustimmen. Von der Anwendung des 2. WKSchG (über die Anwendbarkeit des Gesetzes auf Wohnheime vgl. allgemein Einf. Rn 27) und daher auch von § 564 b BGB ausgenommen sind jedoch solche Heime, bei denen die Fürsorge oder Betreuung der Heiminsassen gegenüber der Wohnraumüberlassung überwiegt (z. B. Altenpflegeheime, Resozialisierungsheime), da in diesen Fällen die Wohnraumüberlassung dem Vertrag nicht das entscheidende Gepräge gibt (vgl. Bericht des Rechtsausschusses). Bekanntlich kommt es für die Einordnung eines gemischten Vertrages − um welchen es sich bei dem Wohnheimaufnahmevertrag regelmäßig handelt − darauf an, welches Vertragselement überwiegt (vgl. *Palandt/Putzo* Einf. 3 b vor § 535). Liegt das Schwergewicht in der Betreuung oder Pflege, so ist der Vertrag nicht nach Mietrecht zu beurteilen.

115 Demnach muß zum Beispiel ein berechtigtes Interesse an der Kündigung gegenüber dem Bewohner eines Wohnheims bejaht werden, wenn dieser die ihm bekannte Höchstverweildauer im Heim erreicht hat, jeweils unter der Voraussetzung, daß der Heimplatz für weitere Heimbewerber benötigt wird (über letztere Voraussetzung und deren Darlegung durch den Vermieter vgl. die Ausführungen zum Betriebsbedarf oben Rn 106, 107). Der Heimträger muß zur Erreichung des Heimzweckes die Möglichkeit haben, solchen Heiminsassen, die den Heimzweck erreicht haben oder ihn durch ihr Verbleiben gefährden, zu kündigen. Erst auf diese Weise wird die Möglichkeit geschaffen, daß die Heimplätze möglichst vielen Interessenten zur Verfügung gestellt werden.

Bezüglich Studenten- und Jugendwohnheimen ist ein berechtigtes Interesse und damit ein Heimbedarf für eine Kündigung gem. der seit 1. 1. 1983 geltenden Neuregelung nicht mehr erforderlich, da solcher Wohnraum aus dem Kündigungsschutz ausgenommen wurde (vgl. dazu Rn 47).   116

c) **Wegfall der Zweckbindung für bestimmte Personenkreise**

Ein Mietvertrag über eine preisgebundene **Sozialwohnung** ist bei einem Verstoß   117
gegen die Zweckbindung nicht (gem. § 134 BGB) unwirksam (h. M.; vgl. LG Aachen ZMR 73, 379 = WM 73, 140 mit abl. Anm. *Weimar* = MDR 73, 318; LG Duisburg WM 73, 140). Ein **berechtigtes Interesse** ist **zu bejahen, wenn eine Sozialwohnung an einen Nichtberechtigten i. S. d. WoBindG vermietet wurde**, ohne konkreten Anhalt für die Annahme, der Vermieter habe bei Vertragsabschluß die fehlende Berechtigung des Mieters gekannt, wenn später **die zuständige Behörde die Kündigung verlangt und** dem **Vermieter** andernfalls **erhebliche wirtschaftliche Nachteile** wegen Verstoßes gegen das WoBindG **androht** (OLG Hamm (RE) ZMR 82, 369 = WM 82, 244 = NJW 82, 2563; ähnlich LG Hamburg WM 80, 265), wobei das öffentliche Interesse mitzuberücksichtigen ist, daß nur ein Förderungswürdiger die Wohnung bezieht, als auch das Interesse des Vermieters, Strafzinsen und die Entziehung der öffentlichen Darlehensmittel (vgl. § 25 WoBindG) zu vermeiden (LG Berlin WM 79, 106 = MDR 79, 316; LG Münster WM 79, 242; LG Düsseldorf WM 78, 30 m. abl. Anm. *Holtschoppen*; LG Arnsberg WM 78, 9 z. fr. R.; LG Aachen ZMR 73, 379 = WM 73, 140 = MDR 73, 318; anderer Ansicht LG Köln MDR 76, 143; LG Duisburg WM 73, 140; *Sternel* IV 96 f.). Dabei muß es gleichgültig sein, ob der Mieter die Zweckbindung des Wohnraums kannte (LG Düsseldorf a. a. O.; LG Berlin a. a. O.; a. A. *Pütz* WM 79, 184, welcher den gutgläubigen Mieter über § 556 a BGB gegenüber der Kündigung des täuschenden Vermieters schützen will), was sich aus den öffentlichen Belangen der zweckentsprechenden Nutzung von Sozialwohnungen ergibt. Bei schuldhafter Fehlbelegung kann der Vermieter jedoch schadenersatzpflichtig sein gem. §§ 541, 538 BGB (*Schmidt-Futterer/Blank* B 519; *Pütz* a. a. O.; vgl. auch AG Dortmund WM 77, 263).

Dasselbe gilt nach der Ansicht des Gesetzgebers, wenn die Wohnungsfürsorge-   118
stelle verlangt, das mit einem inzwischen aus dem öffentlichen Dienst ausgeschiedenen Mieter geschlossene Mietverhältnis über eine mit Wohnungsfürsorgemitteln geförderte Wohnung zu kündigen, um die Wohnung für einen **öffentlich Bediensteten** freizumachen (*Bormann/Schade/Schubart* Anm. 3).

Dasselbe muß auch für die Fehlbelegung einer mit einem Aufbaudarlehen gemäß § 254 Abs. 3 LAG geförderten **LAG-Wohnung** gelten (vgl. *Schmidt-Futterer/Blank* B 524).

d) **Erfüllung öffentlich-rechtlicher Aufgaben**

Auch die Erfüllung öffentlicher Interessen von vergleichbarem Gewicht wie die   119
gesetzlichen Beispielsfälle Nr. 2 und 3 muß für den Vermieter ein berechtigtes

Interesse an der Beendigung des Mietverhältnisses rechtfertigen. Würden solche Fälle als berechtigte Interessen nicht anerkannt, so könnte die öffentliche Verwaltung ihre Aufgabe oft nicht wirksam erfüllen (vgl. *Hans* § 564 Anm. 13 b, dd), z. B., wenn sie sich aus tatsächlichen oder rechtlichen Gründen an den Mieter direkt nicht wenden kann. Ein berechtigtes Interesse ist zum Beispiel zu bejahen für die Kündigung einer unterbelegten gemeindeeigenen Wohnung oder Sozialwohnung, welche zur Beseitigung eines Wohnungsnotstandes benötigt wird (*Vogel* JZ 75, 75), oder die Kündigung zugunsten eines dem Vermieter nahestehenden Umsiedlers, der noch im Lager lebt (*Vogel* a. a. O.). Dasselbe muß gelten, wenn die Polizeibehörde dem Vermieter aufgibt, das Mietverhältnis zu lösen, zum Beispiel wegen Unbewohnbarkeit, Feuergefahr oder Verstoßes gegen baurechtliche Vorschriften, ebenso bei einem behördlichen Abbruchgebot. Auch ist ein berechtigtes Interesse des Vermieters anzuerkennen, wenn er kündigt, um einem nach dem Städtebauförderungsgesetz gegen ihn ausgesprochenen Modernisierungsgebot im förmlich festgelegten Sanierungsgebiet nachzukommen, und dabei die durchzuführenden Maßnahmen wegen ihrer Schwere oder Dauer dem Mieter nicht zuzumuten sind (vgl. § 541 b BGB); ebenfalls bei vorgesehenem Abriß eines Gebäudes auf Grund einer behördlichen Anordnung nach diesem Gesetz, wenn der Vermieter in seinem Handlungsbereich betroffen wird (LG Kiel DWW 83, 72).

119a **Bei einer juristischen Person des öffentlichen Rechts** ist ein berechtigtes Kündigungsinteresse zu bejahen, wenn der ihr gehörende Wohnraum zur Beseitigung eines Wohnungsnotstandes benötigt wird (AG Göppingen WM 79, 122) oder wenn eine Behörde die von ihr vermietete Wohnung für eigenes Personal benötigt, da sie nicht gehalten ist, im Rahmen ihrer Wohnungsfürsorge auf den Wohnungsmarkt auszuweichen (AG Bonn DWW 75, 166 z. fr. R.). Eine Gemeinde als Wohnraumvermieter hat ein berechtigtes Kündigungsinteresse, **wenn sie** die Wohnung **zur Erfüllung öffentlich-rechtlicher Aufgaben benötigt,** die im Rahmen der gesetzlichen und satzungsmäßigen Aufgaben und Befugnisse der Gemeinde liegen, wobei der Bedarf für öffentliche Zwecke nicht dringend sein muß, sondern **vernünftige, billigenswerte Gründe** genügen (BayObLG (RE) ZMR 81, 93 = WM 81, 32 = MDR 81, 318 − NJW 81, 580 = MRS 1 Nr. 63 für Feuerwehrunterricht, kulturelle und soziale Zwecke wie Turn- und Gesangverein, Weberschule − in Bayern bejaht). Zu verneinen ist ein berechtigtes Interesse der Gemeinde bei einem öffentlichen Interesse an der Errichtung eines Mehrzweckgebäudes (Wohn- u. Geschäftsräume mit Parkplatz), weil ein von der Gemeinde verfolgtes öffentliches Interesse so erhebliches Gewicht haben muß, daß es gegenüber dem allgemeinen Interesse des Mieters am Fortbestand des Mietverhältnisses überwiegt (OLG Frankfurt (RE) WM 81, 126 = MDR 81, 674 = NJW 81, 1277 = MRS 1 Nr. 64), vgl. dazu *Prahl* BlGBW 81, 223. Das öffentliche Interesse an einer **Sanierungsmaßnahme** (Abriß des Hauses zwecks Durchführung der geplanten Sanierung) stellt für eine öffentlich-rechtliche Körperschaft als Vermieter nur dann ein berechtigtes Interesse dar, wenn dem Sanierungsvorhaben (nach Erteilung der Abrißgenehmigung und

Bewilligung der Gelder) nichts mehr im Wege steht, wobei im Räumungsrechtsstreit nicht zu prüfen ist, ob die Sanierungsmaßnahmen im öffentlichen Interesse liegen (LG Kiel ZMR 83, 233 = DWW 83, 50). Zur Darlegung eines solchen Interesses im Kündigungsschreiben gehört die Mitteilung, in welches Stadium die Sanierungsmaßnahme eintrete, wann der Abbruch erfolgen soll und warum er zu diesem Termin erfolgen muß (LG Kiel ZMR 83, 234 = DWW 80, 72).

e) **Weitere „sonstige" berechtigte Interessen**

Neben den behandelten Fallgruppen der „sonstigen" berechtigten Interessen sind berechtigte Kündigungsinteressen in folgenden **Einzelfällen** anzuerkennen:

für den Untervermieter, wenn das Hauptmietverhältnis wirksam gekündigt ist – mit Rücksicht auf den Räumungs- und Schadenersatzanspruch, dem er ausgesetzt ist – (LG Kiel WM 82, 194; einschränkend *Nasall* ZMR 83, 339); wenn der Erwerber einer Eigentumswohnung bei Selbstnutzung derselben die Grunderwerbsteuerbefreiung behält und damit erhebliche wirtschaftliche Nachteile vermeidet (LG Bonn WM 78, 51; a. A. LG Köln WM 80, 248 (L); LG Freiburg WM 82, 212; AG Köln WM 81, U 16; *Weimar* BlGBW 78, 31); wenn für den Vermieter die selbst zu zahlende Miete gegenüber der aus der herausverlangten Wohnung erzielten Miete erheblich höher ist – Eigenbedarf scheidet hier aus (LG Hamburg ZMR 77, 90 = WM 75, 124 z. fr. R.); wenn der Vermieter das Wohngrundstück zur Durchführung eines größeren sozialen Bauvorhabens – Schaffung von über 100 Wohnungen für sozial schwache Familien – an eine Wohnbaufirma veräußern will und dies beim Verbleiben des Mieters scheitern würde (LG Köln WM 76, 163 z. fr. R. m. zust. Anm. *Weimar*); wenn ein wegen Krankheit schuldunfähiger Mieter wiederholt schwerwiegende Pflichtverletzungen begeht, die ein weiteres Zusammenleben für die übrigen Mieter unzumutbar erscheinen lassen (LG Mannheim NJW 76, 1407 = MDR 76, 757 = DWW 76, 164; LG Kaiserslautern WM 83, 263 (L) bei massiven rechtswidrigen Angriffen auf die Ehre von Mitmietern; eine fristlose Kündigung gegenüber einem geisteskranken Mieter wird bejaht von LG Hannover MDR 68, 51; LG Bielefeld ZMR 68, 173; LG Köln MDR 74, 232 in analoger Anwendung von §§ 554 a, 553 BGB); wenn zwischen dem Mieter und den übrigen Mietern erhebliche Spannungen und Streitigkeiten bestehen, die ein Eingreifen des Vermieters erforderlich machen, kann der Vermieter von demjenigen Mieter die Räumung verlangen, von dessen Entfernung er sich am ehesten die Wiederherstellung von Ruhe und Frieden im Haus versprechen kann, auch wenn dieser nicht der allein oder hauptsächlich Verantwortliche ist (LG Duisburg WM 75, 209 z. fr. R.). Ein berechtigtes Interesse liegt nicht vor im Verhältnis der Partner einer nichtehelichen Lebensgemeinschaft zueinander (vgl. *Finger* WM 82, 257). Zu bejahen ist ein berechtigtes Interesse bei einem Vermieter, der eine größere Wohnanlage besitzt, für die Aufnahme eines Hausmeisters in eine Mietwohnung des Hauses (LG Tübingen WM 80, 249; LG Hamburg ZMR 80, 242 = MDR 80, 315; LG Berlin MDR 83, 133; *Schmidt-Futterer/Blank* B 486).

## VI. Geltendmachung berechtigter Interessen

### 1. Vorhandensein berechtigter Interessen

121 a) Die oben unter V. erörterten berechtigten Interessen müssen nicht nur vorgetragen werden, sondern auch **tatsächlich vorliegen.** Die Kündigung des Vermieters ist nur rechtswirksam, wenn ein berechtigtes Interesse objektiv gegeben ist. Das Vorliegen eines berechtigten Interesses an der Beendigung des Mietverhältnisses ist also **Wirksamkeitsvoraussetzung der Kündigung.** Besteht Streit zwischen den Parteien über das Vorliegen eines berechtigten Interesses, so ist darüber im Prozeß Beweis zu erheben. Über das Erfordernis der Ernstlichkeit und Wahrhaftigkeit des Vortrags eines Eigenbedarfsgrundes des Vermieters vgl. oben Rn 72, 73, was in gleicher Weise auch für andere berechtigte Interessen gilt, bei welchen ein Verwertungswille des Vermieters zugrunde liegt (Hinderung wirtschaftlicher Verwertung, Betriebsbedarf, Heimbedarf u. a.).

122 Eine Kündigung kann gleichzeitig oder im Verhältnis von Haupt- und Hilfsantrag **auf mehrere berechtigte Interessen gestützt** werden. Sie ist dann begründet, wenn auch nur einer der ein berechtigtes Interesse bildenden Gründe vorliegt.

123 Eine Kündigung, welcher kein objektiv vorhandenes berechtigtes Interesse zugrunde liegt, ist unwirksam (§ 134 BGB). Das gleiche gilt, wenn zwar ein berechtigtes Interesse zum Zeitpunkt des Kündigungsausspruchs vorlag, dieses jedoch nicht in der vorgeschriebenen Weise im Kündigungsschreiben angegeben wurde (vgl. über die inhaltlichen Erfordernisse unten Rn 130–136). Die **Rechtswirksamkeit** einer Kündigung des Vermieters setzt demnach (neben weiteren Erfordernissen, vgl. oben Rn 13–18) gem. § 564 b Abs. 1–3 BGB voraus, daß ein berechtigtes Interesse an der Beendigung des Mietverhältnisses besteht und dieses auch im Kündigungsschreiben hinreichend deutlich angegeben wird.

Bei der Kündigung, bei welcher es letztlich nur auf die Wirksamkeit (insgesamt) ankommt, kann nicht zwischen formellem Begründungszwang im Sinne der „Zulässigkeit" und materieller Begründung im Sinne der „Begründetheit" unterschieden werden (so LG Mannheim WM 76, 77 entgegen *Fehl* NJW 75, 1973 f.).

124 b) Die **Beweislast für** das Vorliegen **berechtigter Interessen** hat grundsätzlich der **Vermieter.** Er muß im Falle des Abs. 2 Nr. 1 sowohl die Pflichtverletzung als auch deren Erheblichkeit beweisen, eventuell auch – je nach dem Gefahrenkreis bzw. Verantwortungsbereich der betreffenden Pflichtverletzung (vgl. über die Rechtsprechung zum Gefahrenkreis *Palandt/Heinrichs* § 282 Anm. 2) – das Verschulden des Mieters. Im Falle des Eigenbedarfs hat der Vermieter die den Bedarf begründenden Umstände zu beweisen (AG Miesbach WM 77, 215), im Falle der Hinderung wirtschaftlicher Verwertung die geplante Verwertungsabsicht und das Entstehen erheblicher Nachteile durch den Fortbestand des Mietverhältnisses sowie das Nichtvorliegen der beiden Verbote von Nr. 3 Sätze 2 und 3.

c) **Zeitpunkt für das Vorliegen der Kündigungsgründe**

**125** Nach einem allgemeinen Rechtsgrundsatz müssen die Gründe für eine Kündigung, die auf Gründe gestützt werden muß, zum Zeitpunkt des Kündigungsausspruchs vorliegen (vgl. AG Solingen WM 74, 128). Dieser Grundsatz ergibt sich auch indirekt aus der Begründungspflicht in Abs. 3, denn als Begründung kann nur ein Umstand angegeben werden, welcher dem Vermieter zum Zeitpunkt der Begründung bekannt ist.

**126** Soweit sich der Vermieter auf berechtigte Interessen gem. Abs. 2 Nr. 1 beruft, handelt es sich regelmäßig um Ereignisse, welche bei Abgabe der Kündigungserklärung vergangen sind und damit als abgeschlossen gelten. Selbst wenn die Pflichtverletzung ausnahmsweise in einem Zustand bestehen sollte (zum Beispiel unerlaubtes Anbringen einer baulichen Einrichtung), kommt es im Falle des Abs. 2 Nr. 1 nur darauf an, daß die Pflichtverletzung spätestens zum Zeitpunkt der Abgabe der Kündigungserklärung vorliegt, während der künftige Verlauf der Dinge unerheblich ist.

**127** Anders ist es jedoch im Falle eines **berechtigten Interesses**, welches **auf einen Bedarf abstellt**, wie z. B. Eigenbedarf, Hinderung angemessener wirtschaftlicher Verwertung oder Betriebsbedarf. Solche Kündigungsgründe sind auf eine gewisse Zeitdauer angelegt, so daß die Umstände, welche den Bedarfsgrund ausmachen, im Laufe der Zeit sich verändern oder wegfallen können. Zum Beispiel können die Eigenbedarfsgründe zum Zeitpunkt des Kündigungsausspruchs gegeben sein, später (z. B. bei Ablauf der Kündigungsfrist) jedoch weggefallen sein (z. B., weil der Familienangehörige, für den Eigenbedarf geltend gemacht wurde, in die Wohnung des Mieters nicht mehr einziehen will, weil sich eine anderweitige Unterbringung ergeben hat, oder er gestorben ist). Auch bei solchen Bedarfsgründen, die als berechtigte Interessen für eine Kündigung geltend gemacht werden, kommt es allein auf den Zeitpunkt der Kündigungserklärung und nicht auf den des Zugangs der Kündigung beim Mieter oder auf den des endgültigen Wirksamwerdens der Kündigung (Ablauf der Kündigungsfrist) an. Lagen z. B. die Gründe des Eigenbedarfs beim Ausspruch der Kündigung vor, so ist die Kündigung wirksam, gleichgültig, ob die Gründe später wieder weggefallen sind. Eine Gegenansicht erklärt, der Eigenbedarf müsse fortdauern und dürfe nicht nach Kündigungsausspruch entfallen (AG Köln ZMR 77, 239; LG Köln ZMR 78, 85, je m. zust. Anm. *Weimar;* AG Helmstedt WM 80, 81 (L); vgl. auch LG Hamburg WM 77, 30 wonach Eigenbedarf gegenwartsbezogen sei und noch zur Zeit der letzten mündlichen Verhandlung vorliegen müsse). Sind solche **Kündigungsgründe** nach einer wirksamen Kündigung jedoch **bis zum Ablauf der Kündigungsfrist weggefallen,** so ist eine vom Vermieter auf diese Kündigung gestützte **Räumungsklage** wegen **unzulässiger Rechtsausübung** als unbegründet abzuweisen, weil dem Vermieter bei nicht mehr bestehendem berechtigtem Interesse nach dem Schutzzweck des § 564 b BGB ein Räumungsanspruch billigerweise nicht zustehen soll (LG Karlsruhe WM 80, 249; *Schmidt-Futterer/Blank* B 38; *Staudinger/Sonnenschein* 48).

§ 564 b BGB, 128+129

Wenn der **Wegfall** des berechtigten Interesses **erst nach Ablauf der Kündigungsfrist** eintritt, hat die Kündigung ihre Rechtswirkung (Beendigung des Mietverhältnisses) schon entfaltet, bevor der Kündigungsgrund weggefallen ist. Wenn der Mieter in diesem Falle nicht fristgemäß die Wohnung geräumt hat, soll ihm ein späterer Wegfall des Kündigungsgrundes nicht noch zu einem Sieg im Räumungsrechtsstreit verhelfen. Ist das Mietverhältnis einmal erloschen, so kann der darauf gestützten Räumungsklage nicht unzulässige Rechtsausübung entgegengehalten werden.

Fällt der auf einem Bedarf (z. B. Eigenbedarf) beruhende Kündigungsgrund nach Kündigungsausspruch, jedoch vor Ablauf der Kündigungsfrist weg, so ist der Vermieter zur Mitteilung dieses Wegfalls an den Mieter verpflichtet (gem. § 242 BGB aus vorangegangenem Tun – Kündigung – entsprechend seiner Pflicht zur wahrheitsgemäßen Angabe des Kündigungsgrundes, vgl. oben Rn 72, vgl. LG Düsseldorf ZMR 76, 281). Unterläßt er diese Mitteilungspflicht schuldhaft, so macht er sich dem Mieter gegenüber aus positiver Vertragsverletzung **schadenersatzpflichtig** (LG Düsseldorf a. a. O.). Vgl. zum Schadenersatzanspruch auch Rn 238 ff.

128   Kündigungsgründe, welche erst nach Abgabe der Kündigungserklärung, jedoch noch im Laufe der Kündigungsfrist entstehen, reichen für eine wirksame Kündigung nicht aus. Sie machen eine unwirksame Kündigungserklärung nicht nachträglich wirksam. Denn die Kündigungsgründe müssen schon zur Zeit der Kündigungserklärung vorliegen (AG Lübeck WM 73, 7).

**2. Benennung berechtigter Interessen im Kündigungsschreiben (Abs. 3)**

a) **Zweck**

129   Gemäß Abs. 3 werden als berechtigte Interessen des Vermieters grundsätzlich nur die Gründe berücksichtigt, die in dem Kündigungsschreiben angegeben sind. Abs. 3 geht auf den inhaltlich gleichen § 1 Abs. 3 des 1. WKSchG zurück. Die letztgenannte Vorschrift wurde mit zwei weiteren Vorschriften des sozialen Mietrechts durch das MRVerbG (aus welchem das 1. WKSchG hervorging) 1971 eingeführt: § 564 a Abs. 1 S. 2 BGB, wonach bei Wohnraummietverhältnissen in dem Kündigungsschreiben die Kündigungsgründe angegeben werden sollen, und § 556 a Abs. 1 S. 3 BGB, wonach bei der Würdigung der berechtigten Interessen des Vermieters (im Rahmen der Sozialklausel) nur die in dem Kündigungsschreiben nach § 564 a Abs. 1 S. 2 BGB angegebenen Gründe berücksichtigt werden, soweit nicht die Gründe nachträglich entstanden sind. Gemäß der Begründung des Regierungsentwurfs zum MRVerbG (I Nr. 1 zu Änderung des § 556 a BGB) ergibt sich als Zweck der Einführung dieser drei Vorschriften zunächst, daß der **Mieter** zum frühestmöglichen Zeitpunkt **Klarheit über seine Rechtsposition** erlangen und so in die Lage versetzt werden soll, rechtzeitig alles Erforderliche zur Wahrung seiner Interessen zu veranlassen. Darüber hinaus soll dadurch auch der Vermieter gezwungen werden, sich selbst über die Rechtslage und die

Aussichten des von ihm beabsichtigten Schrittes klarzuwerden. Damit sollte ein erwünschtes Hemmnis gegen unmotivierte Kündigungen geschaffen und erreicht werden, daß Kündigungen des Vermieters in den Fällen verhindert werden, in denen die Gründe hierfür so schwach sind, daß mit einem erfolgreichen Widerspruch des Mieters nach Lage der Dinge gerechnet werden muß. Da im BGB (anders im 1. WKSchG) die Kündigungsgründe nicht zur Wirksamkeitsvoraussetzung gemacht wurden, sollte **Sanktion** eines Verstoßes gegen die Sondervorschrift des § 564 a Abs. 1 S. 2 allein der **Ausschluß der nichtgenannten Kündigungsgründe für die Interessenabwägung** im Rahmen der Sozialklausel sein. Das Nachschieben von Gründen sollte grundsätzlich ausgeschlossen werden. Will der Vermieter andere, im Kündigungsschreiben nicht genannte Gründe zur Stützung seiner Interessen heranziehen, so muß er regelmäßig unter Einhaltung der maßgeblichen Kündigungsfrist eine neue Kündigung aussprechen (vgl. die genannten Materialien zum MRVerbG).

Sinn der Vorschrift des § 564 b Abs. 3 BGB ist also in erster Linie, dem Mieter rechtzeitig Klarheit über seine rechtliche Situation zu verschaffen.

Die Kündigung ist einheitlich auf ihre Wirksamkeit zu überprüfen; es widerspricht ihrem Wesen, die Wirksamkeitsvoraussetzungen in einen formellen Begründungszwang im Sinne der „Zulässigkeit" und die materielle Begründung im Sinne der „Begründetheit" aufzuspalten (LG Mannheim MDR 76, 403; a. A. *Fehl* NJW 75, 1973 f.).

Die **Kündigung** darf nach Vorliegen des Kündigungsgrundes **nicht zu spät ausgesprochen** werden, **andernfalls** das Kündigungsrecht **verwirkt** ist. Welcher Zeitraum dafür angemessen ist, hängt von den Umständen des Einzelfalles ab. Jedenfalls nach Ablauf eines Jahres ist im Falle einer schuldhaften Pflichtverletzung (Abs. 2 Nr. 1) Verwirkung anzunehmen (AG Friedberg WM 79, 243).

b) Soweit nicht die Ausnahme (nachträglich entstandene Kündigungsgründe) vorliegt, **müssen die Kündigungsgründe** des Vermieters **schon im Kündigungsschreiben selbst angegeben werden,** andernfalls sie rechtlich nicht berücksichtigt werden. Damit ist die Sollvorschrift des § 564 a Abs. 1 S. 2 BGB praktisch in eine Mußvorschrift umgewandelt worden (vgl. *Schopp* ZMR 75, 100). Die Angabe berechtigter Interessen im Kündigungsschreiben des Vermieters ist damit **Wirksamkeitserfordernis der Kündigung** (*Löwe* NJW 72, 2020; AG Friedberg WM 79, 243). Die für die Kündigung vorgeschriebene Schriftform (§ 564 a Abs. 1 S. 1 BGB) ist auch durch Zustellung einer Klageschrift oder eines Prozeßschriftsatzes gewahrt (LG Karlsruhe MDR 78, 672; a. A. LG Kiel WM 77, 228: es liege bei Klag- und Berufungsschrift keine materiellrechtliche Erklärung an die Adresse des Mieters vor), wobei die Urschrift des zuzustellenden Schriftsatzes durch die übergebene beglaubigte Abschrift gem. § 170 ZPO ersetzt wird (LG Berlin ZMR 78, 231 = WM 78, 119); vgl. auch oben Rn 14. Dies gilt auch dann, wenn der Vermieter die Kündigungsgründe schon vorher mündlich (vgl. LG Hamburg ZMR 77, 90 = WM 75, 124 z. fr. R.) oder schriftlich (zum Beispiel durch Abmahnungsschreiben oder Kündigungsandrohung) dem Mieter zur Kenntnis gebracht hat. Ein Kündigungsschreiben des Vermieters ohne Angabe von berechtigten Interessen als Kündigungsgründe ist rechtsunwirksam (LG Nürnberg-Fürth WM 73, 212; AG Geislingen WM 73, 161; AG Darmstadt WM 74, 30). Eine mangels konkreter Angabe von Gründen oder wegen nicht ausreichender Gründe unwirksame Kündigungserklärung kann nicht durch Nachschieben (Substantiieren) von Kündigungsgründen rückwirkend geheilt werden (LG Hamburg ZMR 77, 90 = WM 75, 124 z. fr. R.; LG Karlsruhe MDR 78, 672; AG Geislingen a. a. O.; AG Gelsenkirchen-Buer WM 73, 163; AG Hamburg WM 75, 149; *Löwe* NJW 72, 2019 m. w. N.); vgl. auch Rn 145. Unwirksam ist auch eine Kündigungserklärung, welche nur den Hinweis auf angeblich bekannte Gründe enthält (AG Wuppertal WM 73, 214 [Ls]) oder sich nur auf eine frühere begründete Kündigung stützt (AG Darmstadt a. a. O.). Die Kündigungsgründe sind im Kündigungsschreiben **auch** dann nochmals anzugeben, **wenn sie dem Mieter bereits zuvor** mündlich oder schriftlich **mitgeteilt** oder in einem Vorprozeß geltend gemacht worden sind (BayObLG [RE] ZMR 81, 334 = WM 81, 200 = DWW 81, 235 = MDR 81, 1019 = NJW 81, 2197 = MRS 1 Nr. 61). Werden Kündigungsgründe nachträglich — d. h. nach Abgabe der Kündigungserklärung — vorgebracht, so sind sie rechtlich als nicht vorgebracht anzusehen, es sei denn, daß sie nachträglich entstanden sind. Das nachträgliche Vorbringen rechtlich ausreichender Kündigungsgründe unter Bezugnahme auf eine vorausgegangene (unwirksame) Kündigung wird regelmäßig als neue Kündigung zu betrachten sein. — Ein nachträglich entstehender Kündigungsgrund (z. B. Eigenbedarf) hat nicht die Wirkung, daß eine unwirksame Kündigung nachträglich wirksam wird (AG Friedberg WM 79, 243).

131 **Mehrere** hintereinander abgegebene **Kündigungserklärungen** des Vermieters sind rechtlich möglich und unabhängig voneinander hinsichtlich ihrer Rechtswirkungen, insbesondere des Fristenlaufs zu beurteilen. Hat eine frühere Kündigung die Beendigung des Mietverhältnisses schon herbeigeführt, so sind spätere Kündigungen gegenstandslos; sie können keine vertragsbeendigende Wirkung mehr entfalten.

132 c) **Inhaltlich** muß der Vermieter „die Kündigungsgründe" angeben. Er muß die Tatsachen, welche das berechtigte Interesse begründen, **so konkret bezeichnen,** daß sich der Mieter ein Bild über die Aussichten einer etwaigen Räumungsklage des Vermieters machen kann (LG Karlsruhe MDR 78, 672). Der Kündigungsgrund braucht jedoch nur so ausführlich bezeichnet zu sein, **daß er identifiziert** und von anderen Gründen (Sachverhalten, Lebensvorgängen) unterschieden **werden kann** (BayObLG [RE] ZMR 81, 334 = WM 81, 200 = DWW 81, 235 = MDR 81, 1019 = NJW 81, 2197 = MRS 1 Nr. 61). Der Mieter muß insbesondere allein auf Grund der Angaben im Kündigungsschreiben prüfen können, ob die vorgebrachten Gründe „schlüssig" sind, d. h., ob es sich um Gründe handelt, die, wenn sie zutreffen, berechtigte Interessen im Sinne von § 564 b BGB darstellen (vgl. LG Essen WM 73, 163; LG Osnabrück WM 74, 29; LG

Dortmund WM 75, 148; *Schmidt* WM 75, 112). Pauschale Angaben des Vermieters (z. B., daß er die Wohnung dringend für eigene Zwecke brauche) reichen nicht aus (LG Osnabrück a. a. O.).

Stützt der Vermieter die Kündigung auf schuldhafte, nicht unerhebliche **Pflichtverletzungen** (Abs. 2 Nr. 1), so hat er den Vorfall der Pflichtverletzung nach Datum, Zahl und Dauer konkret zu bezeichnen (LG Hamburg WM 77, 30); auch das Merkmal „nicht unerheblich" (ein Rechtsbegriff) ist mit Tatsachen auszufüllen; der allgemein gehaltene Hinweis, verschiedene Pflichten seien wiederholt verletzt worden, reicht nicht aus (LG Mannheim WM 73, 5; LG Hamburg WM 77, 30). Der angeführte Vorfall muß identifizierbar bezeichnet sein. 133

Stützt der Vermieter die Kündigung auf **Eigenbedarf** (Abs. 2 Nr. 2), so muß die Bedarfssituation unverwechselbar und in nachprüfbarer Weise (LG Mannheim MDR 76, 403) bezeichnet sein, so daß aus der Begründung ein Schluß auf die Berechtigung der Kündigung möglich ist (LG Essen WM 73, 163). Er genügt seiner Begründungspflicht, wenn er **die Personen angibt,** für die die Wohnung benötigt wird, **und** einen **konkreten Sachverhalt (Lebensvorgang), auf den er das Interesse dieser Personen** zu Erlangung der Wohnung **stützt** (BayObLG [RE] ZMR 81, 334 = WM 81, 200 = DWW 81, 235 = MDR 81, 1019 = NJW 81, 2197 = MRS 1 Nr. 61). Es müssen also Angaben über die bisherigen Wohnverhältnisse der Person(en) gemacht werden, für welche Eigenbedarf geltend gemacht wird (der Vermieter selbst, ein Familien- oder Hausstandsangehöriger) und diese Person(en) und die Motive des Bedarfs müssen eindeutig bezeichnet sein (LG Dortmund WM 75, 148). Die pauschale Angabe, es werde „Eigenbedarf" geltend gemacht, reicht nicht aus (LG Essen a. a. O.; AG Gelsenkirchen-Buer WM 73, 164), selbst wenn dazu die genannte Person bezeichnet wird (zum Beispiel „Eigenbedarf für meine Tochter...", LG Dortmund WM 75, 148; LG Mannheim WM 76, 77; AG Mannheim ZMR 75, 333 = WM 75, 210; a. A. *Fehl* NJW 75, 1974) oder erklärt wird, der Sohn des Vermieters werde heiraten (AG Lahn-Gießen WM 78, 212). Die dem Eigenbedarf zugrundeliegenden Tatsachen, wie zum Beispiel die Pflegebedürftigkeit der Eltern des Klägers, müssen im Kündigungsschreiben zum Ausdruck gebracht werden (LG Mannheim WM 74, 31), insbesondere unter Angabe des konkreten Raumbedarfs in einer für den Mieter verständlichen und überprüfbaren Weise (LG Mannheim WM 76, 77). 134

Kündigt der Vermieter eine Werkwohnung wegen **Betriebsbedarfs,** so muß er dazu vortragen, daß die vermietete Wohnung für einen anderen Betriebsangehörigen benötigt wird. Eine namentliche Nennung des vorgesehenen Bewerbers oder die Vorlage einer Bewerberliste ist nicht erforderlich (vgl. auch oben Rn 107). Durch die Anführung der Voraussetzungen des § 565 c BGB im Kündigungsschreiben wird zugleich die Begründungspflicht gemäß § 564 b Abs. 3 BGB erfüllt (AG Oberhausen WM 73, 164). 135

136  Andererseits muß der als Kündigungsgrund (berechtigtes Interesse) bezeichnete Sachverhalt **nicht** hinsichtlich aller Einzelheiten **ausführlich** genannt werden; es genügt, daß er identifiziert werden kann. Wird der „Tatsachenkern" im Kündigungsschreiben angegeben, so sind alle mit diesem Tatsachenkern zusammenhängenden „Randtatsachen" mitzuberücksichtigen, soweit sie im Rechtsstreit vorgebracht werden. Nicht ausreichend ist es, wenn im Kündigungsschreiben Bezug genommen wird auf dem Mieter vorher mündlich mitgeteilte Kündigungsgründe (so AG Mannheim ZMR 75, 333 = WM 75, 210; a. A. LG Mannheim DWW 76, 261 = MDR 76, 757), da die Einhaltung der Form des Abs. 3 auch für das Gericht nachprüfbar sein muß.

### 3. Nachträglich entstandene berechtigte Interessen

137  a) Gem. Abs. 3 Hs. 2 können als Ausnahme von dem zu Ziff. 2 erörterten Grundsatz nachträglich entstandene Kündigungsgründe, welche in dem Kündigungsschreiben nicht aufgeführt sind, berücksichtigt werden. Diese Ausnahmeregelung hat der Gesetzgeber deshalb eingeführt, weil in einem Falle, in welchem dem Vermieter die Angabe des Kündigungsgrundes im Kündigungsschreiben objektiv unmöglich ist, es unbillig erscheint, den Vermieter mit der nachträglichen Geltendmachung eines solchen Grundes auszuschließen (vgl. Begründung des Regierungsentwurfs zum MRVerbG I Nr. 1).

Der **gesetzgeberische Wille** geht daher im Falle des Abs. 3 dahin, daß der Vermieter aus Gründen der Rechtssicherheit bei Abfassung des Kündigungsschreibens alle ihm zu diesem Zeitpunkt bekannten Kündigungsgründe angeben muß, wenn diese rechtlich berücksichtigt werden sollen. Umgekehrt bedeutet dies, daß der Vermieter mit solchen Kündigungsgründen ausgeschlossen ist („Präklusionswirkung"), die er im Kündigungsschreiben nicht angegeben hat, obwohl sie ihm bekannt waren. Unerheblich ist dabei, ob der Vermieter auf solche ausgeschlossenen Gründe früher mündlich den Mieter hingewiesen hat (LG Hamburg WM 75, 124 z. fr. R.).

138  b) „**Nachträglich**" heißt nach Abgabe (nicht erst nach Zugang) des Kündigungsschreibens (vgl. die oben erwähnte Begründung des Regierungsentwurfs).

139  c) Objektiv **entstanden** ist ein Kündigungsgrund, wenn die Handlung beendet ist, auf welcher der Grund beruht (z. B. die Pflichtverletzung des Mieters). Beruht der Kündigungsgrund auf einer Absicht des Vermieters wie bei Eigenbedarf, Hinderung angemessener wirtschaftlicher Verwertung, Betriebsbedarf, Heimbedarf u. a., so kommt es − beim Vorliegen einer objektiven Bedarfslage (z. B. Pflegebedürftigkeit der Eltern des Vermieters) − auf den Zeitpunkt an, zu welchem der Vermieter den Entschluß für die betreffende Verwertungsart gefaßt hat (a. A. AG Osnabrück WM 78, 107, wonach die gesundheitsmäßige Behinderung des Familienangehörigen zeitlich maßgebend sein soll, jedoch die Zweigliedrigkeit des Eigenbedarfs verkannt wird).

Aus dem Gesetzeszweck ist zu entnehmen, daß „nachträglich entstanden" sowohl solche Kündigungsgründe sind, die objektiv erst nach dem Kündigungsausspruch eintreten, als auch solche, die zwar zeitlich vor dem Ausspruch der Kündigungserklärung liegen, aber erst nach diesem Zeitpunkt dem Vermieter zur Kenntnis gelangt sind (z. B. nachträglich dem Vermieter bekanntgewordene Pflichtverletzungen des Mieters, wie unerlaubte Gebrauchsüberlassung, Vernachlässigung der Obhutspflicht, Diebstahl gegenüber dem Vermieter). Denn die Obliegenheit für den Vermieter, alle Kündigungsgründe im Kündigungsschreiben anzugeben und damit für den Mieter offenzulegen, kann sich nur auf solche Gründe beziehen, welche dem Vermieter bei Abfassung des Kündigungsschreibens bekannt waren. Unerheblich ist dabei, ob die Unkenntnis auf Fahrlässigkeit beruht.

d) Die materiellrechtlichen und prozessualen Auswirkungen des letzten Halbsatzes des Abs. 3 (Berücksichtigung nachträglicher Kündigungsgründe) sind im einzelnen umstritten. 140

aa) Vom Nachschieben von Kündigungsgründen **unberührt** ist **das Recht** des Vermieters, in früheren Kündigungsschreiben aufgeführte Kündigungsgründe (Lebenssachverhalte) nachträglich (auch im Rechtsstreit) in tatsächlicher Hinsicht **zu ergänzen** (durch Vortrag weiterer Einzelheiten) **oder zu berichtigen.** Unter eine solche Ergänzung fällt es z. B. auch, wenn die im Kündigungsschreiben angegebene Pflichtverletzung des Mieters in einer (auf Grund einheitlichen Willensentschlusses beruhenden) fortgesetzten Handlung besteht (z. B. ständige Unterlassung der Durchführung der Kehrwoche) und der Vermieter nachträglich weitere Teilakte dieser fortgesetzten Handlung vorträgt, die erst nach Abgabe des Kündigungsschreibens begangen wurden. 141

bb) Für das Recht zur Berücksichtigung nachträglich entstandener Kündigungsgründe ist es **unerheblich, ob** die **nachträglichen Gründe gleichartig** oder verschiedenartig (gemessen an den gesetzlichen Tatbestandsvoraussetzungen des Abs. 2) sind, ob also z. B. einer im Kündigungsschreiben angegebenen Pflichtverletzung wiederum eine Pflichtverletzung oder ein Eigenbedarfsgrund als zusätzlicher Kündigungsgrund nachfolgt (so auch *Löwe* NJW 72, 2019; a. A. *Palandt/Putzo* Anm. 5 d). Eine Beschränkung des Nachschiebens von Gründen auf Gründe gleicher Art wäre unter Umständen willkürlich und dogmatisch nicht begründbar. Auf eine mehr oder weniger große Ähnlichkeit des nachträglich entstandenen Kündigungsgrundes mit dem im Kündigungsschreiben angegebenen Grund kann es daher nicht ankommen. Die Gegenansicht kann weder aus dem Gesetzeswortlaut noch aus den Materialien (vgl. dazu unten Rn 144) abgeleitet werden. 142

cc) Unerheblich muß auch sein, ob die nachträglich entstandenen Kündigungsgründe noch vor Ablauf der Kündigungsfrist, erst nach Ablauf dieser oder gar erst im Lauf des Räumungsrechtsstreits eingetreten sind. 143

dd) Die **materiellrechtliche Wirkung des letzten Halbsatzes** des Abs. 3 erschöpft sich nicht darin, daß nachträglich entstandene Kündigungsgründe 144 rechtlich überhaupt berücksichtigt werden können, d. h., daß sie nicht von der Berücksichtigung ausgeschlossen sind (vgl. aber *Kurtenbach* Betr. 71, 2455, wonach die Ausnahme für das nachträgliche Vorbringen von Gründen praktisch keine Bedeutung haben soll).

Es ist eine Selbstverständlichkeit, daß nach einer ausgesprochenen Kündigung eine weitere Kündigung wegen nachträglich entstandener Gründe erklärt werden kann. Dies brauchte der Gesetzgeber daher nicht auszusprechen. Die **Absicht des Gesetzgebers** ergibt sich nahezu eindeutig **aus den Materialien** zu § 1 Abs. 3 des 1. WKSchG (vgl. Begründung des Regierungsentwurfs zum MRVerbG, zu Art. 1, I Nr. 1: Änderung des § 556 a BGB (Anfügung von Abs. 1 Satz 3)), wo es dazu heißt:

„Damit ist das Nachschieben von Gründen für die ausgesprochene Kündigung grundsätzlich ausgeschlossen. Will der Vermieter andere, im Kündigungsschreiben nicht enthaltene Gründe zur Stützung seiner Interessen an der Beendigung des Mietverhältnisses heranziehen, wird er regelmäßig unter Einhaltung der hierfür maßgeblichen Frist eine neue Kündigung aussprechen müssen. Eine Ausnahme soll nach § 556 a Abs. 1 Satz 3 BGB nur dann gelten, wenn die Gründe, auf die sich der Vermieter beruft, erst nachträglich, d. h. nach Ausspruch der Kündigung, entstanden sind. In diesem Fall war die Grundangabe im Kündigungsschreiben objektiv unmöglich. Dann erscheint es aber unbillig, den Vermieter mit der nachträglichen Geltendmachung eines solchen Grundes auszuschließen."

Aus den ersten beiden Sätzen dieser Materialien folgt, daß der Gesetzgeber unter **„Nachschieben von Kündigungsgründen"** verstand, daß im Kündigungsschreiben nicht genannte Gründe der ersten Kündigung **nachträglich unterschoben werden können, ohne daß nochmals eine Kündigung mit entsprechender Kündigungsfrist erklärt werden muß.** Ein Nachschieben in diesem Sinne soll grundsätzlich untersagt sein (vorwiegend zum Schutz des Mieters). Dazu soll jedoch zugunsten des Vermieters eine Ausnahme für erst nach dem Kündigungsausspruch entstandene Gründe gelten. Bei solchen nachträglich entstandenen Gründen soll also ein Nachschieben im genannten Sinne (ohne form- und fristgemäße neue Kündigung) zulässig sein. Dieser Wille des Gesetzgebers ist auch für die Auslegung des § 564 b Abs. 3 zu berücksichtigen. Daher können und sollen nachträglich entstandene berechtigte Interessen des Vermieters in dem Räumungsrechtsstreit berücksichtigt werden, welcher auf das Kündigungsschreiben gestützt wird. War die vorausgegangene Kündigung wirksam (vgl. dazu die Rn 12–18 und 123), so ist zwar das Vorbringen des nachträglichen Kündigungsgrundes nicht nötig, um die Beendigung des Mietverhältnisses herbeizuführen, denn dazu reichte die vorausgegangene, wirksame Kündigung aus. Jedoch verschafft der nachträglich entstandene und vorgebrachte Kündigungsgrund **dem Vermieter eine bessere Rechtsposition bei** der Interessenabwägung im Rahmen der **Sozialklausel** (§ 556 a BGB) **und** bei der Entscheidung über die Dauer der dem Mieter bei seiner Verurteilung zu gewährenden **Räumungsfrist** (§ 721 ZPO). Im Rahmen dieser Interessenabwägungen können und müssen die nachträglich entstandenen Gründe zugunsten des Vermieters berücksichtigt werden (vgl. AG Achern DWW 74, 237 (Ls)). Unerheblich ist es dabei, ob die nachträglich entstandenen berechtigten Interessen gegenüber dem im vorausgegangenen Kündigungsschreiben angegebenen berechtigten Interesse gleichartig oder verschiedenartig sind (vgl. oben Rn 142).

Dieser Halbsatz ist demnach dahin auszulegen, daß der Vermieter, wenn er eine wirksame Kündigung gemäß Abs. 3 erklärt hat und nachträglich weitere berechtigte Interessen entstehen, diese **nachträglich entstandenen Gründe nicht zum Gegenstand einer neuen Kündigung** (mit neuem Lauf der Kündigungsfrist) machen muß, sondern aus prozeßökonomischen Gründen im anhängigen Räumungsrechtsstreit mitverwerten kann. Bei nachträglich entstandenen Kündigungsgründen braucht daher der Vermieter, wenn er diese zur Unterstützung eines anderen im Kündigungsschreiben geltend gemachten Kündigungsgrundes vorbringt, **weder** (nochmals) **die Form noch die Frist** der ordentlichen Kündigung **einzuhalten.** Das Gericht kann diese Gründe für seine Entscheidung mitverwerten, was auch dem früher nach dem MSchG geltenden Recht entsprach (vgl. § 13 Abs. 1 MSchG, wonach bis zum Schluß der letzten mündlichen Verhandlung auch andere als die in der Klage vorgebrachten Gründe geltend gemacht werden konnten). Eine solche Auslegung des Abs. 3, letzter Halbsatz entspricht auch einem Gebot der **Prozeßökonomie,** wonach die Parteien nach Möglichkeit nicht mehrmals hintereinander mit einem Räumungsrechtsstreit belastet werden sollen.

**Wenn** die **erste Kündigung** jedoch **unwirksam** war, so **ist ein Nachschieben von Kündigungsgründen nicht möglich** (OLG (RE) Zweibrücken ZMR 82, 112 = WM 81, 178 = MDR 81, 585 = DWW 82, 119 = MRS 1 Nr. 69; LG Hamburg ZMR 77, 90 = WM 75, 124 = MDR 75, 143 z. fr. R.; LG Karlsruhe MDR 78, 672; WM 74, 243, 244; AG Geislingen WM 73, 162; *Löwe* NJW 72, 2019), insbesondere, wenn die im Kündigungsschreiben genannten Gründe die Kündigung nicht rechtfertigen. Denn eine unwirksame Kündigung hat keine Rechtsfolgen und kann daher auch nicht das Recht zum Nachschieben von Kündigungsgründen auslösen. Der Vermieter muß in diesem Falle eine form- und fristgerechte neue Kündigung erklären (§§ 564 Abs. 2, 564 a, 564 b, 565 Abs. 2 BGB). Ist die Kündigungsfrist dieser neuen Kündigung zum Zeitpunkt der letzten mündlichen Verhandlung des Räumungsrechtsstreits noch nicht abgelaufen, so kann eine Verurteilung zur Räumung nicht erfolgen. Die Klage muß dann vielmehr als zur Zeit unbegründet abgewiesen werden. Es kommt weder eine Aussetzung des Verfahrens noch eine Umstellung des Klageantrags auf künftige Räumung in Betracht. Auf künftige Räumung von Wohnraum kann bekanntlich nur geklagt werden, wenn die Besorgnis besteht, daß der Mieter nicht rechtzeitig räumen werde (vgl. § 259 ZPO). § 564 b Abs. 3

BGB vermag an dieser prozeßrechtlichen Konsequenz nichts zu ändern (so *Schroers* NJW 73, 126; zu weitgehend *Löwe* NJW 72, 2020, wonach der Kaganspruch auf künftige Räumung, gestützt auf nachträgliche Gründe, im Wege einer als sachdienlich zuzulassenden Klagänderung Berücksichtigung finden soll).

146 Bezüglich einer im Lauf des Rechtsstreits auf einen neuen Kündigungsgrund gestützten Räumungsklage liegt eine Klagänderung vor, welche nicht stets gem. § 263 ZPO als sachdienlich zuzulassen ist, vgl. Rn 218. Stützt der Vermieter die zunächst auf eine ordentliche Kündigung gestützte Räumungsklage nachträglich noch auf eine fristlose Kündigung, so muß der letztgenannte Kündigungsgrund ebenso noch im laufenden Prozeß berücksichtigt werden können.

147 Einen Austausch (Ersetzung) eines im Kündigungsschreiben angegebenen Kündigungsgrundes bei dessen späterem Wegfall durch einen nachträglich entstandenen Kündigungsgrund wird man bei gleichartigen Kündigungsgründen zulassen müssen, so z. B., wenn sich die wirtschaftlichen Gründe des Bedarfs der Wohnung gegenüber den im Kündigungsschreiben angegebenen geändert haben, der Bedarf jedoch weiterhin für dieselbe Person geltend gemacht wird.

## VII. Sonderkündigungsrecht bei Einliegern (Abs. 4)

### 1. Entstehungsgeschichte, Zweck und Allgemeines

148 Die Sonderregelung gem. Abs. 4 (*Vogel* JZ 75, 75 spricht von „eingeschränktem Kündigungsschutz") hat erst in einem späten Stadium des Gesetzgebungsverfahrens Eingang in den Gesetzentwurf gefunden (vgl. über die Entstehungsgeschichte eingehend *Schubert* WM 75, 1). Sie war weder im Gesetzentwurf der Bundesregierung noch in der Stellungnahme des Bundesrates enthalten.

149 In Abweichung von der Regelung des 1. WKSchG war im Entwurf der Bundesregierung (vgl. §§ 564 b Abs. 7, 565 Abs. 3 n. F. BGB, Art. 2 Abs. 3, § 10 Abs. 2 Nr. 3 MHG) vorgesehen, den Kündigungsschutz grundsätzlich auch auf Mietverhältnisse über möblierten Wohnraum auszudehnen. Eine Sonderstellung (d. h. eine Ausnahme vom Kündigungsschutz) sollte gemäß der Begründung des Regierungsentwurfs nur für solchen möblierten Wohnraum gerechtfertigt sein, der „in engem räumlichem Zusammenhang mit der Wohnung des Vermieters steht". In diesen Fällen ist der Mieter „so weit in den Lebenskreis des Vermieters einbezogen", daß den Interessen des Vermieters, der nicht nur in seiner Stellung als Vermieter, sondern auch in seinem Wohn- und Lebensbereich betroffen ist, der Vorrang gebührt. Dieser Gesichtspunkt war offensichtlich Anlaß für die Schaffung einer weiteren Sonderregelung bezüglich des Kündigungsschutzes.

150 Erst der Rechtsausschuß des Bundestages führte die jetzige Fassung des Abs. 4 in das Gesetzgebungsverfahren ein. Aus seinem Bericht ist über den Zweck der

Ausnahmeregelung jedoch nichts Konkretes zu entnehmen (über die vorhergehenden Erwägungen des Rechtsausschusses vgl. *Schubert* a. a. O.).

Bei der 2. und 3. Lesung des Gesetzentwurfs im Bundestag wurden von verschiedenen Sprechern nähere Ausführungen zu der Sonderregelung gemacht (vgl. das Protokoll der 125. Sitzung des Deutschen Bundestags vom 17. 10. 1974; Dr. *Vogel* S. 8310 B, die Abg. *Dürr* S. 8314 A, B; *Kleinert* S. 8315 C, D; Dr. *Böger* S. 8323 D), die für die Auslegung von Interesse sein können: Die leichtere Kündigungsmöglichkeit für Vermieter, die mit ihren Mietern in der eigenen Wohnung oder im Zweifamilienhaus zusammenwohnen, sei im Hinblick darauf erforderlich, daß die Vertragsparteien hier in enger Tuchfühlung miteinander lebten; die Möglichkeit, sich gegenseitig auf die Nerven zu fallen, so daß man sich nicht mehr ausstehen könne, sei hier besonders groß. Das harmonische und störungsfreie Miteinanderwohnen sei hier von ausschlaggebender Bedeutung, weil persönliche, vom Verschulden oft unabhängige Unwägbarkeiten das Klima zwischen beiden Parteien viel nachhaltiger zerstören könnten als in einem Haus mit vielen Mietparteien. Durch die Sonderregelung werde ein Stück sozialen Friedens gewahrt. Daher müsse auch ohne besonderen Grund eine Trennung möglich sein. Der Tatbestand der „Zerrüttung" müsse genügen, ohne daß deren Ursachen nachzuweisen seien. 151

Daraus ergibt sich, daß der gesetzgeberische **Zweck der Sonderregelung des Abs. 4** darauf gerichtet ist, dem Wohnraumvermieter eine **erleichterte Kündigung** zu ermöglichen, **wenn er in seinem Wohn- und Lebensbereich in besonders engem räumlichem Kontakt mit dem Mieter steht,** sei es in einem Zweifamilienhaus oder gegenüber einem Mieter innerhalb der vom Vermieter selbst bewohnten Wohnung. In diesen Fällen soll der Vermieter ausnahmsweise das Mietverhältnis auch ohne das Vorliegen von berechtigten Interessen kündigen können. Abs. 4 ist demnach eine **Ausnahmevorschrift zugunsten des Vermieters.** Im Rahmen des Abs. 4 sind daher die Motive des Vermieters für die Kündigung grundsätzlich gleichgültig. Insbesondere kann er auch dann von dem vereinfachten Kündigungsrecht Gebrauch machen, wenn von ihm überwiegend oder allein verschuldete Streitigkeiten Grund seiner Kündigung sind; die Kündigung kann dann auch nicht wegen etwaigen Verstoßes gegen § 242 BGB als unwirksam angesehen werden (LG Stuttgart ZMR 79, 275 m. abl. Anm. *Buchholz/Duffner*). 152

Da das Sonderkündigungsrecht einen Sonderfall einer Kündigung darstellt, gelten die für jede Kündigung maßgeblichen Rechtssätze auch hier. Ist die Kündigung z. B. vertraglich ausgeschlossen, so gilt dies auch für eine Sonderkündigung (vgl. oben Rn 9–19).

Das Sonderkündigungsrecht (zum Anwendungsbereich vgl. die Erläuterungen oben II und III) ist in zwei gesetzlich geregelten Fällen anwendbar (vgl. S. 1 und S. 3). Die Voraussetzungen des Hauptfalles (S. 1) werden nachfolgend unter Ziffer 2–4, diejenigen des zweiten Falles (S. 3) unter Ziffer 5 behandelt. 153

## 2. Wohngebäude mit nicht mehr als zwei Wohnungen

154 a) Der Hauptfall des Sonderkündigungsrechts gem. S. 1 setzt zunächst ein „**Wohngebäude mit nicht mehr als zwei Wohnungen**" voraus. Hierfür kann der üblichere **Begriff „Zweifamilienhaus"** verwendet werden, wobei es sich weder beim Mieter noch beim Vermieter um eine Familie handeln muß. Maßgebend ist also die objektive Struktur des Gebäudes und nicht die Zahl der Mietparteien im Hause.

Aus dem Gesetzeswortlaut ergibt sich nicht, daß von der Örtlichkeit her eine stärkere Berührung zwischen Vermieter und Mieter möglich sein muß. Der Gesetzeszweck kann demgegenüber nicht zu einer einschränkenden Auslegung führen (anders LG Hannover WM 79, 78, wonach bei zwei ebenerdig nebeneinander liegenden Bungalowwohnungen, deren Hauseingänge 14 m voneinander entfernt sind und bei denen der einzig echte Berührungspunkt zwischen den Mietparteien das gemeinsame Gartentor ist, wegen zu geringer Häufigkeit des Zusammentreffens das Vorliegen einer Einliegerwohnung gem. Abs. 4 zu verneinen sei).

155 b) Die Vorschrift stellt auf den **Begriff „Wohnung"** ab. Diesen definiert das Gesetz jedoch nicht. Eine Wohnung wird üblicherweise definiert als eine selbständige, räumlich und wirtschaftlich abgeschlossene Wohneinheit, in der ein selbständiger Haushalt geführt werden kann (vgl. KG JW 25, 1125; *Roquette* § 535, 141; BFH Betr. 74, 1510; AG Halle WM 83, 144; vgl. auch *Schubert* WM 75, 2 bezüglich Einzelfragen). Selbständig ist die Haushaltsführung, wenn die Mitbenutzung anderer Räume im Hause nicht mehr als ortsüblich erfolgt (vgl. *Roquette* a. a. O.). Ein Mieter, der einen Haushalt nicht führen kann, ohne den abgeschlossenen Wohnungsbereich des Vermieters in Anspruch zu nehmen (z. B. durch Mitbenutzung von Küche, Toilette oder Bad des Vermieters), gebraucht keine „Wohnung" (*Schubert* a. a. O.; *Schmidt* WM 75, 112). Eine bauliche Abgeschlossenheit kann jedoch entgegen der genannten Begriffsbestimmung nicht wesensnotwendig für eine Wohnung sein (ebenso *Schubert* a. a. O.; *Schmidt* a. a. O.). Der BFH führt in dem genannten Urteil vom 15. 3. 74 mit Recht aus: Der Begriff Wohnung erfordere an sich, daß die Räume gegen andere Wohnungen oder Wohnräume baulich abgeschlossen sind und einen selbständigen Zugang haben; unter Berücksichtigung des derzeitigen Wohnungsbestandes reiche es aber aus, wenn sich die Zusammenfassung mehrerer Räume zu einer Wohnung aus der Lage der Räume zueinander, ihrer Zweckbestimmung und ihrer Nutzung ergebe, wobei die für einen Haushalt erforderlichen Nebenräume vorhanden sein müßten, vor allem eine Küche oder ein Nebenraum mit Kochgelegenheit und den erforderlichen Einrichtungen. Für die Frage, ob eine Mehrheit von Räumen nach ihrer baulichen Gestaltung eine Wohnung bildet, sei nicht das äußere Erscheinungsbild des Hauses oder das architektonische Ziel bei Erbauung des Hauses maßgebend, sondern die tatsächliche innere Gestaltung und Nutzung zum Feststellungszeitpunkt. Wenn mehrere Räume schon baulich nicht eindeutig als Wohnung gestaltet seien, müßten alle anderen Voraussetzungen für

eine „Wohnung" gegeben sein (tatsächliche Nutzung als Wohnung). Unerläßlich ist also eine Küche oder wenigstens eine eingerichtete Kochgelegenheit (mit Herd nebst Ablauf und Spüle), nicht eine bloße Kochplatte (vgl. aber *Schubert* a. a. O.) oder gar eine Steckdose. Ein möbliertes Zimmer mit gemeinschaftlicher Küchen- und Toilettenbenutzung ist eine Wohnung (LG Köln WM 80, 180). Elektroanschlüsse in einem Zimmer, die auch zum Anschluß einer Kochplatte benutzt werden können, stellen keine Kochgelegenheit dar; ein Porzellan-Waschbecken keine Spüle (so AG Siegburg WM 79, 218 m. krit. u. abl., jedoch unzutreffender Anm. *Holtschoppen*). Eine solche Kochgelegenheit kann auch im Wohnraum selbst vorhanden sein (Wohnküche). Zu einer Wohnung gehören außerdem Wasserversorgung, Ausguß und Abort (vgl. das Normblatt DIN 283, Teil 1 und LG Essen WM 77, 206; AG Essen WM 77, 258; *Bormann/Schade/Schubart* Anm. 8). Wie viele Hauptwohnräume die Wohneinheit hat, ist gleichgültig; es genügt auch nur ein Hauptraum (Einzimmerwohnung). Eine Wohnung liegt auch dann vor, wenn einzelne Räume für berufliche oder gewerbliche Zwecke mitbenutzt werden, solange noch der Wohnzweck überwiegt (vgl. über die Abgrenzung zwischen Wohn- und Geschäftsräumen Einf., Rn 29).

c) Das Gebäude muß ein **Wohngebäude** sein. Ein solches liegt nicht vor bei einem ausschließlich zu geschäftlichen Zwecken verwendeten Gebäude (Geschäftshaus). Fraglich kann jedoch sein, inwieweit ein Gebäude, das teils Wohn- und teils geschäftlichen Zwecken dient (Mischgebäude), als Wohngebäude anzusehen ist. Das ist jedenfalls nicht der Fall, wenn der geschäftliche Nutzungswert gegenüber dem Nutzungswert des Wohnraumanteils überwiegt. Aber auch bei Überwiegen des Wohnzweckes ist der Charakter als Wohngebäude zu verneinen, wenn in einem dreigeschossigen Gebäude mit zwei Wohnungen ein (weiteres) Stockwerk gewerblich genutzt wird, da die typische Bauweise eines Ein- oder Zweifamilienhauses mit regelmäßig enger Tuchfühlung der Bewohner in einem dreistöckigen Haus nicht gegeben ist (OLG Frankfurt (RE) ZMR 82, 16 = WM 82, 15 = DWW 81, 322 m. abl. Anm. *Pfeifer* = MDR 82, 235 = NJW 82, 188 = MRS 1 Nr. 66). Vgl. auch *Schmid* BlGBW 82, 70 wonach das Vorhandensein von gewerblichen Räumen zusätzlich zu den zwei Wohnungen ohne Bedeutung sei; *Lammel* BlGBW 82, 165 für Anwendung der Übergewichtstheorie. Unschädlich ist es, wenn der Vermieter oder sein Ehegatte Büroräume im Gebäude innehat (LG Stuttgart ZMR 79, 274).

d) **Nicht mehr als zwei Wohnungen** dürfen in dem Wohngebäude sein. Unerheblich ist es jedoch, ob neben den zwei Wohnungen noch weitere Einzelwohnräume im Hause vorhanden sind (z. B. Studentenzimmer im Untergeschoß oder Dachgeschoß) (ebenso LG Stuttgart ZMR 79, 275; *Palandt/Putzo* Anm. 3 a; *Schmidt-Futterer/Blank* B 537; a. A. LG Düsseldorf WM 78, 53 wegen weiterer Störanfälligkeit im häuslichen Bereich). Denn das Gesetz setzt nicht voraus, daß das Haus überhaupt nur aus zwei Wohnungen besteht. Nach LG Mannheim (WM 78, 91) soll es an einer Einliegerwohnung gem. Abs. 4 fehlen, wenn der

Gesamtwohnraum des Hauses überwiegend Feriengästen (Pensionszimmer, Frühstücks- und Aufenthaltsräume) zur Verfügung steht; in diesem Falle hätte jedoch wegen der überwiegend gewerblichen Nutzung der Begriff „Wohngebäude" verneint werden müssen (vgl. Rn 156). Der Vermieter kann nicht ein Gebäude mit drei Wohnungen zu einem Zweifamilienhaus machen, indem er einen Wohnungsmieter zur Räumung veranlaßt, so daß dessen Wohnung leersteht. Denn es kommt nicht auf die Besetzung der Wohnungen oder auf die Zahl der bestehenden Mietverhältnisse an, sondern ausschließlich auf die **objektive bauliche Struktur des Hauses** (LG Wiesbaden WM 81, 162). Ob die Wohnung bauordnungswidrig errichtet wurde, ist ebenfalls gleichgültig (*Schubert* a. a. O.), ebenso ob das Haus ursprünglich als Einfamilienhaus konzipiert war (LG Essen WM 77, 206) oder ob das Dachgeschoß so angelegt ist, daß es zu einer weiteren Wohnung ausgebaut werden kann (LG Wiesbaden a. a. O.) oder der Vermieter eine solche Wohnung schaffen will (LG Mannheim WM 81, 234).

Auch ein Einfamilienhaus mit einer sog. Einliegerwohnung (über diesen Begriff vgl. § 11 des II. WoBauG: abgeschlossene oder nicht abgeschlossene zweite Wohnung, die gegenüber der Hauptwohnung von untergeordneter Bedeutung ist) ist als Zweifamilienhaus im Sinne des Abs. 4 anzusehen. Die Wohnung des Mieters muß jedoch gem. Abs. 4 S. 1 keine Einliegerwohnung i. S. d. § 11 II. WoBauG sein (vgl. *Löwe* NJW 75, 11).

158 **Maßgeblicher Zeitpunkt für** das Vorliegen eines **Wohngebäudes mit nicht mehr als zwei Wohnungen** ist in der Regel die **Begründung des Mietverhältnisses,** nicht der Kündigungsausspruch (OLG Hamburg (RE) ZMR 82, 282 = WM 82, 151 = NJW 83, 182 = MRS 2 Nr. 90), da es andernfalls der Vermieter nach seinem Belieben in der Hand hätte, durch bauliche Veränderungen den Bestandsschutz des Mieters in nicht vorhersehbarer Weise zu beseitigen (a. A. LG Mannheim WM 81, 234: Zugang der Kündigung). Mietet in einem Haus mit 3 Wohnungen der Mieter die 3. Wohnung während des Mietverhältnisses hinzu und verbindet er beide Wohnungen baulich zu einer einheitlichen Nutzung, so liegt von da an ein Zweifamilienhaus vor (OLG Karlsruhe (RE) WM 83, 253 = DWW 83, 173: wegen des Zwecks des engen Zusammenlebens). Auch soweit man auf den Zeitpunkt der Begründung des Mietverhältnisses abstellt, muß jedoch ein „Wohngebäude mit nicht mehr als zwei Wohnungen" **auch** zum Zeitpunkt des **Kündigungsausspruchs** vorliegen (wenn auch nicht ununterbrochen seit Begründung des Mietverhältnisses), da grundsätzlich die Voraussetzungen eines Gestaltungsrechts zum Zeitpunkt seiner Ausübung (Kündigungsausspruch) vorliegen müssen (vgl. Rn 125; *Staudinger/Sonnenschein* § 564 BGB Rn 16).

159 Sind drei Wohnungen im Hause, von denen der Vermieter zwei selbst bewohnt, während in der dritten der Mieter wohnt, so entfällt eine unmittelbare Anwendung der Sonderregelung. Nach dem klaren Gesetzeswortlaut wird man wohl auch eine entsprechende Anwendung der Vorschrift verneinen müssen, zumal die Vorschrift als Ausnahmeregelung eng auszulegen ist.

Unerheblich ist, ob die Wohnungen einen gemeinsamen Eingang oder Hausflur haben (*Schmidt-Futterer* MDR 75, 90) oder die Mietwohnung einen gesonderten Zugang (LG Hamburg ZMR 82, 371). Jedoch soll Abs. 4 nach LG Hamburg (WM 81, 42) wegen der fehlenden Nähe der Bewohner keine Anwendung finden, wenn Vermieter und Mieter zwar baulich eng miteinander verbunden sind, jedoch getrennte Hauseingänge und keine gemeinsam genutzten Räume haben, so daß Begegnungen im Wohnbereich ausgeschlossen sind.

### 3. Vom Vermieter selbst bewohntes Wohngebäude

Vom Vermieter selbst bewohnt muß das genannte Wohngebäude sein. 160

a) Unter **„Wohnen"** ist die Gesamtheit der auf die Führung eines häuslichen Lebens, insbesondere eines Haushalts gerichteten Tätigkeit zu verstehen (vgl. BayObLG ZMR 82, 59). Der Wohnzweck braucht nicht der ausschließliche Nutzungszweck des Vermieters zu sein (vgl. oben Rn 156).

b) Der **Vermieter muß in dem Wohngebäude wohnen,** also dort ein Zentrum 161 seiner privaten Lebensentfaltung haben. Gleichgültig ist, ob er sich ständig, häufig oder selten im Hause aufhält und wie lange jeweils (vgl. LG Hamburg WM 83, 23: gleichgültig, ob er sich überwiegend außerhalb der Hauptwohnung aufhält). Nach *Schubert* (WM 75, 2) soll ein jeweils nur vorübergehender Gebrauch der Wohnung durch den Vermieter keinen Schutz verdienen. Ein „Wohnen" des Vermieters im Hause muß jedoch dann verneint werden, wenn der Vermieter seit längerer Zeit sich nicht mehr zum Wohnen im Hause aufhält, z. B. nur Mobiliar dort abgestellt hat (vgl. *Schmidt-Futterer* a. a. O.). Unerheblich ist, wie lange der Vermieter schon vor der Ausübung des Sonderkündigungsrechts im Hause gewohnt hat. Der Vermieter kann noch anderen Wohnraum außerhalb des Hauses zur Verfügung haben. Der Wohnraum im Hause muß also nicht seine einzige oder seine Hauptwohnung (Hauptwohnsitz) sein. Es genügt, daß er in dem Wohngebäude einen Nebenwohnsitz unterhält.

Die Wohneinheit, welche der Vermieter im Hause bewohnt, muß nicht unbedingt eine Wohnung sein, es kann sich auch um einen Einzelwohnraum (Zimmer) handeln (so *Schubert* a. a. O.; a. A. offenbar *Schmidt-Futterer* a. a. O.: Vermieter müsse in einer der Wohnungen wohnen). Dies wird allerdings selten der Fall sein. Das Wohnen darf nicht zum Schein erfolgen, um lediglich eine privilegierte Kündigung durchsetzen zu können. In diesem Falle würde es wohl schon am Tatbestand fehlen, zumindest läge unzulässige Rechtsausübung des Vermieters vor. 162

c) **Der Vermieter selbst** muß in dem beschriebenen Gebäude wohnen. Das Gesetz 163 stellt bezüglich des Wohnens nicht auf den Eigentümer oder einen dringlich Berechtigten ab, sondern auf den Vermieter als Mietvertragspartner (vgl. über den Begriff des Vermieters Einf. vor Art. 1 Rn 31–35). Regelmäßig ist derjenige, der den Mietvertrag im eigenen Namen auf der Vermieterseite abschließt, auch der Eigentümer des Hauses. In diesem (Regel-)Fall – und nur insoweit –

bedeutet das Sonderkündigungsrecht eine Vergünstigung für den Eigentümer und damit eine Ausnahme von der im Zuge der Sozialbindung des Eigentums eingeführten Kündigungsbeschränkung des § 564 b Abs. 1–3 BGB. Es kann nicht etwa aus dem Wort „selbst" geschlossen werden, daß die Sonderregelung auch dann anwendbar sei, wenn der Eigentümer, welcher nicht Vermieter ist, im Zweifamilienhaus wohnt. Zwar wurde im Bundestag von zwei Abgeordneten im Zusammenhang mit dieser Vorschrift von Eigentum gesprochen (vgl. die Ausführungen der Abgeordneten *Dürr* und *Kleinert* am 17. 10. 74, Prot. S. 8314 A und 8315 D). Man stellte sich also den im eigenen Hause wohnenden Vermieter vor. Gleichwohl spricht der Gesetzeswortlaut unzweideutig vom „Vermieter". Es ist davon auszugehen, daß dem Gesetzgeber klar war, daß dieser nicht immer mit dem Eigentümer identisch ist. Da nur der Vermieter als Mietvertragspartner den Mietvertrag kündigen kann, konnte man wegen der Übereinstimmung mit dem Kündigungsrecht als denjenigen, der im Hause wohnen muß, nur den Vermieter wählen, da andernfalls ein rechtlich kompliziertes Drei-Personen-Verhältnis (Mieter-Vermieter-Eigentümer) vorgelegen hätte.

164 Da es nur auf die Vermietereigenschaft ankommt, braucht der Vermieter nicht Eigentümer zu sein. Er kann auch selbst Mieter sein und das Sonderkündigungsrecht gegenüber dem Untermieter ausüben (*Palandt/Putzo* Anm. 3 a; *Löwe* NJW 75, 11; *Schmidt-Futterer* MDR 75, 90).

165 Ist der Mietvertrag auf Vermieterseite von mehreren Personen abgeschlossen worden, von denen nicht alle, sondern nur ein Teil im Mietshaus wohnt (z. B. von einer aus drei Personen bestehenden Mieteigentümergemeinschaft wohnt nur einer im Hause), so muß dies nach Sinn und Zweck der Vorschrift (Vergünstigung wegen des engen Beieinanderwohnens) ausreichen, so daß die Sonderregelung auch für diesen Fall entsprechend gelten muß. Es muß genügen, wenn nur ein einziger Vermieter (z. B. bei einer Erbengemeinschaft als Hauseigentümer) selbst im Hause wohnt, da dieser die anderen in der Hausbesitzerrolle „repräsentiert".

166 Der Vermieter „selbst" muß im Zweifamilienhaus wohnen; er kann nicht durch einen nahen Angehörigen (Ehegatte, Kind) vertreten werden. Dies soll durch das Wort „selbst" ausgedrückt werden, welches soviel wie „höchstpersönlich" bedeutet (was an sich überflüssig ist, weil der Vorgang des Wohnens nicht in Vertretung geschehen kann). Das „Selbstbewohnen" durch den Vermieter schließt selbstverständlich nicht aus, daß dieser zusammen mit Angehörigen das Haus bewohnt.

167 d) Über den **maßgebenden Zeitpunkt,** in welchem der Vermieter im Wohngebäude wohnen muß, vgl. oben Rn 125. Unerheblich ist, ob der Vermieter schon zur Zeit des Mietvertragsabschlusses die Wohnung im Wohngebäude bewohnt hat oder sie erst später bezogen hat (OLG Koblenz (RE) ZMR 81, 371 = WM 81, 204 = MRS 1 Nr. 65).

## 4. Mietverhältnis über eine Wohnung

Es muß weiter ein Mietverhältnis über eine Wohnung vorliegen. Der Mieter muß also eine „Wohnung" bewohnen (vgl. über diesen Begriff oben Rn 155), nicht nur einen Einzelwohnraum (Zimmer).

„Wohnungen" sollen nach AG Heidelberg (WM 83, 144) auch vorliegen, wenn 2 Personen je ein Einzelzimmer gemietet haben, die Personen miteinander befreundet sind und die Räume zeitweise gemeinsam benutzen (bedenklich, da die für eine Wohnung erforderliche Kochgelegenheit zu der diesem Mieter überlassenen Mietsache gehören muß).

Bewohnt der Mieter im Zweifamilienhaus die eine Wohnung, so bewohnt der Vermieter die andere. Voraussetzung ist jedoch nicht, daß Vermieter und Mieter die einzigen Hausbewohner (Benutzer von Wohneinheiten) sind. Dies folgt auch aus der Entstehungsgeschichte; denn im Rechtsausschuß des Bundestages wurde zunächst erwogen, auf ein vom Vermieter selbst bewohntes Gebäude mit nicht mehr als zwei Mietparteien abzustellen, was dann zugunsten der jetzigen Fassung fallengelassen wurde (vgl. *Schubert* WM 75, 1).

Ausnahmsweise kann auch der Fall vorliegen, daß der Mieter beide im Zweifamilienhaus vorhandenen Wohnungen bewohnt, während der Vermieter nur einen weiteren Einzelwohnraum (Zimmer) innehat. Es muß jedoch ein ernsthaftes Wohnen des Vermieters sein; „bewohnt" der Vermieter ein Zimmer nur zum Schein, um dadurch die Voraussetzungen des Sonderkündigungsrechts zu schaffen, so erfüllt das den gesetzlichen Tatbestand nicht (vgl. auch Rn 162).

## 5. Geschützter Mieter innerhalb der Vermieterwohnung (Satz 3)

Satz 3 nennt einen zweiten Fall von Mietverhältnissen, bei welchen das Sonderkündigungsrecht in entsprechender Weise gilt. Es sind dies geschützte Mieter bezüglich „Wohnraum innerhalb der vom Vermieter selbst bewohnten Wohnung" (*Palandt/Putzo* Anm. 3 b spricht von „Einlieger in Vermieterwohnung").

Über den Begriff **„geschützte Mieter"** vgl. oben Rn 4 und die Erläuterungen oben zu III.

Unter die Bestimmung fallen Mieter (alleinstehende oder Familien) von leeren (d. h. unmöblierten oder nicht vom Vermieter überwiegend auszustattenden) Zimmern, die nicht nur zu vorübergehendem Gebrauch überlassen sind, sowie Mieter von möbliertem Wohnraum, welcher einer Familie zum dauernden Gebrauch überlassen ist (vgl. Bericht des Rechtsausschusses).

Es muß sich zusätzlich um **„Wohnraum innerhalb der vom Vermieter selbst bewohnten Wohnung"** handeln.

Im Falle des Satzes 3 ist ein **Zweifamilienhaus** wie gemäß Satz 1 („Wohngebäude mit nicht mehr als zwei Wohnungen") **nicht Voraussetzung.** Denn Satz 3 („dies gilt entsprechend") verweist nur auf die Rechtsfolgen, nicht auch auf die

§ 564 b BGB, 171–174

Voraussetzungen von Satz 1 (a. A. *Hans* § 565 BGB Anm. B 1; *Schmidt-Futterer* MDR 75, 90 zu 3 c). Die Vorschrift bezieht sich also sowohl auf Quasiuntermietverhältnisse in Ein- und Zweifamilienhäusern als auch auf solche in Mehrfamilienhäusern (KG (RE) ZMR 81, 243 = 81, 154 = MDR 81, 760 = NJW 81, 2470 = MRS 1 Nr. 67; LG Berlin ZMR 80, 339; *Palandt/Putzo* Anm. 3 b; *Lutz* DWW 75, 6; *Schubert* WM 75, 2).

171 Es genügt, wenn der Mieter Einzelwohnraum (ein Zimmer) bewohnt, was aus der gesetzlichen Fassung („Wohnraum") folgt. Eine „Wohnung" (vgl. dazu oben Rn 155) kommt regelmäßig nicht in Betracht, denn diese würde – in der Regel – räumlich innerhalb der Wohnung des Vermieters liegen, und eine Wohnung innerhalb einer anderen Wohnung würde dem Merkmal der Raumeinheit widersprechen, welches für den Wohnungsbegriff vorausgesetzt ist.

172 Die Wohnung des Vermieters – dies kann auch der Wohnungsmieter im Falle der Untervermietung einzelner Räume sein – muß auch in diesem Falle von ihm selbst bewohnt sein. Vgl. dazu die Erläuterungen oben Rn 160–167 (mit der Einschränkung, daß der Vermieter hier keinen Einzelraum, sondern eine Wohnung bewohnen muß). Bewohnt der Vermieter das ganze Haus, so steht dieses einer Wohnung gleich (*Schopp* ZMR 75, 98; *Hans* § 565 Anm. B 2 c).

173 Der Wohnraum des Mieters muß **„innerhalb"** der vom Vermieter selbst bewohnten **Wohnung** liegen. Diese Fassung ist ähnlich derjenigen in den §§ 565 Abs. 3 n. F., 564 b Abs. 7 BGB, 10 Abs. 2 Nr. 3 MHG, Art. 2 Abs. 3 des 2. WKSchG, wo es heißt: „Wohnraum, der Teil der vom Vermieter selbst bewohnten Wohnung ist". Ein begrifflicher Unterschied kann jedoch in diesem Textunterschied nicht gesehen werden. Denn „Teil" und „innerhalb" bedeuten, bezogen auf eine Wohnung, dasselbe, da (räumlich gesehen) ein Teil stets „innerhalb" des Ganzen liegt. Daß der Gesetzgeber mit der vorliegenden Fassung („innerhalb der vom Vermieter selbst bewohnten Wohnung") eine andere Abgrenzung gewollt hätte als in den genannten Vergleichsfällen, ist aus den Gesetzesmaterialien (Bericht des Rechtsausschusses, Sitzungsprotokolle des Bundestages) nicht ersichtlich. Es ist daher davon auszugehen, daß beide Fassungen dasselbe bedeuten sollen (ebenso im Ergebnis *Lutz* DWW 75, 6; *Schopp* ZMR 75, 98) und daß es sich bei der Abweichung der zweiten Fassung („innerhalb...") um ein Redaktionsversehen handelt. Die „enge Einbezogenheit in den Wohn- und Lebensbereich des Vermieters" war offensichtlich auch der Grund für den Gesetzgeber, das Sonderkündigungsrecht auch auf Mietverhältnisse der in Satz 3 genannten Art auszudehnen. Bezüglich des Begriffs „Teil der vom Vermieter selbst bewohnten Wohnung" wird auf die Erläuterungen oben Rn 40–43 Bezug genommen.

### 6. „Form" der Sonderkündigung (Satz 4)

174 a) Gegenüber der ordentlichen Kündigung (vgl. Abs. 1–3) stellt die erweiterte Kündigungsmöglichkeit des Abs. 4 für den Vermieter insofern eine **Erleichterung** dar, als ein **berechtigtes Interesse** an der Mietvertragsbeendigung **nicht**

vorliegen muß (Abs. 4 S. 1). Daher ist es auch hier nicht notwendig, daß der Vermieter die Gründe (Motive) der Kündigung im Kündigungsschreiben angibt. Die Wirksamkeit der Sonderkündigung hängt davon nicht ab. Abs. 3, wonach grundsätzlich als berechtigte Interessen des Vermieters nur die Gründe berücksichtigt werden, die in dem Kündigungsschreiben angegeben sind, ist im Falle der Sonderkündigung nicht anwendbar. Andererseits schreibt § 564 a Abs. 1 S. 2 BGB vor, daß die Kündigungsgründe bei jeder Kündigung eines Wohnraummietverhältnisses in dem Kündigungsschreiben angegeben werden sollen. Diese Vorschrift ist im Falle des § 564 b Abs. 4 BGB nicht deshalb unanwendbar, weil hier der Vermieter keine berechtigten Interessen an der Beendigung des Mietverhältnisses haben muß. Sie dient dem Interesse des Mieters an einer Aufklärung über die Kündigungsgründe des Vermieters, und zwar im Hinblick auf die Erfolgschancen eines gegebenenfalls von ihm einzulegenden Kündigungswiderspruchs (§ 556 a BGB). Da der Mieter den Widerspruch gem. § 556 a BGB auch im Falle der Sonderkündigung erheben kann (vgl. Abs. 5), hat er auch hier ein solches Aufklärungsinteresse. Der Vermieter unterliegt daher auch im Falle der erleichterten Kündigung der „Begründungspflicht" gem. § 564 a Abs. 1 S. 2 BGB. Die **Angabe der Kündigungsgründe** im Kündigungsschreiben stellt aber **keine Wirksamkeitsvoraussetzung** der (Sonder-)Kündigung dar, sondern eine bloße Obliegenheit des Vermieters (*Palandt/Putzo* § 564 a Anm. 3). Erfüllt er diese Obliegenheit nicht, so werden seine Kündigungsgründe bei der Würdigung seiner berechtigten Interessen im Rahmen der gem. § 556 a Abs. 1 BGB — bei Einlegung eines Kündigungswiderspruchs — vorzunehmenden Interessenabwägung nicht berücksichtigt (§ 556 a Abs. 1 S. 3 BGB), soweit nicht die Gründe nachträglich entstanden sind. Im Hinblick auf diese Interessenabwägung — im Falle der Einlegung eines Kündigungswiderspruchs durch den Mieter — ist es daher für den Vermieter **auch bei** Ausübung des **Sonderkündigungsrechts ratsam,** beachtliche **Kündigungsgründe,** welche er geltend machen kann, schon **im Kündigungsschreiben anzugeben** (vgl. auch unten Rn 187—191).

b) Das Gesetz schreibt vor, daß im Falle der Geltendmachung des Sonderkündigungsrechts in dem Kündigungsschreiben **anzugeben** ist, daß die Kündigung **nicht** auf die Voraussetzungen des Abs. 1 (**berechtigtes Interesse** an der Beendigung, vgl. Abs. 2) **gestützt wird** (Satz 4). Zweck dieser **Formvorschrift** ist es, für die beteiligten Mietparteien klarzustellen, wann das Mietverhältnis endet (vgl. Bericht des Rechtsausschusses). Damit soll also der sonst bestehenden Ungewißheit vorgebeugt werden, ob die Kündigung, weil keine berechtigten Interessen angegeben wurden, unwirksam ist (was bei der regulären ordentlichen Kündigung der Fall wäre). Für die Beteiligten, insbesondere den Mieter, muß erkennbar sein, nach welchen Rechtsvorschriften die Kündigung des Vermieters zu beurteilen ist, nach den Regelvorschriften der Absätze 1—3 oder nach der Ausnahmeregelung des Abs. 4. Danach kann sich erst der Mieter seine Verteidigungsposition aufbauen (vgl. *Schubert* WM 75, 3).

Die **vorgeschriebene Erklärung** des Vermieters muß nicht genau dem Gesetzeswortlaut entsprechen; dies ist jedoch aus Sicherheitsgründen zu empfehlen. Der

Vermieter muß nur hinreichend klar zum Ausdruck bringen, daß er von seinem Sonderkündigungsrecht Gebrauch macht (vgl. *Schmidt-Futterer* MDR 75, 90). Gibt der Vermieter berechtigte Interessen an, was wegen § 556 a BGB zu empfehlen ist, so ist es empfehlenswert, deutlich zu machen, daß die berechtigten Interessen nur im Rahmen des Widerspruchsverfahrens Bedeutung haben sollen, z. B. durch Anführung der berechtigten Interessen nach der – zu empfehlenden – Rechtsbehelfsbelehrung gem. § 556 a BGB (vgl. *Korff* DWW 78, 30 über Abfassung des Sonderkündigungsschreibens sowie Vor- und Nachteile gegenüber der regulären ordentlichen Kündigung). Dadurch vermeidet der Vermieter die Gefahr, daß das Gericht die Kündigung als eine begründete nach Abs. 1 ansieht und gegebenenfalls die Räumungsklage wegen nicht bewiesener oder nicht gegebener berechtigter Interessen abweist. Ob die Fassung der Kündigung dem gesetzlichen Formerfordernis entspricht, ist durch Auslegung zu ermitteln (vgl. § 133 BGB, wonach es auf den wirklichen Willen ankommt). So muß es genügen, wenn die Kündigungserklärung dahingehend lautet, ein berechtigtes Interesse liege nicht vor, die Kündigung werde nicht auf ein berechtigtes Interesse gestützt, der Vermieter habe keine gesetzlichen Kündigungsgründe, oder wenn die Kündigung mit der richtig berechneten verlängerten Frist erklärt wird (*Palandt/Putzo* Anm. 10 c; *Schubert* WM 75, 3). Es genügt auch, wenn in einem vorangegangenen Schreiben, auf das im Kündigungsschreiben Bezug genommen wird, auf die Sonderkündigungsrechte des Abs. 4 hingewiesen wird (LG Berlin ZMR 80, 319).

Nicht genügen dürfte jedoch die Erklärung des Vermieters, eine Pflichtverletzung des Mieters liege zwar nicht vor, er halte jedoch ein weiteres Zusammenwohnen mit dem Mieter nicht für sinnvoll.

177 Wird dieses Formerfordernis **nicht eingehalten,** so ist die Kündigung als Sonderkündigung **nichtig** (§ 125 BGB). Sie kann jedoch jederzeit formgemäß wiederholt werden. Gibt der Vermieter in einer Kündigungserklärung keine Kündigungsgründe an, unterläßt er jedoch auch die Erklärung, daß die Kündigung nicht auf berechtigte Interessen gestützt werde, so kann dies nicht als eine wirksame Sonderkündigung angesehen werden (ebenso *Schubert* WM 75, 3; a. A. *Löwe* NJW 75, 11 mit der Begründung, eine reguläre Kündigung verlange die Angabe von berechtigten Interessen – vgl. Abs. 3 –, also solle eine Kündigung ohne Gründe eine Sonderkündigung sein). Andernfalls würde der vom Gesetzgeber (trotz Kenntnis des Abs. 3) ausdrücklich geschaffene Formzwang (Abs. 4 S. 4) und der damit verfolgte Zweck (Kennzeichnung der Eigenart der Sonderkündigung) umgangen. Zudem ist ein Schweigen des Vermieters über jegliche Kündigungsgründe kein sicherer Anhaltspunkt dafür, daß er von seinem Sonderkündigungsrecht Gebrauch machen will, denn er kann auch eine reguläre Kündigung aussprechen wollen, ohne von der Notwendigkeit der Angabe berechtigter Interessen zu wissen (ähnlich *Schubert* a. a. O.).

178 Die **(unwirksame) Sonderkündigung** ist **in eine reguläre ordentliche Kündigung** (gem. Abs. 1–3) **umzudeuten** (gem. § 140 BGB), wenn sie deren Voraus-

setzungen (Angabe von berechtigten Interessen) erfüllt (vgl. *Palandt/Putzo* Anm. 10 c). Diese Umdeutungsmöglichkeit ist bei jeder unwirksamen Sonderkündigung zu prüfen. Sind jedoch überhaupt keine Kündigungsgründe angegeben oder nur solche, welche für ein berechtigtes Interesse nicht ausreichen, so ist die Kündigung absolut unwirksam (a. A. *Schmidt-Futterer/Blank* B 533, wonach die Kündigungserklärung, wenn Unklarheiten über die Ausübung des Wahlrechts verbleiben, als solche nach Abs. 1 anzusehen sei).

Da der Vermieter das Sonderkündigungsrecht und das reguläre Kündigungsrecht (gem. Abs. 1, 2) wahlweise nebeneinander ausüben kann, stehen ihm **beide Gestaltungsrechte** in sog. elektiver Konkurrenz (zum Begriff vgl. *Palandt/Heinrichs* § 262 BGB Anm. 3 b) zu, so daß die §§ 262 ff. BGB nicht gelten. Deshalb können beide Gestaltungsrechte dergestalt **kombiniert** werden, daß das eine in erster Linie (principaliter), das andere jedoch **hilfsweise** (eventualiter) geltend gemacht wird (OLG Hamburg (RE) ZMR 82, 282 = WM 82, 151 = NJW 83, 182 = MRS 2 Nr. 90); LG Wiesbaden WM 81, 162; *Staudinger/Sonnenschein* 152; *Palandt/Putzo* Anm. 10 c; a. A. AG Waiblingen WM 79, 123; *Sternel* IV 160; *Schubert* WM 75, 3). 179

Eine Kündigung kann jedoch — wegen des auszuübenden Wahlrechts (vgl. die folgende Rn) — nicht gleichzeitig auf Abs. 1 und Abs. 4 gestützt werden (*Schubert* WM 75, 3; *Sternel* IV 160). Nach OLG Karlsruhe (RE ZMR 83, 95 = WM 82, 14 m. krit. Anm. v. *Benstz* = DWW 82, 54 = NJW 82, 391 = MRS 2 Nr. 89) kann nach einer ausgesprochenen regulären Kündigung, wenn dieser der Mieter widerspricht und sich daraufhin der Vermieter nicht mehr darauf beruft und dies auch erklärt (d. h. bei einer einverständlichen Rücknahme der Kündigung), innerhalb der Kündigungsfrist eine Sonderkündigung erklärt werden, da für den Vermieter ein Bedürfnis vorliegen kann, wenn er nachträglich das Fehlen eines berechtigten Interesses oder die schwierige Beweisbarkeit desselben erkennt, alsbald zu einer Sonderkündigung überzugehen. Der spezielle Fall des RE Karlsruhe erschöpft jedoch nicht die umfassendere Problematik. An die einmal **getroffene Wahl** (d. h. an das zuerst ausgesprochene Kündigungsrecht) ist der Vermieter gebunden (da durch eine Kündigung Klarheit für den Empfänger geschaffen werden soll), sie ist **unwiderruflich** (*Schubert* WM 75, 3; *Sternel* IV 160; *Schmidt-Futterer/Blank* B 533). Die zweite Kündigung kann daher nur wirksam werden, wenn die zuerst ausgesprochene sich als unwirksam erweist (hilfsweise Geltung); denn beide Gestaltungsrechte können nicht (prinzipaliter) kumuliert werden.

**7. Wirkung der Sonderkündigung**

a) Das Sonderkündigungsrecht besteht für den Vermieter wahlweise neben seinem sonstigen Recht zur (ordentlichen, außerordentlichen befristeten und fristlosen) Kündigung. Dies folgt aus dem Wort „auch" in Satz 1 (ebenso der Bericht des Rechtsausschusses des Bundestages). Die Kündigungserklärung des Vermieters muß erkennen lassen, ob und wie er sein **Wahlrecht** ausübt. 180

Ergibt sich die getroffene Wahl nicht hinreichend klar aus der Kündigung, so ist diese wegen Formmangels (§ 125 BGB) nichtig (AG Waiblingen WM 79, 123; *Schubert* WM 75, 3). Der Zeitpunkt der Beendigung des Mietverhältnisses darf nicht unklar bleiben. Treten nach Ausspruch einer Sonderkündigung für den Vermieter Umstände ein, die ihn zu einer regulären Kündigung gem. Abs. 1 berechtigen würden, so muß dem Vermieter eine nachträgliche reguläre Kündigung erlaubt sein (ebenso *Schubert* a. a. O.). Die Kündigungen wirken dann rechtlich unabhängig voneinander, so daß die früher wirksame die Mietvertragsbeendigung herbeiführt.

181 b) Da der Vermieter im Falle der Sonderkündigung seine Kündigungsgründe nicht angeben muß, wird es sich in diesem Falle noch schwerer als sonst feststellen lassen, ob die **Kündigung zum Zwecke der Mieterhöhung** erfolgt und daher **unwirksam** ist (vgl. § 1 S. 1 MHG). *Löwe* (NJW 75, 12) spricht davon, daß in diesem Falle das Verbot der Mieterhöhungskündigung unterlaufen werden könne. Unwirksam ist auch eine Kündigung, die bezweckt, bei anderweitiger Vermietung eine höhere Miete zu erzielen (vgl. Abs. 2 S. 2) oder die gegen das Verbot der Schikane (§ 226 BGB) oder Treu und Glauben (§ 242 BGB) verstößt, was der Mieter substantiiert zu behaupten und zu beweisen hat (*Schmidt-Futterer/Blank* B 543; *Korff* DWW 78, 29).

182 Behauptet der Mieter im Räumungsstreit, der Sonderkündigung des Vermieters liege in Wahrheit das **Motiv der Mieterhöhung** zugrunde, so hat er dies zu beweisen. Ob der Beweis im Einzelfall als erbracht anzusehen ist, hat das Gericht im Rahmen seiner freien Beweiswürdigung (§ 286 ZPO) zu entscheiden. Dabei wird sich, wenn für die Behauptung des Mieters eine gewisse Wahrscheinlichkeit erbracht ist, meist eine eidliche Vernehmung des Vermieters (Klägers) gem. § 448 ZPO über seine Kündigungsmotive empfehlen, verbunden mit dem Hinweis auf die Strafbarkeit eines Prozeßbetruges. Hat der Vermieter kurze Zeit vor der Kündigung den Versuch unternommen, eine (formell oder materiell) ungerechtfertigte Mieterhöhung vorzunehmen, und ist dieser Versuch an der Ablehnung des Mieters gescheitert, so muß das Vorliegen einer unzulässigen Mieterhöhungskündigung als wahrscheinlich angesehen werden (vgl. jedoch LG Stuttgart ZMR 79, 274 m. abl. Anm. *Buchholz/Duffner,* wo ein Verstoß gegen § 1 MHG trotz vorangegangener massiver Versuche des Vermieters, dem Mieter zusätzliche Mietnebenkosten aufzubürden, als nicht erwiesen angesehen wurde – bedenklich). Diese Wahrscheinlichkeit wird um so größer sein, je kürzer der Mieterhöhungsversuch zurückliegt und je weniger der Vermieter andere beachtliche Kündigungsmotive plausibel vorbringen kann. Ob ein Beweis gelingt, ist jedoch stets Tatfrage. *Schubert* (WM 75, 4) will bei unmittelbarem zeitlichem Zusammenhang einen typischen Geschehensablauf zur Gesetzesumgehung annehmen, auf welchen sich der Mieter im Wege des Anscheinsbeweises soll berufen können. Dem kann jedoch nicht zugestimmt werden. Stets wird es dabei auf das Gesamtverhalten des Vermieters ankommen. Die Tatsache allein, daß der Vermieter im Kündigungsschreiben keine Gründe für die Sonderkündigung

angegeben hat, rechtfertigt noch nicht die Annahme einer verbotenen Kündigung zum Zwecke der Mieterhöhung.

Stimmt der Mieter einer im Einzelfall begehrten Mieterhöhung zu, so ist eine solche Vereinbarung wirksam (§ 10 Abs. 1 Hs. 2 MHG). 183

c) Durch die Ausübung des Sonderkündigungsrechts gem. Abs. 4 wird die — gesetzliche oder vertragliche — **Kündigungsfrist**, die sonst bestehen würde, **um drei Kalendermonate verlängert** (Abs. 4 S. 2), so daß also dem regulären Fristende (Kalendermonatsende) drei volle Kalendermonate hinzuzurechnen sind. Durch diese Vorschrift sollten einem Mißbrauch des Sonderkündigungsrechts durch den Vermieter vorgebeugt und Härten für den Mieter vermieden werden (vgl. die Ausführungen der Abgeordneten *Kleinert* und Dr. *Böger* im Bundestag am 17. 10. 1974, Prot. S. 8315 D und 8324 A). Die Beendigung des Mietverhältnisses tritt also im Falle der Sonderkündigung, wenn keine längere vertragliche Kündigungsfrist vereinbart ist, drei Monate später als gem. § 565 Abs. 2 S. 1 u. S. 2 BGB ein. Da jeweils spätestens am 3. Werktag eines Kalendermonats gekündigt werden muß, was auch für die Sonderkündigung gilt, beträgt die Kündigungsfrist hier rund 6 Monate. Sie verlängert sich bei einer Überlassung des Wohnraums um mehr als 5 Jahre auf rund 9, von mehr als 8 Jahre auf rund 12 und von mehr als 10 Jahre auf rund 15 Monate. Die Vereinbarung einer kürzeren als der gesetzlichen Kündigungsfrist ist für die Vermieterkündigung unwirksam (§ 565 Abs. 2 S. 3 BGB). 184

Das Ausgeführte gilt nur unter der Voraussetzung, daß der Vermieter von der Sonderkündigung in Form der ordentlichen Kündigung Gebrauch macht. Übt er dagegen das Sonderkündigungsrecht in Form der außerordentlichen befristeten Kündigung aus (vgl. oben Rn 20), so beträgt die Kündigungsfrist einheitlich rund 6 Monate (§§ 565 Abs. 5 i.V.m. Abs. 2 S. 1, 564 b Abs. 4 S. 2 BGB). 185

Die Rechtsstellung aus der Sonderkündigung gem. Abs. 4 geht bei einer während des Laufs der Kündigungsfrist erfolgenden **Veräußerung** des Mietobjekts nur dann gem. § 571 BGB auf den Erwerber über, wenn auch dieser die (vom Veräußerer bisher bewohnte) Wohnung im Hause nach dem Erwerb bewohnt, insbes. noch zum Zeitpunkt der Beendigung des Mietverhältnisses (AG Delmenhorst WM 83, 151). 185a

d) Auch bei Ausübung des Sonderkündigungsrechts durch den Vermieter stehen dem Mieter die Schutzrechte aus der **Sozialklausel** (§ 556 a BGB) zu (vgl. Abs. 5). Der Mieter kann also beim Vorliegen besonderer Härtegründe im Sinne von § 556 a Abs. 1 BGB — z. B. hohes Alter, Gebrechlichkeit, Invalidität, fortgeschrittene Schwangerschaft, Schwierigkeiten für die Ausbildung der Kinder oder durch Schulwechsel, bevorstehendes Examen, Nichtbeschaffbarkeit angemessenen Ersatzwohnraums zu zumutbaren Bedingungen — auch hier die Fortsetzung des Mietverhältnisses über den Beendigungszeitpunkt (Kündigungstermin) hinaus auf unbestimmte oder bestimmte Zeit verlangen. Durch die um drei Monate längere Kündigungsfrist im Falle der Sonderkündigung wird automatisch die dem Mieter zustehende Frist zur Einlegung des Kündigungswiderspruchs (vgl. 186

§ 556 a Abs. 6 S. 1 BGB) um drei Monate hinausgeschoben. Das bedeutet, daß ein Kündigungswiderspruch, den der Mieter erst innerhalb der letzten zwei Monate der – verlängerten – Kündigungsfrist einlegt, vom Vermieter als verspätet zurückgewiesen werden kann.

187 Problematisch erscheint die Frage, in welcher Weise bei der Sonderkündigung im Rahmen des § 556 a Abs. 1 BGB eine **Interessenabwägung bezüglich der Beendigungsinteressen des Vermieters** vorzunehmen ist. Auf den „z. T. kaum lösbaren inhaltlichen Widerspruch" zwischen der Interessenabwägung im Rahmen der Sozialklausel und dem neuen Kündigungsschutzrecht hat schon der Vertreter des Landes Schleswig-Holstein, Minister Dr. *Schwarz*, im Bundesrat am 29. 11. 74 in seiner zu Protokoll gegebenen Erklärung hingewiesen (vgl. Bericht der 414. Sitzung S. 455 A). Einerseits hängt, wie oben ausgeführt, die Wirksamkeit der Sonderkündigung nicht davon ab, ob der Vermieter ein berechtigtes Interesse an der Beendigung des Mietverhältnisses i. S. von Abs. 1 u. 2 hat, so daß für die Wirksamkeit der Sonderkündigung ein Kündigungsgrund nicht angegeben zu werden braucht, zumal Abs. 3 BGB hier nicht anwendbar ist (vgl. oben Rn 174). Andererseits hat der Vermieter auch bei Ausübung des erleichterten Kündigungsrechts die Obliegenheit, die Kündigungsgründe im Kündigungsschreiben anzugeben (§ 564 Abs. 1 S. 2 BGB). Nur die solcherart angegebenen Kündigungsgründe werden im Rahmen der Sozialklausel (§ 556 a BGB) „bei der Würdigung der berechtigten Interessen des Vermieters" berücksichtigt, von dem Ausnahmefall abgesehen, daß die Gründe nachträglich entstanden sind (**§ 556 a Abs. 1 S. 3 BGB**).

188 Dieses rechtliche Ergebnis erscheint systematisch seltsam und widersprüchlich. Dem Vermieter mag es ungereimt erscheinen, wenn er zwar bei der Ausübung seines Sonderkündigungsrechts keine berechtigten Interessen angeben muß, vielmehr sogar erklären muß, daß er die Kündigung nicht auf berechtigte Interessen stützt, er aber andererseits, wenn er im Sonderkündigungsschreiben eine solche Angabe von berechtigten Interessen unterläßt, im Falle eines begründeten Kündigungswiderspruchs des Mieters eine Fortsetzung des Mietverhältnisses auf bestimmte oder unbestimmte Zeit hinnehmen muß. Denn bei der Interessenabwägung im Rahmen der Sozialklausel können, wie ausgeführt, nur die im Kündigungsschreiben angegebenen berechtigten Interessen berücksichtigt werden. Vermutlich hat der Gesetzgeber diese konkreten Auswirkungen der von ihm beabsichtigten Anwendung der Sozialklausel im Falle des Sonderkündigungsrechts übersehen, weil im Bericht des Rechtsausschusses des Bundestages auf dieses Problem nicht eingegangen wurde. Es wäre denkbar, § 556 a Abs. 1 S. 3 BGB durch § 564 b Abs. 4 S. 1 (Kündigung ohne Angabe berechtigter Interessen) als lex specialis verdrängt anzusehen. Eine solche Gesetzeskonkurrenz könnte jedoch nur bejaht werden, wenn sich die Regelungsbereiche beider Vorschriften deckten. Dies ist jedoch nicht der Fall. Vielmehr ist zu unterscheiden zwischen der Wirksamkeit der Kündigung als solcher und der Wirkung der Kündigung im Falle eines begründeten Kündigungswiderspruchs. Jede der beiden Vorschriften regelt einen der genannten Bereiche, wenn auch beide Bereiche

sachlich eng zusammengehören. Bekanntlich wird mit § 556 a Abs. 1 S. 3 BGB bezweckt, den Mieter über die Chancen seiner Rechtsposition zu unterrichten, damit er sich über die Möglichkeiten seiner Verteidigung klar werden kann (vgl. oben Rn 174). Diese Erwägung trifft im Falle des Sonderkündigungsrechts in gleicher Weise zu. Die Sozialklausel muß als Einheit gesehen werden; würde Abs. 1 S. 3 des § 556 a BGB für unanwendbar erklärt werden, so würde dies auf eine empfindliche Schmälerung der Schutzrechte des Mieters hinauslaufen. Da der Vermieter wegen seines engen Zusammenlebens mit dem Mieter die persönlichen Verhältnisse seines Mieters kennt, wird er abschätzen können, ob und welche Härtegründe der Mieter geltend machen könnte. Nur im Falle solcher voraussichtlichen Härtegründe des Mieters ist es für den Vermieter angebracht und auch zumutbar, seine berechtigten Interessen schon im Sonderkündigungsschreiben anzugeben. Damit entfällt der Einwand, die hier vertretene Auffassung (Geltung des § 556 a Abs. 1 S. 3 BGB auch im Falle der Sonderkündigung) führe zu einer Aushöhlung des Sonderkündigungsrechts.

In § 556 a Abs. 1 S. 1 und 3 BGB sind nicht nur „Interessen", sondern **„berechtigte Interessen" des Vermieters** Voraussetzung für eine Abwägung mit den Härtegründen des Mieters, obwohl der Vermieter für eine wirksame Sonderkündigung gerade keine „berechtigten Interessen" haben muß. Nach allgemeinen Auslegungsgrundsätzen müßte davon ausgegangen werden, daß der Begriff „berechtigtes Interesse" in § 556 a Abs. 1 und in § 564 b Abs. 1–4 BGB denselben Inhalt hat, zumal nunmehr beide Vorschriften unter dem gleichen Titel im Bürgerlichen Gesetzbuch („Miete, Pacht") stehen. Daraus, daß die Gesetzesfassung früher den Begriff der berechtigten Interessen nicht enthielt, sondern nur von „Belangen" des Vermieters die Rede war, ist ersichtlich, daß ein „berechtigtes" Interesse über ein bloßes Interesse hinausgeht. Die Funktion des Begriffs „berechtigtes Interesse" ist jedoch in beiden Vorschriften eine verschiedene: in § 564 b Abs. 2 dient der Begriff als Voraussetzung der Rechtswirksamkeit einer Kündigung, in § 556 a Abs. 1 dagegen zur Ausscheidung unbeachtlicher Interessen bei der vorzunehmenden Interessenabwägung. Werden berechtigte Interessen des Vermieters im Sinne der Sozialklausel bejaht, so ist damit noch nicht über den Ausgang des Rechtsstreits entschieden, sondern nur darüber, daß eine Abwägung der vom Vermieter und der vom Mieter vorgebrachten widerstreitenden Interessen vorzunehmen ist; es ist also nur die Vorstufe für die Interessenabwägung erreicht. Aus dieser verschiedenen Funktion ein und desselben Begriffs rechtfertigt es sich, an den Begriff der berechtigten Interessen im Falle des § 556 a BGB **weniger hohe Anforderungen** zu stellen als im Falle des § 564 b Abs. 2 BGB (ebenso *Lutz* DWW 74, 273; *Korff* DWW 78, 30; *Staudinger/Sonnenschein* 154; a. A. *Sternel* IV 161). Allgemein, und damit auch im Falle der Sonderregelung des § 564 b Abs. 4 BGB, ist ein berechtigtes Interesse des Vermieters im Sinne der Sozialklausel dann zu bejahen, wenn der Vermieter einen von der Rechtsordnung gebilligten und vernünftigen Grund für die Vertragsbeendigung geltend macht. Ohne Bedeutung sind solche Belange des Vermieters, die jeder Vermieter im Regelfalle hinsichtlich des Rückerhalts des Wohnraums hat (vgl. *Hans* § 556 a Anm. B 2 e). Nicht ausreichend ist z. B., daß der Vermieter sich nur auf sein Eigentumsrecht und die daraus fließende Herrschaftsgewalt beruft (so *Pergande* § 556 a Anm. 8 III; *Schmidt-Futterer* WM 68, 39). Auch die Absicht einer Mieterhöhung muß als berechtigtes Interesse ausscheiden (vgl. § 1 S. 1 MHG). Ein berechtigtes Interesse gem. § 556 a Abs. 1 BGB muß auch dann bejaht werden, wenn der Vermieter, ohne daß Gründe im Sinne von § 564 b Abs. 1 u. 2 BGB vorliegen, im Falle des § 564 b Abs. 4 BGB über ein bloßes Eigentumsrecht hinaus verständlich erscheinende Belange für die Beendigung des Mietverhältnisses vorbringen kann, z. B., wenn er das Haus oder die Mietwohnung in einer dem Mieter nicht zuzumutenden (vgl. § 541 a BGB) Weise grundlegend modernisieren will, wenn er den Wohnraum des Mieters mit seiner eigenen Wohnung zusammenlegen und künftig allein im Haus wohnen oder aus persönlichen Gründen einen ihm nahestehenden Bekannten oder Freund in seinem Hause aufnehmen will (vgl. *Lutz* a. a. O.), ferner bei nicht unerheblichen Spannungen oder Streit mit dem Mieter oder einem seiner Familienangehörigen, gleichgültig durch wen diese verursacht sind (vgl. *Pergande* a. a. O.; *Palandt/Putzo* § 556 a Anm. 6 a, bb), oder wenn sich der Mieter nicht in die Hausgemeinschaft einfügt und dieses Verhalten immer wieder zu Unzuträglichkeiten innerhalb der Gemeinschaft führt (vgl. *Erman/Schopp* § 556 a, 11). Nach *Korff* (DWW 78, 30) soll hier statt des Verschuldensprinzips das Zerrüttungsprinzip Anwendung finden, da letztlich die Bindung durch einen Mietvertrag nicht stärker sein könne als die einer Ehe.

190 Will der Vermieter nicht Gefahr laufen, im Falle eines begründeten Kündigungswiderspruchs des Mieters bei der Interessenabwägung gem. § 556 a BGB und damit insgesamt mit der Rechtswirkung seiner Sonderkündigung zu unterliegen, so muß er „berechtigte Interessen" von etwa gleichem Gewicht wie die Härtegründe des Mieters haben und diese im Sonderkündigungsschreiben auch angeben, zumal für die Interessenabwägung Kündigungsgründe vom Vermieter nicht nachgeschoben werden können (im gleichen Sinne *Schubert* WM 75, 3). Die **Angabe berechtigter Kündigungsinteressen** ist **dem Vermieter** daher im Sonderkündigungsschreiben dann **anzuraten,** wenn er mit der Möglichkeit der Einlegung eines begründeten Kündigungswiderspruchs durch den Mieter rechnen muß. *Vogel* (JZ 75, 76) meint, ein richtig beratener Vermieter werde eine Sonderkündigung ohne Angabe von Kündigungsgründen nur aussprechen, wenn er sicher sein kann, daß die Kündigung für den Mieter keine Härte bedeuten wird.

191 Die obigen Darlegungen besagen nichts darüber, welche Mietpartei bei der Interessenabwägung gem. § 556 a Abs. 1 BGB den Sieg davonträgt. Dies kann nur im konkreten Einzelfall nach der Stärke der beiderseitigen Interessen beurteilt werden. Es kann jedoch allgemein gesagt werden, daß der Vermieter, der nur weniger gewichtige als die in § 564 b Abs. 2 BGB aufgeführten Interessen hat, regelmäßig im Rahmen der Interessenabwägung unterliegen wird, da die von der Rechtsprechung anerkannten Härtegründe des Mieters in der Regel schwerer wiegen werden.

Der Mieter hat demnach durch die Sozialklausel die Möglichkeit, wenn ihm ein 192
Härtegrund zur Seite steht, durch einen Kündigungswiderspruch die vertragsbeendigende Wirkung einer Sonderkündigung in vielen Fällen — bei nicht sehr gewichtiger Begründung der Sonderkündigung — auszuschalten oder zumindest um Jahre hinauszuschieben. Im übrigen kann sich der Mieter im Falle der Voraussetzungen des Abs. 4 von vornherein einen wirksamen Schutz vor einer Sonderkündigung dadurch verschaffen, daß er das Sonderkündigungsrecht des Vermieters vertraglich ausschließt oder ein befristetes Mietverhältnis auf längere Dauer eingeht.

e) Auch die Mietverhältnisse, für die das Sonderkündigungsrecht besteht (Abs. 4), 193
unterliegen der Regelung über die Mieterhöhung gem. dem MHG, soweit nicht preisgebundener Wohnraum vorliegt (vgl. § 10 Abs. 3 Nr. 1 MHG). Der Mieter ist also trotz des eingeschränkten Kündigungsschutzes in vollem Umfang gegen ungerechtfertigte Mieterhöhungen geschützt.

## 8. Beweislast

In beiden Fällen des Sonderkündigungsrechts (Sätze 1 und 3) hat der **Vermieter** 194
die Voraussetzungen seines erleichterten Kündigungsrechtes zu beweisen. Dasselbe gilt für die Einhaltung der gesetzlichen Form des Satzes 4 (*Palandt/Putzo* Anm. 3).

## VIII. Abweichende Vereinbarungen (Abs. 6)

Schrifttum: *Adomeit* NJW 81, 2168. 195

1. Abs. 6 entspricht dem früheren Artikel 1 § 4 Abs. 1 des 1. WKSchG. Die Kündigungsschutzregelungen des § 564 b BGB können nicht zum Nachteil des Mieters abbedungen werden, da der Kündigungsschutz nur durch eine zwingende Regelung verwirklicht werden kann (so die Begründung des Regierungsentwurfs). Eine Umgehung des Kündigungsschutzes durch Ablauf eines befristeten Mietverhältnisses ist mit Rücksicht auf die Ausdehnung des Schutzes auch auf befristete Mietverhältnisse (vgl. § 564 c BGB) nicht möglich.

Jedoch bleibt es den Parteien unbenommen, durch einen Aufhebungsvertrag das Mietverhältnis einvernehmlich zu beenden. Eine Kündigungserklärung des Vermieters muß im Zweifel als Antrag auf Abschluß eines solchen Aufhebungsvertrages angesehen werden, so daß die Zustimmung des Mieters bei entsprechender Willensübereinstimmung (insbesondere über den Beendigungszeitpunkt) zu einer Annahme dieses Antrags (vgl. § 151 BGB) und damit zum **wirksamen** Abschluß eines **Mietaufhebungsvertrags** führt. Ein solcher Mietaufhebungsvertrag kann grundsätzlich nicht als unzulässige Umgehung des Kündigungsschutzes des Mieters (§ 564 b BGB) angesehen werden, denn der Mieter muß selbst über Vor- und Nachteile seiner Handlungsweise wirksam entscheiden (vgl. zum Mietaufhebungsvertrag *Schmidt-Futterer/Blank* B 89 ff.). Ein Mietaufhebungsvertrag kann nur aus allgemeinen Gründen (arglistige Täuschung, Irrtum, Verstoß gegen die guten Sitten)

## § 564 b BGB, 196+197

angefochten werden oder unwirksam sein. Jeder gerichtliche Räumungsvergleich stellt inhaltlich einen solchen Mietaufhebungsvertrag dar. Der Gesetzgeber hat nicht beabsichtigt, durch Einführung der Unabdingbarkeitsvorschriften (vgl. § 564 b Abs. 6 BGB) eine friedenstiftende Vereinbarung der Parteien nach einer streitigen Auseinandersetzung, sei es außergerichtlich oder im Rahmen eines gerichtlichen Vergleichs, zu verhindern, selbst wenn die Vereinbarung gegen den Bestandsschutz des Mieters verstoßen sollte. Ist eine Vereinbarung über die Räumung oder Mietaufhebung — dasselbe muß im Rahmen des § 564 c BGB für eine Vereinbarung über die Beendigung des Mietverhältnisses gelten — nicht generell für die Zukunft, sondern im konkreten Einzelfall unter den Mietparteien getroffen worden, so ist sie gültig, selbst wenn sie zum Nachteil des Mieters von der gesetzlichen Bestandsschutzregelung abweichen sollte. Aus § 10 Abs. 1 Hs. 2 MHG kann für § 564 b BGB nicht durch Umkehrschluß das Gegenteil hergeleitet werden. Der Gesetzgeber hatte keinen Anlaß, in § 564 b Abs. 6 BGB eine dem § 10 Abs. 1 Hs. 2 MHG entsprechende Regelung einzuführen, weil es unbestritten ist, daß die Mietparteien jederzeit einen Mietaufhebungsvertrag schließen können, also auch dann, wenn der Vermieter keine berechtigten Interessen an der Beendigung des Mietverhältnisses hat. Wenn die Parteien aber ohne Bindung an die Kündigungsschutzbestimmungen einen Mietaufhebungsvertrag (oder Räumungsvergleich) schließen können, muß es ihnen auch erlaubt sein, andere Einzelfallvereinbarungen weniger einschneidender Art (etwa die Fortsetzung des Mietverhältnisses im Rahmen des § 564 c BGB mit anderen Vertragsbedingungen, insbesondere höherem Mietzins) zu treffen (vgl. die ähnliche Argumentation des Regierungsentwurfs zu § 10 Abs. 1 MHG). Über die Gültigkeit von Einzelfallvereinbarungen im Rahmen des § 564 c BGB vgl. dort Rn 45.

**196** 2. Eine **Abweichung vom Gesetz zum Nachteil des Mieters** liegt z. B. vor, wenn zwischen Vermieter und Mieter (im Mietvertrag oder nachträglich in einer Zusatzvereinbarung) bestimmt wird, daß der Vermieter keine berechtigten Interessen für die Kündigung haben muß, er die gesetzlichen Voraussetzungen nur in abgeschwächter Form zu erfüllen braucht oder daß weitere, vom Gesetz nicht erfaßte Gründe als Kündigungsgründe ausreichen sollen.

Dasselbe gilt für eine Vereinbarung, wonach beim Vorliegen der Voraussetzungen des Sonderkündigungsrechts (Abs. 4) die verlängerte Kündigungsfrist (Abs. 4 S. 2) wegfallen soll, der Mieter auf die Einhaltung der Formvorschrift des S. 4 verzichtet oder dem Vermieter das erweiterte Kündigungsrecht auch für gesetzlich nicht vorgesehene Fälle zustehen soll (z. B. im selbstbewohnten Wohngebäude mit drei oder mehr Wohnungen oder gegenüber möblierten Mietern außerhalb der Vermieterwohnung). Nach LG Kiel (DWW 83, 72) ist unwirksam die Klausel, daß dem Mieter bekannt sei, daß das Gebäude zum Abbruch bestimmt sei und die Vermietung längstens bis zu der damit verbundenen Hausräumung erfolgen könne. Richtigerweise hätte jedoch hier eine auflösende Bedingung und damit der Schutz des § 565 a Abs. 2 BGB angenommen werden müssen.

**197** 3. Vom Gesetz **zum Vorteil des Mieters abweichende Vereinbarungen** sind jedoch wirksam. So z. B., wenn die Geltendmachung des Sonderkündigungsrecht des

Vermieters (Abs. 4) oder einzelner berechtiger Interessen (z. B. Eigenbedarf, Hinderung wirtschaftlicher Verwertung) ausgeschlossen oder von bestimmten Voraussetzungen abhängig gemacht wird oder wenn nur aus wichtigem Grund gekündigt werden darf.

Es kann auch für den Vermieter ratsam sein, mit dem Mieter eine Vereinbarung zu treffen, wonach das **Sonderkündigungsrecht** gem. Abs. 4 zugunsten des Mieters **ausgeschlossen** wird. Dadurch kann es dem Vermieter z. B. leichter möglich sein, einen ihm angenehmen Mieter (z. B. Freund, Verwandten, Pflegeperson) für die „Einliegerwohnung" des Zweifamilienhauses oder die Wohnung des Vermieters zu gewinnen, während ohne eine solche Ausschlußvereinbarung die als Mieter in Betracht kommende Person weniger geneigt sein wird, sich beim Vermieter unbefristet einzumieten, da sie stets mit der Ausübung des Sonderkündigungsrechts rechnen muß. 198

4. Gegen Abs. 6 verstoßende Vereinbarungen sind **nichtig** (§ 134 BGB). Unerheblich ist dabei, wann die entgegenstehende Vereinbarung getroffen wurde (auch wenn schon vor Inkrafttreten des Gesetzes). Regelmäßig bleibt jedoch davon die Wirksamkeit des Mietvertrags im übrigen unberührt (vgl. dazu § 10 MHG Rn 24). 199

Nichtig gem. § 134 BGB ist auch eine Vereinbarung, die objektiv eine Vereitelung des Zweckes der Verbotsnorm bewirkt, also den Kündigungs- bzw. Bestandsschutz umgeht, ohne daß es auf das Vorliegen einer Umgehungsabsicht der Parteien ankommt (vgl. zum allgemein anerkannten **Verbot von Umgehungsgeschäften** *Palandt/Heinrichs* § 134 BGB Anm. 4 m. w. N.). Die Vorschriften, welche die Unabdingbarkeit des zugunsten des Mieters geschaffenen sozialen Mietrechts begründen (vgl. zum Kündigungs- und Bestandsschutz die §§ 564 b Abs. 6, 564 c Abs. 1 S. 2 i. V. m. 564 b Abs. 6, 556 a Abs. 7, 556 b i. V. m. 556 a Abs. 7 BGB), bezwecken die Verhinderung eines rechtlichen oder wirtschaftlichen Erfolges, welcher diesen Mieterschutz aushöhlt. Gemäß diesem Gesetzeszweck ist daher ein Rechtsgeschäft nichtig, das den verbotenen Erfolg durch Verwendung von rechtlichen Gestaltungsmöglichkeiten zu erreichen sucht, die (scheinbar) nicht von der Verbotsnorm erfaßt werden (vgl. BGHZ 58, 62; NJW 59, 334). Darunter fällt z. B. eine vor oder beim Abschluß eines Wohnraummietvertrages getroffene Vereinbarung, wonach ein Mietaufhebungsvertrag auf einen bestimmten Zeitpunkt geschlossen wird oder der Mieter die Verpflichtung zur (eigenen) Kündigung zu einem bestimmten Zeitpunkt übernimmt oder er im voraus eine Kündigung zu einem bestimmten späteren Zeitpunkt dem Vermieter übergibt, wenn davon der Abschluß des Mietvertrages mit ihm abhängt. Über die Nichtigkeit einer Vereinbarung, welche das Fortsetzungsrecht des Mieters bei einem Zeitmietverhältnis (vgl. § 564 c Abs. 1 BGB) beschränkt, vgl. § 564 c BGB Rn 43–45. Kein (nichtiges) Umgehungsgeschäft liegt hingegen vor, wenn der Vermieter den Wohnraum dem Benutzer nicht als Mieter, sondern – unter Zwischenschaltung eines Hauptmieters, also durch Begründung eines Haupt- und eines Untermietverhältnisses – nur als Untermieter überläßt, um gegebenenfalls später die Räumung des Wohnraums gemäß § 556 Abs. 3 BGB (direkter Räumungsanspruch des Hauptvermieters gegen den Untermieter nach Beendigung des Hauptmietverhältnisses) verlangen zu können, wogegen die Kündigungsschutzvorschriften des sozialen Mietrechts (vgl. §§ 564 b, 564 c, 556 a, 556 b BGB) nicht einredeweise geltend gemacht werden können, wenn der Untermieter über seine Rechtsstellung (als Untermieter) unterrichtet war (vgl. dazu die Übersicht RU – Räumungsanspruch des Vermieters gegen den Untermieter – im Anhang II m. w. N. aus Rechtsprechung und Schrifttum).

## IX. Der Räumungsprozeß*

200 Für das gerichtliche Räumungsverfahren gelten grundsätzlich die allgemeinen Vorschriften des Zivilprozeßrechts. Daneben sind jedoch eine Reihe von prozessualen Sondervorschriften und Besonderheiten zu beachten, welche nachfolgend dargestellt werden.

### 1. Zuständigkeit

201 a) Gem. **§ 23 Nr. 2 a GVG** ist bei Streitigkeiten zwischen den Mietvertragsparteien (sowie zwischen Vermieter und Untermieter) wegen Räumung oder wegen Fortsetzung des Mietverhältnisses auf Grund der Sozialklausel ohne Rücksicht auf den Wert des Streitgegenstandes das Amtsgericht sachlich zuständig. Es handelt sich insoweit nicht um eine ausschließliche Zuständigkeit, so daß abweichende Vereinbarungen an sich möglich sind (vgl. jedoch die folgende Rn). Macht der Kläger jedoch einen Anspruch (auch neben einem anderen Rechtsgrund) aus dem Eigentum geltend, so gilt gem. § 24 ZPO der ausschließliche Gerichtsstand der belegenen Sache.

202 b) Gegenüber dieser Regelung stellt **§ 29 a ZPO** eine wichtige **Sonderregelung** für geschützte (vgl. Abs. 2) Wohnraummietverhältnisse dar. Danach ist für Klagen auf Räumung von Wohnraum oder auf Fortsetzung des Mietverhältnisses auf Grund der §§ 556 a, 556 b BGB (nicht gem. § 564 c Abs. 1 BGB) sowie für Klagen auf Feststellung des Bestehens oder Nichtbestehens eines Miet- oder Untermietverhältnisses über Wohnraum das **Amtsgericht ausschließlich zuständig,** in dessen Bezirk sich der Wohnraum befindet. Es handelt sich dabei um eine **örtlich und sachlich ausschließende Zuständigkeitsregelung,** so daß abweichende Gerichtsstandsvereinbarungen unwirksam sind. § 29 a ZPO ist bei **Mischmietverhältnissen** nach h. M. anwendbar, wenn nach der Übergewichtstheorie (vgl. Einf. Rn 29) überwiegend Wohnraum vorliegt (OLG Hamburg

---

* Über die bei der Räumungsklage des Vermieters im Normalfall (Beendigung eines geschützten unbefristeten Wohnraummietverhältnisses durch ordentliche Kündigung des Vermieters) zu beachtenden materiellen und prozessualen Voraussetzungen und Besonderheiten vgl. die Übersicht RV im Anhang II, über die Voraussetzungen des Räumungsanspruchs in anderen Fällen vgl. die übrigen dort abgedruckten Übersichten sowie das Schaubild Seite 512.

MDR 69, 846; LG Duisburg WM 81, 213 (L); *Thomas/Putzo* § 29 a ZPO Anm. 1), jedoch nach einer Minderheitsmeinung auch bei jedem Anteil von Wohnraum (LG Flensburg MDR 81, 57). § 29 a ZPO gilt auch bei der Klage aus einem Altenheimvertrag, wenn mietrechtliche Elemente das Schwergewicht bilden, z. B. eine Teilverpflegung nicht in Anspruch genommen wird (LG Göttingen ZMR 81, 274). Vgl. für Altenheimverträge BGH ZMR 79, 271 = NJW 79, 1288.

Für eine Räumungsklage des einen Ehegatten gegen den andern auf Herausgabe der Wohnung während des Eheprozesses ist zur Regelung der Besitzverhältnisse ausschließlich das Eheprozeßgericht im Wege der einstweiligen Anordnung zuständig (BGH FamRZ 76, 691). Das Familiengericht kann auch schon vor Anhängigkeit eines Scheidungsverfahrens und ohne akute Scheidungsabsicht des antragstellenden Ehegatten die Benutzung der Ehewohnung — in entsprechender Anwendung der §§ 1361 a BGB, 18 a HausratsVO — regeln (OLG Hamm FamRZ 79, 582).

c) Gem. § 1025 a ZPO ist ein **Schiedsvertrag** über Rechtsstreitigkeiten, die den Bestand eines geschützten Wohnraummietverhältnisses betreffen, unwirksam. Dies betrifft insbesondere Schiedsvertragsvereinbarungen über die Rechtsgültigkeit einer Kündigung oder über ein Fortsetzungsbegehren gem. der Sozialklausel oder gem. § 564 c Abs. 1 BGB. 203

## 2. Klagantrag

Über die Wirksamkeit einer Kündigung des Vermieters wird eine verbindliche Entscheidung erst durch ein rechtskräftiges Urteil getroffen. Hierbei sind verschiedene Verfahrenswege denkbar. 204

a) Regelmäßig wird der Vermieter **auf sofortige Räumung** des Wohnraums klagen mit dem Antrag, den Beklagten (Mieter) zu verurteilen, die Wohnung ... (genaue Bezeichnung, auch der Nebenräume) zu räumen und an den Kläger herauszugeben. Der Antrag hat dabei auf Räumung und Herausgabe zu lauten (vgl. *Roquette*, nach § 556, 4). Eine Klage auf künftige Räumung von Wohnraum ist grundsätzlich unzulässig (vgl. § 257 ZPO). 205

b) Wie ausgeführt, kann eine Klage auf Räumung von Wohnraum (gleichgültig aus welchem Rechtsgrund) grundsätzlich nur auf sofortige Leistung gerichtet werden. Eine Klage **auf künftige Räumung** von Wohnraum als Haupt- oder Hilfsantrag ist nur ausnahmsweise zulässig, wenn die Besorgnis besteht, daß sich der Mieter der rechtzeitigen Räumung entziehen werde (§ 259 ZPO). Es ist Sache des Klägers, für diese Prozeßvoraussetzung schlüssige Tatsachen vorzutragen. Nach einer durch den Vermieter ausgesprochenen Kündigung (oder bei befristeten Mietverhältnissen vor dem Beendigungstermin) ist eine solche Besorgnis der nicht rechtzeitigen Räumung durch den Mieter in folgenden Fällen gegeben: wenn der Mieter die Wirksamkeit der Kündigung des Vermieters oder seine Räumungsverpflichtung bestreitet; wenn er erklärt, er werde oder könne nicht räumen (oder erst dann, wenn er eine passende Wohnung gefunden habe); wenn der Mieter um eine Räumungsfrist nachgesucht oder wenn der Kündi- 206 gungswiderspruch gem. § 556 a BGB eingelegt hat (bei befristeten Mietverhältnissen gem. § 556 b BGB) (vgl. dazu im einzelnen *Pergande* § 259 ZPO Anm. 2). Das Schweigen des Mieters rechtfertigt die Besorgnis nicht, selbst wenn er vom Vermieter zu einer Stellungnahme aufgefordert worden ist, ob er fristgemäß ausziehen werde (AG Köln ZMR 77, 240). Die Besorgnis der nicht rechtzeitigen Räumung kann jedoch eine Klage auf künftige Räumung dann nicht rechtfertigen, wenn sich der Mieter weigert, auf Grund einer unwirksamen Kündigung zu räumen (LG Karlsruhe WM 74, 243).

207  Eine Räumungsklage ist in der Regel als unzulässig abzuweisen, wenn zum Zeitpunkt der letzten mündlichen Verhandlung die Frist zur Erhebung eines Kündigungswiderspruchs (§ 556 a Abs. 6 BGB) noch nicht abgelaufen ist (vgl. LG Berlin ZMR 80, 143 = WM 80, 135 m. w. N.). Der Vermieter ist praktisch gezwungen, bei der Klageerhebung den Ablauf der Widerspruchsfrist abzuwarten (*Pergande* § 259 ZPO Anm. 3 m. w. N.). Der Vermieter kann demnach den Mieter vor Ablauf der Kündigungswiderspruchsfrist nicht zu einer verbindlichen Antwort darüber zwingen, ob er fristgemäß ausziehen werde. Hat der Mieter jedoch schon Kündigungswiderspruch erhoben, so ist die Klage auf künftige Räumung auch schon vor Ablauf der Widerspruchsfrist zulässig (AG Mannheim DWW 79, 19; LG Bochum WM 83, 56), ebenso wenn der Mieter vor Ablauf der Widerspruchsfrist den vom Vermieter angegebenen Kündigungsgrund ernsthaft bestreitet (OLG Karlsruhe (RE) WM 83, 253 = DWW 83, 173).

208  c) Unzulässig ist es für den Vermieter, eine Klage auf Feststellung der Beendigung des Mietverhältnisses zu erheben, da das erforderliche Feststellungsinteresse (§ 256 ZPO) im Hinblick auf die Möglichkeit der Erhebung einer Räumungsklage fehlt. Jedoch kann der Vermieter eine Feststellungsklage als Zwischenfeststellungsklage gem. § 256 Abs. 2 ZPO erheben.

209  d) Eine **einstweilige Verfügung auf Räumung von Wohraum** ist **nicht zulässig, es sei denn** zur Wiederherstellung eines **durch verbotene Eigenmacht** verlorenen Besitzes (§ 940 a ZPO). Zur Räumung von Wohnraum bedarf es grundsätzlich eines mindestens vorläufig vollstreckbaren Titels (Urteil oder Räumungsvergleich). Ein Selbsthilferecht des Vermieters gegen den Mieter auf Räumung oder Besitzentziehung besteht nicht, auch nicht bei schweren Pflichtverstößen des Mieters. Auch wenn ein Mietverhältnis nicht oder nicht mehr besteht, hat der Eigentümer gegen den Wohnraumbesitzer kein Selbsthilferecht, es sei denn sofort nach Besitzentziehung gegen denjenigen, der den Besitz durch verbotene Eigenmacht erlangt hat (§ 859 Abs. 3 BGB).

210  e) Der **Mieter** kann **auf Feststellung klagen, daß** die **Kündigung des Vermieters unwirksam** ist. Hierbei ist ein Rechtsschutzinteresse (§ 256 ZPO) in der Regel zu bejahen, weil der Mieter ein berechtigtes Interesse daran hat, zu wissen, ob das Mietverhältnis beendet ist oder fortbesteht (OLG Düsseldorf NJW 70, 2027; LG Hamburg WM 65, 69; AG Pinneberg WM 79, 193; AG Hamburg-Blankenese WM 80, 55) und diese Frage durch Kündigungswiderspruch nicht geklärt werden kann (vgl. LG Hamburg WM 65, 69 und 103). Das Rechtsschutzinter-

esse ist auch dann zu bejahen, wenn die Wirkung der Kündigung erst in Zukunft eintreten soll (AG Miesbach WM 77, 215). Eine solche Feststellungsklage des Mieters ist auch zuzulassen, wenn die vorherige Räumungsklage des Vermieters rechtskräftig abgewiesen wurde, jedoch ein besonderes Rechtsschutzbedürfnis – z. B. Abwehr von Schadenersatzansprüchen – besteht (vgl. BGH NJW 65, 693 = MDR 65, 479 = DWW 65, 12).

f) Der Mieter kann auch eine **Klage auf Feststellung des Fortbestandes des Mietverhältnisses** erheben. Klagt er daneben gem. oben zu e), so können beide Klagen miteinander verbunden werden (§ 260 ZPO). Eine solche Klage des Mieters kann im Räumungsrechtsstreit als Zwischenfeststellungsklage erhoben werden, wenn für eine dahingehende Entscheidung ein über den Räumungsantrag hinausgehendes Rechtsschutzinteresse vorliegt (AG Weinheim WM 78, 125). 211

g) Die Klage des Vermieters auf Räumung und die Klagen des Mieters können jeweils **als Widerklage** gegenüber der vom anderen Vertragsteil erhobenen Klage geltend gemacht werden. 212

h) Der Kläger kann im Rahmen einer Räumungsklage, der Beklagte durch Widerklage erreichen, daß ein streitiges Rechtsverhältnis, von dessen Bestehen oder Nichtbestehen die Entscheidung abhängt (z. B. das Bestehen eines geschützten Wohnraummietverhältnisses) im Wege der **Zwischenfeststellungsklage** (§ 256 Abs. 2 ZPO) durch richterliche Entscheidung festgestellt werde. 213

i) Ein Urteil des Vermieters gegen den Hauptmieter wirkt nicht unmittelbar **gegen einen Untermieter** (anders nur, wenn dieser den Besitz erst nach Rechtshängigkeit erlangt hat, vgl. § 325 ZPO). Ratsam ist es daher, in solchen Fällen gegen den Mieter und den Untermieter zugleich zu klagen (*Palandt/Putzo* § 556 Anm. 4). Hat der Mieter den Gebrauch des Wohnraums einem Dritten überlassen (z. B. dem Untermieter), so hat der Vermieter einen direkten Räumungsanspruch gegen diesen Dritten gem. § 556 Abs. 3 BGB, wenn das Hauptmietverhältnis beendet ist und der Dritte zur Räumung aufgefordert wurde (z. B. auch durch Klageerhebung). 214

### 3. Schlüssigkeit der Räumungsklage

a) Es ist Sache des Vermieters als Kläger, diejenigen Tatsachen vorzutragen, welche eine Räumungsklage schlüssig machen, so daß ihm nach seinem Vortrag ein Anspruch auf Räumung gem. § 556 Abs. 1 BGB zusteht. Die Erhebung einer Räumungsklage setzt nicht etwa als Prozeßvoraussetzung eine vorherige außerprozessuale Kündigungserklärung voraus (a. A. AG Köln WM 74, 105). Eine solche Absicht kann aus § 564 b Abs. 3 und § 556 a Abs. 1 S. 3 BGB nicht abgeleitet werden. Vielmehr kann materiellrechtlich der Zugang der Kündigungserklärung auch in der Zustellung der Räumungsklage liegen (vgl. dazu Rn 14). Bei fehlender vorausgegangener Kündigung ist allerdings bei sofortigem Anerkenntnis des beklagten Mieters § 93 ZPO zu beachten. 215

215a  Der Räumungsanspruch des Vermieters (§ 556 Abs. 1 BGB) setzt die **Beendigung des Mietverhältnisses** voraus. Das Mietverhältnis kann entweder **durch Kündigung** einer Vertragspartei (ordentliche, außerordentliche befristete oder fristlose Kündigung) **oder** durch einen **Mietaufhebungsvertrag** beendet werden. In allen diesen Fällen ist § 568 BGB zu beachten, wonach sich das Mietverhältnis auf unbestimmte Zeit verlängert, wenn der Mieter den Gebrauch fortsetzt und keine Partei der Verlängerung fristgemäß widerspricht (vgl. Näheres Rn 19). Über Rechtsfragen zum Mietaufhebungsvertrag vgl. *Häring* WM 72, 133 ff. Beruft sich der auf Räumung klagende Vermieter auf einen zustande gekommenen Mietaufhebungsvertrag, so hat er dafür die Beweislast, wozu konkrete Umstände, nicht bloße Behauptung des Vertragsschlusses vorgetragen werden müssen (LG Mannheim DWW 73, 181). Ein Mietaufhebungsvertrag erfordert zweifelsfreie und übereinstimmende Willenserklärungen der Vertragspartner über ihren verbindlichen Entschluß, das Mietverhältnis im beiderseitigen Einvernehmen zu beenden (AG Waiblingen WM 79, 123; vgl. *Schmidt-Futterer/Blank* B 91). Erforderlich ist eine feste Vereinbarung der Aufhebung des Mietvertrags zu einem bestimmten Zeitpunkt (LG Köln WM 80, 101). Die **Umdeutung einer außerordentlichen Kündigung** in ein Angebot zum Abschluß eines Mietaufhebungsvertrags ist regelmäßig nicht möglich, da auch im Mietrecht grundsätzlich Schweigen als Ablehnung gilt; ausnahmsweise aber doch, wenn der Erklärung zu entnehmen ist, daß mit einer Stellungnahme des Empfängers gerechnet werde oder wenn eine Umdeutung den beiderseitigen Interessen entspricht (BGH ZMR 81, 84 = WM 81, 57 = NJW 81, 43 = MRS 1 Nr. 75). Auf eine unwirksame Kündigung oder ein Vertragsangebot braucht der Empfänger nicht zu antworten; insbes. ist **Schweigen** dann nicht als Annahme zu werten, wenn der Vertragsschluß rechtliche oder wirtschaftliche Nachteile bringt (BGH a. a. O.). Ein Aufhebungsvertrag bei **mehreren Mietern** (z. B. Ehepaar) erfordert, wenn **einer** aus der Wohnung **auszieht,** bei jedem einzelnen Vertragspartner den entsprechenden Willen. Beim Vermieter ist ein Aufhebungswille nicht schon in der Entgegennahme der Miete von dem in der Wohnung verbliebenen Mieter zu sehen; auch kann das Einverständnis des in der Wohnung verbliebenen Mieters nicht aus dem Auszug des anderen und einer jahrelangen Trennung der Mieter hergeleitet werden, selbst bei Einverständnis mit der Trennung (BayObLG (RE) WM 83, 107 = DWW 83, 71 m. Anm. *Pfeifer*).

Fordert der Vermieter den Mieter mehrfach zur unverzüglichen Räumung auf, und räumt der Mieter einige Zeit später nach Vorankündigung die Wohnung ohne Räumungsfrist, so liegt darin ein **Verzicht des Vermieters auf** die Einhaltung der gesetzlichen **Kündigungsfrist** (§§ 133, 157 BGB), so daß über den Auszugszeitpunkt hinaus Mietzins nicht zu zahlen ist (LG Braunschweig WM 83, 138).

216  b) Über die **Voraussetzungen einer schlüssigen bzw. begründeten Räumungsklage** des Vermieters in dem häufigsten Fall der Beendigung eines geschützten Mietverhältnisses auf unbestimmte Zeit durch ordentliche Kündigung des Vermieters vgl. die **Übersicht RV** im Anhang II zu A I und II, bei eingelegtem

Kündigungswiderspruch auch zu III. Zu einer schlüssigen Klage gehört insbesondere auch die Angabe des Beginns der Überlassung (wegen der Dauer der Kündigungsfrist) und bei abgelaufener Kündigungsfrist ein Vortrag, aus dem sich die Nichtfortsetzung des Mietverhältnisses gem. § 568 BGB ergibt.

c) Bei einer Klage auf künftige Räumung gehört zur Schlüssigkeit des Klagvortrags die Behauptung, daß der Mietvertrag an einem bestimmten künftigen Tage endet, sei es nach Ablauf der Kündigungsfrist oder nach Ablauf der vereinbarten Mietzeit. 217

d) Stützt der Kläger seinen **Räumungsanspruch** während des Rechtsstreits **auf** eine **neue Kündigung,** so ist dies eine Änderung des Streitgegenstands (der nach h. M. durch Antrag und Lebenssachverhalt bestimmt wird) und damit keine bloße Ergänzung oder Berichtigung der tatsächlichen Ausführungen (vgl. § 262 Nr. 1 ZPO), sondern **eine Klageänderung,** so daß § 263 ZPO einschlägig ist: erforderlich Einwilligung des Beklagten oder Zulassung als sachdienlich (OLG Zweibrücken (RE) ZMR 82, 112 = WM 81, 178 = DWW 82, 119 = MDR 81, 585 = MRS 1 Nr. 69; *Palandt/Putzo* Anm. 5 d; a. A. *Schmidt-Futterer/Blank* B 552; vgl. auch *Sternel* IV 65); nach OLG Zweibrücken ist diese Klagänderung **nicht stets als sachdienlich zuzulassen** (a. A. *Löwe* NJW 72, 2017; *Palandt/Putzo* a. a. O.). Vgl. auch Rn 145. 218

Der Vermieter kann eine **erneute Räumungsklage** nicht auf tatsächliche Gründe stützen, mit denen er eine frühere, jedoch rechtskräftig abgewiesene Räumungsklage begründet hat (LG Hamburg WM 79, 125 = MDR 78, 847 m. krit. Anm. *Schopp* MDR 79, 57 unter Hinweis auf das fehlende Rechtsschutzinteresse für die zweite Räumungsklage bei gleichem Kündigungssachverhalt und auf BGHZ 43, 144 = MDR 65, 479). Solche Gründe kann er nur noch unterstützend zusammen mit neuen Tatsachen vorbringen.

e) Sind **mehrere Mieter** vorhanden, so haften sie bezüglich des Herausgabeanspruchs (§ 556 Abs. 1 BGB) als **Gesamtschuldner.** Denn es handelt sich bei der **Räumung** um eine **unteilbare Leistung** (§ 431 BGB; vgl. BGH ZMR 76, 44 = NJW 76, 287 = MDR 76, 218; *Schmidt-Futterer/Blank* B 127). Ist von mehreren Mietern **einer aus dem Wohnraum ausgezogen** (z. B. bei inzwischen geschiedenen Eheleuten), so ist gleichwohl die gegen alle Mieter gerichtete Klage begründet. Durch den Auszug eines Mieters wird **dessen Mietverhältnis nicht beendet** und der Herausgabeanspruch gegen ihn nicht zum Erlöschen gebracht (*Palandt/Putzo* § 556 Anm. 1 d; *Sternel* V 7). Zu einer Lösung eines von mehreren Mietern aus dem Mietverhältnis ist **vielmehr ein Mietaufhebungsvertrag zwischen dem Vermieter und sämtlichen Mietern erforderlich,** wobei das stillschweigende Einverständnis des Vermieters zu einem solchen Ausscheiden eines einzelnen Mieters regelmäßig nicht angenommen werden kann (vgl. auch Rn 215 a). Abzulehnen ist die Ansicht des LG Koblenz (ZMR 76, 48 m. Anm. *Schläger* ZMR 76, 34), wonach nach der Scheidung von Eheleuten der ausgezogene Ehegatte keine rechtliche oder tatsächliche Einwirkungsmöglichkeit auf den noch besitzenden Partner bezüglich der Erfüllung der Räumungspflicht habe und 219 daher wegen nicht zu vertretenden Unvermögens gem. § 275 Abs. 2 BGB von der Räumungspflicht befreit sei.

Jedoch kann ein gesamtschuldnerisch verpflichteter Mitmieter auf **Herausgabe nicht mehr** in Anspruch genommen werden, **wenn** er den **Besitz** der Wohnung **endgültig aufgegeben und dies dem Vermieter mitgeteilt hat** (OLG Schleswig (RE) ZMR 83, 15 = WM 82, 264 = DWW 82, 275 = NJW 82, 2672 = MRS 2 Nr. 98).

Die Räumungsklage wird zweckmäßigerweise gegen alle Mieter gerichtet, solange die Räumung noch nicht von allen bewirkt ist. Sie kann jedoch auch, da Gesamtschuld, gegen einen von ihnen gerichtet werden.

219 a  f) Für die Räumungsvollstreckung ist ein **besonderer Räumungstitel nicht erforderlich** gegen den nicht mietenden, mitbesitzenden Ehegatten des Mieters, wenn dieser (Regelfall) das Besitzrecht nicht vom Vermieter ableitet (h. M.; OLG Frankfurt MDR 69, 882; LG Berlin ZMR 80, 319; LG Kiel WM 82, 304; *Thomas/Putzo* § 885 ZPO Anm. 2 b), ebenso gegen den Lebensgefährten des Mieters unter den gleichen Voraussetzungen (LG Darmstadt WM 81, 113).

Ein besonderer Titel ist jedoch **erforderlich:** a) gegen beide Ehegatten, wenn beide Mieter sind, b) gegen den nicht mietenden Ehegatten, welcher infolge Getrenntlebens Alleinbesitzer geworden ist (h. M.; a. A. zu Recht *Sternel* I, 11 m. w. N.), c) gegen den Untermieter des verklagten Mieters.

## 4. Gerichtliche Entscheidung

220  a) Hält das Gericht eine Räumungsklage des Vermieters deswegen für unbegründet, weil ein **Kündigungswiderspruch des Mieters begründet** ist, so hat es im Urteil ohne Antrag (also von Amts wegen) auszusprechen, für welche Dauer und unter welchen **Änderungen der Vertragsbedingungen** das Mietverhältnis fortgesetzt wird (**§ 308 a ZPO**). Vor dem Ausspruch sind die Parteien zu hören. Der Ausspruch ist selbständig anfechtbar.

221  b) Das Urteil auf Räumung ist ein **Leistungsurteil** (bzgl. des Klagantrags vgl. oben Rn 205).

Gegenüber dem Räumungsanspruch des Vermieters (§ 556 Abs. 1 BGB) kann ein **Zurückbehaltungsrecht** des Wohnraummieters wegen seiner Ansprüche gegen den Vermieter **nicht** geltend gemacht werden (§ 556 Abs. 2 BGB).

222  c) Bezüglich der **Kostenentscheidung** ist neben den allgemeinen Vorschriften der §§ 91 ff. ZPO vor allem die **Sondervorschrift des § 93 b ZPO** zu beachten, wonach entgegen dem Grundsatz des § 91 ZPO auch der Prozeßsieger zur Kostentragung verurteilt werden kann, wenn er berechtigte Belange des Gegners (Angabe seiner Gründe bzw. Gewährung einer Räumungsfrist) nicht berücksichtigt.

223  Erkennt der Mieter den Räumungsanspruch sofort an, wird ihm jedoch vom Gericht eine Räumungsfrist bewilligt, so können dem Vermieter ganz oder teilweise die Prozeßkosten auferlegt werden, wenn der Mieter schon vor Erhe-

bung der Räumungsklage unter Angabe von Gründen eine angemessene Räumungsfrist oder die Fortsetzung des Mietverhältnisses vom Vermieter vergeblich begehrt hatte (§ 93 b Abs. 3 ZPO). Durch diese Vorschrift soll der Vermieter veranlaßt werden, von sich aus dem Mieter eine angemessene Räumungsfrist zu gewähren, wenn der Mieter unter Angabe von Gründen darum nachgesucht hat.

Auch kann der im Räumungs- oder Fortsetzungsverfahren obsiegende Vermieter 224 die Kosten tragen müssen, wenn er seine berechtigten Beendigungsinteressen nicht rechtzeitig dem Mieter bekanntgegeben hat (§ 93 b Abs. 1 ZPO). Umgekehrt können dem obsiegenden Mieter die Kosten auferlegt werden, wenn er seine Widerspruchsgründe auf Verlagen des Vermieters nicht unverzüglich angegeben hat (§ 93 b Abs. 2 ZPO).

d) Das Räumungsurteil ist auch ohne Antrag ohne Sicherheitsleistung (unabhängig 225 von der Höhe des Streitwertes) für **vorläufig vollstreckbar zu erklären** (§ 708 Nr. 7 ZPO), wobei die Abwendungsbefugnis gem. § 711 ZPO auszusprechen ist. Bei Versäumnis- und Anerkenntnisurteilen auf Räumung ergibt sich die vorläufige Vollstreckbarkeit aus § 708 Nr. 1, 2 ZPO (ohne Abwendungsbefugnis).

e) Der **Streitwert** ist bei einer Räumungsklage auf den Betrag des Mietzinses 226 festzusetzen, welcher auf die noch streitige Zeit entfällt, **höchstens** jedoch auf die **Dauer eines Jahres** (§ 16 Abs. 2 GKG). Dasselbe gilt, wenn das Bestehen oder die Dauer des Mietverhältnisses streitig sind, z. B. bei einer Feststellungsklage (§ 16 Abs. 1 GKG). Werden Räumungsklage und Fortsetzungsanspruch (gem. der Sozialklausel) im gleichen Prozeß verhandelt, so werden die Streitwerte nicht zusammengerechnet (vgl. § 16 Abs. 3 GKG).

Streitig ist, **welcher Mietzins** als Streitwert zugrunde zulegen ist, die Grundmiete ohne Betriebskosten (LG Hannover WM 79, 39 m. abl. Anm. *Lepzynski*; LG Ulm WM 79, 197; LG Augsburg WM 80, 205; LG Stuttgart MDR 83, 763), die Grundmiete einschließlich gewisser Betriebskosten, die im Verkehr als Entgelt für die Gebrauchsüberlassung der Wohnung angesehen werden (BGHZ 18, 168 = ZMR 55, 369; LG Wuppertal WM 82, 142 (Ls.); *Treier* GrundE 78, 200; *Gelhaar* ZMR 82, 359) oder die Bruttomiete einschließlich der Nebenkostenvorauszahlungen (LG Heilbronn MDR 81, 238; *Sternel* IV 41; *Schmidt-Futterer/Blank*, Mietrecht von A–Z, Stichwort: Kosten des Mietprozesses, II; LG Köln AnwBl. 81, 286; AG Bergheim ZMR 82, 190). Meines Erachtens ist als Mietzins die **Bruttokaltmiete** zugrunde zulegen, also das Entgelt einschl. Betriebskosten mit Ausnahme der Nebenleistungen wie Wasser, Strom, Gas und Heizung (so LG Wuppertal WM 82, 142 (L)).

Der Jahresmietzins ist auch bei einer nur auf § 985 BGB gestützten Räumungsklage zugrunde zulegen, wenn der Beklagte schlüssig das Bestehen eines Mietvertrages einwendet (BGHZ 48, 177; LG München I WM 82, 305).

## 5. Entscheidung über Räumungsfrist

Schrifttum: *Buche*, Rechtsprechung zur Räumungsfrist nach § 721 ZPO und zum Räumungsvollstreckungsschutz nach § 765 a ZPO, MDR 72, 189.

Für Kostenentscheidung gem. § 788 ZPO im Räumungsfristverfahren vgl. *Schmid* ZMR 82, 129; LG München I WM 82, 81.

227 Bei Verurteilung zur Räumung von Wohnraum (gleichgültig aus welchem Rechtsgrund) hat das **Gericht von Amts wegen** über die Bewilligung einer angemessenen Räumungsfrist zu entscheiden (§ 721 ZPO).

Dies gilt auch bei Verwerfung des Einspruchs durch 2. Versäumnisurteil (LG München I WM 82, 81).

Auch wenn Mischräume nach der Übergewichtstheorie als Geschäftsräume anzusehen sind, ist § 721 ZPO auf die Wohnräume anwendbar, soweit eine getrennte Herausgabe der Wohnräume möglich ist (LG Mannheim ZMR 74, 48 m. w. N. = WM 74, 37; LG Kiel WM 76, 132). Dies ist eine Nebenentscheidung des Urteils bzw. des Räumungsverfahrens, durch welche eine Stundung der Rückgabeverpflichtung (und damit der Räumungsvollstreckung) bewirkt wird. In der Regel wird der Mieter einen entsprechenden Antrag stellen. Außergerichtlich muß er dem Vermieter einen bestimmten oder wenigstens bestimmbaren Zeitraum für die Räumungsfrist nennen (LG Münster WM 79, 17). Wird der Antrag bei der Entscheidung übergangen, so kann das Räumungsurteil gem. § 321 ZPO durch nachträgliche Entscheidung ergänzt werden (§ 721 Abs. 2 ZPO).

228 Bei einem Urteil auf künftige Räumung kann regelmäßig eine Räumungsfrist noch nicht bewilligt werden. Hier ist nachträglich eine angemessene Räumungsfrist zu gewähren, wenn der Antrag spätestens zwei Wochen vor dem Tag gestellt wird, an dem nach dem Urteil zu räumen ist (§ 721 Abs. 2 ZPO).

229 Auch bei einem gerichtlichen Räumungsvergleich kann eine angemessene Räumungsfrist nach den gleichen Grundsätzen gewährt werden (§ 794 a ZPO), wenn der Antrag spätestens zwei Wochen vor dem für die Räumung bestimmten Tag gestellt wird.

Diese Frist kann auch verlängert werden. Es kann auch die nach Abschluß eines gerichtlichen Räumungsvergleichs außergerichtlich vereinbarte oder verlängerte Räumungsfrist verlängert werden (LG Ulm WM 81, 164 = MDR 80, 944).

229a Der Mieter (Räumungsschuldner) kann **auf** sein Recht auf Bewilligung bzw. Verlängerung einer **Räumungsfrist** (§§ 721, 794 a ZPO) **rechtswirksam verzichten,** wenn der Verzicht nicht schon bei Mietvertragsabschluß, sondern erst während des Mietverhältnisses (z. B. anläßlich eines Mietaufhebungsvertrages) oder nach seiner Beendigung (z. B. während des Räumungsrechtsstreits anläßlich eines Räumungsvergleichs) gegenüber dem Vermieter erklärt wird (h. M., so *Schmidt-Futterer* NJW 65, 19, 23; *Schmidt-Futterer/Blank* B 326; *Hoffmann* MDR 65, 170, 176; *Thomas/Putzo* § 721 ZPO Anm. 2 b, ee; *Stein-Jonas/Münzberg* § 721 ZPO Rn 16; *Zöller-Geimer* § 721 ZPO Anm. III; a. A. *Hans* § 721 ZPO Anm. B 1; *Sternel* VI 51 wegen der sozialpolitischen Schutzwirkung mit Auswirkung der Obdachlosigkeit auch auf die Allgemeinheit). Die §§ 721, 794 a ZPO enthalten nicht die sonst im sozialen Mietrecht häufige Bestimmung, daß abweichende Vereinbarungen zum Nachteil des Mieters unwirksam sind (vgl. z. B. §§ 564 b Abs. 6, 556 a Abs. 7 BGB, 10 Abs. 1 Hs. 1 MHG). Da der Mieter sogar durch (formlosen!) Mietaufhebungsvertrag auf die Schutzwirkung des gesamten Kündigungs- bzw. Bestandsschutzes verzichten kann, wäre es unverständlich, wenn er nicht auf einen verhältnismäßig unbedeutenden Teilbereich daraus, nämlich die Räumungsfristbewilligung verzichten könnte, zumal grundsätzlich der Inhaber von bürgerlichrechtlichen Rechtsstellungen auf diese Rechtsstellung (einseitig) verzichten kann, auch bei Gestaltungsrechten (vgl. *Palandt/Putzo* § 397 BGB Anm. 1 a; BGH LM § 326 (I) Nr. 2). Die §§ 721, 794 a ZPO sind soziale Schutzvorschriften vorwiegend zugunsten des Räumungsschuldners selbst, sie sind weniger im öffentlichen Interesse wegen der drohenden Obdachlosigkeit geschaffen worden (anders jedoch § 765 a ZPO). Außerdem spricht ein erhebliches praktisches Bedürfnis für die Zulassung eines solchen Verzichts, da in der Praxis oft nur bei Erklärung eines solchen Verzichts durch den Räumungsschuldner ein von beiden Parteien angestrebter Räumungsvergleich zustande kommt, durch welchen beide Parteien Klarheit über die Dauer des Verbleibens des Räumungsschuldners haben. Gerade im sozialen Mietrecht sollte einer gütlichen Einigung der Parteien nach Möglichkeit kein Hindernis in den Weg gelegt werden.

Sowohl beim Urteil als auch beim gerichtlichen Vergleich kann die bewilligte Räumungsfrist auf rechtzeitig gestellten Antrag verlängert oder verkürzt werden. **Insgesamt** darf die Räumungsfrist jedoch **nicht länger als ein Jahr** betragen. Diese Frist rechnet bei einem Urteil ab Rechtskraft, bei einem Vergleich ab Vergleichsabschluß. Lautet das Urteil oder der Vergleich jedoch auf künftige Räumung, so rechnet die Jahresfrist ab dem künftigen Räumungstage. 230

Die Entscheidung kann ohne mündliche Verhandlung ergehen. Zuständig ist das Amtsgericht, während des Berufungsverfahrens jedoch das Landgericht.

Das Familiengericht ist zuständig zur Entscheidung über die Verlängerung einer Räumungsfrist aus einem Vergleich über die Räumung der Ehewohnung im Hausratsverfahren; Entscheidung nicht gem. § 794 a ZPO, sondern gem. § 17 HausratsVO (OLG Karlsruhe Die Justiz 79, 438).

Außergerichtlich sollte der Vermieter bei einem ordnungsgemäß gestellten und begründeten Räumungsfristgesuch des Mieters eine Räumungsfrist von sich aus bewilligen. Denn wenn er ein solches Gesuch ignoriert und Räumungsklage erhebt, sind ihm bei sofortigem Anerkenntnis des Mieters gem. § 93 b Abs. 3 ZPO die Kosten des Rechtsstreits aufzuerlegen (LG Mannheim MDR 70, 333; LG Stade WM 83, 116). Erledigt sich der Räumungsanspruch in der Hauptsache, ist im Rahmen von § 91 a ZPO (Kostenentscheidung) § 93 b Abs. 3 ZPO zu berücksichtigen (LG Bonn WM 83, 117). 230a

## 6. Rechtsmittel

Gegen das auf Räumung lautende Urteil des Amtsgerichts ist als Rechtsmittel die **Berufung an das Landgericht** gegeben. Das gleiche gilt gegen Entscheidungen 231 nach § 308 a ZPO (Ausspruch über Dauer der Fortsetzung des Mietverhältnisses und Änderungen der Vertragsbedingungen). Soweit bei einem Räumungsurteil allein die Entscheidung über die Räumungsfrist angefochten wird, ist auch sofortige Beschwerde zulässig. Das gleiche gilt, soweit ein Beschluß über die Räumungsfrist angefochten wird.

232 Gegen die Entscheidung des Landgerichts als Berufungsgericht gibt es kein weiteres Rechtsmittel, das Landgericht entscheidet also als letzte Instanz. Gegen die Entscheidung des Beschwerdegerichts gibt es keine weitere Beschwerde.

233 Bei Rechtsfragen des Wohnraummietrechts hat das Landgericht als Berufungsinstanz, wenn es von einer Entscheidung eines höheren Gerichts abweichen will oder eine Rechtsfrage von grundsätzlicher Bedeutung vorliegt, den **Rechtsentscheid des Oberlandesgerichts bzw. des BGH** herbeizuführen (Art. III des 3. MRÄndG). Auch dem Landgericht als Beschwerdeinstanz soll dies zustehen, wenn der Gegenstand des Beschwerdeverfahrens in einem engeren inneren Zusammenhang mit einer Rechtsfrage des materiellen Wohnraummietrechts steht und die Entscheidung des Landgerichts über die Beschwerde die Entscheidung der Rechtsfrage aus dem materiellen Wohnraummietrecht voraussetzt (KG (RE) ZMR 83, 140 = WM 82, 262 = GrundE 82, 785; a. A. OLG Hamm (RE) ZMR 81, 219 = WM 81, 124 = DWW 82, 123 = NJW 81, 2585 = MRS 1 Nr. 1).

### 7. Vollstreckungsschutz

Schrifttum: Vgl. vor Rn 227; *Noack,* Räumungsvollstreckung und Räumungsschutz mit Nebenwirkungen, ZMR 78, 65; derselbe ZMR 81, 33.

234 Neben den Räumungsfristen (vgl. oben zu 5) hat der Räumungsschuldner (wie jeder Schuldner) die Möglichkeit, Vollstreckungsschutz zu erhalten (**§ 765 a ZPO**). Dies kommt insbesondere in Betracht, wenn die Möglichkeiten der Bewilligung einer (bis zu 1jährigen) Räumungsfrist ausgeschöpft sind (LG Siegen WM 80, 186 (L)). Da grundsätzlich der Vollstreckungsgläubiger in seinen Interessen geschützt werden muß, gemäß seinem Vollstreckungstitel auch vollstrecken zu können, wird Vollstreckungsschutz nur in engbegrenzten Ausnahmefällen gewährt. Die Vollstreckung des Räumungstitels muß wegen ganz besonderer Umstände – z. B. schwere Krankheit, kurzfristige Aussicht auf Ersatzwohnung (z. B. verzögerte Neubaufertigstellung um 4 Monate (LG Osnabrück WM 80, 256 (L)), drohende Obdachlosigkeit, kurze Zeit vor oder nach Entbindungstermin der Mieterin (OLG Frankfurt WM 81, 46; AG Schwetzingen DWW 78, 264) – für den Schuldner eine Härte bedeuten, welche mit den guten Sitten nicht vereinbar ist, wobei jedoch das Schutzbedürfnis des Vollstreckungsgläubigers voll zu würdigen ist. Die Vollstreckung muß ein sittenwidriges Ergebnis haben (OLG Hamm NJW 68, 2247; WM 83, 267). Der bloße Verlust des Wohnraums als solcher ist keine solche Härte, da er bei jeder Räumungsverurteilung eintritt. Grundsätzlich muß das Vollstreckungsbedürfnis des Vollstreckungsgläubigers Vorrang haben. Eine schlichte Abwägung der beiderseitigen Interessen findet nicht statt (vgl. *Roquette,* nach § 556, 20). Häufigster Fall in der Praxis für die Gewährung von Vollstreckungsschutz ist die sichere oder

wenigstens wahrscheinliche Aussicht des Schuldners, in kürzerer Zeit (bis zu ca. zwei Monaten) eine Ersatzwohnung zu erhalten, demnach die Vermeidung eines zweimaligen Umzugs des Schuldners innerhalb kurzer Zeit (LG Siegen WM 80, 186 (L)).

Der Schuldner kann auf den Vollstreckungsschutz gem. § 765 a ZPO nicht (im voraus) wirksam verzichten, da öffentlich-rechtliche Belange betroffen sind (LG Osnabrück WM 80, 256 (L)).

Das Gericht kann eine Vollstreckungshandlung untersagen oder die Zwangsvollstreckung einstweilen einstellen, wobei es sich nur um eine vorübergehende und daher zu befristende Maßnahme handeln kann. Für die Entscheidung über das Vollstreckungsschutzgesuch ist beim Amtsgericht der Rechtspfleger zuständig (§ 20 Nr. 17 RPflG). Gegen seine Entscheidung gibt es die befristete Erinnerung (Durchgriffserinnerung) an den Amtsrichter bzw. das Landgericht (§ 11 RPflG), gegen die Entscheidung des Landgerichts (Beschwerdekammer) unter Umständen weitere Beschwerde an das Oberlandesgericht (§ 568 Abs. 2 ZPO).  235

Der Gerichtsvollzieher kann eine Räumungsvollstreckung von sich aus bis zur Entscheidung des Vollstreckungsgerichts, längstens jedoch bis zu einer Woche aufschieben, wenn ihm die Voraussetzungen der Gewährung von Vollstreckungsschutz gem. § 765 a Abs. 1 ZPO glaubhaft gemacht werden und dem Schuldner die rechtzeitige Anrufung des Vollstreckungsgerichts nicht möglich war (§ 765 a Abs. 2 ZPO).  236

### 8. Vollstreckung des Räumungstitels

Schrifttum: Zur Durchführung der Räumungsvollstreckung mit Nebenfolgen vgl. *Noack* ZMR 81, 33 ff.; zu den Kosten der Vollstreckung *Noack* ZMR 78, 65; 82, 225. Zum Ersatzanspruch des auf Grund Räumungsurteils ausgezogenen Mieters gem. § 717 Abs. 2 ZPO *Landsberg* ZMR 82, 69. Bezüglich der vollstreckungsrichterlichen Durchsuchungsanordnung vgl. das unter Rn 237 b angegebene Schrifttum.  237

Ein Titel (Urteil oder Vergleich) auf Räumung und Herausgabe von Räumen wird in der Weise vollstreckt, daß der Gerichtsvollzieher den Schuldner aus dem Besitz setzt und den Gläubiger in den Besitz einweist (**§ 885 ZPO**). Der Gerichtsvollzieher hat dabei die in den Räumen befindlichen beweglichen Sachen des Schuldners wegzuschaffen und dem Schuldner oder einem Bevollmächtigten von ihm zu übergeben oder zur Verfügung zu stellen. Ist für den Schuldner niemand anwesend, so sind die Sachen auf Kosten des Schuldners in das Pfandlokal zu schaffen oder anderweitig in Verwahrung zu bringen. Der Gerichtsvollzieher muß den Zwangsräumungstermin dem Schuldner so rechtzeitig mitteilen, daß dessen Belange gewahrt sind, regelmäßig ca. 2 Wochen vorher (AG Frankfurt WM 83, 87 m. w. N.).

Die **Vollstreckung** eines Räumungstitels **kann verwirkt** und daher unzulässig sein, insbesondere bei längerem Zeitablauf bis zur Vollstreckung oder bei — eventuell stillschweigendem — Abschluß eines neuen Mietvertrags zwischen den  237a

Parteien (vgl. LG Düsseldorf MDR 79, 496: neuer Mietvertrag nach über einjähriger Nichtvollstreckung bei Mietzinsfortzahlung; vgl. auch LG Hagen WM 82, 139 (L): Vereinbarung eines neuen Mietverhältnisses u. a. im Verlangen des Vermieters auf Erhöhung der Nebenkostenzahlungen). Jedoch kann ein solcher Neuabschluß eines Mietvertrags nach einem Räumungstitel nur in besonderen Ausnahmefällen gesehen werden. Vgl. OLG Hamm (RE) ZMR 82, 13 = MDR 82, 147 = NJW 82, 341 = MRS 1 Nr. 88 zur Verwirkung eines Räumungsurteils wegen Zahlungsverzugs.

237b Gem. Art. 13 Abs. 2 GG ist für die **„Durchsuchung"** einer Wohnung eine richterliche Anordnung erforderlich, außer bei Gefahr im Verzuge. Dies gilt auch im Rahmen gewisser Zwangsvollstreckungsmaßnahmen, z. B. gem. § 758 ZPO (vgl. BVerfG vom 3. 4. 79 NJW 79, 1539 = BVerfGE 51, 97 = ZMR 79, 370 (L); BVerfG vom 10. 11. 81 MDR 82, 291). Fraglich erscheint, ob die Räumung einer Wohnung durch den Gerichtsvollzieher gem. § 885 ZPO überhaupt eine Durchsuchung im Sinne von Art. 13 Abs. 2 GG ist. Wenn dies bejaht wird, so ist die erforderliche richterliche Anordnung für die zwangsweise Öffnung und Räumung einer Wohnung schon inzidenter mit dem auf Räumung und Herausgabe der Wohnung lautenden richterlichen Urteil gegeben, so daß es einer **besonderen richterlichen Anordnung nicht bedarf** (LG Düsseldorf NJW 80, 458 = ZMR 80, 13; dasselbe NJW 79, 1990; LG Saarbrücken NJW 79, 2571; LG Zweibrücken MDR 80, 62; *Noack* ZMR 81, 34; derselbe WM 80, 45; *Schneider* NJW 80, 2379; vgl. auch *Ganschezian-Finck* MDR 80, 805, 808; *Rößler* NJW 83, 661; a. A. *Kühne* DGVZ 79, 147).

## X. Schadenersatzpflicht bei unberechtigter Kündigung

Schrifttum: *Löwe*, Kein Schadenersatz wegen Vorspiegelung des Eigenbedarfs?, ZMR 75, 289; *Schickedanz*, Schadenersatz wegen Vorspiegelung des Eigenbedarfs?, ZMR 75, 196; *Schopp*, Ersatzansprüche des Mieters bei Vortäuschen von Eigenbedarf, ZMR 75, 353; derselbe, Schadenersatzansprüche des Mieters bei fahrlässig unberechtigter Kündigung des Vermieters wegen Eigenbedarfs aus § 564 b Abs. 2 Ziff. 2 BGB, MDR 77, 198; *Seier*, Der Pflichtverstoß des Vermieters bei fahrlässig unberechtigter Kündigung von Mietverhältnissen, ZMR 78, 34; *Sternel*, Schadenersatz bei unberechtigter Kündigung von Mietverhältnissen, MDR 76, 265.

### 1. Pflicht des Vermieters zu wahrheitsgemäßer Angabe des Kündigungsgrundes

238 a) Aus § 564 b BGB ergibt sich, daß der Vermieter eine ordentliche Kündigung nur aussprechen darf, wenn er dazu in Wahrheit ein berechtigtes Interesse hat (vgl. § 564 b Abs. 1, 2 BGB) und wenn er das berechtigte Interesse (Kündigungsgrund) in tatsächlicher Hinsicht im Kündigungsschreiben hinreichend substantiiert angibt (vgl. § 564 b Abs. 3 BGB; AG Mannheim WM 77, 166 z. fr. R.), falls

es sich nicht um nachträglich entstandene Kündigungsgründe handelt. (Bezüglich der **Pflicht zur wahrheitsgemäßen Angabe** des Eigenbedarfsgrundes vgl. oben Rn 72). Diese Pflicht bezieht sich neben dem Eigenbedarf auch auf alle anderen berechtigten Interessen, insbesondere auch auf die Hinderung wirtschaftlicher Verwertung (Abs. 2 Nr. 3) und auf „sonstige", d. h. im Gesetz nicht aufgeführte berechtigte Interessen (vgl. *Löwe* ZMR 75, 289). Diese Pflicht erstreckt sich auf alle tatbestandsmäßigen Voraussetzungen des betreffenden berechtigten Interesses, z. B. bei Eigenbedarf des Vermieters für seine heiratswillige Tochter auf die Absicht des Vermieters, die Wohnung für seine (vorhandene) Tochter zu verwenden, die Absicht der Tochter, in die Wohnung einzuziehen, und den angegebenen Bedarfsgrund (z. B. unzureichende Unterbringung der Tochter, bevorstehende Familienvergrößerung). Dem Vermieter obliegt die Pflicht, vor Ausspruch der Kündigung gewissenhaft zu prüfen, ob tatsächlich ein Kündigungsgrund (z. B. Eigenbedarf) besteht (LG Freiburg WM 79, 215). Entspricht auch nur eine dieser tatbestandlichen Voraussetzungen nicht der Wahrheit, so fehlt es insgesamt an einem berechtigten Interesse. Die Kündigung ist dann unwirksam (§ 134 BGB), so daß der Mietvertrag fortbesteht und dem Mieter ein Erfüllungsanspruch zusteht.

b) Abgesehen von der wahrheitsgemäßen Angabe von Tatsachen im Kündigungsschreiben ist aus § 564 b BGB auch die Pflicht des Vermieters abzuleiten, eine Kündigung nur auszusprechen, wenn sie **auch in rechtlicher Hinsicht** § 564 b BGB entspricht. Dagegen verstößt er, wenn er die — in Wahrheit vorliegenden — Kündigungsgründe im Kündigungsschreiben gar nicht oder nicht in substantiierter Weise angibt oder wenn die von ihm angegebenen Kündigungsgründe rechtlich nicht als berechtigtes Interesse anzusehen sind (vgl. § 564 b Abs. 3 BGB). Der Vermieter muß daher grundsätzlich als verpflichtet angesehen werden, die von ihm beabsichtigte Kündigungserklärung auf ihre rechtliche Wirksamkeit zu überprüfen, wozu er ggf. **fachkundigen Rechtsrat** (z. B. bei einem Hausbesitzerverein oder Rechtsanwalt) **einzuholen** hat (LG Hamburg MDR 76; 844; *Löwe* ZMR 75, 289; eingehend *Sternel* MDR 76, 266; verneinend: *Schmidt-Futterer/Blank* B 479; vgl. auch AG Konstanz WM 77, 254: dem Vermieter sei nur eigene gewissenhafte Prüfung zuzumuten). Diese **Überprüfungspflicht** auch in rechtlicher Hinsicht ist dem Vermieter in Anbetracht der erheblichen Folgen der Kündigung eines Wohnraummietverhältnisses für den Mieter auch zumutbar. Die Absicht des Gesetzgebers ging erkennbar dahin, daß der Vermieter — aus Gründen des Mieterschutzes — zur Kündigung nur berechtigt sein soll, wenn die im Gesetz genannten Voraussetzungen (vgl. § 564 b BGB) insgesamt vorliegen. Der Mieter soll vor einer dem Gesetz nicht entsprechenden und daher unwirksamen Kündigung verschont bleiben. Der **Schutzzweck des § 564 b BGB** geht aber nicht nur dahin, den Mieter vor einer unberechtigten Kündigung zu bewahren, er **umfaßt** vielmehr **auch** die **Folgen einer unberechtigten Kündigung,** nämlich den Wohnungswechsel mit all seinen finanziellen und sonstigen erheblichen Nachteilen. Dies ergibt sich aus dem Regierungsentwurf zum 2. WKSchG (Bundestagsdrucksache 7/2011, Anl. 1 zu A II 1), wo es heißt: „Der

Gesetzentwurf geht von folgenden Grundsätzen aus: Bei der überragenden Bedeutung der Wohnung als Lebensmittelpunkt des menschlichen Daseins gebietet die Sozialstaatsverpflichtung des Grundgesetzes (Art. 20), den vertragstreuen Mieter vor willkürlichen Kündigungen und damit dem Verlust seiner Wohnung zu schützen. Dieser Kündigungsschutz ist unabhängig davon erforderlich, ob die Lage auf dem Wohnungsmarkt als ausgeglichen angesehen wird. Jeder Wohnungswechsel bringt für den Mieter regelmäßig nicht unbeträchtliche Kosten und andere meist erhebliche Unzuträglichkeiten mit sich. Eine Belastung des vertragstreuen Mieters mit solchen Kosten und Unzuträglichkeiten ist bei der Bedeutung der Wohnung in einem sozialen Rechtsstaat nur gerechtfertigt, wenn der Vermieter ein berechtigtes Interesse an der Kündigung hat."

240 c) Fällt der angegebene Kündigungsgrund nach Abgabe der Kündigungserklärung, also nachträglich weg, so ist – dies ist aus § 564 b BGB abzuleiten – der Vermieter verpflichtet, diesen **Wegfall des Kündigungsgrundes** dem Mieter **unverzüglich mitzuteilen** und von seinem Räumungsverlangen Abstand zu nehmen (LG Düsseldorf ZMR 76, 281 = WM 76, 70 z. fr. R.; LG Freiburg WM 78, 122; LG Karlsruhe MDR 81, 231; AG Düsseldorf WM 76, 14 z. fr. R.; AG Siegen WM 78, 22; *Staudinger/Sonnenschein* 135; *RGRK/Gelhaar* 41). Diese Pflicht besteht, wenn der Kündigungsgrund noch bis zum Ablauf der Kündigungsfrist wegfällt (vgl. oben Rn 127), selbst bei Wegfall nach einem Mietaufhebungsvertrag und wenn der Mieter einen neuen Mietvertrag geschlossen hat, es sei denn, der Mieter hat schon geräumt (REe OLG Karlsruhe und BayObLG, vgl. Rn 242). Unterläßt der Vermieter diese Mitteilung, so stellt dies eine positive Vertragsverletzung dar, da er die Kündigung durch Verschweigen wahrer Tatsachen aufrechterhält (so *Sternel* IV 45 und MDR 76, 267; vgl. auch *Schopp* ZMR 75, 356: in der Regel sei Betrug anzunehmen). Jedoch muß sich der Vermieter nach einem Kündigungsausspruch nur bei näheren Anhaltspunkten über den Wegfall der Einzugsabsicht des Familienangehörigen erkundigen (LG Köln WM 80, 48).

241 d) Eine in rechtlicher Hinsicht über den Rahmen des § 564 b BGB hinausgehende Pflicht obliegt dem Vermieter jedoch **aus** seiner **mietvertraglichen Leistungstreuepflicht,** d. h. der Schutzpflicht, den Vertragszweck nicht durch unberechtigte Kündigung des Vertrages zu gefährden; daraus ist ganz allgemein die **Verpflichtung** des Vermieters herzuleiten, **jegliche unwirksame Kündigung** des Mietverhältnisses **zu unterlassen** (LG Kiel NJW 75, 1973 z. fr. R.; LG Waldshut-Tiengen WM 78, 5; AG Krefeld MDR 78, 1023; *Palandt/Heinrichs,* § 276 BGB Anm. 7 c, aa m. w. N.; *Sternel* MDR 76, 266; *Löwe* ZMR 75, 290 m. w. N. aus Rechtsprechung des BGH; *Seier* ZMR 78, 36: ohne Rücksicht auf die Geeignetheit der unberechtigten Kündigung zur Gefährdung des Vertragszweckes; *Staudinger/Sonnenschein* 135: aus Pflicht zur Rücksichtnahme und Unterlassung jeder Schädigung; verneinend: *Schopp* MDR 77, 198: Schutzpflicht des Vermieters gehe nicht so weit, daß er eine Kündigung nur aussprechen darf, wenn sie unbedingt und voll berechtigt ist, zumal die Raumgewährung durch eine unberechtigte Vermieterkündigung weder verletzt noch gefährdet werde,

der Leistungserfolg also nicht gefährdet sei). Als ein Verstoß gegen diese Leistungstreuepflicht ist damit auch außerhalb des Rahmens des § 564 b BGB jede Kündigung anzusehen, die aus rechtlichen Gründen unwirksam ist (z. B. wegen Kündigung durch nur einen von mehreren Vermietern, gegenüber nur einem von mehreren Mietern, Verstoß gegen die vorgeschriebene Schriftform, gegen ein Kündigungsverbot wie z. B. gegen § 1 S. 1 MHG, gegen die 3jährige Wartefrist gemäß § 564 b Abs. 2 Nr. 2 S. 2 BGB, gegen § 174 BGB; vgl. dazu oben Rn 13 bis 18 und 215). In Anbetracht der verschiedenartigen Erfordernisse für eine Kündigung des Vermieters bezüglich eines Wohnraummietverhältnisses und der Schwierigkeiten des sozialen Mietrechts wird es für den rechtlich nicht bewanderten Vermieter in aller Regel erforderlich sein, sich fachkundigen Rechtsrat einzuholen, bevor er eine Kündigung ausspricht (LG Köln WM 80, 49).

**2. Schadenersatz aus positiver Vertragsverletzung**

a) Verletzt der Vermieter die genannte Pflicht, eine Kündigung nur auszusprechen, wenn sie rechtswirksam ist, so stellt dies eine objektive Pflichtverletzung dar und damit die Voraussetzung für einen **Schadenersatzanspruch** des Mieters gegen den Vermieter **aus positiver Vertragsverletzung.** Eine unberechtigte Kündigung hat auch schon der BGH als positive Vertragsverletzung gewertet (vgl. BGHZ 51, 193; BGH NJW 67, 250). So entspricht es der herrschenden Meinung, daß eine unberechtigte Kündigung des Vermieters als eine zum Schadenersatz verpflichtende positive Vertragsverletzung anzusehen ist, wobei sich die veröffentlichte Rechtsprechung nahezu ausschließlich auf Fälle unberechtigten Eigenbedarfs beschränkt (bejahend: OLG Karlsruhe (RE) ZMR 82, 50 = WM 82, 11 = NJW 82, 54 = MRS 2 Nr. 84; BayObLG (RE) ZMR 82, 277 = WM 82, 203 = MDR 82, 939 = NJW 82, 2003 = MRS 2 Nr. 85; OLG Karlsruhe [10. Zivilsenat] DWW 76, 186 = Die Justiz 76, 126 = OLGZ 77, 72 z. fr. R.; LG Kiel NJW 75, 1973; LG Düsseldorf ZMR 76, 281 = WM 76, 70 z. fr. R.; LG Freiburg WM 78, 122; dasselbe WM 79, 216; LG Waldshut-Tiengen WM 78, 5; AG Zehlendorf WM 73, 59; AG Essen ZMR 74, 275; AG Mannheim WM 77, 166 z. fr. R.; AG Hamburg-Harburg WM 78, 65; *Sternel* IV 44 und MDR 76, 266; *Staudinger/Sonnenschein* 135; RGRK/*Gelhaar* 40; *Hans* Anm. 3 b; *Seier* ZMR 78, 36; wenn man nicht schon die unberechtigte Kündigung als endgültige Erfüllungsverweigerung und damit – auch vor Fälligkeit – als Schuldnerverzug gemäß § 326 BGB ansehen wolle, liege zumindest positive Vertragsverletzung vor; *Loewe* ZMR 75, 290; *Schmidt-Futterer/Blank* B 479; verneinend: Palandt/ *Putzo* Anm. 9 c; *Fehl* NJW 75, 1976: wegen des in der Räumung des Mieters liegenden Aufhebungsvertrages sei für einen Ersatzanspruch aus positiver Vertragsverletzung kein Raum, was auch ein Vergleich mit dem Arbeitsrecht zeige; *Schopp* MDR 77, 198 mit ähnlicher Begründung; *Schickedanz* ZMR 75, 197 mit der unhaltbaren Begründung, eine Verletzung von Normen des gesetzlichen Mietrechts sei keine positive Vertragsverletzung).

**243** b) Die **Beweislast für** das Vorliegen einer solchen **objektiven Pflichtverletzung des Vermieters hat** grundsätzlich **der Mieter** (BGH NJW 78, 2197 = WM 78, 168; LG Aachen, WM 76, 201; LG Koblenz WM 80, 10). Soweit es sich um den Beweis von tatsächlichen Vorgängen oder Willensentschlüssen handelt, befindet sich jedoch der Mieter mit seiner Beweislast in einer sehr schwierigen Situation, insbesondere beim Vorliegen eines auf den Bedarf des Vermieters gestützten Kündigungsgrundes (z. B. Eigenbedarf). Hierbei handelt es sich vorwiegend um innere Tatsachen im Verantwortungsbereich des Vermieters, die der Mieter in der Regel nicht kennt und daher nicht beurteilen kann. Es erscheint daher angebracht, die in Analogie zu § 282 BGB von Rechtslehre und Rechtsprechung entwickelten Grundsätze über die Beweislastverteilung nach Gefahrenkreisen (Verantwortungsbereichen), wonach eine dem § 282 BGB entsprechende Umkehr der Beweislast stattfindet, wenn die Schadensursache aus dem Gefahrenkreis des Schuldners hervorgegangen ist (vgl. *Palandt/Heinrichs* § 282 BGB, Anm. 2 m. w. N.), anzuwenden, zumal diese Grundsätze von der Rechtsprechung auch auf Mietverträge angewendet werden (BGH NJW 64, 35; VersR 76, 1085). Entsteht dem Mieter, der auf die Richtigkeit der in einem Kündigungsschreiben angegebenen Tatsachen vertraut, dadurch ein Schaden, insbesondere durch Wohnungswechsel, so hat infolge der Beweislastumkehr der Vermieter zu beweisen, daß der Kündigungsgrund zur Zeit des Kündigungsausspruchs und auch noch zum Zeitpunkt des Ablaufs der Kündigungsfrist (Wirksamkeitszeitpunkt) vorlag (so *Löwe* ZMR 75, 290 allgemein für das Bestehen des Kündigungsgrundes; verneinend *Schmidt-Futterer/Blank* B 479: keine Beweislastumkehr). Zumindest muß eine **Beweislastumkehr** dann Anwendung finden, **wenn der Vermieter die Wohnung** nach dem Auszug des Mieters **einer anderen Person überläßt** als derjenigen, für welche im Kündigungsschreiben Eigenbedarf geltend gemacht wurde (so im Ergebnis LG Freiburg WM 79, 216; AG Essen ZMR 74, 275 = WM 74, 197; *Sternel* MDR 76, 269; RGRK/*Gelhaar* 40; vgl. auch *Staudinger/Sonnenschein* 139: „gewisse Beweiserleichterungen bis zu einer Beweislastumkehr zugunsten des Mieters"). In diesem Falle hat der Vermieter zu beweisen, daß der Bedarfsgrund zur Zeit des Kündigungsausspruches gegeben war, nachträglich weggefallen ist und ihm der Wegfall so spät zur Kenntnis gelangte, daß er den Mieter vor dessen Räumung nicht mehr rechtzeitig benachrichtigen konnte. Es kann dahingestellt bleiben, ob im Falle der Wohnungsüberlassung an eine andere als die im Küdigungsschreiben genannte Person auch den Beweis des ersten Anscheins für eine objektive Pflichtverletzung des Vermieters spricht, die entweder in der ursprünglichen Angabe eines falschen Kündigungsgrundes oder in der Unterlassung der Mitteilung über den Wegfall des angegebenen Kündigungsgrundes besteht.

**244** c) Ergänzend sei bemerkt, daß als vertragliche Anspruchsgrundlage neben positiver Vertragsverletzung auch **Verzug** (§ 326 BGB) in Betracht kommt, wenn man in der Kündigung eine bestimmte, ernstliche und endgültige Verweigerung der künftigen Erfüllung sieht (vgl. *Seier* ZMR 78, 36 m. w. N.), oder **culpa in contrahendo,** soweit in der freiwilligen Räumung des Mieters auf die Kündigung ein durch schlüssiges Verhalten zustande gekommener Aufhebungsvertrag zu sehen ist (vgl. *Schopp* ZMR 75, 355; *Sternel* MDR 76, 267).

### 3. Schadenersatz aus unerlaubter Handlung

Verletzt der Vermieter die oben zu 1 genannte Pflicht, so kommt für einen Schadenersatzanspruch des Mieters auch unerlaubte Handlung als Anspruchsgrundlage in Betracht: 245

a) Es besteht eine Ersatzpflicht gemäß **§ 823 Abs. 2 i. V. m. § 564 b BGB als Schutzgesetz** (so die h. M.; vgl. OLG Karlsruhe [1. Zivilsenat] ZMR 77, 25 = WM 76, 99 = Die Justiz 75, 391 [Ls.]; LG Essen ZMR 74, 275; LG Düsseldorf ZMR 76, 281 = WM 76, 70 z. fr. R.; LG Hamburg MDR 76, 265; LG Waldshut-Tiengen WM 78, 5; AG Heidelberg WM 73, 137; AG Essen ZMR 74, 275 = WM 74, 197; AG Esslingen WM 76, 126 z. fr. R.; AG Düsseldorf WM 76, 14 z. fr. R.; AG Mannheim WM 77, 166 z. fr. R.; *Schmidt-Futterer/Blank* B 479; *Löwe* ZMR 75, 290; *Roesch* WM 78, 4; *Staudinger/Sonnenschein* 136 mit zutreffender Begründung bezüglich des Vorliegens eines Schutzgesetzes; verneinend: OLG Karlsruhe [10. Senat] DWW 76, 186 = Die Justiz 76, 126 = OLGZ 77, 72 z. fr. R.; *Palandt/Putzo* Anm. 9 c; *Sternel* IV 88, 44 und MDR 76, 266; *Schickedanz* ZMR 75, 197; *Schopp* MDR 77, 198 und ZMR 75, 355: kein Schutzgesetz, soweit es um den Verlust der Wohnung und dessen Folgen geht, jedoch bezüglich der Rechtsberatungskosten, da die Raumgewährung durch unberechtigte Kündigung weder berührt noch gefährdet werde; *Seier* ZMR 78, 35: § 564 b BGB bezwecke nicht den Schutz vor Vermögensnachteilen einer unberechtigten Kündigung). Die h. M. nimmt mit Recht an, daß sich der **Schutzzweck** von § 564 b BGB gerade auch auf die vermögensmäßigen Folgen einer unberechtigten Kündigung, also **auf den Wohnungswechsel des Mieters** mit seinen Nachwirkungen **bezieht** (so die beiden Rechtsentscheide Rn 242). Wie oben (vgl. Rn 239) ausgeführt wurde, ging der gesetzgeberische Zweck gemäß dem Regierungsentwurf zum 2. WKSchG gerade auch dahin, den Mieter vor den unangenehmen Folgen eines Wohnungswechsels durch eine unberechtigte Kündigung zu schützen. Der Schutzzweck des § 564 b BGB (Schutzgesetz) umfaßt daher alle dem Mieter adäquat entstehenden Nachteile durch die unberechtigte Kündigung, insbesondere durch seinen Auszug aus der Wohnung.

Die Verletzung des Schutzgesetzes muß **mindestens fahrlässig** erfolgt sein (vgl. §§ 823 Abs. 2 S. 2, 276 BGB).

b) Bei vorsätzlicher Vorspiegelung eines falschen Kündigungsgrundes und den sonstigen subjektiven Voraussetzungen (Bereicherungsabsicht: Erziehung eines höheren Mietzinses) beim Vermieter ist der Straftatbestand des **Betruges** gemäß § 263 StGB **zu bejahen** und damit eine Schadenersatzpflicht gemäß § 823 Abs. 2 BGB (h. M.; vgl. strafrechtlich OLG Zweibrücken ZMR 83, 237 = WM 83, 209 und AG Kaiserslautern ZMR 83, 96: Prozeßbetrug bei bewußtem Verschweigen des Wegfalls des Kündigungsgrundes zwecks Erwirkung eines Räumungsurteils; zivilrechtlich AG Augsburg WM 78, 130; *Schmidt-Futterer/Blank* B 479; *Schopp* 246

ZMR 75, 356; *Staudinger/Sonnenschein* 136; *Sternel* MDR 76, 265; a. A. *Schickedanz* ZMR 75, 197: die für Betrug erforderliche Stoffgleichheit fehle, da ein Vermögensvorteil des Vermieters nicht durch die Räumung eintrete, sondern durch zusätzliche Handlungen, nämlich Suche nach neuem Mieter und Mietvertragsabschluß). Die erforderliche Stoffgleichheit zwischen dem erstrebten Vermögensvorteil und dem Vermögensschaden ist zu bejahen, da dem Verlust des Besitzes an der Wohnung durch den Mieter die Besitzerlangung an der Wohnung durch den Vermieter entspricht. Unerheblich ist für die Stoffgleichheit, daß der Vermieter mit der Erlangung des Besitzes an der Wohnung einen weitergehenden Zweck (z. B. Vermietung zu höherem Mietzins) verbindet. Der Besitz an der Wohnung ist für sich allein ein Vermögensbestandteil und -vorteil (OLG Zweibrücken a. a. O. m. w. N.). Mit dem Auszug des Mieters aus der Wohnung ist Betrug vollendet, vor dem Auszug liegt versuchter Betrug vor.

247 c) Das bewußte Vorspiegeln nicht vorhandener Kündigungsgründe führt auch zu einer **Ersatzpflicht gemäß § 826 BGB** wegen vorsätzlicher sittenwidriger Schädigung des Mieters, wenn der Vermieter die Schädigung des Mieters zumindest billigend in Kauf nimmt (OLG Karlsruhe [1. Senat] ZMR 77, 25 = WM 76, 99 = Die Justiz 75, 391 [Ls.]; *Löwe* ZMR 75, 290; *Schopp* ZMR 75, 356; *Schmidt-Futterer/Blank* B 479, wo zu Unrecht der Ersatz der Mietzinsdifferenz von den Umständen des Einzelfalls abhängig gemacht wird; *Staudinger/Sonnenschein* 136; *Sternel* MDR 76, 265; RGRK/*Gelhaar* 40). Der Besitzverlust an der Wohnung ist als Schaden zu werten.

Soweit der Vermieter durch bewußte Angabe unrichtiger Kündigungsgründe gegen den Mieter ein rechtskräftiges Räumungsurteil erschlichen hat, kommt § 826 BGB (sittenwidrige Ausnutzung eines rechtskräftigen Titels) neben Prozeßbetrug als Anspruchsgrundlage für eine Ersatzpflicht in Betracht (*Schmidt-Futterer/Blank, Schopp, Sternel,* jeweils a. a. O.). Handelt es sich dabei jedoch um ein Anerkenntnisurteil gem. § 307 ZPO, so ist der Schaden nicht durch sittenwidrige Vorspiegelung eines Sachverhalts (Kündigungsgrund) eingetreten, da dieses allein auf dem prozessualen Anerkenntnis, nicht auf dem vorgetragenen Sachverhalt beruht (OLG Hamm ZMR 76, 149).

248 d) Ein Ersatzanspruch gemäß § 823 Abs. 1 BGB wegen Besitzverletzung scheidet aus, da die unberechtigte Kündigung des Vermieters keine (hierfür erforderliche) unmittelbare Einwirkung auf die Sache (Wohnung) selbst darstellt (*Seier* ZMR 78, 35).

249 e) Auch entfällt ein Ersatzanspruch gemäß §§ 823 Abs. 2, 858 BGB (verbotene Eigenmacht), da selbst dann, wenn § 858 BGB als Schutzgesetz anzusehen wäre, in der unberechtigten Kündigung weder eine Besitzentziehung noch eine Besitzstörung liegen würde (zutreffend *Seier* ZMR 78, 35).

250 f) Soweit eine Ersatzpflicht aus unerlaubter Handlung besteht, tritt diese neben die Ersatzpflicht aus Vertragsverletzung, da vertragliche und deliktische Schadenersatzansprüche grundsätzlich nebeneinander geltend gemacht werden können (ganz herrschende Meinung in Rechtsprechung und Schrifttum, vgl. *Staudinger/*

*Schäfer*, 10./11. Aufl. 1975, Vorbem. 31 vor § 823 BGB m. zahlreichen Nachweisen; a. A. *Sternel* IV 88: Verdrängung des deliktischen Ersatzanspruchs durch Ersatzpflicht aus positiver Vertragsverletzung). Dieses Nebeneinanderbestehen vertraglicher und deliktischer Ersatzansprüche wird sich jedoch bei Bejahung eines vertraglichen Ersatzanspruchs praktisch nicht auswirken, da die deliktischen Ansprüche für den Mieter nicht weiter reichen werden als die vertraglichen.

Zu beachten ist, daß für Ersatzansprüche aus unerlaubter Handlung die Grundsätze der Beweislastverteilung nach Gefahrenbereichen (vgl. oben zu 2) keine Anwendung finden.

Eventuell käme jedoch ein Beweis des ersten Anscheins in Betracht. Zu beachten ist weiter, daß bei einer allein aus rechtlichen Gründen unwirksamen Kündigung im Falle einer fahrlässigen Pflichtverletzung für den Vermieter der Entlastungsbeweis gemäß § 831 Abs. 1 Satz 2 BGB in Betracht kommt (und oft gelingen wird), wenn sich der Vermieter zur Erteilung von Rechtsrat oder zur Abfassung des Kündigungsschreibens an eine rechtskundige Person (Rechtsanwalt, Hausbesitzerverein) als Verrichtungshilfe gewandt hat und es durch mangelnde Beachtung von mietrechtlichen Grundsätzen dieses Rechtsberaters trotz wahrheitsgemäßer Tatsachenangabe zu einer unwirksamen Kündigung kommt.

Bezüglich des Umfangs des zu ersetzenden Schadens besteht zwischen den aus unerlaubter Handlung zu bejahenden Anspruchsgrundlagen und einem Ersatzanspruch aus Vertragsverletzung kein Unterschied, so daß in jedem Falle der adäquat durch die unberechtigte Kündigung entstandene Schaden voll zu ersetzen ist (vgl. unten Rn 255).

### 4. Verschulden

Neben einer Pflichtverletzung setzt der Ersatzanspruch des Mieters wegen unberechtigter Kündigung ein **Verschulden** voraus, gleichgültig, ob er aus Vertrag oder unerlaubter Handlung hergeleitet wird. Die Ersatzpflicht tritt daher sowohl bei nur **fahrlässiger als auch** bei **vorsätzlicher Pflichtverletzung** des Vermieters ein (vgl. § 276 BGB). Fahrlässig handelt dabei ein Vermieter, wenn er sich der mangelnden Kündigungsberechtigung nicht bewußt ist und sie auch nicht billigend in Kauf nimmt (vgl. *Sternel* MDR 76, 266). Er muß daher die Tatsachen, auf die er seine Kündigung stützt (Kündigungsgrund), mit hinreichender Sorgfalt prüfen. Zum Beispiel verstößt er gegen diese Pflicht bei der Geltendmachung einer Kündigung wegen Eigenbedarfs für einen Familienangehörigen, wenn er bei diesem keine eindeutige Information über dessen endgültigen Einzugswillen einholt oder wenn er bei eigenem Einzugswillen seine gesundheitliche Leistungsfähigkeit überschätzt (vgl. AG Waldshut-Tiengen WM 77, 115). Soweit es sich um die rechtlichen Voraussetzungen einer wirksamen Kündigung handelt, handelt der Vermieter fahrlässig, wenn er die Kündigung ausspricht, ohne sich zuvor fachkundigen Rechtsrat über die mietrechtlichen Voraussetzungen einer wirksamen Kündigung einzuholen, wobei insbesondere die Erteilung von Rechtsrat durch einen in Mietsachen bewanderten Rechtsanwalt oder den Hausbesitzerverein in Betracht kommt (vgl. LG Kiel NJW 75, 1973 z. fr. R. m. Anm. *Fehl; Sternel* MDR 76, 266 im einzelnen; vgl. zur Fahrlässigkeit bei Rechtsrateinholung allgemein – eingehend – MüKo/*Hanau* § 276 BGB 123–127). Fahrlässigkeit entfällt bei einem entschuldbaren Rechtsirrtum, also z. B., wenn sich der Vermieter auf eine nicht nur vereinzelt gebliebene Meinung der mietrechtlichen Rechtslehre stützen kann.

Soweit sich der Vermieter bezüglich des Kündigungsschreibens eines Erfüllungsgehilfen bedient (z. B. eines Rechtsanwalts), hat er im Rahmen der vertraglichen Schadenersatzpflicht (vgl. Rn 242–244) für dessen Verschulden gemäß § 278 BGB einzustehen.

252   Die **Beweislast für** ein **fehlendes Verschulden** (von sich oder seinem Erfüllungsgehilfen) trägt der **Vermieter.** Im Falle der Haftung aus positiver Vertragsverletzung folgt dies aus einer analogen Anwendung von § 282 BGB (vgl. BGH ZMR 79, 94 = NJW 78, 2197 = WM 78, 168), zumal die Schadensursache (unberechtigte Kündigung) aus einem Gefahrenbereich hervorgegangen ist, für den der Vermieter die Verantwortung trägt (LG Freiburg WM 79, 216). Im Rahmen deliktischer Ersatzansprüche hat zwar der Gläubiger (Mieter) als Geschädigter das Verschulden (Vorsatz oder Fahrlässigkeit) des Verletzers (Vermieters) zu beweisen, jedoch können ihm die allgemeinen Grundsätze des Anscheinsbeweises oder der Umkehr der Beweislast zugute kommen, was insbesondere bei der Verletzung eines Schutzgesetzes (§§ 823 Abs. 2, 564 b BGB) in Betracht kommt (vgl. *Palandt/Thomas* § 823 BGB Anm. 13 c).

### 5. Schadensentstehung durch schuldhafte Pflichtverletzung

253   **Durch** die schuldhafte **Pflichtverletzung** muß dem Mieter ein **Schaden entstanden** sein. Dies ist insbesondere der Fall, wenn er unter dem Druck der vermeintlich gültigen, in Wirklichkeit jedoch ungültigen Kündigung aus der Mietwohnung ausgezogen ist und dadurch weiteren Vermögensschaden hat. Die Kausalität entfällt demnach, wenn der Mieter ohnehin in Kürze zum Auszug gewillt war, was der Vermieter zu beweisen hätte (*Schmidt-Futterer/Blank* B 479). Auch fehlt ein Kausalzusammenhang zwischen einem vorgespiegelten Kündigungsgrund (berechtigtes Interesse) und dem Schaden des Mieters dann, wenn ein nicht geschütztes Mietverhältnis (§ 564 b Abs. 7 BGB) vorliegt und damit keine rechtliche Notwendigkeit zur Angabe eines Kündigungsgrundes gegeben ist (*Sternel* MDR 76, 265).

Der **ursächliche Zusammenhang** zwischen der unberechtigten Kündigung und dem durch den Auszug des Mieters entstandenen Schaden **entfällt nicht** schon dadurch, daß der Mieter, ohne sich gegen die Kündigung zur Wehr zu setzen, von sich aus die Wohnung räumt. Zwar ist problematisch, ob in dieser Räumung die **durch** schlüssiges Verhalten zustande gekommene Annahme eines in der Kündigungserklärung (gemäß § 140 BGB) zu erblickenden Angebots auf Abschluß eines **Mietaufhebungsvertrages** zu sehen ist (so OLG Karlsruhe [10.

§ 564 b BGB, 254

Senat] DWW 76, 186 = Die Justiz 76, 126 = OLGZ 77, 72 z. fr. R.; *Fehl* NJW 75, 1974; *Palandt/Putzo* Anm. 9 a: *Schopp* ZMR 75, 353 ff. unter Hinweis auf arbeitsrechtliche Parallelen; vgl. auch *Schmidt-Futterer/Blank* B 74; verneinend: LG Kiel NJW 75, 1973 z. fr. R.; LG Freiburg WM 79, 216: ausgenommen bei Räumung ohne sachliche und rechtliche Prüfung der ausgesprochenen Kündigung; *Staudinger/Sonnenschein* 138 und § 564, 46; AG Heidelberg WM 75, 67; RGRK/*Gelhaar* § 564, 21; *Sternel* IV 88, 44 und MDR 76, 267 unter Hinweis auf den fehlenden Vertrauensschutz des den Kündigungsgrund vorspiegelnden Vermieters; vgl. auch BGH ZMR 63, 274: wo die Frage allgemein offengelassen, jedenfalls dann aber verneint wurde, wenn der Mieter zunächst der Räumung widersprochen hat). Richtigerweise wird man in der (freiwilligen) Räumung der Wohnung durch den Mieter, welche unter dem vermeintlichen Druck einer berechtigten Kündigung zustande kommt, wegen dieses Rechtsirrtums keinen durch schlüssiges Verhalten zum Ausdruck gebrachten rechtsgeschäftlichen Zustimmungswillen zu einem Mietaufhebungsvertrag sehen können. Selbst wenn dies jedoch der Fall wäre, wäre die Räumung des Mieters nicht die Folge des Mietaufhebungsvertrages, da sie gleichzeitig (in einem Akt) mit der Annahme des Aufhebungsvertrages einträte. Selbst wenn der **Auszug** des Mieters **auf Grund** eines zustande gekommenen **Mietaufhebungsvertrages** erfolgt, ist er noch als **adäquate Folge** der unberechtigten Kündigung anzusehen (OLG Karlsruhe (RE) ZMR 82, 50 = WM 82, 11 = NJW 82, 54 = MRS 2 Nr. 84; BayObLG (RE) ZMR 82, 277 = WM 82, 203 = MDR 82, 939 = NJW 82, 2003 = MRS 2 Nr. 85; AG Hamburg-Harburg WM 78, 65). Anders wäre es, wenn der Mieter zu erkennen gegeben hätte, daß er auf jeden Fall, unbeschadet der Rechtswirksamkeit der Vermieterkündigung, auszugswillig ist (LG Freiburg WM 79, 216), z. B. bei Räumung nach anfänglichem Widerspruch gegen die Kündigung (vgl. den so liegenden Sachverhalt bei OLG Karlsruhe [10. Zivilsenat] DWW 76, 186 = Die Justiz 76, 126 = OLGZ 77, 72 z. fr. R.). Auch die Räumung des Mieters auf Grund eines gerichtlichen Räumungsvergleichs ist als adäquate Folge der unberechtigten Kündigung anzusehen (AG Siegen WM 78, 22). Der Räumungsvergleich ist einem Mietaufhebungsvertrag gleichzusetzen (*Schopp* ZMR 75, 356).

Grundsätzlich hat **der Mieter** den **Beweis für** den **ursächlichen Zusammenhang** zwischen der unberechtigten Kündigung und dem ihm entstandenen Schaden zu erbringen (vgl. BGH ZMR 79, 94 = NJW 78, 2197 = WM 78, 168 für positive Vertragsverletzung). Auch hier kommen aber dem Mieter Beweiserleichterungen zugute. So spricht der Beweis des ersten Anscheins dafür, daß ein Mieter, der auf Grund einer mit Tatsachen begründeten Kündigung des Vermieters alsbald auszieht, deshalb ausgezogen ist, weil er die Kündigung für rechtswirksam und sich daher zum Auszug für verpflichtet angesehen hat, denn die Ursächlichkeit der Kündigung für den Auszug des Mieters ist nach der Lebenserfahrung sehr wahrscheinlich (LG Köln WM 80, 48). Diesen Anschein müßte der Vermieter durch Darlegung und Beweis von Umständen erschüttern, die dafür sprechen, daß der Mieter andere Gründe für seinen Auszug hatte. Unabhängig davon ist

254

§ 564 b BGB, 255

für den Fall, daß der Vermieter einen unrichtigen tatsächlichen Kündigungsgrund angesehen hat — und nur insoweit — eine Umkehr der Beweislast anzunehmen, die sich aus der Verletzung einer vertraglichen Aufklärungspflicht ergibt (vgl. *Palandt/Heinrichs* § 282 BGB, Anm. 2 c; Vorbem. 8 c, dd vor § 249 BGB; *Sternel* IV 88 und MDR 76, 270; *Schmidt-Futterer/Blank* B 479). Gemäß § 564 b Abs. 3 BGB ist der Vermieter gegenüber dem Mieter im Falle der Kündigung zur Aufklärung über die Kündigungsgründe verpflichtet. Steht die Verletzung dieser Aufklärungspflicht fest, so hat der Vermieter zu beweisen, daß der durch den Auszug des Mieters diesem entstandene Schaden auch bei wahrheitsgemäßer Aufklärung über die Kündigungsgründe, d. h. bei Aufklärung über die Nichtberechtigung der Kündigung, entstanden wäre, der Mieter also auch ohne eine wirksame Kündigung ausgezogen wäre.

### 6. Schadensumfang (Schutzbereich)

255   **Über den Schadensumfang** gelten die **§§ 249 ff. BGB.** Die Ersatzpflicht umfaßt daher jeglichen Schaden, der dem Mieter als adäquate Folge der unberechtigten Kündigung entsteht, insbesondere durch seinen im Vertrauen auf die Wirksamkeit der Kündigung vorgenommenen Auszug aus der Wohnung (gleichgültig, ob dieser freiwillig oder auf Grund eines gerichtlichen Vergleichs erfolgte). Der Mieter ist also so zu stellen, wie er ohne Kündigung und Umzug gestanden hätte (LG Freiburg WM 79, 215 f.). Neben den gerichtlichen oder außergerichtlichen **Anwaltskosten** für die Zurückweisung der Kündigung (AG Krefeld MDR 78, 1023; AG Kenzingen AnwBl. 76, 405; AG Hamburg-Altona WM 80, 48; AG München WM 80, 196; AG Kirchheim u. Teck ZMR 82, 371) fallen darunter **alle Vermögensnachteile infolge eines** solchen **Wohnungswechsels**, insbesondere die Kosten des Möbeltransports, Kosten für Inserate und Makler bezüglich der neuen Wohnung, Auslagen für den Erwerb der neuen Wohnung wie Telefonanschlußkosten, Kosten für Gardinen, neue Haushaltsgeräte, Tapezieren und Instandsetzung der neuen Wohnung, Finanzierungsbeitrag, Differenz des höheren Mietzinses der neuen Wohnung gegenüber demjenigen der bisherigen, aber auch das Unmöglichwerden des Gebrauchs von Einrichtungen oder Investitionen, welche der Mieter in der berechtigten Hoffnung auf eine längere Nutzungsdauer in der alten Wohnung angebracht hat, unter Abzug einer angemessenen Abschreibung für die Nutzungszeit und des bei möglicher und zumutbarer Verwertung vom Mieter zu erzielenden Restwertes (OLG Karlsruhe [1. Senat] ZMR 77, 25 = WM 76, 99 z. fr. R.). Gegebenenfalls sind auch die Gebrauchsvorteile der besseren neuen Wohnung gegenüber der bisherigen und bei Instandsetzungs- und Dekorationsmaßnahmen ein Abzug neu für alt anzurechnen (*Sternel* MDR 76, 269). Der Umfang der Ersatzpflicht ist der gleiche, gleichgültig welche Anspruchsgrundlage in Betracht kommt (*Staudinger/Sonnenschein* 137; vgl. auch oben Rn 250). Insbesondere umfaßt der Schutzbereich im Falle einer Schutzpflichtverletzung (§§ 823 Abs. 2, 564 b BGB) den vollen dem Mieter durch den Auszug entstandenen finanziellen Schaden (vgl. LG Düsseldorf ZMR 76, 281 = WM 76, 70 z. fr. R.; AG Waldshut-Tiengen WM 77, 115; AG

Esslingen WM 76, 126 z. fr. R.; a. A. OLG Karlsruhe [10. Senat] DWW 76, 186 = Die Justiz 76, 126 = OLGZ 77, 72 z. fr. R.; *Schopp* ZMR 75, 104 und MDR 77, 198), auch die Kosten des Räumungsrechtsstreits (LG Kaiserslautern MDR 81, 935). Ist die **Differenz zwischen** der **höheren Miete** der vom Mieter bezogenen Ersatzwohnung **und** der **Miete der bisherigen Wohnung** zu ersetzen, und lag bisher ein unbefristetes Mietverhältnis vor, so beurteilt sich die Frage, in welcher Höhe und auf welche Dauer die Ersatzpflicht besteht, gem. § 249 BGB durch einen wirtschaftlichen Vergleich der beiden mietrechtlichen Lagen, wobei auf Seiten des Mieters als auch des Vermieters Umstände zu berücksichtigen sind, die das bisherige Mietverhältnis in nächster Zeit wirksam beendet hätten (z. B. Vermieter hätte ein Jahr nach dem Auszug des Mieters wirksam wegen Eigenbedarfs kündigen können), so daß die Ersatzpflicht spätestens zu diesem Zeitpunkt enden würde (a. A. für hypothetischen späteren Eintritt des Eigenbedarfs *Lammel* BlGBW 82, 167). Es ist von einer Ersatzwohnung auszugehen, die einen gleichen Nutzungswert wie die bisherige Wohnung hat. Abweichungen des Wertes der neuen Wohnung sind dabei durch entsprechende Zu- oder Abschläge an das Wohnniveau der alten Wohnung anzupassen. Die Ersatzpflicht besteht in der — jeweiligen — Differenz zwischen der so korrigierten neuen Miete und der Miete der bisherigen Wohnung, diese jedoch angehoben um die jeweiligen (frühestens) zulässigen Mieterhöhungen nach Mietvertrag und Gesetz (z. B. § 2 MHG). Die **Ersatzpflicht entfällt, wenn** die durch **zulässige Mieterhöhungen** fortgeschriebene bisherige Miete (entspricht im Regelfall der ortsüblichen **Vergleichsmiete**) **die höhere neue Miete erreicht** (eingeholt) **hat.**

### 7. Mitverschulden

Dem Mieter kann ein **Mitverschulden** an der Entstehung des Schadens **gemäß § 254 BGB** zur Last gelegt werden, was regelmäßig zu einer Schadensteilung führen wird. Dabei ist davon auszugehen, daß der Mieter **auf** die **Richtigkeit der tatsächlichen Angaben** des Vermieters im Kündigungsschreiben (angegebener Kündigungsgrund) **regelmäßig** wird **vertrauen dürfen** (so *Sternel* MDR 76, 268; LG Freiburg WM 79, 216), anders jedoch, wenn er die Unwahrheit dieser tatsächlichen Angaben hätte erkennen und leicht überprüfen können (AG Waiblingen WM 68, 162), z. B., wenn der Vermieter Eigenbedarf für seine Tochter geltend macht, jedoch der Mieter merken konnte, daß dieser gar keine Tochter hat. Eine genaue Nachprüfung aller vom Vermieter vorgetragenen Kündigungsgründe ist jedoch dem Mieter in der Regel weder möglich noch zumutbar. Andererseits hat der Mieter die Kündigung — unabhängig von der Wahrheit der vorgetragenen Tatsachen — auf ihre rechtliche Wirksamkeit zu überprüfen, wozu er (ebenso wie der Vermieter bei der Abgabe der Kündigungserklärung) **erforderlichenfalls** fachkundigen **Rechtsrat einzuholen** hat (*Staudinger/Sonnenschein* 138). Der Mieter hat zwar bei einer unberechtigten Kündigung die Möglichkeiten, entweder in der Wohnung zu bleiben und sich auf Räumung verklagen zu lassen oder dem Vermieter seine Bedenken gegen die Kündigung mitzuteilen oder Kündigungswiderspruch gemäß § 556 a BGB zu erheben. Es kann ihm jedoch **nicht zugemutet** werden, es grundsätzlich bei jeder Vermieterkündigung auf einen **Rechtsstreit** ankommen zu lassen und sich herausklagen zu lassen (*Löwe* ZMR 75, 290), zumal dadurch das zwischen den Mietvertragsparteien in besonderem Maß erforderliche und auch vorauszusetzende Vertrauen untergraben würde. Auch kann ihm im Falle eines erstinstanzlichen Räumungsurteils nicht zugemutet werden, ohne Rücksicht auf den Einzelfall grundsätzlich Rechtsmittel einzulegen (*Sternel* MDR 76, 268 m. w. N.).

Bei leicht erkennbaren und eindeutigen rechtlichen Verstößen gegen die Erfordernisse einer rechtswirksamen Kündigung (z. B. Kündigung ohne Angabe von Kündigungsgründen, nur mit der Angabe „wegen Eigenbedarfs", oder innerhalb der 3jährigen Wartefrist des § 564 b Abs. 2 Nr. 2 Satz 2 BGB) ist es dem Mieter **zuzumuten,** sich gegen die unwirksame Kündigung **rechtlich zur Wehr zu setzen** (so LG Hamburg MDR 76, 844 m. Anm. *Schopp* MDR 77, 198: bei bloßer Angabe des Kündigungsgrundes „wegen Eigenbedarfs": hälftiges Mitverschulden des Mieters; LG Wiesbaden WM 80, 229: bei bloßer Angabe des Rechtsbegriffs Eigenbedarf durch den Erwerber und daß die Mietwohnung geeigneter sei als die gegenwärtig benutzte, entfalle überhaupt eine Ersatzpflicht; a. A. jedoch AG Düsseldorf WM 76, 14 und LG Düsseldorf ZMR 76, 281 = WM 76, 70 z. fr. R.: kein Verschulden durch unterlassene Gegenmaßnahmen des Mieters). Ist die Kündigung nicht ordnungsgemäß begründet und daher unwirksam, teilt jedoch der Vermieter die Eigenbedarfsgründe mündlich dem Mieter schlüssig mit, so daß dieser keine Veranlassung zum Mißtrauen hat, so liegt kein Mitverschulden des Mieters vor, wenn er sich nicht streitig stellt, sondern auszieht; der Auszug ist adäquat kausal (so die beiden REe Rn 242). Grundsätzlich begründet der Nichtgebrauch eines **Rechtsbehelfs** ein Mitverschulden, wenn der entsprechende Rechtsbehelf hinreichende Erfolgsaussicht verspricht (BGH VersR 66, 340; *Palandt/Heinrichs* § 254 BGB, Anm. 3 b, gg). Dabei wird es für die Frage der Zumutbarkeit von Kampfmaßnahmen auf die persönlichen Umstände und Verhältnisse des Mieters ankommen (so *Sternel* MDR 76, 268 mit näheren Einzelheiten). Z. B. ist einem Mieter eine Prozeßführung nicht zumutbar, wenn der Vermieter den Fortbestand des Eigenbedarfs ernstlich behauptet (LG Freiburg WM 78, 122) oder wenn die Kündigung formell in Ordnung ist und der Kündigungsgrund auch materiell-rechtlich vorliegen kann, also schlüssig vorgetragen ist (LG Freiburg WM 79, 216).

257 Hat der Mieter die mangelnde Berechtigung der Kündigung schon vor seiner Räumung gekannt, so hat er den Schaden vorsätzlich herbeigeführt, so daß eine **Schadenersatzpflicht** des Vermieters **entfällt** (*Palandt/Heinrichs* § 254 BGB Anm. 4 b, aa; ähnlich *Sternel* MDR 76, 269). Hat umgekehrt der Vermieter vorsätzlich gehandelt (z. B. bei bewußter Vortäuschung eines nicht gegebenen Eigenbedarfsgrundes), so wäre es rechtsmißbräuchlich, wenn er sich darauf berufen wollte, der Mieter hätte nicht auf die Wirksamkeit der Kündigung vertrauen dürfen, sondern es auf einen Prozeß ankommen lassen müssen (LG Freiburg WM 78, 122: auch für nachträglichen Wegfall des Eigenbedarfsgrundes;

*Löwe* ZMR 75, 290; *Staudinger/Sonnenschein* 138; *Sternel* MDR 76, 268; vgl. auch *Fehl* NJW 75, 1974). Zum gleichen Ergebnis führt der Grundsatz, daß bei Vorsatz des Schädigers ein bei der Schadensentstehung mitwirkendes fahrlässiges Mitverschulden des Geschädigten in der Regel zurücktritt (vgl. *Palandt/Heinrichs* § 254 BGB Anm. 4 b, aa m. w. N.).

Ist die Kündigung nur aus rechtlichen Gründen unwirksam, so sind die Fahrlässigkeit des Vermieters (bzw. gemäß § 278 BGB seines Erfüllungsgehilfen) bei der mangelnden rechtlichen Überprüfung einerseits und die Vertrauensseligkeit bzw. Leichtgläubigkeit des Mieters, welcher rechtliche Schritte gegen die Kündigung unterlassen hat und gleichwohl freiwillig ausgezogen ist, andererseits gegeneinander abzuwägen. Da in diesem Falle das Verschulden beider Vertragspartner in der Regel etwa gleich groß sein wird, ist ein hälftiges Mitverschulden des Mieters anzunehmen (so zu Recht LG Hamburg MDR 76, 844; vgl. auch *Palandt/Heinrichs* § 254 BGB Anm. 4 b, bb: Schadensteilung je zur Hälfte bei gleicher Ursächlichkeit). 258

## 8. Zuständigkeit

Die **ausschließliche** sachliche und örtliche **Zuständigkeit des Amtsgerichts** des belegenen Wohnraums **gemäß** § **29 a ZPO** (Klage auf Entschädigung wegen nicht gehöriger Erfüllung eines Mietvertrages über Wohnraum) ist gegeben (vgl. AG Heidelberg WM 75, 67), jedoch nur, wenn das angegangene Amtsgericht das Bestehen eines vertraglichen Schadenersatzanspruchs (insbesondere aus positiver Vertragsverletzung) bejaht oder der Kläger die Klage ausdrücklich nur auf eine vertragliche Ersatzpflicht stützt. Soweit dies verneint wird und ein Ersatzanspruch allein aus unerlaubter Handlung in Betracht kommt, ist die allgemeine Zuständigkeit des Amtsgerichts oder des Landgerichts in erster Instanz – je nach der Höhe des Streitwerts – gegeben. 259

Die Klage wird in der Regel auf Leistung gerichtet sein. Oft ist jedoch eine Feststellungsklage (auf volle Ersatzpflicht) zu empfehlen, wenn der Schadensumfang noch nicht feststeht (z. B. wegen künftiger Mieterhöhung der neuen Wohnung).

## 9. Schadenersatzpflicht des Mieters

Die genannten Grundsätze über die Schadenersatzpflicht des Vermieters gelten auch **umgekehrt für** eine **Schadenersatzpflicht des Mieters** bei einer unberechtigten Kündigung durch den Mieter, wenn dadurch dem Vermieter ein Schaden entsteht (AG Krefeld MDR 78, 1023 für Anwaltskosten zur Abwehr der Kündigung). Die Leistungstreuepflicht (vgl. oben Rn 241) gilt in gleicher Weise auch für den Mieter. § 564 b BGB findet jedoch auf eine Kündigung von seiten des Mieters keine Anwendung. 260

### 10. Mietzinsanspruch nach Auszug auf Grund unberechtigter Kündigung

261 Nimmt der Vermieter nach einer von ihm ausgesprochenen unberechtigten Kündigung den Mieter nach dessen Auszug auf **weiteren Mietzins** in Anspruch, indem er sich auf die Unwirksamkeit seiner eigenen Kündigung und damit den Fortbestand des Mietverhältnisses beruft, so ist ein solches Verlangen als treuwidrig (widersprüchliches Verhalten) anzusehen, da der Mieter durch seinen Auszug gerade dem Räumungsverlangen des Vermieters entsprochen hat. Der Mieter hat jedoch, selbst bei früherem Auszug, den Mietzins bis zum Zeitpunkt des Ablaufs der Kündigungsfrist zu bezahlen, welche im Falle der Wirksamkeit der Kündigung gelten würde. Denn ein verfrühter Auszug des Mieters ist keine adäquate Folge der unberechtigten Kündigung.

### 11. Anspruch auf erneute Überlassung der Wohnung nach Auszug

262 Einen Anspruch auf erneute Überlassung der Wohnung (§ 536 BGB) nach seinem Auszug kann der Mieter nur durchsetzen, wenn die Wohnung noch nicht vom Vermieter an einen Dritten überlassen wurde. Dies entspricht der Rechtslage bei der Doppelvermietung (vgl. *Schmidt-Futterer/Blank* B 479, 70 ff.).

### 12. Recht zur fristlosen Kündigung für Mieter nach unberechtigter Vermieterkündigung

263 Stellt die unberechtigte Kündigung des Vermieters einen schweren Vertragsverstoß dar, was bei vorsätzlich unberechtigter Kündigung der Fall ist, so steht dem Mieter ein **Recht zur fristlosen Kündigung** zu (§ 554 a BGB).

## § 564 c BGB (Bestandsschutz bei Zeitmietverhältnissen)

(1) ¹Ist ein Mietverhältnis über Wohnraum auf bestimmte Zeit eingegangen, so kann der Mieter spätestens zwei Monate vor der Beendigung des Mietverhältnisses durch schriftliche Erklärung gegenüber dem Vermieter die Fortsetzung des Mietverhältnisses auf unbestimmte Zeit verlangen, wenn nicht der Vermieter ein berechtigtes Interesse an der Beendigung des Mietverhältnisses hat. ²§ 564 b gilt entsprechend.

(2) ¹Der Mieter kann keine Fortsetzung des Mietverhältnisses nach Absatz 1 oder nach § 556 b verlangen, wenn

1. das Mietverhältnis für nicht mehr als fünf Jahre eingegangen ist,
2. der Vermieter

    a) die Räume als Wohnung für sich, die zu seinem Hausstand gehörenden Personen oder seine Familienangehörigen nutzen will oder

    b) in zulässiger Weise die Räume beseitigen oder so wesentlich verändern oder instandsetzen will, daß die Maßnahmen durch eine Fortsetzung des Mietverhältnisses erheblich erschwert würden,
3. der Vermieter dem Mieter diese Absicht bei Vertragsschluß schriftlich mitgeteilt hat und
4. der Vermieter dem Mieter drei Monate vor Ablauf der Mietzeit schriftlich mitgeteilt hat, daß diese Verwendungsabsicht noch besteht.

²Verzögert sich die vom Vermieter beabsichtigte Verwendung der Räume ohne sein Verschulden, kann der Mieter eine Verlängerung des Mietverhältnisses um einen entsprechenden Zeitraum verlangen; würde durch diese Verlängerung die Dauer des Mietverhältnisses fünf Jahre übersteigen, kann der Mieter die Fortsetzung des Mietverhältnisses auf unbestimmte Zeit nach Absatz 1 verlangen.

### Übersicht

|  |  | Rn |
|---|---|---|
|  | Vorbemerkung | 1 |
| I. | Gewöhnliche Zeitmietverhältnisse (Abs. 1) | |
|  | 1. Zweck und Allgemeines | 2, 3 |
|  | 2. Voraussetzungen | |
|  |    a) Befristetes Mietverhältnis | 4–8 |
|  |    b) Keine Stichtagsvoraussetzung | 9 |
|  |    c) Unanwendbarkeit bei nicht geschützten Mietverhältnissen | 10 |
|  | 3. Automatische Beendigungswirkung | 11–12 b |
|  | 4. Fortsetzungsverlangen des Mieters | |
|  |    a) Fortsetzungserklärung: Allgemeines | 13–18 |
|  |    b) Schriftform | 19 |

|   |   |   |
|---|---|---|
| | c) Frist | 20 |
| | d) Fortsetzungsverlangen als Vertragsangebot | 21 |
| 5. | Beendigungsrecht des Vermieters bei berechtigtem Interesse | |
| | a) Abwehrrecht gegenüber dem Fortsetzungsrecht | 22–26 |
| | b) Geltendmachung (Anwendung des § 564 b BGB), Form und Frist | 27–36 |
| 6. | Rechtswirkungen des Fortsetzungsverlangens | |
| | a) Bei Zustimmung des Vermieters | 37 |
| | b) Bei Berufung des Vermieters auf berechtigte Interessen | 38–40 |
| | c) Anspruch des Mieters auf Fortsetzung auf unbestimmte Zeit | 41 |
| 7. | Beweislast | 42 |
| 8. | Abweichende Vereinbarungen | |
| | a) Zum Nachteil des Mieters abweichende Vereinbarungen | 43 |
| | b) Zum Vorteil des Mieters abweichende Vereinbarungen | 44 |
| | c) Wirksamkeit einer Einzelfallvereinbarung auf Grund eines Fortsetzungsverlangens | 45 |
| 9. | Prozessuales | |
| | a) Leistungsklage auf Zustimmung | 46 |
| | b) Räumungsklage des Vermieters | 47 |
| | c) Feststellungsklage des Mieters | 48 |
| | d) Verfahren bei der Leistungsklage | 49 |

II. Besondere Zeitmietverhältnisse (Abs. 2)
1. Allgemeines. Zweck der Vorschrift . . . . . . . . . . . . . . . . . . . . . 50, 51
2. Anwendungsbereich. Voraussetzungen . . . . . . . . . . . . . . . . . . 52–55
3. Befristung bis zu 5 Jahre . . . . . . . . . . . . . . . . . . . . . . . . . . . . . 56–59
4. Bestimmte Verwendungsabsicht des Vermieters
   a) Allgemeines . . . . . . . . . . . . . . . . . . . . . . . . . . . . . . . . . . . . . 60–68
   b) Eigennutzungsabsicht . . . . . . . . . . . . . . . . . . . . . . . . . . . . . 69–79
   c) Bauabsicht . . . . . . . . . . . . . . . . . . . . . . . . . . . . . . . . . . . . . 80–89
5. Mitteilung der Absicht bei Vertragsschluß (Anfangsmitteilung) . . . . . . . . . . . . . . . . . . . . . . . . . . . . . . . . . 90–97
6. Mitteilung der fortbestehenden Absicht bei Vertragsende (Schlußmitteilung) . . . . . . . . . . . . . . . . . . . . . . . . . . . . . . . . . . 98–106
7. Fortbestehen der Verwendungsabsicht bei Vertragsende . . . . . 107, 108
8. Absolute Beendigungswirkung nach Ablauf der Mietzeit . . . . . 109–118
9. Verzögerung der beabsichtigten Verwendung (S. 2) . . . . . . . . . 119–141
10. Unabdingbarkeit . . . . . . . . . . . . . . . . . . . . . . . . . . . . . . . . . . . 142
11. Beweislast . . . . . . . . . . . . . . . . . . . . . . . . . . . . . . . . . . . . . . . . 143–145
12. Prozessuales . . . . . . . . . . . . . . . . . . . . . . . . . . . . . . . . . . . . . . . 146–155
13. Schadenersatzanspruch bei unwahrer Verwendungsabsicht . . . 156–172

## Vorbemerkung zur Vorschrift im Ganzen

Der ab 1. 1. 1983 geltende § 564 c BGB enthält **zwei** verschiedene **Regelungen für** **befristete** (d. h. auf bestimmte Zeit eingegangene) **Wohnraummietverhältnisse** (Zeitmietverhältnisse): in Abs. 1 ist (fast inhaltsgleich mit dem bisherigen Art. 2 des 2. WKSchG) der Regelfall eines (gewöhnlichen) Zeitmietverhältnisses geregelt und in Abs. 2 der Sonderfall von besonderen befristeten Mietverhältnissen (hier als ‚besondere Zeitmietverhältnisse' bezeichnet). Beiden Regelungen liegt ein befristetes Wohnraummietverhältnis (Zeitmietverhältnis) zugrunde. Der **Unterschied** beider Regelungen liegt in der **Rechtswirkung bei der Beendigung des Mietverhältnisses:** das gewöhnliche Zeitmietverhältnis (Abs. 1) hat nur eine beschränkte Beendigungswirkung (Bestandsschutz für den Mieter), während das besondere Zeitmietverhältnis (Abs. 2) eine absolute (uneingeschränkte) Beendigungswirkung entfaltet (kein Bestands- und Räumungsschutz für den Mieter!), jedoch nur, wenn sämtliche Voraussetzungen des Abs. 2 erfüllt sind. In den folgenden Erläuterungen werden zunächst (unter I) die gewöhnlichen befristeten Mietverhältnisse (Abs. 1) behandelt, anschließend (unter II) die besonderen Zeitmietverhältnisse (Abs. 2).

**Zur Terminologie:** Die Begriffe ‚Zeitmietverhältnis' (Zeitmietvertrag) und ‚befristetes Mietverhältnis' sind identisch. Sie sagen noch nichts aus über die Frage, ob ein allgemeines (**gewöhnliches**) **oder** ein **besonderes Zeitmietverhältnis** vorliegt. Dies ist jedoch in jedem Falle für die Rechtswirkungen bei der Beendigung des Mietverhältnisses wichtig. Das besondere Zeitmietverhältnis (gem. Abs. 2) hat in der Literatur noch keine einheitliche Bezeichnung gefunden; es werden Bezeichnungen dafür gewählt wie qualifiziertes Zeitmietverhältnis, Zeitmietverhältnis der neueren Art, Zeitmietverhältnis im engeren Sinne, Zeitmiete. Möglich wären noch folgende Bezeichnungen: Zwischenzeitmietverhältnis, Zwischennutzungsmietverhältnis, befristetes Mietverhältnis ohne Verlängerungsrecht, bestandsschutzloses Zeitmietverhältnis, Kurzzeitmietverhältnis. Am besten erscheint jedoch, im Gegensatz zum allgemeinen (gewöhnlichen) Zeitmietverhältnis, die Bezeichnung als besonderes (spezielles) Zeitmietverhältnis, welche hier verwendet wird.

## I. Gewöhnliche befristete Mietverhältnisse (Abs. 1)

### 1. Zweck und Allgemeines

Abs. 1 hat zwei Vorgängervorschriften (§ 2 des 1. WKSchG und Art. 2 des 2. WKSchG). Wie schon die Vorläufer, dient Abs. 1 dem **Zweck,** eine **Umgehung des** bei unbefristeten Wohnraummietverhältnissen geltenden **Kündigungsschutzes** (Erfordernis berechtigter Interessen an der Beendigung des Mietverhältnisses gem. § 564 b BGB) durch die Vereinbarung eines befristeten Mietverhältnisses, welches grundsätzlich ohne eine Kündigung der Parteien gem. § 564 Abs. 1 BGB mit Ablauf der Mietzeit endet, **zu vermeiden** (vgl. Stellungnahme Nr. 9 des Bundesrates bei der Schaffung des 1. WKSchG, auf welche die Fassung des § 2 des 1. WKSchG zurückgeht). Der Kündigungsschutz, welcher dem Wohnraummieter in einem unbefristeten Mietverhältnis gegenüber einer Kündigung des Vermieters zusteht, soll im Grundsatz auch bei der Beendigung eines befristeten Mietverhältnisses (Zeitmietverhältnisses) gelten. Man spricht hier von **Bestandsschutz** oder Kündigungsschutz im weiteren Sinne (letzterer Begriff entspricht auch der in der Überschrift des 2. WKSchG und in der Begründung der Regierungsvorlage verwendeten Terminologie). Es handelt sich demnach bei Abs. 1 um eine **Schutzvorschrift zugunsten des Mieters** vor der (automatischen) Beendigung eines Zeitmietverhältnisses. Der Schutz des Mieters wird bewirkt durch ein (frist- und formgebundenes) Fortsetzungsrecht (Recht zur Fortsetzung des Mietverhältnisses auf unbestimmte Zeit), welches jedoch nicht uneingeschränkt besteht, sondern durch ein Abwehrrecht des Vermieters (beim Vorliegen berechtigter Interessen gem. § 564 b BGB) ausgeschlossen werden kann.

Abs. 1 ist — abgesehen vom Wegfall der Stichtagsregelung — inhaltsgleich aus Art. 2 Abs. 1 des 2. WKSchG übernommen worden. Art. 2 des 2. WKSchG ist in vollem Umfang außer Kraft getreten (auch bezüglich Abs. 2 u. 3, da diese Regelungen durch die Bezugnahme auf § 564 b BGB mit allen Absätzen in Abs. 1 S. 2 die gleiche Rechtslage herbeiführt).

3   Die Vorschrift **regelt nur** die **ordentliche Beendigung eines Zeitmietverhältnisses.** Sie läßt daher das Recht des Vermieters zur außerordentlichen Beendigung (fristlose Kündigung, außerordentliche befristete Kündigung und Beendigung auf sonstige Weise, z. B. durch Mietaufhebungsvertrag) unberührt. Daher kann der Vermieter auch noch nach der Geltendmachung eines Fortsetzungsverlangens durch den Mieter gem. Abs. 1 von einem außerordentlichen Kündigungsrecht Gebrauch machen.

**2. Voraussetzungen**

a) **Befristetes Mietverhältnis**

4   Abs. 1 setzt ein **befristetes Mietverhältnis über Wohnraum (ohne Verlängerungsklausel)** voraus. Ein befristetes Mietverhältnis (Zeitmietverhältnis) ist ein solches, welches auf bestimmte Zeit geschlossen ist. Es kann sich dabei um eine kalendarisch festgelegte Mietzeit (bis zu einem bestimmten Kalendertag oder variablen Festtag) oder um eine nach Zeiteinheiten (Tage, Monate oder Jahre) bestimmte Frist handeln; auch eine sonst bestimmbare Zeit, z. B. für die Dauer einer Saison, eines Semesters, einer Veranstaltung oder eines sonst zeitlich begrenzten Gebrauchszwecks des Mieters reicht aus (*Staudinger/Sonnenschein* § 564 BGB Rn 3). Die Mietzeit ist auch dann bestimmt, wenn sie bis zum Eintritt eines bestimmten, sicher eintretenden Ereignisses dauern soll (a. A. AG Bruchsal WM 83, 142: Mietverhältnis bis zum Tod eines Mieters sei ein unbefristetes). Im Gegensatz dazu steht eine auflösende Bedingung, bei welcher ein ungewisses künftiges Ereignis die Mietzeit begrenzt (vgl. Rn 5).

4 a   Trotz des Abschlusses eines Mietvertrages auf bestimmte Zeit können die Parteien vereinbaren, daß einer Partei oder beiden (für einen bestimmten Fall,

eine bestimmte Zeit oder überhaupt) ein ordentliches Kündigungsrecht zustehen soll. Gemäß dem Grundsatz der Vertragsfreiheit können auf diese Weise Elemente des **befristeten und** des **unbefristeten** Mietverhältnisses **miteinander verbunden** werden. Sofern der Vermieter von einem solchen Kündigungsrecht Gebrauch macht, ist er an die Voraussetzungen von § 564 b BGB gebunden. Sofern das Mietverhältnis jedoch ohne eine vorherige Kündigung der Parteien zu dem vereinbarten Endzeitpunkt ausläuft, besteht der Bestandsschutz des Mieters gemäß Abs. 1.

Bezüglich des **sachlichen Anwendungsbereichs** des Abs. 1 wird auf die Erl. zu § 564 b BGB Rn 3 bis 7 verwiesen. Nicht anwendbar ist Abs. 1 auf den Sonderfall des Abs. 2 (besonderes Zeitmietverhältnis), da Abs. 2 eine Sonderregelung darstellt. Zu beachten ist jedoch, daß, wenn nicht sämtliche Voraussetzungen eines besonderen Zeitmietverhältnisses gemäß Abs. 2 gegeben sind (fehlgeschlagenes besonderes Zeitmietverhältnis), ein gewöhnliches Zeitmietverhältnis gemäß Abs. 1 (mit Bestandsschutz für den Mieter) vorliegt. 4 b

**In der Regel** wird die **Befristung** des Mietverhältnisses schon **bei Vertragsschluß** vereinbart. Es kann jedoch **auch** bei einem zunächst unbefristeten Mietverhältnis durch **nachträglichen** Abschluß eines Änderungsvertrages ein befristetes Mietverhältnis vereinbart werden. 4 c

Mietverträge, auch befristete, sind grundsätzlich formfrei. Wird jedoch ein Mietvertrag (über Grundstücke bzw. Räume, vgl. § 580 BGB) **für längere Zeit als 1 Jahr** (nach h. M. berechnet ab Überlassung der Mietsache) geschlossen (in der Praxis der Regelfall), so bedarf er gemäß der zwingenden Vorschrift des § 566 BGB der **Schriftform.** Wird ein solcher befristeter Vertrag nur mündlich geschlossen, so ist er nicht unwirksam, sondern gilt als auf unbestimmte Zeit geschlossen (Fiktion), jedoch ist eine Kündigung für beide Teile erst (mit der knapp 3monatigen Kündigungsfrist gem. § 565 Abs. 2 S. 1 BGB) für den Ablauf des ersten Jahres zulässig (§ 566 S. 2 BGB). Dies gilt auch für einen reinen **Verlängerungsvertrag** bei Verlängerung auf bestimmte Zeit. Wird ein solcher Verlängerungsvertrag auf längere Zeit als ein Jahr ohne Einhaltung der Schriftform geschlossen, so gilt (nur) die Verlängerung auf unbestimmte Zeit, während der ursprüngliche Vertrag auf die vereinbarte Zeit weiterläuft (BGHZ 50, 43). Über die Erfordernisse der Schriftform vgl. § 126 Abs. 2 BGB. Die von den Parteien unterzeichnete einheitliche Vertragsurkunde muß alle wesentlichen Abreden des Mietvertrages (bezüglich Mietgegenstand, Dauer und Mietzins) enthalten, wobei die Bezugnahme auf andere Urkunden nur genügt, wenn sie als Anlage beigefügt und bei der Unterzeichnung entsprechend dem Parteiwillen körperlich fest verbunden werden (BGHZ 40, 262 ff.; *Staudinger/Emmerich* § 566 Rn 20). 4 d

Die Aufhebung eines Mietvertrages (durch Mietaufhebungsvertrag) ist jedoch stets formlos möglich, auch durch konkludentes Verhalten.

5  **Auflösend bedingte Mietverhältnisse** (bei denen der Eintritt des Beendigungsereignisses ungewiß ist) gelten **nicht** als befristete. Hier wird der Mieter vor einer Beendigung durch den Beendigungseintritt gem. § 565 a Abs. 2 BGB geschützt.

6  Bei befristeten Mietverhältnissen ist oft eine **Verlängerungsklausel** vereinbart, wonach sich das Mietverhältnis über die ursprünglich vereinbarte Laufzeit hinaus zum einen bestimmten Zeitraum (z. B. ein Jahr) verlängert, wenn nicht eine der Parteien innerhalb einer Frist vor Ablauf der Laufzeit kündigt. Hier tritt gem. § 565 a Abs. 1 BGB die Verlängerung ein, wenn nicht nach § 565 Abs. 2 BGB (also mit den gestaffelten Fristen) gekündigt wird. Eine vereinbarte kürzere Kündigungsfrist ist unwirksam (§ 565 a Abs. 3 BGB). Für diese Kündigung des Vermieters, bei welcher umstritten ist, ob es sich um eine echte Kündigung handelt, findet nach dem ausdrücklichen Willen des Gesetzgebers (vgl. Bericht des Rechtsausschusses des Bundestages zu § 564 b BGB) § 564 b BGB Anwendung (vgl. dazu dort Rn 8 a). Daher scheiden die genannten Mietverhältnisse mit Verlängerungsklausel aus dem Anwendungsbereich des § 564 c aus (*Palandt/Putzo* 1 b).

7  Wird in einem befristeten Mietvertrag vereinbart, daß dieser bei Fristablauf von beiden Vertragspartnern verlängert werden kann, so ist ein befristetes Mietverhältnis gegeben (*Schopp* ZMR 75, 100). Hingegen hat die Ausübung eines **Optionsrechts** zur Folge, daß ein unbefristetes (und daher nach § 564 b BGB kündbares) Mietverhältnis vorliegt; innere Willensvorstellungen der Parteien über die Tragweite des Optionsrechts vermögen dessen Rechtswirksamkeit und Rechtsfolgen nicht zu beseitigen (LG Mannheim ZMR 74, 333).

8  Ein vom „Hausratsrichter" gem. § 5 Abs. 2 der Hausratsverordnung begründetes befristetes Mietverhältnis unterliegt nicht dem Bestandsschutz des § 564 c Abs. 1 (BayObLG WM 74, 76 = MDR 74, 48).

### b) Keine Stichtagsvoraussetzung

9  Die Vorgängervorschrift (Art. 2 des 2. WKSchG) war nur für solche Zeitmietverhältnisse anwendbar, welche nach dem 28. 11. 1971 (Tag des Inkrafttretens des 1. WKSchG) eingegangen wurden, während die vor diesem Stichtag abgeschlossenen Mietverhältnisse von dem Bestandsschutz zugunsten des Mieters nicht erfaßt wurden, sondern grundsätzlich durch Fristablauf endeten. Diese **Stichtagsvoraussetzung ist** mit der Übernahme des Gesetzeswortlauts von Art. 2 Abs. 1 des 2. WKSchG in § 564 c Abs. 1 BGB **entfallen**, da der Gesetzgeber davon ausgeht, daß ältere Zeitmietverträge keine praktische Bedeutung mehr haben und der Termin obsolet ist (vgl. Begründung des Regierungsentwurfs zum MWoAEG, S. 14). Abs. 1 gilt daher für alle (geschützten) auf bestimmte Zeit eingegangenen Mietverhältnisse, ohne Rücksicht darauf, wann das Mietverhältnis eingegangen wurde. Der Bestandsschutz des Mieters gilt daher ab 1. 1. 1983 auch für die über elf Jahre alten (älteren) befristeten Wohnraummietverhältnisse.

**Übergangsrechtlich** kommt es – mangels einer Überleitungsvorschrift – für die Frage des anzuwendenden Rechts bei der Beendigung von Mietverhältnissen, welche vor dem 1. 12. 1971 eingegangen (maßgebend: Mietvertragsabschluß) sind, auf den Zeitpunkt des Zugangs des Fortsetzungsverlangens an, nicht auf den Zeitpunkt des Ablaufs der vereinbarten Mietzeit (vgl. Vorauflage Art. 2 Rn 11 und Art. 4 Rn 13; *Freund/Barthelmess* ZMR 75, 33 zu III). Der Bestandsschutz des Mieters findet demnach Anwendung, wenn bei solchen Langzeitmietverhältnissen das Fortsetzungsverlangen des Mieters ab dem Inkrafttreten der Neuregelung (1. 1. 1983) dem Vermieter zugegangen ist.

c) **Unanwendbarkeit bei nicht geschützten Mietverhältnissen**

§ 564 c BGB gilt nicht für die drei Fälle der dem Kündigungsschutz nicht unterliegenden (ungeschützten) Mietverhältnisse (vgl. § 564 b Abs. 7 BGB). Dies folgt aus der Verweisung in Abs. 1 S. 2 auf § 564 b BGB, welche die Vorschrift in allen ihren Absätzen erfaßt, so daß es nicht erforderlich erschien, im Rahmen des neuen § 564 c BGB zu wiederholen, daß sie nicht für Mietverhältnisse der in § 564 b Abs. 7 BGB bezeichneten Art gilt (vgl. Begründung des Regierungsentwurfs zum MWoAEG, S. 14). Bezüglich des Anwendungsbereichs der drei Fälle von ungeschützten Wohnraummietverhältnissen wird in vollem Umfang auf die Erläuterungen zu § 564 b BGB Rn 24 ff. Bezug genommen. 10

### 3. Automatische Beendigungswirkung

a) Ein Zeitmietverhältnis kann **während der** vereinbarten **Mietzeit** (Laufzeit) von keiner Vertragspartei im Wege der ordentlichen Kündigung beendet werden. Es sind jedoch alle Möglichkeiten der außerordentlichen Beendigung eines Mietverhältnisses anwendbar (vgl. dazu die Übersichten R 1–R 3 im Anhang II). 11

b) Das Zeitmietverhältnis endet **automatisch** mit dem Ende der vereinbarten Mietzeit (§ 564 Abs. 1 BGB), ohne daß es dazu einer Erklärung von seiten der Parteien bedarf. Diese **Beendigungswirkung** tritt auch dann ein, wenn ein Fortsetzungsverlangen des Mieters (bewußt oder versehentlich) unterblieben oder nicht form- und fristgemäß gestellt worden ist oder wenn einem form- und fristgemäß gestellten Fortsetzungsverlangen des Mieters der Vermieter berechtigte Interessen an einer Beendigung des Mietverhältnisses gem. § 564 b BGB entgegensetzen kann (vgl. unten Rn 22 ff.). Neben dem Fortsetzungsrecht gem. Abs. 1 steht dem Mieter noch ein Fortsetzungsrecht gem. der Sozialklausel (§ 556 b BGB) zu, mit welchem er unter Umständen die Beendigungswirkung vermeiden kann (vgl. dazu näheres unten Rn 36). 11 a

c) Die genannte (automatische) **Beendigungswirkung** kann **ausgeschlossen** werden **durch** ein schriftliches und rechtzeitiges **Fortsetzungsverlangen** des Mieters gem. Abs. 1 auf unbestimmte Zeit ohne Angabe von Gründen (vgl. dazu näheres unten Rn 13 ff.). 12

d) Wenn kein wirksames Fortsetzungsverlangen des Mieters vorliegt, ist im Falle einer Gebrauchsfortsetzung durch den Mieter über das Ende der vereinbarten 12 a

§ 564 c BGB, 12b—15

Mietzeit hinaus § **568 BGB** (Fiktion des Fortbestehens des Mietverhältnisses auf unbestimmte Zeit) **anwendbar,** wenn die Vorschrift nicht abbedungen ist. Über die Rechtswirkungen dieser Vorschrift vgl. die Erläuterungen zu § 564 b BGB Rn 19.

12 b  Im Falle der Beendigung des Zeitmietverhältnisses steht dem Mieter **Räumungsschutz** gem. §§ 721, 794 a ZPO **und Vollstreckungsschutz** gem. § 765 a ZPO zu (vgl. Abs. 1 S. 2 i. V. m. § 564 b Abs. 5 BGB, wonach weitergehende Schutzrechte des Mieters unberührt bleiben). Bezüglich Räumungs- und Vollstreckungsschutz vgl. näheres in § 564 b BGB Rn 227—230, 234—236.

**4. Fortsetzungsverlangen des Mieters**

a) **Fortsetzungserklärung: Allgemeines**

13  Ein Zeitmietverhältnis endet grundsätzlich mit dem Ablauf der Vertragszeit, ohne daß es dazu einer Erklärung eines der Vertragspartner bedarf (§ 564 Abs. 1 BGB). Bei befristeten Mietverhältnissen ist der Mieter nicht automatisch gegen eine Beendigung des Mietverhältnisses bei Ablauf der vereinbarten Laufzeit geschützt. Vielmehr muß er sich diesen Schutz selbst verschaffen, indem er (form- und fristgerecht) die Fortsetzung des Mietverhältnisses über den Beendigungszeitpunkt hinaus gegenüber dem Vermieter verlangt. Nur durch eine solche Erklärung hat der Mieter einen Anspruch auf Fortsetzung des Mietverhältnisses (abgesehen von der Ausnahme gem. Abs. 1 S. 1 letzter Halbsatz). Dieses Fortsetzungsverlangen ist (im Gegensatz zu demjenigen gem. § 556 b BGB) **nicht an bestimmte Voraussetzungen** (z. B. **Härtegründe**) **gebunden;** es steht dem Mieter also uneingeschränkt zu, ohne daß er berechtigte Interessen haben muß. Daneben hat der Mieter jedoch (vgl. Abs. 1 S. 2 i. V. m. § 564 b Abs. 5 BGB) das auf das Vorliegen besonderer Härtegründe beschränkte Fortsetzungsrecht gem. der Sozialklausel (§ 556 b BGB), wobei hier die Härtegründe nicht schon im Kündigungswiderspruchsschreiben angegeben werden müssen (vgl. § 556 a Abs. 5 S. 1 BGB).

14  Das Fortsetzungsverlangen des Mieters muß **in Form einer einseitigen empfangsbedürftigen Willenserklärung** geltend gemacht werden. Die Erklärung muß also vom Mieter stammen und dem Vermieter zugehen. Gründe braucht der Mieter nicht anzugeben. Ob ein Verlangen nach Fortsetzung des Mietverhältnisses vorliegt, ist gem. § 133 BGB durch Auslegung der Erklärung zu erforschen. Zum Beispiel wird es genügen, daß vorgetragen wird, der Mieter wolle weiterhin in der Wohnung verbleiben, mit der Beendigung des Mietverhältnisses sei er nicht einverstanden oder er könne oder wolle nicht räumen (vgl. auch *Hans* Anm. B 6 a). Die Verwendung des Wortes „Fortsetzung" ist nicht notwendig. Spricht der Mieter jedoch nur von einer Räumungsfrist oder einem Räumungsaufschub, so liegt kein Fortsetzungsverlangen, sondern ein Räumungsfristgesuch vor (ebenso *Hans* a. a. O.). Verbleibende Zweifel darüber gehen zu Lasten des Erklärenden (Mieter).

15  In dem Fortsetzungsverlangen muß der Mieter klar zum Ausdruck bringen, daß er die Fortsetzung nach Abs. 1 und nicht etwa nach § 556 b BGB erklärt.

Bestehen Zweifel, welches Fortsetzungsverlangen gemeint ist, so wird man die Erklärung dahin auszulegen haben, daß das dem Mieter günstigere Recht (also gem. Abs. 1) gewollt ist, sofern die Erklärung nach dieser Vorschrift rechtswirksam ist. Da gem. Abs. 1 nur eine **Fortsetzung auf unbestimmte Zeit** verlangt werden kann, was jetzt ausdrücklich im Gesetzestext klargestellt ist, ist bei einem Fortsetzungsverlangen auf bestimmte Zeit eine Erklärung gem. § 556 b BGB anzunehmen.

Der Mieter kann gem. Abs. 1 nur die **Fortsetzung zu den bisherigen Vertragsbedingungen** verlangen. Macht er das Fortsetzungsverlangen davon abhängig, daß der Vertrag abgeändert wird, so liegt kein wirksames Fortsetzungsverlangen i. S. d. Abs. 1 vor, sondern ein Antrag auf Vertragsänderung. Auch trifft Abs. 1 nicht zu, wenn der Mieter eine Fortsetzung auf bestimmte Zeit verlangt, da das Gesetz eine Fortsetzung auf unbestimmte Zeit vorsieht.   16

Macht der Vermieter seine Zustimmung zu einer Fortsetzung des Mietverhältnisses von einer Mieterhöhung abhängig, so ist dies als Ablehnung, verbunden mit einem neuen Antrag, zu werten (§ 150 Abs. 2 BGB). Stimmt der Mieter der vorgeschlagenen Mieterhöhung zu, so liegt eine nach § 10 Abs. 1 Hs. 2 MHG zulässige konkrete Mieterhöhungsvereinbarung vor (*Schmidt-Futterer* MDR 75, 91). Lehnt der Mieter jedoch eine solche Erklärung ab, so kann sie der Vermieter nicht erzwingen. Er kann jedoch während der Zeit der Fortsetzung gem. dem MHG eine Mieterhöhung geltend machen. Eine Änderung der sonstigen Vertragsbedingungen kann der Vermieter anläßlich der Fortsetzung nicht verlangen, zumal eine den §§ 556 a Abs. 3 S. 1 BGB, 308 b ZPO entsprechende Regelung zur angemessenen Vertragsabänderung hier fehlt.

Der Mieter kann das Fortsetzungsverlangen auch in **erster Linie auf Abs. 1, hilfsweise** (für den Fall der Unwirksamkeit wegen berechtigter Interessen des Vermieters) **auf § 556 b BGB** stützen. Dazu muß er in der Erklärung Härtegründe angeben. Frist und Form beider Fortsetzungsverlangen stimmen zwar überein, allerdings kann das Verlangen nach § 556 b BGB auch auf Fortsetzung auf bestimmte Zeit gerichtet sein. Im Rahmen der §§ 556 b, 556 a BGB kann eine Fortsetzung unter veränderten Vertragsbedingungen erfolgen, was im Falle des Art. 2 nicht möglich ist. Stützt der Mieter das Fortsetzungsverlangen gem. Abs. 1 hilfsweise auch auf § 556 b BGB, so kommt es nur dann zu einer Abwägung der beiderseitigen Interessen, wenn zunächst festgestellt wird, daß die Berufung des Vermieters auf berechtigte Beendigungsinteressen materiell und formell nicht berechtigt war. Verlangt der Mieter nur die Fortsetzung ohne Nennung einer der beiden in Betracht kommenden Gesetzesvorschriften, so wird man die Erklärung im Zweifel als Fortsetzungsverlangen gem. § 556 b BGB auszulegen haben, wenn Härtegründe aufgeführt sind (a. A. *Hans* Anm. B 6 a: unschädlich sei es, wenn Gründe vorgebracht werden, die in den Rahmen der Sozialklausel gehören).   17

Im Falle des Abs. 1 muß der Mieter nicht vom Vermieter auf sein Fortsetzungsrecht und dessen form- und fristgerechte Geltendmachung hingewiesen werden   18 (anders bei § 556 b BGB, vgl. §§ 564 a Abs. 2, 556 b Abs. 6 S. 2 BGB). Der Vermieter, der die Belehrung über den Kündigungswiderspruch gem. §§ 564 a Abs. 2, 556 b Abs. 1 S. 2, 556 a Abs. 6 S. 2 BGB erteilt, läuft allerdings Gefahr, daß der Mieter statt eines Widerspruchs gem. § 556 a BGB ein Fortsetzungsbegehren nach Abs. 1 stellt und ihm als Vermieter die — erforderlichen — berechtigten Interessen zur Beendigung des Mietverhältnisses nicht zur Seite stehen. Versäumt der Mieter aus Rechtsunkenntnis die rechtzeitige und formgemäße Fortsetzungserklärung gem. Abs. 1, so verliert er sein Fortsetzungsrecht. Eine Wiedereinsetzung in den vorigen Stand ist in diesem Falle nicht möglich.

b) **Schriftform**

19  Für das Fortsetzungsverlangen ist **Schriftform vorgeschrieben** („schriftliche Erklärung"). Das Verlangen ist also nur wirksam (vgl. § 125 S. 1 BGB), wenn es schriftlich abgefaßt und vom Mieter eigenhändig unterschrieben ist (vgl. § 126 Abs. 1 BGB). Die eigenhändige Unterschrift des Mieters ist nicht entbehrlich (Umkehrschluß aus § 8 MHG).

c) **Frist**

20  Das Fortsetzungsverlangen muß dem Vermieter innerhalb einer bestimmten Frist **(Ausschlußfrist)** zugehen, nämlich spätestens **2 Monate vor der vertragsgemäßen Beendigung des Mietverhältnisses.** Die Frist wurde offenbar dem § 556 a Abs. 6 S. 1 BGB nachgebildet. Entscheidend ist der Zugang, nicht die Abgabe der Erklärung (§ 130 BGB). Diese Zweimonatsfrist berechnet sich nach §§ 188 Abs. 2, 187 Abs. 2 BGB. Sie wird vom Ende des letzten Tages der Mietzeit an zurückgerechnet. Eine Karenzzeit von drei Tagen (wie bei den Kündigungsfristen) steht dem Mieter nicht zu. Endet die Laufzeit z. B. am 30. 4., so muß das Verlangen dem Vermieter spätestens bis 28. 2. 24 Uhr zugegangen sein (entsprechend § 188 Abs. 3 BGB). Ein verspätetes Fortsetzungsverlangen ist unwirksam (§ 134 BGB) und kann nicht mehr nachgeholt werden (Ausschlußfrist). Da die Ausschlußfrist abgelaufen sein kann, wenn sich das Fehlen der Voraussetzungen eines besonderen Zeitmietverhältnisses und damit das Vorliegen eines gewöhnlichen Zeitmietverhältnisses ergibt, kann sich für diesen Fall für den Mieter empfehlen, vorsorglich das Fortsetzungsrecht geltend zu machen (*Sternel* MDR 83, 273). Trotz Versäumung der Ausschlußfrist kann der Mieter jedoch sein Fortsetzungsrecht gem. § 242 BGB ausnahmsweise noch nachträglich geltend machen, wenn er die Verzögerungsmitteilung des Vermieters im Falle des Abs. 2 S. 2 Hs. 2 erst nach Ablauf der Ausschlußfrist erhält (vgl. unten Rn 139).

d) **Fortsetzungsverlangen als Vertragsangebot**

21  Das **Fortsetzungsverlangen** des Mieters gem. Abs. 1 ist rechtlich als **Antrag auf Abschluß eines Vertrages auf Fortsetzung des Mietverhältnisses** zu den gleichen Bedingungen anzusehen. Dieser kann vom Vermieter angenommen werden, auch stillschweigend dadurch, daß dieser keine gegenteilige Erklärung

gegenüber dem Mieter bis zum Ende der vertraglichen Mietzeit abgibt, so daß gem. § 151 BGB durch schlüssiges Verhalten ein Fortsetzungsvertrag zustande kommt (*Roquette* ZMR 72, 136).

Andererseits tritt eine stillschweigende Fortsetzung des Mietverhältnisses über die Vertragszeit hinaus auch gem. § 568 BGB dadurch ein, daß der Mieter den Gebrauch der Mietsache fortsetzt und keine Partie einer Fortsetzung innerhalb der Frist des § 568 S. 2 BGB widerspricht.

## 5. Beendigungsrecht des Vermieters bei berechtigtem Interesse
### a) Abwehrrecht gegenüber dem Fortsetzungsrecht

Das Recht zur Fortsetzung des Mietverhältnisses über die Vertragszeit hinaus, das dem Mieter durch eine form- und fristgerechte Erklärung gem. Abs. 1 zusteht, kann vom Vermieter vereitelt werden, indem er sich seinerseits auf ein berechtigtes Interesse an der Beendigung des Mietverhältnisses beruft. Dem Vermieter steht also **ein Abwehrrecht gegenüber dem Fortsetzungsrecht des Mieters** zu, womit er dieses Fortsetzungsrecht zu Fall bringen kann. Auch der Vermieter muß dabei eine bestimmte Form und Frist einhalten (vgl. unten Rn 31–34). 22

Wie oben (vgl. Rn 16) erwähnt, kann der Vermieter im Rahmen des Fortsetzungsverlangens gem. Abs. 1 nicht eine Änderung der Vertragsbedingungen erreichen (wie dies im Rahmen der Sozialklausel gem. § 556 a Abs. 2 S. 2 BGB auf Antrag des Mieters möglich ist). Eine Änderung des Vertrags ist jedoch außerhalb des Abs. 1 bei Einigung beider Vertragspartner jederzeit möglich (§ 305 BGB). 23

Zu beachten ist, daß der Mieter zur Geltendmachung seines Fortsetzungsrechts keiner Gründe bedarf, während der Vermieter für sein Gegenrecht berechtigte Interessen haben muß. Zu einer Abwägung der beiderseitigen Interessen kann es daher im Fall des Art. 2 nicht kommen. 24

Der Mieter kann jedoch, wenn der Vermieter das Gegenrecht ausgeübt hat, mit einem Fortsetzungsverlangen gem. § 556 b BGB (unter Berufung auf Härtegründe) erwidern (vgl. Abs. 1 S. 2 i. V. m. § 564 b Abs. 5 BGB). Nur in diesem Falle kann der Mieter erreichen, daß es zu einer Abwägung der beiderseitigen Interessen kommt. Den Sieg trägt die Mietpartei davon, welche die stärkeren Interessen geltend machen kann. 25

Man wird es auch zulassen müssen, daß der Vermieter sich auf ein berechtigtes Interesse an der Beendigung des Mietverhältnisses vorsorglich schon zu einem Zeitpunkt beruft, in welchem der Mieter ein Fortsetzungsverlangen gem. Art. 2 noch nicht geltend gemacht hat. Bei einer solchen „verfrühten" Beendigungserklärung des Vermieters wird man, wenn alsbald eine Fortsetzungserklärung des Mieters nachfolgt, vom Vermieter nach Treu und Glauben nicht verlangen können, daß er seine mit Gründen versehene Beendigungserklärung wiederholt, um den Ausschluß des Fortsetzungsrechts zu erreichen. 26

### b) Geltendmachung (Anwendung des § 564 b BGB), Form und Frist

**27** Die **Geltendmachung** der berechtigten Interessen des Vermieters muß, wenn auch das Gesetz dazu schweigt, **durch** eine **einseitige empfangsbedürftige Willenserklärung des Vermieters** gegenüber dem Mieter erfolgen. Da es sich um eine materiell-rechtliche Vorschrift handelt, kann diese nicht so verstanden werden, daß die berechtigten Interessen vom Vermieter nur dem Gericht gegenüber vorzubringen sind.

**28** aa) Was als **berechtigtes Interesse** des Vermieters an der Beendigung des Mietverhältnisses anzusehen ist, ist gem. Abs. 1 S. 2 der entsprechenden Anwendung des § 564 b Absatz 1 und 2 BGB zu entnehmen (vgl. die Erläuterungen dazu). Die Gründe, welche für den Vermieter eine Beendigung des Mietverhältnisses bewirken, müssen also gleicher Art und Schwere sein wie die berechtigten Interessen des Vermieters im Falle der (ordentlichen) Kündigung eines unbefristeten Mietverhältnisses. Insbesondere stellt das Interesse des Vermieters, einen höheren Mietzins zu verlangen, kein berechtigtes Interesse an der Beendigung dar, da § 1 S. 1 MHG hier entsprechend anzuwenden ist. Auch wenn ein befristetes Mietverhältnis „probeweise" abgeschlossen wurde, ist es nicht gerechtfertigt, bei der Auslegung des § 564 b Abs. 2 Nr. 1 BGB die Anforderungen an die Erheblichkeit der Pflichtverletzung herabzusetzen, z. B. bzgl. eines Mietzinsrückstandes (OLG Stuttgart (RE) ZMR 83, 17 = WM 82, 269 = MDR 83, 57 = NJW 82, 2673 = MRS 2 Nr. 92), denn dies würde gegen die Unabdingbarkeit des Mieterschutzes verstoßen.

**29** bb) § 564 b Abs. 4 BGB (**Sonderkündigungsrecht bei Einlieger-Wohnungen**) **findet** auch bei befristeten Mietverhältnissen im Rahmen des Abs. 1 **Anwendung**, da sich Abs. 1 S. 2 auf die gesamte Vorschrift des § 564 b bezieht. Bei Einliegerwohnungen gem. § 564 b Abs. 4 BGB sind für den Vermieter keine berechtigten Interessen erforderlich, um das Mietverhältnis vertragsgemäß zu beenden. Der Vermieter muß sich jedoch ausdrücklich auf das Sonderkündigungsrecht berufen (vgl. § 564 b Abs. 4 S. 4 BGB und die Erläuterungen dazu).

**30** Die „entsprechende" Anwendung des § 564 b Abs. 4 S. 2 BGB (Verlängerung der Kündigungsfrist um 3 Monate bei Ausübung des Sonderkündigungsrechts für Einliegerwohnungen) führt bei Einliegerwohnungen dazu, daß sich durch eine solche auf § 564 b Abs. 4 BGB gestützte Beendigungserklärung des Vermieters die vertraglich vereinbarte **Mietdauer um 3 Monate verlängert** (h. M.; vgl. *Staudinger/Sonnenschein* 23 m. w. N.). Wenn auch das Ende der Mietzeit dem Mieter bekannt ist, erscheint diese Rechtsfolge gerechtfertigt, da der Mieter, der gem. Abs. 1 die Fortsetzung begehrt, noch bis zum Ablauf der vereinbarten Mietzeit mit einer Beendigungserklärung des Vermieters überrascht werden kann.

cc) **§ 564 b Abs. 3 BGB ist entsprechend anwendbar** (so z. fr. R. *Schubert* 31
WM 75, 3; *Schopp* ZMR 75, 101; vgl. auch *Roquette* ZMR 72, 136; a. A.
*Palandt/Putzo* Anm. 2 c).

Zwar ist eine (ordentliche) Kündigung bei befristeten Mietverhältnissen nicht möglich, und Abs. 1 S. 1 spricht nicht von einer Erklärung des Vermieters gegenüber dem Mieter. Jedoch muß anstelle der Kündigung hier die Erklärung des Vermieters gem. Art. 2 Abs. 1 S. 1. treten, daß er sich auf ein berechtigtes Interesse (oder auf Beendigungsgründe im Falle des § 564 b Abs. 4 BGB) beruft. Aus dem Zweck des Abs. 1, eine Umgehung des § 564 b BGB durch Abschluß befristeter Mietverhältnisse zu verhindern, folgt, daß grundsätzlich der volle Schutz des § 564 b auch dem Mieter eines befristeten Mietverhältnisses zuteil werden soll, wenn er die Fortsetzung verlangt. § 564 b Abs. 3 BGB geht auf § 1 Abs. 3 des 1. WKSchG zurück. Diese Vorschrift bezweckte eine Übereinstimmung mit dem gleichzeitig eingeführten § 556 a Abs. 1 S. 3 BGB (vgl. die Begründung des Regierungsentwurfs zum MRVerbG, II 1). Die letztgenannte Vorschrift steht im Zusammenhang mit § 564 a Abs. 1 S. 2 BGB, wonach bei der Kündigung eines Wohnraummietverhältnisses in dem Kündigungsschreiben die Gründe der Kündigung angegeben werden sollen. Der Gesetzeszweck ging in erster Linie dahin, „daß der Mieter zum frühest möglichen Zeitpunkt Klarheit über seine Rechtsposition erlangt und so in die Lage versetzt wird, rechtzeitig alles Erforderliche zur Wahrnehmung seiner Rechte zu veranlassen". Daneben sollte der Vermieter veranlaßt werden, sich über die Rechtslage und die Aussichten des von ihm beabsichtigten Schrittes klar zu werden und unmotivierte Kündigungen zu vermeiden (vgl. Begründung des Regierungsentwurfs zum MRVerbG, zu Art. 1, Änderung des § 556 a BGB).

Der Hauptzweck des § 564 b Abs. 3 BGB, der demnach dahin geht, den 32
Mieter schon frühzeitig über seine Rechtsposition zu unterrichten, muß auch bei einem Fortsetzungsverlangen des Mieters im Rahmen eines befristeten Mietverhältnisses zum Zuge kommen, da auch hier der Mieter ein Interesse daran hat, noch vor der vertragsmäßigen Beendigung des Mietverhältnisses beurteilen zu können, ob das Mietverhältnis mangels berechtigter Interessen des Vermieters fortgesetzt wird oder ob es endet. Erfährt der Mieter vom Vorhandensein berechtigter Beendigungsinteressen des Vermieters erst im Lauf des Räumungsrechtsstreits und erkennt er den Räumungsanspruch sofort an, so ist er gemäß § 93 ZPO – § 93 b Abs. 1 ZPO ist im Falle des Art. 2 nicht anwendbar – von der Kostenlast befreit, weil er keine Klagveranlassung gegeben hat. Damit ist aber dem berechtigten Bedürfnis des Mieters nicht Genüge getan, rechtzeitig zu wissen, ob er ausziehen muß oder nicht. Das hat zur Folge, daß der Vermieter sich nur insoweit auf berechtigte Beendigungsinteressen berufen kann, als er diese in einer schriftlichen Erklärung gegenüber dem Mieter vorgebracht hat (*Bormann/Schade/Schubart* Anm. 2).

33    Eine Ausnahme davon ist dann zulässig, wenn die berechtigten Interessen nachträglich entstanden sind (d. h. nach Abgabe dieser „Beendigungserklärung"), wenn auch erst nach dem Ende der Vertragszeit. In diesem Falle können sie auch noch nach Ablauf der vertragsgemäßen Laufzeit oder erst im Lauf eines Rechtsstreits vorgebracht werden.

Im übrigen wird auf die Erläuterungen zu § 564 b Abs. 3 BGB (Rn 137—147) verwiesen.

Der Vermieter hat im Rahmen des Abs. 1 **keine Hinweispflicht** gegenüber dem Mieter wie im Falle des § 556 a Abs. 6 S. 2 BGB, so daß ihm auch keine Nachteile erwachsen, wenn er den Mieter nicht über sein Fortsetzungsrecht belehrt (AG München DWW 78, 150).

34    dd) Der Vermieter muß sich noch **vor dem Ende der Vertragszeit** dem Mieter gegenüber auf eine Beendigung berufen (*Schubert* WM 75, 3; *Schmidt-Futterer* MDR 75, 91; *Schopp* ZMR 75, 101; *Schmidt* WM 75, 112 z. fr. R.). Denn spätestens zum Zeitpunkt des Ablaufs der Laufzeit muß für den Mieter erkennbar sein, ob eine Fortsetzung des Mietverhältnisses eintritt oder nicht. Wenn der Mieter gemäß Abs. 1 S. 1 eine Frist von zwei Monaten vor der vertragsgemäßen Beendigung für die Geltendmachung seines Erhöhungsverlangens einhalten muß, so dient diese Frist dem Schutz des Vermieters, rechtzeitig vor dem Beendigungstermin Vorsorge für eine anderweitige Verwertung des Wohnraums im Falle der Beendigung des Mietverhältnisses treffen zu können. Ein mindestens gleich starkes Interesse an einer rechtzeitigen Unterrichtung über die für eine eventuelle Beendigung des Mietverhältnisses maßgebenden Umstände hat jedoch auch der Mieter, wenn auch das Gesetz zu seinen Gunsten eine Schutzfrist nicht geschaffen hat. Es liegt nahe, als Befristung für die Geltendmachung der Beendigungsinteressen des Vermieters das Ende der vertragsmäßigen Mietzeit zu wählen, da jede andere zeitliche Schranke willkürlich wäre. Berücksichtigt man den Grundsatz von Treu und Glauben (§ 242 BGB), insbes. den bei einem Dauerschuldverhältnis zu beachtenden Loyalitätsgedanken sowie den in verschiedenen Vorschriften des sozialen Mietrechts verankerten Grundsatz, daß der Mieter schon möglichst frühzeitig über die zur Beendigung des Mietverhältnisses vom Vermieter geltend gemachten Umstände unterrichtet werden soll (vgl. §§ 564 a Abs. 1 S. 2, 564 b Abs. 3, 556 a Abs. 1 S. 3 BGB), so muß die Berufung des Vermieters auf berechtigte Beendigungsinteressen spätestens bis zum Ende der vertraglichen Mietzeit erfolgen. Eine entsprechende Erklärung des Vermieters muß dem Mieter also bis zu diesem Zeitpunkt zugegangen sein. Das gleiche Ergebnis könnte auch aus einer entsprechenden Anwendung von § 147 Abs. 2 BGB abgeleitet werden (vgl. *Roquette* ZMR 72, 136). Eine erst nach dem genannten Zeitpunkt erfolgte Erklärung des Vermieters würde nicht rückwirkend die Fortsetzung ausschließen, sondern wäre unwirksam.

ee) Weist der Vermieter das ordnungsgemäße Fortsetzungsverlangen des Mieters zurück, ohne seinerseits form- und fristgemäß (vgl. oben Rn 31–34) berechtigte Interessen geltend zu machen, so hat der Mieter einen Anspruch auf Verlängerung des Mietverhältnisses auf unbestimmte Zeit. Stimmt der Vermieter nicht doch noch freiwillig zu, muß der Mieter diesen Anspruch gerichtlich geltend machen (vgl. unten VI). Denn eine durch Gesetz (automatisch) bewirkte Fortsetzung des Mietverhältnisses tritt durch Abs. 1 nicht ein. **35**

ff) Der **Mieter** hat auch das **Kündigungswiderspruchsrecht gem. der Sozialklausel (§§ 556 b, 556 a BGB),** da seine weitergehenden Schutzrechte unberührt bleiben (Abs. 1 S. 2 i. V. m. § 564 b Abs. 5 BGB). Er kann daher eine **Fortsetzung auf bestimmte oder unbestimmte Zeit** verlangen, wenn die vertragsmäßige Beendigung des Mietverhältnisses für ihn oder seine Familie eine auch unter Würdigung der berechtigten Interessen des Vermieters **nicht zu rechtfertigende Härte bedeuten würde.** Das Fortsetzungsrecht ist **schriftlich** geltend zu machen (§ 556 a Abs. 5 S. 1 BGB) und spätestens **2 Monate vor Ablauf des Mietverhältnisses,** andernfalls der Vermieter die Fortsetzung ablehnen kann (§ 556 a Abs. 6 S. 1 BGB). Auf Verlangen des Vermieters soll der Mieter über die Widerspruchsgründe (Härtegründe) unverzüglich Auskunft erteilen, andernfalls er Kostennachteile gem. § 93 b Abs. 2 ZPO haben kann. Der **Vermieter sollte** den **Mieter** rechtzeitig vor Ablauf der Widerspruchsfrist **auf** das Bestehen, Form und Frist des **Fortsetzungsrechts** gem. § 556 b BGB **hinweisen,** andernfalls der Mieter den Widerspruch noch im ersten Termin des Räumungsrechtsstreits erklären kann (§ 556 a Abs. 6 S. 2 BGB). **36**

Macht der Mieter diesen Fortsetzungsanspruch gem. der Sozialklausel form- und fristgemäß und mit Härtegründen geltend, so kommt es im Falle berechtigter Beendigungsinteressen des Vermieters zur **Interessenabwägung** gem. § 556 a Abs. 1 BGB, von deren Ausgang abhängt, wer im Rechtsstreit obsiegt. Hat der Vermieter allerdings dem Mieter die Gründe (Umstände), die sein Interesse an der fristgemäßen Rückgabe des Wohnraums begründen (z. B. Eigenbedarf oder sonstige Verwertungsabsicht), spätestens **beim Abschluß des Mietvertrags mitgeteilt** (z. B. im schriftlichen Mietvertrag aufgeführt, vgl. § 4 I Mustermietvertrag: „Eine Verlängerung ist aus folgenden Gründen nicht vorgesehen: . . ."), so sind als Härtegründe zugunsten des Mieters nur Umstände zu berücksichtigen, die nachträglich eingetreten sind (§ 556 b Abs. 2 BGB). Eine solche Mitteilung empfiehlt sich für den Vermieter, um das Kündigungswiderspruchsrecht des Mieters zu beschränken. Sie ist der Anfangsmitteilung im Falle des § 564 c Abs. 2 Nr. 3 BGB vergleichbar, jedoch mit anderen Rechtsfolgen. Solche „Umstände, die das Interesse des Vermieters an der fristgemäßen Rückgabe des Wohnraums begründen", brauchen nicht das Gewicht von „berechtigten Interessen" gem. § 564 b Abs. 1, 2 BGB haben (z. B. Eigenbedarf); es genügen auch weniger gewichtige Absichten wie z. B. die bloße

Nutzungsabsicht (vgl. § 564 c Abs. 2 Nr. 2 a BGB) oder eine Modernisierungsabsicht, bei welcher der Fortbestand des Mietverhältnisses kein Hinderungsgrund ist.

### 6. Rechtswirkungen des Fortsetzungsverlangens

37 Hat der Mieter ein Fortsetzungsverlangen gemäß Art. 2 form- und fristgemäß geltend gemacht, so stellt sich die Rechtslage wie folgt dar:

a) **Bei Zustimmung des Vermieters**

Hat der **Vermieter** dem Fortsetzungsverlangen ausdrücklich oder stillschweigend (durch Schweigen bis zum Ablauf der Vertragszeit) **zugestimmt**, so setzt sich das Mietverhältnis zu den bisherigen Vertragsbedingungen auf unbestimmte Zeit fort.

Da es ab dem Beendigungszeitpunkt ein Mietverhältnis auf unbestimmte Zeit geworden ist, kann der Vermieter nunmehr eine ordentliche Kündigung unter normalen Bedingungen (§§ 564 Abs. 2, 564 a Abs. 1, 564 b Abs. 1–3, 565 Abs. 2 BGB) aussprechen. Ein Recht zur Mieterhöhung steht dem Vermieter (wie auch sonst bei einem unbefristeten Mietverhältnis) nach den Vorschriften des MHG zu.

b) **Bei Berufung des Vermieters auf berechtigte Interessen**

38 Hat der **Vermieter** sich form- und fristgerecht **auf ein berechtigtes Interesse** an der Beendigung des Mietverhältnisses **berufen** und liegt ein solcher Beendigungsgrund vor, so besteht kein Fortsetzungsanspruch des Mieters. Das Mietverhältnis endet vielmehr zum vertraglich vereinbarten Zeitpunkt (§ 564 Abs. 1 BGB).

39 Dem Mieter steht jedoch die Möglichkeit zu, ein Fortsetzungsverlangen gemäß § 556 b BGB beim Vorliegen von Härtegründen zu stellen (wodurch es zur Abwägung der beiderseitigen Interessen gemäß § 556 a BGB kommt) oder die Bewilligung einer Räumungsfrist zu beantragen (§ 721 ZPO).

40 Benutzt der Mieter die Wohnräume über die Vertragszeit hinaus, so ist **§ 568 BGB** zu beachten. Danach gilt das Mietverhältnis nach Vertragsablauf als auf unbestimmte Zeit verlängert (Fiktion), wenn nicht eine Vertragspartei ihren entgegenstehenden Willen binnen einer Frist von zwei Wochen dem anderen gegenüber erklärt hat. Diese Frist beginnt für den Vermieter mit dem Zeitpunkt, in welchem er von der Fortsetzung des Gebrauchs durch den Mieter Kenntnis erlangt. Hat der Vermieter schon vor der Beendigung der Mietzeit dem Mieter gegenüber zum Ausdruck gebracht, daß er einer Fortsetzung des Mietverhältnisses über den Beendigungszeitpunkt hinaus entgegentrete, so braucht er nach dem Grundsatz von Treu und Glauben nicht nochmals innerhalb der Zweiwochenfrist nach dem Beendigungszeitpunkt die Erklärung zu wiederholen (h. M.; vgl. BGH WM 65, 205 = ZMR 66, 241; MDR 69, 658, *Pergande* § 568 Anm. 3;

a. A. *Roquette* § 568, 9; *Hans* § 568 Anm. 3 c). Man wird daher auch die schriftliche und mit Gründen versehene Erklärung des Vermieters gemäß Abs. 1 S. 2 , in der er sich auf die Beendigung zum vereinbarten Zeitpunkt beruft, als eine solche vorzeitige Nichtfortsetzungserklärung gemäß § 568 BGB ansehen müssen, welche nicht innerhalb der Frist des § 568 S. 2 BGB wiederholt zu werden braucht (vgl. dazu näheres § 564 b BGB Rn 19).

c) **Anspruch des Mieters auf Fortsetzung auf unbestimmte Zeit**

Hat der Vermieter sein Gegenrecht nicht form- oder fristgemäß ausgeübt oder liegt ein berechtigtes Beendigungsinteresse nicht vor, so steht **dem Mieter** ein materiellrechtlicher **Anspruch auf** Abschluß eines auf **Fortsetzung** des Mietverhältnisses **auf unbestimmte Zeit** zu denselben Bedingungen gerichteten Vertrages zu (*Palandt/Putzo* Anm. 3 a). Das fortgesetzte Mietverhältnis ist mit dem bisherigen identisch (*Roquette* ZMR 72, 134). Eine automatische Fortsetzung des Mietverhältnisses (ohne Zustimmung des Vermieters) tritt nicht ein. Denn die Fortsetzungserklärung des Mieters wirkt nicht rechtsgestaltend, sie begründet nur einen Fortsetzungsanspruch, der mangels Einigung der Parteien nur durch Urteil verwirklicht werden kann, wobei der Mieter bei Räumungsklage zweckmäßigerweise Widerklage auf Fortsetzung erhebt (LG Bonn MDR 76, 495 z. fr. R.).

Da der Vermieter die Zustimmungserklärung nicht freiwillig erteilt, bleibt dem Mieter nur eine gerichtliche Klage (vgl. unten 8.). Das gleiche gilt, wenn der Vermieter ohne Angabe von Gründen eine Fortsetzung des Mietverhältnisses ablehnt.

Eine Fortsetzung des Mietverhältnisses kann jedoch unter den Voraussetzungen des § 568 BGB eintreten, wenn der Vermieter auf das Fortsetzungsverlangen des Mieters schweigt und der Mieter den Gebrauch fortsetzt.

### 7. Beweislast

Für den Zugang eines Fortsetzungsverlangens, und zwar auch form- und fristgemäß, hat der Mieter die Beweislast, dagegen für die rechtzeitige schriftliche Berufung auf Beendigungsinteressen und das Vorliegen solcher Interessen der Vermieter. Auch hat der Vermieter das Fehlen der Ausnahmetatbestände eines nicht geschützten Mietverhältnisses (vgl. § 564 b Abs. 7 BGB) zu beweisen.

### 8. Abweichende Vereinbarungen

a) **Zum Nachteil des Mieters abweichende Vereinbarungen**

Von Abs. 1 zum Nachteil des Mieters abweichende Vereinbarungen der Mietparteien sind **unwirksam**. Dies folgt aus der Verweisung in Abs. 1 S. 2 auf § 564 b Abs. 6 BGB und aus dem Gesetzeszweck (*Schmid* BlGBW 83, 64). Das ist z. B. der Fall, wenn das Fortsetzungsrecht des Mieters ausgeschlossen oder beschränkt werden soll (z. B. nur möglich beim Vorliegen bestimmter Gründe oder bei

§ 564 c BGB, 44—46

Einhaltung einer längeren als der Zweimonatsfrist), wenn die Beendigungserklärung des Vermieters auch ohne ein berechtigtes Interesse oder ohne schriftliche oder rechtzeitige Geltendmachung zulässig sein soll oder wenn die Fortsetzung des Mietverhältnisses von einer Vertragsänderung zum Nachteil des Mieters (zum Beispiel höherer Mietzins) abhängig gemacht werden soll. Gleichgültig ist dabei, ob die Vereinbarung von vornherein im Mietvertrag oder erst nachträglich zustande kommt.

Nichtig ist auch die Vereinbarung der Beschränkung bzw. des Ausschlusses des Fortsetzungsrechts gem. § 556 b BGB (vgl. § 556 b, 556 a Abs. 7 BGB).

b) **Zum Vorteil des Mieters abweichende Vereinbarungen**

44      Eine Abweichug **zum Vorteil des Mieters** ist **zulässig** (zum Beispiel die Vereinbarung, daß der Mieter bei einem Fortsetzungsverlangen die gesetzliche Frist oder die Schriftform nicht einhalten muß). Eine von Abs. 1 abweichende Vereinbarung liegt nicht vor, wenn ein berechtigter Fortsetzungsanspruch des Mieters gar nicht besteht (zum Beispiel, weil das Fortsetzungsverlangen vom Mieter verspätet erhoben wurde). In diesem Falle besteht für Vereinbarungen über die Fortsetzung des Mietverhältnisses volle Vertragsfreiheit, so daß auch für den Mieter nachteilige Regelungen vereinbart werden können.

c) **Wirksamkeit einer Einzelfallvereinbarung auf Grund eines Fortsetzungsverlangens**

**Einigen sich die Parteien** jedoch **nach** einem geltend gemachten **Fortsetzungsverlangen** des Mieters **für diesen „Einzelfall"** auf eine Fortsetzung oder Beendigung des Mietverhältnisses, so muß eine Vereinbarung auch dann **wirksam** sein, wenn sie zum Nachteil des Mieters von der gesetzlichen Regelung abweicht.

Dies gilt zum Beispiel, wenn eine Vereinbarung dahingehend getroffen wird, das Mietverhältnis zu anderen Bedingungen, insbesondere zu höherem Mietzins, fortzusetzen (ebenso *Schopp* ZMR 75, 101; ähnlich *Palandt/Putzo* Anm. 1 c und 3 a, wonach Vereinbarungen, die der Mieter nach entstandenem oder erloschenem Fortsetzungsanspruch abschließt, gültig seien, z. B. ein Änderungsvertrag mit höherem Mietzins). Zur Gültigkcit von Einzelfallvereinbarungen, selbst wenn sie gegen Bestandsschutzregelungen verstoßen, vgl. im einzelnen § 564 b BGB Rn 195.

9. **Prozessuales**

a) **Leistungsklage auf Zustimmung**

46      Beruft sich der Mieter auf ein form- und fristgerechtes Fortsetzungsverlangen gemäß Abs. 1, erkennt jedoch der Vermieter das Fortsetzungsverlangen des Mieters nicht an, so bleibt dem Mieter nur eine gerichtliche Durchsetzung seines Fortsetzungsanspruchs. Er kann eine **Leistungsklage auf Abgabe einer Zustimmungserklärung zur Fortsetzung des Mietverhältnisses** erheben. Der Ansicht, der Mieter könne daneben auch eine Gestaltungsklage auf Fortsetzung des

Mietverhältnisses erheben (so *Palandt/Putzo* Anm. 3 b), kann nicht zugestimmt werden (LG Bonn MDR 76, 495; *Schmidt-Futterer/Blank* B 742), da es beim Fortsetzungsanspruch gem. Abs. 1 – im Gegensatz zur Fortsetzung gemäß § 556 a BGB – für das Gericht nichts zu gestalten gibt (ebenso im Ergebnis *Hans* Anm. B 9; vgl. auch *Roquette* § 556 a Rn 32). Die Wirkung tritt erst mit formeller Rechtskraft ein (vgl. § 894 ZPO), das Urteil wirkt jedoch materiellrechtlich auf den Zeitpunkt des Ablaufs der vereinbarten Vertragszeit zurück. Für den Vermieter kann sich bei einer solchen Klage eine Widerklage auf Räumung empfehlen, um einen Räumungstitel zu erhalten (vgl. *Hans* Anm. B 9 b).

Eine Feststellungsklage kommt nicht in Betracht, da die Fortsetzung des Mietverhältnisses materiellrechtlich erst herbeigeführt werden muß.

### b) Räumungsklage des Vermieters

Der **Vermieter** kann seinerseits, wenn er den Fortsetzungsanspruch des Mieters nicht für gegeben hält, **Räumungsklage** erheben. Macht der Mieter geltend, daß sich die Parteien über eine Fortsetzung geeinigt hätten, so muß das Gericht inzidenter auch über die Frage entscheiden, ob ein solcher Fortsetzungsvertrag zustande gekommen ist. Ist dies der Fall, ist die Räumungsklage abzuweisen. Liegt aber keine Einigung der Parteien über eine Fortsetzung des Mietverhältnisses vor, so kann der **Mieter** den Fortsetzungsanspruch **nicht als bloße Einwendung** geltend machen, denn er muß die Fortsetzung erst vollziehen. Dazu muß er seinerseits **Klage** (über Klageart und Antrag vgl. oben Rn 42) erheben, **zweckmäßigerweise als Widerklage.** Erhebt der Mieter eine getrennte Klage, so wird diese zweckmäßigerweise mit der Räumungsklage des Vermieters gemäß § 147 ZPO verbunden. Da die Frage der Fortsetzung des Mietverhältnisses eine Vorfrage für die Räumungsklage darstellt, kann über die Räumungsklage nicht zuerst entschieden werden. 47

### c) Feststellungsklage des Mieters

Haben sich die Parteien über eine Fortsetzung geeinigt, wenn auch mit stillschweigender Zustimmung des Vermieters (§ 151 BGB), und bestreitet der Vermieter eine Fortsetzung, so kann der **Mieter** auch **auf Feststellung klagen**, daß sich das Mietverhältnis über den bestimmten Zeitpunkt (Ende der Vertragszeit) hinaus fortgesetzt habe. Ein berechtigtes Interesse an einer solchen Feststellung ist zu bejahen (*Hans* Anm. B 7). 48

### d Verfahren bei der Leistungsklage

Bezüglich **Zuständigkeit, Kosten, Streitwert** und **Rechtsmittel** einer Klage des Mieters auf Fortsetzung des Mietverhältnisses gilt das für eine Räumungsklage Gesagte entsprechend, so daß auf die Erläuterungen IX zu § 564 b BGB verwiesen werden kann. Bezüglich der Kosten ist jedoch § 93 b Abs. 1 und 2 ZPO nicht anwendbar. 49

## II. Besondere Zeitmietverhältnisse (Abs. 2)

**Schrifttum:** *Blank* WM 83, 36 ff.; *Köhler,* Neues Mietrecht, S. 46 ff.; *Sternel* MDR 83, 270 ff.; kritisch: *Eckert* WM 83, 33 ff.

### 1. Allgemeines: Zweck der Vorschrift

50 Der neu eingeführte Abs. 2 enthält eine Sonderregelung, wonach unter bestimmten Voraussetzungen für einen Zeitraum bis zu 5 Jahre befristete Wohnraummietverhältnisse mit absoluter (uneingeschränkter) Beendigungswirkung nach Ablauf der Mietzeit geschlossen werden können, mit der Folge, daß dem Mieter weder ein Recht zur Fortsetzung des Mietverhältnisses noch eine Räumungsfrist zusteht. Diese Mietverhältnisse (gemäß Abs. 2) werden — im Gegensatz zu den gewöhnlichen befristeten Mietverhältnissen (gewöhnliche Zeitmietverhältnisse; vgl. dazu oben I) — als besondere Zeitmietverhältnisse bezeichnet, um damit auszudrücken, daß sie sich neben der bloßen Befristung (Zeitmietverhältnis) durch besondere Voraussetzungen und Rechtsfolgen auszeichnen. Es handelt sich bei Abs. 2 um eine **Vorschrift zugunsten des Vermieters,** und zwar um eine **Ausnahmeregelung,** welche nur unter bestimmten Voraussetzungen zulässig ist. Falls nicht alle diese Voraussetzungen vorliegen, ist kein besonderes, sondern ein gewöhnliches (allgemeines) Zeitmietverhältnis gegeben, auf welches Abs. 1 Anwendung findet.

Der Gesetzgeber wollte **durch** das **MWoAEG** den **Kündigungsschutz des Wohnraummieters beibehalten,** einschließlich des Verbots der Kündigung zum Zweck der Mieterhöhung, da die Wohnung als Mittelpunkt des persönlichen Lebens ein Wirtschaftsgut von besonderer sozialer Bedeutung ist. Da jedoch die Rechtsentwicklung der letzten 10 Jahre unausgewogene Verbesserungen nur für die Rechtsstellung des Mieters gebracht und die berechtigten Belange der Vermieter vernachlässigt hat, was sich durch den Rückgang der Bereitschaft, Mietwohnungen anzubieten, letztlich zum Nachteil der Wohnungssuchenden ausgewirkt hat, haben nach **Ansicht des Gesetzgebers** die Vermieter die **Wirtschaftlichkeit der Wohnraumvermietung in Frage gestellt** gesehen und sich vermehrt vom Markt zurückgezogen. Die am 1. 1. 1983 mit dem MWoAEG in Kraft getretenen Maßnahmen (darunter die besonderen Zeitmietverträge) sollen dem Vermieter wieder das Vertrauen darauf ermöglichen, daß die mietrechtlichen Bestimmungen einer wirtschaftlichen Nutzung des Eigentums nicht entgegenstehen (Begründung des Regierungsentwurfs zum MWoAEG, S. 7 zu A I). In der Begründung des Regierungsentwurfs ist weiter ausgeführt, bei dieser allgemeinen Ausgangslage bestehe bei vielen Vermietern das starke Bedürfnis nach dem Abschluß eines wirksam befristeten Mietvertrags. Dem stehe jedoch der bisherige Fortsetzungsanspruch des Mieters gemäß Art. 2 des 2. WKSchG entgegen. Dies führe in der **Praxis** dazu, **daß Vermieter,** die nur für vorübergehende Zeit **Wohnraum** vermieten wollen, weil sie ihn in absehbarer Zeit wieder für Familienangehörige oder Hilfskräfte im Haushalt verwenden wollen, diesen **lieber leerstehen lassen** als die Last auf sich zu nehmen, am Ende der Mietzeit ihr „berechtigtes Interesse an der Beendigung des Mietverhältnisses" darlegen und beweisen zu müssen. Dies **sei** bei dem bestehenden Wohnraumangel, insbesondere in den Ballungsgebieten, **unbefriedigend.** Diesem Mißstand sei in einer erweiternden Zulassung befristeter Mietverhältnisse (über den „vorübergehenden Gebrauch" hinaus) Rechnung zu tragen, wenn besondere, konkrete Umstände in der Person des Vermieters vorliegen, nämlich eine bestimmte Verwendungsabsicht oder Bauabsicht. In der Vergangenheit hätten die Vermieter es häufig vorgezogen, Wohnungen bis zur Durchführung der Baumaßnahmen leerstehen zu lassen, weil sie das Risiko einer Kündigung oder etwaigen Verlängerung des Mietverhältnisses nicht auf sich nehmen wollten. Angesichts des bestehenden Wohnungsmangels, insbesondere in den Städten, sei dieses Verhalten unerwünscht. Eine **Regelung** sei in beiden Anwendungsgebieten jedoch **nur wirksam, wenn** der **Vermieter sich darauf verlassen kann, daß das Mietverhältnis nach Ablauf der Vertragszeit wirklich beendet ist.** Deshalb sei es notwendig, nicht nur den Fortsetzungsanspruch des Mieters gemäß Art. 2 Abs. 1 des 2. WKSchG (jetzt § 564 c Abs. 1 BGB) auszuschließen, sondern auch den Fortsetzungsanspruch gemäß § 556 b BGB (Sozialklausel). Da dem Mieter das Ende der Mietzeit bei Vertragsschluß bekannt sei, könne und müsse er sich hierauf einstellen. Der Rechtsausschuß des Bundestages hat die Fassung des Regierungsentwurfs unverändert (unter Ablehnung verschiedener Änderungsanträge) übernommen, in der Absicht, einen hinreichenden **Anreiz** dafür zu bieten, **leerstehenden Wohnraum** wieder **zur Verfügung zu stellen.** Ein Mißbrauch der Vorschrift sei nicht zu erwarten, weil Vermieter in der Regel an einem längerfristigen Mietvertrag interessiert seien und die Fassung der Vorschrift Umgehungsversuche ausschließen dürfe (Bericht des Rechtsausschusses zum MWoAEG, S. 3 zu Nr. 5).

Im Rechtsausschuß des Bundestages machte die Opposition geltend, mit Hilfe des besonderen Zeitmietvertrages könnten die Kündigungsschutzvorschriften wie auch die Vorschriften über die Mieterhöhung (gemeint ist § 2 MHG) unterlaufen werden, weil der Mieter, der den Verlust der Wohnung nach Ablauf der vereinbarten Mietzeit befürchten müsse, auch eine höhere Miete akzeptiere, wenn er die Wohnung behalten könne; das laufe im Ergebnis auf eine Änderungskündigung hinaus (Bericht des Rechtsausschusses zum MWoAEG, S. 3). Dazu ist zu sagen, daß ein **Mieter,** welcher nach Ablauf eines besonderen Zeitmietvertrages noch keine Ersatzwohnung zur Verfügung hat, **dem Vermieter** eine **Verlängerung des Mietverhältnisses** um einen bestimmten Zeitraum **vorschlagen kann.** Stimmt der Vermieter zu, so verlängert sich das besondere Zeitmietverhältnis um diesen Zeitraum, wobei die absolute Beendigungswirkung desselben nach Ablauf der Verlängerungszeit beibehalten wird. Der auf Verlängerung des Mietverhältnisses gerichtete Änderungsvertrag (§ 305 BGB), welcher über eine beliebige Verlängerungszeit, auch über eine Gesamtmietzeit von 5 Jahren hinaus geschlossen werden kann, bedarf jedoch, wenn die Verlängerungszeit länger als 1 Jahr sein soll, der Schriftform (§ 566 BGB). Der Vermieter, welcher nicht verpflichtet ist, dem Verlängerungsantrag des Mieters zuzustimmen, kann seine Zustimmung z. B. davon abhängig machen, daß der Mieter einer frei vereinbarten Mieterhöhung (vgl. § 10 Abs. 1 Hs. 2 MHG) zustimmt oder ihm die Kosten der verzögerten Durchführung der Verwendungsabsicht ersetzt. Die Grenze der Zulässigkeit einer solchen freien Mieterhöhungsvereinbarung ergibt sich aus § 5 WiStG n. F.

Über die wirtschaftlichen und sozialen Auswirkungen der absoluten Beendigungswirkung auf den Mieter vgl. *Blank* WM 83, 42.

## 2. Anwendungsbereich; Voraussetzungen

52 a) **In zeitlicher Hinsicht** ist erst **seit** dem **Inkrafttreten der Neuregelung (1. 1. 1983)** die Vereinbarung eines **besonderen Zeitmietverhältnisses möglich.** Wurde ein solches Mietverhältnis vorher vereinbart, so verstieß dies gegen ein gesetzliches Verbot (Art. 2 Abs. 2 des 2. WKSchG), weil dies eine Abweichung von Art. 2 Abs. 1 zum Nachteil des Mieters war. Eine solche Vereinbarung war gemäß § 134 BGB nichtig. Daran hat sich auch nach dem 1. 1. 1983 durch das Inkrafttreten des § 564 c Abs. 2 BGB nichts geändert (vgl. BGHZ 11, 59; BGH NJW 61, 1204; *Staudinger/Dilcher* § 134 BGB Rn 7). Anders wäre es nur, wenn eine früher geschlossene Vereinbarung speziell für den Fall der späteren Zulassung von besonderen Zeitmietverträgen geschlossen worden wäre (vgl. *Palandt/ Heinrichs* Anm. 2 e und 3 b, bb sowie *Staudinger/Dilcher* Rn 7, je zu § 134 BGB).

53 b) **In sachlicher Hinsicht** ist der Anwendungsbereich eines besonderen Zeitmietverhältnisses (gemäß Abs. 2) der gleiche wie im Falle eines gewöhnlichen Zeitmietverhältnisses (gemäß Abs. 1) (siehe oben Rn 4 ff.); denn es handelt sich um eine Sonderregelung gegenüber der allgemeinen Regelung des Abs. 1. Die Regelung des Abs. 2 gilt daher **nur für** sog. **geschützte Wohnraummietverhältnisse,** demnach nicht für die in § 564 b Abs. 7 BGB genannten drei Ausnahmefälle; denn Abs. 1 S. 2 verweist in vollem Umfang auf die entsprechende Anwendung von § 564 b BGB, also auch auf dessen Abs. 7 (vgl. Begründung des Regierungsentwurfs zum MWoAEG, S. 14). **Voraussetzung** des Abs. 2 ist der Abschluß eines **befristeten Mietverhältnisses** (Zeitmietverhältnis) (s. oben Rn 4). Auf Zeitmietverhältnisse **mit Verlängerungsklausel** findet die Vorschrift **keine Anwendung.** Dies schließt jedoch nicht aus, daß sich das besondere Zeitmietverhältnis nach Ablauf der Mietzeit verlängern kann (vgl. Abs. 2 S. 2).

**Nicht anwendbar** ist die Vorschrift **auf auflösend bedingte Mietverhältnisse** (§ 565 a Abs. 2 BGB). Insbesondere können sie nicht unter der auflösenden Bedingung des Eintritts der angekündigten Verwendungsabsicht geschlossen werden.

54 c) Ein besonderes Zeitmietverhältnis wird **regelmäßig** schon **beim Abschluß des Mietvertrages begründet,** d. h., zugleich mit dem Mietvertragsabschluß vereinbart. Es kann jedoch **auch nachträglich** (durch Änderungsvertrag, § 305 BGB) geschlossen werden, da weder der Zweck noch der Wortlaut der Vorschrift dem entgegenstehen. Die gemäß Abs. 2 S. 1 Nr. 3 notwendige Mitteilung des Vermieters „bei Vertragsschluß" kann dann in entsprechender Anwendung beim Abschluß des Änderungsvertrages über das besondere Zeitmietverhältnis abgegeben werden.

d) Im Rahmen des erwähnten Anwendungsbereiches der Vorschrift sind die **Voraussetzungen für** das Bestehen eines **besonderen Zeitmietverhältnisses** folgende:

- a) befristetes Wohnraummietverhältnis bis zur Dauer von 5 Jahren (vgl. unten 3).
- b) Vorliegen einer bestimmten Verwendungsabsicht des Vermieters gemäß S. 1 Nr. 2 (vgl. unten 4).
- c) „Anfangsmitteilung" des Vermieters gemäß S. 1 Nr. 3 (vgl. unten 5).
- d) „Schlußmitteilung" des Vermieters gemäß S. 1 Nr. 4 (vgl. unten 6).
- e) Fortbestehen der Verwendungsabsicht bei Vertragsbeendigung (vgl. unten 7).

Ob (alle) diese Voraussetzungen vorliegen, zeigt sich **erst gegen Ende der** vertraglich **vereinbarten Mietzeit.** Die **besondere Rechtswirkung (absolute Beendigungswirkung)** des besonderen Zeitmietverhältnisses entfaltet sich nur bei Beendigung des Mietverhältnisses. **Fehlt** auch nur **eine der** genannten **Voraussetzungen** eines besonderen Zeitmietverhältnisses (fällt z. B. die Verwendungsabsicht des Vermieters nachträglich weg), so **liegt** kein besonderes, sondern ein **gewöhnliches Zeitmietverhältnis** (vgl. dazu oben I) **vor** (Begründung des Regierungsentwurfs zum MWoAEG, S. 15). Dem Mieter steht dann ein Bestandsschutz (Kündigungsschutz) in Form von zwei Fortsetzungsrechten zu, während der Vermieter die Beendigung des Mietverhältnisses nur unter den erschwerten Voraussetzungen berechtigter Interessen gemäß § 564 b Abs. 1 und 2 BGB herbeiführen kann.

Über die Rechtswirkung (absolute Beendigungswirkung) des besonderen Zeitmietverhältnisses siehe unten zu 8, über die Rechtslage bei Verzögerung der beabsichtigten Verwendung (S. 2) unten zu 9.

### 3. Befristung bis zu 5 Jahre

Die erste Voraussetzung für ein besonderes Zeitmietverhältnis ist, daß „das Mietverhältnis für nicht mehr als 5 Jahre eingegangen ist" (S. 1 Nr. 1). Das Gesetz regelt also nur die **Höchstfrist von 5 Jahren.** Das ist nach Ansicht des Gesetzgebers eine überschaubare, kürzere Zeitdauer, weshalb man im Falle des Abs. 2 auch von einem Kurzzeitmietverhältnis sprechen könnte. Wird der Mietvertrag auf längere Zeit als 5 Jahre geschlossen, so liegt kein besonderes, sondern ein allgemeines befristetes Mietverhältnis vor. Abs. 2 setzt, wie Abs. 1, zunächst ein auf bestimmte Zeit eingegangenes (befristetes) Mietverhältnis voraus (vgl. dazu oben Rn 4).

Eine **Mindestfrist** ist gesetzlich **nicht vorgesehen,** so daß auch eine Befristung von wenigen Wochen oder Monaten zulässig ist. Die Frist muß nicht nach vollen Monaten bemessen sein, dies erschiene jedoch sinnvoll. Bei sehr kurzer Befristung dürfte regelmäßig gemäß dem Zweck des Mietvertragsabschlusses eine „Vermietung zu vorübergehendem Gebrauch" (§ 564 b Abs. 7, 1. Fall BGB) vorliegen.

Die **5-Jahres-Frist** berechnet sich **ab Mietbeginn,** nicht ab Abschluß des Mietvertrages (*Köhler,* Neues Mietrecht, S. 47; *Sternel* MDR 83, 274; a. A. *Palandt/Putzo* 4 a, aa), wie dies auch bei der vergleichbaren Vorschrift des § 566 BGB für die dort genannte 1jährige Frist der h. M. entspricht (vgl. *Emmerich/Sonnenschein* 11; *Palandt/Putzo* Anm. 2, je zu § 566 BGB), zumal auch bei den Kündigungsfristen die zeitlichen Stufungen ab dem Zeitpunkt der Überlassung der Mietsache berechnet werden (vgl. § 565 Abs. 2 S. 1 und 2 BGB). Im Falle einer **nachträglichen Vereinbarung** eines besonderen Zeitmietvertrages durch Änderungsvertrag ist die 5-Jahres-Frist allerdings **ab der Vereinbarung** zu berechnen.

57  Der Abschluß eines besonderen Zeitmietvertrages ist **grundsätzlich formfrei.** Wird jedoch der Vertrag für länger als 1 Jahr geschlossen (Regelfall), so ist gemäß § 566 BGB Schriftform vorgeschrieben. Bei einem solchen über längere Zeit als 1 Jahr in schriftlicher Form geschlossenen Zeitmietvertrag bedarf ein Änderungsvertrag (z. B. über eine Verlängerung) ebenfalls der Schriftform, wenn der Vertrag ab der Änderung noch länger als 1 Jahr bestehen soll (§ 566 S. 1 BGB). Ist der Änderungsvertrag gleichwohl nur mündlich geschlossen, so gilt er als auf unbestimmte Zeit geschlossen, ist jedoch für die Dauer eines Jahres nicht kündbar (§ 566 S. 2 BGB).

58  Die **Befristung muß nicht wegen** der **Verwendungsabsicht** des Vermieters **vereinbart** worden sein. Das Gesetz verlangt keine Kausalität zwischen Befristung und Verwendungsabsicht. In vielen Fällen wird jedoch nicht die Tatsache der Befristung als solche, sondern die Befristung auf die konkrete Zeit gemäß der Absicht des Vermieters nur deshalb erfolgen, weil der Vermieter nach Ablauf einer ganz bestimmten Zeit eine zeitlich schon fixierte Verwendungsabsicht realisieren will (z. B. bei einer Modernisierungs- oder Sanierungsabsicht, bei welcher die Baumaßnahmen abschließend geplant und termingemäß schon mit den Handwerkern abgesprochen sind, bei einer vorübergehenden auswärtigen berufsbedingten Abwesenheit des Vermieters, welcher in die Mietwohnung einziehen will, oder bei Abwesenheit des den Grundwehrdienst ableistenden Sohnes des Vermieters, welcher danach die Mietwohnung beziehen soll). Bei einem späteren **Wegfall der** ursprünglichen **Verwendungsabsicht** des Vermieters bleibt das Mietverhältnis in der Regel ein befristetes. Problematisch kann jedoch sein, ob und in welchen Fällen durch den Wegfall der ursprünglich vom Vermieter genannten Verwendungsabsicht auch die Befristung (Vereinbarung eines bestimmten Endzeitpunktes) entfällt. Hierbei kommen in erster Linie die **Grundsätze über** das **Fehlen oder den Wegfall der Geschäftsgrundlage** (§ 242 BGB) zum Zuge. **Nur in Ausnahmefällen** wird beim Abschluß eines besonderen Zeitmietvertrages die Durchführbarkeit der Verwendungsabsicht des Vermieters zur Geschäftsgrundlage der auf eine bestimmte Zeit vorgenommenen Befristung des Vertrages werden, da dem Mieter in aller Regel die vom Vermieter mitgeteilte Verwendungsabsicht nur insofern wichtig erscheinen wird, als sie zu einer absoluten Beendigungswirkung des Zeitmietvertrages führt, während er im übrigen die Verwendungsabsicht nur als Motiv des Vermieters für die Wahl der Mietzeit zur Kenntnis nehmen wird. Nach der Lehre von der Geschäftsgrundlage würde das Vorliegen einer Geschäftsgrundlage im vorliegenden Falle voraussetzen, daß der Mieter die ihm vom Vermieter genannte Verwendungsabsicht

nicht nur zur Kenntnis nimmt, sondern er sie (als Billigung) in die gemeinsamen Grundlagen des Geschäftswillens aufnimmt (vgl. *Palandt/Heinrichs* § 242 BGB Anm. 6 B b). Das wird z. B. dann der Fall sein, wenn der Zeitpunkt der Realisierung der Verwendungsabsicht des Vermieters und auch dessen Absicht so eingehend mit dem Mieter besprochen und als sicher zugrundegelegt wurde, daß auch der Mieter die Realisierung dieser Absicht sich zu eigen gemacht hat, z. B., weil er (im Falle einer Eigennutzungsabsicht des Vermieters) zu der begünstigten Person ein näheres Verhältnis hat. Eine **Vertragsanpassung** nach den Vorschriften über die Geschäftsgrundlage käme jedoch dann **nicht** in Betracht, **wenn** der **Vermieter den Wegfall** der Verwendungsabsicht oder seiner Realisierung **zu vertreten hätte** oder er auf seine Entscheidung zurückginge (z. B. bei Willensänderung des Vermieters) (vgl. *Palandt/Heinrichs* § 242 BGB Anm. 6 B c a. F. m. w. N.). Sie käme auch dann nicht in Frage, wenn der Wegfall der Realisierung der Verwendungsabsicht durch eine gesetzliche Regelung erschöpfend geregelt wäre. Zwar sind in Abs. 2 die Tatbestandsvoraussetzungen gemäß S. 1 Nr. 3 und 4 so ausgestaltet, daß bei einem späteren Wegfall der in der Anfangsmitteilung vom Vermieter genannten Verwendungsabsicht oder deren Realisierung die besondere Rechtswirkung (absolute Beendigungswirkung) des besonderen Zeitmietverhältnisses entfällt und nur noch ein gewöhnlicher Zeitmietvertrag (mit Kündigungsschutzmöglichkeit des Mieters) gegeben ist. Damit dürfte jedoch ein Fehlen oder Wegfall der Geschäftsgrundlage bezüglich der Realisierung der Verwendungsabsicht nur hinsichtlich eines Teilbereichs und nicht erschöpfend geregelt sein. Denn wenn die Realisierung der Verwendungsabsicht wirklich zur Geschäftsgrundlage der konkreten Befristung (z. B. auf 4 Jahre) gemacht wurde, und letztere wegfällt, kann jede Vertragspartei u. U. nach Treu und Glauben eine **Anpassung des (befristeten) Mietvertrages dahingehend** verlangen, **daß dieser** nicht befristet, sondern **unbefristet fortgesetzt** werden soll, wenn die Parteien, wenn sie von Anfang an die Nichtrealisierbarkeit der Verwendungsabsicht gekannt hätten, mit mindestens hoher Wahrscheinlichkeit einen unbefristeten Mietvertrag miteinander geschlossen hätten. Dies hängt jedoch sehr von den Umständen des Einzelfalles und deren Nachweis durch denjenigen, welcher eine Vertragsanpassung nach § 242 BGB wünscht, ab. Denn in vielen Fällen hätten die Parteien, wenn sie von Anfang an von der Nichtrealisierung der Verwendungsabsicht des Vermieters ausgegangen wären, miteinander überhaupt keinen Mietvertrag abgeschlossen, der Vermieter hätte vielmehr die Wohnung an eine andere Person (meist auf unbestimmte Zeit) vermietet. Im Falle eines späteren Wegfalls der Verwendungsabsicht wird der Vermieter, da der Wegfall, wenn auch von ihm nicht verschuldet, so doch in seiner Einflußsphäre liegt, eine Anpassung des Vertrages mit dem Ziel einer **Vertragsauflösung** nach den Grundsätzen von Treu und Glauben **nicht** begehren können, da das berechtigte Vertrauen des Mieters in den Abschluß eines auf bestimmte Zeit eingegangenen und daher grundsätzlich unkündbaren Mietvertrages mindestens ebenso schutzwürdig ist wie das Interesse des Vermieters an einer Auflösung. Wird jedoch der Vertrag im Wege der Anpassung in einen solchen auf unbestimmte Zeit umgewandelt, so bedarf der Vermieter für eine Kündigung berechtigter Interessen gemäß § 564 b BGB, während der Mieter grundlos kündigen kann.

59  Die **Rechtsstellung** der Parteien **während der Befristung** (vereinbarten Mietzeit) ist die gleiche **wie im Falle eines gewöhnlichen Zeitmietverhältnisses** (vgl. dazu oben zu I). Beiden Parteien steht während der vereinbarten Mietzeit kein Recht zur ordentlichen Kündigung zu. Insbesondere kann der Vermieter nicht gemäß § 564 b BGB (bei Vorliegen berechtigter Interessen) kündigen, wenn die von ihm anfänglich genannte Verwendungsabsicht früher als vorgesehen verwirklicht werden soll. Ihm bleibt dann nur die Möglichkeit, mit dem Mieter einen (formlos gültigen) Mietaufhebungsvertrag zu schließen, wonach das Mietverhältnis zu einem bestimmten vorzeitigen Termin endigt. Zur Beweissicherung ist hierzu Schriftform empfehlenswert. Ein **Sonderkündigungsrecht** steht dem Mieter während der Mietzeit **nicht** zu, auch nicht im Falle der Verzögerung der vom Vermieter genannten Verwendungsabsicht.

### 4. Bestimmte Verwendungsabsicht des Vermieters

#### a) Allgemeines

60  Das Gesetz sieht zwei Arten von Absichten des Vermieters vor: die Eigennutzungsabsicht gemäß Ziff. 2 a und die wesentliche Bauabsicht gemäß Ziff. 2 b (nachfolgend unter b und c im einzelnen erläutert). Unter **Absicht** ist hierbei das Ziel zu verstehen, die Mietwohnung nach Ablauf der Mietzeit zu einem bestimmten Zweck zu verwenden. Die Absicht erfordert daher eine **feste Zielsetzung,** so daß die bloße Möglichkeit oder die unbestimmte Wahrscheinlichkeit der Realisierung einer solchen Verwendung nicht ausreicht. Auch eine bloße Vorratshaltung ohne hinreichende Konkretisierung der Absicht genügt nicht. Allerdings muß die Verwendungsabsicht des Vermieters auch **nicht sein Endzweck** hinsichtlich der späteren Verwendung der Mietwohnung sein. Er kann z. B. im Falle der Absicht der Modernisierung oder Instandsetzung der Mietwohnung den Endzweck verfolgen, das Haus danach in Eigentumswohnungen umzuwandeln und diese teuer zu verkaufen, die Mietwohnung als Geschäftsraum zu vermieten oder nach der baulichen Maßnahme einen Familienangehörigen aufzunehmen (*Blank* WM 83, 37). Im Falle der Umwandlung in Eigentumswohnungen entfällt durch den Abschluß eines besonderen Zeitmietvertrages die sonst bei der Eigenbedarfskündigung geltende 3jährige Sperrfrist (§ 564 b Abs. 2 Nr. 2 S. 2 BGB).

61  Begrifflich **gehört zu** einer **Absicht nicht** die **Möglichkeit der Verwirklichung.** Im Falle der Anfangsmitteilung (S. 1 Nr. 3) genügt daher die bloße Vorstellung des Vermieters, seine Verwendungsabsicht nach Ablauf der Mietzeit verwirklichen zu können. Er muß zu diesem Zeitpunkt im Falle einer Eigennutzungsabsicht nicht den begünstigten Angehörigen über dessen Willen und Möglichkeit eines Einzugs in die Mietwohnung befragt und von ihm eine positive Antwort erhalten haben, zumal eine solche Befragung in manchen Fällen (z. B. bei minderjährigen Kindern des Vermieters) sinnlos oder (z. B. bei Annahme der späteren Pflegebedürftigkeit der Eltern des Vermieters) unzumutbar wäre. Bei einer Bauabsicht muß der Vermieter beim Mietvertragsabschluß nicht die öffent-

lich-rechtliche Zulässigkeit der Baumaßnahme nachgeprüft oder gar eine behördliche Auskunft über die Zulässigkeit der Baumaßnahme eingeholt haben. Andererseits ist jedoch im Falle der Schlußmitteilung (S. 1 Nr. 4) die konkrete Realisierbarkeit der Verwendungsabsicht zum Zeitpunkt des Ablaufs der Mietzeit notwendig (vgl. unten Rn 104).

Die **Verwendungsabsicht** muß **ernsthaft und wahrheitsgemäß** vorliegen, weshalb das Gesetz auch zur Vermeidung von Mißbräuchen eine zweimalige schriftliche Mitteilung über das Bestehen dieser Absicht (vgl. S. 1 Nr. 3 und 4) verlangt. Wird das Bestehen der Verwendungsabsicht beim Abschluß des Mietvertrages (vgl. S. 1 Nr. 3) oder bei dessen Beendigung (vgl. S. 1 Nr. 4) nur vorgespiegelt, so fehlt es an einer Voraussetzung eines besonderen Zeitmietverhältnisses, so daß nur ein gewöhnliches Zeitmietverhältnis vorliegt. Über Schadenersatzansprüche des Mieters in diesem Falle vgl. unten Rn 156 ff. 62

**Ein Wechsel** (Austausch, Ersetzung, Nachschieben) **der** vom Vermieter **ursprünglich genannten Verwendungsabsicht** ist überhaupt oder im Falle des nachträglichen Wegfalls der ursprünglichen Absicht **nicht möglich** (*Gramlich* NJW 83, 420; *Eckert* WM 83, 35; *Blank* WM 83, 39; *Sternel* MDR 83, 273; a. A. *Köhler*, Neues Mietrecht, S. 49, 51: uneingeschränkt möglich, da es für den Mieter gleichgültig sei, welche Gesetzesalternative vorliege). Dies folgt aus dem eindeutigen Gesetzeswortlaut (vgl. Ziff. 4 „diese Verwendungsabsicht"), wonach die Absicht der Anfangsmitteilung (S. 1 Nr. 3) und diejenige der Schlußmitteilung (S. 1 Nr. 4) identisch sein müssen. Es ist dabei zuzugeben, daß es vom Gesetzeszweck her sinnvoll und auch nicht mißbräuchlich wäre, im Falle des späteren Wegfalls der ursprünglichen Verwendungsabsicht eine solche Ersatzabsicht zuzulassen, die unter S. 1 Nr. 2 fällt. 63

Eine **Kombination von Eigennutzungsabsicht und Bauabsicht** (alternativ oder hilfsweise) muß als **zulässig** angesehen werden (a. A. *Palandt/Putzo* Anm. 4 a, bb : alternativ), z. B. bei der Absicht, entweder einen bestimmten Angehörigen in die Mietwohnung aufzunehmen oder sie grundlegend zu modernisieren, oder bei der Absicht, die Wohnung abzureißen, sie jedoch hilfsweise (falls dies nicht zulässig ist) einem Hausstandsangehörigen zur Verfügung zu stellen. Hierbei muß es möglich sein, die endgültig zu verwirklichende Absicht bis zur Erteilung der Schlußmitteilung (S. 1 Nr. 4) offenzulassen und erst dann festzulegen (entsprechend bei verschiedenen Gründen innerhalb der Eigennutzungs- oder der Bauabsicht). 64

**Eine andere Verwendungsabsicht** als die in S. 1 Nr. 2 a und b genannte kann ein besonderes Zeitmietverhältnis **nicht** begründen, z. B. bei Nutzung als Geschäftsraum, geplantem Verkauf oder Umwandlung in Eigentumswohnungen. Die in S. 1 Nr. 2 genannten Absichten sind erschöpfend (*Blank* WM 83, 37). Auch innerhalb der Eigennutzungsabsicht und der Bauabsicht können nicht weitere, im Gesetz nicht genannte Verwendungszwecke einem solchen Vertrag unterlegt werden. 65

66  Die **Verwendungsabsicht** des Vermieters **muß zu drei** markanten **Zeitpunkten vorhanden sein:** bei der Anfangsmitteilung gemäß Nr. 3 (vgl. unten 5), bei der Schlußmitteilung gemäß Nr. 4 (vgl. unten 6) und bei Ende der Mietzeit (vgl. unten 7). Daraus ist zu schließen, daß die Verwendungsabsicht **nicht während der gesamten Dauer des Mietverhältnisses ununterbrochen bestehen** muß. Die absolute Beendigungswirkung des besonderen Zeitmietvertrages entfällt also nicht dadurch, daß die anfangs vom Vermieter genannte Verwendungsabsicht zwischenzeitlich (d. h. zwischen der Anfangsmitteilung und der Schlußmitteilung) wegfällt (z. B. wegen einer Änderung des Willensentschlusses des Vermieters oder seines zwischenzeitlichen Zerwürfnisses mit dem bevorzugten Angehörigen), sie jedoch bei der Schlußmitteilung wieder vorliegt. Dasselbe gilt bei einem (vorübergehenden) Wegfall zwischen der Schlußmitteilung und dem Ende der Mietzeit. Eine gegenteilige Ansicht würde einen unzumutbaren Eingriff in die Privatsphäre des Vermieters bedeuten, abgesehen von erheblichen Beweisschwierigkeiten.

67  Bei einer **Veräußerung der Mietwohnung** bzw. des Mietshauses durch den bisherigen Vermieter (Veräußerer) an einen Erwerber während der Mietzeit (also zwischen der Anfangs- und Schlußmitteilung oder zwischen Schlußmitteilung und Vertragsende) fragt es sich, welche Rechtsstellung der Erwerber gem. § 571 BGB erlangt, d. h., ob er nur in ein gewöhnliches Zeitmietverhältnis eintritt, da die „Fortführung" der Verwendungsabsicht des Veräußerers für ihn rechtlich nicht möglich ist (so *Sternel* MDR 83, 273 zu 3 d, da die in der Anfangsmitteilung angezeigte Verwendungsabsicht nicht Vertragsbestandteil geworden sei) oder ob er die bisher entstandene Rechtsposition (eine Art Anwartschaftsrecht des Vermieters auf die spätere absolute Beendigungswirkung eines besonderen Zeitmietverhältnisses) durch Fortführung der Verwendungsabsicht zu der Rechtswirkung eines besonderen Zeitmietverhältnisses führen kann (Erstarkung des Anwartschaftsrechts zum Vollrecht). Mit dem dinglichen Rechtserwerb (Grundbucheintragung) tritt der Erwerber in die Rechte und Pflichten des bisherigen Vermieters, die sich aus der Dauer seines Eigentums unmittelbar aus dem Mietverhältnis ergeben, ein, während der Veräußerer zu diesem Zeitpunkt seine Rechtsstellung als Vermieter verliert und damit die Möglichkeit, seine Verwendungsabsicht (selbst) zu verwirklichen. Daß der Erwerber die Verwendungsabsicht des Veräußerers fortführt bzw. später ausführt und daß dies rechtlich möglich ist, setzt voraus, daß die Verwendungsabsicht nicht begriffsnotwendig an die Person gekoppelt ist, welche die Absicht hatte (bisheriger Vermieter als Absichtsträger). Eine Absicht wird jedoch durch ihr Ziel (geplante Handlung) bestimmt, nicht durch den Träger, so daß zwei verschiedene Personen dieselbe Absicht haben können, wenn sie dasselbe Ziel haben. Daher ist es (begrifflich) möglich, daß sich der Erwerber „dieselbe" Absicht zu eigen macht und in der Schlußmitteilung (S. 1 Nr. 4) bestätigt, welche der Veräußerer anfänglich mitgeteilt hat. Die Schlußmitteilung muß sich auf dieselbe Absicht beziehen, welche schon in der Anfangsmitteilung genannt wurde (vgl. Rn 103), während eine Ersetzung (Wechsel, Austausch) der ursprünglichen Verwen-

dungsabsicht des Veräußerers durch eine neue (andere) Absicht des Erwerbers rechtlich nicht möglich ist, da sie dem Veräußerer, wenn er Eigentümer geblieben wäre, auch nicht zugestanden hätte (vgl. Rn 63 m. w. N.). Daraus folgt, daß im Falle des Abs. 2 eine **„Fortführung"** der ursprünglichen **Verwendungsabsicht** des Veräußerers **durch den Erwerber** nur **zulässig** sein kann, **wenn** die **Identität** der Verwendungsabsicht **gewahrt bleibt.** Die Rechtsstellung, welche der Veräußerer zum Zeitpunkt der Veräußerung dadurch erlangt hat, daß er zumindest eine den Voraussetzungen von S. 1 Nr. 3 entsprechende Anfangsmitteilung abgegeben hat (so daß die Voraussetzungen der Nr. 1–3 des S. 1 vorliegen), ist eine solche, welche unmittelbar aus dem Zeitmietverhältnis entspringt. Denn die Anfangsmitteilung (S. 1 Nr. 3) wird nicht nur dann, wenn sie im schriftlichen Mietvertrag enthalten ist, sondern auch in sonstigen Fällen, in welchen sie vor dem Mietvertragsabschluß schriftlich erteilt wird, Vertragsbestandteil, da sie dem Zeitmietvertrag im Hinblick auf die Rechtswirkungen bei seiner Beendigung (vgl. Abs. 2 S. 1) sein besonderes Gepräge gibt. Daher geht diese Rechtsstellung (Anwartschaftsrecht) mit der Veräußerung auf den Erwerber über. Dies hat zur Folge, daß der Erwerber dieselbe Bauabsicht, welche der Veräußerer in seiner Anfangsmitteilung angegeben hat, fortführen, d. h. sich zu eigen machen und durch Erfüllung der weiteren Voraussetzungen des Abs. 2 S. 1 bei Beendigung des Mietverhältnisses (mit absoluter Beendigungswirkung) verwirklichen kann.

Problematischer ist die vom Erwerber erlangte Rechtsstellung im Falle einer angezeigten Eigennutzungsabsicht des Veräußerers. Bezog sich diese auf einen Familienangehörigen des Veräußerers, so kann der Erwerber „diese" Absicht dadurch fortführen, daß er eine entsprechende Schlußmitteilung abgibt und diesen Familienangehörigen (d. h. die vom früheren Vermieter in seiner Anfangsmitteilung genannte Person bzw. Personengruppe) nach Beendigung des besonderen Zeitmietverhältnisses in die Mietwohnung aufnimmt (nicht einen eigenen Angehörigen, welcher dem gleichen verwandtschaftlichen Grad wie beim Veräußerer entspricht). Dabei ist m. E. **nicht erforderlich,** daß auch der **Erwerber** zum Zeitpunkt der Schlußmitteilung bzw. der Beendigung des Mietverhältnisses zu dieser einzugsberechtigten Person im Verhältnis eines **Familienangehörigen** steht. Dies kann daraus abgeleitet werden, daß der Erwerber als Person so anzusehen ist, als wäre er der Veräußerer. Dies ist eine Ausnahme von dem sonst gültigen Grundsatz, daß die Eigenschaft des Familien- bzw. Hausstandsangehörigen während der drei maßgeblichen Zeitpunkte gegenüber dem Vermieter vorliegen muß (vgl. Rn 66). Diese Absicht dürfte auch eher dem Gesetzeszweck des Abs. 2 entsprechen, Wohnraum verstärkt dem Wohnungsmarkt zuzuführen, welchen der Vermieter sonst leerstehen lassen würde, da die Motivation für den Abschluß eines besonderen Zeitmietverhältnisses im Falle der geplanten Verwendung für Angehörige nicht durch eine Erschwerung der Veräußerungsmöglichkeit (bzw. der Vererblichkeit) der angebahnten Rechtsposition behindert werden sollte. Ging die ursprüngliche Absicht des Vermieters dahin, die Mietwohnung einem Hausstandsangehörigen zu überlassen, so ist im Falle der Veräußerung bei einer „Fortführung" der Verwendungsabsicht durch den Erwerber erforderlich, daß dieser die Absicht hat, dieselbe Person nach Mietvertragsbeendigung in seinen Hausstand aufzunehmen. Dies ergibt sich aus dem Begriff des Hausstandsangehörigen (vgl. unten Rn 75); denn die spätere Aufnahme eines Hausstandsangehörigen wird nicht um seiner Person willen geplant, sondern wegen der vorgesehenen Ausführung der Funktion (Besorgung des Hausstandes durch diese Person). Es muß hier genügen, daß es sich um den **Hausstand des Erwerbers** handelt, für welchen die Aufnahme der betreffenden Person geplant ist.

Unabhängig von der Rechtslage des Übergangs der Rechtsstellung vom Veräußerer auf den Erwerber im Falle des Abs. 2 ist es möglich, daß der Veräußerer **im Übertragungsvertrag** (Kaufvertrag, Schenkungsvertrag u. a.) mit dem Erwerber **vereinbart,** daß dieser sich verpflichtet, nach Ablauf der vereinbarten Mietzeit und bei Erfüllung der weiteren Voraussetzungen des besonderen Zeitmietverhältnisses nach dem Auszug des jetzigen Mieters eine vom Veräußerer gewünschte Person (z. B. einen der Vermieter oder einen ihrer Familienangehörigen) in die Mietwohnung mietweise zu übernehmen, wobei zweckmäßigerweise die Mietdauer und die Miethöhe im voraus geregelt werden sollten. Eine solche Vereinbarung wird als Vertrag zugunsten Dritter (Vorvertrag) anzusehen sein.

**Vereinbart** jedoch der Vermieter mit dem Mieter **im Mietvertrag** (im voraus), daß im Falle der Veräußerung der Mietwohnung der Erwerber im Hinblick auf ein besonderes Zeitmietverhältnis mehr Rechte haben soll, als ihm gesetzlich zustehen (z. B. das Recht, eigene Familienangehörige statt derjenigen des Veräußerers in die Mietwohnung aufzunehmen), so verstößt dies gegen die Unabdingbarkeit des Bestandsschutzes eines Zeitmietverhältnisses (vgl. Rn 43), was die Nichtigkeit einer solchen Vereinbarung zur Folge hat. Jedoch muß in wirksamer Weise während eines bestehenden Mietverhältnisses aus Anlaß einer Veräußerung des Mietobjekts eine Vereinbarung zwischen dem Veräußerer bzw. dem Erwerber einerseits und dem Mieter andererseits möglich sein, welche die vom Erwerber erlangte Rechtsstellung im Hinblick auf die Herbeiführung einer absoluten Beendigungswirkung nach dem Ende des Mietverhältnisses vom Gesetz abweichend zum Nachteil des Mieters regelt (vgl. zum ähnlichen Fall einer „Einzelfallvereinbarung" bzgl. des Fortsetzungsrechts des Mieters aus Abs. 1 Rn 45).

68   Tritt während eines Zeitmietverhältnisses, welches durch Abgabe einer Anfangsmitteilung (S. 1 Nr. 3) als besonderes Zeitmietverhältnis angelegt ist, der **Tod des Vermieters** und damit Erbfolge ein, so geht die Vermieterstellung des Erblassers gem. § 1922 BGB auf die Erben über. Vererblich sind alle vermögensrechtlichen Beziehungen, auch werdende Rechtsbeziehungen, bedingte oder künftige Rechte und Anwartschaftsrechte (*Palandt/Keidel* § 1922 BGB Anm. 3 a, hh m. w. N.). Es handelt sich beim Übergang der Rechtsstellung des Vermieters aus einem schwebenden besonderen Zeitmietverhältnis auch im Falle einer Eigennutzungs-

absicht nicht um sog. höchstpersönliche Rechte, die unvererblich sind (vgl. *Palandt/Keidel* § 1922 BGB Anm. 3 b). Die **Erben** des Vermieters **treten** daher durch Erbfolge **in** die **gleiche Rechtsstellung** eines besonderen Zeitmietverhältnisses **ein**, wie sie ein Erwerber im Falle einer Veräußerung gem. § 571 BGB erlangt (vgl. dazu im einzelnen oben Rn 67).

b) **Eigennutzungsabsicht**

S. 1 Nr. 2 a setzt voraus, daß der Vermieter die Räume als Wohnung entweder für sich, für seine Hausstands- oder Familienangehörigen nutzen will. 69

Hier **genügt der bloße Nutzungswille** ohne einen Bedarf (im Gegensatz zur Kündigung wegen Eigenbedarfs gemäß § 564 b Abs. 2 Nr. 2 BGB). Der Vermieter braucht also nicht irgendein Bedürfnis für die Mietwohnung zu haben, also verständliche, sozial billigenswerte Gründe. Die Gründe, weshalb er die Wohnung nutzen will, sind demnach unerheblich. Der Vermieter kann daher auch eine übertriebene oder luxuriöse Nutzung beabsichtigen, z. B. die Wohnung als Zweitwohnung oder gar als Drittwohnung für sich oder einen Angehörigen oder als Ferienwohnung für die Familie zu nutzen. Es ist also nicht erforderlich, daß die Wohnung als Hauptwohnung (Lebensmittelpunkt) verwendet werden soll (vgl. *Emmerich/Sonnenschein* § 564 b Rn 146; a. A. *Sternel* MDR 83, 271).

Der Wohnraum des Mieters muß „**als Wohnung**" **genutzt** werden. Andere als **Wohnzwecke** scheiden daher aus, so z. B. die Geschäftsraumvermietung, der vorgesehene Verkauf, die Umwandlung in Eigentumswohnungen mit anschließend beabsichtigtem Verkauf sowie das Leerstehenlassen der Wohnung. Über irgendwelche baulichen Veränderungen einschließlich des Abrisses vgl. unten zu c. Als Geschäftsraumnutzung gilt auch die Vermietung an einen Hauptmieter (Gesellschaft bzw. Firma) zum Zweck der Untervermietung an die Benutzer (z. B. Betriebsangehörige des Hauptmieters) zum Bewohnen (vgl. BGH ZMR 79, 49), etwa im Rahmen eines Bauherrenmodells bei Vermietung an einen gewerblichen Zwischenmieter. Soll die Nutzung teils zu Wohnzwecken, teils zu anderen Zwecken erfolgen, so wird man eine Benutzung als Wohnung nur bejahen können, wenn unter Anwendung der Übergewichtstheorie (vgl. Einf. Rn 29) der Wohnzweck gegenüber anderen Zwecken überwiegt. Dies ist z. B. nicht der Fall bei einer Ferienwohnung, welche ganz überwiegend an Fremde vermietet und nur selten vom Vermieter oder seinen Angehörigen benutzt werden soll. Bei einer überwiegend geschäftlichen oder beruflichen Nutzung fehlt es an der Absicht des Bewohnens. 70

Die Verwendungsabsicht der Nutzung „als Wohnung" **erfordert nicht**, ebenso wie im ähnlichen Falle der Eigenbedarfskündigung (vgl. den gleichen Wortlaut in § 564 b Abs. 2 Nr. 2 BGB), **daß eine „Wohnung"** (räumlich und wirtschaftlich abgeschlossene Wohneinheit, in welcher ein selbständiger Haushalt geführt werden kann, vgl. § 564 b Rn 155) einschließlich Küche oder zumindest eingerichteter Kochgelegenheit mit Herd nebst Ablauf und Spüle **vorhanden ist.** Gemäß dem Gesetzeszweck, das Leerstehenlassen von „Wohnraum" zu vermei- 71 den (vgl. Bericht des Rechtsausschusses des Bundestages zum MWoAEG, S. 2), muß es ausreichen, in erweiternder Auslegung unter der Benutzung als Wohnung ein Wohnen (Bewohnen) zu verstehen, damit das Gesetz **auch anwendbar ist auf** den Fall von geschützten Wohnraummietverhältnissen über **einzelne Wohnräume**, welche keine Wohnung im technischen Sinne (z. B. mangels einer eingerichteten Kochgelegenheit) darstellen. **Wohnen** (Bewohnen) ist die Führung eines häuslichen Lebens einschließlich der privaten Interessenbetätigung (Lebensentfaltung) innerhalb der Räumlichkeiten (vgl. dazu Einf. Rn 26). Die Absicht des Wohnens liegt daher (bezüglich eines Teilbereichs) auch vor, wenn die Räumlichkeiten nicht zum Schlafen, Essen oder Kochen, sondern lediglich zur Ausübung einer privaten Betätigung verwendet werden sollen (für Hobby wie Basteln, Sport, Spielen, Musikausübung sowie Unterbringung von Gästen, wissenschaftliche oder künstlerische Nebentätigkeit u. ä.). Dabei kann es nicht auf die Entfernung der Mietwohnung zum Hauptwohnsitz der in dieser Weise sich privat betätigenden Einzugsperson ankommen.

72 Beabsichtigt der Vermieter das Bewohnen der Mietwohnung durch einen **Familien- oder Hausstandsangehörigen**, so ist es **gleichgültig, auf Grund welches Rechtsverhältnisses zwischen** dem **Vermieter und** dem **Angehörigen** (Mietvertrag, Leihe u. a.) dies geschieht.

73 Die erste Gesetzesalternative geht dahin, daß der **Vermieter** die Wohnung **für sich verwenden will.** Bei mehreren Vermietern genügt es, wenn einer von ihnen den Nutzungswillen zum Bewohnen hat. Besteht zwischen dem Vermieter und dem Eigentümer keine Identität, so reicht das Nutzungsinteresse des Eigentümers in Anbetracht des klaren Gesetzeswortlautes nicht aus, so daß z. B. Vermietungsgesellschaften keine besonderen Zeitmietverträge schließen können (*Blank* WM 83, 37).

74 Der **Begriff des Familienangehörigen**, welcher mit demjenigen in § 564 b Abs. 2 Nr. 2 BGB übereinstimmt, ist im Gesetz nicht definiert. Der Kreis dieser Angehörigen ist daher in gleicher Weise zu bestimmen wie im Falle der Eigenbedarfskündigung, weshalb auf die dortigen Erläuterungen (§ 564 b BGB Rn 79) verwiesen wird (auch bezüglich des Standes über den Meinungsstreit). M. E. ist unter Familienangehörigen der Kreis von Personen zu verstehen, welcher in **§ 8 Abs. 2 des II. WoBauG** unter „Angehörige" aufgeführt ist (ebenso *Köhler*, Neues Mietrecht, S. 49; a. A. *Sternel* MDR 83, 271 m. w. N.), nämlich der Ehegatte, Verwandte und Verschwägerte in gerader Linie sowie zweiten und dritten Grades in der Seitenlinie, adoptierte Personen, durch Ehelichkeitserklärung verbundene Personen, nichteheliche Kinder, Pflegekinder und Pflegeeltern. Für diese (weite) Auslegung spricht auch die Tatsache, daß der Entwurf der CDU/CSU-Fraktion und des Bundesrates von 1981 (BTDrs. 9/469 S. 9) eine ausdrückliche Bezugnahme auf den Personenkreis dieser Vorschrift vorsah. Für dem Vermieter sonst nahestehende Personen, welche nicht unter den Kreis der Familienangehörigen fallen (fernere Verwandte oder Verschwägerte, Verlobte, Lebenspartner, Geliebte, Freunde, Bekannte) kann eine solche Verwendungsabsicht des Vermieters nicht betätigt werden.

Der **Begriff der Hausstandsangehörigen** („die zu seinem Hausstand gehörenden Personen") stimmt ebenfalls wörtlich mit demselben Begriff des § 564 b Abs. 2 Nr. 2 BGB (Eigenbedarfskündigung) überein. Es ist daher auch hier dasselbe darunter zu verstehen wie dort, weshalb auf die dortigen Erläuterungen (§ 564 b BGB Rn 80) verwiesen wird. Insbesondere fällt auch darunter eine Person, die erst bei Beendigung des Mietverhältnisses in den Hausstand des Vermieters (aus einem persönlichen oder wirtschaftlichen Bedürfnis) aufgenommen werden soll (Begründung des Regierungsentwurfs zum MWoAEG, S. 7; vgl. auch BayObLG (RE) WM 82, 125 zu § 564 b Abs. 2 Nr. 2 BGB). Auch die erst später vom Vermieter in seinen Hausstand aufzunehmende Freundin zählt daher zu den Hausstandsangehörigen (*Köhler*, Neues Mietrecht, S. 49). 75

Die Eigenschaft als Familien- oder Hausstandsangehöriger muß im Verhältnis zum Vermieter zumindest zum Zeitpunkt der Anfangsmitteilung (S. 1 Nr. 3), der Schlußmitteilung (S. 1 Nr. 4) und bei Beendigung der Mietzeit vorliegen, während ein zwischen diesen Zeitpunkten liegender vorübergehender Wegfall dieser Eigenschaft unschädlich ist (vgl. auch oben Rn 66). 76

Im Falle der beabsichtigten Verwendung für einen Familien- oder Hausstandsangehörigen gehört es nicht zur Absicht des Vermieters, daß er die betreffende Person vor der Anfangsmitteilung (S. 1 Nr. 3) über ihren späteren Nutzungswillen bezüglich der Mietwohnung gefragt, bzw. daß diese den späteren Nutzungswillen bejaht hat. Es genügt vielmehr, daß allein der Vermieter den Willen hat, die begünstigte Person nach Ablauf der Mietzeit in die Mietwohnung zum Bewohnen einziehen zu lassen. Es **reicht** also der **bloße Nutzungswille des Vermieters im Hinblick auf einen Angehörigen,** wenn nach seiner subjektiven Vorstellung eine spätere Nutzungsmöglichkeit durch den betreffenden Angehörigen (Realisierbarkeit der Nutzungsabsicht) besteht. Dies ergibt sich daraus, daß zum Begriff der Absicht nicht notwendig die Möglichkeit ihrer sicheren Verwirklichung gehört. Auch ist es dem Vermieter in vielen Fällen (z. B. bei späterer Verwendung für jetzt noch minderjährige Kinder oder für voraussichtlich später pflegebedürftige Eltern oder Großeltern) sowie bei einer alternativen oder hilfsweisen Absicht (z. B. Verwendung für eines seiner 4 Kinder, hilfsweise seiner Eltern) nicht zumutbar oder nicht möglich, von den (allen) für den Einzug in die Mietwohnung in Betracht kommenden Personen eine Bestätigung ihres späteren Bezugswillens einzuholen. Im Gegensatz dazu muß jedoch bei der vom Vermieter abzugebenden Schlußmitteilung (S. 1 Nr. 4) neben der fortbestehenden Verwendungsabsicht des Vermieters auch die Bezugsabsicht der (notfalls namentlich zu nennenden) begünstigten Person gegeben sein und dies dem Vermieter bekannt sein (vgl. dazu unten Rn 104). 77

Die **Absicht** des späteren Bewohnens der Mietwohnung **muß konkretisiert sein** (ebenso *Gramlich* NJW 83, 419; *Köhler,* Neues Mietrecht, S. 49 zur Verhinderung von Mißbräuchen), und zwar **auf eine oder mehrere** namentlich oder zumindest **identifizierbar bezeichnete** (*Sternel* MDR 83, 272) **Personen** aus dem im Gesetz genannten Personenkreis (Vermieter, Familienangehörige oder Hausstandsangehörige). Der Vermieter kann seine Verwendungsabsicht also nicht auf 78 den gesamten im Gesetz genannten Personenkreis (alle Vermieter, Familien- und Hausstandsangehörigen) mit dem Recht der späteren Auswahl der zum Einzug vorgesehenen Person erstrecken, auch nicht auf einen unbestimmten Mengenbegriff daraus (z. B. „alle Familienangehörigen", „die Hausstandsangehörigen"). Zwar wäre dies kein echter Mißbrauch des Gesetzes, da ein solcher erst im Falle der Fremdvermietung vorläge (*Köhler*, Neues Mietrecht, S. 49). Es würde auch nicht dem Gesetzeszweck (vgl. oben Rn 50) widersprechen. Solche Leerformeln würden jedoch dem Gesetzeswortlaut widersprechen, denn dies wäre keine „Absicht" des Vermieters mehr, sondern ein Offenhalten aller Möglichkeiten für den Fall einer später zu bildenden konkreten Absicht, eine (auch bei der Eigenbedarfskündigung unzulässige) Vorratshaltung für eine spätere Nutzung. Es gehört zum Wesen einer Absicht, daß sie (einigermaßen) bestimmt und konkret ist. In der Begründung des Regierungsentwurfs zum MWoAEG (S. 8) heißt es, daß bei einem Zeitraum bis zu 5 Jahren die Absicht „noch hinreichend konkret gefaßt werden" könne, was dies indirekt bestätigt. Zwar ist aus der Entstehungsgeschichte der Vorschrift zu schließen, daß das Gesetz **keine namentliche Benennung der begünstigten Person** verlangt, denn der Rechtsausschuß des Bundestages hat den Antrag, eine Nennung der einzugsberechtigten Person vorzuschreiben, abgelehnt, da dies über einen mehrjährigen Zeitraum hinweg kaum möglich sei, z. B., wenn die Wohnung später durch eine Haushaltshilfe oder eines von mehreren studierenden Kindern benützt werden soll (Bericht des Rechtsausschusses des Bundestages zum MWoAEG, S. 3; vgl. auch *Eckert* WM 83, 35 unter Hinweis auf den Entwurf der CDU/CSU-Fraktion, BTDrs. 9/469, in welchem die Bezeichnung der begünstigten Person in der Anfangsmitteilung vorgeschrieben war). Andererseits war die Mehrheit des Rechtsausschusses der Ansicht, daß die Anfangsmitteilung nicht schon dadurch erfüllt werde, daß der Vermieter abstrakt eine Verwendungsabsicht behaupte; es folge vielmehr aus dem Sinn der Vorschrift, daß in bestimmtem Umfang eine Konkretisierung dieser Absicht erforderlich ist, etwa was den in Betracht kommenden Personenkreis angehe. Die bloße Benennung der Gesetzesfassung oder eines Teils davon genügt daher in der Anfangsmitteilung gemäß S. 1 Nr. 3 nicht. Der Gesetzgeber selbst (vgl. die oben genannte Stellungnahme des Rechtsausschusses anhand des Beispiels mehrerer studierender Kinder des Vermieters) hält die **Benennung einer Personengruppe,** bei welcher die **spätere Einzugsperson offenbleibt,** für **zulässig.** Die Personengruppe, aus welcher die Einzugsperson später auszusuchen ist, wird jedoch dabei nicht beliebig aus dem Kreis der Familienangehörigen zusammengestellt werden können. Man wird vielmehr verlangen müssen, daß nur Verwandte bzw. Verschwägerte **gleicher verwandtschaftlicher Nähe** zu einer solchen Gruppe zusammengefaßt werden können (z. B. Kinder, Enkel, Eltern, Großeltern, Geschwister), aus welcher der Vermieter die bezugsberechtigte Person erst gegen Ende der Mietzeit auswählen muß, und zwar so rechtzeitig, daß er sie bei der Schlußmitteilung gemäß S. 1 Nr. 4 namentlich bezeichnen kann. Nur solche Gruppierungen von Angehörigen werden auch im Alltagsleben als Gruppe bezeichnet. Es muß auch zulässig sein, dem Vermieter die Auswahl der einziehenden Person aus **zwei** (nicht mehr!) **solcher Gruppen** zu ermöglichen, welche **alternativ** (z. B. eines seiner Kinder oder seine Eltern) **oder im Eventualverhältnis** (z. B. seine Eltern, ersatzweise – wenn sie nicht einziehen wollen oder können – eines seiner Geschwister) zueinander stehen. Eine solche Kombination von zwei Personengruppen kann durchaus sinnvoll sein, wenn die künftige Entscheidung von noch unbekannten Faktoren der Zukunft (z. B. spätere Pflegebedürftigkeit der Eltern) abhängt. Sie wird auch im Schrifttum für zulässig gehalten (so *Köhler*, Neues Mietrecht, S. 53; *Sternel* MDR 83, 272: gleichrangig oder gestaffelt). Im Falle eines Eventualverhältnisses zwischen zwei Personengruppen sollte allerdings klargestellt werden, was „ersatzweise (hilfsweise)" bedeutet: ob die Ersatzgruppe nur in Frage kommt, wenn alle Personen der Hauptgruppe nicht in die Mietwohnung einziehen wollen oder können oder auch dann, wenn der Vermieter sich später nicht mehr für die Hauptgruppe, sondern für die Ersatzgruppe entscheidet, aus welchen Gründen auch immer. Ein Auswahlrecht unter mehr als zwei solcher Gruppen wäre mit dem Begriff einer Absicht m. E. nicht zu vereinbaren und würde wohl auch der gesetzgeberischen Absicht zuwiderlaufen, den Personenkreis zu konkretisieren. Andererseits muß man es (erst recht) zulassen, zwei Einzelpersonen, die nicht beide einer solchen Gruppe angehören, entsprechend zu kombinieren (z. B. die Mutter oder der Sohn Max; Tante Paula, ersatzweise – wenn sie nicht will oder kann – Tochter Anna) oder eine Gruppe mit einer Einzelperson (z. B. eines der Kinder, wenn diese jedoch nicht wollen, der Bruder). Sollen mehrere Personen zusammen in die Mietwohnung einziehen (z. B. die Eltern), so sind diese in diesem Zusammenhang als Einzelperson zu betrachten.

Auch eine Kombination der drei im Gesetz genannten Personengruppen (Vermieter, Familienangehörige, Hausstandsangehörige) ist zulässig, soweit nur zwei solcher Gruppen oder Personen kombiniert werden (z. B. ich oder eine später zu findende Pflegeperson; meine Eltern, ersatzweise eine Pflegeperson für meine Eltern). 79

c) **Bauabsicht**

Statt der Eigennutzungsabsicht kann der Vermieter auch die Absicht haben, bezüglich der Mietwohnung eine wesentliche Baumaßnahme nach Beendigung des Mietverhältnisses durchzuführen (hier Bauabsicht genannt). Als solche Baumaßnahmen kommen in Betracht: 80

aa) Die **(zulässige) Beseitigung der Mieträume,** wenn auch nur teilweise (*Palandt/Putzo*, Anm. 4 a, bb). Eine Beseitigung der Mietsache liegt vor, wenn sie nach Durchführung der Baumaßnahmen nicht mehr in ihrer räumlichen Gestalt vorhanden ist, z. B. bei Abriß, aber auch bei Aufteilung einer großen Wohnung in mehrere kleine oder Zusammenlegung mehrerer kleiner zu einer großen (*Blank* WM 83, 38). Bei dieser Tatbestandalternative muß nicht noch eine Erschwerung für das Mietverhältnis hinzukommen, da eine rechtlich zulässige Beseitigung stets die Auflösung des Mietverhältnisses voraussetzt. 81

82  bb) Eine **(zulässige) Veränderung der Mieträume,** also ein Ausbau, ein Umbau oder eine Modernisierung (bauliche Verbesserung einschließlich Maßnahme zur Einsparung von Heizenergie), z. B. Vereinigung zweier kleiner Wohnungen zu einer größeren, Aufteilung einer größeren Wohnung in zwei kleinere Wohneinheiten, Ersetzung morscher Holzdecken eines Altbaus, Anbau eines Wohnraums auf dem bisherigen Balkon, Einbau einer Sammelheizung oder eines Bades, Verlegung der Küche nebst Anschlüssen in einen anderen Wohnraum.

83  cc) Eine **Instandsetzung der Mieträume,** d. h. die Beseitigung vorhandener Mängel (vgl. § 541 a BGB n. F.). Darunter fallen nicht Schönheitsreparaturen, da sie zur Instandhaltung gerechnet werden (*Köhler*, Neues Mietrecht, S. 50).

84  dd) Bei Veränderung (oben bb) und Instandsetzung (oben cc), also insbesondere bei vorgesehenen Sanierungs- und Modernisierungsmaßnahmen von Altbauten, müssen **die Maßnahmen so wesentlich sein, daß sie durch eine Fortsetzung des Mietverhältnisses erheblich erschwert** (nicht unmöglich gemacht) **würden.** Das ist anzunehmen bei längerer Unbenutzbarkeit eines wesentlichen Teils der Mieträume – bei Anlegung eines objektiven Maßstabes (*Köhler*, Neues Mietrecht, S. 50) –, z. B., weil wegen der Veränderung von Wänden, Fußböden oder ganzen Räumen die Möbel des Mieters ausgeräumt werden müssen. Ob diese Voraussetzung vorliegt, kann nur im konkreten Einzelfall festgestellt werden, wobei zugunsten des Vermieters ein großzügiger Maßstab anzulegen ist (*Sternel* MDR 83, 272). Auf jeden Fall ist diese Voraussetzung zu bejahen, wenn nach dem neuen § 541 b Abs. 1 BGB die Maßnahme wegen der vorzunehmenden Arbeiten und baulichen Folgen vom Mieter nicht zu dulden ist (z. B. bei Einrichtung eines Bades in einem bisher anderweitig genutzten Raum). Die Voraussetzung wird allgemein zu bejahen sein, wenn im Falle der Anwendung des bisherigen § 541 a Abs. 2 BGB die Baumaßnahme wegen ihrer Art und Dauer dem Mieter nicht zugemutet werden könnte (vgl. die bisherige Rechtsprechung zur Frage der Zumutbarkeit der Duldung von Verbesserungsmaßnahmen bei einzelnen Baumaßnahmen). Abzulehnen ist die Ansicht, daß schon die Durchsetzung des Duldungsanspruchs im Prozeßweg (wegen der Verzögerung) eine erhebliche Erschwerung darstelle (a. A. *Schmid* BlGBW 83, 64). Kleinere Instandsetzungs- und Modernisierungsmaßnahmen, welche auch bei einem Verbleiben des Mieters in der Wohnung durchführbar sind (z. B. Ersetzung einfach verglaster Fenster durch doppelt verglast, Isolierglasfenster, Malerarbeiten an Fenstern und Türen), scheiden daher aus. Auf die Höhe der Miete kann es dabei nicht ankommen (a. A. *Köhler*, Neues Mietrecht, S. 51).

85  Die geplanten **Baumaßnahmen** müssen **öffentlich-rechtlich zulässig** sein. Der Vermieter muß also erforderlichenfalls die verwaltungsrechtliche Genehmigung (Abrißgenehmigung, Baugenehmigung oder Genehmigung

gem. der Zweckentfremdungsverordnung) einholen. Bei der Anfangsmitteilung gem. S. 1 Nr. 3 kann vom Vermieter nicht verlangt werden, bereits eine Bescheinigung über die Zulässigkeit der geplanten Baumaßnahme vorzulegen; jedoch muß eine behördliche Genehmigung beim Ablauf des Mietverhältnisses, regelmäßig also bei der Schlußmitteilung gem. S. 1 Nr. 4 vorgelegt werden (vgl. Bericht des Rechtsausschusses des Bundestags zum MWoAEG S. 3, 4; a. A. *Blank* WM 83, 38, wonach es zur Anfangsmitteilung gehöre, daß die für eine Beseitigung der Räume erforderliche behördliche Genehmigung bereits erteilt sei). Allerdings muß die Baumaßnahme bei Abschluß des Mietvertrages genehmigungsfähig sein (*Köhler,* Neues Mietrecht, S. 50; *Sternel* MDR 83, 271), und der Vermieter muß sie für genehmigungsfähig halten. Eine Nachfrage bei der Behörde muß er jedoch zu diesem Zeitpunkt nicht vornehmen. Das Gericht muß notfalls die öffentlich-rechtlichen Vorfragen prüfen, wozu das Verfahren gem. § 148 ZPO ausgesetzt werden kann (*Schmid* BlGBW 83, 64).

**Zusätzliche Voraussetzungen** sind **nicht erforderlich.** Es kommt also nicht darauf an, ob die geplante Baumaßnahme wirtschaftlich sinnvoll ist oder ob der Vermieter bei ihrem Unterbleiben erhebliche Nachteile erleiden würde — im Gegensatz zu § 564 b Abs. 2 Nr. 3 BGB — (Begründung des Regierungsentwurfs zum MWoAEG, S. 15). Auch kann es nicht darauf ankommen, ob die Baumaßnahme vom Mieter zu dulden wäre, wenn das Mietverhältnis mit ihm bestünde (vgl. §§ 541 a, 541 b BGB), da das Gesetz gerade solche Hindernisse für Modernisierungsmaßnahmen beseitigen soll (*Köhler,* Neues Mietrecht, S. 51).

86

Die geplante **Bauabsicht muß** vom Vermieter in seiner Anfangsmitteilung (S. 1 Nr. 3) in bestimmtem Umfange **konkretisiert werden,** so daß es nicht ausreicht, wenn er abstrakt eine Verwendungsabsicht behauptet (Bericht des Rechtsausschusses des Bundestages zum MWoAEG, S. 3). Es genügt daher nicht etwa die bloße Absicht, die Wohnung „wesentlich umzubauen" oder „instandzusetzen" (*Sternel* MDR 83, 272) oder „irgendwie wesentlich zu verändern", wenn die Einzelheiten der Baumaßnahme dem Vermieter selbst noch unklar sind. In der Anfangsmitteilung muß die Bauabsicht zumindest so konkret festgelegt und bezeichnet sein, daß dem Mieter die Prüfung der Tatbestandvoraussetzung der Nr. 2 a möglich ist, insbesondere auch dahingehend, ob die Veränderung oder Instandsetzung so wesentlich ist, daß die Maßnahme durch eine Fortsetzung des Mietverhältnisses erheblich erschwert würde. Der Vermieter muß demnach **einen identifizierbaren,** also von anderen Gründen unterscheidbaren, **konkreten Lebenssachverhalt benennen** (*Sternel* MDR 83, 272). Es genügt z. B., wenn er angibt, er wolle das Haus abreißen. Bei einer geplanten Veränderung oder Instandsetzung muß jedoch die beabsichtigte Baumaßnahme so genau bezeichnet werden, daß das Ausmaß der vorzunehmenden Arbeiten hinsichtlich Art und Dauer der Störung für den Mieter (von einem Sachverständigen) beurteilt werden kann.

87

88  **Andere** als die im Gesetz genannten **Bauabsichten reichen nicht** aus (z. B. öffentlich-rechtlich unzulässige Baumaßnahmen oder Veränderungen oder Instandsetzungen, welche nicht so wesentlich sind, daß sie die Fortsetzung des Mietverhältnisses erschweren würden, wie kleinere Instandsetzungen oder Modernisierungen). Denn das Gesetz stellt eine abschließende Ausnahmeregelung dar, welche grundsätzlich keiner entsprechenden Anwendung auf weitere Fälle zugänglich ist.

89  Es muß zulässig sein, **zwei verschiedene Bauabsichten**, welche in den Rahmen von Ziff. 2 b fallen, alternativ **zu kombinieren** (z. B. abreißen oder durch Einbau eines Bades modernisieren) oder in ein Eventualverhältnis zu setzen (z. B. drei Räume zu zwei größeren umbauen, wenn dazu die Zweckentfremdungsgenehmigung erteilt wird, andernfalls hilfsweise in allen Räumen eine Sammelheizung einbauen). Eine Kombination von drei verschiedenen Bauabsichten wird jedoch wegen der Pflicht des Vermieters zur Konkretisierung nicht möglich sein, zumal dies mit dem Begriff einer Absicht nicht mehr vereinbar wäre.

**5. Mitteilung der Absicht bei Vertragsschluß (Anfangsmitteilung)**

90  Gem. Abs. 2 S. 1 Nr. 3 muß der Vermieter dem Mieter die in Nr. 2 genannte Absicht bei Vertragsabschluß schriftlich mitteilen (hier ‚Anfangsmitteilung' genannt). Der gesetzgeberische **Zweck** dieser Mitteilungspflicht (ebenso wie im Falle der Schlußmitteilung gem. Nr. 4) ist es, **Zweifel** des Mieters **wegen der Absicht des Vermieters auszuschließen** (Begründung des Regierungsentwurfs zum MWoAEG, S. 15). Damit soll dem Mieter zugleich eine letzte Gelegenheit gegeben werden, sich um eine Ersatzwohnung bis zum Zeitpunkt der Beendigung des Mietverhältnisses zu bemühen.

91  **Spätestens bei Vertragsschluß** muß die Mitteilung erfolgen, zweckmäßig also im Falle des Abschlusses eines schriftlichen Mietvertrages in diesem Vertrage. Die Erklärung, welche nicht Vertragsbestandteil werden muß, kann auch in einem Begleitschreiben zum Mietvertrag oder in der vorausgehenden Korrespondenz enthalten sein. Unwirksam ist die Mitteilung, wenn sie nach Vertragsabschluß (bei schriftlichem Vertrag: Unterzeichnung durch beide Teile) erfolgt (a. A. *Köhler*, Neues Mietrecht, S. 52, wenn sich der Mieter ausdrücklich und im Bewußtsein der damit verbundenen Rechtsfolge darauf einläßt). Kommt der Mietvertrag mündlich zustande, vereinbaren die Parteien jedoch Schriftform lediglich zu Beweiszwecken, so ist die erst in der Vertragsurkunde enthaltene Verwendungsabsicht verspätet mitgeteilt (*Blank* WM 83, 39).

92  Die Erklärung muß **schriftlich** erfolgen. § 126 BGB ist nicht anwendbar (*Palandt/Putzo* Anm. 4 a, cc), da nicht der Mietvertrag als solcher der Schriftform bedarf. Die Erklärung muß jedoch von dem oder den Vermietern unterzeichnet sein. Eine schriftliche Erklärung ist auch dann erforderlich, wenn der Vermieter zuvor dem Mieter seine Verwendungsabsicht auf andere als schriftliche Weise bekanntgegeben hat (*Blank* WM 83, 39; *Sternel* MDR 83, 272; vgl. zum ähnlichen Problem der

Angabe von Kündigungsgründen im Kündigungsschreiben BayObLG (RE) ZMR 81, 334 = WM 81, 200 = DWW 81, 235 = MDR 81, 1019 = NJW 81, 2197).

**Inhaltlich** genügt für die Anfangsmitteilung nicht eine Wiederholung der Gesetzesfassung von S. 1 Nr. 2, es sei denn, daß der Vermieter die Wohnung für sich nutzen oder in zulässiger Weise beseitigen will (*Blank* WM 83, 39). Es genügt auch nicht die Angabe, daß ein Zeitmietvertrag gem. § 564 c Abs. 2 BGB vorliege. Im Falle einer Verwendungsabsicht für Familienangehörige muß die begünstigte Person so genau bezeichnet werden, daß eine Einordnung dieser Person in den in S. 1 Nr. 2 a bezeichneten Personenkreis durch den Mieter möglich ist. Die bloße Namensangabe des Begünstigten reicht dazu nur dann aus, wenn dem Mieter die verwandtschaftliche Beziehung zum Vermieter bekannt ist (*Blank* WM 83, 39). Bei einer Bauabsicht müssen an den Inhalt ebenfalls konkrete Anforderungen gestellt werden (nach *Blank* WM 83, 39 dieselben, wie an die Erklärung gem. § 541 b Abs. 2 S. 1 BGB im Rahmen der Modernisierung, nämlich Information über Art, Umfang, Beginn und voraussichtliche Dauer der Maßnahme). Auch muß sich aus der Mitteilung der Zeitpunkt der Durchführung der Baumaßnahme ergeben, wobei die allgemeine Fassung „nach Beendigung des Mietverhältnisses" genügen muß. Im übrigen wird **bezüglich der Konkretisierung** der Verwendungsabsicht oben auf Rn 78 verwiesen. 93

**Als Absicht genügt** im Falle der Anfangsmitteilung ein **bloß subjektives Ziel des Vermieters** ohne die reale Möglichkeit von deren Verwirklichung. Eine **realisierbare Absicht** in dem Sinne, daß im Falle der Eigennutzung für Angehörige die begünstigte Person in die Mietwohnung einziehen kann und will bzw. daß im Falle einer Bauabsicht die Baumaßnahme verwaltungsrechtlich zulässig ist, braucht bei der Anfangsmitteilung **nicht** vorliegen, zumal sich etwas Gegenteiliges weder aus dem Gesetzeswortlaut noch aus dem Zweck des Abs. 2 herleiten läßt. Zudem ist eine vorherige Befragung der maßgeblichen Angehörigen durch den Vermieter oft nicht zumutbar (z. B. bei Nutzung für eines der noch minderjährigen Kinder des Vermieters oder für die voraussichtlich später pflegebedürftigen Eltern). 94

**Vom Vermieter** muß die Mitteilung **gegenüber dem Mieter** erfolgen, bei mehreren Vermietern demnach von allen, bei mehreren Mietern gegenüber allen. Im Falle einer sog. **Vollmachtsklausel** wird die Mitteilung nur gegenüber einem Mieter nicht genügen, weil die Vollmachtsklausel erst ab Vertragsschluß wirksam wird, während die Anfangsmitteilung schon vorher erfolgen muß. 95

Die Anfangsmitteilung ist (ebenso wie die Schlußmitteilung) als sog. **geschäftsähnliche Handlung** (zum Begriff vgl. *Palandt/Heinrich*, Überblick vor § 104 BGB Anm. 2 c) anzusehen (*Blank* WM 83, 38; *Sternel* MDR 83, 272), also als eine auf einen tatsächlichen Erfolg gerichtete Erklärung, deren Rechtsfolge kraft Gesetzes eintritt. Auf sie sind daher die allgemeinen Vorschriften über Willenserklärungen entsprechend anzuwenden, nämlich über die Geschäftsfähigkeit (§§ 104 ff. BGB), das Wirksamwerden von Willenserklärungen (§§ 130 ff. BGB), die Auslegung von Willenserklärungen (§§ 133, 157 BGB), die Stellvertretung (§§ 164 ff. BGB), Ein- 96 willigung und Genehmigung (§§ 182 ff. BGB) und Willensmängel (§§ 116 ff. BGB), nicht jedoch die Irrtumsanfechtung. Da der Vermieter durch die geschäftsähnliche Handlung (im Falle der Anfangs- und Schlußmitteilung) lediglich einen rechtlichen Vorteil erlangt, ist entsprechend § 107 BGB nur beschränkte Geschäftsfähigkeit erforderlich. Anfangs- und Schlußmitteilung bringen deshalb lediglich einen rechtlichen Vorteil, weil erst das Fortbestehen der Verwendungsabsicht am Ende der Mietzeit die möglicherweise für den Vermieter nachteilige endgültige Beendigungswirkung des Mietverhältnisses herbeiführt, während die Anfangs- und Schlußmitteilung dazu lediglich Voraussetzungen (Vorbereitungshandlungen) darstellen. Insbesondere sind auf beide Mitteilungen die Grundsätze über einseitige, empfangsbedürftige Willenserklärungen anwendbar (*Blank* WM 83, 39).

97 **Über die Rechtsfolgen** der Anfangsmitteilung (und des besonderen Zeitmietverhältnisses) **muß** der **Vermieter** den Mieter **nicht belehren.** Es gehört auch nicht zum Tatbestand, daß der Mieter sich über die Rechtsfolgen des kündigungsschutzlosen Zeitmietvertrages im einzelnen im klaren ist (vgl. *Köhler,* Neues Mietrecht, S. 53, wo zurecht eine formularmäßige Aufklärung des Mieters durch die Verbände gefordert wird).

### 6. Mitteilung der fortbestehenden Absicht bei Vertragsende (Schlußmitteilung)

98 Gem. Abs. 2 S. 1 Nr. 4 hat der Vermieter dem Mieter 3 Monate vor Ablauf der Mietzeit schriftlich mitzuteilen, daß „diese Verwendungsabsicht" noch besteht. Der **Zweck** der Schlußmitteilungspflicht ist der gleiche wie im Falle der Anfangsmitteilung: dem Mieter soll Klarheit darüber verschafft werden, ob gegen Ende des Mietverhältnisses die Verwendungsabsicht des Vermieters fortbesteht, da es sich darauf einzurichten hat, daß er in diesem Falle bei Beendigung des Mietverhältnisses keinerlei Bestandsschutz genießt.

99 Die Mitteilung muß **schriftlich** erfolgen (vgl. dazu oben Rn 92). Erforderlich ist eine Erklärung des Vermieters gegenüber dem Mieter (vgl. dazu oben Rn 95). Es handelt sich bei der Schlußmitteilung (ebenso wie bei Anfangsmitteilung) um eine **geschäftsähnliche Handlung** (s. dazu oben Rn 96).

100 **Bei kurzer Befristung ist die Schlußmitteilung entbehrlich.** Da die Schlußmitteilung 3 Monate vor Vertragsende dem Mieter zugehen muß, ist sie bei einem Mietverhältnis, welches auf nicht längere Zeit als 3 Monate eingegangen ist, undurchführbar, da sie dann vor Mietbeginn erfolgen müßte. Zudem fiele sie zeitlich etwa mit der Anfangsmitteilung gem. S. 1 Nr. 3 zusammen, so daß eine nochmalige Mitteilung über das Fortbestehen derselben Verwendungsabsicht kurze Zeit darauf nach Treu und Glauben nicht erforderlich erscheint (zum ähnlichen Problem einer kurze Zeit vor Vertragsende erfolgenden Widerspruchserklärung gem. § 568 BGB vgl. die dazu ergangene Rechtsprechung in § 564 b BGB Rn 19). Aber auch dann, wenn die Befristung nur ca. 4, 5 oder 6 Monate beträgt, würde eine mindestens 3 Monate vor Mietende erfolgende Mitteilung des Vermieters über das Fortbestehen seiner Verwendungsabsicht nicht die vom Gesetz bezweckte Wirkung haben, das es sich um eine Mitteilung handelt, die zeitlich auf das Ende des

Mietverhältnisses bezogen ist, denn sie würde in diesen Fällen eher am Anfang oder zumindest in der ersten Hälfte der Mietzeit liegen. Eine Auslegung der Vorschrift gemäß der teleologischen Reduktion (Zweck der Vorschrift gebietet engere Auslegung als Gesetzeswortlaut) muß daher dazu führen, daß eine Schlußmitteilung gem. S. 1 Nr. 4 (mindestens 3 Monate vor Ende der Mietzeit) dann **entbehrlich** ist, wenn der Mietvertrag auf **nicht längere Zeit als 6 Monate** eingegangen ist. Dies muß entsprechend gelten im Falle einer bis zu 6monatigen Verlängerung des besonderen Zeitmietverhältnisses auf Grund des Fortsetzungsrechts des Mieters gem. S. 2 (um einen vom Vermieter genannten Zeitraum der Verzögerung), da für die Verlängerungszeit die Pflicht zur Abgabe der Schlußmitteilung entsprechend anwendbar ist (vgl. unten Rn 133).

Der **Zeitpunkt der Schlußmitteilung** ist in S. 1 Nr. 3 lediglich in Form eines **Endtermins,** nicht einer Frist bestimmt. Die Mitteilung muß demnach **3 Monate vor Ablauf der Mietzeit** erfolgen. Maßgeblich ist nicht die Abgabe, sondern der Zugang der Erklärung beim Mieter (§ 130 BGB). Dieser darf nicht während der letzten 3 Monate der vereinbarten Mietzeit erfolgen. Für die Fristberechnung gelten die §§ 187 Abs. 2, 188 Abs. 2, 3 BGB. Endet die vereinbarte Mietzeit (wie regelmäßig) mit dem Ende eines Kalendermonats, so ist die Schlußmitteilung verspätet, wenn sie erst während der letzten 3 Kalendermonate dieser Mietzeit zugeht. Der gesetzliche Endtermin hat die Wirkung einer **Ausschlußfrist zum Schutze des Mieters,** so daß eine verspätete Schlußmitteilung unwirksam ist (§ 134 BGB) und nicht nachgeholt werden kann mit der Wirkung, daß mangels der Voraussetzung von S. 1 Nr. 4 ein besonderes Zeitmietverhältnis nicht vorliegt. Eine Karenzzeit von 3 Werktagen (wie bei der Kündigungsfrist gem. § 565 Abs. 2 S. 1 BGB) steht dem Vermieter nicht zu. Ist der letzte Tag vor dem Endtermin (3 Monate vor Beendigung der Mietzeit) ein Sonntag, Feiertag oder Sonnabend, so kann **§ 193 BGB** (Ausdehnung der Frist auf den nächsten Werktag) **keine Anwendung** finden, da es sich wie bei einer Kündigungsfrist um eine Schutzfrist zugunsten des Erklärungsempfängers (zur Vorbereitung seiner Räumungs- und Herausgabepflicht) handelt (vgl. zur gesetzlichen Kündigungsfrist BGHZ 59, 267; BAG NJW 70, 1470; Betr. 77, 639; *Palandt/Heinrichs* § 193 Anm. 2 b, wonach die Kündigungsfrist dem Gekündigten zu seinem Schutz unverkürzt zur Verfügung stehen muß). – Unter „Ablauf der Mietzeit" ist in S. 1 Nr. 4 die ursprünglich vereinbarte Mietzeit zu verstehen, nicht etwa die im Falle von S. 2 um die Verzögerungsdauer verlängerte Mietzeit, da in S. 1 der Normalfall einer nicht verzögerten Beendigung zugrunde gelegt ist (vgl. auch die entsprechende Formulierung in § 564 Abs. 1 und 2 BGB).

Wann die **Schlußmitteilung frühestens** erfolgen darf, ist im Gesetz nicht geregelt. Allein aus dem Wortlaut des Gesetzes könnte daher der Schluß gezogen werden, daß die Schlußmitteilung nach Belieben zeitlich vorgezogen werden könnte, notfalls bis zum Abschluß des Mietvertrages. Aus dem Zweck der Schlußmitteilung, dem Mieter 3 Monate vor dem Ende des Mietverhältnisses Klarheit über das Fortbestehen der Vermieterabsicht zu verschaffen, ist jedoch eindeutig zu entnehmen, daß diese Mitteilung zeitlich unmittelbar vor dem gesetzlichen 3-Monats-Termin liegen muß, um ihren Zweck zu erfüllen, da sich andernfalls die Absicht des Vermieters bis zu dem in Nr. 4 genannten Endtermin durchaus noch ändern kann. Im Sinne der teleologischen Reduktion ist die Vorschrift daher dahin auszulegen, daß die Schlußmitteilung höchstens **bis zu einem Monat vor** dem in S. 1 Nr. 4 genannten **Endtermin** liegen darf, demnach der Zugang der Mitteilung während des viertletzten Monats der vereinbarten Mietzeit erfolgen muß (ähnlich *Schopp* ZMR 83, 112: 1 bis 2 Monate vorher; vgl. auch *Sternel* MDR 83, 273: zeitlich naher Bezug zum Vertragsende ähnlich der vorzeitigen Erklärung gem. § 568 BGB). Als Anhaltspunkt für die Bemessung dieses angemessenen Zeitraums vor dem gesetzlich genannten Endtermin dient m. E. der gesetzliche Termin selbst, welcher nach Monaten bemessen ist, so daß es sinnvoll erscheint, unter 3 Monaten vor Beendigung der Mietzeit nicht 4 Monate vorher zu verstehen.

103 Der **Inhalt der Schlußmitteilung** muß sich auf **dieselbe Verwendungsabsicht** beziehen, welche der Vermieter schon in der Anfangsmitteilung gem. S. 1 Nr. 3 angegeben hat (*Gramlich* NJW 83, 420; *Schopp* ZMR 83, 112), was sich aus dem eindeutigen Gesetzeswortlaut („diese Verwendungsabsicht") ergibt. Aus dem Erfordernis der Identität der Verwendungsabsicht in der Anfangsmitteilung und in der Schlußmitteilung folgt, daß die anfänglich mitgeteilte Verwendungsabsicht **nicht** in der Schlußmitteilung **durch** eine **andere Verwendungsabsicht ersetzt werden kann,** auch dann nicht, wenn die anfängliche Verwendungsabsicht in der Zwischenzeit aus irgendeinem Grunde (Tod des begünstigten Angehörigen oder Wegfall seiner Einzugsabsicht, Unzulässigkeit der beabsichtigten Baumaßnahme) weggefallen ist. Es kommt auch nicht darauf an, ob der Vermieter, hätte er schon beim Vertragsschluß den späteren Wegfall der Verwirklichung seiner Verwendungsabsicht gekannt, eine in den Rahmen von S. 1 Nr. 2 fallende andere Absicht mitgeteilt hätte. Zwar wäre eine solche erweiternde Gesetzesauslegung mit dem Zweck des Abs. 2, das Leerstehenlassen von Wohnraum bei bestimmten Verwendungsabsichten des Vermieters zu vermeiden, vereinbar, da letztlich die Mietwohnung für eine dem Abs. 2 entsprechende Absicht verwendet würde. Der klare Gesetzeswortlaut steht jedoch entgegen. Anders wäre es, wenn es in Nr. 4 heißen würde, daß diese oder eine gem. Nr. 2 zulässige Verwendungsabsicht noch bestehe. Ein Vermieter, der bei der Anfangsmitteilung z. B. die Eigennutzung nur auf einen einzigen Familienangehörigen beschränkt hat, kann bei späterem Wegfall der auf diesen Angehörigen bezogenen Verwendungsabsicht die begünstigte Person auch dann nicht durch einen anderen Angehörigen ersetzen, wenn er die Ersatzperson schon in der Anfangsmitteilung alternativ oder hilfsweise hätte benennen können. Daher ist es dem **Vermieter zu empfehlen,** den **Personenkreis der Angehörigen** im Falle der Eigennutzung im Rahmen des rechtlich Zulässigen **so weit wie möglich zu fassen,** um bei einem späteren Wegfall der in erster Linie von ihm ins Auge gefaßten Person (bzw. Personengruppe) seine Eigennutzungsabsicht mit einer Ersatzperson (Ersatzgruppe) verwirklichen zu können. Das Verbot einer nachträglichen Ersetzung der in der Anfangsmitteilung genannten Verwendungsabsicht gilt auch im Falle der Bauabsicht. Zum Beispiel kann bei Nichtverwirklichung der anfänglich mitgeteilten Absicht des Abrisses der Wohnung später (bei der Schlußmitteilung) nicht auf eine ersatzweise Bauabsicht (z. B. wesentliche Modernisierung) übergegangen werden.

**104** Hat der Vermieter in der Anfangsmitteilung seine Absicht noch nicht eindeutig genug bezeichnet, so muß er dies in der Schlußmitteilung nachholen. In diesem Falle **muß** die **Schlußmitteilung spezifizierter und bestimmter sein.** Hat er bei der Anfangsmitteilung im Falle der Eigennutzungsabsicht für Familien- und Hausstandsangehörige die begünstigte Person noch nicht namentlich auf die Personen (oder Personenmehrheit) festgelegt, die in die Mietwohnung einziehen soll, so muß der Vermieter bei der Schlußmitteilung „Farbe bekennen" und die **bezugsberechtigte Person eindeutig bezeichnen.** Er kann sich die Auswahl dieser Person aus einer Gruppe von mehreren Personen nicht weiter (etwa bis zum Ende der Mietzeit) vorbehalten. Hat der Vermieter in der Anfangsmitteilung eine Bauabsicht genannt, bei welcher die Realisierung von einer behördlichen Genehmigung abhängt, so muß er die Bescheinigung über die behördliche Genehmigung, sofern noch nicht geschehen, bei der Schlußmitteilung vorlegen. Falls dies nicht geschehen kann, muß er zumindest eine Erklärung der Behörde vorlegen, wonach der Erteilung der Genehmigung voraussichtlich nichts im Wege stehen und diese bis zum Ende der Mietzeit erteilt werden wird. Im Gegensatz zur Anfangsmitteilung **muß** im Falle der Schlußmitteilung die **Verwendungsabsicht** des Vermieters **realisierbar sein.** Der Vermieter muß daher die zum Einzug in die Mietwohnung vorgesehene Person (Familien- oder Hausstandsangehöriger) in angemessener kurzer Zeit (m. E. ca. 1 Monat) vor der Schlußmitteilung gefragt haben, ob sie die Absicht des Bezugs der Mietwohnung nach Beendigung des Mietverhältnisses hat, und die begünstigte Person muß ihren Einzugswillen dem Vermieter gegenüber eindeutig bejaht haben. Nur dann kann der Vermieter wahrheitsgemäß in der Schlußmitteilung erklären, daß seine Verwendungsabsicht fortbesteht.

**105** Die Mitteilung bezieht sich auf die **Erklärung des Fortbestehens der Verwendungsabsicht.** Der Vermieter muß demnach die eindeutige Absicht haben, die Mietwohnung nach Ablauf der vereinbarten Mietzeit dem in der Anfangsmitteilung genannten Verwendungszweck zuzuführen. Es reicht nicht, wenn er lediglich mitteilt, er wisse noch nicht sicher, ob er diese Absicht verwirklichen könne oder wolle, bzw. es sei wahrscheinlich, daß er seine Absicht verwirkliche. Andererseits muß das Fortbestehen der Absicht nicht ausführlich beschrieben werden, es genügt vielmehr regelmäßig die bloße Mitteilung, daß die beim Mietvertragsabschluß schriftlich angegebene Verwendungsabsicht fortbestehe, wenn die anfänglich mitgeteilte Verwendungsabsicht eindeutig bezeichnet war (z. B. im Falle der Eigennutzung eine einzige namentlich benannte Person).

Verzögert sich die Realisierung der Verwendungsabsicht, so sollte dies vom Vermieter auch zu der Zeit, zu welcher die Schlußmitteilung erfolgen muß, dem Mieter mitgeteilt werden, selbst wenn der Zeitraum, um welchen eine Verzögerung eintritt, erst später präzisiert werden kann (*Köhler*, Neues Mietrecht, S. 54).

**Nicht erforderlich** ist in der Schlußmitteilung eine **Aufforderung** an den Mieter **zur Räumung** nach Ablauf der vereinbarten Mietzeit oder eine Erklärung dahin, daß das Mietverhältnis nach Ablauf der Vertragszeit beendet werde oder nicht fortgesetzt werden soll. Die Schlußmitteilung kann **nicht als eine** der Fortsetzung des Mietverhältnisses widersprechende **Erklärung gem. § 568 BGB** angesehen

**werden,** da der zeitliche Abstand von mindestens 3 Monaten zum Ende der Mietzeit für eine vor Ablauf der Vertragszeit erfolgende Widerspruchserklärung gem. § 568 BGB (vgl. BayObLG (RE) ZMR 82, 16 = WM 81, 253 = MDR 82, 56 = NJW 81, 2759 = MRS 1 Nr. 80, wonach die Widerspruchserklärung vor Beendigung der Mietzeit ohne Wiederholung innerhalb der 2-Wochen-Frist abgegeben werden kann, wenn sie nur wenige Tage vor Ablauf der Mietzeit erfolgt) eindeutig zu groß ist (a. A. *Sternel* MDR 83, 273 „im Einzelfall").

106 **Entspricht die Schlußmitteilung nicht den gesetzlichen Anforderungen** (enthält sie z. B. die Mitteilung, daß die ursprüngliche Verwendungsabsicht nicht sicher besteht, weggefallen sei oder durch eine andere, jetzt bestehende Absicht ersetzt werde), geht sie dem Mieter verspätet zu oder wird sie unterlassen, so fehlt es an einer Voraussetzung des besonderen Zeitmietvertrages gem. Abs. 2, so daß lediglich ein gewöhnliches Zeitmietverhältnis (vgl. dazu oben I) vorliegt. Geht dem **Mieter** eine dem Gesetz entsprechende (bestätigende) Schlußmitteilung nicht rechtzeitig zu, so verbleibt ihm lediglich eine mindestens **1monatige Zeitspanne,** um zu entscheiden, ob er das **für** ihn dann bestehende **Fortsetzungsrecht** gem. Abs. 1 ausübt. Da diese kurze Zeitspanne leicht übersehen werden kann und die Ausübung dieses Fortsetzungsrechts für den Mieter wesentlich ist, empfiehlt es sich für den Mieter, diese wichtige Frist zur Vermeidung einer Versäumnis in einem Fristenkalender besonders vorzumerken. Versäumt der Mieter die frist- und formgemäße Geltendmachung dieses Fortsetzungsrechts (z. B. aus Rechtsunkenntnis), so endet das gewöhnliche Zeitmietverhältnis mit Ablauf der Vertragszeit automatisch.

### 7. Fortbestehen der Verwendungsabsicht bei Vertragsende

107 Der Gesetzgeber hat in Abs. 2 S. 1 Nr. 4 vorausgesetzt, daß die bei der Schlußmitteilung als fortbestehend erklärte Verwendungsabsicht auch noch zum Zeitpunkt der Beendigung des Mietvertrages besteht bzw. verwirklicht werden kann. Die in Abs. 2 vorgesehene absolute Beendigungswirkung des Mietverhältnisses ist nach Sinn und Zweck der Vorschrift nur gerechtfertigt, wenn die vorausgesetzte Verwendungsabsicht zum Zeitpunkt des Ablaufs des Mietvertrages nicht entfallen ist (vgl. zum ähnlichen Fall des fortbestehenden Kündigungsgrundes zum Zeitpunkt des Ablaufs der Kündigungsfrist oben § 564 b BGB Rn 127). Als eine in Abs. 2 **nicht genannte (5.) Tatbestandsvoraussetzung für die absolute Beendigungswirkung** des besonderen Zeitmietverhältnisses ist es daher anzusehen, daß die vom Vermieter in der Anfangs- und in der Schlußmitteilung angegebene **Verwendungsabsicht** noch **zum Zeitpunkt des Ablaufs der Mietzeit** in realisierbarer Weise **besteht** (*Palandt/Putzo* Anm. 4 a, bb). Im Falle eines (endgültigen) Wegfalles der Realisierbarkeit der Verwendungsabsicht des Vermieters zwischen der (bestätigenden) Schlußmitteilung nach S. 1 Nr. 4 und dem Zeitpunkt des Ablaufs der Mietzeit liegt daher kein besonderes Zeitmietverhältnis vor, sondern ein gewöhnlicher befristeter Mietvertrag (*Sternel* MDR 83, 273). Ein vorübergehender Wegfall der Verwendungsabsicht zwischen der Schlußmitteilung und dem Ende der Mietzeit ist jedoch unschädlich, wenn bei Beendigung der Mietzeit die Absicht wieder gegeben ist (vgl. oben Rn 66).

Fällt die **Verwendungsabsicht** oder deren Realisierung erst **nach** dem **Ablauf der Mietzeit,** demnach nach endgültiger Beendigung des Mietverhältnisses **weg,** so steht dem Vermieter zwar ein Räumungsanspruch gem. § 556 Abs. 1 BGB zu, das **Räumungsverlangen** ist jedoch **rechtsmißbräuchlich** und daher unzulässig (*Sternel* MDR 83, 274). Über die prozessualen Auswirkungen dieser Unzulässigkeit vgl. unten Rn 148. 108

### 8. Absolute Beendigungswirkung nach Ablauf der Mietzeit

**Während der vereinbarten Mietzeit** hat ein besonderes Zeitmietverhältnis gem. Abs. 2 keine anderen Rechtswirkungen als bei einem gewöhnlichen Zeitmietverhältnis (vgl. oben I). Das ordentliche Kündigungsrecht beider Parteien ist daher während der Mietzeit ausgeschlossen. Die einzige und eigentliche **Rechtswirkung des besonderen Zeitmietverhältnisses** entsteht **ausschließlich bei dessen (ordentlicher) Beendigung,** also **mit Ablauf der vereinbarten Mietzeit** (vgl. unten a bis f). Die absolute Beendigungswirkung des besonderen Zeitmietvertrages (vgl. unten a bis f) **entfällt** jedoch, **wenn** das **Mietverhältnis auf andere Weise** als durch Ablauf der vereinbarten Vertragszeit bei Vorliegen sämtlicher Voraussetzungen des Abs. 2 **vorzeitig endet** (*Sternel* MDR 83, 273), z. B. durch Mietaufhebungsvertrag, außerordentliche befristete oder fristlose Kündigung einer Partei. 109

a) Liegen sämtliche Voraussetzungen des besonderen Zeitmietverhältnisses vor (vgl. oben Rn 55), so **endet** das **Mietverhältnis** im Falle der ordentlichen Beendigung **automatisch,** d. h. ohne daß es einer Erklärung der Parteien bedarf, **mit** dem **Ende der vereinbarten Mietzeit** (§ 564 Abs. 1 BGB). 110

b) Nach Ablauf der Mietzeit findet grundsätzlich **§ 568 BGB Anwendung,** soweit diese Vorschrift nicht durch Individualabrede oder allgemeine Geschäftsbedingung im Mietvertrag abbedungen ist. Im Falle der Weiterbenutzung der Wohnung durch den Mieter über die Vertragszeit hinaus gilt das Mietverhältnis als auf unbestimmte Zeit verlängert (mit von da an ordentlicher Kündigungsmöglichkeit für beide Parteien), wenn nicht eine Partei (regelmäßig kommt dafür nur der Vermieter in Betracht) innerhalb der gesetzlich genannten 2-Wochenfrist der Fortsetzung widerspricht. Über die näheren Rechtswirkungen dieser Vorschrift vgl. oben § 564 b BGB Rn 19. Beim Abschluß eines besonderen Zeitmietverhältnisses empfiehlt sich für den Vermieter in jedem Falle, § 568 BGB abzudingen, um nicht Gefahr zu laufen, die fristgemäße Widerspruchserklärung gem. § 568 BGB zu versäumen, wodurch die gesamte Rechtswirkung (absolute Beendigungswirkung) des besonderen Zeitmietverhältnisses entfallen würde! 111

Tritt eine Fortsetzung des Mietverhältnisses gem. § 568 BGB nicht ein, so steht dem Vermieter ein **Anspruch auf Räumung und Herausgabe** der Mietwohnung **gem. § 556 Abs. 1 BGB** zu. Verlangt der Vermieter demgemäß die Räumung, so steht der Begründetheit dieses Räumungsanspruchs nichts mehr im Wege. Der Mieter kann nicht damit gehört werden, der Vermieter sei ausreichend untergebracht, der Mieter werde ohnehin in Bälde ausziehen, er habe hohe Umzugskosten oder sein generelles Interesse an der Beibehaltung der 112

§ 564 c BGB, 113–117

Wohnung sei zu berücksichtigen (*Köhler*, Neues Mietrecht, S. 48). Nur wenn dem Räumungsverlangen des Vermieters die (hauptsächliche) Absicht der Erzielung einer Mieterhöhung zugrunde liegt (was der Mieter als Ausnahmetatbestand nachzuweisen hätte), ist das Räumungsverlangen in entsprechender Anwendung von § 1 S. 1 MHG unzulässig (vgl. oben § 1 MHG Rn 5 und 6).

113 c) Dem **Mieter** steht **kein Anspruch auf Fortsetzung des Mietverhältnisses** über die Vertragszeit hinaus zu (im Gegensatz zu einem gewöhnlichen Zeitmietverhältnis, bei welchem er ein Fortsetzungsrecht gem. Abs. 1 als auch gem. § 556 b BGB hat). Im Ausschluß dieses Fortsetzungsrechts des Mieters besteht gerade die **absolute (uneingeschränkte) Beendigungswirkung (Fehlen eines Bestandsschutzes)** des besonderen Zeitmietvertrages, welcher nur zur Überbrückung einer erst später möglichen anderweitigen Nutzung durch den Vermieter geschlossen wurde. Der Mieter muß sich daher im Falle des Abschlusses eines besonderen Zeitmietverhältnisses (was er an der Anfangsmitteilung gem. S. 1 Nr. 3 erkennt) rechtzeitig auf seine eindeutige Räumungsverpflichtung bei Ablauf des Mietverhältnisses einstellen und entsprechende Vorsorge treffen!

114 d) Dem **Mieter** steht **kein Recht auf** Bewilligung der sonst üblichen **Räumungsfrist** gem. §§ 721, 794 a ZPO zu (vgl. §§ 721 Abs. 7, 794 a Abs. 5 ZPO). Der Gesetzgeber hat ausdrücklich zum Schutze des Vermieters zugunsten der klaren Berechenbarkeit des Mietendes und der Räumungspflicht des Mieters von der sonst üblichen Räumungsfristbewilligung abgesehen. Weder in einem Räumungsurteil noch in einem gerichtlichen Räumungsvergleich kann das Gericht daher beim Vorliegen eines besonderen Zeitmietverhältnisses eine Räumungsfrist bewilligen. Lediglich der Vermieter selbst kann dem Mieter eine Räumungsfrist (d. h. eine Stundung des Räumungsanspruchs) gewähren.

115 e) Dem früheren Mieter (Räumungsschuldner) steht jedoch die **Möglichkeit des Vollstreckungsschutzes gem.** § 765 a ZPO unter den dort genannten Voraussetzungen der Ausnahmevorschrift zu (ganz besondere, mit den guten Sitten nicht zu vereinbarende Härte für den Räumungsschuldner oder seine Familie trotz Berücksichtigung der Interessen des Gläubigers). Über die Einzelheiten dazu vgl. oben § 564 b Rn 234 bis 236. Es geht nicht an, die Ausnahmevorschrift des § 765 a ZPO im Falle eines besonderen Zeitmietverhältnisses nur deshalb zugunsten des Mieters weitherziger als sonst auszulegen, weil dem Räumungsschuldner (früheren Mieter) das Recht auf Bewilligung einer Räumungsfrist versagt ist (a. A. *Sternel* MDR 83, 273: für großzügigere Handhabung des § 765 a ZPO).

116 f) Für die **Vollstreckung des Räumungsurteils** (gem. § 885 ZPO) gelten die allgemeinen Vorschriften (vgl. oben § 564 b BGB Rn 237).

117 g) **Bei Vorenthaltung der Mietsache** durch den Mieter über den Zeitpunkt der Beendigung des Mietverhältnisses hinaus steht dem **Vermieter** ein **Anspruch auf Nutzungsentschädigung gem.** § 557 Abs. 1 BGB zu, welcher nach seiner Wahl in Höhe des bisherigen Mietzinses oder der ortsüblichen Vergleichsmiete besteht (vgl. die Erläuterungen zu § 1 MHG Rn 23).

h) **Bei Räumungsverzug des Mieters** steht dem Vermieter daneben ein **Schadener-** 118
satzanspruch zu wegen seines Verzögerungsschadens gem. § 286 Abs. 1
i. V. m. § 557 Abs. 2 BGB. Der Anspruch setzt ein Verschulden des Mieters
hinsichtlich der nicht rechtzeitigen Räumung voraus, welches jedoch regelmäßig
vorliegen wird, da der Mieter seit Beginn des Mietverhältnisses seine absolute
Räumungsverpflichtung bei Ablauf der Mietzeit kannte oder zumindest kennen
mußte, so daß er sich durch rechtzeitige Bemühungen um Ersatzwohnraum
darauf einstellen konnte und mußte. Nur bei einem unvorhersehbaren Wegfall
einer schon fest vorgesehenen Ersatzwohnung oder bei einer die Räumung
verhindernden, nicht vorhersehbaren Erkrankung des Mieters oder eines seiner
Familienangehörigen würde das Verschulden entfallen. Wenn der Vermieter von
sich aus dem Mieter eine Räumungsfrist einräumt, ist Räumungsverzug ausgeschlossen (*Palandt/Putzo* § 557 BGB Anm. 4 c). § 557 Abs. 3 BGB ist mangels
Anwendbarkeit der Räumungsschutzvorschriften nicht anwendbar. Der Höhe
nach ist der Anspruch nicht auf vollen Schadenersatz, sondern nur auf den Teil
des Schadens gerichtet, welcher bei Berücksichtigung aller Umstände der Billigkeit entspricht (§ 557 Abs. 2 S. 1 Hs. 1 BGB). Der Verzögerungsschaden kann
auch für die Zeit geltend gemacht werden, für welche der Mieter Vollstreckungsschutz gem. § 765 a ZPO bewilligt erhält, arg. § 557 Abs. 3 BGB (*Palandt/
Putzo* a. a. O.). − Daneben sind auch Ansprüche des Vermieters aus ungerechtfertigter Bereicherung (§ 812 BGB), positiver Vertragsverletzung und (nach
h. M.) aus dem Eigentümer-Besitzer-Verhältnis (§§ 987 ff. BGB) möglich.

### 9. Verzögerung der beabsichtigten Verwendung (S. 2)

Verzögert sich die vom Vermieter beabsichtigte Verwendung bei Ablauf der Miet- 119
zeit, so sind **drei Fälle zu unterscheiden:**

a) eine vom Vermieter nicht verschuldete Verzögerung, durch welche eine Gesamtmietzeit von 5 Jahren nicht überschritten wird (vgl. unten a),

b) eine vom Vermieter nicht verschuldete Verzögerung, durch welche eine Gesamtmietzeit von 5 Jahren überschritten wird (vgl. unten b), und

c) eine vom Vermieter verschuldete Verzögerung (vgl. unten c).

Satz 2, welcher die Fälle zu a) und b) regelt, ist gesetzestechnisch eine Ausnahme
von S. 1 (*Palandt-Putzo* Anm. 5). Durch die Mitteilung der Verzögerung durch
den Vermieter kann die S. 1 Nr. 4 entsprechende Schlußmitteilung abgewandelt
werden, so daß es beim Charakter eines besonderen Zeitmietverhältnisses (mit
absoluter Beendigungswirkung) nach Abs. 2 S. 1 verbleiben kann.

a) **Vom Vermieter nicht verschuldete Verzögerung, durch welche eine
Gesamtmietzeit von 5 Jahren nicht überschritten wird (S. 2 Hs. 1)**

aa) Eine **Verzögerung** der vom Vermieter beabsichtigten Verwendung liegt 120
vor, wenn der Vermieter seine **bei Vertragsschluß mitgeteilte Verwendungsabsicht** − nur diese und keine andere, etwa ausgetauschte
Absicht, kommt hier in Betracht (*Sternel* MDR 83, 274) − unmittelbar

nach Ablauf der Mietzeit nicht verwirklichen kann, er diese Absicht jedoch, da er sie immer noch hat, zu späterer Zeit verwirklichen will. Die Gründe für eine solche Verzögerung können verschiedener Art sein, z. B. Fehlen der für eine Bauabsicht erforderlichen behördlichen Genehmigung (Baugenehmigung, Abrißgenehmigung, Zweckentfremdungsgenehmigung), Fehlen der finanziellen Mittel für die beabsichtigte Baumaßnahme, Absage oder zeitliche Verhinderung des vorgesehenen Bauhandwerkers, Verzögerung der Finanzierung für die Baumaßnahme, Änderung des Willensentschlusses des Vermieters bezüglich der Baupläne ohne zwingende Gründe, mangelnder Einzugswille des begünstigten Angehörigen im Falle der Eigennutzungsabsicht.

121   bb) **Ohne Verschulden des Vermieters** muß die Verzögerung eintreten. Verschulden liegt vor, wenn die Verzögerung vom Vermieter zu vertreten ist, also bei Vorsatz oder Fahrlässigkeit, vgl. §§ 276, 278 BGB (*Palandt/Putzo* Anm. 5 a; a. A. *Sternel* MDR 83, 274: § 254 BGB sei anwendbar, da es sich um ein Verschulden gegen sich selbst handle). Bei der Eigennutzungsabsicht ist der für den Einzug in die Mietwohnung vorgesehene Familien- oder Hausstandsangehörige nicht Erfüllungsgehilfe des Vermieters gem. § 278 BGB, da die Verwirklichung der Verwendungsabsicht des Vermieters keine Vertragserfüllung gegenüber dem bisherigen Mieter darstellt, zumal sie erst nach Beendigung des Mietverhältnisses in Betracht kommt. Eine durch diesen Familien- oder Hausstandsangehörigen verschuldete Verzögerung der Einzugsmöglichkeit hat daher der Vermieter nicht zu vertreten. Er hat es ebenfalls nicht zu vertreten, wenn die von ihm angenommene spätere Pflegebedürftigkeit eines Angehörigen oder die von ihm unterstellte Heirat eines Kindes wider Erwarten noch nicht eingetreten sind. Der Vermieter hat es jedoch zu vertreten, wenn er sich im Falle einer Bauabsicht nicht rechtzeitig um die Beschaffung finanzieller Mittel oder der erforderlichen behördlichen Genehmigung der Baumaßnahme bemüht hat, er die Baumaßnahme wegen selbst verschuldeter finanzieller Schwierigkeiten nicht durchführen kann, er willkürlich die Baupläne ändert oder er im Falle der Eigennutzung den begünstigten Familien- oder Hausstandsangehörigen zu spät von seiner Absicht unterrichtet, so daß der Angehörige sich eine Bedenkzeit für seine Entscheidung ausbedungen hat.

cc) **Mitteilungspflicht des Vermieters bezüglich der Verzögerung**

122   Wenn das Gesetz auch darüber schweigt, so muß doch im Falle der vom Vermieter nicht verschuldeten Verzögerung der beabsichtigten Verwendung eine **Pflicht des Vermieters zur Mitteilung der Verzögerung** gegenüber dem Mieter **bejaht** werden. Diese Pflicht ergibt sich als mietvertragliche Nebenpflicht aus der mietvertraglichen Leistungstreuepflicht des Vermieters (vgl. zum ähnlichen Fall der Pflicht des Vermieters zur Mitteilung, wenn der auf einen Bedarf gestützte Kündigungs-

grund nach einer solchen Kündigung später entfällt, § 564 b BGB Rn 241) und auch aus dem Grundsatz von Treu und Glauben (§ 242 BGB), weil der Vertragsgegner ohne eine solche Mitteilung in der Regel keine Kenntnis von dem ihm zustehenden Fortsetzungsrecht gem. S. 2 haben kann, also die Geltendmachung dieses Rechtes von der Mitteilung abhängt.

Die **Mitteilung** kann **formlos** erfolgen, da Schriftform in S. 2 (im Gegensatz zu den beiden Mitteilungspflichten gem. S. 1 Nr. 3 und 4) nicht vorgeschrieben ist. Satz 1 Nr. 4 (Schlußmitteilungspflicht) ist auf die Verzögerungsmitteilung nicht entsprechend anwendbar, da in S. 2 nicht erwähnt (Umkehrschluß). Gleichwohl ist für den Vermieter eine schriftliche Mitteilung empfehlenswert, da die fristgerechte Geltendmachung des Fortsetzungsrechts durch den Mieter vom Zeitpunkt seiner Kenntniserlangung abhängt. 123

Die Verzögerungsmitteilung ist eine **geschäftsähnliche Handlung** (vgl. oben Rn 96). Da sie dem Vermieter nicht lediglich einen rechtlichen Vorteil bringt, ist unbeschränkte Geschäftsfähigkeit des Vermieters erforderlich. 124

Über den **Zeitpunkt der Verzögerungsmitteilung** sagt das Gesetz nichts. Man wird in entsprechender Anwendung von S. 1 Nr. 4 den **für die Schlußmitteilung maßgeblichen Zeitpunkt** (vgl. oben Rn 101, 102) heranziehen müssen (*Blank* WM 83, 40), da nach der gesetzlichen Konstruktion des besonderen Zeitmietverhältnisses (vgl. S. 1) zu diesem Zeitpunkt der Mieter eine endgültige und bestimmte Antwort über die termingemäße Verwirklichung der Verwendungsabsicht des Vermieters erwarten kann und muß, insbesondere auch deshalb, um im Falle einer über die 5jährige Gesamtmietzeit hinausgehenden Verzögerung (vgl. Hs. 2) das (spätestens) 2 Monate vor Beendigung der Mietzeit auszuübende Fortsetzungsrecht gem. Abs. 1 ausüben zu können. Erfährt der Vermieter von der Verzögerung in der Zeit zwischen Abschluß des Mietvertrages (Anfangsmitteilung) und dem für die Schlußmitteilung (S. 1 Nr. 4) maßgeblichen Zeitpunkt, so wird er **nicht zur unverzüglichen Mitteilung der Verzögerung verpflichtet** sein, da gem. der gesetzlichen Ausgestaltung des besonderen Zeitmietverhältnisses in S. 1 die (beiden) Mitteilungspflichten über die Verwendungsabsicht des Vermieters nur zu ganz bestimmten Zeitpunkten am Anfang und am Schluß der Mietzeit erfüllt werden müssen und weil sich die genaue Dauer einer Verzögerung mit größerer Bestimmtheit erst zu einem späteren Zeitpunkt wird festlegen lassen. Hat jedoch der Mieter schon vor dem für die Schlußmitteilung maßgeblichen Zeitpunkt ein Interesse daran, vom Vermieter zu erfahren, ob sich die Verwendungsabsicht verzögert (z. B. im Hinblick auf seine Ersatzraumbemühungen), so kann er den Vermieter danach fragen und dieser wird nach § 242 BGB darüber unverzüglich 125

Auskunft geben müssen, um beim Mieter eventuell nutzlose Aufwendungen für die Beschaffung einer Ersatzwohnung zu vermeiden. Teilt der Vermieter trotz seiner Kenntnis von einer Verzögerung der Verwendungsabsicht die Verzögerung nicht zum Zeitpunkt der Schlußmitteilung gem. S. 1 Nr. 4 mit, sondern unterläßt er eine solche Mitteilung, so liegt statt eines besonderen ein allgemeines Zeitmietverhältnis vor. **Hat der Vermieter die Schlußmitteilung** gem. S. 1 Nr. 4 in einer die Verwendungsabsicht bestätigenden Form **abgegeben, erfährt er jedoch die Verzögerung erst später** (insbesondere während der letzten 3 Monate der Mietzeit), so ist er nach Treu und Glauben, insbesondere aus vorangegangenem Tun **verpflichtet, dem Mieter** die **Verzögerung unverzüglich nach** seiner **Kenntniserlangung mitzuteilen,** zumal sich gegen Ende der Mietzeit das Interesse des Mieters an einer solchen Mitteilung oftmals immer mehr verstärkt. Als **letzte Möglichkeit** für den Vermieter, dem Mieter die Verzögerung mitzuteilen, kommt das **Ende der Mietzeit** (letzter Tag) in Betracht. Erfolgt die Mitteilung erst nach Ablauf der Mietzeit, so findet S. 2 keine Anwendung mehr. Im Falle einer erst nach Ablauf des Mietverhältnisses eintretenden Verzögerung der Verwendungsabsicht ist zwar die absolute Beendigungswirkung des besonderen Zeitmietvertrages eingetreten, so daß der Vermieter einen Räumungsanspruch erlangt hat. Sein Räumungsverlangen stellt jedoch eine unzulässige Rechtsausübung dar, wenn er die ursprüngliche Verwendungsabsicht in absehbarer Zeit nicht verwirklichen kann oder will (vgl. den ähnlichen Fall bei Wegfall des Kündigungsgrundes nach Ablauf der Kündigungsfrist, § 564 b BGB Rn 127).

126 **Inhaltlich** muß sich die Verzögerungsmitteilung auf den **Grund der Verzögerung** einschließlich der das **Verschulden des Vermieters ausschließenden Umstände** sowie auf die **voraussichtliche Verzögerungsdauer** beziehen. Die anläßlich der Verzögerung vom Vermieter in Aussicht gestellte **Verlängerung** des besonderen Zeitmietverhältnisses kann **nur um eine bestimmte Zeit** (kalendermäßige Verlängerungsdauer) erfolgen, nicht auf unbestimmte Zeit oder auf eine bloß ungefähre Zeitdauer (ähnlich *Sternel* MDR 83, 274: zeitliche Konkretisierung so genau erforderlich, daß die 5-Jahres-Frist berechnet werden kann). Dies ergibt sich einmal daraus, daß durch die Verlängerung der Charakter des auf bestimmte Zeit eingegangenen und mit absoluter Beendigungswirkung ausgestatteten Mietverhältnisses nicht verändert wird (s. unten Rn 134), andererseits auch daraus, daß die gemäß S. 2 Hs. 2 vom Mieter vorzunehmende Prüfung, ob die Mietzeit durch die Verlängerung auf Grund der Verzögerung insgesamt 5 Jahre übersteigt, nur vorgenommen werden kann, wenn eine bestimmte (kalendermäßige) Frist der vereinbarten Mietzeit hinzugerechnet wird. Gibt der Vermieter die Zeit der Verzögerung nicht oder nur ungefähr an, so kann er vom Mieter aufgefordert werden, einen bestimmten Zeitraum anzu-

geben. In Fällen, in welchen der Vermieter die genaue Verzögerungsdauer noch nicht beurteilen kann, hat er die **Mindestverzögerungsdauer anzugeben** (z. B. nach Monaten berechnet), zumal er die jederzeitige Möglichkeit einer nochmaligen Fortsetzung des Mietverhältnisses bei einer weiteren Verzögerung hat (s. unten Rn 135). Nennt der Vermieter als Verzögerungsdauer eine unbestimmte Zeit (z. B. „einige Monate") oder eine bloße Zeitspanne (z. B. 5–7 Monate), so entspricht dies nicht S. 2, so daß mangels Erfüllung aller Voraussetzungen von S. 1 nur ein gewöhnliches Zeitmietverhältnis vorliegt. Erklärt der Mieter daraufhin nichts und setzt er den Gebrauch der Mietsache über die vereinbarte Mietzeit hinaus fort, so kommt eine Verlängerung des Mietverhältnisses gem. § 568 BGB in Betracht (vgl. *Köhler*, Neues Mietrecht, S. 56, welcher zu unrecht bei Schweigen und Gebrauchsfortsetzung des Mieters über die 5-Jahres-Frist hinaus ein Fortsetzungsrecht auf unbestimmte Zeit annimmt). Gibt der Vermieter eine bestimmte Zeitspanne mit einer Circa-Bezeichnung an (z. B. ungefähr 10 Wochen, ca. 9 Monate), so wird man seine Erklärung dahin auszulegen haben, daß es sich um eine Verlängerung um die angegebene Zeitspanne unter Weglassung der Ungenauigkeit handelt.

**Für** den **Vermieter** ist es **empfehlenswert,** neben der bloßen Mitteilung der Verzögerungsdauer dem Mieter auch ausdrücklich ein **Angebot auf Verlängerung** des Mietverhältnisses um den von ihm bezeichneten Zeitraum **zu machen,** so daß dieses Angebot vom Mieter nur noch (z. B. durch konkludentes Verhalten der Gebrauchsfortsetzung nach Ablauf der vereinbarten Mietzeit) angenommen werden braucht, wodurch ein Verlängerungsvertrag zustande kommt. Auch hätte dadurch der Mieter keine Veranlassung, sein Fortsetzungsrecht gem. S. 2 Hs. 1 durch eine nochmalige besondere Erklärung (notfalls durch Klage auf Zustimmung) auszuüben. Die vom Vermieter vorgesehene Verlängerungszeit schließt sich nahtlos an die ursprünglich vereinbarte Mietzeit an, wenn es sich um die Verlängerung um einen bestimmten Zeitraum handelt (§ 190 BGB). 127

dd) **Verlängerungsrecht des Mieters um einen entsprechenden Zeitraum**

Bei einer vom Vermieter nicht verschuldeten Verzögerung der beabsichtigten Verwendung, welche dem Mieter rechtzeitig (vor Ende der vereinbarten Mietzeit) mitgeteilt wird, steht dem **Mieter** ein **Wahlrecht** zu. Gibt er keine Erklärung ab, so tritt die **Beendigungswirkung** des Mietverhältnisses zum Ende der Mietzeit automatisch ein (§ 564 Abs. 1 BGB). Durch die (rechtzeitige) Verzögerungsmitteilung des Vermieters allein, d. h. ohne die Geltendmachung des Verlängerungsrechts gem. S. 2 Hs. 1 durch den Mieter, liegt wegen Nichtvorliegens aller Voraussetzungen des S. 1 kein besonderes, sondern nur ein (allgemeines) Zeitmietverhältnis vor, bei welchem die Fortsetzungsrechte des Mieters (gem. Abs. 1 und § 556 b BGB) entfallen, dem Mieter jedoch eine 128

Räumungsfrist bewilligt werden kann. Als zweite Möglichkeit hat der Mieter das Recht, die **Fortsetzung des Mietverhältnisses** um den vom Vermieter in seiner Verzögerungsmitteilung angegebenen (entsprechenden) Zeitraum – bis zum Wegfall des Hindernisses – zu verlängern, also um eine bestimmte Zeit (*Palandt/Putzo* Anm. 5 a). Ein Recht auf Verlängerung um eine unbestimmte Zeit oder eine gegenüber der Mitteilung des Vermieters abweichende Zeitspanne hat der Mieter gem. S. 2 nicht. Insbesondere werden seine Fortsetzungsrechte aus Abs. 1 und § 556 b BGB durch die Sonderregelung des S. 2 Hs. 1 verdrängt und daher ausgeschlossen (*Palandt/Putzo* Anm. 5 a; *Sternel* MDR 83, 274).

**129** Die Ausübung dieses Fortsetzungsrechts durch den Mieter erfolgt durch **einseitige empfangsbedürftige Willenserklärung.** Die Erklärung ist – ebenso wie die Verzögerungsmitteilung des Vermieters –, da das Gesetz schweigt, **formlos** möglich, kann also mündlich oder durch schlüssiges Verhalten abgegeben werden. Sie ist auch **nicht fristgebunden** (*Palandt/Putzo* Anm. 5 a), sie kann daher noch **bis zum Ablauf der vereinbarten Mietzeit** (letzter Tag) **abgegeben** werden (*Köhler*, Neues Mietrecht, S. 55). Eine Bindung des Mieters an die Frist des Abs. 1 (2 Monate vor Vertragsende) wäre sinnlos, wenn die Verzögerungsmitteilung des Vermieters, welche vorausgehen muß, auch nach Ablauf dieser Frist zulässig ist.

**130** Da auch der Vermieter ein Interesse daran hat, zu wissen, ob sich der Mietvertrag nach Ablauf der Mietzeit verlängert, wird man trotz der fehlenden Fristgebundenheit des Mieters für die Geltendmachung seines Fortsetzungsrechts gem. S. 2 Hs. 1 fordern müssen, daß diese **unverzüglich nach der Verzögerungsmitteilung des Vermieters** erfolgt. Unverzüglich heißt: ohne schuldhaftes Zögern (vgl. § 121 BGB), wobei eine angemessene Überlegungsfrist zu berücksichtigen ist. Ein Zeitraum von mehr als 2 Wochen wird regelmäßig nicht mehr als unverzüglich zu gelten haben.

**131** Erfolgt die **Verzögerungsmitteilung** des Vermieters **erst während der letzten Tage der** vereinbarten **Mietzeit,** so fällt die Zeit der unverzüglichen Geltendmachung des Verlängerungsrechts durch den Mieter in die 2-Wochen-Frist nach Ablauf der vereinbarten Mietzeit (vgl. § 568 BGB). **Setzt** in diesem Falle der **Mieter** ohne eine ausdrückliche Erklärung nach Ablauf der Mietzeit den **Gebrauch der Mietsache fort,** so ist dies im Zweifel als eine **schlüssige Geltendmachung seines Rechts auf Fortsetzung** des Mietverhältnisses **um einen bestimmten Zeitraum** gem. S. 2 Hs. 1 anzusehen und damit als eine schlüssige Annahme des in der Verzögerungsmitteilung des Vermieters liegenden Angebots zum Abschluß eines Änderungsvertrags auf Verlängerung um bestimmte Zeit (*Köhler*, Neues Mietrecht, S. 55), wobei die Annahme nicht ausdrücklich erklärt werden muß (vgl. § 151 BGB). Ein **Änderungsvertrag**

(§ 305 BGB) **auf Verlängerung** des besonderen Zeitmietverhältnisses um eine bestimmte Zeit ist dadurch formlos **zustande gekommen.** Die Gebrauchsfortsetzung durch den Mieter wird im Zweifel nicht als Antrag auf Fortsetzung auf unbestimmte Zeit, sondern als Zustimmung zu dem vom Vermieter in seiner Verzögerungsmitteilung genannten Zeitraum zu gelten haben. Eine schlüssige Annahme des Verlängerungsangebots des Vermieters durch den Mieter wird man im Falle der Gebrauchsfortsetzung in zeitlicher Hinsicht dann annehmen müssen, wenn der **Gebrauch** der Mietsache **mindestens 2 Wochen über** die vereinbarte **Mietzeit hinaus fortgesetzt wird** (in Anlehnung an die Frist des § 568 BGB). Wenn der geschlossene besondere Zeitmietvertrag, weil auf längere Zeit als ein Jahr geschlossen, gem. § 566 S. 1 BGB der Schriftform bedurfte, was regelmäßig der Fall sein wird, so bedarf der Änderungsvertrag auf Verlängerung auch der Schriftform, wenn die Verlängerung über länger als 1 Jahr gehen soll (vgl. *Emmerich/Sonnenschein* 34, 41; *Palandt/Putzo* Anm. 5 a, je zu § 566 BGB). Eine Fortsetzung auf unbestimmte Zeit gem. **§ 568 BGB** kommt in diesem Falle **nicht in Betracht,** da die gesetzliche Fiktion dieser Vorschrift keine Anwendung findet, wenn die Parteien einen Änderungsvertrag auf Verlängerung des Mietverhältnisses geschlossen und damit ihre Beziehungen durch eine Verlängerungsvereinbarung selbst geregelt haben (vgl. *Emmerich/Sonnenschein* 13; *Palandt/Putzo* Anm. 1 c, bb, je zu § 568 BGB).

ee) **Wirkung des Fortsetzungsrechts um einen entsprechenden Zeitraum**

Durch Ausübung des Fortsetzungsrechts um die entsprechende (bestimmte) Verlängerungszeit durch den Mieter kommt eine **Verlängerung** des besonderen Zeitmietverhältnisses **um den entsprechenden Zeitraum** zustande. Das verlängerte und das ursprüngliche Mietverhältnis sind daher identisch. 132

Für die Verlängerungszeit ist die Pflicht des Vermieters zur Erteilung einer **Schlußmitteilung (S. 1 Nr. 4) entsprechend anwendbar,** da sich die Gesamtmietzeit gegenüber der ursprünglich vereinbarten bestimmten Zeit verlängert. Der Vermieter muß daher spätestens 3 Monate vor Ablauf der verlängerten Mietzeit das Fortbestehen seiner ursprünglich mitgeteilten Verwendungsabsicht dem Mieter schriftlich mitteilen. Für die Entbehrlichkeit der Schlußmitteilung bei einer nur kurzen Verlängerungszeit (bis zu 6 Monaten) vgl. oben Rn 100. 133

**Nach Ablauf der Verlängerungszeit** tritt die **absolute Beendigungswirkung** des besonderen Zeitmietverhältnisses (vgl. oben 8) ein (*Röbbert* Betr. 83, 162; *Köhler*, Neues Mietrecht, S. 56), wenn alle Voraussetzungen des besonderen Zeitmietverhältnisses zu diesem Beendigungszeitpunkt vorliegen (insbesondere die Schlußmitteilung 3 Monate vorher und das Fortbestehen der Verwendungsabsicht zum Ende der verlängerten Vertragszeit, vgl. oben 6 und 7). 134

135 Eine **mehrmalige Verzögerungsverlängerung** gem. S. 2 ist hintereinander **möglich** (*Landfermann*, Erl. u. Mat. z. MWoAEG, S. 37). Würde sich das Mietverhältnis dadurch auf eine Gesamtmietzeit von über 5 Jahren verlängern, so gilt Hs. 2 (vgl. unten zu b).

b) **Vom Vermieter nicht verschuldete Verzögerung über eine 5jährige Mietzeit hinaus (S. 2 Hs. 2)**

136 Die Verwirklichung der Verwendungsabsicht des Vermieters kann sich ohne dessen Verschulden um einen bestimmten Zeitraum dergestalt verzögern, daß die verlängerte Mietzeit insgesamt 5 Jahre überschreitet (z. B. bei einem auf 4 Jahre eingegangenen besonderen Zeitmietverhältnis, wenn sich die Verwendungsabsicht um 2 Jahre verzögert). Die **5-Jahres-Frist** ist dabei – ebenso wie die Höchstfrist von 5 Jahren im Falle des S. 1 Nr. 1 – nicht ab Vertragsschluß, sondern **ab Beginn des Mietverhältnisses** zu rechnen (vgl. oben Rn 56) und im Falle der nachträglichen Vereinbarung eines besonderen Zeitmietverhältnisses ab dieser Vereinbarung (*Sternel* MDR 83, 274).

137 Für den Begriff der Verzögerung, das Fehlen eines Verschuldens des Vermieters und das Erfordernis der Verzögerung um einen bestimmten Zeitraum gilt das oben zu a) Ausgeführte entsprechend (vgl. oben Rn 120 zur Verzögerung, Rn 121 zum Verschulden und Rn 126 zum bestimmten Zeitraum der Verzögerung).

138 Im Falle einer solchen „großen Verzögerung" gilt gegenüber der Rechtslage bei der normalen („kleinen") Verzögerung – vgl. oben zu 9 a – gem. Hs. 2 eine **Sonderregelung.** Der **Mieter hat** in diesem Sonderfall zu seinem Schutz vor einer zu langen Ausdehnung des (für höchstens 5 Jahre vorgesehenen) besonderen Zeitmietverhältnisses ein (4faches) **Wahlrecht.** Dieses ist **auszuüben bei Ablauf der vereinbarten Mietzeit,** nicht bei Ablauf der 5-Jahres-Frist (a. A. *Palandt/Putzo* Anm. 5 b; auch *Köhler*, Neues Mietrecht S. 55, wonach der Mieter das Recht haben soll, bei Ablauf der 5-Jahres-Frist den Vertrag zu beenden oder auf unbefristete Zeit fortzusetzen), was sich aus der Konditionalfassung des Gesetzes („würde ... überstiegen") in Hs. 2 ergibt, sowie daraus, daß zwischen dem Ablauf der vereinbarten Mietzeit und dem Ablauf der 5-Jahres-Frist für den Mieter kein Zeitraum ohne Fortsetzungsrecht bestehen kann. Der Mieter kann wie im Falle der „kleinen Verzögerung" (vgl. oben zu 9 a) **wählen zwischen** einer Herbeiführung der **Beendigung** des Mietverhältnisses zum Ablauf der vereinbarten Mietzeit **und** der **Fortsetzung** des Mietverhältnisses **um** einen entsprechenden **bestimmten Verlängerungszeitraum** (über die Einzelheiten dieses Rechts vgl. oben Rn 128–135). Das letztgenannte Recht bewirkt eine **absolute Beendigungswirkung** trotz der Gesamtdauer über 5 Jahre hinaus (da S. 2 ein Sonderfall von S. 1 ist, wobei nur die Mietzeit verlängert wird, während die Rechtswirkung der Beendigung gleich bleibt). **Daneben** hat der Mieter eine dritte Möglichkeit, nämlich das in Hs. 2 aufgeführte Recht zur **Fortsetzung** des Mietverhältnisses **auf unbestimmte Zeit gem. Abs. 1.** Daß dem Mieter das Fortset-

zungsrecht auf bestimmte Zeit neben dem Fortsetzungsrecht auf unbestimmte Zeit und nicht statt desselben zusteht (ebenso *Köhler,* Neues Mietrecht, S. 55), folgt daraus, daß der Mieter im Falle der „großen Verzögerung" nicht schlechter gestellt werden darf als im Falle der „kleinen Verzögerung"; Hs. 2 ist daher als eine zusätzliche Schutzvorschrift für den Mieter anzusehen, welche gem. dem Sinn und Zweck der Regelung nicht ausschließen soll, daß dem Mieter auf jeden Fall das Recht auf Verlängerung gem. dem vom Vermieter gemachten Vorschlag auf bestimmte Zeit zustehen soll.

Durch das Fortsetzungsrecht aus Hs. 2 kann der Mieter die absolute Beendigungswirkung des Zeitmietvertrages ausschalten und den Bestandsschutz wie beim Ablauf eines gewöhnlichen Zeitmietvertrages herbeiführen. Dieses Fortsetzungsrecht auf unbestimmte Zeit ist an die **Form und Frist des Abs. 1** gebunden (*Palandt/Putzo* Anm. 5 b; *Blank* WM 83, 40; a. A. *Köhler,* Neues Mietrecht, S. 55). Erfolgt die Verzögerungsmitteilung des Vermieters so spät, daß der Mieter fristgerecht (2 Monate vor Ende der Mietzeit) dieses Fortsetzungsrecht nicht mehr ausüben kann, so muß es dem Mieter nach § 242 BGB gestattet sein, dieses **Fortsetzungsrecht nach Ablauf der Ausschlußfrist** gleichwohl **unverzüglich** geltend zu machen, jedoch spätestens bis zum Ablauf von 2 Wochen nach Beendigung der Mietzeit (vgl. die Frist in § 568 BGB). Der Mieter braucht für die Ausübung dieses Fortsetzungsrechts keine Gründe, er muß nur klar zum Ausdruck bringen, daß er das Fortsetzungsrecht auf unbestimmte Zeit wegen Überschreitung der 5-Jahres-Frist geltend macht. Macht der Mieter dieses Fortsetzungsrecht geltend, so kann der **Vermieter** die Fortsetzung dadurch verhindern, daß er rechtzeitig (bis zum Ende der vereinbarten Mietzeit) eine schriftliche **Beendigungserklärung** abgibt, welche auf das Vorliegen berechtigter Interessen gem. § 564 b BGB gestützt wird (*Gramlich* NJW 83, 420; *Köhler,* Neues Mietrecht, S. 47). Denn mangels anderweitiger Anhaltspunkte des Gesetzgebers in den Materialien ist davon auszugehen, daß der gesamte Abs. 1 — wie im Falle eines gewöhnlichen Zeitmietverhältnisses — Anwendung findet. Ein solches Beendigungsverlangen des Vermieters gem. Abs. 1 S. 1 i. V. m. § 564 b BGB kann gegenüber der vorausgegangenen Verzögerungsmitteilung des Vermieters nicht als widersprüchliches Verhalten und daher unzulässige Rechtsausübung angesehen werden, da es sich um zwei voneinander unabhängige Rechte handelt.

Neben dem Fortsetzungsrecht aus Abs. 1 wird dem Mieter **auch das Fortsetzungsrecht aus § 556 b BGB** (Sozialklausel) zustehen, da bei einem gewöhnlichen Zeitmietverhältnis diese beiden Rechte nebeneinander bestehen. Über die Frage, ob eine Gebrauchsfortsetzung durch den Mieter über die Mietzeit hinaus als schlüssige Geltendmachung eines Fortsetzungsrechts anzusehen ist, vgl. oben Rn 131.

### c) Vom Vermieter verschuldete Verzögerung

141 Hat sich die Verwirklichung der Verwendungsabsicht des Vermieters verzögert (vgl. dazu oben Rn 120) und beruht die Verzögerung auf einem Verschulden des Vermieters (vgl. dazu oben Rn 121), so findet S. 2 keine Anwendung (Umkehrschluß aus S. 2 Hs. 1). S. 2 Hs. 1 stellt einen Sonderfall und damit eine eng auszulegende Ausnahme von S. 1 dar, weshalb eine ausdehnende Auslegung von S. 2 auf den Fall der verschuldeten Verzögerung ausscheidet. Man kann daher nicht argumentieren, wenn der Mieter bei vom Vermieter nicht verschuldeter Verzögerung seiner beabsichtigten Verwendung ein Fortsetzungsrecht um einen entsprechenden Zeitraum hat, müsse dieses Recht erst recht bei der vom Vermieter verschuldeten Verzögerung bestehen (a. A. *Schmid* BlGBW 83, 64). Mit S. 2 wollte der Gesetzgeber die absolute Beendigungswirkung des besonderen Zeitmietverhältnisses auf den Fall der Verzögerung der beabsichtigten Verwendung nur ausdehnen, wenn die Verzögerung vom Vermieter nicht verschuldet ist. Ist sie vom Vermieter verschuldet, so liegt daher überhaupt **kein besonderes Zeitmietverhältnis** gem. Abs. 2 vor, da die fristgerechte Verwirklichung der gesetzlich zugelassenen Verwendungsabsicht in diesem Falle durch den Vermieter selbst vereitelt wird und eine ordnungsgemäße Schlußmitteilung gem. S. 1 Nr. 4 nicht vorliegt. Da die Voraussetzungen eines besonderen Zeitmietverhältnisses nicht gegeben sind, liegt **ein gewöhnliches Zeitmietverhältnis** vor (*Köhler*, Neues Mietrecht, S. 55). Über die Rechtswirkungen vgl. oben I. Es bleibt den Parteien unbenommen, sich im Fall der vom Vermieter verschuldeten Verzögerung der beabsichtigten Verwendung durch einen Änderungsvertrag (§ 305 BGB) über eine Verlängerung des besonderen Zeitmietverhältnisses (unter Beibehaltung der absoluten Beendigungswirkung) zu einigen. Über die dazu erforderliche Schriftform vgl. oben Rn 57.

### 10. Unabdingbarkeit

142 Eine von Abs. 2 zum Nachteil des Mieters abweichende Vereinbarung ist unwirksam (vgl. Abs. 1 S. 2 i. V. m. § 564 b Abs. 6 BGB). Über mögliche Abweichungsvereinbarungen zum Nachteil des Mieters vgl. oben Rn 43. Insbesondere kann ein besonderes Zeitmietverhältnis nicht begründet werden, um eine andere als die in Abs. 2 bezeichnete Verwendungsabsicht des Vermieters zu verwirklichen, z. B. Betriebsbedarf oder Verkauf des Hauses (*Blank* WM 83, 37). Auch kann nicht von dem Erfordernis der beiden schriftlichen Mitteilungen der Verwendungsabsicht abgesehen oder ein unbefristetes Mietverhältnis mit der Rechtswirkung des Abs. 2 verbunden werden. Die absolute Beendigungswirkung des Abs. 2 kann auch nicht auf ein befristetes Mietverhältnis für längere Zeit als 5 Jahre ausgedehnt werden (*Sternel* MDR 83, 271); ein solcher Vertrag wäre als gewöhnliches befristetes Mietverhältnis (mit Bestandsschutz) anzusehen.

Auch kann für den Fall der Verzögerung der Verwendungsabsicht auf die Fortsetzungsrechte des Mieters gem. S. 2 Hs. 1 und Hs. 2 nicht wirksam verzichtet werden.

## 11. Beweislast

**Sämtliche Voraussetzungen** eines besonderen Zeitmietverhältnisses hat der **Vermieter**, welcher nach dessen Ablauf einen Räumungsanspruch geltend macht, zu beweisen (Befristung bis zu 5 Jahre, Vorliegen einer S. 1 Nr. 2 entsprechenden Verwendungsabsicht, Anfangsmitteilung, Schlußmitteilung über das Fortbestehen dieser Absicht, Bestehen der Verwendungsabsicht zum Zeitpunkt der Beendigung des Mietverhältnisses). Falls vom Mieter bestritten, muß der Vermieter auch die Ernsthaftigkeit (Wahrheit) der von ihm behaupteten Verwendungsabsicht beweisen, wobei vom Gericht, da es sich um eine innere Tatsache handelt und durch die schriftlichen Mitteilungen des Vermieters die Voraussetzungen des § 448 ZPO erfüllt sein dürften, die eigene Parteivernehmung des Vermieters zuzulassen ist.

Macht der **Mieter** gegenüber dem Räumungsbegehren des Vermieters, bezogen auf den Ablauf der vereinbarten Mietzeit, ein **Fortsetzungsrecht nach S. 2** (Hs. 1 oder Hs. 2) geltend, so hat er die Voraussetzungen dieses Fortsetzungsrechts nach S. 2 zu beweisen (a. A. *Sternel* MDR 83, 274, wonach es sich bei S. 2 Hs. 1, da das Fortsetzungsrecht des Mieters auf ein solches auf bestimmte Zeit eingeschränkt wird, um eine Einwendung des Vermieters handle, welche von diesem darzulegen sei, und nicht um ein substantiiertes Bestreiten des Fortsetzungsanspruchs). Der Mieter hat also zu beweisen, daß der Vermieter rechtzeitig die Verzögerung der Realisierung der Verwendungsabsicht mitgeteilt hat, die Verzögerung nicht auf seinem Verschulden beruht und er (der Mieter) rechtzeitig das Fortsetzungs- oder Verlängerungsrecht – notfalls formgemäß – geltend gemacht hat. Macht der Mieter eine Fortsetzung gem. Hs. 2 geltend (z. B. als Widerklage auf Zustimmung des Vermieters gegenüber dessen Räumungsklage), so muß er beweisen, daß die Durchführung der Verwendungsabsicht sich ohne Verschulden des Vermieters verzögert hat und zwar um einen die Fünf-Jahres-Frist übersteigenden Zeitraum.

Behauptet hingegen der Vermieter einen Verzögerungsfall gem. S. 2 Hs. 1, bestreitet jedoch der Mieter diese gesetzlichen Voraussetzungen und macht er ein Fortsetzungsrecht gem. Abs. 1 geltend, so muß der Vermieter die von ihm behaupteten Voraussetzungen des S. 2 beweisen, da es sich um eine Einwendung des Vermieters handelt im Sinne einer Einschränkung des sonst auf unbestimmte Zeit bestehenden Fortsetzungsrechts des Mieters (*Sternel* MDR 83, 274).

Macht der Mieter ein Fortsetzungsrecht nach S. 2 Hs. 2 geltend, während der Vermieter die Voraussetzungen des Abs. 2 S. 1 behauptet, jedoch die Voraussetzungen einer Verzögerung gem. S. 2 Hs. 2 bestreitet, so muß der Mieter die Voraussetzungen seines Anspruchs (S. 2 Hs. 2) beweisen.

Macht der **Mieter** einen **Schadenersatzanspruch** wegen unwahrer Angabe einer Verwendungsabsicht durch den Vermieter geltend, so hat er die Unrichtigkeit (Unwahrheit) der vom Vermieter angegebenen Verwendungsabsicht zu beweisen, sowie die Kausalität und die Höhe des ihm daraus entstandenen Vermögensschadens. Die Beweislast für die Unwahrheit der Verwendungsabsicht des Vermieters kehrt sich jedoch – wie beim Schadenersatzanspruch bei unberechtigter Kündigung des Vermieters (vgl. § 564 b BGB Rn 243) – dann um, wenn der Vermieter nach dem Auszug des Mieters eine andere als die von ihm zuvor angegebene Verwendungsabsicht verwirklicht (z. B. statt eines Angehörigen bezieht eine fremde Person die Mietwohnung). Vgl. Näheres zur Beweislast unten Rn 159, 163.

**12. Prozessuales**

146 a) Der Vermieter kann eine **Klage auf sofortige Räumung** und Herausgabe der Wohnung (Anspruchsgrundlage § 556 Abs. 1 BGB) gegen den Mieter erheben. Für die Begründetheit einer solchen Klage ist erforderlich, daß sämtliche Voraussetzungen eines besonderen Zeitmietverhältnisses vorliegen, die Mietzeit abgelaufen ist und die Fiktion der Verlängerung des Mietverhältnisses gem. § 568 BGB ausscheidet. Im Rahmen einer solchen Räumungsklage des Vermieters sind die einzelnen Voraussetzungen des Abs. 2 S. 1 vom Gericht zu prüfen.

147 Ist die Klage begründet, so steht dem Mieter ein **Räumungsschutz** (§§ 721, 794 a ZPO) **nicht** zu. Der Mieter hat jedoch die Möglichkeit, im Falle des Fehlens einer Ersatzwohnung dadurch **Zeit zu gewinnen,** daß er den Gebrauch der Mietwohnung fortsetzt und sich auf Räumung verklagen läßt, wobei er **durch** Bestreiten von Anspruchsvoraussetzungen gem. Abs. 2 und ein **Prozessieren** durch zwei Instanzen im Regelfall seinen Verbleib in der Mietwohnung mindestens um ein halbes Jahr verzögern kann, insbesondere wenn er rechtsschutzversichert ist. Er muß allerdings damit rechnen, den Rechtsstreit zu verlieren, die Kosten des gesamten Rechtsstreits tragen zu müssen und auch den dem Vermieter gegebenenfalls entstehenden Verzögerungsschaden wegen des Räumungsverzugs (vgl. dazu oben Rn 118).

148 **Entfällt** die **Verwendungsabsicht** des Vermieters während des Räumungsrechtsstreits, so bewirkt dies eine Erledigung der Hauptsache; gem. § 91 a ZPO hat die Kosten der Vermieter im Falle eines von ihm verschuldeten Wegfalls der Verwendungsabsicht zu tragen, bei unverschuldetem Wegfall werden sie gegeneinander aufzuheben sein. Sind die Voraussetzungen eines besonderen Zeitmietverhältnisses gegeben, fällt jedoch die Verwendungsabsicht erst nach Ablauf der Mietzeit weg, so wäre eine auf die absolute Beendigungswirkung des besonderen Zeitmietverhältnisses gestützte Räumungsklage des Vermieters rechtsmißbräuchlich und daher unzulässig (*Sternel* MDR 83, 274).

149 b) Unter den Voraussetzungen von § 259 ZPO (Besorgnis der nicht rechtzeitigen Räumung) ist ausnahmsweise auch eine **Klage** des Vermieters **auf künftige Räumung** und Herausgabe (zum künftigen Zeitpunkt des Ablaufs des besonderen Zeitmietverhältnisses) zulässig, z. B., wenn der Mieter das Vorliegen der Voraussetzungen des Abs. 2 S. 1 schon vor Ablauf der Mietzeit bestreitet und erklärt, er werde nicht ausziehen, sondern ein Fortsetzungsrecht (gem. Abs. 1 oder gem. § 556 b BGB) geltend machen, oder wenn er ein solches Fortsetzungsrecht form- und fristgerecht geltend macht (vgl. dazu näheres § 564 b Rn 206). In diesem Rechtsstreit ist der Streit der Parteien darüber, ob ein gewöhnliches oder ein besonderes Zeitmietverhältnis vorliegt, auszutragen. Der Vermieter hat alle streitigen Voraussetzungen des Abs. 2 S. 1 zu beweisen. Eine Klage

auf künftige Räumung ist dem Vermieter in einem solchen Falle zu empfehlen, da er nur auf diese Weise noch rechtzeitig vor der Beendigung der Mietzeit einen Räumungstitel erlangen und durch dessen Vollstreckung die termingemäße Räumung (notfalls Zwangsräumung) durch den Mieter erreichen kann, um so seine Verwendungsabsicht rechtzeitig verwirklichen zu können.

c) Der **Mieter** kann schon vor Ablauf der Mietzeit eine **negative Feststellungsklage** mit dem Antrag erheben, festzustellen, **daß ein besonderes Zeitmietverhältnis** gem. Abs. 2 **nicht vorliegt.** Ein Rechtsschutzinteresse (§ 256 ZPO) ist für eine solche Feststellungsklage zu bejahen. Das besondere Zeitmietverhältnis mit seiner absoluten Beendigungswirkung ist ein Rechtsverhältnis im Sinne von § 256 ZPO, da es um das Fehlen von Fortsetzungsrechten und Räumungsschutz des Mieters geht. Mit einer solchen Klage muß der Mieter nicht erst bis zum Ablauf der Mietzeit warten, zumal er seine Fortsetzungsrechte schon zwei Monate vor Ablauf der Mietzeit geltend machen müßte. Ein Interesse an „alsbaldiger Feststellung" (vgl. § 256 ZPO) ist gegeben, wenn das Bedürfnis wenigstens in nicht ferner Zukunft besteht (*Thomas/Putzo* § 256 ZPO Anm. 5 c). Dies dürfte zumindest während der letzten sechs Monate vor dem Ende der Mietzeit (mit Rücksicht auf die sonst notwendige rechtzeitige Ersatzraumbeschaffung) der Fall sein. Unter den gleichen Voraussetzungen kann der **Mieter auch Klage auf (positive) Feststellung** erheben, **daß ein gewöhnliches Zeitmietverhältnis vorliegt** (was nur eine andere Formulierung des Antrags bedeutet, während die Rechtswirkung die gleiche ist). 150

d) **Nicht zulässig** ist eine negative **Feststellungsklage** des Mieters dahingehend, daß **einzelne Elemente des besonderen Zeitmietverhältnisses** (Abs. 2 S. 1) **fehlen** (z. B. Anfangsmitteilung, Verwendungsabsicht, rechtzeitige formgültige Schlußmitteilung). Denn einzelne rechtserhebliche Tatsachen oder Elemente bzw. Vorfragen eines Rechtsverhältnisses sind kein Rechtsverhältnis (BGHZ 22, 48; *Thomas/Putzo* § 256 ZPO Anm. 3 b). 151

e) Aus dem gleichen Grunde ist eine (positive) Feststellungsklage des Vermieters dahin, daß einzelne Voraussetzungen des Abs. 2 S. 1 gegeben seien (z. B. Verwendungsabsicht, Anfangsmitteilung, Schlußmitteilung), unzulässig. Der Vermieter kann vor Ablauf der Mietzeit nur eine Klage auf künftige Räumung (vgl. oben zu b) erheben. 152

f) **Im Falle der Verzögerung der Verwendungsabsicht** des Vermieters (Abs. 2 S. 2) kommen zwei Klagemöglichkeiten in Frage: 153

  aa) Im Falle des **Halbsatz 1** kann der **Mieter** eine **Klage auf Verlängerung des Mietverhältnisses um einen bestimmten Zeitraum** (welchen der Vermieter in seiner Verzögerungsmitteilung angegeben hat) erheben, wobei die Klage **auf Zustimmung** des Vermieters zur Verlängerung um den bestimmten Zeitraum gerichtet sein muß. Möglich und zweckmäßig ist eine **Widerklage** gegen die Räumungsklage des Vermieters. Eine solche Klage des Mieters ist dann unbegründet, wenn der Vermieter schon in seiner Verzögerungsmitteilung den Antrag auf Abschluß eines Verlängerungsvertrages um einen bestimmten Zeitraum gestellt und der Mieter diesen Antrag rechtzeitig (unverzüglich) angenommen hat. Denn dann ist ein Abänderungsvertrag über eine entsprechende Verlängerung zustandegekommen und die begehrte Zustimmung des Vermieters schon erteilt worden. Im Zweifel wird man in der Mitteilung des Vermieters, daß sich die Verwirklichung der Verwendungsabsicht um einen bestimmten Zeitraum verzögert, einen solchen Antrag auf Verlängerung des besonderen Zeitmietverhältnisses um einen entsprechenden Zeitraum sehen müssen.

Ebenso wie im Falle des gewöhnlichen Zeitmietverhältnisses (Abs. 1) muß der Mieter sein Verlängerungsrecht gem. S. 2 Hs. 1 in Form einer auf Zustimmung des Vermieters gerichteten Leistungsklage geltend machen, nicht als bloße Einwendung gegenüber der Räumungsklage des Vermieters (vgl. zum entsprechenden Problem im Rahmen des Abs. 1 oben Rn 47).

154 bb) Hält der Mieter das Zeitmietverhältnis trotz einer Verzögerungsmitteilung des Vermieters (Hs. 1) für beendet und zieht er nach Ablauf der vereinbarten Mietzeit aus, so kann der **Vermieter auf Feststellung klagen, daß** das **Mietverhältnis** über den Zeitpunkt der vertragsgemäßen Beendigung hinaus **fortbesteht**, wenn nach seiner Ansicht der Mieter einer Verzögerungsmitteilung des Vermieters gem. Hs. 1 zugestimmt hat (weil dadurch ein entsprechender Verlängerungsvertrag zustande kam). Eine solche Feststellungsklage ist bei Bestreiten der Verlängerung durch den Mieter auch schon vor Ablauf der vereinbarten Mietzeit zulässig. Der Vermieter hat bei einer solchen Klage die Voraussetzungen des Hs. 1 und die rechtzeitige Zustimmung des Mieters zu beweisen. Andererseits kann der Vermieter **auch auf Zahlung des Mietzinses** über die vereinbarte Mietzeit hinaus **klagen,** auch auf künftige Leistung im Falle der Besorgnis nicht rechtzeitiger Erfüllung (§ 259 ZPO).

155 cc) Im Falle des S. 2 **Halbsatz 2** kann der **Mieter** zusätzlich **klagen auf Fortsetzung des Mietverhältnisses auf unbestimmte Zeit** gem. Abs. 1, also **auf Zustimmung des Vermieters.** Er kann sein Fortsetzungsrecht nicht mittels einer bloßen Einwendung gegen die Räumungsklage des Vermieters geltend machen (*Palandt/Putzo* 6). Bei Räumungsklage des Vermieters ist dies nur zweckmäßig durch **Widerklage.** Der Mieter hat die Voraussetzungen der frist- und formgemäßen Geltendmachung seines Fortsetzungsrechts (gem. Abs. 1) zu beweisen. Besteht Streit, ob eine rechtzeitige Verzögerungsmitteilung des Vermieters (über eine von ihm nicht verschuldete Verzögerung für eine über die Fünf-Jahres-Frist hinausgehende Zeit) vorliegt, so hat, wenn der Vermieter die Voraussetzungen des Abs. 2 S. 1 behauptet, er jedoch eine entsprechende Verzögerungsmitteilung bestreitet, der Mieter (als Ausnahmefall gegenüber dem Fall des Abs. 2 S. 1) die rechtzeitige Verzögerungsmitteilung des Vermieters um einen entsprechend langen Zeitraum zu beweisen.

Daneben sind die Klagemöglichkeiten zu oben aa) und bb) für Mieter bzw. Vermieter gegeben.

## 13. Schadenersatzanspruch bei unwahrer Verwendungsabsicht

1. a) Aus Abs. 2 S. 1 ergibt sich, daß die absolute Beendigungswirkung (vgl. oben 8) eines besonderen Zeitmietverhältnisses (Wegfall der Fortsetzungsrechte des Mieters und des Räumungsschutzes) nur besteht, wenn der Vermieter eine in S. 1 Nr. 2 aufgeführte Verwendungsabsicht in Wahrheit hat und diese form- und fristgemäß in der Anfangsmitteilung (S. 1 Nr. 3) und der Schlußmitteilung (S. 1 Nr. 4) wahrheitsgemäß angibt. Die Absicht besteht nur, wenn sie der Vermieter verwirklichen will und wenn sie realisierbar ist bzw. er sie sich als realisierbar vorstellt. Die **Pflicht zur wahrheitsgemäßen Angabe der Verwendungsabsicht** ist vergleichbar der Pflicht des Vermieters zur Angabe wahrer Kündigungsgründe bei der ordentlichen Kündigung (vgl. § 564 b BGB Rn 238, 241), welche aus der vertraglichen Leistungstreuepflicht abgeleitet wird. Die Pflicht zur wahrheitsgemäßen Angabe der Verwendungsabsicht folgt aus der vertraglichen Schutzpflicht, d. h. der Pflicht, sich bei Abwicklung des Schuldverhältnisses so zu verhalten, daß Person, Eigentum und sonstige Rechtsgüter (Vermögen!) des anderen Teils nicht verletzt werden (vgl. *Palandt/Heinrichs* § 276 BGB Anm. 7 c, bb), außerdem aus einer vorvertraglichen oder vertraglichen Aufklärungspflicht (vgl. *Palandt/Heinrichs* § 242 BGB Anm. 4 B, d). Aus dem gewohnheitsrechtlich anerkannten vertragsähnlichen Vertrauensverhältnis bei der Anbahnung von Vertragsverhandlungen (culpa in contrahendo), welches als gesetzliches Schuldverhältnis Pflichten zur gegenseitigen Rücksicht, Fürsorge und Loyalität begründet (vgl. *Palandt/Heinrichs* § 276 BGB Anm. 6 A), ergibt sich die Pflicht für der Vermieter, schon vor und bei Abschluß eines besonderen Zeitmietverhältnisses, d. h. bei Abgabe der Anfangsmitteilung (S. 1 Nr. 3) eine wahre Verwendungsabsicht anzugeben. Im Falle eines bestandsschutzlosen befristeten Wohnraummietverhältnisses ist der Mieter in seiner Dispositionsfreiheit und seinen Vermögensinteressen geschädigt, wenn ihm eine unwahre Eigennutzungs- oder Bauabsicht vorgespiegelt wird, da er sich dann zu Unrecht auf eine absolute Beendigungswirkung (mit uneingeschränkter Räumungspflicht) bei Mietende einstellt, indem er sich mit eventuell erheblichen Aufwendungen (Zeitungsanzeigen, Wohnungsmaklerprovision, Bau- und Finanzierungskosten für ein eigenes Heim u. a.) um eine termingemäß beziehbare Ersatzwohnung schon frühzeitig bemüht.

b) **Fällt** die in der Anfangsmitteilung angegebene **Verwendungsabsicht später weg** und ist der Mieter noch nicht ausgezogen, so hat der Vermieter grundsätzlich die **Pflicht zur** unverzüglichen **Mitteilung dieses Wegfalls**, was zur Folge hat, daß er sich nicht mehr auf die absolute Beendigungswirkung des besonderen Zeitmietverhältnisses berufen kann. Erfolgt der Wegfall vor dem für die Schlußmitteilung maßgeblichen Zeitpunkt (z. B. bei einem auf vier Jahre abgeschlossenen Mietverhältnis schon nach einem Jahr), so wird man den Vermieter erst zum Zeitpunkt seiner Schlußmitteilung (S. 1 Nr. 4) für verpflichtet ansehen, dies dem Mieter mitzuteilen (da die Mitteilungspflicht gesetzlich nur zu bestimmten Zeitpunkten besteht). Dies wird jedenfalls dann zu gelten haben, wenn der Vermieter mit der Möglichkeit rechnet, daß der Wegfall der Verwendungsabsicht nicht endgültig sein könnte, also die Verwendungsabsicht doch noch zu einem späteren maßgeblichen Zeitpunkt bestehen könnte. Entfällt die Verwendungsabsicht jedoch endgültig (z. B. durch Tod des einzigen bezugsberechtigten Familienangehörigen), so wird man eine unverzügliche Mitteilungspflicht des Vermieters – auch schon vor der Schlußmitteilung – bejahen müssen, um dem Mieter vorzeitige nutzlose Aufwendungen für die Suche nach einer Ersatzwohnung zu ersparen.

Teilt der Vermieter den Wegfall der Verwendungsabsicht (ohne Verschulden) dem Mieter erst nach Ablauf der Ausschlußfrist des Abs. 1 mit, so wird der **Mieter nach § 242 BGB berechtigt** sein, auch **nach** abgelaufener **Ausschlußfrist** sein **Fortsetzungsrecht geltend zu machen,** wenn er dies unverzüglich tut. Jedenfalls kann sich der Vermieter in diesem Falle nicht darauf berufen, daß die Geltendmachung des Fortsetzungsrechts durch den Mieter verspätet und daher unzulässig sei, wenn er selbst den Wegfall der Verwendungsabsicht in der Schlußmitteilung noch nicht anzeigen konnte.

158   c) Als **objektive Nebenpflichtverletzung** – haftungsbegründendes Verhalten – des Vermieters kommen folgende Verhaltensweisen in Betracht:

(a) Vorspiegelung der Verwendungsabsicht bei der Anfangsmitteilung,

(b) Vorspiegelung der Verwendungsabsicht bei der Anfangs- und Schlußmitteilung,

(c) Unterlassung der Mitteilung des zwischenzeitlichen Wegfalls der anfänglichen Verwendungsabsicht, z. B. in der Schlußmitteilung,

(d) Unterlassung der Mitteilung des Wegfalls der Verwendungsabsicht zwischen bestätigender Schlußmitteilung und Beendigung des Mietverhältnisses (evtl. verbunden mit Geltendmachung des Räumungsanspruchs),

(e) Unterlassung einer rechtzeitigen Mitteilung der Verzögerung der beabsichtigten Verwendung.

159   Bezüglich der **Beweislast** für das Vorliegen einer solchen objektiven Pflichtverletzung des Vermieters wird auf § 564 b BGB Rn 243 verwiesen, auch bezüglich der Umkehr der Beweislast, wenn der Vermieter die Wohnung nach dem Auszug des Mieters einer anderen Person als der schriftlich angegebenen zur Verfügung stellt.

160   2. Als **Anspruchsgrundlagen eines Schadenersatzanspruchs** des Mieters kommen in Betracht:

a) **positive Vertragsverletzung** in den oben zu c) und (b) bis (e) genannten Fällen (vgl. § 564 b BGB Rn 242).

b) **culpa in contrahendo** im Falle oben c) zu (a). Der Umfang des Schadenersatzanspruchs geht in der Regel auf Ersatz des Vertrauensschadens, nicht beschränkt auf das Erfüllungsinteresse, ausnahmsweise auf das Erfüllungsinteresse, wenn der Vertrag ohne die c. i. c. mit dem vom Mieter erstrebten Inhalt wirksam zustandegekommen wäre (vgl. *Palandt/Heinrichs* § 276 BGB Anm. 6 C), unter Umständen nach der neueren Rechtsprechung beim Festhalten des Mieters an dem ihm ungünstigen gewöhnlichen Zeitmietvertrag auf Vertragsanpassung, als wäre ihm bei Kenntnis der wahren Sachlage gelungen, den Mietvertrag zu günstigeren Bedingungen abzuschließen (*Palandt/Heinrichs* a. a. O. Anm. 6 C, c). 161

c) **unerlaubte Handlung** bei Täuschungsvorsatz in allen oben zu 1 c genannten Fällen (vgl. § 564 b BGB Rn 245–250). Dabei ist § 564 c Abs. 2 BGB als Schutzgesetz im Sinne von § 823 Abs. 2 BGB anzusehen. Es handelt sich zwar um eine Ausnahmeregelung zugunsten des Vermieters (gegenüber der grundsätzlichen Regelung der Beendigung von Zeitmietverhältnissen), jedoch besteht die Schutzwirkung zugunsten des Mieters darin, daß nur unter den in Abs. 2 genannten Tatbestandsvoraussetzungen und nicht darüber hinaus die für den Mieter ungünstige absolute Beendigungswirkung eintritt. Ein Schadenersatzanspruch kommt daher aus unerlaubter Handlung u. a. gem. § 823 Abs. 2 i. V. m. § 564 c Abs. 2 BGB in Betracht. Auch ist § 823 Abs. 2 BGB i. V. m. § 263 StGB (Betrug) im Falle einer bewußten Täuschung zur Umgehung des Bestandsschutzes gegeben, wobei die Vermögensschädigung im vorzeitigen Verlust des Besitzes einer (sonst bestandsgeschützten) Wohnung besteht, während die Bereicherungsabsicht des Vermieters auf die vorzeitige Erlangung des unmittelbaren Besitzes der Wohnung und damit auf die Erlangung einer Dispositions- und Nutzungsfreiheit gerichtet ist, Stoffgleichheit ist also gegeben. 162

3. Die Pflichtverstöße führen bei einem **Verschulden des Vermieters** (Vorsatz oder Fahrlässigkeit, vgl. §§ 276, 278 BGB) zu einem Schadenersatzanspruch des Mieters gegen den Vermieter. Dies kommt auch in der Begründung des Regierungsentwurfs zum MWoAEG (S. 8) zum Ausdruck, wonach sich der Vermieter bei schuldhaft unzutreffenden Angaben Schadenersatzforderungen des Mieters aussetze. Als Verschuldensform wird meist Vorsatz vorliegen, also die bewußte Vortäuschung eines Sachverhalts durch den Vermieter, welcher beim Mieter den Eindruck einer absoluten Beendigungswirkung des befristeten Mietverhältnisses hervorrufen und seinen termingemäßen Auszug bewirken soll, um auf diese Weise bewußt den andernfalls vorhandenen Bestandsschutz eines befristeten Mietverhältnisses zu umgehen. Meist wird der Mieter in derartigen Fällen erst nach durchgeführtem Auszug die Täuschung entdecken. Der Gesetzgeber wollte jedoch die Beweislage für den Mieter durch Einführung von zwei schriftlichen Mitteilungspflichten (S. 1 Nr. 3 und Nr. 4) erleichtern. Die **Beweislast** für fehlendes Verschulden hat der Vermieter (vgl. § 564 b BGB Rn 252 m. w. N.). Er muß darlegen und beweisen (gegebenenfalls mit eigener Parteivernehmung 163

gem. § 448 ZPO), daß seine angegebene Verwendungsabsicht zu dem betreffenden Zeitpunkt wirklich vorgelegen hat.

164  4. Durch die Pflichtverletzung des Vermieters (vgl. oben Rn 158) muß dem Mieter adäquat kausal ein Schaden entstanden sein. Diesen **Kausalzusammenhang** zwischen der unrichtigen Angabe des Vermieters und dem beim Mieter entstandenen Schaden hat der Mieter zu beweisen. Ihm können dabei Beweiserleichterungen (Beweis des ersten Anscheins, Beweislastumkehr bei Verletzung der vertraglichen Aufklärungspflicht) zugute kommen (vgl. § 564 b BGB Rn 254 m. w. N.).

165  5. Beim **Schadensumfang** ist grundsätzlich **zu beachten,** daß im Falle des Fehlens oder Wegfalls der anfänglichen Verwendungsabsicht des Vermieters der Mieter statt eines besonderen Zeitmietverhältnisses (mit absoluter Beendigungswirkung) **ein gewöhnliches Zeitmietverhältnis** (mit grundsätzlichem Beendigungsschutz in Form von Fortsetzungsrechten) hat, also **eine bessere vertragliche Lage, als** er sie sich auf Grund der Angaben des Vermieters **vorgestellt** hat. Allerdings kann das Recht des Mieters zur Fortsetzung des Mietverhältnisses auf unbestimmte Zeit (Abs. 1) durch eine auf berechtigte Interessen gestützte Beendigungserklärung des Vermieters ausgeschlossen sein (Abs. 1 S. 2 i. V. m. § 564 b BGB). Im letztgenannten Falle ist der Mieter — wie im Falle des vermeintlichen besonderen Zeitmietverhältnisses — zur Räumung der Wohnung nach Ablauf der Mietzeit verpflichtet, jedoch steht ihm Räumungsschutz zu.

166  Mit Rücksicht auf diese vertragliche Ausgangslage sind hinsichtlich des Schadensumfanges zwei Fälle zu unterscheiden:

a) Der **Mieter zieht bei Ablauf der vereinbarten Mietzeit** (in zeitlichem Zusammenhang damit kurz davor oder kurz danach) aus der Mietwohnung **aus,** da er an die Richtigkeit der tatsächlichen Angaben des Vermieters über dessen Verwendungsabsicht oder deren Fortbestehen glaubt und deshalb das Bestehen eines besonderen Zeitmietverhältnisses annimmt:

167  aa) Falls der Mieter ein Fortsetzungsrecht (gem. Abs. 1 oder § 556 b BGB) gehabt hätte, dieses jedoch wegen der Pflichtverletzung des Vermieters nicht frist- und formgerecht ausüben konnte, besteht sein Schaden im Verlust dieses Fortsetzungsrechts auf unbestimmte Zeit. Sein Ersatzanspruch muß daher darauf gerichtet sein, **so gestellt zu werden, wie er bei Ausübung dieses Fortsetzungsrechts** bei auf unbestimmte Zeit fortbestehendem Mietverhältnis **stehen würde** (*Sternel* MDR 83, 273). Es ist dabei zugunsten des Mieters (als Normalfall) zu unterstellen, daß er sein Fortsetzungsrecht form- und fristgerecht ausgeübt hätte, wenn ihm das Bestehen eines gewöhnlichen Zeitmietverhältnisses bekannt gewesen wäre. Da ihm in diesem Falle der **Auszug** mit allen damit **zusammenhängenden Aufwendungen** (vgl. dazu im einzelnen § 564 b BGB Rn 255) erspart geblieben wäre, kann er diese Aufwendungen ersetzt verlangen. Der Kausalzusammenhang zwischen der unrichtigen Angabe des Vermieters und dem durch den Auszug dem Mieter entstandenen Schaden

entfällt nicht dadurch, daß sich der Mieter nicht gegen das Räumungsverlangen des Vermieters prozessual zur Wehr setzt oder mit dem Vermieter einen Mietaufhebungsvertrag schließt (vgl. dazu § 564 d BGB Rn 253). Der Auszug des Mieters ist regelmäßig als durch die pflichtwidrige Handlung des Vermieters verursacht anzusehen, es sei denn, der Mieter ist aus anderen Gründen (ohnehin) aus der Mietwohnung ausgezogen. Falls die Mietwohnung noch nicht im Besitz einer anderen Person ist, hat der Mieter daneben auch einen Anspruch auf Wiedereinräumung des Besitzes der bisherigen Wohnung (*Sternel* MDR 83, 274; vgl. § 564 b Rn 262).

bb) **Falls der Mieter kein Fortsetzungsrecht gehabt hätte,** weil berechtigte Beendigungsinteressen des Vermieters (§ 564 b BGB) dies verhindert hätten (wobei hier zugunsten des Vermieters die frist- und formgerechte Geltendmachung dieses Rechts unterstellt werden muß), kann er verlangen, **für die Zeit,** für welche ihm eine **Räumungsfrist** (§ 721 ZPO) **bewilligt worden wäre,** hinsichtlich des Mietzinses so gestellt zu werden, wie er bei Bezahlung einer Nutzungsentschädigung gem. § 557 Abs. 1 BGB während der Räumungsfrist gestanden hätte (Differenz zwischen höherem Mietzins der neuen Ersatzwohnung und dem niedrigeren Mietzins bzw. der ortsüblichen Miete der bisherigen Wohnung). 168

b) Der **Mieter zieht** bei Ablauf der vereinbarten Mietzeit **nicht** aus der Mietwohnung **aus,** weil er das Fehlen der Voraussetzungen eines besonderen Zeitmietverhältnisses noch rechtzeitig erkennt. 169

aa) Sofern der Mieter nicht form- und fristgemäß sein Fortsetzungsrecht auf unbestimmte Zeit geltend gemacht hat, kann er im Wege des Ersatzes verlangen, trotz der versäumten Ausschlußfrist **so gestellt** zu werden, **wie er sich bei rechtzeitiger Ausübung** dieses **Fortsetzungsrechts** stellen würde (vgl. oben a, aa); er kann demnach das Fortbestehen des Mietverhältnisses auf unbestimmte Zeit verlangen. 170

bb) Daneben kann der Mieter Ersatz für seine (wegen des Verbleibens in der Mietwohnung) **nutzlos gewordenen Aufwendungen** verlangen, welche er in der Meinung, nach Beendigung der Mietzeit ohne Räumungsfrist ausziehen zu müssen, im Hinblick auf die Erlangung einer Ersatzwohnung gemacht hat (Kosten für Wohnungsanzeigen in Zeitungen, Provision für Wohnungsmakler, Finanzierungskosten für geplante Eigentumswohnung u. ä.). Er kann auch insoweit Ersatz verlangen, als die Kosten vor der Schlußmitteilung schon entstanden sind. Denn der Mieter, welcher termingemäß und ohne Räumungsschutz nach Ablauf der Mietzeit räumen muß, hat regelmäßig Anlaß, sich schon erhebliche Zeit vor der Schlußmitteilungszeit (viertletzter Monat des Mietverhältnisses) um eine Ersatzwohnung zu bemühen; er braucht nicht das Ergebnis der Schlußmitteilung des Vermieters abzuwarten. 171

172 6. Über die Berücksichtigung eines eventuellen **Mitverschuldens** des Mieters gemäß § 254 BGB vgl. § 564 b BGB Rn 256, über die **Zuständigkeit** des Amtsgerichts gemäß § 29 a ZPO für einen Schadenersatzanspruch des Mieters wegen unwahrer Verwendungsabsicht vgl. § 564 b BGB Rn 259.

## § 565 Abs. 3 BGB
## (Kündigungsfristen bei nicht geschützten Mietverhältnissen)

Ist Wohnraum, den der Vermieter ganz oder überwiegend mit Einrichtungsgegenständen auszustatten hat, Teil der vom Vermieter selbst bewohnten Wohnung, jedoch nicht zum dauernden Gebrauch für eine Familie überlassen, so ist die Kündigung zulässig.

1. wenn der Mietzins nach Tagen bemessen ist, an jedem Tag für den Ablauf des folgenden Tages;
2. wenn der Mietzins nach Wochen bemessen ist, spätestens am ersten Werktag einer Woche für den Ablauf des folgenden Sonnabends;
3. wenn der Mietzins nach Monaten oder längeren Zeitabschnitten bemessen ist, spätestens am Fünfzehnten eines Monats für den Ablauf dieses Monats.

### Übersicht

| | Rn |
|---|---|
| I. Entstehung der Vorschrift | 1 |
| II. Kündigungsfristen bei geschützten Mietverhältnissen | 2 |
| III. Kündigungsfristen bei nicht geschützten Mietverhältnissen | |
|    1. Begriff des nicht geschützten Mietverhältnisses | 3 |
|    2. Zweiwöchige Kündigungsfrist | 4 |
|    3. Abdingbarkeit | 5 |
|    4. Formlose Kündigungserklärung | 6 |

### I. Entstehung der Vorschrift

Durch das 2. WKSchG wurde in § 565 Abs. 3 lediglich die Einleitung geändert, d. h. die tatbestandlichen Voraussetzungen für die kurzen Kündigungsfristen. Durch die Einbeziehung möblierter Mietverhältnisse über Wohnraum, welcher außerhalb der Wohnung des Vermieters liegt und nicht an eine Familie überlassen ist, in den Kündigungsschutz war auch eine Änderung der vorliegenden Vorschrift notwendig geworden. Die Voraussetzungen der nicht geschützten Mietverhältnisse, für welche die kurzen Kündigungsfristen des Abs. 3 gelten, stimmen demnach mit der sonstigen Abgrenzung der nicht geschützten Mietverhältnisse überein.

1

### II. Kündigungsfristen bei geschützten Mietverhältnissen

§ 565 BGB regelt die **Kündigungsfristen** bei Mietverhältnissen auf unbestimmte Zeit. Abs. 1 enthält allgemeine Grundsätze für die Raummiete. Abs. 2 und 3 enthalten Sondervorschriften für Wohnraummietverhältnisse. Für Wohnraummietverhältnisse gelten grundsätzlich die langen (gestaffelten) Kündigungsfristen gem. Abs. 2 S. 1 und 2, welche je nach Dauer der Überlassung knapp drei, sechs, neun oder zwölf Monate betragen.

2

### III. Kündigungsfristen bei nicht geschützten Mietverhältnissen

3 Gem. Abs. 3 gelten **für einen Fall der nicht geschützten Mietverhältnisse** wesentlich **kürzere Kündigungsfristen**.

1. **Nicht geschützt** ist danach möblierter Wohnraum innerhalb der Vermieterwohnung, welcher nicht auf Dauer an eine Familie überlassen ist. Diese Art von Mietverhältnissen ist auch in § 564 b Abs. 7 BGB aufgeführt. Bezüglich der Voraussetzungen wird auf die Erläuterungen in § 564 b Rn 33—46 Bezug genommen.

4 2. Wird der Mietzins nach Monaten (oder längeren Zeitabschnitten) bemessen, was bei Wohnraumvermietung die Regel ist, so ist gem. Nr. 3 die Kündigung zulässig spätestens am 15. eines Monats für den Ablauf dieses Monats (**sog. zweiwöchige Kündigung**). Demnach bewirkt nur eine Kündigungserklärung, die dem Mieter noch bis zum Ablauf des 15. des betreffenden Monats zugeht, die Mietvertragsbeendigung zum Monatsende. Eine später im Monat zugegangene Kündigung bewirkt die Beendigung des Mietverhältnisses erst zum Ende des folgenden Kalendermonats.

Ist der Mietzins nach kürzeren Bemessungszeiträumen (Tagen oder Wochen) bemessen, was hauptsächlich bei gewerblicher Zimmervermietung für kurze Zeit (Hotel, Pension, Ferienwohnung) der Fall ist, so gelten die kürzeren Kündigungsfristen gem. Nr. 1 und Nr. 2.

5 3. Abs. 3 ist **abdingbar**. Es können also längere oder kürzere Kündigungsfristen für diese nicht geschützten Mietverhältnisse vereinbart werden.

6 4. Zu beachten ist, daß bei den behandelten Wohnraummietverhältnissen eine **Form** für die Kündigung **nicht vorgeschrieben** ist, so daß auch mündlich gekündigt werden kann (vgl. § 564 a Abs. 3 BGB). Es entfällt auch eine Pflicht zur Angabe von Kündigungsgründen (vgl. § 564 a Abs. 1 S. 2 BGB). Aus Beweisgründen ist jedoch eine schriftliche Kündigung zu empfehlen.

Über weitere Rechtsfolgen bei nicht geschützten Mietverhältnissen (kein Kündigungswiderspruch, keine Mieterhöhung gem. MHG) vgl. § 564 b BGB Rn 25.

# Gesetz zur Regelung der Miethöhe (MHG)

vom 18. Dezember 1974 (BGBl. I, 3603), verkündet als Bestandteil (Art. 3) des 2. WKSchG vom 18. Dezember 1974, BGBl. I, 3603, mit Änderungen BGBl. III 402-12-5.

## Einführung vor § 1 MHG

### Übersicht

| | | Rn |
|---|---|---|
| I. | Mietzinsbegriff | |
| | 1. Bestandteile der Gesamtmiete | 1 |
| | 2. Mietzins i. S. v. § 2 MHG | 2 |
| | 3. Pflicht des Mieters zur Tragung von Nebenkosten | 3 |
| | 4. Anspruch auf Betriebskostenvorauszahlungen | 4 |
| II. | Mietzins bei preisfreiem Wohnraum | |
| | Vorbemerkung | 5 |
| | 1. Mietzinsvereinbarung bei Vertragsschluß | 6 |
| | 2. Mieterhöhung (vertraglich oder gesetzlich) | 7–11 |
| | 3. Grenze der zulässigen Miete – Rückforderungsanspruch | 11a |
| | 4. Mietzinsherabsetzung | 12 |
| | 5. Wegfall der Mietzahlungspflicht bei Mietvertragsbeendigung | 13 |
| III. | Mietzins bei preisgebundenem Wohnraum | |
| | Vorbemerkung | 14, 15 |
| | 1. Sozialwohnungen | 17–25 |
| | 2. Bedienstetenwohnungen | 26, 27 |
| | 3. Öffentlich geförderte Wohnungen, soweit sie nicht Sozialwohnungen sind | 28 |
| IV. | Anwendungsbereich des MHG | |
| | 1. Wohnraummietverhältnisse | 29 |
| | 2. Preisfrei | 30 |
| | 3. Geschützt | 31 |
| | 4. Vertraglicher Ausschluß der Mieterhöhung | 32 |
| V. | Kritik am MHG | 33 |

## I. Mietzinsbegriff

1. Durch den Mietvertrag wird der Mieter verpflichtet, dem Vermieter den vereinbarten Mietzins zu zahlen (§ 535 S. 2 BGB). Der Mietzins kann bei preisfreiem Wohnraum grundsätzlich frei vereinbart werden, so daß die Parteien bei der

**Einf. vor § 1 MHG, 2**

Mietzinsfestsetzung nicht an das für vergleichbare Wohnräume ortsübliche Entgelt gebunden sind (vgl. dazu unten II). Mietzins ist dabei das Entgelt, das der Mieter dem Vermieter für die Überlassung des Wohnraums zu zahlen hat. Die Pflicht zur Mietzinszahlung ist eine Hauptverpflichtung im Rahmen eines gegenseitigen Vertrages. Der Mietzins besteht regelmäßig in einer Geldleistung, kann aber auch in anderer Form (z. B. Dienstleistung, Übernahme von Lasten) vereinbart werden. Ist die Höhe des Mietzinses vertraglich nicht ausdrücklich vereinbart oder einer späteren Vereinbarung vorbehalten, so gilt eine angemessene Vergütung als vereinbart, d. h. eine für vergleichbare Räume ortsübliche (KG NJW 55, 949; *Palandt/ Putzo* § 535 Anm. 3 a, bb). Bei der Wohnraummiete setzt sich der Mietzins regelmäßig aus zwei verschiedenen Bestandteilen zusammen: aus dem eigentlichen Entgelt für die Wohnraumüberlassung (sog. **Grundmiete**) und den **Nebenkosten** (Betriebskosten, Nebenentgelt) für Nebenleistungen des Vermieters (vgl. auch § 4 AMVO und § 6 der [aufgehobenen] Verordnung über die Errechnung der Kostenvergleichsmiete für preisgebundenen Wohnraum nach dem 1. BMietG v. 21. 12. 1956, BGBl. I S. 994). Meist werden die Betriebskosten — über diesen Begriff vgl. Rn 2 zu § 4 MHG — neben der pauschal festgesetzten Grundmiete als Umlagen erhoben (z. B. für Heizung, Strom, Wasser). Da die Nebenkosten Bestandteil des Mietzinses sind, gelten für sie grundsätzlich die gleichen Regeln wie für die Zahlung der Grundmiete (*Hans* § 535 Anm. 7 a, cc, ddd, bbbb; *Roquette* § 535, 247—249; *Palandt/Putzo* § 535 Anm. 3 c, bb). Dabei ist gleichgültig, ob die Nebenkosten (Betriebskosten) kalkulatorisch in dem pauschal vereinbarten Mietzins enthalten oder daneben gesondert zu zahlen sind. Unter dem Begriff Mietzins im Sinne des MHG ist demnach **grundsätzlich die Gesamtmiete** (Grundmiete zuzüglich gesondert zu zahlender Betriebskosten und etwaiger sonstiger Nebenkosten) **zu verstehen**, soweit sich nicht aus einer einzelnen Vorschrift (z. B. § 4 MHG bezüglich Betriebskosten) etwas anderes ergibt.

Aus der Miete errechnet sich der Mietertrag. Dieser stellt beim Kauf eines Hauses oder einer Eigentumswohnung eine zusicherungsfähige Eigenschaft gem. § 459 BGB dar, auch bei Preisbindung, jedoch keinen Sachmangel (BGH ZMR 80, 377 = NJW 80, 1456).

2   **2. Mietzins i. S. v. § 2 MHG ist** ebenfalls **die Gesamtmiete,** so daß die Mieterhöhung nach dieser Vorschrift nicht nur auf eine Erhöhung der Grundmiete beschränkt ist (AG Stuttgart DWW 73, 281 = ZMR 74, 153; *Barthelmess* ZMR 72, 362; *Marienfeld* ZMR 76, 225; *Emmerich/Sonnenschein* 22, Vorbem. 62 f. vor § 1 MHG; *Palandt/Putzo* Anm. 1 d; ähnlich *Sternel* III 103; a. A. *Schmidt-Futterer/ Blank* C 49; 245; *Derleder* WM 76, 198).

Wegen der besonderen Vorschrift für Betriebskostenerhöhungen (§ 4 Abs. 2 u. 3 MHG) ist der Vermieter nicht gezwungen, die Betriebskosten — etwa durch Schätzung — aus dem Gesamtmietzins auszusondern und eine Erhöhung des Betriebskostenanteils ausschließlich im vereinfachten Verfahren des § 4 MHG geltend zu machen. Denn § 4 MHG soll nach dem Willen des Gesetzgebers (vgl.: Schriftlicher Bericht des Bundestagsrechtsausschusses zu § 3 Abs. 6 des 1. WKSchG) dem Vermieter ein vereinfachtes und schnelleres Umlegungsverfahren an die Hand geben, soweit es Betriebskostenerhöhungen betrifft, also für ihn eine

Vergünstigung darstellen. Es wäre jedoch eine verfahrenstechnische Benachteiligung des Vermieters, wenn er anläßlich der Anpassung der Miete an den ortsüblichen Stand im Rahmen des Verfahrens des § 2 MHG nicht zugleich auch die in der Gesamtmiete enthaltenen Betriebskosten, die sich meistens ebenfalls erhöht haben, dem derzeit geltenden Betrag anpassen könnte, vielmehr zwei getrennte und rechtlich verschiedene Erhöhungsverfahren durchführen müßte. Der Mieter ist dadurch nicht benachteiligt, da die erhöhten Betriebskosten in der als Gesamtmiete verstandenen ortsüblichen Vergleichsmiete enthalten sind — die übliche Gesamtmiete enthält auch die üblichen Betriebskosten — und die zeitliche Wirksamkeit der Mieterhöhung gem. § 2 Abs. 4 MHG später als nach § 4 Abs. 3 MHG eintritt. Da in der Mehrzahl aller Fälle der vereinbarte Mietzins zumindest den größten Teil der gesamten Betriebskosten enthält (abgesehen von den verbrauchsabhängigen Heizungs-, Gas- und Stromkosten), entspricht es eindeutig dem Gebot der Praktikabilität, dem Erhöhungsverfahren gem. § 2 MHG diesen Mietzinsbegriff des konkreten Mietvertrages zugrundezulegen, um im Regelfall der Mieterhöhung die — schwierige und oft ohne Sachverständigen gar nicht mögliche — Aufspaltung in Grundmiete und Betriebskostenbetrag zu vermeiden. Muß jedoch im Erhöhungsverlangen des Vermieters — z. B. wegen eines allein auf der Grundmiete basierenden Mietspiegels oder Sachverständigengutachtens — eine solche Aufspaltung vorgenommen werden, so muß das Erhöhungsverlangen hinsichtlich der nach aktuellem (erhöhtem) Stand einzeln aufgeführten Betriebskosten keine dem § 4 Abs. 2 S. 2 MHG entsprechende Begründung dahin enthalten, warum sich die einzelne Betriebskostenart gegenüber einem bestimmten früheren Stand um welchen Betrag erhöht hat. Denn wenn der Vermieter im Rahmen des Erhöhungsverfahrens gem. § 2 MHG die als Mietzins zugrundegelegte Gesamtmiete grundsätzlich nicht aufschlüsseln muß, kann ihm, wenn er gleichwohl sich für eine Aufschlüsselung entscheidet, daraus keine (zusätzliche) Begründungspflicht erwachsen. Die Begründungspflicht gem. § 4 Abs. 2 S. 2 MHG ist daher durch eine dem § 2 MHG hinsichtlich der Gesamtmiete entsprechende Begründung als erfüllt anzusehen. Außerdem kann in der Behauptung des Vermieters im Erhöhungsschreiben, eine bestimmte Betriebskostenart mache nach jetzigem (aktuellem) Stand einen bestimmten Betrag aus, die konkludente Erklärung gesehen werden, der genannte Betrag für die Betriebskostenart sei auch ortsüblich. Es ist dann Sache des Mieters, hinsichtlich einer bestimmten Betriebskostenart eine Überschreitung der Ortsüblichkeit zu behaupten.

Allerdings steht es dem Vermieter frei, im Verfahren des § 2 MHG lediglich eine Erhöhung der Grundmiete geltend zu machen, da dies eine teilweise Ausübung des Erhöhungsrechts bedeutet.

3. **Mietnebenkosten** sind vom Mieter nur dann und in dem Umfang zu tragen, als sich dies aus den vertraglichen Vereinbarungen ergibt (vgl. LG Mannheim MDR 74, 934; WM 77, 8). Ist nur vereinbart, daß der Mieter „die Nebenkosten" zu tragen hat, so ist dies mangels Bestimmtheit unwirksam (AG Ratingen WM 71, 185; AG Köln WM 78, 23). Sind nach dem Mietvertrag neben dem pauschal vereinbarten Mietzins bestimmte Nebenkosten gesondert zu zahlen, so sind solche Aufzählun-

gen grundsätzlich als erschöpfend und nicht als beispielhaft anzusehen (BGH WM 70, 73; *Schmidt-Futterer/Blank* C 6, 7). Nebenkosten, die nicht neben der pauschalen Grundmiete gesondert zu zahlen sind, gelten kalkulatorisch als in der Grundmiete enthalten, können also nicht vom Vermieter nachträglich geltend gemacht werden. Bei einer Erhöhung solcher in der Grundmiete inbegriffener Betriebskosten ist jedoch eine Umlegung nach Maßgabe des § 4 Abs. 2 und 3 MHG möglich (vgl. Rn 6 zu § 4 MHG).

4   4. Eine **Vorauszahlung von Nebenkosten** kann der Vermieter nur beanspruchen, wenn dies vertraglich vereinbart ist. § 4 Abs. 1 S. 1 MHG besagt nichts Gegenteiliges, setzt vielmehr die Vereinbarung einer Betriebskostenvorauszahlung voraus. Ist für die Betriebskosten ein bestimmter Vorauszahlungsbetrag vereinbart, so hat der Vermieter keinen Anspruch auf eine Erhöhung dieses Betrages (AG Wiesbaden WM 72, 199; AG Hamburg WM 75, 17; anders jedoch LG Köln WM 74, 153 für den Fall einer enormen Erhöhung, deren Vorfinanzierung dem Vermieter eines befristeten Mietverhältnisses nicht zugemutet werden kann).

## II. Mietzins bei preisfreiem Wohnraum

### Vorbemerkung

5   Nicht preisgebunden (preisfrei) sind Wohnraummietverhältnisse, wenn der vom Mieter an den Vermieter zu zahlende Mietzins nicht gesetzlich vorgeschrieben ist.

Bei preisfreiem Wohnraum gilt für die Mietzinsgestaltung folgendes:

6   1. **Beim Abschluß des Mietvertrags** können die Vertragspartner den gem. § 535 S. 2 BGB vom Mieter zu zahlenden Mietzins grundsätzlich frei vereinbaren, ohne bezüglich der Miethöhe an gesetzliche Regeln gebunden zu sein (Grundsatz der Vertragsfreiheit). Es ist ihnen daher auch erlaubt, eine Miete zu vereinbaren, die über der ortsüblichen Vergleichsmiete liegt. Das MHG führt kein öffentliches Preisrecht ein. Vgl. jedoch Rn 11 a über die Grenze der zulässigen Miete.

7   2. Eine **Mieterhöhung** (d. h. eine nachträgliche Erhöhung des vom Mieter zu zahlenden Mietzinses) ist auf dreierlei Art möglich: einmal im Einverständnis des Mieters durch Änderungsvertrag (§ 305 BGB), zweitens auf Grund einer vertraglichen Mieterhöhungsklausel und drittens auf Grund eines gesetzlichen Mieterhöhungsanspruchs.

8   a) **Vertraglich,** also mit dem Einverständnis des Mieters, ist eine Mieterhöhung um einen bestimmten Betrag während der Dauer des Mietverhältnisses jederzeit möglich (vgl. § 10 Abs. 1 Hs. 1 MHG). Da die Parteien beim Abschluß des Mietvertrags den Mietzins frei vereinbaren können (vgl. oben zu 1), muß ihnen diese Möglichkeit in gleicher Weise auch nachträglich zustehen. An die formellen und materiellen Voraussetzungen der §§ 2–7 MHG sind sie dabei nicht gebunden. Auch hier darf die Wuchergrenze nicht überschritten werden.

Keine Mieterhöhung ist jedoch die nachträgliche Vereinbarung einer Vertragsklausel, wonach sich der Mietzins künftig unter gewissen Voraussetzungen oder zu bestimmten Zeitpunkten generell (für noch nicht überschaubare Fälle) erhöhen soll (vgl. über die Abgrenzung zwischen einer – zulässigen – konkreten Mieterhöhungsvereinbarung und einer – unzulässigen – generellen Erhöhungsvereinbarung für die Zukunft § 10 MHG Rn 32–41). Die generelle Vereinbarung einer künftigen Mieterhöhung ist gem. § 10 Abs. 1 Hs. 1 MHG nichtig, soweit sie zum Nachteil des Mieters von den Regelungen des MHG abweicht.

b) **Auf Grund einer Mieterhöhungsklausel,** sei sie beim Mietvertragsabschluß oder nachträglich vereinbart, kann der Mietzins erhöht werden, wenn die Voraussetzungen der Klausel erfüllt sind. Eine solche Erhöhungsklausel (Leistungsvorbehalt, Gleitklausel oder Vereinbarung einer Staffelmiete) ist jedoch gem. § 10 Abs. 1 Hs. 1 MHG insoweit nichtig, als sie zum Nachteil des Mieters von den Regelungen des MHG abweicht (vgl. dazu die Erläuterungen in I zu § 10 MHG). Dies dürfte für die allermeisten Erhöhungsklauseln der Fall sein. Stimmt der Mieter trotz Unwirksamkeit einer solchen Klausel der vom Vermieter auf Grund der Klausel geforderten Mieterhöhung im Einzelfall um einen bestimmten Betrag zu, so liegt eine wirksame Mieterhöhungsvereinbarung vor (vgl. § 10 Abs. 1 Hs. 2 MHG). Ist die Erhöhungsklausel jedoch ausnahmsweise wirksam – z. B., weil sie mit den Erhöhungsnormen des MHG übereinstimmt oder für den Mieter noch günstigere Erhöhungsvoraussetzungen enthält (z. B. den Ablauf einer längeren Frist oder die Erhöhung eines bestimmten Index) –, so hat der Vermieter gem. der Klausel einen Anspruch auf eine entsprechende Mieterhöhung, der je nach dem Inhalt der Klausel auf Zustimmung zur Mieterhöhung oder auf Zahlung gerichtet ist. Auch hier ist die Grenze des strafbaren Wuchers zu beachten. Ist auf Grund einer Wertsicherungsklausel ein angemessener Mietzins zu vereinbaren, so ist im Zweifel der zum Zeitpunkt der Neufestsetzung angemessene, i. d. R. also der orts- und marktübliche Mietzins maßgebend (BGH WM 76, 3). 9

Mietanpassungsklauseln (Wertsicherungsklauseln) spielen im Rahmen von Geschäftsraummiet- oder Pachtverträgen eine große Rolle. Hier findet die Nichtigkeitsvorschrift des § 10 Abs. 1 MHG keine Anwendung, so daß die Klausel regelmäßig gültig ist. Bei solchen Klauseln ist zwischen einer Neufestsetzung und einer Anpassung des Mietzinses zu unterscheiden (vgl. dazu BGH ZMR 74, 273; ZMR 75, 300; *Bulla* DB 75, 965; *Marienfeld* ZMR 78, 291).

c) **Kraft gesetzlicher Anspruchsgrundlage,** also ohne eine vertragliche Erhöhungsklausel, kann der Vermieter – gegen den Willen des Mieters – eine Mieterhöhung erzielen, wenn die gesetzlichen Voraussetzungen vorliegen. Als Anspruchsnormen kommen hier insbesondere die §§ 2–7 MHG in Betracht. 10

Aber auch auf Grund anderer gesetzlicher Vorschriften kann dem Vermieter ein Recht auf eine angemessene Mieterhöhung zustehen, z. B. gem. § 556 a Abs. 2 BGB (Fortsetzung des Mietverhältnisses auf Grund des Kündigungswiderspruchs des Mieters, wenn dem Vermieter eine Fortsetzung zu dem bisherigen

Mietzins nicht zugemutet werden kann, z. B. bei einem unter der ortsüblichen Vergleichsmiete liegenden Mietzins) oder gem. § 549 Abs. 2 S. 2 BGB (Gebrauchsüberlassung durch den Mieter an einen Dritten ist dem Vermieter nur bei einer angemessenen Erhöhung des Mietzinses zuzumuten, weshalb er seine Erlaubnis von der Zustimmung des Mieters mit einer solchen Erhöhung abhängig machen kann; vgl. dazu *Weimar* ZMR 78, 326). Das MHG ist insoweit nicht anwendbar, jedoch ist im Falle des § 556 a Abs. 2 BGB die angemessene Erhöhung durch die ortsübliche Vergleichsmiete begrenzt (vgl. auch Rn 24 a zu bb zu § 2 MHG).

11   Schließlich kann auch **nach den Grundsätzen des Wegfalls der Geschäftsgrundlage** (§ 242 BGB) in extremen Ausnahmefällen bei einer grundlegenden Veränderung zwischen Leistung und Gegenleistung ein Anspruch auf Anpassung (Erhöhung) des Mietzinses gegeben sein. Dies ist jedoch nicht schon allein wegen einer Änderung der allgemeinen wirtschaftlichen Verhältnisse (Sinken der Kaufkraft der DM, allgemeine Steigerung der Mietpreise) gegenüber der Zeit des Vertragsabschlusses der Fall (vgl. BGH Betr. 69, 1413 = ZMR 70, 135; OLG Düsseldorf BB 72, 895 = MDR 75, 404; LG Lübeck MDR 72, 612 = WM 72, 59), auch nicht bei Abschluß eines Mietvertrags ohne Wertsicherungsklausel auf die Dauer von 25 Jahren, wenn die Inflationsrate in 17 Jahren um 66 % gestiegen ist oder wenn eine angemessene Verzinsung des Grund- und Bodenwertes nicht erreichbar ist, jedoch dann, wenn die Mietzinsregelung zu einer Gefährdung der Wirtschaftlichkeit des Grundstücks führen würde (BGH NJW 76, 142 = ZMR 76, 41 = WM 76, 47 = MDR 76, 37 = DWW 75, 293).

11 a  3. Die **Grenze der zulässigen Miete** ist dann erreicht, wenn der Tatbestand der Mietpreisüberhöhung (§ 5 WiStG) vorliegt. Dies wird nach der Rechtsprechung dann angenommen, wenn die vereinbarte Miete die konkrete ortsübliche Vergleichsmiete um mehr als 20 % überschreitet (vgl. § 2 Rn 24 d). Daneben greift — auf höherer Stufe der Mietzinsvereinbarung — der Straftatbestand des Mietwuchers (§ 302 a StGB) ein, wenn die genannte Überschreitung mehr als 50 % beträgt (vgl. § 2 Rn 24 e). Auch kommt, unabhängig von diesen beiden strafrechtlichen Tatbeständen, der zivilrechtliche Wuchertatbestand gem. § 138 Abs. 2 BGB in Betracht. Übersteigt die vereinbarte Miete die Grenze eines der genannten drei Tatbestände (praktisch die zuerst erreichbare Grenze des § 5 WiStG), so liegt ein Gesetzesverstoß (§ 134 BGB) vor; wegen des Schutzcharakters der genannten Vorschriften zugunsten des Mieters ist nicht der Mietvertrag insgesamt nichtig, vielmehr bleibt der Mietvertrag aufrechterhalten unter Anpassung an den zulässigen Mietpreis, wie dies allgemein bei Verstößen gegen Preisvorschriften anerkannt ist (vgl. RGZ 88, 252; 89, 196; 98, 293; 166, 95: Ausnahme für Grundstücksveräußerungsvertrag; OGHZ 1, 76; BGHZ 11, 90 = NJW 54, 308; BGHZ 51, 181 = NJW 69, 425; BGH LM Nr. 8 zu § 134 BGB; BGH WPM 77, 346; Mü-Ko/*Mayer-Maly* § 134, 106; *Staudinger/Dilcher* § 134, 26). Zulässiger (geschuldeter) Mietpreis ist nach jetzt h. M. nicht der gerade noch zulässige Mietzins, sondern die konkrete ortsübliche Vergleichsmiete (vgl. die zu § 2 MHG Rn 24 d angegebene Rechtsprechung und Literatur). Der h. M. ist (entgegen der Vorauflage) der Vorzug zu geben (im

wesentlichen aus den vom RE des OLG Karlsruhe ZMR 83, 59 = WM 82, 128 = DWW 82, 240 = NJW 82, 1161 = MRS 2 Nr. 39 angeführten Gründen). Es kommt im Rahmen des § 134 BGB allein auf die Erfüllung des objektiven (äußeren) Tatbestands der strafrechtlichen Norm an, so daß die subjektiven Voraussetzungen (Vorsatz bzw. Fahrlässigkeit) nicht gegeben sein müssen (h. M.; vgl. LG Köln NJW 65, 158; LG Hamburg NJW 71, 1411; *Schmidt-Futterer/Blank* D 17, 18). Die Zulässigkeitsgrenze des § 5 Abs. 1 S. 2 WiStG gilt jedoch nicht im Falle einer Mieterhöhung nach den §§ 3 und 5 MHG (streitig). Denn es handelt sich nach Zweck und Entstehungsgeschichte des MHG bei diesen beiden besonderen Erhöhungsrechten um Vorschriften, die jeweils als lex specialis die allgemeinere Vorschrift des § 5 WiStG verdrängen. Vgl. Näheres bei den Erläuterungen zu § 3 MHG Rn 22 a und zu § 5 MHG Rn 18 a.

Soweit die Grenze des § 5 Abs. 1 WiStG n. F. überschritten wird und der Mieter die überhöhte Miete bezahlt hat, hat er einen **Rückforderungsanspruch gem. § 812 BGB**. Ein Schadenersatzanspruch gem. § 823 Abs. 2 BGB i. V. m. § 5 WiStG (als Schutzgesetz) wäre an sich daneben gegeben (vgl. z. B. *Hans* Anhang § 535 Bem. 7 e, bb); ein Schaden in Höhe der zuviel bezahlten Miete ist jedoch, soweit der genannte Bereicherungsanspruch besteht, zu verneinen (Vorteilsausgleichung). Über den Umfang des bereicherungsrechtlichen Rückgewähranspruchs vgl. § 2 MHG Rn 24 d (mit Zitaten).

4. Eine **Mietzinsherabsetzung** (nachträgliche Senkung des zu zahlenden Mietzinses) ist auf die gleichen drei Arten möglich wie eine Mieterhöhung, nämlich:

a) durch Änderungsvertrag der Mietparteien (§ 305 BGB),

b) auf Grund einer Vertragsklausel, wonach der Mietzins unter bestimmten Voraussetzungen zu ermäßigen ist,

c) auf Grund eines gesetzlichen Anspruchs auf Mietzinsherabsetzung (vgl. die §§ 4 Abs. 4, 5 Abs. 3, 6 Abs. 4 MHG).

In den Fällen zu a und b ist der Umfang der Herabsetzung nicht gesetzlich beschränkt (Grundsatz der Vertragsfreiheit). Z. B. ist die Vereinbarung zulässig, daß sich die vereinbarte Miete für bestimmte Zeit auf einen niedrigeren Betrag ermäßigt unter der Bedingung, daß während dieser Zeit das Mietverhältnis nicht durch den Mieter gekündigt wird. In den Fällen zu c ist der Umfang der Herabsetzung im Gesetz geregelt („entsprechend").

5. **Mit Beendigung des Mietverhältnisses entfällt** die Pflicht zur **Mietzinszahlung**. Gibt der Mieter den gemieteten Wohnraum nach der Vertragsbeendigung nicht zurück, so kann der Vermieter für die Dauer der Vorenthaltung eine Nutzungsentschädigung (nach seiner Wahl in Höhe des bisherigen oder des für vergleichbare Räume ortsüblichen Mietzinses) verlangen (vgl. § 557 Abs. 1 BGB). Eine Erhöhung der Nutzungsentschädigung gem. einer vertraglichen Wertsicherungsklausel (Indexklausel) ist nicht möglich (BGH ZMR 73, 238 = WM 73, 75). Über die Nutzungsentschädigung vgl. auch § 1 MHG Rn 23–26.

## III. Mietzins bei preisgebundenem Wohnraum

**Schrifttum:** Zum WoBindG vgl. Kommentierungen von *Fischer-Dieskau/Pergande/Schwender*, Wohnungsbaurecht, *Pergande* und *Hans*. Zur Mieterhöhung vgl. KG (RE) ZMR 82, 250 = WM 82, 148 = NJW 82, 1468 zur Wirksamkeit einer einseitigen Erhöhungserklärung gem. §§ 8, 10 WoBindG; vgl. die Aufsätze von *Derleder* WM 82, 59 und 87; *Eekhoff* DWW 82, 102; *Ackermann* ZMR 83, 43. *Gärtner* NJW 80, 153; *Schnitzerling* BlGBW 81, 55; *Glaser* ZMR 75, 129 = FWW 75, 79.

**Vorbemerkung**

14 Preisgebundener Wohnraum ist Wohnraum, welcher der schon seit langem bestehenden Preisbindung unterliegt und damit der Kostenmiete (insbesondere bei Sozialwohnungen, vgl. § 8 Abs. 5 WoBindG). Den Gegensatz bildet preisfreier (nicht preisgebundener) Wohnraum, insbesondere frei finanzierter Wohnraum, selbst wenn eine Mieterhöhung an die gesetzlichen Voraussetzungen des MHG gebunden ist. Wohnungen gemeinnütziger Wohnungsbauunternehmen gelten nicht als preisgebundener Wohnraum (vgl. dazu § 10 MHG Rn 87). Bei Wegfall der Preisbindung einer öffentlich geförderten Wohnung durch Ablösung der öffentlichen Mittel kann der Vermieter eine höhere, der Marktmiete angepaßte Miete nur unter den Voraussetzungen des MHG (insbes. des § 2 MHG) verlangen, nicht gemäß den Grundsätzen des Wegfalls der Geschäftsgrundlage (vgl. LG Düsseldorf ZMR 75, 189 = MDR 75, 405 m. Anm. *Glaser* z. fr. R.)

15 Bis Ende 1974 bestand in der Stadt und im Landkreis München sowie in der Freien und Hansestadt Hamburg noch Mietpreisbindung (9. BMietG vom 30. 10. 1972). Diese Preisbindung ist nunmehr weggefallen. Im Lande Berlin gilt die Preisbindung noch (vgl. Rn 3 zu Art. 5).

Beim Verkauf einer preisgebundenen Wohnung stellt die Preisbindung einen Rechtsmangel (§ 434 BGB), keinen Sachmangel dar wegen des Genehmigungszwangs (Nutzungsbeschränkung) gem. § 6 WoBindG; der Verkäufer hat die Pflicht, auf die Preisbindung hinzuweisen (vgl. NJW 76, 1888; LG Essen NJW 65, 920).

16 In sachlicher Hinsicht besteht Mietpreisbindung für folgende Wohnungsarten, für welche das MHG keine Geltung hat (vgl. § 10 Abs. 3 Nr. 1 MHG):

### 1. Sozialwohnungen

Diese unterliegen dem WoBindG. Die hier angegebenen Paragraphen beziehen sich auf dieses Gesetz.

#### a) **Allgemeines**

17 Sozialwohnungen sind neu geschaffene (d. h. nach dem 20. 6. 1948 bezugsfertig gewordene) öffentlich geförderte (§ 1 Abs. 3) Wohnungen (§ 1). Der Begriff „öffentliche Mittel" bestimmt sich nach § 3 Abs. 1 des I. WoBauG und § 6 Abs. 1 des II. WoBauG (§ 1 Abs. 3). Wird öffentlich geförderter Wohnraum untervermietet, so ist er preisgebunden, wenn mehr als die Hälfte der Wohnfläche untervermietet ist (§ 21). Über Beginn und Ende der Eigenschaft „öffentlich gefördert" vgl.

§§ 13–18, 30, 31. Sozialwohnungen sind behördlich erfaßt und dürfen nur an Personen mit geringem Einkommen überlassen werden, denen die Bescheinigung über die Wohnberechtigung im öffentlich geförderten sozialen Wohnungsbau mit Angabe der angemessenen Wohnungsgröße erteilt ist (§§ 4, 5). Ein Verstoß gegen diese Vorschriften begründet keine Nichtigkeit des Mietvertrages gem. § 134 BGB (h. M.; vgl. LG Aachen ZMR 73, 379 m. w. N.).

Neben den nachfolgend erörterten preisrechtlichen Sondervorschriften gilt auch für Sozialwohnungen das allgemeine Wohnraummietrecht des BGB, insbesondere hinsichtlich des Kündigungsrechts, einschließlich § 564 b BGB und Art. 2 des 2. WKSchG.

### b) Mietzinsvereinbarung

Der Vermieter einer Sozialwohnung darf die Wohnung nicht gegen eine höhere Miete überlassen, als zur Deckung der laufenden Aufwendungen erforderlich ist (Kostenmiete). Die Kostenmiete ist gemäß §§ 8 a, 8 b zu ermitteln (§ 8 Abs. 1). Ergänzend dazu gelten gemäß §§ 8 a Abs. 8, 28 für die Ermittlung der Kostenmiete die II. BV (in ihrer jeweils geltenden Fassung, vgl. BGH NJW 75, 731) und die (ab 1. 1. 1971 geltende) NMV 1970.

Sind die öffentlichen Mittel ohne Vorlage einer Wirtschaftlichkeitsberechnung bewilligt worden, was häufig bei Eigenheimen und Kleinsiedlungen der Fall ist, so tritt an die Stelle der Kostenmiete als Mietzinsobergrenze die Kostenmiete für vergleichbare öffentlich geförderte Wohnungen („Vergleichsmiete"), vgl. § 8 Abs. 2.

Soweit das vereinbarte Entgelt die Kostenmiete übersteigt, ist die Vereinbarung unwirksam (§ 8 Abs. 2 S. 1) und die Leistung zurückzuerstatten und zu verzinsen (§ 8 Abs. 2 S. 2). Der Rückerstattungsanspruch verjährt vier Jahre nach erbrachter Leistung, jedoch spätestens ein Jahr nach Beendigung des Mietverhältnisses (§ 8 Abs. 2 S. 3). Der Mieter hat einen Anspruch auf Auskunft gegen den Vermieter über die Ermittlung und Zusammensetzung der Miete und gegebenenfalls auf Vorlage der zuletzt erteilten Genehmigung der Bewilligungsstelle (§ 8 Abs. 4 S. 1).

### c) Mieterhöhung

Eine Mieterhöhung um einen bestimmten Betrag (bei Umlagen um einen bestimmbaren Betrag) ist durch einseitige empfangsbedürftige schriftliche Erklärung des Vermieters bis zur Höhe des zulässigen Entgelts (sog. Kosten- oder Vergleichsmiete) jederzeit möglich, wenn die vereinbarte Miete niedriger ist (§ 10 Abs. 1 S. 1), soweit eine Erhöhung ausdrücklich oder den Umständen nach nicht vertraglich ausgeschlossen ist (§ 10 Abs. 4). Die Erklärung ist nur wirksam, wenn in ihr die Erhöhung berechnet und erläutert ist und eine Wirtschaftlichkeitsberechnung oder ein Auszug daraus (der die Höhe der laufenden Aufwendungen erkennen läßt) beigefügt wird (§ 10 Abs. 1 S. 2 und 3). Ist die Erklärung mit Hilfe automatischer Einrichtungen gefertigt, so ist die eigenhändige Unterschrift des Vermieters entbehrlich (§ 10 Abs. 1 S. 5).

23 Der Eintritt der Erhöhung (§ 10 Abs. 2) entspricht der Regelung in § 4 Abs. 3 MHG, auch bezüglich der Rückwirkung bei einer rückwirkenden Kostenerhöhung. Eine vor dem zulässigen Zeitpunkt abgegebene Erklärung wird frühestens zum zulässigen Zeitpunkt wirksam (§ 10 Abs. 2 S. 2). Der Mieter hat auf Grund einer Erhöhungserklärung ein vorzeitiges Kündigungsrecht (§ 11), welches demjenigen des § 9 Abs. 1 MHG im Falle von Mieterhöhungen bei preisfreiem Wohnraum entspricht.

24 Neben der Kostenmiete können Betriebskosten, soweit Beträge hierfür nicht in der Kostenmietenrechnung enthalten sind, nur für bestimmte Betriebskostenarten auf den Mieter umgelegt werden (vgl. §§ 20—25 NMV 1970), im übrigen können Betriebskosten nur bei der Berechnung der Kostenmiete in Ansatz gebracht werden.

25 Eine Vertragsklausel, wonach der Vermieter einen sofortigen unmittelbaren Zahlungsanspruch auf Umlagen für Mehrbelastungen nach Vertragsschluß hat, ist grundsätzlich wirksam, wodurch der Wirkungszeitpunkt vorverlegt wird; sie entbindet den Vermieter jedoch nicht davon, die Mehrkosten in einer dem § 10 Abs. 1 entsprechenden Weise (mit Berechnung, Erläuterung und Vorlage einer Wirtschaftlichkeitsberechnung) anzufordern, was dem Interesse des Mieters dient, die Berechtigung nachzuprüfen (LG Hamburg WM 73, 64 m. w. N.; vgl. auch ZMR 74, 120 m. w. N.). Die Einhaltung der Form des § 10 Abs. 1 ist nicht von vornherein abdingbar (LG Mannheim ZMR 72, 385 = DWW 73, 19).

**2. Bedienstetenwohnungen**

26 Dies sind steuerbegünstigte (vgl. §§ 5 Abs. 2, 82, 83 des II. WoBauG) oder frei finanzierte (vgl. § 5 Abs. 3 des II. WoBauG) Wohnungen, für die unter Vereinbarung eines Wohnungsbesetzungsrechts ein Darlehen oder Zuschuß gewährt wurde, und zwar aus Wohnungsfürsorgemitteln, die für Angehörige des öffentlichen Dienstes oder ähnliche Personengruppen in öffentlichen Haushalten gesondert ausgewiesen worden sind (§ 87 a Ab. 1 S. 1 des II. WoBauG). Über die zulässige Miete bei steuerbegünstigten Wohnungen vgl. § 85, bei frei finanzierten Wohnungen § 87 des II. WoBauG.

27 Ist hier die vereinbarte Miete niedriger als die Kostenmiete, so kann entsprechend der Regelung für Sozialwohnungen (vgl. oben zu 1) eine Mieterhöhung durch einseitige Erklärung des Vermieters vorgenommen werden (über das Verfahren vgl. § 87 a des II. WoBauG). Die NMV 1970 ist auch hier anwendbar (vgl. § 1 Abs. 3 dieser Verordnung). Da es sich um preisgebundenen Wohnraum handelt, gilt das Vergleichsmietenverfahren (§ 2 MHG) nicht (a. A. Karlsruhe ZMR 74, 336 = WM 75, 14 ohne Begründung).

**3. Öffentlich geförderte Wohnungen, soweit sie nicht Sozialwohnungen sind**

28 Das sind steuerbegünstigte Wohnungen, für die auf Antrag des Bauherrn Zuschüsse oder Darlehen zur Deckung von laufenden Aufwendungen aus anderen als öffentlichen Mitteln gewährt werden (Wohnungsfürsorgemittel), vgl. § 88 Abs. 1 des II. WoBauG.

Über die zulässige Miete (Kostenmiete) vgl. § 88 b des II. WobauG (vgl. auch LG Hamburg MDR 75, 143 z. fr. R. über das Recht des Mieters, sich trotz einer Mieterhöhungsvereinbarung auf die Kostenmiete zu berufen).

Für die Mieterhöhung gilt die Regelung für Bedienstetenwohnungen (vgl. oben zu 2) entsprechend (§§ 88, 111, 87 a des II. WoBauG).

28 a **4.** Als **nicht preisgebunden** gelten mit Lastenausgleichsmitteln geförderte **Wohnungen** (AG Norderstedt WM 82, 157; *Sternel* III 62; *Schmidt-Futterer/Blank* C 450). Nach AG Norderstedt a. a. O. bedarf es bei einer Mieterhöhung für eine solche Wohnung der Beifügung einer Wirtschaftlichkeitsberechnung (bedenklich). Ebenfalls sind nicht preisgebunden die **Wohnungen gemeinnütziger Wohnungsunternehmen** (vgl. *Schmidt-Futterer/Blank* C 451 m. w. N. und § 10 MHG Rn 87).

## IV. Anwendungsbereich des MHG

1. Das MHG findet − ebenso wie das 2. WKSchG überhaupt − nur auf **Wohnraummietverhältnisse** Anwendung. Es gilt grundsätzlich für alle Wohnraummietverhältnisse (vgl. jedoch die nachfolgend behandelten Ausnahmen). Bezüglich des Begriffs „Wohnraummietverhältnis" und die damit zusammenhängenden Fragen (z. B. Geltung für Wohnheimverträge) wird auf Einf. Rn 25−29 verwiesen. Das MHG gilt für jede Art von Wohnungen, daher auch für sog. Zweitwohnungen, da die Ausnahmeregelungen des § 10 Abs. 3 MHG erschöpfend sind und eng auszulegen sind (*Schmidt-Futterer/Blank* C 473 a). Das MHG gilt nur für die Dauer des Wohnraummietverhältnisses, also nicht vor dessen Begründung oder nach dessen Beendigung. Es gilt nicht für die Nutzungsentschädigung im Rahmen eines dinglichen Wohnrechts gem. § 1093 BGB wegen der grundverschiedenen Rechtsnatur (LG Mannheim WM 75, 170).

2. Die Anwendung des MHG ist − im Gegensatz zu den sonstigen Regelungen des 2. WKSchG − auf **preisfreien** (nicht preisgebundenen) Wohnraum beschränkt (vgl. § 10 Abs. 3 Nr. 1 MHG). Über preisgebundene Mietverhältnisse vgl. Einf. vor § 1 MHG Rn 14−28. Die Kündigungsschutzregelungen des 2. WKSchG (§ 564 b, 564 c BGB) gelten dagegen sowohl für preisgebundenen als auch für nicht preisbundenen Wohnraum. Über die Anwendbarkeit des MHG auf Wohnraum von gemeinnützigen Wohnungsbauunternehmen vgl. § 10 MHG Rn 50.

3. Das MHG ist − wie die genannten Kündigungsschutzregelungen − nur auf **geschützte** Wohnraummietverhältnisse anwendbar (vgl. § 10 Abs. 3 Nr. 2 bis 4 MHG). Der Begriff der „nicht geschützten Mietverhältnisse" ist im 2. WKSchG einheitlich geregelt.

4. Die Regelungen des MHG über Mieterhöhungen (das sind nahezu alle Bestimmungen dieses Gesetzes) gelten **nicht, soweit** eine **Mieterhöhung vertraglich ausgeschlossen ist,** was insbesondere bei befristeten Mietverhältnissen mit festem Mietzins (d. h. ohne Mieterhöhungsklausel) der Fall ist (§ 1 S. 3 MHG).

## V. Kritik am MHG

33 Das MHG hat im Schrifttum mancherlei Kritik erfahren. Wie schon im Vorwort zur 2. Auflage erwähnt, hält es jedoch der Verfasser nicht für seine Aufgabe, im Rahmen eines Kommentars das Gesetz zu kritisieren und damit rechtspolitische Standpunkte zu beziehen. Daher wird von einer eigenen kritischen Stellungnahme zu dem sicher nicht in allen Einzelregelungen ausgereiften Gesetz abgesehen. Aus dem Schrifttum der letzten Zeit soll jedoch bezüglich Kritik und eventueller Reformvorschläge zum MHG auf folgende Veröffentlichungen hingewiesen werden: *Derleder* WM 76, 197 ff., 221 ff.; *Speiser* DWW 77, 200; *Lenhard* ZMR 77, 228; *Matschl* DWW 77, 172 ff.; 220 ff.; *Rupp* DWW 78, 31; RGRK/*Gelhaar* § 2 MHG Rn 2, 3; *Emmerich/Sonnenschein* Vorbem. 17 ff. zu § 1 MHG, *Hamm* DWW 82, 6; *Eckert* WM 83, 33.

## § 1 MHG (Recht der Mieterhöhung)

¹Die Kündigung eines Mietverhältnisses über Wohnraum zum Zwecke der Mieterhöhung ist ausgeschlossen. ²Der Vermieter kann eine Erhöhung des Mietzinses nach Maßgabe der §§ 2 bis 7 verlangen. ³Das Recht steht dem Vermieter nicht zu, soweit und solange eine Erhöhung durch Vereinbarung ausgeschlossen ist oder der Ausschluß sich aus den Umständen, insbesondere der Vereinbarung eines Mietverhältnisses auf bestimmte Zeit mit festem Mietzins ergibt.

### Übersicht

| | | Rn |
|---|---|---|
| I. | Anwendungsbereich | 1, 2 |
| II. | Unzulässigkeit der Kündigung zum Zweck der Mieterhöhung (S. 1) | |
| | 1. Zweck und Allgemeines | 3, 4 |
| | 2. Voraussetzung | 5 |
| | 3. Wirkung | 6 |
| | 4. Beweislast | 7 |
| III. | Die Mieterhöhung kraft Gesetzes (MHG) bei preisfreiem Wohnraum (vgl. S. 2) | |
| | 1. Zweck und Allgemeines | 8–12 |
| | 2. Die verschiedenen Mieterhöhungsverfahren und ihr Verhältnis zueinander | 13–18a |
| | 3. Gemeinsame Rechtsgrundsätze aller Mieterhöhungsverfahren | 19–22 |
| | 4. Anspruch auf ortsübliche Nutzungsentschädigung nach Beendigung des Mietverhältnisses (§ 557 Abs. 1 BGB) | 23–26 |
| IV. | Vertraglicher Ausschluß des Mieterhöhungsrechts (S. 3) | |
| | 1. Allgemeines | 27–29 |
| | 2. Ausdrücklich vereinbarter Ausschluß | 30–32a |
| | 3. Konkludenter Ausschluß | 33 |
| | a) bei befristeten Mietverhältnissen mit festem Mietzins (S. 3 Hs. 2) | 34–36 |
| | b) aus sonstigen Umständen | 37–44a |
| | 4. Wirkung (Umfang) des Ausschlusses | 45, 46 |
| | 5. Beweislast | 47 |

### I. Anwendungsbereich

1. Der Anwendungsbereich des § 1 MHG ist der gleiche wie der des MHG überhaupt (vgl. Einf. vor § 1 MHG Rn 29–32). Insbesondere ist § 1 auch anwend-

bar in den Fällen des § 564 b Abs. 4 BGB, da letztgenannte Vorschrift im § 10 Abs. 3 MHG bei den Ausnahmefällen nicht aufgeführt ist (über die Schwierigkeiten für den Mieter, in diesem Falle nachzuweisen, daß der Vermieter zum Zwecke der Mieterhöhung und damit unzulässig gekündigt hat, vgl. unten Rn 7).

2  2. **Gegenstand der Regelung** ist in § 1 MHG nur die **Mieterhöhung.** Die Vorschrift gilt daher nicht im Falle der Mietzinsherabsetzung (vgl. §§ 4 Abs. 4, 5 Abs. 3, 6 Abs. 4, 7 Abs. 4 i. V. m. §§ 4, 5 Abs. 3 MHG) und für die Betriebskostenvorauszahlung (§ 4 Abs. 1 MHG). § 1 stellt demnach keine Vorschrift dar, die quasi als „Allgemeiner Teil" für alle Bestimmungen des MHG Gültigkeit hat.

## II. Unzulässigkeit der Kündigung zum Zwecke der Mieterhöhung (S. 1)

### 1. Zweck und Allgemeines

3  Wie schon gemäß § 1 Abs. 4 des 1. WKSchG ist gem. § 1 MHG eine Kündigung zum Zweck der Mieterhöhung ausdrücklich ausgeschlossen. Damit ist dem Vermieter eine sog. Änderungskündigung (Kündigung zum Zweck des Neuabschlusses eines Mietvertrages mit dem gleichen Mieter zu höherem Mietzins) untersagt. Nach dem Willen des Gesetzgebers (vgl. Begründung des Regierungsentwurfs) dürfen Mieterhöhungen nicht unter dem Druck einer drohenden Kündigung zustande kommen. Dabei ist gleichgültig, ob das Erhöhungsverlangen berechtigt oder unberechtigt ist. Der Mieter soll nicht „auf gepackten Koffern" verhandeln müssen (vgl. Abg. *Dürr* in der Bundestagssitzung vom 17. 10. 74, Prot. S. 8313 B). Durch eine Mieterhöhung darf das Mietverhältnis nicht in seinem Bestand in Frage gestellt werden; denn der Mieter wird einer Mieterhöhung unter dem Druck einer drohenden Kündigung wegen der Kosten und der anderen Unzuträglichkeiten, die ein Wohnungswechsel mit sich bringt, meist selbst dann zustimmen, wenn er in eine etwa entsprechende Wohnung umziehen könnte (vgl. Begründung des Regierungsentwurfs, A II 2). Der Gesetzgeber hielt den drohenden Verlust der Wohnung mit all den damit zusammenhängenden Sorgen und Unbequemlichkeiten für kein angemessenes Mittel zur Lösung von Mietpreisangelegenheiten (vgl. Bericht des Rechtsausschusses des Bundestages, Allg. II). Der Vermieter soll sein berechtigtes Ziel, den Mietzins angemessen zu erhöhen, nicht mehr über die Beendigung des Mietverhältnisses, sondern über ein den Bestand des Mietverhältnisses nicht beeinträchtigendes, gesetzlich geregeltes Mieterhöhungsverfahren erreichen können.

4  Das Verbot der Mieterhöhungskündigung wurde nicht mehr in die Kündigungsschutzvorschrift des § 564 b BGB aufgenommen. Es ergibt sich jedoch auch aus Abs. 2 Nr. 3 dieser Vorschrift, wonach für die Frage einer angemessenen wirtschaftlichen Verwertung des Grundstücks die Möglichkeit ausscheidet, im Falle einer anderweitigen Vermietung als Wohnraum eine höhere Miete zu erzielen (vgl. *Lutz* DWW 74, 273). Die Verbotsnorm wurde aus systematischen Gründen an den Anfang des MHG gestellt, weil dadurch der **Zusammenhang zwischen** dem **Recht des Kündigungsschutzes** des Mieters einerseits **und** dem **Recht der Mieterhöhung** des Vermieters andererseits herausgestellt wird. Kündigungsschutz und Mieterhö-

hung hängen miteinander zusammen (vgl. *Günther* WM 75, 6). Denn durch das Verbot der Änderungskündigung zum Zwecke der Mieterhöhung wurde es erforderlich, für den Vermieter zur Sicherung der Wirtschaftlichkeit des Hausbesitzes eine gesetzliche Möglichkeit der Mieterhöhung in angemessenem Umfang – auch gegen den Willen des Mieters – einzuführen (vgl. Satz 2). Das Verbot der Änderungskündigung zum Zweck der Mieterhöhung war also der Anlaß für die Einführung der gesetzlichen Mietpreisregelung. Der Schutz des Mieters vor grundlosen Kündigungen (vgl. § 564 b BGB) wäre ohne eine gesetzliche Mietpreisregelung unvollkommen, da der Vermieter die Möglichkeit hätte, soweit ihm dies vertraglich möglich ist, die Miete so zu erhöhen, daß der Mieter gezwungen wäre, die für ihn wegen der hohen Miete untragbar gewordene Wohnung von sich aus zu kündigen (*Günter* a. a. O.).

Andererseits wird der Mieter bei einer ihm angedrohten Kündigung in eine nicht gerechtfertigte Mieterhöhung häufig selbst dann einwilligen, wenn er eine entsprechende Wohnung finden könnte, da der Umzug regelmäßig mit beträchtlichen Kosten und anderen Unannehmlichkeiten verbunden ist (*Vogel* JZ 75, 73).

## 2. Voraussetzung

Das Verbot der Kündigung zwecks Mieterhöhung findet wegen des Sachzusammenhangs mit dem Kündigungsschutz gemäß § 564 b BGB (vgl. oben Rn 4) auf alle Kündigungen Anwendung, für welche § 564 b BGB gilt (vgl. dazu die Erläuterungen zu § 564 b BGB Rn 8 u. 20), insbesondere also auch bei befristeten Mietverhältnissen mit Verlängerungsklausel auf die die Verlängerung ausschließende Erklärung des Vermieters (vgl. AG Köln WM 75, 39 z. fr. R.; *Hans* Anm. B 3). Eine solche Kündigung ist auch dann unzulässig, wenn dem Vermieter an sich ein berechtigtes Interesse an der Kündigung (vgl. § 564 b Abs. 2 BGB) zustünde (z. B. wegen Eigenbedarfs), der eigentliche (hauptsächliche) Zweck der Kündigung jedoch eine Mieterhöhung ist (*Palandt/Putzo* Anm. 2), selbst wenn nur eine Mieterhöhung im Rahmen der §§ 2 ff. MHG erstrebt wird (*Hans* Anm. B 3). Die Mieterhöhung muß das hauptsächliche (überwiegende) Motiv der Kündigung sein (LG Stuttgart ZMR 79, 275; a. A. offenbar *Hans* a. a. O., wonach es gleichgültig sein soll, ob das Erhöhungsstreben das einzige Motiv ist). Die Vorschrift muß gerade auch dann eingreifen, wenn der Vermieter einen anderen Kündigungsgrund vorschiebt, so daß das Motiv der Mieterhöhung mehr oder weniger verborgen bleibt. Gleichgültig ist es, ob der Vermieter beabsichtigt, beim gleichen Mieter (Vertragspartner) oder bei einem Dritten (Ersatzmieter) einen erhöhten Mietzins zu verlangen (vgl. LG Osnabrück ZMR 73, 313 = WM 73, 63; AG Hamburg WM 73, 213; *Palandt/Putzo* Anm. 2; *Hans* Anm. B 3).

Was für die Kündigung gilt, muß auch entsprechend bei einem befristeten Mietverhältnis für die Beendigungserklärung des Vermieters gem. § 564 c Abs. 1 S. 2 BGB gelten, auch bei dem Beendigungsverlangen in einem besonderen Zeitmietverhältnis (vgl. § 564 c Abs. 2 BGB). Auch in diesem Falle darf das Beendigungsverlangen des Vermieters nicht zu dem (hauptsächlichen) Zweck der Mieterhöhung ausgesprochen werden.

### 3. Wirkung

6   Eine unter S. 1 fallende Kündigung des Vermieters ist nichtig (§ 134 BGB). Sie hat keine vertragsbeendigende Wirkung und kann auch nicht unter einem im Gesetz aufgeführten berechtigten Kündigungsinteresse aufrechterhalten werden. Kündigt der Vermieter wegen Verweigerung der Mieterhöhung, später jedoch wegen Eigenbedarfs, so kann dieser Kündigung die allgem. Arglisteinrede entgegenstehen (vgl. LG Köln WM 74, 9).

Das Verbot der Mieterhöhungskündigung ist unabdingbar (vgl. § 10 Abs. 1 Hs. 1 MHG). Es kann also in keinem Falle vertraglich ausgeschlossen werden.

### 4. Beweislast

7   Die Beweislast dafür, daß der (hauptsächliche) Zweck der Kündigung für den Vermieter eine Mieterhöhung ist, hat der Mieter. Da das Motiv der Kündigung eine innere Tatsache ist, wird es, wenn es nicht offen genannt wird, sondern andere Gründe vorgeschoben werden, meist schwer nachweisbar sein. Über das Vorliegen dieses Zwecks hat das Gericht in freier Beweiswürdigung unter Berücksichtigung aller Umstände des Einzelfalls zu entscheiden, wobei beim Vortrag hinreichender Anhaltspunkte eine (eventuell eidliche) Parteivernehmung des Vermieters das geeignetste Beweismittel sein wird. Vor allem ist auch das Verhalten des Vermieters vor und nach der erklärten Kündigung zu würden.

Hat der Vermieter z. B. kurze Zeit vor einer auf Eigenbedarf gestützten Kündigung ein unwirksames Mieterhöhungsverlangen gestellt, welches der Mieter ablehnte, so spricht eine Wahrscheinlichkeit dafür, daß in Wahrheit zum Zwecke der Mieterhöhung gekündigt werden sollte, insbesondere wenn der Vermieter mehrmals und nachdrücklich auf einer höheren Miete bestand (vgl. AG Köln WM 74, 126 als Beispiel einer vorgeschobenen Eigenbedarfskündigung; vgl. auch *Hans* Anm. B 3).

Über die Schadenersatzpflicht des Vermieters bei einem vorgespiegelten Kündigungsgrund vgl. § 564 b BGB Rn 72, 73, 238 ff.

## III. Die Mieterhöhung kraft Gesetzes (MHG) bei preisfreiem Wohnraum (vgl. S. 2)

### 1. Zweck und Allgemeines

8   a) Unter Mieterhöhung ist die Erhöhung des gemäß dem Mietvertrag vom Mieter zu zahlenden Mietzinses (vgl. § 535 S. 2 BGB) zu verstehen. Die Anspruchsgrundlage für eine Mieterhöhung kann sich aus Vertrag oder aus Gesetz ergeben. Hier ist von der **gesetzlichen Mieterhöhung** die Rede, welche sich für nicht preisgebundenen (preisfreien) Wohnraum aus dem MHG ergibt. Über eine Mieterhöhung auf Grund vertraglicher Vereinbarung vgl. Einf. vor § 1 MHG Rn 8 sowie im konkreten Erhöhungsfall § 10 Abs. 1 Hs. 2 MHG und die dortigen Erläuterungen.

b) Das MHG bezieht sich nur auf **preisfreien** (nicht preisgebundenen) **Wohnraum** 9 (vgl. § 10 Abs. 3 Nr. 1 MHG). Über die Mieterhöhung bei preisgebundenem Wohnraum vgl. Einf. III vor § 1 MHG.

c) Über den allgemeinen **Anwendungsbereich** des MHG, welcher auch für sämtliche die Mieterhöhung betreffenden Vorschriften des MHG gilt, vgl. Einf. IV vor § 1 MHG. 10

d) Mit dem gesetzlichen Mieterhöhungsverfahren wurde der **Zweck** verfolgt, zur **Erhaltung der Wirtschaftlichkeit des Hausbesitzes und** zur **Anpassung an die allgemeine Marktentwicklung** Mieterhöhungen für den Vermieter in angemessenem Rahmen zu ermöglichen, ohne daß dadurch das Mietverhältnis in seinem Bestand in Frage gestellt wird (vgl. Begründung des Regierungsentwurfs, A II 2). Die Anpassung des Mietzinses an die allgemeine Marktlage erscheint in einer Zeit ständig steigenden Preisniveaus unerläßlich. Zum Schutz des Mieters dürfen jedoch **Mieterhöhungen nicht unter dem Druck einer drohenden Kündigung** zustande kommen (vgl. dazu Näheres oben Rn 3). Mieterhöhungen sollen während des Bestehens eines Mietverhältnisses nur nach Maßgabe des MHG zulässig sein und gegebenenfalls auch gegen den Willen des Mieters durchgesetzt werden können (vgl. Begründung des Regierungsentwurfs). 11

e) Über Sinn und Zweck der einzelnen Erhöhungsverfahren (zum Beispiel des Vergleichsmietenverfahrens) vgl. die Erläuterungen zu den §§ 2–7 MHG. 12

## 2. Die verschiedenen Mieterhöhungsverfahren und ihr Verhältnis zueinander

a) Das MHG führt grundsätzlich für jedes Mietverhältnis vier verschiedene Arten der Mieterhöhung bei nicht preisgebundenem Wohnraum ein: 13

aa) die Erhöhung des Mietzinses bis zur ortsüblichen Vergleichsmiete, geregelt als Zustimmungsanspruch (§ 2 MHG, bisher § 3 Abs. 1–5 des 1. WKSchG),

bb) die Erhöhung des Mietzinses wegen durchgeführter Modernisierungsmaßnahmen, geregelt als Zahlungsanspruch (§ 3 MHG, bisher keine Regelung),

cc) die Erhöhung des Mietzinses wegen gestiegener Betriebskosten, geregelt als Zahlungsanspruch (§ 4 Abs. 2 u. 3 MHG, bisher § 3 Abs. 6 des 1. WKSchG),

dd) die Erhöhung des Mietzinses wegen gestiegener Kapitalkosten, geregelt als Zahlungsanspruch (§ 5 Abs. 1, 2 u. 4 MHG, bisher keine Regelung).

Daneben enthält das Gesetz noch die Regelungen für Mieterhöhungen in Sonderfällen, nämlich bei öffentlich gefördertem oder steuerbegünstigtem Wohnraum im Saarland (§ 6 MHG) und bei Bergmannswohnungen (§ 7 MHG). 14

Die §§ 1, 8, 9, 10 Abs. 1 MHG enthalten allgemeine Grundsätze, die für jede Art der Mieterhöhung nach dem MHG gelten. § 10 Abs. 3 MHG regelt die Ausschlußtatbestände des gesamten Gesetzes, so daß dessen Geltung nicht nur auf 15 die Mieterhöhung beschränkt ist, sondern sich auch auf Mietzinssenkungen und Betriebskostenvorauszahlungen (§ 4 Abs. 1 MHG) erstreckt.

16 b) Die vier Mieterhöhungsarten stellen jeweils besondere gesetzliche Ansprüche des Vermieters gegen den Mieter auf Mieterhöhung dar. Sie können in zeitlicher und sachlicher Hinsicht **unabhängig voneinander** gemäß den jeweils eigenen Voraussetzungen **geltend gemacht werden** (so auch *Palandt/Putzo* Anm. 1 d zu §§ 3 u. 5 MHG; *Gutekunst* BayGWW 75, 23 für § 3 MHG). So können zum Beispiel alle vier Erhöhungsansprüche innerhalb kurzer Zeit, ja sogar gleichzeitig geltend gemacht werden. Die Reihenfolge und der zeitliche Abstand der Geltendmachung der verschiedenen Erhöhungsansprüche ist dabei dem Vermieter freigestellt. Insbesondere ist es bei einer Erhöhung gemäß § 2 MHG für die Frage des Ablaufs der einjährigen Wartefrist unerheblich, ob innerhalb eines Jahres vor der Geltendmachung des Erhöhungsverlangens schon eine Erhöhung nach den §§ 3, 4 oder 5 MHG stattgefunden hat (vgl. § 2 Abs. 1 Nr. 1 MHG: „von Erhöhungen nach den §§ 3–5 abgesehen").

17 In § 2 MHG ist das allgemeine Erhöhungsverfahren geregelt. Die §§ 3, 4 und 5 MHG enthalten dagegen spezielle Erhöhungsverfahren. Wegen des Sondercharakters dieser drei Vorschriften können Betriebskostenerhöhungen (allein) keinen Zustimmungsanspruch nach § 2 MHG auslösen, ebensowenig Kapitalkostenerhöhungen (*Palandt/Putzo* § 2 MHG Anm. 1 a).

Entstehen **durch** eine **Modernisierung** i. S. von **§ 3 zusätzliche Betriebskosten** (z. B. durch Einbau einer Sammelheizung), so können diese – unabhängig von einer Erhöhung auf Grund von § 3 – im Verfahren gem. § 4 Abs. 2 umgelegt werden. Dies folgt aus der Unabhängigkeit der einzelnen Erhöhungsansprüche (vgl. Rn 16) sowie daraus, daß die zusätzlichen Betriebskosten in den nach § 3 umlegbaren Kosten der Modernisierungsmaßnahme nicht schon enthalten sind (*Derleder* WM 76, 221; *Sternel* III 228; *Fischer-Dieskau/Pergande/Schwender* § 3 Anm. 8.2; *Palandt/Putzo* § 4 Anm. 1 d; a. A. *Schmidt-Futterer/Blank* C 205; *Bormann/Schade/Schubart* § 3 Anm. 5). Dasselbe gilt für das Verhältnis der Umlegung gem. § 3 zu derjenigen gem. § 5. Erhöhen sich die für die Modernisierung aufgewendeten Kapitalkosten durch die Inanspruchnahme eines Modernisierungsdarlehens, so können auch diese Erhöhungen nach § 5 neben dem Wertverbesserungszuschlag des § 3 umgelegt werden (so *Palandt/Putzo* § 3 Anm. 1 d; *Sternel* III 228; *Fischer-Dieskau/Pergande/Schwender* § 3 Anm. 8.3 eingehend; a. A. *Derleder* WM 76, 222; *Emmerich/Sonnenschein* Vorb. 61 zum MHG; *Bormann/Schade/Schubart* a. a. O.; vgl. auch OVG Berlin ZMR 78, 63).

17 a Für das **Verhältnis des Erhöhungsrechts** aus **§ 2 zu** demjenigen aus **§ 3** gilt folgendes. Der Vermieter hat nach Durchführung einer Modernisierung ein Wahlrecht zwischen beiden Erhöhungsmöglichkeiten (vgl. Bericht des Rechtsausschusses des Bundestages). In aller Regel wird für ihn die Erhöhung nach § 3 vorteilhafter sein, da ihm dabei ein im voraus berechenbarer Erhöhungsbetrag (von 11 % der Modernisierungskosten) sicher ist, während eine Erhöhung nach

§ 2 auf die infolge der Modernisierung erhöhte ortsübliche Vergleichsmiete der Höhe nach nicht kalkulierbar ist (*Fischer-Dieskau/Pergande/Schwender* § 2 MHG Anm. 2). Er kann jedoch nicht beide Erhöhungsmöglichkeiten in der Weise kombinieren, daß er wegen derselben Modernisierung zu einer doppelten Erhöhung kommt. Hat er nach durchgeführter Modernisierung eine Erhöhung nach § 3 vorgenommen, so kann er gleichwohl gem. § 2 eine Erhöhung bis zu der (möglicherweise höheren) ortsüblichen Vergleichsmiete für modernisierte Wohnungen dieser Art (a. A. *Löwe* NJW 75, 14; *Derleder* NJW 75, 1681: für nicht modernisierte Wohnungen) beanspruchen, wenn die Voraussetzungen vorliegen (AG Dortmund WM 81, 44; *Fischer-Dieskau/Pergande/Schwender* § 2 MHG Anm. 4). Natürlich können dabei im Rahmen des § 2 keine solchen Mieten herangezogen werden, in welchen ein Modernisierungszuschlag gem. § 3 enthalten ist (*Derleder* WM 76, 221; AG Münster WM 81, 44: kumulative Geltendmachung untersagt). Verlangt der Vermieter nach Durchführung einer Modernisierung eine Mieterhöhung gem. § 2 MHG auf der Basis nicht modernisierten Wohnraums, so kann er gleichwohl gleichzeitig und zusätzlich eine Erhöhung gem. § 3 MHG verlangen, letzteres auf der Basis der ortsüblichen Vergleichsmiete vor der Modernisierung (OLG Hamm (RE) ZMR 83, 102 = WM 83, 17 = NJW 83, 289; a. A. AG Münster WM 81, 44). Hat er nach Durchführung einer Modernisierung die Miete gem. § 2 bis zur ortsüblichen Vergleichsmiete für modernisierte Wohnungen dieser Art erhöht, so kann er jedoch die solcherart erhöhte Miete nicht noch um den Modernisierungszuschlag gem. § 3 erhöhen (vgl. Bericht des Rechtsausschusses unter Bezugnahme auf die Ansicht des Städtebauausschusses; *Schmidt-Futterer/Blank* C 50, 160; *Sternel* III 104, 228, wo das Wahlrecht unzutreffend als Ersetzungsbefugnis bezeichnet wird; *Palandt/Putzo* § 3 MHG Anm. 1 d; *Emmerich/Sonnenschein* Vorbem. 59, 60 zum MHG).

**Im** Rahmen des **Verfahrens gemäß § 2 MHG** kann nicht nur eine Erhöhung der Grundmiete, sondern **auch** eine **Erhöhung der** — damit in Form einer Gesamtmiete gleichzeitig geltend gemachten — **Betriebskosten** beansprucht werden (vgl. Einf. vor § 1 MHG Rn 2 und Rn 9 zu § 2). Dies ergibt sich daraus, daß die Betriebskosten zum Begriff des Mietzinses zählen, so daß eine Betriebskostenerhöhung auch zu einer Mietzinserhöhung gem. § 2 MHG führt. Mit der Schaffung des gestaltungsrechtlichen Erhöhungsverfahrens gemäß § 4 Abs. 2 und 3 MHG ist gegenüber § 2 MHG eine schnellere und einfachere Art der Umlegung bezweckt worden, also eine Erleichterung für den Vermieter (vgl. den schriftlichen Bericht des Rechtsausschusses des Bundestages zu § 3 Abs. 6 des 1. WKSchG). Dem Vermieter kann daher nicht verwehrt werden, wenn er es aus praktischen Gründen für besser hält, von dem erleichterten Erhöhungsverfahren abzusehen und das „umständlichere" Verfahren auf Zustimmung zur Erhöhung der Gesamtmiete wählt, womit er eine getrennte Geltendmachung der Erhöhung der Grundmiete gemäß § 2 und der Betriebskosten gemäß § 4 MHG vermeidet. Es wird für beide Mietparteien klarer und praktischer sein, in einem einzigen Erhöhungsverfahren zu klären, welchen Mietzins insgesamt (Gesamtmiete) der Mieter nunmehr zu zahlen hat, als wenn die beiden Bestandteile der Gesamt-

§ 1 MHG, 18a

miete (Grundmiete und Betriebskostenanteil) je einer getrennten Erhöhung unterworfen werden. Dies bedeutet keine Benachteiligung des Mieters, da auch im Rahmen von § 2 MHG der Umfang der Erhöhung begründet werden muß und die Wirkung der Erhöhung nicht früher, sondern später eintritt als im Fall des vereinfachten Verfahrens gemäß § 4 Abs. 3 MHG.

**Nachträglich entstehende Mieterhöhungsmöglichkeiten**

18 a  Eine bisher unzulässige Mieterhöhung gem. den §§ 2–5 MHG wird bei fortbestehendem Mietverhältnis in folgenden Fällen zulässig:

a) bei Wegfall der bisher bestehenden Preisbindung (§ 10 Abs. 3 Nr. 1 MHG);

b) bei Wegfall eines vertraglich vereinbarten Mieterhöhungsausschlusses (§ 1 S. 3 MHG);

c) bei Wegfall (Ablauf) einer Staffelmietlaufzeit (§ 10 Abs. 2 MHG);

d) bei Beendigung der Laufzeit eines befristeten Mietverhältnisses mit festem Mietzins:

   1. bei Geltendmachung eines Fortsetzungsrechts durch den Mieter gem. § 564 c Abs. 1 BGB oder gem. § 556 b BGB auf unbestimmte Zeit;

   2. bei Fiktion der Verlängerung gem. § 568 BGB;

   3. bei Verlängerung auf Grund einer vereinbarten Verlängerungsklausel auf bestimmte Zeit;

   4. bei Geltendmachung eines Fortsetzungsrechts durch den Mieter gem. § 564 c Abs. 2 S. 2 Hs. 2 BGB bei besonderem Zeitmietverhältnis auf unbestimmte Zeit;

e) bei Ablauf der einjährigen Wartefrist gem. § 2 Abs. 1 S. 1 MHG.

In den Fällen a bis d kann eine Mieterhöhungserklärung gem. §§ 2–5 MHG schon vor dem Wegfall des betreffenden Ereignisses in wirksamer Weise erklärt werden und zwar mit sog. **Vorauswirkung,** d. h., daß bei entsprechend rechtzeitiger Erhöhungserklärung die Fristen der genannten Vorschriften schon vor dem Ereignis laufen und daher die Wirkung der Mieterhöhung schon mit dem Zeitpunkt des Wegfalles des Mieterhöhungshindernisses (Ereignisses) eintritt (vgl. die Rechtsentscheide OLG Hamm ZMR 81, 56 = WM 80, 262 = MDR 81, 144 = NJW 81, 234 m. Anm. *Köhler* = MRS 1 Nr. 27; KG ZMR 82, 241 = WM 82, 102 = DWW 82, 149 = NJW 82, 2077 = MRS 2 Nr. 35 je zu Fall a; OLG Zweibrücken ZMR 82, 115 = WM 81, 273 = DWW 81, 238; OLG Hamm ZMR 83, 71 = WM 82, 294 = DWW 82, 313 = MDR 83, 57 = NJW 83, 829; OLG Frankfurt DWW 83, 49 (L) je zu Fall d 3; für die übrigen Fälle zu a bis d muß Entsprechendes gelten). Im Gegensatz dazu kann jedoch im Fall e eine Mieterhöhung wirksam schon im voraus erklärt werden, jedoch ohne Vorauswirkung, so daß die Frist erst nach dem Ereignis (Ablauf der einjährigen Wartefrist) zu laufen beginnt (OLG Oldenburg (RE) ZMR 83, 242 = WM 82, 105 = MRS 2 Nr. 36).

## 3. Gemeinsame Rechtsgrundsätze aller Mieterhöhungsverfahren

a) Trotz der Verschiedenheit der einzelnen Anspruchsnormen für eine Mieterhöhung haben die Erhöhungsnormen des MHG doch rechtliche Gemeinsamkeiten. Der Anwendungsbereich des MHG (vgl. Einführung IV vor § 1 MHG) ist bei allen Ansprüchen gleich. Die §§ 1, 8 und 9 MHG gelten als ergänzende Normen ebenfalls bei allen Anspruchsarten. Jede Mieterhöhung wird durch eine **einseitige empfangsbedürftige schriftliche Erklärung des Vermieters** eingeleitet, welche dem Gesetz entsprechend begründet sein muß und für deren Rechtswirksamkeit der Zugang beim Mieter maßgebend ist. Die Frage der **Verjährung** taucht bei den Mieterhöhungsansprüchen nicht auf, da sie grundsätzlich nur für die Zukunft (vgl. aber § 4 Abs. 3 S. 2 MHG), nicht für die Vergangenheit geltend gemacht werden können. Zahlt jedoch der Mieter den erhöhten Mietzins nicht, so unterliegt der Erhöhungsbetrag der für Mietzins geltenden 4jährigen Verjährung (§§ 197, 201 BGB).

Der Mieterhöhungsanspruch ist an die Person des Vermieters gebunden und daher nicht getrennt abtretbar (vgl. LG Köln WM 75, 128 für den Anspruch auf Zustimmung zur Mieterhöhung).

**Nur während eines bestehenden Mietverhältnisses** kann ein Mieterhöhungsanspruch geltend gemacht werden. Ein Erhöhungsanspruch besteht daher **auch bei einem schon gekündigten Mietverhältnis** noch, wenn die Wirkung der Mieterhöhung noch während des laufenden Mietverhältnisses, wenn auch nur für die Dauer eines Monats, eintritt (vgl. LG Berlin WM 80, 12; AG Flensburg MDR 74, 935 für § 2 MHG).

In Rechtsprechung und Literatur wird die Ansicht vertreten, daß durch eine Mieterhöhungsvereinbarung wie auch durch einseitige Mieterhöhungen kraft Gesetzes **Gewährleistungsrechte des Mieters** (§§ 537, 538 BGB) in entsprechender Anwendung des § 539 BGB **ausgeschlossen** sind, jedenfalls dann, wenn dies über eine Anpassung an das gestiegene Lohn- und Preisgefüge hinaus zu einer wesentlichen Verschiebung des Äquivalenzgefüges zugunsten des Vermieters führt (vgl. BGH ZMR 61, 259; MDR 61, 684; BGH LM Nr. 3 zu § 539 BGB; BGH MDR 65, 654; *Staudinger/Emmerich* 7, 7 a; Mü-Ko/*Voelskow* 9–11; *Soergel/Mezger* 14, je zu § 539 BGB; *Sternel* II 160). Dies kann jedoch m. E. jedenfalls bei Mieterhöhungen auf Grund einseitiger Erhöhungserklärung des Vermieters gem. den §§ 2–5 MHG nicht gelten, da der Mieter hierbei kraft Gesetzes zur Zahlung bzw. Zustimmung bezüglich der Mieterhöhung verpflichtet ist und nicht einzusehen ist, weshalb er durch die Erfüllung dieser gesetzlichen Pflicht seine Gewährleistungsrechte wegen Mängeln verlieren soll (ähnlich Mü-Ko/*Voelskow* a. a. O.; vgl. LG Hamburg WM 83, 290: nach Mieterhöhung greift eine vorher gem. § 539 BGB ausgeschlossene Minderung wieder ein – wegen Änderung des Leistungsgefüges). Im Falle einer Mieterhöhungsvereinbarung auf Grund der §§ 2–5 MHG könnte § 539 BGB nur anwendbar sein im Falle einer so grundlegenden Modernisierung, daß dadurch die Mietsache als eine andere als zuvor angesehen werden muß.

20   In prozessualer Hinsicht ist für alle Erhöhungsverfahren die ausschließliche sachliche und örtliche **Zuständigkeit des Amtsgerichts,** in dessen Bezirk der Wohnraum liegt, gegeben (vgl. dazu § 2 MHG Rn 147). Dies muß auch für die anderen Erhöhungsansprüche gelten, da auch hier die erhöhte Zahlungspflicht des Mieters eine Pflicht aus dem Mietvertrag darstellt, so daß eine „Klage auf Erfüllung" im Sinne des § 29 a Abs. 1 ZPO vorliegt.

21   Der **Streitwert einer Mieterhöhungsklage** bestimmt sich aus dem Differenzbetrag zwischen bisher geschuldeter und geforderter Miete für die streitige Zeit, höchstens jedoch für ein Jahr (§ 16 Abs. 5 GKG). Dies gilt für die Zustimmungsklage gem. § 2 MHG ebenso wie für Klagen auf Mietzinszahlung gem. den §§ 3, 4 II und 5 MHG (vgl. auch Rn 197 zu § 2 MHG). Klagt jedoch in diesen Fällen der Vermieter **auf fortlaufende Zahlung** eines bestimmten monatlichen Erhöhungsbetrages bis zur Beendigung des Mietverhältnisses (die gem. § 259 ZPO für die Zulässigkeit dieser Klage erforderliche Besorgnis der Nichterfüllung liegt regelmäßig bei Nichtzahlung des Erhöhungsbetrages vor) oder **auf Feststellung,** daß der Mieter für die fernere Dauer des Mietverhältnisses eine bestimmte höhere Miete zahlen müsse, so ist § 3 ZPO für die Streitwertfestsetzung anwendbar (vgl. *Zöller/Mühlbauer* § 3 ZPO Anm. 5 Stichwort „Mietstreitigkeiten", Abs. 3 m. w. N.). Man wird auch hier (aus den gleichen Gründen wie bei einer Zustimmungsklage gemäß § 2 MHG) bei dieser Schätzung als Höchstwert der „streitigen Zeit" die Dauer eines Jahres zugrunde zu legen haben (*Zöller/Mühlbauer* a. a. O.) und nicht die zu schätzende voraussichtliche weitere Dauer des Mietverhältnisses (a. A. LG Hamburg WM 78, 243 = MDR 78, 497: dreijährige Miete bei Klage auf Zahlung des Wertverbesserungszuschlages, 20 % weniger bei entsprechender Feststellungsklage – die dreijährige Dauer erscheint jedoch nicht überzeugend; OLG Karlsruhe WM 79, 155: bei bestimmter Vertragsdauer nach Interesse des Vermieters an der erstrebten Verpflichtung, bei längerer Dauer des Mietvertrags etwa auf die Hälfte der Restlaufzeit zu schätzen (gem. § 3 ZPO)). Nur dadurch wird dem gesetzgeberischen Willen entsprochen, die Kosten in Mietsachen aus sozialen Gründen niedrig zu halten. Die Tatsache, daß der Vermieter statt einer solchen Klage auch auf bloße Zahlung des rückständigen Erhöhungsbetrages klagen und dadurch den Streitwert niedrig halten könnte, steht dem nicht entgegen, da für den Vermieter durchaus ein Rechtsschutzinteresse an einer Entscheidung über die künftige Zahlungspflicht bestehen kann.

22   b) Der Erhöhungsanspruch gemäß § 2 MHG und das entsprechende Verfahren sind grund**verschieden** von den anderen Erhöhungsansprüchen des MHG (§§ 3–7). Bei § 2 MHG ist der Anspruch auf Zustimmung gerichtet; er zielt auf den Abschluß eines den Mietzins erhöhenden Änderungsvertrages der Parteien. Alle übrigen Mieterhöhungsverfahren des MHG – untereinander gleichartig – werden durch ein (einseitiges) Gestaltungsrecht des Vermieters ausgeübt und sind auf Zahlung gerichtet. Sie haben gemeinsam, daß die Berechnung der Erhöhung zu begründen ist und die Erhöhung ohne Zustimmung des Mieters nach kurzer Frist eintritt.

### 4. Anspruch auf ortsübliche Nutzungsentschädigung nach Beendigung des Mietverhältnisses (§ 557 Abs. 1 BGB)

Gibt der Mieter nach Beendigung des Mietverhältnisses den gemieteten Wohnraum nicht zurück, so kann der Vermieter für die Dauer der Vorenthaltung (also der vertraglosen Nutzung) – neben einem eventuellen Schadenersatzanspruch aus Verzug – eine Nutzungsentschädigung gemäß § 557 Abs. 1 BGB verlangen. Er hat dabei die Wahl, als Entschädigung den bisherigen oder den für vergleichbare Räume ortsüblichen Mietzins zu verlangen (vgl. S. 1 Hs. 2 dieser Vorschrift). Von der letztgenannten Möglichkeit wird er dann Gebrauch machen, wenn der bisherige Mietzins unterhalb des ortsüblichen Entgelts (ortsübliche Vergleichsmiete) liegt. In beiden Fällen handelt es sich nicht um die Zahlung von Mietzins, so daß auch dann, wenn das ortsübliche Entgelt die bisher bezahlte Miete übersteigt, keine Mieterhöhung vorliegt, wenn der Vermieter die höhere ortsübliche Nutzungsentschädigung beansprucht. Er kann dieses Verlangen formlos (mündlich) stellen, ohne daß eine Frist zwischen der Geltendmachung und dem Wirksamwerden des Anspruchs einzuhalten wäre. Fraglich kann lediglich erscheinen, ob der Vermieter auch rückwirkend eine höhere als die bisher in Höhe des Mietzinses bezahlte Nutzungsentschädigung beanspruchen kann, wenn er bisher von seinem Wahlrecht (Ersetzungsbefugnis) keinen Gebrauch gemacht und der Mieter nach Vertragsende einen Betrag in Höhe des bisherigen Mietzinses weiterbezahlt hat, welchen der Vermieter vorbehaltlos angenommen hat. Ein solcher rückwirkender Anspruch muß verneint werden, so daß der Vermieter **nur für die Zukunft** die höhere ortsübliche Nutzungsentschädigung verlangen kann (LG Düsseldorf MDR 70, 144; *Roquette*, Komm. Erg. Bd. § 557 BGB Rn 14; *Erman/Schopp* § 557 BGB, 4; *Palandt/Putzo* § 557 BGB Anm. 3 b). Nach *Hans* (§ 557 BGB Anm. B 3) soll der Vermieter den ortsüblichen Entschädigungsanspruch dann rückwirkend geltend machen können, wenn die Parteien über die Räumungspflicht in Streit geraten und nachträglich festgestellt wird, daß die Kündigung des Vermieters berechtigt war, das Mietverhältnis also zum Ende der Kündigungsfrist erloschen ist. Der Vermieter hat durch die vorbehaltlose Annahme des bisher als Mietzins gezahlten Betrages hinsichtlich der vergangenen Zeit sein Wahlrecht ausgeübt, so daß er seine Entscheidung nicht nachträglich ändern kann. Soweit Nutzungsentschädigung in der bisherigen Höhe verlangt wird, darf die Grenze der zulässigen Miete gem. § 5 WiStG n. F. nicht überschritten werden (AG Nürtingen WM 82, 81).

Wird die Nutzungsentschädigung (in Höhe des bisherigen Mietzinses) auf die höhere ortsübliche Nutzungsentschädigung angehoben, so empfiehlt es sich für den Vermieter, hilfsweise (für den Fall des Fortbestehens des Mietverhältnisses) eine Mieterhöhung gem. § 2 MHG auszusprechen.

Nach Ablauf des Mietverhältnisses bestehen keine Ansprüche auf Mieterhöhung gemäß den §§ 2–7 MHG mehr (a. A. AG Hildesheim ZMR 73, 15: höhere Nutzungsentschädigung nur unter den Voraussetzungen des § 3 des 1. WKSchG, welcher hierfür entsprechend anwendbar sei). Denn eine Mieterhöhung kann begrifflich nur während der Dauer des Mietverhältnisses geltend gemacht werden.

25  Ein **Aufrechnungsverbot,** das dem Mieter die Aufrechnung gegenüber Mietzinsansprüchen des Vermieters verbietet oder diese von Erschwerungen abhängig macht (wie dies Formularmietverträge in der Regel enthalten), ist, soweit es überhaupt wirksam ist (vgl. § 552 a BGB), auch gegenüber Ansprüchen des Vermieters auf Zahlung der Nutzungsentschädigung anwendbar (OLG Stuttgart NJW 56, 914; *Pergande* § 557 BGB Anm. 11 Abs. 4; *Palandt/Putzo* § 557 BGB Anm. 3 c). Die Parteien können eine von § 557 Abs. 1 BGB abweichende Vereinbarung treffen (vgl. § 557 Abs. 4 BGB). Mieterhöhungsklauseln beziehen sich im allgemeinen nur auf den Mietzins und damit nicht auf die Nutzungsentschädigung nach Beendigung des Mietverhältnisses (vgl. *Palandt/Putzo* § 557 BGB Anm. 3 b).

26  Über die Wirkung des **Wegfalls der Mieterhöhung für die Zeit der Vorenthaltung** des Wohnraums nach Beendigung des Mietverhältnisses, wenn der Mieter nach einer Mieterhöhung von seinem vorzeitigen Kündigungsrecht (§ 9 Abs. 1 MHG) Gebrauch macht, vgl. § 9 MHG Rn 24.

### IV. Vertraglicher Ausschluß des Mieterhöhungsrechts (S. 3)

#### 1. Allgemeines

27  a) Das Recht auf Mieterhöhung nach den §§ 2–7 MHG besteht nur **im Rahmen des Anwendungsbereichs** des MHG (vgl. dazu Einführung IV vor § 1 MHG). Es gilt daher insbesondere nicht für die drei gesetzlichen Ausschlußfälle des § 10 Abs. 2 MHG.

28  b) Soweit danach eine Mieterhöhung möglich ist, kann sie außerdem durch vertragliche Vereinbarung ausgeschlossen sein (S. 3). Diese Regelung entspricht dem bisher für das Vergleichsmietenverfahren geltenden § 3 Abs. 1 S. 2 des 1. WKSchG. Die Regelung bezieht sich auf alle Fälle der Mieterhöhung nach dem MHG. Sie umfaßt auch, in Anpassung an § 10 Abs. 4 WoBindG (vgl. auch § 19 Abs. 1 des 1. BMietG), den Fall, daß sich der Ausschluß aus den Umständen ergeben kann (vgl. Begründung des Regierungsentwurfs).

29  c) Auf die **Mietherabsetzung** (Mietzinssenkung) bezieht sich § 1 S. 3 **nicht.** Ist die Mieterhöhung vertraglich ausgeschlossen, so hat dies auf die Pflicht des Vermieters zur Herabsetzung des Mietzinses keinen Einfluß. Bei der Herabsetzung gemäß § 5 Abs. 3 MHG ist die Frage ohnehin gegenstandslos, weil die Herabsetzung von einer vorausgegangenen Erhöhung gem. § 5 Abs. 1 MHG abhängt, so daß bei vertraglich ausgeschlossener Erhöhung auch die Herabsetzung ausgeschlossen ist. Aber auch in den Fällen der Herabsetzung gem. §§ 4 Abs. 4, 6 Abs. 4, 7 Abs. 4 i. V. m. 4 Abs. 4 MHG kann der Vermieter nicht geltend machen, daß er, weil er kein Mieterhöhungsrecht habe, auch nicht verpflichtet sei, bei Vorliegen einer entsprechenden Kostenermäßigung die Miete zu senken. Denn der Herabsetzungsanspruch ergibt sich aus besonderen wirtschaftlichen Vorgängen, welche mit der Mieterhöhung nichts zu tun haben. Auch aus einem auf bestimmte Zeit abgeschlossenen Mietvertrag mit festem Mietzins kann nicht

gefolgert werden, daß auch eine Mietzinssenkung gem. § 4 Abs. 4 MHG (z. B. beim Wegfall einer einzelnen Betriebskostenart wie die des Hausmeisters) ausgeschlossen sein soll. Daraus ergibt sich, daß der Anwendungsbereich des Mieterhöhungsrechts gem. dem MHG enger ist als derjenige des Mietherabsetzungsanspruchs.

## 2. Ausdrücklich vereinbarter Ausschluß

Das Recht des Vermieters zur Mieterhöhung kann vertraglich ausgeschlossen sein. Regelmäßig wird eine solche Vereinbarung zwischen den Mietparteien selbst getroffen. Der Ausschluß kann jedoch auch zwischen dem Vermieter und einem Dritten vereinbart sein, wobei als Dritter z. B. der Arbeitgeber des Mieters im Rahmen eines Werkförderungsvertrages (LG Düsseldorf WM 81, 286) oder die öffentliche Hand in Betracht kommen (*Palandt/Putzo* Anm. 3 a; vgl. *Weimar* Betr. 72, 325; *Roquette* ZMR 72, 137), zumal dies in der Vorläufervorschrift § 10 Abs. 4 WoBindG ausdrücklich so geregelt ist („Vereinbarung mit dem Mieter oder einem Dritten"). 30

Unerheblich ist dabei, ob die Vereinbarung im Mietvertrag selbst oder erst nachträglich durch besondere Abrede getroffen wird (*Weimar* a. a. O.; *Sternel* MDR 73, 265; a. A. *Roquette* ZMR 73, 97). 31

Die Vereinbarung eines Ausschlusses der Mieterhöhung fällt nicht dadurch weg, daß der Mieter in der Vergangenheit mehrmals Mieterhöhungen zugestimmt hat; denn diese Zustimmungen bedeuten nur ein Einverständnis mit der jeweiligen Erhöhung, nicht aber ein allgemeines Einverständnis für spätere Erhöhungsbegehren des Vermieters (LG Lübeck MDR 72, 612 = WM 72, 58; AG Bielefeld WM 80, 197). 32

Ist nur der Grundbetrag der Miete festgelegt, während bestimmte (z. B. verbrauchsabhängige) Nebenkosten gesondert berechnet und erhöht werden können, so ist – entsprechend der gesetzlichen Fassung („... soweit eine Erhöhung ausgeschlossen ist") – nur eine Erhöhung des Grundbetrages ausgeschlossen (*Bormann/Schade/Schubart* Anm. 3). Auch kann sich der Ausschluß auf einzelne Nebenkosten erstrecken. 32 a

## 3. Konkludenter Ausschluß

Ist eine Mieterhöhung vertraglich nicht ausdrücklich ausgeschlossen, so kann sich der Ausschluß aus den Umständen ergeben. Das oben zu 2 Ausgeführte gilt hier entsprechend. 33

a) **Bei einem befristeten Mietverhältnis mit festem Mietzins** gilt nach dem Gesetz (S. 3 2. Fall) ein solcher Ausschluß aus den Umständen als gegeben. „Mit festem Mietzins" ist ein Mietvertrag auf bestimmte Zeit (sog. Zeitmietvertrag) – einschließlich Mietverhältnis auf Lebenszeit des Mieters (AG Schlüchtern WM 76, 266) – dann geschlossen, wenn eine Mieterhöhungsklausel (Gleitklausel, Leistungsvorbehalt) fehlt. Aus dem Fehlen jeglicher Mietanpassungsklausel ist 34 gemäß der Begründung des Regierungsentwurfs regelmäßig auf den Ausschluß des Mieterhöhungsrechts kraft Parteiwillens zu schließen. Der Ausschluß muß sich nicht auf die volle Laufzeit des Vertrages beziehen, es kann auch eine bestimmte kürzere Zeit sein. Andererseits ist auch ein Ausschluß auf Lebenszeit des Mieters möglich (vgl. LG Lübeck MDR 72, 612 = WM 72, 58). Demnach ist es für den Vermieter bei befristeten Mietverhältnissen stets vorteilhaft, eine Mietanpassungsklausel zu vereinbaren (selbst wenn diese inhaltlich nichtig sein sollte, vgl. § 10 Abs. 1 Hs. 1 MHG), da er sich nur dadurch das Recht zur Mieterhöhung nach dem MHG erhalten kann (LG Frankfurt ZMR 82, 117). Die Vereinbarung eines festen Mietzinses wird nicht dadurch aufgehoben, daß der Mieter freiwillig einen höheren Mietzins zahlt (AG Bielefeld WM 80, 107).

35   Bei einem **befristeten Mietverhältnis mit Verlängerungsklausel** (vgl. § 565 a Abs. 1 BGB) gilt der Ausschluß der Mieterhöhung nur für die ursprünglich vereinbarte Mietzeit; dies ergibt sich aus dem Wort „solange" hinreichend deutlich (vgl. Bericht des Rechtsausschusses des Bundestages; ebenso AG Darmstadt WM 74, 135; *Palandt/Putzo* Anm. 3 b). **Während** der **Verlängerungszeit** ist also eine **Mieterhöhung** nach dem Gesetz **möglich** (OLG Zweibrücken (RE) ZMR 82, 115 = WM 81, 273 = DWW 81, 238 = MRS 1 Nr. 29; OLG Hamm (RE) ZMR 83, 71 = WM 82, 294 = DWW 82, 313 = NJW 83, 829 = MRS 2 Nr. 37; OLG Frankfurt DWW 83, 49 (L)). Sie kann **schon vor Ablauf der Befristung** (mit Fristenlauf gem. § 2 Abs. 3 MHG) mit der Wirkung erfolgen, daß die Erhöhung ab Ablauf der festen Mietzeit eintritt (OLG Hamm a. a. O.; OLG Frankfurt a. a. O.; *Kurtenbach* Betr. 71, 2457; a. A. AG Melsungen WM 81, U 4 bei auf bestimmte Zeit unverändertem Mietzins).

Entsprechendes muß auch für ein Mietverhältnis unter einer **auflösenden Bedingung** (vgl. § 565 a Abs. 2 BGB) gelten. Dies gilt nach Eintritt der Bedingung als auf unbestimmte Zeit verlängert und kann dann vom Vermieter ordentlich gekündigt werden. Auch hier ist während der Verlängerungszeit eine gesetzliche Mieterhöhung zulässig.

36   Andererseits ist bei einem **befristeten Mietverhältnis mit einer Mietgleitklausel** diese Klausel regelmäßig wegen Verstoßes gegen § 10 Abs. 1 Hs. 1 MHG (Abweichung von den Vorschriften der §§ 1–9 MHG zum Nachteil des Mieters) nichtig. Gleichwohl sind aber Mieterhöhungen nach Maßgabe des MHG in diesem Falle zulässig, da die Klausel trotz des Verstoßes gegen § 10 Abs. 1 insoweit wirksam ist, als aus ihr nicht auf einen Ausschluß der Mieterhöhung geschlossen werden kann (vgl. Begründung des Regierungsentwurfs zu §§ 1 und 2 Abs. 4 MHG und § 10 MHG Rn 13). Fehlt für eine Gleitklausel die erforderliche Genehmigung der Bundesbank, so kann die Miete nach dem Gesetz erhöht werden (vgl. LG Köln WM 74, 203).

37   b) Auch **aus sonstigen Umständen** kann sich der **Mieterhöhungsausschluß** ergeben. Der Wille der Parteien ist aus dem Vertrag und den sonstigen Umständen gem. den §§ 133, 157, 242 BGB durch Auslegung zu ermitteln. Umstände, welche die Mieterhöhung ausschließen, sind in folgenden Fällen gegeben:

aa) Wenn bei festem Mietzins das **Kündigungsrecht** des Vermieters für bestimmte Zeit **ausgeschlossen** ist (*Palandt/Putzo* Anm. 3 a, bb). 38

bb) Wenn der Mieter einen auf die Miete zu verrechnenden **Finanzierungsbeitrag** (insbesondere eine Mietvorauszahlung oder ein Mietdarlehen, verlorener Baukostenzuschuß) geleistet hat, und zwar für die Dauer des Verrechnungszeitraums (LG Hannover WM 79, 168; WM 80, 57; LG Kiel WM 79, 128; *Bormann/Schade/Schubart* Anm. 3: wonach alle Umstände des Einzelfalles maßgebend seien; ähnlich *Schultz* ZMR 83, 291 unter Heranziehung der BGH-Rechtsprechung zum Preisrecht). Denn für diese Zeit gilt nach h. M. das Recht des Vermieters zur ordentlichen Kündigung als schlüssig abbedungen (vgl. *Sternel* MDR 73, 269 m. w. N.; *Pergande* § 564 BGB Anm. 8 a m. w. N.); vgl. auch LG Frankfurt WM 74, 220, wonach bei Zahlung eines verlorenen Baukostenzuschusses nach Ablauf der zehnjährigen Vertragsdauer keine Erhöhung aus den Teilbeträgen des Baukostenzuschusses berechtigt ist, sondern nur eine solche nach dem Vergleichsmietenverfahren. 39

cc) Wenn dem Mieter ein **Aufbaudarlehen gem. § 254 Abs. 3 LAG** zur Förderung des Baus von Mietwohnungen gewährt wurde und im Darlehensvertrag bestimmt ist, daß die Wohnberechtigung des Mieters nur mit Zustimmung des Ausgleichsamtes aufgehoben oder eingeschränkt werden kann, so ist eine ordentliche Kündigung des Vermieters ohne vorherige Zustimmung der Behörde nichtig (vgl. dazu ausführlich *Pergande* § 564 Anm. 8 b m. w. N.). Für die Dauer dieser Bindung (meist 10 Jahre) wird beim Fehlen einer Mietanpassungsklausel eine Mieterhöhung als ausgeschlossen angesehen werden müssen. 40

dd) Wenn die Zulässigkeit der Mieterhöhung vereinbarungsgemäß **von der Zustimmung eines Dritten abhängt** und dieser noch nicht zugestimmt hat (z. B. bei Werkförderungsverträgen und bei LAG-Aufbaudarlehen), wobei die Vereinbarung auch zwischen dem Vermieter und dem Dritten (Förderer) getroffen sein kann (vgl. *Roquette* MDR 58, 885). Dasselbe gilt für die erforderliche Zustimmung des Betriebsrats hinsichtlich der Festsetzung der allgemeinen Grundsätze für die Mieterhöhung bei Werkwohnungen (vgl. § 87 Abs. 1 Nr. 9 BetrVG), wobei eine wirksame Mieterhöhung vor der Erteilung dieser allgemeinen Zustimmung nicht vorliegt (vgl. BAG BB 73, 845 m. w. N.); ebenso bei erforderlicher Zustimmung des Personalrats gem. § 75 Abs. 2 S. 1 Nr. 2 BPersVG (*Grau* m. w. N. in seiner abl. Anm. zu LG Duisburg WM 83, 112). Das Mitbestimmungsrecht bezieht sich jedoch nicht auf den konkreten Mietpreis (vgl. *Giese* BB 73, 200). 41

ee) Bei einem Mietvertrag **unter einer auflösenden Bedingung** (z. B. gültig bis zur Beendigung des Arbeitsverhältnisses bei einem Werkmietvertrag) für die Zeit bis zum Bedingungseintritt (vgl. oben Rn 35). Die Vereinbarung, daß die Parteien nach 3 Jahren seit Vereinbarung der letzten Miete Verhandlungen über die Neufestsetzung der Miete aufnehmen können, stellt 42 eine wirksame Mieterhöhungssperre für 3 Jahre dar, auch wenn ein Schiedsgutachter bei Nichteintragung entscheiden soll (LG Hamburg WM 82, 83 (L)).

43 ff) Nimmt der Vermieter eine vom Mieter freiwillig bezahlte Mieterhöhung vorbehaltlos entgegen, so kann darin ein wirksamer Abänderungsvertrag liegen, der eine darüber hinausgehende Mieterhöhung wegen desselben Ereignisses (hier: Modernisierungsarbeiten) ausschließt (LG Mannheim ZMR 75, 119).

44 gg) Bei ursprünglicher Vereinbarung eines zu dieser Zeit unter der ortsüblichen Vergleichsmiete liegenden Mietzinses, jedoch nur, wenn damit für beide Vertragsparteien erkennbar eine sog. **Gefälligkeitsmiete** vereinbart werden sollte (vgl. dazu § 2 MHG Rn 45).

44 a In der Vereinbarung einer echten Pauschale bezüglich der Mietnebenkosten liegt noch kein konkludenter Ausschluß des Umlegungsrechts gem. § 4 MHG, ebenso nicht bezüglich der (stillschweigend) im Mietzins enthaltenen Arten von Betriebskosten (vgl. dazu § 4 Rn 6).

### 4. Wirkung (Umfang) des Ausschlusses

45 Eine solche vertragliche Vereinbarung hat die Wirkung, daß eine Mieterhöhung nach dem MHG ausgeschlossen ist, soweit die Vereinbarung reicht („soweit und solange"). Das hat zur Folge, daß eine trotzdem abgegebene **Mieterhöhungserklärung unwirksam** ist (LG Baden-Baden U. v. 16. 1. 81 – 2 S 68/80; AG Frankfurt WM 81, 108; AG Rastatt WM 81, 108: zu einem während der Laufzeit eines festen Mietzinses bei einem befristeten Mietverhältnis erklärten Mieterhöhungsverlangen, auch wenn letzteres mit vorzeitiger Wirkung für das Ende der Laufzeit gestellt werden soll). Der Ausschluß kann sich auf alle oder auch nur einzelne Mieterhöhungsverfahren beziehen (z. B. § 3 oder § 5 MHG allein). Ist allgemein von Erhöhung „des Mietzinses" die Rede, so sind auch die spezielleren Erhöhungsverfahren der §§ 3–5 MHG ausgeschlossen (ebenso *Palandt/Putzo* § 5 MHG Anm. 3 a, was jedoch im Zweifel nicht für einen Ausschluß der Erhöhung gem. § 3 MHG gelten soll, vgl. § 3 MHG Anm. 1 e; vgl. LG Hagen WM 72, 126: Ausschluß einer Mieterhöhung wegen nachträglicher Wertverbesserungen). Ist auch § 3 MHG ausgeschlossen, so wird man bei größeren wertverbessernden baulichen Änderungen eine Mietzinsanpassung (-erhöhung) gemäß den Grundsätzen über den Wegfall der Geschäftsgrundlage (§ 242 BGB) zulassen müssen, wobei für den Umfang der Erhöhung die Grundsätze des § 3 MHG nicht außer acht gelassen werden dürfen. Der Ausschluß kann sich auf eine bestimmte Zeit (z. B. 3 Jahre) beziehen. In diesem Fall ist eine Mieterhöhungserklärung in wirksamer Form erst nach Ablauf dieser Zeit möglich, nicht schon vorher mit Wirkung auf den Ablauf der Verbotszeit (AG Dortmund WM 73, 193). Der Ausschluß kann auch der Höhe nach auf einen Teil des Erhöhungsanspruchs beschränkt sein (z. B. Verbot der Erhöhung gem. § 2 MHG,

soweit es einen bestimmten Betrag übersteigt) oder sonst von weiteren Voraussetzungen abhängig gemacht sein (teilweiser Ausschluß des Erhöhungsrechts), LG Münster DWW 77, 20.

Eine trotz des vertraglichen Ausschlusses vom Vermieter vorgenommene Mieterhöhung nach den §§ 2−7 MHG ist dennoch wirksam, wenn im konkreten Einzelfall der Mieter zustimmt (vgl. § 10 Abs. 1 Hs. 2 MHG und Rn 33−44 zu § 10 MHG). 46

## 5. Beweislast

Die **Beweislast** für das Vorliegen eines Mieterhöhungsausschlußtatbestandes hat im Falle einer Klage auf Zustimmung oder Zahlung des erhöhten Mietzinses der Mieter. 47

## § 2 MHG (Mieterhöhung bis zur ortsüblichen Vergleichsmiete)

(1) ¹Der Vermieter kann die Zustimmung zu einer Erhöhung des Mietzinses verlangen, wenn

1. der Mietzins, von Erhöhungen nach den §§ 3 bis 5 abgesehen, seit einem Jahr unverändert ist,
2. der verlangte Mietzins die üblichen Entgelte nicht übersteigt, die in der Gemeinde oder in vergleichbaren Gemeinden für nicht preisgebundenen Wohnraum vergleichbarer Art, Größe, Ausstattung, Beschaffenheit und Lage in den letzten drei Jahren vereinbart oder, von Erhöhungen nach § 4 abgesehen, geändert worden sind, und
3. der Mietzins sich innerhalb eines Zeitraums von drei Jahren, von Erhöhungen nach den §§ 3 bis 5 abgesehen, nicht um mehr als 30 vom Hundert erhöht.

²Von dem Jahresbetrag des verlangten Mietzinses sind die Kürzungsbeträge nach § 3 Abs. 1 Satz 3 bis 7 abzuziehen, im Fall des § 3 Abs. 1 Satz 6 mit elf vom Hundert des Zuschusses.

(2) ¹Der Anspruch nach Absatz 1 ist dem Mieter gegenüber schriftlich geltend zu machen und zu begründen. ²Dabei kann insbesondere Bezug genommen werden auf eine Übersicht über die üblichen Entgelte nach Absatz 1 Satz 1 Nr. 2 in der Gemeinde oder in einer vergleichbaren Gemeinde, soweit die Übersicht von der Gemeinde oder von Interessenvertretern der Vermieter und der Mieter gemeinsam erstellt oder anerkannt worden ist (Mietspiegel); enthält die Übersicht Mietzinsspannen, so genügt es, wenn der verlangte Mietzins innerhalb der Spanne liegt. ³Ferner kann auf ein mit Gründen versehenes Gutachten eines öffentlich bestellten oder vereidigten Sachverständigen verwiesen werden. ⁴Begründet der Vermieter sein Erhöhungsverlangen mit dem Hinweis auf entsprechende Entgelte für einzelne vergleichbare Wohnungen, so genügt die Benennung von drei Wohnungen.

(3) ¹Stimmt der Mieter dem Erhöhungsverlangen nicht bis zum Ablauf des zweiten Kalendermonats zu, der auf den Zugang des Verlangens folgt, so kann der Vermieter bis zum Ablauf von weiteren zwei Monaten auf Erteilung der Zustimmung klagen. ²Ist die Klage erhoben worden, jedoch kein wirksames Erhöhungsverlangen vorausgegangen, so kann der Vermieter das Erhöhungsverlangen im Rechtsstreit nachholen; dem Mieter steht auch in diesem Fall die Zustimmungsfrist nach Satz 1 zu.

(4) Ist die Zustimmung erteilt, so schuldet der Mieter den erhöhten Mietzins von dem Beginn des dritten Kalendermonats ab, der auf den Zugang des Erhöhungsverlangens folgt.

(5) ¹Gemeinden sollen, soweit hierfür ein Bedürfnis besteht und dies mit einem für sie vertretbaren Aufwand möglich ist, Mietspiegel erstellen. ²Bei der Aufstel-

lung von Mietspiegeln sollen Entgelte, die auf Grund gesetzlicher Bestimmungen an Höchstbeträge gebunden sind, außer Betracht bleiben. ³Die Mietspiegel sollen im Abstand von zwei Jahren der Marktentwicklung angepaßt werden. ⁴Die Bundesregierung wird ermächtigt, durch Rechtsverordnung mit Zustimmung des Bundesrates Vorschriften über den näheren Inhalt und das Verfahren zur Aufstellung und Anpassung von Mietspiegeln zu erlassen. ⁵Die Mietspiegel und ihre Änderungen sollen öffentlich bekanntgemacht werden.

(6) Liegt im Zeitpunkt des Erhöhungsverlangens kein Mietspiegel nach Absatz 5 vor, so führt die Verwendung anderer Mietspiegel, insbesondere auch die Verwendung veralteter Mietspiegel, nicht zur Unwirksamkeit des Mieterhöhungsverlangens.

### Übersicht*

| | | Rn |
|---|---|---|
| I. | Allgemeines | |
| | 1. Zweck der Vorschrift | 1, 2 |
| | 2. Sachlicher Anwendungsbereich | 3–5 |
| | 3. Inkrafttreten. Übergangsrecht der Neuregelung | 6–7 d |
| | 4. Verhältnis zu anderen Mieterhöhungsverfahren | 8 |
| | 5. Mietzinsbegriff – Anspruch auf Zustimmung | 9–10 a |
| | 6. Voraussetzungen des Erhöhungsanspruchs. Entbehrlichkeit einer Sperrfrist für aufeinanderfolgende Erhöhungsverlangen | 11–12 a |
| II. | Die einjährige Wartefrist (Abs. 1 Nr. 1) | |
| | 1. Zweck | 13 |
| | 2. Jahresfrist | 14–16 |
| | 3. Unwirksamkeit bei Nichteinhaltung der Frist | 17 |
| | 4. Unerheblichkeit von Mietzinssenkungen | 18 |
| | 5. Unerhebliche Mieterhöhungen | 19 |
| | 6. Entbehrlichkeit der Begründung zur Wartefrist | 20 |
| III. | Die ortsübliche Vergleichsmiete (Abs. 1 S. 1 Nr. 2) | |
| | 1. Begriff, Wesen und Bedeutung der Vergleichsmiete (z. B. für §§ 556 a BGB, 5 WiStG, 302 a StGB) | 21–24 e |
| | 2. Orientierung an der Marktlage. Aktualisierte Vergleichsmiete | 25–27 g |
| | 3. Die gesetzlichen Vergleichsmerkmale | 28–35 |
| | 4. Für die Vergleichsmiete unerhebliche Merkmale | 36–36 b |

---

\* Vgl. zu dem Erhöhungsanspruch gem. § 2 auch Schaubild, Übersicht der Anspruchsvoraussetzungen, Fristenschema, fortgeschriebene Hinweise für die Aufstellung von Mietspiegeln und für Sachverständigengutachten sowie Musterbeispiel einer Erhöhungserklärung, jeweils abgedruckt im Anhang II.

## § 2 MHG

|  |  |  |
|---|---|---|
|  | 5. Die Vergleichbarkeit .................................. | 37, 38 |
|  | 6. Die Ermittlung der ortsüblichen Vergleichsmiete ........ | 39–42 |
|  | 7. Maßgeblicher Zeitpunkt ............................... | 43–44 a |
|  | 8. Sonderfälle (Gefälligkeitsmiete, vom Mieter geschaffene Einrichtungen) ......................................... | 45, 46 |
| IV. | Die Kappungsgrenze (Abs. 1 S. 1 Nr. 3) | |
|  | 1. Zweck und Allgemeines | 47 |
|  | 2. Inkrafttreten. Übergangsrecht in verfassungsrechtlicher Sicht ................................................. | 48, 49 |
|  | 3. Zur (generellen) Verfassungsmäßigkeit der Kappungsgrenze ................................................ | 50 |
|  | 4. Anwendungsbereich der Kappungsgrenze ............. | 51–54 |
|  | 5. Berechnung der 3-Jahres-Frist ........................ | 55 |
|  | 6. Berechnung der Kappungsgrenze ..................... | 56 |
|  | 7. Entbehrlichkeit der Begründung zur Kappungsgrenze .... | 57 |
| IV a. | Umfang des Mieterhöhungsanspruchs | |
|  | 1. Begrenzung durch Vergleichsmiete und Kappungsgrenze (mit Berechnungsbeispielen) ......................... | 58, 59 |
|  | 2. Unbeschränktes Erhöhungsrecht (Problem der Bandbreite bzw. Bagatellgrenze) .................................. | 60 |
|  | 3. Ermäßigter Anspruch bei Finanzierungsbeiträgen für Modernisierung .................................... | 61 |
| V. | Schriftform des Erhöhungsverlangens (Abs. 2 S. 1) | |
|  | 1. Einseitige Willenserklärung des Vermieters ............ | 62 |
|  | 2. Schriftform ......................................... | 63 |
|  | 3. Inhalt des Verlangens ................................ | 64 |
|  | 4. Wirksamkeit mit Zugang ............................. | 65 |
| VI. | Begründung des Erhöhungsverlangens (Abs. 2) | |
|  | 1. Allgemeines ........................................ | 66–69 a |
|  | 2. Begründung mit Mietspiegel ......................... | 70–90 |
|  | 3. Begründung mit Sachverständigengutachten .......... | 91–100 |
|  | 4. Begründung mit Vergleichswohnungen ............... | 101–112 |
|  | 5. Begründung auf sonstige Weise ...................... | 113–115 |
| VII. | Vertragsänderung durch Zustimmung des Mieters | |
|  | 1. Anspruch auf Zustimmung ........................... | 116–118 |
|  | 2. Rücknahme, Ermäßigung und Erhöhung des Erhöhungsverlangens ................................ | 119–122 |
|  | 3. Zustimmung durch formlose Willenserklärung ........ | 123–126 |
|  | 4. Anwendbarkeit der §§ 145 ff. BGB .................... | 127, 128 |
|  | 5. Keine Fristgebundenheit ............................. | 129, 130 |
|  | 6. Teilweise Zustimmung des Mieters ................... | 131–137 |
|  | 7. Ersetzung der Zustimmung durch Urteil .............. | 138 |
|  | 8. Abweichender Wirksamkeitszeitpunkt ................ | 139 |

| VIII. | Zeitpunkt des Wirksamwerdens der Mieterhöhung (Abs. 4) | |
|---|---|---|
| | 1. Einheitlicher Wirksamkeitszeitpunkt | 140, 141 |
| | 2. Zeitpunkt des Wirksamwerdens | 142–146 |
| IX. | Das gerichtliche Erhöhungsverfahren | |
| | 1. Zuständigkeit | 147, 148 |
| | 2. Klage (Antrag) auf Zustimmung | 149–151 a |
| | 3. Besondere Prozeßvoraussetzungen (Abs. 3 S. 1): | 152 |
| | a) Einhaltung der Überlegungsfrist | 153–161 |
| | b) Einhaltung der Klagefrist | 162–165 |
| | 4. Zulässigkeit, Schlüssigkeit und Begründetheit der Klage | 166, 167 |
| | 5. Ergänzung und Nachholung eines Erhöhungsverlangens im Prozeß | 168–172 |
| | 6. Gerichtliche Ermittlung der ortsüblichen Vergleichsmiete | 173–176 |
| | 7. Urteilsspruch, Anerkenntnis, Erledigung der Hauptsache | 177–193 |
| | 8. Gerichtlicher Vergleich | 194–196 |
| | 9. Streitwert | 197–204 |
| | 10. Kosten und vorläufige Vollstreckbarkeit | 205–207 |
| X. | Beweislast | 208–210 |

## I. Allgemeines

### 1. Zweck der Vorschrift[1]

a) Der Gesetzgeber hielt auf Vorschlag der Bundesregierung und des Rechtsausschusses des Bundestags trotz erheblicher Kritik (vgl. die öffentliche Anhörung der Vertreter der Verbände vor dem Rechtsausschuß des Bundestags, wo überwiegend Kritik geübt wurde) an dem **Prinzip der ortsüblichen Vergleichsmiete** bei der Erhöhung des Mietzinses fest. Er hielt die ortsübliche Vergleichsmiete für die unter den gegebenen Verhältnissen geeignetste Lösung für die Mietenermittlung, zumal das Bundesverfassungsgericht in seinem grundsätzlichen Beschluß vom 23. 4. 1974 (vgl. Einf. II) die Verfassungsmäßigkeit der materiellen Regelung der ortsüblichen Vergleichsmiete bestätigt hatte (vgl. Bericht des Rechtsausschusses des Bundestages). Damit stellt der Gesetzgeber nicht auf die Kostenmiete, sondern auf die **Marktmiete** als Grenze bei der allgemeinen Mieterhöhung ab. In der Begründung des Regierungsentwurfs (A, II 3) wird dazu ausgeführt, die vorgeschlagenen anderen Systeme böten für Mieterhöhun-

1

---

[1] Über den Zweck des MHG allgemein und die Unzulässigkeit der Kündigung zum Zweck der Mieterhöhung vgl. § 1 MHG Rn 3 u. 4.

gen keine Vorteile, abgesehen davon, daß jeder Systemwechsel zunächst neue Rechtsfragen aufwerfe und damit Rechtsunsicherheit bewirke. So würde die Einführung der Kostenmiete bei nicht preisgebundenen und daher nicht mit öffentlichen Mitteln geförderten Neubauwohnungen der jüngsten Zeit zum Teil erhebliche, aus den Marktverhältnissen nicht gerechtfertigte Mieterhöhungen ermöglichen. Tabellenmieten seien erfahrungsgemäß sehr starr und würden deshalb einer ständigen Anpassung an die Entwicklung bedürfen, wenn sie nicht zu Unzuträglichkeiten führen sollen. Demgegenüber ermögliche die Vergleichsmiete die notwendige Berücksichtigung der vielfach noch sehr unterschiedlichen örtlichen Verhältnisse. Sie bleibe an den jeweiligen Marktverhältnissen orientiert, berücksichtige den Wohnwert angemessen und verhindere zudem die Ausnützung jeder Marktchance bei Mangellagen. Der frühere Bundesjustizminister *Jahn* führte im Bundesrat in der Sitzung vom 5. 4. 74 (Prot. S. 124) aus, die bisherige Regelung der ortsüblichen Vergleichsmiete sei zwar verbesserungsfähig, habe sich aber letztlich doch bewährt. Die ortsübliche Vergleichsmiete sei nach dem Urteil der überwiegenden Mehrheit der Fachleute zweckmäßiger und gerechter als alle anderen Systeme zur Mietbegrenzung. Diese Regelung stehe auch im Einklang mit den Grundsätzen der sozialen Marktwirtschaft. Sie stelle (zusammen mit dem Kündigungsschutz) die Chancengleichheit her, welche Voraussetzung für das Funktionieren des Marktmechanismus sei. Der Abgeordnete *Kleinert* erklärte in der Bundestagssitzung vom 17. 10. 74 (Prot. S. 8314 D, 8315 C), die von der Opposition (CDU/CSU) vorgeschlagene Tabellenmiete sei abzulehnen. Es sollte statt dessen an der freien richterlichen Beweiswürdigung als einem wesentlichen Stück der Vergleichsmietenregelung festgehalten werden. Mit der Vergleichsmiete sei der richtige Mittelweg zwischen der Tabellenmiete und einer sich am Markt frei entwickelnden Miete gefunden worden.

Die ab 1. 1. 1983 gültige „Kappungsgrenze" (Abs. 1 S. 1 Nr. 3) stellt eine weitere Obergrenze (Begrenzung) neben der ortsüblichen Vergleichsmiete dar, welche jedoch nicht die Bedeutung der Vergleichsmiete, sondern nur regulierende Bedeutung haben dürfte.

2 b) § 2 MHG übernimmt das Verfahren der Mieterhöhung bis zur ortsüblichen Vergleichsmiete, wie es bisher in § 3 Abs. 1–4 des 1. WKSchG geregelt war, wobei jedoch **einige wesentliche Änderungen** bezüglich der Durchführung vorgenommen wurden. Insbesondere wurden die Anforderungen an die Begründung des Erhöhungsverlangens den Bedürfnissen der Praxis angepaßt und erleichtert. So wurde klargestellt, daß übertriebene Anforderungen an den Nachweis der Berechtigung des Erhöhungsverlangens nicht gestellt werden können (vgl. Abs. 2). Vor allem an dieser Frage hatte sich die Kritik am 1. WKSchG entzündet. Während nach bisherigem Recht (gemäß der ganz überwiegenden Rechtsprechung) der Nachweis für die Höhe des Verlangens nur durch eine mehr oder weniger große Zahl konkret bezeichneter Vergleichsobjekte (vergleichbare Wohnungen) geführt werden konnte, sind nunmehr alle Beweismittel zugelassen, insbesondere Mietspiegel, Sachverständigengutachten und die Angabe von (in der Regel 3) vergleichbaren Wohnungen. Die Fristen (Überle-

gungsfrist, Klagefrist, Sperrfrist) wurden geändert, um Schwierigkeiten bei der Feststellung der Fristen, wie sie sich nach bisherigem Recht ergaben, zu vermeiden (vgl. Abs. 3). Neu ist die Regelung, daß Erhöhungen wegen gestiegener Betriebskosten, Kapitalkosten oder wegen Modernisierungsmaßnahmen keinen Einfluß auf die einjährige Wartefrist haben (vgl. Abs. 1 Nr. 1). Die Frist für den Eintritt der Mieterhöhung wurde vereinheitlicht und damit praktikabler gestaltet (vgl. Abs. 4). Schließlich wurde der Anwendungsbereich sämtlicher Mieterhöhungen — und damit auch der Erhöhung gemäß § 2 MHG — bezüglich befristeter Mietverhältnisse klar abgegrenzt (vgl. § 1 S. 3 Hs. 2 MHG).

Über die ab 1. 1. 1983 gültigen Änderungen der Vorschrift — durch das MWoAEG — vgl. unten Rn 7.

## 2. Sachlicher Anwendungsbereich*

a) Der sachliche Anwendungsbereich des § 2 MHG ist derselbe wie derjenige des MHG (vgl. Einführung vor § 1 MHG Rn 29—32). Die Vorschrift gilt daher für alle preisfreien geschützten Wohnraummietverhältnisse im Bundesgebiet, soweit die Mieterhöhung nicht vertraglich ausgeschlossen ist.   3

b) Für die von § 2 abweichende, zeitlich befristete Sonderregelung für Stadt- und Landkreis München und die Freie und Hansestadt Hamburg, die ab 1. 1. 1977 weggefallen ist, vgl. Art. 6.   4

c) Im Lande Berlin galt die Vorschrift nur für Mietverhältnisse über Wohnraum, auf welchen die §§ 1—19, 24—31 MSchG nicht anzuwenden sind (vgl. Art. 5).   5

## 3. Inkrafttreten

§ 2 MHG ist am 1. 1. 1975 in Kraft getreten und hat den früher geltenden § 3 Abs. 1 des 1. WKSchG abgelöst, welcher das Verfahren des Mieterhöhungsanspruchs bis zur ortsüblichen Vergleichsmiete eingeführt hat.   6

Durch das am 1. 1. 1983 in Kraft getretene **Gesetz zur Erhöhung des Angebots an Mietwohnungen** vom 20. 12. 1982 (BGBl. I, S. 1912) — **MWoAEG** — wurde § 2 MHG in mehrfacher Hinsicht geändert, um verstärkt marktwirtschaftliche Gesichtspunkte zu berücksichtigen, insbesondere um dem Vermieter das Vertrauen zu ermöglichen, daß die mietrechtlichen Bestimmungen einer wirtschaftlichen Nutzung des Eigentums nicht entgegenstehen, und die bei Investitionen im Mietwohnungsbau bestehende Hemmschwelle herabzusetzen (vgl. Begründung des Regierungsentwurfs zum MWoAEG, Bundestagsdrucksache 9/2079, S. 7). Zur Vereinfachung und Verbesserung des Mieterhöhungsverfahrens gemäß § 2 MHG wurden durch das MWoAEG **folgende Änderungen eingeführt:**   7

a) eine stärkere marktorientierte Anpassung der Mieterhöhung durch Beschränkung der für die Vergleichsmiete heranzuziehenden üblichen Entgelte auf diejenigen der letzten 3 Jahre (aktualisierte Vergleichsmiete) (Abs. 1 S. 1 Nr. 2);

---

* Über die verfassungsrechtliche Gültigkeit der Vorschrift vgl. Einf. Rn 6.

§ 2 MHG, 7a

b) die Vermeidung einer zu starken Mieterhöhung auf einmal durch Einführung einer 30 %-Kappungsgrenze, bezogen auf 3 Jahre (Abs. 1 S. 1 Nr. 3);

c) die Förderung der Aufstellung von Mietspiegeln und deren rechtzeitige Fortschreibung durch die Ermächtigung der Bundesregierung zum Erlaß einer diesbezüglichen Rechtsverordnung in Abs. 5 und die vorläufige Zulassung der Verwendung von älteren Mietspiegeln in Abs. 6;

d) die Erleichterung des Vergleichsmietenverfahrens durch die Entbehrlichkeit einer Begründung beim Erhöhungsverlangen, wenn der Mietzins innerhalb einer Mietspiegelspanne liegt (Abs. 2 S. 2 Hs. 2), die Zulassung von 3 Vergleichswohnungen, auch des eigenen Bestandes des Vermieters (Abs. 2 S. 4), den Wegfall der früheren Sperrfrist für ein neues Erhöhungsverlangen nach Versäumung der Klagefrist (vgl. Abs. 3 S. 2 der bisherigen Fassung), die Verkürzung der Wirksamkeitsfrist auf 2 volle Kalendermonate (Abs. 4) und die Zulassung der Nachholung eines Erhöhungsverlangens im Rechtsstreit (Abs. 3 S. 2).

Alle diese Neuregelungen traten am **1. 1. 1983** in Kraft (vgl. Art. 6 MWoAEG).

7a  Da eine Übergangsvorschrift fehlt, ist der **für die Anwendung des neuen Rechts** maßgebliche **Anknüpfungspunkt** bei einem Mieterhöhungsverlangen gemäß § 2 MHG nicht der Zeitpunkt des Wirksamwerdens (vgl. Abs. 4), sondern der **Zugang (§ 130 BGB) des Erhöhungsverlangens** beim Mieter, da das Erhöhungsverlangen als einseitige, empfangsbedürftige Willenserklärung mit diesem Zugang wirksam wird (LG München II WM 83, 232; LG Nürnberg-Fürth WM 83, 294; AG Hamburg WM 83, 147; AG Hamburg, Fürstenfeldbruck und München WM 83, 232; *Heublein/Kuda* WM 83, 96; *Gramlich* NJW 83, 421; *Landfermann,* Erl. u. Mat. z. MWoAEG, S. 40; *Blümmel* GrundE 83, 144; *Heitgreß* WM 83, 148; *Palandt/Putzo* Art. 4, 2. WKSchG Anm. 1; a. A. AG Lörrach WM 83, 148; AG Wuppertal WM 83, 295; AG Augsburg WM 83, 295: letzte mündliche Verhandlung; AG Winsen/Luhe WM 83, 232: Urteilsverkündung; AG Charlottenburg WM 83, 147 und *Gelhaar* DWW 83, 58: Zustimmung des Mieters; AG Hannover WM 83, 233; *Klaas* WM 83, 98: Wirksamkeitszeitpunkt gem. Abs. 4; *Köhler,* Neues Mietrecht, S. 70: Zeitpunkt des Wirksamwerdens für Kappungsgrenze; vgl. auch *Schmidt-Futterer/Blank* C 480–484 differenzierend). Dies war auch bisher schon in der Rechtslehre anerkannt (vgl. die Vorauflage Art. 4 Rn 8, 14 m. w. N.). Für die Frage, worin die Verwirklichung des für die Rechtsanwendung maßgebenden Sachverhalts liegt, beim Zugang der die Rechtswirkung auslösenden Willenserklärung oder beim Eintritt der endgültigen Rechtsfolge, ist der Rechtssatz des intertemporalen Rechts heranzuziehen, wonach bei befristeten Rechtsgeschäften der Zeitpunkt der Vornahme des Rechtsgeschäfts entscheidet, nicht derjenige des Eintritts der Befristung (vgl. *Enneccerus/Kipp/Wolff,* Lehrbuch des bürgerlichen Rechts, I. Band, Allg. Teil, 15. Auflage 1959, § 62 III 1 m. w. N.). Daher muß für die Mieterhöhungserklärung als befristeter Rechtsvorgang entscheidend auf den Zugang der Willenserklärung abgestellt werden, nicht auf den endgültigen Eintritt der Rechtsfolge (Wirksamwerden der Mieterhöhung), so LG Aachen WM 73, 190 zu § 3 Abs. 1 des 1. WKSchG.

Daraus folgt, daß ein Mieterhöhungsverlangen gemäß § 2 MHG, welches vor dem 1. 1. 1983 zugegangen ist, sich **hinsichtlich aller materiell-rechtlicher Wirkungen einheitlich nach** dem **alten Recht** richtet, auch wenn der Rechtsstreit erst nach dem 1. 1. 1983 geführt wird (vgl. LG Regensburg WM 83, 114). Es gilt also z. B. nicht die Kappungsgrenze (vgl. *Gelhaar* DWW 83, 60) und die aktualisierte Vergleichsmiete, dagegen gilt noch die (materiellrechtliche) Sperrfrist von 9 Monaten ab Versäumung der Klagefrist für die Stellung eines neuen Erhöhungsverlangens. Bei einem im Dezember 1982 zugegangenen Erhöhungsverlangen, bei welchem die Klagefrist versäumt wurde, kann daher ein neues Erhöhungsverlangen frühestens im Februar 1984 gestellt werden (vgl. *Heublein/Kuda* WM 83, 97 wegen Vertrauensschutz des Mieters).

7b

**Das neue Recht** gilt andererseits in vollem Umfang bei jedem ab dem 1. 1. 1983 zugegangenen Erhöhungsverlangen. Bei einem schon vor Ablauf der 1jährigen Wartefrist (Abs. 1 S. 1 Nr. 1) zugegangenen Erhöhungsverlangen, welches zwar nicht unwirksam ist, jedoch die Überlegungsfrist des Mieters erst ab dem Ablauf der Wartefrist auslöst (RE OLG Oldenburg WM 82, 105), muß dabei als Zeitpunkt des Zugangs der erste Kalendermonat nach Ablauf der 1jährigen Wartefrist gelten, da der Vermieter nicht besserstehen kann als bei Beachtung der Wartefrist (*Landfermann*, Erl. u. Mat. z. MWoAEG, S. 40).

7c

Nach dem Grundsatz, daß **Verfahrensvorschriften** übergangsrechtlich ab ihrem Inkrafttreten auch auf schon anhängige Verfahren anwendbar sind, ist die Neuregelung über die Nachholung eines unwirksamen Erhöhungsverlangens durch ein wirksames neues Verlangen im Rechtsstreit (Abs. 3 S. 2) auch auf Mieterhöhungsprozesse, welche am 1. 1. 1983 anhängig waren, mit sofortiger Wirkung anwendbar (*Landfermann*, Erl. u. Mat. z. MWoAEG, S. 47; *Köhler*, Neues Mietrecht, S. 70; *Heublein/Kuda* WM 83, 96).

7d

### 4. Verhältnis zu anderen Mieterhöhungsverfahren

Über das Verhältnis des Erhöhungsanspruchs gemäß § 2 MHG zu anderen Erhöhungsansprüchen des MHG (§§ 3, 4 u. 5 MHG) vgl. § 1 MHG Rn 16–18.

8

### 5. Mietzinsbegriff — Anspruch auf Zustimmung

Über den Begriff „**Mietzins**" i. S. v. § 2 MHG vgl. eingehend Einf. vor § 1 MHG Rn 2. Es steht dem Vermieter frei, dem Erhöhungsverfahren gem. § 2 MHG die Gesamtmiete (Grundmiete einschließlich aller Betriebskosten) oder nur die Grundmiete (Kaltmiete) oder eine Kombination aus beiden (Grundmiete einschließlich eines bestimmten Teils der Betriebskosten) zugrundezulegen (ebenso *Goch* WM 80, 72), sofern der dem Erhöhungsverfahren zugrunde gelegte Mietzinsbegriff dem konkreten Mietvertrag entspricht. Bei einer Inklusivmiete kann das Erhöhungsverlangen nicht auf die Grundmiete beschränkt werden (LG Nürnberg-Fürth FWW 83, 148; AG Köln WM 80, 201; AG Augsburg WM 82, 27 (L)). In diesem Falle kann jedoch eine Aufspaltung der Miete in Grundmiete und Nebenkostenanteil erforderlich sein, wenn z. B. nur die Grundmiete gemäß einem Mietspiegel über Grundmieten erhöht werden soll, um dann der erhöhten Grundmiete den Neben-

9

kostenanteil wieder hinzuzufügen (vgl. AG Hannover WM 81, U 6; AG Gelsenkirchen WM 81, U 10; *Schulz* DWW 81, 317; OLG Stuttgart (RE) zitiert Rn 86 a; LG Berlin WM 80, 81). Im Rahmen des Erhöhungsverfahrens des § 2 MHG kann jedoch nicht das vertraglich vereinbarte Leistungsverhältnis, d. h. die Struktur des vertraglich vereinbarten Mietzinsbegriffs geändert werden (AG Dortmund WM 81, 109: statt Warmmiete eine Miete zuzüglich Heizungskosten; AG Frankfurt WM 82, 279 (L): unwirksames Erhöhungsverlangen bei Aufforderung zur Vertragsänderung bei Nebenkosten). Das Erhöhungsverfahren kann im Rahmen des mietvertraglichen Mietzinsbegriffs auf die Grundmiete, wie sie sich aus dem Mietvertrag ergibt, also ohne die darüber hinaus vertraglich zu zahlenden Nebenkosten, beschränkt werden (für Bruttomiete vgl. eingehend *Happ* DWW 81, 252; *Goch* WM 80, 72; *Niederberger* WM 80, 173 zu 4; für Nettomietzins *Streit* DWW 82, 48; für Nettokaltmiete oder Bruttomiete je nach Üblichkeit in der Gemeinde *Schulz* DWW 81, 317, 319), wobei der so verwendete Begriff des Mietzinses im Erhöhungsverlangen und im Klagantrag zweifelsfrei zu bezeichnen ist. Der Vermieter ist daher nicht gezwungen, das Umlegungsverfahren gem. § 4 Abs. 2 MHG anzuwenden, um im Rahmen der globalen Erhöhung des Mietzinses – dies ist das Verfahren gem. § 2 MHG – auch die Betriebskosten auf den aktuellen (d. h. erhöhten) Stand zu bringen. Denn das Verfahren, das für ein Ganzes (Gesamtmiete) gilt – § 2 MHG –, muß auch für einen Teil dieses Ganzen (Betriebskosten) gelten.

9a Sind zuvor **Erhöhungen gem. den §§ 3–5 MHG** vorgenommen worden, so bilden diese Erhöhungen einen Teil des (neuen) Mietzinses. Bei einer späteren Erhöhung auf Grund von § 2 MHG kann daher **nicht** ein **„besonderer Zuschlag"** durch eine Umlegung gem. den §§ 3–5 MHG herbeigeführt und zusätzlich zu der gem. § 2 MHG erhöhten Miete verlangt werden (*Happ* DWW 81, 256). Umlegungen gem. den §§ 3–5 MHG führen also nicht zu einem „besonderen Zuschlag" unabhängig vom Mietzins (vgl. auch § 3 MHG Rn 1 a und § 5 MHG Rn 3 a).

10 Der Vermieter hat gemäß § 2 MHG gegen den Mieter einen **Anspruch auf Zustimmung zur Zahlung** des erhöhten Mietzinses (also auf Abgabe einer Willenserklärung), nicht etwa direkt auf Zahlung der erhöhten Miete. Über den Begriff „Vermieter" vgl. Einf. Rn 35. Diese Regelung entspricht dem bisherigen Recht in § 3 des 1. WKSchG. Zwar hatte sich der Regierungsentwurf zum 2. WKSchG für einen Anspruch auf Zustimmung, aber aus Gründen der Prozeßwirtschaftlichkeit für eine Klage auf Zahlung entschieden. Der Bundesrat trat jedoch aus verschiedenen Gründen (vgl. seine Stellungnahme Nr. 7, Anhang I) für die Beseitigung der Zahlungsklage und die Fortregelung der Zustimmungsklage ein. Der Rechtsausschuß des Bundestages hat sich die Begründung des Bundesrates zu eigen gemacht.

10a Einen Anspruch auf Zahlung des gemäß § 2 MHG erhöhten Mietzinses (vgl. § 535 BGB) hat der Vermieter erst, nachdem der Mieter (freiwillig oder kraft eines rechtskräftigen Urteils) die Zustimmung zur Erhöhung abgegeben hat. Erst durch diese Zustimmung des Mieters kommt zwischen Vermieter und Mieter ein Änderungsvertrag zustande, wonach an die Stelle des bisherigen Mietzinses ein höherer Mietzins tritt (vgl. über das Zustandekommen des Änderungsvertrages Rn 117). Die

**Zustimmung** des Mieters **ist** im Falle des § 2 MHG unabdingbare **Voraussetzung eines Zahlungsanspruches**. Eine auf Zahlung des erhöhten Mietzinses gerichtete Klage des Vermieters ohne vorherige Zustimmung des Mieters ist als unbegründet abzuweisen. Sollte sich der Mieter trotz erteilter Zustimmung weigern, den erhöhten Mietzins zu zahlen, so muß der Vermieter — unabhängig von seinem Zustimmungsanspruch — auf Zahlung des erhöhten Mietzinses klagen. Soweit auf künftige Zahlung geklagt wird, ist die Klage nur zulässig, wenn die Besorgnis besteht, daß sich der beklagte Mieter der rechtzeitigen Leistung entziehen werde (§ 259 ZPO). Diese Besorgnis wird bei unterlassener Zahlung des Erhöhungsbetrages trotz erteilter Zustimmung regelmäßig vorliegen. Verbindet der Vermieter mit der Zustimmungsklage eine Klage auf künftige Zahlung des erhöhten Mietzinses (Klagenhäufung), so ist die Zahlungsklage regelmäßig als unzulässig abzuweisen (§ 259 ZPO), weil der Mieter ohne eine vorausgegangene Zustimmung die Zahlung konsequenterweise verweigert, jedoch bei Verurteilung zur Zustimmung für ihn vernünftigerweise kein Anlaß mehr bestehen wird, den erhöhten Mietzins nicht zu zahlen, es also dann an der Besorgnis der rechtzeitigen Leistung fehlen wird. Ausnahmsweise wäre eine solche Klagenhäufung z. B. dann zulässig, wenn der Mieter erklärt hat, er werde auf keinen Fall die Mieterhöhung bezahlen, auch dann nicht, wenn er zur Zustimmung verurteilt werden sollte.

Der Zustimmungsanspruch ist **nicht** als solcher **abtretbar** (LG Hamburg WM 80, 59; WM 79, 260; LG Köln WM 75, 128).

### 6. Voraussetzungen des Erhöhungsanspruchs*

Der Anspruch des Vermieters gegen den Mieter auf Zustimmung zur Mieterhöhung gemäß § 2 MHG besteht nur, wenn bestimmte nachfolgend erörterte sachliche (vgl. II—IV a) und formelle (vgl. V—VII) Voraussetzungen kumulativ vorliegen. Wird die Zustimmung durch den Mieter erteilt, so kommt ein Änderungsvertrag der Mietparteien über die Festlegung eines erhöhten Mietzinses zustande (vgl. unten VII), so daß der Vermieter — erst dann — gemäß § 535 Abs. 1 BGB einen Rechtsanspruch auf Zahlung des erhöhten Mietzinses hat. Die Wirksamkeit der Mieterhöhung tritt allerdings erst zu dem gesetzlich bestimmten Zeitpunkt (vgl. unten VIII) ein. Stimmt der Mieter dem Erhöhungsverlangen des Vermieters nicht zu, so kann der Vermieter in einem näher geregelten gerichtlichen Verfahren (vgl. IX) auf Zustimmung klagen. Hat die Klage Erfolg, so ersetzt das rechtskräftige Urteil die Zustimmung des Mieters (§ 894 ZPO). Dadurch kommt ein Änderungsvertrag mit der gleichen Rechtswirkung wie bei freiwilliger Zustimmung des Mieters zustande. 11

Der Vermieter muß sämtliche gesetzlichen Voraussetzungen erfüllen, um einen Erhöhungsanspruch zu haben. Liegt eine der nachfolgend unter II—VII erörterten Voraussetzungen nicht vor, so steht ihm kein Anspruch auf Zustimmung zur Mieterhöhung zu. Sein Erhöhungsverlangen ist dann rechtsunwirksam (vgl. §§ 134, 12

---

\* Über die einzelnen Voraussetzungen des Mieterhöhungsanspruchs gem. § 2 vgl. die Übersicht „Mieterhöhungsanspruch gem. § 2 MHG — Voraussetzungen" im Anhang II.

**§ 2 MHG,** 12a

125 BGB). Wenn auch ein solches unwirksames Erhöhungsverlangen keine Rechtsfolgen nach § 2 MHG hat, so kann es gleichwohl als Vertragsangebot „wirksam" sein, also insoweit Rechtswirkungen entfalten. Auch ein unwirksames Erhöhungsverlangen ist in einen Antrag auf Abschluß eines Änderungsvertrages hinsichtlich des Mietzinses umzudeuten (vgl. § 140 BGB), so daß bei Zustimmung des Mieters zu diesem Antrag ein Abänderungsvertrag zustande kommt (vgl. § 151 BGB). Ein solcher Vertrag ist rechtswirksam, da der Mieter während eines bestehenden Mietverhältnisses einer Mieterhöhung um einen bestimmten Betrag zugestimmt hat (§ 10 Abs. 1 Hs. 2 MHG).

12a Für die Stellung eines wirksamen Erhöhungsverlangens braucht nach der Neufassung des Abs. 3 S. 2 seit dem 1. 1. 1983 **nicht mehr** die früher geltende **Sperrfrist eingehalten werden,** nach welcher **bei Versäumung der Klagefrist** nach einem vorausgegangenen wirksamen Erhöhungsverlangen ein neues Erhöhungsverlangen erst nach Ablauf einer 9monatigen Frist zulässig war (vgl. Abs. 3 S. 2 der früheren Gesetzesfassung). Der Gesetzgeber wollte damit eine Vereinfachung des Erhöhungsverfahrens für den Fall erreichen, daß der Mieter nicht zustimmt (vgl. Begründung des Regierungsentwurfs zum MWoAEG, S. 9). Die bisherige Sperrfristregelung hatte den unerwünschten Effekt, daß ein Vermieter trotz aussichtsreicher Verhandlungen über eine Mieterhöhung praktisch in kurzer Frist Klage erheben mußte, um nicht Gefahr zu laufen, erst 9 Monate nach Ablauf der Klagefrist ein neues wirksames Erhöhungsverlangen stellen zu können (*Röbbert* DB 83, 163).

Nunmehr kann der Vermieter **nach** einem **vorausgegangenen** (wirksamen oder unwirksamen) **Erhöhungsverlangen,** abgesehen von der 1jährigen Wartefrist, **sogleich und in beliebiger Aufeinanderfolge neue Erhöhungsverlangen** stellen, wobei unerheblich ist, ob er auf ein früheres Erhöhungsverlangen, welchem der Mieter nicht zustimmte, eine Mieterhöhungsklage folgen läßt oder nicht (vgl. *Derleder* WM 83, 224 über die Streitgegenstandsidentität mehrerer im Rechtsstreit geltend gemachter Erhöhungsverlangen). Ist allerdings ein vorausgegangenes Mieterhöhungsverlangen wirksam, so kann ein neues Erhöhungsverlangen erst wieder nach Ablauf der **1jährigen Wartefrist** (Abs. 1 S. 1 Nr. 1) gestellt werden. Zwar hat nunmehr der Vermieter die Möglichkeit, den Mieter außergerichtlich als auch im Rechtsstreit mit immer neuen Erhöhungsverlangen zu „bombardieren". Er sollte jedoch das Verhältnis der Verlangen zueinander klarstellen (vgl. *Derleder* WM 83, 224 wonach einem folgenden Verlangen andernfalls die erforderliche Bestimmtheit fehlen soll). Der Mieter sollte die Rechtswirkung jedes einzelnen Erhöhungsverlangens getrennt überprüfen. Wird er mit einem nach seiner Ansicht unwirksamen Erhöhungsverlangen überzogen, so kann er sich durch eine Klage auf Feststellung zur Wehr setzen, daß ein bestimmtes Erhöhungsverlangen des Vermieters unwirksam ist, wobei das Rechtsschutzinteresse (§ 256 ZPO) zu bejahen ist. Die Gefahr, in einem solchen Feststellungsstreit zu unterliegen und die Prozeßkosten tragen zu müssen, wird den Vermieter davor abschrecken, seinen Mieter mit letztlich unwirksamen Erhöhungsverlangen (z. B. wegen Nichteinhaltung der 1jährigen Wartefrist) zu überziehen.

Der Vermieter hat im Falle der Mieterhöhung bei mehreren Mietern **keine Pflicht zur Gleichbehandlung** aller Mieter (a. A. AG Melsungen WM 81, U 4: Erhöhungsverlangen sei rechtsmißbräuchlich, wenn dabei zwei völlig gleiche Mietverhältnisse ungleich behandelt werden). Denn nach h. M. hat der Vermieter allgemein keine Pflicht, mehrere Mieter gleich zu behandeln (so *Palandt/Putzo* § 535 Anm. 2 b, aa; einschränkend auch *Schmid* BlGBW 81, 48 m. w. N.). Er kann daher bei gleichwertigen Wohnungen beim einen Mieter die Miete erhöhen, beim anderen nicht. 12b

## II. Die einjährige Wartefrist (Abs. 1 Nr. 1)

### 1. Zweck

Ein Anspruch auf Mieterhöhung steht dem Vermieter zu einem bestimmten Zeitpunkt nur zu, wenn der bisherige Mietzins seit einem Jahr unverändert ist. Durch diese Ausschlußfrist, die schon nach bisherigem Recht galt (vgl. § 3 Abs. 1 S. 1 des 1. WKSchG), will der Gesetzgeber eine gewisse **Kontinuität bei der Mietzinsgestaltung** gewährleisten (vgl. Schriftlichen Bericht des Rechtsausschusses des Bundestags zu § 3 des 1. WKSchG). Der Mieter soll nicht in zu kurzen Zeitabständen hintereinander mit Mieterhöhungen angegangen werden können. Die Ausschlußfrist dient einer stabilen Mietzinsgestaltung und damit dem Schutze des Mieters. 13

### 2. Jahresfrist

Der Lauf der **Jahresfrist berechnet sich** nach § 188 Abs. 2 und 3 BGB, wobei je nachdem, ob die letzte Mietzinsfestsetzung durch Vereinbarung oder durch gesetzliche Mieterhöhung eintrat, § 187 Abs. 1 (im ersten Falle) oder Abs. 2 (im letzteren Falle) heranzuziehen ist. Rechnet man noch die Zeit bis zum Wirksamwerden der Mieterhöhung hinzu, so ergibt sich ein Zeitraum von mindestens 14 Monaten, in welchem der Mietzins nicht verändert werden kann. 14

a) Der **Beginn der Frist läuft ab dem Wirksamwerden der früheren Mietzinsfestsetzung,** welche dem jetzigen Erhöhungsverlangen vorausging (*Sternel* ZMR 83, 74). In Frage kommt hierbei nur eine rechtswirksame Festsetzung des Mietzinses, sei es durch anfängliche, d. h. bei Vertragsschluß erfolgende (auch wenn der Mieter in einen Vertrag mit dem Vormieter eintritt, vgl. AG Frankfurt WM 82, 77) oder nachträgliche Vereinbarung der Mietvertragsparteien oder auf Grund eines gesetzlichen Mieterhöhungsanspruchs, z. B. gemäß dem Mieterhöhungsverfahren bis zur ortsüblichen Vergleichsmiete (gemäß § 2 MHG) oder gemäß einem gesetzlichen Gestaltungsrecht des Vermieters zur einseitigen Mieterhöhung. Hierzu zählt auch der Fall, daß der Mieter auf eine Aufforderung des Vermieters eine höhere, jedoch nicht die geforderte Miete ohne ausdrückliche Vereinbarung bezahlt (a. A. AG Hannover WM 81, U 10), da dies zu einem 15

Änderungsvertrag führt (vgl. Rn 135). Da das Gesetz auf ein „Unverändertsein" (frühere Fassung: „Fortbestehen") des Mietzinses abstellt, kommt es nicht auf den Zeitpunkt der Vereinbarung des bisherigen Mietzinses bzw. den Zugang der Erhöhungserklärung an, sondern auf den Zeitpunkt, ab dem der Mietzins erstmals zu zahlen war (Wirksamwerden). Ein unwirksames Erhöhungsverlangen scheidet als Ereignis, das den Beginn der Jahresfrist in Lauf setzt, schon deshalb aus, weil es keine den Mietzins verändernde Wirkung hat (*Wiethaup* ZMR 77, 65). Die Jahresfrist hat nicht den Zweck, den Mieter vor unwirksamen Erhöhungsverlangen zu bewahren. Ist eine Mieterhöhung gemäß § 2 MHG für bestimmte Zeit vertraglich oder gesetzlich ausgeschlossen gewesen, danach jedoch möglich, so wird es für den Fristbeginn nach dem genannten Gesetzeszweck lediglich auf die frühere Mietzinsfestsetzung ankommen. Der Vermieter wird daher nach Eintritt der Mieterhöhungsmöglichkeit nicht noch ein ganzes Jahr warten müssen, um ein wirksames Erhöhungsverlangen stellen zu können.

16 b) Die Jahresfrist muß nicht schon zum Zeitpunkt der **Abgabe** des schriftlichen Erhöhungsverlangens durch den Vermieter abgelaufen sein, sondern erst zum Zeitpunkt des Zugangs der Erklärung (OLG Oldenburg (RE) WM 81, 83 = MRS 1 Nr. 28; a. A. die Vorauflage).

### 3. Unwirksamkeit bei Nichteinhaltung der Frist

17 Ein **vor Ablauf der Jahresfrist gestelltes Mieterhöhungsverlangen ist nicht unwirksam;** die Fristen des § 2 werden jedoch nicht früher in Lauf gesetzt als bei einer unmittelbar bei Ablauf der Jahresfrist abgegebenen Erklärung (OLG Oldenburg (RE) ZMR 83, 242 = WM 82, 105 = MRS 2 Nr. 36; LG München I ZMR 80, 148; a. A. die Vorauflage Rn 17 m. w. N.; *Sternel* ZMR 83, 74: verfrühte Erklärung hat keine Rechtswirkungen; *Derleder* WM 83, 224 wegen der Rechtsfriedensfunktion dieser Jahresfrist).

### 4. Unerheblichkeit von Mietzinssenkungen

18 Erhöhungen des Mietzinses dürfen während der Jahresfrist nicht vorgenommen worden sein; **Mietzinssenkungen,** sei es auf Grund vertraglicher Vereinbarung oder auf Grund des MHG, sind dagegen **unschädlich.** Eine Mietzinserhöhung liegt auch vor, wenn der Vermieter einen Untermietzuschlag gem. § 549 Abs. 2 S. 2 BGB erhebt, wobei die Mieterhöhung in dem Zeitpunkt eintritt, in welchem der Zuschlag erstmals mit dem Mietzins zusammen fällig wird. Die Unerheblichkeit von Mietzinssenkungen folgt zwar nicht aus dem Gesetzeswortlaut („unverändert"), ist aber daraus abzuleiten, daß die Jahresfristregelung eine Schutzvorschrift zugunsten des Mieters darstellt, dieser jedoch in seinem Interesse an Kontinuität des Mietzinses durch vorhergehende Mietzinssenkungen nicht beeinträchtigt wird.

### 5. Unerhebliche Mieterhöhungen

19 **Ohne Einfluß auf die einjährige Frist** sind – nach der eindeutigen Fassung (vgl. den eingeschobenen Halbsatz in Abs. 1 Nr. 1) – **Mieterhöhungen gemäß** den

besonderen Mieterhöhungsverfahren der §§ 3, 4 u. 5 MHG. Durch diese Klarstellung wollte der Gesetzgeber zugunsten des Vermieters sicherstellen, daß durch die in Form eines Gestaltungsrechts einseitig durchsetzbaren Mieterhöhungen, welche häufiger vorkommen und regelmäßig vom Vermieter nicht beeinflußt werden, das allgemeine Mieterhöhungsrecht gemäß § 2 nicht für beträchtliche Zeiträume unmöglich gemacht wird (vgl. Begründung des Regierungsentwurfs). Solche gestaltungsrechtlichen Mieterhöhungen können also, gleichgültig in welcher Häufigkeit und Reihenfolge, während des letzten Jahres durchgeführt worden sein, ohne daß dadurch das Erhöhungsrecht gemäß § 2 MHG berührt wird. Nach dem Zweck des Gesetzes gilt dies für alle Mieterhöhungen auf Grund von Betriebskosten- und Kapitalkostensteigerungen sowie wegen Modernisierungskosten. Als „Erhöhungen nach den §§ 3 bis 5 MHG" (dieselbe Fassung findet sich in Abs. 1 S. 1 Nr. 3 bei der Kappungsgrenze, vgl. Rn 54) sind diejenigen anzusehen, die auf Grund einer einseitigen gestaltungsrechtlichen Erhöhungserklärung des Vermieters gemäß den materiellen und formellen Voraussetzungen der §§ 3, 4 Abs. 2 oder 5 MHG (also „streng nach dem Gesetz") zustandegekommen sind, als auch solche Erhöhungen, die auf Grund einer Vereinbarung der Parteien (§ 10 Abs. 1 Hs. 2 MHG), jedoch bei Vorliegen der materiellen (nicht formellen) Voraussetzungen der §§ 3, 4 Abs. 2 oder 5 MHG vorgenommen wurden (z. B. bei objektivem Vorliegen einer wesentlichen Wertverbesserung in Höhe von 11% der Modernisierungskosten) (a. A. *Sternel* III 133; *Emmerich/Sonnenschein* 14: für die auf Grund einer Vereinbarung, jedoch aus Anlaß von Vorgängen gem. den §§ 3–5 MHG erfolgten Erhöhungen).

Die einjährige **Sperrfrist** gilt **nicht beim Übergang von** der **Mietpreisbindung** (Kostenmiete) **zur preisfreien Miete** (Marktmiete), was sich aus teleologischer Reduktion ergibt (*Deggau* BlGBW 83, 82; *Schmidt-Futterer/Blank* C 80; a. A. *Sternel* III 133; *Emmerich/Sonnenschein* 15: Geltung ab letzter Kostenmieterhöhung). Denn nach Sinn und Zweck der Sperrfristregelung kann sich diese nur auf allgemeine Mieterhöhungen im Rahmen des Anwendungsbereichs des MHG beziehen (vgl. § 10 Abs. 3 Nr. 1 MHG). Trotz einer weniger als ein Jahr zurückliegenden Erhöhung der Kostenmiete kann daher nach Eintritt der Preisfreiheit sofort ein Erhöhungsverlangen geltend gemacht werden.

19a

Die Sperrfrist ist auch zu beachten, wenn dem Mieter im Hause des Vermieters eine andere Wohnung zum gleichen Mietzins überlassen wurde (LG Essen WM 81, U 9).

### 6. Entbehrlichkeit der Begründung zur Wartefrist

Eine **Begründung des Erhöhungsverlangens** dahin, **daß** der Mietzins **seit** mindestens **einem Jahr unverändert** fortbesteht, ist **entbehrlich** (vgl. *Klien* NJW 73, 975; *Fehl* NJW 74, 926; *Ganschezian-Finck* NJW 74, 117). Dies ist aus der gesetzgeberischen Absicht abzuleiten, den Begründungszwang zu erleichtern: während früher die „rechtfertigenden Gründe" anzugeben waren, genügt es nunmehr, den Anspruch „zu begründen". Zudem ist dem Mieter in aller Regel bekannt, seit wann der Mietzins unverändert fortbesteht, so daß er darüber nicht aufgeklärt zu werden braucht. In den seltenen Fällen, in denen der Mieter nicht selbst den Mietvertrag geschlossen hat, sondern kraft Erbfolge (vgl. §§ 1922, 569 a, 569 b

20

BGB) oder durch Vertrag an Stelle des bisherigen Mieters in einen bestehenden Mietvertrag eingetreten ist, wird er sich auf andere Weise (Einblick in die Vertragsurkunde und Schriftverkehr) Kenntnis über die letzte Mietzinsänderung verschaffen können.

### III. Die ortsübliche Vergleichsmiete (Abs. 1 S. 1 Nr. 2)

#### 1. Begriff, Wesen und Bedeutung der Vergleichsmiete

Über die Erwägungen und Motive des Gesetzgebers, die ortsübliche Vergleichsmiete zur Richtschnur der allgemeinen Mieterhöhung zu machen, vgl. oben Rn 1.

##### a) Begriff der Vergleichsmiete

21 Maßstab für den Umfang der Mieterhöhung gem. § 2 MHG ist, wie schon in § 3 des 1. WKSchG, die sog. ortsübliche Vergleichsmiete. Man versteht darunter die auf dem örtlichen Wohnungsmarkt für eine vergleichbare Wohnung (gegenwärtig) übliche Miete, also eine marktorientierte Miete. (Über den Unterschied zwischen Durchschnittsmiete und Marktmiete vgl. *Rupp* DWW 79, 279). Der Gesetzgeber entschied sich weder für das an der Finanzierung orientierte Prinzip der Kostenmiete noch für eine gesetzlich festgelegte Tabellenmiete. Ortsübliche Vergleichsmiete ist ein **unbestimmter Rechtsbegriff,** welcher nach den im Gesetz genannten Merkmalen auszulegen ist (*Niederberger* WM 80, 172).

##### b) Frühere Vorschriften

22 Der Begriff der ortsüblichen Vergleichsmiete taucht in § 3 des 1. WKSchG nicht zum erstenmal in einer gesetzlichen Vorschrift auf. Er hat schon verschiedene **Vorläufer** gehabt. In § 2 der Verordnung Preisrecht Nr. 71/51 vom 29. 11. 51 (BGBl. I S. 920) (gleiche Art, Lage, Ausstattung), § 24 des I. BMietG (ohne Beschreibung der Merkmale), § 557 Abs. 1 S. 1 Hs. 2 BGB (Mietzins, der für vergleichbare Räume ortsüblich ist) und in § 2 b n. F. WiStG (gleiche Art, Größe, Ausstattung, Beschaffenheit und Lage) finden sich ähnliche Begriffe.

##### c) Bandbreite der Vergleichsmiete

23 Nach § 2 besteht ein Erhöhungsanspruch dann, wenn „der verlangte Mietzins die üblichen Entgelte ... nicht übersteigt". Diese „üblichen Entgelte" (Mehrzahlbegriff!) stellen in ihrer Gesamtheit die ortsübliche Vergleichsmiete dar. Es handelt sich dabei also **nicht** um einen **einzigen Wert** (einen bestimmten Betrag), **sondern** um eine Spanne, also **einen Bereich** (Rahmen), **der sich um einen statistischen Mittelwert gruppiert.** Da unter „üblich" Werte zu verstehen sind, die mit einer gewissen Häufigkeit vorkommen, scheiden selten vorkommende einzelne Entgelte, praktisch also extrem hohe und niedrige Entgelte aus (sog. Ausreißer). Die Schwierigkeit besteht in der Praxis darin, den „Mittelwert" zu bestimmen – was regelmäßig nur durch Schätzung möglich sein wird –, wenn Daten der Wohnungsmieten nicht in hinreichend großer Zahl aus der betreffen-

den Gemeinde zur Verfügung stehen (vgl. *Sternel* III 112, wonach eine Mindestanzahl von 40 Wohnungsdaten für eine bestimmte Wohnungskategorie erforderlich sei) und andererseits auch ein verwendbarer Mietspiegel nicht zur Verfügung steht (bzgl. dieser Schwierigkeiten vgl. Rn 39–42). Da der **Vermieter** die Darlegungs- und **Beweislast für den Umfang seines Erhöhungsrechts** hat (vgl. auch Rn 42, 45), müssen sich etwa verbleibende Unklarheiten darüber, bis zu welcher Höhe übliche Entgelte einer bestimmten Wohnungsart in der Gemeinde vorkommen, zum Nachteil des Vermieters auswirken, also zu einer (vollständigen oder teilweisen) Ablehnung des Erhöhungsanspruchs führen. Ist ein Mietspiegel mit einer Spanne für eine bestimmte Wohnungskategorie vorhanden, so sind die Eckwerte der Spanne als die Grenzen des „Üblichen" anzusehen. Üblich sind demnach alle Entgelte, die zwischen der oberen und der unteren Grenze dieser Bandbreite liegen. Unrichtig wäre es also, nur einen einzigen Wert (Entgelt) innerhalb der Bandbreite als ortsübliche Vergleichsmiete anzusehen, da dann nahezu sämtliche vorhandenen Mietentgelte nicht zum Üblichen zählen würden, selbst wenn sie nur ganz geringfügig von diesem gesuchten Wert abweichen. Geometrisch ausgedrückt handelt es sich also bei der ortsüblichen Vergleichsmiete nicht um einen Punkt innerhalb einer bestimmten Strecke, sondern um die Strecke selbst. Über die praktischen Auswirkungen der Bandbreite für den Umfang des Erhöhungsanspruchs vgl. Rn 60.

d) **Bedeutung der ortsüblichen Vergleichsmiete**
Die ortsübliche Vergleichsmiete ist als Maß für „übliche" und daher angemessene Miete auch außerhalb des Mieterhöhungsverfahrens gem. § 2 von Bedeutung, insbesondere gilt dies für folgende Fälle: 24

aa) Ist auf Grund einer **Wertsicherungsklausel** ein angemessener Mietzins neu zu vereinbaren, so ist, wenn sich aus dem Vertrag nichts anderes ergibt, grundsätzlich der zum Zeitpunkt der Neufestsetzung angemessene, in der Regel also der orts- und marktübliche Mietzins maßgebend (BGH WM 76, 3 = DWW 75, 294), d. h. die ortsübliche Vergleichsmiete (*Schopp* ZMR 77, 260). 24a

bb) Bei der **gerichtlichen Neufestsetzung** des vom Vermieter begehrten erhöhten Mietzinses **nach § 556 a Abs. 2 BGB** ist die jeweilige ortsübliche Vergleichsmiete maßgebend; insoweit ist diese Vorschrift lex specialis gegenüber dem gesetzlichen Mieterhöhungsrecht nach §§ 2 ff. MHG. Bei dieser Neufestsetzung des Mietzinses darf die ortsübliche Vergleichsmiete nicht überschritten werden, wobei es auf die Einhaltung der Erhöhungsvoraussetzungen des § 2 MHG nicht ankommt (LG Mannheim ZMR 77, 30 = WM 75, 214 = Die Justiz 77, 350 [Ls]; *Weimar* ZMR 78, 327). 24b

cc) Hat der Nutzungsberechtigte eines **dinglichen Wohnrechts** gem. § 1093 BGB eine für den Wohnraum übliche **Nutzungsvergütung** zu zahlen, so kann, wenn anderweitige Vergleichskriterien für die Höhe des Nutzungsentgelts nicht feststellbar sind, der Eigentümer den für vergleichbaren Wohnraum am jeweiligen Ort üblichen Mietzins verlangen (LG Mannheim WM 75, 170), d. h. die ortsübliche Vergleichsmiete. 24c

24d  dd) Bei der **Mietpreisüberhöhung gem. § 5 WiStG n. F. (Ordnungswidrigkeit)** gehört zum objektiven Tatbestand ein Sich-Versprechen-Lassen, Fordern oder Annehmen von unangemessen hohen Entgelten für die Vermietung von Wohnraum und damit verbundenen Nebenleistungen (S. 1). Unangemessen hoch sind nach S. 2 Entgelte, die infolge der Ausnutzung eines geringen Angebots an vergleichbaren Räumen die (aktualisierte, d. h. auf die letzten 3 Jahre bezogene) ortsübliche Vergleichsmiete (der Begriff ist derselbe wie in § 2 Abs. 1 S. 1 Nr. 2 MHG, so daß auch auf einen (aktualisierten) Mietspiegel zurückgegriffen werden kann; LG Hamburg WM 79, 63) nicht unwesentlich übersteigen. „Nicht unwesentlich" (sog. **Wesentlichkeitsgrenze**) ist nach h. M. die **Überschreitung** der konkreten (für die betreffende Wohnung ermittelten) ortsüblichen Vergleichsmiete um **mehr als 20 %** (so OLG Stuttgart (RE) ZMR 81, 318 = WM 81, 225 = DWW 81, 234 = NJW 81, 2365 = MRS 1 Nr. 30; OLG Hamburg (RE) ZMR 83, 100 = WM 83, 20; OLG Köln WM 80, 36; OLG Stuttgart ZMR 75, 370; LG Mannheim WM 74, 77; NJW 77, 1729 = MDR 77, 581; a. A. (mehr als 25%) zu Recht OLG Frankfurt ZMR 75, 371; LG Mannheim ZMR 76, 239 = WM 76, 68; LG Frankfurt WM 76, 134; LG Hamburg MDR 77, 582; *Palandt/Putzo* Anm. 1 c; für 33⅓ % über dem Mietbereich, innerhalb dessen sich die konkrete Miete zulässigerweise bewegen darf: LG Hamburg MDR 81, 1022; für mehr als 20–30 % *Schmidt-Futterer/Blank* D 42). Beim Mietzins sind dabei Grundmiete und Nebenleistungsentgelt zusammenzurechnen (OLG Stuttgart (RE) ZMR 82, 176 = WM 82, 129 = DWW 82, 241 = NJW 82, 1160 = MRS 2 Nr. 38). Über die Unzulässigkeit der Vornahme von Zuschlägen für bestimmte Gruppen von Mietern (Ausländer; Studenten, Wohngemeinschaft u. a.) vgl. Rn 36 b mit den dort angegebenen Rechtsentscheiden. Der Vermieter hat die Pflicht, sich im Hinblick auf das Verbot der Mietpreisüberhöhung in ausreichendem Maße und bei kompetenter Stelle nach der Höhe der ortsüblichen Vergleichsmiete zu erkundigen (BayObLG WM 81, 69).

Hat der Mieter eine objektiv gegen § 5 WiStG verstoßende und daher überhöhte Miete bezahlt, so steht ihm ein **Rückforderungsanspruch** aus ungerechtfertigter Bereicherung (§§ 812, 134 BGB) zu, soweit die Mietzinsvereinbarung nichtig ist. Bei diesem Anspruch ist für die Zuständigkeit des Gerichts § 29 a ZPO anwendbar (KG VB ZMR 83, 377; *Stein/Jonas/Schumann* § 29 a ZPO Rn 16; a. A. O. OLG Hamm ZMR 68, 270). Es ist anerkannt, daß bei Überschreitung der Preisvorschriften keine Gesamtnichtigkeit des Mietvertrages eintritt, sondern nur eine Teilnichtigkeit unter Anpassung des Vertrages, so daß der zulässige Mietzins (Preis) an die Stelle des unzulässigen Mietzinses (preisrechtlich unzulässigen Preises) tritt und damit Vertragspreis wird, so daß nur der zulässige Preis von Anfang an geschuldet ist (vgl. BGHZ 51, 174, 181; vgl. auch Einf. vor § 1 MHG Rn 11 a m. w. N.). **Zulässiger Mietzins** ist dabei nicht der gerade noch zulässige Mietzins (z. B. unterhalb der Wesentlichkeitsgrenze gem. § 5 Abs. 1 S. 2 WiStG), sondern die **ortsübliche Vergleichsmiete**, so daß sich der Rückforderungsanspruch des Mieters auf den Teil des vereinbarten Mietzinses bezieht, welcher die ortsübliche Vergleichsmiete übersteigt, nicht nur auf den Teil, welcher die Wesentlichkeitsgrenze übersteigt (jetzt h. M.; vgl. OLG Stuttgart (RE) a. a. O.; OLG Hamburg (RE) a. a. O.; OLG Karlsruhe (RE) ZMR 83, 59 = WM 82, 128 = DWW 82, 240 = NJW 82, 1161 = MRS 2 Nr. 39; LG Braunschweig WM 83, 268; *Kohte* NJW 82, 2803; *Finger* ZMR 83, 37; a. A. OLG Hamm VB v. 22. 8. 83 – 4 RE Miet 11/82; LG Hamburg MDR 81, 1022 (L); *Sternel* III 22; derselbe ZMR 83, 79; Vorauflage Einf. vor § 1 MHG Rn 11 a m. w. N.).

Gem. der ab 1. 1. 1983 gültigen Neufassung des § 5 WiStG (vgl. dort **Satz 3**) sind nicht unangemessen hoch „Entgelte, die zur Deckung der laufenden Aufwendungen des Vermieters erforderlich sind", sofern sie unter Zugrundelegung der aktualisierten ortsüblichen Vergleichsmiete nicht in einem auffälligen Mißverhältnis zu der Leistung des Vermieters stehen (d. h. die Wuchergrenze – Überschreitung der ortsüblichen Vergleichsmiete um mehr als 50 % – nicht überschreiten). Mit „Entgelte, die zur Deckung der laufenden Aufwendungen des Vermieters erforderlich sind", ist, auch bei preisfreiem Wohnraum, die sog. **Kostenmiete** (§ 8 Abs. 1 WoBindG) gemeint, wie sich aus den Gesetzesmaterialien ergibt (vgl. Begründung des Regierungsentwurfs zum MWoAEG, S. 18). Danach sollen die §§ 8 a und 8 b WoBindG für die Beurteilung der Frage herangezogen werden, ob die Miete für nicht preisgebundenen Wohnraum zur Deckung der laufenden Aufwendungen erforderlich ist; außerdem können danach im Einzelfall weitere Umstände berücksichtigt werden, die sich aus der besonderen Gestaltung des Mietverhältnisses oder aus der Natur der Vermietung von nichtpreisgebundenen Wohnräumen ergeben. Dies können sein Zuschläge für Möblierung oder teilgewerbliche Nutzung (*Sternel* ZMR 83, 80), wohl auch solche für (ausnahmsweise zulässig) erhöhte Abnutzung, nicht aber für die Vermietung an bestimmte Personengruppen (vgl. Rn 36 b). Was danach bei nichtpreisgebundenem Wohnraum „zur Deckung der laufenden Aufwendungen erforderlich" ist, ist auf der Grundlage einer zu erstellenden Wirtschaftlichkeitsberechnung gem. den §§ 8 a, 8 b WoBindG i. V. m. der II. BV zu beurteilen. Zu den laufenden Aufwendungen zählen daher gem. § 18 II. BV Kapitalkosten (vgl. §§ 19–21 II. BV) und Bewirtschaftungskosten (vgl. §§ 24–29 II. BV), also Abschreibung, Verwaltungskosten, Betriebskosten, Instandhaltungskosten und Mietausfallwagnis. Eigenkapital ist gem. § 20 Abs. 2 S. 1 in Höhe der marktüblichen Zinsen für erste Hypotheken zum Zeitpunkt der Bezugsfertigkeit (§ 4 Abs. 4) zu berücksichtigen (vgl. *Baumeister* DWW 83, 12; *Gramlich* NJW 83, 421; *Vollmer* NJW 83, 555; insbes. jedoch *Landfermann*, Erl. u. Mat. S. 56 und *Schmid* BlGBW 83, 65; a. A. *Sternel* ZMR 83, 80, welcher kalkulatorische Ansätze wie Eigenkapitalverzinsung, Mietausfallwagnis und Abschreibung ablehnt). Im Falle der Veräußerung ist jedoch nicht gem. dem Einfrierungsgrundsatz (§ 4 II. BV) von den beim Bau entstandenen Kosten auszugehen, sondern von den Erwerbskosten (Kaufpreis), da sich dies aus der Natur des nicht preisgebundenen Wohnraums ergibt (*Landfermann* a. a. O.). Satz 3 trägt auch der bisherigen Diskrepanz Rechnung, die darin besteht, daß im Falle von § 5 MHG bei der Umlegung von Kapitalkostenerhöhungen die Wesentlichkeitsgrenze des § 5 WiStG überschritten werden darf (vgl. OLG Hamm (RE) zu § 5 MHG Rn 18 a), anderseits der Mietzins beim Abschluß eines neuen Mietvertrages an die Wesentlichkeitsgrenze gebunden ist (*Schopp* ZMR 83, 146). Setzt man die konkrete ortsübliche Vergleichsmiete (in aktualisierter Form, d. h. auf die letzten 3 Jahre bezogen) mit 100 % an, so darf die Wesentlichkeitsgrenze von 120 % (nach h. M.) nunmehr bis zum Bereich von 150 % (Wuchergrenze) insoweit überschritten werden, als die Überschreitung durch die Berechnung gem. der Kostenmiete gedeckt ist. Dies gilt für preisgebundenen als auch für preisfreien Wohnraum (obwohl bei letzterem die Kostenmiete keine Anwendung findet).

**Übergangsrechtlich** können sich aus § 5 Abs. 1 S. 3 WiStG wegen des Fehlens einer Übergangsvorschrift Probleme ergeben. Hat der Mietzins für einen Zeitraum vor dem 1. 1. 1983 die damalige Wesentlichkeitsgrenze überschritten, so daß die Mietzinsvereinbarung nichtig war, so verbleibt es auch nach Wegfall des gesetzlichen Verbots durch den neu eingeführten Satz 3 bei der Nichtigkeit und damit der nur in Höhe der damaligen ortsüblichen Vergleichsmiete zulässigen Miete, mit Ausnahme des Falles der Neuvornahme des Mietvertrages in beiderseitiger Kenntnis der Nichtigkeit gem. § 141 BGB (vgl. RGZ 138, 55; BGHZ 11, 59; BGH NJW 61, 1204; LG Hamburg MDR 75, 1020; dasselbe MDR 76, 402: für Vereinbarung einer preisrechtlich unzulässigen Miete bei späterem Wegfall der Preisbindung; *Staudinger/Dilcher* 7; *Soergel/Hefermehl* 49; *RGRK-Krüger/Nieland* 5; *Palandt/Heinrichs* Anm. 2 e, je zu § 134 BGB). Daran ändert sich auch nichts dadurch, daß im Rahmen des Ordnungswidrigkeitsrechts (§ 4 Abs. 3 OWiG — im Strafrecht vgl. § 2 Abs. 3 StGB) im Falle einer Milderung bzw. Aufhebung der Strafdrohung zwischen Tatzeit und Zeit der Aburteilung (Entscheidung) das mildere, zur Zeit der Entscheidung gültige Recht zur Anwendung kommt und daher ab dem 1. 1. 1983 durch die Kostenmiete gedeckte, jedoch die Wesentlichkeitsgrenze überschreitende Mietzinsvereinbarungen der Vergangenheit nicht mehr geahndet werden können. Denn der Grundsatz der Anwendung des jeweils milderen Gesetzes ist allein auf den strafrechtlichen bzw. ordnungswidrigkeitsrechtlichen Bereich beschränkt und kann keine Anwendung finden für die Beurteilung der Nichtigkeit eines zivilrechtlichen Rechtsgeschäfts, auch nicht etwa unter dem Gesichtspunkt der „Einheit der Rechtsordnung", d. h. der Vermeidung einer Diskrepanz zwischen zivilrechtlicher und ordnungswidrigkeitsrechtlicher Nichtigkeit (so im Ergebnis OLG Hamburg WM 83, 255 = NJW 83, 2455; LG Mannheim WM 83, 233; LG Braunschweig WM 83, 268; *Landfermann*, Erl. u. Mat. z. MWoAEG, S. 57 zu 5; *Sternel* ZMR 83, 81; MDR 83, 363 f.; a. A. LG Hamburg (VB) DWW 83, 173: auch für die Zeit vor dem 1. 1. 83 richte sich das Vorliegen einer Mietpreisüberhöhung bezüglich des zivilrechtlichen Rückforderungsanspruchs nach § 5 WiStG n. F.). Ein Rückforderungsanspruch des Mieters gem. § 812 BGB besteht daher für die Vergangenheit (vor dem 1. 1. 1983) insoweit, als eine Nichtigkeit der Mietzinsvereinbarung für die betreffende Zeit vorlag. Denn für die Entscheidung über das Vorliegen einer Mietpreisüberhöhung, bezogen auf einen vor dem 1. 1. 83 gelegenen Zeitraum, ist für die Rechtslage nach bürgerlichem Recht auf § 5 WiStG und § 2 MHG in deren vor dem Inkrafttreten des MWoAEG maßgeblich gewesenen Fassung abzustellen (OLG Hamburg a. a. O.).

Eine Neuvornahme des Mietvertrages gem. § 141 BGB liegt nicht schon dann vor, wenn der Mieter den früher überhöhten Mietzins in der Zeit nach dem 1. 1. 1983 weiterbezahlt. Eine solche Neuvornahme dürfte im übrigen selten vorliegen. Sie hat auch keine rückwirkende Kraft.

ee) Bei **Mietwucher gem. § 302 a StGB** (Straftatbestand) wird das Tatbestandsmerkmal eines „auffälligen Mißverhältnisses" zwischen der Vermieterleistung und dem gezahlten Mietzins nach ganz h. M. bejaht, wenn die ortsübliche Vergleichsmiete, die als Maßstab für den angemessenen Mietzins gilt, um mehr als 50 % überschritten wird (vgl. BGH NJW 82, 896 = MDR 82, 336; BGHSt 30, 280; OLG Köln ZMR 75, 366; NJW 76, 119; dasselbe WM 80, 36; OLG Frankfurt ZMR 78, 286; LG Darmstadt ZMR 72, 299 = NJW 72, 1244 und NJW 75, 549; LG Heidelberg ZMR 78, 23; LG Wiesbaden ZMR 80, 235; LG Mannheim MDR 77, 159; OLG Stuttgart (Strafsenat) ZMR 75, 370; *Sternel* III 28; *Schmidt-Futterer/Blank* D 42; *Schopp* ZMR 83, 145), was sich jetzt auf die aktualisierte Vergleichsmiete (vgl. Rn 27 ff.) bezieht. Auch hierbei kann auf einen vorhandenen Mietspiegel zurückgegriffen werden. Hier ist – wie oben zu dd – nicht von dem oberen Wert einer Bandbreite auszugehen, sondern von der konkreten, für die zu bewertende Wohnung maßgeblichen ortsüblichen Vergleichsmiete (a. A. LG Wiesbaden ZMR 80, 235: vom obersten zulässigen Mietzins). Im Falle von preisgebundenem Wohnraum ist als „ortsüblich" von der bisherigen Kostenmiete auszugehen. Grundsätzlich ist vom Vorhandensein von zwei verschiedenen Märkten auszugehen, demjenigen für preisfreien (freifinanzierten) und demjenigen für preisgebundenen Wohnraum. Für das Vorliegen eines „auffälligen Mißverhältnisses" sind nicht die Gestehungskosten des Vermieters maßgeblich (LG Darmstadt NJW 72, 1244; NJW 75, 549; OLG Köln NJW 76, 119; BGH NJW 82, 896). Neben dem auffälligen Mißverhältnis ist bei diesem Straftatbestand erforderlich eine vorsätzliche Ausbeutung der Zwangslage, der Unerfahrenheit, des Mangels an Urteilsvermögen oder der erheblichen Willensschwäche eines andern durch Versprechen oder Sichgewährenlassen von Vermögensvorteilen bei Vermietung von Wohnräumen. Bei einem objektiven Verstoß gegen § 302 a StGB wird wegen Teilnichtigkeit der Mietzinsvereinbarung – ebenso wie im Falle des § 5 WiStG (vgl. oben Rn 24 d) – der Mietzins nur in Höhe der ortsüblichen Vergleichsmiete geschuldet; ein Rückforderungsanspruch des Mieters gem. § 812 BGB erstreckt sich daher auf den Teil des gezahlten Mietzinses, der die ortsübliche Vergleichsmiete übersteigt, nicht nur auf denjenigen Teil, der die Wuchergrenze (50 % über der ortsüblichen Vergleichsmiete) übersteigt.

## 2. Orientierung an der Marktmiete. Aktualisierte Vergleichsmiete

25 a) Die ortsübliche Vergleichsmiete ist eine marktorientierte Miete. Sie ist zu definieren als das Band der auf dem örtlichen Wohnungsmarkt für vergleichbare Wohnungen bestehenden Mieten. Dies meint das Gesetz, wenn es von **„üblichen Entgelten"** spricht, die in der Gemeinde oder in vergleichbaren Gemeinden für Wohnraum bezahlt werden. Gemeint ist nach dem Gesetz weder eine reine Marktmiete, noch eine reine Wohnwertmiete, sondern ein aliud mit erforderlichen normativen Korrekturen (vgl. *Niederberger* WM 80, 172 zu den normativen Anforderungen an die Entstehung von Mietspiegeln). Es kann also die Ermittlung nicht auf vereinzelt, gelegentlich oder in einem Teilbereich des vergleichbaren Wohnungsmarkts (Stadtteil, örtliche Wohngegend) gezahlte Wohnungsmieten gestützt werden. „Übliche Entgelte" sind nicht der sog. häufige Wert, sondern der Durchschnittswert für eine bestimmte Wohnungskategorie (*Niederberger* WM 80, 173). Es muß sich um Mieten handeln, die marktgerecht sind, d. h. die auf dem allgemeinen Wohnungsmarkt durch Angebot und Nachfrage und unbeeinflußt von besonderen, nur im Einzelfall zutreffenden Umständen gebildet worden sind (LG Verden WM 73, 214; LG Heidelberg ZMR 78, 23: nicht zu berücksichtigen sind Mietpreise für bestimmte Teilbereiche des örtlichen Wohnungsmarktes, soweit diese infolge langjähriger Ausnutzung einer örtlichen Mangellage wesentlich überteuert sind [Altstadtkern der Universitätsstadt Heidelberg]). Daher scheiden als vergleichbare Mieten einmal solche Entgelte aus, die auf Grund individueller, außerhalb des Wohnungsmarktes liegender Umstände gebildet wurden (z. B. Gefälligkeitsmiete unter Verwandten oder Freunden, mit Rücksicht auf ein Arbeitsverhältnis mit dem Vermieter besonders niedrig festgesetzte Miete im Rahmen eines Werkmietverhältnisses, vgl. AG Achern WM 75, 41 z. fr. R.), zum anderen unzulässige Wuchermieten (vgl. §§ 5 WiStG, 302 f StGB). Neben diesen Fällen sind auch extrem niedrige und extrem hohe Mieten bei der Berechnung der ortsüblichen Miete außer acht zu lassen (vgl. BayObLG (RE) ZMR 82, 213 = WM 81, 100 = MDR 81, 674 = NJW 81, 1219 = MRS 1 Nr. 42; *Klien* NJW 73, 975; *Derleder/ Schlemmermeyer* WM 78, 227; über die bei Erstellung eines Mietspiegels zusätzlich auszuscheidenden Entgelte vgl. *Winter* WM 77, 88).

26 b) Die vergleichbaren Wohnungen sind grundsätzlich **aus dem Wohnungsmarkt der betreffenden Gemeinde** zu entnehmen. Neben dem Wohnungsmarkt der Gemeinde, welcher die Wohnung des Mieters angehört, ist jedoch auch ein Vergleich mit Wohnungen anderer Gemeinden zugelassen, soweit diese mit der erstgenannten Gemeinde wohnungsmarktmäßig vergleichbar sind („in der Gemeinde oder in vergleichbaren Gemeinden"). Ein Vergleich mit Wohnungen einer Nachbargemeinde ist nur dann zulässig, wenn in der betreffenden Gemeinde keine verwertbaren Vergleichsobjekte vorhanden sind (LG Stuttgart

NJW 74, 1252; *Palandt/Putzo* Anm. 3 b). Ein vergleichbarer Wohnungsmarkt wird praktisch nur in einem Gebiet benachbarter Gemeinden bestehen (z. B. im Ballungsraum einer Großstadt, welcher aus der Stadtgemeinde und den wirtschaftlich und verkehrsmäßig zu deren Einzugsgebiet gehörenden Nachbargemeinden besteht). Vergleichbar erscheint eine ungefähr gleich große Gemeinde mit ähnlicher Wirtschaftsstruktur und ähnlichem Wohnungsmarkt mit ähnlicher Wohnungsversorgungslage (*Gutekunst* BayGWW 75, 23; vgl. auch *Roewer/ Hüsken* ZMR 79, 163 und die dort angegebenen Kriterien der Vergleichbarkeit; vgl. AG Geilenkirchen WM 83, 59 (L): erforderlich sei Vergleichbarkeit im Mietzinsgefüge, welches sich richte nach Baulandpreisen, einem Vergleich des kulturellen und sozialen Sektors sowie einer Einbeziehung zur nächsten Großstadt). Die andere Gemeinde muß als solche, nicht nur einzelne Vergleichsobjekte in ihr, wirtschaftlich vergleichbar sein (*Roewer/Hüsken* a. a. O.). Damit hat der Gesetzgeber eine wesentliche Erleichterung der Ermittlung und Begründung der Höhe der ortsüblichen Vergleichsmiete ausdrücklich zugelassen. Eine Erleichterung ist dies insbesondere dann, wenn zwar nicht in der eigenen Gemeinde, jedoch **in einer (vergleichbaren) Nachbargemeinde** ein Mietspiegel vorhanden ist, aus welchem die Vergleichsmiete entnommen werden kann (vgl. AG Darmstadt WM 76, 237: Anwendung des Frankfurter Mietspiegels in Darmstadt (bedenklich!); AG Stuttgart ZMR 73, 16 = WM 72, 158 = DWW 72, 316, wonach die Berufung auf den in einer benachbarten Großstadt geltenden Mietspiegel wegen der wirtschaftlichen Verflechtung des großstädtischen Wohnungsmarkts mit den Nachbargemeinden innerhalb des Amtsgerichtsbezirks zuzulassen ist, wenn auch gegebenenfalls unter Berücksichtigung von Zu- oder Abschlägen).

Über die Zulässigkeit der Stützung des Mieterhöhungsverlangens auf einen Mietspiegel einer Nachbargemeinde vgl. Rn 82 a, über die gerichtliche Anerkennung eines solchen Mietspiegels Rn 85.

Über die Unzulässigkeit von Teilmärkten für besondere Personengruppen (Ausländer, Studenten u. a.) vgl. Rn 36 b.

c) Der vergleichbare **Wohnungsmarkt** ist **beschränkt auf Vergleichsmieten für nicht preisgebundenen Wohnraum,** wie dies ausdrücklich im Gesetzestext verankert ist (Abs. 1 Nr. 2). Die Mieten für preisgebundenen Wohnraum, insbesondere für die dem WoBindG unterliegenden Wohnungen des sozialen Wohnungsbaues, sind mit denen für nicht preisgebundenen Wohnraum nicht vergleichbar, weil sie durch die öffentliche Förderung maßgeblich beeinflußt sind und nach Kostengesichtspunkten (Kostenmiete) ermittelt werden, nicht nach Marktverhältnissen (vgl. Begründung des Regierungsentwurfs). Bei preisgebundenem Wohnraum wird der Mietpreis nicht frei nach Angebot und Nachfrage bestimmt, sondern nach gesetzlichen Vorschriften. Solche Wohnungen scheiden daher für die Bestimmung der Vergleichsmiete als einer marktorientierten Miete aus.

Vgl. über die Mietpreisbildung bei preisgebundenem Wohnraum Einführung III vor § 1 MHG.

§ 2 MHG, 27+27a

27  Nach der Neuregelung durch das MWoAEG sind nunmehr nur noch **Mietentgelte der letzten 3 Jahre** maßgebend (sog. **aktualisierte Vergleichsmiete**), d. h. „Entgelte, die in den letzten 3 Jahren vereinbart oder, von Erhöhungen nach § 4 abgesehen, geändert sind" (Abs. 1 S. 1 Nr. 2 n. F.). Durch diese Aktualisierung des Vergleichsmietenbegriffs wollte der Gesetzgeber eine stärkere marktorientierte Anpassung der Vergleichsmiete erreichen. Vor dem 1. 1. 1983 waren für die Vergleichsmiete gleichermaßen sog. Altmieten (Bestandsmieten) als auch Neumieten zu berücksichtigen (vgl. den insoweit überholten RE des BayObLG ZMR 82, 213 = WM 81, 100 = NJW 81, 1219 = MDR 81, 674 = MRS 1 Nr. 42). Die stärkere Marktorientierung des neuen Vergleichsmietenbegriffs hat **Bedeutung für** die Ermittlung der ortsüblichen **Vergleichsmiete** durch das Mietgericht, für die Erstellung von **Mietspiegeln** und für die **strafrechtlichen Vorschriften** der Mietpreisüberhöhung gemäß § 5 WiStG (Wesentlichkeitsgrenze) und § 302 a StGB (Wucher). Die beiden letztgenannten Vorschriften gehen von dem gleichen Begriff der ortsüblichen Vergleichsmiete aus wie § 2 MHG (vgl. dazu Rn 24 d und 24 e). Durch die Neufassung des § 5 WiStG durch das MWoAEG wurde die Vereinheitlichung des Begriffs der ortsüblichen Vergleichsmiete im Zivilrecht und Strafrecht (Ordnungswidrigkeit) erreicht.

27a Als Mietentgelte sind zur Feststellung der ortsüblichen Vergleichsmiete in aktualisierter Form — abgesehen von den auszuscheidenden, besonders niedrigen und besonders hohen oder auf besonderen Verhältnissen beruhenden Entgelten (vgl. Rn 25) — zu berücksichtigen: die Mietentgelte bei Neuabschlüssen (**Erstmieten**), die zwischen den Mietvertragsparteien **frei vereinbarten Mieterhöhungen** (vgl. § 10 Abs. 1 Hs. 1 MHG), die **Mieterhöhungen gemäß § 2 MHG** (Erhöhung bis zur ortsüblichen Vergleichsmiete bzw. Kappungsgrenze), **§ 3 MHG** (Umlegung von Modernisierungskosten), **§ 5 MHG** (Umlegung von Kapitalkostenerhöhungen) (a. A. *Derleder* WM 83, 222: Erhöhungen gem. den §§ 3 und 5 MHG nur, wenn sie sich im Rahmen der ortsüblichen Entgelte halten) auch, was dem Willen des Gesetzgebers entspricht (vgl. Bericht des Rechtsausschusses zum MWoAEG, S. 4), die **Staffelsätze** einer Staffelmietvereinbarung gemäß § 10 Abs. 2 MHG (a. A. *Derleder* a. a. O.: Staffelsätze nur, wenn sie sich im Rahmen der ortsüblichen Entgelte halten; *Sternel* ZMR 83, 76; *Emmerich/Sonnenschein*, Miete 28: keine Staffelsätze). **Nicht** zu berücksichtigen sind jedoch die **Umlegungen von Betriebskostenerhöhungen** gemäß § 4 Abs. 2 und 3 MHG, so daß die zu berücksichtigenden Mietentgelte durch Abzug derartiger Erhöhungen zu bereinigen sind. Unabhängig davon ist die Frage, ob bei der ortsüblichen Vergleichsmiete die sog. Grundmiete (Nettokaltmiete), also die Miete ohne Betriebskosten im Sinne von Anlage 3 zu § 27 Abs. 1 der II. BV zu ermitteln ist oder die Bruttomiete (Gesamtmiete), vgl. dazu Rn 8 und Einführung vor § 1 MHG Rn 2. Gleichgültig, ob die neben der eigentlichen Miete gemäß dem Mietvertrag zu zahlenden Betriebskosten bei der Feststellung der Vergleichsmiete berücksichtigt werden oder nicht, muß für die Ermittlung der ortsüblichen Vergleichsmiete des streitbefangenen Mietverhältnisses der zwischen den Parteien gültige (**streitbefangene**) **Mietzinsbegriff** zugrundegelegt werden und, soweit dieser von dem der Ermittlung zugrundeliegenden Begriff abweicht, eine Vergleichsrechnung auf gleicher begrifflicher Basis vorgenommen werden (beiderseits Grundmiete, Teilinklusivmiete oder Inklusivmiete), da nur gleiches mit gleichem verglichen werden kann.

Gesetzlich **nicht geregelt** ist das **Mischungsverhältnis,** in welchem bei der Ermittlung der aktualisierten ortsüblichen Vergleichsmiete die aus verschiedenen Zeiten (Jahren) stammenden Entgelte der letzten 3 Jahre sich zahlenmäßig zueinander verhalten. Dieses Mischungsverhältnis muß **angemessen** sein. Entweder sind die Entgelte jedes Jahres in der gleichen Anzahl zu berücksichtigen (so *Köhler*, Neues Mietrecht, S. 63) oder sie sind, nach Kalenderjahren aufgeteilt, in dem Mischungsverhältnis zu berücksichtigen, welches der Häufigkeit ihres Vorkommens auf dem Wohnungsmarkt der betreffenden Gemeinde entspricht, was dem zu ermittelnden statistischen Durchschnittswert der Entgelte der letzten 3 Jahre besser entsprechen wird. Zweifellos wird dabei demjenigen, welcher die ortsübliche Vergleichsmiete zu ermitteln hat (Mietgericht, Strafgericht, Mietspiegelersteller), ein weiter Ermessensspielraum bezüglich des Mischungsverhältnisses von neueren und älteren Mietentgelten zuzubilligen sein. Ist jedoch das Mischungsverhältnis völlig verzerrt (z. B. nur Berücksichtigung der Entgelte des letzten Jahres), so ist ein unrichtiger Begriff der ortsüblichen Vergleichsmiete zugrundegelegt (*Derleder* WM 83, 223 welcher für den Mietspiegel eine Gewichtung für die einzelnen Jahre verlangt). Ist dies bei einem Mietspiegel der Fall, so wird dieser im gerichtlichen Verfahren nicht als Mietspiegel gemäß § 2 Abs. 1 S. 1 Nr. 2 MHG angesehen werden können und daher als Beweismittel für die gerichtliche Urteilsfindung ungeeignet sein.

27b

Die wirtschaftliche Folge der Aktualisierung des Vergleichsmietenbegriffs wird sein, daß das **Niveau des ortsüblichen Mietzinses** beim Jahreswechsel 1982/1983 um einen gewissen Betrag **steigt.** Der Anstieg soll nach einer Erhebung beim Hamburger Mietspiegel nach Angaben anläßlich einer Anhörung vor dem Rechtsausschuß des Bundestages 0,30 bis 0,40 DM pro Quadratmeter ausmachen (*Röbbert* DB 83, 162); die Mittelwerte der Mietspiegelfelder sollen sich im Durchschnitt um ca. 3 bis 4 % erhöhen (vgl. die Antwort der Bundesregierung auf eine parlamentarische Anfrage, Bundestagsprotokoll 9/131, S. 8179). Als weitere Folge des aktualisierten Vergleichsmietenbegriffs sind alle **vor dem 1. 1. 1983 erstellten Mietspiegel** für die Ermittlung der aktualisierten Vergleichsmiete **ungeeignet,** da bei ihnen der nicht aktualisierte Vergleichsmietenbegriff (Neumieten und Altmieten ohne zeitliche Beschränkung) zugrundegelegt ist. **Für eine Übergangszeit** wird daher für die gerichtliche Ermittlung der (aktualisierten) ortsüblichen Vergleichsmiete einem **vom Gericht einzuholenden Sachverständigengutachten** über die Mietentgelte der letzten 3 Jahre bezüglich einer bestimmten Wohnungskategorie innerhalb der Gemeinde eine **dominierende Bedeutung** zukommen. Das Gericht wird dabei auf die richtige Anwendung des aktualisierten Vergleichsmietenbegriffs und auch auf ein angemessenes Mischungsverhältnis von neuesten und älteren Mietentgelten besonders achten müssen. **Bei der Erstellung neuer Mietspiegel,** bei welcher die noch zu erlas-

27c

sende bundeseinheitliche Rechtsverordnung zu beachten ist (vgl. Abs. 5), wird nunmehr statistisch eine erheblich **größere Zahl von Daten** (Mietentgelten) für die einzelnen Rasterfelder des Mietspiegels ermittelt werden müssen, um den Grundsätzen der Statistik für eine genügende Zahl von Daten für eine repräsentative Aussage zu entsprechen, da die Entgelte der letzten 3 Jahre nur einen geringen Ausschnitt aller Mietentgelte der Gemeinde umfassen (vgl. dazu Rn 75 a). Auch bei der Erstellung von gerichtlichen Sachverständigengutachten ist von seiten des Gerichts darauf zu achten, daß der Gutachter den neuen Vergleichsmietenbegriff in richtiger Weise bei der Auswahl der von ihm zu ermittelnden Vergleichswohnungen zugrunde legt, was die Sachverständigengutachten wegen des Erfordernisses einer größeren Zahl von Vergleichsdaten einer bestimmten Wohnungskategorie schwieriger und kostspieliger machen wird.

27d Die **3-Jahres-Frist** für die Ermittlung der Mietentgelte ist dabei **zurückzurechnen** grundsätzlich **ab** dem Zeitpunkt, welcher für die Höhe der ortsüblichen Vergleichsmiete nach schon bisher h. M. maßgeblich ist (vgl. Rn 43), nämlich dem **Zugang des Erhöhungsverlangens** (so auch *Baumeister* DWW 83, 9; *Landfermann*, Erl. u. Mat. z. MWoAEG, S. 39; *Köhler*, Neues Mietrecht, S. 62 f; a. A. *Sternel* ZMR 83, 75: bei Vergleichswohnungen seit Erklärung des Verlangens, bei Sachverständigengutachten seit der Sachverständigenerhebung; *Derleder* WM 83, 221; Zeitpunkt des Wirksamwerdens der Mieterhöhung wie im Falle der Kappungsgrenze). Jedoch wird man **bei** der **Erstellung von Mietspiegeln** aus Gründen der praktischen Durchführbarkeit die 3 Jahre **ab** dem Zeitpunkt der **Datenermittlung** (Befragung) zurückzurechnen haben (so *Sternel* a. a. O.; *Landfermann*, Erl. u. Mat. z. MWoAEG, S. 39: Zeitpunkt der Erstellung), nicht von dem meist späteren Zeitpunkt der Herausgabe (Veröffentlichung) des Mietspiegels. Da es für die gerichtliche Ermittlung der Vergleichsmiete auf die 3 Jahre vor dem Zugang des Erhöhungsverlangens ankommt (vgl. oben), beim Vorhandensein eines Mietspiegels das Datum der Datenermittlung und damit die hierbei zugrundegelegte 3-Jahres-Frist jedoch regelmäßig um Monate oder Jahre weiter zurückliegen wird, fragt es sich, wie bei dieser Diskrepanz der maßgeblichen 3-Jahres-Fristen zu verfahren ist. Da das **Mietgericht** (ebenso das Strafgericht) die ortsübliche Vergleichsmiete für die streitbefangene Wohnung ohnehin nicht genau, sondern nur **im Weg der gerichtlichen Schätzung gemäß § 287 ZPO ermitteln** kann und hierbei alle ihm zu Gebote stehenden „Beweismittel" verwendbar sind, könnte es bei Zugrundelegung eines Mietspiegels, dessen Datenerfassungszeitpunkt einige Zeit zurückliegt, einen **Zuschlag zu den Mietspiegelwerten erheben,** welcher dem etwaigen Anstieg der Wohnungsmieten dieser Wohnungskategorie auf dem Wohnungsmarkt der Gemeinde entspricht, um so die Unterschiede der verschiedenen Erfassungszeiträume auszugleichen. Dazu sollten jedoch dem Gericht irgendwelche statistischen Daten über den Anstieg der Wohnungsmieten, möglichst bezogen auf die Gemeinde, vorliegen, um den geschätzten Zuschlag nicht als willkürlich erscheinen zu lassen. Da solche statistischen Daten meist nicht vorliegen werden, muß es zulässig sein, daß das Gericht auch den (älteren) Mietspiegel trotz der seit seiner Datenermittlung abgelaufenen Zeit ohne einen Zuschlag zugrunde legt, zumal ein solches Vorgehen durch die Neuregelung in Abs. 5 S. 3 (Sollvorschrift für Anpassung von Mietspiegeln im Abstand von 2 Jahren) und in Abs. 6 (Zulässigkeit der Bezugnahme auf veraltete Mietspiegel im Mieterhöhungsverlangen) gedeckt erscheint.

Unabhängig von der (gerichtlichen) Ermittlung der ortsüblichen Vergleichsmiete ist jedoch die Frage, inwieweit die Bezugnahme auf Mietentgelte, die weiter zurückliegen als der 3-Jahres-Zeitraum, im außergerichtlichen Mieterhöhungsverlangen des Vermieters zulässig ist. Da das Gesetz in Abs. 6 **für die formelle Begründung eines Erhöhungsverlangens** auch die Bezugnahme auf einen älteren (noch nicht aktualisierten) Mietspiegel zuläßt, solange kein neuer Mietspiegel vorhanden ist, wird man in entsprechender Anwendung dieser Vorschrift bei der Benennung von **Entgelten** von Vergleichswohnungen, welche **weiter als die letzten 3 Jahre zurückliegen,** ein entsprechendes Vorgehen **zulassen** müssen, jedenfalls für Zeiten ständig steigender Wohnungsmieten (*Landfermann,* Erl. u. Mat. z. MWoAEG, S. 40). Entsprechendes muß auch dann gelten, wenn der Vermieter sein Erhöhungsverlangen auf ein (beigefügtes) Sachverständigengutachten stützt, welches auf ältere als aus den letzten 3 Jahren stammende Vergleichsobjekte Bezug nimmt. Umgekehrt wird man die Wirksamkeit eines Erhöhungsverlangens nicht deshalb verneinen können, weil der Vermieter sich bezüglich eines beigefügten Sachverständigengutachtens oder bezüglich der Stützung auf Vergleichsobjekte ausschließlich auf solche Vergleichswohnungen bezieht, deren Miete **erst im letzten Jahr vor** der jetzigen **Mieterhöhungserklärung** gebildet wurde, so daß die Entgelte relativ hoch sein werden (*Köhler,* Neues Mietrecht, S. 63). 27e

Als **Zeitpunkt der Mietzinsbildung** („vereinbart" bzw. „geändert") gilt bei den zu ermittelnden Mieten der letzten 3 Jahre derjenige der **Wirksamkeit der Mietzinsvereinbarung bzw. Mieterhöhung,** nicht der Zeitpunkt der vertraglichen Vereinbarung oder im Falle von § 2 MHG derjenige des Zugangs des Mieterhöhungsverlangens (*Köhler,* Neues Mietrecht, S. 62). 27f

Fraglich kann scheinen, ob der Begriff der aktualisierten Vergleichsmiete nunmehr dem im **Zivilrecht** an anderer Stelle verwendeten **Begriff der üblichen Entgelte** (vgl. §§ 557, 812, 818, 987 BGB) noch entspricht (vgl. *Sternel* ZMR 83, 75 zu Fußnote 19, wo dies verneint wird). Richtigerweise wird man jedoch bei der „Üblichkeit" von Wohnungsmieten den am gegenwärtigen Wohnungsmarkt orientierten Betrag zugrundezulegen haben, da ein „echtes" Marktgeschehen nur bei Mietvertragsneuabschlüssen stattfindet (vgl. Vorauflage, § 2 MHG Rn 36 a; *Gierth* DWW 78, 10). Die Begrenzung der Mietentgelte auf die letzten 3 Jahre erscheint daher sachgerecht, auch unter alleiniger Berücksichtigung des Begriffs der „üblichen Entgelte". Man wird daher den Begriff der Üblichkeit der Entgelte in den angeführten anderweitigen zivilrechtlichen Vorschriften in Übereinstimmung mit § 2 Abs. 1 S. 1 Nr. 2 MHG n. F. auslegen müssen, soweit es sich um Wohnraum handelt. 27g

### 3. Die gesetzlichen Vergleichsmerkmale

28  Für den Vergleich der zu bewertenden (streitgegenständlichen) Wohnungen mit anderen Wohnungen des Wohnungsmarktes (Vergleichswohnungen) ist allein der **Wohnwert maßgebend** (vgl. Begründung des Regierungsentwurfs). Dies ist ein objektiv anhand der auf dem Wohnungsmarkt maßgeblichen Faktoren zu ermittelnder Wert, der nur vom gegenwärtigen Zustand der Wohnung abhängt, nicht von den Ursachen, insbesondere den Kosten, die zur Schaffung dieses Zustandes führten. Das Gesetz nennt 5 Merkmale, die für einen Vergleich mit anderen Wohnungen maßgebend sein sollen: Größe, Art, Lage, Beschaffenheit und Ausstattung. Tatsächlich sind jedoch die wichtigsten Determinanten der Miethöhe in folgender Reihenfolge (nach *Niederberger* WM 80, 173): die Ausstattung, das Baualter, die Größe der Wohnung, die Dauer des Mietverhältnisses (im Gesetz nicht genannt), während die Lage (im Gesetz genannt) sich nicht mietpreisbildend auswirkt. Gesetzlich maßgebliche Merkmale und am Wohnungsmarkt tatsächlich mietpreisbildende Merkmale stimmen also nicht überein. Diese Diskrepanz führt zu erheblichen Schwierigkeiten bei der Erstellung von Mietspiegeln. Das Gesetz verlangt, daß die gesetzlichen Wohnwertmerkmale zugrundegelegt werden, wenn damit auch nicht sämtliche mietpreisbildenden Faktoren genannt sind. Außerdem sind gewisse normative Korrekturen aus Gründen der „Wohnwertgerechtigkeit" geboten. Z. B. können Mieten für niedrigere Qualitätsstufen nicht höher sein als Mieten für sonst vergleichbare Wohnungen in einer höheren Qualitätsstufe (*Niederberger* WM 80, 174).

Ein einzelnes Vergleichsmerkmal (z. B. ein Ausstattungsmerkmal) kann (als tatsächliche Vorfrage) nicht zum Gegenstand einer Feststellungsklage gemacht werden (AG Münster WM 80, 236).

Unter den gesetzlichen Vergleichsmerkmalen (vgl. dazu *Barthelmess* ZMR 72, 169; *Sternel* MDR 73, 269; *Olivet* ZMR 79, 130; *Goch* WM 80, 69) ist im einzelnen folgendes zu verstehen:

29  a) **Größe** ist die in Quadratmetern meßbare Wohnfläche eines Wohnraums. Dabei werden nur die zum Wohnen im eigentlichen Sinne bestimmten Räume bewertet, also nicht Zusatzräume, wie Keller, Waschküche, Geräteraum, Garage, Boden. Die Berechnung der Wohnfläche ist nach der für alle Mietverhältnisse **anwendbaren DIN-Norm** für die Wohnflächenberechnung (DIN 283, Teile 1 und 2, abgedruckt Anhang II) vorzunehmen (LG Mannheim WM 82, 195 (L); AG Heilbronn DWW 77, 94; AG Hamburg WM 80, 182; *Englert* ZMR 80, 132; a. A. LG München I WM 80, 183: II. BV). Demgegenüber sind die in den §§ 42–44 der II. BV enthaltenen Gesetzesvorschriften für die Wohnflächenberechnung, die sich von der DIN-Norm geringfügig unterscheiden, nicht anwendbar, da sie nur für die in dieser Verordnung bestimmten Fälle gelten (vgl. § 1 der II. BV). Abweichend von diesen beiden Maßstäben ist nach dem RE des BayObLG ZMR 83, 387 = WM 83, 254 die Wohnfläche jeweils nach den besonderen Umständen des Einzelfalles zu ermitteln; Balkonflächen können höchstens mit der Hälfte der Fläche angesetzt werden, je nach ihrem Wohnwert auch mit einem Viertel oder überhaupt nicht (bedenklich wegen uneinheitlichem,

unklarem Maßstab!). Entscheidend ist die tatsächliche Wohnfläche, nicht die im Mietvertrag angegebene (AG Hamburg WM 81, 104; AG Köln WM 81, U 23). Ein baulich unbewohnbares Zimmer ist aus der Grundflächenberechnung herauszunehmen (AG Solingen WM 82, 214). Ein als Freizeitraum genutzter Kellerraum mit Heizung und PVC-Fußboden ist mit einem Viertel der Raumfläche zu berücksichtigen, auch wenn er als Kellerraum für den dauernden Aufenthalt von Menschen ungeeignet ist (LG Hannover WM 76, 105). Eine Loggia zählt nicht zur Wohnfläche, wenn sie gleichzeitig den einzigen Zugang zum Wohnbereich bildet (LG Köln WM 81, U 14).

Zur Ermittlung der Grundmiete multipliziert man den Quadratmeterpreis der Wohnung (Mietpreis pro m$^2$) mit der Quadratmeterzahl der Wohnfläche.

Bedeutsam ist, daß im allgemeinen der Quadratmeterpreis um so höher liegt, je kleiner die Wohnung ist. Denn bei einer 1-Zimmer-Wohnung sind die Baukosten (Gebäudewert) bezogen auf 1 m$^2$ Wohnfläche (wegen des Aufwands für die für jede Wohnung erforderlichen Einrichtungen, wie Installationen, Heizung, Elektroleitungen, Treppenhaus usw.) erheblich höher als bei einer Mehrzimmerwohnung. Diese wirtschaftliche Tatsache muß beachtet werden, wenn Wohnungen verschiedener Größe hinsichtlich des Quadratmeterpreises miteinander verglichen werden. Über die Umrechnung von Quadratmetermieten verschiedener Wohnungsgrößen vgl. *Streich* DWW 80, 188 mit Formeln und Tabellen.

Vergrößert sich die Nutzfläche einer Wohnung durch Bereitstellung von zusätzlichem Wohnraum durch den Vermieter im Einverständnis des Mieters, so kann der Vermieter nur entsprechend der nun größeren Wohnfläche eine Erhöhung gem. § 2 verlangen (LG Kiel WM 77, 125; LG Hamburg WM 81, U 20).

b) **Art** ist die grundsätzliche Struktur des Wohnraums hinsichtlich der Bauweise, wie Altbau oder Neubau, Baujahr (nur soweit den Wohnwert beeinflussend), Raumzahl, Bungalow, Reihenhaus, Doppelhaus, Hinterhaus, Ein- oder Mehrfamilienhaus, Stockwerkeigenschaft, Keller- oder Dachstockwohnung, Hofraum, Gartenbenutzung. Soweit es (z. B. bei einem Mietspiegel) auf das Baujahr ankommt, ändern Renovierungsmaßnahmen die Altersklasse des Hauses nur, wenn sie die Substanz so verändern, daß nunmehr eine jüngere Altersklasse angemessen ist (LG Mannheim WM 75, 172 = DWW 75, 244; AG Essen 78, 213). Eine Wohnung in einem 70 Jahre alten, kriegszerstörten und wiederaufgebauten Haus ist nicht gleichzusetzen einer Wohnung in einem im gleichen Jahr neugebauten Haus (AG Oberhausen WM 83, 59 (L)). Die Altersklasse einer Wohnung wird durch Modernisierung (z. B. Einbau einer Heizung) nicht verändert, es sei denn, daß dadurch die Wohnung als eine nach Art und Ausstattung typische Wohnung der höheren Altersklasse zu betrachten wäre (LG Bochum WM 82, 18). 30

c) **Lage** ist die örtliche Zugehörigkeit zu einem bestimmten Ortsteil der Gemeinde, wie Stadtrand, Stadtzentrum, Altstadt, Halbhöhenlage, reines Wohngebiet, Industriegebiet, umweltfreundliche (Wald) oder -feindliche Umgebung (Lärm- oder Geruchsbelästigung), gute oder schlechte Aussicht. 31

32 d) **Beschaffenheit** ist der bauliche Zustand hinsichtlich der architektonischen Gestaltung im einzelnen, wie die Raumeinteilung (gefangene Räume, abgeschlossene oder nicht abgeschlossene Wohnung), Lage zur Sonne (Süd- oder Nordlage), Vorhandensein von Nebenräumen (Keller, Garage, Balkon, Terrasse) und der Erhaltungszustand (einfache oder Doppelfenster, Renovierungsbedürftigkeit von Gebäudeteilen).

33 **Mängel des Wohnraums,** die vom Vermieter (zumutbar) beseitigt werden können, sind bei der ortsüblichen Vergleichsmiete nicht zu berücksichtigen. Dies ergibt sich daraus, daß auch die vergleichbaren Wohnungen als frei von Mängeln zugrundegelegt werden. Die auf Grund von § 2 MHG zu ermittelnde ortsübliche Vergleichsmiete ersetzt den vereinbarten Mietzins, den der Mieter gemäß § 535 BGB zu zahlen hat. Gegenüber diesem ist im Falle der Minderung gemäß § 537 BGB ein verhältnismäßiger Abzug zu machen. Bei der Bestimmung der Vergleichsmiete hat daher die Minderungsmöglichkeit des Mieters grundsätzlich außer Betracht zu bleiben (OLG Stuttgart (RE) ZMR 81, 318 = WM 81, 225 = DWW 81, 234 = MDR 81, 936 = NJW 81, 2365 = MRS 1 Nr. 30; LG Köln WM 82, 20; LG Mannheim WM 77, 124 = DWW 77, 43 = MDR 77, 140; LG Düsseldorf WM 77, 261; AG Wuppertal ZMR 76, 155; AG Köln ZMR 77, 247 = WM 77, 36 [Ls]; dasselbe WM 78, 34; *Schmidt-Futterer/Blank* C 65; *Emmerich/Sonnenschein* Rn 38; RGRK – *Gelhaar* 10; *Palandt/Putzo* Anm. 3 b; *Sennekamp* ZMR 78, 196; a. A. *Sternel* III 125; *Weimar* WM 76, 90). Insoweit steht dem Mieter im Erhöhungsverfahren wegen der Mängel auch kein Zurückbehaltungsrecht gem. §§ 320, 322 BGB zu (LG Mannheim a. a. O.; RGRK – *Gelhaar* 10; *Sennekamp* ZMR 78, 196 eingehend; a. A. AG Wuppertal a. a. O.). Andererseits sind solche Mängel, welche dem Wohnraum durch seine Einbezogenheit in die Umgebung (dauernd) anhaften (Immissionen wie Verkehrs-, Flug- oder Fabriklärm, Geruchsbelästigung durch benachbarte Einrichtungen) und vom Vermieter nicht beseitigt werden können, zur „Lage" (vgl. oben c) zu rechnen und dabei als wertmindernd zu berücksichtigen (vgl. AG Hamburg FWW 75, 305; LG Wiesbaden WM 81, 164: Mietwertminderung bei Fluglärm). Der Mieter kann wegen solcher bei der Vergleichsmiete schon berücksichtigter „Außenmängel" kein Minderungsrecht (§ 537 BGB) mehr geltend machen, andernfalls käme dies einer zweimaligen Berücksichtigung gleich.

34 e) **Ausstattung** ist die Gesamtheit der in dem leeren Wohnraum eingebauten oder eingerichteten Teile, wie sanitäre Einrichtungen (Abort innerhalb oder außerhalb der Wohnung, eingerichtetes Bad, Dusche), Kücheneinrichtung, Heizungsart, Art des Fußbodens (Teppichboden), Schall- und Temperaturisolierung, unter Putz gelegte Elektroleitungen. Hat der Vermieter in dem Wohnraum eine wertverbessernde Maßnahme vorgenommen, so zählt diese ab der Benutzbarkeit für den Mieter zur Ausstattung, so daß von da an – unabhängig von einem Erhöhungsanspruch gemäß § 3 MHG – gem. § 2 MHG der Wohnraum in seinem Wohnwert mit solchem Wohnraum zu vergleichen ist, welcher eine gleichartige Verbesserung enthält (wobei der Frage, wann die Verbesserungsmaßnahme bei den Vergleichsobjekten vorgenommen wurde, keine entscheidende Bedeutung für die Bildung des Wohnwertes zukommt). Hat der **Mieter**

eine wesentliche bauliche Verbesserung **auf eigene Kosten** angebracht (z. B. Einbau eines Bades), so muß diese Veränderung bei einer Mieterhöhung **außer Betracht bleiben** (vgl. auch § 3 Abs. 3 des 3. BMietG). Vgl. dazu Näheres Rn 46.

Bei **möbliert vermieteten Wohnräumen,** die einen **Teilmarkt** bilden, ist zu der ortsüblichen Vergleichsmiete für entsprechende nicht möblierte Räume ein sog. Möblierungszuschlag hinzuzuschlagen. Wie dieser berechnet wird, ist umstritten. Nach LG Köln ZMR 75, 367 soll er 40% des Wiederbeschaffungswertes des Mobiliars pro Jahr, nach LG Hamburg WM 74, 246 25% des Anschaffungspreises pro Jahr betragen. Nach LG Köln WM 80, 180 ist mangels Angaben über die Überlassungszeit der geringste Gebrauchswert auf 30% des Neuwerts zu schätzen (vgl. *Sternel* III 27). Demgegenüber empfiehlt *Niederberger* (zu Ziff. 12), den Tabellensatz eines Mietspiegels um 20% bei Vollmöblierung und um 10% bei überwiegender Teilmöblierung zu erhöhen. 34a

f) Die **gesetzlichen Merkmale** sind als **abschließend** zu betrachten, so daß daneben weitere den Wohnwert beeinflussende Umstände ausscheiden (*Palandt/Putzo* Anm. 3 b, cc; *Schmidt-Futterer/Blank* C 59). Jedoch kann es nicht verwehrt sein, wirtschaftliche Umstände der Vertragsgestaltung, wie die Leistung von Finanzierungsbeiträgen, die Übernahme oder Nichtübernahme von Instandsetzungspflichten (z. B. Kleinreparaturübernahme) oder Schönheitsreparaturen durch den Mieter, welche erheblichen Einfluß auf die Mietwertbildung haben können, zu berücksichtigen (vgl. *Sternel,* WM 72, 186; LG Hamburg WM 78, 134 für vom Mieter übernommene Instandhaltungspflichten). Man wird die letztgenannten Umstände unter „vergleichbare Art" einordnen können, wenn man die Vertragsgestaltung zur Art rechnet (so *Lau* ZMR 74, 150 bei Wohnraum gemeinnütziger Wohnungsunternehmen). Eine Gegenmeinung hält die Vergleichskriterien nicht für abschließend (vgl. *Sternel* III 127; *Emmerich/Sonnenschein* 26, 29; OLG Karlsruhe (RE) WM 82, 67 = NJW 82, 890 = MRS 2 Nr. 41; LG Frankfurt GWW 74, 396). Selbst wenn dies richtig wäre, so können **nur solche Eigenschaften** in Betracht kommen, welche den **objektiven Wohnwert** für den Mieter **beeinflussen** können (OLG Karlsruhe a. a. O.; OLG Hamm ZMR 83, 207 = WM 83, 78 = DWW 83, 48 = MDR 83, 492; dasselbe (RE) ZMR 83, 238 = WM 83, 108 = NJW 83, 1622), so daß der Marktwert entscheidet, also ein für jeden Mieter gleicher Maßstab, der durch objektive Kriterien bestimmt ist. Persönliche Gründe beim Mieter müssen daher ausscheiden (vgl. dazu Rn 36 b). 35

## 4. Für die Vergleichsmiete unerhebliche Merkmale

Die Vergleichsmiete ist, wie ausgeführt, ein am tatsächlichen Wohnungsmarkt orientierter Begriff. Daher sind lediglich die tatsächlich gezahlten Mieten maßgebend, nicht die wirtschaftlichen Gründe, weshalb diese Mieten die betreffende Höhe haben. Nach der Begründung des Regierungsentwurfs sollen daher für die 36 ortsübliche Vergleichsmiete — abgesehen von der Finanzierung durch öffentliche Förderung, wie sie bei preisgebundenem Wohnraum vorkommt (vgl. oben Rn 27) — unberücksichtigt bleiben: die **Art der Finanzierung** (LG Bonn WM 82, 22: für gemeinnützige Wohnungsunternehmen), die **Kosten der Herstellung, Erhaltung und Modernisierung** des Wohnraums. Der Vermieter kann für eine bestimmte Wohnung deshalb keine größere Mieterhöhung vornehmen, weil er unverhältnismäßig hohe Kosten für die Finanzierung (z. B. erhebliche Fremdmittel) oder die Herstellung oder Verbesserung des Wohnraums gehabt hat. Da für die Vergleichsmiete allein der Wohnwert maßgebend ist, kommt es auf solche Finanzierungs- und Kostengesichtspunkte nicht an. Auch ist das Alter einer Wohnung nur insoweit bedeutsam, als es den Wohnwert beeinflußt. Zum Beispiel kann eine gut erhaltene, modernisierte Altbauwohnung einen höheren Wohnwert haben als eine Neubauwohnung (so die Begründung des Regierungsentwurfs). In der Regel wird jedoch eine Wohnung einen um so niedrigeren Wohnwert haben, je älter sie ist (weshalb auch in den bisher aufgestellten Mietspiegeln durchweg nach dem Alter der Wohnungen, zumindest hinsichtlich Altbau- und Neubauwohnungen unterschieden wird). In der Praxis sind für die Bewertung einer Wohnung nicht nur die im Gesetz — wohl abschließend — genannten Merkmale entscheidend. Nach Untersuchungen ergab sich, daß die wichtigsten Determinanten der Miethöhe unabhängig von den gesetzlichen Merkmalen sind: Ausstattung, Baualter, Wohnungsgröße und Dauer des Mietverhältnisses (vgl. *Niederberger/Wullkopf*, 2.3.1).

36a  Der **Zeitpunkt der letzten Mietzinsfestsetzung** gehörte bisher nicht zu den in § 2 genannten Vergleichsmerkmalen. Gleichwohl spielt er für die Höhe der Miete eine maßgebliche Rolle. Denn sog. Altmieten, d. h. Entgelte, bei denen die Mietzinsvereinbarung bzw. Mieterhöhung einige Jahre zurückliegen, sind gewöhnlich erheblich niedriger als Mieten der neueren Zeit (Neumieten). Gemäß der ab. 1. 1. 1983 geltenden Neufassung von Abs. 1 S. 1 Nr. 2 wurde der Begriff der ortsüblichen Vergleichsmiete dahin präzisiert, daß nur noch **Entgelte der letzten 3 Jahre** maßgebend sind (sog. **aktualisierte Vergleichsmiete**). Damit wurde die Vergleichsmiete marktgerechter definiert. Über Einzelheiten der Bestimmung dieser aktualisierten Vergleichsmiete vgl. Rn 27, 27 b.

36b  **Unerheblich** muß auch die **Person des Mieters** sein. Selbst wenn bei manchen Vermietern je nach Zugehörigkeit des Mieters zu bestimmten Personengruppen (Ausländer, Studenten u. a.) Unterschiede bezüglich des vereinbarten Mietzinses bestehen, so kann doch eine solche Unterscheidung von Rechts wegen schon wegen des Diskriminierungsverbots des Art. 3 Abs. 3 GG nicht gemacht werden (a. A. *Sternel* III 37 m. w. N.), zumal dies auch keinerlei Niederschlag im Wortlaut des § 2 MHG gefunden hat. Zum Beispiel kann nicht für solche Mieter, die üblicherweise nur kürzere Zeit die Wohnung innehaben (**Ausländer**), wegen des möglicherweise höheren Mietausfallwagnisses eine höhere als die sonst übliche Miete zugrundegelegt oder ein Zuschlag erhoben werden (OLG Stuttgart (RE) ZMR 82, 176 = WM 82, 129 = MDR 82, 495 = MRS 2 Nr. 38; LG Mannheim Die Justiz 77, 456; LG Köln WM 80, 180; *Goch* WM 80, 70). Besteht jedoch die Mietpartei aus — im Verhältnis zur Wohnungsgröße — übermäßig vielen Personen, so wird es zulässig sein, wegen Überbelegung einen Zuschlag zu dem für eine normale Personenzahl üblichen Mietzins vorzunehmen. Insoweit ist Wohnraum nicht vergleichbarer „Art" anzunehmen. Auch für **Stationierungskräfte** ist ein Teilmarkt (Sondermietmarkt) nicht anzuerkennen; vielmehr sind vergleichbare Wohnungen des allgemeinen Wohnungsmarktes heranzuziehen (OLG Hamm (RE) ZMR 83, 207 = WM 83, 78 = DWW 83, 48 = MDR 83, 492). Dasselbe gilt für **Studenten** (LG Aachen MDR 83, 492). Auch gibt es keinen Teilmarkt für **gemeinnützige Wohnungen** (OLG Karlsruhe (RE) WM 82, 67 = NJW 82, 890 = MRS 2 Nr. 41; OLG Frankfurt (RE) ZMR 82, 342 = WM 82, 128 = NJW 82, 1822 = MRS 2 Nr. 42; LG Bonn WM 82, 22). Auch für Vermietung an eine **Wohngemeinschaft** gilt dasselbe, wenn auch im Einzelfall je nach den Umständen (übermäßige Abnutzung, häufiger kurzfristiger Mitgliederwechsel) ein Zuschlag gerechtfertigt sein kann (OLG Hamm (RE) ZMR 83, 238 = WM 83, 108 = BlGBW 83, 97 = NJW 83, 1622; OLG Köln NJW 76, 120 für Zuschlag bei kurzfristigem Mieterwechsel).

## 5. Die Vergleichbarkeit

Keine Wohnung ist einer anderen völlig gleich. Jede hat von der baulichen und von der Ausstattungsseite her individuelle Gegebenheiten, welche ihr eigenes Gepräge ausmachen. „Vergleichbar" i. S. von Abs. 1 Nr. 2 kann daher nicht „gleichwertig" heißen. Vergleichbar sind Wohnungen, die ähnlich sind, weil sie **im wesentlichen die gleichen** gesetzlich genannten **Bewertungsmerkmale** aufweisen (ähnlich AG Mainz WM 72, 197: Vergleichbarkeit, wenn beide Wohnungen in wesentlichen Merkmalen übereinstimmen). An die Vergleichbarkeit dürfen demnach keine zu hohen Anforderungen gestellt werden. Es muß genügen, wenn die im Gesetz genannten Merkmale nur in groben Zügen bei der Wohnung des Mieters und der Vergleichswohnung übereinstimmen. Dabei noch verbleibende weniger wesentliche Unterschiede sind durch **angemessene Zu- und Abschläge** zu berücksichtigen (AG Kassel DWW 74, 114; *Ganschezian/Finck* NJW 74, 118), wie dies in den hierfür entsprechend anwendbaren §§ 3–6 der Verordnung für die Regelung des Verkehrswerts von Grundstücken vom 7. 8. 1961 (BGBl. I S. 1183) vorgesehen ist. Zur Miete sind **alle geldwerten Leistungen des Mieters** hinzuzurechnen, also insbesondere die Übernahme von Instandsetzungsmaßnahmen einschließlich sog. kleiner Reparaturen und Schönheitsreparaturen (*Sternel* III 138). Über die Bewertung von solchen Instandhaltungsleistungen des Mieters vgl. *Sternel* III 141 im einzelnen. Beim Vorhandensein eines Mietspiegels ist wegen der Übernahme solcher Mieterpflichten ein Abschlag gegenüber den ortsüblichen Quadratmetersätzen nur gerechtfertigt, wenn die Mieterleistung nicht schon bei der Datenermittlung als Normalfall zugrundegelegt ist (was z. B. bezüglich der Übernahme von Schönheitsreparaturen durch den Mieter regelmäßig der Fall sein wird).

Liegen hinsichtlich der gesetzlichen Vergleichsmerkmale wesentliche Unterschiede vor, so sind die Objekte nicht vergleichbar. Das ist z. B. der Fall beim Vergleich von Wohnungen mit geringwertiger Ausstattung mit Luxuswohnungen (AG Brühl WM 74, 106), bei Wohnungen im allgemeinen Wohngebiet mit solchen, die an der Grenze zum Gewerbegebiet liegen (AG Lübeck WM 74, 58), bei einer Wohnung mit 140 m² mit einer solchen mit 100 m² (AG Melsungen WM 81, U 4), bei mit

Nachtstromspeicher betriebener Etagenheizung oder Zentralheizung mit einer Wohnung mit Kohle- oder Öleinzelofen (LG München I WM 81, 52; ebenso BVerfG WM 81, 53), bei 1-Zimmer-Appartements mit 2-Zimmerwohnungen (LG Heidelberg WM 82, 214). Die Grenze der Vergleichbarkeit ist dort zu ziehen, wo ein unterschiedlicher Wohnungstyp zum Vergleich ansteht (LG Heidelberg a. a. O.)

Bei einer vorausgegangenen Mieterhöhung gem. § 3 MHG müssen bei der Feststellung des für vergleichbare Wohnungen geltenden Mietzinses die durch die Modernisierung verursachten Veränderungen außer Betracht bleiben (vgl. § 3 MHG Rn 4).

38 Ein Erhöhungsverlangen eines gemeinnützigen Wohnungsbauunternehmens kann wirksam auch mit Vergleichswohnungen des allgemeinen Wohnungsmarktes begründet werden (OLG Karlsruhe (RE) WM 82, 67 = NJW 82, 890 = MRS 2 Nr. 41; OLG Frankfurt (RE) ZMR 823, 342 = WM 82, 128 = NJW 82, 1822 = MRS 2 Nr. 42; a. A. LG Mannheim WM 80, 181). Zur Vergleichbarkeit von Wohnungen gemeinnütziger Wohnungsbauunternehmen mit freifinanzierten Wohnungen vgl. auch § 10 MHG Rn 87.

### 6. Die Ermittlung der ortsüblichen Vergleichsmiete

39 Es liegt im Wesen der ortsüblichen Vergleichsmiete als eines unbestimmten Begriffs und Durchschnittswertes, daß ihre Ermittlung für den Vermieter, den Mieter, einen Sachverständigen und das Gericht in gleicher Weise **erhebliche Schwierigkeiten** mit sich bringt, sofern ein verläßlicher Mietspiegel in der Gemeinde, zu welcher die Wohnung des Mieters gehört, fehlt. Wenn der Vermieter sich dafür entscheidet, Vergleichsobjekte (vergleichbare Wohnungen) ausfindig zu machen und zu benennen, ist er auf die Auskunft anderer Personen angewiesen. Das BVerfG führt in dem Beschluß vom 23. 4. 74 (vgl. III 2 b der Gründe) dazu aus: Sofern der Vermieter genaue Einzelheiten der Vergleichswohnungen angeben müsse, werde ihm damit die Darlegung objektiver Umstände angesonnen, von denen er in der Regel keine Kenntnis besitze. Solange keine zur Auskunft verpflichteten Stellen bestünden, könne er sich die für die Feststellung der ortsüblichen Vergleichsmiete erforderlichen Daten nur mit freiwilliger Hilfe anderer verschaffen. Weder der Hauseigentümer noch der Mieter von Vergleichswohnungen seien gehalten, die erforderlichen Angaben zu machen. Es entspreche im übrigen der Lebenserfahrung, daß die für eine Wohnung wichtigen Daten üblicherweise fremden Personen gegenüber nicht verlautbart würden. Die Erlangung solcher Einzelangaben bedeute in vielen Fällen das Eindringen in den privaten Lebensbereich, wobei berücksichtigt werden müsse, daß die Wohnung in besonderem Maße den Schutz der Verfassung genieße (Art. 13 GG). Betretungs- und Besichtigungsrechte seien hiernach grundsätzlich ausgeschlossen (BVerfGE 32, 54, 75 = NJW 71, 2299). Da diese grundsätzliche Wertentscheidung auch der Richter beachten müsse, sei im Falle der Beweiserhebung über die Vergleichsobjekte rechtlich die Zustimmung des Mieters zur Besichtigung von Wohnräumen durch das Gericht erforderlich.

40 Der Vermieter der Vergleichswohnung ist rechtlich nicht befugt, einem Dritten ohne Zustimmung seines Mieters die Vergleichswohnung zu zeigen. Der Zutritt

kann auch dem Gericht gegenüber verweigert werden, wenn es die Vergleichswohnung in Augenschein nehmen will. Das Gericht hat jedoch die Möglichkeit, den Mieter und den Vermieter der Vergleichswohnung als Zeugen über den gezahlten Mietzins, die Größe der Wohnung und die übrigen wertbeeinflussenden Merkmale zu vernehmen, wenn dies von einer Prozeßpartei im Rechtsstreit beantragt wird und die entsprechende Parteibehauptung bestritten ist. Den betreffenden Zeugen steht dabei kein Zeugnisverweigerungsrecht zu (vgl. § 384 ZPO).

Diese schon unter der Geltung des § 3 des 1. WKSchG aufgetretenen Schwierigkeiten (z. B. bei einem von seinem Mietwohnhaus Hunderte von Kilometern entfernt wohnenden Vermieter) wurden durch die Neufassung des Gesetzes (Abs. 2) erleichtert. Allen Beteiligten stehen nun für die Ermittlung der Vergleichsmiete verschiedene Möglichkeiten („alle Beweismittel") wahlweise zur Verfügung, insbesondere Mietspiegel, Sachverständigengutachten und die Benennung von in der Regel drei Vergleichsobjekten (vgl. dazu im einzelnen unter V). Das ist vor allem eine Erleichterung für den Vermieter bei der Begründung seines schriftlichen Erhöhungsverlangens. Aber auch dem Gericht stehen nunmehr zur Ermittlung der Vergleichsmiete alle Beweismittel zur Verfügung. Nach dem **Grundsatz der freien Beweiswürdigung** (vgl. § 286 ZPO) hat es nach seiner Überzeugung zu entscheiden, welches das für vergleichbare Wohnungen gezahlte Entgelt ist, wobei ein Vorrang bestimmter Beweismittel vor anderen und damit eine unterschiedliche Bewertung derselben ausscheidet (vgl. auch die Ausführungen des Abg. Dr. *Böger*, Prot. des Bundestages vom 17. 10. 74, S. 8322 D). Die genaue Höhe des zu ermittelnden Betrages wird sich dabei fast immer nur im Weg der **Schätzung gemäß § 287 ZPO** ermitteln lassen. 41

Ist trotz dieser erleichterten Ermittlungsmöglichkeiten für das Gericht die Höhe der ortsüblichen Vergleichsmiete nicht hinreichend exakt zu ermitteln, so gehen verbleibende Unklarheiten zu Lasten des Vermieters, da dieser die Darlegungs- und Beweislast für die Höhe der Vergleichsmiete hat. 42

### 7. Maßgeblicher Zeitpunkt

a) Der maßgebliche Zeitpunkt für die Ermittlung der ortsüblichen Vergleichsmiete ist der **Zugang des Erhöhungsverlangens** (LG Bochum WM 82, 18; LG Köln WM 82, 20; *Barthelmess* ZMR 72, 362; *Schmidt-Futterer/Blank* C 74; *Sternel* III 213). Denn damit wird das Erhöhungsverlangen rechtswirksam (vgl. § 130 BGB). Unerheblich ist daher der Zeitpunkt der Zustimmung des Mieters, des zeitlichen Wirksamwerdens der Erhöhung (Abs. 4) oder der letzten mündlichen Verhandlung im Rechtsstreit über die Mieterhöhung, selbst wenn inzwischen die Mieten des örtlichen Wohnungsmarktes nachweisbar gestiegen sind. 43

b) Liegt die Erstellung eines Mietspiegels einige Zeit (z. B. 1 oder 2 Jahre) zurück, dürfte es zulässig sein, daß das Gericht **gegenüber** den Sätzen des **Mietspiegels** einen entsprechenden geschätzten **Zu- oder Abschlag** (von z. B. 5 oder 10 %) vornimmt, welcher sich aus der Veränderung der Wohnungsmieten zwischen dem Zeitpunkt der Erstellung des Mietspiegels und demjenigen des Zugangs des Erhöhungsverlangens nach einer zuverlässigen Statistik ergibt. 44

## § 2 MHG, 44a+45

44a c) Die ortsübliche Vergleichsmiete ist keine gleichbleibende **Größe,** sondern eine **sich ständig verändernde.** Regelmäßig steigt sie ständig und allmählich an (während der letzten ca. 10 Jahre im Durchschnitt bei freifinanzierten Wohnungen jährlich um etwas mehr als 4 Prozent). Gleichwohl kann, wenn die ortsübliche Vergleichsmiete zu zahlen ist, nicht für jeden Kalendermonat ein neuer Betrag **ermittelt** werden, sondern **jeweils für** einen längeren Zeitraum, der sich an der **Jahresfrist** des S. 1 Nr. 1 zu orientieren hat (OLG Hamm (RE) ZMR 83, 238, 242 = WM 83, 97, 111), d. h. also jeweils für die Dauer eines Jahres.

### 8. Sonderfälle (Gefälligkeitsmiete; vom Mieter geschaffene Einrichtungen)

45 Von dem Grundsatz, daß die Mieterhöhung uneingeschränkt bis zur Höhe der ortsüblichen Vergleichsmiete (unabhängig von der zusätzlich zu beachtenden Kappungsgrenze) verlangt werden kann, ist eine Ausnahme (nur verhältnismäßig reduzierte Mieterhöhung) nicht schon dann zu machen, wenn der vereinbarte Mietzins unterhalb der damaligen ortsüblichen Vergleichsmiete lag (LG Freiburg WM 81, 212). Anders ist es jedoch, wenn der Mietzins – **für beide Mietvertragspartner erkennbar** – mit Rücksicht auf besondere persönliche Umstände **unterhalb des üblichen Mietzinses vereinbart** wurde **(Gefälligkeitsmiete),** was im Streitfalle der Mieter zu beweisen hat. Dies kann z. B. bei einem Mietverhältnis unter Verwandten oder Freunden oder auch bei einem Werkmietvertrag der Fall sein, gegebenenfalls auch nur für eine bestimmte oder bestimmbare Zeit (vgl. *Barthelmess* ZMR 72, 170). Je größer der Abstand zwischen der damals vereinbarten und der früheren ortsüblichen Miete war, um so eher ist anzunehmen, daß die Parteien sich bewußt waren, daß die vereinbarte Miete unter der ortsüblichen lag. In solchen Fällen kann der Vermieter eine Erhöhung der Gefälligkeitsmiete nicht bis zur vollen Höhe der Vergleichsmiete verlangen, sondern nur eine verhältnismäßige Erhöhung, d. h. eine solche bis zu einem Betrag, welcher sich zur jetzt ortsüblichen Vergleichsmiete so verhält wie der vereinbarte Mietzins zu der z. Z. der Vereinbarung ortsüblichen Miete (vgl. die Dreisatzrechnung gemäß §§ 537, 472, 473 BGB). Dies entspricht der h. M. (AG Freiburg WM 81, 110; LG Freiburg WM 81, 212; *Derleder* NJW 75, 1677; *Schmidt-Futterer/Blank* C 39; *Korff* NJW 75, 2282; a. A. *MüKo/Voelskow* 25: Ausschluß des Erhöhungsrechts überhaupt gem. § 1 S. 3 MHG). Andernfalls hätte es der Vermieter in der Hand, insbes. bei schwer vermietbaren Objekten bei Mietbeginn den Mieter mit einer besonders niedrigen, unterhalb der ortsüblichen Vergleichsmiete liegenden Miete zu locken, um später eine Anhebung auf das ortsübliche Niveau vorzunehmen oder den Mieter vor die Wahl zu stellen, auszuziehen. Allerdings wird diese „Lockmöglichkeit" jetzt durch die Kappungsgrenze (Abs. 1 S. 1 Nr. 3) erheblich beschnitten. Abzulehnen ist die Ansicht des LG Freiburg a. a. O., wonach zu unterscheiden sei zwischen einem bewußten prozentual genau umrissenen Abstand zur ortsüblichen Vergleichsmiete und der bloßen Vereinbarung einer „günstigen" Miete. In beiden Fällen ergibt sich das Maß der Günstigkeit aus der Verhältnismäßigkeit zwischen vereinbarter und ortsüblicher damaliger Miete.

**Beispiel:**

Zur Zeit des Mietvertragsabschlusses wurden, obwohl eine Miete von 300,– DM üblich war, im Einverständnis der Parteien mit Rücksicht auf das zwischen ihnen bestehende Eltern-Kind-Verhältnis nur 200,– DM als Mietzins vereinbart. Die ortsübliche Vergleichsmiete beträgt jetzt 420,– DM. Ein Erhöhungsanspruch besteht (abgesehen von der Kappungsgrenze)

bis zur Höhe von $\frac{200 \cdot 420}{300} = 280,-$ DM.

**Fällt der „Gefälligkeitsgrund" weg,** so kann wieder die unbeschränkte Mieterhöhung geltend gemacht werden (gleichgültig, ob dies mit Wegfall der Geschäftsgrundlage, Schenkungswiderruf wegen groben Undanks, Bedingung oder Wegfall des mit der Leistung bezweckten Erfolges begründet wird). Den Wegfall des „Gefälligkeitsgrundes" (z. B. Zerwürfnis des bisher freundschaftlichen Verhältnisses) hat der Vermieter, welcher das uneingeschränkte Erhöhungsrecht geltend macht, zu beweisen. Im Einzelfall kann problematisch sein, was als „Gefälligkeitsgrund" anzusehen ist, wobei es auf die Parteivereinbarung und die Umstände der Vereinbarung einer niedrigeren Miete ankommt (z. B. Verwandtschaftsverhältnis mit gutem (harmonischem) persönlichen Verhältnis oder nur Verwandtschaftsverhältnis – im Zweifel wohl ersteres).

**Hat der Mieter den Wohnwert verbessernde Einrichtungen der Wohnung selbst geschaffen oder finanziert,** so sind diese bei der Berücksichtigung des zugrundezulegenden Wohnwerts außer acht zu lassen (vgl. OLG Hamburg MDR 74, 585 = DWW 74, 211; BayObLG (RE) ZMR 82, 158 = WM 81, 208 = NJW 81, 2259; LG Bonn WM 81, 108; AG Braunschweig WM 81, U 20: für eine vom Vormieter angebrachte Einrichtung, für die der Mieter eine Abfindung zahlte; LG Hamburg WM 79, 60; a. A. *Fricke* ZMR 76, 325; *Olivet* ZMR 79, 131 und 321 differenzierend). Eine „Abwohnzeit" gibt es hierbei nicht (a. A. LG München I DWW 79, 191 = MDR 80, 230 (L): Investitionen des Mieters in Höhe einer Jahresmiete seien durch eine Mietdauer von 4 Jahren – ähnlich wie bei verlorenem Baukostenzuschuß – abgewohnt, so daß dann wieder die vom Mieter finanzierte Einrichtung bei der ortsüblichen Vergleichsmiete als vorhanden zu berücksichtigen sei); daher kann eine vom Mieter geschaffene Einrichtung auch nach längerer Zeit nicht als vom Vermieter geschaffenes Ausstattungsmerkmal bei einer Mieterhöhung berücksichtigt werden (AG Hamburg WM 181, U 11). Es wäre ein Verstoß gegen Treu und Glauben, wollte der Vermieter eine Mieterhöhung insoweit verlangen, als die Wohnwertverbesserung durch den Mieter geschaffen wurde, da die Verbesserung keine Vermieterleistung darstellt. Erst beim Abschluß eines neuen Mietvertrags nach Mieterwechsel kann der Vermieter die Einrichtung als seine Leistung mietzinsmäßig berücksichtigen. Eine Ausnahme gilt nur, wenn der Vermieter die vom Mieter verauslagten Kosten erstattet oder die Parteien etwas anderes vereinbart haben (BayObLG a. a. O.).

## IV. Die Kappungsgrenze (Abs. 1 S. 1 Nr. 3)

### 1. Zweck und Allgemeines

47 Gemäß der ab. 1. 1. 1983 geltenden Neuregelung (vgl. Abs. 1 S. 1 Nr. 3) besteht der Mieterhöhungsanspruch des Vermieters nur, wenn sich der Mietzins innerhalb von 3 Jahren, von Erhöhungen nach den §§ 3 bis 5 MHG abgesehen, nicht um mehr als 30 % erhöht (sog. Kappungsgrenze). Durch diese Begrenzung des allgemeinen Mieterhöhungsrechts soll eine unangemessene Erhöhung der Mieten im Einzelfall vermieden werden (vgl. Begründung des Regierungsentwurfs zum MWoAEG, S. 8 und 16). Obergrenze für die Mietsteigerung ist jedoch in jedem Falle das Vergleichsmietenniveau; die Neuregelung der **Kappungsgrenze erlaubt** also **keine** allgemeine prozentuale **Steigerung der Miete** (Begründung des Regierungsentwurfs zum MWoAEG, S. 16). Es handelt sich demnach um eine **Schutzvorschrift zugunsten des Mieters,** welche eine **Dämpfung von Mieterhöhungen gemäß § 2 MHG** bewirkt. Hervorzuheben ist, daß die Neuregelung keinesfalls dem Vermieter ein – etwa vorher noch nicht bestehendes – Recht zu einer Mieterhöhung um 30 % gewährt, also eine Erweiterung des Mieterhöhungsrechts. Nach bisheriger Rechtslage war nach h. M. (vgl. *Schmidt-Futterer/Blank* C 39; Vorauflage Rn 46) eine Mieterhöhung gemäß § 2 MHG bis zur Höhe der ortsüblichen Vergleichsmiete ohne Beschränkung auf einen bestimmten Prozentsatz gegenüber der vorherigen Miete möglich, also auch um einen gegenüber der bisherigen Miete erheblichen Prozentsatz (z. B. über 50 %). Dieses gegenüber der bisherigen Miete unbeschränkte Erhöhungsrecht, welches nur durch die **ortsübliche Vergleichsmiete als Obergrenze** beschränkt war, wird **nunmehr durch** die **Kappungsgrenze** durch eine Kombination eines Prozentsatzes (30 %) und eines Zeitraums (3 Jahre) **weiter begrenzt.** Demnach ist der Umfang des Mieterhöhungsrechts nunmehr durch zwei unabhängig voneinander einzuhaltende Grenzlinien beschränkt, nämlich einmal durch die ortsübliche Vergleichsmiete und zum anderen durch die Kappungsgrenze. Die **jeweils niedrigere von beiden Begrenzungen bestimmt** daher den **Umfang des Mieterhöhungsrechts** im Einzelfall (vgl. unten Rn 58 f.). Die Kappungsgrenze hat Bedeutung bei denjenigen Mietverhältnissen, bei denen der Mietzins während der letzten 3 Jahre einen erheblichen Prozentsatz unterhalb der ortsüblichen Vergleichsmiete lag, gleichgültig aus welchen Gründen (Großzügigkeit, Nachlässigkeit, soziales Entgegenkommen, Rücksichtnahme auf die wirtschaftlichen Verhältnisse des Mieters, Unkenntnis vom Wohnungsmarkt bei dem betreffenden Vermieter). Nicht betroffen von der Kappungsgrenze sind diejenigen Mieten, welche sich in etwa auf dem Niveau der ortsüblichen Vergleichsmiete halten.

Die Kappungsgrenze wurde **gleichzeitig mit** der Einführung der **aktualisierten Vergleichsmiete** (wonach die Mietentgelte der letzten 3 Jahre maßgeblich sind) durch das MWoAEG **eingeführt.** Das eine ist eine den Mietenanstieg dämpfende, das andere eine anstiegsfördernde Regelung. Ob der Gesetzgeber die Kappungsgrenze wegen des durch den aktualisierten Vergleichsmietenbegriff zu erwartenden Mietenanstiegs eingeführt hat, erscheint zweifelhaft. Ein solcher Zusammenhang könnte daraus hergeleitet werden, daß in der Begründung des Regierungsentwurfs zum MWoAEG (S. 8) in einem einheitlichen Absatz zunächst von der Aktualisierung des Vergleichsmietenbegriffs (zum Zwecke der Erreichung einer stärker marktorientierten Anpassung der Mieten) die Rede ist und unmittelbar anschließend von der Kappungsgrenze, ohne daß aus dem Text dieser Begründung (z. B. durch das Wort „daher") ersichtlich wird, daß die eine Regelung wegen der anderen eingeführt worden wäre.

### 2. Inkrafttreten, Übergangsrecht in verfassungsrechtlicher Sicht

Da die Neuregelung des MWoAEG ab dem 1. 1. 1983 in Kraft trat und eine Übergangsvorschrift fehlt, tritt die Regelung der Kappungsgrenze ebenfalls am 1. 1. 1983 in Kraft. Nach allgemeinen übergangsrechtlichen Grundsätzen (vgl. oben Rn 7) ist sie daher anwendbar für alle **Mieterhöhungsverlangen** gemäß § 2 MHG, welche dem Mieter **ab dem 1. 1. 1983 zugehen,** auch wenn die 3jährige Frist zeitlich vor das Inkrafttreten der Neuregelung zurückgreift (AG München WM 83, 232; AG Hannover WM 83, 233; *Röbbert* DB 83, 163; *Landfermann,* Erl. u. Mat. z. MWoAEG, S. 42; *Heitgreß* WM 83, 44; *Hannig* GWW 83, 66; *Barthelmess* WM 83, 65; *Sternel* ZMR 83, 75; *Klas* WM 83, 98; *Scholz* NJW 83, 1824; vgl. auch *Köhler* ZMR 83, 217).

48

Problematisch ist jedoch, ob sich eine **Einschränkung** des sofortigen Inkrafttretens der Kappungsgrenze bei bestehenden Mietverhältnissen, in welchen die 3-Jahres-Frist vor das Inkrafttreten des Gesetzes zurückgreift, **aus verfassungsrechtlichen Grundsätzen** ergibt. Durch die Anwendung der genannten Regelung des Inkrafttretens der Kappungsgrenze würden an Tatsachen (Mietentgelte), die bis zu 3 Jahren vor dem Inkrafttreten der Neuregelung liegen, nach dem Inkrafttreten Rechtswirkungen geknüpft (Beschränkung des Mieterhöhungsanspruchs der Höhe nach). Daher ist verfassungsrechtlich zu prüfen, ob eine Rückwirkung des Gesetzes vorliegt. Die genannte Regelung stellt eine **sog. unechte Rückwirkung** dar, da der Anwendungsbereich des Gesetzes zwar nicht vor den Zeitpunkt seines Inkrafttretens zurückreicht, das Gesetz jedoch in noch nicht abgeschlossene Sachverhalte der Vergangenheit ab seinem Inkrafttreten eingreift. Für die unechte Rückwirkung hat das **BVerfG** in einer umfangreichen Rechtsprechung für die verfassungsrechtliche Gültigkeit unter dem Rechtsstaatsgebot des Art. 20 Abs. 3 GG **Grundsätze** aufgestellt. Danach ist in jedem Einzelfall einer solchen unechten Rückwirkung eine **Güterabwägung** zwischen dem Recht des Staates, seine Gesetzgebung weiter zu entwickeln und neuen Problemlagen anzupassen einerseits, und dem Vertrauen des Bürgers in den Fortbestand ihm günstiger Rechtsvorschriften in Verbindung mit dem Ausmaß des durch eine Gesetzesänderung verursachten Vertrauensschadens andererseits vorzunehmen, wobei das betreffende Vertrauen schutzwürdig (sachlich gerechtfertigt) sein muß und an der Bedeutung des gesetzgeberischen Anliegens für das Gemeinwohl zu messen ist (vgl. BVerfGE 14, 299 ff.; 25, 142 ff.; *Maunz/Dürig/Herzog* Art. 20 GG VII Rn 68, 70 und Art. 2 GG Rn 47). Wendet man diese Grundsätze auf das Inkrafttreten des § 2 Abs. 1 S. 1 Nr. 3 MHG ab dem 1. 1. 1983 bei schon bisher bestehenden Mietverträgen an, so ergibt sich m. E. die folgende Abwägung. Seit Ende 1971 ist im sozialen Mietrecht das Vergleichsmietensystem in

49

Kraft, bei welchem der Vermieter eines geschützten Wohnraummietverhältnisses auf unbestimmte Dauer einen Anspruch darauf hat, vom Mieter die Zustimmung zur Erhöhung des Mietzinses bis zur ortsüblichen Vergleichsmiete (Obergrenze) zu verlangen (vgl. § 2 MHG bisheriger Fassung und zuvor § 3 des 1. WKSchG). Dieser Anspruch auf eine Mieterhöhung bis zur ortsüblichen Vergleichsmiete ist wegen des Verbots einer Kündigung zum Zwecke der Mieterhöhung (§ 1 S. 1 MHG) und der Notwendigkeit des Vorliegens berechtigter Interessen für die Kündigung des Vermieters (§ 564 b BGB7 sowie der Beschränkung des Rechts der Mieterhöhung auf die gesetzlichen Möglichkeiten (vgl. §§ 2 bis 5 MHG) zu einem dauerhaften und für die Wirtschaftlichkeit des Haus- und Wohnungsbesitzes fundamentalen Recht des Vermieters geworden, auch zu einem festen Bestandteil im Bewußtsein der betroffenen Vermieter und Mieter. Zwar kann daraus (mangels Ablaufs genügender Zeit) wohl noch kein Gewohnheitsrecht hergeleitet werden. Auch läßt sich nicht erkennen, daß dieser Mieterhöhungsanspruch des Vermieters (bis zur ortsüblichen Vergleichsmiete) gemäß der höchstrichterlichen Rechtsprechung zu einem integrierten Bestandteil der verfassungsrechtlich geschützten Eigentumsgarantie des Art. 14 Abs. 1 GG geworden ist (so jedoch *Vogel/Welter* NJW 83, 433 zu Fußnote 15). Allerdings hat das BVerfG anläßlich der Prüfung der Verfassungsmäßigkeit des Vergleichsmietenverfahrens ausgesprochen: „Hierbei ist jedoch zu berücksichtigen, daß mit der zugunsten des Mieters geschaffenen Eigentumsbindung ein gesetzlicher Anspruch des Vermieters auf die ortsübliche Vergleichsmiete korrespondiert" (BVerfGE 37, 132 = ZMR 74, 297 = WM 74, 169 = DWW 74, 185 = MDR 74, 907 = NJW 74, 1499). Es ist jedoch kaum anzunehmen, daß mit diesem — etwas beiläufig ausgesprochenen — Satz das BVerfG hat aussprechen wollen, daß der Anspruch des Vermieters auf eine Mieterhöhung bis zur ortsüblichen Vergleichsmiete ohne jede Einschränkung durch anderweitige Begrenzungen durch den verfassungsrechtlichen Schutz des Eigentums gemäß Art. 14 Abs. 1 GG auf Dauer geschützt sei, so daß der Gesetzgeber in dieses Recht nicht eingreifen dürfe. Dies kann daher auch der BGH bei seiner Zitierung dieses Satzes des BVerfG nicht gemeint haben (vgl. BGH NJW 82, 2867 f.). Diesen Entscheidungen ist nicht zu entnehmen, daß der gesetzliche Anspruch des Vermieters auf die ortsübliche Vergleichsmiete der Eigentumsbindung korrespondieren muß (AG Münster WM 83, 233). Gleichwohl erscheint ein Vertrauen des Vermieters auf den Fortbestand der gesetzlichen Regelung des § 2 Abs. 1 S. 1 Nr. 2 MHG in der bisherigen Fassung, wonach die Anhebung einer besonders niedrigen Miete auf das Niveau der ortsüblichen Vergleichsmiete zulässig war, wegen der beschriebenen Wichtigkeit des Vergleichsmietensystems durchaus schutzwürdig. Wenn der Vermieter den in den letzten Jahren und Jahrzehnten ständig steigenden Mietzins seiner Wohnung, aus welchen Erwägungen auch immer, auf ein erheblich unter der ortsüblichen Vergleichsmiete liegendes Niveau hat kommen lassen, so konnte und durfte er in den Jahren 1980 bis 1982 (den letzten 3 Jahren vor dem Inkrafttreten der Neuregelung) davon ausgehen, die Miete im Rahmen des formellen Verfahrens des § 2 MHG auf die ortsübliche Höhe anheben zu können, abgesehen von Ausnahmefällen, in denen eventuell eine Mietanhebung um einen erheblichen Betrag wegen der besonderen Umstände des Einzelfalles gegen Treu und Glauben (§ 242 BGB)

verstieße. Der Vermieter, welcher die Ware Wohnung unter Preis zur Verfügung stellte, konnte und durfte mit der jederzeitigen Möglichkeit der Angleichung dieses Preises an die Marktlage rechnen, zumal davon die Wirtschaftlichkeit des Grundbesitzes betroffen ist. Damit hängt eng zusammen die Nutzungsmöglichkeit des Grundbesitzes und die Möglichkeit, daraus einen angemessenen Gewinn zu erzielen. Diese Möglichkeiten gehören jedoch zum Wesen des Eigentums.
Auf der anderen Seite ist das Recht des Gesetzgebers zu berücksichtigen, bei der Einführung einer Neuregelung (hier: der Kappungsgrenze) durch Nichteinführung einer Überleitungsvorschrift eine einheitlich für alle Mietverhältnisse in Kraft tretende Regelung zu erzielen. Dieses (vom Gesetzgeber in der Begründung des Regierungsentwurfs nicht einmal ausgesprochene) Anliegen des Gesetzgebers an einem einheitlichen Inkrafttreten erscheint mit Rücksicht auf das Gemeinwohl bei einer Abwägung gegenüber dem Eingriff in ein schutzwürdiges und sachlich gerechtfertigtes Vertrauen des Vermieters nicht besonders gewichtig, d. h., der Schutz des Vertrauens des Vermieters von Wohnraum in einen Fortbestand der bisherigen Regelung erscheint gewichtiger und vorrangig. Dem Schutz dieses Vertrauens hätte der Gesetzgeber daher durch Schaffung einer geeigneten Übergangsvorschrift Rechnung tragen müssen. Soweit demnach bei Einführung der Kappungsgrenze eine Übergangsvorschrift fehlt und durch das sofortige Inkrafttreten der Neuregelung das Vertrauen der Vermieter von bestehenden Wohnraummietverhältnissen an den Fortbestand des Vergleichsmietenverfahrens bisheriger Art erschüttert wurde, ist die unechte Rückwirkung wegen Verstoßes gegen das Rechtsstaatsprinzip (Art. 20 Abs. 3 GG) verfassungswidrig (so *Vogel/Welter* NJW 83, 433; vgl. auch *Gelhaar* DWW 83, 58 ff.; a. A. *Hannig* GWW 83, 66; *Landfermann*, Erl. u. Mat. z. MWoAEG, S. 42; *Sternel* ZMR 83, 75; *Barthelmess* WM 83, 65; *Scholz* NJW 83, 1825; *Derleder* WM 83, 226 zu Fußnote 58; vgl. auch *Köhler* ZMR 83, 217 f., wonach die Kappung des Nachholbedarfs ausdrücklich vom Gesetzgeber in Kauf genommen worden sei (ohne verfassungsrechtliche Prüfung)). Eine **verfassungskonforme Auslegung** dergestalt, daß in denjenigen Fällen, in welchen dieses Vertrauen erschüttert wird, die Kappungsgrenze keine Anwendung findet, ist daher zulässig und **geboten.** M. E. ist daher die Vorschrift über das Inkrafttreten der Neuregelung (Art. 6 des MWoAEG) bezüglich der Kappungsgrenze (§ 2 Abs. 1 S. 1 Nr. 3 MHG) verfassungskonform dahin auszulegen, daß die Neuregelung über die Kappungsgrenze insoweit nicht anwendbar ist, als der Vermieter gemäß § 2 MHG eine Mieterhöhung auf das Niveau der ortsüblichen Vergleichsmiete alten Rechts (nichtaktualisierte Vergleichsmiete, bei welcher Alt- und Neubauten in gleicher Weise ohne zeitliche Beschränkung Berücksichtigung finden) begehrt und unter Berücksichtigung der Kappungsgrenze eine Ausgangsmiete aus einer Zeit vor dem Inkrafttreten der Neuregelung zugrundezulegen wäre. Dies bedeutet, daß bei einem Wohnraummietverhältnis, welches schon beim Inkrafttreten der Neuregelung (1. 1. 1983) bestand, und für welches § 2 MHG Anwendung findet, bei Mieterhöhungserklärungen, welche während der **ersten 3 Jahre nach Inkrafttreten** des Gesetzes dem Mieter zugehen, die **Kappungsgrenze insoweit keine Anwendung finden** kann, als es um die Mietzinserhöhung **bis zur Höhe des fortgeschriebenen Niveaus der bisherigen** (nichtaktualisierten) **Vergleichsmiete** geht. Denn es liegt

nahe, die in der Kappungsgrenzregelung selbst enthaltene 3-Jahres-Frist bei der verfassungskonformen übergangsrechtlichen Regelung zugrundezulegen, was die Wirkung hat, daß dann eine (unechte) Rückwirkung der Neuregelung im verfassungsrechtlichen Sinne nicht mehr vorliegt. Die Kappungsgrenze muß jedoch auch bei schon bisher bestehenden Mietverhältnissen ab 1. 1. 1983 insoweit Anwendung finden, als der Vermieter einen über die fortgeschriebene bisherige Vergleichsmiete (alten Rechts) hinausgehende und bis zur Vergleichsmiete neuen Rechts (aktualisierte Vergleichsmiete) reichende Mieterhöhung begehrt. Für eine Übergangszeit von 3 Jahren ab dem Inkrafttreten der Neuregelung sind demnach zwei verschiedene Begriffe der ortsüblichen Vergleichsmiete anzuwenden (ebenso *Vogel/Welter* NJW 83, 433). Zum gleichen Ergebnis, wenn auch mit anderer Begründung, führt die Ansicht von *Gelhaar* (DWW 83, 58 ff.), wonach eine am gesetzgeberischen Zweck orientierte Auslegung der Regelung über die Kappungsgrenze ergäbe, daß diese nur zusammen mit der Möglichkeit der Mieterhöhung bis zur aktualisierten Vergleichsmiete Anwendung finden könne, da der Gesetzgeber die eine Regelung nicht ohne die andere habe einführen wollen. M. E. ergibt sich eine vom Gesetzgeber gewollte Verknüpfung dieser beiden, den Umfang der Erhöhung gemäß § 2 MHG beeinflussenden Neuregelungen nicht mit hinreichender Deutlichkeit aus den Gesetzesmaterialien, so daß die Ansicht von *Gelhaar* zwar im Ergebnis richtig, bzgl. der Begründung jedoch zweifelhaft erscheint.

Über die übergangsrechtliche Anwendung der Kappungsgrenze im Falle der Mieterhöhung bei bisher preisgebundenem, nunmehr preisfrei gewordenem Wohnraum vgl. unten Rn 52.

### 3. Zur (generellen) Verfassungsmäßigkeit der Kappungsgrenze

50 Abgesehen von der übergangsrechtlichen Lage können gegen die Kappungsgrenze in der Form des § 2 Abs. 1 S. 1 Nr. 3 MHG (Mieterhöhung begrenzt auf 30 % innerhalb von 3 Jahren) aus der Garantie des Eigentums gemäß Art. 14 Abs. 1 GG keine verfassungsrechtlichen Bedenken hergeleitet werden (vgl. auch *Scholz* NJW 83, 1824 welcher die Kappungsgrenze für mit Art. 3 GG vereinbar hält). Zwar wird durch die Einführung der Kappungsgrenze das Recht des Vermieters auf eine (bisher uneingeschränkte) Mieterhöhung bis zur ortsüblichen Vergleichsmiete beschränkt. Diese Beschränkung geht m. E. jedoch nicht so weit, daß sie – bei Fortdauer der bisherigen wirtschaftlichen Situation in der Bundesrepublik Deutschland, bei welcher der jährliche Anstieg der Wohnungsmieten durchschnittlich bei 4 bis 5 % liegt, während die Preissteigerungsrate ca. 5 % beträgt – gegen die Eigentumsgarantie des Art. 14 Abs. 1 GG verstößt, weil sie etwa das Wesen des Eigentums antaste (vgl. Art. 19 Abs. 2 GG). Zwar gehört zum Wesen des Eigentums neben der grundsätzlichen Verfügungsbefugnis des Eigentümers auch die grundsätzliche Nutzungsmöglichkeit, wozu auch die Befugnis zur Erzielung eines mindestens geringen Gewinnes im Regelfall gerechnet werden muß. Ein Vermieter, dessen Mietzins z. B. 50 % unter demjenigen der ortsüblichen Vergleichsmiete (neuerer Art) liegen wird, wird bei Anwendung der Kappungsgrenze und bei Durchführung von jährlichen Mieterhöhungen das Niveau der ortsüblichen

Vergleichsmiete bei einer „Inflationsrate" von 4 % erst in etwa 8 Jahren erreichen, da er bei einer inflationsbedingten Steigerungsrate von 4 % im Durchschnitt in 3 Jahren nur um 30 minus 12 (4 % mal 3) = 18 %, pro Jahr daher um etwa 6 % echte (inflationsbereinigte) Mieterhöhung steigen kann. Der Aufstieg bis zur ortsüblichen Vergleichsmiete kann daher im Einzelfall durchaus einen längeren Zeitraum (von 10 oder auch 20 Jahren) erfordern. Es ist jedoch bei der verfassungsrechtlichen Prüfung davon auszugehen, daß der Gesetzgeber im Bereich des sozialen Mietrechts einen Ermessensspielraum hat, bei welchem eine ausgewogene Regelung zwischen den Interessen des Vermieters am Eigentumsschutz und denjenigen des Mieters an der Sozialgebundenheit des Eigentums an Wohnraum vorliegt (vgl. BVerfGE 37, 132 = NJW 74, 1499). Unter Berücksichtigung dieser Grundsätze, insbesondere der Sozialbindung des Eigentums und des daraus abgeleiteten verfassungsrechtlich zu billigenden Zieles der Dämpfung von Mieterhöhungen bei preisfreiem geschütztem Wohnraum erscheint die Regelung **verfassungskonform.** Die Behinderung des Vermieters von preisfreiem Wohnraum, wegen des Vorhandenseins der Kappungsgrenze den Mietzins nicht bis zur Vergleichsmiete erhöhen zu können, fällt verfassungsrechtlich unter dem Gesichtspunkt der Eigentumsgarantie wohl deshalb nicht gravierend ins Gewicht, weil in den meisten Fällen, in welchen die Kappungsgrenze eine Beschneidung des Mieterhöhungsrechts darstellen würde, davon ausgegangen werden muß, daß der Vermieter auf Grund der ihm bekannten Rechtslage über sein Erhöhungsrecht und auf Grund des ihm ebenfalls bekannten Niveaus der ortsüblichen Vergleichsmiete auf einen Teil seines ihm wirtschaftlich zustehenden Mietentgelts freiwillig verzichtet. Insoweit verzichtet er auch auf die Nutzungsmöglichkeit seines verfassungsrechtlich geschützten Eigentums.

**Anders** ist jedoch die Kappungsgrenze verfassungsrechtlich zu beurteilen, **wenn in der Bundesrepublik** Deutschland eine **ganz andere wirtschaftliche Lage eintreten sollte,** bei welcher die durchschnittliche jährliche Steigerungsrate der Wohnungsmieten erheblich höher als während der vergangenen Jahrzehnte liegt (z. B. 15 bis 20 %). Maßgeblich wird dabei auch sein, inwieweit die jährliche Mietzinssteigerungsrate gegenüber der jährlichen Preissteigerungsrate zurückbleibt. Wäre dies ein so großer Prozentsatz, daß wegen der (in bisheriger Fassung fortbestehenden) Kappungsgrenze eine Gewinnerzielung auch bei voller Ausschöpfung des Mieterhöhungsrechts gem. § 2 MHG nicht möglich ist, vielmehr die **Vermietung** von Wohnraum ein **eindeutiges Verlustgeschäft** werden würde, so wäre damit wohl die Grenze der verfassungsrechtlichen Gültigkeit der Kappungsgrenzregelung erreicht. Je nach der Wirkung solcher wirtschaftlicher Faktoren (Preissteigerungs- bzw. Mietsteigerungsrate, Verlusterzielung durch Hausbesitz) müßte zumindest ab dem Eintritt solcher in der Bundesrepublik Deutschland ungewöhnlicher wirtschaftlicher Verhältnisse die Kappungsgrenze als ein unzulässiger Eingriff in die Eigentumsgarantie des Art. 14 Abs. 1 GG und damit als **verfassungswidrig** betrachtet werden. Bei welchen Inflations- bzw. Verlustraten die verfassungsrechtliche Zulässigkeit überschritten wird, kann wohl nicht allgemein im voraus beurteilt werden. Zudem bliebe zunächst der Gesetzgeber aufgerufen, **bei einer beträchtlichen Erhöhung der bisherigen Inflationsraten** in der Bundesrepublik § 2 Abs. 1 S. 1 Nr. 3 MHG entsprechend zu ändern oder abzuschaffen, um damit einer verfassungswidrigen Beschneidung der Nutzungsmöglichkeit des Eigentümers von Grund und Boden zuvorzukommen.

### 4. Anwendungsbereich der Kappungsgrenze

51 Der allgemeine Anwendungsbereich der Kappungsgrenze ist der gleiche wie derjenige von § 2 MHG (vgl. oben Rn 3 bis 5). Die Kappungsgrenze ist auch anwendbar, wenn die Miete länger als 3 Jahre unverändert geblieben ist (AG Münster WM 83, 233).

52 Beim erstmaligen **Übergang von** bisher **preisgebundenem Wohnraum zur Preisfreiheit** (und damit zur Anwendbarkeit des MHG) kann die Kappungsgrenze m. E. keine Anwendung finden (ebenso im Ergebnis *Gelhaar* DWW 83, 61; *Blümmel* GrundE 83, 143, 144; mit ausführlicher Begründung *Deggau* BlGBW 83, 81, 82; wohl auch *Vogel/Welter* NJW 83, 433; AG Neuss WM 83, 114: weil die Kappungsgrenze geschaffen worden sei, um Härten bei Mietsteigerungen innerhalb des Vergleichsmietensystems zu verhindern, nicht aber für den Übergang [verfassungskonforme Auslegung]; dasselbe WM 83, 296 = NJW 83, 2327 = DWW 83, 204 grundsätzlich und für Wohnungen, die dem Besetzungsrecht der öffentlichen Hand unterlagen; die Frage offenlassend *Heitgreß* WM 83, 45; vgl. *Köhler* ZMR 83, 217 f., welcher de lege ferenda eine Ausschlußregelung für diesen Fall fordert; a. A. AG Hannover und AG Freiburg WM 83, 298; *Landfermann*, Erl. u. Mat. z. MWoAEG, S. 41; *Merkl* WM 83, 99, 101; eingehend *Klas* WM 83, 98; *Hemming* WM 83, 183; *Derleder* WM 83, 225; *Emmerich/Sonnenschein*, Miete 19). Unabhängig von einer verfassungsrechtlichen Prüfung der Übergangsrechtslage (vgl. dazu oben Rn 49) folgt m. E. die **Nichtanwendbarkeit der Kappungsgrenze** aus einer **teleologischen Reduktion** der Vorschrift, welche zwar ihrem (weiten) Wortlaut gemäß, nicht jedoch ihrem (engeren) Sinn gemäß Anwendung finden kann. Aus dem gesetzgeberischen Sinn und Zweck der Regelung der Kappungsgrenze, insbesondere aus der Anwendung auf einen 3jährigen Zeitraum und aus dem Ausscheiden von Mieterhöhungen gemäß §§ 3 bis 5 MHG ergibt sich die vom Gesetzgeber gewollte stillschweigende Voraussetzung für die Kappungsgrenze, daß während der 3 letzten Jahre Mieterhöhungen gemäß § 2 MHG überhaupt möglich waren, d. h., daß § 2 MHG anwendbar war. War der Wohnraum jedoch während der letzten 3 Jahre preisgebunden, so war § 2 nicht anwendbar (§ 10 Abs. 3 Nr. 1 MHG). § 2 Abs. 1 S. 1 Nr. 3 MHG ist daher seiner ratio gemäß einschränkend dahin auszulegen, daß jedenfalls **bei einer erstmaligen Mieterhöhung gemäß § 2 MHG** bei einem zuvor der Preisbindung unterliegendem Wohnraum die Kappungsgrenze insoweit keine Anwendung finden kann, als während des 3 Jahre zurückliegenden Zeitraums Preisbindung bestand. Wirtschaftlich ist es oftmals bei einer bisher preisgebundenen Wohnung, bei welcher die Preisbindung entfällt, geboten, zur Angleichung der Kostenmiete an die (nunmehr aktualisierte) Vergleichsmiete einen erheblichen Mietanstieg vorzunehmen, welcher oftmals die sonst üblichen prozentualen Mietsteigerungen überschreitet (vgl. den Bericht der Bundesregierung über die Auswirkungen des 2. WKSchG, Bundestagsdrucksache 8/2610, Tabelle 26, wonach beim erstmaligen Erhöhungsverlangen gemäß § 2 MHG nach Fortfall der

Preisbindung in 40,6 % der Fälle eine Mietsteigerung von über 50 % der bisherigen Grundmiete gefordert wurde, während in anderen Mieterhöhungsfällen in nur 18,7 % der Fälle eine solch hohe Steigerung verlangt wurde).

**Anwendbar** wird die Kappungsgrenze jedoch sein, wenn **nach** einem **befristeten vertraglichen Ausschluß des Mieterhöhungsrechts** (vgl. § 1 S. 3 MHG) eine Mietanpassung gemäß § 2 MHG zulässig geworden ist. Denn hierbei beruht die bisherige Unanwendbarkeit von § 2 MHG auf einem freiwilligen Willensentschluß des Vermieters bei Eingehung einer entsprechenden, die Mieterhöhungsmöglichkeit hindernden Vereinbarung. Dieser Fall wird daher nicht demjenigen beim erstmaligen Übergang preisgebundenen Wohnraums zur Preisfreiheit gleichzustellen sein. 53

**Anwendbar** ist die Kappungsgrenze **nur** auf Mieterhöhungsverlangen, welche sämtlichen (formellen und materiellen) Voraussetzungen des **§ 2 MHG** entsprechen. Sie findet **keine Anwendung** bei **Mieterhöhungen gemäß den §§ 3 bis 5 MHG**, bei den Mietzinssteigerungen im Rahmen von **Staffelmietverträgen** gemäß § 10 Abs. 2 MHG (*Landfermann*, Erl. u. Mat. z. MWoAEG, S. 41) sowie bei **Erstvereinbarungen des Mietzinses** und bei **Mieterhöhungen auf Grund von Vereinbarungen** der Parteien im Einzelfall (vgl. § 10 Abs. 1 Hs. 2 MHG), gleichgültig, ob dies aus Anlaß einer Anpassung an die ortsübliche Vergleichsmiete, einer Modernisierung, Betriebskosten- oder Kapitalkostenerhöhung erfolgt. „Erhöhungen nach den §§ 3–5 MHG" sind nicht nur solche, die genau nach den gesetzlichen Vorschriften durch gestaltungsrechtliche Erklärung des Vermieters vorgenommen werden, sondern auch solche auf Grund einer Vereinbarung der Parteien, soweit die materiellen (nicht: formellen) Voraussetzungen der §§ 3, 4 Abs. 2 und 5 MHG vorgelegen haben (vgl. die gleiche Gesetzesfassung – und Auslegung – bei der 1jährigen Wartefrist; erläutert unter Rn 19). Dies folgt aus dem Zweck der Regelung, Mieterhöhungen auf Grund von Modernisierungen, Betriebskosten- oder Kapitalkostenerhöhungen als Sonderfälle der Mieterhöhung auszuklammern, so daß es nicht darauf ankommen kann, in welcher Form die Erhöhung zustandegekommen ist (ebenso *Emmerich/Sonnenschein*, Miete 19; a. A. *Sternel* ZMR 83, 76, jedoch mit ähnlicher Unterscheidung). 54

### 5. Berechnung der 3-Jahres-Frist

Die Zurückrechnung der 3-Jahres-Frist, innerhalb deren sich der Mietzins nicht um mehr als 30 % erhöhen darf, hat **ab dem Zeitpunkt der Wirksamkeit des Mieterhöhungsverlangens,** nicht ab dem Zugang des Erhöhungsverlangens zu erfolgen (*Landfermann*, Erl. u. Mat. z. MWoAEG, S. 41; *Klas* WM 83, 98; *Derleder* WM 83, 224; a. A. *Sternel* ZMR 83, 76; *Köhler*, Neues Mietrecht, S. 65), was aus dem Gesetzeswortlaut („der Mietzins sich nicht... erhöht") abzuleiten ist. Da das Gesetz darauf abstellt, daß sich der Mietzins innerhalb eines bestimmten Zeitraums (3 Jahre) nicht „erhöht", ab dem Wirksamkeitszeitpunkt (vgl. Abs. 4) jedoch eine Mietzinserhöhung eintritt, stellt das Gesetz auf den Zeitpunkt ab, in welchem sich der Mietzins erhöht (vgl. Abs. 4), d. h. ab welchem der erhöhte Mietzins zu zahlen ist. Hätte der Gesetzgeber die Rückrechnung der 3-Jahres-Frist, um die Berechnung 55 für den Vermieter zu erleichtern, schon ab der Abgabe oder dem Zugang des Erhöhungsverlangens vornehmen wollen, so hätte es nahegelegen, im Gesetzeswortlaut eine entsprechende Ergänzung (z. B. durch die Hinzufügung der Worte „ab dem Zugang des Erhöhungsverlangens") vorzunehmen. Die hier vertretene Ansicht hat allerdings zur Folge, daß die 3-Jahres-Frist hinsichtlich der Kappungsgrenze anders zu berechnen ist als die 3-Jahres-Frist für die Berücksichtigung von Entgelten bei der aktualisierten Vergleichsmiete (vgl. oben Rn 27 d). Unerheblich ist, ob während der 3-Jahres-Frist Mieterhöhungen gemäß § 2 MHG überhaupt nicht, einmal oder zweimal erfolgt sind, oder ob frei vereinbarte Mieterhöhungen vorgenommen wurden. **Besteht** das **Mietverhältnis** zu dem Zeitpunkt, ab welchem die 3-Jahres-Frist zurückgerechnet wird (Wirksamkeitszeitpunkt der jetzigen Mieterhöhung) **weniger als 3 Jahre**, so ist die Kappungsregelung entsprechend anzuwenden mit der Maßgabe, daß statt der 3-Jahres-Frist die – kürzere – Dauer des bisherigen Mietverhältnisses zu berücksichtigen ist, so daß als Ausgangsmiete die Anfangsmiete zugrundezulegen ist (*Landfermann*, Erl. u. Mat. z. MWoAEG, S. 41).

Es wird zulässig sein, ein Erhöhungsverlangen schon vor Ablauf der 3-Jahres-Frist zu stellen mit der Wirkung, daß die Überlegungsfrist nicht früher in Lauf gesetzt wird als bei einer unmittelbar nach Ablauf der 3-Jahres-Frist abgegebenen Erklärung (vgl. RE des OLG Oldenburg Rn 17 zur 1jährigen Wartefrist, welche vergleichbar ist; ähnlich *Scholz* NJW 83, 1825).

### 6. Berechnung der Kappungsgrenze

56   Die **Ausgangsmiete**, welche um nicht mehr als 30 % überschritten werden darf, bestimmt sich nach dem niedrigsten Mietzins, welcher während der 3-Jahres-Frist gegolten hat. Dies ist in aller Regel (ausgenommen der Fall einer während der 3-Jahres-Frist vorgenommenen Mietzinsermäßigung) der Mietzins, welcher am Anfang der zurückzurechnenden 3-Jahres-Frist (vgl. Rn 55) gegolten hat. Bei der Berechnung der Erhöhungsbegrenzung von 30 % sind Erhöhungen gemäß den §§ 3 bis 5 MHG auszuscheiden, wenn die Wirksamkeit der Mieterhöhung während der 3-Jahres-Frist eintrat.

Die allein auf Grund der Kappungsgrenze mit dem jetzigen Mieterhöhungsverlangen zulässige Miethöhe (K) errechnet sich aus der um 30 % erhöhten Ausgangsmiete (A) zuzüglich der Umlagen (U), d. h. nach der Formel: $K = 1{,}3\,A + U$.

Unerheblich für die Berechnung der Kappungsgrenze ist die Frage, ob für den Ausgangsmietzins die Nettomiete oder die Bruttomiete zugrundegelegt wird; wichtig ist, daß der Mietzinsbegriff der Ausgangsmiete der gleiche wie derjenige der jetzt bezahlten Miete ist (vgl. Näheres Einführung vor § 1 MHG Rn 2). Unerheblich für die Anwendung der Kappungsgrenze ist auch, ob sich die Miete vor Beginn der 3-Jahres-Frist erhöht hat (und auf Grund welcher Vorschriften oder Sachverhalte). Die Begrenzung der Erhöhung auf 30 % während des Zeitraums von 3 Jahren kann keinesfalls dahin ausgelegt werden, daß eine Mieterhöhung pro Jahr nur um 10 % möglich sei.

Über den Umfang des Mieterhöhungsanspruchs, bei welchem neben der Kappungsgrenze auch auf die ortsübliche Vergleichsmiete als Begrenzung abzustellen ist, vgl. unten Rn 58, 59 mit Berechnungsbeispielen.

Im außergerichtlichen Erhöhungsverlangen ist eine **Begründung** (in tatsächlicher Hinsicht) **hinsichtlich** der Nichtüberschreitung der **Kappungsgrenze nicht erforderlich** (*Landfermann,* Erl. u. Mat. z. MWoAEG, S. 42; *Sternel* ZMR 83, 76). Die Begründungspflicht in Abs. 2 S. 2 bis 4 bezieht sich nur auf die Nichtüberschreitung der ortsüblichen Vergleichsmiete. Da auch die Einhaltung der 1jährigen Wartefrist (Abs. 1 S. 1 Nr. 1) im Erhöhungsverlangen nicht begründet werden muß (vgl. oben Rn 20), muß für die Kappungsgrenze dasselbe gelten. Denn in beiden Fällen handelt es sich um Tatsachen aus dem konkreten Mietverhältnis, welche den Mietparteien regelmäßig bekannt sind oder zumindest von ihnen leicht festgestellt werden können. 57

Über die Notwendigkeit, die Nichtüberschreitung der Kappungsgrenze in der Klageschrift eines Mieterhöhungsprozesses zu begründen, vgl. Rn 58.

Über die Wirksamkeit eines die Kappungsgrenze überschreitenden Erhöhungsverlangens vgl. ebenfalls Rn 58.

## IV a) Umfang des Mieterhöhungsanspruchs

### 1. Begrenzung durch Vergleichsmiete und Kappungsgrenze (mit Berechnungsbeispielen)

a) In der Höhe (d. h. hinsichtlich des Umfangs) ist der Mieterhöhungsanspruch gemäß § 2 MHG in zweifacher Hinsicht begrenzt: einerseits durch die (aktualisierte) ortsübliche Vergleichsmiete (vgl. oben III) und andererseits durch die Kappungsgrenze (vgl. oben IV). Beide materiellrechtlichen Begrenzungen sind unabhängig voneinander einzuhalten, was sich aus den verschiedenen Ziffern der gesetzlichen Ausgestaltung des Abs. 1 (verschiedene Tatbestandsvoraussetzungen) ergibt. Da diese beiden Begrenzungen unabhängig voneinander einzuhalten sind, wird der **Mieterhöhungsanspruch** insgesamt **begrenzt durch die niedrigere dieser beiden Begrenzungen.** Diese niedrigere Begrenzung ist auch vom Mietgericht bei der Ermittlung des Umfangs des (berechtigten) Mieterhöhungsanspruchs zu beachten, denn beide Begrenzungen (ortsübliche Vergleichsmiete und Kappungsgrenze) sind Voraussetzungen der Begründetheit und damit auch der Schlüssigkeit des Erhöhungsanspruchs. Liegt die ortsübliche Vergleichsmiete unterhalb der Kappungsgrenze, so kann eine Erhöhung nur bis zum Vergleichsmietenniveau begehrt werden. Liegt die Vergleichsmiete hingegen über der Kappungsgrenze, so spielt sie für die Höhe des Anspruchs keine Rolle, da die Erhöhung nur bis zur Kappungsgrenze vorgenommen werden kann. Systematisch ist es daher gleichgültig, ob man den Mieterhöhungsanspruch durch die ortsübliche Vergleichsmiete, höchstens jedoch bis zur Höhe der Kappungsgrenze begrenzt ansieht oder bis zur Kappungsgrenze, höchstens jedoch bis zur ortsüblichen Vergleichsmiete. 58

Die Darlegungs- und **Beweislast** für die Nichtüberschreitung sowohl der ortsüblichen Vergleichsmiete (Entgelte der letzten 3 Jahre) als auch der Kappungsgrenze hat der **Vermieter**, da beide Begrenzungen Anspruchsvoraussetzungen des von ihm geltend gemachten Anspruchs sind. Zur Schlüssigkeit einer Mieterhöhungsklage gehört es daher, daß der Vermieter sowohl hinsichtlich der ortsüblichen Vergleichsmiete als auch hinsichtlich der Kappungsgrenze durch Tatsachenvortrag belegt, daß diese Begrenzungen durch sein Begehren (Klagantrag) nicht überschritten werden. Das Mietgericht hat insbesondere bezüglich der Kappungsgrenze bei ungenügendem Klagvortrag (z. B. hinsichtlich Ausgangsmiete 3 Jahre zuvor und zwischenzeitlicher Umlagen gemäß § 3 bis 5 MHG) das richterliche Fragerecht (vgl. § 139, 278 Abs. 3 ZPO) auszuüben.

Die **Überschreitung** einer der beiden Begrenzungen des Erhöhungsanspruchs oder beider **im vorgerichtlichen Erhöhungsverlangen** des Vermieters macht das Verlangen **nicht** (formell) **unwirksam**, da beide Begrenzungen keine formalen Wirksamkeitsvoraussetzungen des Erhöhungsverlangens sind (*Sternel* ZMR 83, 76; *Scholz* NJW 83, 1827 für die Kappungsgrenze; ebenso *Emmerich/Sonnenschein,* Miete 19). Jedoch geht der materiellrechtliche Anspruch nicht weiter als bis zur niedrigeren der beiden Begrenzungen, so daß ein Erhöhungsverlangen, welches über diese Begrenzungen hinausgeht, nur bzgl. des gesetzlichen Umfangs des Anspruchs als formell wirksam anzusehen ist (*Landfermann,* Erl. u. Mat. z. MWoAEG, S. 42 bezüglich Kappungsgrenze; vgl. zum ähnlichen Problem eines unzulässigen Zuschlags zu einem Mietspiegelwert im Erhöhungsverlangen RE OLG Hamburg ZMR 83, 135 = WM 83, 11 = MDR 83, 230). Wenn der Mieter jedoch einem solchen überhöhten Mieterhöhungsverlangen des Vermieters zustimmt, kommt trotz der Überschreitung der materiellrechtlichen Begrenzungen des Anspruchs durch die ortsübliche Vergleichsmiete bzw. die Kappungsgrenze ein wirksamer Änderungsvertrag zustande (§ 10 Abs. 1 Hs. 2 MHG). An diesen ist der Mieter gebunden, so daß er auch die überhöhte Miete bezahlen muß, bzw. im Falle der Zahlung bezüglich der überhöhten Miete kein Rückforderungsrecht gemäß § 812 BGB hat. Der Änderungsvertrag ist jedoch unwirksam, soweit eine Mietpreisüberhöhung (§ 5 Abs. 1 WiStG) vorliegt.

59 b) **Zwei Berechnungsbeispiele** sollen die Begrenzung des Mieterhöhungsanspruchs durch die Vergleichsmiete und die Kappungsgrenze veranschaulichen.

**Berechnungsbeispiel 1:**

Der Vermieter verlangt im Juli 1983, wirksam zum 1. 10. 1983, eine erhöhte Miete von DM 600. Die Miete betrug am 1. 10. 1980 DM 400. Sie erhöhte sich ab 1. 12. 1981 (gemäß § 2 MHG) auf DM 500. Im Juli 1983 beträgt die aktualisierte ortsübliche Vergleichsmiete DM 600 und die fortgeschriebene, nicht aktualisierte Vergleichsmiete DM 540.

Ergebnis 1 (unabhängig von der verfassungsrechtlichen Problematik der Übergangsrechtslage zur Kappungsgrenze): Gemäß der Kappungsgrenze ist eine Erhöhung der Ausgangsmiete von DM 400 um 30%, also auf DM 520 zulässig, wenn auch die (aktualisierte) Vergleichsmiete darüber liegt (DM 600). Der niedrigere Wert von beiden ist die Kappungsgrenze mit DM 520, so daß eine Erhöhung um DM 20 auf DM 520 verlangt werden kann.

Ergebnis 2 (unter Berücksichtigung der hier vertretenen verfassungskonformen Auslegung der Kappungsgrenze hinsichtlich des Übergangsrechts, vgl. oben Rn 49): Die Kappungsgrenze (DM 520) findet keine Anwendung, da sie niedriger liegt als die bisherige (nicht aktualisierte) Vergleichsmiete von DM 540, welche wegen des (überwiegenden) Vertrauensschutzes des Vermieters beansprucht werden kann. Es kann daher eine Erhöhung des bezahlten Mietzinses von DM 500 um DM 40 auf DM 540 (nicht auf DM 600) verlangt werden.

**Berechnungsbeispiel 2:**

Im März 1983 verlangt der Vermieter, wirksam zum 1. 6. 1983, eine erhöhte Miete von DM 600. Die Miete betrug am 1. 6. 1980 (Ausgangsmiete) DM 500 und erhöhte sich ab 1. 9. 1981 auf DM 530 (gemäß § 2 MHG) und ab 1. 5. 1982 (gemäß § 4 Abs. 2 MHG) um DM 40 auf DM 570. Die (aktualisierte) ortsübliche Vergleichsmiete beträgt im März 1983 DM 560.

Ergebnis: Ein Erhöhungsanspruch besteht nicht, da die niedrigere Begrenzung (ortsübliche Vergleichsmiete von DM 560) nicht überschritten werden darf. Unerheblich ist dabei, daß die Kappungsgrenze eine Erhöhung der Ausgangsmiete von DM 500 um 30 %, demnach auf DM 650 zulassen würde, zuzüglich der Umlage von DM 40 also auf eine jetzige Miete von DM 690.

**2. Unbeschränktes Erhöhungsrecht (Problem der Bandbreite bzw. Bagatellgrenze)**

Soweit die ortsübliche Vergleichsmiete (in aktualisierter Form) die niedrigere Begrenzung (im Vergleich zur Kappungsgrenze) und daher die Obergrenze für den Mieterhöhungsanspruch darstellt, fragt es sich, bis zu welchem Höchstwert im Rahmen der „üblichen Entgelte" für vergleichbare Wohnungen der Erhöhungsanspruch geht. **Bei der ortsüblichen Vergleichsmiete** handelt es sich bezüglich der Fakten auf dem Wohnungsmarkt (statistisch) nicht um einen einzigen Wert, sondern um eine Spanne (Bereich), der sich um einen statistischen Mittelwert gruppiert. Es handelt sich also nicht um ein einziges (punktuelles) Entgelt, sondern um eine **Bandbreite**, d. h. ein Band von Einzelwerten (so *Winter* WM 77, 88; *Olivet* ZMR 79, 131), was auch der Gesetzestext durch die Mehrzahlform („Entgelte") zum Ausdruck bringt. Wie breit (groß) diese Bandbreite bei einer bestimmten Merkmalskombination von Wohnungen innerhalb des Wohnungsmarktes der Gemeinde ist, kann **nicht abstrakt (z. B. auf ± 10 % gegenüber einem Mittelwert** bzw. Durchschnittswert) bestimmt werden, sondern hängt von den tatsächlichen Gegebenheiten der betreffenden Wohnungen des Wohnungsmarktes ab. Gemäß den fortgeschriebenen Hinweisen für die Aufstellung von Mietspiegeln von 1980 (vgl. Anhang II) – dort zu B V 6 – sollen bei Mietspiegeln mit Spannen sog. $\frac{2}{3}$-Spannen gebildet werden, d. h. solche, bei denen $\frac{2}{3}$ der Daten (Entgelte) innerhalb der Spanne, also zwischen dem oberen und dem unteren Wert der Spanne liegen, so daß je $\frac{1}{6}$ der Daten am oberen und unteren Ende der Mietenskala gekappt werden. Dabei soll auch der Mittelwert der Spanne angegeben werden. Dieses Verfahren für die Erstellung von Mietspiegeln kann als allgemeine Empfehlung für die Bildung einer sinnvollen Bandbreite betrachtet werden. Problematisch ist nun, welcher Wert innerhalb der Bandbreite als der gesuchte Grenzwert des Mieterhöhungsanspruchs anzusehen ist. Auf jeden Fall ist **abzulehnen** die teilweise vertretene Meinung (LG Mannheim WM 75, 172 = DWW 75, 244; MDR 76, 316; *Schmidt-Futterer/Blank* C 57; *Sternel* III, 108; *Derleder* 7; *Emmerich/Sonnenschein* 21), wonach eine Bandbreite von ± 10 % um einen Mittelwert bzw. Durchschnittswert anzunehmen sei mit der Folge, **daß ein Mietzins**, welcher **innerhalb dieser Bandbreite** liegt — also z. B. 10 % unter dem Durchschnittswert —, gemäß § 2 MHG **nicht erhöht werden kann** (so auch *MüKo-Voelskow* 9; *Palandt/Putzo* 3 b; *Gelhaar* MDR 81, 446; AG Leverkusen WM 82, 111 (L)). Eine derartige Beschränkung des Erhöhungsrechts gemäß § 2 MHG wäre mit dem Zweck des Gesetzes, dem Vermieter einen marktorientierten Ertrag der Vermietung durch das Vergleichsmietsystem zu garantieren (vgl. Schriftlichen Bericht des Rechtsausschusses des Bundestages zu § 3 des 1. WKSchG), nicht zu vereinbaren, zumal schon die Festlegung der Bandbreite auf ± 10 % gegenüber einem Mittelwert als willkürliche Festlegung erscheint. Aus dem Vorhandensein einer Bandbreite folgt noch keineswegs, daß immer dann, wenn der gezahlte Mietzins innerhalb der Bandbreite liegt, ein Erhöhungsanspruch ausgeschlossen ist. Aus dem Wortlaut des Gesetzes könnte man eher den umgekehrten Schluß ziehen, daß Entgelte, die innerhalb der Bandbreite (bis zu deren Obergrenze) liegen, keine Überschreitung der Bandbreite und damit der ortsüblichen Vergleichsmiete darstellten (vgl. Abs. 1 S. 1 Nr. 2: „üblichen Entgelte ... nicht übersteigt"). Eine derartige **„Bagatellgrenze"** (von 10 % unterhalb dem Mittelwert der Bandbreite oder einem anderen darunter liegenden Prozentsatz) kann für den Mieterhöhungsanspruch **nicht anerkannt** werden. Auch sonst im Zivilrecht gibt es bei einem der Höhe nach nicht eindeutig bestimmbaren Anspruch (z. B. beim Schmerzensgeld) nicht deshalb eine solche „Bagatellschwelle", weil sich die Höhe des Anspruchs nicht auf Mark und Pfennig genau bestimmen läßt. Die Tatsache, daß der Anspruch betragsmäßig nicht genau bestimmbar ist, wirkt sich einerseits dadurch aus, daß er fast immer nur durch Schätzung des Gerichts (§ 287 ZPO) bestimmt werden kann und daß diese Schätzung unter Berücksichtigung der Beweislast des Klägers (hier: Vermieters) im Zweifel nach unten erfolgen muß (z. B. muß bei Unklarheit des Mietgerichts, ob DM 3,— oder DM 3,20 pro Quadratmeter ortsüblich sind, der niedrigere Betrag von DM 3,— zugrundegelegt werden).

In Betracht käme als Obergrenze des Erhöhungsanspruchs der Mittelwert der Bandbreite (so offenbar *Niederberger* zu 10.1), gleichgültig, ob dieser als arithmetisches Mittel oder als Medianwert (vgl. dazu *Derleder/Schlemmermeyer* WM 78, 227; *Sternel* III 114) verstanden wird. Hierbei sind zwei verschiedene Möglichkeiten der Bestimmung des Mittelwerts denkbar. Einerseits kann es sich handeln um den Mittelwert der Mietentgelte, welche einer herkömmlichen (und z. B. im Mietspiegel enthaltenen) Kategorie von Wohnungen (Merkmalskombinationen) entspricht (z. B. Altbau bis 1948 bezugsfertig, nicht modernisiert, einfache Lage, mittlere Ausstattung, mit Bad, ohne Zentralheizung). Bei einer solchen aus den Merkmalen des Wohnungsmarkts geprägten Bandbreite, wie sie bei jedem Mietspiegel mit Spannen vorliegt, stimmt das Entgelt der konkreten (streitbefangenen) Wohnung keineswegs stets mit dem Mittelwert der Bandbreite überein, es liegt vielmehr meistens – wegen überwiegender Vorzüge oder Nachteile der konkreten Wohnung gegenüber der abstrakten Wohnungskategorie – deutlich darüber oder darunter. Zweitens kann die Bandbreite (d. h. die Entgelte der mit der konkreten Wohnung vergleichbaren Wohnungen) so gebildet werden, daß das Entgelt der konkreten Wohnung den Mittelwert bildet und die Entgelte der vergleichbaren Wohnungen je hälftig darüber bzw. darunter liegen. Eine solche, **von der konkreten Wohnung her gebildete Bandbreite,** bildet den **richtigen Maßstab** für den Mieterhöhungsanspruch gemäß § 2 MHG, da nur in diesem Falle der der konkreten Wohnung genau entsprechende Wert des Mietentgelts maßgeblich ist. In diesem Sinne ist auch der RE des OLG Stuttgart ZMR 81, 318 = WM 81, 225 = DWW 81, 234 = NJW 81, 2365 = MRS 1 Nr. 30 (Leitsatz 2) zu verstehen, wonach die **ortsübliche Vergleichsmiete konkret für die fragliche Wohnung festzustellen** ist, nicht allein aus einem Mietspiegel (da ein solcher auch bei stärkerer Differenzierung immer noch recht erhebliche Bandbreiten für die einzelnen Wohnungsgruppen ausweise, weshalb sich eine Anknüpfung an den Höchst-, Mittel- oder Mindestwert der Gruppe verbiete, weil damit entweder der Anwendungsbereich des § 5 WiStG zum Nachteil des Mieters in einer dem Gesetzeszweck widersprechenden Weise eingeschränkt oder der Vermieter unvertretbar benachteiligt würde). Demnach geht der Mieterhöhungsanspruch der Höhe nach (soweit es auf die ortsübliche Vergleichsmiete als Maßstab ankommt) bis zu dem Mietwert (Entgelt), welches der konkreten (streitbefangenen) Wohnung und daher dem Mittelwert der mit dieser konkreten Wohnung auf dem örtlichen Wohnungsmarkt (gemäß Art, Größe, Ausstattung, Beschaffenheit und Lage) vergleichbaren Wohnungen entspricht. Soweit bei der Ermittlung dieses Wertes hinsichtlich der Höhe Ungewißheiten verbleiben, ist **wegen der Beweislast des Vermieters** für den Umfang seines Erhöhungsanspruchs **im Zweifel von** einem **niedrigeren Wert auszugehen.** Ist dieser Wert jedoch für die konkrete Wohnung gefunden, so können von diesem nicht zusätzlich irgendwelche Abstriche (z. B. mit Rücksicht auf die Bandbreite bzw. die „Bagatellgrenze") gemacht werden.

### 3. Ermäßigter Anspruch bei Finanzierungbeiträgen für Modernisierung

Hat der Vermieter eine Modernisierung gemäß § 3 MHG durchgeführt und dazu einen Finanzierungsbeitrag vom Mieter oder der öffentlichen Hand erhalten, so verringert sich im Falle der Umlegung der Modernisierungskosten gemäß § 3 MHG der Erhöhungsbetrag gemäß § 3 Abs. 1 S. 3 bis 7 MHG. Bezüglich des Begriffs und der anrechenbaren Kosten der Finanzierungsbeiträge wird auf § 3 MHG Rn 24 bis 29 Bezug genommen, ein Berechnungsbeispiel findet sich unter Rn 32. Der Gesetzgeber mußte verhindern, daß der Vermieter die Kürzung des Mieterhöhungsbetrages dadurch umgeht, daß er eine Mieterhöhung gemäß § 2 MHG beansprucht. Daher hat er auch bei der Mieterhöhung gemäß § 2 MHG (in Abs. 1 S. 2 Hs. 2) vorgeschrieben, daß von der nach § 2 Abs. 1 S. 1 MHG erhöhten Jahresmiete 11 % des gemäß § 3 Abs. 1 MHG ermittelten Finanzierungsbeitrags abzuziehen sind, woraus sich der ermäßigte Jahreserhöhungsbetrag ergibt (und daraus durch Teilung durch 12 der ermäßigte monatliche Erhöhungsbetrag).

## V. Schriftform des Erhöhungsverlangens (Abs. 2 S. 1)

### 1. Einseitige Willenserklärung des Vermieters

62  Das Erhöhungsverlangen ist die Geltendmachung des Erhöhungsanspruchs aus Abs. 1. Die Geltendmachung geschieht durch **einseitige, empfangsbedürftige Willenserklärung des Vermieters gegenüber dem Mieter.** Bestehen Vermieter oder Mieter aus einer Mehrheit von Personen, so muß die Erklärung von oder gegenüber sämtlichen Vertragspartnern vorgenommen werden (LG Aachen WM 81, U 8 für Eheleute als Vermieter; AG München WM 82, 251 (L) für mehrere Mieter), es sei denn, es liege ein Handeln in Vollmacht aller Vertragspartner vor. Wird die Erhöhungserklärung durch nur einen von mehreren Vermietern abgegeben, so ist sie unwirksam; sie kann nicht dadurch geheilt werden, daß die anderen Vermieter nachträglich zustimmen, denn die §§ 182 bis 185 BGB sind hierfür nicht anwendbar (AG Stuttgart ZMR 73, 158 = WM 73, 105 = DWW 73, 281 mit ausführlicher Begründung). § 185 Abs. 1 und 2 BGB sind nicht anwendbar, weil das Mieterhöhungsverlangen keine Verfügung im Sinne des BGB darstellt.

Ein Erhöhungsverlangen, das nur einem von mehreren Mietern zugeht, ist unwirksam (LG Hamburg ZMR 78, 311; AG Köln WM 77, 57). **Mehrere Mieter** schulden die Zustimmung zur Mieterhöhung zur gesamten Hand (OLG Celle ZMR 82, 245 = WM 82, 102 = DWW 82, 185 = MRS 2 Nr. 34; AG Hamburg WM 80, 58). Das Erhöhungsverlangen muß daher an alle Mieter gerichtet sein (LG München I WM 80, 110 m. Anm. *Schultz*; AG München WM 50, 58). Denn eine Vertragsänderung kommt erst zustande, wenn alle Mieter zustimmen (LG Hamburg ZMR 76, 151 = WM 76, 186 = DWW 76, 134 = MDR 76, 668; AG Hamburg WM 77, 165).

Eine – häufig in Formularverträgen anzutreffende – Vertragsklausel, wonach sich mehrere Mieter (z. B. Ehegatten) gegenseitig zur Annahme von Erklärungen des Vermieters bevollmächtigen **(Vollmachtsklausel),** ist bei der Mieterhöhungserklärung wirksam, da es hierbei nicht um den Bestand des Wohnraummietverhältnisses geht (VB OLG Hamm ZMR 83, 127 = WM 83, 83 (L m. kurzer Begründung) = DWW 83, 125 = NJW 83, 784; OLG Schleswig (RE) ZMR 83, 249 = WM 83, 130 = MDR 83, 670 = NJW 83, 1862; *Sternel* III 146; *Ganschezian-Finck* NJW 74, 116; *Schmidt-Futterer/Blank* C 81; a. A. OLG Celle a. a. O.; BayObLG ZMR 83, 247 = WM 83, 107 = DWW 83, 71 m. Anm. *Pfeifer*; LG Köln ZMR 78, 309 = WM 77, 143; LG Hamburg ZMR 78, 311; LG München I WM 80, 110). Allerdings muß das Erhöhungsverlangen an alle Mieter gerichtet (adressiert) sein, wenn es auch nur einem zugehen muß.

Es kann sich von **mehreren Vermietern** derjenige, welcher die Erhöhungserklärung abgibt, von den anderen Vermietern bevollmächtigen lassen und die Erklärung im Namen aller Vermieter abgeben. Dann liegt ein Fall der **Stellvertretung** vor (§ 164 Abs. 1 S. 1 BGB). Aus der Erklärung muß aber in diesem Falle eindeutig hervorgehen, daß sie im Namen aller Vermieter, nicht nur im eigenen Namen des Erklärenden, abgegeben ist (vgl. § 164 Abs. 2 BGB).

Die Erhöhungserklärung kann auch im Namen des (oder der) Vermieter durch einen Bevollmächtigen vorgenommen werden. Legt der Bevollmächtigte dabei seine Vollmachtsurkunde nicht bei und weist der Mieter die Erhöhungserklärung wegen des **Fehlens der Vollmachtsurkunde** unverzüglich (ohne schuldhaftes Zögern) zurück, so ist die Erklärung unwirksam (§ 174 S. 1 BGB). Denn § 174 BGB ist auf das Mieterhöhungsverlangen entsprechend anwendbar (OLG Hamm (RE) ZMR 82, 374 = WM 82, 205 = DWW 82, 213 = NJW 82, 2076 = MRS 2 Nr. 33; a. A. AG Dortmund WM 81, U 9). Die Zurückweisung durch den Mieter ist jedoch ausgeschlossen, wenn der Vermieter (Vollmachtgeber) den Mieter auf andere Weise von der Bevollmächtigung des Vertreters in Kenntnis gesetzt hatte (§ 174 S. 2 BGB). Wenn der Vermieter die Erhöhungserklärung durch einen Bevollmächtigten (z. B. einen Anwalt oder Rechtsbeistand) vornehmen läßt, ist stets zu empfehlen, eine Vollmachtsurkunde (Original) der Erklärung beizulegen, um die mögliche Zurückweisung der Erklärung zu vermeiden. Im Falle der Fertigung der Erhöhungserklärung mit Hilfe automatischer Einrichtungen (§ 8 MHG) wird in entsprechender Anwendung dieser Vorschrift auf die Eigenhändigkeit der Unterschrift auch bezüglich der Vollmacht verzichtet werden können (*Schultz* ZMR 83, 293).

## 2. Schriftform

Die Erhöhungserklärung bedarf der Schriftform (Abs. 2 S. 1). Eine vom Vermieter nur mündlich abgegebene Erklärung ist daher unwirksam (§ 125 S. 1 BGB). Die eigenhändige Namensunterschrift des Vermieters (vgl. § 126 Abs. 1 BGB) ist jedoch dann nicht erforderlich, wenn die Erklärung mit Hilfe automatischer Einrichtungen gefertigt wird (vgl. § 8 MHG).

Das Erhöhungsverlangen muß in einer einheitlichen Erklärung – uno actu – abgegeben werden (LG Hamburg ZMR 77, 286 = WM 78, 54). Eine Bezugnahme auf eine frühere schriftliche Erklärung ist daher unzulässig (a. A. LG Hamburg a. a. O.: wenn neue Erklärung wesentlichen Inhalt eines Erhöhungsverlangens enthält. Wozu dann Bezugnahme?). Da die Begründung ein (wesentlicher) Bestandteil des Erhöhungsverlangens ist (vgl. *Sternel* III 152), bezieht sich das Schriftformerfordernis grundsätzlich auch auf die Begründung. Unter Schriftform ist gem. § 126 Abs. 1 BGB die eigenhändige Unterzeichnung einer einheitlichen Urkunde zu verstehen. Besteht die Urkunde aus mehreren Blättern, so muß deren Zusammengehörigkeit in geeigneter Weise erkennbar gemacht werden, z. B. durch Bezugnahme auf beigefügte Anlagen. Die Rechtsprechung des BGH zum Schriftformerfordernis des § 126 BGB verlangt jedoch für die Erkennbarkeit der Einheitlichkeit einer Urkunde, daß die in Bezug genommene ergänzende Urkunde mit der Haupturkunde derart verbunden ist, daß die Auflösung nur durch teilweise Substanzzerstörung möglich ist (wie beim Heften mit Faden oder Anleimen) oder ihre Lösung Gewaltanwendung erfordert (wie bei der Verbindung mittels Heftmaschine), vgl. BGHZ 40, 255, 263 = NJW 64, 395; BGHZ 42, 333, 338 = NJW 64, 1851; BGHZ 52, 29. Diese – wohl zu förmlichen und dem modernen Geschäftsverkehr nicht gerecht werdenden – Voraussetzungen wären bei einer aus mehreren Blättern bestehenden Erhöhungserklärung in der Praxis des heutigen Büroverkehrs nur im Falle des Heftens (Zusammenklammern mittels Heftmaschine) erfüllt, nicht jedoch beim bloßen Beifügen einer Anlage, auf die in der Haupturkunde Bezug genommen ist, in einem übersandten Briefumschlag. Diese strengen Anforderungen mögen allenfalls für die Erhöhungserklärung als solche anwendbar sein. Sie können jedoch nicht für den Begründungszwang gelten, für welchen eine bloße Bezugnahme in der Haupturkunde auf eine der Haupturkunde beigefügte Anlage, mit welcher die Höhe der ortsüblichen Vergleichsmiete dargetan wird und welche selbst nicht unterschrieben ist (z. B. Computerausdruck einer Wohnungsdatei über einzelne Vergleichswohnungen, Sachverständigengutachten, Mietspiegel), genügen muß (so *Schultz* ZMR 83, 294; vgl. auch *Sternel* III 152, wo mit Recht auf den Zweck der Begründungspflicht abgestellt wird, dem Mieter die Möglichkeit zu geben, die Berechtigung der Mieterhöhung nachzuprüfen [vgl. BVerfGE 37, 132, 145]; a. A. LG Berlin WM 83, 291 = ZMR 83, 405 m. abl. ausführlicher Anm. *Schultz*). Auch der BGH (a. a. O.) hat Ausnahmen von den genannten strengen Anforderungen an die Schriftform für zulässig gehalten, wenn sich dies mit dem Zweck der Vorschrift, welche die Schriftform vorschreibt, vereinbaren läßt. Der oben genannte Zweck des Begründungszwangs gem. § 2 Abs. 2 S. 1 MHG wird aber durch eine bloße Unterrichtung des Mieters über die „Beweismittel" des Vermieters zu der von ihm für zutreffend gehaltenen ortsüblichen Vergleichsmiete erfüllt. Dem trägt das Gesetz selbst Rechnung, indem es in Abs. 2 S. 2 die „Bezugnahme" auf einen Mietspiegel zuläßt, der nach h. M. nicht einmal beigefügt werden muß (vgl. Rn 90), und in Abs. 2 S. 3 die „Verweisung" auf ein Sachverständigengutachten, das beizufügen ist, jedoch nicht zum Bestandteil der Mieterhöhungserklärung gemacht werden muß. Es ist daher nicht einzusehen, weshalb im Falle der Begründung des Erhöhungsverlangens mit Vergleichswohnungen, wenn diese durch Bezugnahme auf eine Anlage erfolgt, an die körperliche Verbindung dieser Anlage mit der Haupturkunde – und damit an die Einhaltung der Schriftform bezüglich des Begründungszwangs – höhere Anforderungen gestellt werden sollen als im Falle der Begründung mit Mietspiegel bzw. Sachverständigengutachten, zumal alle drei im Gesetz genannten „Beweismittel" vom Gesetz her gleichen Rang haben und dem Vermieter ein Wahlrecht unter ihnen in Abs. 2 eingeräumt ist.

Fraglich erscheint, ob ein Erhöhungsverlangen **durch Zustellung der Klageschrift oder eines** anderen **prozessualen Schriftsatzes** zur Wahrung der Schriftform abgegeben werden kann. Dies wurde bisher überwiegend mit Rücksicht auf das vorprozessuale Vorverfahren abgelehnt (vgl. *Emmerich/Sonnenschein* 51 a m. w. N.). Wegen der durch Abs. 3 S. 2 eingeführten Möglichkeit der Nachholung eines Erhöhungsverlangens noch im Rechtsstreit wird man dies nunmehr dann zulassen müssen, wenn der Klageschrift ein vorprozessuales Erhöhungsverlangen vorausgeht und die Klageschrift bzw. der prozessuale Schriftsatz den Voraussetzungen entspricht, welche die obergerichtliche Rechtsprechung an eine Kündigung durch Prozeßschriftsatz stellt (vgl. § 564 b BGB Rn 14). Neben der prozessualen Erklärung muß daher für den Mieter erkennbar sein, daß ein Mieterhöhungsverlangen als materiellrechtliche Willenserklärung abgegeben wird, wobei auch die für die Nichtüberschreitung der ortsüblichen Vergleichsmiete erforderliche Begründung eingehalten sein muß (vgl. LG München I ZMR 80, 148; a. A. AG Bad Homburg WM 83, 113: Erhöhungsverlangen in der Klageschrift sei unzulässig, da nicht „im" Rechtsstreit gem. Abs. 3. S. 2 n. F.).

### 3. Inhalt des Verlangens

Inhaltlich muß das Erhöhungsverlangen die **eindeutige Erklärung** enthalten, daß die **Zustimmung** zu einer Mieterhöhung gem. § 2 MHG bis zu einem bestimmten Betrag oder um einen bestimmten Betrag (*Palandt/Putzo* Anm. 5 b) begehrt wird, wobei ersichtlich sein muß, inwieweit der begehrte Erhöhungsbetrag die Nebenkosten (Betriebskosten) enthält. Zwar muß die Anspruchsgrundlage (§ 2 MHG) nicht ausdrücklich genannt sein (a. A. AG Wiesbaden ZMR 73, 217), so daß auch die Angabe einer falschen Anspruchsgrundlage nicht schadet, jedoch muß aus der Erklärung klar hervorgehen, daß eine allgemeine Erhöhung des Mietzinses bis zur ortsüblichen Vergleichsmiete und nicht eine Erhöhung im Rahmen der §§ 3, 4 oder 5 MHG oder eine Änderung des Mietvertrages außerhalb des MHG (also ohne Rechtsanspruch) begehrt wird. Andererseits wird es keine Rolle spielen, wenn das Begehren in die Form einer Bitte, eines Angebots oder Vergleichsvorschlages gekleidet wird (vgl. LG Flensburg WM 73, 46; LG Hamburg ZMR 76, 216 = WM 76, 59 = MDR 76, 317; AG Flensburg WM 73, 62). Zulässig ist es auch, wenn der Vermieter die Erhöhungserklärung gem. § 2 mit einer Erhöhungserklärung nach den §§ 3 bis 5 MHG verbindet. Es müssen dann für jede Erhöhungsmöglichkeit die für sie gesondert geltenden Voraussetzungen (insbesondere bezüglich des Begründungszwangs) vorliegen.

64

Nach Wegfall der Preisbindung ist eine Mieterhöhung nur durch ein ordnungsgemäßes Erhöhungsverlangen möglich, nicht durch einseitige Mietfestsetzung (LG Heidelberg WM 83, 202). Fehlt dabei eine Regelung hinsichtlich eines Teils der Nebenkosten, können keine anderen als die vereinbarten Nebenkosten umgelegt werden; jedoch kann gem. § 2 nach Treu und Glauben eine Zustimmung zu einer den Umständen nach angemessenen Vertragsangleichung verlangt werden, abgestellt auf das betreffende Haus (LG Dortmund WM 83, 201). Will dabei der Vermieter auf die Nettomietspiegelwerte zusätzliche Betriebskosten fordern, bedarf es einer Aufschlüsselung der in der Miete enthaltenen Betriebskostenanteile (AG Köln WM 83, 203 (L)).

### 4. Wirksamkeit mit Zugang

Rechtliche **Wirksamkeit** erlangt die Erhöhungserklärung nicht mit der Abgabe (Absendung), sondern erst **mit dem Zugang** beim Mieter (vgl. §§ 130 bis 132 BGB). – Bei einer sachlich und formell den gesetzlichen Voraussetzungen entsprechenden Erklärung ist der Mieter verpflichtet, seine Zustimmung zu erteilen.

65

Begrifflich zu unterscheiden ist also das Wirksamwerden des Erhöhungsverlangens, welches mit Zugang erfolgt, und das Wirksamwerden (Eintritt, „Fälligkeit") der Mieterhöhung im Falle der Erteilung der Zustimmung durch den Mieter (vgl. Abs. 4).

Für Fragen des Übergangsrechts kommt es für die Anwendbarkeit des neuen Gesetzes entscheidend auf den Zeitpunkt des Zugangs der Erhöhungserklärung an (vgl. oben Rn 7 a–d).

## VI. Begründung des Erhöhungsverlangens (Abs. 2)

### 1. Allgemeines

66 a) Gemäß Abs. 2 S. 1 hat der Vermieter seinen Erhöhungsanspruch „zu begründen". Die **Begründung** muß sich **auf die ortsübliche Vergleichsmiete beziehen**, nicht z. B. auf die Kostenmiete (vgl. LG Hagen WM 72, 157). Neben der Begründung zur Höhe der ortsüblichen Vergleichsmiete ist eine **Begründung entbehrlich,** insbes. **zur** Einhaltung der **1jährigen Wartefrist** (vgl. dazu oben Rn 20) **und** zur Einhaltung der **Kappungsgrenze** (vgl. dazu oben Rn 57).

Die **Begründungspflicht** dient dem **Schutze des Mieters** vor ungerechtfertigten Mieterhöhungen. Die jetzige Fassung stellt eine wesentliche Erleichterung gegenüber der Fassung des früheren Rechts (§ 3 Abs. 2 des 1. WKSchG) dar, wonach der Anspruch „unter Angabe der das Erhöhungsverlangen rechtfertigenden Gründe" geltend zu machen war. Die frühere Fassung führte nach der damals ganz überwiegenden Meinung in der Rechtsprechung dazu, daß eine unterschiedliche Zahl konkret anzugebender Vergleichsobjekte in der schriftlichen Erhöhungserklärung benannt sein mußte und weitgehend eine andere Begründung, etwa mit einem Mietspiegel oder Sachverständigengutachten, abgelehnt wurde. Eine Nachholung dieser strengen Formerfordernisse in einem späteren Schriftsatz oder im Laufe des Rechtsstreits wurde nicht zugelassen. Bei Nichteinhaltung der erforderlichen Begründung war das Erhöhungsverlangen absolut unwirksam, so daß das Bestehen eines materiellrechtlichen Erhöhungsanspruchs des Vermieters vom Gericht gar nicht geprüft wurde. Neben den **Schwierigkeiten der Vermieter,** konkrete Angaben zu Vergleichsobjekten in ausreichender Zahl zu beschaffen, führte dies längere Zeit nach dem Inkrafttreten des 1. WKSchG dazu, daß die allermeisten Erhöhungsklagen von den Gerichten mangels Einhaltung des Begründungszwangs als unzulässig abgewiesen wurden. Die Schwierigkeiten bei der Durchsetzung von Mieterhöhungen beruhten nach Ansicht des Gesetzgebers auf den in der Gerichtspraxis oft geforderten übertriebenen formalen Voraussetzungen für ein wirksames Erhöhungsverlangen. Sie entsprechen nach dem Beschluß des BVerfG vom 23. 4. 74 nicht einer verfassungskonformen Auslegung des früheren Rechts (vgl. den Bericht des Rechtsausschusses des Bundestags). Diese Erschwerung der Darlegung, welche vom

Gesetzgeber des 1. WKSchG nicht beabsichtigt war, welche Vermieter und Mieter im Einzelfall oft vor beträchtliche Schwierigkeiten stellte und im Streitfalle den Gerichten die notwendigen Feststellungen zur Ermittlung der ortsüblichen Vergleichsmiete erschwerte, sollte durch die Neuregelung vermieden und das Verfahren den Bedürfnissen der Praxis angepaßt werden (vgl. Begründung des Regierungsentwurfs). Daher sind nunmehr alle geeigneten Beweismittel für die Begründung des Erhöhungsverlangens zugelassen. Das Gesetz führt jedoch beispielhaft („insbesondere") die drei hauptsächlich in Betracht kommenden Begründungsmöglichkeiten auf: Mietspiegel (Mietwerttabellen), Sachverständigengutachten und die Benennung einer beschränkten Zahl (drei) von vergleichbaren Wohnungen (Vergleichsobjekten). Dem Gericht bleibt es überlassen, im Rahmen des Grundsatzes der freien Beweiswürdigung (§ 286 ZPO) über die Höhe der ortsüblichen Vergleichsmiete zu entscheiden.

b) Das schriftliche Erhöhungsverlangen muß auf jeden Fall die Erklärung enthalten, daß die Zustimmung zu einer **Mieterhöhung um einen bestimmten** oder bis zu einem bestimmten **Betrag** der monatlichen Miete verlangt werde. Weiter ist es unerläßlich, die **Wohnfläche** der Wohnung (vgl. dazu die im Anhang abgedruckte DIN-Norm 283 über Wohnungen) **in** Quadratmetern und den verlangten **Quadratmeterpreis anzugeben,** woraus sich die Höhe der begehrten Miete ergibt (AG Wiesbaden ZMR 73, 217). 67

Das Erhöhungsverlangen muß sich **auf das gesamte Mietobjekt** beziehen. Für einen Teil (z. B. Erdgeschoßwohnung ohne dazugehörende Mansarde) des Mietobjekts kann es nicht gestellt werden (AG Bergisch Gladbach WM 82, 251). Dasselbe gilt für ein Mischobjekt.

Bei dem schriftlichen Antrag auf Mieterhöhung kann nicht ein **Mietzinsbegriff** zugrundegelegt werden, der zu dem des Mietvertrags in Widerspruch steht (vgl. auch Rn 8). Wird bei einer Teilinklusivmiete die Zustimmung zu einer Nettokaltmiete und zugleich die Einwilligung zur Vorauszahlung von Betriebskosten verlangt, ohne Angabe für welche Betriebskosten und in welcher Höhe, so leidet das Erhöhungsverlangen an schwerwiegenden Mängeln und ist unwirksam (OLG Hamburg (RE) WM 83, 49 = DWW 83, 47 = NJW 83, 580 (L)). 67a

Neben diesen Angaben muß der Vermieter den von ihm **begehrten Quadratmeterpreis begründen.** Die Begründung muß konkret sein, so daß die Angabe der abstrakten Rechtsbegriffe des Gesetzes nicht genügt (LG Kassel ZMR 73, 83 = MDR 73, 229). Sie muß sich auf die ortsübliche Vergleichsmiete beziehen, so daß z. B. ein Erhöhungsverlangen unzulässig ist, welches auf die ortsübliche Vergleichsmiete in keiner Weise Bezug nimmt, sondern nur die Kostenmiete erwähnt (vgl. AG Lübeck WM 75, 151). Die Begründung hat den Zweck, daß der Mieter die von ihm geforderte Miethöhe nachprüfen und danach entscheiden kann, ob er seine Zustimmung erteilen oder es auf einen Rechtsstreit ankommen lassen will. Er soll entscheiden können, ob die Forderung des Vermieters gerechtfertigt ist oder nicht. Eine genaue Rechtfertigung wird vom Vermieter 67b nicht verlangt werden können; es muß vielmehr genügen, wenn prima facie eine Vermutung für die Richtigkeit des Verlangens spricht (vgl. AG Stuttgart ZMR 73, 16 = WM 72, 158 = DWW 72, 316). Damit strebt das Gesetz zugleich an, nach Möglichkeit zu einer außergerichtlichen Einigung der beiden Mietvertragspartner zu gelangen und so den Gedanken der Partnerschaft zwischen Vermieter und Mieter zu fördern. Zur Begründung kann sich der Vermieter verschiedener Möglichkeiten bedienen – Wahlrecht – (LG Wuppertal ZMR 74, 278 = WM 74, 182), er kann sich z. B. trotz eines vorhandenen Mietspiegels auf Vergleichswohnungen berufen (AG Mannheim DWW 76, 36). Welcher „Beweismittel" er sich auch immer bedient (vgl. dazu unten 2 bis 5), in jedem Falle müssen die zur Begründung der verlangten Höhe der Vergleichsmiete angegebenen Tatsachen **für den Mieter nachprüfbar** sein (vgl. LG Wuppertal a. a. O.). Es muß sich also nicht nur um eine subjektive Wertung, sondern um objektiv von jedermann nachprüfbare Fakten handeln. Da die Stellung eines klaren Erhöhungsverlangens Sache des Vermieters ist, braucht der Mieter bei einem unklaren Verlangen keine Rückfrage beim Vermieter zu halten und so zu seinen Lasten die Grundlage für eine Mieterhöhung schaffen (AG Köln WM 82, 279 (L)). Das Erhöhungsverlangen muß für einen objektiven Betrachter schlüssig erscheinen (OLG Hamburg MDR 74, 585 = DWW 74, 211). Nur dadurch kann ein Mieter überzeugt werden, daß die vom Vermieter verlangte Erhöhung gerechtfertigt erscheint, wenn die Beweistatsachen der geforderten Höhe entsprechen. Zum Beispiel ist die bloße Angabe, in einer bestimmten Straße seien Vergleichsmieten mit bestimmter Quadratmetermiete bekannt, mangels Konkretisierung unzureichend (LG Düsseldorf DWW 74, 112). Bei gemeinnützigen Wohnungsunternehmen gehört zur Wirksamkeit nicht die Darlegung, daß die verlangte Miete sich im Rahmen der „angemessenen Miete" des § 7 Abs. 2 WGG hält (OLG Hamm (RE) ZMR 81, 345 = WM 81, 226 = NJW 81, 2262 = MRS 1 Nr. 32; OLG Frankfurt (RE) ZMR 82, 342 = WM 82, 128 = NJW 82, 1822 = MRS 2 Nr. 42).

Über die Erforderlichkeit der Angabe eines Wirksamkeitszeitpunkts und die Rechtswirkung eines falschen Zeitpunkts vgl. Rn 146.

67c Die **Begründung muß** auch, abgesehen von ergänzungsfähigen Angaben, **der Wahrheit entsprechen,** zumal der Vermieter die Pflicht zu redlichem Verhalten gegenüber dem Mieter hat. Beruht die Begründung auf vorsätzlich falschen Tatsachen (z. B. bewußt vorgespiegelten Vergleichswohnungen), so ist das Erhöhungsverlangen – wegen Mißbrauchs – unwirksam (LG München I WM 82, 307 (L)), während fahrlässig falsche Angaben berichtigt werden können. Verstößt der Vermieter schuldhaft gegen diese Pflicht, so macht er sich dem Mieter gegenüber aus positiver Vertragsverletzung schadenersatzpflichtig (vgl. LG Hamburg WM 78, 118 = MDR 78, 493, wo zu Unrecht eine Schadenersatzpflicht auch dann bejaht wird, wenn der Vermieter beim Mieter den Eindruck erweckt, es bleibe ihm nichts anderes übrig, als der Mieterhöhung zuzustimmen, wenn er nicht einen für ihn ungünstigen Prozeß riskieren wolle, oder wenn er unrichtige Angaben über diejenigen Mieter macht, die der Erhöhung angeblich schon zugestimmt haben).

c) Die **Begründung** für den Umfang der verlangten Erhöhung **muß in dem (schriftlichen) Erhöhungsverlangen selbst enthalten sein.** Sie kann nicht erst in einem späteren Schreiben, in der Klageschrift oder im weiteren Verlauf des Rechtsstreits nachgeholt werden. Nur ein ordnungsgemäß begründetes Erhöhungsverlangen kann nach h. M. (vgl. die in Rn 172 angeführten Zitate) den Lauf der in § 2 genannten Verfahrensfristen (Überlegungs- u. Klagefrist) auslösen. Fehlt eine solche Begründung des Erhöhungsverlangens, so ist das Verlangen nichtig. Eine **Nachholung der Begründung** ist **unzulässig** (so schon bisher die ganz h. M.; vgl. LG Aachen MDR 73, 411; LG Frankfurt WM 73, 101; LG Mainz WM 73, 142; LG Verden WM 73, 214; LG Essen DWW 73, 122 = WM 73, 24). Denn das Gesetz schreibt durch die Einführung einer Überlegungsfrist für den Mieter ein Vorschaltverfahren zwingend vor, welches zur Ermöglichung einer außergerichtlichen Einigung der Parteien einem Rechtsstreit vorausgehen muß, um überflüssige Prozesse zwischen den Parteien zu vermeiden. Die Begründung des Erhöhungsverlangens kann daher nicht nachgeholt werden, andernfalls würde der Sinn der Überlegungsfrist (Schutz vor Prozeßrisiko für den Mieter) unterlaufen. Die Entscheidung des BVerfG v. 23. 4. 74 (vgl. Einf. vor Art. 1 Rn 9), welche nichts Gegenteiliges besagt, kann nicht dahin ausgelegt werden, daß das Fehlen einer ausreichenden Begründung des Erhöhungsverlangens dann unbeachtlich sei, wenn der Erhöhungsanspruch der Höhe nach gerechtfertigt ist (a. A. AG Brakel WM 75, 40 z. fr. R.). Damit würde die gesetzliche Begründungspflicht des § 2 Abs. 2 MHG unterlaufen. Vgl. auch Rn 172 m. w. N. Allerdings kann ein vorausgegangenes unwirksames Erhöhungsverlangen noch **im Laufe des Rechtsstreits durch** ein nachfolgendes **wirksames** Erhöhungsverlangen **ersetzt** werden (vgl. dazu im einzelnen unten Rn 168– 172).

Die **Begründung** des Vermieters muß **im Erhöhungsverlangen** in wesentlichen Zügen enthalten sein (vgl. dazu im einzelnen unten Ziffer 2 bis 5). Sie muß nicht vollständig und nicht in allen Punkten richtig sein, so daß insoweit eine Ergänzung oder Berichtigung nachträglich (auch im Prozeß) möglich ist. Vgl. dazu unten die Erläuterungen Rn 172–174. Hat der Vermieter erst durch Nachschieben von Gründen im Rechtsstreit sein Erhöhungsverlangen ordnungsgemäß begründet (z. B. durch Bezugnahme auf ein Sachverständigengutachten), so liegt erst damit ein wirksames Erhöhungsverlangen vor, für welches jedoch die zweimonatige Überlegungsfrist einzuhalten ist.

d) Die „**Beweismittel**", deren sich der Vermieter in der Begründung seines Erhöhungsverlangens bedient, müssen **aus neuerer Zeit** stammen, also auf aktuellem Stande sein. Die Berufung auf ein veraltetes „Beweismittel" stellt also keinen Hinweis auf die „üblichen" Entgelte dar. Nach welcher Zeit das „Beweismittel" als veraltet und daher unbrauchbar zu gelten hat, läßt sich nicht abstrakt sagen, da es von den Veränderungen des konkreten Wohnungsmarktes abhängt. Auf jeden Fall haben „Beweismittel" dann noch als dem gegenwärtigen Stand entsprechend zu gelten, wenn sie nicht länger als ein Jahr zurückliegen (vom Erhöhungsverlangen an).

69 a  e) Die ordnungsgemäße Begründung eines (schriftlichen) Erhöhungsverlangens gehört zu den Voraussetzungen des materiellrechtlichen Erhöhungsanspruchs (so auch *Schmidt-Futterer/Blank* C 110; a. A. *Wangemann* WM 77, 3). Neben dieser materiellrechtlichen Funktion kommt dem ordnungsgemäß begründeten Erhöhungsverlangen auch eine verfahrensmäßige Funktion zu, insofern es Voraussetzung für den Lauf der in Abs. 3 genannten Fristen (Überlegungs- u. Klagefrist) ist (vgl. dazu Rn 155, 163). Das ordnungsgemäß begründete Erhöhungsverlangen hat demnach eine **Doppelfunktion**.

## 2. Begründung mit Mietspiegel

70  Schrifttum zur Mietspiegelerstellung:
*Niederberger* (vgl. Abkürz.-Verz.); *Niederberger/Wullkopf*, Die ortsübliche Vergleichsmiete und ihre Ermittlung durch Mietspiegel, Institut Wohnen und Umwelt GmbH, Darmstadt, April 1979; *Sternel*, Hamburger Mietenspiegel, Text Erläuterungen, Arbeitshinweise, Verlag Dr. Otto Schmidt KG, Köln 1977; *Niederberger* WM 80, 172; *Goch* WM 80, 69.

a) Die Neuregelung (Abs. 2 S. 2) läßt ausdrücklich die Bezugnahme des Vermieters auf eine „Übersicht über die üblichen Entgelte nach Abs. 1 Nr. 2 in der Gemeinde oder in einer vergleichbaren Gemeinde" zu, soweit die Übersicht „von der Gemeinde oder von Interessenvertretern der Vermieter und der Mieter gemeinsam erstellt oder anerkannt worden ist". Eine **solche Übersicht** wird **als** Mietwerttabelle oder **Mietspiegel bezeichnet** (hier wird der kürzere Begriff „Mietspiegel" verwendet, ohne daß ein inhaltlicher Unterschied zwischen beiden Begriffen feststellbar wäre). Der Gesetzgeber wollte die Schaffung und Fortführung von Mietspiegeln fördern, da sie entscheidend zur Versachlichung der Auseinandersetzung um die Mieterhöhung beitragen und den Beteiligten in vielen Fällen den Weg zum Gericht ersparen können (*Vogel* im Bundestag am 17. 10. 74, Prot. S. 8310 D). Mietspiegel sind zur Ermittlung der ortsüblichen Vergleichsmiete ohne Zweifel das geeignetste „Beweismittel", auf das sich der Vermieter in seiner Erhöhungserklärung berufen kann (ähnliche *Löwe* NJW 75, 13; *Günter* WM 75, 6). Denn sie geben eine echte Marktübersicht über die Wohnungsmieten in einer für jedermann zugänglichen Weise und erlauben besser als durch die Benennung von Vergleichsobjekten und die Einholung von Sachverständigengutachten eine sachgerechte und überprüfbare Einordnung der zu bewertenden Wohnung in die am Wohnungsmarkt bestehenden Mieten (vgl. LG Hamburg WM 77, 210; AG Mainz WM 77, 74; vgl. auch Rn 175). Für das Gericht, das die ortsübliche Vergleichsmiete zu ermitteln hat und dabei oft vor einer recht schwierigen Aufgabe steht, trägt ein Mietspiegel zu einer wesentlichen Erleichterung, Beschleunigung und Verbilligung des Rechtsstreites (Ersparung teurer Sachverständigengutachten!) bei. Zugleich wird die verstärkte Verwendung von Mietspiegeln dazu führen, daß der Mietwucher wirksamer bekämpft werden kann (vgl. die Ausführungen des Abg. *Dürr* im Bundestag am 17. 10. 74, Prot. S. 8313 D).

Der Bundestag hatte auf Antrag seines Rechtsausschusses am 17. 10. 1974 einen Entschließungsantrag angenommen, nach welchem (Ziff. 3) die Bundesregierung ersucht wird, baldmöglichst mit den Ländern und den kommunalen Spitzenverbänden Verhandlungen mit dem Ziel aufzunehmen, festzustellen, ob und inwieweit eine **vermehrte Aufstellung von Mietspiegeln** durch die Gemeinden ermöglicht werden kann, und gegebenenfalls einen Gesetzentwurf vorzulegen, der diesem Anliegen Rechnung trägt (Bundestagsdrucksache 7/2629, Nr. III, 3). Auf Grund dieser Entschließung wurde beim Bundesminister für Raumordnung, Bauwesen und Städtebau ein „Arbeitskreis Mietspiegel" aus Vertretern der beteiligten Bundesministerien, der Länder, kommunaler Spitzenverbände sowie einzelner Gemeinden gebildet, welcher „Hinweise für die Aufstellung von Mietspiegeln" erarbeitet hat. Diese sind enthalten in dem „Bericht der Bundesregierung, betreffend die Ermöglichung einer vermehrten Aufstellung von Mietspiegeln durch die Gemeinden" vom 10. 5. 1976, Bundestagsdrucksache 7/5160, veröffentlicht in BBauBl. 76, 234. Die Bundesregierung hat in ihrem Bericht über die Auswirkungen des 2. WKSchG (Bundestagsdrucksache 8/2610, S. 18 f.) ihre Absicht zum Ausdruck gebracht, auf die vermehrte Aufstellung von Mietspiegeln hinzuwirken und die „Hinweise für die Aufstellung von Mietspiegeln" in Zusammenarbeit mit dem von ihr eingerichteten „Arbeitskreis Mietspiegel" zu vervollständigen unter Berücksichtigung zahlreicher Vorschläge der Verbände zu den Grundlagen und zum Inhalt sowie zum Aufstellungsverfahren der Mietspiegel. Der „Arbeitskreis Mietspiegel" hat daraufhin die **„Fortschreibung der Hinweise für die Aufstellung von Mietspiegeln"** erarbeitet, herausgegeben vom Bundesministerium für Raumordnung, Bauwesen und Städtebau, veröffentlicht BBauBl. 80/357 = WM 80, 165 (abgedruckt hinten Anhang II). Der von der damaligen SPD/FDP-Regierung eingebrachte **Entwurf eines** Gesetzes über die Erstellung von Übersichten über die üblichen Entgelte für nichtpreisgebundenen Wohnraum (**Mietspiegelgesetz** − Bundestagsdrucksache 9/745) sah bei Großstädten (Gemeinden mit 100 000 und mehr Einwohnern) eine Verpflichtung zur Aufstellung von Mietspiegeln vor, während bei Gemeinden mit 50 000 und mehr Einwohnern eine solche Pflicht nur bestehen sollte, wenn die Interessenvertreter der Mieter oder der Vermieter dies beantragen. Die Mietspiegel sollten nach Ablauf von höchstens 2 Jahren fortgeschrieben und nach Ablauf von höchstens 6 Jahren neu erstellt werden. Einige Mindestanforderungen an die Aufstellung der Mietspiegel sollten durch dieses Gesetz geregelt werden, z. B. sollte im Mietspiegel die Grundmiete angegeben werden oder, falls dies nicht der Fall ist, welche Betriebskosten oder andere Nebenleistungen in den ausgewiesenen Entgelten enthalten sind. Die üblichen Entgelte sollten im Mietspiegel durch Mietzinsspannen angegeben werden, wobei die Grenzen bei der Erstellung und Fortschreibung so bemessen werden sollten, daß sie zwei Drittel der für die gebildeten Kategorien erfaßten Entgelte enthalten. Entgelte, die auf Grund gesetzlicher Bestimmungen an Höchstbeträge gebunden sind, schieden aus. Der Entwurf sah eine Auskunftspflicht von Vermietern und Mietern sowie Gebäudeverwaltern vor. Die Gemeinde wurde verpflichtet, den Mietspiegel bekanntzumachen und ihn zu jedermanns Einsicht bereitzuhalten, sowie auf Verlangen Auskunft über die Ermittlung und Aufbereitung des ihrem Mietspiegel zugrundegelegten Datenmaterials zu erteilen, jedoch ohne Mitteilung von Namen oder Anschriften. Durch von der Bundesregierung mit Zustimmung des Bundesrates zu erlassende allgemeine Verwaltungsvorschriften sollten weitere Einzelheiten über Erstellung, Anerkennung und Fortschreibung eines Mietspiegels geregelt werden. In der Begründung des Entwurfs (S. 6) werden die Kosten für die Erstellung von Mietspiegeln, welche im wesentlichen von der Gemeindegröße sowie dem vorhandenen Datenmaterial abhängen, als innerhalb eines Rahmens von 50 000 DM bis 200 000 DM liegend genannt, wobei nicht auszuschließen sei, daß in einzelnen Gemeinden höhere Kosten anfallen. Die Kosten für die Aktualisierung der Mietspiegel seien jedoch erheblich geringer.

72  Nach den Scheitern dieses Gesetzes im Oktober 1982 am Bundesrat, welcher die Zustimmung nicht erteilte, wurde durch das am 1. 1. 1983 in Kraft getretene **MWoAEG** hinsichtlich der „Verpflichtung" der Gemeinden zur Aufstellung von Mietspiegeln eine flexiblere Regelung getroffen, vgl. Abs. 5. Der Gesetzgeber geht davon aus, daß sich **Mietspiegel** als **die am besten geeigneten Mittel zum Nachweis der ortsüblichen Entgelte** herausgestellt haben und sie den Vertragsparteien in der Regel ausreichende Informationen geben und hierdurch eine Einigung über den Mietpreis erleichtern; deshalb sollten in möglichst vielen Gemeinden Mietspiegel erstellt werden (vgl. Begründung des Regierungsentwurfs zum MWoAEG, S. 8). 1979 gab es in rund 50 % der Gemeinden mit mehr als 50 000 Einwohnern und in rund 70 % der Gemeinden über 100 000 Einwohner einen Mietspiegel (Bundestagsdrucksache 9/745, S. 6). Da die Erstellung von Mietspiegeln mit erheblichen Kosten verbunden ist und ein Bedürfnis hierfür in den einzelnen Gemeinden recht unterschiedlich sein kann, bestimmt Abs. 5 als **Soll-Vorschrift,** daß die **Gemeinden,** soweit hierfür ein Bedürfnis besteht und dies mit einem für sie vertretbaren Aufwand möglich ist, Mietspiegel erstellen sollen. Damit wurde von einer ausdrücklichen Verpflichtung der Gemeinden zur Erstellung von Mietspiegeln abgesehen, so daß also kein Rechtsanspruch des Bürgers gegen die Gemeinde besteht, einen Mietspiegel zu erstellen. Da die **Bedeutung des Vorhandenseins von möglichst vielen brauchbaren Mietspiegeln** für das reibungslose Funktionieren des Vergleichsmietenverfahrens nicht genug hervorgehoben werden kann und Sachverständigengutachten meist so teuer sind, daß die auf diesem Weg erzielten Mieterhöhungen für lange Zeit sich wirtschaftlich nicht lohnen (*Landfermann,* Erl. u. Mat. z. MWoAEG, S. 49), ist zu hoffen, daß sich die Gemeinden in möglichst großem Umfang und in absehbarer Zeit, jedenfalls dann, wenn bei ihnen ein größerer Wohnungsmarkt vorhanden ist, von ihrer „Verpflichtung" zur Erstellung von Mietspiegeln Gebrauch machen werden. Ein „**Bedürfnis**" dazu ist **bei einem großen Wohnungsmarkt** (regelmäßig also bei einer großen Einwohnerzahl) eher **zu bejahen** als bei Gemeinden mit kleinerem Wohnungsmarkt. Bei Gemeinden mit 100 000 und mehr Einwohnern ist ein solches Bedürfnis stets zu bejahen, bei Gemeinden mit 50 000 und mehr Einwohnern wird dies in der Regel der Fall sein. Zu Verneinen ist das Bedürfnis z. B., wenn von seiten der Verbände der Vermieter

und Mieter ein Mietspiegel erstellt oder vom einen Verband erstellt, vom anderen anerkannt wurde (vgl. *Landfermann,* Erl. u. Mat. z. MWoAEG, S. 49) oder wenn ein elektronisch gespeichertes und allgemein zugängliches Mietwohnungskataster vorhanden ist. Bei der Prüfung des **„vertretbaren Kostenaufwands"** wird es auf die Zahl der in der Gemeinde vorhandenen Mietwohnungen im Verhältnis zu den Gesamtkosten der Erstellung des Mietspiegels ankommen, nicht auf den absoluten Kostenaufwand. Je mehr Wohnungen auf dem allgemeinen Wohnungsmarkt vorhanden sind, um so eher ist der Kostenaufwand für die Ersterstellung eines Mietspiegels vertretbar.

Das Gesetz sieht in S. 3 als Sollvorschrift vor, daß ein erstellter Mietspiegel **im Abstand von zwei Jahren** der Marktentwicklung angepaßt werden, d. h. fortgeschrieben werden soll. Die **Fortschreibung** erfordert gegenüber der Neuerstellung eines Mietspiegels einen verhältnismäßig geringen Kostenaufwand, da nur in wesentlich geringerem Umfang die Ermittlung neuer Daten erforderlich ist. Eine **baldige Fortschreibung** eines Mietspiegels (z. B. nach einem Jahr) erscheint schon deshalb sinnvoll, weil der Mietspiegel seinem Zweck gemäß die wirkliche (aktuelle) Wiederspiegelung der tatsächlichen Wohnungsmarktverhältnisse sein soll, wogegen die Mietpreise in der Bundesrepublik Deutschland (nach dem Ergebnis der letzten Jahre) regelmäßig pro Jahr um 4—5 % steigen, so daß sich das im Mietspiegel ausgewiesene Mietpreisniveau bereits nach einem Jahr um 4—5 %, nach zwei Jahren um 8—10 % gegenüber der Wirklichkeit nach unten verschoben haben wird. Da die meisten Fälle der Geltendmachung einer Mieterhöhung gemäß § 2 MHG außergerichtlich ablaufen und dabei regelmäßig ein vorhandener Mietspiegel zugrundegelegt wird, bedeutet die Nichtfortschreibung des Mietspiegels für die meisten Vermieter preisfreien Wohnraums der betreffenden Gemeinde einen Mietzinsverlust von ca. 5 % in einem Jahr und ca. 10 % in zwei Jahren! 73

Dabei ist zu betonen, daß es nach der höchstrichterlichen Rechtsprechung **für den Vermieter nicht zulässig** ist, bei seinem **auf** einen **Mietspiegel** gestützten Erhöhungsverlangen einen **allgemeinen Zeitzuschlag** wegen der seit Erstellung des Mietspiegels verstrichenen Zeit **zu erheben** (OLG Stuttgart (RE) ZMR 82, 215 = WM 82, 108 = NJW 82, 945 = MRS 2 Nr. 60; OLG Hamburg WM 83, 11). Macht dies der Vermieter trotzdem und wird dadurch der Oberwert des Mietspiegels überschritten, so ist das Erhöhungsverlangen nur bis zu dem Betrag **formell wirksam** (und vom Mieter zu beachten), der sich aus der Einordnung in den Mietspiegel **ohne den Zuschlag** ergibt (OLG Hamburg (RE) ZMR 83, 135 = WM 83, 11 = MDR 83, 230 = NJW 83, 1803; dasselbe (RE) ZMR 83, 245 = WM 83, 80 = NJW 83, 1805). 74

Hat die Gemeinde einen Mietspiegel nach dem 1. 1. 1983 und daher auf Grund des neuen Rechts erstellt und damit ein Bedürfnis sowie einen vertretbaren Kostenaufwand bejaht, so verstößt sie gegen ihre Pflicht zur sachgemäßen Ermessensausübung, wenn sie die mit geringerem Kostenaufwand verbundene

Fortschreibung des Mietspiegels (spätestens nach zwei Jahren) unterläßt (ähnlich *Landfermann*, Erl. u. Mat. z. MWoAEG, S. 50).

75 Jeder neu erstellte oder fortgeschriebene Mietspiegel soll gemäß S. 5 **öffentlich** bekannt gemacht werden. Die **Bekanntmachung** eines mit so großem Kostenaufwand hergestellten Mietspiegels muß ohnehin als eine Selbstverständlichkeit angesehen werden, da ein Mietspiegel seine Funktion beim außergerichtlichen Erhöhungsverfahren nur erfüllen kann, wenn er allgemein bekannt ist. Die Bekanntmachung erfolgt zweckmäßig sowohl in der Tagespresse als auch im Amtsblatt der Gemeinde. Bei Mietspiegeln von Großstädten ist auch eine zusätzliche Veröffentlichung in juristischen Fachzeitschriften empfehlenswert, wie dies schon bisher geschah (vgl. die Mietspiegel in ZMR u. WM).

76 Abs. 5 S. 4 stellt eine **Ermächtigung der Bundesregierung** dar, durch **Rechtsverordnung** mit Zustimmung des Bundesrates Vorschriften über den näheren Inhalt und das Verfahren **zur Erstellung und Anpassung von Mietspiegeln** zu erlassen. Nach der Begründung des Regierungsentwurfs zum MWoAEG (S. 9) soll darin z. B. geregelt werden das Verhältnis der Mietzinsen aus den einzelnen Erhebungsjahren, die Zahl der zu erhebenden Vergleichsmieten (Stichproben) für einzelne Wohnungskategorien (Rasterfelder) und die Konkretisierung der Merkmale „Ausstattung" und „Lage" der Wohnungen. Wünschenswert wäre auch eine Festlegung des zugrundegelegten Mietzinsbegriffs (Nettokaltmiete oder Bruttokaltmiete). In inhaltlicher Hinsicht wird sich die Bundesregierung beim Erlaß dieser Rechtsverordnung auf die fortgeschriebenen „Hinweise für die Aufstellung von Mietspiegeln" des beim Bundesminister für Raumordnung, Bauwesen und Städtebau gebildeten Arbeitskreises „Mietspiegel" (BBauBl. 76, 234, fortgeschrieben BBauBl. 80, 357 = WM 80, 165) stützen (abgedruckt im Anhang II). Um eine Einheitlichkeit der Grundsätze für die Erstellung von Mietspiegeln zu erreichen und die Daten der Mietspiegel zwischen einzelnen Gemeinden vergleichen zu können, wäre es empfehlenswert, wenn in der Rechtsverordnung zwingende Vorschriften (keine Sollvorschriften) enthalten wären, an welche die Gemeinden gebunden sind. Zweckmäßig wäre es auch, die Interessenverbände der Mieter und Vermieter, so weit durch sie Mietspiegel aufgestellt oder fortgeschrieben werden, durch eine verpflichtende Norm an die gleichen Grundsätze zu binden, welche für die Gemeinden gelten.

77 **In der Regel** werden die Mietspiegel **Spannen** (Rahmensätze) für einzelne Wohnungsarten enthalten, wobei die Wohnungsarten nach Baualter (Altbau, Neubau), Lage (einfache, mittlere, gute Lage), generellen Ausstattungsmerkmalen (Sammelheizung, Bad, WC) und evtl. nach verschiedenen Wohnungsgrößen unterschieden werden. Dem **Mittelwert** des einschlägigen Rahmensatzes kommt dann – insbes. auch bei der gerichtlichen Schätzung der ortsüblichen Vergleichsmiete – **zentrale Bedeutung** zu, wenn Abweichungen vom Normalzustand der durch den Rahmensatz ausgewiesenen Wohnungskategorien nicht erkennbar sind (vgl. LG Hamburg WM 77, 210 [Ls]). Über die Frage der Begründungspflicht bei Abweichung des Vermieters vom Mittelsatz vgl. Rn 81. Die Spanne im Mietspiegel wird, wenn sie nicht zu groß ist (also z. B. einen Bereich von

± 10 %, gerechnet vom Mittelwert, umfaßt), als „die Bandbreite" der ortsüblichen Vergleichsmiete anzusehen sein (vgl. Rn 24). Besteht eine größere Spanne bei Mietspiegeln, so wird diese in weitere Untergruppen (z. B. oberer, mittlerer und unterer Bereich) einzuteilen und die Bezugswohnung entsprechend ihren Besonderheiten einer dieser Untergruppen zuzuordnen sein (ähnlich *Sternel* III 28). Innerhalb des so gefundenen Bereichs stellt dann dessen Obergrenze den Mietwert dar, der die in § 2 bestimmte Begrenzung des Mieterhöhungsanspruchs bildet (vgl. im einzelnen Rn 24).

Ist in der betreffenden Gemeinde, zu welcher die Mietwohnung gehört, ein **Mietspiegel vorhanden,** welcher den gesetzlichen Voraussetzungen entspricht, so ist der **Vermieter** gleichwohl **nicht verpflichtet,** in seinem Erhöhungsverlangen **auf diesen Bezug zu nehmen** (a. A. LG Stuttgart NJW 74, 1252, wonach das Fehlen jeglicher Bezugnahme auf einen Mietspiegel im Mieterhöhungsverlangen einen „Rechtfertigungsmangel" bedeute, welcher das Verlangen unwirksam mache, weil sich der Vermieter darüber im klaren sein müsse, daß diese Tabelle jedem kundigen Mieter bekannt war und er sich vorab an ihr orientieren würde). Es wird jedoch für den Vermieter der einfachste, zuverlässigste und billigste Weg sein, sich auf einen vorhandenen Mietspiegel zu berufen. Das Gesetz läßt ihm allerdings die Wahl zwischen verschiedenen Darlegungsmöglichkeiten.

b) Um Streitigkeiten über die Richtigkeit der Mietspiegel vor allem im außergerichtlichen Bereich zu vermeiden, hat das Gesetz **Grundsätze für die Verläßlichkeit eines Mietspiegels** aufgestellt. Eine Übersicht über die ortsüblichen Mieten besitzt die für ihre Verwendbarkeit erforderliche Neutralität nach dem Gesetz nur, wenn beim Zustandekommen des Mietspiegels folgende Voraussetzungen erfüllt sind:

aa) **Erstellung** des Mietspiegels **durch die Gemeinde.** Dazu zählt auch ein im Auftrag der Gemeinde von einem wissenschaftlichen Institut (z. B. einer Hochschule) erstellter Mietspiegel. Gleichgültig ist dabei, ob die Vereine der Haus- und Grundbesitzer und der Mieter mitgewirkt haben. Bisher haben mehr als 70 Gemeinden Mietspiegel erstellt, teils mit Hilfe der Interessenverbände von Mietern und Vermietern (*Niederberger*, Vorwort, S. 1).

bb) **Erstellung** des Mietspiegels **gemeinsam durch die örtlichen Vereinigungen der Haus- und Grundbesitzer und der Mieter.** Hierbei wäre eine vernünftige Zusammenarbeit dieser beiden Organisationen auf breiter Ebene wünschenswert (*Vogel* im Bundestag am 17. 10. 1974, Prot. S. 8310 D).

cc) **Erstellung** des Mietspiegels **durch eine** der beiden genannten **Vereinigungen der** Marktpartner **und Anerkennung durch die andere.** Hier muß keine völlige Übereinstimmung beider Seiten vorliegen, vielmehr kann auch ein Anerkenntnis nur einzelner Teile des Mietspiegels genügen (vgl. Begründung des Regierungsentwurfs).

Nur ein Mietspiegel, der den genannten Voraussetzungen bezüglich seines Zustandekommens genügt, ist für den Vermieter für die Begründung seines Erhöhungsverlangens verwendbar. Es genügt also nicht eine von anderer Seite, z. B. einem Maklerverband, geschaffene Mietpreisübersicht. Empfehlenswert ist neben der Einschaltung der im Gesetz genannten „Erstellungspersonen" auch die Mitbeteiligung des oder der zuständigen Mietrichter des Amtsgerichts und auch des Maklerverbandes (*Goch* WM 80, 74).

Ist ein Mietspiegel gemäß diesen an seine Verläßlichkeit gestellten Voraussetzungen einmal zustandegekommen, so entfällt seine **Verwendbarkeit** nicht schon dadurch, daß sich eine an seinem Zustandekommen beteiligte Körperschaft von ihm lossagt (z. B. wenn der Hausbesitzerverein einen von ihm mitgeschaffenen Mietspiegel nach Jahren aufkündigt, weil dieser durch inzwischen gestiegene Mieten überholt sei). Denn ein Mietspiegel hängt bezüglich seiner Verwendbarkeit nicht von einem Vertrag der Institutionen ab, die ihn geschaffen oder anerkannt haben. Die Mitwirkung der gesetzlich genannten Institutionen an seinem Zustandekommen dient nur dazu, seine Verläßlichkeit sicherzustellen, und diese entfällt nicht durch einseitiges **„Aufkündigen"**. Allerdings kann eine solche „Aufkündigung" ein Indiz dafür sein, daß der betreffende Mietspiegel nicht mehr dem aktuellen Stand entspricht.

80 c) Ein Mietspiegel muß, um verwendungsfähig zu sein, eine Übersicht über die in der Gemeinde, evtl. auch in vergleichbaren Gemeinden, nach den Merkmalen des Abs. 1 Nr. 2 (aber auch nach anderen Kriterien der Wohnwertmiete, vgl. *Winter* WM 77, 85) üblichen Entgelte enthalten, also einen **repräsentativen Querschnitt der ortsüblichen Entgelte** für vergleichbaren Wohnraum wiedergeben (vgl. *Matschl* DWW 77, 222: umfassende, zumindest repräsentative Erhebung der Mieten aller Art von Wohnungen). Ein zwischen den Verbänden bzw. der Gemeinde und den Verbänden „ausgehandelter" Mietspiegel ohne ausreichende Datenermittlung ist nicht verwendbar, jedenfalls nicht als Beweismittel für die ortsübliche Vergleichsmiete vor Gericht (*Wiethaup* ZMR 77, 65). Da diese Entgelte recht verschieden sind, muß er in genügender Weise in bezug auf die auf dem Wohnungsmarkt wesentlichen Bewertungsfaktoren, also **bezüglich einzelner Wohnungsarten differenzieren** (vgl. LG Wuppertal ZMR 74, 278 = WM 74, 182; AG Stuttgart ZMR 74, 153 = MDR 74, 233 = Die Justiz 73, 386 = DWW 73, 282). Im allgemeinen wird ein Mietspiegel zwischen Wohnungen verschiedener Baujahrsklassen (Altbau, Neubau, eventuell weiter differenziert nach Baujahren), verschiedenen Ausstattungsmerkmalen (ohne oder mit Bad bzw. Sammelheizung – vgl. dazu die Begriffsbestimmungen in § 3 Abs. 2 des 3. BMietG) und verschiedener Wohnlage (einfache, mittlere, gute Lage) zu unterscheiden haben. Durch die Angabe eines Rahmensatzes für den Quadratmeterpreis ist die Möglichkeit gegeben, weitere Bewertungsfaktoren zu berücksichtigen (Art und Schnitt der Wohnung, große oder kleine Wohnfläche, Durchführung von Modernisierungsmaßnahmen bei Altbauwohnungen, Erhaltungszustand). Ein Mietspiegel muß, da die auf dem örtlichen Wohnungsmarkt „üblichen" Entgelte erfaßt werden sollen, auf Grund eines **statistisch genügend**

umfangreichen **Materials** von Einzeldaten des örtlichen Wohnungsmarktes und **nach wissenschaftlich-statistischen Erkenntnissen** (vgl. LG Hamburg WM 78, 146 eingehend über den dortigen Mietspiegel und seinen Beweiswert; vgl. auch LG Mannheim ZMR 77, 282) erstellt sein (z. B. Fragebogensammlung bei Mietern und Vermietern), a. A. LG Bochum WM 82, 18: statistisch-wissenschaftliche Methode nicht erforderlich. Eine amtliche Wohngeldstatistik wird für die Erstellung eines Mietspiegels ungeeignet sein, weil sie keine für alle Mieter repräsentative Aussage enthält (*Gierth* DWW 77, 38; a. A. LG Bochum a. a. O.: bei teilweise [hier zu 50 %] Verwendung von solchem Datenmaterial). Willkürlich oder nur stichprobenweise herausgesuchte Entgelte reichen nicht aus (vgl. auch den Bericht des Rechtsausschusses des Bundestages, wonach der Mietspiegel die üblichen, nicht nur willkürlich herausgesuchten Entgelte enthalten muß). Die zugrundegelegten Einzelentgelte müssen „marktgemäß" sein (vgl. oben Rn 25–27), sie dürfen insbesondere nicht zum preisgebundenen Wohnraum zählen (vgl. jetzt Abs. 1 S. 1 Nr. 2 „für nicht preisgebundenen Wohnraum"). Es darf sich bei der Mietzinsfestsetzung nicht um Sonderfälle (vgl. Rn 45 f.) handeln. Wie beim Begriff der Vergleichsmiete überhaupt sind auch bei der Erstellung eines Mietspiegels Entgelte auszunehmen, die wegen ungewöhnlicher oder persönlicher Verhältnisse unüblich niedrig oder hoch sind oder nicht im gewöhnlichen Geschäftsverkehr zustandegekommen sind (BayObLG (RE) ZMR 82, 213 = WM 81, 100 = MDR 81, 674 = NJW 81, 1219 = MRS 1 Nr. 42). Bei schwerwiegenden **Mängeln** ist ein **Mietspiegel** durch das Gericht und den Vermieter nicht verwertbar, auch wenn er von der Gemeinde oder von Hausbesitzer- und Mietervereinen zusammen erstellt oder fortgeschrieben wurde (a. A. LG Bonn WM 80, 32: Mängel bei Aufstellung des Mietspiegels macht das Erhöhungsverlangen nicht unwirksam; vgl. auch *Schmidt-Futterer/Blank* C 93 zu bb). Z. B. fehlt der erforderliche Beweiswert, wenn ein bereits vorhandener qualifizierter Mietspiegel auf eine weitere Gemeinde oder einen weiteren Gemeindeteil ausgedehnt wird, ohne daß bezüglich des hinzukommenden Ortsteils ausreichendes Datenmaterial vorliegt und verwertet wurde (so auch *Roewer/Hüsken* ZMR 79, 164 für einen von den Interessenvertretern der Vermieter und Mieter auf den Landkreis oder die „Umgebung" einer Gemeinde ausgedehnten Mietspiegel). Das gleiche gilt für eine Fortschreibung eines früher erlassenen Mietspiegels ohne ausreichendes Datenmaterial gerade aus neuester Zeit (z. B. schematischer Erhöhung der Rahmensätze des früheren Mietspiegels um einheitlich 10 %), vgl. auch Rn 77. Auf Mietspiegel, in die die Mieten von gemeinnützigen Wohnungsunternehmen nicht eingegangen sind, dürfen sich auch die gemeinnützigen Wohnungsunternehmen für die Darlegung der ortsüblichen Vergleichsmiete beziehen (OLG Frankfurt (RE) ZMR 82, 342 = WM 82, 128 = NJW 82, 1822 = MRS 2 Nr. 42).

Über die **Erstellung von Mietspiegeln** besagt das Gesetz, abgesehen von den in Rn 79 erwähnten Möglichkeiten bezüglich der Person des Erstellers, nichts. *Niederberger* gibt in seinem Leitfaden eine Methodik zur Erstellung von Mietspiegeln durch die Gemeinden an, die einer Überprüfung durch die Beteiligten und das Gericht standhält. Er empfiehlt generell eine Erstellung des Mietspiegels durch die Gemeinde, und zwar auf Basis statistischer Repräsentativerhebungen. Die Interessenvertretungen der Vermieter und Mieter sollten schon im Vorstadium der eigentlichen Erhebung mit dem Ziel der Anerkennung des Mietspiegels mitwirken (4.4). Um die Kosten für die Gemeinde möglichst niedrig zu halten, empfiehlt er, ein standardisiertes Verfahren mit einem Musterfragebogen (mit 110 Fragen) anzuwenden, wobei von 2000 auswertbaren Fragebögen auszugehen sei (4.4). Nach Zufallsprinzipien ausgewählte Haushalte sollen schriftlich – ergänzend durch Interviews – befragt werden, ausgesucht nach dem Einwohneradreßbuch oder der Wählerliste. Die Einzelfelder des Mietspiegels sollten mit wenigstens 30 – nach den „Hinweisen" der Bundesregierung 40 bis 50 – Stichprobenfällen besetzt sein (7.2). Stichproben bei 10 % der Grundgesamtheit (Bestand der vom Eigentümer bewohnten freifinanzierten Wohnungen) seien durchzuführen. Als Mietzinsbegriff empfiehlt *Niederberger* die Bruttomiete abzüglich der (verbrauchsabhängigen) Heiz- und Warmwasserkosten (9.1). Als Mittelwert sei am besten der Medianwert – der Wert, der die Anzahl der zugrundegelegten Fälle in zwei gleiche Gruppen teilt (er liegt z. B. bei 51 Fällen beim 26. Wert) – und nicht das arithmetische Mittel – der Wert, der sich ergibt, wenn man die Summe sämtlicher Werte durch die Anzahl der Werte teilt – zu verwenden, weil er bei der meist gegebenen schiefen Kurvenverteilung weniger durch Extremwerte beeinflußt werde und die Verfälschung weniger berücksichtige (9.2) (vgl. auch *Sternel* III 114; *Derleder/Schlemmermeyer* WM 78, 227). Der Berücksichtigung des Medianwertes wird beizupflichten sein. Um die Bandbreite in den Feldern des Mietspiegels zu bestimmen, schlägt die Bundesregierung in ihrem Bericht vom 10. 5. 76 (zu 6.2) – vgl. Anhang II – vor, die **Spannbreiten** so zu wählen, daß zumindest **zwei Drittel** aller erfaßten Mieten der betreffenden Merkmalskombination innerhalb der Spanne liegen. Dies erscheint sinnvoll, um wirklich die „üblichen Entgelte", die tatsächlich eine Bandbreite darstellen (vgl. auch Rn 24), zu erfassen (vgl. auch *Schulz-Trieglaff* WM 77, 249 über die „Hinweise" der Bundesregierung; bei zu großer Spannbreite empfiehlt *Goch* WM 80, 73 die Verdichtung der Repräsentationsquote auf 50 % der erfaßten Mieten). Weniger empfehlenswert ist dagegen der Vorschlag von *Niederberger* (10.4), an Stelle einer Spanne nur den reinen Mittelwert anzusetzen.

82 Grundsätzlich kann sich der Vermieter – und auch das Gericht im Rahmen seiner Schätzung der Vergleichsmiete – auf einen Mietspiegel nur beziehen, wenn die streitgegenständliche Wohnung unter den (vom Ersteller des Mietspiegels bezeichneten) **sachlichen Anwendungsbereich** fällt. Sind dort z. B. Einfamilienhäuser, Appartements, möblierter Wohnraum, Werkwohnungen, Wohnungen des neuesten Baujahrs u. a. **nicht erfaßt** (gleichgültig aus welchen Gründen), so ist der Mietspiegel für solchen Wohnraum **unanwendbar** und ein gleichwohl auf ihn gestütztes Erhöhungsverlangen daher unwirksam (vgl. LG Köln WM 76, 129: Mietspiegel für Wohnungen ist für Einfamilienhaus unanwendbar). Das ist z. B. der Fall bei einem **leeren Rasterfeld,** da der Mietspiegel insoweit keine Aussage enthält, so daß auch nicht durch Interpolation von nicht zutreffenden Rasterfeldern ein Wert ermittelt werden kann (LG Hamburg ZMR

81, 120 = WM 82, 21 = DWW 81, 49 = MDR 81, 319). Ausnahmsweise ist ein Mietspiegel jedoch anwendbar als Begründungsmittel des Vermieters, wenn die neueste Baualtersklasse im Mietspiegel noch nicht ausgewiesen ist, der Vermieter sein Erhöhungsverlangen jedoch auf eine ältere, im Mietspiegel ausgewiesene Baualtersklasse stützt, da dies dem Mieter nicht nachteilig ist (LG Frankfurt ZMR 82, 117). Über die Ermittlung des Mietwerts von Einfamilienhäusern vgl. *Streich* DWW 81, 250.

Normalerweise wird sich ein **Mietspiegel** auf das gesamte Gemeindegebiet des betreffenden Ortes erstrecken. Nach der gesetzlichen Fassung ist es jedoch auch möglich, daß er **sich auf mehrere Gemeinden bezieht,** soweit diese wohnungsmarktwirtschaftlich vergleichbar sind (was nur bei untereinander benachbarten Gemeinden der Fall sein wird). Die Einbeziehung mehrerer Gemeinden in einen einheitlichen Mietspiegel (ohne Differenzierung der Entgelte hinsichtlich der einzelnen Gemeinden) kann nur für ein Gebiet in Betracht kommen, in welchem die Entgelte für Wohnungen einigermaßen gleich liegen, z. B. für den Ballungsraum einer größeren Stadt mit ihrer nächsten Umgebung. Beim Fehlen eines Mietspiegels in der eigenen Gemeinde kann sich der Vermieter für sein Mieterhöhungsverlangen **auf** einen **Mietspiegel einer Nachbargemeinde stützen, wenn** seine Behauptung, dies sei eine vergleichbare Gemeinde, **nicht offensichtlich unbegründet** ist (OLG Stuttgart (RE) ZMR 82, 215 = WM 82, 108 = NJW 82, 945 = MRS 2 Nr. 60). Der Vermieter braucht für die von ihm behauptete Vergleichbarkeit eines Mietspiegels der näheren Umgebung keine weiteren Einzelheiten angeben (OLG Stuttgart a. a. O.). Eine solche Bezugnahme auf einen fremden Mietspiegel versagt nur, wenn die Vergleichbarkeit (der Wohnungsmarktsituationen) offensichtlich fehlt (OLG Stuttgart a. a. O.). Als Nachbargemeinde („nähere Umgebung") wird man in diesem Sinne nur eine Gemeinde ansehen können, die an die eigene Gemeinde angrenzt, nicht eine weiter entfernte. Über die gerichtliche Anerkennung eines Mietspiegels einer Nachbargemeinde vgl. Rn 85.

82a

d) Der **Mietspiegel,** auf welchen sich der Vermieter in seinem Erhöhungsverlangen bezieht, sollte möglichst **auf aktuellem Stand** sein, d. h. hinsichtlich des zugrundegelegten **Datenmaterials aus neuerer Zeit** stammen. Zudem müssen Mietspiegel, die nach dem Inkrafttreten der Neuregelung (1. 1. 1983) erstellt werden, die aktualisierte ortsübliche Vergleichsmiete wiedergeben, d. h. die **Mietentgelte der letzten 3 Jahre (aktualisierter Mietspiegel).** Alle Mietspiegel, auch die aktualisierten, sollten durch den Mietspiegelersteller (Gemeinde, Interessenverbände der Mieter und Vermieter) **möglichst nach Ablauf eines Jahres, spätestens** nach Ablauf von **2 Jahren** fortgeschrieben werden (Abs. 5 S. 3 sieht durch eine Soll-Vorschrift eine **Fortschreibung** innerhalb von 2 Jahren vor). Wohnungswirtschaftlich ist es auf jeden Fall geboten, wenn schon für die Errichtung des Mietspiegels ein Bedürfnis bejaht wurde, den Mietspiegel in angemessener, nicht zu langer Zeit zu überprüfen (auf Grund einer Erhebung neuer Daten, wenn auch stichprobenhaft) und ihn den veränderten wirtschaftlichen und wohnungsmäßigen Verhältnissen anzupassen (vgl. *Lutz* DWW 74,

83

276). **Wirtschaftlich** ist zu berücksichtigen, daß der Vermieter im Falle der unterlassenen Fortschreibung eines Mietspiegels, dessen Datenerfassung 1 Jahr zurückliegt, wenn er sich weiterhin auf den Mietspiegel stützt, einen Mietzinsverlust von 4 bis 5 % in Kauf nehmen muß, da durchschnittlich in den letzten Jahren die Wohnungsmieten in der Bundesrepublik Deutschland jährlich um einen zwischen 4 und 5 % liegenden Satz gestiegen sind (vgl. DWW 83, 29: Der Mietpreisindex auf der Basis 1976 = 100 betrug im Dezember 1982 für die gesamten Wohnungsmieten 129,2 %, für die Altbaumieten (bis 1948) 133,4 % und für die frei finanzierten Neubaumieten (ab 1948) 125,1 %). Ist ein aktualisierter Mietspiegel, d. h. ein auf Grund des neuen Rechts ab dem 1. 1. 1983 erstellter vorhanden, gleichgültig, ob er schon der nach Abs. 5 S. 4 vorgesehenen Rechtsverordnung entspricht, so muß sich der Vermieter, wenn er überhaupt auf einen Mietspiegel in seinem Erhöhungsverlangen Bezug nimmt, auf diesen Mietspiegel nach neuem Recht berufen, wenn nicht sein Verlangen unwirksam sein soll (*Barthelmess* WM 83, 67).

**84** Ist ein solcher ab 1. 1. 1983 erstellter und dem neuen Recht (**aktualisierte** Vergleichsmiete) entsprechender **Mietspiegel** (vgl. Abs. 2 S. 2 Hs. 1 i. V. m. Abs. 1 S. 1 Nr. 2) zum Zeitpunkt der Stellung eines Erhöhungsverlangens durch den Vermieter in der betreffenden Gemeinde oder einer wohnungsmarktmäßig vergleichbaren Nachbargemeinde (vgl. OLG Stuttgart (RE) ZMR 82, 215 = WM 82, 108 = NJW 82, 945 = MRS 2 Nr. 60, wonach sich der Vermieter auf einen Mietspiegel einer Nachbargemeinde schon dann stützen kann, wenn die Behauptung, dies sei eine vergleichbare Gemeinde, nicht offensichtlich unbegründet ist) **nicht vorhanden,** so kann sich der Vermieter in seinem Erhöhungsverlangen auch auf einen vor dem 1. 1. 1983 erstellten Mietspiegel nach altem Recht (mit nicht aktualisierter Vergleichsmiete) beziehen, gleichgültig, welchen Zeitraum dieser Mietspiegel zurückliegt (Abs. 6). Sein Erhöhungsverlangen ist daher nicht aus formalen Gründen unwirksam, wenn er sich auf einen solchen „alten" (das Gesetz spricht von „anderen") Mietspiegel, insbesondere einen „veralteten" bezieht. Die **Mietspiegel alten Rechts** sind daher in diesem Sinne noch **in eingeschränkter Weise anwendbar,** da in einer Zeit ständig steigender Wohnungsmieten die Berufung des Vermieters auf einen älteren (und daher zu niedrigen) Mietspiegel dem Mieter keinen Nachteil bringt (vgl. OLG Stuttgart (RE) ZMR 82, 215 = WM 82, 108 = NJW 82, 945 = MRS 2 Nr. 60, wonach ein Mieterhöhungsverlangen in der Regel auch auf einen mehrere Jahre alten Mietspiegel gestützt werden darf). Wirtschaftlich wird es jedoch für den Vermieter in einem solchen Falle meist zweckmäßiger sein, statt einer Verweisung auf den älteren Mietspiegel sich auf (3) Vergleichsobjekte der letzten 3 Jahre oder ein von ihm eingeholtes Sachverständigengutachten (gestützt auf Vergleichswohnungen der letzten 3 Jahre) zu beziehen, wenn sich die von ihm geforderte erhöhte Miete, weil sie höher liegt, als der Mietspiegel ausweist, nicht mit dem Mietspiegel begründen läßt. Da im Jahre 1983 mit der Erstellung neuer Mietspiegel wohl in der Regel so lange gewartet werden wird, bis die bundeseinheitliche Rechtsverordnung über die Erstellung von Mietspiegeln erlassen ist, wird **während einer Übergangszeit** von einigen Jahren ab dem 1. 1. 1983 in den allermeisten großen Städten der Bundesrepublik kein Mietspiegel nach neuem Recht vorhanden sein, so daß eine erhebliche **Rechtsunsicherheit im vorprozessualen Bereich** vorliegt und im Mieterhöhungsprozeß die Notwendigkeit der Einholung von (teuren) Sachverständigengutachten die Regel sein wird (vgl. *Sternel* ZMR 83, 77). — Unabhängig von der Bezugnahme des Vermieters auf einen älteren Mietspiegel ist die Frage, wie in einem solchen Falle die ortsübliche Vergleichsmiete durch das Gericht ermittelt wird (vgl. dazu Rn 175 ff.).

Das Erhöhungsverlangen kann bei Bezugnahme auf einen Mietspiegel nur auf einen **zur Zeit der Abgabe der Erhöhungserklärung gültigen Mietspiegel** verweisen, nicht etwa auf einen fortgeschriebenen, späteren Mietspiegel (LG Köln WM 82, 20). Die nachträgliche Stützung eines solchen Erhöhungsverlangens auf einen späteren fortgeschriebenen Mietspiegel ist nicht möglich (AG Recklinghausen WM 82, 19). Jedoch kann ein späteres (neues) Erhöhungsverlangen auf einen inzwischen neu erstellten oder fortgeschriebenen Mietspiegel gestützt werden, auch noch im Rechtsstreit (vgl. Abs. 3 S. 2 n. F.). Allerdings kann das Gericht bei seiner Ermittlung der ortsüblichen Vergleichsmiete auch einen erst nach Zugang des Erhöhungsverlangens erstellten oder fortgeschriebenen Mietspiegel mitverwerten, wenn es die für den maßgeblichen Zeitpunkt (Zugang des Erhöhungsverlangens, vgl. Rn 43) bestehende ortsübliche Vergleichsmiete feststellen will und der neue Mietspiegel bezüglich seines Erstellungsdatums diesem Zeitpunkt näher kommt (ähnlich LG Bochum WM 82, 18; LG Wuppertal WM 82, 19). Vgl. über die gerichtliche Schätzung der Vergleichsmiete Rn 174.

84a

e) Ob ein Mietspiegel im Einzelfall die nach den obigen Ausführungen zu b bis d an ihn zu stellenden Anforderungen erfüllt, hat im Streitfalle **das Gericht** im Rahmen seiner **freien Beweiswürdigung** zu entscheiden (so auch Abg. *Kleinert* im Bundestag am 17. 10. 1974, Prot. S. 8315 C). Ein **Mietspiegel** ist weder Sachverständigengutachten, noch Augenscheinobjekt, noch ein neu eingeführtes eigenständiges Beweismittel, er **begründet** vielmehr die **Allgemeinkundigkeit des** in ihm enthaltenen **Zahlenmaterials** (*Winter* WM 77, 85). Wird ein Mietspiegel vom Gericht anerkannt, so muß auch dem Vermieter bei der Begründung seines Erhöhungsverlangens eine Bezugnahme auf ihn gestattet sein. Dasselbe hat für einen Sachverständigen bei der Beurteilung der ortsüblichen Vergleichsmiete zu gelten.

85

Es unterliegt auch der freien Beweiswürdigung des Gerichts, ob es für die Ermittlung der ortsüblichen Vergleichsmiete in der eigenen Gemeinde, für welche ein **Mietspiegel nicht** erstellt ist, den **in einer benachbarten Gemeinde erstellten Mietspiegel** als Grundlage der von ihm vorzunehmenden Schätzung zugrundelegen kann. Maßstab muß dabei die Vergleichbarkeit des Wohnungsmarktes beider Gemeinden sein. Gegebenenfalls sind angemessene Zu- und Abschläge wegen der unterschiedlichen Wohnungsmarktlage vorzunehmen (vgl. dazu auch Rn 26).

f) Beruft sich der Vermieter für die Begründung seines Erhöhungsverlangens auf einen den gesetzlichen Erfordernissen entsprechenden Mietspiegel, so hat er in

86

seinem Erhöhungsschreiben **die Bewertungsmerkmale des Mietspiegels (Rasterfeld) anzugeben,** aus denen sich der von ihm für zutreffend gehaltene und seiner Berechnung zugrundegelegte Quadratmetersatz ergibt. Denn nur durch diese Angaben nimmt der Vermieter eine Eingruppierung (Subsumtion) der konkreten Wohnung mit ihren Bewertungsmerkmalen unter allgemeingültige wirtschaftliche Tatsachen des örtlichen Wohnungsmarktes (Mietspiegel) vor, welche für den Mieter nachprüfbar ist. Diese Angabe hat so genau zu erfolgen, daß der Mieter darüber unterrichtet ist, welchen Tabellensatz des Mietspiegels der Vermieter zugrundelegen will (z. B. Altbauwohnung/modernisiert/mit Bad/mit Zentralheizung/mittlere Wohnlage) (so h. M.; vgl. LG Köln ZMR 76, 215; WM 77, 143; ZMR 78, 309 m. zust. Anm. *Weimar;* LG Mannheim ZMR 77, 284; LG Düsseldorf WM 80, 41 (L); LG Darmstadt WM 82, 307; AG Köln ZMR 77, 32; ZMR 77, 245; AG Bielefeld ZMR 77, 190, *Wiethaup* ZMR 77, 66; a. A. AG Siegen DWW 74, 259; *Spatz* WM 76, 157: bloße Bezugnahme sei ausreichend). Auf diese Begründung hinsichtlich der Einstufung kann auch trotz der durch das BVerfG eingeleiteten und vom Gesetzgeber beabsichtigten Tendenz der Erleichterung der Darlegung des Vermieters nicht verzichtet werden (a. A. AG Siegen ZMR 76, 157; *Spatz* ZMR 77, 226). Eine bloße „Angleichung an den Mietspiegel" ohne weitere Begründung ist nicht ausreichend (LG Aachen WM 81, U 8). Kommt es nach dem Mietspiegel auf das Baujahr des Hauses an, so muß der Vermieter dieses dem Mieter mitteilen (LG Köln ZMR 76, 215). Für die Eingruppierung in eine Baualtersklasse ist die Bezugsfertigkeit der Wohnung maßgebend, nicht die Fertigstellung der letzten Restarbeiten (LG Mannheim WM 82, 279 (L)). Liegt die streitige Wohnung hinsichtlich ihrer Merkmale zwischen zwei Gruppen des Mietspiegels (z. B. zwischen guter und mittlerer Ausstattung), so kommt eine Eingruppierung in der Mitte zwischen beiden Kategorien in Betracht (vgl. LG Mannheim Die Justiz 77, 376: bei nicht eingerichtetem, jedoch sofort anschließbarem Bad Mittelwert zwischen den Kategorien „mit Bad" und „ohne Bad"). Verwendet der Vermieter für seine Erhöhungserklärung ein vorgedrucktes Formular, welches Bewertungsmerkmale enthält, und füllt er die betreffenden Angaben unvollständig aus (durch Streichen oder Unterstreichen der vorgedruckten Worte), so schadet diese Ungenauigkeit dann nicht, wenn der Mieter aus seiner Kenntnis der Gegebenheiten der Wohnung in Verbindung mit dem Formblatt zweifelsfrei entnehmen kann, in welcher Weise der Vermieter die betreffende Wohnung in die Tabellensätze des Mietspiegels einordnet (vgl. LG Köln ZMR 76, 215 für den Mieter ohne weiteres erkennbare Merkmale, z. B. wenn der Vermieter unterlassen hat, die vorgedruckten Worte „mit Bad" zu streichen, obwohl – auch für den Mieter erkennbar – kein Bad vorhanden ist, und der Vermieter erkennbar den Quadratmetersatz berücksichtigt hat, der sich beim Fehlen eines Bades aus dem Mietspiegel ergibt. Eine genaue Zuordnung nach Ausstattung und Lage ist entbehrlich, wenn die geforderte Miete nur auf eine Wohnungsart des Mietspiegels zutrifft (a. A. AG Dortmund WM 81, U 9). Gibt der Vermieter die Bewertungsmerkmale des Mietspiegels nicht in der genannten Weise an, so ist sein Erhöhungsverlangen nichtig (AG Köln WM 81, U 14: für falsche Eingruppierung des Hauses); dies kann jedoch nur für die unterlassene oder in tatsächlicher Hinsicht völlig falsche Eingruppierung angenommen werden, nicht für eine falsche Einordnung infolge einer noch vertretbaren unrichtigen Wertung (z. B. gute statt mittlere Lage, „modernisierte" Altbauwohnung bei kleinerer Instandsetzung), da dem Vermieter bei der Einordnung ein vertretbarer Beurteilungsspielraum eingeräumt werden muß (vgl. LG München I WM 82, 307 (L)).

Weist ein Mietspiegel nur die ortsübliche Nettomiete aus (**Netto-Mietspiegel**) und liegt eine sog. **Inklusivmiete** vor, so kann die gem. § 2 erhöhte Miete in der Weise festgestellt werden, daß zur Nettomiete (des Mietspiegels) ein **Zuschlag** in Höhe der **tatsächlichen** auf die Wohnung entfallenden **Betriebskosten**, soweit sie den Rahmen des Üblichen nicht überschreiten, hinzugerechnet wird (OLG Stuttgart (RE) ZMR 83, 389 = WM 83, 285 = DWW 83, 227 = NJW 83, 2329; *Lenhard* DWW 79, 108; *Schulz* DWW 81, 317; vgl. allgemein oben Rn 8). In diesem Falle ist es für die Begründung des Erhöhungsverlangens (Abs. 2) erforderlich, auf den Netto-Mietspiegel (in der sonst üblichen Weise) Bezug zu nehmen und zur Begründung des Zuschlags den auf die Wohnung entfallenden konkreten Betriebskostenanteil darzutun (OLG Stuttgart a. a. O.), indem sämtliche Betriebskosten getrennt nach jetzigem Stand aufgeführt und zu der sich aus dem Mietspiegel ergebenden Nettomiete addiert werden. Liegt eine Teilinklusivmiete vor, jedoch ein Mietspiegel mit Nettokaltmieten, so ist hinsichtlich der im Mietzins inbegriffenen Betriebskosten (das sind alle, die nicht ausdrücklich neben der Miete zu zahlen sind) in gleicher Weise zu verfahren. Durch den Mietspiegel können nicht Vertragsvereinbarungen abgeändert werden, er hat keine Rechtssatzqualität (AG Dortmund WM 80, 207 (L)).

86 a

Der Vermieter braucht **keine Gründe** anzugeben, **weshalb er** bestimmte **Bewertungsmerkmale des Mietspiegels für zutreffend hält** (*Freund/Barthelmess* ZMR 75, 37; *Wiethaup* ZMR 77, 66; a. A. *Wangemann* WM 76, 25 nur für den Mittel- und Höchstbereich eines Rahmensatzes und für einer Wertung unterworfene Begriffe wie z. B. modernisierter Altbau). Bezieht sich z. B. der angewandte Mietpreis des Mietspiegels auf eine modernisierte Altbauwohnung (bis 1948 bezugsfertig geworden) in guter Wohnlage, so muß der Vermieter in seinem Erhöhungsverlangen weder begründen, weshalb es sich um eine Altbauwohnung handelt, noch worin er die Eigenschaft der Modernisierung oder die gute Wohnlage sieht.

87

Gemäß der Neuregelung von Abs. 2 S. 2 Hs. 2 braucht der Vermieter beim Vorhandensein eines Mietspiegels, welcher Spannen (Preisrahmen) enthält, **keine Begründung** dafür, **weshalb er eine bestimmte Mietzinshöhe begehrt, wenn** sich die **begehrte Mietzinshöhe innerhalb der Spanne** bewegt. Damit ist die nach früherem Recht streitige Frage ausgeräumt, ob der Vermieter dann, wenn die begehrte Miethöhe über den Mittelwert der Spanne hinausgeht, eine Begründung braucht. Eine Begründung für die von ihm verlangte Mieterhöhung ist nunmehr auch dann nicht erforderlich, wenn diese über dem Mittelwert der Spanne liegt, **selbst wenn** sie den **Oberwert** der Spanne erreicht (*Röbbert* Betr.

88

83, 163; *Landfermann,* Erl. u. Mat. z. MWoAEG, S. 43; *Köhler,* Neues Mietrecht, S. 65). Es soll dem Vermieter also nicht zum Nachteil gereichen, wenn er die streitbefangene Wohnung innerhalb der Mietspiegelspanne unrichtig einordnet (*Baumeister* DWW 83, 9). Verlangt der Vermieter eine Mieterhöhung **über den Oberwert** der Mietspiegelspanne **hinaus,** so kann er sich insoweit **nicht auf** den **Mietspiegel** berufen. Er kann **keinen Pauschalzuschlag** auf die Werte des Mietspiegels wegen des Alters des Mietspiegels erheben (OLG Stuttgart (RE) ZMR 82, 215 = WM 82, 108 = NJW 82, 945 = MRS 2 Nr. 60). Nimmt er gleichwohl über den obersten Wert des Rasterfeldes der in Betracht kommenden Wohnungskategorie eines Mietspiegels hinaus einen Zuschlag wegen Zeitablaufs seit Erhebung der Mietspiegeldaten vor, so ist sein Erhöhungsverlangen nur bis zu dem bezeichneten Oberwert formell wirksam und hinsichtlich des darüber hinausgehenden Zuschlags (teilweise) unwirksam (OLG Hamburg (RE) ZMR 83, 135 = WM 83, 11 = MDR 83, 230 = NJW 83, 1803). Bei Einordnung unterhalb des Oberwerts, wenn ein den Oberwert übersteigender Zuschlag erhoben wird, ist das Verlangen ohne den Zuschlag formell wirksam (OLG Hamburg (RE) ZMR 83, 245 = WM 83, 80 = NJW 83, 1805).

89 Bestreitet der Mieter die vom Vermieter in dem Erhöhungsverlangen zugrundegelegten Merkmale eines bestimmten Rasterfeldes des Mietspiegels oder die Richtigkeit des vom Vermieter begehrten Mieterhöhungsbetrages innerhalb der Mietspiegelspanne, so hat das **Mietgericht** hierüber auf Grund des beiderseitigen Sachvortrags und gegebenenfalls nach Beweisaufnahme zu entscheiden, d. h. die ortsübliche Vergleichsmiete unter Zugrundelegung der richtigen Mietspiegelspanne und bei **sachgemäßer Einordnung der streitbefangenen Wohnung** in dieselbe für die streitbefangene Wohnung zu bestimmen. Dem **Mittelwert** der für die streitbefangene Wohnung zutreffenden Mietspiegelspanne kommt für die richterliche Beurteilung **erhöhte Bedeutung** zu, da dieser im Regelfalle beim Vorhandensein einer bestimmten Wohnungskategorie wird zugrundegelegt werden müssen, wenn keine (unstreitigen oder bewiesenen) tatsächlichen Umstände vorliegen, welche für eine niedrigere oder höhere Einordnung der konkreten Wohnung innerhalb der Mietspiegelspanne sprechen (vgl. LG Hamburg WM 77, 210 (L); AG Münster WM 80, 256 (L); vgl. auch oben Rn 68). Nach AG Brühl WM 82, 111 (L) soll es keine quasi-automatische Anhebung des vereinbarten Mietzinses auf den Mittelwert geben. Erstrebt der Vermieter eine Mieterhöhung auf einen Betrag oberhalb des Mittelwerts, so wird dem das Gericht nur zu folgen haben, wenn er Umstände darlegt und gegebenenfalls beweist, welche eine bessere als die durchschnittliche Bewertung der konkreten Wohnung zulassen, z. B. guter Schnitt der Räume, überdurchschnittliche Ausstattung (*Landfermann,* Erl. u. Mat. z. MWoAEG, S. 43). Denn es ist zu berücksichtigen, daß die **Beweislast** dafür, daß die von ihm verlangte Mieterhöhung die ortsübliche Vergleichsmiete nicht überschreitet, **beim Vermieter** liegt (vgl. Rn 208).

90 Der Vermieter muß nur auf den **Mietspiegel** Bezug nehmen, er muß den am Ort gültigen Mietspiegel — der über die Stadtverwaltung, den Hausbesitzer- oder

Mieterverein leicht und ohne nennenswerte Kosten zu beschaffen ist — **nicht** seinem Erhöhungsverlangen **beifügen** (LG Münster DWW 77, 20; LG Köln ZMR 76, 215; LG Ravensburg MDR 79, 231; AG Köln WM 77, 58; *Fehl* NJW 74, 926; *Spatz* WM 76, 157) und auch nicht unter Angabe des Orts und der Fundstelle der Veröffentlichung genau bezeichnen, soweit nur ein Mietspiegel in Betracht kommt (a. A. LG Ravensburg a. a. O.).

### 3. Begründung mit Sachverständigengutachten

a) Abs. 2 S. 3 bestimmt, daß der Vermieter in der Begründung seines Erhöhungsverlangens auf „ein mit Gründen versehenes Gutachten eines öffentlich bestellten oder vereidigten Sachverständigen verweisen" kann. Dieses Begründungsverfahren erspart zwar dem Vermieter eigene Nachforschungen über die Vergleichsmiete, bringt jedoch eine Verzögerung und Verteuerung des Erhöhungsverfahrens mit sich. 91

Das — schriftlich anzufertigende — **Gutachten muß** er seiner schriftlichen **Erhöhungserklärung beifügen,** zumindest in einer Abschrift, damit es dem Mieter zur Kenntnis gelangt (h. M.; vgl. LG Bamberg WM 76, 167; LG Freiburg WM 80, 182; AG Bonn WM 80, 79; AG Dortmund WM 77, 38; a. A. LG Braunschweig WM 77, 11: Angebot der Einsichtnahme genügend; LG München II WM 83, 147: Beifügung nicht erforderlich, wenn dem Mieter dieses Gutachten bereits in einem früheren Erhöhungsschreiben zugesandt wurde und zeitlich anzunehmen ist, daß er noch im Besitz desselben ist). Das Gutachten muß in vollem Wortlaut beigefügt werden (OLG Braunschweig (RE) WM 82, 272 = DWW 82, 243 = MRS 2 Nr. 49). Verweist der Vermieter lediglich auf ein Sachverständigengutachten, das dem Erhöhungsverlangen nicht beiliegt, so ist das Erhöhungsverlangen unwirksam. Durch Nachreichen des Gutachtens wird die Unwirksamkeit der dem Mieter zugegangenen Erhöhungserklärung nicht geheilt. Das nachgereichte Gutachten kann aber, verbunden mit der vorausgegangenen Erhöhungserklärung, als neues, wirksames Erhöhungsverlangen anzusehen sein. 92

Keinesfalls genügt der Vermieter der gesetzlichen Begründungspflicht, wenn er in seinem Erhöhungsverlangen die bloße Behauptung aufstellt, eine bestimmte Miete sei ortsüblich, und dies mit der Anfügung verbindet: „Beweis: Sachverständigengutachten". Das wäre ein unzulässiger Ausforschungsbeweis (LG Köln WM 74, 245). Denn das Gesetz verlangt nachprüfbare Tatsachen, keinen bloßen (potentiellen) Beweisantritt (vgl. *Barthelmess* ZMR 72, 167). 93

b) Nach dem Gesetz muß der **Sachverständige „öffentlich bestellt oder vereidigt"** sein. Es genügt also entweder seine öffentliche Bestellung oder seine öffentliche Vereidigung, so daß beides nicht kumulativ vorzuliegen braucht (LG Hamburg ZMR 80, 248). Nach OLG Hamburg (VB) DWW 83, 201 = WM 83, 256 Ls m. Anm. ist öffentliche Bestellung oder Vereidigung dann nicht erforderlich, wenn die Industrie- und Handelskammer dem nachsuchenden Vermieter nur im Einzelfall einen Sachverständigen für Mietwertbegutachtung benennt. Eine 94 nachträgliche Vereidigung macht das unwirksame Erhöhungsverlangen nicht wirksam (AG Schöneberg WM 80, 207 (L)). Es muß also ein allgemein zugelassener Sachverständiger sein (so daß der amtliche Gutachterausschuß der Gemeinde auch als Sachverständiger gilt). Damit wollte der Gesetzgeber dem Mieter eine Nachprüfung der Eignung des Sachverständigen ersparen (vgl. Begründung des Regierungsentwurfs). Das Gutachten eines Sachverständigen, welcher diese Qualifizierung nicht besitzt, genügt daher der erforderlichen Begründung nicht, z. B. ein im Auftrag des Haus- und Grundbesitzervereins erstattetes Gutachten (vgl. LG Dortmund ZMR 74, 338; AG Mannheim WM 73, 119 für ein dem Mieter nicht zugänglich gemachtes Gutachten; LG Mannheim NJW 73, 712 = ZMR 73, 157 = MDR 73, 410 = DWW 73, 98 = WM 73, 45 bei nicht nachprüfbarer Angabe des Zahlenmaterials). Es ist daher ungeeignet, macht das Erhöhungsverlangen unwirksam und braucht folglich vom Mieter überhaupt nicht beachtet zu werden (LG Berlin ZMR 82, 377; AG Alfeld WM 81, U 2). Der Sachverständige muß für Mietpreisschätzung oder Grundstücks- und Gebäudeschätzung bestellt sein (BGH (RE) ZMR 82, 340 = WM 82, 177 = DWW 82, 212 = MDR 82, 748 = BGHZ 83, 366 = NJW 82, 1701 = MRS 2 Nr. 45; überholt: OLG Oldenburg ZMR 81, 184 = WM 81, 55 = MRS 1 Nr. 38; a. A. LG Bonn WM 82, 111 (L); LG Köln WM 82, 195 (L); LG Bückeburg WM 80, 12 (L)). Es genügt auch ein in dem betreffenden Wohngebiet oder der angrenzenden Gemeinde tätiger Grundstücksmakler, wenn er für Schätzung von Wohnungsmieten als Sachverständiger öffentlich bestellt oder vereidigt ist (OLG Oldenburg (RE) WM 81, 150 = MRS 2 Nr. 43). Es genügt nicht, wenn der Sachverständige für irgendein ähnliches Sachgebiet (z. B. Hochbau) öffentlich bestellt oder vereidigt ist.

95 c) Das **Gutachten** eines solchermaßen qualifizierten Sachverständigen muß „**mit Gründen versehen**" sein. Eine Prüfliste dessen, was ein ausreichend begründetes Gutachten in der Regel enthalten sollte, also eine Orientierungshilfe für den Sachverständigen enthalten die „Hinweise für die Erstellung eines Sachverständigengutachtens zur Begründung des Mieterhöhungsverlangens nach § 2 Abs. 2 MHG" — herausgegeben vom Bundesministerium der Justiz —, abgedruckt im Anhang II (ZMR 80, 161 = WM 80, 189). Diese Hinweise haben jedoch keinen rechtlich bindenden Charakter. Umstritten ist, welche Erfordernisse eine solche Begründung enthalten muß. Nicht genügend ist die nur auf seine Sachkunde verweisende summarische Feststellung des Sachverständigen, eine bestimmte Miethöhe entspreche der ortsüblichen Vergleichsmiete (*Weimar* WM 76, 90). Der Gutachter muß nicht notwendigerweise wie der Vermieter i. d. R. drei vergleichbare Wohnungen angeben (h. M.; vgl. LG München I DWW 76, 187; LG Bamberg WM 76, 167 = MDR 77, 192; LG Lübeck DWW 77, 92 = MDR 77, 586; LG Hof WM 77, 232; LG Hannover WM 78, 144; LG Traunstein WM 79, 81; LG Lüneburg WM 79, 153; *Weimar* WM 76, 90; *Olivet* ZMR 79, 130; differenzierend: *Schmidt-Futterer/Blank* C 98; a. A. LG Hannover WM 77, 100; WM 78, 33; LG Mannheim WM 78, 131 = MDR 78, 406; *Emmerich/Sonnenschein* 74: in der Regel mehrere Vergleichswohnungen). Andernfalls wäre die vom Gesetz dem Vermieter eingeräumte Wahlmöglichkeit für die Begründung

seines Erhöhungsverlangens wenig sinnvoll, und die Gesetzesfassung hätte anders lauten müssen (Begründung mit in der Regel drei vergleichbaren Wohnungen). An ein solches – das Erhöhungsverlangen begründendes – Gutachten sind geringere Anforderungen zu stellen als an ein Sachverständigengutachten, mit welchem im Prozeß die Höhe der Vergleichsmiete zu beweisen ist (LG München I DWW 76, 187). Das heißt nun nicht, daß das Gutachten sich mit einer Beschreibung der streitigen Wohnung begnügen und für die für richtig gehaltene Vergleichsmiete allein auf die Sachkunde des Gutachters oder seine Kenntnis des örtlichen Wohnungsmarktes abheben kann, ohne Tatsachen irgendwelcher Art für die Stützung zu benennen. Nach einer Reihe von – weitgehend übereinstimmenden – Rechtsentscheiden **muß das Gutachen nicht einzelne Vergleichswohnungen konkret und identifizierbar benennen** (vgl. OLG Frankfurt ZMR 82, 22 = WM 81, 273 = DWW 81, 294 = MDR 82, 147 = NJW 81, 2820 = MRS 1 Nr. 40; KG BlGBW 82, 157 = MRS 2 Nr. 48; OLG Karlsruhe ZMR 83, 243 = WM 82, 269 = DWW 82, 305 = NJW 83, 1863; dasselbe WM 83, 133). Nach dem letztgenannten Rechtsentscheid muß das Gutachten wenigstens erkennen lassen, daß dem Sachverständigen Vergleichswohnungen auf dem örtlichen Wohnungsmarkt in ausreichender Zahl und deren Mietpreisgestaltung bekannt sind und daß er die zu beurteilende Wohnung in vergleichender Abwägung in das Mietpreisgefüge der Vergleichswohnungen eingeordnet hat. Das Gutachten muß konkrete tatsächliche Grundlagen anführen, aus denen die Schlußfolgerung eines bestimmten Quadratmeterpreises als (nach Lage, Ausstattung, Beschaffenheit u. a.) ortsüblich abgeleitet wird, um für den Mieter nachvollziehbar zu sein (vgl. LG Freiburg ZMR 76, 152; LG Hamburg WM 79, 33; LG Lüneburg WM 79, 153; LG Darmstadt WM 81, 111; AG Hannover WM 77, 170; AG Lübeck WM 80, 109). Bloße Berufung auf die eigene Sachkunde reicht nicht aus (LG Darmstadt a. a. O.).

Erstrebenswert und in der Regel erforderlich wird daher, wenn ein Mietspiegel nicht vorhanden ist, die Bezugnahme auf Vergleichsobjekte sein (*Schopp* ZMR 77, 259), wobei weder in der Regel drei genannt werden brauchen, noch mit allen für die Benennung durch den Vermieter erforderlichen Einzeldaten. Durch eine folgerichtige vertretbare Begründung des Sachverständigen soll der Mieter in die Lage versetzt werden, das Erhöhungsverlangen kritisch zu überprüfen, Erkundigungen einzuziehen, gegebenenfalls ein Gegengutachten einzuholen und das Risiko eines Mieterhöhungsprozesses besser abschätzen zu können (LG Traunstein a. a. O.). Er muß nur den Anschein der Richtigkeit des Erhöhungsverlangens überprüfen können (LG Lübeck a. a. O.), es muß ihm keine volle Nachprüfung ermöglicht werden (a. A. LG Gießen WM 78, 71), zumal allein schon die Tatsache der Begutachtung durch einen öffentlich bestellten oder vereidigten Sachverständigen einen gewissen Anschein für die Richtigkeit erbringt (vgl. AG Hamburg-Altona ZMR 77, 246: vom Gesetzgeber erwartetes besonderes Verantwortungsbewußtsein eines Sachverständigen). Allein der Hinweis, daß der Begutachtung zahlreiche Mieten ähnlicher Wohnungen der Gemeinde zugrunde liegen, reicht als zu allgemeine Pauschalbehauptung nicht aus (AG Hannover a. a. O.). Der Sachverständige sollte die Informationen des örtlichen Wohnungsmarktes und die gezahlten Mieten der unmittelbaren Nachbarschaft verwerten (vgl. *Limpricht* ZMR 80, 324). Ergänzend sei darauf hingewiesen, daß auch der BGH bei Schiedsgutachten über den anzupassenden Mietzins von Geschäftsräumen es für erforderlich hält, einen Berechnungsmaßstab für die vom Schiedsrichter bestimmte Mieterhöhung anzugeben, andernfalls das Gutachten als offenbar unbillig angesehen werden muß (BGH NJW 75, 1556; vgl. auch BGH NJW 77, 801 = ZMR 77, 234, wonach Vergleichsobjekte mit heranzuziehen sind und die zugrundegelegten Faktoren für die Bestimmung der Leistung nachprüfbar sein müssen). Vgl. auch BGHZ 26, 310 = NJW 58, 586, wo für die schriftliche Erklärung des Geschäftsraumvermieters, wonach die ortsübliche Miete als angemessen erhöhte Miete verlangt wird (§ 18 1. BMietG), die Angabe von Vergleichsobjekten nebst Mitteilung des dafür bezahlten Mietzinses gefordert wird, da dem Mieter die Möglichkeit gegeben werden soll, die Berechtigung des Verlangens nachzuprüfen, was nur bei Mitteilung von Vergleichsobjekten der Fall sei; dies werde dem Vermieter im allgemeinen keine unüberwindlichen Schwierigkeiten machen. Jedenfalls muß der öffentlich bestellte Mietpreissachverständige sein Gutachten über die Höhe der Vergleichsmiete einer bestimmten Wohnung damit begründen, daß er sämtliche (positiven und negativen) für die Bewertung des Wohnwertes maßgeblichen Gegebenheiten genau beschreibt (vgl. LG München I DWW 76, 187; AG Bremen WM 78, 215) und danach auf Grund all dieser Fakten unter Berücksichtigung der gesetzlichen Bewertungsmerkmale und der Verhältnisse auf dem örtlichen Wohnungsmarkt zu dem Schluß gelangt, daß ein bestimmter Quadratmeterpreis für vergleichbare Wohnungen ortsüblich sei. Sind im Gutachten Vergleichswohnungen benannt, so müssen sie in Bezug zur streitigen Wohnung gesetzt werden, andernfalls das Gutachten nicht ausreichend begründet ist (AG Dortmund WM 77, 58). Auch müssen sie hinsichtlich Größe, Raumzahl und Zuschnitt der streitigen Wohnung ähnlich sein (AG Lübeck WM 80, 114 (L)).

95a In aller Regel muß der Sachverständige die betreffende Wohnung **besichtigen** (LG Hannover WM 81, 31). Bei einer Wohnanlage genügt jedoch regelmäßig die Besichtigung einer Wohnung gleichen Typs, wenn er die Ausstattung des besichtigten Wohnungstyps beschreibt (OLG Oldenburg (RE) WM 81, 150). Nach OLG Celle (RE) ZMR 82, 341 = WM 82, 180 = MRS 2 Nr. 50 genügt jedoch innerhalb derselben Wohnanlage nur die Besichtigung „einer genügenden Zahl anderer Wohnungen mit nahezu gleichen Merkmalen" (a. A. *Sternel* ZMR 83, 77: Besichtigung in jedem Falle). Der **Mieter muß** die **Besichtigung** durch den Sachverständigen zur Erstellung eines Mietwertgutachtens **dulden** (AG Rosenheim WM 82, 83 (L); *Huber* DWW 80, 192), wobei der Vermieter den Termin mit dem Mieter vereinbaren und dabei z. B. auf dessen Urlaubsverhinderung Rücksicht nehmen muß (LG Göttingen WM 82, 279 (L)).

96 Die Schwierigkeit besteht für den Sachverständigen, welcher konkrete Vergleichsobjekte mit Angabe der Wohnungsanschrift bzw. der Namen der zutreffenden Vermieter und Mieter benennt, darin, daß er diese **zum persönlichen Lebensbereich** der betreffenden Mietvertragsparteien **gehörenden** mietvertraglichen **Daten** nicht ohne Einwilligung der Betroffenen offenbaren darf (vgl. auch

LG Hannover MDR 80, 758). Denn nach § 203 Abs. 2 Nr. 5 StGB wird bestraft, wer unbefugt ein fremdes Geheimnis, namentlich ein zum persönlichen Lebensbereich gehörendes Geheimnis offenbart, das ihm als öffentlich bestelltem Sachverständigen, der auf die gewissenhafte Erfüllung seiner Obliegenheiten auf Grund eines Gesetzes – § 1 Abs. 3 des Gesetzes über die förmliche Verpflichtung nicht beamteter Personen vom 2. 3. 1974 – förmlich verpflichtet worden ist, anvertraut worden oder sonst bekannt geworden ist. § 2 MHG gewährt kein Eingriffsrecht (Rechtfertigungsgrund) zur Duldung der Verwertung mietrechtlicher Daten (*Graf von Keyserlingk* ZMR 79, 258). Demnach kann ein Sachverständiger ihm aus früheren Bewertungen bekannt gewordene Daten zu Vergleichsobjekten nur verwerten, wenn er die Einwilligung der beteiligten Vermieter und Mieter einholt, was umständlich und wohl in den meisten Fällen nicht erfolgreich sein wird. Eine neutrale – anonymisierte – Benennung der Vergleichswohnungen (ohne Nennung von Namen und Anschrift), wie von *Köhler* NJW 79, 1535, *Derleder/Schlemmermeyer* WM 78, 226 und *Graf von Keyserlingk* a. a. O. vorgeschlagen, wäre sinnlos, da die vom Sachverständigen genannten Tatsachen dann weder für den Mieter noch bei Gericht überprüfbar wären. Ein Gutachten, das sich auf solche nur dem Sachverständigen bekannte Fakten stützt, ist mangels Nachvollziehbarkeit nicht verwendbar (*Schopp* ZMR 77, 257). Wenn aber dem Vermieter weder ein Mietspiegel noch Vergleichsobjekte zur Verfügung stehen, könnte er gehindert sein, eine materiell gerechtfertigte Mieterhöhung durchzusetzen, wenn nicht auch für eine wirksame Mieterhöhungserklärung Sachverständigengutachten ohne Benennung konkreter Vergleichswohnungen zugelassen werden (vgl. *Graf von Keyserlingk* a. a. O.). Jedoch muß ein Sachverständigengutachten mindestens so begründet werden, daß es nachvollziehbar ist, d. h. verständlich und in sich schlüssig. Es muß sich auch konkret mit den beschriebenen Bewertungsfaktoren der zu beurteilenden Wohnung auseinandersetzen. Zu beachten ist für den Sachverständigen, daß er die Vergleichsmiete nicht nach billigem Ermessen festsetzen kann, daß es sich vielmehr bei der ortsüblichen Miete, wenn diese auch keine eindeutig bestimmte und feststellbare Größe und in aller Regel sehr schwer zu ermitteln ist, um eine Tatsachenfeststellung, ein Faktum handelt (BGH MDR 65, 36 für die Ermittlung der ortsüblichen Miete durch einen Schiedsgutachter). Der Sachverständige muß bezüglich der in Frage stehenden Mietentgelte der betreffenden Gemeinde über einen Erfahrungsschatz aus einer Vielzahl von Fällen verfügen, andernfalls er im Rahmen des § 2 auszuscheiden hat (*Köhler* NJW 79, 1535), soweit er nicht seine Bewertung nur auf Grund eines anerkannten Mietspiegels vornimmt. Für ihn müssen Erfahrungssätze bestehen, die als Tatsachen gelten können (*Wangemann* WM 76, 22).

Um „mit Gründen versehen" zu sein, **muß das Gutachten erkennen lassen, auf welchen Fakten und Denkvorgängen es** im wesentlichen **beruht** (LG Hof WM 77, 232). Dadurch wird es dem Mieter als Empfänger des Gutachtens ermöglicht, die Richtigkeit des vom Sachverständigen zugrundegelegten Begriffs der ortsüblichen Vergleichsmiete und dessen Übereinstimmung mit der anerkannten Lehre in Rechtsprechung und Schrifttum zu überprüfen und die etwa zu seinen

Ungunsten berücksichtigten Tatsachen nachzuprüfen (vgl. LG Aachen MDR 73, 411: Gutachten muß verständlich und jedenfalls im groben nachprüfbar sein). Ein „mit Gründen versehenes Gutachten" ist jedoch dann zu verneinen, wenn der zugrundegelegte Begriff der ortsüblichen Vergleichsmiete falsch ist, z. B. bei Berücksichtigung von Grundsätzen der Kostenmiete, von Statistiken außerhalb des Bereichs der Wohnungsmieten, Steigerung des Mietindexes (AG Lübeck WM 77, 59), bei Ableitung des Mietzinses aus dem Grundstücks- oder Gebäudewert (*Schopp* ZMR 75, 102; AG Schlüchtern WM 76, 266) oder aus dem Ertragswert (AG Goslar WM 80, 207 (L)) bzw. der Rentabilität des Hauses (LG Stuttgart WM 74, 83; das Gutachten muß vielmehr erkennen lassen, daß in ihm die ortsübliche Vergleichsmiete zugrundegelegt ist (LG Frankenthal ZMR 77, 29 = WM 77, 75; LG Lübeck MDR 77, 580; LG Hof WM 77, 232; LG München I DWW 76, 187). Jedoch kann es keine Rolle spielen, wie ausführlich das Gutachten begründet ist. Als nicht genügend begründet ist jedoch ein solches Gutachten anzusehen, das nur summarisch ohne weitere Einzelausführung dazu die Ansicht vertritt, eine bestimmte Miethöhe entspreche der ortsüblichen Vergleichsmiete.

Das Gutachten muß − ähnlich wie ein Mietspiegel − noch aktuell sein; ist es zu alt, reicht es nicht aus (AG Köln WM 76, 103: bei 3 Jahren). Es muß sich auf eine Wertermittlung zum Zeitpunkt des Zugangs des Erhöhungsverlangens beziehen (*Olivet* ZMR 79, 130). Die vom Sachverständigen zu verwertenden Vergleichsobjekte sind hinsichtlich ihrer Mietzinsbildung aus den letzten 3 Jahren vor seiner Ermittlung auszuwählen; in Zeiten durchgehender Inflation ist die Vorverlegung dieses Zeitraums unschädlich (*Derleder* WM 83, 223).

98  Da das Gutachten nur Parteigutachten des Vermieters ist, kann es vom Gericht in einem anschließenden Rechtsstreit nicht als Sachverständigengutachten behandelt werden. Das Gericht hat sich in freier Beweiswürdigung − gegebenenfalls unter Beauftragung eines anderen Sachverständigen − von der Höhe der ortsüblichen Vergleichsmiete zu überzeugen. Ein gerichtliches Sachverständigengutachten braucht Anschrift und Hausnummern der Vergleichswohnungen nicht offenzulegen mit Rücksicht auf die Geheimhaltung personenbezogener Tatsachen (LG Hannover MDR 80, 758).

99  d) Ein Erhöhungsverlangen des Vermieters, das sich auf ein Sachverständigengutachten stützt, welches den oben zu a bis c genannten Voraussetzungen in irgendeiner Hinsicht nicht entspricht, ist nichtig, insbesondere also bei einem inhaltlich untauglichen Gutachten. Ein durch ein solches untaugliches Gutachten unwirksames Erhöhungsverlangen kann nicht durch ein im Prozeß einzuholendes gerichtliches Sachverständigengutachten geheilt werden (LG Darmstadt WM 81, 111).

100  e) Die **Kosten des** vom Vermieter seinem Erhöhungsverlangen beigefügten **Sachverständigengutachtens** sind **nicht** (auch nicht bei Verwertung im Prozeß) als Prozeßkosten **erstattungsfähig.** Es sind keine mit dem Rechtsstreit in Zusammenhang stehenden Vorbereitungskosten, da die kostenverursachende Maßnahme den Anspruch erst begründet. Zudem hat der Vermieter die Möglichkeit,

mit geringerem Kostenaufwand (Vergleichswohnungen oder Mietspiegel) seinen Erhöhungsanspruch zu begründen (LG Bückeburg ZMR 79, 19 = WM 79, 130; LG Mainz WM 79, 250; LG Hannover WM 79, 130; LG Berlin MDR 80, 497; JurBüro 80, 1078 m. Anm. *Mümmler;* LG Hamburg DWW 79, 287; zu Unrecht wird die Erstattungsfähigkeit nur für den Fall bejaht, daß das Gutachten den Ausgang des Rechtsstreits entscheidend beeinflußt hat, von: LG Wiesbaden WM 80, 13; LG Baden-Baden ZMR 80, 152; LG Hagen ZMR 78, 91 = WM 78, 97; LG Heidelberg WM 80, 32; vgl. *von Keyserlingk* ZMR 79, 259; *Wiek* WM 81, 169 auch für andere Begründungsmittel; a. A. LG München I ZMR 79, 83 = MDR 79, 403 = DWW 78, 263; LG Dortmund DWW 78, 263; LG Bremen WM 76, 230).

### 4. Begründung mit Vergleichswohnungen (Abs. 2 S. 4)

a) Schon früher war gesetzlich vorgesehen, daß der Vermieter für die Begründung seines Erhöhungsverlangens auf vergleichbare Wohnungen (sog. Vergleichsobjekte) Bezug nehmen kann. Die Gesetzesfassung über die **Anzahl** der zu benennenden Vergleichswohnungen wurde mehrmals geändert. Aus der (unklaren) Fassung des früheren § 3 Abs. 2 des 1. WKSchG hatte die Rechtsprechung übertriebene Anforderungen bezüglich der Begründung des Erhöhungsverlangens abgeleitet, indem sie die Angaben einer mehr oder weniger großen Zahl von Vergleichsobjekten (vereinzelt bis zu 20!) mit genauer Beschreibung der Bewertungsmerkmale als – meist einzige – Wirksamkeitsvoraussetzung des Erhöhungsverlangens forderte (vgl. Rn 60). Das BVerfG hat dieser Auslegungspraxis in seinem Beschluß vom 23. 4. 1974 die Anerkennung versagt. Die ab 1. 1. 1975 gültige Fassung des § 2 MHG sah vor, daß „in der Regel die Benennung von 3 Wohnungen anderer Vermieter genügt", während der Regierungsentwurf dazu noch „in der Regel 3, höchstens 6" Vergleichsobjekte erwähnte. Nach der ab 1. 1. 1983 geltenden Neufassung von Abs. 2 S. 4 „genügt die Benennung von 3 Wohnungen".

101

b) Die **Zahl der anzugebenden Vergleichsobjekte** wurde nunmehr einheitlich (ohne Ausnahmefall) dahin präzisiert, daß **drei** genügen. Eindeutig ist aus dem Wegfall der Worte „in der Regel" zu schließen, daß künftig niemals mehr als 3 Vergleichswohnungen benannt werden müssen.

102

Weniger eindeutig ist, ob es in jedem Falle auch (mindestens) 3 Vergleichswohnungen sein müssen oder ob in Ausnahmefällen auch zwei oder eine Vergleichswohnung genügen. Letzteres wurde bisher für zulässig gehalten (vgl. OLG Karlsruhe (RE) WM 82, 16 = DWW 81, 323 = NJW 82, 242: wenn die Benennung von drei Vergleichswohnungen dem Vermieter wegen der Besonderheiten des konkreten Wohnungsmarktes nicht zuzumuten ist; vgl. auch Vorauflage, § 2 MHG Rn 92 über die Voraussetzungen eines „Ausnahmefalles"). Zwar bedeutet der Begriff „genügen" rein sprachlich, daß es nicht mehr sein müssen. Aus dem anzuwendenden Umkehrschluß ist jedoch abzuleiten, daß auch nicht weniger als 3 Vergleichsobjekte genügen, auch nicht in Ausnahmefällen (*Sternel* ZMR 83, 78; *Blümmel* GrundE 83, 146; *Emmerich/Sonnenschein,* Miete 40;

a. A. *Landfermann*, Erl. u. Mat. z. MWoAEG, S. 44: notfalls eins oder zwei; *Köhler*, Neues Mietrecht, S. 67: im Ausnahmefall zwei). Daß es in jedem Falle nicht mehr und nicht weniger als 3 Vergleichsobjekte sein müssen, stellt keine unbillige Erschwerung für den Vermieter dar, da es auf jedem Wohnungsmarkt der betreffenden Gemeinde (ersatzweise in vergleichbaren Nachbargemeinden) möglich sein wird, 3 (einigermaßen) vergleichbare Wohnobjekte zu finden.

103 c) Die **Art der Vergleichswohnungen** ist nach der seit 1. 1. 1983 geltenden Neufassung des Gesetzes zum Zwecke der Erleichterung für den Vermieter völlig offengelassen worden, indem das vorherige Erfordernis, daß es sich um Vergleichsobjekte „anderer Vermieter" handelt, fallengelassen wurde. Nach der Absicht des Gesetzgebers soll das Mieterhöhungsverlangen dahin erleichtert werden, daß künftig auch die Berufung auf Mieten aus dem eigenen Bestand des Vermieters zugelassen wird (Begründung des Regierungsentwurfs zum MWoAEG, S. 9). Insbesondere Großvermieter (z. B. Lebensversicherungsgesellschaften) können sich daher sowohl auf **fremde als auch** auf **eigene** Vergleichswohnungen beziehen. Daraus, daß sich der Vermieter nunmehr auf eigene Vergleichsobjekte berufen kann, ist zu schließen, daß er auch Vergleichswohnungen **des eigenen Hauses,** in welchem sich die streitige Mietwohnung befindet, benennen kann (*Köhler*, Neues Mietrecht, S. 67; a. A. *Derleder* WM 83, 223: nur wenn Benennung fremder Vergleichswohnungen unzumutbar ist und zahlenmäßig nur eine eigene; zum früheren Recht AG Wolfsburg WM 81, 110). Den Nachteil der Neuregelung, daß die auf diese Weise vom Vermieter ausgewählten Vergleichswohnungen einen hohen Mietzins haben und daher manipuliert sein können, wodurch ihr Informationswert schwach ist und dem Zweck der Begründungspflicht des Vermieters nicht voll entsprochen wird (vgl. *Sternel* ZMR 83, 78), hat der Gesetzgeber für das außergerichtliche Verfahren in Kauf genommen. Dieser Nachteil wird dadurch ausgeglichen, daß die vom Vermieter im Erhöhungsverlangen bezeichneten Vergleichsobjekte **keinen Einfluß auf** die **Höhe der** (objektiv) zu ermittelnden **ortsüblichen Vergleichsmiete** (z. B. in einem Mieterhöhungsprozeß) haben, welche auch nicht auf Grund dieser Vergleichsobjekte gewonnen wird. Durch die Benennung der Vergleichsobjekte wird vielmehr lediglich dem Begründungszwang des Vermieters genügt.

104 Da der Gesetzgeber nunmehr keinerlei inhaltliche Anforderungen mehr an die Art der Vergleichsobjekte stellt, muß die bisher herrschende Ansicht als **überholt** angesehen werden, wonach die Vergleichsobjekte **3 verschiedenen Vermietern** gehören müssen (vgl. bisher die REe OLG Karlsruhe WM 82, 16 = DWW 81, 323 = NJW 82, 242 = MRS 1 Nr. 45 und OLG Koblenz ZMR 82, 243 = WM 82, 127 = DWW 82, 151 = MRS 2 Nr. 59; LG Kiel WM 81, 213; AG Pinneberg WM 81, 110). Es muß daher **zulässig** sein, daß die 3 Vergleichswohnungen **demselben Eigentümer gehören,** selbst wenn alle 3 Wohnungen dem Vermieter gehören oder alle 3 **im gleichen Hause** liegen (a. A. AG Wolfsburg WM 81, 110; AG Offenbach NJW 82, 244; AG Bad Homburg WM 83, 293; LG Koblenz WM 81, 237: wegen wirtschaftlicher Verflechtung), selbst in dem des Vermieters (*Köhler*, Neues Mietrecht, S. 67; zum bisherigen Recht LG Kiel WM

81, 213; a. A. *Sternel* ZMR 83, 78, wonach die gesetzgeberische Absicht im Gesetzestext nicht hinreichend deutlich zum Ausdruck gekommen sei). Da der Gesetzgeber dem Vermieter die Benennung von Vergleichsobjekten hinsichtlich der Art dieser Objekte erleichtern wollte und, abgesehen von der Anzahl, jegliche inhaltlichen Anforderungen an die Art der Vergleichsobjekte fallengelassen hat, sind die beiden genannten REe, welche nicht unwesentlich auf der früheren (anderen) Gesetzesfassung beruhten, als gegenstandslos anzusehen. Es kann auch nicht verlangt werden, daß der Vermieter im Erhöhungsverlangen angibt, ob es sich bei den Vergleichswohnungen um solche aus seinem eigenen Bestand handle oder warum ihm die Benennung von Wohnungen anderer Vermieter nicht möglich sei (a. A. *Sternel* ZMR 83, 78).

105 d) Welche **Mindestangaben des Vermieters über die Vergleichsobjekte erforderlich** sind, damit das Verlangen wirksam ist, sagt das Gesetz nicht. Eine nur pauschale Stützung seines Verlangens darauf, daß „für vergleichbare Wohnungen" die verlangte Miete bezahlt werde (ohne Einzelangaben zu den einzelnen Vergleichsobjekten) genügt sicher nicht, da der Vermieter auf „einzelne" vergleichbare Wohnungen hinweisen muß.

106 Die **Angaben** zu den Vergleichsobjekten **müssen konkret sein,** sich also auf Bewertungsmerkmale der bestimmten Vergleichsobjekte selbst beziehen. Die umfangreiche Rechtsprechung zum früheren Recht, wonach sich diese Angaben auf sämtliche gesetzlichen und eventuell sonst maßgeblichen Bewertungsmerkmale erstrecken mußten, ist nach der Entscheidung des BVerfG vom 23. 4. 1974 und der Neufassung nicht mehr anwendbar. Der Vermieter muß keine „schlüssige" Begründung der von ihm geforderten Miete, abgeleitet aus den Vergleichsobjekten, geben, da das Gesetz nur vom „Hinweis" auf Vergleichsobjekte spricht und die Anforderungen für den Vermieter damit erleichtern wollte. Der Vermieter muß also nicht alle Gründe angeben, aus denen der Mieter ohne eigene Nachprüfung sich ein zutreffendes Bild vom Wohnwert und der Vergleichbarkeit der Vergleichsobjekte machen kann, zumal der Mieter im eigenen Interesse Nachforschungen bezüglich der angegebenen Vergleichsobjekte anstellen wird (vgl. LG Düsseldorf MDR 74, 319). Es genügt also, wenn Tatsachen angegeben werden, die es dem Mieter „naheliegend" erscheinen lassen, daß der geforderte Mietzins demjenigen für vergleichbare Wohnungen entspricht, und die es ihm erlauben, sich ein „ungefähres Bild" von den ortsüblichen Entgelten zu machen (vgl. LG Mannheim NJW 74, 1253 = ZMR 74, 279 = WM 74, 181 = DWW 74, 139; LG Hamburg WM 78, 193). Es genügt daher nicht, nur die Wohnfläche der streitigen Mietwohnung, den geforderten Quadratmeterpreis und die zu errechnende Endsumme mit dem Hinweis auf die gesetzliche Bestimmung anzugeben und die Benennung von konkreten Beweismitteln durch den Zusatz zu ersetzen, daß Beweis durch Einholung eines Sachverständigengutachtens angeboten werde (a. A. AG Wiesbaden DWW 75, 17 z. fr. R.). **Als Mindestvoraussetzungen** für die Wirksamkeit eines Erhöhungsverlangens müssen vom Vermieter über die Vergleichsobjekte folgende Angaben gemacht werden:

107 aa) die **genaue Bezeichnung der Vergleichswohnungen** (Anschrift mit Straße und Hausnummer, Geschoß, u. U. in Frage kommende Hausseite, eventuell auch Nennung des Namens des dortigen Mieters), so daß die Vergleichswohnungen **identifizierbar** — eine Verwechslung mit anderen Wohnungen muß ausscheiden (LG München I DWW 77, 185) — sind und daher vom Mieter ohne zusätzliche Nachforschungen auf die Richtigkeit der Angaben überprüft werden können (BGH (RE) ZMR 83, 69 = WM 82, 324 = DWW 82, 301 = NJW 82, 2867 = MRS 2 Nr. 58, wonach Namen der Vermieter und Mieter von Vergleichsobjekten nicht angegeben werden müssen, wenn die Vergleichsobjekte so genau bezeichnet sind, daß sie vom Mieter identifiziert werden können. Damit sind eine Reihe von Rechtsentscheiden zu diesem Thema überholt (BayObLG ZMR 82, 20 = WM 81, 255 = NJW 81, 2818 = MRS 1 Nr. 44; OLG Schleswig ZMR 81, 374 = WM 81, 181 = MDR 81, 926 = NJW 81, 2261 = MRS 1 Nr. 43; OLG Oldenburg ZMR 83, 180 = NJW 82, 1291 (L) = MRS 2 Nr. 56; BayObLG NJW 82, 1292 = MRS 2 Nr. 55; Vorlagebeschluß OLG Hamburg NJW 82, 1416 (L) = ZMR 82, 155 = DWW 82, 56 = MRS 2 Nr. 53). Ähnlich auch LG Koblenz WM 81, 237; LG Lübeck WM 82, 307 (L); AG Kiel WM 81, U 10. Darüber hinaus fordern manche Gerichte weitere Angaben über Alter, Ausstattung, Beschaffenheit u. a. der Vergleichswohnungen (LG Mannheim WM 76, 81 z. fr. R.; LG Hagen WM 76, 265; LG Bamberg WM 76, 167; LG Hamburg MDR 75, 844; LG Freiburg WM 79, 15; AG Gelsenkirchen WM 77, 12). Dies ist abzulehnen, da es die Anforderungen für den Vermieter in unzumutbarer Weise überspannen würde (vgl. auch BVerfG, zitiert in Einf. Rn 9 und 18 a).

108 bb) die **Daten der Mietzinsbildung des Vergleichsobjektes**, also die Quadratmeterzahl der Wohnfläche nebst der gezahlten monatlichen Grundmiete oder statt dessen der gezahlte Quadratmetersatz (Monatsmiete pro m$^2$); (LG Kassel DWW 72, 228; LG Dortmund ZMR 74, 338; LG Mannheim NJW 74, 1253 = ZMR 74, 279 = WM 74, 181 = DWW 74, 139; LG Berlin MDR 81, 848). Die Angabe der Größe der Vergleichswohnungen ist nur dann Zulässigkeitsvoraussetzung, wenn sich allein aus der Größenangabe in Verbindung mit dem Gesamtpreis der Quadratmeterpreis für die angegebenen Vergleichswohnungen errechnen läßt (BayObLG (RE) ZMR 82, 372 = WM 82, 154 = MRS 2 Nr. 52). Nicht verwendbar sind solche Vergleichswohnungen, die zur Zeit der Stellung des Erhöhungsverlangens nicht vermietet sind (LG Kiel WM 77, 36 z. fr. R.), da insoweit Daten der Mietzinsbildung fehlen. Liegt der Mietzins der Vergleichswohnungen deutlich unter demjenigen der Bezugswohnung, so fehlt es nicht an der Wirksamkeit des Erhöhungsverlangens (a. A. LG Hamburg WM 78, 242), sondern an der Schlüssigkeit bezüglich des überschießenden Betrages.

109 Diese **Mindestangaben müssen** vom Vermieter, wenn er sich auf Vergleichsobjekte stützt, **verlangt werden** (*Fehl* NJW 74, 1939; *Freund/Barthelmess* ZMR 75, 37; *Schmidt-Futterer* MDR 75, 2; a. A. *Lutz* DWW 74, 276, welcher den

allgemeinen Hinweis genügen lassen will, daß die vereinbarte Miete nicht der ortsüblichen entspricht, evtl. mit Angabe des ortsüblichen Quadratmeterpreises). **Weitere Angaben** des Vermieters zu den angeführten Vergleichsobjekten über Ausstattung und Beschaffenheit (z. B. über Raumzahl, Zahl der Nebenräume, Baujahr, Heizungsart, sanitäre Ausstattung, Vertragsgestaltung und Schnitt der Vergleichswohnung, vgl. LG Mannheim a. a. O.) sind für die Rechtswirksamkeit des Erhöhungsverlangens **nicht erforderlich** (vgl. OLG Hamburg MDR 74, 585 = DWW 74, 211; *Graf* NJW 76, 1482: kein „Abhaken" von Merkmalen sei erforderlich; a. A. AG Köln WM 75, 39 z. fr. R.: die wesentlichen, den Mietpreis entscheidend bestimmenden Merkmale), wenngleich sie zweckmäßig erscheinen, um den Mieter von der Richtigkeit des Begehrens besser überzeugen zu können. Kommt es zum Rechtsstreit, so hat der Richter die Möglichkeit, vom Vermieter weitere Angaben zu den Vergleichsobjekten zu verlangen (z. B. durch Auflagenbeschluß).

Diese **Mindestangaben** des Vermieters **müssen**, zumindest in wesentlichen Punkten, **der Wahrheit entsprechen.** Ein Erhöhungsverlangen mit erfundenen oder völlig falsch beschriebenen Vergleichsobjektangaben entspricht nicht dem Begründungszwang und ist daher unwirksam (vgl. *Schmidt-Futterer* MDR 75, 4 zu 2; a. A. BVerfG (vgl. Rn 112): Richtigkeit der Angaben spiele für die Zulässigkeit der Klage keine Rolle, nur für die Begründetheit, da nur „Hinweise", keine „Nachweise" erforderlich sind; ähnlich *Fehl* NJW 74, 1940). 110

e) Die **Vergleichswohnungen müssen aus dem örtlichen Wohnungsmarkt stammen** (vgl. oben Rn 26). Die Benennung von Mietobjekten aus vergleichbaren Nachbargemeinden ist nur dann zulässig, wenn in der betreffenden Gemeinde keine verwertbaren Vergleichsobjekte vorhanden sind (LG Stuttgart NJW 74, 1252; LG München II WM 82, 131). Bei größeren Gemeinden müssen die Vergleichsobjekte, um vergleichbar zu sein, nicht aus der gleichen Ortslage stammen (a. A. LG Stuttgart a. a. O.). 111

Die Vergleichswohnungen müssen hinsichtlich der Mietzinsabreden bzw. Mieterhöhungen nicht aus den letzten 3 Jahren stammen, die letzte Mietzinsbildung kann auch länger zurückliegen, da sie dann regelmäßig niedriger liegt (*Derleder* WM 83, 223); dabei kann jedoch ein Zeitzuschlag nicht vom Vermieter erhoben werden (vgl. Rn. 84 für die vergleichbare Bezugnahme auf einen alten Mietspiegel).

**Nicht erforderlich** ist für die formelle Wirksamkeit eines auf Vergleichswohnungen gestützten Erhöhungsverlangens, daß die Vergleichswohnungen auch **besichtigt** werden können (a. A. LG Hannover WM 80, 79 mit dem unrichtigen Argument, der Vermieter habe es in der Hand, besichtigungsfähige Vergleichswohnungen zu benennen und sich zuvor bei den Mietern derselben über die Gestattung der Besichtigung zu erkundigen oder durch Benennung von mehr als 3 Vergleichswohnungen das Risiko, daß nicht wenigstens 3 Wohnungen besichtigt werden können, zu verringern; AG Darmstadt WM 83, 23 (Ls)). Da die Möglichkeit der Besichtigung nicht vom Vermieter abhängt, muß die generelle Besichtigungsmöglichkeit (d. h. Identifizierbarkeit der Wohnung) genügen, selbst wenn Mieter oder Vermieter der Vergleichswohnung keine Auskunft über sie geben. Eine Zusage des Mieters über die Gestattung der Besichtigung ist bedeutungslos, wenn der Mieter später seine Haltung ändert.

112 Die **Vergleichswohnungen müssen** vergleichbar sein, d. h. zumindest **in wesentlichen Punkten mit der Wohnung des Mieters übereinstimmen** (vgl. oben Rn 37), was nur im Einzelfall beurteilt werden kann. Dabei genügt eine überwiegende Übereinstimmung, eine annähernde ist nicht erforderlich (OLG Hamburg MDR 74, 585 = DWW 74, 211). Vergleichswohnungen scheiden als ungeeignet nur dann aus, wenn die wesentlichen Kriterien offensichtlich nicht vergleichbar sind (vgl. LG Hamburg WM 78, 193 m. w. N.; AG München DWW 75, 246; AG Schwetzingen ZMR 76, 339 = WM 76, 126). Zu weitgehend ist die Ansicht des AG Kiel WM 81, U 10, wonach das Vergleichsobjekt um nicht mehr als 20 % von der geforderten Miete abweichen darf, um vergleichbar zu sein. Auch kann das Erhöhungsverlangen, das auf 3 Vergleichswohnungen gestützt ist, nicht schon deshalb unwirksam sein, weil die Miete eines Vergleichsobjekts unter der verlangten Miete liegt (a. A. LG Hamburg WM 81, U 20; AG Darmstadt WM 83, 232 (Ls)). Bedenklich auch LG Hannover NdsRpfl 80, 132, wonach es zulässig ist, wenn lediglich der Mittelwert der für die Vergleichswohnungen gezahlten Entgelte mit dem mit der Klage geltend gemachten Mietzins übereinstimmt. Das Erhöhungsverlangen muß ungefähr betragsmäßig dem Durchschnitt der Entgelte der Vergleichswohnungen entsprechen (a. A. *Derleder* WM 83, 223: es dürfe nicht über die Vergleichsentgelte hinausgehen). Für die Vergleichbarkeit kommt es dabei auf den Zustand zur Zeit des Erhöhungsverlangens an, so daß nachträgliche Veränderungen (baulicher Zustand, Mietzins) unberücksichtigt bleiben (AG Oberhausen WM 76, 57 z. fr. R.). In der Benennung der Vergleichswohnung liegt incidenter auch die Behauptung, daß sie mit der Wohnung des Mieters vergleichbar sei (BVerfG v. 10. 10. 78 NJW 79, 31), so daß dies nicht ausdrücklich angegeben werden muß. Kleinere Unterschiede sind durch entsprechende Zu- oder Abschläge gegenüber der Bezugswohnung zu berücksichtigen (vgl. *Lutz* DWW 74, 276). Wohnungen, die sich von der zu bewertenden Wohnung wesentlich unterscheiden (z. B. Bungalow gegenüber Hochhaus), können als zulässige Vergleichsobjekte nicht herangezogen werden (LG Hamburg ZMR 76, 150 = WM 76, 208 bei Abweichung der Wohnfläche um ca. 50 %). Nach BayObLG (RE) ZMR 82, 372 = WM 82, 154 = MRS 2 Nr. 52 sind Abweichungen der Vergleichswohnungen gegenüber der Wohnung des Mieters hinsichtlich der Größe (**Flächenabweichungen**) – unabhängig vom Umfang der Abweichung – **unerheblich**, so daß sie das Erhöhungsverlangen nicht unwirksam machen. Der RE verweist auf die Entscheidung des BVerfG vom 12. 3. 1980 (BVerfGE 53, 352 = ZMR 80, 202 = WM 80, 123 = DWW 80, 123 = MDR 80, 732 = NJW 80, 1617), wonach die Vergleichbarkeit der Vergleichsobjekte nicht wegen ungleicher Größe entfalle, da die Größe der Vergleichswohnungen – gegenüber dem viel wesentlicheren Quadratmeterpreis – von untergeordneter Bedeutung sei (ebenso *Schultz* ZMR 83, 292; a. A. LG Hamburg WM 80, 64 (L); AG Hamburg WM 80, 135: Abweichung um 28 qm von streitiger Wohnung; kritisch *Niederberger* WM 80,

193). Beide Entscheidungen erscheinen zumindest dann bedenklich, wenn es sich um den Vergleich zwischen Kleinwohnungen (bis zu ca. 40 qm Wohnfläche) und großen Wohnungen handelt (vgl. auch *Schmidt-Futterer/Blank* C 68). Die Vergleichbarkeit entfällt nicht dadurch, daß bei der Vergleichswohnung die Miete erst vor kurzem nach § 3 oder § 5 MHG erhöht wurde (a. A. *Derleder* WM 83, 222), oder daß als Vergleichsobjekte nur Staffelmieten herangezogen werden (a. A. *Derleder* WM 83, 226 zu Fußnote 26). Keine Vergleichbarkeit besteht jedoch zwischen Wohnungen mit Einzelöfen und solchen mit Sammel- oder Etagenheizung (BVerfG vom 20. 1. 1981 WM 81, 53) und zwischen Neubau- und Altbauwohnungen (AG Hamburg WM 80, 18 (L)).

Das Erhöhungsverlangen, welches auf nicht vergleichbare Wohnungen als Begründung gestützt wird, ist so anzusehen, als wäre das betreffende Vergleichsobjekt überhaupt nicht benannt worden (a. A. LG Lüneburg WM 80, 41 (L): formell wirksam, jedoch nicht materiell).

## 5. Begründung auf sonstige Weise

a) Die drei genannten Arten, das Erhöhungsverlangen zu begründen (mit Mietspiegel, Sachverständigengutachten und Vergleichsobjekten), stellen keine vollständige Aufzählung der Begründungsmöglichkeiten für den Vermieter dar. Wie sich aus dem Gesetz ergibt („insbesondere", vgl. Abs. 2 S. 2), wollte der Gesetzgeber die drei genannten Begründungsarten nur beispielhaft aufzählen, so daß weitere geeignete „Beweismittel" zugelassen sind (vgl. die Begründung des Regierungsentwurfs). Grundsätzlich ist also jedes „Beweismittel" zugelassen, wobei im Prozeß die freie richterliche Beweiswürdigung maßgebend ist. Voraussetzung muß jedoch stets sein, daß das „sonstige Beweismittel" für den Mieter nachprüfbar ist (vgl. Begründung des Regierungsentwurfs).

b) Hat das Gesetz bei der Zulassung der drei genannten Darlegungsmöglichkeiten besondere Voraussetzungen aufgestellt (vgl. Abs. 2 S. 2 u. 3), so können diese nicht dadurch umgangen werden, daß sich der Vermieter auf ein „sonstiges Beweismittel" beruft. Zum Beispiel genügen als „Sachverständigengutachten" nicht die Auskünfte von Immobilienmaklern und Wohnungsämtern (vgl. AG Bensberg WM 73, 24), Rentabilitätsberechnungen (vgl. AG Holzminden WM 73, 171; LG Stuttgart WM 74, 83), gutachtliche Stellungnahmen der Hausbesitzer- oder Mietervereinigungen (a. A. AG Heidelberg DWW 73, 158 z. fr. R.), bloße Auskünfte des Bürgermeisteramts, daß ein bestimmter Mietzins in einer ländlichen Gemeinde für vergleichbare Mietobjekte gezahlt werde (vgl. AG Fürth/Odenw. WM 73, 102) oder mündliche Auskünfte der Verwaltung über Miethöhen von Sozialwohnungen (vgl. AG Backnang WM 73, 48). Statt des Hinweises auf 3 Vergleichsobjekte genügt nicht die Angabe von Durchschnittsmieten (vgl. AG Lampertsheim WM 73, 103). Ebensowenig genügt eine allgemein gehaltene (und nicht auf nachprüfbare Tatsachen des Wohnungsmarktes gestützte) Angabe wie z. B. der Hinweis auf gestiegene Kosten (vgl. AG Rheine WM 74, 84), auf allgemeine Preissteigerungen (vgl. LG Köln WM 74, 10; LG Gießen WM 75, 16 z. fr. R.; *Höfel* WM 73, 153; a. A. *Klien* NJW 73, 977) oder auf einen zu erwartenden Finanzbedarf für Bauerneuerungen oder allgemeine Kostensteigerungen für Instandhaltungsarbeiten bei gemeinnützigen Wohnungsunternehmen (vgl. AG Frankfurt WM 73, 217). Auch können Hinweise auf Vermietungsanzeigen in der Tagespresse nicht als ausreichend angesehen werden (vgl. LG Köln a. a. O.; *Lenhard* DWW 74, 228), weil sie keinen Beweis dafür erbringen, daß die angekündigten Mieten auch tatsächlich vereinbart und damit gezahlt werden und nach Lage und Art die inserierten Wohnungen meist nicht genügend konkretisiert sind. Die Berufung auf eine Steigerung des Baukostenindex kann weder allein noch zur zeitlichen Fortschreibung eines einige Jahre zurückliegenden anderen Beweismittels genügen (vgl. z. fr. R. *Höfel* WM 73, 154; a. A. *Klien* NJW 73, 977 unter Berufung auf BGH-Rechtsprechung zu früherem Vergleichsmietenrecht; vgl. auch *Matberg* NJW 73, 1355), weil der Wohnungsmarkt sich nicht nur nach den Baukosten richtet.

An ein „sonstiges Beweismittel" sind jedenfalls gleich hohe Anforderungen zu stellen wie an die drei im Gesetz benannten „Beweismittel" (Begründungsmöglichkeiten) (AG München WM 77, 212).

115 c) Als ein **zulässiges „sonstiges Beweismittel",** auf das sich der Vermieter in seinem Erhöhungsverlangen wirksam berufen kann, ist anzusehen:

- aa) der Hinweis auf ein (dem Erhöhungsverlangen beizulegendes) **Gerichtsurteil,** welches die ortsübliche Vergleichsmiete für eine vergleichbare Wohnung in bestimmter Höhe festgestellt hat (so *Vogel* JZ 75, 78; *Matberg* NJW 73, 1356);

- bb) der Hinweis auf ein (dem Erhöhungsverlangen beizulegendes) **Gutachten** eines öffentlich bestellten oder vereidigten Sachverständigen, welches die ortsübliche Vergleichsmiete **für** eine andere **vergleichbare Wohnung** (also nicht für die streitige Wohnung) in bestimmter Höhe festgestellt hat (vgl. *Schmidt-Futterer* MDR 75, 3);

- cc) der Hinweis auf ein **empirisch-statistisches Gutachten einer Gemeinde** über die im gesamten Gemeindegebiet oder in einzelnen Ortsteilen bestehenden Wohnungsmieten (einem Mietspiegel vergleichbar), wenn der Vermieter die von ihm für zutreffend gehaltenen Unterscheidungsmerkmale dieses Gutachtens, wie bei einem Mietspiegel erforderlich (vgl. oben Rn 80, 81), angibt; u. U. dürfte auch der Hinweis auf sachkundige **Auskünfte** der für die Vergabe von Sozialwohnungen und die Berechnung von Wohngeld zuständigen **Behörden** sowie kommunaler Wohnungsvermittlungsstellen ausreichen (vgl. *Lau* ZMR 73, 356), nicht aber eine vom Vermieter eingeholte unsubstantiierte schriftliche Äußerung des städt. Amts für Wohnungswesen über die angemessene Miete ohne Kenntnis der Mietwohnung (AG München WM 77, 212).

- dd) der Hinweis auf eine **örtliche Statistik der Wohnungsmieten** (Gemeindestatistik), soweit sich daraus eine Steigerung der Mieten für nicht preisgebundenen Wohnraum ab der maßgeblichen Zeit bis zur Gegenwart ergibt. Die Verwendung von allgemeinen, nicht ortsbezogenen statistischen Angaben (Bundes- oder Landesstatistik über Wohnungsmieten) kann jedoch nicht als zuverlässiges Beweismittel angesehen werden (vgl. AG München WM 72, 143; AG Backnang WM 73, 48), da nur Tatsachen des örtlichen Wohnungsmarktes für die Vergleichsmiete maßgebend sein können.

## VII. Vertragsänderung durch Zustimmung des Mieters

### 1. Anspruch auf Zustimmung

Der **Anspruch** des Vermieters auf Mieterhöhung gem. § 2 MHG ist **auf Zustimmung** (Abgabe einer Willenserklärung) und **nicht auf Zahlung gerichtet** (vgl. oben Rn 9, 10). Der Zugang der Erhöhungserklärung des Vermieters allein bewirkt noch keine erhöhte Mietzahlungspflicht des Mieters; denn durch das Erhöhungsverlangen gem. § 2 MHG übt der Vermieter kein Gestaltungsrecht aus. Erst durch die Zustimmung des Mieters wird der Anspruch des Vermieters auf Zahlung eines bestimmten Mietzinsbetrages (§ 535 BGB) geändert. Dadurch kommt ein **Änderungsvertrag (§ 305 BGB)** zustande. Das Erhöhungsverlangen des Vermieters stellt rechtlich ein Angebot zum Abschluß eines auf Erhöhung des Mietzinses um einen bestimmten Betrag gerichteten Änderungsvertrags dar, so daß die Zustimmungserklärung des Mieters die Annahme (vgl. § 151 BGB) dieses Angebots bedeutet (allg. M.). Erst durch die Erteilung einer mit dem Antrag voll übereinstimmenden Zustimmungserklärung durch den Mieter kommt der Änderungsvertrag zustande, mit der Folge, daß der Vermieter einen entsprechend höheren Mietzins fordern kann und der Mieter zur erhöhten Mietzinszahlung verpflichtet ist. Trotz des Abschlusses eines solchen Änderungsvertrags bleibt das alte Mietverhältnis, wenn auch hinsichtlich des Mietzinses abgeändert, bestehen, so daß es nicht seine Identität verliert (*Palandt/Heinrichs* § 305 BGB Anm. 2).

116

Wenn das Erhöhungsverlangen des Vermieters bezüglich aller Voraussetzungen dem § 2 MHG entspricht, ist der **Mieter** gem. § 2 MHG **zur** Erteilung der **Zustimmung verpflichtet.** Die Zustimmung des Mieters ist eine **gesetzliche (Neben-)Pflicht** aus dem Mietverhältnis über Wohnraum (LG Köln WM 80, 76 bei berechtigtem Erhöhungsverlangen). Bei Verzug mit der Zustimmung macht sich der Mieter schadenersatzpflichtig (LG Köln a. a. O.). Das Erhöhungsverfahren gem. § 2 MHG ist auf den Abschluß eines Änderungsvertrags angelegt, auf dessen Abschluß der Vermieter bei Vorliegen der gesetzlichen Voraussetzungen einen Anspruch hat.

117

Der Vermieter bedarf bei einem Werkmietverhältnis zur Mieterhöhung nicht der Zustimmung des Betriebsrats, da diesem ein Mitbestimmungsrecht gem. § 87 Abs. 1 Nr. 9 BetrVG nur bei der allgemeinen Festsetzung der Grundsätze für die Mietzinszahlung zusteht (AG Celle WM 77, 193).

118

## 2. Rücknahme, Ermäßigung und Erhöhung des Erhöhungsverlangens

### a) Rücknahme

119 Ist dem Mieter ein Erhöhungsverlangen des Vermieters zugegangen, so kann dies sicher dann zurückgenommen werden, wenn der Mieter der Rücknahme zustimmt. Aber auch ohne eine solche Zustimmung des Mieters muß eine einseitige Rücknahme durch den Vermieter als **zulässig** angesehen werden, solange ein Änderungsvertrag noch nicht zustandegekommen ist (vgl. LG Braunschweig WM 81, 163). Denn durch die Rücknahme verzichtet der Vermieter auf sein Mieterhöhungsrecht „für diesen Fall". Ein solcher Verzicht, wie er auch bei Gestaltungsrechten einseitig zulässig ist (vgl. *Palandt/Heinrichs* § 397 BGB Anm. 1 a), muß bezüglich des Mieterhöhungsrechts des Vermieters gem. § 2 MHG zulässig sein, zumal dadurch dem Mieter nur Vorteile entstehen. § 145 BGB kann auf das Mieterhöhungsverlangen keine Anwendung finden (vgl. unten Rn 127).

120 Wird die Rücknahme erklärt, so besteht kein Erhöhungsanspruch (vgl. AG Stuttgart ZMR 72, 381 = WM 72, 178). Gleichgültig ist, ob die Rücknahme vor oder nach Ablauf der Überlegungsfrist oder erst im Lauf des Erhöhungsrechtsstreits (z. B. durch Klagrücknahme gem. § 269 ZPO) erklärt wird. Sie erfolgt durch einseitige formlose empfangsbedürftige Erklärung des Vermieters.

### b) Erhöhung

121 Ein zugegangenes Erhöhungsverlangen kann **nicht** einseitig durch den Vermieter erhöht werden (vgl. auch LG Stuttgart NJW 74, 1252; a. A. AG Wiesbaden DWW 75, 17: Erweiterung des Klageantrags während des Rechtsstreits sei zulässig, z. B. wenn auf Grund eines vom Gericht eingeholten Sachverständigengutachtens ein höherer Mietzins gerechtfertigt erscheint als der eingeklagte Erhöhungsbetrag). Die Zulässigkeit einer Erhöhung des Erhöhungsverlangens würde dem Wesen des Erhöhungsverlangens, insbesondere der Überlegungsfrist widersprechen. Das Erhöhungsverlangen wird mit Zugang beim Mieter rechtswirksam. Der darin genannte Erhöhungsbetrag ist bestimmend für den Streitgegenstand eines etwaigen späteren Rechtsstreits um die Erhöhung. Der Mieter stellt seine Nachprüfung entscheidend auf den verlangten Erhöhungsbetrag ab, auf welchen das Verlangen des Vermieters begrenzt ist. Aus § 268 Nr. 2 ZPO (Zulässigkeit einer Erweiterung oder Beschränkung des Klagantrags) läßt sich für die hier zu entscheidende materiellrechtliche Folge nichts herleiten, da es sich dabei um eine rein prozessuale Vorschrift handelt.

### c) Ermäßigung

122 Im Gegensatz zur Erhöhung wird man aber eine (einseitige) Ermäßigung des Erhöhungsverlangens durch den Vermieter **zulassen** müssen, da sie dem Mieter nur Vorteile bringt. Die Ermäßigung stellt eine teilweise Rücknahme dar; ist die volle Rücknahme zulässig, muß man auch die teilweise Rücknahme zulassen.

Erfolgt die Ermäßigung vor Ablauf der Überlegungsfrist, so hat der Mieter unter Umständen nicht mehr genügend Zeit vor einer Klagerhebung zur nochmaligen

Überprüfung der Berechtigung des ermäßigten Erhöhungsverlangens. In diesem Falle verlängert sich jedoch die Überlegungsfrist nicht. Denn die Ermäßigung ist nicht als Rücknahme, verbunden mit einer Neuvornahme der Erklärung, aufzufassen. Die Überlegungsfrist beginnt also nicht etwa ab dem Zugang der Ermäßigungserklärung von neuem zu laufen. Das Problem ist allein mit § 93 ZPO zu lösen. Erkennt der Mieter den vorprozessual ermäßigten Erhöhungsbetrag im Rechtsstreit um die Mieterhöhung sofort an, so hat er keine Klagveranlassung gegeben, wenn ihm zwischen dem Zugang der Ermäßigungserklärung und der Klagerhebung nicht genügend Zeit für eine nochmalige Überprüfung des ermäßigten Verlangens verblieben ist. Die Prozeßkosten sind dann dem klagenden Vermieter aufzuerlegen. Welche Zeit hierbei als genügend zu gelten hat, wird von den Umständen des Falles abhängen, insbesondere davon, welcher Teil der Überlegungsfrist zum Zeitpunkt der Ermäßigung schon abgelaufen war und welchen Umfang die Ermäßigung hat.

Die Zulässigkeit einer Ermäßigung kann jedoch nicht davon abhängen, ob die Ermäßigung wesentlich oder unwesentlich ist (vgl. jedoch LG Stuttgart NJW 74, 1252, wonach eine mehr als 10 %ige Ermäßigung des Klagantrags unzulässig sein soll). Eine solche Differenzierung müßte willkürlich erscheinen. Auch kann es keinen Unterschied machen, ob die Ermäßigung etwa wegen eines Rechenfehlers oder wegen besserer Erkenntnisquellen über die Höhe der ortsüblichen Vergleichsmiete erfolgt.

### 3. Zustimmung durch formlose Willenserklärung

a) Die **Zustimmung des Mieters** stellt eine **einseitige empfangsbedürftige Willenserklärung** dar, die mit dem Zugang beim Vermieter wirksam wird. Sie ist **nicht formbedürftigt,** kann also auch mündlich oder durch schlüssiges Verhalten erklärt werden. Schriftform ist jedoch aus Beweisgründen stets zu empfehlen. Eine Zustimmung durch schlüssiges Verhalten **kann** insbesondere **in einer vorbehaltlosen Zahlung des erhöhten Mietzinses liegen** (vgl. LG Mannheim ZMR 75, 119 = NJW 75, 316; AG Mannheim WM 76, 17), soweit beim Mieter nicht etwa das Bewußtsein fehlt, einen Antrag auf Abänderung des Mietvertrages anzunehmen (Verpflichtungswille). Für eine Zustimmung wird eine einmalige oder zweimalige Zahlung der erhöhten Miete noch nicht ausreichen (AG Hamburg ZMR 79, 250; ZMR 80, 248; AG Köln WM 79, 48; AG Walsrode WM 79, 12; LG Köln WM 82, 139 (L); *Schultz* ZMR 83, 295). Der Vermieter kann leicht die Klagefrist versäumen, wenn er darin rechtsirrig eine Zustimmung sieht(!). Eine vorbehaltlose Zahlung des erhöhten Mietzinses über einen Zeitraum von **mehreren Monaten** ist jedoch regelmäßig als Zustimmung anzusehen (vgl. AG Bad Salzuflen DWW 76, 66 bei zweimonatiger Zahlung; LG Hamburg ZMR 80, 86 bei viermonatiger Zahlung). Dies gilt jedoch nicht, wenn der Mieter – bei einem gesetzlich unwirksamen Erhöhungsverlangen – die Zahlung in dem (irrtümlichen) Glauben leistete, dazu verpflichtet zu sein (vgl. LG Aachen WM 73, 190 m. zust. Anm. *Weimar;* LG Hannover WM 79, 100 bei längerer Begleichung nicht vereinbarter Heiznebenkosten). Auch wenn das Erhöhungsverlangen wegen Nichteinhaltung der formellen oder materiellen Voraussetzungen der § 2 MHG unwirksam war, ist gem. § 10 Abs. 1 Hs. 2 MHG eine Mieterhöhungsvereinbarung außerhalb des Verfahrens des § 2 MHG zulässig (a. A. für das frühere Recht AG Wetter WM 73, 28 und AG Wanne-Eickel WM 74, 107).

Ist im Mietvertrag **für jede Vertragsänderung Schriftform vorgeschrieben** (z. B. durch Formularklausel), so ist gleichwohl eine **formlose** Zustimmung des Mieters zur Mieterhöhung wirksam möglich (a. A. LG Hannover MDR 79, 937). Denn die Parteien können den vereinbarten Formzwang jederzeit formlos aufheben, auch wenn sie an den Formzwang nicht denken (vgl. BGH NJW 68, 33; BGHZ 71, 164; *Palandt/Putzo* § 125 BGB Anm. 4 c).

Die Zustimmung muß **vorbehaltlos** erteilt werden (vgl. § 150 Abs. 2 BGB und AG Köln WM 73, 105 (Ls.)). Sie kann nach Eintritt der Rechtswirkung (Abschluß eines Änderungsvertrages) **nicht** mehr **widerrufen** werden (a. A. *Bormann/Schade/Schubart* Anm. 6), jedoch ist eine Anfechtung gem. §§ 119, 123 BGB möglich.

124    Keine wirksame Zustimmung liegt vor, wenn das Geldinstitut des Mieters versehentlich eine entsprechend höhere Miete an den Vermieter überweist und eine Korrektur des Überweisungsvorgangs aus betriebstechnischen Gründen nicht mehr durchgeführt werden konnte (AG Köln WM 74, 154). Eine wirksame Zustimmung fehlt ebenfalls, wenn der Mieter bei der Zahlung des erhöhten Betrages einen Vorbehalt macht (vgl. AG Hannover WM 74, 55 für die Auslegung eines Vorbehalts auf dem Überweisungsbeleg).

125    b) Auf die Zustimmungserklärung des Mieters sind die §§ 182 ff. BGB nicht anzuwenden, weil es sich bei diesen Vorschriften um die von einem Dritten vorzunehmende Zustimmung handelt (*Palandt/Putzo* Anm. 2).

126    c) Liegt ein **befristeter Mietvertrag mit** einer **Mietanpassungsklausel** vor, der auf länger als ein Jahr geschlossen ist und noch länger als ein Jahr laufen soll, so bedarf ausnahmsweise auch die Zustimmungserklärung des Mieters der Schriftform (§ 566 S. 1 BGB). Diese Formvorschrift, welche für langfristige Grundstücksmietverträge die Schriftform vorschreibt, ist auch im Falle des § 2 MHG anzuwenden, da nur auf diese Weise der Schutzzweck des § 566 BGB (vgl. dazu *Palandt/Putzo* § 566 Anm. 1 a) im Falle einer Mieterhöhung erreicht werden kann. Der Formzwang gilt jedoch nur bei wesentlichen Abänderungen des ursprünglichen Vertrages, was für Änderungen des Mietpreises regelmäßig zutreffen wird (so *Palandt/Putzo* a. a. O. Anm. 3 c), zumindest bei einer wesentlichen Mieterhöhung. Der BGH (ZMR 63, 82) hat eine nachträgliche wesentliche Vertragsänderung bejaht bei einer Mieterhöhung von 900 auf 1100 DM monatlich anläßlich der Ausdehnung des Vertrags auf weiteren Raum. In solchen Fällen kann der Vermieter vom Mieter eine schriftliche Zustimmungserklärung verlangen, und zwar in Form einer Ergänzung des ursprünglichen Vertrags oder eines Abänderungsvertrags hinsichtlich des Mietzinses (über die Einhaltung der Schriftform vgl. *Ganschezian-Finck* ZMR 73, 129).

### 4. Anwendbarkeit der §§ 145 ff. BGB

Für das Zustandekommen eines Änderungsvertrages durch Zustimmung des Mieters auf ein Erhöhungsverlangen des Vermieters sind die **§§ 145 bis 151 BGB prinzipiell anzuwenden** (da ein Vertragsschluß vorliegt), soweit ihre Anwendung nicht aus dem Wesen des Erhöhungsverlangens gem. § 2 MHG ausgeschlossen ist. Die (grundsätzliche) Anwendbarkeit der §§ 145 ff. BGB scheitert nicht daran, daß im Falle des § 2 MHG der Vermieter einen Anspruch auf Abgabe einer den Änderungsvertrag herbeiführenden Zustimmungserklärung hat (dies gilt allenfalls für § 145 BGB). Auch ein zwangsweise abgeschlossener Vertrag kommt als Vertrag durch Übereinstimmung zweier Willenserklärungen (Antrag und Annahmeerklärung) zustande, so daß zumindest § 151 BGB anwendbar sein muß. Die §§ 147 Abs. 1, 148 BGB können jedoch wegen der anders geregelten Fristen des Verfahrens nach § 2 MHG keine Anwendung finden (vgl. *Schmid* BlGBW 82, 83). Auch scheidet § 145 BGB (Gebundenheit an einen Antrag) aus, da er voraussetzt, daß dem Empfänger ein Vertragsangebot zum Vorteil gereicht, dieser sich also darauf einrichtet, während die Erhöhungserklärung des § 2 MHG für den Mieter stets Nachteile bringt. Die §§ 147 Abs. 2, 151 S. 2 BGB sind allenfalls anwendbar mit der Maßgabe, daß die Frist, innerhalb welcher der Antrag angenommen werden kann (Dauer der Gebundenheit), so lange reicht, wie der Mieter noch eine Zustimmung erteilen kann (vgl. dazu unten Rn 129).

Gem. **§ 150 Abs. 2 BGB** gilt eine Zustimmung des Mieters unter Einschränkungen (z. B. hinsichtlich des Zeitpunkts des Wirksamwerdens) oder Vorbehalten als Ablehnung, die mit einem neuen Antrag verbunden ist (vgl. AG Köln WM 73, 105 (Ls.); vgl. auch LG Mannheim NJW 75, 316 z. fr. R., wo der „Vorbehalt der Genehmigung der Miethöhe durch die zuständige amtliche Stelle" als Rechtsbedingung ausgelegt wurde). Verlangt der Vermieter die Erhöhung zu dem gem. § 2 Abs. 4 MHG bestimmten Wirksamkeitszeitpunkt, stimmt der Mieter jedoch nur für einen späteren Zeitpunkt zu, so ist dies als Ablehnung, verbunden mit einem Angebot zur Erhöhung für einen späteren Zeitpunkt, zu betrachten. Dem in der Zahlung eines geringeren Erhöhungsbetrages liegenden neuen Vertragsangebot des Mieters kann der Vermieter durch unwidersprochene Entgegennahme und vorbehaltlose Vereinnahmung der geleisteten Zahlungen konkludent zustimmen, so daß ein Abänderungsvertrag auf der ermäßigten Basis zustande kommt (vgl. LG Mannheim a. a. O.). Über die Verdrängung des § 150 Abs. 2 BGB durch § 2 im Falle der nur teilweisen Zustimmung des Mieters (hinsichtlich der Höhe) vgl. Rn 132 f.

### 5. Keine Fristgebundenheit

Die Zustimmung des Mieters ist nicht fristgebunden. Sie kann frühestens ab Zugang des Erhöhungsverlangens erteilt werden (*Palandt/Putzo* Anm. 6 a). Für die Erteilung der Zustimmung steht dem Mieter zwar die (mindestens) zweimonatige Überlegungsfrist des § 2 Abs. 3 S. 1 MHG zur Verfügung. Stimmt er innerhalb dieser Frist nicht zu, so kann der Vermieter auf Zustimmung klagen, da er davon ausgehen muß, daß die Zustimmung nach Ablauf der Überlegungsfrist nicht mehr erteilt werden wird. Stimmt der Mieter jedoch erst nach Ablauf dieser Frist zu, so ist die Zustimmungsklage als erledigt zu erklären und der Mieter gem. § 91 ZPO zur Tragung der Kosten des Rechtsstreits zu verurteilen. Grundsätzlich kann der Mieter auch noch nach Ablauf der Überlegungsfrist zustimmen (ebenso *Palandt/Putzo* a. a. O.; a. A. *Roquette* ZMR 72, 137: Befristung des Vertragsangebots des Vermieters für die Dauer der Überlegungsfrist). Dies folgt aus Abs. 4, wo keine Zustimmung innerhalb der Überlegungsfrist, sondern eine Zustimmung überhaupt vorausgesetzt wird. Auch wäre es, wenn der Vermieter Klage auf Zustimmung erhebt, widersinnig, wenn der Mieter diesem Verlangen nicht freiwillig nachkommen, sondern nur dazu verurteilt werden könnte. Reicht der Vermieter bis zum Ende der Klagefrist keine Klage ein, so erlischt sein Antrag mit dem Ende dieser Frist (vgl. § 151 S. 2 BGB). Das Erhöhungsverlangen wird also unwirksam (*Schopp* ZMR 75, 103), was sich aus dem Wesen der Klagefrist ergibt. Man kann das Erhöhungsverlangen nicht als durch die Überlegungsfrist befristet ansehen und § 148 BGB entsprechend anwenden. Erhebt der Vermieter rechtzeitig Klage auf Zustimmung, so kann der Mieter noch bis zur Rechtskraft des Urteils die Zustimmung erteilen (vgl. LG Duisburg WM 76, 80 z. fr. R.) und damit dem Erhöhungsverlangen freiwillig nachkommen.

130 Gleichgültig wann der Mieter die Zustimmung erteilt, die Rechtsfolge tritt stets zu dem in Abs. 4 genannten Zeitpunkt ein, evtl. also rückwirkend.

### 6. Teilweise Zustimmung des Mieters

131 Stimmt der Mieter einem Erhöhungsverlangen des Vermieters nur hinsichtlich eines Teilbetrages zu, so ergeben sich eine Reihe problematischer Rechtsfragen. Nehmen wir als Beispiel an, der Vermieter wolle mit seinem Erhöhungsverlangen den vereinbarten Mietzins von 300 DM auf 400 DM erhöhen und verlangt eine entsprechende Zustimmung; der Mieter erklärt jedoch, er stimme einer Erhöhung nur bis zur Höhe von 360 DM zu, darüber hinaus lehne er eine Zustimmung ab. Problemlos ist der Fall, wenn sich der Vermieter mit der Teilzustimmung des Mieters zufrieden gibt, also sein Einverständnis erklärt und auf die Geltendmachung des überschießenden Teils des Erhöhungsanspruchs verzichtet. Dann kommt ein Änderungsvertrag über einen Mietzins von 360 DM zustande. Wie aber, wenn sich der Vermieter mit der Teilzustimmung nicht zufrieden gibt, sondern die volle Erhöhung klageweise geltend macht?

132 Der **Mieterhöhungsanspruch** gem. § 2 ist **auf Abschluß eines Änderungsvertrages (§ 305 BGB) gerichtet.** Im Erhöhungsverlangen des Vermieters liegt ein Antrag auf Abschluß eines entsprechenden Änderungsvertrages. Ein Änderungsvertrag kommt, wie jeder Vertrag, durch übereinstimmende Willenserklärung beider Parteien zustande. Nun bestimmt § 150 Abs. 2 BGB, daß eine Annahme unter einer Einschränkung als Ablehnung, verbunden mit einem neuen Antrag, gilt. Wenn diese Vorschrift auf die Teilzustimmung Anwendung fände, würde die Teilzustimmung des Mieters als Ablehnung gelten, wenn der Vermieter auf dem vollen Erhöhungsrecht besteht (was wohl der Regelfall ist). Da dann ein Änderungsvertrag

(im Beispiel bzgl. 360 DM) nicht zustande kommt, müßte der volle Differenzbetrag (im Beispiel 100 DM monatlich) eingeklagt werden. Das außergerichtliche Entgegenkommen des Mieters, was in seiner teilweisen Zustimmung zum Ausdruck kommt, würde im Falle einer Verurteilung hinsichtlich der Kosten und des Streitwerts dem Mieter überhaupt nicht zugute kommen, da er die Kosten des Rechtsstreits entsprechend seinem Unterliegen gem. §§ 91, 92 ZPO zu tragen hätte. Dies wäre ein unbilliges Ergebnis, welches gerade nicht der Absicht des Gesetzgebers entspricht, Streitigkeiten über die Mieterhöhung nach Möglichkeit ohne Gericht zu erledigen.

Aus Sinn und Zweck von § 2 ist abzuleiten, daß unter **„Zustimmung"** im Sinne dieser Vorschrift (vgl. Abs. 3 und 4) **auch die Teilzustimmung** zu verstehen ist. Denn mit § 2 bezweckte der Gesetzgeber u. a. eine möglichst weitgehende außergerichtliche Einigung der Mietvertragsparteien über die Mieterhöhung, was sich insbesondere aus der gesetzlichen Ausgestaltung des Erhöhungsverfahrens (Begründungszwang für den Vermieter, 2monatige Überlegungsfrist für den Mieter vor Klagerhebung) ergibt. Diesem Gesetzeszweck entspricht nur eine solche Auslegung des § 2, welche die Teilzustimmung der vollen Zustimmung des Mieters gleichstellt. Denn der Mieter erhält dadurch, daß seine teilweise Zustimmung die Rechtswirkung eines Änderungsvertrages hat, einen Anreiz, dem Erhöhungsverlangen in möglichst weitgehendem Umfang zuzustimmen. Dadurch wiederum kommt in vielen Fällen einer solchen Teilzustimmung des Mieters eine außergerichtliche Erledigung des Mieterhöhungsverlangens zustande, indem der Vermieter auf die Geltendmachung des überschießenden Teiles des Anspruchs verzichtet. Falls er jedoch den restlichen Anspruch klageweise geltend macht, wodurch keine neue 1jährige Wartefrist in Lauf gesetzt wird (*Köhler*, Neues Mietrecht, S. 68), beschränkt sich bei dieser Auslegung der Streitgegenstand auf den Restanspruch, wodurch das Gericht nur mit dem wirklich noch streitigen Teil befaßt wird. Da sich diese Auslegung des § 2 mit einer Anwendung des § 150 Abs. 2 BGB nicht vereinbaren läßt (vgl. die vorhergehende Rn), ist § 150 Abs. 2 BGB als durch § 2 – als Sondervorschrift – verdrängt anzusehen.  133

Die Verdrängung des § 150 Abs. 2 gilt jedoch dann nicht, wenn der Mieter dem Erhöhungsverlangen unter solchen Einschränkungen, Erweiterungen oder Änderungen zustimmt, die sich nicht auf die Mietzinshöhe beziehen, z. B. bei Zustimmung, falls der Vermieter bestimmte Wohnungsmängel beseitigt (LG Mannheim ZMR 75, 119 = NJW 75, 316 = MDR 75, 406 = WM 76, 16 z. fr. R.; RGRK – *Gelhaar* 23; *Schmidt-Futterer/Blank* C 118; *Sternel* III 195). Eine derartige beschränkte Zustimmung des Mieters würde also als Ablehnung gelten, verbunden mit einem neuen Antrag.

Eine weitere Erwägung spricht dafür, die Teilzustimmung im Rahmen des § 2 als rechtswirksame Zustimmung zuzulassen. Unstreitig kann das Gericht dem Erhöhungsanspruch teilweise stattgeben, mit der Folge, daß die Zustimmung des Mieters gem. § 894 ZPO mit Urteilsrechtskraft als erteilt gilt, so daß ein Änderungsvertrag in Höhe des gerichtlich festgestellten Anspruchs zustande kommt (obwohl der Antrag des Vermieters darüber hinausging). Daraus wird deutlich, daß der Miet-  134 erhöhungsanspruch gem. § 2 teilbar (quantifizierbar) ist, ähnlich einer Geldschuld, obwohl er nach dem Gesetz auf Zustimmung, nicht auf Zahlung gerichtet ist. Die betragsmäßige Höhe, nicht das Erfordernis der Zustimmung, gibt dem Erhöhungsanspruch gem. § 2 sein entscheidendes Gepräge. Aus der **Teilbarkeit des Erhöhungsanspruchs** folgt, daß eine Teilleistung (Teilerfüllung) des Mieters mit der entsprechenden Rechtswirkung (§ 362 Abs. 1 BGB) möglich ist. Die teilweise Zustimmung des Mieters stellt ein – zulässiges und rechtswirksames – teilweises Bewirken der Leistung dar. Auch wäre der Sinn des Erhöhungsverfahrens verfehlt, wenn der Mieter, der im Rechtsstreit auch zur teilweisen Zustimmung verurteilt werden kann, einer teilweisen Verurteilung nicht durch Teilzustimmung entgehen könnte (so LG Duisburg WM 76, 80 z. fr. R.; *Schmidt-Futterer/Blank* C 118). – Zwar bestimmt § 266 BGB, daß der Schuldner zu Teilleistungen nicht berechtigt ist. Diese Vorschrift findet jedoch keine Anwendung, wenn dem Gläubiger die Annahme von Teilleistungen bei verständiger Würdigung der Lage des Schuldners und seiner eigenen schutzwürdigen Interessen gem. § 242 BGB zuzumuten ist (vgl. *Palandt/Heinrichs*, § 266 BGB Anm. 4 d m. w. N.), insbes. wenn der Schuldner in vertretbarer Würdigung der Umstände der Ansicht sein durfte, er leiste alles, was er schulde. Dies ist im Rahmen des § 2 der Fall, so daß der Vermieter eine Teilzustimmung des Mieters nicht gem. § 266 BGB zurückweisen darf.

135  **Durch die Teilzustimmung** des Mieters **kommt** ein **Abänderungsvertrag** über eine entsprechende Mieterhöhung (im Beispiel Rn 131 über 360 DM) **zustande** (LG Kiel WM 80, 256 (L); vgl. auch die Rn 134 genannten Zitate; a. A. jedoch *Schmid* BlGBW 82, 84, der keinen Abänderungsvertrag annimmt, sondern ein einseitiges Erhöhungsverlangen, das zu seiner Wirksamkeit der Zustimmung des Mieters bedarf, worauf der Vermieter einen Anspruch hat). Denn ein Erhöhungsverlangen über einen bestimmten Erhöhungsbetrag umfaßt auch ein Erhöhungsverlangen über einen niedrigeren Erhöhungsbetrag (so LG Düsseldorf DWW 76, 32 bezüglich des Klageantrags), so daß über eine Erhöhung des Mietzinses bis zu der Höhe, welcher der Mieter zugestimmt hat, übereinstimmende Willenserklärungen beider Parteien vorliegen. Zudem kann auch aus Abs. 4 abgeleitet werden, daß der Mieter im Falle einer teilweisen Zustimmung verpflichtet ist, in Höhe seiner Zustimmung den (erhöhten) Mietzins zu zahlen. Ein Änderungsvertrag kommt nicht erst dadurch zustande, daß der Mieter den (teilweise) erhöhten Mietzins mehrere Male bezahlt und der Vermieter durch vorbehaltlose Entgegennahme konkludent sein Einverständnis erklärt. Durch ein solches Verhalten des Vermieters würde im übrigen der überschießende Erhöhungsanspruch noch nicht zum Erlöschen gebracht, weil der Vermieter damit nur eine Teilleistung annimmt (a. A. *Sternel* III 195).

Erteilt der Mieter die Teilzustimmung jedoch (ausnahmsweise) unter der Voraussetzung, daß der Vermieter auf den weitergehenden Anspruch verzichtet, so kommt es bei Annahme des Vermieters zu einer vergleichsweisen Mieterhöhungsvereinbarung, die gem. § 10 Abs. 1 Hs. 2 MHG wirksam ist, bei Ablehnung des Vermieters hingegen ist die Erklärung des Mieters unwirksam (*Schmid* BlGBW 82, 84).

136  Die hier (entgegen der ersten Auflage) vertretene Ansicht über die Rechtswirkung einer Teilzustimmung entspricht der ganz herrschenden Meinung (vgl. LG Duis-

burg WM 76, 80 z. fr. R.; LG Hamburg WM 78, 193; LG Kiel WM 80, 256 (L); AG Hildesheim ZMR 76, 153; *Emmerich/Sonnenschein* 113; RGRK — *Gelhaar* 23 f.; *Palandt/Putzo* Anm. 6 e; *Schmidt-Futterer/Blank* C 118, 154; *Sternel* III 143, 195; *Wiethaup* ZMR 77, 65; a. A. AG Weinheim WM 73, 28; *Kellerhals* DWW 79, 160; *Schmid* BlGBW 82, 83; vgl. auch AG Stuttgart ZMR 74, 156). Meist wird jedoch keine dogmatische Begründung für das gefundene Ergebnis gegeben (anders *Sternel* und *Schmidt-Futterer/Blank* a. a. O.).

**Hinsichtlich des abgelehnten Teils** des Erhöhungsanspruchs ist der Vermieter — trotz des zustandegekommenen Änderungsvertrages — berechtigt, den Mieter **auf Zustimmung** zu **verklagen**, da eine Zustimmung im Sinne von Abs. 3 insoweit nicht vorliegt. Dem steht auch nicht das Erfordernis der Einhaltung der einjährigen Wartefrist (Abs. 1 Nr. 1) — wegen des zustandegekommenen Änderungsvertrages — entgegen, weil sich diese Jahresfrist nur auf die Zeit vor Abgabe des Erhöhungsverlangens bezieht (vgl. Rn 16), so daß Mietzinsabänderungen im Rahmen eines laufenden Erhöhungsverfahrens kein Hindernis für die Geltendmachung des streitig gebliebenen Teils des Erhöhungsanspruchs bilden. 137

Über die Rechtswirkung der erst im Verlauf des Mieterhöhungsrechtsstreits erteilten Teilzustimmung vgl. die Rn 190–193 und 201–204.

### 7. Ersetzung der Zustimmung durch Urteil

Das Zustandekommen eines Änderungsvertrages durch Zustimmung des Mieters gilt auch für den Fall, daß die **Zustimmung** des Mieters auf Grund einer Klage **durch** ein **rechtskräftiges Urteil erzwungen** wird. Mit der Rechtskraft des Urteils gilt die Zustimmung des Mieters als erteilt (§ 894 ZPO) und damit der Änderungsvertrag als geschlossen. Die Rechtsfolgen sind die gleichen wie bei der freiwillig erteilten Zustimmung. 138

### 8. Abweichender Wirksamkeitszeitpunkt

Über die Gültigkeit der Vereinbarung eines von Abs. 4 abweichenden Wirksamkeitszeitpunkts vgl. § 10 Abs. 1 Hs. 2 MHG und die Erläuterungen dazu sowie unten Rn 146. 139

## VIII. Zeitpunkt des Wirksamwerdens der Mieterhöhung* (Abs. 4)

### 1. Einheitlicher Wirksamkeitszeitpunkt

Hat der Mieter die Zustimmung zu der begehrten Mieterhöhung freiwillig erteilt oder wird er rechtskräftig zur Zustimmung verurteilt, so daß die Zustimmung als abgegeben gilt (vgl. § 894 ZPO) — beide Fälle werden gleich behandelt —, so 140

---

* Über den Ablauf der Fristen bei einer Mieterhöhung gemäß § 2 MHG vgl. das Fristenschema zu § 2 MHG, abgedruckt in Anhang II.

schuldet er den erhöhten Mietzins ab einem **einheitlichen Zeitpunkt** (vgl. Abs. 4). Vor dem Inkrafttreten des § 2 MHG (1. 1. 1975) galt hierfür ein nach der gestaffelten Kündigungsfrist gemäß § 565 Abs. 2 S. 1 und 2 BGB unterschiedlicher Zeitpunkt.

141 Über die Rechtswirkungen einer nur **teilweisen Zustimmung** des Mieters vgl. Rn 131 bis 137, bezüglich prozessualer Fragen einer Teilzustimmung unten Rn 190 bis 193, 201 bis 204.

### 2. Zeitpunkt des Wirksamwerdens

142 a) Der Zeitpunkt des Wirksamwerdens der Mieterhöhung richtet sich danach, wann das Erhöhungsverlangen dem Mieter zugeht (vgl. § 130 BGB). Nach der ab 1. 1. 1975 geltenden **Kalendermonatsregelung** kommt es nicht darauf an, an welchem Tag innerhalb eines Kalendermonats das Erhöhungsverlangen des Vermieters dem Mieter zugeht (z. B. ob dies am 1., am 15. oder am 31. innerhalb eines Kalendermonats der Fall ist). Auch ist nicht entscheidend, ob der Zugang bis zum 3. Werktag eines Kalendermonats erfolgt. Entscheidend ist allein, innerhalb welchen Kalendermonats die Erklärung zugeht. Gemäß der Neufassung des Abs. 4 tritt das Wirksamwerden der Mieterhöhung schon **mit** dem **Beginn des 3. Kalendermonats** ein, welcher **auf** den **Zugang** des Erhöhungsverlangens folgt (nicht wie bisher des 4. Monats). Zwischen dem Zugangsmonat und dem Wirksamwerden der Mieterhöhung liegen also 2 Kalendermonate. Geht das Erhöhungsverlangen dem Mieter z. B. im Laufe des Monats Januar zu (gleichgültig wann innerhalb dieses Monats), so wird es am 1. April wirksam, so daß von da an der erhöhte Mietzins zu zahlen ist. Damit ist die Frist des Wirksamwerdens mit der Überlegungsfrist (Zustimmungsfrist) des Mieters (Abs. 3 S. 1), welche ebenfalls bis zum Ablauf des 2. Kalendermonats nach dem Zugang des Erhöhungsverlangens reicht, in Übereinstimmung gebracht worden. Der Mindestabstand zwischen 2 Mieterhöhungen nach dem Vergleichsmietenverfahren wurde daher auf 15 Monate verkürzt (1jährige Wartefrist, danach Monat des Zugangs, danach 2 Monate bis zum Wirksamwerden, zugleich Überlegungsfrist des Mieters).

143 b) Für den Zeitpunkt des Wirksamwerdens der Erhöhung ist es demnach **unerheblich, wann** der **Mieter** (freiwillig oder auf Grund rechtskräftigen Urteils) die **Zustimmung erteilt** hat. Die Zustimmung muß nicht innerhalb der dem Mieter zustehenden 2monatigen Überlegungsfrist (Abs. 3 S. 1) erteilt worden sein; sie kann auch nach Ablauf dieser Frist erteilt sein, ja erst während des Rechtsstreits über die Zustimmung (vgl. dazu oben Rn 129). Wird sie durch Gerichtsurteil ersetzt, so tritt die Rechtskraft des Urteils stets nach dem genannten Wirksamkeitszeitpunkt ein, so daß die Erhöhung zurückwirkt.

144 c) Vom Zeitpunkt des Wirksamwerdens der Mieterhöhung ist der **Zeitpunkt der Fälligkeit** des erhöhten Mietzinses **zu unterscheiden.** Der Zeitpunkt des Wirksamwerdens bezeichnet den ersten Tag, **für** den die Erhöhung gezahlt werden muß, die Fälligkeit dagegen den Tag, **an** dem (spätestens) gezahlt werden muß. In aller Regel ist der Mietzins monatlich im voraus, und zwar bis zum 3. Werktag

eines Kalendermonats zu zahlen. An diesem Tage des 4. Monats, der auf den Zugang des Erhöhungsverlangens folgt, ist auch der Erhöhungsbetrag fällig.

Ab dem genannten Fälligkeitszeitpunkt – i. d. R. dritter Werktag des auf den Zugang des Erhöhungsverlangens folgenden Kalendermonats – kommt der Mieter gem. § 284 Abs. 2 S. 1 BGB ohne Mahnung in Verzug, auch wenn seine freiwillige Zustimmung oder die rechtskräftige Verurteilung erst nach diesem Zeitpunkt liegt; in letzterem Falle wird die Fälligkeit gem. Abs. 4 zurückverlegt. Bei späterer Zahlung des erhöhten Mietzinses hat er ab der (früheren) Fälligkeit **Verzugszinsen** gem. §§ 286 Abs. 1, 288 BGB zu zahlen (*Emmerich/Sonnenschein* 140; *Palandt/Putzo* Anm. 8 c; RGRK – *Gelhaar* Anm. 27; *Schmidt-Futterer/Blank* C 120; *Sternel* III 197: Verzug trete nicht ein, bevor er zustimmt oder zur Zustimmung rechtskräftig verurteilt wird; ebenso LG Köln WM 79, 195 m. eingehender Begründung).

d) Über die Möglichkeit der Kündigung des Vermieters wegen Zahlungsverzugs des Mieters bezüglich des geschuldeten erhöhten Mietzinses vgl. § 554 BGB und als Sondervorschrift § 9 Abs. 2 MHG sowie die dortigen Erläuterungen. 145

e) Hat der **Vermieter** in seinem Erhöhungsverlangen einen **zu frühen Zeitpunkt** für das Wirksamwerden der Erhöhung **genannt,** so ist das Verlangen gleichwohl wirksam (vgl. AG Oberhausen ZMR 74, 158). Die Bezeichnung eines zu frühen Zeitpunkts für das Wirksamwerden der Mieterhöhung ist unschädlich (OLG Koblenz (RE) ZMR 83, 246 = WM 83, 132 = DWW 83, 126 = NJW 83, 1861; LG Hamburg ZMR 76, 216 = WM 76, 59 = MDR 76, 317), weil sich der richtige Zeitpunkt aus dem Gesetz (Abs. 4) ergibt und bezüglich dieses Zeitpunkts eine Begründung nicht erforderlich ist, da es sich bei der Angabe des Zeitpunkts des Wirksamwerdens nicht um eine Voraussetzung der Wirksamkeit eines Mieterhöhungsverlangens handelt (a. A. LG Köln WM 81, U 14). Dasselbe gilt, wenn der Vermieter überhaupt **keinen Wirksamkeitszeitpunkt angegeben** hat (OLG Koblenz a. a. O.; LG Hamburg WM 78, 214). Das Verlangen des Vermieters ist in diesem Falle, ebenso wie bei einer Kündigung, die auf einen zu frühen Zeitpunkt erklärt wird, dahin umzudeuten (vgl. § 140 BGB), daß es als auf den richtigen Zeitpunkt (Abs. 4) gestellt gilt (AG Oberhausen a. a. O.). Stimmt der Mieter dem Erhöhungsverlangen (mit zu frühem Zeitpunkt) zu, jedoch mit der Einschränkung, daß der gem. Abs. 4 richtige Zeitpunkt maßgebend sein soll, so hat er das Erhöhungsverlangen gesetzeskonform und damit richtig ausgelegt. Seine zustimmende Erklärung ist daher als uneingeschränkte Annahme zu werten, so daß der Änderungsvertrag mit dem in Abs. 4 bezeichneten Wirksamkeitszeitpunkt zustande kommt. Der Mieter kann seine Zustimmungserklärung zu einer verfrühten Erhöhungserklärung nicht gem. § 119 BGB wegen Irrtums über die Rechtslage anfechten, da es sich um einen unbeachtlichen Irrtum über rechtliche Nebenfolgen handelt. 146

Hat der Vermieter einen **späteren Wirksamkeitszeitpunkt** als denjenigen gem. Abs. 4 angegeben, so tritt die Wirksamkeit erst ab dem genannten Zeitpunkt ein, da insoweit ein Verzicht auf eine vorherige Mieterhöhung vorliegt.

## IX. Das gerichtliche Erhöhungsverfahren

### 1. Zuständigkeit

147 Zur Entscheidung über die Zustimmungsklage gem. § 2 MHG ist das **Amtsgericht, in dessen Bezirk der streitbefangene Wohnraum** liegt, **sachlich und örtlich ausschließlich zuständig** (§ 29 a ZPO). Diese Ansicht, die schon unter der Geltung des 1. WKSchG unbestritten war, ist daraus abzuleiten, daß die Zustimmung des Mieters zu einer Mieterhöhung gem. § 2 MHG die Erfüllung einer mietvertraglichen Nebenpflicht darstellt, so daß es sich um eine Klage „auf Erfüllung" eines Mietvertrages über Wohnraum im Sinne von § 29 a ZPO handelt. Die Anwendung des § 29 a ZPO im Falle der Zustimmungsklage hat zur Folge, daß dasjenige Gericht mit dem Vergleichsmietverfahren betraut wird, welches mit den örtlichen Verhältnissen auf dem Wohnungsmarkt am besten vertraut ist, was für die Ermittlung der Höhe der ortsüblichen Vergleichsmiete besonders sachgemäß und wichtig ist.

148 Gegen das Urteil des Amtsgerichts ist **Berufung** an das übergeordnete Landgericht zulässig, jedoch nur soweit die Berufungssumme von 500,– DM (vgl. §§ 511 a Abs. 1, 511 ZPO, 72 GVG) überschritten wird. Das Endurteil der Berufungskammer des Landgerichts ist unanfechtbar. Ein Rechtsentscheid an das Oberlandesgericht oder den Bundesgerichtshof ist jedoch zulässig (Art. III des 3. MRÄndG), wenn es sich um eine Frage des Wohnraummietrechts handelt.

### 2. Klage (Antrag) auf Zustimmung

149 Da der Erhöhungsanspruch des Vermieters gem. § 2 MHG auf Zustimmung gerichtet ist (vgl. oben Rn 9, 10), muß auch die Klage auf Zustimmung (Abgabe einer Willenserklärung) lauten. Dies ist eine Leistungsklage. Der **richtige Klagantrag** lautet dahin, den Beklagten (Mieter) zu verurteilen, zuzustimmen, daß sich der Mietzins (einschließlich Nebenkosten?) für die Wohnung... ab dem... auf DM... monatlich erhöht (vgl. AG Waldbröl WM 76, 104; *Sternel* MDR 73, 267; *Palandt/Putzo* Anm. 7 a: identifizierbare Angabe des Mietverhältnisses, Betrag der neuen Miethöhe, Wirksamkeitszeitpunkt). Der Klagantrag muß stets beziffert sein (LG Stuttgart NJW 74, 1252; a. A. *Klien* NJW 73, 977). Es ist also nicht zulässig, den Umfang der Erhöhung in das Ermessen des Gerichts zu stellen oder die Zustimmung zur Erhöhung bis zu einem bestimmten Betrag pro m² Wohnfläche zu beantragen (AG Lübeck WM 75, 151).

150 Ist aus der Klagbegründung einer Klage zu erkennen, daß der Klaganspruch auf § 2 MHG gestützt wird, jedoch ein Antrag auf Zahlung (statt auf Zustimmung) des erhöhten Mietzinses gestellt, so wird man die Klage, wenn sie innerhalb der Klagefrist des Abs. 3 erhoben wurde, als zulässige Zustimmungsklage ansehen müssen; das Gericht muß jedoch den Kläger gem. § 139 Abs. 1 ZPO auffordern, den Klagantrag **auf Zustimmung umzustellen.** Beharrt der Kläger auf seinem Zahlungsantrag, so ist die auf § 2 MHG gestützte Klage wegen unrichtigen Antrags als unzulässig abzuweisen (vgl. LG Braunschweig ZMR 73, 154).

Eine **Verbindung** der Zustimmungsklage **mit** dem **Antrag auf Zahlung** des erhöhten Mietzinses ist regelmäßig unzulässig (a. A. offenbar *Schopp* ZMR 75, 103: Verurteilung auch zur Leistung des erhöhten Mietzinses), da für die Zahlungsklage die Besorgnis vorliegen muß, daß sich der Beklagte der rechtzeitigen Leistung entziehen werde (§ 259 ZPO), und diese in der Regel nicht gegeben ist.

Eine gewillkürte Prozeßstandschaft eines von mehreren Vermietern ist unzulässig (AG Stuttgart ZMR 73, 158 = WM 73, 105 = DWW 73, 281). 151

Der Klagantrag darf **nicht auf einen höheren Betrag** lauten als das **vorausgegangene Erhöhungsverlangen** (LG Stuttgart NJW 73, 1252; a. A. *Palandt/Putzo* Anm. 7 a). Denn eine Erhöhung des Erhöhungsverlangens gem. § 2 MHG ist materiellrechtlich nicht möglich (vgl. oben Rn 121). Es kann daher trotz des § 268 Nr. 2 ZPO auch materiellrechtlich nicht zulässig sein, den Klagantrag im Lauf des Rechtsstreits – z. B. auf Grund eines gerichtlich eingeholten Sachverständigengutachtens – auf einen Betrag zu erhöhen, der über dem Erhöhungsverlangen liegt (a. A. AG Wiesbaden DWW 75, 17 z. fr. R.). Eine Ermäßigung des Klagantrags ist jedoch materiellrechtlich (vgl. oben Rn 122) und prozessual (vgl. § 268 Nr. 2 ZPO) zulässig (a. A. LG Stuttgart a. a. O., wonach jedenfalls eine erhebliche Ermäßigung unzulässig sein soll).

Ein gerichtliches **Beweissicherungsverfahren** zur Einholung eines Sachverständigengutachtens **über** die ortsübliche **Vergleichsmiete** zur Vorbereitung einer beabsichtigten Mieterhöhung ist **unzulässig**, da die Voraussetzungen gem. § 485 ZPO nicht vorliegen (LG Mannheim ZMR 76, 152 = WM 76, 58). 151a

Einer **Zwischenfeststellungsklage** über die Wirksamkeit einer bestimmten Mieterhöhungserklärung fehlt das Rechtsschutzinteresse, denn das Rechtsverhältnis der Zwischenfeststellungsklage gehört bereits zum Streitgegenstand der Klage, weil eine wirksame Erhöhungserklärung Prozeßvoraussetzung der Mieterhöhungsklage ist (AG Lübeck WM 75, 250 z. fr. R.). 151b

### 3. Besondere Prozeßvoraussetzungen (Abs. 3 S. 1)*

Für das gerichtliche Erhöhungsverfahren sind nach Abs. 3 bei einer Mieterhöhung gem. § 2 MHG zwei fristgebundene Voraussetzungen einzuhalten, nämlich die Überlegungsfrist (vgl. unten zu a) und die Klagefrist (vgl. unten zu b). Es handelt sich nach h. M. hier um **zwei besondere Prozeßvoraussetzungen** (vgl. OLG Hamburg MDR 74, 585 = DWW 74, 211 für die Überlegungsfrist; *Palandt/Putzo* Anm. 7 b für die Klagefrist), welche nur für dieses Verfahren bestehen. Da es sich um Sachurteilsvoraussetzungen handelt (LG Gießen WM 78, 71; LG Hamburg ZMR 76, 216 = WM 76, 59), kann bei deren Nichteinhaltung ein Sachurteil nicht ergehen, die Klage ist daher ohne Prüfung der Schlüssigkeit und Begründetheit als unzulässig abzuweisen. 152

---

* Über den Ablauf der Fristen bei einer Mieterhöhung gem. § 2 MHG vgl. das Fristenschema zu § 2 MHG, abgedruckt in Anhang II.

## a) Einhaltung der Überlegungsfrist

**153**  aa) Wie schon nach bisherigem Recht (vgl. § 3 Abs. 3 S. 1 des 1. WKSchG) ist dem Mieter ab dem Zugang des Erhöhungsverlangens eine bestimmte Frist gegeben, innerhalb welcher er das Erhöhungsverlangen auf seine Richtigkeit überprüfen kann und sich entscheiden soll, ob er dem Verlangen zustimmt oder nicht. Dadurch soll erreicht werden, daß der Mieter vor einer vorschnellen Klagerhebung geschützt und von seiten der Mietparteien eine außergerichtliche Einigung versucht wird. Diese Überlegungsfrist (auch Äußerungs- oder Prüfungsfrist genannt), welche nach bisherigem Recht 6 Wochen ab Zugang des Erhöhungsverlangens betrug, wurde durch die Neuregelung auf mindestens 2 Monate ausgedehnt, um den Mieter vor Entscheidungen unter Zeitdruck (z. B. bei Urlaubsabwesenheit) zu schützen. Um das Ende der Frist einfacher berechnen zu können, läuft die Frist nunmehr mit dem Ende des zweiten Kalendermonats ab, welcher auf den Monat des Zugangs des Erhöhungsverlangens folgt (vgl. Begründung des Regierungsentwurfs).

**154**  bb) **Stimmt** der **Mieter** dem Erhöhungsverlangen bis zum Ablauf der Überlegungsfrist **nicht zu,** gleichgültig, ob er schweigt oder seine ausdrückliche Ablehnung erklärt, so kann der Vermieter nach Ablauf der Überlegungsfrist innerhalb der sich anschließenden Klagefrist Klage auf Zustimmung erheben. Die Überlegungsfrist muß vor der Klagerhebung abgelaufen sein, also nicht schon bei Einreichung der Klage (vgl. *Schmidt-Futterer* MDR 75, 92; *Sternel* MDR 73, 266). Über die Zulässigkeit einer schon vor Ablauf der Überlegungsfrist eingereichten Klage vgl. unten Rn 164 a mit RE des KG.

**155**  cc) **Nur** ein **rechtswirksames Erhöhungsverlangen** des Vermieters **setzt** die **Überlegungsfrist in Lauf.** Dies war schon nach bisherigem Recht ganz herrschende Meinung (vgl. z. B. LG Bremen WM 73, 168; LG Verden WM 73, 214; LG Hamburg MDR 73, 934; WM 73, 169; WM 74, 57; LG Regensburg NJW 73, 1844; LG Köln WM 74, 132; LG Mannheim NJW 74, 1253 = ZMR 74, 279 = WM 74, 181 = DWW 74, 139; LG München ZMR 74, 151; LG Dortmund ZMR 74, 338; LG Frankfurt WM 76, 31; AG Stuttgart ZMR 74, 153 = MDR 74, 233 = DWW 73, 282 = Die Justiz 73, 386; a. A. LG Essen NJW 73, 1464 = WM 73, 167), insbesondere bezüglich eines nicht dem Begründungszwang entsprechenden Erhöhungsverlangens (vgl. OLG Hamburg MDR 74, 585 = DWW 74, 211). Das muß auch auf Grund des § 2 MHG gelten (LG Gießen WM 78, 71). Andernfalls würden sich die Fristen des § 2 MHG für den Vermieter, der einen Formfehler begeht, als eine Art Strafmaßnahme auswirken, für den Mieter jedoch als ein von der Sache her ungerechtfertigter Vorteil (vgl. LG Mannheim a. a. O.). Ist das Erhöhungsverlangen unwirksam, so beginnt die Überlegungsfrist nicht zu laufen, so daß eine Zustimmungsklage — mangels Einhaltung der Prozeßvoraussetzung der Überlegungsfrist — als unzulässig abzuweisen ist.

**Nach** einem **unwirksamen Erhöhungsverlangen** kann der Vermieter 156
**sofort wieder ein neues (wirksames) Erhöhungsverlangen** stellen und
damit die Überlegungsfrist in Lauf setzen (vgl. LG Mannheim NJW 74,
1253 = ZMR 74, 279 = WM 74, 181). Zu beachten ist, daß ein unwirksames
Erhöhungsverlangen gleichwohl als Antrag auf Abschluß eines Änderungsvertrages anzusehen ist, so daß im Falle einer Zustimmung des Mieters eine
wirksame Vertragsänderung zustande kommt (vgl. § 10 Abs. 1 Hs. 2
MHG).

dd) Die **Überlegungsfrist** beginnt mit dem Zugang des Erhöhungsverlangens 157
und **läuft** bis zum Ablauf von zwei Kalendermonaten, gerechnet ab dem
Ende des Monats, in welchem das Erhöhungsverlangen zugeht (Zugangsmonat). Beispiel: Geht das Erhöhungsverlangen im Monat Februar zu, gleichgültig, ob am 1., am 15. oder am 28. Februar, so endet die Frist zwei Monate
nach dem Ende des Zugangsmonats Februar, also am 30. 4. um 24 Uhr. Die
Auslegungsregel des § 188 Abs. 2 BGB ist auf die Beendigung der Frist nicht
anwendbar, weil das Fristende in § 2 Abs. 3 S. 1 MHG eindeutig bestimmt
ist (a. A. *Palandt/Putzo* Anm. 6 a, wonach die Frist schon vor dem letzten
Monatstag je nach Monat und Art des Tages enden soll, offenbar gem. § 188
Abs. 2 BGB). § 188 Abs. 3 BGB braucht nicht herangezogen zu werden, da
dies mit der Fristberechnung des § 2 Abs. 3 S. 2 MHG übereinstimmt, die
Frist ohnehin mit Monatsende endigt.

**Grundsätzlich** fällt daher das **Ende** der Überlegungsfrist mit dem **Ende** 158
**eines Kalendermonats** zusammen. Damit wollte der Gesetzgeber eine
einfachere Fristberechnung erreichen. Davon gibt es jedoch eine **Ausnahme,** die zeigt, daß die Überlegungsfrist nicht immer mit dem Ende eines
Kalendermonats enden muß. Fällt nämlich der letzte Tag der Überlegungsfrist auf einen arbeitsfreien Tag (Sonntag, allgemein anerkannten Feiertag,
Samstag), so endet die Frist erst mit dem Ablauf des nächsten Werktags
(§ 193 BGB). Würde im obigen Beispiel der letzte Tag der zwei Kalendermonate (30. 4.) auf einen Samstag fallen, so würde die Frist erst mit Ablauf
des 2. 5. (Montag) enden. Die anschließende Klagefrist würde dann vom 3.
5. (Tagesbeginn) bis zum Ablauf des 2. 7. laufen (§§ 188 Abs. 2, 187 Abs. 2
BGB), so daß die Klage spätestens am 2. 7. bei Gericht eingehen müßte.
Falls der 2. 7. auch ein arbeitsfreier Tag wäre, würde sich auch die Klagefrist
gem. § 193 BGB entsprechend verlängern.

§ 193 BGB kann jedoch nicht beim Beginn des Laufs der zwei Kalendermo- 159
nate, also beim Zugang des Erhöhungsverlangens zur Anwendung kommen
(a. A. *Palandt/Putzo* Anm. 6 a, wonach das Erhöhungsverlangen am letzten
Monatswerktag zugehen muß, um die Frist von zwei folgenden Kalendermonaten auszulösen). Denn der Vermieter hat bezüglich des Zugangs des
Erhöhungsverlangens weder einen bestimmten Tag noch eine Frist (z. B.
jeweils einen Kalendermonat) einzuhalten. § 193 BGB schützt denjenigen,
der innerhalb einer Frist eine Erklärung abzugeben hat. Der Erklärende ist

aber im Falle der Überlegungsfrist der Mieter und nicht der Vermieter, wenn auch der Fristbeginn vom Zugang einer Erklärung des Vermieters abhängt.

160 **Beispiel:** Geht das Erhöhungsverlangen dem Mieter am Sonntag, dem 31. 1., zu, so endet die Frist mit Ablauf des 31. 3. (§ 193 BGB würde, wenn überhaupt anwendbar, nicht die Abgabe der Erklärung an einem arbeitsfreien Tag verbieten). Erhält der Mieter die Erhöhungserklärung dagegen erst am Montag, dem 1. 2., so endet die Frist nicht am 31. 3., sondern erst am 30. 4. Es ist also für den Fristlauf unerheblich, an was für einem Wochentag das Erhöhungsverlangen dem Mieter zugeht.

161 ee) **Stimmt** der Mieter dem Erhöhungsverlangen innerhalb der Überlegungsfrist **zu,** so entfällt damit ein Klagerecht des Vermieters. Die Klagefrist läuft nicht. Der Mieter ist jedoch für die Erteilung der Zustimmung nicht an die Überlegungsfrist gebunden. Er kann vielmehr auch nach deren Ablauf noch seine Zustimmung erteilen (vgl. dazu oben Rn 129). Wenn er durch Nichteinhaltung der Überlegungsfrist den Vermieter zur Erhebung einer Klage innerhalb der Klagefrist veranlaßt, daraufhin wegen nachträglich erteilter Zustimmung die Klage in der Hauptsache für erledigt erklärt wird (§ 91 a ZPO), so hat der Mieter die Kosten zu tragen.

b) **Einhaltung der Klagefrist**

162 aa) Nach Ablauf der Überlegungsfrist schließt sich unmittelbar die Klagefrist an. Sie gestattet dem Vermieter die Erhebung einer Zustimmungsklage, wenn der Mieter innerhalb der Überlegungsfrist seine Zustimmung nicht erteilt hat. Schweigen des Mieters steht dabei einer ausdrücklichen Ablehnung des Erhöhungsverlangens gleich (vgl. Abs. 3 S. 1: „stimmt der Mieter ... nicht zu"). Da die Überlegungsfrist meistens mit dem Ende eines Kalendermonats endet (vgl. oben Rn 158), beginnt die Klagefrist meist mit dem Beginn eines Kalendermonats (abgesehen vom Fall des § 193 BGB, wenn der letzte Tag der Überlegungsfrist auf einen arbeitsfreien Tag fällt). Die nach bisherigem Recht geltende 3monatige Klagefrist (vgl. § 3 Abs. 3 S. 1 des 2. WKSchG) wurde auf **2 Kalendermonate** verkürzt. Der Gesetzgeber hielt diese Verkürzung für angebracht, da sich der Vermieter von Anfang an überlegen kann, wie er auf eine verweigerte Zustimmung reagieren werde, so daß die Verkürzung für ihn keinen Nachteil bringt (vgl. Begründung des Regierungsentwurfs). Auch wird durch die Verkürzung vermieden, daß der Zeitraum, nach welchem der Vermieter erst wieder ein neues Erhöhungsverlangen stellen kann, sich zum Nachteil des Vermieters verlängert.

163 bb) Da sich die Klagefrist im Falle der Nichtzustimmung des Mieters an die Überlegungsfrist anschließt, setzt der Lauf der Klagefrist — ebenso wie derjenige der Überlegungsfrist (vgl. oben Rn 155) — ein **wirksames Erhöhungsverlangen** des Vermieters voraus (vgl. LG Hamburg WM 73, 169; *Sternel* MDR 73, 267; *Ganschezian-Finck* NJW 74, 120; *Palandt/Putzo*

Anm. 7 b). Für beide Fristen muß gleichermaßen gelten, daß sie nur bei einem wirksamen Erhöhungsverlangen zu laufen beginnen (vgl. LG Mannheim NJW 74, 1253 = WM 74, 181; AG Stuttgart ZMR 74, 153 = MDR 74, 233 = DWW 73, 282 = Die Justiz 73, 38; vgl. auch Rn 63 und 172). Eine Zustimmungsklage vor oder zugleich mit dem ersten Erhöhungsverlangen ist daher unzulässig (LG München I ZMR 90, 148).

cc) Die Klagefrist wird grundsätzlich gewahrt durch **Klagerhebung** (d. h. Zustellung der Klage) **innerhalb der Klagefrist** (nicht durch Einreichung eines Mahnbescheidantrags, AG Düsseldorf WM 81, U 10). Die Klage muß innerhalb der Klagefrist insbes. hinsichtlich der Parteien ordnungsgemäß erhoben werden, also im Namen aller Vermieter und gegen alle Mieter, so daß eine Klagerweiterung auf alle Mieter nach Fristablauf nicht ausreicht. Ist die Klagefrist gegenüber einem von mehreren Mietern verstrichen, so fehlt einer gegen die übrigen Mieter gerichteten Klage das Rechtsschutzbedürfnis (LG Hamburg ZMR 76, 151 = WM 76, 186 = DWW 76, 134 = MDR 76, 668). Da es sich um eine Ausschlußfrist handelt, welche nur durch Klagerhebung gewahrt werden kann, ist die Frist noch eingehalten, wenn die Klageschrift noch bis zum Ablauf der Klagefrist bei Gericht eingereicht, jedoch erst danach zugestellt wird, sofern die Zustellung „demnächst" erfolgt. Dies folgt aus den §§ 270 Abs. 3, 495 ZPO (LG Hagen NJW 77, 440; LG Mannheim ZMR 77, 285; LG Hannover WM 78, 33). Erfolgt die Zustellung nicht mehr „demnächst" nach Eingang bei Gericht, weil der angeforderte Kostenvorschuß nicht bezahlt wurde, so ist die Klagefrist trotz rechtzeitiger Klageinreichung nicht gewahrt (AG Lübeck WM 73, 11). 164

Eine Unterbrechung der Klagefrist tritt nicht dadurch ein, daß der Mieter einen Teil der geforderten Erhöhung bezahlt und anerkennt (AG Memmingen WM 81, U 16).

Die **Klage** kann auch **schon vor Ablauf der Überlegungsfrist** (also vor Beginn der Klagefrist) eingereicht werden, **wenn der Mieter** das Erhöhungsverlangen während der Überlegungsfrist eindeutig **abgelehnt** hat, da er dann auf die Einhaltung der restlichen Vorschaltfrist verzichtet (KG (RE) ZMR 81, 158 = WM 81, 54 = MRS 1 Nr. 46; *Emmerich/Sonnenschein* 117). Gemäß dem RE des KG (a. a. O.) ist jedoch die vor Ablauf der Überlegungsfrist erhobene Zustimmungsklage immer dann zulässig, **wenn** die **Überlegungsfrist** zur Zeit der **letzten mündlichen Verhandlung abgelaufen ist** (ebenso LG Karlsruhe MDR 80, 758; LG Köln ZMR 80, 151). Der Gefahr einer unverhältnismäßigen Verkürzung der Überlegungsfrist werde durch § 93 ZPO begegnet, falls der Mieter nach Klagerhebung, jedoch vor Ablauf der Überlegungsfrist zustimmt. Der Mieter könne auch während des Rechtsstreits überlegen; der Eindruck eines schwebenden Prozesses sei nicht überzubewerten (vgl. dazu eingehend und kritisch *Wiek* BlGBW 82, 21). Dieser Rechtsentscheid liegt auf einer Parallele zur Neuregelung des Abs. 3 S. 2, wonach bei einem unwirksamen vorgerichtlichen Erhöhungsverlangen das Verlangen im Rechtsstreit nachgeholt werden kann, jedoch 164a nur, wenn für den Mieter die Überlegungsfrist gewahrt ist (vgl. dazu Rn 168, 169).

165 dd) Die 2monatige **Klagefrist** – nicht unbedingt Kalendermonate – schließt sich unmittelbar an das Ende der Überlegungsfrist an. Für ihre **Berechnung** finden daher die §§ 188 Abs. 2, 187 Abs. 2, 188 Abs. 3 BGB Anwendung. Fällt der letzte Tag der so berechneten Klagefrist auf einen Sonntag, allgemeinen Feiertag oder Samstag, so verlängert sich die Frist bis zum Ende des nächsten Werktags. Dies folgt aus § 193 BGB, welcher auch auf die Klagerhebung innerhalb einer vorgeschriebenen Frist anwendbar ist (*Palandt/Danckelmann* § 193 BGB Anm. 2). Bezüglich eines Beispiels für den Lauf der Klagefrist vgl. oben Rn 158. Die Klagefrist endet daher meistens, aber nicht immer, mit dem Ende eines Kalendermonats.

Bei (auch schuldloser) Versäumung der Klagefrist steht dem Vermieter keine Wiedereinsetzung in den vorigen Stand (§ 233 ZPO) zu, da es sich bei der Klagefrist um keine Notfrist (vgl. § 223 Abs. 3 ZPO) handelt (AG Osnabrück WM 75, 228 z. fr. R.; *Schmidt-Futterer/Blank* C 126).

### 4. Zulässigkeit, Schlüssigkeit und Begründetheit der Klage*

166 a) Die Zustimmungsklage ist zulässig, wenn neben den (bei jeder Klage erforderlichen) allgemeinen die besonderen Prozeßvoraussetzungen (vgl. oben 3) sowie ein richtiger Klagantrag (vgl. oben 2) gegeben sind. Es ist zu beachten, daß schon bei den Zulässigkeitsvoraussetzungen (besondere Prozeßvoraussetzungen) zu prüfen ist, ob ein wirksames Erhöhungsverlangen des Vermieters vorliegt, weil nur bei einem solchen die Überlegungsfrist des Abs. 3 S. 1 zu laufen beginnt (vgl. oben Rn 155) und damit die Zustimmungsklage zulässig ist. Ein **wirksames Erhöhungsverlangen setzt voraus:** ein Anforderungsschreiben des Vermieters gegenüber dem Mieter über einen bestimmten Erhöhungsbetrag im Rahmen eines geschützten und nicht preisgebundenen Wohnraummietverhältnisses, bei welchem eine Mieterhöhung nicht vertraglich ausgeschlossen ist, die Einhaltung der einjährigen Wartefrist sowie eine Begründung des Erhöhungsverlangens gemäß Absatz 2 (vgl. LG Frankfurt ZMR 82, 117). Eine ordnungsgemäße Mieterhöhungsklage liegt nicht schon in der Einreichung eines Schriftsatzes, der ohne weitere Begründung nur den Klagantrag enthält, der Mieterhöhung für die gemietete Wohnung auf einen bestimmten Monatsbetrag zuzustimmen (LG Freiburg MDR 75, 60 z. fr. R.). Die Voraussetzungen eines wirksamen Erhöhungsverlangens, welche schon im Rahmen der Zulässigkeit zu prüfen sind, können im Rahmen der Schlüssigkeit nicht nochmals geprüft werden. Sie können daher nicht zur Schlüssigkeit gerechnet werden. Dies gilt z. B. für das Vorliegen von nicht preisgebundenem Wohnraum und die Einhaltung der 1jährigen Wartefrist. Jedoch muß die Nichtüberschreitung der ortsüblichen Vergleichsmiete und der Kappungsgrenze zur Begründetheit gerechnet werden. Denn die in jedem

---

* Vgl. die Übersicht „Mieterhöhungsanspruch gem. § 2 MHG: Voraussetzungen" im Anhang II.

Erhöhungsprozeß entscheidende Frage, in welcher Höhe ein Erhöhungsanspruch besteht, kann nicht schon in den Bereich der Zulässigkeit vorgelagert werden.

b) Ist die Zulässigkeit der Klage zu bejahen, so sind im Rahmen der **Schlüssigkeit (Begründetheit)** folgende (weitere) Voraussetzungen zu prüfen:
1. die Nichtzustimmung des Mieters zu dem Erhöhungsverlangen;
2. die Nichtgeltendmachung einer vorzeitigen Kündigung durch den Mieter (§ 9 Abs. 1 MHG). Dies ist keine Voraussetzung des Erhöhungsanspruchs, sondern eine Einwendung des Mieters. Dieser muß den Ausnahmetatbestand des Wegfalls der Mieterhöhung wegen Ausübung des vorzeitigen Kündigungsrechts darlegen, wenn der Erhöhungsanspruch unbegründet sein soll;
3. die Nichtüberschreitung der ortsüblichen Vergleichsmiete durch den vom Vermieter verlangten bzw. vom Gericht zugesprochenen Erhöhungsbetrag. Ist ein verwendbarer Mietspiegel vorhanden, so erfüllt der Vermieter die Anforderungen an die Schlüssigkeit hinsichtlich des Umfangs seines Klagbegehrens schon dadurch, daß er sich auf einen bestimmten Tabellensatz dieses Mietspiegels unter dessen genauer Bezeichnung beruft (*Schmidt* WM 76, 42);
4. die Nichtüberschreitung der Kappungsgrenze durch den vom Vermieter verlangten bzw. vom Gericht zugesprochenen Erhöhungsbetrag.

c) Was zu einer schlüssigen Klage gehört, muß an den Voraussetzungen einer begründeten Klage orientiert sein. Eine schlüssige Zustimmungsklage setzt daher nur die Behauptung des Klägers voraus, daß der Mieter dem Erhöhungsverlangen nicht zugestimmt habe und daß die verlangte Erhöhung die ortsübliche Vergleichsmiete nicht übersteige. Die Schlüssigkeit muß, wenn sie bei Klagerhebung nicht vorgelegen hat, nicht schon innerhalb der Klagefrist nachgeholt werden (a. A. *Sternel* MDR 73, 267). Das wäre nicht prozeßwirtschaftlich. Nicht nachholbar sind jedoch die Voraussetzungen eines wirksamen Erhöhungsverlangens (z. B. die Begründung zur Höhe). Sie können nicht nachgeholt werden. Die Prozeßvoraussetzung eines wirksamen Erhöhungsverlangens ist von Amts wegen in jedem Stadium des Prozesses zu prüfen, auch wenn der Mieter weder das Fehlen einer wirksamen Erhöhungserklärung noch die Einhaltung der Überlegungsfrist rügt (LG Hannover WM 76, 235).

## 5. Ergänzung und Nachholung eines Erhöhungsverlangens im Prozeß

Fehlen dem Erhöhungsverlangen des Vermieters irgendwelche Wirksamkeitsvoraussetzungen (vgl. oben Rn 166, 167), so ist das Verlangen unwirksam und die Klage als unzulässig abzuweisen. Denn ein **wirksames Erhöhungsverlangen** ist nach schon bisher herrschender Ansicht **Sachurteilsvoraussetzung.** Unmöglich ist es jedoch (nach bisherigem und neuem Recht), ein unwirksames Erhöhungsverlangen nachträglich (mit rückwirkender Kraft) zu heilen (z. B. bei einem auf ein unwirksames Sachverständigengutachten gestützten Erhöhungsverlangen, welches im Rechtsstreit auf die vom Gutachter genannten Vergleichsobjekte gestützt werden soll), vgl. LG Berlin WM 82, 246; AG Heidelberg WM 82, 139 (L); vgl. auch Rn 68. Aus diesem Grunde ist es für den Vermieter wichtig, Mängel des Erhöhungsverlangens, auf welches das Urteil gestützt werden soll, noch im Laufe des Rechtsstreits bis zur letzten mündlichen Verhandlung zu beseitigen. Das BVerfG hat in seinem Beschluß vom 23. 4. 1974 (ZMR 74, 297 = WM 74, 169 = DWW 74, 185 = BVerfGE 37, 132 = NJW 74, 1499 = MDR 74, 907) ausgeführt (vgl. III 2 d der Gründe), daß die gerichtliche Handhabung des Vergleichsmietenverfahrens, wonach eine „spätere Ergänzung oder Berichtigung ungenügender Angaben" unbeachtlich sein soll, zu beanstanden sei, wobei es sich dagegen wendet, dem Vermieter „zu hohe verfahrensrechtliche Hürden in den Weg zu legen, daß dieser sie nicht in zumutbarer Weise überwinden kann". Es hat „eine spätere **Ergänzung oder Berichtigung ungenügender Angaben**" durch den Vermieter ausdrücklich **zugelassen**. Es ist daher nach bisherigem Recht als auch künftig zulässig, sowohl vor Klagerhebung als auch während des Rechtsstreits Gründe zur Ergänzung oder Berichtigung **eines vorausgegangenen wirksamen Erhöhungsverlangens** nachzuschieben (z. B. Angaben zum Rasterfeld eines Mietspiegels, über einzelne angegebene Vergleichswohnungen oder über das dem Erhöhungsverlangen beigefügte Sachverständigengutachten). So können z. B. weitere Bewertungsfaktoren der angegebenen Vergleichswohnungen bezeichnet, weitere Vergleichsobjekte benannt oder die unrichtig angegebene Quadratmeterzahl der Wohnfläche berichtigt werden. Dies kann auf einen Hinweis des Gerichts im Rahmen seiner Aufklärungspflicht (vgl. § 139 Abs. 1 ZPO) als auch ohne einen solchen Hinweis erfolgen. Ein solches Nachschieben von Gründen ist nach den allgemeinen zivilprozessualen Vorschriften zulässig. Gemäß § 264 Nr. 1 ZPO ist es nicht als Klagänderung anzusehen, wenn ohne Änderung des Klagegrundes die tatsächlichen Anführungen ergänzt oder berichtigt werden. Dies ist hier der Fall.

Nach der **bisher herrschenden Ansicht** (zum Meinungsstand vgl. Vorauflage, Rn 172; *Emmerich/Sonnenschein* § 2 MHG, Rn 109, je m. w. N.) war ein Nachschieben von Gründen insoweit nicht möglich, als ein vorausgegangenes unwirksames Erhöhungsverlangen durch ein neues wirksames Verlangen geheilt werden sollte. Eine **Minderheitsmeinung** trat jedoch schon bisher aus Gründen der Prozeßökonomie dafür ein, daß bei einem vorausgegangenen unwirksamen Erhöhungsverlangen ein wirksames neues Verlangen während des Rechtsstreits nachgeholt werden kann (bis zur letzten mündlichen Verhandlung), da das Erhöhungsverlangen keine Zulässigkeitsvoraussetzung der Klage, sondern Voraussetzung der Begründetheit sei, so daß die ordnungsgemäße Begründung des Erhöhungsverlangens auch in der Klageschrift liegen könne (so LG Bremen WM 75, 74; LG Heidelberg NJW 75, 1974 = WM 76, 208 z. fr. R.; *Emmerich/Sonnenschein* 106; *Sternel* III 211; *Spatz* WM 76, 158 und ZMR 77, 227; RGRK – *Gelhaar* 19 bis 21; *Fehl* NJW 74, 925; *Ganschezian-Finck* NJW 74, 121; *Bormann/Schade/Schubart* Anm. 5; *von Krog* ZMR 77, 261). Durch die Neuregelung in Abs. 3 S. 2 gemäß dem MWoAEG hat sich der Gesetzgeber dieser Minderheitsmeinung angeschlossen und bei einer Klage, welcher ein nicht wirksames Erhöhungsverlangen vorausgeht, die Möglichkeit der Nachholung des Erhöhungsverlangens im Rechtsstreit zugelassen. Wegen der übergangsrechtlichen Anwendung dieser verfahrensrechtlichen Regelung vgl. oben Rn 7 d.

Der Gesetzgeber geht in der **Neuregelung** von der schon bisher h. M. aus, daß **nur ein wirksames Erhöhungsverlangen** die 2monatige **Überlegungsfrist** (Zustimmungsfrist) des Mieters **in Lauf setzt** und daß der Ablauf der **Überlegungsfrist** weiterhin **Sachurteilsvoraussetzung** ist, so daß der (zur Unwirksamkeit führende) Mangel eines Erhöhungsverlangens nicht nachträglich geheilt werden kann (*Sternel* ZMR 83, 78). Alle Wirksamkeitsvoraussetzungen eines Mieterhöhungsverlangens müssen sich nach dem Grundsatz der Urkundeneinheit aus dem schriftlichen Verlangen selbst ergeben. Nach der Neufassung des Gesetzes ist jedoch eine **Neuvornahme eines Erhöhungsverlangens zugelassen,** wodurch die Rechtswirkungen (insbesondere die Überlegungs- und Klagefrist) ab dem Zugang im Falle seiner Wirksamkeit unabhängig vom früheren Erhöhungsverlangen ausgelöst werden. **Fehlt einem der Mieterhöhungsklage vorausgegangenen Erhöhungsverlangen** aus irgendeinem Grunde (z. B. mangels Einhaltung des gesetzlichen Begründungszwanges) **die Wirksamkeit,** so **kann** der **Vermieter** noch im Laufe des Rechtsstreits (also auch noch im Berufungsverfahren) ein **neues (wirksames) Erhöhungsverlangen stellen,** um die sonst drohende Abweisung der Klage als unzulässig zu vermeiden und ein Sachurteil über die materiellrechtliche Frage der Mieterhöhung zu erhalten. Die **Anregung** dazu kann der Vermieter z. B. durch Ausführungen des Mieters (Beklagten) bei seiner Klagerwiderung oder durch das Gericht im Rahmen der Ausübung der **richterlichen Aufklärungspflicht** (§§ 139, 278 Abs. 3 ZPO) erhalten. Das Gericht wird zweckmäßigerweise dem Vermieter für die von diesem angekündigte Stellung eines neuen Erhöhungsverlangens eine Frist setzen (*Scholz* NJW 83, 1825). Nach der letztgenannten Prozeßvorschrift hat das Gericht auf rechtliche Gesichtspunkte (hier: Unzulässigkeit der Klage wegen eines unwirksamen Erhöhungsverlangens) hinzuweisen, welche der Kläger erkennbar übersehen oder für unerheblich gehalten hat. § 278 Abs. 4 ZPO sieht dazu erforderlichenfalls die Anberaumung eines neuen Verhandlungstermins vor.

Abs. 3 S. 2 Hs. 2 bestimmt, daß dem Mieter auch in diesem Falle die **Überlegungsfrist** (Zustimmungsfrist) gemäß Abs. 3 S. 1 zusteht. Dies bedeutet, daß ein Sachurteil durch das Gericht nur erlassen werden kann, wenn die (mindestens 2 volle Kalendermonate betragende) Überlegungsfrist zum Zeitpunkt der letzten mündlichen Verhandlung **abgelaufen** ist (wenn auch erst in der Berufungsinstanz, vgl. LG Karlsruhe ZMR 80, 150), es sei denn, der Mieter habe schon vor Ablauf der Überlegungsfrist **bis zur letzten mündlichen Verhandlung** seine Ablehnung erklärt. Stimmt der Mieter dem neuen Erhöhungsverlangen bis zum Schluß der mündlichen Verhandlung zu, so ist der Rechtsstreit von beiden Parteien in der Hauptsache für erledigt zu erklären; dem Vermieter sind gemäß §§ 91 a, 93 ZPO die Kosten des Rechtsstreits aufzuerlegen (vgl. Begründung des Regierungsentwurfs zum MWoAEG, S. 17; *Scholz* NJW 83, 1826). Selbst wenn der Mieter nicht während der Überlegungsfrist, sondern erst danach, jedoch noch bis zur letzten mündlichen Verhandlung seine Zustimmung erklärt, liegt ein „sofortiges Anerkenntnis" im Sinne von § 93 ZPO vor (über die Möglichkeit des Erlasses eines Anerkenntnisurteils vgl. jedoch unten Rn 186).

170 Stützt der Vermieter seinen Klagantrag nur noch auf **das neue nachgeschobene Erhöhungsverlangen**, so stellt dies **prozessual** ein neues tatsächliches Vorbringen, demnach **ein neues Angriffsmittel** im Sinne von § 296 Abs. 1 ZPO dar. Eine Verzögerung des Rechtsstreits gemäß § 296 Abs. 1 ZPO würde es bedeuten, wenn wegen der noch nicht abgelaufenen Überlegungsfrist eine Vertagung erforderlich würde. Das neue Angriffsmittel ist jedoch gemäß § 296 Abs. 1 ZPO nach Ablauf der gesetzten Klagbegründungsfrist auch zulässig, wenn der Kläger (Vermieter) die Verspätung genügend entschuldigt, was bei einem diesbezüglichen Rechtsirrtum des Vermieters bezüglich der rechtlichen Erfordernisse an ein wirksames Erhöhungsverlangen in der Regel zu bejahen sein wird. Stützt der Vermieter den Klagantrag hilfsweise oder ausschließlich auf das neue Erhöhungsverlangen, so ist dies gemäß der im Zivilprozeß herrschenden Meinung über den Begriff des Streitgegenstands (vgl. *Thomas/Putzo*, ZPO, Einl. II 6 u. 7 : Klagantrag und klagbegründender Sachverhalt), da der der Klage zugrundegelegte Lebenssachverhalt (bestimmtes Erhöhungsverlangen) ausgetauscht wird, als eine Änderung des Klagegrundes und damit als eine **Klagänderung** anzusehen (LG Mannheim ZMR 74, 339; *Sternel* ZMR 83, 79; *Emmerich/Sonnenschein*, Miete 48; z. fr. R. *Fehl* NJW 74, 927; a. A. LG Oldenburg ZMR 83, 34 = MDR 83, 498: Nämlichkeit des Streitgegenstandes). Dann ist § 263 ZPO anwendbar, wonach eine Klagänderung zuzulassen ist, wenn der Beklagte zustimmt oder das Gericht sie für sachdienlich hält. (Die vom Verfasser in WM 83, 66 vertretene Auffassung, wonach § 263 ZPO durch § 2 Abs. 3 S. 2 MHG n. F. verdrängt werden dürfte, wird nicht aufrechterhalten, da die gesetzgeberische Absicht der Förderung der Prozeßökonomie bei der Prüfung der Sachdienlichkeit berücksichtigt werden kann.) Man wird die **Sachdienlichkeit** der Klagänderung jedenfalls dann, **wenn** das **neue Erhöhungsverlangen** nach Ansicht des Gerichts **wirksam** ist, in aller Regel **bejahen** müssen (*Landfermann*, Erl. u. Mat. z. MWoAEG, S. 46), da eine Klagänderung insbesondere dann sachdienlich ist, wenn dadurch ein Streit endgültig behoben und ein neuer Prozeß vermieden werden kann (BGH NJW 58, 184; NJW 75, 1229). Sachdienlichkeit ist jedoch zu verneinen, wenn auch der neue Klagegrund keinen Erfolg haben kann (AG Bad Homburg WM 83, 293).

171 Mit der Neuregelung wollte der Gesetzgeber aus Gründen der **Prozeßökonomie** bezwecken, daß derselbe Streitstoff nicht zum Gegenstand von zwei aufeinanderfolgenden Prozessen gemacht wird, zumal es für den Vermieter unbefriedigend und schwer verständlich ist, wenn er nach Abweisung seiner Mieterhöhungsklage als unzulässig, obwohl die begehrte Mieterhöhung nach den materiellen Kriterien des § 2 MHG berechtigt ist, gezwungen ist, ein neues Erhöhungsverlangen zu stellen und gegebenenfalls nach Ablauf der Zustimmungsfrist des Mieters einen neuen Prozeß zu beginnen (Begründung des Regierungsentwurfs zum MWoAEG, S. 16). Diese Absicht des Gesetzgebers, bei einem vorausgegangenen unwirksamen Erhöhungsverlangen ein neues (wirksames) Erhöhungsverlangen im Rechtsstreit zuzulassen, um einen weiteren Rechtsstreit wegen des gleichen Streitpunktes (Mieterhöhungsbegehren des Vermieters) zu vermeiden, ist bei Ermessensentscheidungen des

Gerichts zu berücksichtigen, wenn auch durch die Neuregelung die Vorschriften der ZPO, welche der Verfahrensbeschleunigung bzw. der Zurückweisung verspäteter Angriffsmittel dienen, nicht geändert wurden (vgl. *Gramlich* NJW 83, 421; *Heublein/Kuda* WM 83, 97). Der **Zielkonflikt zwischen** dem Zweck der Neuregelung, ein neues Erhöhungsverlangen aus Gründen der **Prozeßökonomie** nach Möglichkeit bei der Sachentscheidung zu berücksichtigen, **und** der Tendenz der ZPO zur **Verfahrensbeschleunigung** ist im Zweifel zugunsten der erstgenannten Absicht zu lösen (vgl. *Landfermann*, Erl. u. Mat. z. MWoAEG, S. 46; *Gelhaar* DWW 83, 58, 61: Schnelligkeit der Entscheidung sei zwar anzustreben, habe aber in erster Linie der Herstellung des Rechtsfriedens zu dienen, welcher Sinn jedes richterlichen Urteils sei; vgl. auch *Gramlich* NJW 83, 421; a. A. *Sternel* ZMR 83, 79: der Richter habe die Klage als unzulässig abzuweisen, was der nach §§ 296, 296 a ZPO gebotenen Prozeßbeschleunigung entspreche; *Emmerich/Sonnenschein*, Miete 48). Zwar kann das Gericht **nicht** das Verfahren **aussetzen,** da die Voraussetzungen (§§ 148, 149 ZPO) nicht vorliegen. Jedoch können beide Parteien das **Ruhen des Verfahrens** mit Zustimmung des Gerichts gemäß § 251 ZPO durchführen, so daß es nach Ablauf der Überlegungsfrist des Mieters vom Vermieter (Kläger) wieder aufgenommen werden kann. Wird der Kläger erst in der mündlichen Verhandlung vom Gericht darauf hingewiesen, daß sein außergerichtliches Erhöhungsverlangen unwirksam sein könne, so empfiehlt es sich, ihm anheimzugeben, wenn ihm dies rechtlich möglich ist, alsbald ein neues wirksames Erhöhungsverlangen unter Behebung der Mängel zu stellen und, wenn er dies zusagt, die Verhandlung soweit zu vertagen, daß zwischenzeitlich die Überlegungsfrist des Mieters abgelaufen ist. Eine **Vertagung oder Terminsverlegung** ist gemäß § 227 Abs. 1 ZPO aus erheblichen Gründen möglich, welche auf Verlangen des Gerichts glaubhaft zu machen sind (§ 227 Abs. 3 ZPO). Als „erhebliche Gründe" gelten u. a. außergerichtliche Vergleichsverhandlungen und die Erforderlichkeit von neuen Tatsachen, weil im (Haupt-) Termin neue rechtliche Erkenntnisse gewonnen wurden (*Thomas/Putzo*, § 227 ZPO, Anm. 2 a). Demnach sind erhebliche Gründe im Sinne von § 227 Abs. 1 ZPO gegeben, so daß es im Ermessen des Gerichts liegt, eine Verhandlung zu vertagen oder einen schon angesetzten Verhandlungstermin zu verlegen. Die Entscheidung ist kurz zu begründen und unanfechtbar (§ 227 Abs. 2 S. 2 und 3 ZPO). Würde von einer Vertagung grundsätzlich mit Rücksicht auf die Maxime der Prozeßbeschleunigung kein Gebrauch gemacht, so würde die Neuregelung des Abs. 3 S. 2 in den meisten in Betracht kommenden Fällen praktisch leerlaufen, was nicht der Sinn der gesetzlichen Regelung sein kann. Denn in den meisten Fällen wird der Vermieter im Falle eines vorausgegangenen unwirksamen Erhöhungsverlangens erst in der mündlichen Verhandlung durch einen Hinweis des Amtsrichters angeregt werden, noch während des Rechtsstreits ein neues (wirksames) Erhöhungsverlangen nachzureichen. Gibt das Gericht dem Vermieter anheim, alsbald ein solches neues Erhöhungsverlangen zu stellen, so kann ihm dieses Vorgehen nicht den Vorwurf der Befangenheit einbringen, da es sich hierbei um eine sachdienliche Anregung zu einer Klagänderung im Rahmen der gerichtlichen Aufklärungspflicht handelt. Wird ein neues Erhöhungsverlangen erst **nach Schluß der mündlichen Verhandlung** gestellt, ohne daß dies durch das Gericht angeregt wurde, so steht es im Ermessen des Gerichts, ob eine Wiedereröffnung der Verhandlung in Betracht kommt (§ 156 ZPO), wobei das Gericht die Prozeßökonomie einerseits und den Gesichtspunkt einer eventuellen schuldhaften Verzögerung eines neuen Erhöhungsverlangens gegeneinander abzuwägen haben wird (vgl. jedoch AG Lübeck WM 83, 51: keine Zulassung nach Haupttermin oder frühem Ersttermin bei Entscheidungsreife). Die genannten Grundsätze der Nachholbarkeit sind prinzipiell (abgesehen von einer evtl. Zurückweisung als verspätetes Vorbringen, vgl. § 528 ZPO) auch noch im Berufungsverfahren vor dem Landgericht anwendbar (*Schultz* ZMR 83, 295).

Stützt der Vermieter seinen **Klagantrag** auf das im Rechtsstreit nachgeschobene Erhöhungsverlangen, so hat er den Klagantrag **hinsichtlich des Zeitpunkts der Wirksamkeit** der Mieterhöhung **umzustellen**, was im Falle der ausschließlichen Stützung auf das neue Erhöhungsverlangen eine Teilklagrücknahme darstellt.

172 Die Vorschrift des Abs. 3 S. 2 wird trotz des entgegenstehenden Wortlauts **nicht anwendbar** sein, **wenn** der Erhöhungsklage überhaupt **kein schriftliches Erhöhungsverlangen vorausgegangen** ist (*Köhler*, Neues Mietrecht, S. 67; *Emmerich/Sonnenschein*, Miete 48; a. A. *Landfermann*, Erl. u. Mat. z. MWoAEG, S. 47; *Schmid* BlGBW 83, 64), da die Mieterhöhungsklage ein vorheriges Vorschaltverfahren, was mit Zugang des schriftlichen Erhöhungsverlangens eingeleitet wird und die Überlegungsfrist des Mieters auslöst, voraussetzt.

Über die materiell-rechtliche Möglichkeit für den Vermieter, einem unwirksamen Erhöhungsverlangen vor Erhebung einer Klage weitere Erhöhungsverlangen folgen zu lassen, vgl. Rn 12 a.

Über die Wahrung der Schriftform des nachgeschobenen Erhöhungsverlangens durch Prozeßerklärung vgl. Rn 63.

### 6. Gerichtliche Ermittlung der ortsüblichen Vergleichsmiete

173 Zur Ermittlung der Höhe der ortsüblichen Vergleichsmiete kann sich das Gericht **aller im Zivilprozeß zugelassener Beweismittel** bedienen (vgl. die Gegenäußerung der Bundesregierung zur Stellungnahme Nr. 5 des Bundesrates). Das Gericht entscheidet grundsätzlich nach seiner freien Überzeugung im Rahmen der **richterlichen Beweiswürdigung (§ 286 ZPO)**, wie hoch die ortsübliche Vergleichsmiete für die streitbefangene Wohnung ist. Auch die Frage, **in welchem Umfang eine Beweisaufnahme** über die Höhe der ortsüblichen Vergleichsmiete **erforderlich** ist, muß dem Ermessen des Gerichts überlassen bleiben. Durch die Notwendigkeit für den Vermieter, bei Berufung auf Vergleichsobjekte drei davon zu benennen (vgl. Abs. 2 S. 4), wird dieses freie Ermessen des Gerichts hinsichtlich des Umfangs der Beweisaufnahme nicht eingeschränkt. Das ergibt sich aus der Stellungnahme des Bundesrates (Nr. 6), wonach das Gericht, wenn es die 3 Vergleichsobjekte nicht als einen ausreichenden Beweis erachte, gem. § 139 ZPO dem Kläger weiteren Beweisantritt anheim zu geben habe. Hat sich der Vermieter in seinem Erhöhungsverlangen auf eine bestimmte Anzahl von Vergleichsobjekten bezogen, so ist das Gericht, soweit es um die Ermittlung der ortsüblichen Vergleichsmiete geht, nicht gezwungen, sich auf die vom Vermieter angegebenen Vergleichsobjekte zu beschränken

(LG Hamburg WM 77, 36; AG Meinerzhagen ZMR 74, 283; a. A. AG Köln WM 73, 171 (Ls.) = MDR 74, 232 (Ls.); *Ganschezian-Finck* NJW 74, 116 m. w. N.). Ohne Rücksicht darauf, auf welche Weise der Vermieter seiner Begründungspflicht in dem Erhöhungsverlangen nachgekommen ist, kann sich das Gericht grundsätzlich all derjenigen Beweismittel für die Ermittlung der ortsüblichen Vergleichsmiete bedienen, welche auch für den Vermieter als Mittel der Begründung seines Erhöhungsverlangens zugelassen sind (Mietspiegel, Sachverständigengutachten, Daten über Vergleichswohnungen u. a., vgl. oben Rn 70–115). Bestreitet der Mieter die Höhe der verlangten Vergleichsmiete, so ist das Gericht in aller Regel nicht gezwungen, über die Bewertungsmerkmale der vom Vermieter angegebenen Vergleichsobjekte (durch Augenschein oder Zeugenvernehmung) Beweis zu erheben (*Barthelmess* ZMR 72, 169). Denn für die ortsübliche Vergleichsmiete – das beweiserhebliche Tatbestandsmerkmal (Haupttatsache) – bilden **einzelne Vergleichsobjekte** und deren Bewertungsmerkmale **nur Indizien** (Hilfstatsachen) (vgl. *Wangemann* WM 76, 21). Wegen der regelmäßig recht großen Zahl vergleichbarer Wohnungen am örtlichen Wohnungsmarkt reichen diese Indizien in aller Regel für den Nachweis der Haupttatsache nicht aus, sind also unerheblich, da das Indiz für sich allein und im Zusammenhang mit den weiteren Indizien sowie dem sonstigen Sachverhalt für das Gericht nach seiner Lebenserfahrung nicht den ausreichend sicheren Schluß auf die beweisbedürftige Haupttatsache zuläßt (vgl. für die Behandlung von Beweisanträgen im Rahmen eines Indizienbeweises grundlegend BGHZ 53, 245, 261). Die Durchführung einer Inaugenscheinnahme ist daher weder bezüglich der Wohnung des Mieters noch bezüglich der Vergleichsobjekte notwendig, wenngleich meist nützlich.

Das Gericht kann sich auf **eigene Sachkunde** berufen, wenn ihm – etwa aus früheren Mieterhöhungsprozessen (vgl. *Höfel* WM 73, 154) – die ortsübliche Vergleichsmiete für eine Wohnung der streitgegenständlichen Art bekannt ist (vgl. *Matberg* NJW 73, 1356, der die Aufstellung einer Art Tabelle durch den Mietrichter jedes Amtsgerichts für seinen Bezirk empfiehlt), was allerdings näher zu begründen sein wird. Auf die Werte einer Wohngeldstatistik kann sich die Sachkunde des Gerichts nicht stützen (*Graf* NJW 76, 1482; a. A. AG Hamburg WM 78, 73).

Über möblierten Wohnraum und dessen Bewertung vgl. Rn 34 a.

Insbesondere hat das **Gericht gem. § 287 Abs. 2 ZPO** die Möglichkeit der **Schätzung der (aktualisierten) ortsüblichen Vergleichsmiete** (vgl. BGH Betr. 66, 738 für die ortsübliche Nutzungsentschädigung; *Klien* NJW 73, 977). Dazu müssen allerdings bestimmteTatsachen als konkrete Anhaltspunkte vorhanden sein. Ohne jegliche Orientierungsdaten ist eine Schätzung nicht zulässig (vgl. BGH NJW 70, 1971; 64, 589). Eine Schätzung wird für das Gericht vor allem **auf Grund** eines **vorhandenen Mietspiegels** (über die Frage des Erstellungszeitpunkts des Mietspiegels vgl. Rn 84 a) in Betracht kommen, da ein solcher meist nur einen Rahmensatz (Spanne) für den Quadratmeterpreis der Miete enthält, so daß Zu- oder Abschläge für die zu bewertende Wohnung vorzunehmen sind. Der obere Wert einer Spanne des Mietspiegels ist nur zugrundezulegen, wenn die Wohnung nach allen in Betracht kommenden gesetzlichen Vergleichsmerkmalen gegenüber den Merkmalen der Wohnungskategorie des Mietspiegels überdurchschnittlich ist (hinsichtlich Lage,

Beschaffenheit und Ausstattung), vgl. LG Köln WM 81, U 4; LG Mannheim WM 82, 279 (L). Ist die Einordnung der streitigen Wohnung in bestimmte Rasterfelder des Mietspiegels zwischen den Parteien umstritten, so hat das Gericht — insbesondere bei bestrittenem Tatsachenvortrag dazu — gegebenenfalls ein Augenschein der streitigen Mietwohnung vorzunehmen, um eine fundierte Grundlage für seine Schätzung zu erhalten (vgl. *Spatz* WM 76, 160). Ist ein Mietspiegel vorhanden und fällt die streitige Wohnung unter dessen Anwendungsbereich, so besteht in aller Regel kein Anlaß zur Einholung eines Sachverständigengutachtens (a. A. *Wangemann* WM 76, 22 für den Mittel- und Höchstbereich eines Rahmensatzes), zumal den Parteien durch eine gerichtliche Schätzung auf Grund des Mietspiegels erhebliche Kosten für ein Sachverständigengutachten — die Kosten für ein solches Gutachten liegen in der Regel zwischen 500,— und 1000,— DM (vgl. *Niederberger* 2, 3) erspart werden und der Mietspiegel in aller Regel ein zuverlässigeres (weil umfangreicheres Datenmaterial berücksichtigendes) Beweismittel darstellt als ein Sachverständigengutachten (vgl. LG Hamburg WM 78, 134; AG Mainz WM 77, 74; *Schmidt* WM 76, 42). Der Mietspiegel hat daher gegenüber einem Sachverständigengutachten einen wesentlich höheren Beweiswert, so daß eine von ihm abweichende Feststellung eines gerichtlichen Sachverständigen eingehend begründet werden muß (LG Köln WM 82, 77; LG Bielefeld WM 83, 24). Deshalb wird nur **ausnahmsweise die Einholung eines Sachverständigengutachtens** erforderlich sein (LG Mannheim WM 82, 279 (L): regelmäßig entbehrlich bei Mietspiegel, z. B. wenn geltend gemacht wird, die Werte des Mietspiegels seien veraltet, wegen nicht ausreichenden Datenmaterials nicht zutreffend oder der Mietspiegel sei im Anwendungsbereich auf diese Art von Wohnungen nicht anwendbar (vgl. AG Mainz WM 77, 101). Gegenüber einem Mietspiegel sind vom Vermieter angeführte Vegleichswohnungen zum Beweis der ortsüblichen Vergleichsmiete ungeeignet, da zahlenmäßig nicht ausreichend, um beweiserhebliche Rückschlüsse auf die Üblichkeit zu ziehen (LG Hamburg WM 78, 134). Die Ortsüblichkeit kann nur durch eine hinreichend große Zahl von Vergleichsobjekten ermittelt werden, zumal nur ein repräsentatives Zahlenmaterial Zufallsergebnisse verhindert (LG Hamburg WM 77, 36). Über die Verwendung eines Mietspiegels einer vergleichbaren Nachbargemeinde durch das Gericht vgl. Rn 26. Liegt der im Erhöhungsverlangen angegebene Mietspiegel schon einige Zeit zurück und wurde danach ein neuer Mietspiegel herausgegeben, so hat das Gericht den letzteren als den aktuelleren und daher zuverlässigeren seiner Schätzung zugrundezulegen, da sein zeitlicher Stand dem maßgeblichen Zeitpunkt des Zugangs des Erhöhungsverlangens (vgl. Rn 43) am nächsten kommt.

Beim Vorhandensein eines längere Zeit zurückliegenden, veralteten oder nicht fortgeschriebenen Mietspiegels ist es zur Ermittlung der aktualisierten ortsüblichen Vergleichsmiete für den Zeitpunkt des Zugangs des Erhöhungsverlangens (vgl. Rn 43) **für das Gericht** geboten, **zu den Mietspiegelwerten einen Zuschlag** wegen des zwischenzeitlichen Anstiegs der betreffenden Mieten zu erheben (a. A. *Derleder* WM 83, 223 welcher zu Unrecht als Begründung auf die 2jährige Fortschreibungsfrist des Abs. 5 S. 3 abhebt, welche nur für den Mietspiegelersteller Bedeutung hat). Dies ist dem Gericht im Rahmen seiner Schätzung gem. § 287 ZPO gestattet (im Gegensatz zum Vermieter in seinem Erhöhungsverlangen, vgl. Rn 74 und RE des

OLG Stuttgart). Bei der Höhe dieses Zuschlags sollte das Gericht anderweitige Daten des örtlichen Wohnungsmarktes (Sachverständigengutachten aus anderen Verfahren, Auskünfte von Maklern und Sachverständigen, Mietkataster, kommunale Wohngeldstatistik, allgemeine statistische Daten des Anstiegs der Wohnungsmieten im Land oder Bund) verwerten, jedoch beachten, daß es auf den Anstieg oder Nichtanstieg der Mieten einer bestimmten Wohnungskategorie des örtlichen Wohnungsmarktes ankommt. Liegt ein neuerer, erst nach Zugang des Erhöhungsverlangens erstellter, herausgegebener oder fortgeschriebener Mietspiegel vor, so wird es sinnvoll sein, dessen Werte (nicht ausschließlich, jedoch als Näherungswert) mitzuverwerten, da dieser Mietspiegel eine größere zeitliche Nähe zu den gesuchten Werten des maßgeblichen Zeitpunkts (Zugang des Erhöhungsverlangens) bietet als ein früherer Mietspiegel (vgl. auch Rn 84 a). Wegen der für den Vermieter wirtschaftlich recht erheblichen Bedeutung einer rechtzeitigen (frühzeitigen) Fortschreibung eines vorhandenen Mietspiegels (vgl. dazu Rn 83) sollte das Gericht einen Zuschlag auch dann vornehmen, wenn die gesetzlich vorgesehene Fortschreibungsfrist von 2 Jahren (Abs. 5 S. 3) noch nicht abgelaufen ist. Denn durch die Einführung dieser Fortschreibungsfrist (einer Höchstfrist!) wollte der Gesetzgeber nicht erreichen, daß die Werte eines Mietspiegels, dessen Erstellung bis zu 2 Jahre zurückliegt, – trotz des (regelmäßig) ständigen Anstiegs der Wohnungsmieten – unverändert Anwendung finden, als ob sie für 2 Jahre eingefroren wären (a. A. *Sternel* MDR 83, 359: die Mietspiegelwerte repräsentierten als „Einfrierungseffekt" für die Dauer von 2 Jahren das Mietniveau, so daß das Gericht nicht befugt sei, eine Fortschreibung der Mietspiegelwerte durch sog. Zeitzuschläge vorzunehmen). Der Mietspiegel bildet nur eine „Momentaufnahme" des örtlichen Wohnungsmarktes, welche das Gericht an den im jeweiligen Mieterhöhungsprozeß maßgeblichen Zeitpunkt (Zugang des Erhöhungsverlangens) anzupassen hat. Im Rahmen einer Schätzung gem. § 287 ZPO ist das Gericht an Beweisanträge nicht gebunden; es darf aber angebotene Beweisanträge nicht willkürlich zurückweisen (vgl. *Zöller* § 287 ZPO Anm. II 2 m. w. N.). Die vom Vermieter gewählte Begründungsart für sein Erhöhungsverlangen bindet den Mieter im Rechtsstreit in der Wahl seiner Beweismittel nicht (LG Köln WM 82, 77). Beweis darf und muß unter Umständen eingeholt werden, wenn dies sachdienlich ist (z. B. durch ein Sachverständigengutachten) (vgl. *Matschl* DWW 77, 220), da der Mietspiegel das beste, aber nicht das einzige „Beweismittel" für den Richter darstellt. Die im Gesetz genannten Vergleichsmerkmale bilden, abgesehen von der Größe der Wohnung, unbestimmte Rechtsbegriffe, über die das Gericht (bei unstreitigem Sachverhalt) selbst zu befinden hat. Daher ist die Einholung eines Sachverständigengutachtens zur Beurteilung dieser Merkmale unzulässig (AG Hamburg WM 81, U 2 für die Wohnlage).

Das **Gericht kann** auf Antrag oder von Amts wegen (vgl. § 144 ZPO) ein **Sachverständigengutachten über** die ortsübliche **Vergleichsmiete einholen.** Es kann dabei dem Sachverständigen aufgeben, bestimmte vom Vermieter angegebene oder vom Sachverständigen selbst auszuwählende vergleichbare Wohnungen zu besichtigen und in die Begutachtung einzubeziehen. Soweit das Gericht das vom Vermieter eingeholte private Sachverständigengutachten – also ein Parteigutachten – im Rahmen des Urkundenbeweises verwertet, ist Voraussetzung, daß das Gutachten beweiseshalber vorgelegt wird, anschließend gem. § 285 ZPO über das Beweisergebnis verhandelt wird und Gelegenheit zum Vorbringen von Beweiseinreden besteht (LG Braunschweig WM 77, 10). Benennt der Mieter gegenüber dem vom Vermieter vorgelegten Privatgutachten 3 Vergleichswohnungen mit einer niedrigeren Miete, so sind die Darlegungen des Vermieters erschüttert, so daß ein gerichtliches Gutachten über die ortsübliche Vergleichsmiete einzuholen ist, wobei der Sachverständige nicht gehalten ist, nur die vom Mieter bezeichneten Wohnungen zugrundezulegen (LG Hannover WM 79, 220). Ob das Gericht das Ergebnis eines Sachverständigengutachtens für überzeugend hält und folglich seiner Entscheidung zugrunde legt, wird davon abhängen, ob der Sachverständige sein Gutachten ausführlich und ausreichend begründet hat (vgl. AG Düsseldorf ZMR 73, 251). Das vom Gericht eingeholte Sachverständigengutachten kann nicht deshalb als falsch gelten, weil dieses oder jenes im Gutachten zugrundegelegte Vergleichsobjekt keine großen Ähnlichkeiten mit der Wohnung des Mieters habe (AG Wiesbaden DWW 75, 17 z. fr. R.). Der Sachverständige muß den ortsüblichen Mietzins nicht auf Grund der vom Vermieter im Erhöhungsverlangen benannten Vergleichsobjekte ermitteln, vielmehr auf Grund seiner Sachkunde von anderen Vergleichsobjekten (LG Düsseldorf DWW 76, 32). Über die Problematik des Sachverständigengutachtens zur ortsüblichen Vergleichsmiete und deren erforderlichen Inhalt vgl. eingehend *Schmidt-Futterer* MDR 75, 4; *Derleder/Schlemmermeyer* WM 78, 225; *Olivet* ZMR 79, 129 mit konkreten Musterbeispielen.

176 Von der Beweiserhebung über die Höhe der ortsüblichen Vergleichsmiete zu unterscheiden ist die Beweiserhebung über bestrittene **Tatsachen zu** den vom Vermieter im Erhöhungsverlangen angegebenen **Vergleichsobjekten.** Sind solche Tatsachen (z. B. Vorhandensein, Größe oder Mietzins der Vergleichswohnung) bestritten und im Erhöhungsverlangen nicht genügend andere unbestrittene Vergleichsobjekte benannt, so ist darüber Beweis zu erheben (Augenschein, Zeugenvernehmung). Denn dabei geht es um das Vorliegen eines wirksamen Erhöhungsverlangens, da unvergleichbare oder erfundene Vergleichswohnungen die Begründungspflicht nicht erfüllen (vgl. oben Rn 98). Bestreitet der Mieter lediglich die Vergleichbarkeit der vom Vermieter im Erhöhungsverlangen benannten Vergleichsobjekte mit seiner eigenen Wohnung, ohne die vorgetragenen Tatsachen selbst zu bestreiten, so ist eine Beweisaufnahme nicht erforderlich, da keine bestrittene Tatsachenbehauptung vorliegt. Das Gericht hat vielmehr nach eigenem pflichtgemäßem Ermessen über die Vergleichbarkeit zu befinden.

### 7. Urteilsspruch, Anerkenntnis und Erledigung der Hauptsache

177 a) Ist der Klagantrag des Vermieters gem. § 2 MHG **in vollem Umfang begründet,** so verurteilt das Gericht den Mieter gem. dem Klagantrag zur Zustimmung. Die Urteilsformel lautet gleich wie der Klagantrag (vgl. oben zu 2). Sobald das **Urteil** formell rechtskräftig wird, gilt die Zustimmungserklärung des Mieters als abgegeben (§ 894 Abs. 1 Satz 1 ZPO). Die Wirkung tritt mit der Rechtskraft ein, so daß es einer Vollstreckungsklausel oder Zustellung nicht bedarf (vgl. *Zöller* § 894 ZPO Anm. 1).

Endurteile des Amtsgerichts werden, wenn keine Berufung eingelegt wird, ohne 178
Rücksicht auf die Beschwerdesumme (§ 511 a Abs. 1 ZPO: 700,— DM) **rechtskräftig** mit Ablauf der Berufungsfrist (vgl. § 705 ZPO). Dies ist eine Notfrist
von einem Monat, welche mit Zustellung des Urteils beginnt (§ 516 ZPO).

Das vom Landgericht als Berufungsinstanz (über die Berufungsfähigkeit von 179
Amtsgerichtsurteilen vgl. oben zu 1) erlassene Endurteil wird mit der Verkündung rechtskräftig. Ein amtsgerichtliches Sachurteil kann in der Berufung in ein
Prozeßurteil abgeändert werden (z. B. bei unwirksamem Erhöhungsverlangen),
was keine reformatio in peius darstellt (LG Köln WM 76, 129).

Mit Rechtskraft des Urteils gilt die Zustimmungserklärung des Mieters als 180
abgegeben. Der Änderungsvertrag bzgl. des Mietzinses kommt jedoch erst mit
Zugang der Zustimmungserklärung beim Vermieter zustande. Wann die Erklärung dem Vermieter zugeht, richtet sich nach allgemeinen Bestimmungen. Für
den Zugang ist der Zeitpunkt maßgebend, zu welchem der Vermieter vom vollen
Inhalt des Urteils Kenntnis erhält (vgl. *Zöller* § 894 ZPO Anm. 1).

b) Ist der Erhöhungsanspruch des Vermieters **nur zum Teil begründet**, so hat das 181
Gericht den Mieter zur Zustimmung **bzgl. des begründeten Teils zu verurteilen**
und im übrigen die Klage abzuweisen. Daß das Gericht auch nur zum Teil
verurteilen kann, ergab sich nach früherem Recht schon aus dem Gesetzestext
(§ 3 Abs. 5 des 1. WKSchG: „Ist der Mieter rechtskräftig verurteilt worden, der
verlangten Mieterhöhung ganz oder teilweise zuzustimmen..."). Dies ist auch
für das jetzige Recht selbstverständlich (vgl. auch *Schopp* ZMR 75, 103, der ein
solches Urteil für ein Gestaltungsurteil hält), denn das Gericht darf quantitativ
weniger als beantragt zusprechen (vgl. *Zöller* § 308 ZPO Anm. 2 b), zumal sich
bei der nur ungenau zu bestimmenden ortsüblichen Vergleichsmiete in vielen
Fällen ein zu hoher Klagantrag des Vermieters gar nicht vermeiden läßt. Das
Gericht darf nur höchstens bis zur Höhe der ortsüblichen Vergleichsmiete
verurteilen.

Für die **Kostenentscheidung** ist in diesem Falle § 92 ZPO anwendbar, so daß 182
die Kosten des Rechtsstreits entsprechend dem Verhältnis des abgewiesenen zum
zugesprochenen Monatsbetrag aufzuteilen sind. Beispiel: Verlangt der Vermieter
bei bisher DM 300,— Monatsmiete eine Erhöhung auf DM 400,—, hält das
Gericht die Klage jedoch nur in Höhe von DM 370,— für begründet, so trägt der
Beklagte 7/10 und der Kläger 3/10 der Kosten des Rechtsstreits.

Wird der Mieter nur bezüglich eines Teils zur Zustimmung verurteilt, so 183
stimmen Zustimmungserklärung (des Mieters) und Erhöhungsverlangen des
Vermieters äußerlich nicht überein. Zum Abschluß eines Änderungsvertrages
kommt es jedoch, da das Verlangen des Vermieters, soweit es über der vom
Gericht ermittelten ortsüblichen Vergleichsmiete liegt, wegen Verstoßes gegen
§ 2 Abs. 1 Nr. 2 MHG unwirksam ist (vgl. § 134 BGB) und als in der richtig
berechneten (und vom Gericht zugrundegelegten) Höhe gestellt gilt. Auf dieser
und damit auf gleicher Höhe liegt aber die durch Richterspruch ersetzte Zustimmung des Mieters.

184 c) Das Gericht kann auch ein **Versäumnisurteil** auf Zustimmung zur Mieterhöhung gegen den beklagten Mieter erlassen, und zwar in der Höhe, welche das Gericht gemäß § 2 Abs. 1 Nr. 2 und 3 MHG für begründet (schlüssig) hält (eventuell Teilversäumnis- und Schlußurteil).

185 Die Rechtskraft tritt beim amtsgerichtlichen Versäumnisurteil mit Ablauf der (zweiwöchigen) Einspruchsfrist ein, beim sogenannten zweiten Versäumnisurteil mit Ablauf der Berufungsfrist (vgl. § 513 Abs. 2 ZPO). Beim Versäumnisurteil des Landgerichts tritt sie mit Ablauf der (zweiwöchigen) Einspruchsfrist ein.

186 d) **Stimmt** der **Mieter** während des Rechtsstreits dem Erhöhungsanspruch **zu**, so ist dies **kein prozessuales Anerkenntnis** des Anspruchs gem. § 307 ZPO, weshalb auch ein Anerkenntnisurteil (auf Antrag des Vermieters) nicht erlassen werden kann. Mit dem Zugang der Zustimmung des Mieters beim Vermieter liegt eine Erfüllung vor, da damit der Abänderungsantrag des Vermieters, der in seinem Erhöhungsverlangen liegt, durch Annahme von seiten des Mieters zum Abschluß eines Änderungsvertrages geführt hat (vgl. § 151 BGB). In der Erfüllung des Mieters kann nicht zugleich die prozessuale Erklärung des Anerkenntnisses des Erhöhungsanspruchs gesehen werden, selbst wenn der Mieter eine derartige Erklärung auch dem Gericht gegenüber abgeben will. Beantragt der Vermieter Anerkenntnisurteil, so hat ihn das Gericht gem. § 139 ZPO darauf hinzuweisen, daß dies nicht möglich ist, da ein prozessuales Anerkenntnis nicht vorliegt. Beharrt der Vermieter gleichwohl auf diesem Antrag, so wird dieser durch Beschluß oder Zwischenurteil (§ 303 ZPO) abzulehnen sein (vgl. *Thomas/Putzo* § 307 ZPO, Anm. 3 b).

187 e) Durch die Zustimmung des Mieters im Prozeß tritt eine **Erledigung der Hauptsache** ein (*Emmerich/Sonnenschein* 113; *Palandt/Putzo* Anm. 6 d; *Schmidt-Futterer/Blank* C 154; *Sternel* III 223; *Bormann/Schade/Schubart* Anm. 6). Denn dadurch hat der Mieter seine Schuld (die Abgabe einer Willenserklärung) erfüllt (vgl. Rn 186). Beide Parteien haben daher die Hauptsache für erledigt zu erklären, so daß eine Kostenentscheidung gem. § 91 a ZPO zu treffen ist (vgl. dazu Rn 206).

188 Dasselbe muß gelten, wenn der Vermieter einen überhöhten Klagantrag gestellt hatte, jedoch (z. B. auf Grund einer Empfehlung des Gerichts oder eines eingeholten Sachverständigengutachtens) später die Klage bezüglich des überhöhten Teils zurücknimmt und der Mieter nunmehr in der jetzigen Höhe seine Zustimmung erteilt. Auch dann liegt eine Erfüllung in vollem geschuldetem Umfang vor.

189 Wird das Mietverhältnis durch Kündigung eines Vertragspartners oder durch Mietaufhebungsvertrag vor dem Zeitpunkt des Wirksamwerdens der Mieterhöhung oder mit diesem Zeitpunkt beendet, so tritt ebenfalls eine Erledigung der Hauptsache hinsichtlich des Mieterhöhungsanspruchs ein, so daß über die Kosten gem. § 91 a ZPO zu entscheiden ist (vgl. AG Oberhausen ZMR 74, 158: Kostenvergleichung). Diese Wirkung tritt jedoch nicht schon dadurch ein, daß der Mieter vorzeitig auszieht oder sich zur Räumung verpflichtet.

f) Bei **teilweiser Zustimmung des Mieters** im Rechtsstreit erbringt der Mieter eine (zulässige und rechtswirksame) Teilleistung, durch welche in Höhe der Zustimmung ein Änderungsvertrag zustande kommt (vgl. Rn 134–136). Bezüglich der Teilzustimmung tritt eine **(teilweise) Erledigung der Hauptsache** ein (AG Hildesheim ZMR 76, 153; *Schmidt-Futterer/Blank* C 154; *Sternel* III 223; *Barthelmess* ZMR 72, 364; *Schmid* BlGBW 82, 84). Insoweit gilt dasselbe wie bei einer vollen Zustimmung (vgl. Rn 187). 190

Da die teilweise Zustimmung **kein** teilweises **prozessuales Anerkenntnis** beinhaltet (vgl. für die volle Zustimmung i. e. Rn 186), kann ein Teilanerkenntnisurteil gem. § 307 ZPO nicht erlassen werden (*Schmidt-Futterer/Blank* C 154; *Sternel* III 223; a. A. *Schmid* BlGBW 82, 84). 191

Über Klagantrag und Streitwert im Falle der teilweisen Zustimmung des Mieters vor Klagerhebung vgl. die Rn 201–204. 192

Über die materiellrechtlichen Wirkungen der teilweisen Zustimmung des Mieters vgl. Rn 131–137. 193

## 8. Gerichtlicher Vergleich

a) In vielen Fällen, insbesondere um eine genaue Ermittlung der ortsüblichen Vergleichsmiete zu ersparen, empfiehlt sich für alle Beteiligten, den Erhöhungsanspruch durch einen gerichtlichen oder außergerichtlichen Vergleich zu erledigen. Auf einen gerichtlichen Vergleich, nach welchem der Mieter verpflichtet ist, einer Mieterhöhung zuzustimmen, ist die Fiktion des § 894 Abs. 1 S. 1 ZPO nicht anwendbar (vgl. *Zöller* § 894 ZPO Anm. 1 m. w. N.). Die Vollstreckung einer solchen Verpflichtung zur Zustimmung findet, da es sich um eine unvertretbare Handlung handelt, nach § 888 Abs. 1 ZPO statt, also in der Weise, daß der Mieter auf Antrag des Vermieters durch ein vom Prozeßgericht festzusetzendes Zwangsmittel (Zwangsgeld bzw. Zwangshaft) zur Abgabe der Zustimmungserklärung angehalten wird. Um dieses umständliche Verfahren zu vermeiden, empfiehlt es sich, den Vergleich in jedem Fall dahin zu fassen, daß der Mieter einer bestimmten Mieterhöhung hiermit zustimmt, die Parteien also schon im Vergleich den Änderungsvertrag schließen. In diesem Fall bedarf es keiner Zwangsvollstreckung, da der Mieter kraft des durch den Vergleich geschlossenen Änderungsvertrages verpflichtet ist, einen höheren Mietzins zu bezahlen, der Vermieter also dadurch einen Anspruch auf Zahlung eines höheren Mietzinses erlangt. 194

b) Bei der Festsetzung der Höhe der zu zahlenden Miete im gerichtlichen Vergleich ist das Gericht nicht an die Begrenzung durch die ortsübliche Vergleichsmiete und an die sonstigen Regelungen des § 2 MHG (einjährige Wartefrist, formgerechte Geltendmachung, schriftliche Begründung, Zeitpunkt des Wirksamwerdens) gebunden. 195

Soweit keine unzulässig überhöhte Miete vorliegt, kann der gerichtliche Vergleich, wie auch bei außergerichtlichen Vereinbarungen, auf einen die ortsübliche Vergleichsmiete übersteigenden Mietzinsbetrag lauten (vgl. § 10 Abs. 1 196

Hs. 2 MHG). Ein Vergleich, der die Zulässigkeitsgrenze (vgl. § 5 WiStG) überschreitet, ist jedoch trotz der Mitwirkung des Gerichts gemäß § 134 BGB unwirksam.

### 9. Streitwert

197 a) Der Streitwert der Mieterhöhungsklage gem. § 2 MHG bemißt sich nach dem **Unterschiedsbetrag** zwischen dem bisher geschuldeten und dem vom Vermieter verlangten Mietzins, berechnet für den noch streitigen Zeitraum, **höchstens jedoch für ein Jahr**. Dies entsprach schon bisher der h. M. (vgl. Vorauflage, § 2 MHG Rn 197 m. w. N.), es wurde nun in § 16 Abs. 5 GKG ausdrücklich für Wohnraummietverhältnisse entsprechend geregelt.

Diese Vorschrift gilt nicht nur für § 2 MHG, sondern für alle Mieterhöhungsansprüche, also auch für die §§ 3–5 MHG und für preisgebundene Wohnungen. Sie ist auch bei Feststellungsklagen anwendbar, die auf die Pflicht zur erhöhten Mietzinszahlung gerichtet sind.

198 Das Ausgeführte hat auch bei befristeten Mietverhältnissen ohne festen Mietzins zu gelten, soweit die Vertragszeit auf länger als 1 Jahr festgesetzt ist.

Besteht das Mietverhältnis jedoch nur noch kürzere Zeit als ein Jahr, so ist der Streitwert der kürzeren Zeit maßgebend.

199 Fraglich ist, ob im Hinblick auf den Unterschied zwischen einer Zahlungsklage und einer Zustimmungsklage ein pauschaler Abschlag von ca. 10% für den Streitwert der Zustimmungsklage vorzunehmen ist (bejahend: OLG Frankfurt MDR 62, 825; *Hillach/Rohs*, Handbuch des Streitwerts in bürgerlichen Rechtsstreitigkeiten, 3. Aufl., S. 176; *Zöller* § 3 ZPO Anm. 5, Stichwort: „Mietstreitigkeiten/Mieterhöhung"). Dies ist mit der h. M. zu verneinen, da davon ausgegangen werden kann, daß ein Mieter, der auf Zustimmung zur Erhöhung des Mietzinses verurteilt wird, auch seiner Zahlungspflicht nachkommt (vgl. die Stellungnahme des Bundesrats Nr. 7).

200 Der **einjährige Mietzinsdifferenzbetrag** gilt **auch für** den **Beschwerdewert der Berufung** (LG Hamburg ZMR 77, 246 = MDR 77, 496; *Palandt/Putzo* Anm. 7 d; *Sternel* III 201; a. A. *Schmidt-Futterer/Blank* C 134: gem. § 9 ZPO 25facher Differenzbetrag zwischen erstinstanzlichem Urteil und Berufungsantrag).

201 b) Hat der Mieter vorprozessual dem Erhöhungsanspruch **teilweise zugestimmt**, so liegt insoweit ein Abänderungsvertrag vor (vgl. über die materiellrechtliche Wirkung der Teilzustimmung die Rn 131–137), so daß der Erhöhungsanspruch insoweit außer Streit ist. Die Zustimmungsklage ist in diesem Falle nur über den überschießenden Restbetrag zu erheben (*Emmerich/Sonnenschein* 113; RGRK – *Gelhaar* 24; *Palandt/Putzo* Anm. 6 e; *Barthelmess* ZMR 72, 364).

202 Klagt der Vermieter gleichwohl auch den Teil des Erhöhungsanspruchs ein, welchem der Mieter zugestimmt hat, so ist die Klage insoweit mangels Rechtsschutzinteresses als unzulässig abzuweisen (LG München I, Urt. v. 17. 1. 1979 – 14 S 19392/77, zitiert bei *Kellerhals* DWW 79, 160). Denn soweit dem

Vermieter ein Anspruch auf Zahlung eines höheren Mietzinses aus dem zustandegekommenen Abänderungsvertrag zusteht (vgl. Rn 135), besteht für ihn kein Grund, auf Zustimmung zu klagen.

Der **Klagantrag** bezüglich des überschießenden Erhöhungsanspruchs ist **auf den Restbetrag zu beschränken,** nicht uneingeschränkt zu stellen (*Schmid* BlGBW 82, 84; AG Münster WM 79, 269; a. A. *Kellerhals* DWW 79, 160, welcher irrig meint, der Vermieter werde mit Kosten belastet, nur weil er sein Erhöhungsrecht durchsetzen will). In dem in Rn 131 genannten Beispiel müßte er dahin lauten, den Beklagten zu verurteilen, zuzustimmen, daß der Mietzins (einschließlich Nebenkosten) für die... Wohnung ab... von bisher 360,– DM auf 400,– DM monatlich erhöht wird.

Der **Streitwert** einer solchen nur über den Restbetrag des Erhöhungsanspruchs erhobenen Klage **reduziert** sich auf den einjährigen Differenzbetrag des noch streitigen Mietzinses (im Beispiel Rn 131 demnach auf 12 x 40,– DM = 480,– DM), AG Münster WM 79, 269. Damit hat der Mieter die Möglichkeit, durch vorprozessuale Teilzustimung den Streitwert eines etwa folgenden Mieterhöhungsrechtsstreits auf den in Wahrheit noch streitigen Teil zu beschränken und damit das Kostenrisiko des Rechtsstreits niedrig zu halten. Dies ist ihm bei einem (mindestens) zum Teil begründeten Erhöhungsverlangen stets zu empfehlen.

### 10. Kosten und vorläufige Vollstreckbarkeit

a) Über die **Kosten** des Rechtsstreits hat das Gericht gemäß den §§ 91, 92 ZPO je nach Sieg und Niederlage zu entscheiden. Zur Anwendbarkeit des § 92 ZPO vgl. Rn 182.

Wurde infolge voller oder teilweiser Zustimmung des Mieters die Hauptsache (vollständig oder teilweise) für erledigt erklärt (vgl. Rn 187, 191), so hat das Gericht insoweit eine Kostenentscheidung gem. § 91 a ZPO zu treffen. Die Kostenlast richtet sich nach dem bisherigen Sach- und Streitstand und billigem Ermessen. Wäre die Erhöhungsklage ohne Erledigung begründet gewesen, so trägt der Mieter die Kosten (vgl. auch *Palandt/Putzo* Anm. 6 d, wonach in aller Regel den Mieter die Kosten treffen werden). Dies entspricht auch der Billigkeit, da der Mieter die Zustimmung, wenn diese auch nicht befristet ist (vgl. Rn 129 f.), billigerweise schon während der Überlegungsfrist hätte erklären sollen, um insoweit einen Rechtsstreit zu vermeiden (*Schmid* BlGBW 82, 84). War das Erhöhungsverlangen unwirksam und die Klage daher (nach h. M.) unzulässig, so trägt der Vermieter die Kosten. Für eine entsprechende Anwendung des § 93 ZPO (sofortiges Anerkenntnis ohne Klagveranlassung) im Rahmen des § 91 a ZPO ist kein Raum (a. A. *Schmidt-Futterer/Blank* C 154), da der Mieter, der erst während des Prozesses seine Zustimmung erklärt, Klagveranlassung gegeben hat, da man von ihm, wie oben ausgeführt, eine Zustimmung schon während der dafür vorgesehenen Überlegungsfrist erwarten durfte, um einen Rechtsstreit zu vermeiden.

207 b) Bei einer Verurteilung des Mieters zur Zustimmung ist das Urteil (auch ohne Antrag) grundsätzlich für **vorläufig vollstreckbar** zu erklären, obwohl es eine der Zwangsvollstreckung fähige Entscheidung in der Hauptsache vor Eintritt der formellen Rechtskraft nicht gibt (vgl. § 894 ZPO, wonach erst mit formeller Rechtskraft des Urteils die Abgabe der Willenserklärung fingiert wird). Da beim Zustimmungsanspruch nur die Kostenentscheidung, nicht die Hauptsacheentscheidung vorläufig vollstreckbar ist, ist das Urteil ohne Sicherheitsleistung für vorläufig vollstreckbar zu erklären, wenn der zu schätzende Kostenerstattungsanspruch des Vermieters 2 000 DM nicht übersteigt (§ 708 Nr. 11, 2. Alternative ZPO), jedoch gegen eine der Höhe nach zu bestimmende Sicherheit bei einem Kostenerstattungsanspruch über 2 000 DM (§ 709 S. 1 ZPO). Im ersteren Falle des § 708 Nr. 11 ZPO ist die Abwendungsbefugnis des Schuldners (Mieters) wegen dessen Verurteilung in die Kosten in Höhe des zu schätzenden Kostenerstattungsanspruchs auszusprechen (§ 711 ZPO), es sei denn, der Streitwert der Hauptsache (einjähriger Mietdifferenzbetrag, vgl. Rn 197) beträgt nicht mehr als 700 DM (vgl. §§ 713, 511 a Abs. 1 ZPO).

## X. Beweislast

208 Im Rahmen einer Mieterhöhung gemäß § 2 MHG hat im Streitfalle der Vermieter zu beweisen: daß ein Wohnraummietverhältnis zwischen den Parteien vorliegt, daß ein schriftliches Erhöhungsverlangen des Vermieters dem Mieter zuging und zu welchem Zeitpunkt, daß die einjährige Wartefrist eingehalten ist, daß die ortsübliche Vergleichsmiete und die Kappungsgrenze durch das Erhöhungsverlangen bzw. den Klagantrag des Vermieters nicht überschritten wird, daß dieses Schreiben eine vorgeschriebene (vgl. Abs. 2) Begründung zur Höhe enthält und die angegebenen Beweismittel (z. B. Angaben zu Vergleichsobjekten, Erstattung eines Sachverständigengutachtens u. a.) der Wahrheit entsprechen, daß Überlegungs- und Klagefrist eingehalten sind und daß ein vorausgegangenes Erhöhungsverlangen unwirksam war. Daraus, daß der Vermieter die Darlegungs- und Beweislast auch für die von ihm begehrte Mieterhöhung hat, ergibt sich, daß er den Nachteil zu tragen hat, wenn er eine jeweils bessere Klasse der Ausstattung der Wohnung behauptet als der Mieter (z. B. gute Ausstattung statt mittlere, mittlere statt einfache), dafür jedoch keine Tatsachen vorträgt oder keinen Beweis antritt. Das Gericht hat dann (wegen insoweit fehlender Schlüssigkeit bzw. Beweisfälligkeit) zum Nachteil des Vermieters die jeweils schlechtere Wohnungskategorie seiner Schätzung gem. § 287 ZPO zugrundezulegen.

209 Der Vermieter hat auch die Beweislast dafür, daß einer der Ausnahmefälle des § 10 Abs. 3 MHG nicht vorliegt.

210 Der **Mieter** hat zu beweisen, daß er dem Erhöhungsverlangen zugestimmt hat, und zwar noch innerhalb der Überlegungsfrist.

## § 3 MHG (Umlegung von Modernisierungskosten)

(1) ¹Hat der Vermieter bauliche Maßnahmen durchgeführt, die den Gebrauchswert der Mietsache nachhaltig erhöhen, die allgemeinen Wohnverhältnisse auf die Dauer verbessern oder nachhaltig Einsparungen von Heizenergie bewirken (Modernisierung), oder hat er andere bauliche Änderungen auf Grund von Umständen, die er nicht zu vertreten hat, durchgeführt, so kann er eine Erhöhung der jährlichen Miete um elf vom Hundert der für die Wohnung aufgewendeten Kosten verlangen. ²Sind die baulichen Änderungen für mehrere Wohnungen durchgeführt worden, so sind die dafür aufgewendeten Kosten vom Vermieter angemessen auf die einzelnen Wohnungen aufzuteilen. ³Werden die Kosten für die baulichen Änderungen ganz oder teilweise durch zinsverbilligte oder zinslose Darlehen aus öffentlichen Haushalten gedeckt, so verringert sich der Erhöhungsbetrag nach Satz 1 um den Jahresbetrag der Zinsermäßigung, der sich für den Ursprungsbetrag des Darlehens aus dem Unterschied im Zinssatz gegenüber dem marktüblichen Zinssatz für erststellige Hypotheken zum Zeitpunkt der Beendigung der Maßnahmen ergibt; werden Zuschüsse oder Darlehen zur Deckung von laufenden Aufwendungen gewährt, so verringert sich der Erhöhungsbetrag um den Jahresbetrag des Zuschusses oder Darlehens. ⁴Ein Mieterdarlehen, eine Mietvorauszahlung oder eine von einem Dritten für den Mieter erbrachte Leistung für die baulichen Änderungen steht einem Darlehen aus öffentlichen Haushalten gleich. ⁵Kann nicht festgestellt werden, in welcher Höhe Zuschüsse oder Darlehen für die einzelnen Wohnungen gewährt worden sind, so sind sie nach dem Verhältnis der für die einzelnen Wohnungen aufgewendeten Kosten aufzuteilen. ⁶Kosten, die vom Mieter oder für diesen von einem Dritten übernommen oder die mit Zuschüssen aus öffentlichen Haushalten gedeckt werden, gehören nicht zu den aufgewendeten Kosten im Sinne des Satzes 1. ⁷Mittel der Finanzierungsinstitute des Bundes oder eines Landes gelten als Mittel aus öffentlichen Haushalten.

(2) Der Vermieter soll den Mieter vor Durchführung der Maßnahmen nach Absatz 1 auf die voraussichtliche Höhe der entstehenden Kosten und die sich daraus ergebende Mieterhöhung hinweisen.

(3) ¹Der Anspruch nach Absatz 1 ist vom Vermieter durch schriftliche Erklärung gegenüber dem Mieter geltend zu machen. ²Die Erklärung ist nur wirksam, wenn in ihr die Erhöhung auf Grund der entstandenen Kosten berechnet und entsprechend den Voraussetzungen nach Absatz 1 erläutert wird.

(4) ¹Die Erklärung des Vermieters hat die Wirkung, daß von dem Ersten des auf die Erklärung folgenden Monats an der erhöhte Mietzins an die Stelle des bisher zu entrichtenden Mietzinses tritt; wird die Erklärung erst nach dem Fünfzehnten eines Monats abgegeben, so tritt diese Wirkung erst von dem Ersten des übernächsten Monats an ein. ²Diese Fristen verlängern sich um drei Monate, wenn der Vermieter dem Mieter die voraussichtliche Mieterhöhung

## § 3 MHG

nach Absatz 2 nicht mitgeteilt hat oder wenn die tatsächliche Mieterhöhung gegenüber dieser Mitteilung um mehr als zehn vom Hundert nach oben abweicht.

### Übersicht

|  |  | Rn |
|---|---|---|
| I. | Zweck und Allgemeines | |
| | 1. Sinn und Zweck der Vorschrift | 1 |
| | 2. Anwendungsbereich | 2 |
| | 3. Zustimmung bzw. Duldung des Mieters bezüglich der Baumaßnahme | 3 |
| | 4. Verhältnis zu den §§ 2, 4 und 5 MHG | 4 |
| | 5. Vorzeitiges Kündigungsrecht des Mieters | 5 |
| | 6. Abweichende Vereinbarungen | 6 |
| II. | Voraussetzungen des Erhöhungsanspruchs (Abs. 1) | |
| | 1. Bauliche Maßnahmen (S. 1) | 7–12 |
| | 2. Durchführung durch den Vermieter | 13 |
| | 3. Für die Wohnung des Mieters vom Vermieter aufgewendete Kosten (Abs. 1 S. 2, 6 und 7) | 14–19 |
| III. | Umfang des Erhöhungsanspruchs | |
| | 1. Umfang der unbeschränkten Erhöhung (Abs. 1 S. 1) | 20–23 |
| | 2. Verringerter Erhöhungsbetrag bei Finanzierungsbeiträgen (Abs. 1 S. 3–5) | 24–29 |
| | 3. Berechnungsbeispiele | 30–32 |
| IV. | Vorherige Unterrichtung des Mieters (Abs. 2 u. Abs. 4 S. 2) | |
| | 1. Allgemeines | 33–35 |
| | 2. Inhalt | 36–38 |
| | 3. Form | 39 |
| | 4. Folgen bei unterlassenem Hinweis (Abs. 4 S. 2) | 40–44 |
| V. | Form der Erhöhungserklärung (Abs. 3) | |
| | 1. Einseitige Erklärung (Gestaltungsrecht) | 45, 46 |
| | 2. Erklärung erst nach Durchführung | 47 |
| | 3. Begründung der Erhöhungserklärung | 48–52 |
| VI. | Eintritt der Erhöhungswirkung (Abs. 4) | |
| | 1. Fristenregelung | 53 |
| | 2. „Abgabe" der Erklärung | 54 |
| | 3. Verlängerung um 3 Monate | 55 |
| VII. | Frühere Sonderregelung nach § 32 Städtebauförderungsgesetz | 56 |
| VIII. | Beweislast | 57 |
| IX. | Prozessuales | 58 |

## I. Zweck und Allgemeines

**Schrifttum:** *Hamm* NJW 79, 2496; *Gather* DWW 80, 135; *Risse* DWW 80, 78; *Mitzkus* NJW 81, 199.

**Zur Mieter-Modernisierung:** AG Hamburg ZMR 80, 317 (keine Zustimmungspflicht des Vermieters); *Halberstadt* WM 80, 21; derselbe WM 81, 25; *Hemming* WM 81, 29; *Gierth* DWW 82, 162; *Bielefeld* DWW 82, 164; *Lente* DWW 82, 175; *Schopp* ZMR 82, 353; *Landfermann* NJW 82, 2344 (über Mustervereinbarung); *Gundlach* ZMR 83, 218; *Malz*, Wohnungsmodernisierung durch den Mieter, 56 S., Domus-Verlag, Bonn.

Abs. 1 S. 6 ist geändert und Abs. 5 aufgehoben seit 1. 1. 1977 durch Gesetz zur Änderung des BBauG vom 18. 8. 1976, BGBl. I, S. 2221. Abs. 1 S. 1 ist geändert und S. 7 angefügt durch Art. 3 des Gesetzes zur Änderung des Wohnungsmodernisierungsgesetzes vom 27. 6. 1978, BGBl. I, S. 878 und in Kraft seit 1. 7. 1978.

### 1. Sinn und Zweck der Vorschrift

Unter der Geltung des 1. WKSchG gab es keine besondere Vorschrift für die Umlegung von Modernisierungskosten auf den Mieter. Der Vermieter konnte wegen seiner Kosten für bauliche Verbesserungen der Wohnung nur im Rahmen der allgemeinen Mieterhöhungsvorschrift (§ 3 des 1. WKSchG) eine Mieterhöhung bis zur Höhe vergleichbarer Wohnungen mit einer solchen baulichen Verbesserung durchführen. Meistens reichte diese Mieterhöhung nicht aus, um die Kosten des Vermieters für die bauliche Verbesserungsmaßnahme zu decken, zumal bei vergleichbaren Wohnungen gleichartige Baumaßnahmen meist viele Jahre früher und daher (wegen ständig gestiegener Baupreise) mit wesentlich geringeren Baukosten durchgeführt wurden. Dies führte dazu, daß die Neigung der Eigentümer zur Verbesserung von Wohnungen zurückging.

**An** der **Verbesserung von Wohnraum**, insbesondere von Altbauwohnungen, aber auch vieler nach dem Krieg gebauter Wohnungen, **besteht ein dringendes allgemeines Interesse** (vgl. Begründung des Regierungsentwurfs). Sie liegt zugleich auch im wohlverstandenen Interesse des Mieters, welchem der verbesserte Wohnwert zugute kommt. **Daher** mußte **dem Grundeigentümer** ein **größerer Anreiz zu verstärkter Modernisierung** von Wohnraum geboten werden. Neben finanzpolitischen Maßnahmen mußte für den Eigentümer die Möglichkeit der Mieterhöhung geschaffen werden, denn **erst dadurch** wird eine Modernisierung in den meisten Fällen **wirtschaftlich tragbar** und damit für den Eigentümer erstrebenswert. Der Eigentümer wird meist Verbesserungsmaßnahmen an seinem Mietshaus nur vornehmen wollen oder können, wenn er die von ihm aufgewendeten und oft beträchtlichen Kosten in Form erhöhter Mieteinnahmen wieder ersetzt bekommt. § 3 MHG gibt daher dem Eigentümer (Vermieter) die Möglichkeit, seine Kosten für eine echte Wohnraumverbesserung, insbesondere für eine Modernisierung, in einem schnellen Verfahren in angemessenem Umfange auf die Mieter umzulegen. **§ 3 bezweckt** demnach eine **Finanzierungserleichterung der Wohnraumverbesserung für die** in vielen Fällen dringend notwendige **Modernisierung** in Anlehnung an die Regelung im preisgebundenen Wohnungsbau (vgl. Begründung des Regierungsentwurfs, Allg. II 3 b) und ist somit (vorwiegend) eine **Schutzvorschrift zugunsten des Vermieters**. Andererseits war auch zu beachten, daß sich die Mieterhöhung in einem für den Mieter vertretbaren Rahmen halten und daß die Berechnung der Umlegung für den Mieter klar und überprüfbar sein mußte. Die Vorschrift dient also insofern auch dem Schutz des Mieters, als es um die Durchführung des Erhöhungsverfahrens geht. Der Gesetzgeber entschied sich zur Lösung des wirtschaftlichen Interessenausgleichs dafür, eine **Erhöhung der Jahresmiete um 11 % der Modernisierungskosten** zuzulassen (vgl. § 12 der früheren AMVO); in der bis zum 1. 7. 1978 geltenden Gesetzesfassung betrug der Erhöhungssatz 14 % der Modernisierungskosten. Über das „Hinausmodernisieren" und die rechtlichen und praktischen Möglichkeiten des Mieters dagegen vgl. *Degen* WM 83, 275.

Der Vermieter kann frei wählen, an welcher Wohnung in seinem Hause er mit der Modernisierung anfängt (LG Hannover DWW 80, 99).

1a   Die Erhöhung gem. § 3 MHG ist **zeitlich nicht begrenzt**. Sie entfällt auch dann nicht, wenn sich die Baukosten amortisiert haben, weil das Gesetz keine zeitliche Begrenzung vorsieht (*Schmidt-Futterer/Blank* C 210; a. A. *Derleder* NJW 75, 1677). **Wirtschaftlich** besteht die „Erhöhung" gem. § 3 MHG nur so lange, bis die – in der Regel ständig ansteigende – ortsübliche Vergleichsmiete den gem. § 3 MHG erhöhten Mietzins erreicht hat. Daher **schrumpft** der „Zuschlag" gem. § 3 MHG (**Erhöhungsbetrag**) im Laufe der Zeit wertmäßig immer mehr zusammen (vgl. *Puwalla* ZMR 83, 331; *Sternel* III 246; vgl auch § 2 MHG Rn 8 a; § 5 MHG Rn 3 a).

Liegt die bisherige Miete unter der ortsüblichen Vergleichsmiete, so ist es wirtschaftlich für den Vermieter empfehlenswert, zuerst die Miete gem. § 2 MHG zu erhöhen und erst danach die Modernisierung nebst Erhöhung gem. § 3 MHG vorzunehmen, da er so auf einen höheren Betrag kommt, als wenn er nur auf die niedrige Miete die Erhöhung wegen einer Modernisierung vornimmt und dadurch über das Vergleichsmietenniveau kommt, so daß eine weitere Erhöhung gem. § 2 MHG entfällt.

### 2. Anwendungsbereich

2   Über den Anwendungsbereich der Vorschrift vgl. Einführung vor § 1 MHG Rn 29–32.

Bezüglich früherer Modernisierungsmaßnahmen bei Wohngebäuden in einem förmlich festgelegten Sanierungsgebiet auf Grund eines behördlichen Modernisierungsgebots oder auf Grund einer Vereinbarung zur Vermeidung eines Modernisierungsgebots vgl. unten Rn 56.

### 3. Zustimmung bzw. Duldung des Mieters bzgl. der Baumaßnahme

3   Das Erhöhungsrecht gem. § 3 setzt **eine mietvertraglich zulässige Baumaßnahme voraus**. Dies ergibt sich aus dem allgemeinen schuldrechtlichen Grundsatz, daß ein

Vertragspartner nicht einseitig den Leistungsgegenstand auf Kosten des anderen ändern darf, es sei denn auf Grund eines Änderungsvertrages (§ 305 BGB). In diesem Sinne führte der **BGH** (ZMR 69, 200 = MDR 68, 1003) bezüglich einer preisgebundenen Wohnung aus: „Ohne Einverständnis des Mieters vorgenommene Verbesserungen des Wohnraums berechtigen den Vermieter nicht, nach § 12 AMVO eine erhöhte Miete zu verlangen... Der Vermieter kann nicht auf eine durch Veränderung der Wohnung bewirkte Änderung des Leistungsgegenstandes sein Mieterhöhungsverlangen gründen; denn § 18 1. BMietG läßt nur Mieterhöhungen für vertraglich geschuldete Vermieterleistungen zu." Daraus ist zu folgern, daß nur eine solche Baumaßnahme Grundlage des Mieterhöhungsanspruchs sein kann, die vom Mieter gebilligt und damit zum neuen Leistungsgegenstand gemacht wurde. Daher scheidet eine in Abwesenheit des Mieters oder gegen seinen Willen durchgeführte Baumaßnahme aus.

Diese Billigung des Mieters, die sich auf die Baumaßnahme (nicht auf die Mieterhöhung) beziehen muß, kann in einer vor Durchführung der Baumaßnahme erteilten (ausdrücklichen oder stillschweigenden) Zustimmung des Mieters bestehen, zu deren Erteilung der Mieter jedoch grundsätzlich nicht verpflichtet ist. Sie kann jedoch auch, was sich aus dem § 541 b BGB ergibt, in einer Duldung des Mieters (als der gegenüber der Zustimmung schwächeren Form der Billigung) bestehen (so LG Hamburg – 16. ZK. – WM 79, 170; *Palandt/Putzo* Anm. 3; *Schmidt-Futterer/ Blank* C 165 f.; *von Lackum* ZMR 79, 193; *Lenhard* DWW 78, 67; *Fischer-Dieskau/Pergande/Schwender* Anm. 6; *Bormann/Schade/Schubart* Anm. 4; RGRK – *Gelhaar*, Rn 2; *Löwe* NJW 75, 14; *Lutz* DWW 74, 277). **Über** diese **Duldung hinaus,** welche freiwillig oder auf Grund eines rechtskräftigen Duldungsurteils bewirkt werden kann, ist **nicht** noch eine besondere **Zustimmung** des Mieters **erforderlich** (jetzt ganz herrschende Meinung, so OLG Hamburg (RE) ZMR 81, 213 = WM 81, 127; OLG Hamm ZMR 81, 216 = WM 81, 129 = DWW 81, 126 = MDR 81, 761 = NJW 81, 1622; a. A. bisher *Sternel* III 239–245; LG Hamburg ZMR 78, 93 = WM 78, 34 = MDR 77, 1021; AG München ZMR 79, 210 = WM 78, 151; AG Köln WM 79, 213; *Emmerich/Sonnenschein* 15). Die Duldung ist eine ausdrücklich vom Gesetz vorgesehene Form der Zustimmung des Mieters. Er ist gem. § 541 b Abs. 1 BGB zur Duldung einer wertverbessernden Baumaßnahme verpflichtet, sofern keine Härte vorliegt. Zu beachten ist, daß eine Zustimmung bzw. Duldung bezüglich der Baumaßnahme noch kein Einverständnis des Mieters zu einer Mieterhöhung bedeutet (LG Hamburg WM 76, 236). Eines solchen Einverständnisses bedarf es jedoch nicht, da § 3 das Recht zu einer einseitigen Mieterhöhung (also gegen den Willen des Mieters) begründet.

Daß im Rahmen von § 3 über eine Duldung hinaus noch eine Zustimmung des Mieters Voraussetzung wäre, kann weder aus dem Gesetzeswortlaut noch aus dem Willen des Gesetzgebers abgeleitet werden. Der Gesetzgeber war vielmehr gerade der Ansicht, daß „Voraussetzung für eine Mieterhöhung nach § 3 nicht ist, daß der Mieter den Baumaßnahmen ausdrücklich zugestimmt hat. Die Pflicht zur Duldung solcher Maßnahmen ergibt sich aus § 541 a BGB" (vgl. Bericht des Rechtsausschusses). Wie der Zusammenhang mit dem zweiten zitierten Satz ergibt, hielt der

Gesetzgeber nicht nur eine ausdrückliche Zustimmung (im Gegensatz zur stillschweigenden) für nicht erforderlich, sondern eine über die Duldung hinausgehende Zustimmung. Auch die Bundesregierung widerspricht in ihrem Bericht über die Auswirkungen des 2. WKSchG (BTDrucks. 8/2610 S. 13 f. zu 3.3.1) der Ansicht, daß eine Erhöhung gem. § 3 die Zustimmung des Mieters erfordere. Sie weist daraufhin, daß diese einschränkende Auslegung im Wortlaut des Gesetzes keine Grundlage finde und den Absichten des Gesetzgebers widerspreche. Die Gegenmeinung würde auch dem Schutzzweck des § 3 völlig zuwiderlaufen. § 3 bezweckt eine finanzielle Erleichterung der Wohnraumverbesserung, um dem Grundeigentümer einen größeren Anreiz zu verstärkter Modernisierung zu geben, da erst dadurch eine Modernisierung, für welche ein dringendes allgemeines Interesse bestehe, in den meisten Fällen wirtschaftlich tragbar und damit für den Eigentümer erstrebenswert werde (vgl. Rn 1). Wollte man mit der Gegenmeinung eine − für den Vermieter rechtlich nicht zu erzwingende (!) − Zustimmung des Mieters zu der Baumaßnahme neben seiner Duldung verlangen (also eine zweigleisige Form der Billigung, was schon rechtssystematisch ganz ungewöhnlich wäre), so könnte der Mieter durch Versagung seiner Zustimmung jede Mieterhöhung gem. § 3 nach seinem Belieben unmöglich machen und damit, da die Baumaßnahme für den Vermieter in den meisten Fällen erst durch die Möglichkeit der Mieterhöhung nach § 3 erstrebenswert wird (wenn auch daneben eine Erhöhung gem. § 2 verlangt werden kann), in den meisten Fällen auch die Modernisierung von Wohnraum überhaupt vereiteln! Die vom Gesetzgeber mit § 3 bezweckte Förderung der Wohnraummodernisierung würde dadurch wohl in der überwiegenden Zahl der Fälle illusorisch gemacht (so auch *Fischer-Dieskau/Pergande/Schwender* Anm. 6). Schließlich beruft sich die Gegenmeinung zu Unrecht auf die genannte BGH-Entscheidung. Abgesehen davon, daß diese wohl auf preisgebundenen Wohnraum bezogen ist, folgt aus ihr gerade die hier vertretene Ansicht, daß die Duldung des Mieters sein an sich erforderliches Einverständnis ersetzt, wie sich aus folgender Passage ergibt: „Der Vermieter bedarf, wie ausgeführt, zur Durchführung der Verbesserung der Wohnung, auf die er Preiserhöhungen stützen will, des Einverständnisses des Mieters. Weigert sich der Mieter, so kann der Vermieter, wenn Mieterschutz besteht, seine Absicht nicht dadurch verwirklichen, daß er das Mietverhältnis zur Auflösung bringt. Um das vom Gesetzgeber angestrebte Ziel der Modernisierung der Altbauwohnungen dennoch zu erreichen, ist in § 28 a Abs. 1 MSchG die Möglichkeit geschaffen worden, den Mieter zur Duldung zumutbarer Verbesserungen zu verpflichten."

Hat der Mieter der Baumaßnahme zugestimmt oder diese geduldet, so kann er sich gegenüber einer Mieterhöhung gem. § 3 nicht darauf berufen, er sei nicht verpflichtet gewesen, seine Einwilligung zu geben, weshalb die Mieterhöhung entfalle. Denn damit würde er sich in Widerspruch zu seinem eigenen Verhalten setzen (unzulässige Rechtsausübung), worauf schon im Bericht des Rechtsausschusses hingewiesen wird (so auch LG Hamburg WM 79, 1; *Bormann/Schade/Schubart* Anm. 4). Beruft sich der Mieter darauf, daß er bei der Duldung der Baumaßnahme nicht gewußt habe, daß diese eine Mieterhöhung zur Folge haben kann, so handelt es sich um einen Rechtsfolgenirrtum, der nicht ohne weiteres zur Irrtumsanfechtung nach

§ 119 BGB berechtigt. Um eine solche Möglichkeit der Irrtumsanfechtung überhaupt auszuschließen, ist für den Vermieter der Hinweis gem. Abs. 2 in jedem Falle zu empfehlen.,

Als **Abwehrrecht** hat der **Mieter** einerseits die Möglichkeit, seine Zustimmung bzw. Duldung zur Durchführung der Baumaßnahme zu verweigern und es auf eine Gerichtsentscheidung über das Bestehen der Duldungspflicht ankommen zu lassen. Andererseits kann er bei bestehender Duldungspflicht die Mieterhöhung der Höhe nach angreifen und schließlich bei berechtigter Mieterhöhung, wenn ihm diese wirtschaftlich untragbar erscheint, gem. § 9 das Mietverhältnis vorzeitig kündigen, womit die Mieterhöhung entfällt. Seine Aufwendungen während der Baumaßnahmen (z. B. Kosten anderweitiger Unterkunft, Tapezier- und Malerarbeiten) kann er gem. § 541 b Abs. 3 BGB ersetzt verlangen. Schließlich kann er die Miete mindern (§ 537 BGB), wenn die Baumaßnahmen die Nutzbarkeit der Wohnung nicht nur unerheblich beeinträchtigen.

### 4. Verhältnis zu §§ 2, 4 und 5 MHG

Nach Durchführung einer Modernisierungsmaßnahme im Sinne von § 3 hat der Vermieter ein **Wahlrecht zwischen** den Mieterhöhungsmöglichkeiten gem. § 3 und § 2. Dabei ist jedoch stets die Kürzung für den Fall von Finanzierungsbeiträgen zu berücksichtigen. Bezüglich des Verhältnisses der Erhöhung nach den §§ 2 und 3 vgl. Rn 17 a zu § 1, bezüglich des Verhältnisses von § 3 zu §§ 4 und 5 vgl. Rn 17 zu § 1.

### 5. Vorzeitiges Kündigungsrecht des Mieters

Hat der Vermieter gemäß § 3 MHG gegenüber dem Mieter eine rechtswirksame Mieterhöhung geltend gemacht, so steht dem Mieter – neben seinen sonstigen Kündigungsrechten – ein vorzeitiges (außerordentliches) Kündigungsrecht gem. § 9 Abs. 1 MHG zu, um sich bei einer für ihn wirtschaftlich nicht tragbaren Mieterhöhung alsbald aus dem Mietverhältnis lösen zu können. Erklärt er die vorzeitige Kündigung, so entfällt die Mieterhöhung (vgl. dazu die Erläuterungen zu § 9 Abs. 1 MHG).

### 6. Abweichende Vereinbarungen

Vereinbarungen der Parteien, wonach vom Verfahren des § 3 MHG zum Nachteil des Mieters abgewichen werden soll, sind **nichtig** (vgl. § 10 Abs. 1 Hs. 1 MHG und die dortigen Erläuterungen).

**Gültig** ist jedoch eine **Vereinbarung** zwischen den Mietparteien, wonach im Hinblick auf eine **konkrete** (geplante, zur Zeit durchgeführte oder beendete) bauliche **Verbesserungsmaßnahme** eine Mieterhöhung **um einen bestimmten Betrag** vorgenommen werden soll (vgl. § 10 Abs. 1 Hs. 2 MHG). Meist wird es zweckmäßig sein, eine solche Vereinbarung schon vor Durchführung der Verbesserungsmaßnahme zu treffen und dabei auch den Zeitpunkt der Wirksamkeit der Mieterhöhung festzulegen (vgl. *Lutz* DWW 74, 277).

## II. Voraussetzungen des Erhöhungsanspruchs (Abs. 1)

### 1. Bauliche Maßnahmen (S. 1)

7 a) Vorausetzung für den Mieterhöhungsanspruch ist zunächst eine bauliche Maßnahme. Die Vergrößerung der Nutzfläche der Wohnung durch Bereitstellung zusätzlichen Wohnraums reicht nicht aus (LG Kiel WM 77, 125). Erforderlich ist ein **bautechnischer Eingriff in die bauliche Substanz des Gebäudes** (AG Kiel WM 77, 171), durch welchen ein vorher noch nicht vorhandener baulicher Zustand geschaffen wird. Daher fällt eine **bloße Erhaltungsmaßnahme** (z. B. Umstellung auf Erdgas, vgl. AG Kiel a. a. O., oder die Kunststoffbeschichtung einer durchfeuchteten Hausfassade, selbst wenn damit zugleich Heizenergie gespart wird, AG Bremerhaven WM 80, 14) oder **Instandsetzung** von erneuerungsbedürftigen Bau- und Einrichtungsteilen (vgl. über den Begriff der Instandhaltungskosten §§ 12 Abs. 4 AMVO, 3 ModEnG und BayObLG WM 81, 69), **nicht** darunter, da eine solche Maßnahme nur dazu dient, den vertragsmäßigen Gebrauch (vgl. § 536 BGB) zu ermöglichen und ohnehin zu den Pflichten des Vermieters gehört (AG Köln WM 79, 213). Liegt jedoch **zugleich** eine **Verbesserungsmaßnahme** vor (sog. **Instandmodernisierung**), so sind nur die Mehrkosten gegenüber dem Reparaturaufwand umlagefähig (so LG Hamburg MDR 78, 935; LG Dortmund ZMR 79, 281 = DWW 79, 142; ZMR 80, 249 = WM 80, 261: Mieter muß konkrete Mängel darlegen, andernfalls kann der Vermieter die gesamten Investitionskosten verlangen; je für die Umstellung von (reparaturbedürftiger) Einfachverglasung auf Kunststoffenster mit Isolierverglasung; vgl. eingehend *Gellwitzki* ZMR 78, 225 für verschiedene Fallgruppen; a. A. OVG Berlin ZMR 78, 62 zu AMVO; *Gelhaar* ZMR 78, 165; AG Dortmund WM 80, 248: eine solche Begrenzung sei dem Wortlaut nicht zu entnehmen). Bei Ersetzung herkömmlicher Fenster und Türen durch isolierverglaste Bauteile sind von dem Gesamtmodernisierungsaufwand abzuziehen die (fiktiven) Kosten von beim Austausch fälligen (d. h. bei wirtschaftlicher Betrachtung und unter Berücksichtigung der Mietvertragsverpflichtung notwendigen) Instandsetzungen (nicht diejenigen der Neuherstellung der alten Fenster, LG Dortmund ZMR 80, 249 = WM 79, 261), nicht jedoch künftige Ersparnisse (künftiger Erhaltungsaufwand) und anderweitige Vorteile des Vermieters (OLG Celle (RE) ZMR 81, 246 = WM 81, 151 = DWW 81, 151 = MDR 81, 761 = NJW 81, 1625; OLG Hamburg (RE) ZMR 83, 309 = WM 83, 13 = DWW 82, 362 = MDR 83, 133; LG Aachen WM 80, 203; AG Kassel WM 80, 203; a. A. AG Hamburg ZMR 81, 57; LG Hamburg MDR 81, 1021: bezüglich Berücksichtigung der Lebensdauer des nicht wertverbesserten Fensterrahmens). Für einen solchen Abzug ergibt sich kein Bedürfnis nach Billigkeit, er wäre auch kaum praktikabel (OLG Hamm (RE) ZMR 81, 216 = WM 81, 129 = DWW 81, 126 = MDR 81, 761 = NJW 81, 1622; a. A. AG Hannover ZMR 79, 251), wobei der Grundsatz des Schadenersatzrechts „neu für alt" keine Anwendung findet. Vgl. kritisch dazu *Kummer* WM 81, 145, mit dem beachtlichen Argument, daß ein Vermieter, welcher kurze Zeit vor der Reparaturbedürftigkeit die Verbesserungsmaßnahme durchführt, die gesamten Aufwendungen ohne Abzug umlegen kann.

Über die Beweislast bei der sog. Instandmodernisierung vgl. Rn 57.

Ist der Einbau schall- und wärmedämmender Fenster überwiegend Erhaltungsmaßnahme (vorgezogene Erhaltungsmaßnahme), so sind die Kosten umlegbar (AG Darmstadt WM 82, 299). Bei starkem Verkehrslärm sind Isolierglasfenster nicht werterhöhend (AG Hamburg WM 81, U 11 (L)). − Bei zu erwartender Fenstermodernisierung kann der Mieter zur Feststellung des Zustands der auszuwechselnden Fenster ein Beweissicherungsverfahren durchführen (LG Frankfurt WM 82, 218).

Die bauliche Maßnahme kann ein bloßer Einbau einer Einrichtung in das Wohngebäude sein, ein Umbau oder Anbau, d. h. eine Erweiterung der Räumlichkeiten (a. A. *Fischer-Dieskau/Pergande/Schwender* Anm. 3). In Betracht kommen auch Modernisierungsmaßnahmen auf Grund eines Modernisierungsgebots gem. § 39 e BBauG oder auf Grund des ModEnG öffentlich geförderte Baumaßnahmen (*Fischer-Dieskau/Pergande/Schwender* Anm. 2). Im Falle einer öffentlichen Förderung nach dem ModEnG muß sich der Vermieter der Behörde gegenüber verpflichten, die sich aus § 2 oder § 3 ergebende Miete für die Dauer der Förderung, auch bei Begründung eines neuen Mietverhältnisses, beizubehalten (vgl. insbes. § 14 ModEnG, abgedruckt in Anhang I). Keine bauliche Änderung ist z. B. das bloße Hineinstellen von Möbelstücken, das feste Verlegen eines Teppichs oder die Aufstellung von transportablen Dusch- oder Badegelegenheiten (*Schopp* a. a. O.).

b) Zu der baulichen Maßnahme muß weiter eine der nachfolgenden 3 Voraussetzungen hinzukommen (wobei sich die Voraussetzungen zu aa und bb überschneiden können), damit eine Modernisierung vorliegt:

aa) eine **nachhaltige Erhöhung des Gebrauchswerts der Mietsache**. Eine solche liegt vor, **wenn die Nutzbarkeit des Wohnraums** (Wohnung oder Einzelwohnraum) **wesentlich verbessert wird**, z. B. durch den Einbau einer **Zentralheizung** oder durch das Hinzukommen eines für die Wohnung wesentlichen, noch nicht vorhandenen Nebenraumes (**Bad, Toilette, Küche,** weiterer Wohnraum). Zum Begriff vgl. § 4 ModEnG. Entscheidend ist nicht eine **Erhöhung** des Verkehrswertes des Wohngebäudes, sondern **des Gebrauchswerts des betreffenden Wohnraums für jeden Mieter** (nicht nur für einen bestimmten Mieter), so daß eine Gebrauchswerterhöhung nicht schon deshalb zu verneinen ist, weil der Mieter die bauliche Einrichtung, obwohl er es könnte, nicht nutzt (a. A. AG Osnabrück WM 77, 262). Eine Gebrauchswerterhöhung liegt vor, auch wenn der Mieter die bauliche Einrichtung, obwohl er es könnte, nicht nutzt (a. A. AG Osnabrück WM 77, 262). Eine Gebrauchswerterhöhung liegt vor, auch wenn der Mieter eine wohnmäßige Qualitätssteigerung eintritt, er also mehr Gebrauchsvorteile erlangt, nicht jedoch, wenn die bauliche Maßnahme allein für den Vermieter Vorteile bringt, z. B. bei Umstellung einer koksbeheizten Sammelheizung auf Ölheizung, wenn die Regelung und Bedienung der Heizung allein Sache des Vermieters ist (vgl. LG Hamburg MDR 74, 494 = DWW 74, 236 zu dem vergleichbaren § 12 AMVO; a. A. BVerwGE 27, 202 = ZMR 67, 366; ZMR 76, 304; *Gelhaar* ZMR 78, 165); beim Einbau einer Circo-Gaswarmwasserheizung an Stelle der vorhandenen Kachelwarmluftheizung (LG Münster WM 78, 155: wegen gleichem Nutzwert); bei Verbesserung der Hauseingangstür und der Etagenabschlüsse (AG Wuppertal WM 79, 128: weil Ersatz funktionsfähiger Ausstattung durch luxuriösere mit gleicher Funktion); nicht jedoch bei Vergrößerung der Briefkastenanlage zum Einwurf von DIN A 4-Umschlägen oder Einbau von Sicherheitsschlössern (LG Hannover WM 82, 83 (Ls.)) oder bei Austausch von Ölöfen durch Nachtspeicherthermen (AG Dortmund WM 83, 291 (Ls.)).

**Bloße Verschönerungsmaßnahmen** stellen — mindestens in aller Regel — **keine** Verbesserung des Gebrauchswertes dar. Über Verbesserung des Gebrauchswertes vgl. die entsprechenden Begriffe in den §§ 28 a MSchG, 12 AMVO, 18 NMVO 1962, 11 Abs. 6 II. BV sowie *Roquette* § 541 a BGB, 8.

10   **Nachhaltig,** d. h. wesentlich und nicht nur vorübergehend, muß der Gebrauchswert erhöht werden. Das ist nicht der Fall bei Maßnahmen, die den Gebrauchswert nur geringfügig erhöhen, wie z. B. bei der Anbringung von Sicherheitsschlössern an der Wohnungs- und Haustür oder beim Legen von Parkett statt des vorhandenen Linoleumbodens, wie überhaupt bei der Ersetzung einer funktionsfähigen Ausstattung durch eine luxuriösere mit gleicher Funktion. Eine nachhaltige Gebrauchswerterhöhung ist jedoch bei folgenden Maßnahmen zu bejahen: Einbau sanitärer Anlagen (Bad, Warmwasserversorgungsanlage, Spüle, Herd, Dusche) oder einer Zentralheizung (auch Etagenheizung), Einbau eines Ölbrenners in eine Kachelofenheizung, einer Nachtspeicherheizung an Stelle einfacher Kohle- oder Ölöfen, eines Klosetts mit Wasserspülung in der Wohnung an Stelle einer Gemeinschaftstoilette, Anbringung von Doppelfenstern, Fernsehantenne, Schutzmaßnahmen gegen Lärm, eines glatten Fußbodens statt eines Riemenbodens, Sicherheitssteckdosen, Unter-Putz-Legen von Elektroleitungen, Verbesserung der Wärmedämmung oder Erneuerung des Treppenhauses. In Zweifelsfällen (z. B. Anbringung eines Waschbeckens) ist darauf abzustellen, ob gemäß der Eigenart des Gebrauchs ein Bedürfnis für die betreffende Baumaßnahme besteht. Auf die Höhe der Kosten der baulichen Maßnahme kommt es nicht entscheidend an, da nicht jede teure Maßnahme zugleich eine nachhaltige Verbesserung darstellt. Eine nachhaltige Gebrauchswerterhöhung ist zu verneinen bei der Erneuerung der Steigleitung und der Sicherungen gegen Brandgefahr (AG Darmstadt WM 77, 213).

11   bb) **eine Verbesserung der allgemeinen Wohnverhältnisse auf die Dauer.** Allgemeine Wohnverhältnisse sind diejenigen im gesamten Haus (*Schopp* ZMR 75, 103), insbes. auch der Hauszugänge und des Treppenhauses (*Palandt/Putzo* Anm. 3 a). Laut Regierungsentwurf ist diese Voraussetzung z. B. erfüllt durch den Anschluß an eine gemeindliche Kanalisation (Frischwasser und Abwasser). Das gleiche muß für den Anschluß an die allgemeine Strom- oder Gasversorgung oder an das Kabelfernsehen (so LG Berlin

DWW 83, 251 für § 541 b Abs. 1 BGB, a. A. AG Tempelhof-Kreuzberg WM 83, 260) sowie für den Einbau eines Fahrstuhls in ein Hochhaus gelten, ebenso für den Ausbau der Straße oder die Einrichtung von Kinderspielplätzen oder Einstellplätzen für Kraftfahrzeuge, für den Einbau einer Sprech- und Türöffnungsanlage (LG Berlin GrundE 80, 157) oder die Installierung einer (notwendigen) neuen Müllbox (LG Hannover WM 82, 83). Über weitere Beispiele vgl. *Roquette* § 541 a BGB, 9.

cc) eine **nachhaltige Einsparung von Heizenergie.** Darunter sind gem. § 4 Abs. 3 ModEnG insbesondere zu verstehen: **Maßnahmen zur Verbesserung der Wärmedämmung** von Fenstern, Türen, Wänden und Decken, **zur Verminderung des Energieverlustes und -verbrauchs** von zentralen Heizungs- und Warmwasseranlagen, zur Rückgewinung von Energie oder zur Schaffung einer kostensparenden Energiequelle (z. B. Wärmepumpen- und Solaranlagen) oder der Einbau isolierverglaster Fenster im Treppenhaus (LG Hannover WM 82, 83). Vgl. dazu die Aufzählung von Maßnahmen in der Begründung des Gesetzentwurfs der Bundesregierung, abgedruckt bei *Schmidt-Futterer/Blank* C 186 a.

Die Höhe der Energieeinsparung darf nach dem Gesetzeszweck nicht unwirtschaftlich sein. Andererseits muß die Maßnahme bei der vorliegenden Gesetzesalternative keine Verbesserung des Wohnwerts mit sich bringen. Wenn die Maßnahme eine wesentliche Einsparung von Heizenergie auf Dauer herbeiführt, ist es unerheblich, ob sie aus technischer Sicht Mängel hat oder effizienter hätte durchgeführt werden können. Stehen jedoch die für die Baumaßnahme aufgewendeten Kosten in krassem Mißverhältnis zum Nutzen (Einsparung von Heizenergie), so daß mit demselben Aufwand eine weitaus größere Heizkosteneinsparung hätte erreicht werden können, so können die Kosten nur zu dem Teil umgelegt werden, zu welchem sie als wirtschaftlich sinnvoll anzusehen sind. Da durch die vorliegende Gesetzesalternative nach der Absicht des Gesetzgebers dem Vermieter ein Anreiz zur Durchführung von Heizenergie sparenden Baumaßnahmen gegeben werden sollte, andererseits die Energieeinsparung auch im öffentlichen Interesse liegt (Energieverknappung!), ist es **nicht erforderlich,** daß die Baumaßnahme kostenmäßig in irgendeiner Weise **dem Mieter zugute kommt;** es kommen daher auch Einsparmaßnahmen in Betracht, die ausschließlich dem Vermieter zugute kommen, z. B. weil die Heizkosten nach dem Mietvertrag vom Vermieter allein zu tragen sind (a. A. *Schmidt-Futterer/Blank* C 186 d).

Die Energieeinsparung muß **nachhaltig** sein, d. h. sie darf kostenmäßig nicht unwesentlich sein (vgl. auch Rn 10). Eine nachhaltige Einsparung von Heizenergie liegt vor, wenn bei einer auf Dauer angelegten Baumaßnahme die Heizenergiekosten der betreffenden Gebäudeeinheit (Gebäude oder Gebäudeteil wie Wohnung) durch die Baumaßnahme um einen Prozentsatz vermindert werden, welcher über 10 % liegt (also etwa bei 15 %). Als Maßstab für diesen Prozentsatz kann die Rechtsmeinung dazu dienen, wann eine wesentliche Überschreitung eines Kostenanschlags bei einem Werkvertrag vorliegt, vgl. § 650 BGB (nach *Palandt/Thomas* Anm. 2 dazu je nach Lage des Falles 15 bis 20%).

Vgl. auch den seit 1. 1. 1979 in Kraft getretenen „Katalog energiesparender Maßnahmen", eine Verwaltungsvereinbarung zwischen Bund und Ländern (abgedruckt bei *Emmerich/Sonnenschein* 35 e und *Gutekunst/Forster*, ModEnG Anh. IV).

12 c) **Andere bauliche Änderung auf Grund von Umständen, die der Vermieter nicht zu vertreten hat.** Diese Fassung ist dem § 11 Abs. 5 Satz 1 Nr. 1 der II. BV angeglichen. Vgl. auch § 6 Abs. 1 NMVO 1970. Hier sind bauliche Änderungen gemeint, die der Vermieter nicht aus eigenem freiem Willen vornimmt, sondern weil er dazu **auf Grund einer Maßnahme der öffentlichen Hand gezwungen** wird, z. B. die **Umstellung auf Erdgas** oder eine Änderung von Freileitungen in Erdleitungen (Beispiele aus der Begründung des Regierungsentwurfs). Auch eine Baumaßnahme, welche die Verwaltungsbehörde dem Vermieter aufgibt, wird darunterfallen, soweit sie nicht durch ein Verschulden des Vermieters (Eigentümers) oder seines Erfüllungsgehilfen (vgl. § 278 BGB), etwa eine fehlerhafte oder baupolizeiwidrige Errichtung eines Gebäudes, verursacht ist. Dies kann z. B. durch eine auf Grund neuer baupolizeilicher Vorschriften erforderlich werdende Baumaßnahme der Fall sein. Zu vertreten hat der Vermieter Vorsatz und Fahrlässigkeit (vgl. § 276 Abs. 1 S. 2 BGB). Er hat auch für Verschulden seiner Erfüllungsgehilfen einzustehen (§ 278 BGB). Darauf, ob die bauliche Maßnahme dem Mieter zugute kommt oder ob sie für ihn eine Verbesserung des Gebrauchswerts darstellt, kommt es bei der vorliegenden Alternative des Gesetzes (anders bei der ersten Alternative) nicht an (a. A. AG Regensburg DWW 78, 101 m. abl. Anm. *Volk*).

**2. Durchführung durch den Vermieter**

13 Der Vermieter selbst muß die baulichen Maßnahmen durchgeführt haben. Er muß also Bauherr gewesen sein; in seinem Auftrag müssen die Handwerker tätig geworden sein. Das Gesetz will erreichen, daß die Mieterhöhung gemäß § 3 demjenigen zugute kommt, der auch die Kosten der baulichen Maßnahme zu tragen hatte. Ist der Vermieter daher nicht Grundstückseigentümer und hat nicht er, sondern der Grundstückseigentümer die baulichen Änderungen durchgeführt, so ist § 3 **nicht,** auch nicht entsprechend anwendbar. Dasselbe muß gelten, **wenn die öffentliche Hand** die bauliche Maßnahme **durchführt,** der Vermieter jedoch gemäß behördlicher Anordnung einen Finanzierungsbeitrag leistet (z. B. für Kanalbau, Kläranlage oder Straßenausbau gem. Kommunalabgabengesetz). Eine entsprechende Anwendung des § 3 für solche Fälle ist wegen des eindeutigen Gesetzeswortlauts abzulehnen, zumal die Fassung des § 3 MHG von derjenigen des § 12 AMVO, wonach es auf vom Vermieter getragene Kosten und Aufwendungen ankam, eindeutig abweicht, obwohl § 3 MHG an jener Vorschrift orientiert ist (ebenso OLG Hamm (RE) WM 83, 287 = NJW 83, 2331 = MDR 83, 843; LG Lübeck WM 81, 44 m. zust. Anm. *Eisenschmid;* AG Rheine WM 82, 207 (Ls.); *Sternel* III 230; *Emmerich/Sonnenschein* 22; a. A. *Lutz* DWW 75, 182; *Gather*

DWW 80, 139; *Schmidt-Futterer/Blank* C 169; *MüKo-Voelskow* 15; *Otto* DWW 81, 170). Nach OLG Hamm (a. a. O.) sind nicht umlagefähig vom Vermieter zu zahlende gemeindliche Erschließungsbeiträge (z. B. für Straßenbaukosten), da S. 1 in der letzten Alternative (vgl. Rn 12) und überhaupt Abs. 1 nur wohnobjektbezogene (d. h. auf das Wohngrundstück bezogene) Aufwendungen des Vermieters voraussetzt, was aus Wortlaut, Entstehungsgeschichte sowie Sinn und Zweck der Vorschrift folgt.

Dasselbe gilt für Arbeiten auf Grund behördlicher Auflagen wie bei Erneuerung der Elektro- und Gasleitung (AG Osnabrück WM 81, U 12).

### 3. Für die Wohnung des Mieters vom Vermieter aufgewendete Kosten (Abs. 1 S. 2, 6 u. 7)

a) Für die Mieterhöhung (Umlegung) sind maßgebend die **vom Vermieter** für eine bauliche Maßnahme der oben beschriebenen Art **aufgewendeten Kosten.** Aufgewendet hat er sie nur, wenn sie ihm tatsächlich entstanden sind. Dies ist nicht der Fall, wenn eine andere Person die baulichen Maßnahmen unentgeltlich durchgeführt hat (z. B. gefälligkeitshalber). Hat der Vermieter oder haben seine Angehörigen die baulichen Maßnahmen selbst durchgeführt, ohne einen Handwerker zu beauftragen, so können diejenigen Kosten in Ansatz gebracht werden, welche bei Beauftragung eines fachkundigen Dritten (Handwerkers) entstanden wären (vgl. auch § 27 Abs. 2 der II. BV).

14

Der Vermieter kann als Eigentümer zwar grundsätzlich nach Belieben entscheiden, in welcher Weise und mit welchen **Kosten** er bauliche Maßnahmen durchführen will (vgl. § 903 BGB). Soweit er diese Kosten jedoch dem Mieter als Grundlage einer Mieterhöhung in Rechnung stellt, müssen sie sich objektiv **in wirtschaftlich vernünftigem Rahmen** halten. Hat der Vermieter die baulichen Maßnahmen schuldhaft zu überhöhten Kosten durchgeführt (z. B. durch Beauftragung einer Firma, deren Preise erkennbar erheblich über dem ortsüblichen Preisniveau liegen), so wird er der Mieterhöhung nur diejenigen Kosten zugrundelegen können, die bei üblichem Preisniveau für eine bauliche Maßnahme dieser Art entstanden wären (angemessene Kosten). Man wird hierbei diejenigen Grundsätze anzuwenden haben, welche für einen Schadenersatzanspruch im Falle der Beschädigung einer Sache bei unverhältnismäßigen Aufwendungen des Geschädigten gelten (vgl. dazu *Palandt/Heinrichs* § 251 BGB Anm. 3 B b, bb).

15

Entsprechendes muß für eine ausgesprochen **luxuriöse Ausführung** gelten. Zwar muß es grundsätzlich der Entscheidung des Vermieters überlassen bleiben, welche Ausführungsart (Qualität) er für die bauliche Änderung wählt, so daß der Mieter nicht schon allein wegen einer über dem Durchschnitt liegenden Qualität den Umfang der Mieterhöhung beanstanden kann. Ist jedoch die Qualität der Baumaßnahme nach der Verkehrsanschauung von einem im Hinblick auf die Struktur des Gebäudes (z. B. renovierungsbedürftiger Altbau) unangebrachten Luxus (z. B. vergoldete Armaturen im Bad), so kann der Mieterhöhung nur der Kostenansatz für die übliche Qualität zugrundegelegt werden.

16

17 b) Hat sich der **Mieter** an diesen Kosten des Vermieters **durch einen Beitrag beteiligt oder** für ihn ein Dritter (z. B. sein Arbeitgeber), oder werden die Kosten mit **Zuschüssen aus öffentlichen Haushalten** gedeckt (wozu nach S. 7 auch Mittel der Finanzierungsinstitute des Bundes oder eines Landes gehören), so zählt dieser Beitrag **nicht** zu den vom Vermieter aufgewendeten Kosten (S. 6). Der Beitrag ist also von den Gesamtkosten von vornherein abzuziehen, bevor die Quote von 11 % berechnet wird.

18 c) Maßgebend für die Erhöhung sind nur die **für die Wohnung des Mieters aufgewendeten Kosten** (Abs. 1 S. 1). Es ist also zu ermitteln, in welcher Höhe dem Vermieter Kosten gemäß Abs. 1 S. 1 für die Wohnung des einzelnen Mieters entstanden sind. Dazu gehören **Kosten für Material, Handwerker, Architektenleistung, Baunebenkosten** wie Reinigung, auch durch die Modernisierung zwangsläufig bedingte **Instandsetzungskosten** einschließlich Schönheitsreparaturen (*Bormann/Schade/Schubart* Anm. 5). Dazu rechnet auch der **Aufwendungsersatz**, welchen der Vermieter dem Mieter gem. § 541 b Abs. 3 BGB zu leisten hat, da diese Kosten durch die Modernisierung adäquat verursacht sind (*Bormann/Schade/Schubart* Anm. 5). War die frühere Einrichtung nicht reparaturbedürftig, so sind nicht etwa die fiktiven Kosten für eine neue Einrichtung der alten Güteklasse in Abzug zu bringen, da dies dem Gesetzeszweck der Förderung der Wohnwertverbesserung widersprechen würde (LG Dortmund DWW 79, 142; a. A. *Gellwitzki* ZMR 78, 227 f. zu III D: da bezüglich des bisherigen Maßes an Einrichtung sich der Gebrauchswert nicht erhöhen könne), zumal das Gesetz ohne derartige Einschränkung „die für die Wohnung aufgewendeten Kosten" für umlagefähig erklärt. Nicht umlagefähig sind die bei der Finanzierung von Wertverbesserungsmaßnahmen anfallenden Kapitalbeschaffungskosten, da die II. BV hier nicht anwendbar ist (OLG Hamburg (RE) ZMR 81, 245 = WM 81, 152 = NJW 81, 2820). Oft werden bauliche Änderungen gleichzeitig für mehrere Wohnungen durchgeführt (z. B. Einbau einer Zentralheizung in einem aus 3 Wohnungen bestehenden Wohngebäude). Die bauliche Änderung ist für jede Wohnung durchgeführt, für welche eine Wertverbesserung gemäß oben zu 1 vorliegt. Bei baulichen Maßnahmen, die **mehreren Wohnungen** zugute kommen, sind die für die gesamte Maßnahme aufgewendeten Kosten (Gesamtkosten) angemessen **auf die einzelnen Wohnungen aufzuteilen** (Abs. 1 S. 2). Die Aufteilung ist vom Vermieter vorzunehmen. Der Verteilungsschlüssel muß angemessen sein (vgl. dazu § 8 a Abs. 5 S. 1 WoBindG).

Hierbei ist § 315 BGB anzuwenden. Die Bestimmung des Vermieters muß also nach billigem Ermessen erfolgen. Sie ist für den Mieter nur verbindlich, wenn sie der Billigkeit entspricht. Andernfalls kann die Aufteilung durch gerichtliches Urteil verlangt werden (§ 315 Abs. 3 BGB). **Angemessen** ist z. B. bei einer Zentralheizung regelmäßig die Aufteilung der Gesamtkosten entsprechend der Quadratmeterzahl der einzelnen Wohnungen. Entspricht der Nutzungsanteil der Einzelwohnung nicht ungefähr dem Flächenanteil, so kommt eine andere Aufteilung nach dem zu schätzenden Nutzungsanteil der einzelnen Wohnung in

Betracht. Zum Beispiel ist beim Einbau eines Fahrstuhls der Nutzungsanteil um so größer, je höher die betreffende Wohnung gelegen ist. Ähnlich wie bei der Umlegung von Mietnebenkosten auf einzelne Mieter können mehrere Verteilungsmaßstäbe dem Gebot der Angemessenheit (Billigkeit) entsprechen. Nur bei eindeutiger Unbilligkeit der Aufteilung kann gerichtliche Hilfe in Anspruch genommen werden.

Das Gesetz spricht von „Wohnungen", nicht von Wohnraum. Die Regelung muß aber, da § 3 auch auf Einzelwohnraum (Zimmer) anwendbar ist, nicht nur für Wohnungen, sondern allgemein für Wohnraumeinheiten (Wohnungen und Einzelwohnräume) gelten. Das Gesetz ist hier ungenau (Abs. 1 S. 1: zuerst „Mietsache", dann „Wohnung"; S. 2 „Wohnung"; S. 5 „Wohnungen"). 19

## III. Umfang des Erhöhungsanspruchs

### 1. Umfang der unbeschränkten Erhöhung (Abs. 1 S. 1)

a) **Ausgangsbasis** für die Berechnung der Mieterhöhung ist die vom Mieter gezahlte **Jahresmiete vor Durchführung** der baulichen Änderungen. Dies ist nicht die vom Mieter während des ganzen Jahres vor der Durchführung der baulichen Maßnahmen gezahlte Miete (so aber *Schmidt-Futterer/Blank* C 202 a; *Derleder* WM 76, 224; *Marienfeld* ZMR 78, 38 mit Berechnungsbeispielen), sondern der Monatsmietzins zum Zeitpunkt des Beginns der baulichen Maßnahme (über „Beginn" vgl. die Erläuterungen zu Art. 4 Rn 19), multipliziert mit 12 (so auch *Gelhaar* ZMR 78, 164 abgeleitet aus dem Gesetzeszweck; *Emmerich/Sonnenschein* 40; *Sternel* III 252; *Fischer-Dieskau/Pergande/Schwender* Anm. 4). Der Mietzins ist zu verstehen ohne die daneben gesondert zu zahlenden Nebenkosten. 20

b) Diese Jahresmiete ist **um 11 % der** vom Vermieter **für den** betreffenden **Wohnraum** des Mieters **aufgewendeten Kosten** der baulichen Maßnahme (vgl. oben Rn 14–18) **zu erhöhen**. Durch Division mit 12 errechnet sich dann der nunmehr zu zahlende Monatsmietzins (vgl. das Berechnungsbeispiel 1 unten Rn 31). Der Gesetzgeber entschied sich in Anlehnung an § 12 AMVO dafür, den umlegungsfähigen Teil der Modernisierungskosten auf 11 % festzusetzen, um die Mieterhöhung in Grenzen zu halten und dadurch übermäßige Mieterhöhungen und Verzerrungen des Mietpreisgefüges bei Wohnungen gleichen Wohnwerts zu vermeiden (vgl. Begründung des Regierungsentwurfs). 21

c) Die nach dieser Berechnungsweise ermittelte Mieterhöhung kann vom Mieter grundsätzlich **in voller Höhe** verlangt werden, gleichgültig, ob und um wieviel sie die ortsübliche Vergleichsmiete für Wohnraum mit der gleichen wertverbessernden baulichen Maßnahme übersteigt (so auch *Fischer-Dieskau/Pergande/Schwender* Anm. 2). Im Regierungsentwurf war vorgesehen, daß der erhöhte Mietzins die ortsübliche Vergleichsmiete für Wohnungen, welche eine entspre- 22 chende bauliche Ausstattung haben, nicht um mehr als 10 % übersteigen dürfe (vgl. § 3 Abs. 1 S. 1 der Fassung des Regierungsentwurfs). Diese sog. Kappungsgrenze wurde in der Stellungnahme des Bundesrates gestrichen mit der Begründung, sie erschwere die Durchsetzung von Mieterhöhungen so sehr, daß dadurch der Anreiz zur dringend notwendigen Modernisierung für den Vermieter weitgehend entfalle. Der Bundestagsrechtsausschuß schloß sich der Begründung des Bundesrats an und ließ es beim Wegfall der Kappungsgrenze.

22a  Die Erhöhung gem. § 3 **darf** die **Wesentlichkeitsgrenze** des § 5 WiStG (Mietpreisüberhöhung) **überschreiten.** Denn der Gesetzgeber hat mit den §§ 3 und 5 MHG Sondererhöhungsrechte zur Anregung der Wohnungsbautätigkeit eingeführt, die neben dem „ordentlichen" Erhöhungsrecht gem. § 2 MHG stehen, wobei er bewußt davon abgesehen hat, eine Begrenzung dieser Sondererhöhungsrechte durch die „Wesentlichkeitsgrenze" des § 5 WiStG vorzusehen. Daher hat die Sonderregelung dieser Erhöhungsrechte Vorrang vor der älteren und allgemeineren Regelung des WiStG. Würde die Wesentlichkeitsgrenze die Sondererhöhungsrechte der §§ 3 und 5 MHG „kappen", so wäre auch der Zweck der Wohnungsbauförderung, bei § 3 MHG speziell derjenige der Förderung von Wohnungsmodernisierungen vereitelt, da eine Modernisierung in vielen Fällen für den Vermieter dann wirtschaftlich nicht durchführbar wäre, insbesondere wenn der vereinbarte Mietzins über der ortsüblichen Vergleichsmiete liegt, so daß wenig Spielraum für eine Mieterhöhung bliebe (im Ergebnis und in der Begründung ähnlich OLG Hamm (RE) WM 83, 18 = DWW 83, 17 = MDR 83, 230 = NJW 83, 1915 bezüglich § 5 MHG, jedoch in seiner Begründung ebenso auf § 3 MHG anwendbar; *Otto* DWW 81, 70; a. A. OLG Karlsruhe (RE) vom 19. 8. 1983 – 3 RE – Miet 3/83; LG Duisburg WM 79, 221; LG Mannheim WM 80, 183; AG Mannheim WM 79, 107; Vorauflage Rn 22; *Lenhard* DWW 78, 68; *Schmidt-Futterer/Blank* C 206; *Sternel* III 35; *Emmerich/Sonnenschein* 3). Vgl. über die Grenze der zulässigen Miete Einf. vor § 1 MHG, Rn 11 a. Der danach nicht durch § 5 WiStG beschränkte Modernisierungszuschlag wird jedoch im Falle eines Mieterwechsels dahin begrenzt, daß bei der neuen Mietzinsvereinbarung die Grenze des § 5 WiStG einzuhalten ist.

23  d) Ist die Erhöhungserklärung des Vermieters gem. § 3 MHG **auf einen gesetzlich in dieser Höhe nicht gerechtfertigten Erhöhungsbetrag gerichtet,** so ist sie nur in der gesetzlichen Höhe wirksam, bezüglich des darüber hinausgehenden Teilbetrages jedoch gem. § 134 BGB nichtig. Der Mieter ist daher in einem solchen Falle nicht darauf angewiesen, auf Abgabe einer Herabsetzungserklärung zu klagen.

**2. Verringerter Erhöhungsbetrag bei Finanzierungsbeiträgen (Abs. 1 S. 3—5)**

24  Nach S. 3 verringert sich der Erhöhungsbetrag gem. S. 1, d. h. der Betrag von 11 % der vom Vermieter für den betreffenden Wohnraum des Mieters aufgewendeten Kosten der baulichen Maßnahme in bestimmter Weise, wenn der Vermieter die

Kosten für die bauliche Maßnahme ganz oder teilweise durch fremde Finanzierungshilfen deckt.

a) Dies ist der Fall, wenn die Kosten **durch zinsgünstige** (zinsverbilligte oder zinslose) **Darlehen aus öffentlichen Haushalten** gedeckt werden. In Frage kommen hier Darlehen des Bundes, des Landes oder anderer öffentlicher Körperschaften, insbesondere öffentliche Baudarlehen nach §§ 26 des I. WoBauG, 42 des II. WoBauG und Modernisierungsdarlehen auf Grund des Modernisierungsprogrammes des Bundes und der Länder (vgl. die Richtlinien für das Modernisierungsprogramm, herausgegeben vom Bundesminister für Raumordnung, Bauwesen und Städtebau im Bundesanzeiger vom 10. 1. 1975 und die entsprechenden Richtlinien der Länder). 25

Der Erhöhungsbetrag verringert sich um den Jahresbetrag der Zinsermäßigung, der sich für den ursprünglichen Darlehensbetrag aus dem unterschiedlichen Zinssatz gegenüber dem marktüblichen Zinssatz für erststellige Hypotheken z. Z. der Beendigung der baulichen Maßnahme ergibt. Es ist also aus dem ursprünglichen Darlehensbetrag zunächst der Jahreszinsbetrag zu errechnen, und zwar aus einem Zinssatz, der bei erststelligen Hypotheken zum Zeitpunkt der Beendigung der baulichen Maßnahme auf dem Kapitalmarkt üblich war. (Bei einem Darlehen von 5 000 DM und einem Zinssatz von 12 % für erststellige Hypotheken ergibt dies z. B. einen Jahreszins von 600 DM.) Davon ist abzuziehen der Jahreszinsbetrag des erhaltenen zinsgünstigen Darlehens (z. B. 4 % aus 5 000 DM = 200 DM). Die Differenz daraus (im Beispiel 400 DM) ist von dem Erhöhungsbetrag (11 % der Modernisierungskosten) abzuziehen. Daraus ergibt sich der verringerte Erhöhungsbetrag. Um diesen erhöht sich die Jahresmiete des Mieters, woraus der vom Mieter zu zahlende erhöhte Monatsmietzins zu berechnen ist (vgl. auch das Berechnungsbeispiel 2 unten Rn 32). 26

b) Dem Vermieter können auch **Zuschüsse oder Darlehen zur Deckung von laufenden Aufwendungen** gewährt worden sein (so gemäß den §§ 42 Abs. 6, 88, 88 b Abs. 3 Buchst. b des II. WoBauG, eventuell auch als Modernisierungsdarlehen gem. dem Modernisierungsprogramm des Bundes und der Länder, vgl. oben zu a). 27

In diesem Falle verringert sich der Erhöhungsbetrag (11 % der Modernisierungskosten) um den Jahresbetrag des Zuschusses oder Darlehens (S. 3 Hs. 2). Die Berechnung ist sonst gleich wie oben zu a.

Über die Berechnung und den Inhalt der Erhöhungserklärung bei degressiven (jährlich verschiedenen) Zinssubventionen nach § 13 ModEnG vgl. eingehend *Rupp* ZMR 77, 323, über die Mieterhöhung nach öffentlich geförderter Modernisierung vgl. *Häusler* DWW 76, 277 mit Berechnungsbeispielen.

c) Auch kann der Vermieter vom Mieter **ein Darlehen, eine Mietvorauszahlung oder von einem Dritten** (z. B. dem Arbeitgeber oder einem Verwandten des Mieters) für den Mieter **eine Leistung** für die bauliche Änderung erhalten haben. 28

Ein Mieterdarlehen ist ein Darlehen (vgl. § 607 BGB), welches der Mieter dem Vermieter mit Rücksicht auf den Abschluß des Mietvertrages gewährt (vgl. *Palandt/Putzo* Einf. 11 b, dd vor § 535 BGB). Mietvorauszahlung ist vorausbezahlter Mietzins, der nicht vereinbarungsgemäß zu Bau- oder Instandsetzungsarbeiten an der vermieteten Sache geleistet wird und dessen Vewendung dem Vermieter daher freigestellt ist (vgl. *Palandt/Putzo* Einf. 11 b, cc vor § 535 BGB).

Eine solche Leistung steht einem Darlehen aus öffentlichen Haushalten gleich (S. 4). Hier gilt also die oben zu a) beschriebene Berechnungsweise, wobei statt des zinsgünstigen öffentlichen Darlehens die Leistung des Mieters anzusetzen ist.

29 d) Hat der Vermieter Finanzierungsbeiträge der zu a) bis c) genannten Art (Zuschüsse oder Darlehen) erhalten, ohne daß festgestellt werden kann, in welcher Höhe diese Leistungen für die einzelne Wohnung des Mieters gewährt wurden, so sind diese Finanzierungsbeiträge nach dem Verhältnis der für die einzelnen Wohnungen aufgewendeten Kosten aufzuteilen (S. 5). Der **Aufteilungsmaßstab für Finanzierungsbeiträge** richtet sich also danach, in welchem Verhältnis die Modernisierungskosten auf die einzelnen Wohnungen aufzuteilen sind (vgl. oben Rn 18).

### 3. Berechnungsbeispiele

30 Für die Berechnung der Erhöhung gem. § 3 Abs. 1 gilt allgemein die Formel:
Jahresmiete + Erhöhungsbetrag = erhöhte Jahresmiete.

Für die Berechnung der erhöhten Monatsmiete gilt die Formel:
Monatsmiete + $\frac{1}{12}$ des Erhöhungsbetrages = erhöhte Monatsmiete.

Dabei entspricht der monatliche Erhöhungsbetrag = 11 % der Kosten (der baulichen Änderung für diesen Wohnraum) geteilt durch 12 = 0,9 % der Kosten.

31 **Beispiel 1 (Berechnung bei regelmäßiger [unbeschränkter] Erhöhung)**

Der Vermieter läßt in einem Mietshaus mit 4 gleich großen Wohnungen eine Zentralheizung mit Kosten von 20 000,– DM einbauen, so daß auf die Wohnung des Mieters DM 5 000,– entfallen. Der Mieter zahlt bisher monatlich DM 300,– – jährlich 3 600,– DM Miete.

| | |
|---|---:|
| Bisherige Jahresmiete | 3 600,– DM, |
| Erhöhungsbetrag = 11 % aus 5 000,– DM | 550,– DM |
| erhöhte Jahresmiete | 4 150,– DM |
| erhöhte Monatsmiete daraus | 345,83 DM. |

**Beispiel 2 (Berechnung bei verringertem Erhöhungsbetrag)** 32

Der Vermieter erhält ein Darlehen des Landes von 10 000,– DM zu 4% Zins, während der übliche Zinssatz für erststellige Hypotheken bei Beendigung der Baumaßnahme 8% beträgt. Sonst wie Beispiel 1.

| | |
|---|---:|
| Regulär berechneter Erhöhungsbetrag (wie Beispiel 1) abzüglich Jahresbetrag der Zinsermäßigung (bzw. des Zuschusses oder Darlehens zur Deckung von laufenden Aufwendungen), bezogen auf die Wohnung des Mieters | 550,– DM |
| 4% aus 2 500,– DM (¼ von 10 000,– DM) | 100,– DM |
| verbleibender Erhöhungsbetrag | 450,– DM |
| erhöhte Jahresmiete = 3 600 + 450 = | 4 050,– DM |
| daraus erhöhte Monatsmiete | 337,50 DM. |

## IV. Vorherige Unterrichtung des Mieters (Abs. 2 und Abs. 4 S. 2)

### 1. Allgemeines

Der **Vermieter soll** den Mieter **vor Durchführung** der baulichen Maßnahmen nach 33
Abs. 1 **auf die voraussichtliche Kostenhöhe und** die sich daraus ergebende **Mieterhöhung hinweisen** (Abs. 2). Wie die gesetzliche Formulierung („soll") zeigt, handelt es sich hier um eine **bloße Obliegenheit** des Vermieters (ebenso *Schmidt-Futterer* MDR 75, 93), nicht um eine Wirksamkeitsvoraussetzung für das Mieterhöhungsrecht (bezüglich weiterer Obliegenheiten im Mietrecht vgl. § 564 a Abs. 1 S. 2 und Abs. 2 BGB). Die **Nichteinhaltung** dieser Obliegenheit durch den Vermieter hat die **Fristverlängerung um 3 Monate** (Abs. 4 S. 2) zur Folge. Zweck der Vorschrift ist die rechtzeitige Unterrichtung des Mieters, zumal dieser im Gegensatz zu Mieterhöhungen wegen Modernisierung im preisgebundenen Wohnraum nicht die Möglichkeit hat, die Richtigkeit des Anspruchs durch eine zuständige Behörde nachprüfen zu lassen, und die Mieterhöhung auf Grund der Vermietererklärung schon nach kurzer Zeit automatisch wirksam wird. Der Mieter soll durch die Unterrichtung ausreichend Gelegenheit erhalten, die Berechtigung der geforderten Mieterhöhung nachzuprüfen, wozu er oft nicht ohne die Hilfe sachkundiger Personen (Handwerker, Bausachverständige, Rechtskundige) auskommen wird (vgl. Begründung des Regierungsentwurfs). Der Vermieter wird regelmäßig vor der baulichen Änderung in der Lage sein, über die voraussichtlich entstehenden Kosten (durch Einholung eines detaillierten Kostenvoranschlages) und über die Finanzierung dieser Kosten sich zu informieren.

Die **Unterrichtung** des Mieters ist **vor Durchführung** der baulichen Maßnahme 34
vorzunehmen. Eine erst während der baulichen Maßnahme erfolgte Unterrichtung erfüllt den Zweck des Gesetzes nicht. Da das Gesetz nicht vorschreibt, wann der Hinweis genau erfolgen muß, wird die Unterrichtung in **angemessener Zeit vor Beginn** der Baumaßnahme vorgenommen werden müssen (ebenso *Schmidt-Futterer* MDR 75, 93).

35  Der Hinweis muß durch den Vermieter gegenüber dem Mieter erfolgen.

**2. Inhaltlich** muß sich der Hinweis des Vermieters auf 2 Punkte beziehen:

36  a) auf die **voraussichtliche Höhe der** (für den Wohnraum des Mieters) **entstehenden Kosten** der baulichen Änderung. Denn aus diesen Kosten errechnet sich der Mieterhöhungsbetrag. **Zweckmäßigerweise** übermittelt der Vermieter dem Mieter über die voraussichtlichen Kosten einen **Kostenvoranschlag,** zumal der Mieter dadurch weniger geneigt sein wird, das Entstehen von Kosten in der angegebenen Höhe zu bestreiten. Die Übersendung eines Kostenvoranschlags ist jedoch nicht Voraussetzung einer wirksamen Vorankündigung, da das Gesetz dies nicht vorschreibt. Jedoch sind die Kosten genau zu spezifizieren, ein ungefährer Betrag genügt nicht (AG Recklinghausen WM 82, 78). Neben den Kosten ist der Mieter über Art und Umfang der durchzuführenden baulichen Maßnahme ausreichend aufzuklären, um sich über deren Bedeutung ein Bild machen zu können. Anzugeben sind die für die Wohnung des Mieters vom Vermieter aufzuwendenden Kosten (vgl. oben Rn 14–19). Kündigt der Vermieter mehrere Baumaßnahmen unter Angabe von Kosten und voraussichtlicher Mieterhöhung an, führt er jedoch dann nur einen Teil davon durch, so kann sich die Umlegung nur auf den durchgeführten Teil beziehen; die Hinweisobliegenheit ist gleichwohl erfüllt, weil die durchgeführten Maßnahmen ein Weniger gegenüber den angekündigten darstellen.

37  b) auf die **voraussichtlich sich ergebende Mieterhöhung.** Der Vermieter muß also auf der Grundlage der voraussichtlichen Kosten eine Berechnung über die voraussichtliche Mieterhöhung wie im Falle der Durchführung der Mieterhöhung selbst vornehmen (vgl. oben Rn 20–32), insbesondere also auch eventuelle Finanzierungsbeiträge von fremder Hand berücksichtigen. Die Anspruchsgrundlage für die Mieterhöhung (§ 3 MHG) braucht vom Vermieter nicht genannt zu werden.

38  c) Die Aufklärung des Vermieters muß hinsichtlich der tatsächlichen **Angaben der Wahrheit entsprechen.** Dies gilt sowohl hinsichtlich der Höhe der entstehenden Kosten als auch hinsichtlich der Absicht des Vermieters, eine solche bauliche Maßnahme demnächst durchzuführen. Unabhängig davon, daß bei einer Erhöhung der tatsächlichen Kosten gegenüber den angekündigten um mehr als 10 % die Fristverlängerung des Abs. 4 S. 2 (2. Fall) eintritt, stellt eine **schuldhaft falsche Unterrichtung** eine **positive Vertragsverletzung** des Vermieters dar, welche einen Schadenersatzanspruch des Mieters auslöst. Spiegelt der Vermieter durch einen Hinweis gemäß Abs. 2 nur seine Absicht vor, eine bestimmte bauliche Änderung vorzunehmen, um auf diese Weise den zahlungsschwachen Mieter, dem die angekündigte Mieterhöhung nicht tragbar erscheint, zu einem baldigen Auszug zu bewegen, so hat er dem Mieter jeglichen Schaden zu ersetzen, der infolge des Auszugs verursacht wird (z. B. Umzugskosten, Zeitungsanzeigen, teurere Miete). Daneben kommt auch ein Schadenersatzanspruch gemäß § 823 Abs. 2 BGB in Betracht, da § 3 Abs. 2 MHG als Schutzgesetz zugunsten des Mieters anzusehen ist. Führt der Vermieter nach einem erteilten

Hinweis gemäß Abs. 2 die angekündigte bauliche Maßnahme später nicht durch, weil sich gewisse Umstände verändert hätten oder er einen anderen Entschluß gefaßt habe, so kann der ausziehende Mieter nur dann Schadenersatz fordern, wenn ihm der Beweis gelingt, daß das Vorbringen des Vermieters nicht der Wahrheit entsprach, diesem vielmehr von vornherein die Absicht der Durchführung einer solchen Baumaßnahme fehlte. Aus der Tatsache der Nichtdurchführung der Baumaßnahme allein besteht für den Mieter jedoch weder ein Beweis des ersten Anscheins noch eine tatsächliche Vermutung dafür, daß der Vermieter seine Aufklärungsobliegenheit schuldhaft verletzt hätte (die Lage ist ähnlich derjenigen bei der Kündigung wegen Eigenbedarfs, wenn nach Auszug des Mieters die für die Mietwohnung vorgesehene Person nicht einzieht). Die **bloße Unterlassung des Hinweises** gem. Abs. 2 stellt jedoch **keine schuldhafte Verletzung** einer Pflicht des Vermieters dar und löst daher keine Schadenersatzpflicht aus, da es sich bei dem Hinweis (wie oben ausgeführt) um keine Verpflichtung des Vermieters, sondern um eine bloße Obliegenheit handelt.

### 3. Form

Eine Form ist für den Hinweis nicht vorgeschrieben, so daß dieser **auch mündlich** erfolgen kann. Eine schriftliche Unterrichtung ist jedoch aus Beweisgründen zu empfehlen, wobei die Beilegung eines Kostenvoranschlags zur Vermeidung von Streitigkeiten über die Kostenhöhe ratsam ist.

### 4. Folgen bei unterlassenem Hinweis (Abs. 4 S. 2)

a) Die Nichteinhaltung der Obliegenheit des Vermieters zur Unterrichtung des Mieters hat gemäß Abs. 4 S. 2 eine **Hinausschiebung des Wirksamwerdens der Mieterhöhung um 3 Monate** zur Folge. Durch diese Zeitspanne soll dem Mieter nachträglich ermöglicht werden, die geforderte Erhöhung auf ihre Berechtigung zu prüfen und gegebenenfalls, wenn ihm die Erhöhung zu teuer erscheint, von seinem vorzeitigen Kündigungsrecht (§ 9 Abs. 1 MHG) Gebrauch zu machen und auszuziehen (vgl. Begründung des Regierungsentwurfs).

b) Zwei Tatbestände wertet das Gesetz **als Nichteinhaltung** der Aufklärungsobliegenheit des Vermieters:

    aa) die **unterlassene Mitteilung der voraussichtlichen Mieterhöhung.** Gemeint ist eine rechtzeitige, d. h. vor Durchführung der Baumaßnahme erfolgte Mitteilung. Eine verspätete Mitteilung steht einer unterlassenen Mitteilung gleich. Unerheblich ist dabei, ob die voraussichtlichen Kosten mitgeteilt wurden, denn diese allein – ohne die vorgesehene Mieterhöhung – interessieren den Mieter nicht.

    bb) **wenn die tatsächliche Mieterhöhung die mitgeteilte Erhöhung um mehr als 10 % übersteigt.** In diesem Falle war die Mitteilung für den Mieter ohne praktischen Wert (vgl. Begründung des Regierungsentwurfs). Ob die Abweichung vom Vermieter verschuldet ist oder nicht (ungenauer Kostenvoranschlag des Handwerkers), ist dabei gleichgültig. Der (monatliche oder jährliche) Erhöhungsbetrag, um den der Mietzins später tatsächlich erhöht wird, muß mehr als 10 % höher liegen als der in dem Hinweis angekündigte Erhöhungsbetrag. Fällt der tatsächliche Erhöhungsbetrag niedriger aus als der angekündigte, so schadet dies nichts (vgl. den Gesetz gewordenen Vorschlag Nr. 11 b des Bundesrates, wonach die Worte „nach oben" eingefügt wurden).

44 c) Ist einer der beiden Tatbestände (oben aa oder bb) gegeben, so verlängert sich die Frist für das Wirksamwerden der Mieterhöhung (vgl. Abs. 4 S. 1) um 3 Kalendermonate (Berechnung nach §§ 187 Abs. 2, 188 Abs. 2 u. 3 BGB). Geht die Erklärung noch bis zum 15. eines Monats zu, so tritt die Mieterhöhungswirkung erst mit Beginn des 4. Folgemonats ein, geht sie erst nach dem 15. eines Monats zu, erst mit Beginn des 5. Folgemonats. Daraus ergibt sich, daß dem Vermieter durch eine Verletzung der Aufklärungsobliegenheit der Mieterhöhungsbetrag für die Dauer von 3 Monaten entgeht.

## V. Die Form der Erhöhungserklärung (Abs. 3)

### 1. Einseitige Erklärung (Gestaltungsrecht)

45 Das Gesetz führt für die Umlegung der Kosten des Vermieters auf den Mieter ein (gegenüber § 2 MHG) **vereinfachtes und beschleunigtes Erhöhungsverfahren** ein, wonach durch Erklärung des Vermieters die Mieterhöhung automatisch nach kurzer Zeit wirksam wird. Denn es entspricht dem berechtigten Interesse des Vermieters, die ihm entstandenen Kosten möglichst bald nach ihrer Entstehung umlegen zu können (vgl. Begründung des Regierungsentwurfs). Der Vermieter übt **durch einseitige, empfangsbedürftige Willenserklärung** ein **Gestaltungsrecht aus,** also ein Recht, durch das unmittelbar die Pflicht des Mieters zur Mietzinszahlung geändert (erhöht) wird. Es gilt das gleiche Verfahren, das bisher schon für die Umlegung der Betriebskostenerhöhung galt (vgl. § 3 Abs. 6 des 1. WKSchG). Ein entsprechendes Verfahren gilt auch gem. § 4 Abs. 3 und § 5 Abs. 2 MHG.

Die Umlegungserklärung muß vom Vermieter gegenüber dem Mieter abgegeben werden (vgl. dazu Einf. Rn 30-37).

46 Für diese Erklärung ist **Schriftform** gesetzlich vorgeschrieben (Abs. 3 S. 1). Die Vorschrift des § 126 Abs. 1 BGB, wonach die Urkunde vom Aussteller eigenhändig durch Namensunterschrift oder mittels notariell beglaubigten Handzeichens unterzeichnet werden muß, hat durch § 8 MHG eine Erleichterung erfahren (vgl. die dortigen Erläuterungen). Hat der Vermieter die Erhöhungserklärung mit Hilfe einer automatischen Einrichtung gefertigt, so ist seine eigenhändige Unterschrift nicht erforderlich.

### 2. Erklärung erst nach Durchführung

47 Die Erklärung ist **erst zulässig nach der Durchführung** (d. h. Beendigung) **der baulichen Maßnahme,** was sich aus dem Zweck des Gesetzes und aus dem

Wortlaut des Abs. 1 S. 1 („hat der Vermieter ... durchgeführt") ergibt. Der Erhöhungsanspruch gem. § 3 MHG entsteht demnach erst mit Abschluß der baulichen Maßnahme (*Bormann/Schade/Schubart* Anm. 7). Eine während der Dauer der baulichen Maßnahme oder gar vor deren Beginn vorgenommene Erhöhungserklärung ist daher (absolut) rechtsunwirksam. (AG Frankfurt WM 81, U 23). Sie wirkt nicht etwa auf den Zeitpunkt voraus, zu welchem die Rechtsfolge einer unmittelbar nach Durchführung der baulichen Maßnahme abgegebenen Erhöhungserklärung eintreten würde. Dies hat seinen Grund darin, daß erst nach Durchführung der baulichen Maßnahme diese dem Mieter in ihrem Gebrauchswert zur Verfügung steht und der Vermieter erst dann die genauen Kosten kennen kann.

Vor dem Ende der baulichen Maßnahme hat der Vermieter kein Recht, vom Mieter eine Vorauszahlung auf die Finanzierung der Baumaßnahme zu verlangen.

Bei Geltendmachung des Umlegungsrechts erst längere Zeit nach Fertigstellung der Baumaßnahme (z. B. 2 Jahre danach) kann die Erhöhung nicht rückwirkend, sondern nur für die Zukunft geltend gemacht werden (AG Oldenburg WM 81, 139 (L). Das Erhöhungsrecht ist jedenfalls 4 Jahre nach Fertigstellung der Baumaßnahme verwirkt (AG Gießen WM 81, U 11).

### 3. Begründung der Erhöhungserklärung

Die Erhöhungserklärung muß in zweifacher Hinsicht begründet sein (Abs. 3 S. 2). 48
Ohne diese **doppelte Begründung** ist sie rechtsunwirksam (§ 125 S. 1 BGB):

a) Die **Berechnung der Mieterhöhung** auf Grund der dem Vermieter für die 49
betreffende Wohnung entstandenen Kosten muß angegeben sein. Eine wirksame Erklärung erfordert, daß in ihr nur Modernisierungs- bzw. Energieeinsparungsmaßnahmen bezeichnet werden (AG Münster WM 80, 203). Die Berechnung muß für den Mieter **verständlich** sein. Im Falle der Inanspruchnahme von Finanzierungsbeiträgen durch den Vermieter (Abs. 1 S. 3–5) muß insbesondere der geringere Erhöhungsbetrag rechnerisch hergeleitet sein.

b) Weiter muß „die Erhöhung" entsprechend den Voraussetzungen des Abs. 1 50
**erläutert** werden. Diese Fassung beruht wohl auf einem Redaktionsversehen. Entsprechend der Vorschrift des § 4 Abs. 2 S. 2 MHG (ebenso auch bisher § 3 Abs. 6 S. 2 des 1. WKSchG), auf welche auch in § 5 Abs. 2 MHG Bezug genommen ist, hätte es auch hier heißen müssen, daß „der Grund für die Umlage" erläutert wird. Aus dem erkennbaren Willen des Gesetzes, das Verfahren demjenigen der §§ 4 u. 5 MHG gleichzustellen (vgl. z. B. die Gleichstellung in § 9 Abs. 1 S. 2 MHG), folgt, daß nicht die Erhöhung zu erläutern ist (diese ergibt sich schon aus der Berechnung), sondern die Voraussetzungen der Erhöhung gemäß Abs. 1, also der **„Grund" der Erhöhung.**

Demnach müssen die tatsächlichen Grundlagen der Berechnung, soweit zum 51
Verständnis erforderlich, also eine **spezifizierte Berechnung mit** für den Mieter **überprüfbarer Erläuterung der Einzelposten** (LG Hagen WM 78, 242), ange-

geben werden, insbesondere im Falle der Inanspruchnahme von Finanzierungsbeiträgen die Voraussetzungen der Ermäßigung des Erhöhungsbetrages. Die gesamte Berechnung muß **„schlüssig"** erscheinen und ohne besondere Kenntnisse auf dem Gebiet der Rechnungsprüfung für den Mieter überprüfbar sein (LG Hagen a. a. O.). Aufzuführen sind Gesamtaufwand, auf die Wohnung entfallender Teilbetrag und angewandter Verteilungsschlüssel (AG Frankfurt WM 81, U 23) sowie die einzelnen Rechnungspositionen, während Gewerke und Rechnungsbeträge der Handwerker allein nicht reichen (LG Hamburg WM 82, 247; LG Frankfurt WM 82, 115; vgl. auch AG Wuppertal WM 81, U 12). Ebenso wie im Falle der Erhöhung gemäß § 4 MHG wird es nicht erforderlich sein, daß der Erhöhungsbetrag genau ausgerechnet ist; es wird vielmehr genügen, wenn der **Erhöhungsbetrag bestimmbar** angegeben ist (*Palandt/Putzo* Anm. 3 e). Die Wirksamkeit der Erhöhungserklärung hängt jedoch nicht davon ab, daß der Vermieter dem Mieter die Rechnung über die Baumaßnahme übersendet oder ihm Einsicht in dieselbe gewährt; denn das Gesetz schreibt nicht vor, auf welche Art der Vermieter seiner Begründungspflicht nachzukommen hat.

52 Hat der Vermieter die für die Mieterhöhung erforderliche Begründung schon in einem schriftlichen Hinweis gemäß Abs. 2 gegeben, so wird es genügen, wenn er in der Erhöhungserklärung ausdrücklich oder stillschweigend **auf das frühere Hinweisschreiben Bezug nimmt** (AG Lübeck WM 81, U 2 bei gleichbleibenden Modernisierungskosten). Denn der Mieter braucht nicht zweimal über dasselbe unterrichtet zu werden. Treten Zweifel über die Berechnung auf, so ist der Vermieter zu ergänzenden Auskünften und gegebenenfalls zur Gestattung der Einsichtnahme in die Rechnungsunterlagen verpflichtet (*Bormann/Schade/Schubart* Anm. 7).

## VI. Eintritt der Erhöhungswirkung (Abs. 4)

### 1. Fristenregelung

53 Wird die Erhöhungserklärung des Vermieters **bis zum 15. eines Monats** (Tagesende) abgegeben, so wird die Mieterhöhung mit dem **Beginn des folgenden Monats** wirksam. Von diesem Zeitpunkt an tritt die **Pflicht des Mieters zur Zahlung des erhöhten Mietzinses** ein. Wird die Erklärung jedoch erst nach dem 15. des betreffenden Monats abgegeben, also zwischen dem 16. und dem 31. Monatstag, so tritt diese Wirkung einen Monat später ein, also mit Beginn des übernächsten Monats (Abs. 4 S. 1). Diese **Fristenregelung** entspricht dem bisherigen Recht bei der Umlegung von Betriebskostenerhöhungen (vgl. § 3 Abs. 6 S. 3 des 1. WKSchG). Sie bezweckt, die dem Vermieter entstandenen Kosten nach Durchführung der baulichen Änderung schnell auf den Mieter umzulegen.

Benennt der Vermieter in seinem Erhöhungsschreiben einen falschen Wirksamkeitszeitpunkt, so tritt die Erhöhung — mangels Zustimmung des Mieters (vgl. § 10 Abs. 1 Hs. 2) — zum gesetzlich bestimmten Zeitpunkt ein.

Da die **Erhöhungserklärung automatisch** (unabhängig von einer Zustimmung des Mieters) **wirksam** wird, muß sich der Mieter dagegen wehren, wenn er sie für nicht gerechtfertigt hält, sei es durch Erhebung einer negativen Feststellungsklage oder, indem er den erhöhten Mietzins nicht bezahlt und es auf eine Zahlungsklage des Vermieters ankommen läßt.

## 2. „Abgabe" der Erklärung

„**Abgegeben**" ist die Erklärung **mit** dem **Zugang** beim Mieter, weil sie erst mit diesem Zeitpunkt als einseitige empfangsbedürftige Willenserklärung wirksam wird, vgl. § 130 Abs. 1 S. 1 BGB (*Vogel* JZ 75, 79; *Palandt/Putzo* Anm. 4 a; *Bormann/Schade/Schubart* Anm. 8). Dies entspricht auch der bisher h. M. zu § 3 Abs. 6 S. 3 des 1. WKSchG. Aus der unterschiedlichen Gesetzesfassung in § 2 Abs. 3 S. 1 und Abs. 4 MHG („Zugang des Erhöhungsverlangens") einerseits und in § 3 Abs. 4 S. 1 MHG („wird die Erklärung ... abgegeben") andererseits kann nicht gefolgert werden, daß es in § 3 Abs. 4 S. 1 MHG nach dem Willen des Gesetzgebers auf die bloße Abgabe der Willenserklärung ankommen soll, zumal die Fassung des § 3 Abs. 4 MHG (ebenso wie diejenige des § 4 Abs. 3 S. 1 MHG, auf welche auch § 5 Abs. 2 MHG Bezug nimmt) derjenigen des § 3 Abs. 6 S. 3 des 1. WKSchG angeglichen wurde.

## 3. Verlängerung um 3 Monate

Die oben zu 1 genannte **Frist verlängert sich um 3 Monate, wenn** der Vermieter der **Obliegenheit** zur Unterrichtung des Mieters gemäß Abs. 2 **nicht nachkommt** (vgl. Abs. 4 S. 2 und die Erläuterungen oben Rn 40–44). Bei Erfüllung der Obliegenheit des Vermieters kommt jedoch die kurze Frist des Abs. 4 S. 1 zum Zuge (vgl. die Fassung des Regierungsentwurfs zu § 3 Abs. 4 S. 1 Hs. 1, Nebensatz „sofern ...").

## VII. Frühere Sonderregelung nach § 32 Städtebauförderungsgesetz

§ 32 StBFG, welcher eine Sonderregelung für Mieterhöhungen bei Modernisierungen in einem förmlich festgelegten Sanierungsgebiet auf Grund eines Modernisierungsgebotes (oder auf Grund einer Vereinbarung zur Vermeidung eines Modernisierungsgebotes) enthielt, ist ersatzlos aufgehoben worden. Abs. 5, welcher auf § 32 dieses Gesetzes Bezug nahm, ist daher ebenfalls aufgehoben. § 3 **gilt** daher jetzt **auch** für die **in Sanierungsgebieten** vorgenommenen Modernisierungen. Für die Mietpreisbindung des Vermieters gegenüber der Behörde im Falle einer öffentlich geförderten Modernisierung gem. dem ModEnG vgl. die §§ 14–19 ModEnG (abgedruckt Anhang I).

## VIII. Beweislast

Die Beweislast für **die materiellen Voraussetzungen** des Erhöhungsanspruchs (Maßnahmen gemäß Abs. 1 S. 1) und für die Höhe der vom Vermieter für die Wohnung des Mieters aufgewendeten Kosten (Berechnungsgrundlage) **hat** der

§ 3 MHG, 58

**Vermieter.** Ist streitig, ob von dem Gesamtaufwand der Baumaßnahme ein Abzug der Instandsetzungskosten vorzunehmen ist (z. B. bei Ersetzung einfach verglaster Fenster durch Isolierverglasung), so hat der Vermieter den Umfang der auf die Wertverbesserung entfallenden Kosten (als Anspruchsvoraussetzung) und daher das Fehlen der Fälligkeit einer Instandsetzung zu beweisen, da der Vortrag des Mieters, eine Instandsetzung sei fällig gewesen, nicht als Einwendung, sondern als Leugnen der anspruchsbegründenden Tatsachen anzusehen ist (so AG Hannover WM 81, U 12; AG Kassel WM 81, U 12; AG Dillingen WM 82, 300; *Schmidt-Futterer/Blank* C 226 a; a. A. AG Köln WM 81, U 12; LG Oldenburg WM 81, U 12). Auch ist der Vermieter dafür beweispflichtig, daß die angebrachte Isolierverglasung zu einer Wohnwertverbesserung oder zu nachhaltiger Energieeinsparung führt (AG Köln WM 83, 151 (Ls.)).

Ebenso hat der Vermieter zu beweisen den rechtzeitigen Zugang (Abs. 4 S. 1) und die vorgeschriebene Begründung der Erhöhungserklärung (Abs. 3). **Auch** hat der Vermieter die rechtzeitige Erfüllung seiner **Aufklärungsobliegenheit** (Abs. 2) zu beweisen, andernfalls die verlängerte Frist des Abs. 4 S. 2 eingreift. Das gleiche gilt für die Behauptung, die tatsächliche Mieterhöhung übersteige die vorher angekündigte um nicht mehr als 10 % (vgl. Abs. 4 S. 2). Der Mieter hat jedoch zu beweisen, daß der Vermieter einen Finanzierungsbeitrag (Abs. 1 S. 3 u. 4) erhalten hat, wenn er sich auf eine Ermäßigung des Erhöhungsbetrages gemäß Abs. 1 S. 3 beruft. Auch hat er die Beweislast für seine Behauptung, er habe Kosten des Vermieters übernommen (Abs. 1 S. 6).

## IX. Prozessuales

58   Zahlt der Mieter auf Grund einer Mieterhöhung gem. § 3 MHG den erhöhten Mietzins nicht, so wird der **Vermieter regelmäßig auf Zahlung des erhöhten Mietzinses** klagen (entweder auf Zahlung der rückständigen oder auf fortlaufende Zahlung der künftigen Erhöhungsbeträge). Möglich ist auch eine Feststellungsklage des Vermieters oder eine negative Feststellungsklage des Mieters. Über Zuständigkeit und Streitwert bei einem solchen gerichtlichen Verfahren vgl. § 1 MHG Rn 20, 21. Für die Klage auf monatliche Zahlung des Erhöhungsbetrags gilt als Streitwert der Jahresdifferenzbetrag (LG Hamburg MDR 82, 148), ebenso für eine Feststellungsklage auf künftige Zahlung einer erhöhten Miete (LG Hannover MDR 81, 232).

# § 4 MHG (Umlegung von Betriebskostenerhöhungen. Betriebskostenvorauszahlungen)

(1) ¹Für Betriebskosten im Sinne des § 27 der Zweiten Berechnungsverordnung dürfen Vorauszahlungen nur in angemessener Höhe vereinbart werden. ²Über die Vorauszahlungen ist jährlich abzurechnen.

(2) ¹Der Vermieter ist berechtigt, Erhöhungen der Betriebskosten durch schriftliche Erklärung anteilig auf den Mieter umzulegen. ²Die Erklärung ist nur wirksam, wenn in ihr der Grund für die Umlage bezeichnet und erläutert wird.

(3) ¹Der Mieter schuldet den auf ihn entfallenden Teil der Umlage vom Ersten des auf die Erklärung folgenden Monats oder, wenn die Erklärung erst nach dem Fünfzehnten eines Monats abgegeben worden ist, vom Ersten des übernächsten Monats an. ²Soweit die Erklärung darauf beruht, daß sich die Betriebskosten rückwirkend erhöht haben, wirkt sie auf den Zeitpunkt der Erhöhung der Betriebskosten, höchstens jedoch auf den Beginn des der Erklärung vorausgehenden Kalenderjahres zurück, sofern der Vermieter die Erklärung innerhalb von drei Monaten nach Kenntnis von der Erhöhung abgibt.

(4) ¹Ermäßigen sich die Betriebskosten, so ist der Mietzins vom Zeitpunkt der Ermäßigung ab entsprechend herabzusetzen. ²Die Ermäßigung ist dem Mieter unverzüglich mitzuteilen.

## Übersicht

|      |                                                                          | Rn      |
|------|--------------------------------------------------------------------------|---------|
| I.   | Begriff der Betriebskosten                                               |         |
|      | 1. Betriebskosten gemäß der Anlage 3 zu § 27 der II. BV                  | 1, 2    |
|      | 2. Grundsätze beim Entstehen von Betriebskosten                          | 3–6 a   |
| II.  | Regelung für Betriebskostenvorauszahlungen (Abs. 1)                      |         |
|      | 1. Vereinbarung der Vorauszahlung für Betriebskosten (Abgrenzung zur Pauschale) | 7 |
|      | 2. Anwendung nur auf Betriebskostenvorauszahlungen                       | 8       |
|      | 3. Vorauszahlung in angemessener Höhe                                    | 9–11    |
|      | 4. Jährliche Abrechnung                                                  | 12–14   |
|      | 5. Anspruch auf Erhöhung des Vorauszahlungsbetrages                      | 15      |
|      | 6. Abweichende Vereinbarungen                                            | 16      |
| III. | Umlegung von Betriebskostenerhöhungen                                    |         |
|      | Allgemeines                                                              |         |
|      | 1. Zweck                                                                 | 17      |
|      | 2. Anwendungsbereich                                                     | 18      |
|      | 3. Begriff der Betriebskostenerhöhung                                    | 19–21   |
|      | 4. Häufigkeit der Umlegung                                               | 22      |
|      | 5. Umlegung auch bei im Mietzins enthaltenen Betriebskosten              | 23      |

## § 4 MHG, 1+2

IV. Umfang der Erhöhung (Umlegungsmaßstab) .................. 24
V. Form der Erhöhung
    1. Einseitige schriftliche Erklärung ...................... 25, 26
    2. Begründungszwang (Abs. 2 S. 2) ...................... 27, 28
    3. Unwirksamkeit bei Formmangel ...................... 29
VI. Eintritt der Erhöhung
    1. Künftige Erhöhung (Abs. 3 S. 1) ...................... 30−32
    2. Rückwirkende Erhöhung (Abs. 3 S. 2) ................ 33−37
VII. Mietzinsherabsetzung bei Betriebskostenermäßigung (Abs. 4)
    1. Begriff der Betriebskostenermäßigung .................. 38
    2. Rechtspflicht zur Herabsetzung ...................... 39
    3. Herabsetzung durch formlose Erklärung des Vermieters ...... 40−42
    4. Unverzügliche Herabsetzung ........................ 43
    5. Umfang der Herabsetzung .......................... 44, 45
    6. Wirkung der Herabsetzung .......................... 46
    7. Rechte des Mieters ................................ 47, 48
VIII. Beweislast ............................................ 49
IX. Prozessuales
    1. Klage des Vermieters auf Zahlung .................... 50
    2. Gestaltungsklage des Mieters ........................ 51
    3. Auskunftsklage des Mieters .......................... 52
    4. Klage des Mieters auf ordnungsgemäße Abrechnung ........ 53

## I. Begriff der Betriebskosten

### 1. Betriebskosten gemäß der Anlage 3 zu § 27 der II. BV

1 Unter Betriebskosten versteht das Gesetz Kosten, die dem Eigentümer (Vermieter) für das Gebäude laufend entstehen. In allen 4 Absätzen des § 4 ist unter Betriebskosten das gleiche zu verstehen, nämlich Betriebskosten im Sinne des § 27 des II. BV.

Was im einzelnen unter den Begriff der Betriebskosten fällt, ist in der Anlage 3 zu § 27 Abs. 1 der II. BV aufgeführt. Diese Anlage hat folgenden Wortlaut:

2 Betriebskosten sind nachstehende Kosten, die dem Eigentümer (Erbbauberechtigten) durch das Eigentum (Erbbaurecht) am Grundstück oder durch den bestimmungsmäßigen Gebrauch des Gebäudes oder der Wirtschaftseinheit, der Nebengebäude, Anlagen, Einrichtungen und des Grundstücks laufend entstehen, es sei denn, daß sie üblicherweise vom Mieter außerhalb der Miete unmittelbar getragen werden.

    1. Die laufenden öffentlichen Lasten des Grundstücks
        Hierzu gehört namentlich die Grundsteuer, jedoch nicht die Hypothekengewinnabgabe.

    2. Die Kosten der Wasserversorgung
        Hierzu gehören die Kosten des Wasserverbrauchs, die Grundgebühren und die Zählermiete, die Kosten der Verwendung von Zwischenzählern, die Kosten des Betriebs einer

hauseigenen Wasserversorgungsanlage und einer Wasseraufbereitungsanlage einschließlich der Aufbereitungsstoffe.

3. **Die Kosten der Entwässerung**
   Hierzu gehören die Gebühren für die Benutzung einer öffentlichen Entwässerungsanlage, die Kosten des Betriebs einer entsprechenden nicht öffentlichen Anlage und die Kosten des Betriebs einer Entwässerungspumpe.

4. **Die Kosten***
   a) **des Betriebs der zentralen Heizungsanlage;**
      hierzu gehören die Kosten der verbrauchten Brennstoffe und ihrer Lieferung, die Kosten des Betriebsstroms, die Kosten der Bedienung, Überwachung und Pflege der Anlage, der regelmäßigen Prüfung ihrer Betriebsbereitschaft und Betriebssicherheit einschließlich der Einstellung durch einen Fachmann, der Reinigung der Anlage und des Betriebsraums, die Kosten der Messungen nach dem Bundes-Immissionsschutzgesetz und die Kosten der Verwendung einer meßtechnischen Ausstattung zur Verbrauchserfassung;

   oder

   b) **des Betriebs der zentralen Brennstoffversorgungsanlage;**
      hierzu gehören die Kosten der verbrauchten Brennstoffe und ihrer Lieferung, die Kosten des Betriebsstroms und die Kosten der Überwachung sowie die Kosten der Reinigung der Anlage und des Betriebsraums;

   oder

   c) **der Versorgung mit Fernwärme;**
      hierzu gehören die Kosten der Wärmelieferung von einer nicht zur Wirtschaftseinheit gehörenden Anlage (Grund- und Arbeitspreis) und die Kosten des Betriebs der dazugehörigen Hausanlagen, namentlich des Betriebsstroms, die Kosten der Bedienung, Überwachung und Pflege der Anlage, der regelmäßigen Prüfung ihrer Betriebsbereitschaft und Betriebssicherheit einschließlich der Einstellung durch einen Fachmann, der Reinigung der Anlage und des Betriebsraums sowie die Kosten der Verwendung einer meßtechnischen Ausstattung zur Verbrauchserfassung;

   oder

   d) **der Reinigung und Wartung von Etagenheizungen;**
      hierzu gehören die Kosten der Beseitigung von Wasserablagerungen und Verbrennungsrückständen in der Anlage, die Kosten der regelmäßigen Prüfung der Betriebsbereitschaft und Betriebssicherheit und der damit zusammenhängenden Einstellung durch einen Fachmann sowie die Kosten der Messungen nach dem Bundes-Immissionsschutzgesetz.

5. **Die Kosten**
   a) **des Betriebs der zentralen Warmwasserversorgungsanlage;**
      hierzu gehören die Kosten der Wasserversorgung entsprechend Nummer 2, soweit sie nicht dort bereits berücksichtigt sind, und die Kosten der Wassererwärmung entsprechend Nummer 4 Buchstabe a;

---

* Über den Begriff Heizkosten vgl. *Korff* DWW 78, 87; *Wiethaup* DWW 76, 203; *Pütz* WM 79, 70: auch zur Abrechnung; *Haug* NJW 79, 1269.

§ 4 MHG, 2

    oder

  b) **der Versorgung mit Fernwarmwasser;**
    hierzu gehören die Kosten für die Lieferung des Warmwassers (Grund- und Arbeitspreis) und des Betriebs der zugehörigen Hausanlage entsprechend Nummer 4 Buchstabe c;

    oder

  c) **der Reinigung und Wartung von Warmwassergeräten;**
    hierzu gehören die Kosten der Beseitigung von Wasserablagerungen und Verbrennungsrückständen im Innern der Geräte sowie die Kosten der regelmäßigen Prüfung der Betriebsbereitschaft und Betriebssicherheit und der damit zusammenhängenden Einstellung durch einen Fachmann.

6. **Die Kosten verbundener Heizungs- und Warmwasserversorgungsanlagen**

  a) bei zentralen Heizungsanlagen entsprechend Nummer 4 Buchstabe a und entsprechend Nummer 2, soweit sie nicht dort bereits berücksichtigt sind;

    oder

  b) bei der Versorgung mit Fernwärme entsprechend Nummer 4 Buchstabe c und entsprechend Nummer 2, soweit sie nicht dort bereits berücksichtigt sind;

    oder

  c) bei verbundenen Etagenheizungen und Warmwasserversorgungsanlagen entsprechend Nummer 4 Buchstabe d und entsprechend Nummer 2, soweit sie nicht dort bereits berücksichtigt sind.

7. **Die Kosten des Betriebs des maschinellen Personen- oder Lastenaufzuges**
Hierzu gehören die Kosten des Betriebsstroms, die Kosten der Beaufsichtigung, der Bedienung, Überwachung und Pflege der Anlage, der regelmäßigen Prüfung ihrer Betriebsbereitschaft und Betriebssicherheit einschließlich der Einstellung durch einen Fachmann sowie die Kosten der Reinigung der Anlage.

8. **Die Kosten der Straßenreinigung und Müllabfuhr**
Hierzu gehören die für die öffentliche Straßenreinigung und Müllabfuhr zu entrichtenden Gebühren oder die Kosten entsprechender nicht öffentlicher Maßnahmen.

9. **Die Kosten der Hausreinigung und Ungezieferbekämpfung**
Zu den Kosten der Hausreinigung gehören die Kosten für die Säuberung der von den Bewohnern gemeinsam benutzten Gebäudeteile, wie Zugänge, Flure, Treppen, Keller, Bodenräume, Waschküchen, Fahrkorb des Aufzuges.

10. **Die Kosten der Gartenpflege**
Hierzu gehören die Kosten der Pflege gärtnerisch angelegter Flächen einschließlich der Erneuerung von Pflanzen und Gehölzen, der Pflege von Spielplätzen einschließlich der Erneuerung von Sand und der Pflege von Plätzen, Zugängen und Zufahrten, die dem nicht öffentlichen Verkehr dienen.

11. **Die Kosten der Beleuchtung**
Hierzu gehören die Kosten des Stroms für die Außenbeleuchtung und die Beleuchtung der von den Bewohnern gemeinsam benutzten Gebäudeteile, wie Zugänge, Flure, Treppen, Keller, Bodenräume, Waschküchen.

12. **Die Kosten der Schornsteinreinigung**
    Hierzu gehören die Kehrgebühren nach der maßgebenden Gebührenordnung.

13. **Die Kosten der Sach- und Haftpflichtversicherung**
    Hierzu gehören namentlich die Kosten der Versicherung des Gebäudes gegen Feuer-, Sturm- und Wasserschäden, der Glasversicherung, der Haftpflichtversicherung für das Gebäude, den Öltank und den Aufzug.

14. **Die Kosten für den Hauswart**
    Hierzu gehören die Vergütung, die Sozialbeiträge und alle geldwerten Leistungen, die der Eigentümer (Erbbauberechtigte) dem Hauswart für seine Arbeit gewährt, soweit diese nicht die Instandhaltung, Instandsetzung, Erneuerung, Schönheitsreparaturen oder die Hausverwaltung betrifft.

    Soweit Arbeiten vom Hauswart ausgeführt werden, dürfen Kosten für Arbeitsleistungen nach den Nummern 2 bis 10 nicht angesetzt werden.

15. **Die Kosten des Betriebs der Gemeinschafts-Antennenanlage**
    Hierzu gehören die Kosten des Betriebsstroms und die Kosten der regelmäßigen Prüfung ihrer Betriebsbereitschaft einschließlich der Einstellung durch einen Fachmann oder das Nutzungsentgelt für eine nicht zur Wirtschaftseinheit gehörende Antennenanlage.

16. **Die Kosten des Betriebs der maschinellen Wascheinrichtung**
    Hierzu gehören die Kosten des Betriebsstroms, die Kosten der Überwachung, Pflege und Reinigung der maschinellen Einrichtung, der regelmäßigen Prüfung ihrer Betriebsbereitschaft und Betriebssicherheit sowie die Kosten der Wasserversorgung entsprechend Nummer 2, soweit sie nicht dort bereits berücksichtigt sind.

17. **Sonstige Betriebskosten**
    Das sind die in den Nummern 1 bis 16 nicht genannten Betriebskosten, namentlich die Betriebskosten von Nebengebäuden, Anlagen und Einrichtungen.

## 2. Grundsätze beim Entstehen von Betriebskosten

Bei der Entstehung von Betriebskosten sind die nachfolgenden Grundsätze zu beachten:

a) Diese Zusammenstellung der Betriebskosten ist **erschöpfend.** Andere als die in der Anlage 3 aufgeführten Kosten (z. B. Instandhaltungskosten und Verwaltungskosten) zählen nicht zu den Betriebskosten und sind daher nicht gem. § 4 Abs. 1 oder Abs. 2, 3 MHG umlegbar, selbst bei einer entgegenstehenden Vereinbarung (da diese gegen § 10 Abs. 1 Hs. 1 MHG verstieße). Dies ist anerkannt für die Verwaltungskosten (so AG Hamburg WM 81, U 10; AG Coesfeld WM 81, U 14; AG Braunschweig WM 81, U 14; LG Frankfurt ZMR 80, 278; WM 82, 78 m. zust. Anm. *Schneider* m. w. N.; AG Freiburg WM 82, 215; AG Hannover WM 82, 195 (L); AG Burgwedel WM 83, 182 (L); AG Bayreuth WM 83, 182 für Verwaltungskosten des Wohnungseigentümers; a. A. LG Wiesbaden ZMR 81, 121 m. abl. Anm. *Barthelmess;* LG Braunschweig WM 82, 79). Keine Betriebskosten sind die Erbbauzinsen (AG Frankfurt WM 83,

149). Dagegen gehören zu den (laufenden) Betriebskosten die Tankreinigungskosten, welche keine Instandhaltungskosten sind (AG Gummersbach WM 81, U 7; AG Hamburg WM 82, 310; AG Langenfeld WM 83, 123 (L)). Zu den Kosten für die Verwendung von Wärmemessern gehören diejenigen für das Ablesen und Ersetzen der Verdunstungsröhrchen, nicht die — als Verwaltungskosten anzusehenden — Kosten der Abrechnung und Aufteilung (AG Hamburg WM 82, 310). Wasserkosten sind im Zweifel (Unklarheit!) nur die Kosten des Frischwassers, nicht auch des Abwassers (AG Köln WM 81, U 9; a. A. AG Rheine WM 82, 114 (L)). Mieterwechselgebühren (Zwischenablesekosten) — d. h. die Kosten für die Ablesung der Wärmemesser bzw. Zähleruhren bei Auszug des Mieters — gehören zur Fürsorgepflicht des Vermieters im Rahmen seiner Rechnungslegungspflicht und sind daher im Zweifel nicht umlegbar (AG Lechenich WM 81, U 23; AG Rendsburg WM 81, 105; AG Braunschweig WM 82, 170 (L)).

4  b) Ausreichend für das Vorliegen von Betriebskosten ist, daß diese Kosten **dem Eigentümer (Vermieter) für das Gebäude als ganzes entstehen.** Gleichgültig ist daher, inwieweit der einzelne Mieter von der Entstehung der jeweiligen Kostenart betroffen ist. Zum Beispiel zählen Kosten der Gartenpflege zu den Betriebskosten, gleichgültig, ob der betreffende Mieter zur Nutzung des Gartens berechtigt ist (a. A. bezüglich Gartenpflegekosten AG Essen WM 78, 157: nur ansetzbar, wenn Garten allen Mietern zur Nutzung überlassen wird).

Ansetzbar sind nur solche Betriebskosten, die den Grundsätzen einer **ordentlichen Bewirtschaftung** entsprechen, also nicht unnötig oder unwirtschaftlich sind (*Schmidt-Futterer/Blank* C 251 a; ähnlich *Emmerich/Sonnenschein* 21: vermeidbare Kosten scheiden aus). Vgl. auch § 20 Abs. 3 S. 2 NMV, wonach die Betriebskosten umlegbar sind, soweit sie bei gewissenhafter Abwägung aller Umstände und bei ordentlicher Geschäftsführung gerechtfertigt sind.

5  c) Die Betriebskosten müssen dem Eigentümer (Vermieter) **tatsächlich entstehen.** Vom Eigentümer (Vermieter) selbst erbrachte Leistungen (Sach- und Arbeitsleistungen) sind gem. § 27 Abs. 2 der II. BV mit dem Betrag als Betriebskosten anzurechnen, der für eine gleichwertige Leistung eines Dritten, insbesondere eines Unternehmers, anzusetzen ist (*Schmidt-Futterer* BB 72, 69).

Problematisch kann sein, in welchem Abrechnungszeitraum (wann) bestimmte Betriebskosten entstanden sind. Maßgebend muß sein, wann der Verbrauch stattfand, nicht wann die Kosten in Rechnung gestellt werden (vgl. *Kox* ZMR 80, 239 bzgl. Tankreinigungskosten unter Hinweis auf die betriebswirtschaftliche Definition der Kosten).

6  d) Ob bestimmte Kosten zu den Betriebskosten zu rechnen sind, hat mit der Frage nichts zu tun, welche Betriebskosten der Mieter neben dem für den Wohnraum zu zahlenden Entgelt gem. der mietvertraglichen Vereinbarung gesondert zu zahlen hat. § 4 Abs. 2 und 3 MHG gewähren keine Erweiterung der mietvertraglichen Ansprüche des Vermieters bezüglich der Zahlung von Nebenkosten neben dem eigentlichen Mietzins (vgl. LG Köln WM 74, 13). **Gleichgültig** für das

Umlegungsrecht gem. § 4 ist demnach, **ob** die betreffende Betriebkostenart in dem zu zahlenden Entgelt **eingerechnet** ist (sog. **Warmmiete**) **oder daneben** als Nebenkosten **zu zahlen** ist (Kaltmiete) (so die h. M., vgl. LG München DWW 78, 276; *Korff* DWW 77, 152; *Schmidt-Futterer/Blank* C 255; a. A. LG Mannheim ZMR 75, 143; AG Düsseldorf ZMR 74, 338: Umlegung nur der im Mietvertrag aufgeführten Betriebskosten). Diejenigen Betriebskosten, die nicht gesondert zu zahlen sind, gelten als in der Grundmiete enthalten (vgl. *Barthelmess* ZMR 72, 362; *Schäfer* WM 78, 36). Haben die Parteien als Mietentgelt ohne nähere Bestimmung einen einheitlichen Betrag (**Inklusivmiete**) vereinbart, so werden dadurch im Regelfall auch die an sich **umlagefähigen Betriebskosten mit abgegolten,** die im Außenverhältnis vom Vermieter getragen werden (OLG Stuttgart (RE) ZMR 83, 389 = WM 83, 285 = DWW 83, 227 = NJW 83, 2329). Dies ist nur eine Frage der Ausgestaltung des Mietvertrages (hinsichtlich der Mietzahlung), nicht des Umlegungsrechts gem. § 4. Auch ein konkludenter Ausschluß der Umlegung gem. § 1 S. 3 kann daher in der Regel nicht angenommen werden. Vergleiche auch Rn 23 und Einf. vor § 1 MHG Rn 3.

Der Vermieter kann eine **Nebenpflicht zur Aufklärung des Mieters** über die Höhe der anfallenden Nebenkosten (Betriebskosten) haben, wenn er die im vorangegangenen Abrechnungszeitraum angefallenen Kosten kennt. Verletzt er diese Aufklärungspflicht und vertraut der Mieter seinen Angaben, so ist der Mieter nicht verpflichtet, über die vertragliche Nebenkostenvorauszahlung hinaus weitere Nebenkosten zu zahlen; eventuell steht ihm auch ein Recht zur fristlosen Kündigung zu (LG Frankfurt ZMR 79,112 = WM 79, 24 m. Anm. *Ronimi*).   6a

## II. Regelung für Betriebskostenvorauszahlungen (Abs. 1)

**Schrifttum zur Abrechnung von Nebenkosten:** *Hummel* ZMR 75, 3; ders. WM 75, 201; *Glaser* ZMR 76, 129; *Wiethaup* DWW 76, 202; *Goch* WM 77, 25; *Lau* ZMR 78, 357; *Pütz* WM 79, 69; *Wichardt* ZMR 80, 1; *Sternel* WM 81, 73; *Müller* ZMR 81, 194; *Volkening* ZMR 81, 353; *Schmid* ZMR 83, 41 (bei Wohnungseigentum); *Zeuner* ZMR 81, 161 (Einwendungen des Mieters im Abrechnungsprozeß); *Freiherr v. Spiegel* ZMR 81, 265 (Tankreinigungskosten).
**Zur Heizkostenabrechnung nach Verbrauch (HeizKVO):** *Eisenschmid* WM 81, 97; *Demmer* MDR 81, 529; *Schmid* BlGBW 81, 105 (bei Wohnungseigentum); *Jennißen* ZMR 82, 228; *Schickedanz* ZMR 80, 263 und ZMR 81, 132; *Bertram* ZMR 81, 129; *Ackermann* ZMR 81, 132; *Kainz* ZMR 81, 133; *Häring* FWW 82, 229; *Zinburg* ZMR 83, 4 (zum Begriff Zentral- und Sammelheizung); *Schmid* BlGBW 83, 181 (Ablesung der Heizungszähler); vgl. auch die Schriften Heizkostenverteilung von *Goettling/Kuppler*, 114 S., Verlag C. F. Müller, Karlsruhe; *Peruzzo*, Heizkostenabrechnung nach Verbrauch, 2. Aufl. 1983.
**Zum richtigen Umlegungsmaßstab bei Betriebskosten:** *Kox* ZMR 80, 292; derselbe ZMR 81, 163; *Flohr* ZMR 81, 162; *Trusberg* ZMR 81, 162; *Binert* ZMR 81, 358; *Otto* DWW 82, 84; derselbe BlGBW 82, 85.

## 1. Vereinbarung der Vorauszahlung für Betriebskosten (Abgrenzung zur Pauschale)

7  Grundsätzlich steht es den Mietparteien frei, eine Vereinbarung zu treffen, wonach – regelmäßig monatlich – ein bestimmter Betrag vom Mieter für bestimmte, neben dem eigentlichen Mietzins (Grundmiete) zu zahlende Nebenkosten (Betriebskosten) zu leisten ist. Beide (Nebenkosten und Grundmiete) sind Bestandteile des Gesamtmietzinses gem. § 535 S. 2 BGB (OLG Frankfurt MDR 83, 757). **Welche Nebenkosten neben** der **Miete zu zahlen sind,** ergibt sich aus der mietvertraglichen Vereinbarung. Hierbei gilt als Grundsatz, daß zusätzlich zur Miete nur die ausdrücklich vereinbarten Nebenkosten zu zahlen sind, während alle übrigen Betriebskosten kalkulatorisch als in der Miete enthalten gelten (vgl. OLG Stuttgart in Rn 6 für Inklusivmiete). Die Nebenkosten müssen daher ausdrücklich und unmißverständlich im Mietvertrag genannt werden (LG Stade WM 81, U 15; LG Wiesbaden WM 82, 86 (L)). Unklarheiten gehen zu Lasten des Vermieters als des Verwenders (AG Heidelberg WM 81, U 22), z. B. bei der Formulierung „sonstige Nebenkosten nach Anfall" (AG Augsburg WM 81, U 19) oder „die Nebenkosten" (LG Aachen WM 80, 112 (L); *Röchling* in abl. Anm. zu LG Frankfurt WM 83, 258). Die Vereinbarung „Nebenkosten gem. § 27 der II. BV" ist hinreichend konkret, da auch sonst eine Verweisung auf den Inhalt von Gesetzen im formellen Sinne in Verträgen zugelassen wird (AG Hamburg WM 81, U 3 m. dortiger Anm. d. Redaktion; *Emmerich/Sonnenschein* 6 mit Einschränkungen; a. A. LG Darmstadt WM 81, 39; LG Stade WM 81, U 15; LG Aachen WM 82, 254: je bei Formularklauseln; LG Hamburg WM 82, 86 (L): wenn die Anklage der II. BV nicht dem Vertragsformular beigefügt wird). Allerdings ist trotz Unklarheiten der Nebenkostenvereinbarung gem. § 157 BGB (Verkehrssitte) der Mieter verpflichtet, die verbrauchsabhängigen Nebenkosten (Wasser, Abwasser, Heizung, Strom, Gas) zu tragen (LG Braunschweig WM 82, 300; LG Marburg WM 80, 185 (L)). Die Grundsteuer zählt nicht zu den „üblichen öffentlichen Abgaben" (OLG Celle WM 83, 291). Erfolgt die Abrechnung vertragsgemäß durch eine Heizkostenverteilerfirma, so bedeutet dies im Zweifel noch nicht, daß sämtliche von dieser Firma berechneten Positionen vom Mieter zu tragen sind (AG Schleiden WM 83, 62 (L)).

7a  Bei der **Heizkostenabrechnung** ist die Forderung des Vermieters bei Mängel der Heizanlage so zu kürzen, wie es den geringstmöglichen Energiekosten entspricht (AG Düren WM 82, 184). Zeitweilige Abwesenheit des Mieters von der Wohnung berechtigt nur in echten Ausnahmefällen zu einem Abzug (AG Waldshut-Tiengen WM 82, 55 (L)). Das System der Gradtagszahlen genügt grundsätzlich den Anforderungen an eine Abrechnung, wobei kleinere Ungenauigkeiten hinzunehmen sind, grobe Unbilligkeiten jedoch Abweichungen rechtfertigen (AG Münster WM 81, U 2). Für die Fehlerhaftigkeit der Heizkostenabrechnung deshalb, weil die Heizkostenverteiler nicht gegen mögliche Manipulationen gesichert sind, ist der Mieter in der Weise beweispflichtig, daß er eine Manipulation konkret glaubhaft machen muß (LG Mainz WM 83, 210). Sind die Heizkosten gem. § 7 Abs. 2 HeizKVO in der Grundmiete enthalten, so ist für eine verbrauchsabhängige Umlegung dieser Anteil aus der Grundmiete herauszurechnen (AG Nürnberg WM 82, 248). Der Umlageschlüssel der Mietvertragsvereinbarung wird nicht berührt durch einen Beschluß der Wohnungseigentümer über die Änderung des Umlageschlüssels (AG Dortmund WM 81, 229). Der Vermieter ist bei Auszug des Mieters verpflichtet, daß von diesem gekaufte und noch im Tank befindliche Heizöl (Restmenge) zum Anschaffungspreis zu übernehmen (LG Freiburg WM 82, 206). – Bezüglich der verbrauchsabhängigen Betriebskosten neigte schon die Rechtsprechung der letzten Zeit mehr und mehr dazu, zur Förderung der Einsparung von Energie eine **Abrechnung entsprechend dem tatsächlichen Verbrauch** (an Stelle eines davon abweichenden Umlageschlüssels) vorzuschreiben. Die nunmehr in Kraft getretene **Heizkostenverordnung** vom 23. 2. 1981, die für die Abrechnung der Kosten für die Nutzung von preisfreiem Wohnraum gilt (auch zwischen Wohnungseigentümergemeinschaft und einzelnem Wohnungseigentümer, vgl. dort § 3), schreibt bis spätestens 30. 6. 1984 auch für schon vor dem 1. 7. 1981 bezugsfertig gewordene Räume die Ausstattung zur Verbrauchserfassung (Anbringung von Wärmezählern oder Heizkostenverteilern) vor. Die Vorschriften dieser Verordnung über die Pflicht zur verbrauchsabhängigen Kostenverteilung (vgl. §§ 6–9 HeizKVO) gelten in diesen Fällen erstmalig für den Abrechnungszeitraum, der nach dem Anbringen der Ausstattung beginnt (vgl. § 12 Abs. 1 Nr. 3 HeizKVO). Damit wird künftig nur noch die Abrechnung nach tatsächlichem Verbrauch vorgenommen werden, so daß anderweitige Umlegungsmaßstäbe nicht mehr anwendbar sein werden. Über das umfangreiche Schrifttum zur Heizkostenabrechnung nach Verbrauch vgl. den Hinweis vor Rn 7.

Hat der Mieter neben der Grundmiete einen bestimmten Betrag an Nebenkosten zu zahlen, so ist streng **zu unterscheiden,** ob es sich dabei um einen Pauschalbetrag handelt oder um eine Vorauszahlung (Vorschußzahlung, Akontozahlung): 7b

Bei einer **Pauschale** sind die tatsächlich entstehenden Kosten der betreffenden Betriebskostenart, gleichgültig, wie hoch sie sind, abgegolten, ohne daß es zu einer Abrechnung kommt. Ein Mehrverbrauch berechtigt den Vermieter nicht zu einer Nachforderung über die Pauschale hinaus (AG Aachen WM 75, 76; *Lau* ZMR 78, 359). Denn durch die Vereinbarung einer Pauschale wird das Risiko einer Veränderung der in der Kalkulation zugrundegelegten Verbrauchskosten in Kauf genommen. Erhöht sich jedoch der Kostenansatz (Gebührenerhöhung), so kommt eine Erhöhung der Pauschale gem. § 4 Abs. 2 in Betracht (AG Michelstadt WM 78, 110; a. A. AG Köln WM 79, 53).

Eine **Pauschale** kann vom Vermieter **nicht einseitig erhöht** werden, wenn sich die Betriebskosten erhöhen (AG Steinfurt WM 80, 81 (L)), es sei denn bei Wegfall der Geschäftsgrundlage (LG Essen ZMR 82, 79; AG Mönchengladbach-Rheidt ZMR 81, 309: wegen Energiepreissteigerung der Jahre 1976–80 Erhöhung auf Grund gerichtlicher Schätzung um ein Drittel; AG Bad Oldesloe WM 80, 235 (L): verneint bei Erhöhung der Heizölkosten um 100 %) oder bei einem vereinbarten Erhöhungsvorbehalt (LG Darmstadt WM 81, U 23; AG Braunschweig WM 81, U 2) im Rahmen der nachgewiesenen Kostenerhöhungen (LG Köln WM 82, 301).

§ 4 MHG, 7c+7d

7c  Bei einer **Vorauszahlung** ist eine Abrechnung über die in einem bestimmten Zeitraum angefallenen Betriebskosten erforderlich, aus welcher sich die Gesamtschuld des Mieters und unter Berücksichtigung der ingesamt geleisteten Vorauszahlungen entweder eine Restschuld oder ein restliches Guthaben des Mieters ergibt. Welche Rechtsform im Einzelfall vorliegt, muß durch Auslegung des gesamten Mietvertrages ermittelt werden, wobei die von den Parteien gewählten Worte nicht allein entscheidend sind (zur Abgrenzung vgl. LG Münster WM 78, 230: bei mehrfachen Nachzahlungen des Mieters auf erteilte Abrechnung trotz einer vereinbarten Pauschale sei nur dann eine Vorauszahlung als vereinbart anzusehen, wenn der Vermieter auf eine Änderung der Pauschale in eine Vorauszahlung gedrängt und daraufhin der Mieter zur Zahlung ausdrücklich eingewilligt hätte). Manchmal verwenden die Parteien den Ausdruck Pauschale, meinen jedoch, wie sich aus der Regelung über die Abrechnung ergibt, eine bloße Vorauszahlung. Am häufigsten wird ein bestimmter, neben dem Mietzins zu zahlender monatlicher Betrag für die Heizkosten und für Wassergeld vereinbart. Nicht ausgeschlossen ist jedoch, eine solche Vereinbarung über jede andere Betriebskostenart zu treffen.

Eine Pflicht des Mieters zur Leistung von Vorauszahlungen besteht nicht kraft Gesetzes oder nach Treu und Glauben, sondern nur bei einer ausdrücklichen Vereinbarung (AG Köln WM 82, 307 (L)).

Wenn inzwischen hätte abgerechnet werden müssen, können keine Vorauszahlungen mehr verlangt werden, was aus § 242 BGB abzuleiten ist (LG Köln WM 81, U 15).

7d  Eine **nachträgliche Änderungsvereinbarung** über die Tragung von Nebenkosten durch den Mieter kommt regelmäßig nicht dadurch zustande, daß der Vermieter ihm nicht zustehende Beträge abrechnet und der Mieter rechtsirrig diese vermeintliche Schuld begleicht, auch nicht bei mehrjähriger vorbehaltloser Zahlung, da insoweit der Rechtsgeschäftswille des Mieters zu einer Änderungsvereinbarung fehlt (OLG Hamm WM 81, 62; LG Mannheim DWW 76, 188; LG Wiesbaden WM 81, U 5; LG Wuppertal WM 82, 300; AG Hamburg WM 81, 21; AG Kerpen WM 81, U 7; AG Wiesloch WM 82, 86 (L); a. A. LG Lüneburg MDR 79, 759: Schuldanerkenntnis durch vorbehaltlose Zahlung; LG Hamburg WM 82, 86 (L): bei dreimaliger Zahlung; AG Köln WM 81, U 23: bei jahrelanger Zahlung). Dies gilt auch bei einer Pauschale, bei welcher eine Abrechnung entfällt, wenn auf eine gleichwohl erteilte Abrechnung der Mieter in Rechtsunkenntnis bezahlt (AG Hamburg WM 81, 21; weitere Rechtsprechungszitate in Anm. d. Redaktion WM 81, U 7). Eine stillschweigende Änderungsvereinbarung liegt jedoch vor bei 10jähriger anderweitiger Handhabung, z. B. Nichtabrechnung über die Vorauszahlungen (AG Frankfurt WM 82, 86). Bei einer solchen Vertragsänderung ist eine Irrtumsanfechtung möglich, wodurch eine rechtliche Bindung für die Zukunft entfallen kann (AG Eutin WM 82, 114 (L)).

Über ein Recht des Vermieters zur Erhöhung des Vorauszahlungsbetrages vgl. Rn 15.

Der Vermieter hat keinen Anspruch auf Zustimmung des Mieters, daß die Betriebskosten gesondert abgerechnet und umgelegt werden (LG Köln WM 78, 95).

### 2. Anwendung nur für Betriebskostenvorauszahlungen

**Abs. 1 gilt nur für** eine **Vorauszahlung** von Betriebskosten, nicht für eine Pauschale (vgl. oben Rn 7). Er gilt weiter nur für die Vorauszahlung **von Betriebskosten** (vgl. dazu oben Rn 2), nicht z. B. für eine Vorauszahlung der Grundmiete. Über den **Anwendungsbereich** des Abs. 1 vgl. Einführung vor § 1 MHG Rn 29– 32.

### 3. Vorauszahlung in angemessener Höhe

Eine solche Vorauszahlung für eine bestimmte Art von Betriebskosten (oder mehrere Arten) darf gem. Abs. 1 Satz 1 **nur in angemessener Höhe** vereinbart werden. Dies ist eine Schutzvorschrift zugunsten des Mieters, um ungerechtfertigte finanzielle Vorteile des Vermieters durch übermäßige Vorauszahlungen zu vermeiden. Dabei ist gleichgültig, ob die Vereinbarung schon beim Vertragsabschluß oder erst im Laufe der Mietzeit getroffen wurde. „In angemessener Höhe" heißt, daß die Höhe der Vorauszahlung ungefähr den vom Mieter für diese Betriebskostenart tatsächlich zu zahlenden Kosten entsprechen muß (ähnlich *Palandt/Putzo* Anm. 2 a). Diese Größe ist erforderlichenfalls nach Erfahrungswerten (Größe der Wohnung, Personenzahl, Verbrauchsgewohnheiten) zu schätzen, wobei im Falle einer erst im Laufe der Mietzeit getroffenen Vereinbarung auf den im letzten Jahr angefallenen Betriebskostenbetrag als Anhaltspunkt zurückgegriffen werden sollte. Bei Heizungskosten wird in der Regel ein aus dem Jahresverbrauch ermittelter Monatsbetrag vereinbart, welcher das ganze Jahr durchgehend zu zahlen ist, unabhängig davon, ob geheizt wird oder nicht. Eine Heizkostenvorauszahlung kann in Höhe eines bestimmten Prozentsatzes der abgerechneten Kosten der vergangenen Heizperiode vereinbart werden, ohne daß dies gegen § 10 Abs. 1 verstößt (AG Mannheim DWW 76, 165 = WM 78, 46). Angemessen heißt nicht, daß jahreszeitliche Schwankungen nicht in einem Jahresdurchschnittsbetrag berücksichtigt werden dürfen (vgl. *Palandt/Putzo* Anm. 2 a). Eine Vereinbarung, wonach der Vermieter berechtigt ist, einen außerordentlichen Vorschuß auf die Heizkosten zu verlangen, wenn die Heizkostenpreise so weit steigen, daß sie durch die Vorschüsse nicht gedeckt sind, ist mit § 4 Abs. 1 vereinbar und zulässig (AG Ludwigshafen ZMR 80, 180).

Das Gesetz sagt nichts über die **Fälligkeit der** vereinbarten **Vorauszahlungsbeträge**, so daß insoweit die vertragliche Vereinbarung maßgebend ist. Üblicherweise werden die Umlagen zusammen mit dem pauschal vereinbarten Mietzins zur Zahlung fällig, also in der Regel monatlich im voraus. Ist über die Fälligkeit der Umlagen nichts vereinbart, so ist dafür die Fälligkeit des Mietzinses entscheidend. Sind die Umlagen vertraglich für ein halbes oder ganzes Jahr im voraus zu zahlen, so muß dies als unangemessener Zeitraum angesehen werden (ähnlich *Palandt/Putzo* Anm. 2 b). Fraglich erscheint jedoch, ob der Mieter in diesem Falle verlangen kann, daß der Vermieter einer Vertragsänderung dahin zustimmt, daß ein angemessener (z. B. monatlicher) Vorauszahlungszeitraum vereinbart wird. Dies dürfte zu verneinen sein, da Abs. 1 S. 1 auf die „angemessene Höhe" abstellt, nicht auf einen angemessenen Umfang der Vorauszahlungen (und damit auf angemessene Vorauszahlungszeiträume).

11 **Übersteigt** der **vereinbarte Vorauszahlungsbetrag die** danach **angemessene Höhe**, so ist der Mieter nur verpflichtet, den angemessenen Umfang zu bezahlen (den notfalls das Gericht gem. § 287 ZPO zu bestimmen hat). Bezüglich der darüber hinausgehenden Höhe ist die Vereinbarung unwirksam (§ 134 BGB), was sich aus dem Gesetzeswortlaut („dürfen nur ... vereinbart werden") ergibt. Die Vorauszahlungsvereinbarung im ganzen ist jedoch nicht unwirksam (vgl. § 139 BGB).

#### 4. Jährliche Abrechnung

12 Gem. Abs. 1 S. 2 hat über die Vorauszahlung jährlich eine **Abrechnung** zu erfolgen. „**Jährlich**" heißt nicht, daß das Abrechnungsjahr mit dem Kalenderjahr übereinstimmen muß (*Gutekunst* BayGWW 75, 24). Allerdings muß sich der Termin des Abrechnungsjahres an das Ende des Zeitraums anschließen, welcher der vorherigen Abrechnung zugrunde lag. Zweckmäßig erscheint ein Beginn mit dem Einzug des Mieters oder eine Abrechnung nach dem Kalenderjahr, bei Heizkosten eine Abrechnung nach Ablauf der Heizperiode (wobei dem Vermieter für das Abrechnungsverfahren ein Zeitraum von 3 Monaten nach Ablauf der Heizperiode aus Treu und Glauben zuzubilligen ist, so daß erst danach der Mieter einen Rückforderungsanspruch hat, AG Köln ZMR 80, 85 m. zust. Anm. *Weimar*). Der Abrechnungszeitraum darf nicht länger als ein Jahr sein. Er ist jedoch regelmäßig auch nicht kürzer (abgesehen z. B. von einer Restmietzeit bei Mietvertragsbeendigung vor Ablauf des Abrechnungsjahres). Eine Überschreitung dieser Frist führt nicht automatisch zum Verlust der Ansprüche des Vermieters (LG Marburg ZMR 80, 153; *Sternel* III 283). Es kann aber bei längerem Zuwarten Verwirkung vorliegen.

13 **Abzurechnen** ist nach dem Gesetzeswortlaut lediglich über die Vorauszahlungen des Mieters während des Abrechnungsjahres. Gemeint ist jedoch die Abrechnung über die betreffende Betriebskostenart (oder -arten), auf welche sich die Vorauszahlung bezieht (andernfalls läge keine eigentliche „Abrechnung", sondern eine bloße Feststellung der Summe der Vorauszahlungen vor). Der Vermieter hat daher gem. § 259 BGB eine — **schriftliche** (LG Düsseldorf WM 80, 164 (L)) — **Aufstellung der Schuld** des Mieters hinsichtlich der betreffenden Betriebskosten, **bezogen auf** das **Abrechnungsjahr**, vorzunehmen mit folgenden **Mindestanforderungen:** Zusammenstellung der Gesamtkosten, Angabe und Erläuterung der zugrundegelegten Verteilungsschlüssel, Berechnung des Anteils des Mieters und Abzug der vom Mieter geleisteten Vorauszahlungen (BGH ZMR 82, 108 = WM 82, 207 = NJW 82, 573 bei Großobjekten, jedoch allgemein anwendbar; vgl. jedoch OLG Hamm WM 81, 62), bei mehreren Wohnhäusern für jedes Haus getrennt (AG Dortmund WM

80, 160). Daraus muß sich eine vom Mieter zu zahlende Restschuld oder ein vom Vermieter auszugleichendes Guthaben ergeben.

Der sich rechnerisch ergebende Abrechnungsbetrag kann auch dann verlangt bzw. verrechnet werden, wenn die vom Mieter zu zahlende Nebenkostenvorauszahlung wesentlich darunter liegt; die **Höhe der Nebenkostenvorauszahlung** begründet also **keinen Vertrauenstatbestand** dahin, daß der tatsächliche Verbrauch etwa der Vorauszahlung entspreche (OLG Stuttgart (RE) ZMR 82, 366 = WM 82, 272 m. abl. Anm. *Lechner* WM 83, 5 = NJW 82, 2506; LG Lübeck WM 81, 45; zum preisgebundenen Wohnraum gem. § 20 Abs. 4 NMV vgl. LG Köln und LG Bonn WM 82, 282; a. A. AG Kassel WM 80, 254; AG Eschweiler WM 80, 233; AG Lübeck WM 80, 250; AG Hamburg WM 82, 247, wonach der Vermieter bei Vertragsabschluß verpflichtet sei, die Betriebskostenvorauszahlung kostenorientiert festzusetzen (Toleranzgrenze); vgl. zur Toleranzgrenze auch *Wiek* BlGBW 83, 108; *Schwab* DWW 83, 68).

Diese Aufstellung ist dem Mieter zu übermitteln. Eine sich ergebende Restschuld des Mieters oder ein vom Vermieter zu erstattender Überschußbetrag sind sofort nach Zugang der Abrechnung zur Zahlung fällig.

Der Anspruch aus der Abrechnung wird **erst fällig,** wenn dem Mieter eine **ordnungsgemäße nachvollziehbare Abrechnung zugeht** (BGH ZMR 82, 108 = WM 82, 207 = NJW 82, 573; LG Darmstadt WM 81, U 7; AG Bensheim WM 80, 232; *Sternel* III 289; *Schmidt-Futterer/Blank* C 277), was auch beim Nachzahlungsanspruch des Vermieters oder beim Rückzahlungsanspruch des Mieters gilt (AG Friedberg WM 83, 2 (L)).

Hat der Vermieter angemessene Zeit nach Ablauf eines Abrechnungsjahres trotz Abmachung eine solche Abrechnung nicht erteilt, so kann der Mieter auf Erteilung einer Abrechnung klagen, denn Satz 2 gibt ihm aus Gründen der Rechtsklarheit und zur Vermeidung von späteren Streitigkeiten einen **Anspruch auf Abrechnung (Rechnungslegung).** Fehlen dem Vermieter die Unterlagen für eine Abrechnung, so hat er dem Mieter das Hindernis durch einen Zwischenbescheid mitzuteilen. § 259 Abs. 1 und Abs. 3 (nicht Abs. 2) BGB sind auf die Abrechnung anzuwenden. Das Verfahren zur Abgabe einer eidesstattlichen Versicherung ist nicht anwendbar. Der Mieter kann nach allgemeinen Vorschriften **Einsicht in die** Originale der **Berechnungsunterlagen** des Vermieters verlangen (vgl. *Löwe* NJW 75, 14; über das Einsichtsrecht in Verwaltungsunterlagen einer Wohnungseigentümergemeinschaft vgl. *Schmid* BlGBW 82, 45). Der Vermieter muß sie dem Mieter nicht zusenden, vielmehr kann der Mieter nur verlangen, die Belege einsehen zu dürfen (AG Köln WM 82, 114 (L)), wozu er eine Person seines Vertrauens hinzuziehen kann (AG Bochum WM 80, 162 (L)). Der Mieter kann die Anfertigung von Fotokopien auf seine Kosten verlangen (*Wiethaup* DWW 76, 204), wofür die üblichen Kosten (bis zu 0,50 DM pro Fotokopie) zu erstatten sind (AG Wuppertal WM 83, 208). **Leistungsort** für die Vorlage von Abrechnungsunterlagen ist — gem. § 269 BGB aus den Umständen, insbes. der Natur des Mietverhältnisses — der **Ort** der **Mietsache** (*Röchling* ZMR 79, 161 f.; LG Hanau WM 81, 102 m. w. N.; LG Freiburg WM 81, U 5: jedenfalls bei großer Wohnanlage; LG Wiesbaden WM 82, 282 (L): nicht länger als 3 Monate lang; AG Wuppertal WM 83, 208). Verweigert der Vermieter die Einsicht in die Belege, so steht dem Mieter ein **Zurückhaltungsrecht** (§ 273 BGB) hinsichtlich des nicht überprüfbaren Abrechnungsbetrages zu (AG Dortmund WM 80, 241; *Schmidt-Futterer* BB 72, 70), ebenso, wenn der Vermieter seiner Abrechnungspflicht nicht nachkommt, für künftige Vorauszahlungen (LG Mannheim WM 74, 253; vgl. *Pütz* WM 79, 70; LG Wuppertal WM 82, 142 (L); AG Bad Bramstedt WM 80, 244 auch für weitere Abrechnungsperioden).

Probleme bringt die Abrechnung vor allem bei den **verbrauchsabhängigen Nebenkosten** (Heizöl, Gas, Strom, Wasser). Bei Ölheizung gehört es zu einer vollständigen Heizkostenabrechnung, daß am Anfang und Ende der Heizperiode der Tankinhalt festgestellt und aufgeführt wird (AG Lemgo ZMR 82, 185; LG Aachen WM 83, 62 (L)). Dabei muß der Tankinhalt für den Einzugs- bzw. Auszugstag des Mieters angegeben werden (LG Wuppertal WM 83, 123 (L)). Heizöl ist nur insoweit zu berücksichtigen, als es verbraucht ist; der Restbestand ist in die folgende Abrechnung aufzunehmen (AG Tecklenburg WM 81, U 14).

14a Der Anspruch auf Zahlung von Nebenkosten unterliegt der **4jährigen** Kalenderjahr-**Verjährung** (§§ 197, 224, 201 BGB) ab Entstehung des Anspruchs, d. h. ab Fälligkeit, also bei Zugang eines nachprüfbaren Abrechnungsschreibens (OLG Frankfurt MDR 83, 757) nebst Ablauf einer angemessenen Zeit zur Nachprüfung und Erhebung von Einwänden (OLG Hamm WM 82, 73).

14b Der Anspruch unterliegt nach allgemeinen Regeln (§ 242 BGB) der **Verwirkung.** Dafür ist nach allgemeinen Grundsätzen bei der Nebenkostenabrechnung erforderlich: der Ablauf einer längeren Zeit (Zeitmoment) und daß der Mieter nach dem Verhalten des Vermieters annehmen durfte und angenommen hat, Nachforderungen würden nicht mehr erhoben, und er sich hierauf eingerichtet hat (OLG Hamm WM 82, 72). Das Fehlen einer Abrechnung des Vermieters über längere Zeit ist grundsätzlich nur einer von mehreren bei der Würdigung des Einzelfalles zu beachtenden Umstände (KG (RE) ZMR 82, 182 = WM 81, 270). Demgegenüber hat die bisher herrschende Rechtsprechung eine Verwirkung schon dann bejaht, wenn eine Abrechnung über ein Jahr nach dem Ende des Abrechnungszeitraums nicht erteilt wurde (LG Stade WM 81, U 15; LG Osnabrück WM 80, 136 (L)); AG Hamburg WM 81, 9; AG Reinbek WM 81, U 5; AG Bremerhaven WM 81, U 9; AG Frankfurt WM 81, U 9; LG Frankfurt WM 81, U 6; vgl. auch AG Gronau WM 81, U 7: bei Überschreitung des vertraglich vereinbarten Abrechnungstermins um 1½ Jahre; AG Hamburg WM 81, U 7: bei um 2 Jahre verspäteter Heizkostennachforderung, auch bei Vermieterwechsel). Hat der Mieter die Nebenkostenabrechnung beanstandet, so wurde Verwirkung angenommen, wenn der Vermieter längere Zeit keine ordnungsgemäße Abrechnung übersendet, sondern schweigt (AG Köln WM 81, U 5; AG Siegen WM 82, 226: bei ca. 2 Jahren; LG Essen WM 83, 2 (L): bei 20 Monaten; LG Wiesbaden WM 82, 282 (L): bei 1 Jahr). Die oben genannte Einjahresfrist sollte auch beim Rückzahlungsanspruch des Mieters wegen zu viel bezahlter Vorauszahlungen gelten (AG Friedberg WM 82, 282). Diese zu sehr allein auf das Zeitmoment abstellende Rechtsprechung ist nach dem RE des KG a. a. O. einer Prüfung für jeden Einzelfall zu unterziehen (vgl. auch eingehend *Sternel* III 283; *Pütz* WM 79, 69).

Eine vom Vermieter erstellte und vom Mieter (z. B. durch Zahlung) akzeptierte Abrechnung kann ein **deklaratorisches Anerkenntnis** zwischen den Parteien sein, mit der Wirkung eines Verzichts auf solche tatsächlichen oder rechtlichen Einwendungen, die die Parteien kannten oder auf Grund der Abrechnungsunterlagen hätten kennen können (LG Marburg ZMR 80, 153).

## 5. Anspruch auf Erhöhung des Vorauszahlungsbetrages

Ist eine **Vorauszahlung von Betriebskosten zu niedrig vereinbart** oder haben sich die betreffenden Betriebskosten, über welche die Vorauszahlung vereinbart wurde, gegenüber dem Stand zur Zeit der Vereinbarung wesentlich erhöht, so steht dem Vermieter ein **Anspruch auf Erhöhung** des vereinbarten Vorauszahlungsbetrages nur dann zu, wenn eine solche Erhöhung ausdrücklich **vereinbart** wurde (vgl. AG Köln WM 73, 248; WM 78, 83; LG Köln WM 74, 10; LG Hamburg WM 78, 242: § 4 MHG gewährt keinen solchen Anspruch, auch nicht wegen Erhöhung der Heizölpreise (AG Frankfurt WM 80, 207 (L)); auch kann die Zustimmung zu einer solchen Erhöhung nicht im Rahmen des § 2 MHG verlangt werden (a. A. LG München I ZMR 80, 315: Vermieter könne einseitig eine um mehr als 20—25 % hinter dem Abrechnungsbetrag des Vorjahres zurückbleibende Vorauszahlung erhöhen, was sich aus der Vereinbarung einer angemessenen Höhe ergebe). Dies ergibt sich daraus, daß der Vermieter an den Vertrag gebunden ist. Zudem stellt § 4 Abs. 1 MHG eine Schutzvorschrift zugunsten des Mieters, nicht des Vermieters, dar. Ein Antrag der CDU/CSU, wonach die für Betriebskosten vorgesehenen Vorauszahlungen vom Vermieter einseitig erhöht werden können, wurde von den Koalitionsparteien abgelehnt, weil dies einen Eingriff in den Grundsatz der Vertragsfreiheit bedeutet hätte (vgl. die Ausführungen des Abg. *Dr. Böger* in der Bundestagssitzung vom 17. 10. 1974, Prot. S. 8323 B). Abzulehnen ist daher die Ansicht des LG Bochum MDR 82, 57, wonach der Vermieter schon ab der Entstehung erhöhter Kosten direkt (ohne vorherige Klage auf Zustimmung), nicht erst bei der jährlichen Abrechnung auf Leistung einer erhöhten Vorauszahlung klagen kann. Eine Erhöhung der vertraglich vereinbarten Vorauszahlung kann auch gem. § 4 Abs. 2 u. 3 MHG nicht verlangt werden (vgl. auch Einführung vor § 1 MHG Rn 4).

## 6. Abweichende Vereinbarungen

Über die Gültigkeit abweichender Vereinbarungen vgl. § 10 Abs. 1 Hs. 1 MHG und die dortigen Erläuterungen.

## III. Umlegung von Betriebskostenerhöhungen: Allgemeines

### 1. Zweck

17 Wie der bisherige § 3 Abs. 6 des 1. WKSchG, so gewährt auch Abs. 2 dem Vermieter einen Rechtsanspruch auf Erhöhung des Mietzinses, wenn sich die Betriebskosten erhöht haben. **Zweck der Regelung** ist es, bei solch schwer kalkulierbaren und sich regelmäßig außerhalb der Einflußphäre des Vermieters abspielenden Änderungen der Kostensituation dem Vermieter eine einfache und praktikable Möglichkeit an die Hand zu geben, die Kostenbelastung weiterzugeben, insbesondere mehrere kurzzeitig aufeinanderfolgende Kostenerhöhungen ohne zeitlichen Aufschub auf den Mieter abzuwälzen (vgl. den Schriftlichen Bericht des Rechtsausschusses des Bundestages zu § 3 Abs. 6 des 1. WKSchG). Der **Anspruch ist auf Zahlung gerichtet,** nicht auf Zustimmung (vgl. LG Hamburg WM 73, 169; AG Köln WM 80, 81: kein Anspruch auf Zustimmung zur Erhöhung der Vorauszahlung aus Abs. 2 wegen gestiegener Heizkostenpreise).

Wegen der Umlegung von Betriebskostenerhöhungen steht dem Mieter, auch bei einer nicht unerheblichen Mieterhöhung, ein vorzeitiges **Kündigungsrecht** gem. § 9 Abs. 1 MHG **nicht** zu (vgl. § 9 Abs. 1, wo § 4 nicht erwähnt ist).

### 2. Anwendungsbereich

18 Über den Anwendungsbereich des Erhöhungsanspruchs gem. § 4 MHG vgl. die Einleitung vor § 1 MHG Rn 29–32.

Das Recht zur Umlegung von Betriebskostenerhöhungen steht dem Vermieter nicht zu, soweit (z. B. für einzelne Betriebskostenarten, vgl. AG Hannover WM 77, 172) und solange es **vertraglich ausgeschlossen** ist (§ 1 S. 3 MHG). Ist eine Mieterhöhung allgemein ausgeschlossen oder liegt ein befristetes Mietverhältnis mit festem Mietzins (d. h. ohne Mieterhöhungsklausel) vor, so ist, da die Betriebskosten Bestandteil des Mietzinses sind (vgl. Einführung vor § 1 MHG Rn 1), eine Umlegung gem. § 4 Abs. 2 ausgeschlossen. Liegt nach dem Mietvertrag eine einheitliche **Inklusivwarmmiete** (ohne betragsmäßige Nennung des Nebenkostenanteils) vor, so ist nach h. M. eine Erhöhungsumlegung im Zweifel ausgeschlossen, da die Parteien die Nebenkosten dann nicht anders behandeln wollen als den übrigen Mietzins (OLG Zweibrücken (RE) ZMR 81, 116 = WM 81, 153 = NJW 81, 1622; ähnlich OLG Karlsruhe (RE) ZMR 81, 58 = WM 81, 56 = NJW 81, 1051; a. A. AG Hamburg WM 81, 9: verbrauchsbedingte Kostenerhöhungen bei Inklusivmiete umlegbar). Diese Ansicht der Rechtsentscheide ist nicht vertretbar. Denn es entspricht den Gesetzesmaterialien und bisher ganz h. M., daß das Erhöhungsrecht gem. § 4 Abs. 2, 3 MHG unabhängig davon besteht, ob die betreffende Betriebskostenart in der Miete eingerechnet oder daneben gesondert zu zahlen ist (vgl. Rn 6 und 23). In der Praxis sind die meisten Betriebskostenarten in den meisten Fällen in der Miete inbegriffen, da die sog. Teilinklusivmiete mit extra zu zahlenden Vorauszahlungen für wenige verbrauchsabhängige Betriebskosten die Regel ist. Wollte man bei allen „inklusiven" Betriebskostenanteilen das Erhöhungsrecht ablehnen, wäre der Anwendungsbereich von § 4 Abs. 2 und 3 nur auf die seltenen

Fälle einer Betriebskostenpauschale beschränkt und selbst dabei evtl. nur eingeschränkt anwendbar (vgl. Rn 7 b), da das Erhöhungsrecht bei der Netto(kalt)miete mit vereinbarter Abrechnungspflicht (meist mit vereinbartem Vorauszahlungsbetrag) nach ganz h. M. ebenfalls keine Anwendung findet. Auch bei der Inklusivmiete (Bruttomiete, Warmmiete) muß daher das Erhöhungsrecht auch ohne vertraglichen Erhöhungsvorbehalt Anwendung finden (ebenso *Sternel* III 273, 299; *Schmidt-Futterer/Blank* C 255; *MüKo-Voelskow* 10; *Palandt/Putzo* Anm. 1 d). Wird ein Teil des Mietzinses variabel vereinbart, so kann daraus nicht konkludent auf einen Ausschluß des Erhöhungsrechts gem. § 1 S. 3 MHG für die nicht variablen Betriebskosten geschlossen werden (a. A. *Schäfer* WM 78, 36).

§ 4 Abs. 2 findet **keine Anwendung, soweit** Betriebskostenerhöhungen gem. einer vertraglichen Vereinbarung nach einem Verteilungsschlüssel oder „anteilig" neben dem Mietzins vom Mieter zu tragen sind und darüber eine **Abrechnung stattfindet,** was für verbrauchsabhängige Kosten (Heizung, Wasser, Strom) die Regel darstellt; hier kann der Vermieter die Kostensteigerung schon durch die Abrechnung unmittelbar auf den Mieter abwälzen (ähnlich *Sternel* III 299; vgl. auch *Schmidt-Futterer/ Blank* C 243, wo zu Unrecht ein „festgelegter Verteilungsschlüssel" vorausgesetzt wird – vgl. dazu kritisch *Lenhard* DWW 79, 104).

§ 4 Abs. 2 gilt auch nicht bei einer (echten) **Pauschale,** soweit bei verbrauchsabhängigen Betriebskosten eine verbrauchsbedingte Kostensteigerung vorliegt, da der Vermieter durch die Vereinbarung einer Pauschale gerade das Risiko einer höheren verbrauchten Menge als der von ihm berechneten übernommen hat (*Sternel* III 300; *Schmidt-Futterer/Blank* C 283; a. A. LG Landshut MDR 79, 584). § 4 Abs. 2 kommt jedoch hierbei dann zur Anwendung, soweit sich nicht der Verbrauch (d. h. die Zahl der Einheiten), sondern die Grundkosten erhöhen (Gebühren bzw. Grundpreis, z. B. für Strom, Wasser, Öl, Gas). Erhöhen sich sowohl die Verbrauchs- als auch die Grundkosten, so erstreckt sich das Umlegungsverfahren nur auf die – auszusondernden – Grundkosten. Nach anderer Ansicht gilt das Erhöhungsrecht bei Pauschalen von Betriebskosten uneingeschränkt (vgl. *MüKo-Voelskow* 11; *Langenberg* ZMR 82, 65 m. w. N.), nach weiterer Ansicht überhaupt nicht (vgl. zum Meinungsstand *Langenberg* a. a. O., S. 66).

Über das Verhältnis des Erhöhungsrechts nach § 4 MHG zu dem Erhöhungsrecht gemäß §§ 2, 3 und 5 MHG vgl. § 1 MHG Rn 16–18.

### 3. Begriff der Betriebskostenerhöhung

Voraussetzung des Erhöhungsrechts ist eine **Erhöhung der Betriebskosten.** Eine solche liegt vor, wenn der Gesamtbetrag der Betriebskosten nunmehr höher liegt als früher, gleichgültig, ob eine einzelne Betriebskostenart sich erhöht oder ermäßigt hat (vgl. Begründung des Regierungsentwurfs). Gleichgültig ist dabei, durch welche Umstände die Erhöhung eingetreten ist (z. B. Erhöhung des Hebesatzes, des Einheitswertes). Umlegbar ist daher auch die durch den Wegfall einer Grundsteuervergünstigung eintretende Grundsteuermehrbelastung (OLG Karlsruhe (RE) ZMR 81, 58 = WM 81, 56 = NJW 81, 1051 aus Wortlaut und Sinn des § 4 MHG, wobei Voraussehbarkeit unerheblich ist, wo jedoch – zu Unrecht – eine Umlegung nur bejaht wird, wenn laut Mietvertrag neben dem Mietzins der Ersatz von Betriebskosten gefordert werden kann, da die im Mietzins einbezogenen Betriebskosten von der Umlegung ausgeschlossen seien; im Ergebnis bejahen eine Betriebskostenerhöhung (ohne den Zusatz des Rechtsentscheids): LG Mannheim DWW 79, 121; *Schmidt-Futterer/Blank* C 253; a. A. AG Karlsruhe-Durlach WM 79, 33; AG Horb WM 79, 154; AG Lampertheim WM 81, 57).

Als früherer Betrag (**Ausgangspunkt**) der betreffenden Betriebskosten ist derjenige zum Zeitpunkt der **letzten Mietzinsfestlegung** (Mietzinsvereinbarung oder wirksame Erhöhung) über die betreffende Betriebskostenart zugrundezulegen (*Palandt/ Putzo* Anm. 3 b). Der Zeitpunkt kann einige Jahre zurückliegen, jedoch niemals vor dem Mietvertragsabschluß (*Lutz* DWW 74, 278). Nicht entscheidend ist der Zeitpunkt der letzten Vermieterbelastung. Der maßgebliche Zeitpunkt kann demnach auch während der Geltungsdauer des 1. WKSchG liegen, jedoch nicht davor.

20 Der Betrag zu diesem früheren Zeitpunkt ist zu vergleichen mit dem späteren Betriebskostenbetrag (welcher auch aus der Zeit des 1. WKSchG stammen kann, wenn die Erhöhung seither noch nicht geltend gemacht wurde).

**Kommt eine Betriebskostenart,** welche bisher noch nicht angefallen ist, **neu hinzu,** so steht dies einer Erhöhung gleich (z. B. bei Schaffung einer Kanalisation in bisher unkanalisierter Gemeinde, Neueinführung von Müllabfuhr und Straßenreinigung in eingemeindeten, bisher ländlichen Ortsteilen im Wege der Gebietsreform), vgl. *Korff* DWW 77, 153 i. e.; a. A. (differenzierend) *Sternel* III 303. Nach LG Hamburg ZMR 80, 154 = MDR 80, 230 sollen jedoch Betriebskosten ausscheiden, die vom Vermieter selbst neu eingeführt sind (bedenklich!). Vgl. auch LG Hamburg WM 80, 50 über die Klausel der Umlagefähigkeit neu eingeführter Nebenkosten.

21 **Stehen einzelne Betriebskosten** zum Zeitpunkt der Erhöhung ganz oder teilweise **noch nicht fest,** ist jedoch öffentlich bekanntgemacht, daß eine Erhöhung eintreten wird, wird es zulässig sein, einen **geschätzten Erfahrungswert** anzusetzen und später genau abzurechnen (vgl. § 27 Abs. 3 der II. BV). Diese Regelung wird auch trotz der Möglichkeit einer rückwirkenden Geltendmachung (vgl. Abs. 3 Satz 2) anwendbar sein.

Hat sich eine bestimmte Betriebskostenart gegenüber früher erhöht, jedoch danach wieder ermäßigt, so kann nicht nachträglich die Erhöhung bis zu dem höheren Betrag verlangt werden, sondern nur bis zu der jetzt gültigen Höhe.

### 4. Häufigkeit der Umlegung

22 Wie oft hintereinander der Vermieter eine Umlegung gem. Abs. 2 vornimmt und **in welchen Zeitabständen** ist gleichgültig. Er kann also kurzfristig hintereinander mehrmalige Umlegungen hinsichtlich jeweils verschiedener Betriebskostenarten vornehmen (vgl. auch die Begründung im Schriftlichen Bericht des Rechtsausschusses des Bundestages zu § 3 Abs. 6 des 1. WKSchG).

## 5. Umlegung auch bei im Mietzins enthaltenen Betriebskosten

Das Recht des Vermieters zur Umlegung besteht **unabhängig** davon, **ob** die betreffende Betriebskostenart neben dem vereinbarten Mietzins **gesondert als Nebenkosten** zu zahlen ist oder in dem Mietzinsbetrag rechnerisch enthalten ist; demnach kann eine Umlegung auch hinsichtlich solcher Betriebskosten stattfinden, welche der Mieter nicht gesondert neben dem Mietzins zu zahlen hat, also bei Vereinbarung einer sog. Warmmiete (vgl. dazu oben Rn 6). Das Umlegungsrecht besteht auch, wenn für die Betriebskosten eine Pauschale vereinbart ist (LG Landshut ZMR 79, 146 = MDR 79, 584; *Sternel* III 273). Vgl. jedoch Rn 18 für den Ausschluß des Umlegungsrechts bei Verbrauchserhöhung.

## IV. Umfang der Erhöhung (Umlegungsmaßstab)

Gem. Abs. 2 Satz 1 kann die Erhöhung „anteilig" umgelegt werden. Der Erhöhungsbetrag (nicht der Betrag der jetzigen Betriebskosten) pro Jahr ist nach dem vom Vermieter zu wählenden Umlegungsmaßstab auf den oder die Mieter umzulegen. Ist ein Umlegungsmaßstab vertraglich bestimmt (was auch stillschweigend durch langjährige Übung der Fall sein kann), so ist dieser maßgebend. Andernfalls hat der **Vermieter** den **Umlegungsmaßstab nach billigem Ermessen zu bestimmen** (§§ 315, 316 BGB, vgl. *Schmidt-Futterer* NJW 72, 89). Dies kann z. B. je nach der Art der Betriebskosten eine Umlegung nach der Wohnfläche, dem Mietpreis oder der Personenzahl der Mietparteien sein. Einen Anhaltspunkt für einen „billigen" Umlegungsmaßstab können die §§ 23 bis 29 der früheren AMVO geben.

Soweit es beim Umlegungsmaßstab auf die Wohnfläche der Mietwohnung ankommt, ist die **tatsächliche Wohnfläche maßgebend,** auch wenn im schriftlichen Mietvertrag eine falsche Wohnfläche angegeben ist (AG Hamburg WM 81, 104; AG Köln WM 81, U 23; AG Büdingen WM 82, 111 (L); a. A. AG Köln WM 81, U 23). Anders wird es jedoch anzusehen sein, wenn vertraglich ausdrücklich vereinbart ist, daß für die Betriebskostenumlegung eine bestimmte Wohnungsgröße als verbindlich zugrundezulegen ist. Dies dürfte jedoch selten der Fall sein; meist wird lediglich die Wohnungsgröße (in qm) bei der Beschreibung der Wohnung genannt sein, was dann gegebenenfalls eine falsche Tatsachenfeststellung ist, die, falls keine Anfechtung gem. §§ 119, 123 BGB erfolgt, keine Rechtsfolgen hat.

Ist ein **Verteilungsschlüssel** ausdrücklich oder stillschweigend vereinbart, so kann dieser **nicht einseitig** vom Vermieter **geändert** werden (LG Kassel WM 77, 74; LG Mannheim WM 68, 185; vgl. auch *Pardey* ZMR 77, 97 ff.). Wird vom Vermieter über längere Zeit unwidersprochen nach einem vom Gesetz abweichenden Umlegungsmaßstab Warmwasser abgerechnet, so liegt eine (stillschweigende) bindende Änderungsvereinbarung vor (LG Berlin ZMR 81, 307). Der Vermieter hat keinen Anspruch auf einseitige Änderung des Umlegungsverfahrens (LG Köln WM 77, 209). **Entspricht** der vom Vermieter angewandte **Verteilungsschlüssel nicht der Billigkeit** (z. B. bei Umlegung der Wasserkosten nach Wohnungsgröße, LG Hannover WM 78, 123; wenn Mieter ⅓ der Heizkosten zu tragen hat, während seine Wohnfläche nur ⅕ beträgt, AG Aachen WM 80, 85 (L); vgl. jedoch OLG Hamm

(RE) vom 27. 8. 1983 — 4 REMiet 14/82 — wonach die Wohnfläche als Verteilungsmaßstab bei verbrauchsabhängigen Nebenkosten nicht schlechthin in jedem Falle unbillig ist, die Frage vielmehr einer Einzelfallprüfung unterliegt), so ist er für den Mieter nicht verbindlich (LG Köln WM 78, 207). Der Mieter kann dann die Bestimmung eines der Billigkeit entsprechenden Verteilungsschlüssels durch das Gericht verlangen (§ 315 Abs. 3 BGB in entsprechender Anwendung; vgl. auch unten Rn 45). Bei Wegfall der Preisbindung entspricht ein Umlageschlüssel der Billigkeit, wenn er zur Zeit der Preisbindung der gesetzlich gültige Schlüssel war (LG Köln WM 81, 132 (L)).

## V. Form der Erhöhung (Abs. 2)

### 1. Einseitige schriftliche Erklärung

25 Für die Form der Erhöhung (Umlegung) wählte der Gesetzgeber aus Gründen der Einfachheit die einseitige, **empfangsbedürftige** Willenserklärung des Vermieters gegenüber dem Mieter, welche schriftlich erfolgen muß (Abs. 2 S. 1). Dem Vermieter steht daher ein **Gestaltungsrecht zur Änderung des Mietvertrags** zu.

Einer Zustimmung des Mieters bedarf es nicht, die Erhöhungswirkung tritt vielmehr automatisch auf Grund einer wirksamen Erklärung des Vermieters ein.

26 Die Erklärung des Vermieters muß schriftlich abgefaßt sein, wobei für die Unterzeichnung die Erleichterung gem. § 8 MHG in Betracht kommt (Fertigung mit automatischen Einrichtungen ohne eigenhändige Unterschrift). Eine nur mündliche Erklärung wäre unwirksam (§ 125 BGB). Da eine **schriftliche Erklärung** genügt, kann die Erhöhungserklärung (im Gegensatz zur Erhöhung gem. § 2 MHG, wo ein Vorschaltverfahren vorausgehen muß) auch in der Klageschrift oder in einem prozessualen Schriftsatz eines anderen Verfahrens folgen (a. A. AG Köln WM 73, 193, wonach ein der Klagerhebung vorausgehendes Schreiben erforderlich sein soll). Erfolgt die Erhöhungserklärung erstmals in der auf Zahlung des Erhöhungsbetrages gerichteten Klageschrift und erkennt sie der Mieter sofort an, so hat der klagende Vermieter gem. § 93 ZPO die Kosten zu tragen, da der Mieter keine Veranlassung zur Klage gegeben hat.

### 2. Begründungszwang (Abs. 2 S. 2)

27 Gem. Abs. 2 S. 2 muß in der Erklärung des Vermieters der Grund für die Umlage bezeichnet und erläutert werden. Zweck ist dabei die **Nachprüfungsmöglichkeit für den Mieter.** Übersendet der Vermieter einer Eigentumswohnung nur die Abrechnung der Wohnungseigentümergemeinschaft, so reicht dies nicht aus (AG Braunschweig WM 81, U 2). Die **Begründung ist Wirksamkeitsvoraussetzung,** so daß bei fehlender oder unzureichender Begründung die Erhöhungserklärung nichtig ist („die Erklärung ist nur wirksam, wenn . . .").

28 Abweichend von der Fassung des früheren § 3 Abs. 6 S. 2 des 1. WKSchG („der Grund für die Umlage bezeichnet und die Berechnung mitgeteilt ist") enthält die Gesetz gewordene Fassung des Regierungsentwurfs nur die **Pflicht zur Erläute-**

rung. Dadurch sollte neben einer Anpassung an die Fassung des § 3 Abs. 3 S. 2 klargestellt werden, daß der auf den Mieter entfallende Erhöhungsbetrag nicht bereits ausgerechnet sein muß, sondern entsprechend § 18 Abs. 1 S. 1 des I. BMietG die Angabe eines bestimmbaren Betrages (z. B. eines Prozentsatzes der Erhöhung) ausreicht, um besonders bei Vermietung einer größeren Zahl von Wohnungen beträchtlichen Arbeitsaufwand zu vermeiden, welcher den Einsatz automatischer Einrichtungen zur Abrechnung erheblich komplizieren und verteuern würde (vgl. Begründung des Regierungsentwurfs). Den Vorschlag des Bundesrates (Nr. 13), die Fassung „erläutert wird" durch die Worte „die Berechnung mitgeteilt werden" zu ersetzen, hat der Rechtsausschuß des Bundestages abgelehnt. Demnach muß angegeben werden, seit wann sich **welche Betriebskostenart gegenüber** einem bestimmten **früheren Stand durch welche Ursache** (z. B. Erhöhung der Gemeindegebühren ab . . .) in bestimmtem Umfang **erhöht** habe (LG Osnabrück WM 76, 204; AG Köln WM 78, 110; AG Hamburg WM 81, 21: alter und neuer Betriebskostenstand erforderlich; *Emmerich/Sonnenschein* 24; *Schmidt-Futterer/Blank* C 262). Der Erhöhungsbetrag muß nicht ausgerechnet, aber doch berechenbar (AG Hagen WM 80, 18 (Ls.)) angegeben werden (einschließlich Gesamtbelastung des Vermieters sowie **angewandter Verteilungsschlüssel**, AG München WM 77, 171).

Die bloße Angabe der vom Mieter nunmehr zu zahlenden Betriebskosten reicht nicht aus, weil sich daraus die Erhöhung nicht ergibt (vgl. AG Bochum WM 73, 49). Denn die Richtigkeit der Umlage muß für den Mieter nachprüfbar sein (AG Osnabrück WM 73, 216; AG München WM 77, 171).

### 3. Unwirksamkeit bei Formmangel

**Verstößt** eine Erhöhungserklärung **gegen** die gesetzlichen **Formvorschriften** (vgl. oben zu 1 und 2), wenn auch nur in einem Punkt, so ist sie **unwirksam** (§ 125 BGB). Dies ist in der Praxis hinsichtlich der Begründung sehr häufig der Fall. Schreib- oder Rechenfehler oder sonstige Unrichtigkeiten in einer Erhöhungserklärung machen diese nicht unwirksam, es sei denn, daß die Unrichtigkeit so schwerwiegend ist, daß dem Mieter eine Klärung (z. B. durch Rückfrage) nicht zuzumuten und daher insgesamt eine Überprüfung nicht möglich ist (AG Bremerhaven WM 75, 193; *Emmerich/Sonnenschein* 25). Eine unwirksame Erhöhungserklärung kann der Vermieter jederzeit in wirksamer Form nachholen, wobei jedoch die Erhöhungswirkung nicht rückwirkend (bezogen auf die erste Erklärung), sondern gemäß der neuen Erklärung eintritt (AG Hagen WM 81, 21).

## VI. Eintritt der Erhöhung (Abs. 3)

### 1. Künftige Erhöhung (Abs. 3 S. 1)

a) Das Wirksamwerden der Erhöhung richtet sich danach, an welchem Tag eines Kalendermonats die Erhöhungserklärung des Vermieters abgegeben wird. Wird sie spätestens **bis zum 15. eines Monats** abgegeben, so wird die Erhöhung mit Beginn des folgenden Kalendermonats wirksam. Wird sie erst später abgegeben, also zwischen dem 16. und dem Letzten eines Monats, so tritt die **Erhöhungs-**

wirkung (Pflicht des Mieters zur Zahlung des erhöhten Mietzinses) erst einen Monat später, also mit Beginn des übernächsten Kalendermonats ein. Diese Fristenregelung für den Eintritt der Erhöhung, also das Wirksamwerden der Erhöhungserklärung, ist aus dem bisherigen Recht (§ 3 Abs. 6 S. 3 des 1. WKSchG) übernommen. Sie gilt bei allen anderen Formen einer gestaltungsrechtlichen Mieterhöhung in gleicher Weise (vgl. §§ 3 Abs. 4 S. 1, 5 Abs. 2, 6 Abs. 2 S. 3, 7 Abs. 3 MHG). Die unterschiedliche Gesetzesfassung in den §§ 3, 6 und 7 MHG („die Erklärung hat die Wirkung, daß ... der erhöhte Mietzins an die Stelle des bisher zu entrichtenden Mietzinses tritt") gegenüber derjenigen in § 5 MHG („der Mieter schuldet ... vom ... an") hat keine inhaltliche Bedeutung und beruht offenbar auf einem Redaktionsversehen (verschiedene Vorschriften als Vorbilder).

31 b) Unter **„Abgabe"** der Erhöhungserklärung ist der Zugang beim Mieter zu verstehen (vgl. dazu § 3 MHG Rn 54).

**Beispiele:** Geht die Erhöhungserklärung dem Mieter am 15. 3. zu, so tritt die Erhöhungswirkung mit dem 1. 4. ein. Geht sie am 16. oder 31. 3. zu, so hat der Mieter den erhöhten Mietzins erst am 1. 5. zu zahlen.

32 c) Die erhöhten Betriebskosten werden **mit** dem **bisherigen Mietzins zusammen fällig.** Da eine kalendermäßig bestimmte Leistung vorliegt, kommt der Mieter ohne Mahnung in Verzug (§ 284 Abs. 2 BGB). Über die fristlose Kündigung des Vermieters wegen Zahlungsverzugs des Mieters bezüglich der erhöhten Betriebskosten vgl. § 9 Abs. 2 MHG und die dortigen Erläuterungen.

### 2. Rückwirkende Erhöhung (Abs. 3 S. 2)

33 a) Neben der künftigen Erhöhung sieht das Gesetz (inhaltsgleich mit dem nachträglich in das 1. WKSchG eingefügten § 3 Abs. 6 S. 5) die rückwirkende Erhöhung unter bestimmten Voraussetzungen vor. Weil der Vermieter nach Satz 1 die Erhöhung nicht rückwirkend, d. h. für die Zeit vor Zugang der Erhöhungserklärung durchführen kann, andererseits aber für ihn selbst die Belastung durch höhere Betriebskosten rückwirkend eintreten kann (z. B. wenn ihm die Gemeinde den Abgabenbescheid über die Erhöhung erst nach dem verwaltungsrechtlichen Inkrafttreten der Erhöhung zusendet, wie dies regelmäßig bei der Grundsteuer der Fall ist), wäre es unbillig, wenn er die Belastung für die zurückliegende Zeit selbst tragen müßte und er sie nur für die Zukunft auf den Mieter umlegen könnte. Grundsätzlich soll hier die Umlegung rückwirkend ab dem Zeitpunkt der Vermieterbelastung möglich sein. Die Einziehung der nachveranlagten Grundsteuer ist nicht deshalb sachlich unbillig, weil der Steuerpflichtige (Vermieter) den Bescheid über die Grundsteuernachforderung zu einem Zeitpunkt erhalten hat, in welchem er die Steuer wegen Ablaufs der mietrechtlichen Abwälzungsfrist des S. 2 nicht mehr auf den Mieter umlegen konnte; dieses Scheitern der Abwälzbarkeit hat der Gesetzgeber des Grundsteuergesetzes in Kauf genommen (BVerwG ZMR 82, 363 = MDR 83, 82).

34 b) Voraussetzung ist einerseits, daß die Erhöhungserklärung auf einer gegenüber dem Vermieter rückwirkenden Erhöhung der Betriebskosten beruht. **Es muß**

also die **Pflicht des Vermieters** zur Tragung erhöhter Betriebskosten – entscheidend ist nicht eine einzelne Betriebskostenart, sondern die Betriebskosten insgesamt, vgl. oben Rn 19 – **rückwirkend eingetreten sein,** d. h. vor seiner Kenntnis von der Belastung (so auch *Palandt/Putzo* Anm. 4 b). Maßgebend ist lediglich die **positive Kenntnis des Vermieters,** nicht seine fahrlässige Unkenntnis (Kennenmüssen) (AG Solingen WM 78, 112). Die Kenntnis bezieht sich auf die endgültige Entscheidung über die Mehrbelastung, nicht auf eine von der Gemeinde nur in Aussicht gestellte Erhöhung. Wenn der Vermieter sich mit Rechtsbehelfen gegen einen Gebührenbescheid zur Wehr setzt, erlangt er erst mit **Zugang des endgültigen rechtskräftigen Bescheids** Kenntnis (LG München I DWW 78, 99 m. krit. Anm. *Glock/Bub:* maßgebend sei Zugang des Bescheids, der schließlich bestandskräftig wird). Der Vermieter muß die Erhöhung auf die Rückwirkung der Belastung stützen, also eine rückwirkende Erhöhung verlangen (*Palandt/Putzo* a. a. O.). Er muß jedoch den Zeitpunkt seiner Kenntniserlangung in der Erhöhungserklärung nicht angeben.

Weitere Voraussetzung ist, daß der Vermieter die Erhöhungserklärung nach Abs. 2 **innerhalb** einer Frist von **3 Monaten** (nicht Kalendermonaten) **nach** seiner **Kenntnis** von der eingetretenen Erhöhung der Betriebskosten abgibt. Unter Abgabe ist hier, ebenso wie im Fall des Abs. 3 S. 1, der Zugang beim Mieter zu verstehen. 35

Eine **nach** dieser **3monatigen Erklärungsfrist** dem Mieter **zugegangene** und auf die rückwirkende Belastung gestützte Erhöhungserklärung **bewirkt keine rückwirkende,** sondern lediglich eine künftige Erhöhung gem. Abs. 3 S. 1. Dasselbe gilt beim Fehlen einer anderen Voraussetzung des Abs. 3 S. 2 (z. B. wenn sich der Vermieter nicht auf die Rückwirkung stützt oder objektiv keine rückwirkende Belastung vorlag). Die Erklärung ist nicht etwa rechtsunwirksam. 36

c) Grundsätzlich tritt die erhöhte **Zahlungspflicht ab** dem Zeitpunkt ein, zu welchem auch der Vermieter die erhöhte Belastung zu tragen hat („**Zeitpunkt der Erhöhung** der Betriebskosten"). Um jedoch eine zu weitgehende Rückwirkung zu vermeiden, wurde diese dahin begrenzt, daß sie **höchstens** bis zum Beginn des der **Erhöhungserklärung vorausgehenden Kalenderjahres** erstreckt wird. 37

**Beispiel:** Tritt die Belastung durch erhöhte Betriebskosten (z. B. eine Grundsteuererhöhung) für den Vermieter mit dem 1. 1. 1981 ein, erfährt dies der Vermieter jedoch erst im April 1983 und macht er im Mai 1983 die rückwirkende Erhöhung gegenüber dem Mieter geltend, so schuldet dieser den erhöhten Betrag nicht ab 1. 1. 1981, sondern erst ab 1. 1. 1982.

Auch im Falle der Rückwirkung der erhöhten Zahlungspflicht gem. S. 2 hat der Mieter den erhöhten Mietzins ab dem in Satz 1 genannten Zeitpunkt zu zahlen (vgl. Rn 30–32).

## VII. Mietzinsherabsetzung bei Betriebskostenermäßigung (Abs. 4)

**38** 1. Da sich Betriebskosten auch ermäßigen können, hat der Gesetzgeber zum Schutze des Mieters eine Neuregelung zur Herabsetzung des Mietzinses für diesen Fall geschaffen. Nach der Begründung des Regierungsentwurfs kann Abs. 4 vor allem dann praktische Bedeutung erlangen, wenn einzelne Kosten verursachende Leistungen (wie etwa die Anstellung eines Hausmeisters) wegfallen oder wenn sich eine Abgabe infolge Änderung der Berechnungsart ermäßigt. Voraussetzung für eine Herabsetzung des Mietzinses ist eine **Ermäßigung der Betriebskosten.** Anders als bei § 5 Abs. 3 MHG ist hier für die Pflicht des Vermieters zur Herabsetzung des Mietzinses nicht Voraussetzung, daß zuvor eine Erhöhung des Mietzinses gem. § 4 Abs. 2 und 3 MHG durchgeführt wurde. Jede Ermäßigung der Betriebskosten muß vielmehr für den Vermieter Anlaß sein, den Mietzins herabzusetzen, auch bei mehrmaliger Ermäßigung kurz hintereinander. Eine Betriebskostenart im Sinne dieser Vorschrift liegt nicht schon dann vor, wenn sich eine Betriebskostenart ermäßigt hat (während sich eine andere Art erhöht hat). Denn es kommt darauf an, ob sich der **Gesamtbetrag der Betriebskosten** gegenüber dem früheren Zustand **ermäßigt** hat (vgl. die Begründung des Regierungsentwurfs). Im übrigen gilt für die Ermäßigung das für die Erhöhung Ausgeführte sinngemäß (vgl. oben Rn 19—23).

**39** 2. **Für den Vermieter** ist die Herabsetzung des Mietzinses bei Ermäßigung der Betriebskosten eine **Rechtspflicht** („ist herabzusetzen").

Über andere gesetzlich geregelte Fälle einer Mietzinsherabsetzungspflicht vgl. § 5 Abs. 3 MHG (Ermäßigung des Zinssatzes nach einer vorausgegangenen Mieterhöhung wegen gestiegener Kapitalkosten) und § 6 Abs. 4 MHG (Ermäßigung der laufenden Aufwendungen für öffentlich geförderten oder steuerbegünstigten Wohnraum im Saarland).

**40** 3. Die Mietzinsherabsetzung erfolgt nicht automatisch durch eine Ermäßigung der Betriebskosten, sondern **durch einseitige, empfangsbedürftige Willenserklärung des Vermieters** gegenüber dem Mieter, also durch Ausübung eines **Gestaltungsrechts.** Eigentlich handelt es sich hier um eine „Gestaltungspflicht". Dies ergibt sich aus dem Wortlaut von Satz 1 („ist der Mietzins ... herabzusetzen"). Dieser Pflicht kann der Vermieter nur durch Abgabe einer Herabsetzungserklärung gegenüber dem Mieter nachkommen. Für die Herabsetzungserklärung ist keine besondere Form vorgeschrieben (das Wort „anteilig" in Satz 1 bezieht sich nur auf den Umfang, nicht auf die in Abs. 2 vorgeschriebene Form), sie kann also auch mündlich erteilt werden. Schriftform ist jedoch aus Beweisgründen zu empfehlen. In der Erklärung muß, was aus dem Wesen einer Herabsetzungserklärung folgt, ein bestimmter Betrag genannt sein, um den oder bis zu dem der Mietzins herabgesetzt wird.

**41** Aus dem Zusammenhang der Sätze 1 und 2 ergibt sich, daß mit „Herabsetzung" in Satz 1 und „Mitteilung" in Satz 2 ein und derselbe Vorgang gemeint ist. Es handelt sich nicht etwa um zwei verschiedene Erklärungen (so offenbar auch *Palandt/Putzo* Anm. 3 c). Satz 1 behandelt den Anspruch auf Herabsetzung (eine vom Vermieter vorzunehmende Handlung), Satz 2 die Form und Befristung dieser Handlung. Andernfalls wäre die vom Vermieter vorzunehmende Herabsetzung weder bezüglich ihrer Form noch bezüglich ihrer zeitlichen Durchführung geregelt. Diese Auslegung wird auch dadurch bestätigt, daß im Gegensatz zur vorliegenden Fassung des Gesetzes, wonach „die Ermäßigung" dem Mieter unverzüglich mitzuteilen ist, das Gesetz bei den beiden anderen Fällen einer gesetzlichen Mietzinsherabsetzung (vgl. § 5 Abs. 3 S. 3 und § 6 Abs. 4 S. 2 MHG) davon spricht, daß „die Herabsetzung" unverzüglich mitzuteilen sei. Trotz der verschiedenen Gesetzesfassungen (Redaktionsversehen) ist offensichtlich in allen drei Fällen inhaltlich dasselbe gemeint. Mit Recht unterscheidet das Gesetz schon durch die Wahl verschiedener Begriffe zwischen dem von einer Handlungsweise des Vermieters losgelösten äußeren Vorgang (der „Ermäßigung" der Kosten) und der vom Vermieter dem Mieter gegenüber vorzunehmenden Verhaltensweise (der „Herabsetzung"), durch welche erst das Recht des Mieters zur Zahlung eines geringeren Mietzinses begründet wird. Satz 2 ist daher dahin auszulegen, daß die Herabsetzung dem Mieter gegenüber unter Mitteilung der Ermäßigung unverzüglich vorzunehmen ist.

Für die Herabsetzungserklärung genügt eine **formlose Erklärung,** welche lediglich den Betrag enthalten muß, um den der Mietzins herabgesetzt wird. Eine **Begründung** (welche Art von Betriebskosten sich ab welchem Zeitpunkt um welchen Betrag ermäßigt hat) ist nicht vorgeschrieben und daher **nicht erforderlich.** Denn Abs. 4 erklärt nicht etwa Abs. 2 S. 2 für entsprechend anwendbar. Will der Mieter Art, Umfang oder Zeitpunkt der Betriebskostenermäßigung genauer erfahren, um die Herabsetzungserklärung auf ihre Richtigkeit überprüfen zu können, so steht ihm dazu ein Auskunftsanspruch zur Verfügung (vgl. unten Rn 47). In jedem Falle ist jedoch eine schriftliche Begründung des Vermieters über Grund und Umfang der Herabsetzung zweckmäßig.

4. Die Herabsetzungserklärung des Vermieters hat **unverzüglich** zu erfolgen, d. h. ohne schuldhaftes Zögern (vgl. § 121 BGB) **nach** der **Kenntniserlangung des Vermieters von der Ermäßigung** der Betriebskosten. Allerdings bewirkt eine verspätet abgegebene Herabsetzungserklärung die Senkung des Mietzinses zum gleichen Zeitpunkt wie eine rechtzeitige (nämlich dem der Ermäßigung der Betriebskosten, vgl. Satz 1); sie wirkt sich lediglich dahin aus, daß der Mieter zu lange einen zu hohen Mietzins bezahlt hat, welcher ihm zurückzuerstatten ist.

5. Über den **Umfang der Herabsetzung** sagt das Gesetz nur, daß die Herabsetzung „entsprechend" erfolgen muß. Dies heißt, daß die Herabsetzung ebenso **„anteilig"** zu erfolgen hat wie die Mieterhöhung bei einer Betriebskostensteigerung. Bezüglich der Berechnung kann daher auf die Erläuterungen oben zu Rn 19–24 verwiesen werden. Ging die Umlegung wegen der Erhöhung einer bestimmten Betriebskostenart voraus, so ist für die Herabsetzung (bei Ermäßigung dieser Betriebskostenart) der gleiche Umlegungsmaßstab (Verteilungsschlüssel) zugrundezulegen wie bei der Erhöhung.

Der „anteilig" herabzusetzende Mietzins ist keine bestimmte Leistung, sondern nur eine bestimmbare. Die genaue Leistung ist durch den Vermieter nach billigem Ermessen zu bestimmen (vgl. § 315 Abs. 1 BGB). Hat der Vermieter bei der von ihm vorzunehmenden Herabsetzung einen Verteilungsmaßstab zugrunde gelegt, welcher nicht der Billigkeit entspricht **(zu geringe Herabsetzung)**, so ist die vom Vermieter getroffene Bestimmung für den Mieter **nicht verbindlich**. Dies ergibt eine entsprechende Anwendung des § 315 Abs. 3 BGB. Der Mietzins wird nicht kraft Gesetzes in objektiv richtigem Maße herabgesetzt, vielmehr muß der Mieter eine Gestaltungsklage auf Bestimmung des richtigen (der Billigkeit entsprechenden) Herabsetzungsmaßstabes durch das Gericht erheben (vgl. § 315 Abs. 3 S. 2 BGB). Das gleiche gilt, wenn der Vermieter die Bestimmung des herabgesetzten Mietzinses **verzögert** (vgl. § 315 Abs. 3 S. 2 Hs. 2 BGB).

Hat der Vermieter aus anderen Gründen als der Zugrundelegung eines unbilligen Verteilungsmaßstabes eine zu geringe Herabsetzung vorgenommen (z. B. infolge falscher Berechnung), so wird der Mieter berechtigt sein, den Mietzins (nach eventueller vorheriger Auskunftseinholung) nur in der richtig herabgesetzten Höhe zu zahlen, also in geringerer Höhe als verlangt. Die Erhebung einer Klage auf Abgabe einer weiteren Herabsetzungserklärung des Vermieters ist für den Mieter daher nicht erforderlich. Zudem kann der Vermieter eine falsche Berechnung durch nachträgliche Erklärung für die Zukunft richtigstellen.

46 6. Die Herabsetzungserklärung des Vermieters hat die Wirkung, daß der Mieter den Mietzins **rückwirkend ab** dem Zeitpunkt der (für den Vermieter wirksamen) **Betriebskostenermäßigung** nur in der herabgesetzten Höhe zu zahlen hat. „Vom Zeitpunkt der Ermäßigung ab" (vgl. die gleiche Fassung in § 5 Abs. 3 S. 1 MHG) besagt nichts über die zeitliche Abgabe der Herabsetzungserklärung, sondern regelt die Rechtswirkung, d. h. den Eintritt der Mietzinsermäßigung (vgl. die insoweit klarere Fassung in § 6 Abs. 4 S. 1 MHG: „Mit Wirkung vom Zeitpunkt der Ermäßigung ab", mit welcher offensichtlich das gleiche gemeint ist). Diese zeitliche Wirkung tritt auch dann ein, wenn der Vermieter einen späteren Zeitpunkt für die Herabsetzung bezeichnet oder die Herabsetzungserklärung verspätet abgegeben hat (vgl. oben Rn 43). Der Vermieter hat gegebenenfalls den vom Mieter zuviel bezahlten Differenzbetrag nach den Grundsätzen der ungerechtfertigten Bereicherung (§ 812 Abs. 1 S. 2 1. Fall BGB) zurückzuerstatten, wobei der Anspruch ab Zugang der Herabsetzungserklärung fällig wird.

### 7. Rechte des Mieters

47 Das Herabsetzungsrecht ist ein Schutzrecht zugunsten des Mieters; es kann daher nicht vertraglich ausgeschlossen oder beschränkt werden (vgl. § 10 Abs. 1 Hs. 1 MHG).

Nimmt der Vermieter infolge eines unbilligen Umlegungsmaßstabes eine Herabsetzung in zu geringem Umfang vor oder verzögert er die Herabsetzungserklärung überhaupt, so steht dem Mieter eine **Gestaltungsklage auf gerichtliche Bestimmung eines der Billigkeit entsprechenden Herabsetzungsmaßstabes** (-betrages) in entsprechender Anwendung des § 315 Abs. 3 S. 2 BGB zu (vgl. oben Rn 45).

Das Recht auf eine Herabsetzung des Mietzinses kann der Mieter meist nur dann sachgemäß geltend machen, wenn ihm die genauen Umstände der Betriebskostenermäßigung bekannt sind. Soweit es sich um die Ermäßigung gemeindlicher Gebühren und Abgaben handelt, kann sich der Mieter diese Kenntnis selbst verschaffen. Dies betrifft aber nicht den gesamten Bereich möglicher Betriebskostenermäßigungen. Zur Erlangung der erforderlichen Kenntnis ist daher dem **Mieter** ein **Anspruch auf Auskunftserteilung** gegen den Vermieter zuzuerkennen, wonach dieser über das Ob, den Umfang und den Zeitpunkt von Betriebskostenermäßigungen Auskunft zu geben hat, zumal der Vermieter diese Auskunft unschwer geben kann (vgl. über den in solchen Fällen aus Treu und Glauben abzuleitenden Auskunftsanspruch *Palandt/Heinrichs* § 261 BGB Anm. 2 d, aa m. w. N.). Auf Grund dieses Auskunftsanspruchs kann der Mieter auch Einsicht in die Unterlagen des Vermieters über die Ermäßigung der Betriebskosten verlangen.

Kommt der **Vermieter** seiner Pflicht zur anteiligen Herabsetzung oder zur Auskunftserteilung **schuldhaft** nicht nach, so macht er sich dem Mieter gegenüber aus positiver Vertragsverletzung **schadenersatzpflichtig.** Unterläßt er eine unverzügliche Herabsetzungserklärung, so wirkt zwar eine verspätet abgegebene Herabsetzungserklärung auch noch auf den Zeitpunkt der Betriebskostenermäßigung zurück. Der Mieter kann jedoch als Schaden die Verzinsung des übermäßig lange bezahlten erhöhten Mietzinsbetrages beanspruchen. 48

## VIII. Beweislast

Der Vermieter hat die Darlegungs- und Beweislast für die fristgemäße Erteilung einer Abrechnung (Abs. 1 S. 2), der Mieter für die unangemessene Höhe der vereinbarten Betriebskostenvorauszahlung (Abs. 1 S. 1). Die Voraussetzungen des Erhöhungsanspruchs (Abs. 2) und des Eintritts der Erhöhung (Abs. 3) hat der auf Zahlung der Erhöhungsbeträge klagende **Vermieter** zu beweisen, im Falle des Abs. 3 S. 2 insbesondere auch für den Zeitpunkt seiner Kenntniserlangung und die Abgabe der Erklärung innerhalb der 3-Monatsfrist (*Palandt/Putzo* Anm. 4 b). 49

Der auf Abgabe einer Herabsetzungserklärung klagende Mieter hat eine Ermäßigung der Betriebskosten zu beweisen, ebenso wenn er Schadenersatz wegen verspäteter Herabsetzung verlangt. Der Vermieter hingegen hat die rechtzeitige Abgabe einer Herabsetzungserklärung und deren Zugang beim Mieter zu beweisen.

## IX. Prozessuales

1. Über das gerichtliche Verfahren bei einer **Klage des Vermieters auf Zahlung** des gem. § 4 MHG erhöhten Mietzinses (Zuständigkeit, Streitwert, Klagantrag) wird auf § 1 MHG Rn 20, 21 und § 3 MHG Rn 58 verwiesen. 50

2. Legt der Vermieter einer Mieterhöhungserklärung gem. § 4 Abs. 2 MHG einen unbilligen Verteilungsmaßstab zugrunde, so daß sich eine übermäßige Erhöhung ergibt, so kann **der Mieter** eine **Gestaltungsklage auf** gerichtliche **Bestimmung eines der Billigkeit entsprechenden Umlegungsmaßstabes** gem. § 315 Abs. 3 S. 2 BGB erheben (vgl. oben Rn 24). Das gleiche gilt, wenn der Vermieter bei einer 51

§ 4 MHG, 52+53

Ermäßigung der Betriebskosten infolge eines unbilligen Umlegungsmaßstabs eine zu geringe Herabsetzung vornimmt oder die Herabsetzung überhaupt verzögert (vgl. oben Rn 45). Zuständig ist für eine solche Gestaltungsklage das **Amtsgericht** gem. § 29 a ZPO, da es sich um die Erfüllung einer Nebenpflicht aus einem Wohnraummietverhältnis handelt. Der Streitwert dieser Klage ist gem. § 3 ZPO aus dem 1-Jahresbetrag der monatlichen Mietzinsdifferenz zu bestimmen (vgl. dazu § 2 MHG Rn 197). Die Gestaltungswirkung des Urteils tritt erst mit dessen Rechtskraft ein, so daß erst von da an für den Mieter feststeht, welchen (erhöhten oder herabgesetzten) Mietzins er nunmehr zu zahlen hat.

Der Mieter kann auch auf **Feststellung** klagen, daß er zur Zahlung bestimmter **Nebenkosten nicht verpflichtet** ist; dazu ist ein Feststellungsinteresse zu bejahen (AG Offenbach WM 80, 114 (L)).

52 3. Vermutet der Mieter, daß sich die Betriebskosten ermäßigt haben, ohne daß der Vermieter eine Herabsetzungserklärung abgab, so kann er gegen den Vermieter eine **Klage auf Auskunftserteilung** über eine eingetretene Betriebskostenermäßigung erheben (über den Rechtsgrund dieses Auskunftsanspruchs vgl. oben Rn 47). Da es sich bei der Auskunftspflicht des Vermieters um eine Nebenpflicht aus einem Wohnraummietverhältnis handelt, ist auch hierfür die ausschließliche örtliche und sachliche Zuständigkeit des Amtsgericht gem. § 29 a ZPO gegeben. Für den Auskunftsanspruch gelten die §§ 259 bis 261 BGB nicht. Der Streitwert ist gem. § 3 ZPO durch Schätzung zu ermitteln, wobei nur ein (im Einzelfall zu bestimmender) Teil des Streitwerts der Klage auf Herabsetzung zugrundegelegt werden kann. Die Auskunftsklage kann als Stufenklage (vgl. § 254 ZPO) mit der Gestaltungsklage (vgl. oben 2) verbunden werden (vgl. *Palandt/Heinrichs* § 261 BGB Anm. 4 e).

53 4. Erteilt der Vermieter nach Ablauf des Abrechnungsjahres keine Abrechnung über die Betriebskosten, so kann der Mieter **Klage auf Erteilung einer ordnungsgemäßen Abrechnung** erheben (Abs. 1 S. 2; vgl. die Erläuterungen oben Rn 12–14). Dies ist nicht nur ein bloßer Auskunftsanspruch, sondern ein Anspruch auf Rechenschaftslegung (vgl. über die Pflicht zur Rechenschaftslegung bei der Heizkostenabrechnung LG Mannheim NJW 69, 1857), so daß die §§ 259, 261 BGB anzuwenden sind. Zuständig ist das Amtsgericht (§ 29 a ZPO).

Die Abgabe einer eidesstattlichen Versicherung (vgl. §§ 259 Abs. 2, 261 BGB) wird jedoch oftmals wegen Vorliegens einer Angelegenheit von geringerer Bedeutung entfallen (§ 259 Abs. 2 BGB). Eine Verbindung der Klage auf Rechnungslegung mit der Leistungsklage auf Rückzahlung etwa vom Mieter zu viel bezahlter Betriebskosten ist in Form der Stufenklage (vgl. § 254 ZPO) möglich, wobei die bestimmte Angabe des Zahlungsbetrags bis nach der Rechnungslegung vorbehalten werden kann.

## § 5 MHG (Umlegung von Kapitalkostenerhöhungen)

(1) Der Vermieter ist berechtigt, Erhöhungen der Kapitalkosten, die nach Inkrafttreten dieses Gesetzes infolge einer Erhöhung des Zinssatzes aus einem dinglich gesicherten Darlehen fällig werden, durch schriftliche Erklärung anteilig auf den Mieter umzulegen, wenn

1. der Zinssatz sich
   a) bei Mietverhältnissen, die vor dem 1. Januar 1973 begründet worden sind, gegenüber dem am 1. Januar 1973 maßgebenden Zinssatz,
   b) bei Mietverhältnissen, die nach dem 31. Dezember 1972 begründet worden sind, gegenüber dem bei Begründung maßgebenden Zinssatz
erhöht hat,
2. die Erhöhung auf Umständen beruht, die der Vermieter nicht zu vertreten hat,
3. das Darlehen der Finanzierung des Neubaues, des Wiederaufbaues, der Wiederherstellung, des Ausbaues, der Erweiterung oder des Erwerbs des Gebäudes oder des Wohnraums oder von baulichen Maßnahmen im Sinne des § 3 Abs. 1 gedient hat.

(2) § 4 Abs. 2 Satz 2 und Absatz 3 Satz 1 gilt entsprechend.

(3) ¹Ermäßigt sich der Zinssatz nach einer Erhöhung des Mietzinses nach Absatz 1, so ist der Mietzins vom Zeitpunkt der Ermäßigung ab entsprechend, höchstens aber um die Erhöhung nach Absatz 1, herabzusetzen. ²Ist das Darlehen getilgt, so ist der Mietzins um den Erhöhungsbetrag herabzusetzen. ³Die Herabsetzung ist dem Mieter unverzüglich mitzuteilen.

(4) Das Recht nach Absatz 1 steht dem Vermieter nicht zu, wenn er die Höhe der dinglich gesicherten Darlehen, für die sich der Zinssatz erhöhen kann, auf eine Anfrage des Mieters nicht offengelegt hat.

(5) Geht das Eigentum an dem vermieteten Wohnraum von dem Vermieter auf einen Dritten über und tritt dieser anstelle des Vermieters in das Mietverhältnis ein, so darf der Mieter durch die Ausübung des Rechts nach Absatz 1 nicht höher belastet werden, als dies ohne den Eigentumsübergang möglich gewesen wäre.

### Übersicht

|   |   | Rn |
|---|---|---|
| I. | Zweck und Tragweite der Vorschrift | |
|   | 1. Zweck | 1 |
|   | 2. Beschränkung auf Fremdkapital | 2 |
|   | 3. Anwendungsbereich | 3 |
|   | 4. Wirtschaftliche Tragweite | 3a |

## § 5 MHG, 1

| | | |
|---|---|---|
| II. | Voraussetzungen des Erhöhungsanspruchs (Abs. 1) | 4 |
| | 1. Dinglich gesichertes Baudarlehen (Nr. 3) | 5–8 |
| | 2. Kapitalkostenerhöhung durch Zinssatzerhöhung | 9, 10 |
| | 3. Zinssatzerhöhung (Stichtage) | 11–14 |
| | 4. Vom Vermieter nicht zu vertretende Umstände (Nr. 2) | 15 |
| | 5. Beschränkte Umlegung bei Eigentumsübergang (Abs. 5) | 15a |
| | 6. Geltendmachung durch den Vermieter gegenüber dem Mieter | 16 |
| III. | Umfang der Erhöhung | 17–18a |
| IV. | Form der Erhöhung | 19 |
| V. | Eintritt der Erhöhung (Abs. 2 i. V. m. § 4 Abs. 3 S. 1) | 20 |
| VI. | Ausschluß des Erhöhungsrechts bei unterlassener Offenlegung (Abs. 4) | 21–29 |
| VII. | Mietzinsherabsetzung bei nachträglicher Zinssatzermäßigung (Abs. 3) | |
| | 1. Zinssatzermäßigung | 30 |
| | 2. Vorausgegangene Mieterhöhung | 31 |
| | 3. Umfang der Herabsetzung | 32–34 |
| | 4. Herabsetzungsverfahren | 35 |
| VIII. | Beweislast | 36 |
| IX. | Prozessuales | 37 |

## I. Zweck und Tragweite der Vorschrift

### 1. Zweck

1 Durch § 5 MHG wurde eine neue Regelung zum Schutz des Vermieters geschaffen, eine eng auszulegende Sondervorschrift (AG Heidelberg WM 81, 238; *Weimar* BlGBW 82, 5). Ihm sollte zusätzlich zu den anderen Mieterhöhungsregelungen ermöglicht werden, eine Erhöhung der Kapitalkosten auf den Mieter in angemessenem Umfang umzulegen, um hierdurch die **Wirtschaftlichkeit des Hausbesitzes** in einer Zeit stärkerer Bewegungen auf dem Kapitalmarkt in dem vorhandenen Umfang zu wahren (vgl. Begründung des Regierungsentwurfs). Eine **Umlegung** der zum Teil erheblichen und in dieser Höhe **kaum vorhersehbaren Kostensteigerungen**, die **infolge der Hochzinspolitik durch Erhöhungen des Zinssatzes** eingetreten sind, erschien dem Gesetzgeber auch deshalb ein Gebot der Gerechtigkeit, weil diese Möglichkeit sogar bei preisgebundenen Wohnungen besteht, obwohl diese Wohnungen vornehmlich für Mieter mit geringem Einkommen vorgesehen sind (vgl. Bericht des Rechtsausschusses des Bundestages).

## 2. Beschränkung auf Fremdkapital

Die in der Fassung des Regierungsentwurfs vorgesehene Berücksichtigung der Verzinsung des Eigenkapitals ist im weiteren Gesetzgebungsverfahren weggefallen. Der Rechtsausschuß des Bundestages hielt im Einvernehmen mit dem Ausschuß für Raumordnung, Bauwesen und Städtebau die Berücksichtigung des Eigenkapitals für praktisch nicht in befriedigender Weise durchführbar und nicht gerechtfertigt. Daher wurde die Abwälzung von Kostensteigerungen **auf das baubedingte, dinglich gesicherte Fremdkapital beschränkt** (vgl. Bericht des Rechtsausschusses des Bundestages). Das Baudarlehen muß für den Mieter erkennbar sein, was durch Einsicht ins Grundbuch durchgeführt werden kann (*Zimmermann* in Anm. zu AG Heidelberg WM 81, 238).

## 3. Anwendungsbereich

Zum Anwendungsbereich der Vorschrift vgl. Einführung vor § 1 MHG Rn 29–32, zum Verhältnis des § 5 zu anderen Mieterhöhungsverfahren des MHG vgl. § 1 MHG Rn 16–18. Über den vertraglichen Ausschluß des Erhöhungsrechts vgl. § 1 S. 3 MHG und die Erläuterungen dazu.

## 4. Wirtschaftliche Tragweite

Wirtschaftlich besteht die „Erhöhung" gem. § 5 MHG – ebenso wie im Falle des § 3 MHG – nur so lange, bis die – in der Regel ständig ansteigende – ortsübliche Vergleichsmiete den gem. § 5 MHG erhöhten Mietzins erreicht hat. Daher **schrumpft** der **Erhöhungsbetrag** („Zuschlag") gem. § 5 MHG im Laufe der Zeit wertmäßig immer mehr zusammen. Der Erhöhungsbetrag wird Bestandteil des Mietzinses. Er bildet **keinen „besonderen Zuschlag"**, welcher im Falle einer späteren Mieterhöhung gem. § 2 MHG zusätzlich zur erhöhten Miete verlangt werden könne (vgl. auch § 3 MHG Rn 1 a und § 2 MHG Rn 8 a).

## II. Voraussetzungen des Erhöhungsanspruchs (Abs. 1)

Der Erhöhungsanspruch besteht nur, wenn folgende Voraussetzungen, und zwar im Zeitpunkt der Abgabe der Erhöhungserklärung (a. A. *Lutz* DWW 74, 278, wonach die Fälligkeit des erhöhten Zinssatzes erst bei Wirksamwerden der Erhöhung eintreten kann) kumulativ erfüllt sind:

### 1. Dinglich gesichertes Baudarlehen (Nr. 3)

a) Grundvoraussetzung der Vorschrift ist, daß der Vermieter (Eigentümer) ein dinglich gesichertes Baudarlehen erhalten hat, gleichgültig, ob von einem öffentlichen oder privaten Geldgeber (Kreditinstitut oder Privatperson).

b) Es muß sich um ein **Darlehen** handeln, und dieses darf noch nicht getilgt sein. Ein Darlehen ist ein schuldrechtlicher Vertrag, welcher die Aushändigung eines bestimmten Geldbetrages an den Vermieter zum Gegenstand hat, verbunden mit der Abrede, das Geld (regelmäßig in periodischen Tilgungsraten nebst bestimmten Zinsen und Verwaltungskosten) später zurückzuzahlen (vgl. §§ 607 ff. BGB).

7 c) In Betracht kommt nur ein Darlehen zur Finanzierung des Mietshauses oder der Mietwohnung (**Baudarlehen**). Welche Finanzierungszwecke darunter fallen, ist in Abs. 1 Nr. 3 im einzelnen aufgeführt: Neubau, Wiederaufbau, Wiederherstellung, Ausbau, Erweiterung, Erwerb oder Modernisierung (gemäß § 3 Abs. 1 MHG) des Gebäudes oder des Wohnraums (über diese Begriffe vgl. §§ 2 Abs. 1, 16 und 17 des II. WoBauG). Die Finanzierung muß sich dabei auf das Gebäude, in dem sich der vermietete Wohnraum befindet, oder auf den Wohnraum des Mieters (nicht einen anderen Wohnraum in diesem Gebäude) beziehen (vgl. auch § 3 MHG Rn 18).

8 d) Das Darlehen muß **dinglich gesichert** sein, also durch eine am Grundstück bestellte und im Grundbuch eingetragene Hypothek (§ 1113 BGB), Grundschuld (§ 1191 BGB) oder Rentenschuld (§ 1199 BGB), also ein **Grundpfandrecht**. Unerheblich ist es, ob Darlehensgeber und Gläubiger des Grundpfandrechts verschiedene Personen sind.

### 2. Kapitalkostenerhöhung durch Zinssatzerhöhung

9 Für die periodisch vorzunehmende Tilgung des genannten Darlehens durch den Darlehensnehmer (Grundeigentümer) ist ein bestimmter Prozentsatz (Zinssatz) vereinbart (z. B. 8 %), welcher mit dem Zins des Grundpfandrechts (z. B. der Hypothek) nicht zu verwechseln ist. Der Zinssatz des Darlehens ist, wenn er nicht fest vereinbart ist, den Schwankungen des Kapitalmarkts unterworfen. **Durch** eine **Erhöhung des Zinssatzes** (z. B. von 8 % auf 10 %) **erhöhen sich** automatisch entsprechend die **Kapitalkosten**. Dies sind die Kosten, die sich aus der Inanspruchnahme der im Finanzierungsplan ausgewiesenen Finanzierungsmittel ergeben, namentlich die Zinsen (vgl. § 19 Abs. 1 S. 1 der II. BV), wobei hier nur Fremdkapitalkosten (vgl. § 21 der II. BV) in Betracht kommen. Umlagefähig ist auch die Erhöhung von Kapitalkosten, die durch Umschuldung eines der Zwischenfinanzierung dienenden Darlehens durch ein neues Darlehen entstehen, auch wenn das neue Darlehen der Zwischenfinanzierung dient. Korrektiv für eine rechtlich oder wirtschaftlich unnötige oder unnötig teure Umschuldung ist dabei das Beruhen auf Umständen, die der Vermieter zu vertreten hat (OLG Karlsruhe (RE) WM 82, 273 = DWW 82, 307 = MRS 2 Nr. 65).

Über die Frage, ob der Vermieter als Darlehensnehmer gegenüber dem Darlehensgeber verpflichtet ist, einer Zinssatzerhöhung über einen vereinbarten Höchstsatz hinaus zuzustimmen, vgl. *Bilda* ZMR 75, 161.

Ausgangspunkt der Berechnung der Mieterhöhung ist gemäß § 5 MHG nicht der durch die Steigung des Zinssatzes sich ergebende Unterschied des Zinsbetrages, sondern der Unterschied des Fremdkapitalkostenbetrages. In diesem sind z. B. neben Zinsen enthalten: laufende Nebenleistungen, namentlich Verwaltungskostenbeiträge, die wie Zinsen behandelt werden (vgl. § 21 Abs. 1 S. 3 der II. BV), sowie sonstige wiederkehrende Leistungen aus Fremdmitteln, namentlich aus Rentenschulden.

**Voraussetzung des Erhöhungsrechts ist nicht** die **Unvorhersehbarkeit** der Kapi- 10
talkostenerhöhung, da ein etwaiger dahingehender Wille des Gesetzgebers im
Gesetz keinen objektiven Ausdruck gefunden hat (*Palandt/Putzo* Anm.
2 a; *Emmerich/Sonnenschein* 13; a. A. LG Mannheim ZMR 77, 286 = NJW 77, 2268 = MDR
77, 582 = WM 77, 189 unter Hinweis auf die Motive des Gesetzgebers; AG Köln
WM 81, 240 (L); *Schmidt-Futterer/Blank* C 300, 301; *Sternel* III 319). Auch läßt
sich aus dem Gesetzeswortlaut nicht ableiten, daß Voraussetzung eine **kapitalmarktbedingte Zinserhöhung** ist (so LG Mannheim a. a. O.; *Emmerich/Sonnenschein* 12; a. A. *Sternel* a. a. O. und die Vorauflage). Gleichwohl sind nicht
umlegungsfähig solche Kapitalmehrkosten, die durch den **Wegfall einer** vertraglichen **Zinsverbilligung**, welche schon beim Abschluß des Darlehensvertrages nach
Zeit und Umfang fest vereinbart worden ist, entstehen; eine Mieterhöhung kann in
diesem Falle nur gem. § 2 MHG durchgeführt werden (OLG Karlsruhe (RE) ZMR
83, 103 = WM 82, 68 = DWW 82, 54 = NJW 82, 893 = MRS 2 Nr. 63; LG
Freiburg WM 83, 115: mit der Begründung, dies seien Umstände, welche der
Vermieter zu vertreten hat, vgl. auch in diesem Sinne LG Freiburg MDR 82, 88).
Umlegbar ist jedoch die Erhöhung im Falle der Zinsfestschreibung, d. h., wenn der
bei Darlehensaufnahme gültige Marktzins auf bestimmte Zeit festgeschrieben und
nach Ablauf dieses Zeitraums durch den dann gültigen Marktzins ersetzt wird (LG
Freiburg a. a. O.).

### 3. Zinssatzerhöhung (Stichtage)

Eine Erhöhung des Darlehenszinssatzes ist gegeben, wenn der spätere Zinssatz 11
höher liegt als der frühere.

Das Gesetz läßt jedoch nicht jede Erhöhung des Zinssatzes als Grundlage für die
Mieterhöhung gemäß § 5 MHG zu, sondern nur solche, welche die folgenden
Voraussetzungen erfüllen:

a) Der **Ausgangszinssatz** (gegenüber dem eine Erhöhung des Zinssatzes eintritt) ist 12
für einen bestimmten Stichtag festzustellen (vgl. Abs. 1 Nr. 1), und zwar:

aa) bei schon vor dem 1. 1. 1973 begründeten Mietverhältnissen für den 1. 1.
1973 (im allgemeinen wohl 8,5 %),

bb) bei nach dem 31. 12. 1972 begründeten Mietverhältnissen für den Tag der
Mietvertragsbegründung (maßgebend ist der **Abschluß des Mietvertrages**,
nicht die Überlassung der Mietsache). Das Umlegungsrecht setzt also eine
Kapitalaufnahme vor Beginn des Mietverhältnisses voraus (AG Köln WM
81, 240 (Ls); *Weimar* BlGBW 82, 5; a. A. AG Hamburg WM 81, 112 m.
abl. (zutreffender) Anm. *Zimmermann*: auch bei Darlehensvertrag nach
Begründung des Mietverhältnisses; *von Lackum* DWW 81, 225: für Umlagefähigkeit von Darlehen zur Erwerbsfinanzierung, wenn die Zinserhöhung
kapitalmarktbedingt und daher nicht vorwerfbar ist).

b) Dieser Ausgangszinssatz ist zu vergleichen mit dem **späteren Zinssatz z. Z. der** 13
**Mieterhöhung.** Dieser spätere Zinssatz darf jedoch erst nach Inkrafttreten des

Gesetzes (also nach dem 1. 1. 1975) fällig geworden sein, wobei die Erhöhung des Zinssatzes schon vor dem Inkrafttreten des Gesetzes eingetreten sein kann (*Schmidt-Futterer/Blank* C 321; *Emmerich/Sonnenschein* 14; a. A. AG Lübeck WM 76, 33: Voraussetzung sei Zinssatzerhöhung und Zinserhöhung nach Inkrafttreten). Nur dann hat er eine entsprechende, gleichzeitig fällig gewordene Kapitalkostenerhöhung zur Folge. Unerheblich ist, ob die Kapitalkosten erst einige Monate nach dem Zinsfälligkeitszeitpunkt bezahlt werden. Danach scheiden Zinserhöhungen aus, welche zu einem Zeitpunkt fällig wurden, der vor dem 1. 2. 1975 liegt (vgl. die Gesetzesfassung „nach Inkrafttreten . . .").

14 c) Der Unterschied zwischen dem Zinssatz zu b) und dem zu a) ergibt die Zinssatzerhöhung (in %), aus welcher sich durch Multiplikation mit dem Darlehensbetrag die durch die Zinssatzerhöhung bedingte Kapitalkostenerhöhung errechnet (vgl. Rn 17, 18). Im Falle a), bb (Normalfall: nach Ende 1972 begründetes Mietverhältnis) ist also eine Kapitalkostenerhöhung nur umlegbar, wenn sie auf einer Kapitalaufnahme vor Beginn des Mietverhältnisses beruht (AG Köln WM 81, 240 (L)).

### 4. Vom Vermieter nicht zu vertretende Umstände (Nr. 2)

15 Die Kapitalkostenerhöhung muß auf Umständen beruhen, die vom Vermieter nicht zu vertreten sind (Abs. 1 Nr. 2). Für den Vermieter sind dabei die Grundsätze anzuwenden, wonach der Schuldner im Zweifel Vorsatz und Fahrlässigkeit zu vertreten hat (§ 276 Abs. 1 S. 1 BGB). Die Frage, welche zu einer Kostenerhöhung führenden Umstände vom Vermieter (Bauherrn) zu vertreten sind, wird jedoch nicht allein aus § 276 BGB zu beantworten sein; vielmehr sind dem Risikobereich des Mieters zuzurechnen und in diesem Sinne vom Vermieter „nicht zu vertreten" alle **Kostensteigerungen, die die ordnungsgemäße Verwaltung** des Mietobjekts als solche **unvermeidbar mit sich bringt** (AG Hamburg-Wandsbek WM 82, 80; AG Hamburg WM 81, 112; AG Heidelberg WM 81, 238 m. Anm. *Zimmermann* zu beiden letztgenannten Urteilen, wo in rechtsähnlicher Anwendung des § 23 Abs. 2 der II. BV für die durch den Grundstückserwerber veranlaßte Neuaufnahme von Fremdmitteln auf die Risikosphäre abgestellt wird — jetzt durch Einführung des Abs. 5 geregelt). Wird ein Grundstück unter dem Zwang einer wirtschaftlichen Notlage verkauft und entstehen dadurch dem Rechtsnachfolger Mehraufwendungen für die Fremdmittel, so können diese nicht auf den Mieter abgewälzt werden (vgl. OLG Hamburg MDR 75, 493 = DWW 75, 140 = WM 75, 196 für das Mietpreisrecht). Zinserhöhungen (und damit Kapitalkostenerhöhungen), die wirtschaftspolitisch bedingt sind (z. B. Diskonterhöhungen), hat der Vermieter nicht zu vertreten. Er hat jedoch Kapitalkostenerhöhungen zu vetreten, die darauf beruhen, daß er wegen Verzugs mit der Tilgung des Darlehens einen höheren Strafzins bezahlen muß (Strafzinsmaßnahme wegen Vertragsverstoß), daß eine Umfinanzierung erfolgte, weil die zinsgünstigen öffentlichen Baudarlehen wegen vertragswidrigen Verhaltens des Darlehensnehmers gekündigt wurden, oder er diese Mittel von sich aus zurückzahlte, ohne hierzu gezwungen zu sein, etwa um sich von den Bindungen, die an die Hergabe der Mittel geknüpft waren, zu befreien (vgl. dazu LG Hamburg MDR 74, 759 = WM 74, 225 m. w. N., wonach beim Erwerber neben

einer kausalen Veranlassung der Kostenerhöhung erforderlich ist, daß ihm die Kostenerhöhung mit dem Vorwurf angelastet werden kann, sie sei überflüssig und vermeidbar). Das gleiche muß gelten, wenn die ursprünglichen Finanzierungsmittel durch teurere Mittel ersetzt werden, weil der Vermieter die Umfinanzierung ohne rechtliche oder wirtschaftliche Notwendigkeit vorgenommen hat (vgl. BGH Betr. 71, 769), also bei unwirtschaftlichem Verhalten. Abzulehnen ist jedoch die Ansicht des LG Freiburg (WM 83, 115), wonach eine Zinssatzerhöhung immer dann auf Umständen beruhe, die der Vermieter zu vertreten hat, wenn die Erhöhung nicht ausschließlich kapitalmarktbedingt, sondern auch durch eine Vereinbarung zwischen Darlehensgeber und Darlehensnehmer bedingt ist, vgl. dazu Rn 10.

### 5. Beschränkte Umlegung bei Eigentumsübergang (Abs. 5)

Die Neuregelung des Abs. 5 stellt ein Rechtsproblem klar, das bei der Umlegung von Kapitalkostenerhöhungen anläßlich der Veräußerung der Wohnung (des Erwerbs) entstanden ist und durch Rechtsentscheid des OLG Hamm (ZMR 82, 119 = WM 82, 47 = DWW 82, 58 = NJW 82, 891 = MRS 2 Nr 64) entschieden wurde. Zunächst ist festzustellen, daß nach diesem Rechtsentscheid eine Umlegung nach § 5 MHG grundsätzlich auch im Fall der Grundstücksveräußerung während eines bestehenden Mietverhältnisses (§ 571 BGB) möglich ist. Voraussetzung für ein Umlegungsrecht des Erwerbers ist, daß der frühere Vermieter bei Vertragsschluß ein Baudarlehen aufgenommen hatte, denn nur dann gibt es einen Ausgangszinssatz (vgl. Rn 12 zu bb), AG Heidelberg WM 81, 238 m. zust. Anm. *Zimmermann*. Die Vorschrift ist daher grundsätzlich auch dann anwendbar, wenn das ursprüngliche Darlehen im Zuge der Umfinanzierung/Umschuldung durch ein anderes Darlehen ersetzt wird. Eine durch die Grundstücksveräußerung (bzw. Zwangsversteigerung) infolge Umschuldung bedingte Kapitalkostenerhöhung hat jedoch ihre **Ursache im Eigentümerwechsel** und ist **daher** stets „**vom Vermieter zu vertreten**", so daß insoweit eine Umlegung entfällt (selbst wenn die Veräußerung durch wirtschaftliche Notlage des Vermieters veranlaßt ist). Jedoch ist in einem solchen Falle eine Kapitalkostenerhöhung insoweit **umlagefähig**, als sie sich – ohne Umschuldung – durch eine Erhöhung des Zinssatzes **für das ursprüngliche Darlehen** zum jetzigen Zeitpunkt ergeben würde. Das bedeutet, daß der Mieter durch das Umlegungsrecht anläßlich des Eigentümerwechsels nicht mehr belastet werden darf, als dies ohne den Eigentümerwechsel möglich wäre (so auch AG Hamburg-Wandsbek WM 82, 80; LG Hamburg MDR 82, 58). Für den Erwerber vermieteten Wohnraums sollen lediglich die gleichen Rechte bestehen wie für den bisherigen Eigentümer (Begründung des Regierungsentwurfs zum MWoAEG, S. 17). Gemäß dem vom Gesetzgeber übernommenen Grundgedanken des RE des OLG Hamm muß die Vermieterseite im Fall des Eigentümerwechsels (Veräußerer und Erwerber) als Einheit angesehen werden. Übernimmt der Erwerber das vom Veräußerer aufgenommene Darlehen, so ist bei der Berechnung des Umlegebetrages Ausgangszinssatz (Abs. 1 S. 1 lit. a) der Zinssatz bei Begründung des Mietverhältnisses und nicht derjenige bei Grundstückserwerb (OLG Hamm a. a. O.). Rechnerisch ist zunächst von der Mehrbelastung des Erwerbers auszugehen, die für den früheren Eigentümer (Vermieter) entstanden wäre (*Schmid* BlGBW 83, 64). Hat jedoch der Erwerber einen geringeren Zinssatz als der Veräußerer zu zahlen, so wird man das Herabsetzungsrecht gem. Abs. 3 anzuwenden haben (*Schmid* a. a. O.). Bei einem anläßlich des Erwerbs aufgenommenen Baudarlehen kann eine Umlegung erst wieder nach einem Mieterwechsel erfolgen (AG Heidelberg WM 81, 238 m. zust. Anm. *Zimmermann;* a. A. *von Lackum* DWW 81, 230).

### 6. Geltendmachung durch den Vermieter gegenüber dem Mieter

16 Der Mieterhöhungsanspruch gemäß § 5 muß, wie auch bei anderen Mieterhöhungsverfahren des MHG, vom Vermieter gegenüber dem Mieter erklärt sein. Über die Begriffe Vermieter und Mieter vgl. Einf. Rn 30–37. Der jetzige Vermieter muß nicht der Schuldner des dinglich gesicherten Baudarlehens gewesen sein. Er kann z. B. vom früheren Vermieter und Darlehensempfänger das Grundstück und damit die Vermieterstellung käuflich erworben haben (vgl. § 571 BGB). Jeder, der die Vermieterstellung erworben hat, ist damit Vermieter und kann das Erhöhungsrecht geltend machen. Er muß aber, wenn die Kapitalkostenerhöhung auf Umständen beruht, die sein Rechtsvorgänger zu vertreten hat, dessen Verschulden gegen sich gelten lassen.

## III. Umfang der Erhöhung

17 Die Kapitalkostenerhöhung (vgl. oben II 1–4) **kann** der Vermieter „**anteilig**" auf den Mieter „**umlegen**". Der Umfang der Mieterhöhung gemäß § 5 MHG hängt von den jeweiligen Finanzierungsmodalitäten des Einzelfalls und von dem Verhältnis des Wohnraums des Mieters zu dem durch das Baudarlehen im ganzen geförderten Bauobjekt (Gebäude oder Wohnung) ab (vgl. die Beispiele in der abgelehnten Empfehlung Nr. 15 der Ausschüsse des Bundesrates, Drucksache 161/1/74, S. 13/14). Die Umlegung besteht rechnerisch darin, daß die Erhöhung der Kapitalkosten, welche durch die Zinssatzerhöhung gemäß Abs. 1 verursacht ist, soweit sie anteilmäßig den Wohnraum des Mieters betrifft, zum jährlichen Mietzins hinzugerechnet und aus der Summe durch Teilung (mit 12) der erhöhte monatliche Mietzins ermittelt wird. Für das „anteilige" Verhältnis des Mieterwohnraums zu dem Finanzierungsobjekt vgl. § 4 MHG Rn 24. Als **Umlegungsmaßstab** erscheint hier **in der Regel** das Verhältnis der **Wohnflächen** (in $m^2$) angemessen.

Bei der Zinsberechnung ist nicht vom ursprünglichen Darlehensbetrag auszugehen, sondern von dem **nach Tilgung sich ergebenden Restdarlehensbetrag;** der Mieter darf demnach nur mit der Erhöhung der effektiven Zinsen belastet werden, nicht mit der Tilgung des Darlehens (LG Hamburg WM 78, 96; *Emmerich/Sonnenschein* 11; *Sternel* III 317). Maßgebend ist die **Darlehensrestschuld zur Zeit** des Zugangs der **Erhöhungserklärung** (*Sternel* a. a. O.; *Bormann/Schade/Schubart* Anm. 3), nicht zur Zeit der Zinssatzänderung. Führt eine Erhöhung des Zinssatzes wegen zwischenzeitlicher Tilgungsleistungen nicht zu einer Erhöhung der Gesamtkapitalkosten, so liegt keine umlagefähige Mehrbelastung vor (AG Hamburg WM 82, 301).

Der Erhöhungsbetrag bleibt unverändert, auch wenn sich die tatsächlichen Zinsleistungen wegen der weiteren Darlehenstilgung fortlaufend verringern. Der Umlagebetrag ist daher „eingefroren" bis zum Eintritt einer eventuellen Ermäßigung gem. Abs. 3 (*Bormann/Schade/Schubart* Anm. 3).

**Berechnungsbeispiel:** Das Zweifamilienhaus des Vermieters wurde mit einem hypothekarisch gesicherten Darlehen von 200 000 DM finanziert. Der Mietvertrag mit dem einzigen Mieter, dessen Wohnung 40 % der Wohnfläche des Hauses ausmacht, wurde 1970 geschlossen. Am 1. 1. 1973 beträgt der Zinssatz einschl. des Verwaltungskostenbeitrags 8 %, am 1. 4. 1975 jedoch 10 %. Die im April 1975 vom Vermieter vorgenommene Mieterhöhung berechnet sich wie folgt: 18

| | |
|---|---:|
| Jährliche Kapitalkosten am 1. 1. 1973 = 8 % aus damaligem Restdarlehen (nach Tilgung) von 182 000,– DM | 14 560,– DM |
| Jährliche Kapitalkosten am 1. 4. 1975 = 10 % aus Restdarlehen (nach Tilgung) von 168 500,– DM | 16 850,– DM |
| Differenz = Kapitalkostenerhöhungsbetrag | 2 290,– DM |
| Jährliche Mieterhöhung (Anteil des Mieters 40 %) | 916,– DM |
| daraus monatliche Mieterhöhung | 76,33 DM. |

Der Umfang der Erhöhung darf die gem. § 5 WiStG gebotene allgemeine Grenze der zulässigen Miete überschreiten. Daher wird die Erhöhung gem. **§ 5 MHG nicht begrenzt durch** die **Wesentlichkeitsgrenze** des § 5 WiStG (OLG Hamm (RE) ZMR 83, 314 = WM 83, 18 = DWW 83, 17 = MDR 83, 230 = NJW 83, 1915; AG Essen-Borbeck WM 82, 215 m. abl. Anm. *de Nocker; von Lackum* DWW 81, 230; bestr.). Dies folgt daraus, daß der Gesetzgeber bei Schaffung des § 5 MHG bewußt davon abgesehen hat, eine Begrenzung gem. dem schon damals bekannten WiStG (Mietpreisüberhöhung) vorzunehmen, weshalb die Sonderregelung des § 5 MHG (als lex specialis) Vorrang gegenüber der älteren und allgemeineren Regelung des WiStG hat. Müßte die sog. Wesentlichkeitsgrenze bei der Umlegung von Kapitalkostenerhöhungen beachtet werden, so würde dies auch dem Zweck des § 5 MHG (Anregung der Wohnungsbautätigkeit) zuwiderlaufen, da dadurch der Finanz- und Risikoplanung des Vermieters teilweise die Grundlage entzogen würde. Zudem ergäbe sich eine weitere für die seriöse Planung unerträgliche Unsicherheit daraus, daß die sog. Wesentlichkeitsgrenze nicht von vornherein exakt bestimmbar ist (so OLG Hamm a. a. O.). Vgl. im übrigen Einf. vor § 1 MHG Rn 11 a und § 3 MHG Rn 22 a. Jedoch wird das Umlegungsrecht durch die sog. Wuchergrenze des § 302 a StGB (auffälliges Mißverhältnis bei Überschreitung der ortsüblichen Vergleichsmiete um mehr als 50 % nach h. M., vgl. § 2 MHG Rn 24 e) begrenzt. 18a

## IV. Form der Erhöhung

Die Mieterhöhung (§ 5 MHG) wird ebenso wie diejenige gemäß § 4 MHG wegen Betriebskostenerhöhung durch **einseitige empfangsbedürftige (schriftliche) Erklä-** 19 rung des Vermieters geltend gemacht (Abs. 1). Wegen der Einzelheiten dieser schriftlichen Erklärung und des **gesetzlichen Begründungszwangs** (Abs. 2 i. V. m. § 4 Abs. 2 S. 2 MHG) wird auf die Erläuterungen zu § 4 MHG Rn 25—29 verwiesen. Bei der Begründung sind anzugeben der Betrag des dinglich gesicherten Darlehens, die beiden Zinssätze mit Stichtagen, der wertmäßige Anteil des Mieterwohnraums im Verhältnis zum gesamten Finanzierungsobjekt einschließlich der erforderlichen Erläuterungen sowie die jährlichen Kapitalkosten im früheren und jetzigen Zeitpunkt, woraus sich die Höhe der Steigerung der Gesamtkapitalkosten ergibt (AG Hamburg WM 82, 301), vgl. das Berechnungsbeispiel Rn 18.

### V. Eintritt der Erhöhung (Abs. 2 i. V. m. § 4 Abs. 3 S. 1)

20 Bezüglich des automatischen Eintritts der Mieterhöhung und des Zeitpunkts dieser Wirkung nimmt das Gesetz ebenfalls auf § 4 Abs. 3 S. 1 MHG Bezug. Wegen der Einzelheiten wird daher auf die Erläuterungen zu § 4 MHG Rn 30—32 Bezug genommen. Die **Erhöhung** wirkt also **nur für die Zukunft.** Daraus, daß nur auf § 4 Abs. 3 S. 1 (nicht S. 2) verwiesen ist, folgt, daß eine rückwirkende Erhöhung nicht möglich ist.

### VI. Ausschluß des Erhöhungsrechts bei unterlassener Offenlegung (Abs. 4)

21 1. Das Mieterhöhungsrecht wegen gestiegener Kapitalkosten (§ 5 Abs. 1 MHG) steht dem Vermieter — neben dem Ausschluß gem. § 1 S. 3 MHG — dann nicht zu, wenn er auf eine Anfrage des Mieters die Höhe der dinglich gesicherten Darlehen, für die sich der Zinssatz erhöhen kann, nicht offengelegt hat (Abs. 4). Diese erst vom Rechtsausschuß des Bundestages eingeführte Vorschrift zugunsten des Mieters **bezweckt,** diesem die Möglichkeit zu verschaffen, sich vor unvorhersehbaren Erhöhungen zu sichern (vgl. Bericht des Rechtsausschusses). Damit ist eine Unterrichtung des Mieters bezüglich aller in Frage kommender Darlehen gemeint, damit er abschätzen kann, ob weitere erhebliche Mieterhöhungen dieser Art auf ihn zukommen werden und eine Lösung des Mietverhältnisses deshalb für ihn ratsam ist (falls ihm die bevorstehenden Mieterhöhungen nicht tragbar erscheinen).

22 2. Aus der Fassung des Abs. 4 (Ausschluß des Erhöhungsrechts, falls der Vermieter nicht eine Handlung vornimmt) folgt, daß es sich **nicht** um eine **Rechtspflicht** des Vermieters zur Offenlegung handelt, sondern um eine **bloße Obliegenheit.** Einzige Folge des Verstoßes gegen die Offenlegung ist der Wegfall des Erhöhungsrechts. Eine Schadenersatzpflicht des Vermieters wird daraus nicht begründet. Der Mieter hat auch keinen klagbaren Anspruch auf Offenlegung. Zur Offenlegung ist der Vermieter nicht von sich aus, sondern nur auf Anfrage des Mieters gehalten. **Aufzuklären** ist über alle dinglich gesicherten Baudarlehen des Vermieters, für die sich der Zinssatz, weil nicht gleichbleibend festgelegt, erhöhen kann und daher ein Erhöhungsanspruch gemäß § 5 gegeben ist.

Darlehensgeber und **Zinssatz** müssen vom Vermieter **nicht angegeben** werden  23
(*Weimar* BlGBW 82, 5). Zwar wäre die Kenntnis des Zinssatzes für den Mieter zur
Beurteilung eventueller künftiger Erhöhungsansprüche gem. § 5 MHG nicht unwesentlich. In Anbetracht des klaren Gesetzeswortlauts und der anderweitigen Erwähnung des Wortes „Zinssatz" im gleichen Absatz kann jedoch nicht von einem
Redaktionsversehen ausgegangen werden dergestalt, daß der Gesetzgeber die
Erwähnung der Angabe des Zinssatzes übersehen hätte. Auch bei Kenntnis des
Zinssatzes könnte sich der Mieter nur ein ganz grobes Bild von etwaigen künftigen
Erhöhungsansprüchen machen, da ihm künftige kapitalmarktbedingte Zinssatzveränderungen unbekannt sind. **Anzugeben** sind lediglich die **Höhe der dinglich
gesicherten Baudarlehen in** der **noch bestehenden Höhe** (h. M., vgl. *Emmerich/
Sonnenschein* 32; a. A. *Sternel* III 325: auch Zinssatz und auf Verlangen Verwendungszweck).

Da eine Frist für die Offenlegung nicht genannt ist, ist der Vermieter gem. § 242  24
BGB gehalten, sich nicht beliebig Zeit zu lassen, sondern die Angabe **innerhalb
angemessener Zeit** zu machen, zumal im Gegensatz zu Abs. 3 S. 3 eine unverzügliche Mitteilung nicht vorgeschrieben ist (so auch *Emmerich/Sonnenschein* 33). Eine
verspätete Offenlegung wird wie eine unterlassene Offenlegung zu betrachten sein.
Eine Nachholung der versäumten Offenlegung im Mieterhöhungsprozeß ist nicht
möglich.

Hat der Vermieter gem. Abs. 4 sein Erhöhungsrecht verwirkt, so ist dieses Recht
für die gesamte Zeit des Mietverhältnisses ausgeschlossen.

Eine **Anfrage des Mieters** kann **frühestens ab** dem **Abschluß des Mietvertrages**  25
gestellt werden, weil erst dann ein „Mieter" vorhanden ist. Wenn es auch dem
Zweck des Abs. 4 am besten entsprechen würde, daß schon bei den vorvertraglichen
Verhandlungen eine solche Auskunft vom Vermieter erfragt werden könnte (vgl.
*Lutz* DWW 74, 279), so muß doch eine entsprechende Anwendung des Abs. 4 (und
auch eine Auskunftspflicht aus sonstigem Rechtsgrund, z. B. aus § 242 BGB) **für
die Zeit vor** dem **Mietvertragsabschluß** abgelehnt werden (*Emmerich/Sonnenschein* 31; a. A. AG Heidelberg WM 81, 238: schon vor Vertragsschluß gegenüber
Mietinteressenten). Dies würde zu einem unzumutbaren Eingriff in die Privatsphäre
des Vermieters führen, weil jeder Mietinteressent durch entsprechende Frage praktisch den Vermieter zwingen könnte, seine Verschuldung (hinsichtlich der Baudarlehen) offenzulegen!

Hat der Vermieter eine Anfrage des Mieters gem. Abs. 4 schon einmal beantwortet,  26
so ist der Mieter zu einer **wiederholten Anfrage** nur berechtigt (mit der Rechtsfolge
des Abs. 4), wenn er konkrete Anhaltspunkte dafür hat, daß der Vermieter
inzwischen ein Baudarlehen aufgenommen haben könnte, insbes. wenn dieser einen
Ausbau, eine Erweiterung oder Modernisierung des Gebäudes plant oder durchführt (für Wiederholung des Anfragerechts die h. M.; dagegen *Palandt/Putzo* Anm.
3 b).

Eine **Form** ist weder für die Anfrage des Mieters noch für die Beantwortung durch  27
den Vermieter vorgeschrieben, so daß beides **mündlich** erklärt werden kann. Aus

Beweisgründen empfiehlt sich jedoch auf jeden Fall die Schriftform für beide Vertragspartner.

28 Voraussetzung für eine **Anfrage** des Mieters gemäß Abs. 4 ist nicht, daß der Vermieter schon eine Mieterhöhungserklärung nach § 5 MHG abgegeben hat. Die Anfrage kann also auch vor einer solchen Erhöhungserklärung erfolgen, z. B. schon zu Beginn des Mietverhältnisses. Die Anfrage kann auch in Form einer Bitte um Auskunft vorgebracht werden.

29 Die Antwort des Vermieters muß, um als „**Offenlegung**" zu gelten, **wahrheitsgemäß und vollständig** sein. Ist sie das nicht, so ist das Erhöhungsrecht verwirkt. Die Angaben des Vermieters müssen auf Verlangen des Mieters nachgewiesen werden (*Schmidt-Futterer* MDR 75, 94); denn Offenlegung ist mehr als bloße Auskunftserteilung. Der Vermieter muß also, wenn der Mieter dies verlangt, diesem in die entsprechenden Unterlagen (Grundbuchauszug, Darlehensverträge) Einblick gewähren (nicht jedoch die Unterlagen zusenden), um seine Obliegenheit zu erfüllen. Der Mieter hat dem Grundbuchamt gegenüber wegen der möglichen Umlegung gem. § 5 MHG ein Recht zur Einsicht in das Grundbuch des Vermieters bezüglich des Wohngrundstücks (AG München WM 82, 218).

Gibt der Vermieter dem Mieter ohne eine vorherige Anfrage eine Auskunft über Höhe oder Zinssatz der Baudarlehen, die unvollständig oder unwahr ist, so hat dies nicht den Wegfall des Mieterhöhungsrechts zur Folge; es können aber nach allgemeinen Grundsätzen Schadenersatzansprüche des Mieters aus positiver Vertragsverletzung oder § 826 BGB gegeben sein.

## VII. Mietzinsherabsetzung bei nachträglicher Zinssatzermäßigung (Abs. 3)

### 1. Zinssatzermäßigung

30 Als Gegenstück zur Möglichkeit der Mietzinserhöhung führt Abs. 3 zum Schutze des Mieters die Pflicht des Vermieters zur Mietzinsherabsetzung ein. Die Regelung (S. 1 u. 3) ist derjenigen der Betriebskostenherabsetzung gem. § 4 Abs. 4 S. 1 und 2 MHG angelehnt. Voraussetzung ist, daß sich der **Zinssatz** für ein dinglich gesichertes Baudarlehen gegenüber einem früheren Stand **ermäßigt**. An irgendwelche Stichtage sind im Gegensatz zu Abs. 1 die Zinssätze im Falle der Ermäßigung nicht gebunden. Ermäßigung ist jede Verminderung des Zinssatzes gegenüber einem vorherigen Stand. Entscheidend ist eine Senkung des Zinssatzes, nicht des Zinsbetrages. Ein Herabsetzungsanspruch besteht also nicht, wenn sich infolge fortschreitender Tilgung des Darlehens bei gleichbleibendem Zinssatz der Zinsbetrag ermäßigt.

### 2. Vorausgegangene Mieterhöhung

31 Die Pflicht des Vermieters zur Herabsetzung des Mietzinses besteht nur, wenn er (oder sein Rechtsvorgänger) **zuvor eine Mieterhöhung gemäß § 5 MHG** wirksam

vorgenommen hat (was nur nach dem 1. 1. 1975 geschehen sein kann). Dabei ist gleichgültig, ob der auf diese Weise erhöhte Zinssatz nur kurze Zeit diesen Stand beibehalten hat. Der Vermieter, der auch nur einmal eine Erhöhung gemäß § 5 Abs. 1 umgelegt hat, ist verpflichtet, jede Ermäßigung des Zinssatzes nach der Erhöhung in der umgekehrten Richtung, nämlich zugunsten des Mieters, umzulegen, unter Umständen also mehrmals hintereinander, wobei er allerdings den Stand vor der (bei mehreren Erhöhungen: ersten) Erhöhung nicht unterschreiten darf. Das Gesetz hat hier, anders als bei den Betriebskosten, die Herabsetzung von einer vorherigen Erhöhung abhängig gemacht, da andernfalls jene Vermieter ungerecht benachteiligt würden, die auf eine Erhöhung gem. § 5 verzichtet haben, oder die bereit waren, trotz höherer Fremdkapital- und Baukosten zu nicht kostendeckenden Mitteln zu vermieten, in der Erwartung, bei einer Zinssenkung ihre Kosten decken zu können (vgl. Begründung des Regierungsentwurfs).

### 3. Umfang der Herabsetzung

Der Umfang der Herabsetzung ist in S. 1 grundsätzlich dahin bestimmt, daß der Mietzins „entsprechend" herabzusetzen ist, d. h. nach der gleichen Berechnungsweise wie die Mieterhöhung gemäß Abs. 1. Auch hier kommt es nicht auf den (aus dem Zinssatzunterschied berechneten) ermäßigten Zinsbetrag an, sondern auf die Ermäßigung der Kapitalkosten. 32

Eine Herabsetzung ist jedoch **höchstens um den Erhöhungsbetrag gemäß Abs. 1** (bei mehreren vorgenommenen Erhöhungen um den Gesamterhöhungsbetrag) vorzunehmen so daß der Mietzins nicht niedriger gesenkt werden kann als bis zu dem Stand, welcher vor der Erhöhung bestand. 33

Ist das **Darlehen getilgt**, so daß dafür keine Kapitalkosten mehr anfallen, so ist der Mietzins um den Erhöhungsbetrag gemäß Abs. 1 herabzusetzen (Abs. 3 S. 2). 34

### 4. Herabsetzungsverfahren

Das Herabsetzungsverfahren des § 5 Abs. 3 MHG **entspricht** im übrigen demjenigen des **§ 4 Abs. 4 MHG**. Bezüglich Durchführung des Herabsetzungsverfahrens, Umlegungsmaßstab (im Falle des § 5 bezogen auf die Verteilung der Kosten auf die einzelnen Wohnungen), Rechtswirkung und Rechte des Mieters wird daher auf die entsprechend anwendbaren Erläuterungen zu § 4 MHG Rn 39–48 Bezug genommen. 35

## VIII. Beweislast

Der Vermieter hat die Beweislast für das Vorliegen sämtlicher Voraussetzungen des Erhöhungsanspruchs gemäß Abs. 1. Jedoch wird es Sache des Mieters sein, darzulegen und zu beweisen, daß die Erhöhung auf vom Vermieter zu vertretenden Umständen beruht. Die Einhaltung der Schriftform und der Begründung des rechtzeitigen Zugangs (bis zum 15. eines jeden Monats) hat wiederum der Vermieter zu beweisen. 36

§ 5 MHG, 37

Im Falle des Abs. 3 hat der Mieter die Beweislast für die Voraussetzungen von Satz 1 und Satz 2.

Der Mieter hat zu beweisen, daß er gemäß Abs. 4 eine Anfrage an den Vermieter gerichtet hat, der Vermieter, daß er diese rechtzeitig beantwortet hat.

## IX. Prozessuales

37  Bezüglich des gerichtlichen Verfahrens wird auf die Erläuterungen zu § 4 MHG Rn 50–52 Bezug genommen, welche für das gerichtliche Verfahren im Rahmen des § 5 MHG entsprechend gelten.

## § 6 MHG (Sonderregelung für öffentlich geförderten und steuerbegünstigten Wohnraum im Saarland)

(1) ¹Hat sich der Vermieter von öffentlich gefördertem oder steuerbegünstigtem Wohnraum nach dem Wohnungsbaugesetz für das Saarland in der Fassung der Bekanntmachung vom 7. März 1972 (Amtsblatt des Saarlandes S. 149), zuletzt geändert durch Artikel 3 des Wohnungsbauänderungsgesetzes 1973 vom 21. Dezember 1973 (Bundesgesetzbl. I S. 1970), verpflichtet, keine höhere Miete als die Kostenmiete zu vereinbaren, so kann er eine Erhöhung bis zu dem Betrag verlangen, der zur Deckung der laufenden Aufwendungen für das Gebäude oder die Wirtschaftseinheit erforderlich ist. ²Eine Erhöhung des Mietzinses nach den §§ 2, 3 und 5 ist ausgeschlossen.

(2) ¹Die Erhöhung nach Absatz 1 ist vom Vermieter durch schriftliche Erklärung gegenüber dem Mieter geltend zu machen. ²Die Erklärung ist nur wirksam, wenn in ihr die Erhöhung berechnet und erläutert wird. ³Die Erklärung hat die Wirkung, daß von dem Ersten des auf die Erklärung folgenden Monats an der erhöhte Mietzins an die Stelle des bisher zu entrichtenden Mietzinses tritt; wird die Erklärung erst nach dem Fünfzehnten eines Monats abgegeben, so tritt diese Wirkung erst von dem Ersten des übernächsten Monats an ein.

(3) Soweit im Rahmen der Kostenmiete Betriebskosten im Sinne des § 27 der Zweiten Berechnungsverordnung durch Umlagen erhoben werden, kann der Vermieter Erhöhungen der Betriebskosten in entsprechender Anwendung des § 4 umlegen.

(4) Ermäßigen sich die laufenden Aufwendungen, so hat der Vermieter die Kostenmiete mit Wirkung vom Zeitpunkt der Ermäßigung ab entsprechend herabzusetzen. Die Herabsetzung ist dem Mieter unverzüglich mitzuteilen.

(5) Die Absätze 1 bis 4 gelten entsprechend für Wohnraum, der mit Wohnungsfürsorgemitteln für Angehörige des öffentlichen Dienstes oder ähnliche Personengruppen unter Vereinbarung eines Wohnungsbesetzungsrechtes gefördert worden ist, wenn der Vermieter sich in der in Absatz 1 Satz 1 bezeichneten Weise verpflichtet hat.

### Übersicht

|      |      | Rn |
|------|------|----|
| I.   | Zweck der Sonderregelung | 1 |
| II.  | Voraussetzungen (Abs. 1 u. 5) | |
|      | 1. Öffentlich geförderter, steuerbegünstigter oder an begünstigte Personen gebundener Wohnraum | 2—7 |
|      | 2. Verpflichtung des Vermieters zur Einhaltung der Kostenmiete | 8 |

§ 6 MHG, 1+2

|      |                                                                 |        |
|------|-----------------------------------------------------------------|--------|
| III. | Umfang der Erhöhung (Kostenmiete als Obergrenze) .......... | 9      |
| IV.  | Form der Erhöhung (Abs. 2 S. 1 u. 2) ....................... | 10, 11 |
| V.   | Eintritt der Erhöhung (Abs. 2 S. 3) ....................... | 12     |
| VI.  | Sonstige Arten der Mieterhöhung                                 |        |
|      | 1. Umlegung von Betriebskostenerhöhungen (Abs. 3) .......... | 13–15  |
|      | 2. Ausschluß von Erhöhungen nach den §§ 2, 3, 5 MHG (Abs. 1 S. 2) ....................................... | 16 |
| VII. | Herabsetzung der Kostenmiete bei Ermäßigung der laufenden Aufwendungen (Abs. 4) ................................ | 17 |
| VIII.| Beweislast ........................................... | 18     |

## I. Zweck der Sonderregelung

1   Im Saarland ist bei öffentlich gefördertem Wohnraum die Kostenmiete – anders als im übrigen Bundesgebiet – nicht durch öffentlich-rechtliche, sondern durch privatrechtliche Vorschriften festgelegt. Es gilt dort weder das WoBindG, noch die II. BV und das II. WoBauG. Der Regierungsentwurf enthielt keine Sonderregelung. Erst auf Anregung des Bundesrats brachte die Bundesregierung im weiteren Verlauf des Gesetzgebungsverfahrens einen Vorschlag für eine Sonderregelung ein, durch welche sichergestellt werden sollte, daß der **öffentlich geförderte Wohnraum im Saarland** gleichbehandelt wird **wie der preisgebundene Wohnraum im übrigen Bundesgebiet** (vgl. Bericht des Rechtsausschusses des Bundestages). Über das Mieterhöhungsrecht des Vermieters bei preisgebundenem Wohnraum im übrigen Bundesgebiet vgl. Einf. III vor § 1 MHG.

§ 6 MHG gilt als Sonderregelung nur im Saarland und hier nur für Wohnraum der in Abs. 1 und 5 genannten Art.

## II. Voraussetzungen (Abs. 1 und 5)

### 1. Öffentlich geförderter, steuerbegünstigter oder an begünstigte Personen gebundener Wohnraum

2   a) Statt des II. WoBauG gilt im Saarland das Wohnungsbaugesetz für das Saarland in der Fassung vom 7. 3. 1972 (Amtsblatt des Saarlandes S. 149), geändert durch das Gesetz zur Reform des Grundsteuerrechts vom 7. 8. 1973 (BGBl. I S. 965) und durch das WoBauÄndG 1973 vom 21. 12. 1973 (BGBl. I S. 1970) – die Änderungen betreffen nicht die nachfolgend abgedruckten Vorschriften –, welches nachfolgend auszugsweise abgedruckt wird (vgl. auch §§ 56, 57 dieses Gesetzes über die Ermächtigung der Bundesregierung und der Landesregierung zum Erlaß von Durchführungsvorschriften). Zu diesem Gesetz sind zu beachten

die Förderungsbestimmungen zum Wohnungsbaugesetz für das Saarland (WFB 1972) in der Neufassung vom 7. 3. 1972 (Amtsblatt des Saarlandes S. 164) mit der Anlage über Begriffe und Erläuterungen zur Wirtschaftlichkeits- bzw. Lastenberechnung mit Gesamtkostenaufstellung, Finanzierungsplan und Wohnflächenberechnung im öffentlich geförderten und steuerbegünstigten Wohnungsbau (Amtsblatt des Saarlandes S. 169).

Die maßgebenden Bestimmungen des **Wohnungsbaugesetzes für das Saarland** i. d. F. vom 7. 3. 1972 lauten wie folgt:

### § 3
### Einteilung der Wohnungen nach ihrer Förderung

(1) Öffentlich geförderte Wohnungen im Sinne dieses Gesetzes sind neugeschaffene Wohnungen, bei denen öffentliche Mittel im Sinne des § 4 Abs. 1 zur Deckung der für den Bau dieser Wohnungen entstehenden Gesamtkosten oder zur Deckung der laufenden Aufwendungen oder zur Deckung der für Finanzierungsmittel zu entrichtenden Zinsen oder Tilgungen eingesetzt sind.

(2) Steuerbegünstigte Wohnungen im Sinne dieses Gesetzes sind neugeschaffene Wohnungen, die nicht öffentlich gefördert sind und nach den Vorschriften der §§ 42 und 43 als steuerbegünstigt anerkannt sind.

(3) Neugeschaffene Wohnungen, die weder unter Absatz 1 noch Absatz 2 fallen, sind frei finanzierte Wohnungen.

### § 4
### Öffentliche Mittel

(1) Mittel des Bundes, des Saarlandes, der Gemeinden und Gemeindeverbände, die von ihnen zur Förderung des Baues von Wohnungen für die breiten Schichten des Volkes bestimmt sind, sowie die nach dem Lastenausgleichsgesetz für die Wohnraumhilfe bestimmten Mittel des Ausgleichsfonds sind öffentliche Mittel im Sinne dieses Gesetzes. Die öffentlichen Mittel sind nur zur Förderung des sozialen Wohnungsbaues nach den Vorschriften der §§ 14 bis 33 und des § 52 Abs. 2 zu verwenden.

(2) Nicht als öffentliche Mittel im Sinne dieses Gesetzes gelten insbesondere

a) die nach dem Lastenausgleichsgesetz als Eingliederungsdarlehen bestimmten Mittel des Ausgleichsfonds oder die mit einer ähnlichen Zweckbestimmung in öffentlichen Haushalten ausgewiesenen Mittel,

b) die als Prämien an Wohnbausparer gewährten Mittel,

c) die in öffentlichen Haushalten gesondert ausgewiesenen Wohnungsfürsorgemittel für Angehörige des öffentlichen Dienstes,

d) die in Haushalten der Gemeinden und Gemeindeverbände ausgewiesenen Mittel zur Unterbringung von solchen Obdachlosen, die aus Gründen der öffentlichen Sicherheit und Ordnung von den Gemeinden oder Gemeindeverbänden unterzubringen sind,

## § 6 MHG, 3

e) die einer Kapitalsammelstelle aus einem öffentlichen Haushalt für Zwecke der Vor- und Zwischenfinanzierung des Wohnungsbaues zur Verfügung gestellten Mittel,

f) die von Steuerpflichtigen gegebenen unverzinslichen Darlehen, für die Steuervergünstigungen nach § 7 c des Einkommensteuergesetzes gewährt werden,

g) die Grundsteuervergünstigungen,

h) Mittel, die zur Förderung des Erwerbs vorhandener Wohnungen durch kinderreiche Familien bestimmt sind, um ihnen die Eigenversorgung mit Wohnraum zu erleichtern.

(3) Soweit in einem öffentlichen Haushalt andere als die in Absätzen 1 und 2 aufgeführten Mittel für die Förderung des Wohnungsbaues zur Verfügung gestellt werden, sollen sie in der Regel nur für Maßnahmen zugunsten des sozialen Wohnungsbaues verwendet werden.

### § 29
### Privatrechtliche Bestimmungen

(1) In dem Vertrag über die Gewährung öffentlicher Mittel ist die Erfüllung der Ziele des öffentlich geförderten Wohnungsbaues durch vertragliche Bestimmungen sicherzustellen; insbesondere sind Bestimmungen vorzusehen über die ausreichende Auslastung der Wohnungen, die Zweckbindung der Wohnungen zugunsten bestimmter Personenkreise, die Beachtung der Einkommensgrenzen sowie die Folgen bei Vertragsverletzungen.

(2) In dem Vertrag über die Gewährung öffentlicher Mittel ist durch vertragliche Bestimmungen sicherzustellen, daß keine höhere Miete vereinbart wird, als zur Deckung der laufenden Aufwendungen erforderlich ist (Kostenmiete).

### § 42
### Anerkennung als steuerbegünstigte Wohnungen

(1) Neugeschaffene Wohnungen, die nach dem 5. Juli 1959 bezugsfertig geworden sind oder bezugsfertig werden, sind als steuerbegünstigte Wohnungen anzuerkennen, wenn keine öffentlichen Mittel im Sinne des § 4 Abs. 1 zur Deckung der für den Bau dieser Wohnungen entstehenden Gesamtkosten oder zur Deckung der laufenden Aufwendungen oder zur Deckung der für Finanzierungsmittel zu entrichtenden Zinsen oder Tilgungen eingesetzt sind. Voraussetzung ist, daß die Wohnungen die nachstehenden Wohnflächengrenzen nicht überschreiten:

a) bei Familienheimen mit nur einer Wohnung 156 m$^2$,

b) bei Familienheimen mit zwei Wohnungen 210 m$^2$,

c) bei eigengenutzten Eigentumswohnungen und Kaufeigentumswohnungen 114 m$^2$,

d) bei anderen Wohnungen in der Regel 108 m$^2$.

Bei Familienheimen mit zwei Wohnungen soll die für den Eigentümer bestimmte Wohnung 156 m² nicht übersteigen.

(2) Eine Überschreitung der sich nach Absatz 1 ergebenden Wohnflächengrenzen ist zulässig,

a) soweit die Mehrfläche zu einer angemessenen Unterbringung eines Haushalts mit mehr als fünf Personen erforderlich ist, oder

b) soweit die Mehrfläche zur angemessenen Berücksichtigung der persönlichen oder beruflichen Bedürfnisse des künftigen Wohnungsinhabers erforderlich ist, oder

c) soweit die Mehrfläche im Rahmen der örtlichen Bauplanung bei Wiederaufbau, Wiederherstellung, Ausbau oder Erweiterung oder bei der Schließung von Baulücken durch eine wirtschaftlich notwendige Grundrißgestaltung bedingt ist.

(3) Zur angemessenen Unterbringung eines Haushalts mit mehr als fünf Personen (Absatz 2, Buchstabe a) ist für jede weitere Person, die zu dem Haushalt gehört, oder alsbald nach Fertigstellung des Bauvorhabens in den Haushalt aufgenommen werden soll, eine Mehrfläche bis zu 20 Quadratmeter zulässig. Eine Verminderung der Personenzahl nach dem erstmaligen Bezug der Wohnung ist unschädlich.

(4) Die für das Wohnungs- und Siedlungswesen zuständige oberste Landesbehörde kann weitere Abweichungen von den Wohnflächengrenzen zulassen.

(5) Soll ein durch Wiederherstellung, Ausbau oder Erweiterung neu geschaffener Wohnraum der Vergrößerung einer vorhandenen Wohnung dienen, so ist bei der Ermittlung der Wohnflächengrenze die Wohnfläche der gesamten Wohnung zugrundezulegen.

(6) Wohnungen, die zu gewerblichen oder beruflichen Zwecken mitbenutzt werden, sind als steuerbegünstigt anzuerkennen, wenn nicht mehr als die Hälfte der Wohnfläche ausschließlich gewerblichen oder beruflichen Zwecken dient.

## § 43
### Anerkennungsverfahren

(1) Über den Antrag auf Anerkennung einer Wohnung als steuerbegünstigt entscheidet die Stelle, welche die für das Wohnungs- und Siedlungswesen zuständige oberste Landesbehörde bestimmt. Der Antrag auf Anerkennung kann von dem Bauherrn oder mit seiner Einwilligung von einem Dritten, der an der Anerkennung ein berechtigtes Interesse hat, gestellt werden.

(2) Die Anerkennung ist auf Antrag schon vor Baubeginn der Wohnung auszusprechen, wenn die Voraussetzungen hinsichtlich der Größe und beabsichtigten Nutzungsart der geplanten Wohnung vorliegen.

(3) Die Wohnung gilt von der Anerkennung an als steuerbegünstigte Wohnung im Sinne des Gesetzes, auch wenn sie noch nicht bezugsfertig ist.

(4) In dem Anerkennungsbescheid soll der Bauherr darüber belehrt werden, daß bei der Annahme eines verlorenen Zuschusses eine Rückerstattungspflicht nach

Artikel VI des Gesetzes zur Änderung des Zweiten Wohnungsbaugesetzes, anderer wohnungsbaurechtlicher Vorschriften und über die Rückerstattung von Baukostenzuschüssen vom 21. Juli 1961 (Bundesgesetzbl. I S. 1041) besteht.

(5) Die Anerkennung ist zu widerrufen, wenn die Wohnung nicht oder nicht mehr den Vorschriften über die zulässige Wohnfläche oder die zulässige Benutzung entspricht. Der Widerruf ist für den Zeitpunkt auszusprechen, von dem ab die zum Widerruf berechtigenden Voraussetzungen gegeben waren.

4  b) Die Sonderregelung gilt im Saarland nur für solchen Wohnraum, bei welchem sich der Vermieter dem Mieter gegenüber vertraglich gebunden hat, die Kostenmiete nicht zu überschreiten. Das trifft zu bei öffentlich gefördertem, steuerbegünstigtem und an bestimmte Personengruppen gebundenem Wohnraum.

5  aa) Über den Begriff **öffentlich geförderter Wohnraum** vgl. §§ 3 Abs. 1, 4 des Wohnungsbaugesetzes für das Saarland.

6  bb) Über den Begriff **steuerbegünstigter Wohnraum** vgl. §§ 2, 42, 43 des Wohnungsbaugesetzes für das Saarland.

7  cc) Die Sonderregelung gilt gemäß Abs. 5 entsprechend für Wohnraum, der mit Wohnungsfürsorgemitteln für **Angehörige des öffentlichen Dienstes oder ähnliche Personengruppen** unter Vereinbarung eines **Wohnungsbesetzungsrecht** gefördert worden ist. Diese Gesetzesfassung entspricht dem § 87 a Abs. 1 S. 1 des II. WoBauG. Angehörige des öffentlichen Dienstes sind Beamte, Angestellte und Arbeiter von Bund, Ländern, Gemeinden und Gemeindeverbänden sowie Angehörige der Bundeswehr.

Zu den ähnlichen Personengruppen zählen insbes. die Angehörigen der ausländischen diplomatischen Vertretungen (vgl. *Fischer-Dieskau/Pergandel/Schwender,* Wohnungsbaurecht, Teilband II, § 87 a II. WoBauG Anm. 1 B).

### 2. Verpflichtung des Vermieters zur Einhaltung der Kostenmiete

8  Liegt Wohnraum im genannten Sinne vor, so ist eine weitere Voraussetzung der Sonderregelung, daß sich der Vermieter verpflichtet hat, keine höhere Miete als die Kostenmiete zu vereinbaren. Die Verpflichtung muß der Vermieter vertraglich gegenüber der öffentlichen Hand eingegangen sein (vgl. § 29 des Wohnungsbaugesetzes für das Saarland). Unerheblich ist, welche Miete der Vermieter mit dem Mieter vereinbart hat. Maßgebend ist die Verpflichtung des Vermieters gegenüber der öffentlichen Hand, sich an die Kostenmiete als Obergrenze bei der Mietzinsvereinbarung zu halten.

## III. Umfang der Erhöhung (Kostenmiete als Obergrenze)

Die Sonderregelung für den unter II beschriebenen Wohnraum besteht darin, daß dem Vermieter ein Recht zur Mieterhöhung bis zu dem Betrag zusteht, der zur Deckung der laufenden Aufwendungen für das Gebäude oder die Wirtschaftseinheit erforderlich ist (Kostenmiete). Über die Berechnung der Kostenmiete allgemein vgl. Einf. III vor § 1 MHG.

## IV. Form der Erhöhung (Abs. 2 S. 1 u. 2)

1. Die Erhöhung erfolgt durch **einseitige empfangsbedürftige Erklärung** des Vermieters gegenüber dem Mieter (Gestaltungsrecht). Die Erklärung muß schriftlich erfolgen. Die eigenhändige Unterschrift des Vermieters ist bei Fertigung mittels automatischer Einrichtungen entbehrlich (§ 8 MHG).

2. Wirksamkeitsvoraussetzung ist, daß in der Erklärung des Vermieters die Erhöhung **berechnet und erläutert** wird (Abs. 2 S. 2). Es ist also – im Gegensatz zu § 4 Abs. 2 S. 2 MHG – in Übereinstimmung mit § 10 Abs. 1 S. 2 WoBindG die Berechnung anzugeben und die Erhöhung verständlich und für den Mieter nachprüfbar zu erläutern. Wegen der Einzelheiten des Begründungszwangs wird auf § 3 MHG Rn 48–52 Bezug genommen, da die Gesetzesfassung dem § 3 Abs. 3 S. 2 MHG entspricht. Da lediglich die Erhöhung erläutert werden muß, ist nach dem gesetzgeberischen Zweck der Vorschrift (Gleichstellung mit preisgebundenem Wohnraum im übrigen Bundesgebiet) der gesamte Abs. 1 des § 10 WoBindG entsprechend anzuwenden, so daß eine Zusatzwirtschaftlichkeitsberechnung beizufügen ist.

## V. Eintritt der Erhöhung (Abs. 2 S. 3)

Bezüglich der Rechtswirkung der Erhöhung (Eintritt der erhöhten Mietzahlungspflicht) wird auf § 4 MHG Rn 30–32 Bezug genommen.

## VI. Sonstige Arten der Mieterhöhung

1. Umlegung von Betriebskostenerhöhungen (Abs. 3)

Der Vermieter eines Mietverhältnisses der oben zu II genannten Art ist auch berechtigt, Erhöhungen der Betriebskosten (über diesen Begriff vgl. § 4 MHG Rn 1–6) auf den Mieter umzulegen. Dies gilt jedoch nur, soweit im Rahmen der Kostenmiete Betriebskosten (im Sinne von § 27 der II. BV) durch Umlagen erhoben werden. Für preisgebundene Wohnungen kann der Vermieter neben der Kostenmiete nur für folgende Betriebskostenarten eine Umlage erheben, falls diese Kosten für die Berechnung der Kostenmiete in der Wirtschaftlichkeitsberechnung außer Ansatz geblieben sind: Kosten der Wasserversorgung und der Entwässerung,

Kosten des Betriebs der zentralen Heizungs- und Brennstoffanlage und der Versorgung mit Fernwärme, Kosten des Betriebs der zentralen Warmwasserversorgungsanlage und der Fernwarmwasserversorgung, Kosten des Betriebs maschineller Aufzüge, Betriebs- und Instandhaltungskosten für maschinelle Wascheinrichtungen. Die umlagefähigen Kosten im einzelnen und die zulässigen Umlegungsmaßstäbe bestimmen sich nach den §§ 20 Abs. 2, 21–25 NMV 1970 (vgl. § 20 Abs. 3 NMV 1970).

Für die übrigen Betriebskostenarten darf keine Umlegung vorgenommen werden; diese Kosten dürfen daher nur bei der Berechnung der Kostenmiete berücksichtigt werden (vgl. § 20 Abs. 1 NMV 1970).

14 Über monatliche Vorauszahlungen auf den Umlegungsbetrag vgl. § 20 Abs. 4 NMV 1970.

15 Für das Umlegungsverfahren (Form, Begründungszwang, Eintritt der Erhöhung) gelten die Abs. 2 u. 3 des § 4 MHG entsprechend, weshalb insoweit auf die Erläuterungen V und VI zu § 4 MHG Bezug genommen wird.

**2. Ausschluß von Erhöhungen nach den §§ 2, 3 und 5 MHG (Abs. 1 S. 2)**

16 Mieterhöhungen gemäß den §§ 2, 3 oder 5 MHG können bei den dem Kostenmietenverfahren unterliegenden Mietverhältnissen der oben zu II genannten Art nicht vorgenommen werden, da die Mieterhöhungsverfahren des MHG mit der Kostenmiete nicht vereinbar sind.

### VII. Herabsetzung der Kostenmiete bei Ermäßigung der laufenden Aufwendungen (Abs. 4)

17 Ermäßigen sich die laufenden Aufwendungen, welche der Kostenmietenberechnung zugrunde liegen, so ist der Vermieter verpflichtet, die Kostenmiete entsprechend herabzusetzen. Eine solche Ermäßigung liegt nur dann vor, wenn sich die laufenden Aufwendungen in ihrem Gesamtbetrag ermäßigen (vgl. die entsprechende Begründung des Regierungsentwurfs zu § 4 Abs. 4 MHG).

Da der Wortlaut des Abs. 4 im wesentlichen dem Wortlaut des § 4 Abs. 4 MHG entspricht, kann auf die Erläuterungen in VII zu § 4 MHG verwiesen werden, welche für die Ermäßigung der laufenden Aufwendungen entsprechend gelten.

### VIII. Beweislast

18 Begehrt der Vermieter eine erhöhte Kostenmiete gem. § 6 MHG, so hat er für die Voraussetzungen der Vorschrift (vgl. oben II), für den Umfang der Erhöhung (vgl. oben III) und für die Einhaltung der Form (vgl. oben IV) die Beweislast. Begehrt er eine Umlegung der Betriebskosten, so hat er die Voraussetzungen des Abs. 3 darzulegen und zu beweisen. Will der Mieter gegen den Vermieter wegen Versäu-

mung seiner Herabsetzungspflicht vorgehen (Leistungsklage oder Schadenersatz), so hat er die Ermäßigung und die Kenntniserlangung des Vermieters zu beweisen, der Vermieter hingegen die rechtzeitige Abgabe einer Herabsetzungserklärung und deren Zugang beim Mieter.

## § 7 MHG (Sonderregelung für Bergmannswohnungen der Ruhrkohle AG)

(1) ¹Für Bergmannswohnungen, die von Bergbauunternehmen entsprechend dem Vertrag über Bergmannswohnungen, Anlage 8 zum Grundvertrag zwischen der Bundesrepublik Deutschland, den vertragschließenden Bergbauunternehmen und der Ruhrkohle Aktiengesellschaft vom 18. Juli 1969 (Bundesanzeiger Nr. 174 vom 18. September 1974), bewirtschaftet werden, kann die Miete bei einer Erhöhung der Verwaltungskosten und der Instandhaltungskosten in entsprechender Anwendung des § 30 Abs. 1 der Zweiten Berechnungsverordnung und des § 5 Abs. 3 Buchstabe c des Vertrages über Bergmannswohnungen erhöht werden. ²Eine Erhöhung des Mietzinses nach § 2 ist ausgeschlossen.

(2) ¹Der Anspruch nach Absatz 1 ist vom Vermieter durch schriftliche Erklärung gegenüber dem Mieter geltend zu machen. ²Die Erklärung ist nur wirksam, wenn in ihr die Erhöhung berechnet und erläutert wird.

(3) Die Erklärung des Vermieters hat die Wirkung, daß von dem Ersten des auf die Erklärung folgenden Monats an der erhöhte Mietzins an die Stelle des bisher zu entrichtenden Mietzinses tritt; wird die Erklärung erst nach dem Fünfzehnten eines Monats abgegeben, so tritt diese Wirkung erst von dem Ersten des übernächsten Monats an ein.

(4) Im übrigen gelten die §§ 3 bis 5.

### Übersicht

| | | Rn |
|---|---|---|
| I. | Zweck | 1 |
| II. | Anwendungsbereich (Grundvertrag über Bergmannswohnungen) | 2, 3 |
| III. | Mieterhöhung wegen gestiegener Verwaltungs- und Instandsetzungskosten | |
| | 1. Voraussetzungen | 4 |
| | 2. Form und Wirkung der Mieterhöhung | 5 |
| IV. | Sonstige Mieterhöhungen | 6 |

## I. Zweck

1 Von der Ruhrkohle-AG werden etwa 80 000 Bergmannswohnungen bewirtschaftet. Für diese gelten schon bisher Sonderregelungen, durch welche diese Wohnungen zugunsten des Mieters der Mietpreisbindung für preisgebundenen Wohnraum angepaßt waren (vgl. über diese Sonderregelungen Näheres in der Begründung der Stellungnahme Nr. 18 des Bundesrates). Nachdem der Regierungsentwurf keine

Sonderregelung für solche Bergmannswohnungen enthielt, schlug der Bundesrat vor, die genannten Wohnungen vom MHG auszunehmen und für Mieterhöhungen die Vorschriften über preisgebundenen Wohnraum entsprechend anzuwenden. Die Bundesregierung stimmte diesem Vorschlag im Grundsatz zu und legte nachträglich den Vorschlag zur Einführung der jetzigen Fassung vor, welchem der Rechtsausschuß des Bundestages uneingeschränkt zustimmte. Nach dem Bericht dieses Ausschusses soll mit der Sonderregelung nur die Weitergabe von Verwaltungs-, Betriebs- und Instandsetzungskosten gem. der II. BV zugelassen werden, um das **Mietenniveau** zur Sicherung des sozialen Ausgleichs für die Bewohner dieser Wohnungen — auch nach dem oft frühen Ausscheiden aus dem Arbeitsprozeß — **in tragbarer Höhe zu halten.**

Über die bisherige Rechtslage bei Bergmannswohnungen und Bergarbeiterwohnungen vgl. ausführlich *Hans* § 565 b Anm. C 5. Vgl. auch die §§ 18 e, 22 WoBindG.

## II. Anwendungsbereich (Grundvertrag über Bergmannswohnungen)

Die Vorschrift gilt als sachlich begrenzte (objektbezogene) Sonderregelung nur für die in Abs. 1 S. 1 bezeichneten Bergmannswohnungen. Dies sind Altbau- und freifinanzierte Wohnungen (vgl. *Günter* WM 75, 8). Gemeint sind dabei die Bergmannswohnungen, die von Bergbauunternehmen entsprechend der Anlage 8 zum Grundvertrag über Bergmannswohnungen vom 18. 7. 1969 bewirtschaftet werden. Über den Anwendungsbereich des Grundvertrages über Bergmannswohnungen und Mieterhöhungsmöglichkeiten vgl. LG Dortmund ZMR 82, 23; dazu kritisch *Schopp* ZMR 82, 1 und eingehend *Eickhoff/Wuttig* ZMR 83, 147.

Dieser **Grundvertrag** ist abgedruckt im Bundesanzeiger Nr. 174 vom 18. 9. 1974.

## III. Mieterhöhung wegen gestiegener Verwaltungs- und Instandsetzungskosten

### 1. Voraussetzungen

Bei den zu II genannten Wohnungen ist bei einer Erhöhung der Verwaltungskosten (über diesen Begriff vgl. § 26 Abs. 1 der II. BV) und der Instandhaltungskosten (über diesen Begriff vgl. § 28 Abs. 1 der II. BV) eine Mieterhöhung nach Abs. 1 S. 1 zulässig. Dabei ist § 30 Abs. 1 der II. BV entsprechend anwendbar; es sind also in einer neuen Wirtschaftlichkeitsberechnung die erhöhten Kosten anzusetzen. Die in §§ 26 und 28 der II. BV genannten Sätze dürfen nicht überschritten werden. Außerdem ist § 5 Abs. 3 Buchst. c des Vertrages entsprechend anzuwenden. Das heißt, im Falle der Erhöhung von Instandhaltungskosten darf bei Altbauten eine Erhöhung höchstens um den Betrag vorgenommen werden, welcher dem Verhältnis der Erhöhung gem. § 28 der II. BV für die ältesten Wohnungen entspricht. Dabei

§ 7 MHG, 5+6

ist von den in § 6 Abs. 3 des Vertrages genannten Instandhaltungspauschalen auszugehen (DM 9,–/m²/Jahr, für Garagen und ähnliche Einstellplätze je DM 30,–/Jahr).

**2. Form und Wirkung der Mieterhöhung**

5   Das Erhöhungsverfahren ist demjenigen von Sozialwohnungen angepaßt (*Günter* WM 75, 8). Der oben unter 1 genannte Mieterhöhungsanspruch ist ein Gestaltungsrecht des Vermieters, also durch einseitige schriftliche Erklärung geltend zu machen, wobei die Erhöhung berechnet und erläutert werden muß (Abs. 2). Die Rechtswirkung der einseitigen Erhöhungserklärung des Vermieters ist in Abs. 3 geregelt. Die Fassung des Abs. 2 entspricht der des § 10 Abs. 1 S. 2 WoBindG und im wesentlichen auch der von § 3 Abs. 3 MHG. Die Fassung des Abs. 3 entspricht der von § 10 Abs. 2 S. 1 WoBindG und derjenigen von § 3 Abs. 4 S. 1 MHG. Bezüglich Form und Rechtswirkung kann daher auf die Erläuterungen IV und V zu § 3 MHG Bezug genommen werden.

**IV. Sonstige Mieterhöhungen**

6   Bei den unter I bezeichneten Bergmannswohnungen sind Mieterhöhungen nach den §§ 3, 4 und 5 MHG zulässig (Abs. 4). Eine allgemeine Erhöhung bis zur ortsüblichen Vergleichsmiete (§ 2 MHG) ist jedoch ausgeschlossen (Abs. 1 S. 2).

## § 8 MHG (Erhöhungserklärung mittels automatischer Einrichtungen)

Hat der Vermieter seine Erklärungen nach den §§ 2 bis 7 mit Hilfe automatischer Einrichtungen gefertigt, so bedarf es nicht seiner eigenhändigen Unterschrift.

### Übersicht

|      |                | Rn   |
|------|----------------|------|
| I.   | Zweck          | 1    |
| II.  | Voraussetzungen| 2–5  |
| III. | Wirkung        | 6, 7 |

### I. Zweck

Entsprechend den inhaltlich gleichen Vorschriften für preisgebundenen Wohnraum (§ 10 Abs. 1 S. 4 WoBindG und Art. 5 MRVerbG) führte der Gesetzgeber auch für Mieterhöhungserklärungen bei nicht preisgebundenem Wohnraum erstmals zur Erleichterung (Rationalisierung) für Vermieter diese Bestimmung ein, um den Bedürfnissen neuzeitlicher Bürotechnik Rechnung zu tragen (vgl. Begründung des Regierungsentwurfs). Die Vorschrift bedeutet vor allem für Großvermieter und Besitzer größerer Wohnanlagen eine Erleichterung. 1

### II. Voraussetzungen

1. Die Erleichterung gilt für alle **ab Inkrafttreten** des Gesetzes (1. 1. 1975) gefertigten (nicht: zugegangenen) Mieterhöhungserklärungen. Vorher gefertigte Mieterhöhungserklärungen bedurften gem. § 126 Abs. 1 BGB zu ihrer Wirksamkeit der eigenhändigen Unterschrift. 2

2. Die Vorschrift entbindet den Vermieter nicht von der Schriftform. Mündliche Erhöhungserklärungen sind daher auf jeden Fall nichtig (§ 125 S. 1 BGB). Die Entbehrlichkeit der eigenhändigen Unterschrift bezieht sich **nur auf Mieterhöhungserklärungen** des Vermieters gem. §§ 2–7 MHG, nicht auf andere Erklärungen (z. B. Kündigung) des Vermieters oder auf Erklärungen des Mieters (Kündigung, Fortsetzungsverlangen). 3

3. Die eigenhändige Namensunterschrift des Vermieters ist dann entbehrlich, wenn der Vermieter die Erhöhungserklärung **mit Hilfe automatischer Einrichtungen gefertigt** hat. Hierzu zählen alle Verfahren, mit welchen ein Schriftstück mittels 4

§ 8 MHG, 5–7

Apparaten vervielfältigt werden kann, z. B. Schablonendruck mit Matrize, Umdruckverfahren, Fotokopie, Hektographie, Schreibautomaten (EDV), Fotografie, Druck u. a. (vgl. *Schultz* ZMR 83, 293 m. w. N., differenzierend für Datenverarbeitungsanlagen).

5 Der Vermieter kann für die Erhöhungserklärung auch Vordrucke verwenden. Wegen der Erfüllung der gesetzlichen Begründungspflicht des Erhöhungsverlangens ist jedoch eine sorgfältige Ausfüllung eines Formulars zu empfehlen.

Eine Fertigung der Erhöhungserklärung mit Telegramm oder Fernschreiber wird man zulassen müssen.

## III. Wirkung

6 Gem. § 126 Abs. 1 BGB ist im Falle gesetzlich vorgeschriebener Schriftform die Urkunde vom Aussteller eigenhändig durch Namensunterschrift oder mit notariell beglaubigtem Handzeichen zu unterzeichnen. Die Mieterhöhungserklärungen des Vermieters gem. den §§ 2–7 MHG bedürfen der Schriftform, wie sich aus den betreffenden Vorschriften ergibt. Die danach erforderliche eigenhändige Namensunterschrift des Vermieters bei der Fertigung der genannten Mieterhöhungserklärungen ist jedoch gem. § 8 entbehrlich. Der Vermieter kann also eine mechanische (faksimilierte) Unterschrift oder einen Stempel verwenden.

7 Zu beachten ist, daß nach dem klaren Gesetzestext nur die Eigenhändigkeit der Unterschrift, nicht die Unterschrift überhaupt, entbehrlich ist. Man wird daher eine Erhöhungserklärung, die keine Unterschrift enthält, wohl auch dann als unwirksam ansehen müssen, wenn der Erklärende eindeutig daraus hervorgeht (z. B. aus dem Briefkopf). Zumindest muß die handlungsberechtigte Person (Aussteller) in der Erklärung genannt sein, z. B. bei einer juristischen Person nicht nur die Firmenbezeichnung (LG Essen MDR 79, 57).

## § 9 MHG (Kündigung auf Grund einer Mieterhöhung)

(1) ¹Verlangt der Vermieter eine Mieterhöhung nach § 2, so ist der Mieter berechtigt, bis zum Ablauf des zweiten Monats, der auf den Zugang des Erhöhungsverlangens folgt, für den Ablauf des übernächsten Monats zu kündigen. ²Verlangt der Vermieter eine Mieterhöhung nach den §§ 3, 5 bis 7, so ist der Mieter berechtigt, das Mietverhältnis spätestens am dritten Werktag des Kalendermonats, von dem an der Mietzins erhöht werden soll, für den Ablauf des übernächsten Monats zu kündigen. ³Kündigt der Mieter, so tritt die Mieterhöhung nicht ein.

(2) Ist der Mieter rechtskräftig zur Zahlung eines erhöhten Mietzinses nach den §§ 2 bis 7 verurteilt worden, so kann der Vermieter das Mietverhältnis wegen Zahlungsverzugs des Mieters nicht vor Ablauf von zwei Monaten nach rechtskräftiger Verurteilung kündigen, wenn nicht die Voraussetzungen des § 554 des Bürgerlichen Gesetzbuchs schon wegen des bisher geschuldeten Mietzinses erfüllt sind.

### Übersicht

|     |                                                                               | Rn    |
|-----|-------------------------------------------------------------------------------|-------|
| I.  | Sonderkündigungsrecht des Mieters: Allgemeines                                |       |
|     | 1. Zweck                                                                      | 1     |
|     | 2. Anwendungsbereich                                                          | 2–5 a |
|     | 3. Verhältnis zu sonstigem Kündigungsrecht des Mieters                        | 6     |
|     | 4. Erfüllung der allgemeinen Kündigungsvoraussetzungen, Form                  | 7     |
| II. | Kündigungsrecht bei Mieterhöhung nach § 2 MHG (Abs. 1 S. 1)                   |       |
|     | 1. Überlegungsfrist                                                           | 8     |
|     | 2. Wahlrecht des Mieters                                                      | 9, 10 |
|     | 3. Kündigungsfrist                                                            | 11, 12|
| III.| Kündigungsrecht bei Mieterhöhungen nach §§ 3, 5–7 MHG (Abs. 1 S. 2)           |       |
|     | 1. Gestaltungsrechtliche Mieterhöhungen                                       | 13    |
|     | 2. Überlegungsfrist                                                           | 14    |
|     | 3. Kündigungsfrist                                                            | 15–17 |
| IV. | Beendigung des Mietverhältnisses                                              | 18, 19|
| V.  | Wegfall der Mieterhöhung (Abs. 1 S. 3)                                        |       |
|     | 1. Nichteintritt der Mieterhöhung                                             | 20    |
|     | 2. Rechtslage bei Verlängerung gem. § 568 BGB                                 | 21, 22|
|     | 3. Rechtslage bei nachfolgender Nutzung                                       | 23    |
|     | 4. Erledigung der Hauptsache im Mieterhöhungsprozeß                           | 23 a  |

## § 9 MHG, 1–3

VI. Kündigung wegen Zahlungsverzugs bezüglich des
    Erhöhungsbetrages (Abs. 2)
    1. Allgemeines ........................................ 24
    2. Voraussetzungen .................................. 25, 26
    3. Rechtsfolge ....................................... 27
    4. Beweislast ........................................ 28

## I. Sonderkündigungsrecht des Mieters: Allgemeines

### 1. Zweck

1   Bei preisgebundenem Wohnraum steht dem Mieter auf Grund einer Mieterhöhungserklärung des Vermieters ein vorzeitiges Kündigungsrecht zu (vgl. §§ 11 Abs. 1 und 2 des WoBindG, vgl. auch § 20 des I. BMietG). Eine solche vorzeitige Kündigungsmöglichkeit erschien auch für nicht preisgebundenen Wohnraum bei Mieterhöhungen nach dem MHG (mit Ausnahme derjenigen gem. § 4) angemessen (vgl. Begründung des Regierungsentwurfs). Die Neuregelung stellt daher eine Schutzvorschrift für den Mieter dar, die es ihm ermöglicht, sich nach einer ihm zugegangenen Mieterhöhungserklärung alsbald aus dem Mietverhältnis zu lösen, wenn ihm die Mieterhöhung nicht tragbar erscheint.

### 2. Anwendungsbereich

2   a) Das vorzeitige Kündigungsrecht des Wohnraummieters ist in allen Fällen gegeben, für welche das MHG Anwendung findet (vgl. Einführung IV vor § 1 MHG). Es besteht also sowohl bei unbefristeten Mietverhältnissen als auch bei befristeten Mietverhältnissen ohne festen Mietzins, also mit Mieterhöhungsklausel (a. A. im letztgenannten Fall *Schmidt* WM 76, 44), obwohl in letzterem Falle dem Mieter kein ordentliches Kündigungsrecht zusteht. Bei einem befristeten, insbesondere langfristigen Mietverhältnis sollte der Vermieter vor einer Mieterhöhung stets bedenken, daß er erst durch die Mieterhöhung für den Mieter eine Möglichkeit schafft, sich gemäß § 9 Abs. 1 MHG aus dem Mietverhältnis vor Ablauf der vertraglich vereinbarten Laufzeit kurzfristig zu lösen.

3   b) Voraussetzung für die Ausübung des vorzeitigen Kündigungsrechts durch den Mieter ist, daß ihm eine **Mieterhöhung** des Vermieters **gem. §§ 2, 3, 5, 6 oder 7 MHG** zuging. Nicht möglich ist jedoch die vorzeitige Kündigung im Falle einer Mieterhöhung gem. § 4 MHG (wegen gestiegener Betriebskosten), da der Mieter sich diesen Kostenerhöhungen, die im Gegensatz zu den anderen Mieterhöhungen unabhängig vom einzelnen Mietobjekt meist regional auftreten, nicht durch einen Umzug soll entziehen können (vgl. Begründung des Regierungsentwurfs). Die vorzeitige Kündigung ist auch ausgeschlossen, wenn eine Mieterhöhung auf Grund einer vertraglichen Erhöhungsklausel (also außerhalb des Verfahrens nach dem MHG) geltend gemacht wird oder im Falle eines Abänderungsvertrag (vgl. § 10 Abs. 1 Hs. 2), also z. B. bei Zustimmung des Mieters auf ein Erhöhungsverlangen des Vermieters (*Schmidt-Futterer/Blank* C 380; *Emmerich/*

*Sonnenschein* 9; vgl. auch unten Rn 10), nicht jedoch bei nur teilweiser Zustimmung, wenn der Vermieter auf der darüber hinausgehenden Erhöhung besteht.

c) § 9 Abs. 1 setzt eine (gemäß den §§ 2–7 MHG) **rechtswirksame Erhöhungserklärung** voraus, d. h. eine solche, die den formellen und materiellen Voraussetzungen der genannten Vorschriften entspricht (AG Bergisch Gladbach WM 83; 182 (L); *Sternel* III 337; a. A. AG Ibbenbüren WM 82, 216; *Palandt/Putzo* Anm. 1 b; *Schmidt-Futterer/Blank* C 377; *Bormann/Schade/Schubart* Anm. 1; *Emmerich/Sonnenschein* 7: jede ernstliche auch unwirksame Erhöhungserklärung). Einerseits hat eine unwirksame Willenserklärung grundsätzlich keine Rechtswirkungen (von sehr seltenen Ausnahmen abgesehen). Nach Sinn und Zweck der Vorschrift bedarf der Mieter nur dann eines Schutzes in Form der Sonderkündigung, wenn eine unwirksame Mieterhöhung vorliegt, was eine wirksame Erhöhungserklärung (vgl. dazu § 2 MHG Rn 108) voraussetzt. Es besteht kein Anlaß für eine Zulassung des Sonderkündigungsrechts auch bei unwirksamen Erhöhungserklärungen. Zwar mag die Wirksamkeit einer Mieterhöhung oftmals ungewiß sein und erst durch rechtskräftiges Urteil über die Mieterhöhung geklärt werden können, wenn die Fristen für die Ausübung des Sonderkündigungsrechts schon abgelaufen sind. Will der Mieter nur im Falle der Wirksamkeit der Mieterhöhung kündigen, so braucht er – nach hiesiger Auffassung – seine Kündigung nur auf § 9 zu stützen, da diese Beschränkung der Kündigung auf den Fall einer wirksamen Mieterhöhung (wegen der tatbestandsmäßigen Voraussetzungen des § 9) von selbst eintritt. Macht er von seinem Sonderkündigungsrecht jedoch im Falle einer sich als unwirksam erweisenden Mieterhöhung Gebrauch, so ist auch die Kündigung unwirksam. Daher besteht kein Anlaß für die Zulässigkeit einer vorsorglichen (bedingten) Sonderkündigung des Mieters, welche ja ohnehin wegen der Bedingungsfeindlichkeit jeder Kündigung unwirksam wäre. Wenn *Derleder* MDR 76, 804 eine analoge Anwendung von § 9 Abs. 1 S. 1 und 2 (nicht S. 3) in der Weise befürwortet, daß die Fristen gem. § 9 erst ab Rechtskraft eines Mieterhöhungsurteiles zu laufen beginnen, so ist dies schon deshalb abzulehnen, weil keine Regelungslücke vorliegt (so auch *Emmerich/Sonnenschein* 15; RGRK – *Gelhaar* 1; *Schmidt-Futterer/Blank* C 389). Zudem würde sich ein Vermieter, der nach einer Sonderkündigung deren Unwirksamkeit mit der Begründung geltend machen wollte, seine eigene Mieterhöhungserklärung sei unwirksam, i. d. R. dem Einwand unzulässiger Rechtsausbildung (widersprüchliches Verhalten) aussetzen (vgl. *Sternel* a. a. O.).

d) Das vorzeitige Kündigungsrecht steht dem Mieter erst **nach Zugang** einer entsprechenden Mieterhöhungserklärung des Vermieters zu. Eine vorher erklärte Kündigung wäre unwirksam (§ 134 BGB).

e) Das Sonderkündigungsrecht setzt nicht voraus, daß die Mieterhöhung einen bestimmten Mindestumfang hat. Es ist also auch bei einer ganz geringfügigen und dem Mieter wirtschaftlich zumutbaren Mieterhöhung gegeben, ebenso bei nur noch kurzer Mietzeit.

## 3. Verhältnis zu sonstigem Kündigungsrecht des Mieters

6   Bei dem Kündigungsrecht gem. Abs. 1 handelt es sich um den Fall einer außerordentlichen befristeten Kündigung. Das Kündigungsrecht gem. § 9 Abs. 1 steht dem Mieter neben seinem Recht zur ordentlichen befristeten (vgl. § 565 Abs. 2 BGB), zur fristlosen (vgl. §§ 542, 544, 554 a BGB) und zur (sonstigen) außerordentlichen befristeten Kündigung (vgl. dazu *Palandt/Putzo* § 565 BGB Anm. 2 d) und unabhängig von diesen anderen Kündigungsmöglichkeiten zu. Ist die Kündigung des Mieters gem. § 9 Abs. 1 MHG unwirksam, so ist jeweils zu prüfen, ob sie in eine andere wirksame Kündigung umzudeuten ist (vgl. § 140 BGB).

7   4. Die vorzeitige Kündigung des Mieters gem. § 9 Abs. 1 muß, da es sich um die Kündigung eines Wohnraummietverhältnisses handelt, **die allgemeinen Voraussetzungen der Kündigung eines Wohnraummietverhältnisses erfüllen.** Insbesondere muß die Kündigung vom Mieter gegenüber dem Vermieter erklärt sein (vgl. über diese Begriffe Einf. Rn 30–37). Sie muß **schriftlich erklärt** und vom Mieter eigenhändig (§ 126 BGB) unterzeichnet sein (§ 564 a Abs. 1 S. 1 BGB). § 8 MHG (Verzicht auf eigenhändige Unterschrift bei Fertigung mit Hilfe automatischer Einrichtungen) ist hier nicht anwendbar, da diese Vorschrift auf Erhöhungserklärungen des Vermieters beschränkt ist. Wie bei jeder außerordentlichen Kündigung (vgl. *Roquette* § 564 a, 5) muß auch hier der Mieter in der Kündigungserklärung den gesetzlichen **Kündigungsgrund angeben,** also erklären, daß die Kündigung wegen der vorausgegangenen Mieterhöhungserklärung des Vermieters erfolgt (so auch RGRK – *Gelhaar* 1; *Sternel* III 340; a. A. (keine Grundangabe): *Palandt/Putzo* Anm. 1 d; *Schmidt-Futterer/Blank* C 383; *Emmerich/Sonnenschein* 10). Zumindest muß dies aus dem Wortlaut der Erklärung (z. B. Bezugnahme auf § 9 MHG) oder den Umständen (z. B. Absendung kurz nach Zugang einer Mieterhöhungserklärung) eindeutig hervorgehen. Andernfalls ist die Kündigung, soweit sie auf § 9 Abs. 1 gestützt wird, unwirksam. Im übrigen bedarf aber eine Kündigung gem. § 9 Abs. 1 keiner (weiteren) Begründung (vgl. die bloße Sollvorschrift des § 564 a Abs. 1 S. 2 BGB).

Nach allgemeinen Grundsätzen beurteilt sich auch die Frage, ob der Mieter eine schon ausgesprochene vorzeitige Kündigung nachträglich zurücknehmen kann, z. B. wenn der Vermieter seine Erhöhungserklärung zurückgenommen hat.

Gibt der Mieter bei der Kündigung gem. § 9 eine unrichtige oder keine Kündigungsfrist an, so gilt (nach allgemeinen Grundsätzen) die gesetzliche Frist.

## II. Kündigungsrecht bei einer Mieterhöhung nach § 2 MHG (Abs. 1 S. 1)

### 1. Überlegungsfrist

8   Im Falle einer Mieterhöhungserklärung des Vermieters gem. § 2 MHG (Erhöhung bis zur ortsüblichen Vergleichsmiete) hat der Mieter eine Überlegungsfrist bis zum Ablauf des 2. Kalendermonats, der auf den Zugang des Erhöhungsverlangens folgt

(vgl. § 2 Abs. 3 S. 1 MHG). Innerhalb dieser Frist kann er der Mieterhöhung zustimmen oder nicht zustimmen, wobei Schweigen als Nichtzustimmung gilt. Die gleiche Frist steht dem Mieter zur Verfügung, um sein Recht zur vorzeitigen Kündigung gem. § 9 Abs. 1 auszuüben (Abs. 1 S. 1). Geht z. B. die Mieterhöhungserklärung des Vermieters dem Mieter im Laufe des Monats Januar zu, so muß das Kündigungsschreiben des Mieters spätestens am 31. März dem Vermieter zugehen. Der Gesetzgeber hat die Frist für die Ausübung des vorzeitigen Kündigungsrechts bewußt übereinstimmend mit der Überlegungsfrist des § 2 Abs. 3 S. 1 MHG geregelt (vgl. Begründung des Regierungsentwurfs, wo es heißt, entsprechend den unterschiedlichen Zeitpunkten, zu denen eine Mieterhöhung nach § 2 einerseits und nach den §§ 3 bis 5 MHG andererseits wirksam wird, müsse auch der Beginn der Kündigungsfrist unterschiedlich geregelt werden). Der Mieter soll sich innerhalb der gleichen Frist, in welcher er sich über seine Zustimmung zu einer Mieterhöhung gem. § 2 MHG entscheiden muß, darüber klar werden, ob er das Mietverhältnis wegen der Mieterhöhungserklärung vorzeitig aufheben und ausziehen will. Eine nach Ablauf dieser Frist dem Vermieter zugegangene vorzeitige Kündigungserklärung des Mieters ist unwirksam (§ 134 BGB). Fällt der letzte Tag der Überlegungsfrist auf einen Samstag, Sonntag oder Feiertag, so ist § 193 BGB nicht anwendbar, da die gesetzliche Kündigungsfrist dem Gekündigten (Vermieter) voll gewahrt bleiben muß (h. M., vgl. BGHZ 59, 265 = DB 72, 2103; BAGE 22, 304 = NJW 70, 1470 = MDR 70, 709 = DB 70, 1134; *Sternel* III 339).

## 2. Wahlrecht des Mieters

a) Der Mieter hat innerhalb der oben genannten Überlegungsfrist bei einer Mieterhöhungserklärung gem. § 2 MHG folgende Möglichkeiten zur Wahl:
   aa) Zustimmung ohne Ausübung des Kündigungsrechts,
   bb) Nichtzustimmung ohne Ausübung des Kündigungsrechts,
   cc) Nichtzustimmung mit Ausübung des Kündigungsrechts.

b) Dem Sinn und Zweck des Gleichlaufs der Fristen würde es widersprechen, wenn der Mieter innerhalb der Überlegungsfrist des § 2 Abs. 3 S. 1 MHG sowohl seine Zustimmung zur Mieterhöhung erklären als auch zugleich das vorzeitige Kündigungsrecht ausüben könnte. Dies wäre in sich widerspruchsvoll und daher, wenn beides gleichzeitig erklärt würde, unwirksam (§ 134 BGB). Zwar stimmt die Frist für den Eintritt der Mietvertragsbeendigung (Beginn des 5. Monats nach Zugang des Erhöhungsverlangens) nicht mit der Frist für den Eintritt der Mieterhöhung gem. § 2 Abs. 4 (Beginn des 3. Monats nach Zugang des Erhöhungsverlangens) überein (Redaktionsversehen?), so daß der Mieter mit einer solch zweigleisigen Erklärung bezwecken könnte, die erhöhte Miete noch für einen Monat zu bezahlen und dann das Mietverhältnis zu beenden. Entscheidend muß aber sein, daß eine Mieterhöhung gem. § 2 MHG durch Zustimmung des Mieters wirksam würde, andererseits die Mieterhöhung durch Ausübung des vorzeitigen Kündigungsrechts entfiele (Abs. 1 S. 3). Die Mieterhöhung kann aber nicht gleichzeitig wirksam sein und entfallen. Der Mieter ist daher **an die zuerst abgegebene Erklärung,** sei es die Zustimmung zur Mieterhöhung oder die vorzeitige Kündigung, **gebunden** und kann deren Rechtswirkung nicht nachträglich durch eine damit in Widerspruch stehende Erklärung beseitigen. Das wäre ein widersprüchliches Verhalten (venire contra factum proprium). Erklärt er daher zuerst die Zustimmung zur Mieterhöhung, so ist eine danach gem. § 9 Abs. 1 ausgesprochene Kündigung unwirksam (AG Solingen WM 82, 142 (L); sie kann aber in eine ordentliche Kündigung umzudeuten sein). Erklärt der Mieter dagegen zuerst die vorzeitige Kündigung, so bleibt es beim Wegfall der Mieterhöhung, selbst wenn er ihr nachträglich zustimmt.

### 3. Kündigungsfrist

11 a) Die Kündigungsfrist (Frist für den Eintritt der durch die Kündigungserklärung ausgelösten Rechtsfolge der Beendigung des Mietverhältnisses) beträgt nach Abs. 1 S. 1 zwei Kalendermonate („für den Ablauf des übernächsten Monats"). Die Beendigung des Mietverhältnisses tritt also mit dem Ende des 4. Kalendermonats ein, der auf den Zugang eines gem. § 2 MHG ausgesprochenen Erhöhungsverlangens folgt. Ist z. B. die Erhöhungserklärung dem Mieter im Laufe des Monats Januar zugegangen, so tritt die Beendigung des Mietverhältnisses im Falle der rechtzeitigen Ausübung des vorzeitigen Kündigungsrechts mit Ablauf des 31. Mai ein. § 188 Abs. 3 BGB ist auf das Fristende anwendbar.

12 b) Diese Fristberechnung gilt auch dann, wenn der Mieter von seinem Kündigungsrecht schon frühzeitig, nämlich bis zum Ablauf des ersten Monats nach Zugang des Erhöhungsverlangens (im Beispiel: im Februar), Gebrauch gemacht hat. Der einheitliche Beginn der Kündigungsfrist folgt daraus, daß sich der „übernächste" Monat nicht auf die Kündigungserklärung, sondern auf den „Ablauf des zweiten Monats..." bezieht.

## III. Kündigungsrecht bei Mieterhöhungen nach §§ 3, 5 bis 7 MHG (Abs. 1 S. 2)

### 1. Gestaltungsrechtliche Mieterhöhungen

13 Den Mieterhöhungen gem. §§ 3, 5, 6 oder 7 MHG ist — im Gegensatz zu einer solchen gem. § 2 MHG — gemeinsam, daß sie durch Gestaltungsrecht des Vermieters, demnach durch eine einseitige, empfangsbedürftige Willenserklärung mit automatischem Eintritt der Rechtsfolge ausgeübt werden, weshalb auch das Erhöhungsverfahren hinsichtlich Form und Wirksamkeit einheitlich gestaltet wurde (vgl. § 1 MHG Rn 22). Daher wurde auch die Fristenlegung bei der Ausübung des vorzeitigen Kündigungsrechts in diesen Fällen (Abs. 1 S. 2) bewußt der Fristenregelung angepaßt, die für den Eintritt der Mieterhöhung gilt (vgl. Begründung des Regierungsentwurfs).

## 2. Überlegungsfrist

Dem Mieter steht – ähnlich wie im Fall des S. 1 – eine kurze **Überlegungsfrist** für die Ausübung der vorzeitigen Kündigung zu. In diesen Fällen (gestaltungsrechtliche Mieterhöhung) muß die vorzeitige Kündigung spätestens bis zum 3. Werktag des Kalendermonats erklärt werden, von dem an der Mietzins nach den genannten Vorschriften erhöht werden soll. Die Kündigung muß also spätestens am letzten Tag vor dem Zeitpunkt zugehen, zu welchem der Mieter bei Nichtzahlung mit dem erhöhten Mietzins in Verzug käme. Der Kalendermonat, um dessen dritten Werktag es sich hier handelt, ist, wenn die Erhöhungserklärung bis zum 15. eines Monats zugeht, der nächste, wenn sie in der Zeit zwischen dem 16. und dem 31. des betreffenden Monats zugeht, der übernächste Monat (vgl. §§ 3 Abs. 4 S. 1, 5 Abs. 2 i. V. m. 4 Abs. 3 S. 1, 6 Abs. 2 S. 3, 7 Abs. 3 MHG). Entscheidend für die Rechtzeitigkeit ist der Zugang der Kündigung beim Vermieter, nicht die Abgabe der Kündigungserklärung.

## 3. Kündigungsfrist

a) Die **Kündigungsfrist** beträgt in den genannten Fällen fast drei Kalendermonate. Dies entspricht § 565 Abs. 2 S. 1 BGB. Wird das Kündigungsrecht vom Mieter rechtzeitig ausgeübt, so tritt die Beendigung des Mietverhältnisses wie folgt ein:

aa) wenn die Erhöhungserklärung dem Mieter spätestens am 15. eines Monats zugeht, mit dem Ende des drittnächsten Kalendermonats,

bb) wenn die Erhöhungserklärung dem Mieter erst nach dem 15. eines Monats zugeht, mit dem Ende des viertnächsten Kalendermonats.

Beispiel 1: Ging die Umlegungserklärung dem Mieter am 14. 1. 1983 zu, so konnte er bis spätestens 3. 2. 1983 (dritter Werktag) dem Vermieter die Kündigungserklärung zugehen lassen, welche das Mietverhältnis zum 30. 4. 1983 vorzeitig beendet hat.

Beispiel 2: Ging die Umlegungserklärung dem Mieter am 26. 6. 1983 zu, so mußte die Kündigungserklärung bis spätestens 3. 8. 1983 (dritter Werktag) dem Vermieter zugehen. Das Mietverhältnis wird dann zum 31. 10. 1983 beendet.

b) Auch hier läuft die Kündigungsfrist unabhängig davon, wann der Mieter sein Kündigungsrecht ausübt, da sich der „übernächste Monat" nicht auf den Zeitpunkt der Kündigungserklärung, sondern auf den „Kalendermonat, von dem an der Mietzins erhöht werden soll", bezieht.

c) Im Falle des § 3 Abs. 4 S. 2 MHG (unterlassene Mitteilung über Mieterhöhung oder Abweichung der tatsächlichen Mieterhöhung um mehr als 10 % bei Erhöhung wegen Modernisierung) verlängern sich die Fristen des § 9 Abs. 1 S. 2 um jeweils 3 Monate, da die letzteren nach dem (trotz des Wortes „soll") klaren Gesetzeswortlaut des § 9 Abs. 1 S. 2 an den Wirksamkeitszeitpunkt der Mieterhöhung anknüpfen (so auch *Schmidt-Futterer* WM 76, 67; *Schmidt-Futterer/ Blank* C 215; *Sternel* III 339 a; a. A. *Palandt/Putzo* Anm. 1 c; RGRK – *Gelhaar* 1; *Emmerich/Sonnenschein* 18).

## IV. Beendigung des Mietverhältnisses

18 Die Ausübung des vorzeitigen Kündigungsrechts durch den Mieter hat die Wirkung, daß das Mietverhältnis zu dem entsprechenden Zeitpunkt (vgl. oben II 3 und III 3) beendet wird.

19 Allerdings ist zu beachten, daß es sich unter den Voraussetzungen des § 568 BGB nach diesem Zeitpunkt auf unbestimmte Zeit verlängert, wenn der Mieter nach dem Beendigungszeitpunkt nicht auszieht und eine dem § 568 BGB entsprechende Erklärung von keiner Mietvertragspartei abgegeben wird.

## V. Wegfall der Mieterhöhung (Abs. 1 S. 3)

### 1. Nichteintritt der Mieterhöhung

20 Bei wirksamer Ausübung des vorzeitigen Kündigungsrechts gem. Abs. 1 durch den Mieter tritt die Mieterhöhung nicht ein (Abs. 1 S. 3). Die vorzeitige Kündigung bewirkt also das **Nichteintreten** (Unwirksamwerden) der Mieterhöhung, und zwar von Anfang an (ex nunc). Die Mieterhöhung hat keinerlei Rechtswirkung (außer der Möglichkeit der Sonderkündigung), sie ist rechtlich ein nullum, so daß der bisherige Mietzins weiterzuzahlen ist. Eine auf Mieterhöhung gerichtete Klage wäre als unbegründet abzuweisen.

### 2. Rechtslage bei Verlängerung gem. § 568 BGB

21 Kündigt der Mieter vorzeitig gem. Abs. 1 und benutzt er den Wohnraum nach Ablauf der Kündigungsfrist weiter, ohne daß eine der beiden Mietvertragsparteien eine der Fortsetzung widersprechende Erklärung abgibt, so **verlängert sich** das Mietverhältnis auf unbestimmte Zeit gem. § 568 BGB.

22 Setzt sich das Mietverhältnis gem. § 568 BGB fort, obwohl der Mieter gem. Abs. 1 gekündigt hat, so entfällt damit der gem. Abs. 1 S. 3 an sich vorgesehene Wegfall der Mieterhöhung. Es bleibt damit bei der Mieterhöhung (so auch im Ergebnis *Sternel* III 341 mit dem Hinweis auf ein – unzulässiges – widersprüchliches Verhalten des Mieters; a. A. *Emmerich/Sonnenschein* 21 und die Vorauflage). Zwar genügt nach dem Gesetzeswortlaut schon eine „Kündigung", um den Wegfall der Mieterhöhung zu erreichen. Nach dem klaren Gesetzeswillen (vgl. auch Begründung des Regierungsentwurfs, wo von einem Auszug des Mieters die Rede ist) ist jedoch mit der „Kündigung" eine solche gemeint, welche die Beendigung des Mietverhältnisses herbeiführt. Daher ist hier gem. § 133 BGB eine restriktive Auslegung (entspre-

chend dem Gesetzeszweck) dahin geboten, daß Satz 3 dahin zu verstehen ist: Kündigt der Mieter und wird dadurch das Mietverhältnis beendet, so tritt die Mieterhöhung nicht ein. Eine andere Auslegung würde zu dem unbilligen Ergebnis führen, daß ein Mieter, der von seinem Sonderkündigungsrecht Gebrauch macht, dann jedoch durch Fortsetzung des Gebrauchs (widersprüchliches Verhalten!) gem. § 568 BGB eine Vertragsfortsetzung erreicht, eine berechtigte und an sich wirksame Mieterhöhung unwirksam machen könnte (falls nicht der Vermieter durch eine widersprechende Erklärung gem. § 568 BGB die Vertragsverlängerung ausschließt). Zwar könnte der Vermieter alsbald wieder ein neues Erhöhungsverlangen stellen; dieses wäre jedoch erst nach Ablauf der entsprechenden Fristen wirksam. Der Mieter könnte durch den erwähnten Mißbrauch des Sonderkündigungsrechts zumindest einen mehrmonatigen Wegfall der (berechtigten) Mieterhöhung bewirken. Das Gesetz ist daher (restriktiv) so auszulegen, daß eine solche Mißbrauchsmöglichkeit, an die der Gesetzgeber nicht gedacht hat, vermieden wird.

### 3. Rechtslage bei nachfolgender Nutzung

Wird das Mietverhältnis auf Grund der vorzeitigen Kündigung des Mieters fristgerecht beendet, benutzt der Mieter jedoch die Mieträume weiter, z. B. weil ihm (gerichtlich oder außergerichtlich) eine Räumungsfrist zugebilligt wird, so hat der Wegfall der Mieterhöhung keine Auswirkung auf die vertragslose Nutzungszeit. Denn eine Mietzinserhöhung kann nur im Rahmen des Mietvertrags und daher nicht über die Dauer des Mietverhältnisses hinaus wirksam sein. Dasselbe muß für den Wegfall der Mieterhöhung gelten. **Für die Dauer der Nutzungszeit** kann der Vermieter also statt der in Höhe des bisherigen Mietzinses zu zahlenden monatlichen Nutzungsentschädigung eine solche Entschädigung verlangen, die dem für vergleichbaren Wohnraum ortsüblichen Mietzins entspricht (vgl. § 557 Abs. 1 S. 1 Hs. 2 BGB). Er kann damit wirtschaftlich für die Zeit der Nutzung nach Vertragsbeendigung eine Art Ersatz für die weggefallene Mieterhöhung erlangen. § 9 Abs. 1 bezweckt nicht, den Mieter, der trotz der selbst herbeigeführten Vertragsbeendigung nicht rechtzeitig räumt, davor zu bewahren, gem. § 557 Abs. 1 BGB eine Nutzungsentschädigung in Höhe des ortsüblichen Mietzinses bezahlen zu müssen (a. A. AG Nidda WM 81, 105 (L): Vermieter könne nach Beendigung eine Nutzungsentschädigung nur in Höhe des früheren Mietzinses verlangen).

### 4. Erledigung der Hauptsache im Mieterhöhungsprozeß

Macht der Mieter in einem Mieterhöhungsprozeß durch Ausübung seines Sonderkündigungsrechts die Mieterhöhung nachträglich unwirksam, so ist damit die **Hauptsache erledigt.** Bei der Kostenentscheidung gem. § 91 a ZPO wird bei einer schlüssigen Erhöhungsklage Kostenvergleichung angemessen sein (a. A. AG Köln WM 77, 60; *Schmidt-Futterer/Blank* C 396: Kostenlast des Vermieters), da ohne die Erledigung der Vermieter obsiegt hätte, andererseits die Erledigung durch die Ausübung eines gesetzlichen Gestaltungsrechts des Mieters eintrat.

## VI. Kündigung wegen Zahlungsverzugs bezüglich des Erhöhungsbetrages (Abs. 2)

### 1. Allgemeines

24 Abs. 2 stellt eine Schutzvorschrift für den Mieter dar, welche dem § 3 Abs. 5 1. WKSchG nachgebildet ist, jedoch auf alle Arten der Mieterhöhung ausgedehnt wurde. Der Mieter soll in seiner Entschließung, ob er einer geforderten Mieterhöhung nachkommen will, auch nicht mittelbar durch eine drohende Kündigung wegen Zahlungsverzugs (§ 554 BGB) beeinflußt werden (vgl. Begründung des Regierungsentwurfs).

### 2. Voraussetzungen

25 Voraussetzung ist die formell **rechtskräftige Verurteilung** des Mieters **zu einer Mieterhöhung** nach den Vorschriften des MHG (gleichgültig, ob als volle oder nur teilweise Verurteilung, ob zur Zustimmung gem. § 2 MHG oder zur Zahlung gem. den §§ 3–7 MHG).

Bei einer Mieterhöhung gem. § 2 MHG lautet die Verurteilung auf Zustimmung (vgl. § 2 Abs. 1, 3 u. 4 MHG), nicht auf Zahlung. Wenn das Gesetz insoweit auch von einer Verurteilung zur Zahlung spricht, so beruht dies auf einem Redaktionsversehen (vgl. die Begründung des Bundesrates für die Anrufung des Vermittlungsausschusses, Bundestagsdrucksache 7/2775, S. 2 zu Nr. 3, wonach zur Vermeidung von Rechtsunklarheit folgende Fassung vorgeschlagen wurde: „Ist der Mieter rechtskräftig zur Zustimmung zu einer Erhöhung des Mietzinses nach § 2 oder zur Zahlung eines erhöhten Mietzinses nach den §§ 3 bis 7 verurteilt worden, ...“). Es bestehen keine Bedenken, die Vorschrift in der Fassung dieses Antrages auszulegen, zumal aus dem Gesetzeswortlaut deutlich erkennbar ist, daß eine Verurteilung auf Grund des § 2 MHG gemeint ist (h. M., a. A. *Schmid* WM 82, 199; *Palandt/Putzo* 2 c: Sperrfrist ab Rechtskraft eines Urteils auf Zahlung).

26 Weiter ist Voraussetzung der **Ablauf von zwei Monaten** (nicht Kalendermonaten) **seit** Eintritt der formellen **Rechtskraft** (vgl. dazu § 19 EGZPO) des auf Mieterhöhung lautenden Urteils. Durch diese Frist soll gewährleistet werden, daß nicht wegen der während des Prozesses evtl. aufgelaufenen Erhöhungsbeträge alsbald nach Urteilsrechtskraft eine Kündigung wegen Zahlungsverzugs gem. § 554 BGB erfolgen kann (vgl. Bericht des Rechtsausschusses des Bundestags zu § 3 Abs. 5 des 1. WKSchG). Der Mieter soll also nach Rechtskraft genügend Zeit haben, die aufgelaufenen Erhöhungsbeträge zu bezahlen, ohne sogleich eine fristlose Kündigung wegen Zahlungsverzugs befürchten zu müssen. Ist gegen ein Amtsgerichtsurteil Berufung möglich, so tritt die Rechtskraft erst nach Ablauf der Berufungsfrist (§ 516 ZPO) ein, falls keine Berufung eingelegt wird. Die Zweimonatsfrist berechnet sich dann nach §§ 188 Abs. 2 i. V. m. 187 Abs. 2, 188 Abs. 3 BGB. Wird das Urteil jedoch mit der Verkündigung rechtskräftig (Landgerichtsurteil im Berufungsverfahren), so bestimmt sich die Frist nach §§ 188 Abs. 2 i. V. m. 187 Abs. 1 BGB.

Bei einem rechtswirksamen Vergleich, in welchem sich der Mieter zur Mieterhöhung verpflichtet, muß die Vorschrift entsprechende Anwendung finden (vgl. auch § 794 Abs. 1 Nr. 1 ZPO). Dasselbe muß im Falle einer freiwilligen Zustimmung des Mieters (z. B. nach Ablauf der Zustimmungsfrist) gelten, da eine Regelungslücke vorliegt und der Mieter nicht schlechter gestellt werden darf, der es nicht auf eine Verurteilung ankommen läßt, sondern der Erhöhung einsichtig zustimmt (*Schmid* WM 82, 199; a. A. *Sternel* III 198; *Schmidt-Futterer/Blank* C 399; *Emmerich/Sonnenschein* 22).

### 3. Rechtsfolge

Unter den Voraussetzungen zu oben 2 kann der Vermieter eine fristlose Kündigung wegen Zahlungsverzugs (§ 554 BGB), soweit er diese (ausschließlich oder teilweise) auf die Zahlung des erhöhten Mietzinses stützt, erst nach Ablauf der Zweimonatsfrist wirksam erklären. Dieses **zweimonatige** Kündigungsverbot bedeutet eine **Schonfrist für den Mieter**. Eine vor Ablauf der Zweimonatsfrist erklärte fristlose Kündigung wegen des Erhöhungsbetrages ist nichtig (§ 134 BGB). § 554 Abs. 2 Nr. 2 BGB (Unwirksamwerden der Kündigung, wenn bis zum Ablauf eines Monats nach Rechtshängigkeit des Räumungsanspruchs der Vermieter voll befriedigt wird) ist auch auf eine solche fristlose Kündigung bezüglich des erhöhten Mietzinses anwendbar (*Schmidt-Futterer/Blank* C 399; *Palandt/Putzo* Anm. 2 c). Die Sperrfrist gilt auch im Falle des Verschuldens des Mieters (*Schmid* WM 82, 199).

Eine fristlose Kündigung des Vermieters gem. § 554 BGB wegen des schon bisher geschuldeten (nicht erhöhten) Mietzinses bleibt jedoch von dieser Regelung (Sperrfrist) unberührt.

Auch läßt die Sperrfrist des § 9 Abs. 2 die inzwischen entstandene Mietzinsschuld unberührt.

Eine entsprechende Anwendung des Abs. 2 im Falle der Kündigungen gem. §§ 554 a und 564 b BGB scheidet aus (*Schmid* WM 82, 200), ebenso bei fristloser Kündigung gem. § 554 BGB wegen anderweitiger Zahlungsrückstände, z. B. bei unberechtigter Minderung oder Nichtzahlung der Nebenkostennachzahlung, denn Abs. 2 ist nach Wortlaut und Stellung im MHG auf Mieterhöhungen beschränkt (a. A. *Schmid* a. a. O.).

### 4. Beweislast

Die **Beweislast** für das Vorliegen einer gem. Abs. 2 verbotenen Kündigung hat der Mieter.

## § 10 MHG (Unabdingbarkeit. Staffelmietvereinbarung. Unanwendbarkeit des MHG)

(1) Vereinbarungen, die zum Nachteil des Mieters von den Vorschriften der §§ 1 bis 9 abweichen, sind unwirksam, es sei denn, daß der Mieter während des Bestehens des Mietverhältnisses einer Mieterhöhung um einen bestimmten Betrag zugestimmt hat.

(2) ¹Abweichend von Absatz 1 kann der Mietzins für bestimmte Zeiträume in unterschiedlicher Höhe schriftlich vereinbart werden. ²Die Vereinbarung eines gestaffelten Mietzinses darf nur einen Zeitraum bis zu jeweils zehn Jahren umfassen. ³Während dieser Zeit ist eine Erhöhung des Mietzinses nach den §§ 2, 3 und 5 ausgeschlossen. ⁴Der Mietzins muß jeweils mindestens ein Jahr unverändert bleiben und betragsmäßig ausgewiesen sein. ⁵Eine Beschränkung des Kündigungsrechts des Mieters ist unwirksam, soweit sie sich auf einen Zeitraum von mehr als vier Jahren seit Abschluß der Vereinbarung erstreckt.

(3) Die Vorschriften der §§ 1 bis 9 gelten nicht für Mietverhältnisse

1. über preisgebundenen Wohnraum,
2. über Wohnraum, der zu nur vorübergehendem Gebrauch vermietet ist,
3. über Wohnraum, der Teil der vom Vermieter selbst bewohnten Wohnung ist und den der Vermieter ganz oder überwiegend mit Einrichtungsgegenständen auszustatten hat, sofern der Wohnraum nicht zum dauernden Gebrauch für eine Familie überlassen ist,
4. über Wohnraum, der Teil eines Studenten- oder Jugendwohnheims ist.

### Übersicht

| | | Rn |
|---|---|---|
| I. | **Unwirksamkeit abweichender Vereinbarungen (Abs. 1 Hs. 1)** | |
| | 1. Unabdingbarkeit: Allgemeines | 1–8 |
| | 2. Abweichung von den §§ 1–9 MHG zum Nachteil des Mieters (Einzelfälle) | 9–23 |
| | 3. Rechtsfolge der Nichtigkeit | 24, 25 |
| | 4. Rückzahlungspflicht des Vermieters | 26–31 |
| II. | **Ausnahme: Wirksamkeit konkreter Mieterhöhungsvereinbarungen (Abs. 1 Hs. 2)** | |
| | 1. Zweck | 32, 33 |
| | 2. Voraussetzungen | 34–41 |
| | 3. Rechtsfolge | 42–45 |
| | 4. Beweislast | 46 |
| III. | **Staffelmietvereinbarung (Abs. 2)** | |
| | 1. Inkrafttreten | 47–50 |
| | 2. Zweck. Allgemeines | 51–54 |

3. Anwendungsbereich ................................. 55
  4. Vereinbarung der Staffelmiete:
     a) Schriftform .................................... 56–59
     b) Staffelmietlaufzeit ............................. 60
     c) Betragsmäßige Mietzinsstufen (Staffelsätze) ..... 61–64
     d) Fristen zwischen den Staffelsätzen .............. 65
     e) Höhe der Staffelsätze ........................... 66
     f) Folge nichtiger Staffelmietvereinbarung ......... 67–69
  5. Ausschluß allgemeiner Mieterhöhungen
     während der Staffelmietlaufzeit ..................... 70–72
  6. Kündigungsrechte. Vereinbarte Kündigungsbeschränkung
     für den Mieter ...................................... 73–80
  7. Abdingbarkeit ....................................... 81, 82
  8. Beweislast .......................................... 83
  9. Prozessuales ........................................ 84

IV. Unanwendbarkeit des MHG (Abs. 3)
    Allgemeines ........................................... 85
    1. Preisgebundener Wohnraum (Nr. 1) .................. 86–89
    2. Vorübergehender Gebrauch (Nr. 2) .................. 90
    3. Möblierter Wohnraum alleinstehender Mieter
       innerhalb der Vermieterwohnung (Nr. 3) ............ 91
    4. Wohnraum in Studenten- und Jugendwohnheim (Nr. 4) . 92

## I. Unwirksamkeit abweichender Vereinbarungen (Abs. 1 Hs. 1)

### 1. Unabdingbarkeit: Allgemeines

a) Abs. 1 Hs. 1 stellt eine Einschränkung des Grundsatzes der Vertragsfreiheit dar. **1** Das MHG enthält eine ganze Reihe von **Regelungen zum Schutze des Mieters**, die entweder die Einhaltung eines bestimmten Verfahrens oder den Schutz des Mieters vor unangemessen hohen Mieterhöhungen bezwecken. Um dem Mieter diesen Schutz auch gegenüber abweichenden vertraglichen Vereinbarungen zu erhalten, bestimmt § 10 Abs. 1 Hs. 1, daß grundsätzlich alle Regelungen des MHG, die zum Schutze des Mieters getroffen wurden, unabdingbar, also zwingenden Charakters sind. Damit wird die gleichlautende Vorschrift des § 4 Abs. 1 des 1. WKSchG in das MHG übernommen.

b) Im Mietrecht herrscht grundsätzlich Vertragsfreiheit. Daher können die Parteien **2** an sich Rechtsgeschäfte, insbesondere Vereinbarungen vornehmen, die vom MHG abweichen. Hs. 1 erklärt jedoch bestimmte **Vereinbarungen der Mietparteien** für unwirksam. Gleichgültig ist dabei, ob die Vereinbarung formlos (mündlich) oder schriftlich, außergerichtlich oder im Rahmen eines gerichtlichen Vergleichs getroffen wird. Da eine Vereinbarung rechtlich ein Vertrag ist, sind bezüglich des Zustandekommens einer solchen Vereinbarung die Vorschriften

## § 10 MHG, 3–6

über den Vertragschluß (§§ 145–155 BGB) anzuwenden. Insbesondere kann die Annahme von seiten des Mieters (Zustimmung) in einem schlüssigen Verhalten (z. B. mehrmalige vorbehaltlose Zahlung des vom Vermieter geforderten Mietzinses ab dem verlangten Zeitpunkt) liegen (vgl. dazu § 2 MHG Rn 123). Grundsätzlich kann der geschlossene Mietvertrag durch eine nachträgliche Vereinbarung abgeändert werden (§ 305 BGB). Für solche Abänderungsvereinbarungen gilt gem. Hs. 1 das gleiche wie für ursprüngliche Vereinbarungen.

3 Einseitige Rechtsgeschäfte, wie etwa ein Erhöhungsverlangen des Vermieters gem. § 2 MHG oder ein Vertragsangebot des Vermieters, das auf eine Mieterhöhung abzielt, fallen, auch wenn sie von gesetzlichen Regelungen zum Schutz des Mieters abweichen, nicht unter die Unabdingbarkeit.

4 c) **Vereinbarungen** der Mietvertragspartner, **welche mit** den Regelungen des **MHG übereinstimmen,** sind von Hs. 1 nicht betroffen und somit wirksam.

5 Enthält der Mietvertrag die Bestimmung, daß im Falle einer Mieterhöhung ein Sachverständiger den Umfang einer Mieterhöhung nach den Maßstäben des Gesetzes (MHG) zu bestimmen hat, so liegt ein Schiedsgutachtervertrag im weiteren Sinne vor (vgl. *Palandt/Heinrichs* § 317 BGB Anm. 2 b, aa). Eine solche **Schiedsgutachterklausel** stellt nicht schon deshalb einen Verstoß gegen § 10 Abs. 1 Hs. 1 MHG dar, weil im Streitfalle anstelle des Gerichts ein privater Gutachter über die Mieterhöhung entscheidet, selbst wenn dieser unmittelbar ohne Zustimmung des Mieters entscheidet und dadurch die vertragsändernde Wirkung herbeiführt (a. A. AG Hamburg-Altona WM 74, 14: Abweichung zum Nachteil des Mieters hinsichtlich der Bestimmung über Art und Weise der Geltendmachung des Verlangens; LG Hamburg MDR 81, 848 m. w. N.). Der Gutachter muß jedoch bezüglich der formellen und materiellen Voraussetzungen des Mieterhöhungsanspruchs die Bestimmungen des MHG zugrundelegen, z. B. bei einer Erhöhung gem. § 2 MHG die ortsübliche Vergleichsmiete. Weicht er davon nicht unwesentlich ab, so ist sein Gutachten offenbar unbillig und nicht verbindlich (§ 319 Abs. 1 BGB). Behauptet der Mieter eine solche Abweichung zu seinen Ungunsten, wofür er die Beweislast hat, so muß er eine Gestaltungsklage auf Bestimmung des erhöhten Mietzinses erheben (vgl. *Barthelmess* ZMR 72, 166 f.). Enthält die Schiedsgutachterklausel bezüglich der Mieterhöhung keinen Maßstab, nach welchem der Gutachter über Voraussetzungen und Umfang der Mieterhöhung entscheiden soll, so wird man die Vertragsbestimmung dahingehend auszulegen haben, daß Voraussetzungen und Umfang des Erhöhungsanspruchs aus dem MHG zu entnehmen sind (vgl. §§ 157, 242 BGB, wo auf die Verkehrssitte abgestellt wird; vgl. auch LG Düsseldorf WM 75, 120: Neufestsetzung auf der Grundlage der ortsüblichen Vergleichsmiete nach billigem Ermessen).

Über die gerichtliche Nachprüfung von Schiedsgutachten vgl. *Bulla* NJW 78, 397 zu BGH NJW 77, 801.

6 Als eine mit dem MHG übereinstimmende und daher wirksame Vereinbarung ist auch die Regelung in einem befristeten Mietvertrag anzusehen, daß Mieterhö-

hungen nur nach Maßgabe des MHG zulässig sind. Eine solche Vertragsklausel hat für den Vermieter erhebliche wirtschaftliche Bedeutung, weil sie ihm das sonst nicht bestehende Mieterhöhungsrecht während der Vertragszeit gewährt.

Im übrigen sind die mit dem Gesetz völlig übereinstimmenden Vertragsklauseln trotz ihrer Gültigkeit rechtlich nicht bedeutsam, weil dieselbe Rechtslage auch ohne die Klausel gelten würde.

d) Ebenfalls von der Unabdingbarkeit **nicht erfaßt** werden **Vereinbarungen, die zum Vorteil des Mieters** von der gesetzlichen Regelung der **§§ 1–9 MHG abweichen** (z. B. die Regelung, daß im Rahmen einer Erhöhung gem. § 2 MHG die Bezugnahme auf Vergleichsobjekte nicht zulässig sein soll, eine bestimmte Mindestzahl von mehr als 3 Vergleichsobjekten bezeichnet sein muß, die einjährige Wartefrist verlängert wird oder das Wirksamwerden der Erhöhung später als nach § 2 Abs. 4 MHG eintritt). Auch kann sich eine Mieterhöhungsklausel zugunsten des Mieters als eine die Erhöhung ausschließende Vereinbarung (vgl. § 1 Satz 3 MHG) auswirken, wenn sie das Erhöhungsrecht von bestimmten Voraussetzungen abhängig macht (z. B. Steigung eines Indexes auf eine bestimmte Höhe) und diese noch nicht eingetreten sind (LG Hamburg MDR 81, 848 für die Vereinbarung, daß beide Parteien nach Ablauf von jeweils 3 Jahren seit Vereinbarung des letzten Mietzinses berechtigt sind, die Aufnahme von Verhandlungen über eine neue Mietzinsvereinbarung zu verlangen); die Klausel ist insofern wirksam und steht einer Mieterhöhung entgegen (vgl. *Barthelmess* ZMR 72, 166 zu 5; *Korff* DWW 75, 63). Auch ist dazu eine Vereinbarung zu rechnen, wonach vom Mieter (z. B. einem jungverheirateten Ehepaar) für eine bestimmte Übergangszeit ein Mietzins unter der ortsüblichen Vergleichsmiete verlangt wird, ab dem bestimmten Zeitpunkt jedoch die ortsübliche Vergleichsmiete in einer bestimmten Höhe als vereinbart gilt (für die Zulässigkeit einer Staffelmiete in einem solchen Falle *Vogel* JZ 75, 77; AG Köln WM 80, 251: bei Herabsetzung des fest vereinbarten Mietzinses für bestimmte Zeit unter besonderen Umständen, z. B. Umbau oder Straßenarbeiten; a. A. offenbar *Palandt/Putzo* Anm. 1 a). *Lutz* (DWW 74, 280) schlägt als (zulässige) Lösung für derartige Fälle vor, im Mietvertrag die endgültige Miete festzusetzen mit dem Zusatz, daß davon dem Mieter beispielsweise im ersten Mietjahr die Hälfte und im zweiten Mietjahr ein Viertel erlassen wird (so LG Tübingen WM 80, 29 für den Fall, daß die ortsübliche Miete zur Zeit des Vertragsschlusses vereinbart ist, jedoch wegen besonderer Umstände (familiäre Gründe des Mieters, Lage auf dem Wohnungsmarkt, noch nicht fertige Wohnanlage) ein Nachlaß gewährt wird, der in genau festgelegten Stufen wegfallen soll).

e) **Wann die Vereinbarung getroffen wurde,** ob vor oder nach Inkrafttreten des MHG, ist für die Anwendung des § 10 Abs. 1 **gleichgültig.** § 10 Abs. 1 MHG bezieht sich auch auf vor dem Inkrafttreten des 1. WKSchG getroffene Vereinbarungen (vgl. LG Braunschweig NJW 73, 1053 = ZMR 73, 154; AG München MDR 73, 140 = WM 72, 199). Die Unwirksamkeit gem. § 10 Abs. 1 Hs. 1 MHG tritt mit Inkrafttreten des 2. WKSchG ein (vgl. Art. 8 Abs. 1 und Art. 4 Abs. 1). Die Vereinbarung kann jedoch schon unter der Geltung des 1. WKSchG gem. dessen § 4 Abs. 1 unwirksam gewesen sein. Ist jedoch die Erhöhungswirkung bei einer gestaltungsrechtlichen Mieterhöhung (vgl. §§ 3–7 MHG) schon vor Inkrafttreten einer die Unwirksamkeit begründenden Rechtsnorm (§§ 10 Abs. 1 Hs. 1 MHG, 4 Abs. 1 des 1. WKSchG) eingetreten, so sind abweichende Vereinbarungen (z. B. Mietpreisgleitklauseln) nicht unwirksam (vgl. LG Darmstadt NJW 73, 661 = ZMR 73, 218 = DWW 73, 18 = MDR 73, 589).

### 2. Abweichung von den §§ 1–9 MHG zum Nachteil des Mieters (Einzelfälle)

9 a) Der Unabdingbarkeit unterliegen alle Vereinbarungen, die zum Nachteil des Mieters von den formellen und materiellen Voraussetzungen der §§ 1–9 abweichen, welche insbesondere die Rechte des Mieters auf einen gleichbleibenden (nicht erhöhten) oder nur gem. den gesetzlichen Voraussetzungen erhöhten Mietzins aufheben oder beschränken (vgl. *Palandt/Putzo* Anm. 1 a).

10 b) Betroffen sind alle **Vereinbarungen** dieser Art **beim Abschluß des Mietvertrages** (sie sind stets für einen künftigen, noch nicht eingetretenen Fall bestimmt, also generell). Dasselbe muß auch für **nachträglich** (während der Mietzeit) **getroffene** Vereinbarungen dieser Art gelten, soweit es sich nicht um eine Vereinbarung gem. Hs. 2 (vgl. unten II) handelt (wonach der Mieter einer vom Vermieter vorgeschlagenen Mieterhöhung um einen bestimmten Betrag zustimmt). Da es sich bei der Ausnahmeregelung gem. Hs. 2 um eine Vereinbarung einer Mieterhöhung um einen bestimmten Betrag (in einem konkreten Einzelfall) handelt (vgl. unten Rn 41), unterliegen der Unwirksamkeit nach Hs. 1, soweit es um nachträgliche Vereinbarungen geht, hauptsächlich solche mit genereller Regelung für noch nicht eingetretene künftige Erhöhungsfälle (also Vereinbarungen, welche mit gleichem Inhalt schon beim Vertragsabschluß hätten getroffen werden können). Daneben sind jedoch auch solche Vereinbarungen anläßlich eines konkreten Mieterhöhungsfalles betroffen, bei denen keine bestimmte betragsmäßige Erhöhung, sondern eine erst (vom Vermieter oder einem Dritten, z. B. dem Sachverständigen) zu bestimmende Erhöhung verabredet ist (vgl. *Vogel* JZ 75, 76).

11 c) Inhaltlich sind nur solche Vereinbarungen unwirksam, welche von den §§ 1–9 MHG hinsichtlich der Grenzen, Fristen und sonstigen Voraussetzungen zum Nachteil des Mieters abweichen. Darunter fallen im einzelnen folgende Fälle:

12 aa) **Mietpreisanpassungsklauseln (Wertsicherungsklauseln),** soweit sie den Mieter verpflichten, über die gesetzlich zulässige Mieterhöhungsmöglichkeit (d. h. die gesetzlichen Begrenzungen und Verfahrensregelungen) hinaus Miete zu zahlen. Insoweit sind also solche Klauseln unwirksam (BGH ZMR 81, 119 = WM 81, 42 = NJW 81, 341 für Wertsicherungsklauseln jeder Art in Wohnraummietverträgen). Dies folgt aus der Begründung des Regierungsentwurfs, wo ausgeführt ist, der Mieter müsse, vor allem bei nicht ausgeglichener Lage auf dem maßgeblichen Wohnungsteilmarkt, damit rechnen, daß ihm eine gewünschte Wohnung nicht vermietet werde,

§ 10 MHG, 13+14

wenn er sich einer entsprechenden Klausel nicht unterwirft. Er sei daher nicht frei bei der Erteilung seiner Zustimmung. Dies müsse er jedoch sein, wenn die Vereinbarung wirksam sein solle. — Bei den Wertsicherungsklauseln sind zu unterscheiden echte Gleitklauseln (die eine automatische Mietzinsanpassung gem. der Veränderung einer Bezugsgröße, z. B. eines Preisindex, bewirken und gem. § 3 des Währungsgesetzes der Genehmigung der Devisenstelle bedürfen) und sogeannte Leistungsvorbehalte (bei denen die Änderung der Bezugsgröße nur eine Voraussetzung für die Neuregelung des Mietzinses durch die Parteien ist und es keiner Genehmigung bedarf), vgl. *Lutz* DWW 74, 281. Der Bundesrat wollte die Vereinbarung einer Gleitklausel zulassen, nach welcher sich die Mieterhöhung durch Bezugnahme auf den Mietpreisindex bestimmt (Indexklausel). Die Bundesregierung stimmte jedoch diesem Vorschlag nicht zu, da andernfalls Mieterhöhungen in einem nicht vertretbaren Ausmaße ermöglicht würden und da gegen die Indexklausel währungspolitische Bedenken bestünden. Auch der Rechtsausschuß des Bundestages lehnte diese Vorschläge aus währungspolitischen Gründen ab. Mietanpassungsklauseln unterliegen daher — wegen Verstoßes gegen gesetzliche Schutzrechte zugunsten des Mieters — fast immer der Unwirksamkeit. Es kann dann eine Mieterhöhung nicht aus der (unwirksamen) Klausel, wohl aber auf Grund des Gesetzes (MHG) vorgenommen werden. Über die Unwirksamkeit von Mietanpassungsklauseln, die teilweise zum Nachteil des Mieters vom MHG abweichen, jedoch auch zum Teil zu seinem Vorteil, vgl. unten Rn 24.

**Bei befristeten Mietverhältnissen** hat jedoch eine Mietanpassungsklausel die Wirkung, daß das Mietverhältnis nicht als ein solches mit festem Mietzins anzusehen ist, bei welchem Mieterhöhungen gem. § 1 Satz 3 MHG unzulässig sind (vgl. Begründung des Regierungsentwurfs, auch zu § 2 Abs. 4 und zu § 1 MHG), vgl. auch § 1 MHG Rn 36. Enthält ein befristetes Mietverhältnis eine Mietanpassungsklausel, so sind trotz der Unwirksamkeit dieser Klausel Mieterhöhungen nach dem MHG zulässig (Umkehrschluß aus § 1 S. 3 MHG). Aus diesem Grunde tut der Vermieter bei befristeten Mietverhältnissen in jedem Falle gut daran, eine Mietanpassungsklausel irgendwelcher Art zu vereinbaren, wenn auch nur mit dem Inhalt, daß Mieterhöhungen nach dem MHG möglich sind (vgl. auch *Lutz* DWW 74, 281). 13

bb) **Staffelmieten,** d. h. die Vereinbarung, daß der Mietzins für bestimmte Zeiträume in unterschiedlicher Höhe vereinbart wird (z. B. er beträgt 400,— DM und erhöht sich jedes Jahr um 50,— DM). Staffelmieten sind nach h. M. unzulässig (OLG Schleswig (RE) ZMR 81, 319 = WM 81, 149 = MDR 81, 761 = NJW 81, 1964 = MRS 1 Nr. 35: generelle Unwirksamkeit; LG Hamburg ZMR 77, 30 = WM 75, 194 = DWW 75, 243; LG München I WM 79, 16; AG Köln WM 80, 251 auch wenn sich die Staffelmiete unterhalb der ortsüblichen Vergleichsmiete bewegt; *Emmerich/Sonnenschein* 12; *Sternel* III 86; vgl. jedoch eingehend *Jenisch* ZMR 80, 14

33, welcher beschränkt für die Zulässigkeit von Mietzinsstaffelungen eintritt), wobei eine generalisierende Betrachtungsweise angebracht ist, so daß es nicht darauf ankommt, ob sich der Mieter bei Geltung der Klausel in einem denkbaren Einzelfall günstiger stellen würde. Unerheblich ist, wie viele Erhöhungsstufen vorgesehen sind; eine reicht schon aus. Staffelmieten sind zulässig, soweit sie zugunsten des Mieters vom MHG abweichen (vgl. dazu oben Rn 7). Eine ansteigende Staffelmietvereinbarung kann nicht so angesehen werden, daß es sich um einen Höchstmietbetrag handle, von dem in Stufen ein Nachlaß gewährt wird (LG Wiesbaden WM 80, 251; AG Köln daselbst). Dies gilt auch dann, wenn eine Grundmiete festgesetzt wird, von welcher Abschläge für bestimmte Zeiträume gemacht werden, bei welchen sich die zu zahlende Miete stufenweise erhöht (LG Frankfurt WM 81, 43: gleichgültig, in welchem Verhältnis die Erhöhungen zur ortsüblichen Miete stehen).

**Zulässig** sind **jedoch** nach der ab 1. 1. 1983 geltenden Neufassung des Abs. 2 Staffelmietvereinbarungen **im Rahmen des Abs. 2** (vgl. die Erläuterungen dazu).

cc) **Vertragsklauseln, wonach** alle gesetzlich oder behördlich zugelassenen **Mieterhöhungen schon vom Zeitpunkt ihrer Zulässigkeit an fällig sein sollen** (vgl. AG Achern WM 75, 41 z. fr. R.), da auf Grund solcher Klauseln die Frist bis zum Eintritt der Mieterhöhung, die dem Mieter zur Überlegung zusteht, wegfallen würde.

**Unwirksam sind folgende** zum Nachteil des Mieters vom Gesetz abweichende **Vereinbarungen:**

15  dd) **zu § 1 MGH:** Die Aufhebung des Verbots der Kündigung zum Zweck der Mieterhöhung (S. 1) oder die nachträgliche Zulassung einer Mieterhöhung trotz der Ausschlußvoraussetzungen des S. 3, insbesondere bei einem befristeten Mietverhältnis mit festem Mietzins;

16  **zu § 2 MHG:** die Befreiung des Vermieters von einzelnen formellen oder materiellen Voraussetzungen seines Erhöhungsanspruchs, z. B. von der Wartefrist (nicht daher bei Vereinbarung einer längeren Wartefrist als der gesetzlichen, vgl. LG Hamburg WM 76, 187 für 2jährige Stillhaltefrist), der Schriftform, der Begründung des Erhöhungsverlangens, der Orientierung an der ortsüblichen Vergleichsmiete als Obergrenze (vgl. AG Osnabrück WM 75, 127 z. fr. R. bei vertraglich vereinbarter Kostenmiete) oder der Kappungsgrenze, vom Erfordernis eines Abänderungsvertrages (vgl. LG Braunschweig NJW 73, 1053 = ZMR 73, 154 und AG Goslar WM 75, 55 z. fr. bezüglich einer einseitigen schriftlichen Anzeige des Vermieters), von der Überlegungs- oder Klagefrist oder von dem Zeitpunkt des Wirksamwerdens der Mieterhöhung nach Abs. 4;

17  **zu § 3 MHG:** die Freistellung des Vermieters von einzelnen Voraussetzungen des Erhöhungsanspruchs bei Modernisierungsmaßnahmen, z. B. von einer nachhaltigen Erhöhung des Gebrauchswerts oder von der Orientie-

rung an 11 % des Modernisierungsaufwandes (z. B. durch Vereinbarung eines Wertverbesserungszuschlages von 15 % der Aufwendungen ohne die Voraussetzungen von § 3 MHG, *Sternel* ZMR 75, 323), der Ausschluß der Verringerung des Erhöhungsbetrages nach Abs. 1 S. 3, die Entbindung des Vermieters von der Hinweispflicht nach Abs. 2 oder der Fristverlängerung nach Abs. 4 S. 2, von der Schriftform und der Begründungspflicht nach Abs. 3, die Vereinbarung eines früheren Wirksamkeitszeitpunkts als gem. Abs. 4 S. 1. — Vereinbaren die Parteien im Hinblick auf eine vom Vermieter durchzuführende wesentliche Wertverbesserung der Mietwohnung eine bestimmte Mieterhöhung ab einem bestimmten Zeitpunkt, so kann im Hinblick auf § 3 MHG die Anwendbarkeit des § 10 Abs. 1 Hs. 1 MHG nicht deshalb verneint werden, weil diese Maßnahme eine Erweiterung des ursprünglichen Mietvertrags bedeute (zutreffend LG Mannheim NJW 75, 318 z. fr. R.; a. A. LG Braunschweig NJW 73, 1053 = ZMR 73, 154). Eine Vereinbarung über eine Mieterhöhung wegen Modernisierung kann wirksam nur für die Zeit nach Zugang des Erhöhungsschreibens gem. § 3 getroffen werden (LG Osnabrück WM 78, 10).

**zu § 4 MHG:** die Vereinbarung unangemessen hoher Betriebskostenvorauszahlungen (nicht: die Vereinbarung angemessener Vorauszahlungen für andere Kosten als Betriebskosten, z. B. Instandsetzungskosten), die Entbehrlichkeit einer jährlichen Abrechnung (so AG Düsseldorf ZMR 79, 20 für Vereinbarung, wonach der Mieter bei Auszug innerhalb der Heizperiode die Auseinandersetzung über die Heizkosten mit seinem Nachfolger vorzunehmen hat) oder die Vereinbarung eines längeren als einjährigen Abrechnungszeitraums, die Entbehrlichkeit der Schriftform und des Begründungszwangs für die Betriebskostenumlegung, die Vereinbarung, daß auch andere Aufwendungen als Betriebskosten gem. § 27 der II. BV, z. B. Verwaltungs- oder Instandsetzungskosten, auf den Mieter umgelegt werden können (vgl. LG Braunschweig ZMR 73, 154; *Schmidt-Futterer* BB 72, 69; *Sternel* ZMR 75, 323), die Vereinbarung eines früheren Wirksamkeitszeitpunkts als des in Abs. 3 festgelegten (z. B. sofort bei Entstehung der Erhöhung) sowie die Freistellung des Vermieters von seiner Pflicht zur Herabsetzung der Betriebskosten; 18

**zu § 5 MHG:** die Freistellung des Vermieters von einzelnen Voraussetzungen des Erhöhungsanspruchs, von der Schriftform oder dem Begründungszwang für die Umlegung von Kapitalzinserhöhungen, von seiner Herabsetzungspflicht oder seiner Offenlegungspflicht (Abs. 4); 19

**zu § 6 MHG:** die Freistellung des Vermieters von der Orientierung an der Kostenmiete als Obergrenze, von der Schriftform und dem Begründungszwang bei der Erhöhungserklärung, die Zulassung von Erhöhungen gem. den §§ 2, 3 oder 5 MHG, die Vereinbarung weiterer umlagefähiger Kosten über Abs. 3 hinaus, die Freistellung des Vermieters von der Herabsetzungspflicht gem. Abs. 4; 20

21  **zu § 7 MHG:** die Freistellung des Vermieters von Erhöhungsvoraussetzungen des Abs. 1, von der Schriftform oder dem Begründungszwang, die Vereinbarung der Zulässigkeit einer Erhöhung gem. § 2 MHG, die Vereinbarung eines früheren Wirksamkeitszeitpunkts als gem. Abs. 3;

22  **zu § 8 MHG:** eine abweichende Vereinbarung zum Nachteil des Mieters entfällt, da es sich um eine Schutzvorschrift zugunsten des Vermieters handelt;

23  **zu § 9 MHG:** die Aufhebung oder Beschränkung (z. B. spätere Wirkung) des vorzeitigen Kündigungsrechts des Mieters, die Beseitigung des Wegfalls der Mieterhöhung durch eine Kündigung, die Aufhebung oder Beschränkung der Schutzfrist des Mieters gem. Abs. 2 gegenüber einer fristlosen Kündigung.

### 3. Rechtsfolge der Nichtigkeit

24  Eine Vereinbarung gem. oben Ziffer 2 ist nichtig, sofern nicht der Ausnahmefall des § 10 Abs. 1 Hs. 2 MHG (vgl. unten zu II) vorliegt. Sie hat keine Rechtswirkungen. Trotz der Nichtigkeit hat eine Mietanpassungsklausel bei einem befristeten Mietverhältnis Bedeutung für die Berechtigung einer gesetzlichen Mieterhöhung nach dem MHG (vgl. dazu § 1 MHG Rn 36).

Von der Unwirksamkeit bleiben regelmäßig die **übrigen Mietvertragsvereinbarungen** der Parteien **unberührt,** da anzunehmen ist, daß der restliche Vertrag auch ohne den nichtigen Teil geschlossen worden wäre (§ 139 BGB), vgl. AG Friedberg WM 81, U 7 für Wertsicherungsklausel; *Sternel* WM 73, 2; *Schmidt-Futterer* MDR 75, 95; a. A. *Korff* DWW 75, 63 für Gleitklauseln bei befristeten Mietverträgen. Nur wenn ausnahmsweise, z. B. bei einer einheitlichen Nachtragsvereinbarung, mehrere Vertragsklauseln von den Parteien nur als Einheit gewollt waren, erstreckt sich gem. § 139 BGB die Unwirksamkeit der einen Klausel auch auf die anderen. Bei unwirksamen Wertsicherungsklauseln kommt es gemäß § 139 BGB darauf an, ob die Parteien den Vertrag auch ohne die Klausel geschlossen hätten, was bei einem nur 5jährigen Mietvertrag besonders naheliegt (BGH MDR 75, 134 Nr. 28). Aus der Feststellung, daß der Vertrag ohne eine genehmigungsbedürftige, aber nicht genehmigungsfähige Wertsicherungsklausel nicht geschlossen worden wäre, folgt noch nicht ohne weiteres die Unwirksamkeit des gesamten Vertrages; läßt sich vielmehr im Weg ergänzender Auslegung feststellen, daß die Parteien, um den Vertrag wirksam abschließen und durchführen zu können, eine genehmigungsfreie Wertsicherungsklausel vereinbart hätten, so gilt diese von Anfang an, und der Vertrag ist voll wirksam (BGH NJW 75, 44 = MDR 75, 134 Nr. 29; vgl. dazu zustimmend *Bulla* NJW 75, 1108). Die Nichtigkeit hat das Gericht im Rahmen seiner Schlüssigkeitsprüfung von Amts wegen zu beachten.

25  Eine **Wertsicherungsklausel** ist **in vollem Umfang nichtig,** nicht nur hinsichtlich der Komponente der Klausel, welche sich gegenüber der Regelung des MHG zum Nachteil des Mieters auswirkt. Die Nachteiligkeit für den Mieter richtet sich nicht

danach, was ihm im Einzelfall ungünstiger ist; vielmehr ist bei generalisierender Betrachtungsweise vom abstrakten Gehalt der abweichenden Vereinbarung auszugehen (OLG Koblenz (RE) WM 81, 207 = MRS 1 Nr. 36; LG Saarbrücken WM 83, 146; bestr.). § 10 Abs. 1 Hs. 1 MHG schließt als lex specialis den § 139 BGB aus (LG Münster ZMR 77, 247 = DWW 77, 20; *Schmidt-Futterer/Blank* C 411; vgl. jedoch OLG Schleswig (RE) ZMR 81, 319 = WM 81, 149 = MDR 81, 761 = NJW 81, 1964 = MRS 1 Nr. 35: generelle Unwirksamkeit einer alten Staffelmietvereinbarung gem. § 139 BGB).

### 4. Rückzahlungspflicht des Vermieters

a) Ist die Vereinbarung unwirksam und hat der Mieter auf Grund dieser unwirksamen Vereinbarung erhöhten Mietzins an den Vermieter bezahlt, welchen er von Rechts wegen nicht hätte bezahlen müssen, so hat er einen Rückzahlungsanspruch bzgl. des zuviel bezahlten Mietzinses **aus ungerechtfertigter Bereicherung (§ 812 Abs. 1 S. 1 BGB)**. Der Vermieter hat sich um den Teil des Mietzinses, der ihm rechtmäßig nicht zustand, bereichert (vgl. AG Aachen ZMR 73, 251 = MDR 73, 677 m. abl. Anm. *Weimar; Schopp* RPfl. 72, 8).

Der **Bereicherungsanspruch entfällt** jedoch, wenn der Mieter positiv wußte (fahrlässige Unkenntnis genügt nicht), daß er zur Zahlung eines Mietzinses in dieser Höhe oder unter diesen Voraussetzungen nicht verpflichtet war (§ 814 BGB, 1. Fall). Die Kenntnis der bloßen Umstände, aus denen sich die Nichtschuld ergibt, reicht zum Wegfall des Rückforderungsrechts nicht aus, wenn sich der Mieter rechtsirrtümlich zur Zahlung verpflichtet glaubte; ebensowenig genügen bloße Zweifel. Ist jedoch die Zahlung des Mieters in der erkennbaren Absicht vorgenommen worden, auch für den Fall zu leisten, daß ein Anspruch des Vermieters nicht bestehe, so ist dies als Verzicht auf das Rückforderungsrecht anzusehen (BGHZ 32, 273). Dabei sind die Umstände des Einzelfalles, insbesondere das Verhalten des Mieters, zu berücksichtigen. Hat der Mieter jedoch unter Vorbehalt geleistet, so besteht ein Rückforderungsanspruch auch dann, wenn er in Kenntnis seiner Nichtschuld gezahlt hat (RGZ 138, 122).

b) Unabhängig vom Bestehen eines **Rückforderungsanspruchs** aus § 812 BGB kann ein solcher Anspruch **gem. § 817 S. 1 BGB** bestehen, wenn der Vermieter durch die Annahme des Mietzinses nach der Zweckbestimmung der Leistung gegen ein gesetzliches Verbot verstoßen hat. Als Verstoß ist hier die Annahme jeder nach dem MHG vom Mieter nicht geschuldeten Mieterhöhung anzusehen. Voraussetzung ist jedoch die positive Kenntnis des Vermieters von dem Gesetzesverstoß, so daß bloße Kenntnis der das Verhalten verwerflich machenden Tatumstände oder grobe Fahrlässigkeit nicht ausreichen (BGH LM Nr. 12 zu § 817 BGB; BGHZ 50, 90). Hatte jedoch auch der Mieter positive Kenntnis von dem Gesetzesverstoß, so steht ihm ein Rückforderungsanspruch nicht zu (§ 817 S. 2 BGB).

c) Verstößt die vereinbarte und gezahlte Miete gegen die Strafbestimmungen der §§ 5 WiStG, 302 f. StGB, so steht dem Mieter ein **Schadenersatzanspruch gem.**

**§ 823 Abs. 2 BGB** gegen den Vermieter zu. Denn die bezeichneten Strafbestimmungen sind Schutzgesetze zugunsten des Mieters (*Schmidt-Futterer/Blank* C 440; *Hans* Anh. zu § 535 BGB Anm. 7 e, bb). Der Anspruch geht mindestens auf Rückzahlung des erhöhten Betrages einschließlich einer üblichen Verzinsung, kann aber im Einzelfall auch weitere Schadensposten umfassen (z. B. Finanzierungsmittel zur Beschaffung des Mietzinses).

29 d) Die Geltendmachung eines an sich bestehenden Rückforderungsrechts (vgl. oben a—c) kann im Einzelfall wegen eines **Verstoßes gegen Treu und Glauben** (§ 242 BGB), insbesondere wegen unzulässiger Rechtsausübung ausgeschlossen sein. Dies ist z. B. der Fall, wenn der Mieter durch sein Verhalten die Einhaltung förmlicher Anspruchsvoraussetzungen (z. B. der Schriftform oder der Begründung des Erhöhungsverlangens) verhindert hat, sich jedoch nach Zahlung des Mietzinses auf das Fehlen der Anspruchsvoraussetzungen beruft (vgl. *Schmidt-Futterer/Blank* C 438).

30 Es kann jedoch der Rückforderungsanspruch wegen **Verwirkung** ausgeschlossen sein. Dies ist dann der Fall, wenn der Mieter trotz Kenntnis beider Parteien von dem Rückforderungsrecht von der Geltendmachung über längere Zeit hinweg keinen Gebrauch macht.

31 e) Der Rückforderungsanspruch aus ungerechtfertigter Bereicherung **verjährt** in 30 Jahren ab Entstehung des Anspruchs (§ 195 BGB), derjenige aus unerlaubter Handlung in 3 Jahren ab Kenntnis des Mieters von der strafbaren Verhaltensweise des Vermieters, ohne Rücksicht auf diese Kenntnis in 30 Jahren ab Begehung der Handlung (§ 852 Abs. 1 BGB).

## II. Ausnahme: Wirksamkeit konkreter Mieterhöhungsvereinbarungen (Abs. 1 Hs. 2)

### 1. Zweck

32 Der Gesetzgeber wollte mit dem 2. WKSchG eine nach früherem Recht (vgl. § 4 Abs. 1 des 1. WKSchG) teilweise umstrittene, jedoch in der Praxis wichtige Frage klarstellen, nämlich diejenige, ob freiwillige Vereinbarungen über Mieterhöhungen zulässig sind, wenn von den gesetzlichen Vorschriften abgewichen wird. Da die Parteien den geschlossenen Mietvertrag nachträglich aufheben und einen neuen Vertrag schließen können, ohne dabei an die Vorschriften des 2. WKSchG gebunden zu sein, wäre es nicht sinnvoll, solche nachträglichen Vereinbarungen über Mieterhöhungen nicht zuzulassen (vgl. Begründung des Regierungsentwurfs). Nach Ansicht des Gesetzgebers (vgl. Regierungsentwurf) muß allerdings der Mieter in seiner Entscheidung über die Zustimmung zu einer solchen Vereinbarung völlig frei sein, also in jedem Einzelfall frei entscheiden können, ob er der geforderten Mieterhöhung zustimmen will. Frei ist er nur dann, wenn er sich nicht „einem Erhöhungsautomatismus unterwirft" (vgl. *Vogel* JZ 75, 76). Nicht frei ist er nach Ansicht des Gesetzgebers jedenfalls beim Abschluß des Mietvertrages, weil er, insbesondere bei Wohnraummangel, Gefahr läuft, die betreffende Wohnung nicht

zu erhalten, wenn er sich den vom Vermieter vorgeschlagenen und ihm (dem Mieter) nachteiligen Vertragsklauseln nicht unterwirft.

Auch unter dem bisherigen Recht ging eine verbreitete Ansicht dahin, daß eine zum Nachteil des Mieters von den gesetzlichen Erhöhungsvoraussetzungen abweichende Vereinbarung dann wirksam sei und von § 4 Abs. 1 des 1. WKSchG nicht berührt werde, wenn „für den Einzelfall" der Mietzins um einen bestimmten Betrag erhöht wird (vgl. LG Hamburg ZMR 73, 314 = NJW 73, 1287 = WM 73, 143; LG Köln WM 73, 172). Dieser Ansicht hat sich der Gesetzgeber mit der Ausnahmeregelung in Hs. 2 angeschlossen. 33

Hs. 2 läßt eine Änderung des Mietvertrages im Rahmen der verbliebenen Vertragsfreiheit zu (*Palandt/Putzo* § 2 MHG Anm. 1 c).

**2. Voraussetzungen**

Hs. 2 ist eine Ausnahme von Hs. 1, betrifft also aus dem Rahmen der unter Hs. 1 fallenden Fälle nur einen Ausschnitt. Aus dem Zusammenhang der beiden Halbsätze ergeben sich für die Ausnahmeregelung, wonach bestimmte Vereinbarungen wirksam sind, folgende Voraussetzungen: 34

a) Es muß sich, wie zu Hs. 1, um **Vereinbarungen zwischen Vermieter und Mieter** handeln (vgl. oben Rn 2). Bei befristeten Mietverhältnissen ist die Notwendigkeit der Schriftform gem. § 566 BGB zu beachten. Aus welchem Anlaß der Abänderungsvertrag zustande kommt, ist gleichgültig, ebenso, welche Vertragspartei die Abänderung hinsichtlich des Mietzinses vorgeschlagen hat. Auf den Abänderungsvertrag finden die allgemeinen Vorschriften (§§ 145 ff. BGB) Anwendung. 35

b) Diese müssen **während des Bestehens des Mietverhältnisses** getroffen worden sein. Damit scheiden alle vor oder beim Abschluß des Mietvertrages geschlossenen Vereinbarungen (ursprüngliche Vereinbarungen) aus. Es handelt sich hier also um „nachträgliche" Vereinbarungen. Diese können schon unmittelbar nach dem Abschluß des Mietvertrages getroffen worden sein, auch wenn der Wohnraum zu diesem Zeitpunkt dem Mieter noch nicht überlassen war. Denn ein Mietverhältnis wird nicht durch Überlassung der Mietsache, sondern durch Abschluß des Mietvertrages begründet (vgl. § 535 BGB). 36

c) Die Vereinbarung muß **eine Mieterhöhung betreffen,** denn der Mieter muß „einer Mieterhöhung zugestimmt" haben. Nicht betroffen sind daher Vereinbarungen bzgl. Kündigung zum Zweck der Mieterhöhung (§ 1 S. 1), Mietherabsetzung (§§ 4 Abs. 4, 5 Abs. 3, 6 Abs. 4, 7 Abs. 4 i. V. m. 4 Abs. 4 und 5 Abs. 3 MHG), Kündigung des Mieters und fristlose Kündigung des Vermieters (§ 9 Abs. 1 und Abs. 2 MHG) und Betriebskostenvorauszahlungen (§ 4 Abs. 1). Nach dem Gesetzeswortlaut muß Gegenstand der Vereinbarung die Mieterhöhung selbst sein. Eine nur im Zusammenhang mit einer Mieterhöhung stehende Vereinbarung über eine Aufhebung des vorzeitigen Kündigungsrechts des Mieters (§ 9 Abs. 1 MHG) wird daher nicht erfaßt (a. A. *Lutz* DWW 74, 281). Diesem ist jedoch beizustimmen, daß dann, wenn der Vermieter die Wohnung 37 mit erheblichem Kostenaufwand modernisiert und sich mit dem Mieter über die danach zu zahlende Miete unter ausdrücklichem Verzicht auf das vorzeitige Kündigungsrecht geeinigt hat, unzulässige Rechtsausübung (widersprüchliches Verhalten) vorliegen würde, wenn der Mieter dennoch eine vorzeitige Kündigung gem. § 9 Abs. 1 MHG geltend machen wollte. Positiv liegt eine Vereinbarung über eine Mieterhöhung nicht nur bei einem Mieterhöhungsverlangen gem. § 2 MHG vor (wobei die Zustimmung des Mieters gesetzlich erforderlich ist), sondern auch in den Fällen der durch Gestaltungsrecht des Vermieters einseitig herbeigeführten Mieterhöhungen gem. §§ 3–7 MHG, denn auch hier ist eine Zustimmung des Mieters zu der als Vertragsangebot anzusehenden Erhöhungserklärung des Vermieters und damit eine Erhöhungsvereinbarung möglich. Eine Zustimmung wird der Mieter im Falle einer durch Gestaltungsrecht des Vermieters auszuübenden Mieterhöhung in der Regel durch das schlüssige Verhalten einer vorbehaltlosen Zahlung der verlangten Erhöhungsbeträge erteilen. Über die Frage, wann eine vorbehaltlose Zahlung der erhöhten Miete eine Zustimmung darstellt, vgl. § 2 MHG Rn 123.

Schlägt der Vermieter eine konkrete Abänderung des Mietzinses außerhalb des förmlichen Erhöhungsverfahrens nach den §§ 1 ff. MHG vor und verweigert der Mieter seine Zustimmung, so hat dies nicht zur Folge, daß die Klagefrist gem. § 2 ausgelöst wird (LG Mannheim WM 77, 142; *Weimar* ZMR 78, 326 für jede fehlgeschlagene Einigung).

38  Auch die Vereinbarung über eine Mieterhöhung in den Fällen der §§ 2–7 MHG bei vertraglichem Ausschluß einer Mieterhöhung (§ 1 S. 3 MHG) fällt unter Hs. 2. Zum Beispiel ist bei einem befristeten Mietverhältnis mit festem Mietzins (also ohne Mietanpassungsklausel) eine vom Vermieter vorgeschlagene Mieterhöhung wirksam, wenn der Mieter zustimmt. Bei Verträgen, die für längere Zeit als ein Jahr geschlossen sind, bedarf eine solche Vereinbarung, da sie eine Vertragsabänderung darstellt, der Schriftform gem. § 566 BGB (*Palandt/Putzo* § 566 BGB Anm. 5 a).

39  d) Von der Regelung des Hs. 2 sind Vereinbarungen der genannten Art betroffen, die von den Vorschriften des MHG **zum Nachteil des Mieters abweichen** (vgl. Hs. 1). Andererseits fallen alle Vereinbarungen zwischen Vermieter und Mieter, die nicht zum Nachteil des Mieters von der gesetzlichen Regelung abweichen (also mit dem Gesetz übereinstimmen oder eine Abweichung zugunsten des Mieters beinhalten), von vornherein nicht unter § 10 Abs. 1 MHG; sie sind nach dem Grundsatz der Vertragsfreiheit wirksam und brauchen daher nicht nach den Voraussetzungen von Hs. 2 geprüft zu werden. Selbst wenn eine konkrete Mieterhöhungsvereinbarung von den (formellen oder materiellen) Anspruchsvoraussetzungen des MHG in mehrfacher Hinsicht zum Nachteil des Mieters abweicht, ist sie gleichwohl wirksam. Selbst eine Mieterhöhung, welche den nach §§ 2–7 MHG zulässigen Rahmen übersteigt, oder der Verstoß gegen die im MHG zum Schutz des Mieters aufgestellten Verfahrensregeln ist wegen der Zustimmung des Mieters unschädlich (ähnlich *Vogel* JZ 75, 76).

**Beispiele:** Eine konkrete Mieterhöhungsvereinbarung (Erhöhung um einen bestimmten Betrag) ist wirksam, obwohl der Vermieter keine schriftliche Erhöhungserklärung abgegeben hat, dem gesetzlichen Begründungszwang (vgl. §§ 2 Abs. 2, 3 Abs. 2 S. 2, 4 Abs. 2 S. 2, 5 Abs. 2 MHG) nicht genügt hat, im Falle des § 2 MHG die ortsübliche Vergleichsmiete oder die Kappungsgrenze überschritten hat, einen zu frühen Zeitpunkt für das Wirksamwerden bestimmt oder von der Einhaltung der einjährigen Wartefrist abgesehen hat (h. M.; vgl. *Emmerich/Sonnenschein* 25 m. w. N.; a. A. *Sternel* III 84 und ZMR 75, 324, welcher diese Fristen als der Disposition der Parteien entzogen und daher als unabdingbar ansieht) oder im Falle des § 4 MHG keine Erhöhung von Betriebskosten vorliegt.

e) Die Mieterhöhungsvereinbarung muß sich auf eine Mieterhöhung **um einen bestimmten Betrag** beziehen. Damit ist dasselbe gemeint, was in der Judikatur nach bisherigem Recht (vgl. oben Rn 33) als **Regelung „im Einzelfall"** bezeichnet wurde, nämlich eine konkrete Regelung eines einzelnen, zwischen den Parteien gegenwärtig schwebenden „Mieterhöhungsfalles". Den Gegensatz bildet eine Mieterhöhungsvereinbarung, wonach eine allgemeine (generelle) Regelung der Mieterhöhung für künftige Fälle (vgl. AG Köln ZMR 74, 285) getroffen wird (z. B. durch eine Mietanpassungsklausel in Form einer automatischen Gleitklausel, eines Leistungsvorbehalts oder einer Staffelmiete). Die Abgrenzung zwischen beiden Möglichkeiten mag in Einzelfällen nicht ganz einfach sein, besonders im Falle der Staffelmiete mit bestimmten Erhöhungsbeträgen. Wird z. B. vereinbart, daß der Mietzins ab sofort um 50,– DM, nach einem Jahr um weitere 50,– DM und nach 2 Jahren wiederum um 50,– DM erhöht werden soll, so liegt zwar jeweils ein bestimmter Betrag der Erhöhung vor, gleichwohl handelt es sich nicht um die Regelung eines Einzelfalles, um eine Mieterhöhung um **einen** bestimmten Betrag. Wird jedoch vereinbart, daß sich die Miete nicht jetzt, sondern erst in einem Jahr um 100,– DM erhöhen soll, so ist dies eine Erhöhung „um einen bestimmten Betrag", weil die Regelung nur eine einmalige Mietzinsänderung betrifft, wenngleich die Wirksamkeit der Erhöhung zeitlich hinausgeschoben wird (was unerheblich ist). Ein „bestimmter Betrag" ist ein solcher, bei welchem sich der Erhöhungsbetrag ohne fremde Hilfe eindeutig errechnen läßt. Bleibt die genaue Bestimmung des erhöhten Mietzinses dem Vermieter oder einem Dritten (z. B. Schiedsgutachter) vorbehalten, selbst wenn sich die Parteien auf eine allgemeine Formel (z. B. ortsübliche Vergleichsmiete) geeinigt haben, so erfüllt dies die gesetzlichen Voraussetzungen nicht (*Vogel* JZ 75, 76; LG Osnabrück WM 78, 10: wenn endgültige Mietpreisfestsetzung einer späteren Vereinbarung auf Grund der Feststellung der genauen Modernisierungskosten vorbehalten bleiben soll). Anders ist es jedoch, wenn sich die Parteien auf einen rechnerisch ohne weiteres zu ermittelnden Erhöhungsbetrag (z. B. Steigerung um 15 %, Erhöhung um ⅓ des bisherigen Mietzinses) einigen. Eine derartige Erhöhung steht einer solchen um einen bestimmten Betrag gleich, da beide Parteien den Erhöhungsbetrag ausrechnen können.

### 3. Rechtsfolge

42 Die oben zu 2 genannten Vereinbarungen sind – im Gegensatz zu Hs. 1 – **wirksam**. Unbeachtlich ist dabei, ob sich der Mieter bei seiner Zustimmung bewußt war, gesetzliche Schutzrechte einzubüßen (*Schmidt-Futterer* MDR 75, 95). Als Folge steht dem Vermieter der erhöhte Mietzins, dem der Mieter zugestimmt hat, auch dann zu, wenn nicht alle gesetzlichen Erhöhungsvoraussetzungen vorlagen. Der Vermieter ist also von der Einhaltung der gesetzlichen Erhöhungsvoraussetzungen durch die Zustimmung des Mieters entbunden. Mit der Rechtswirksamkeit solcher Einzelfallvereinbarungen kommt der Gesetzgeber einem Bedürfnis der Praxis entgegen, das dahin geht, in den rechtlich und tatsächlich nicht einfachen Verfahren der Mieterhöhung eine außergerichtliche oder gerichtliche Einigung (Vergleich) der Mietparteien nicht dadurch zu behindern, daß für die Wirksamkeit einer solchen Einigung sämtliche gesetzlichen Anspruchsvoraussetzungen eingehalten werden müssen. Mängel in Form und Inhalt eines Erhöhungsverlangens werden durch die Zustimmung des Mieters „geheilt". Dadurch verliert der Mieter auch sein vorzeitiges Kündigungsrecht gem. § 9 MHG (*Gutekunst* BayGWW 75, 25; vgl. auch § 9 MHG Rn 9, 10).

43 Wurde der Mieter durch Irrtum, Drohung oder arglistige Täuschung zur Erteilung seiner Zustimmung veranlaßt, so kann er seine Zustimmungserklärung anfechten (vgl. §§ 119 ff. BGB) und damit die Unwirksamkeit der Vereinbarung herbeiführen. Der Vermieter hat grundsätzlich keine rechtliche Aufklärungspflicht dem Mieter gegenüber bezüglich der Rechtswirksamkeit einer Mieterhöhung, so daß eine Haftung aus Verschulden bei Vertragsschluß – und daraus eine Freistellung des Mieters von einer Erhöhungsvereinbarung – nicht in Betracht kommt (a. A. *Sternel* ZMR 75, 325 für den Fall, daß der Vermieter entsprechende Sachkunde hat oder auf Grund geschäftsmäßiger Vermietung haben muß).

44 Die Wirksamkeit einer solchen Vereinbarung ist der Höhe nach begrenzt durch die Strafvorschriften des Mietwuchers (§§ 302 f. StGB, 5 WiStG). Wird die Grenze überschritten, so ist die konkrete Mieterhöhungsvereinbarung (teilweise) nichtig (§ 134 BGB), selbst wenn dabei das Gericht in Form des Abschlusses eines gerichtlichen Vergleichs mitgewirkt hat.

45 Ist eine konkrete Mieterhöhungsvereinbarung nach Hs. 2 wirksam und hat der Mieter den gemäß der Vereinbarung höheren Mietzins gezahlt, welchen er nach dem MHG nicht hätte bezahlen müssen, so kann er ein Rückforderungsrecht nicht geltend machen (vgl. AG Stuttgart ZMR 74, 342).

### 4. Beweislast

46 Die Beweislast für das Vorliegen einer gem. Hs. 2 wirksamen Vereinbarung über die Mieterhöhung hat der Vermieter (allg. M.). Aus Beweisgründen sollte eine gem. Hs. 2 wirksame Einzelfallvereinbarung über die Mieterhöhung stets in schriftlicher Form vorgenommen werden, was insbesondere für die Zustimmungserklärung des Mieters gilt.

## III. Staffelmietvereinbarung (Abs. 2)

**Schrifttum:** *Barthelmess* WM 83, 67 ff.; *Sternel* MDR 83, 361 f.; *Köhler*, Neues Mietrecht, S. 72 ff.

### 1. Inkrafttreten

Die Neuregelung der Staffelmietvereinbarung (Abs. 2 n. F.) trat am 1. 1. 1983 in Kraft. Dies gilt für neu zu begründende als auch für schon bestehende Wohnraummietverhältnisse.

Für Wohnraum, der 1981 oder 1982 bezugsfertig wurde, trat die Vorschrift rückwirkend ab 1. 1. 1981 in Kraft (vgl. die **Übergangsvorschrift** Art. 4 Nr. 3 MWoAEG). Dadurch sollte das Vertrauen auf die Zulassung der Staffelmiete für Neubauwohnungen auf Grund der im Jahre 1981 vorgelegten Gesetzentwürfe der sozial-liberalen Regierung als schutzwürdig anerkannt werden (vgl. Bericht des Rechtsausschusses zum MWoAEG, S. 6). Bezugsfertig geworden ist Wohnraum in dem Zeitpunkt, in dem das Objekt soweit fertiggestellt ist, daß es dem Mieter zugemutet werden kann, es zum Bewohnen zu beziehen (vgl. *Sternel* II 173 unter Hinweis auf Definitionen in anderen Vorschriften; BVerwG BBBl. 80, 742 für steuerbegünstigten Wohnungsbau). In den Jahren 1981 und 1982 für solche Neubauwohnungen abgeschlossene Staffelmietvereinbarungen sind daher als von Anfang an gültig anzusehen, soweit sie dem neuen Recht entsprechen. Bei einem solchen 1981 geschlossenen Staffelmietvertrag kann daher die erste Mietsteigerung schon 1982 rückwirkend eingetreten sein.

Vor dem 1. 1. 1983 getroffene Staffelmietvereinbarungen, welche bisher gemäß § 10 Abs. 1 Hs. 1 MHG unwirksam waren, werden ab 1. 1. 1983 durch den Wegfall des gesetzlichen Verbotes nicht automatisch wirksam, sondern nur, wenn sie gemäß § 141 BGB durch Neuvornahme beider Vertragsparteien bestätigt werden (vgl. BGHZ 11, 59; BGH NJW 61, 1204; LG Dortmund MDR 54, 42; LG Hamburg WM 76, 115; *Staudinger/Dilcher* § 134 BGB Rn 7; *Palandt/Heinrichs* § 134 BGB Anm. 2 e und 3 b, bb). Eine solche Neuvornahme würde z. B. darin liegen, daß der Vermieter eine Mietanhebung auf Grund der Staffelmietvereinbarung fordert und der Mieter sie durch Zahlung der erhöhten Miete akzeptiert. Ausnahmsweise wäre jedoch eine vor dem 1. 1. 1983 geschlossene Staffelmietvereinbarung dann entsprechend §§ 308, 309 BGB ipso facto gültig, wenn sie für den Fall der Aufhebung des Verbots von Staffelmieten geschlossen wurde (vgl. *Staudinger/Dilcher* a. a. O.; *Palandt/Heinrichs* a. a. O.).

Soweit danach frühere Staffelmietvereinbarungen überhaupt ab 1. 1. 1983 Gültigkeit haben, beurteilt sich ihre Gültigkeit bei inhaltlichen Abweichungen von den Erfordernissen des Abs. 2 nach den nachfolgend unter Ziff. 7 erörterten Grundsätzen (vgl. dort).

## 2. Zweck. Allgemeines.

51 Nach dem bisherigen Abs. 1 Hs. 1, wonach von den §§ 1–9 MHG zum Nachteil des Mieters abweichende Vereinbarungen ungültig sind, waren nicht nur Wertsicherungs- und Gleitklauseln, sondern auch Staffelmietvereinbarungen unwirksam. Mit dem MWoAEG wollte der Gesetzgeber zur **Verbesserung der Rahmenbedingungen des frei finanzierten Mietwohnungsbaus** für beide Mietparteien die Möglichkeit schaffen, Mieterhöhungen unabhängig vom Vergleichsmietenverfahren (§ 2 MHG) vertraglich im voraus vorzunehmen. Das bringt für beide Vertragspartner den Vorteil einer klar berechenbaren Mietzinsentwicklung. Die **Berechenbarkeit der Wirtschaftlichkeit** bringt vor allem für gewerbsmäßige Investoren (Wohnungsbaugesellschaften, Versicherungen) Anreize, welche Investitionsentscheidungen im Neubau erleichtern sollen (Begründung des Regierungsentwurfs zum MWoAEG, S. 9). Da die Entwicklung der Wohnungsmieten auf einen Zeitraum von bis zu 10 Jahren **wirtschaftlich** kaum voraussehbar sein wird, bringt eine solche Staffelmietvereinbarung für beide Vertragspartner **Risiken** mit sich. Beide können nicht wissen, ob sie sich dadurch besser oder schlechter stellen, als wenn sie es bei einem festen Mietzins belassen, welcher unter den Voraussetzungen der §§ 2, 3 und 5 MHG erhöht werden kann (regelmäßig also gemäß § 2 MHG nicht über die jeweilige ortsübliche Vergleichsmiete hinaus). Für den Vermieter bringt eine längere Staffelmietvereinbarung zusätzlich die Gefahr, daß einzelne künftige Staffelsätze (Mietzinsstufen) als unzulässige Mietpreisüberhöhung gemäß § 5 WiStG angesehen werden und die Staffelmietvereinbarung dann (teilweise) nichtig ist (vgl. dazu Näheres unten unter Ziff. 4 f.). Eine Staffelmietvereinbarung hat jedoch für beide Vertragspartner den Vorteil, daß das umständliche, formalisierte und mit Unsicherheiten verbundene **Mieterhöhungsverfahren gem. § 2 MHG** (Vergleichsmietenverfahren) **vermieden** und der Mietzins gleichwohl der Marktentwicklung angepaßt wird. Die Staffelmiete hat den Vorteil, daß die Mieterhöhung schon jeweils in 1jährigen Abständen eintreten kann, während dies beim Vergleichsmietenverfahren gemäß § 2 MHG nur in frühestens 15monatigen Zeitabständen möglich ist; denn neben der einjährigen Wartefrist gemäß § 2 Abs. 1 S. 1 Nr. 1 MHG sind noch jeweils 3 Monate bis zur Wirksamkeit der Mieterhöhung (§ 2 Abs. 4 MHG) abzuwarten. Ein Vermieter, welcher in absehbarer Zeit eine Modernisierung der Mietwohnung und daher eine Mieterhöhung gemäß § 3 MHG (Umlegung von Modernisierungskosten) vornehmen will, wird die Vereinbarung einer Staffelmiete nicht für wirtschaftlich zweckmäßig halten, da durch die Staffelmietvereinbarung das Mieterhöhungsrecht gemäß § 3 MHG ausgeschlossen ist. Hat der Vermieter Baudarlehen mit variablen Zinssätzen aufgenommen, so kann eine Staffelmietvereinbarung ebenfalls unzweckmäßig sein, da er sich dadurch die Möglichkeit einer Mieterhöhung gemäß § 5 MHG (Umlegung von Kapitalkostenerhöhungen) versperrt.

52 Aber auch **für den Mieter** kann eine Staffelmietvereinbarung wegen der klaren Kalkulierbarkeit über Höhe und Zeitpunkt der künftigen Mieterhöhungen **von Vorteil** sein, zumal dadurch für ihn die Gefahr von Mieterhöhungen gemäß den §§ 3 und 5 MHG (Umlegung von Modernisierungskosten und Kapitalkostenerhöhungen) ausgeschlossen ist. Auch kann eine Staffelmietvereinbarung aus sozialen

Gründen zugunsten des Mieters in der Weise getroffen werden, daß er in der Anfangsphase des Mietverhältnisses nur einen unterhalb der ortsüblichen Vergleichsmiete liegenden Mietzins zu zahlen hat, während sich später, wenn sich die wirtschaftliche Lage des Mieters gebessert haben wird, die Mietzinsstufen oberhalb des ortsüblichen Mietzinses bewegen. Bei einer derartigen Vertragsgestaltung wird der Vermieter jedoch darauf achten müssen, daß sich der Mieter durch Ausübung seines Kündigungsrechtes vorzeitig aus einer längeren Staffelmietvereinbarung lösen kann und dadurch die für den Vermieter günstigere Staffelmietphase entfällt. Für den Mieter ist die Neuregelung von besonderem Vorteil, wonach ein vertraglicher Verzicht auf sein Kündigungsrecht für längere Zeit als 4 Jahre unzulässig ist (vgl. dazu Näheres unten zu Ziff. 6).

Eine Staffelmietvereinbarung kann **kombiniert** werden **mit** einem **besonderen Zeitmietvertrag** (§ 564 c Abs. 2 BGB), wenn die dort genannten Voraussetzungen erfüllt sind, insbesondere eine bestimmte Verwendungsabsicht des Vermieters (Eigennutzung, wesentliche Baumaßnahme) spätestens nach Ablauf von 5 Jahren verwirklicht werden soll und ein befristeter Vertrag auf höchstens 5 Jahre abgeschlossen wird. Für den Vermieter eines solchen kombinierten Staffel-Zeitmietverhältnisses, welches auf länger als 4 Jahre (z. B. auf 5 Jahre) befristet wird, ist zu beachten, daß ein vereinbarter Ausschluß des Kündigungsrechts des Mieters nur 4 Jahre gilt, da die Schutzvorschrift des Abs. 2 S. 5 zugunsten des Mieters als Sondervorschrift gegenüber dem Ausschluß der Kündigung bei einem befristeten Mietverhältnis (§ 564 Abs. 1 BGB) Vorrang hat (vgl. unten Ziff. 5). Wenn es sich zeitlich mit der Verwendungsabsicht des Vermieters vereinbaren läßt, zugleich aber für die gesamte Laufzeit eines kombinierten Staffel-Zeitmietvertrages das ordentliche Kündigungsrecht des Mieters ausgeschlossen sein soll, empfiehlt sich daher für den Vermieter der Abschluß eines solchen kombinierten Vertrages auf die Dauer von bis zu 4 Jahren. 53

**Staffelmietentgelte** (Staffelsätze) sind **bei** der Ermittlung der **ortsüblichen Vergleichsmiete** gemäß § 2 MHG **zu berücksichtigen** (a. A. *Sternel* ZMR 83, 76). Denn sie sind in der Gemeinde „übliche Entgelte" im Sinne von § 2 Abs. 1 S. 1 Hs. 1 MHG (Bericht des Rechtsausschusses zum MWoAEG, S. 4, wonach die für den Fall der Einführung der Staffelmiete beantragte Ergänzung, wonach Staffelmieten nicht in die Vergleichsmiete eingehen sollten, abgelehnt wurde mit der Begründung, es handle sich dabei um marktkonforme Mietzinsvereinbarungen, bei denen die Bestimmung der Miethöhe vorweggenommen wurde). 54

### 3. Anwendungsbereich

Eine Staffelmietvereinbarung ist grundsätzlich zulässig bei allen Arten von **preisfreien** (frei finanzierten) **Wohnraummietverhältnissen,** gleichgültig, ob es sich um **Altbauten** (Wohnungsbestand) oder Neubauten handelt. Der Gesetzgeber wollte neben den Neubauten, bei denen die Einführung der Staffelmiete parlamentarisch unbestritten war, auch die Altbauten in die Regelung einbeziehen, da bei älteren Gebäuden im Hinblick auf die regelmäßig erheblichen Kosten der Unterhaltung ein entsprechendes Bedürfnis anzuerkennen sei (vgl. Begründung des Regierungsent- 55 wurfs zum MWoAEG, S. 9). Die Staffelmietvereinbarung ist also auf Wohnraum jeden Baualters anwendbar. Dabei kann sowohl ein Mietverhältnis **auf unbestimmte Zeit** (unbefristet) **als auch** ein solches **auf bestimmte Zeit** (befristet) gegeben sein (*Palandt/Putzo* Anm. 2 g), selbst ein Einliegermietverhältnis (§ 564 b Abs. 4 BGB) oder ein Werkmietverhältnis. **Unanwendbar** ist jedoch die Staffelmietvereinbarung **bei den nicht geschützten Mietverhältnissen** gem. § 10 Abs. 3 MHG (was aus der systematischen Stellung von Abs. 2 vor Abs. 3 folgt).

### 4. Vereinbarung der Staffelmiete

56 a) **Schriftform**

Eine gestaffelte Miete muß in jedem Falle zwischen den Mietvertragsparteien vereinbart werden; sie tritt nicht automatisch kraft Gesetzes ein. Gemäß Abs. 2 S. 1 bedarf die Vereinbarung einer Staffelmiete der Schriftform (§ 126 BGB). Sie kann sowohl beim — schriftlichen — Mietvertragsabschluß erfolgen (**ursprüngliche** Staffelmietvereinbarung), **als auch** nachträglich während eines schon bestehenden Mietverhältnisses durch einen schriftlichen Änderungsvertrag gemäß § 305 BGB (**nachträgliche Staffelmietvereinbarung**). In mündlicher Form ist eine Staffelmietvereinbarung nichtig (§ 125 S. 1 BGB). Daher kann die Staffelmiete auch nicht durch bloßes schlüssiges Verhalten vereinbart werden, etwa durch stillschweigende Zahlung der erhöhten Staffelsätze durch den Mieter. Enthält der schriftliche Mietvertrag eine sogenannte **Vollmachtsklausel,** so genügt im Falle einer nachträglichen Staffelmietvereinbarung der Abschluß des Vertrages zwischen Vermieter und einem der Mieter (*Sternel* MDR 83, 361). Wird die erforderliche Schriftform nicht eingehalten, so hat keine Vertragspartei einen Anspruch auf Nachholung der Schriftform. Es wird zulässig sein, daß die Staffelmietvereinbarung in einer **Formularklausel** (AGB) getroffen wird (argumentum aus § 11 Ziff. 1 Hs. 2 AGBG), wobei jedoch die betragsmäßige Vereinbarung der einzelnen Staffelsätze durch Individualvereinbarung zwischen den Mietvertragsparteien erfolgen muß, da die Miethöhe nicht für alle Wohnungstypen im voraus formularmäßig festgelegt werden kann.

57 Bei einer nachträglichen Staffelmietvereinbarung muß zwischen der Vereinbarung (Änderungsvertrag) und der ersten staffelmäßigen Erhöhung die **einjährige Wartefrist** (vgl. § 2 Abs. 1 S. 1 Nr. 1 MHG) **nicht eingehalten** werden. Diese Wartefrist, welche nur im Rahmen des Vergleichsmietenverfahrens gilt, kann für den anders gelagerten Fall der Staffelmiete gemäß § 10 Abs. 2 MHG keine — allenfalls entsprechende — Anwendung finden. Die Erhöhung der Miete kraft der Staffelmietvereinbarung ist vielmehr einer frei vereinbarten Mieterhöhung gemäß § 10 Abs. 1 Hs. 2 MHG vergleichbar; für diesen Fall ist die Wartefrist ebenfalls nicht anwendbar. Die einjährige Wartefrist des § 2 MHG entspricht auch nicht einem allgemeinen Rechtsgrundsatz, welcher für alle Arten von Erhöhungen des Mietzinses Anwendung finden müßte.

58 Eine (ursprüngliche oder nachträgliche) **Staffelmietvereinbarung** kann **nur aus freiem Willen** der Mietvertragsparteien zustandekommen. Sie kann keiner Mietvertragspartei von der anderen Partei aufgezwungen werden, etwa vom Vermie-

ter im Rahmen eines bestehenden Mietverhältnisses. Auf den Abschluß einer Staffelmietvereinbarung hat keine Vertragspartei einen Anspruch, auch nicht aus mietvertraglicher Nebenpflicht (*Köhler*, Neues Mietrecht, S. 76). Dies gilt auch für den Fall einer weiteren Staffelmietvereinbarung nach Ablauf einer früheren Staffelmietvereinbarung. Verweigert der Mieter seine Zustimmung zu einer vom Vermieter während eines bestehenden Mietverhältnisses gewünschten Staffelmietvereinbarung, so gibt dies dem Vermieter keinesfalls ein berechtigtes Interesse zur ordentlichen Kündigung gemäß § 564 b BGB.

Soll eine wirksame **Staffelmietvereinbarung nachträglich** durch die Parteien **geändert** werden (z. B. hinsichtlich der Höhe einzelner Staffelsätze, der Zeiträume oder Daten), so **bedarf** auch die Änderung **der Schriftform** gemäß Abs. 2 S. 1, da der gesetzliche Formzwang grundsätzlich auch für spätere Änderungen und Ergänzungen gilt (vgl. *Palandt/Heinrichs* § 125 BGB Anm. 3). Behauptet eine Vertragspartei, eine schriftliche Staffelmietvereinbarung sei durch mündliche Zusatzvereinbarung in anderer als der im schriftlichen Vertrag niedergelegten Form abgesprochen oder mündlich nachträglich geändert worden, so trifft sie die Beweislast, da die in der Vertragsurkunde niedergelegte Staffelmietvereinbarung die Vermutung der Vollständigkeit und Richtigkeit für sich hat.

b) Staffelmietlaufzeit

Gemäß S. 2 darf sich die Staffelmietvereinbarung jeweils nur auf einen Zeitraum von **höchstens 10 Jahren** erstrecken. Die 10-Jahres-Frist ist bei einer ursprünglichen Staffelmietvereinbarung ab dieser Vereinbarung, nicht ab Beginn des Mietverhältnisses zu berechnen (*Palandt/Putzo* Anm. 2 e; *Sternel* MDR 83, 361). Dafür spricht der – allerdings nicht eindeutige – Wortlaut des S. 2 („Die Vereinbarung eines gestaffelten Mietzinses darf nur ... umfassen"), insbesondere aber die ratio der Frist, da eine „hinreichend begründete Kalkulation der Mietpreisentwicklung" (vgl. Begründung des Regierungsentwurfs zum MWo-AEG, S. 17) nur zum Zeitpunkt der Vereinbarung möglich ist, während der – oft wesentlich später liegende – Zeitpunkt des Mietbeginns dafür nicht geeignet erscheint. Im Falle einer nachträglichen Staffelmietvereinbarung berechnet sich die 10-Jahres-Frist ab der Vereinbarung (Änderungsvertrag), nicht ab dem nach diesem Vertrag erfolgenden ersten Anstieg des Mietzinses.

Die Staffelphase kann sich, da eine Mindestzeit nicht vorgeschrieben ist, auf einen beliebigen Zeitraum zwischen 2 Jahren (Mindestzeit bei 2 Staffelsätzen von je einem Jahr) und 10 Jahren erstrecken. Der Zeitraum muß nicht kalendermäßig bestimmt sein, jedoch berechenbar (*Sternel* a. a. O.; vgl. auch *Palandt/Putzo* Anm. 2 e: auch auf unbestimmte Zeit).

Nach Ablauf der Staffelmietphase (z. B. 10 Jahre) können dieselben Mietparteien eine neue Staffelmietvereinbarung gemäß Abs. 2 treffen, wiederum mit einer Höchstfrist von 10 Jahren (vgl. das Wort „jeweils" in S. 2). **Staffelmietvereinbarungen derselben Parteien können beliebig oft aufeinanderfolgen,** wobei sie jeweils nahtlos an die vorherige Staffelmietlaufzeit anknüpfen können.

60 a  Problematisch kann sein, ob die Parteien die **Vereinbarung einer Option auf Neuabschluß einer (weiteren) Staffelmietvereinbarung** treffen können, z. B. in der Weise, daß sie zunächst eine Staffelmietvereinbarung auf nur 5 Jahre abschließen, jedoch mit dem Zusatz, daß nach Ablauf dieser Zeit (innerhalb bestimmter Frist) der Vermieter durch einseitige empfangsbedürftige Erklärung den Abschluß einer weiteren (sich daran anschließenden) Staffelmietvereinbarung auf 5 Jahre mit im voraus zeitlich und betragsmäßig festgesetzten Staffelsätzen bewirken kann (wobei der Mieter bei Ausübung dieser Option an die weitere Staffelmietvereinbarung gebunden ist). Wirtschaftlich hätte eine solche Vereinbarung für den Vermieter den Vorteil, daß er nach Ablauf der ersten Staffelphase überprüfen kann, wie sich der bis dahin erreichte Staffelsatz der Höhe nach zu der dann maßgeblichen ortsüblichen Vergleichsmiete verhält und wie sich voraussichtlich die ortsübliche Vergleichsmiete in weiterer naher Zukunft entwickeln wird. Er könnte auch besser beurteilen, ob die zusätzliche Staffelmietvereinbarung voraussichtlich gegen § 5 WiStG verstoßen und dann nichtig sein könnte und ob er sich wirtschaftlich besser stellt, wenn er auf die Option verzichtet und ihm das gesetzliche Recht der Mieterhöhung (gem. den §§ 2–5 MHG) verbleibt (z. B. wegen einer geplanten Modernisierung der Mietwohnung). Denn wirtschaftlich wird die Entwicklung der ortsüblichen Vergleichsmiete für längere Zeit als ca. 5 Jahre im voraus nicht hinreichend überschaubar sein. Für den Mieter wäre eine solche Optionsvereinbarung keine unbillige Belastung, stünde er doch im Falle der Optionsausübung durch den Vermieter nicht anders (schlechter), als wenn von vornherein eine Staffelmietvereinbarung auf längere Zeit (z. B. 10 Jahre) getroffen worden wäre. M. E. bestehen gegen die rechtliche **Zulässigkeit** einer solchen Option (über den Begriff vgl. *Palandt/Heinrichs* Einf. 4 c vor § 145 BGB; möglich wäre auch die Form eines einseitig bindenden Vorvertrages, vgl. dazu *Palandt/Heinrichs* Einf. 4 b vor § 145 BGB) keine Bedenken, sofern durch die Option keine längere Gesamtstaffelzeit als 10 Jahre erreicht wird (vgl. Abs. 2 S. 2). Es handelt sich um ein Gestaltungsrecht (hier des Vermieters), durch dessen Ausübung (durch einseitige empfangsbedürftige Willenserklärung) der aufschiebend bedingte Fortsetzungsvertrag unbedingt zustande kommt. Man kann diese Vereinbarung auch als ein im voraus abgegebenes bindendes Angebot des Mieters auf Abschluß eines neuen Staffelmietvertrages werten. Eine solche Vereinbarung verstößt nicht gegen eine Regelung des § 10 Abs. 2 MHG. Man kann auch nicht einwenden, sie verstoße gegen den sich aus Abs. 2 ergebenden ungeschriebenen Grundsatz, wonach bei einer wirksamen Staffelmietvereinbarung gem. Abs. 2 die Staffelsätze für die gesamte Staffelmietzeit nicht nur betragsmäßig, sondern auch unbedingt bestimmt sein müßten, während bei der hier vorliegenden Vereinbarung für die zweite Staffelmietvereinbarung nur bedingt gültige Staffelsätze vorlägen. Denn aus der Regelung des § 10 Abs. 2 MHG n. F. kann nicht geschlossen werden, daß es sich bei einer Staffelmietvereinbarung um ein bedingungsfeindliches Rechtsgeschäft handle. Auch dem Erfordernis der Kalkulierbarkeit des Mietzinses bzw. der betragsmäßigen Ausgewiesenheit der einzelnen Staffelsätze ist hierbei entsprochen. Fraglich könnte allenfalls sein, ob das Kündigungsrecht des Mieters auch

für die zweite Staffelmietvereinbarung nochmals auf bis zu 4 Jahre ausgeschlossen werden kann (vgl. Abs. 2 S. 5), was wohl zu verneinen ist.

c) **Betragsmäßige Mietzinsstufen (Staffelsätze)** 61

Die Staffelmietvereinbarung muß gerichtet sein auf eine Anzahl (mindestens 2, höchstens 10) verschiedener Mietzinsstufen (Staffelsätze). Bei den einzelnen Staffelsätzen muß „der Mietzins betragsmäßig ausgewiesen sein" (S. 4). Dieses Erfordernis ist **nach h. M.** nur durch Angabe eines **bestimmten DM-Betrages** erfüllt, nicht durch Angabe eines Prozentsatzes für die jeweilige Erhöhung der weiteren Staffelsätze gegenüber einem Ausgangsbetrag (*Palandt/Putzo* Anm. 2 g; *Köhler,* Neues Mietrecht, S. 73; *Gramlich* NJW 83, 418; *Röbbert,* DB 83, 163; *Sternel* MDR 83, 361; *Schmid* BlGBW 83, 65; *Landfermann,* Erl. u. Mat. z. MWoAEG, S. 54). M. E. genügt jedoch auch die **rechnerische Bestimmbarkeit** der einzelnen Staffelsätze **durch** Angabe eines **Prozentsatzes,** um welchen sich der Ausgangsmietzins jeweils erhöht, um dem Wortlaut („betragsmäßig ausgewiesen") und dem Zweck des Gesetzes (Kalkulierbarkeit des Mietzinses für beide Parteien) zu entsprechen, da die Vornahme einer so einfachen Rechenart wie der Prozentrechnung beiden Mietparteien, auch dem Mieter, bei der Kalkulation des Mietzinses zugemutet werden kann. Auch spricht dafür, daß in der gleichen Vorschrift, nämlich in § 10 Abs. 1 Hs. 2 MHG eine inhaltlich gleiche Formulierung enthalten ist („Mieterhöhung um einen bestimmten Betrag"), für die nach schon bisher ganz h. M. die rechnerische Bestimmbarkeit ausreiche (vgl. MüKo-*Voelskow* Rn 11; *Emmerich/Sonnenschein* Rn 26; *Barthelmess* Rn 41; *Schmidt-Futterer/Blank,* C 422; a. A. *Sternel* III 83). Auch kann dagegen nicht eingewandt werden, bei Abs. 1 handle es sich nur um eine einmalige Mieterhöhung, für welche ein Prozentsatz leichter zu berechnen sei, während es sich bei der Staffelmietvereinbarung um mehrere (bis zu 9) Erhöhungen handle. Denn es kann rechtlich keinen Unterschied machen, ob einer Mietvertragspartei ein einfaches oder ein mehrfaches Prozentrechnen zugemutet wird. Es ist jedoch auf jeden Fall zu empfehlen, bei einer Staffelmietvereinbarung die einzelnen Staffelsätze in bestimmten DM-Beträgen, die ab einem bestimmten Zeitpunkt gelten sollen, zu bestimmen, um der Gefahr einer generell unwirksamen Staffelmietvereinbarung vorzubeugen. Als ausreichend muß es jedoch angesehen werden, wenn die **Erhöhung** eines Mietzinsbetrages **um einen bestimmten DM-Betrag** (z. B. der Mietzins beträgt DM 300,–, er erhöht sich ab 1. 1. 85 um DM 20,–) in der Vertragsurkunde angegeben ist (*Schmid* BlGBW 83, 65; *Emmerich/Sonnenschein,* Miete 18; a. A. *Sternel* MDR 83, 361). Nicht zulässig ist es, die Staffelsätze mit einem Prozentsatz oberhalb oder unterhalb der ortsüblichen Vergleichsmiete oder unterhalb der Wesentlichkeitsgrenze des § 5 WiStG anzugeben, die Bestimmung der Höhe des Staffelsatzes der noch auszuhandelnden Vereinbarung der Parteien zu überlassen oder von Indexzahlen abhängig zu machen.

Da die einzelnen Staffelsätze gemäß S. 1 **„für bestimmte Zeiträume"** zu 62
vereinbaren sind, muß für jeden einzelnen Staffelsatz ein genaues Datum angegeben sein, ab welchem er gelten soll (zweckmäßig der Anfang eines Kalendermo-

nats). Es genügt die Bestimmbarkeit des Datums, so z. B. die Vereinbarung, daß der bestimmte Mietzins, der ab einem bestimmten Tag gelten soll, sich jeweils nach einem Jahr um einen bestimmten Betrag erhöht (*Schmid* BlGBW 83, 65).

63 **In aller Regel** werden die **Staffelsätze ansteigen** von einem niedrigeren Anfangsbetrag zu einem höheren Endbetrag. Will man sich bei der Orientierung der Höhe der Staffelsätze an die voraussichtliche ortsübliche Vergleichsmiete halten, so wird es zweckmäßig sein, bei der Vereinbarung des ersten Staffelsatzes von der gegenwärtigen Vergleichsmiete auszugehen und die weiteren Staffelsätze in jeweils 1jährigen Abständen auf Beträge anzusetzen, die um jeweils 4 bis 5 % pro Jahr höher liegen, da dies in etwa dem Prozentsatz der durchschnittlichen Steigerung der Wohnungsmieten im frei finanzierten Wohnungsbau in der Bundesrepublik während der letzten 10 Jahr entspricht. Ein ständiges Ansteigen der Staffelsätze ist jedoch begrifflich nicht notwendig. Die Staffelsätze müssen lediglich gemäß S. 1 „in unterschiedlicher Höhe" vereinbart sein. Daher ist es auch zulässig, **fallende** (absteigende) **Staffelsätze** oder teilweise fallende, teilweise steigende zu vereinbaren (*Köhler*, Neues Mietrecht, S. 76; a. A. *Emmerich/Sonnenschein*, Miete 18). In Zeiten ständig steigender Wohnungsmieten wird jedoch die Vereinbarung fallender Staffelsätze aus wirtschaftlichen Gründen in aller Regel nicht in Betracht kommen, es sei denn aus bestimmten, in der Person des Mieters liegenden sozialen oder persönlichen Gründen.

64 Bei Eintritt des in der Staffelmietvereinbarung bezeichneten Datums tritt die gestaffelte **Mieterhöhung** (neuer Staffelsatz) ohne weiteres, d. h. **automatisch** ein, also ohne eine Erhöhungserklärung des Vermieters. Kommt der Mieter mit der Bezahlung des erhöhten Staffelsatzes in **Verzug**, so kann dies eine fristlose Kündigung des Vermieters unter den Voraussetzungen des § 554 Abs. 1 BGB oder eine ordentliche Kündigung wegen Zahlungsverzugs gemäß § 564 b Abs. 2 Ziff. 1 BGB rechtfertigen. § 9 Abs. 2 MHG (Schutzbestimmung zugunsten des Mieters bei Zahlungsverzug mit Mieterhöhungen gemäß §§ 2 bis 7 MHG) ist im Falle der Staffelmieterhöhung nicht anwendbar.

65 d) **Fristen zwischen den Staffelsätzen**

Die Zwischenzeit zwischen einzelnen Staffelsätzen muß **jeweils mindestens 1 Jahr** betragen (S. 4). Eine Höchstzeit zwischen einzelnen Staffelsätzen ist gesetzlich nicht vorgeschrieben, so daß zwischen einzelnen Staffeln auch ein Zeitraum von mehreren Jahren liegen kann. Die Geltungsdauer eines Staffelsatzes muß nach S. 1 einen „**bestimmten Zeitraum**" umfassen, d. h. einen entweder kalendermäßig bestimmten Zeitraum (z. B. 1. April 1983 bis 1. Juni 1984) oder einen bestimmbaren Zeitraum (z. B. 18 Kalendermonate). Ein Offenlassen der Zeiträume oder ein Abhängigmachen von bestimmten Preis- oder Wohnungsmietsteigerungen ist unzulässig (*Köhler*, Neues Mietrecht, S. 76).

66 e) **Höhe der Staffelsätze**

Die einzelnen Staffelsätze können **grundsätzlich** der Höhe nach **beliebig** festgesetzt werden, wobei die Parteien an die Höhe der jeweiligen ortsüblichen

Vergleichsmiete nicht gebunden sind. Sie können daher auch Staffelsätze vereinbaren, die unter oder über der ortsüblichen Vergleichsmiete liegen oder liegen werden. Die sog. **Kappungsgrenze** (§ 2 Abs. 1 S. 1 Nr. 3 MHG) ist auf die Staffelsätze einer Staffelmietvereinbarung **nicht** entsprechend **anwendbar**; daher kann ein einzelner Staffelsatz gegenüber dem vorher gültigen Mietzins zu einer stärkeren Erhöhung als 30 % innerhalb der letzten 3 Jahre führen (*Köhler*, Neues Mietrecht, S. 77).

Eine **Schranke** für die Zulässigkeit der Höhe von Staffelsätzen bilden jedoch die Vorschriften über **Mietpreisüberhöhung** (§ 5 WiStG n. F.) und Mietwucher (§ 302 a StGB). Durch diese Vorschriften soll nach der Absicht des Gesetzgebers auch der Mieter einer Staffelmietvereinbarung vor übermäßig hohen Mieten geschützt werden (Begründung des Regierungsentwurfs z. MWoAEG, S. 9). Soweit einzelne Staffelsätze gemäß § 5 WiStG (Ordnungswidrigkeitsvorschrift der Mietpreisüberhöhung) unzulässig überhöht sind, ist die Staffelmietvereinbarung (teilweise) nichtig (§ 134 BGB).

f) **Folge nichtiger Staffelmietvereinbarung** 67

Verstoßen einzelne Staffelsätze gegen § 5 WiStG, so fragt sich, ob nur die dagegen verstoßenden Staffelsätze nichtig sind (Teilnichtigkeit) oder ob die gesamte Staffelmietvereinbarung nichtig ist. Im Zweifel (d. h. abgesehen von einem anderslautenden Parteiwillen) ist eine bloße Teilnichtigkeit (**zeitliche Teilnichtigkeit**) der Staffelmietvereinbarung in der Weise anzunehmen, daß die vor Eintritt der nichtigen Staffelstufe gültigen Staffelsätze wirksam bleiben. Denn es ist anzunehmen, daß beide Parteien, hätten sie die teilweise Nichtigkeit einzelner Staffelsätze gekannt, die Wirksamkeit der restlichen Staffelmietvereinbarung, welche als solche teilbar ist, gewollt hätten (vgl. § 139 Hs. 2 BGB), so daß also ein Einheitlichkeitswille der Parteien im Zweifel nicht vorliegt. Regelmäßig hätte die Gültigkeit der in der Regel über der ortsüblichen Vergleichsmiete liegenden restlichen Staffelsätze auf jeden Fall der Vermieter gewollt, und der Mieter hätte sich auch auf die kürzere Staffelphase eingelassen, wenn er sich schon auf eine längere Staffelphase eingelassen hat. Zudem entspricht es der höchstrichterlichen Rechtsprechung, daß Dauerschuldverhältnisse, welche in Vollzug gesetzt und über eine bestimmte Zeit beiderseits (wirksam) erfüllt wurden, möglichst nicht einer ex tunc wirkenden Nichtigkeit unterliegen sollen, sondern nur einer Auflösung bzw. Teilnichtigkeit mit ex nunc-Wirkung (vgl. § 570 a BGB; für die Verdrängung des Rücktrittsrechts durch das Kündigungsrecht aus wichtigem Grund nach Überlassung der Mietsache vgl. *Staudinger/ Emmerich* § 542 Rn 4 f. und § 553 Rn 10 f.; vgl. auch BGHZ 50, 315). Fraglich kann jedoch erscheinen, ob die Nichtigkeit eines nachträglichen Staffelsatzes (oder mehrerer Staffelsätze) auch nachfolgende weitere Staffelsätze, welche nicht mehr gegen § 5 WiStG verstoßen, mit erfaßt, was wohl nicht der Fall sein dürfte.

Soweit eine solche Teilnichtigkeit einzelner überhöhter Staffelsätze eintritt, fragt 68 es sich, **welcher Mietzins** anstelle der teilweise nichtigen Staffelmietvereinbarung (bei Wirksambleiben des Mietvertrags) als **zulässiger** (und daher zu zahlender) **Mietzins** gilt, was zugleich Bedeutung hat für den Umfang des Rückforderungsanspruchs des Mieters aus ungerechtfertigter Bereicherung bei Rückzahlung zuviel bezahlter Miete. Denkbar wäre es, als zulässigen Mietzins die ortsübliche Vergleichsmiete anzusehen, wie dies die h. M. für die Frage einer überhöhten Mietzinsvereinbarung gemäß übereinstimmender Rechtsentscheide tut (vgl. Einführung § 1 MHG Rn 11 a). Hier liegt der Sachverhalt jedoch anders, da hier eine (nichtige) Änderungsvereinbarung gegenüber einem zuvor schon wirksam vereinbarten Mietzins gegeben ist und der Grundsatz aufzustellen ist, daß eine gültige Mietzinsvereinbarung dann bis auf weiteres fortgilt, wenn ab einem bestimmten Zeitpunkt eine unwirksame Änderungsvereinbarung (Erhöhungsvereinbarung) vorliegt. Da im Falle eines Änderungsvertrages gemäß § 305 BGB die Identität des Rechtsgeschäfts (Schuldverhältnisses) erhalten bleibt (RGZ 65, 392), ist allgemein für eine vertragliche Änderung eines (wirksamen) Mietvertrages der Grundsatz maßgebend, daß im Falle der Unwirksamkeit des Änderungsvertrages das bisherige Mietverhältnis mit den bisherigen Rechten und Pflichten fortbesteht, also insbesondere mit dem bisherigen Mietzins. Daher **gilt** im Falle der Teilnichtigkeit einzelner Staffelsätze **der vor Eintritt der Teilnichtigkeit gültig vereinbarte Staffelsatz bis auf weiteres fort**, d. h. bis eine weitere wirksame Änderung des Mietzinses eintritt. Denn die Staffelmietvereinbarung stellt eine Vereinbarung eines (anfänglichen) Mietzinses dar, welcher jeweils ab bestimmten Zeitpunkten für die Dauer einer bestimmten Zeit durch eine im voraus getroffene Änderungsvereinbarung abgeändert (meist erhöht) wird, so daß bei Unwirksamkeit einer bestimmten staffelmäßigen Erhöhung der Mietzins der vorherigen Staffel, gegebenenfalls der anfänglich vereinbarte Mietzins fortbesteht (ebenso *Köhler,* Neues Mietrecht, S. 78, 80; *Landfermann,* Erl. u. Mat. z. MWoAEG, S. 54: Fortgeltung der Anfangsmiete bei formnichtiger Staffelmietvereinbarung; AG Köln WM 80, 251).

Im Falle der **Gesamtnichtigkeit** einer **nachträglichen** Staffelmietvereinbarung gilt daher der **vor der Staffelmietvereinbarung vereinbarte Mietzins** weiter (so *Schmid* BlGBW 83, 65 bei Verstoß gegen Formzwang). Im Falle der Gesamtnichtigkeit einer **ursprünglichen** Staffelmietvereinbarung gilt als zulässiger Mietzins die **ortsübliche Vergleichsmiete** (vgl. zur Begründung Einführung § 1 MHG Rn 11 a).

69   Problematisch erscheint, inwieweit **im Falle der** (gesamten oder teilweisen) **Nichtigkeit einer Staffelmietvereinbarung** im voraus von den Mietparteien eine **Vereinbarung** (Individualvereinbarung oder AGB) getroffen werden kann, die statt des nichtigen Mietzinses eine **bestimmte** oder bestimmbare **Miethöhe** als **ersatzweise geschuldet** zugrunde legt. Soweit eine solche Klausel bezweckt, die im Falle der Nichtigkeit gesetzlich geschuldete Miete (**vorheriger wirksamer Staffelsatz** – vgl. Rn 68 – **oder ortsübliche Vergleichsmiete** – was auch eine vertretbare Gesetzesauslegung ist, vgl. die zu § 2 MHG Rn 24 d zitierten Rechtsentscheide für den Fall einer nichtigen Mietzinsvereinbarung –) im voraus festzulegen, dient sie nur der Klarstellung der Rechtslage, so daß keine Bedenken gegen die Wirksamkeit bestehen. Bei Bezugnahme auf die ortsübliche

Vergleichsmiete wird eine solche Klausel im Zweifel dahin auszulegen sein, daß eine Anhebung auf das Niveau der Vergleichsmiete in jeweils einjährigen Abständen zu erfolgen hat (vgl. § 2 MHG Rn 44 a). Ebenfalls keine Bedenken bestehen, wenn die Klausel eine Miethöhe festlegt, die **gleich hoch oder niedriger** liegt als der bisher gültige Staffelmietsatz. Sie wäre nicht als (unzulässiges) Umgehungsgeschäft einer nur gem. § 10 Abs. 2 MHG gültigen Staffelmietvereinbarung anzusehen, auch nicht als Umgehungsgeschäft gegenüber der Verbotsnorm des § 5 WiStG n. F. (da durch die letztgenannte Verbotsnorm nur Rechtsgeschäfte verhindert werden sollen, die für Wohnraum ein unangemessen hohes Mietentgelt zum Inhalt haben, also die zulässige Miethöhe überschreiten). Anerkanntermaßen liegt ein (unzulässiges) Umgehungsgeschäft nur vor, wenn durch Ausnutzung der rechtsgeschäftlichen Gestaltungsfreiheit ein der gesetzlichen Zielsetzung widersprechender Erfolg – gleichgültig ob bewußt oder nicht – herbeigeführt würde (h. M., vgl. *Staudinger/Dilcher* 11; *MüKo-Mayer-Maly* 11, 18, 19; *Soergel/Hefermehl* 54, je zu § 134 BGB; *Enneccerus/Nipperdey*, Allg. Teil, Lehrbuch, 15. Aufl. 1960, § 190 III).

Anders wäre es jedoch bei einer Klausel, die einen **höheren als bisher gültigen Mietzins** durch einen bestimmten Betrag oder in bestimmbarer Weise (z. B. 20 % über der jeweiligen ortsüblichen Vergleichsmiete oder in der Höhe, die zur Deckung der laufenden Aufwendungen des Vermieters (Kostenmiete) erforderlich ist, vgl. § 5 Abs. 1 S. 3 WiStG n. F.) als ersatzweise gültig bestimmen würde. Eine solche sog. **salvatorische Klausel** könnte als AGB wegen Verstoßes gegen § 9 AGBG nichtig sein (vgl. *Palandt/Putzo* Vorb. 3 b vor § 8 AGBG) oder auch als überraschende Klausel gem. § 6 AGBG, da sie die Vereinbarung einer Leistung des Gegners, des Verwenders (Mieters) bezweckt, deren wirtschaftlicher Erfolg demjenigen der unwirksamen Staffelmietsätze soweit wie möglich entspricht (vgl. auch *Palandt/Putzo* § 6 AGBG Anm. 3 a. E. m. w. N.). Unabhängig davon wird jedoch eine solche salvatorische Klausel wegen **Verstoßes gegen § 10 Abs. 1 Hs. 1 MHG** i. V. m. § 2 MHG **nichtig** sein, da im Falle der „Erhöhung des Mietzinses" (vgl. §§ 1 und 2 MHG) zum Nachteil des Mieters von den Vorschriften des § 2 MHG abgewichen wird. Begrifflich wird man hierbei eine „Erhöhung des Mietzinses" bejahen müssen, da im voraus vereinbart wird, daß der zuvor gültig vereinbarte Mietzins sich ab einem künftigen ungewissen Ereignis (Nichtigkeit der Staffelmietvereinbarung) erhöhen soll (vgl. jedoch *Jenisch* ZMR 80, 33, 36, wonach bei einer Staffelmietvereinbarung – im Gegensatz zu Wertsicherungs-, Spannungs- und Leistungsvorbehaltsklauseln – eine später vereinbarte Erhöhung der Miete keine „Mieterhöhung" gem. § 10 Abs. 1 Hs. 1 MHG zum Nachteil des Mieters sei, sondern nur die Auswirkung einer im voraus getroffenen (zeitlichen und betragsmäßigen) Miethöhenregelung). Selbst wenn man die Ansicht von *Jenisch* zugrundelegt, so wird durch die salvatorische Klausel nicht die „eintretende Veränderung unmittelbar und abschließend bereits im Vertrag vereinbart und daher Teil der ursprünglichen, einheitlich zu sehenden Mietpreisbestimmung" (vgl. *Jenisch* a. a. O. S. 35), vielmehr hängt die Veränderung hier vom Eintritt einer (aufschiebenden) Bedingung (Nichtigkeit eines Staffelmietsatzes) ab, so daß sie als

§ 10 MHG, 70+71

Abänderung des ursprünglich vereinbarten Mietzinses (Staffelmietvereinbarung) und damit (im Falle des Ansteigens) als Mieterhöhung anzusehen ist.

**5. Ausschluß allgemeiner Mieterhöhungen während der Staffelmietlaufzeit**

70 Während der Laufzeit der Staffelmietvereinbarung (welche bis höchstens 10 Jahre dauern kann) sind Mieterhöhungen des Vermieters gemäß § 2 MHG (allgemeine Mieterhöhung bis zur ortsüblichen Vergleichsmiete), § 3 MHG (Umlegung von Modernisierungskosten) und § 5 MHG (Umlegung von Kapitalkostenerhöhungen) ausgeschlossen, so daß entsprechende Mieterhöhungserklärungen unwirksam sind. Zulässig sind lediglich Mieterhöhungen wegen Betriebskostensteigerungen gemäß § 4 Abs. 2 und 3 MHG. Dies ergibt sich aus Abs. 2 S. 3. Daraus folgt nach der Begründung des Regierungsentwurfs zum MWoAEG (S. 18) für einen Vermieter, welcher Modernisierungsmaßnahmen gemäß § 3 MHG durchführen will und die hierdurch verursachten Kosten nicht in die Kalkulation der vereinbarten Staffelmiete einbeziehen kann, daß er auf die Vereinbarung einer Staffelmiete für die Zeit nach Durchführung der Baumaßnahme verzichten muß. Auch muß sich der Vermieter, der variable Kreditkosten zu tragen hat, entscheiden, ob er ohne Staffelmiete die Möglichkeit der Mieterhöhung gemäß § 5 MHG behalten oder eine Staffelmietvereinbarung treffen will. Wirtschaftlich bedeutet dies, daß der Vermieter bei der Kalkulation der Staffelmiete künftige allgemeine Mieterhöhungen, Kosten von geplanten Modernisierungsmaßnahmen und künftige Kapitalkostenerhöhungen berücksichtigen sollte, soweit dadurch die Staffelsätze nicht unzulässig hoch angesetzt werden.

Ist bei einem befristeten Mietverhältnis eine Staffelmietvereinbarung nichtig, so sind jedoch Mieterhöhungen des Vermieters gemäß dem MHG zulässig; denn wegen der — wenn auch nichtigen — Staffelmietvereinbarung handelt es sich nicht um einen „festen Mietzins" gemäß § 1 S. 3 MHG, so daß ein vertraglicher Mieterhöhungsausschluß nicht gegeben ist.

71 **Am Ende der Staffelmietlaufzeit gilt der zuletzt erreichte Mietzins so lange weiter,** bis entweder eine Mieterhöhung nach §§ 2 ff. MHG wirksam vorgenommen oder eine neue Staffelmietvereinbarung getroffen wird, was möglich ist (vgl. Begründung des Regierungsentwurfs zum MWoAEG, S. 17). Dabei sind Mieterhöhungen gemäß § 3 MHG (Umlegung von Modernisierungskosten) nur möglich, wenn die Modernisierungsmaßnahme erst nach Ablauf der Staffelmietlaufzeit durchgeführt wird (ähnlich *Sternel* MDR 83, 362). Falls nach Ablauf der Staffelmietlaufzeit eine Mieterhöhung gemäß § 2 MHG vorgenommen wird, ist die **einjährige Wartefrist** gemäß § 2 Abs. 1 S. 1 Nr. 1 MHG einzuhalten, wobei die Wartefrist ab dem Eintritt der letzten Erhöhungsstufe der Staffelmietvereinbarung beginnt (*Köhler*, Neues Mietrecht, S. 74; *Sternel* ZMR 83, 74). Ein vor Ablauf der Wartefrist gestelltes Erhöhungsverlangen gemäß § 2 MHG ist zwar nicht unwirksam; die Fristen des § 2 MHG werden jedoch nicht früher in Lauf gesetzt als bei einer unmittelbar nach Ablauf der Jahresfrist abgegebenen Erklärung (OLG Oldenburg (RE) ZMR 83, 242 = WM 82, 105 = MRS 2 Nr. 36). Fraglich kann erscheinen, ob die Staffelmietlaufzeit einem befristeten Mietverhältnis mit festem Mietzins mit

Verlängerungsklausel gleichzustellen ist, für welches nach RE OLG Hamm (ZMR 83, 71 = WM 82, 294 = DWW 82, 313 = MDR 83, 57 = NJW 83, 829 = MRS 2 Nr. 37) schon vor Ablauf der festen Mietzeit eine Mieterhöhung gemäß § 2 MHG für die Zeit nach Ablauf der Ausschlußzeit verlangt werden kann, wobei die Fristen des § 2 MHG schon vorher in Lauf gesetzt werden. Dies ist zu bejahen, da eine Staffelmietvereinbarung als Mieterhöhungsausschlußtatbestand dem die Mieterhöhung ebenfalls ausschließenden Zeitmietverhältnis mit Festmietzins in der Rechtswirkung gleichsteht. Sofern die 1jährige Wartefrist nicht einzuhalten ist, kann daher schon vor Ablauf der Staffelmietvereinbarung mit im voraus laufenden Fristen eine Mieterhöhung gem. § 2 MHG vorgenommen werden (wirksam zum Ablaufzeitpunkt).

Ergibt sich im Laufe einer Staffelmietvereinbarung, daß ein im voraus für eine spätere Zeit vereinbarter Staffelsatz erheblich unterhalb der dann maßgeblichen ortsüblichen Vergleichsmiete liegt, so wird dies den Vermieter **nicht** berechtigen, eine Erhöhung des vereinbarten Staffelsatzes bis zur ortsüblichen Vergleichsmiete unter dem Gesichtspunkt des **Wegfalls der Geschäftsgrundlage** (§ 242 BGB) zu verlangen. Denn mit der Vereinbarung einer Staffelmiete haben beide Parteien, daher auch der Vermieter, bewußt das Risiko eines künftigen Auseinanderklaffens zwischen vereinbartem Staffelsatz und ortsüblicher Vergleichsmiete in Kauf genommen, so daß dies in die Risikosphäre des Vermieters fällt. Umstände, die in den Risikobereich einer Partei fallen, geben dieser in aller Regel nicht das Recht, sich auf Wegfall der Geschäftsgrundlage zu berufen (BGH NJW 76, 566; NJW 78, 2391; *Palandt/Heinrichs* § 242 BGB Anm. 6 B d). 72

### 6. Kündigungsrechte. Vereinbarte Kündigungsbeschränkung für den Mieter.

a) Das (gemäß Mietvertrag oder Gesetz bestehende) **Kündigungsrecht des Mieters** bleibt **durch** die **Staffelmietvereinbarung unberührt.** Eine bestimmte Staffelmietlaufzeit bewirkt daher nicht für sich alleine einen Ausschluß des Kündigungsrechts des Mieters für die Laufzeit. Wird anläßlich einer Staffelmietvereinbarung nichts Besonderes über eine Beschränkung des Kündigungsrechts des Mieters vereinbart, so bleibt bei einem **unbefristeten Mietverhältnis** das Recht des Mieters zur ordentlichen Kündigung bestehen (vgl. § 565 Abs. 2 S. 1 und 2 BGB, wonach der Mieter je nach der Dauer der Überlassung mit einer Kündigungsfrist von 3, 6, 9 oder 12 Monaten ohne Angabe von Gründen kündigen kann). Ist allerdings eine Staffelmietvereinbarung mit einem **befristeten Mietverhältnis** verbunden, so ist kraft der Befristung das ordentliche Kündigungsrecht des Mieters während der Laufzeit des Vertrages ausgeschlossen. 73

Gleichgültig, ob das Mietverhältnis bei einer Staffelmietvereinbarung unbefristet oder befristet abgeschlossen ist, bleibt das dem Mieter unter den gesetzlichen Voraussetzungen zustehende **außerordentliche** (befristete oder fristlose) **Kündigungsrecht** bestehen. Ein Sonderkündigungsrecht gemäß § 9 Abs. 1 MHG hat der Mieter im Falle der Erhöhung des Mietzinses um einen bestimmten Staffelsatz nicht, da diese Vorschrift auf § 10 Abs. 2 MHG nicht anwendbar ist.

74 b) Die **Vereinbarung einer Beschränkung** (z. B. Verzicht) **des Kündigungsrechts des Mieters** kann mit einer Staffelmietvereinbarung verbunden werden. Eine solche Kündigungsbeschränkung wird oftmals im Interesse des Vermieters liegen, da er dadurch ein auf gewisse Dauer bestehendes und hinsichtlich des Mietzinses klar kalkulierbares Mietverhältnis erreicht. Die Beschränkung (insbesondere ein Ausschluß) des (ordentlichen) Kündigungsrechts des Mieters ist nach allgemeinen mietrechtlichen Gesichtspunkten grundsätzlich wirksam. Gemäß Abs. 2 S. 5 **beschränkt** sich jedoch die Wirksamkeit einer solchen kündigungsbeschränkenden Vereinbarung **auf** einen **Zeitraum von 4 Jahren**. Die 4-Jahres-Frist läuft „seit Abschluß der Vereinbarung", d. h. ab dem Abschluß der Vereinbarung der Kündigungsbeschränkung (*Schmid* BlGBW 83, 65; *Gramlich* NJW 83, 418; *Sternel* MDR 83, 362; a. A. *Köhler*, Neues Mietrecht, S. 79: bei ursprünglicher und nachträglicher Staffelmietvereinbarung ab Beginn des Mietverhältnisses). Dabei ist zu beachten, daß die Vereinbarung der Kündigungsbeschränkung nicht mit der Staffelmietvereinbarung gleichzeitig getroffen sein muß, sondern nachträglich getroffen sein kann. Der Zeitraum, seit welchem das Mietverhältnis schon vor der Kündigungsbeschränkungsvereinbarung besteht, wird demnach auf die 4-Jahres-Frist nicht angerechnet.

75 Soweit das **Kündigungsrecht des Mieters für** einen **längeren Zeitraum als 4 Jahre** vertraglich **ausgeschlossen** wird, ist die Vereinbarung **unwirksam**. Dadurch wird noch nicht die Staffelmietvereinbarung als solche unwirksam. Der Mieter kann daher trotz gegenteiliger Vereinbarung eine wirksame ordentliche Kündigung nach Ablauf der 4-Jahres-Frist vornehmen, wobei bis zur Beendigung des Mietverhältnisses noch die Kündigungsfrist hinzuzurechnen ist. Aus dem Wortlaut der Vorschrift (S. 5) ist nämlich zu schließen, daß der Mieter nicht schon während des Bestehens der 4-Jahres-Frist unter Einhaltung der Kündigungsfrist dergestalt im voraus kündigen kann, daß die Kündigungsfrist mit dem Ablauf der 4-Jahres-Frist abläuft (*Landfermann*, Erl. u. Mat. z. MWoAEG, S. 54; a. A. *Gramlich* NJW 83, 418).

Durch den Ausschluß eines längeren als 4jährigen Kündigungsverzichts seitens des Mieters wollte der Gesetzgeber zum Schutze des Mieters einer Staffelmietvereinbarung die Möglichkeit schaffen, sich bei einer länger dauernden Staffelmiete aus dem Mietverhältnis zu lösen, wenn dem Mieter der gestaffelte Mietzins wirtschaftlich zu hoch erscheint. Die (ordentliche) Kündigung seitens des Mieters muß aber nicht darauf gestützt werden, daß der inzwischen erreichte Staffelmietzins dem Mieter zu hoch ist; vielmehr bedarf sie keiner Angabe von Gründen. Die Kündigung muß auch nicht zum erstzulässigen Kündigungstermin nach Ablauf der 4-Jahres-Frist erfolgen, sie kann vielmehr zu einem beliebigen Zeitpunkt während der restlichen Dauer der Staffelmietvereinbarung ausgesprochen werden.

76 Die kündigungsbeschränkende Vereinbarung gemäß S. 5 bezieht sich nur auf das ordentliche Kündigungsrecht des Mieters. Denn sein Recht zur **außerordentlichen** befristeten **Kündigung** und zur fristlosen Kündigung (zu letzterem vgl. §§ 542, 544, 554 a BGB) ist wirksam nicht abdingbar, was sich für die fristlose

Kündigung z. B. aus §§ 543 S. 2, 554 a S. 2 BGB ergibt (vgl. *Emmerich/ Sonnenschein* § 564 BGB Rn 32 für die außerordentliche befristete Kündigung; *Sternel* IV 249 für die fristlose Kündigung des Mieters).

Die **kündigungsbeschränkende Vereinbarung** unterliegt **nicht** dem **Schriftformzwang** des Abs. 2 S. 1, kann demnach formlos geschlossen werden. Sie kann daher mit einer ursprünglichen oder nachträglichen Staffelmietvereinbarung verbunden werden, jedoch auch nach Abschluß einer Staffelmietvereinbarung durch nachträglichen Änderungsvertrag getroffen werden. 77

Wird ein **befristetes Mietverhältnis auf länger als 4 Jahre abgeschlossen** und mit einer Staffelmietvereinbarung kombiniert, so ist der Vermieter während der gesamten Laufzeit des Mietvertrages an die Befristung gebunden, so daß ihm kein ordentliches Kündigungsrecht zusteht. Der Mieter kann sich jedoch trotz der über 4 Jahre hinausgehenden Befristung des Mietverhältnisese wegen der Staffelmietvereinbarung nach Ablauf von 4 Jahren (durch ordentliche Kündigung) aus dem Mietvertrag lösen. Denn die Schutzvorschrift zugunsten des Mieters (S. 5) hat Vorrang gegenüber dem in der Befristung des Mietverhältnisses liegenden Kündigungsausschluß für den Mieter. Dies ist wirtschaftlich vom Vermieter zu beachten, wenn er eine längerfristige Staffelmietvereinbarung auf länger als 4 Jahre befristet abschließt. 78

Wird ein **besonderer Zeitmietvertrag** (§ 564 c Abs. 2 BGB) auf die Dauer von 5 Jahren abgeschlossen und **mit** einer (5jährigen) **Staffelmietvereinbarung kombiniert,** so kann der Mieter trotz der 5jährigen Befristung nach Ablauf von 4 Jahren seit Mietvertragsabschluß das ordentliche Kündigungsrecht ausüben, da auch hier die Schutzvorschrift des Abs. 2 S. 5 zugunsten des Mieters Vorrang gegenüber dem in der Befristung liegenden Kündigungsausschluß haben muß (a. A. *Köhler*, Neues Mietrecht, S. 79). 79

c) Die Staffelmietvereinbarung läßt das — gemäß Vertrag und Gesetz bestehende — **Kündigungsrecht des Vermieters unberührt.** Durch Vertrag kann jedoch das ordentliche Kündigungsrecht des Vermieters — auch bei einer Staffelmietvereinbarung — für bestimmte Zeit, für bestimmte Kündigungsgründe oder überhaupt ausgeschlossen werden (unabhängig von der 4-Jahres-Frist des S. 5). 80

### 7. Abdingbarkeit

a) Als zulässig ist es anzusehen, die Vereinbarung einer **Staffelmiete** vertraglich **im voraus auszuschließen,** auch durch eine Formularklausel. Damit verzichten die Parteien vereinbarungsgemäß auf eine ihnen vom Gesetz gegebene Alternative neben dem Mieterhöhungsverfahren des MHG, was nach dem Grundsatz der Vertragsfreiheit und wegen des Fehlens einer Unabdingbarkeitsregelung in § 10 Abs. 2 MHG zulässig sein muß. Praktisch hat jedoch eine solche Ausschlußvereinbarung dann keinen Sinn, wenn sich die Parteien durch Änderungsvertrag (späteren Abschluß einer Staffelmietvereinbarung in wirksamer Form) über sie hinwegsetzen, was möglich ist. 81

82 b) Eine **von** den inhaltlichen Regelungen des **§ 10 Abs. 2 MHG abweichende Staffelmietvereinbarung** ist **grundsätzlich unzulässig** (*Köhler*, Neues Mietrecht, S. 73; *Landfermann*, Erl. u. Mat. z. MWoAEG, S. 54; *Sternel* MDR 83, 362). Wird gegen das Schriftformerfordernis (Abs. 2 S. 1) durch Abschluß einer mündlichen Staffelmietvereinbarung verstoßen, so ist die Staffelmietvereinbarung nichtig (§ 125 S. 1 BGB), woran auch ein „Verzicht" der Beteiligten auf die Einhaltung der Schriftform nichts zu ändern vermag (*Staudinger/Dilcher* § 125 BGB Rn 28). Wird eine Beschränkung des dem Mieter zustehenden Kündigungsrechtes für länger als 4 Jahre vereinbart, so ist diese Vereinbarung insoweit wegen Verstoßes gegen das Verbotsgesetz (Abs. 2 S. 5) unwirksam, als sie über die 4-Jahres-Frist hinausgeht (vgl. § 134 BGB). Soweit entgegen dem Verbotsgesetz des Abs. 2 S. 3 neben einer Staffelmietvereinbarung Mieterhöhungen gemäß den §§ 2, 3 und 5 MHG zulässig sein sollen, ist die Vereinbarung wegen Verstoßes gegen ein gesetzliches Verbot gemäß § 134 BGB unwirksam, ohne daß dies die Wirksamkeit der Staffelmietvereinbarung als solche berührt (vgl. § 139 BGB). Soweit von den weiteren inhaltlichen Erfordernissen einer Staffelmietvereinbarung gemäß § 10 Abs. 2 MHG abgewichen wird (z. B. Staffelung für länger als 10 Jahre, mit kürzeren als 1jährigen Zwischenfristen zwischen den Staffelsätzen, mit nicht betragsmäßig festgelegten Mietzinsstufen, mit nicht bestimmbaren Terminen für die Staffelsätze), ist die Vereinbarung nichtig, da § 10 Abs. 2 MHG eine (eng auszulegende) Ausnahmeregelung gegenüber der Verbotsnorm von § 10 Abs. 1 Hs. 1 MHG darstellt, wonach von den §§ 1 bis 9 MHG zum Nachteil des Mieters abweichende Vereinbarungen unwirksam sind; jede von Abs. 2 abweichende Vereinbarung einer Staffelmiete fällt hinsichtlich der Abweichung in den Anwendungsbereich dieser Verbotsnorm. Denn nach schon bisher übereinstimmender Ansicht sind Staffelmietvereinbarungen wegen Verstoßes gegen § 10 Abs. 1 Hs. 1 MHG generell unwirksam, da sie von formellen und materiellen Voraussetzungen des § 2 MHG zum Nachteil des Mieters abweichen (vgl. Rechtsprechung und Literatur oben zu Rn 14). Wird jedoch eine Staffelmietvereinbarung auf einen längeren Zeitraum als 10 Jahre geschlossen, so wird sie lediglich hinsichtlich des 10 Jahre überschreitenden Zeitraums als nichtig anzusehen sein, so daß sie **für die gesetzliche Höchstdauer von 10 Jahren Gültigkeit hat** (*Landfermann*, Erl. u. Mat. z. MWoAEG, S. 54; *Schmid* BlGBW 83, 65; vgl. zur Aufrechterhaltung eines sonst unbedenklichen Geschäfts mit überlanger Vertragsdauer mit der zulässigen Dauer BGH NJW 62, 734 und *Palandt/Heinrichs* § 139 BGB Anm. 4 b, cc). Sind die Zwischenfristen zwischen den Staffelsätzen kürzer als 1 Jahr vereinbart, so wird gemäß § 139 BGB im Einzelfall (unter Berücksichtigung des Umfangs der Abweichungen) zu prüfen sein, ob die Abrede in gesetzeskonformer Anpassung (Erhöhungen jeweils erst nach einem Jahr auf den nach dem Vertrag gültigen Staffelsatz) gültig oder insgesamt nichtig ist (für letzteres *Köhler*, Neues Mietrecht, S. 79). Wird die Höhe der einzelnen Staffelsätze nicht betragsmäßig bestimmt, sondern der Bestimmung eines Vertragspartners oder eines Dritten (z. B. Sachverständigen) überlassen, so liegt keine Staffelmietvereinbarung, sondern eine gemäß Abs. 1 Hs. 1 unwirksame Wertsicherungs- bzw. Gleitklausel vor (vgl. BGH ZMR 81,

119 = WM 81, 42 = NJW 81, 341; *Emmerich/Sonnenschein* § 10 MHG Rn 11 m. w. N.).

Von Abs. 2 abweichende Vereinbarungen können auch nicht gemäß Abs. 1 Hs. 2 als zulässig angesehen werden, da nach dieser Vorschrift eine Erhöhung während eines bestehenden Mietverhältnisses um einen bestimmten Betrag (im konkreten Einzelfall) vorausgesetzt ist, während es sich bei der Staffelmietvereinbarung um eine im voraus getroffene generelle Regelung handelt.

Über die Gültigkeit der Vereinbarung einer Option auf Abschluß einer weiteren Staffelmietvereinbarung vgl. Rn 60 a, über die Gültigkeit von Vereinbarungen über die zulässige Miethöhe im Falle der Nichtigkeit der Staffelmietvereinbarung vgl. Rn 69.

### 8. Beweislast

Die Beweislast für das Bestehen einer Staffelmietvereinbarung hat diejenige Mietvertragspartei, welche sich auf sie beruft. Fordert der Vermieter vom Mieter gemäß einer angeblichen Staffelmietvereinbarung einen höheren Mietzins und bestreitet der Mieter die Staffelmietvereinbarung, so hat sie der Vermieter zu beweisen (durch Vorlage der schriftlichen Vertragsurkunde). Der schriftliche Vertrag hat die Vermutung der Richtigkeit und Vollständigkeit für sich. Behauptet der Vermieter, das ordentliche Kündigungsrecht des Mieters sei für eine bestimmte Zeit vertraglich ausgeschlossen, so hat er dies zu beweisen (da dies einen Ausnahmetatbestand vom regelmäßig bestehenden Kündigungsrecht des Mieters bei unbefristetem Mietverhältnis darstellt).

### 9. Prozessuales

Die wohl häufigste Prozeßform auf Grund einer Staffelmietvereinbarung wird die Klage des Vermieters auf Zahlung des (höheren) Staffelsatzes gegenüber dem bisher bezahlten Mietzins oder einem bisher bezahlten Staffelsatz sein, gerichtet auf Zahlung eines aufgelaufenen Rückstandes oder auf künftige Zahlung des höheren Staffelsatzes. Möglich ist auch die Feststellungsklage des Mieters, daß eine Staffelmietvereinbarung insgesamt oder hinsichtlich einzelner Staffelsätze oder Zeiträume unwirksam ist (auch als Widerklage gegenüber der zuvor erwähnten Leistungsklage des Vermieters möglich). Weiter kann der Mieter auf Rückzahlung zuviel bezahlter Miete wegen einer insgesamt oder teilweise unzulässigen Staffelmietvereinbarung gemäß § 812 BGB klagen (z. B. weil einzelne Staffelsätze wegen Verstoßes gegen § 5 WiStG unzulässig überhöht waren). In diesem Falle hat der Mieter als Kläger die Beweislast für den Umfang des unzulässigen (überhöhten) Mietzinsteiles.

## IV. Unanwendbarkeit des MHG (Abs. 3)

### Allgemeines

Das MHG gilt grundsätzlich für alle Wohnraummietverhältnisse (z. B. auch für die unter § 564 b Abs. 4 BGB fallenden). Über den allgemeinen Anwendungsbereich des MHG vgl. Einführung IV vor § 1 MHG. Abs. 3 nennt jedoch drei Arten von Mietverhältnissen, für die das MHG keine Anwendung findet.

Macht der Vermieter eine Mieterhöhung nach dem MHG geltend und ist dabei streitig, ob ein Ausnahmetatbestand gem. § 10 Abs. 3 vorliegt, so hat der Vermieter das Fehlen eines Ausnahmetatbestandes zu beweisen (da ihn die Darlegungs- und Beweislast für die materiellen Voraussetzungen seines Mieterhöhungsanspruchs trifft).

Es handelt sich gem. Abs. 3 um folgende drei Ausnahmetatbestände:

### 1. Preisgebundener Wohnraum (Nr. 1)

86 Bezüglich dieses Begriffs und der bei preisgebundenem Wohnraum maßgeblichen Mietpreisvorschriften wird auf Einführung III vor § 1 MHG Bezug genommen. Das MHG gilt nur für preisfreien (nicht preisgebundenen) Wohnraum. Es stellt kein öffentliches Mietpreisrecht dar. Preisgebundener Wohnraum unterliegt jedoch ebenfalls den Kündigungsschutzvorschriften des 2. WKSchG. Nicht preisgebunden ist frei finanzierter, d. h. nicht mit öffentlichen Mitteln geförderter Neubauwohnraum, ohne Rücksicht darauf, ob Steuervergünstigungen i. S. d. §§ 42 des I. WoBauG, 82 des II. WoBauG in Anspruch genommen wurden; solcher Wohnraum unterliegt grundsätzlich nicht mehr der Mietpreisbindung, vgl. §§ 45, 46 I. WoBauG, 85, 87 II. WoBauG (LG Dortmund ZMR 74, 338). Über die Einordnung von mit Annuitätszuschüssen geförderte Wohnungen in Berlin vgl. *Schultz* ZMR 83, 290.

87 **Nicht preisgebunden** sind auch Altbauwohnungen und nicht geförderte Neubauwohnungen von **gemeinnützigen Wohnungsbauunternehmen** (vgl. LG Braunschweig NJW 73, 1053 = ZMR 73, 154; LG Hagen ZMR 74, 146; LG Frankfurt WM 74, 184; LG Mannheim NJW 75, 316 = ZMR 75, 119 = MDR 75, 406; AG Frankfurt ZMR 74, 148 m. Anm. *Lau* = WM 74, 130; WM 73, 217; AG Celle WM 76, 154; *Löwe* NJW 72, 2022; *Lau* ZMR 74, 193). Die Bindung bei der Mietzinsbemessung (vgl. §§ 7 Abs. 2 WGG, 13 WGG-DV) besteht nur zwischen Staat und Wohnungsunternehmen; ein Rechtsanspruch des Mieters auf Einhaltung einer gesetzlich bestimmten Miete erwächst daraus nicht. Preisgebunden ist jedoch nur solcher Wohnraum, bei welchem gesetzliche Vorschriften im Verhältnis zwischen Vermieter und Mieter den Preis selbst bestimmen. Das gemeinnützige Wohnungsunternehmen ist jedoch grundsätzlich in der Mietpreisgestaltung frei; wird ein Mietpreis vereinbart, der über der Kostenmiete liegt, so ist der Vertrag wirksam, wenngleich dem gemeinnützigen Unternehmen gewisse Nachteile (Aberkennung der Gemeinnützigkeit) drohen. Dies gilt nunmehr ebenso im Rahmen des § 10 Abs. 3 Nr. 1 MHG (vgl. *Schmidt-Futterer* MDR 75, 95). Das entspricht auch dem Willen des Gesetzgebers des 2. WKSchG (vgl. den von der Bundesregierung abgelehnten Vorschlag Nr. 16 der Stellungnahme des Bundesrates, wonach die gemeinnützigen Wohnungsunternehmen aus dem MHG herausgenommen und den Vorschriften über preisgebundenen Wohnraum unterstellt werden sollten). Für die gemeinnützigen Wohnungsunternehmen ist daher in vollem Umfang des MHG anwendbar. Im Rahmen des § 2 MHG ist zu beachten, daß zum Nachweis des Erhöhungsverlan-

gens vergleichbar auch Wohnungen privater Hauseigentümer sind, nicht etwa nur solche von gemeinnützigen Wohnungsunternehmen (OLG Karlsruhe (RE) WM 82, 67 = NJW 82, 890 = MRS 2 Nr. 41; OLG Frankfurt (RE) ZMR 82, 342 = WM 82, 128 = NJW 82, 1822 = MRS 2 Nr. 42 für Mietspiegel; LG Frankfurt WM 74, 184; *Emmerich/Sonnenschein* § 2 MHG 45; *Riebandt/Korfmacher* GWW 73, 551; *Fischer-Dieskau/Pergande/Schwender* § 2 MGH Anm. 2 m. ausführlicher Begründung; a. A. AG Frankfurt ZMR 73, 148 m. zust. Anm. *Lau* = WM 74, 130; *Lau* ZMR 74, 193; ders. WM 78, 201; *Schmidt-Futterer/Blank* C 72; *Sternel* III 65; auch die Vorauflage). Denn nach den in § 2 genannten Vergleichsmerkmalen ist nach der Finanzierungsart nicht zu unterscheiden; das Gesetz wollte keinen Teilmarkt für gemeinnützige Bauherren schaffen. Die Mieterhöhung ist daher allein gem. § 2 nach der ortsüblichen Vergleichsmiete vorzunehmen, gleichgültig, ob die Kostenmiete niedriger oder höher liegt. Den §§ 7 WGG, 13 WGG-DV kommt auch nicht der Charakter eines gesetzlichen Verbots (§ 134 BGB) zu, so daß eine Erhöhung gem. § 2, welche die Kostenmiete übersteigt, nichtig wäre (so die zitierte Gegenmeinung). Andererseits kommt eine Mieterhöhung bis zur Kostenmiete nicht in Betracht, wenn diese über der ortsüblichen Vergleichsmiete liegt (a. A. *Lau* WM 78, 202). Auch liegt in der vertraglichen Verpflichtung zur Zahlung einer angemessenen Miete für den Mieter kein Nachteil i. S. v. § 10 Abs. 1 Hs. 1 MHG (LG Frankfurt a. a. O.).

Preisgebunden ist nur der gesetzlich, nicht der vertraglich gebundene Wohnraum. 88 Es handelt sich daher auch dann um nicht preisgebundenen Wohnraum, wenn sich der Vermieter bei der Mietpreisgestaltung an die der II. BV angelehnten vertraglichen Bestimmungen hält (LG Essen WM 74, 32) oder vertraglich die Kostenmiete vereinbart ist (*Löwe* NJW 75, 14).

Beim Übergang von preisgebundenem zu preisfreiem Wohnraum (d. h. bei **Wegfall** 89 **der Preisbindung**) kann nach jetzt herrschender Ansicht (OLG Hamm (RE) ZMR 81, 56 = WM 80, 262 = MDR 81, 144 = NJW 81, 234 m. Anm. *Köhler* = MRS 1 Nr. 27; KG (RE) ZMR 82, 241 = WM 82, 102 = DWW 82, 149 = NJW 82, 2077 = MRS 2 Nr. 35; über die frühere gegenteilige h. A. vgl. Vorauflage Rn 51 m. w. N.; AG Münster WM 79, 260; WM 80, 60; AG Köln WM 80, 82; *Volkening* ZMR 79, 326 insbes. bei Bundesdarlehenswohnungen; *Wichardt* ZMR 80, 99) eine Mieterhöhung schon vor Ablauf der Preisbindung verlangt werden, mit der Wirkung, daß sie — unter vorherigem Lauf der Wirksamkeitsfrist — sofort nach Ablauf der Preisbindung wirksam wird. Diese **„Vorauswirkung" einer Erhöhungserklärung** gem. § 2 MHG wird damit begründet, daß § 2 MHG bezweckt, dem Vermieter einen angemessenen, marktorientierten Ertrag zu garantieren, ihn also nicht nach Ablauf der Preisbindung noch eine gewisse Zeit an die Kostenmiete zu binden (vgl. OLG Hamm a. a. O.). Diese Ansicht erscheint sehr bedenklich (vgl. zur Begründung der Gegenansicht Vorauflage Rn 89). Über andere Fälle einer solchen „Vorauswirkung" der Mieterhöhungserklärung auf der Grundlage der Begründung der beiden genannten Rechtsentscheide vgl. § 1 MHG Rn 18 a.

Hatten die Parteien während der Preisbindung eine preisrechtlich unzulässige Miete vereinbart, so erlangt diese Vereinbarung nicht bei Wegfall der Preisbindung

Wirksamkeit (LG Hamburg ZMR 77, 152 = WM 76, 266; MDR 76, 402 = DWW 76, 35), da andernfalls Vermieter, die sich eine unzulässige Leistung versprechen ließen, gegenüber gesetzestreuen Vermietern im Vorteil wären.

### 2. Vorübergehender Gebrauch (Nr. 2)

90   Zur Erläuterung dieses Tatbestandes wird auf § 564 b BGB Rn 26–32 verwiesen.

### 3. Möblierter Wohnraum alleinstehender Mieter innerhalb der Vermieterwohnung (Nr. 3)

91   Zur Erläuterung dieses Tatbestandes wird auf § 564 b BGB Rn 33–46 verwiesen.

Entsprechend der Ausdehnung des Kündigungsschutzes auf möblierten Wohnraum außerhalb der vom Vermieter selbst bewohnten Wohnung (§§ 564 b Abs. 7 2. Fall, 565 Abs. 3 n. F. BGB, Art. 2 Abs. 3 des 2. WKSchG) mußten für solche Mietverhältnisse auch die Regelungen des MHG über Mieterhöhungen gelten, da der Vermieter insoweit nicht mehr zum Zweck der Mieterhöhung kündigen kann, so daß eine Mietanpassung in angemessenem Rahmen möglich sein muß (vgl. Begründung des Regierungsentwurfs).

### 4. Wohnraum in Studenten- und Jugendwohnheim (Nr. 4)

92   Durch die gemäß MWoAEG eingeführte Nr. 4 des Abs. 3 – in kraft getreten am 1. 1. 1983 – ist das MHG unanwendbar auf Wohnraum, der Teil eines Studenten- oder Jugendwohnheims ist. Zur gesetzgeberischen Absicht und Erläuterung des Tatbestandes wird auf § 564 b BGB Rn 47 verwiesen. Da § 1 S. 1 MHG (Verbot der Kündigung zum Zweck der Mieterhöhung) auf derartige Mietverhältnisse nicht anwendbar ist, kann bei Mietverhältnissen von Studenten und Jugendlichen in Wohnheimen nunmehr eine Änderungskündigung (Kündigung zum Zweck der Mieterhöhung) durchgeführt werden. Da die Abs. 1 und 2 auf solche Mietverhältnisse nicht anwendbar sind, können Mieterhöhungen in inhaltlich unbeschränkter Weise (z. B. durch Wertsicherungs- oder Gleitklauseln, Staffelmietvereinbarung unabhängig von § 10 Abs. 2 MHG) vereinbart werden.

# Anhang I
## [Sonstige Gesetzesvorschriften]

### Bürgerliches Gesetzbuch

#### § 542 BGB
#### [Fristlose Kündigung wegen Nichtgewährung des Gebrauchs]

(1) ¹Wird dem Mieter der vertragsmäßige Gebrauch der gemieteten Sache ganz oder zum Teil nicht rechtzeitig gewährt oder wieder entzogen, so kann der Mieter ohne Einhaltung einer Kündigungsfrist das Mietverhältnis kündigen. ²Die Kündigung ist erst zulässig, wenn der Vermieter eine ihm von dem Mieter bestimmte angemessene Frist hat verstreichen lassen, ohne Abhilfe zu schaffen. ³Der Bestimmung einer Frist bedarf es nicht, wenn die Erfüllung des Vertrags infolge des die Kündigung rechtfertigenden Umstandes für den Mieter kein Interesse hat.

(2) Wegen einer unerheblichen Hinderung oder Vorenthaltung des Gebrauchs ist die Kündigung nur zulässig, wenn sie durch ein besonderes Interesse des Mieters gerechtfertigt wird.

(3) Bestreitet der Vermieter die Zulässigkeit der erfolgten Kündigung, weil er den Gebrauch der Sache rechtzeitig gewährt oder vor dem Ablaufe der Frist die Abhilfe bewirkt habe, so trifft ihn die Beweislast.

#### § 543 BGB
#### [Bei fristloser Kündigung anzuwendende Vorschriften]

¹Auf das dem Mieter nach § 542 zustehende Kündigungsrecht finden die Vorschriften der §§ 539 bis 541 sowie die für die Wandelung bei dem Kaufe geltenden Vorschriften der §§ 469 bis 471 entsprechende Anwendung. ²Bei einem Mietverhältnis über Wohnraum ist eine Vereinbarung, durch die das Kündigungsrecht ausgeschlossen oder eingeschränkt wird, unwirksam.

#### § 544 BGB
#### [Fristlose Kündigung wegen Gesundheitsgefährdung]

Ist eine Wohnung oder ein anderer zum Aufenthalte von Menschen bestimmter Raum so beschaffen, daß die Benutzung mit einer erheblichen Gefährdung der Gesundheit verbunden ist, so kann der Mieter das Mietverhältnis ohne Einhaltung einer Kündigungsfrist kündigen, auch wenn er die gefahrbringende Beschaffenheit bei dem Abschlusse des Vertrages gekannt oder auf die Geltendmachung der ihm wegen dieser Beschaffenheit zustehenden Rechte verzichtet hat.

#### § 553 BGB
#### [Fristlose Kündigung bei vertragswidrigem Gebrauch]

Der Vermieter kann ohne Einhaltung einer Kündigungsfrist das Mietverhältnis kündigen, wenn der Mieter oder derjenige, welchem der Mieter den Gebrauch der gemieteten Sache überlassen hat, ungeachtet einer Abmahnung des Vermieters einen vertragswidrigen Gebrauch der Sache fortsetzt, der die Rechte des Vermieters in erheblichem Maße verletzt, insbesondere einem Dritten den ihm unbefugt überlassenen Gebrauch beläßt, oder die Sache durch Vernachlässigung der dem Mieter obliegenden Sorgfalt erheblich gefährdet.

### § 554 BGB
### [Fristlose Kündigung bei Zahlungsverzug]

(1) ¹Der Vermieter kann das Mietverhältnis ohne Einhaltung einer Kündigungsfrist kündigen, wenn der Mieter

1. für zwei aufeinanderfolgende Termine mit der Entrichtung des Mietzinses oder eines nicht unerheblichen Teils des Mietzinses im Verzug ist, oder
2. in einem Zeitraum, der sich über mehr als zwei Termine erstreckt, mit der Entrichtung des Mietzinses in Höhe eines Betrages in Verzug gekommen ist, der den Mietzins für zwei Monate erreicht.

²Die Kündigung ist ausgeschlossen, wenn der Vermieter vorher befriedigt wird. ³Sie wird unwirksam, wenn sich der Mieter von seiner Schuld durch Aufrechnung befreien konnte und unverzüglich nach der Kündigung die Aufrechnung erklärt.

(2) Ist Wohnraum vermietet, so gelten ergänzend die folgenden Vorschriften:

1. Im Falle des Absatzes 1 Satz 1 Nr. 1 ist der rückständige Teil des Mietzinses nur dann als nicht unerheblich anzusehen, wenn er den Mietzins für einen Monat übersteigt; dies gilt jedoch nicht, wenn der Wohnraum zu nur vorübergehendem Gebrauch vermietet ist.
2. ¹Die Kündigung wird auch dann unwirksam, wenn bis zum Ablauf eines Monats nach Eintritt der Rechtshängigkeit des Räumungsanspruchs hinsichtlich des fälligen Mietzinses und der fälligen Entschädigung nach § 557 Abs. 1 Satz 1 der Vermieter befriedigt wird oder eine öffentliche Stelle sich zur Befriedigung verpflichtet. ²Dies gilt nicht, wenn der Kündigung vor nicht länger als zwei Jahren bereits eine nach Satz 1 unwirksame Kündigung vorausgegangen ist.
3. Eine zum Nachteil des Mieters abweichende Vereinbarung ist unwirksam.

### § 554 a BGB
### [Fristlose Kündigung bei unzumutbarem Mietverhältnis]

¹Ein Mietverhältnis über Räume kann ohne Einhaltung einer Kündigungsfrist gekündigt werden, wenn ein Vertragsteil schuldhaft in solchem Maße seine Verpflichtungen verletzt, insbesondere den Hausfrieden so nachhaltig stört, daß dem anderen Teil die Fortsetzung des Mietverhältnisses nicht zugemutet werden kann. ²Eine entgegenstehende Vereinbarung ist unwirksam.

### § 554 b BGB
### [Vereinbarung über fristlose Kündigung]

Eine Vereinbarung, nach welcher der Vermieter von Wohnraum zur Kündigung ohne Einhaltung einer Kündigungsfrist aus anderen als den im Gesetz genannten Gründen berechtigt sein soll, ist unwirksam.

### § 556 BGB
### [Anspruch auf Rückgabe der Mietsache]

(1) Der Mieter ist verpflichtet, die gemietete Sache nach der Beendigung des Mietverhältnisses zurückzugeben.

(2) Dem Mieter eines Grundstücks steht wegen seiner Ansprüche gegen den Vermieter ein Zurückbehaltungsrecht nicht zu.

(3) Hat der Mieter den Gebrauch der Sache einem Dritten überlassen, so kann der Vermieter die Sache nach der Beendigung des Mietverhältnisses auch von dem Dritten zurückfordern.

### § 556 a BGB
### [Kündigungswiderspruch des Mieters]

(1) ¹Der Mieter kann der Kündigung eines Mietverhältnisses über Wohnraum widersprechen und vom Vermieter die Fortsetzung des Mietverhältnisses verlangen, wenn die vertragsmäßige Beendigung des Mietverhältnisses für den Mieter oder seine Familie eine Härte bedeuten würde, die auch unter Würdigung der berechtigten Interessen des Vermieters nicht zu rechtfertigen ist. ²Eine Härte liegt auch vor, wenn angemessener Ersatzwohnraum zu zumutbaren Bedingungen nicht beschafft werden kann. ³Bei der Würdigung der berechtigten Interessen des Vermieters werden nur die in dem Kündigungsschreiben nach § 564 a Abs. 1 Satz 2 angegebenen Gründe berücksichtigt, soweit nicht die Gründe nachträglich entstanden sind.

(2) ¹Im Falle des Absatzes 1 kann der Mieter verlangen, daß das Mietverhältnis so lange fortgesetzt wird, wie dies unter Berücksichtigung aller Umstände angemessen ist. ²Ist dem Vermieter nicht zuzumuten, das Mietverhältnis nach den bisher geltenden Vertragsbedingungen fortzusetzen, so kann der Mieter nur verlangen, daß es unter einer angemessenen Änderung der Bedingungen fortgesetzt wird.

(3) ¹Kommt keine Einigung zustande, so wird über eine Fortsetzung des Mietverhältnisses und über deren Dauer sowie über die Bedingungen, nach denen es fortgesetzt wird, durch Urteil Bestimmung getroffen. ²Ist ungewiß, wann voraussichtlich die Umstände wegfallen, auf Grund deren die Beendigung des Mietverhältnisses für den Mieter oder seine Familie eine Härte bedeutet, so kann bestimmt werden, daß das Mietverhältnis auf unbestimmte Zeit fortgesetzt wird.

(4) Der Mieter kann eine Fortsetzung des Mietverhältnisses nicht verlangen,
1. wenn er das Mietverhältnis gekündigt hat;
2. wenn ein Grund vorliegt, aus dem der Vermieter zur Kündigung ohne Einhaltung einer Kündigungsfrist berechtigt ist.

(5) ¹Die Erklärung des Mieters, mit der er der Kündigung widerspricht und die Fortsetzung des Mietverhältnisses verlangt, bedarf der schriftlichen Form. ²Auf Verlangen des Vermieters soll der Mieter über die Gründe des Widerspruchs unverzüglich Auskunft erteilen.

(6) ¹Der Vermieter kann die Fortsetzung des Mietverhältnisses ablehnen, wenn der Mieter den Widerspruch nicht spätestens zwei Monate vor der Beendigung des Mietverhältnisses dem Vermieter gegenüber erklärt hat. ²Hat der Vermieter nicht rechtzeitig vor Ablauf der Widerspruchsfrist den in § 564 a Abs. 2 bezeichneten Hinweis erteilt, so kann der Mieter den Widerspruch noch im ersten Termin des Räumungsrechtsstreits erklären.

(7) Eine entgegenstehende Vereinbarung ist unwirksam.

(8) Diese Vorschriften gelten nicht für Wohnraum, der zu nur vorübergehendem Gebrauch vermietet ist, und für Mietverhältnisse der in § 565 Abs. 3 genannten Art.

### § 556 b BGB
### [Fortsetzung befristeter Mietverhältnisse]

(1) ¹Ist ein Mietverhältnis über Wohnraum auf bestimmte Zeit eingegangen, so kann der Mieter die Fortsetzung des Mietverhältnisses verlangen, wenn sie auf Grund des § 556 a im Falle einer Kündigung verlangt werden könnte. ²Im übrigen gilt § 556 a sinngemäß.

(2) Hat der Mieter die Umstände, welche das Interesse des Vermieters an der fristgemäßen Rückgabe des Wohnraums begründen, bei Abschluß des Mietvertrages gekannt, so sind zugunsten des Mieters nur Umstände zu berücksichtigen, die nachträglich eingetreten sind.

### § 556 c BGB
### [Weitere Fortsetzung des Mietverhältnisses]

(1) Ist auf Grund der §§ 556 a, 556 b durch Einigung oder Urteil bestimmt worden, daß das Mietverhältnis auf bestimmte Zeit fortgesetzt wird, so kann der Mieter dessen weitere Fortsetzung nach diesen Vorschriften nur verlangen, wenn dies durch eine wesentliche Änderung der Umstände gerechtfertigt ist oder wenn Umstände nicht eingetreten sind, deren vorgesehener Eintritt für die Zeitdauer der Fortsetzung bestimmend gewesen war.

(2) [1]Kündigt der Vermieter ein Mietverhältnis, dessen Fortsetzung auf unbestimmte Zeit durch Urteil bestimmt worden ist, so kann der Mieter der Kündigung widersprechen und vom Vermieter verlangen, das Mietverhältnis auf unbestimmte Zeit fortzusetzen. [2]Haben sich Umstände, die für die Fortsetzung bestimmend gewesen waren, verändert, so kann der Mieter eine Fortsetzung des Mietverhältnisses nur nach § 556 a verlangen; unerhebliche Veränderungen bleiben außer Betracht.

### § 557 BGB
### [Ansprüche bei verspäteter Rückgabe]

(1) [1]Gibt der Mieter die gemietete Sache nach der Beendigung des Mietverhältnisses nicht zurück, so kann der Vermieter für die Dauer der Vorenthaltung als Entschädigung den vereinbarten Mietzins verlangen; bei einem Mietverhältnis über Räume kann er anstelle dessen als Entschädigung den Mietzins verlangen, der für vergleichbare Räume ortsüblich ist. [2]Die Geltendmachung eines weiteren Schadens ist nicht ausgeschlossen.

(2) [1]Der Vermieter von Wohnraum kann jedoch einen weiteren Schaden nur geltend machen, wenn die Rückgabe infolge von Umständen unterblieben ist, die der Mieter zu vertreten hat; der Schaden ist nur insoweit zu ersetzen, als den Umständen nach die Billigkeit eine Schadloshaltung erfordert. [2]Dies gilt nicht, wenn der Mieter gekündigt hat.

(3) Wird dem Mieter von Wohnraum nach § 721 oder § 794 a der Zivilprozeßordnung eine Räumungsfrist gewährt, so ist er für die Zeit von der Beendigung des Mietverhältnisses bis zum Ablauf der Räumungsfrist zum Ersatz eines weiteren Schadens nicht verpflichtet.

(4) Eine Vereinbarung, die zum Nachteil des Mieters von den Absätzen 2 oder 3 abweicht, ist unwirksam.

### § 564 BGB
### [Ende des Mietverhältnisses]

(1) Das Mietverhältnis endigt mit dem Ablaufe der Zeit, für die es eingegangen ist.

(2) Ist die Mietzeit nicht bestimmt, so kann jeder Teil das Mietverhältnis nach den Vorschriften des § 565 kündigen.

### § 564 a BGB
### [Schriftform der Kündigung]

(1) [1]Die Kündigung eines Mietverhältnisses über Wohnraum bedarf der schriftlichen Form. [2]In dem Kündigungsschreiben sollen die Gründe der Kündigung angegeben werden.

(2) Der Vermieter von Wohnraum soll den Mieter auf die Möglichkeit des Widerspruchs nach § 556 a sowie auf die Form und die Frist des Widerspruchs rechtzeitig hinweisen.

(3) Diese Vorschriften gelten nicht für Wohnraum, der zu nur vorübergehendem Gebrauch vermietet ist, und für Mietverhältnisse der in § 565 Abs. 3 genannten Art.

### § 564 b BGB
### [Berechtigtes Interesse des Vermieters an der Kündigung]

(1) Ein Mietverhältnis über Wohnraum kann der Vermieter vorbehaltlich der Regelung in Absatz 4 nur kündigen, wenn er ein berechtigtes Interesse an der Beendigung des Mietverhältnisses hat.

(2) Als ein berechtigtes Interesse des Vermieters an der Beendigung des Mietverhältnisses ist es insbesondere anzusehen, wenn

1. der Mieter seine vertraglichen Verpflichtungen schuldhaft nicht unerheblich verletzt hat;
2. der Vermieter die Räume als Wohnung für sich, die zu seinem Hausstand gehörenden Personen oder seine Familienangehörigen benötigt. ²Ist an den vermieteten Wohnräumen nach der Überlassung an den Mieter Wohnungseigentum begründet und das Wohnungseigentum veräußert worden, so kann sich der Erwerber auf berechtigte Interessen im Sinne des Satzes 1 nicht vor Ablauf von drei Jahren seit der Veräußerung an ihn berufen;
3. der Vermieter durch die Fortsetzung des Mietverhältnisses an einer angemessenen wirtschaftlichen Verwertung des Grundstücks gehindert und dadurch erhebliche Nachteile erleiden würde. ²Die Möglichkeit, im Falle einer anderweitigen Vermietung als Wohnraum eine höhere Miete zu erzielen, bleibt dabei außer Betracht. ³Der Vermieter kann sich auch nicht darauf berufen, daß er die Mieträume im Zusammenhang mit einer beabsichtigten oder nach Überlassung an den Mieter erfolgten Begründung von Wohnungseigentum veräußern will.

(3) Als berechtigte Interessen des Vermieters werden nur die Gründe berücksichtigt, die in dem Kündigungsschreiben angegeben sind, soweit sie nicht nachträglich entstanden sind.

(4) ¹Bei einem Mietverhältnis über eine Wohnung in einem vom Vermieter selbst bewohnten Wohngebäude mit nicht mehr als zwei Wohnungen kann der Vermieter das Mietverhältnis kündigen, auch wenn die Voraussetzungen des Absatzes 1 nicht vorliegen. ²Die Kündigungsfrist verlängert sich in diesem Fall um drei Monate. ³Dies gilt entsprechend für Mietverhältnisse über Wohnraum innerhalb der vom Vermieter selbst bewohnten Wohnung, sofern der Wohnraum nicht nach Absatz 7 von der Anwendung dieser Vorschriften ausgenommen ist. ⁴In dem Kündigungsschreiben ist anzugeben, daß die Kündigung nicht auf die Voraussetzungen des Absatzes 1 gestützt wird.

(5) Weitergehende Schutzrechte des Mieters bleiben unberührt.

(6) Eine zum Nachteil des Mieters abweichende Vereinbarung ist unwirksam.

(7) Diese Vorschriften gelten nicht für Mietverhältnisse:

1. über Wohnraum, der zu nur vorübergehendem Gebrauch vermietet ist,
2. über Wohnraum, der Teil der vom Vermieter selbst bewohnten Wohnung ist und den der Vermieter ganz oder überwiegend mit Einrichtungsgegenständen auszustatten hat, sofern der Wohnraum nicht zum dauernden Gebrauch für eine Familie überlassen ist,
3. über Wohnraum, der Teil eines Studenten- oder Jugendwohnheims ist.

## § 564 c BGB
### [Mietverhältnisse auf bestimmte Zeit]

(1) ¹Ist ein Mietverhältnis über Wohnraum auf bestimmte Zeit eingegangen, so kann der Mieter spätestens zwei Monate vor der Beendigung des Mietverhältnisses durch schriftliche Erklärung gegenüber dem Vermieter die Fortsetzung des Mietverhältnisses auf unbestimmte Zeit verlangen, wenn nicht der Vermieter ein berechtigtes Interesse an der Beendigung des Mietverhältnisses hat. ²§ 564 b gilt entsprechend.

(2) ¹Der Mieter kann keine Fortsetzung des Mietverhältnisses nach Absatz 1 oder nach § 556 b verlangen, wenn

1. das Mietverhältnis für nicht mehr als fünf Jahre eingegangen ist,
2. der Vermieter
   a) die Räume als Wohnung für sich, die zu seinem Hausstand gehörenden Personen oder seine Familienangehörigen nutzen will oder
   b) in zulässiger Weise die Räume beseitigen oder so wesentlich verändern oder instandsetzen will, daß die Maßnahmen durch eine Fortsetzung des Mietverhältnisses erheblich erschwert würden,
3. der Vermieter dem Mieter diese Absicht bei Vertragsschluß schriftlich mitgeteilt hat und
4. der Vermieter dem Mieter drei Monate vor Ablauf der Mietzeit schriftlich mitgeteilt hat, daß diese Verwendungsabsicht noch besteht.

²Verzögert sich die vom Vermieter beabsichtigte Verwendung der Räume ohne sein Verschulden, kann der Mieter eine Verlängerung des Mietverhältnisses um einen entsprechenden Zeitraum verlangen; würde durch diese Verlängerung die Dauer des Mietverhältnisses fünf Jahre übersteigen, kann der Mieter die Fortsetzung des Mietverhältnisses auf unbestimmte Zeit nach Absatz 1 verlangen.

## § 565 BGB
### [Kündigungsfristen]

(1) Bei einem Mietverhältnis über Grundstücke, Räume oder im Schiffsregister eingetragene Schiffe ist die Kündigung zulässig,

1. wenn der Mietzins nach Tagen bemessen ist, an jedem Tag für den Ablauf des folgenden Tages;
2. wenn der Mietzins nach Wochen bemessen ist, spätestens am ersten Werktag einer Woche für den Ablauf des folgenden Sonnabends;
3. wenn der Mietzins nach Monaten oder längeren Zeitabschnitten bemessen ist, spätestens am dritten Werktag eines Kalendermonats für den Ablauf des übernächsten Monats, bei einem Mietverhältnis über Geschäftsräume, gewerblich genutzte unbebaute Grundstücke oder im Schiffsregister eingetragene Schiffe jedoch nur für den Ablauf eines Kalendervierteljahres.

(2) ¹Bei einem Mietverhältnis über Wohnraum ist die Kündigung spätestens am dritten Werktag eines Kalendermonats für den Ablauf des übernächsten Monats zulässig. ²Nach fünf, acht und zehn Jahren seit der Überlassung des Wohnraums verlängert sich die Kündigungsfrist um jeweils drei Monate. ³Eine Vereinbarung, nach welcher der Vermieter zur Kündigung unter Einhaltung einer kürzeren Frist berechtigt sein soll, ist nur wirksam, wenn der Wohnraum zu nur vorübergehendem Gebrauch vermietet ist. ⁴Eine Vereinbarung, nach der

die Kündigung nur für den Schluß bestimmter Kalendermonate zulässig sein soll, ist unwirksam.

(3) Ist Wohnraum, den der Vermieter ganz oder überwiegend mit Einrichtungsgegenständen auszustatten hat, Teil der vom Vermieter selbst bewohnten Wohnung, jedoch nicht zum dauernden Gebrauch für eine Familie überlassen, so ist die Kündigung zulässig,
1. wenn der Mietzins nach Tagen bemessen ist, an jedem Tag für den Ablauf des folgenden Tages;
2. wenn der Mietzins nach Wochen bemessen ist, spätestens am ersten Werktag einer Woche für den Ablauf des folgenden Sonnabends;
3. wenn der Mietzins nach Monaten oder längeren Zeitabschnitten bemessen ist, spätestens am Fünfzehnten eines Monats für den Ablauf dieses Monats.
4. ...

(5) Absatz 1 Nr. 3, Absatz 2 Satz 1, Absatz 3 Nr. 3, Absatz 4 Nr. 2 sind auch anzuwenden, wenn ein Mietverhältnis unter Einhaltung der gesetzlichen Frist vorzeitig gekündigt werden kann.

### § 565 a BGB
### [Verlängerung befristeter und bedingter Mietverhältnisse]

(1) Ist ein Mietverhältnis über Wohnraum auf bestimmte Zeit eingegangen und ist vereinbart, daß es sich mangels Kündigung verlängert, so tritt die Verlängerung ein, wenn es nicht nach den Vorschriften des § 565 gekündigt wird.

(2) [1]Ist ein Mietverhältnis über Wohnraum unter einer auflösenden Bedingung geschlossen, so gilt es nach Eintritt der Bedingung als auf unbestimmte Zeit verlängert. [2]Kündigt der Vermieter nach Eintritt der Bedingung und verlangt der Mieter auf Grund des § 556 a die Fortsetzung des Mietverhältnisses, so sind zu seinen Gunsten nur Umstände zu berücksichtigen, die nach Abschluß des Mietvertrages eingetreten sind.

(3) Eine zum Nachteil des Mieters abweichende Vereinbarung ist nur wirksam, wenn der Wohnraum zu nur vorübergehendem Gebrauch vermietet ist oder es sich um ein Mietverhältnis der in § 565 Abs. 3 genannten Art handelt.

### § 565 b BGB
### [Sondervorschriften für Dienstmietwohnungen]

Ist Wohnraum mit Rücksicht auf das Bestehen eines Dienstverhältnisses vermietet, so gelten die besonderen Vorschriften der §§ 565 c und 565 d.

### § 565 c BGB
### [Kündigung des Vermieters]

[1]Ist das Mietverhältnis auf unbestimmte Zeit eingegangen, so ist nach Beendigung des Dienstverhältnisses eine Kündigung des Vermieters zulässig
1. spätestens am dritten Werktag eines Kalendermonats für den Ablauf des nächsten Monats, wenn der Wohnraum weniger als zehn Jahre überlassen war und für einen anderen zur Dienstleistung Verpflichteten dringend benötigt wird;
2. spätestens am dritten Werktag eines Kalendermonats für den Ablauf dieses Monats, wenn das Dienstverhältnis seiner Art nach die Überlassung des Wohnraums, der in unmittelbarer

Beziehung oder Nähe zur Stätte der Dienstleistung steht, erfordert hat und der Wohnraum aus dem gleichen Grunde für einen anderen zur Dienstleistung Verpflichteten benötigt wird.

²Im übrigen bleibt § 565 unberührt.

### § 565 d BGB
### [Widerspruch des Mieters gegen Kündigung]

(1) Bei Anwendung der §§ 556 a, 556 b sind auch die Belange des Dienstberechtigten zu berücksichtigen.

(2) Hat der Vermieter nach § 565 c Satz 1 Nr. 1 gekündigt, so gilt § 556 a mit der Maßgabe, daß der Vermieter die Einwilligung zur Fortsetzung des Mietverhältnisses verweigern kann, wenn der Mieter den Widerspruch nicht spätestens einen Monat vor der Beendigung des Mietverhältnisses erklärt hat.

(3) Die §§ 556 a, 556 b gelten nicht, wenn

1. der Vermieter nach § 565 c Satz 1 Nr. 2 gekündigt hat;
2. der Mieter das Dienstverhältnis gelöst hat, ohne daß ihm von dem Dienstberechtigten gesetzlich begründeter Anlaß gegeben war, oder der Mieter durch sein Verhalten dem Dienstberechtigten gesetzlich begründeten Anlaß zur Auflösung des Dienstverhältnisses gegeben hat.

### § 565 e BGB
### [Dienstwohnungen]

Ist Wohnraum im Rahmen eines Dienstverhältnisses überlassen, so gelten für die Beendigung des Rechtsverhältnisses hinsichtlich des Wohnraums die Vorschriften über die Miete entsprechend, wenn der zur Dienstleistung Verpflichtete den Wohnraum ganz oder überwiegend mit Einrichtungsgegenständen ausgestattet hat oder in dem Wohnraum mit seiner Familie einen eigenen Hausstand führt.

### § 566 BGB
### [Schriftform des Mietvertrags]

Ein Mietvertrag über ein Grundstück, der für längere Zeit als ein Jahr geschlossen wird, bedarf der schriftlichen Form. Wird die Form nicht beobachtet, so gilt der Vertrag als für unbestimmte Zeit geschlossen; die Kündigung ist jedoch nicht für eine frühere Zeit als für den Schluß des ersten Jahres zulässig.

### § 568 BGB
### [Stillschweigende Verlängerung bei Gebrauchsfortsetzung]

¹Wird nach dem Ablaufe der Mietzeit der Gebrauch der Sache von dem Mieter fortgesetzt, so gilt das Mietverhältnis als auf unbestimmte Zeit verlängert, sofern nicht der Vermieter oder der Mieter seinen entgegenstehenden Willen binnen einer Frist von zwei Wochen dem anderen Teile gegenüber erklärt. ²Die Frist beginnt für den Mieter mit der Fortsetzung des Gebrauchs, für den Vermieter mit dem Zeitpunkt, in welchem er von der Fortsetzung Kenntnis erlangt.

## § 569 BGB
### [Tod des Mieters]

(1) ¹Stirbt der Mieter, so ist sowohl der Erbe als der Vermieter berechtigt, das Mietverhältnis unter Einhaltung der gesetzlichen Frist zu kündigen. ²Die Kündigung kann nur für den ersten Termin erfolgen, für den sie zulässig ist.

(2) Die Vorschriften des Absatzes 1 gelten nicht, wenn die Voraussetzungen für eine Fortsetzung des Mietverhältnisses nach den §§ 569 a oder 569 b gegeben sind.

## § 569 a BGB
### [Eintritt von Familienangehörigen in das Mietverhältnis]

(1) ¹In ein Mietverhältnis über Wohnraum, in dem der Mieter mit seinem Ehegatten den gemeinsamen Hausstand führt, tritt mit dem Tode des Mieters der Ehegatte ein. ²Erklärt der Ehegatte binnen eines Monats, nachdem er von dem Tode des Mieters Kenntnis erlangt hat, dem Vermieter gegenüber, daß er das Mietverhältnis nicht fortsetzen will, so gilt sein Eintritt in das Mietverhältnis als nicht erfolgt; § 206 gilt entsprechend.

(2) ¹Wird in dem Wohnraum ein gemeinsamer Hausstand mit einem oder mehreren anderen Familienangehörigen geführt, so treten diese mit dem Tode des Mieters in das Mietverhältnis ein. ²Das gleiche gilt, wenn der Mieter einen gemeinsamen Hausstand mit seinem Ehegatten und einem oder mehreren anderen Familienangehörigen geführt hat und der Ehegatte in das Mietverhältnis nicht eintritt. ³Absatz 1 Satz 2 gilt entsprechend; bei mehreren Familienangehörigen kann jeder die Erklärung für sich abgeben. ⁴Sind mehrere Familienangehörige in das Mietverhältnis eingetreten, so können sie die Rechte aus dem Mietverhältnis nur gemeinsam ausüben. ⁵Für die Verpflichtungen aus dem Mietverhältnis haften sie als Gesamtschuldner.

(3) Der Ehegatte oder die Familienangehörigen haften, wenn sie in das Mietverhältnis eingetreten sind, neben dem Erben für die bis zum Tode des Mieters entstandenen Verbindlichkeiten als Gesamtschuldner; im Verhältnis zu dem Ehegatten oder den Familienangehörigen haftet der Erbe allein.

(4) Hat der Mieter den Mietzins für einen nach seinem Tode liegenden Zeitraum im voraus entrichtet und treten sein Ehegatte oder Familienangehörige in das Mietverhältnis ein, so sind sie verpflichtet, dem Erben dasjenige herauszugeben, was sie infolge der Vorausentrichtung des Mietzinses ersparen oder erlangen.

(5) ¹Der Vermieter kann das Mietverhältnis unter Einhaltung der gesetzlichen Frist kündigen, wenn in der Person des Ehegatten oder Familienangehörigen, der in das Mietverhältnis eingetreten ist, ein wichtiger Grund vorliegt; die Kündigung kann nur für den ersten Termin erfolgen, für den sie zulässig ist. ²§ 556 a ist entsprechend anzuwenden.

(6) ¹Treten in ein Mietverhältnis über Wohnraum der Ehegatte oder andere Familienangehörige nicht ein, so wird es mit dem Erben fortgesetzt. ²Sowohl der Erbe als der Vermieter sind berechtigt, das Mietverhältnis unter Einhaltung der gesetzlichen Frist zu kündigen; die Kündigung kann nur für den ersten Termin erfolgen, für den sie zulässig ist.

(7) Eine von den Absätzen 1, 2 oder 5 abweichende Vereinbarung ist unwirksam.

## § 569 b BGB
### [Fortsetzung durch überlebenden Ehegatten bei gemeinschaftlicher Miete]

¹Ein Mietverhältnis über Wohnraum, den Eheleute gemeinschaftlich gemietet haben und in dem sie den gemeinsamen Hausstand führen, wird beim Tode eines Ehegatten mit dem überlebenden Ehegatten fortgesetzt. ²§ 569 a Abs. 3, 4 gilt entsprechend. ³Der überlebende

Ehegatte kann das Mietverhältnis unter Einhaltung der gesetzlichen Frist kündigen; die Kündigung kann nur für den ersten Termin erfolgen, für den sie zulässig ist.

### § 570 BGB
### [Versetzung des Mieters]

[1]Militärpersonen, Beamte, Geistliche und Lehrer an öffentlichen Unterrichtsanstalten können im Falle der Versetzung nach einem anderen Orte das Mietverhältnis in Ansehung der Räume, welche sie für sich oder ihre Familie an dem bisherigen Garnison- oder Wohnorte gemietet haben, unter Einhaltung der gesetzlichen Frist kündigen. [2]Die Kündigung kann nur für den ersten Termin erfolgen, für den sie zulässig ist.

### § 570 a BGB
### [Vereinbartes Rücktrittsrecht]

Bei einem Mietverhältnis über Wohnraum gelten, wenn der Wohnraum an den Mieter überlassen ist, für ein vereinbartes Rücktrittsrecht die Vorschriften dieses Titels über die Kündigung und ihre Folgen entsprechend.

### § 571 BGB
### [Kauf bricht nicht Miete]

(1) Wird das vermietete Grundstück nach der Überlassung an den Mieter von dem Vermieter an einen Dritten veräußert, so tritt der Erwerber an Stelle des Vermieters in die sich während der Dauer seines Eigentums aus dem Mietverhältnis ergebenden Rechte und Verpflichtungen ein.

(2) [1]Erfüllt der Erwerber die Verpflichtungen nicht, so haftet der Vermieter für den von dem Erwerber zu ersetzenden Schaden wie ein Bürge, der auf die Einrede der Vorausklage verzichtet hat. [2]Erlangt der Mieter von dem Übergange des Eigentums durch Mitteilung des Vermieters Kenntnis, so wird der Vermieter von der Haftung befreit, wenn nicht der Mieter das Mietverhältnis für den ersten Termin kündigt, für den die Kündigung zulässig ist.

### § 580 BGB
### [Miete von Räumen]

Die Vorschriften über die Miete von Grundstücken gelten, soweit nicht ein anderes bestimmt ist, auch für die Miete von Wohnräumen und anderen Räumen.

## Zivilprozeßordnung

### § 29 a ZPO
### [Ausschließlicher Gerichtsstand in Mietsachen]

(1) [1]Für Klagen auf Feststellung des Bestehens oder Nichtbestehens eines Mietvertrages oder Untermietvertrages über Wohnraum, auf Erfüllung, auf Entschädigung wegen Nichterfüllung oder nicht gehöriger Erfüllung eines solchen Vertrages ist das Amtsgericht ausschließlich zuständig, in dessen Bezirk sich der Wohnraum befindet. [2]Das gleiche gilt für Klagen auf Räumung des Wohnraums oder auf Fortsetzung des Mietverhältnisses auf Grund der §§ 556 a, 556 b des Bürgerlichen Gesetzbuchs.

(2) Absatz 1 ist nicht anzuwenden, wenn es sich um Wohnraum der in § 556 a Abs. 8 des Bürgerlichen Gesetzbuchs genannten Art handelt.

## § 93 b ZPO
### [Kosten bei Räumungsklagen]

(1) ¹Wird einer Klage auf Räumung von Wohnraum mit Rücksicht darauf stattgegeben, daß ein Verlangen des Beklagten auf Fortsetzung des Mietverhältnisses auf Grund der §§ 556 a, 556 b des Bürgerlichen Gesetzbuchs wegen der berechtigten Interessen des Klägers nicht gerechtfertigt ist, so kann das Gericht die Kosten ganz oder teilweise dem Kläger auferlegen, wenn der Beklagte die Fortsetzung des Mietverhältnisses unter Angabe von Gründen verlangt hatte und

1. der Kläger aus Gründen obsiegt, die erst nachträglich entstanden sind (§ 556 a Abs. 1 Satz 3 des Bürgerlichen Gesetzbuchs), oder
2. in den Fällen des § 556 b des Bürgerlichen Gesetzbuchs der Kläger dem Beklagten nicht unverzüglich seine berechtigten Interessen bekanntgegeben hat.

²Dies gilt in einem Rechtsstreit wegen Fortsetzung des Mietverhältnisses bei Abweisung der Klage entsprechend.

(2) ¹Wird eine Klage auf Räumung von Wohnraum mit Rücksicht darauf abgewiesen, daß auf Verlangen des Beklagten die Fortsetzung des Mietverhältnisses auf Grund der §§ 556 a, 556 b des Bürgerlichen Gesetzbuchs bestimmt wird, so kann das Gericht die Kosten ganz oder teilweise dem Beklagten auferlegen, wenn er auf Verlangen des Klägers nicht unverzüglich über die Gründe des Widerspruchs Auskunft erteilt hat. ²Dies gilt in einem Rechtsstreit wegen Fortsetzung des Mietverhältnisses entsprechend, wenn der Klage stattgegeben wird.

(3) Erkennt der Beklagte den Anspruch auf Räumung von Wohnraum sofort an, wird ihm jedoch eine Räumungsfrist bewilligt, so kann das Gericht die Kosten ganz oder teilweise dem Kläger auferlegen, wenn der Beklagte bereits vor Erhebung der Klage unter Angabe von Gründen die Fortsetzung des Mietverhältnisses oder eine den Umständen nach angemessene Räumungsfrist vom Kläger vergeblich begehrt hatte.

## § 308 a ZPO
### [Fortsetzung eines Mieterverhältnisses]

(1) ¹Erachtet das Gericht in einer Streitigkeit zwischen dem Vermieter und dem Mieter oder dem Mieter und dem Untermieter wegen Räumung von Wohnraum den Räumungsanspruch für unbegründet, weil der Mieter nach den §§ 556 a, 556 b des Bürgerlichen Gesetzbuchs eine Fortsetzung des Mietverhältnisses verlangen kann, so hat es in dem Urteil auch ohne Antrag auszusprechen, für welche Dauer und unter welchen Änderungen der Vertragsbedingungen das Mietverhältnis fortgesetzt wird. ²Vor dem Ausspruch sind die Parteien zu hören.

(2) Der Ausspruch ist selbständig anfechtbar.

## § 721 ZPO
### [Räumungsfrist für Wohnraum]

(1) ¹Wird auf Räumung von Wohnraum erkannt, so kann das Gericht auf Antrag oder von Amts wegen dem Schuldner eine den Umständen nach angemessene Räumungsfrist gewähren. ²Der Antrag ist vor dem Schluß der mündlichen Verhandlung zu stellen, auf die das Urteil ergeht. ³Ist der Antrag bei der Entscheidung übergangen, so gilt § 321; bis zur Entscheidung kann das Gericht auf Antrag die Zwangsvollstreckung wegen des Räumungsanspruchs einstweilen einstellen.

(2) ¹Ist auf künftige Räumung erkannt und über eine Räumungsfrist noch nicht entschieden, so kann dem Schuldner eine den Umständen nach angemessene Räumungsfrist gewährt

werden, wenn er spätestens zwei Wochen vor dem Tage, an dem nach dem Urteil zu räumen ist, einen Antrag stellt. ²§§ 233 bis 238 gelten sinngemäß.

(3) ¹Die Räumungsfrist kann auf Antrag verlängert oder verkürzt werden. ²Der Antrag auf Verlängerung ist spätestens zwei Wochen vor Ablauf der Räumungsfrist zu stellen. ³§§ 233 bis 238 gelten sinngemäß.

(4) ¹Über Anträge nach den Absätzen 2 oder 3 entscheidet das Gericht erster Instanz, solange die Sache in der Berufungsinstanz anhängig ist, das Berufungsgericht. ²Die Entscheidung kann ohne mündliche Verhandlung ergehen. ³Vor der Entscheidung ist der Gegner zu hören. ⁴Das Gericht ist befugt, die im § 732 Abs. 2 bezeichneten Anordnungen zu erlassen.

(5) ¹Die Räumungsfrist darf insgesamt nicht mehr als ein Jahr betragen. ²Die Jahresfrist rechnet vom Tage der Rechtskraft des Urteils oder, wenn nach einem Urteil auf künftige Räumung an einem späteren Tag zu räumen ist, von diesem Tage an.

(6) ¹Die sofortige Beschwerde findet statt

1. gegen Urteile, durch die auf Räumung von Wohnraum erkannt ist, wenn sich das Rechtsmittel lediglich gegen die Versagung, Gewährung oder Bemessung einer Räumungsfrist richtet;

2. gegen Beschlüsse über Anträge nach den Absätzen 2 oder 3.

²Hat das Berufungsgericht entschieden, so ist die Beschwerde unzulässig. ³Eine weitere Beschwerde findet nicht statt.

(7) Die Absätze 1 bis 6 gelten nicht in den Fällen des § 564 c Abs. 2 des Bürgerlichen Gesetzbuchs.

### § 765 a ZPO
### [Vollstreckungsschutz]

(1) Auf Antrag des Schuldners kann das Vollstreckungsgericht eine Maßnahme der Zwangsvollstreckung ganz oder teilweise aufheben, untersagen oder einstweilen einstellen, wenn die Maßnahme unter voller Würdigung des Schutzbedürfnisses des Gläubigers wegen ganz besonderer Umstände eine Härte bedeutet, die mit den guten Sitten nicht vereinbar ist.

(2) Eine Maßnahme zur Erwirkung der Herausgabe von Sachen kann der Gerichtsvollzieher bis zur Entscheidung des Vollstreckungsgerichts, jedoch nicht länger als eine Woche, aufschieben, wenn ihm die Voraussetzungen des Absatzes 1 glaubhaft gemacht werden und dem Schuldner die rechtzeitige Anrufung des Vollstreckungsgerichts nicht möglich war.

(3) Das Vollstreckungsgericht hebt seinen Beschluß auf Antrag auf oder ändert ihn, wenn dies mit Rücksicht auf eine Änderung der Sachlage geboten ist.

(4) Die Aufhebung von Vollstreckungsmaßregeln erfolgt in den Fällen der Absätze 1 und 3 erst nach Rechtskraft des Beschlusses.

### § 794 a ZPO
### [Räumungsfrist bei Räumungsvergleich]

(1) ¹Hat sich der Schuldner in einem Vergleich, aus dem die Zwangsvollstreckung stattfindet, zur Räumung von Wohnraum verpflichtet, so kann ihm das Amtsgericht, in dessen Bezirk der Wohnraum belegen ist, auf Antrag eine den Umständen nach angemessene Räumungsfrist bewilligen. ²Der Antrag ist spätestens zwei Wochen vor dem Tage, an dem nach dem Vergleich zu räumen ist, zu stellen; §§ 233 bis 238 gelten sinngemäß. ³Die Entscheidung kann ohne

mündliche Verhandlung ergehen. ⁴Vor der Entscheidung ist der Gläubiger zu hören. ⁵Das Gericht ist befugt, die im § 732 Abs. 2 bezeichneten Anordnungen zu erlassen.

(2) ¹Die Räumungsfrist kann auf Antrag verlängert oder verkürzt werden. ²Absatz 1 Sätze 2 bis 5 gilt entsprechend.

(3) ¹Die Räumungsfrist darf insgesamt nicht mehr als ein Jahr, gerechnet vom Tage des Abschlusses des Vergleichs, betragen. ²Ist nach dem Vergleich an einem späteren Tage zu räumen, so rechnet die Frist von diesem Tage an.

(4) ¹Gegen die Entscheidung des Amtsgerichts findet die sofortige Beschwerde statt. ²Eine weitere Beschwerde ist unzulässig.

(5) Die Absätze 1 bis 4 gelten nicht in den Fällen des § 564 c Abs. 2 des Bürgerlichen Gesetzbuchs.

## § 885 ZPO
### [Zwangsvollstreckung bei Herausgabe von Grundstücken]

(1) Hat der Schuldner eine unbewegliche Sache oder ein eingetragenes Schiff oder Schiffsbauwerk herauszugeben, zu überlassen oder zu räumen, so hat der Gerichtsvollzieher den Schuldner aus dem Besitz zu setzen und den Gläubiger in den Besitz einzuweisen.

(2)–(4) ...

## § 894 ZPO
### [Fiktion der Abgabe einer Willenserklärung]

(1) ¹Ist der Schuldner zur Abgabe einer Willenserklärung verurteilt, so gilt die Erklärung als abgegeben, sobald das Urteil die Rechtskraft erlangt hat. ²Ist die Willenserklärung von einer Gegenleistung abhängig gemacht, so tritt diese Wirkung ein, sobald nach den Vorschriften der §§ 726, 730 eine vollstreckbare Ausfertigung des rechtskräftigen Urteils erteilt ist.

(2) ...

## § 940 a ZPO
### [Einstweilige Verfügung bei Räumung von Wohnraum]

Die Räumung von Wohnraum darf durch einstweilige Verfügung nur wegen verbotener Eigenmacht angeordnet werden.

# Drittes Gesetz zur Änderung mietrechtlicher Vorschriften (3. MRÄndG)

## Artikel III. Rechtszug (Rechtsentscheid)

(1) ¹Will das Landgericht als Berufungsgericht bei der Entscheidung einer Rechtsfrage, die sich aus einem Mietvertragsverhältnis über Wohnraum ergibt oder den Bestand eines solchen Mietvertragsverhältnisses betrifft, von einer Entscheidung des Bundesgerichtshofs oder eines Oberlandesgerichts abweichen, so hat es vorab eine Entscheidung des im Rechtszug übergeordneten Oberlandesgerichts über die Rechtsfrage (Rechtsentscheid) herbeizuführen; das gleiche gilt, wenn eine solche Rechtsfrage von grundsätzlicher Bedeutung ist und sie durch Rechtsentscheid noch nicht entschieden ist. ²Dem Vorlagebeschluß sind die Stellungnahme der Parteien beizufügen. ³Will das Oberlandesgericht von einer Entscheidung des Bundesgerichts-

hofs oder eines anderen Oberlandesgerichts abweichen, so hat es die Rechtsfrage dem Bundesgerichtshof zur Entscheidung vorzulegen. ⁴Über die Vorlage ist ohne mündliche Verhandlung zu entscheiden. ⁵Die Entscheidung ist für das Landgericht bindend.

(2) ¹Sind in einem Land mehrere Oberlandesgerichte errichtet, so können die Rechtssachen, für die nach Absatz 1 die Oberlandesgerichte zuständig sind, von den Landesregierungen durch Rechtsverordnung einem der Oberlandesgerichte oder dem Obersten Landesgericht zugewiesen werden, sofern die Zusammenfassung der Rechtspflege in Mietsachen, insbesondere der Sicherung einer einheitlichen Rechtsprechung dienlich ist. ²Die Landesregierungen können die Ermächtigung auf die Landesjustizverwaltungen übertragen.

## Gerichtskostengesetz

### § 16 GKG
[Streitwert bei Mietverhältnissen]

(1) Ist das Bestehen oder die Dauer eines Miet-, Pacht- oder ähnlichen Nutzungsverhältnisses streitig, so ist der Betrag des auf die streitige Zeit entfallenden Zinses und, wenn der einjährige Zins geringer ist, dieser Betrag für die Wertberechnung maßgebend.

(2) ¹Wird wegen Beendigung eines Miet-, Pacht- oder ähnlichen Nutzungsverhältnisses die Räumung eines Grundstücks, Gebäudes oder Gebäudeteils verlangt, so ist ohne Rücksicht darauf, ob über das Bestehen des Nutzungsverhältnisses Streit besteht, der für die Dauer eines Jahres zu entrichtende Zins maßgebend, wenn sich nicht nach Absatz 1 ein geringerer Streitwert ergibt. ²Verlangt ein Kläger die Räumung oder Herausgabe auch aus einem anderen Rechtsgrund, so ist der Wert der Nutzung eines Jahres maßgebend.

(3) Werden der Anspruch auf Räumung von Wohnraum und der Anspruch nach den §§ 556 a, 556 b des Bürgerlichen Gesetzbuchs auf Fortsetzung des Mietverhältnisses über diesen Wohnraum in demselben Prozeß verhandelt, so werden die Werte nicht zusammengerechnet.

(4) Bei Ansprüchen nach den §§ 556 a, 556 b des Bürgerlichen Gesetzbuchs ist auch für die Rechtsmittelinstanz der für die erste Instanz maßgebende Wert zugrundezulegen, sofern nicht die Beschwer geringer ist.

(5) Bei Ansprüchen auf Erhöhung des Mietzinses für Wohnraum ist höchstens der Jahresbetrag des zusätzlich geforderten Zinses maßgebend.

## Modernisierungs- und Energieeinsparungsgesetz

### § 14 ModEnG
[Miete nach der Modernisierung]

(1) Bei der Bewilligung der Mittel zur Förderung der Modernisierung von nicht preisgebundenen Wohnungen hat sich der Eigentümer zu verpflichten, nach der Modernisierung höchstens eine Miete zu erheben, die sich aus der vor der Modernisierung zuletzt vereinbarten Miete und dem nach Absatz 2 ermittelten Erhöhungsbetrag ergibt. Im übrigen bleiben die Vorschriften des Gesetzes zur Regelung der Miethöhe (Artikel 3 des Zweiten Wohnraumkündigungsschutzgesetzes vom 18. Dezember 1974 (BGBl. I S. 3603), zuletzt geändert durch Artikel 3 des Gesetzes vom 27. Juni 1978 (BGBl. I S. 878), unberührt.

(2) Der Erhöhungsbetrag kann nach § 2 Abs. 1 oder nach § 3 Abs. 1 des Gesetzes zur Regelung der Miethöhe ermittelt werden.

(3) Die für die Instandsetzung aufgewendeten Kosten und die zur Förderung der Instandsetzung gewährten Mittel bleiben bei der Ermittlung der Miete unberücksichtigt.

(4) Die Verpflichtung nach Absatz 1 endet, wenn die Mittel als Zuschüsse zur Deckung von laufenden Aufwendungen gewährt werden, mit Ablauf des Zeitraumes, für den sich die laufenden Aufwendungen vertragsgemäß durch die Gewährung der Mittel vermindern. Sie endet, wenn die Mittel als Zuschuß zur Deckung der Kosten gewährt werden, mit Ablauf des neunten Kalenderjahres nach dem Kalenderjahr, in dem die Modernisierung beendet ist; sind die Mittel auch zur Deckung von laufenden Aufwendungen gewährt worden, endet die Verpflichtung mit dem Ablauf des aus Satz 1 folgenden Zeitraumes. Werden die Mittel als Darlehen zur Deckung der Kosten der Modernisierung gewährt, endet die Verpflichtung mit Ablauf des Kalenderjahres, in dem die Mittel planmäßig vollständig zurückgezahlt werden.

### § 15 ModEnG
### [Vorzeitige Beendigung der Verpflichtungen für neu begründete Mietverhältnisse]

(1) Wird ein Mietverhältnis über eine nicht preisgebundene Wohnung nach Ablauf von drei Jahren nach der Durchführung der Modernisierung neu begründet, so endet die nach § 14 Abs. 1 eingegangene Verpflichtung mit dem Beginn der Mietzeit, wenn der Eigentümer entsprechend der Art der ihm bewilligten Mittel

a) zuvor auf die noch ausstehenden, anteilig auf die Wohnung entfallenden Zuschüsse zur Deckung von laufenden Aufwendungen verzichtet,

b) das anteilig auf die Wohnung entfallende Darlehen zur Deckung der Kosten auf Grund einer zuvor eingegangenen Verpflichtung innerhalb von drei Monaten vollständig zurückgezahlt hat,

c) den anteilig auf die Wohnung entfallenden Zuschuß zur Deckung der Kosten auf Grund einer zuvor eingegangenen Verpflichtung innerhalb von drei Monaten mit dem Betrage zurückgezahlt hat, der bei gleichmäßiger Aufteilung des Zuschusses auf zehn Jahre nach der Modernisierung in die Zeit nach Beginn des neu begründeten Mietverhältnisses fällt.

(2) Die für die Bewilligung der Mittel zuständige Stelle soll dem Eigentümer schriftlich bestätigen, von welchem Zeitpunkt an die Verpflichtung nach § 14 Abs. 1 entfallen ist.

### § 16 ModEnG
### [Überhöhte Miete]

Verstößt der Eigentümer gegen die nach § 14 oder § 15 eingegangenen Verpflichtungen, hat er dem Mieter den zuviel empfangenen Betrag zurückzuerstatten und vom Empfang an zu verzinsen. Der Anspruch auf Rückerstattung verjährt nach Ablauf von vier Jahren nach der jeweiligen Leistung des Mieters, jedoch spätestens nach Ablauf eines Jahres von der Beendigung des Mietverhältnisses an.

### § 17 ModEnG
### [Miete für preisgebundene Neubauwohnungen]

(1) Die zulässige Miete für Wohnungen, die bei der Bewilligung der Mittel zur Förderung der Modernisierung bereits für die in den §§ 25, 87 a oder 88 a des Zweiten Wohnungsbaugesetzes bezeichneten Personenkreise zweckbestimmt sind, ist auch über die Dauer dieser Zweckbestimmung hinaus bis zum Ablauf des in § 14 Abs. 4 bezeichneten Zeitraums nur nach

den Vorschriften des Zweiten Wohnungsbaugesetzes, des Wohnungsbindungsgesetzes und den zu ihrer Durchführung ergangenen Vorschriften zu ermitteln. Im Sinne dieser Vorschriften gilt die geförderte Modernisierung als eine Wertverbesserung, der die Bewilligungsstelle zugestimmt hat.

(2) Für Wohnungen, die nach § 3 Abs. 6 durch Ausbau geschaffen und mit öffentlichen Mitteln im Sinne des § 6 Abs. 1 des Zweiten Wohnungsbaugesetzes gefördert worden sind, sind an Stelle der §§ 14 und 15 die für öffentlich geförderte Wohnungen geltenden Vorschriften über die Miete anzuwenden.

### § 18 ModEnG
### [Entziehung der Förderung]

(1) Die Darlehen können fristlos gekündigt werden, wenn der Eigentümer gegen eine nach § 14 begründete Verpflichtung oder im Falle des § 17 gegen eine nach den Vorschriften für preisgebundene Neubauwohnungen begründete Verpflichtung schuldhaft verstoßen hat.

(2) Die Bewilligung der Zuschüsse zur Deckung von laufenden Aufwendungen kann für den Zeitraum widerrufen werden, in dem der Eigentümer gegen eine nach § 14 begründete Verpflichtung oder im Falle des § 17 gegen eine nach den Vorschriften für preisgebundene Neubauwohnungen begründete Verpflichtung schuldhaft verstoßen hat. Soweit die Bewilligung der Zuschüsse widerrufen worden ist, sind diese zurückzuerstatten.

(3) Auf den Zuschuß zur Deckung der Kosten ist Absatz 2 entsprechend anzuwenden mit der Maßgabe, daß der zurückzuerstattende Betrag durch gleichmäßige Aufteilung des Zuschusses auf zehn Jahre nach der Modernisierung zu ermitteln ist.

(4) Durch die Kündigung nach Absatz 1 und den Widerruf nach Absatz 2 oder 3 werden der Inhalt und die Dauer der Verpflichtung nicht berührt. Die Kündigung und der Widerruf dürfen bei der Ermittlung der Miete nicht berücksichtigt werden.

### § 19 ModEnG
### [Freistellung]

(1) Die für die Bewilligung der Mittel zuständige Stelle kann den Eigentümer auf seinen Antrag für alle oder einzelne Wohnungen von seiner Verpflichtung nach § 14 freistellen, soweit ein öffentliches Interesse daran nicht mehr besteht. Eine unbefristete oder unwiderrufliche Freistellung soll mit der Auflage verbunden werden, auf die noch ausstehenden Zuschüsse zu verzichten und die als Darlehen bewilligten Mittel in einer bestimmten angemessenen Frist zurückzuzahlen. Das gleiche gilt für die Freistellung in der Zeit, in der die Mietpreisbindung nach § 17 Abs. 1 über die Dauer der Zweckbestimmung nach den §§ 25, 87 a und 88 a des Zweiten Wohnungsbaugesetzes hinausgeht. Ist der Zuschuß zur Deckung der Kosten gewährt worden, soll die Auflage erteilt werden, einen Betrag zurückzuzahlen, der bei gleichmäßiger Aufteilung des Zuschusses auf zehn Jahre nach der Modernisierung in die Zeit nach der Freistellung fällt.

## Wirtschaftsstrafgesetz

### § 5 WiStG
### [Mietpreisüberhöhung]

(1) ¹Ordnungswidrig handelt, wer vorsätzlich oder leichtfertig für die Vermietung von Räumen zum Wohnen oder damit verbundene Nebenleistungen unangemessen hohe Entgelte fordert, sich versprechen läßt oder annimmt. ²Unangemessen hoch sind Entgelte, die infolge der Ausnutzung eines geringen Angebots an vergleichbaren Räumen die üblichen Entgelte nicht unwesentlich übersteigen, die in der Gemeinde oder in vergleichbaren Gemeinden für die Vermietung von Räumen vergleichbarer Art, Größe, Ausstattung, Beschaffenheit und Lage oder damit verbundene Nebenleistungen in den letzten drei Jahren vereinbart oder, von Erhöhungen der Betriebskosten abgesehen, geändert worden sind. ³Nicht unangemessen hoch sind Entgelte, die zur Deckung der laufenden Aufwendungen des Vermieters erforderlich sind, sofern sie unter Zugrundelegung der nach Satz 2 maßgeblichen Entgelte nicht in einem auffälligen Mißverhältnis zu der Leistung des Vermieters stehen.

(2) Die Ordnungswidrigkeit kann mit einer Geldbuße bis zu fünfzigtausend Deutsche Mark geahndet werden.

## Strafgesetzbuch

### § 302 a StGB
### [Wucher]

(1) Wer die Zwangslage, die Unerfahrenheit, den Mangel an Urteilsvermögen oder die erhebliche Willensschwäche eines anderen dadurch ausbeutet, daß er sich oder einem Dritten
1. für die Vermietung von Räumen zum Wohnen oder damit verbundene Nebenleistungen,
2. für die Gewährung eines Kredites,
3. für eine sonstige Leistung oder
4. für die Vermittlung einer der vorbezeichneten Leistungen

Vermögensvorteile versprechen oder gewähren läßt, die in einem auffälligen Mißverhältnis zu der Leistung oder deren Vermittlung stehen, wird mit Freiheitsstrafe bis zu drei Jahren oder mit Geldstrafe bestraft. Wirken mehrere Personen als Leistende, Vermittler oder in anderer Weise mit und ergibt sich dadurch ein auffälliges Mißverhältnis zwischen sämtlichen Vermögensvorteilen und sämtlichen Gegenleistungen, so gilt Satz 1 für jeden, der die Zwangslage oder sonstige Schwäche des anderen für sich oder einen Dritten zur Erzielung eines übermäßigen Vermögensvorteils ausnutzt.

(2) In besonders schweren Fällen ist die Strafe Freiheitsstrafe von sechs Monaten bis zu zehn Jahren. Ein besonders schwerer Fall liegt in der Regel vor, wenn der Täter
1. durch die Tat den anderen in wirtschaftliche Not bringt,
2. die Tat gewerbsmäßig begeht,
3. sich durch Wechsel wucherische Vermögensvorteile versprechen läßt.

# MWoAEG

## Gesetz zur Erhöhung des Angebots an Mietwohnungen (MWoAEG)*

Vom 20. Dezember 1982

(BGBl. I S. 1912)

(BGBl. III 402-29)

**Art. 1. Änderung des Bürgerlichen Gesetzbuchs** *(Die Änderung ist bei §§ 564 b, 564 c BGB berücksichtigt.)*

**Art. 2. Änderung des Gesetzes zur Regelung der Miethöhe** *(Die Änderung ist beim MHG berücksichtigt.)*

**Art. 3. Änderung anderer Gesetze** *(Die Änderungen betreffen ModEnG, WoBindG, 2. WKSchG, ZPO und WiStG.)*

**Art. 4. Übergangsvorschriften**

1. ...

2. ...

3. Artikel 2 Nr. 3 Buchstabe a tritt für nach dem 31. Dezember 1980 bezugsfertig gewordenen Wohnraum rückwirkend mit dem 1. Januar 1981 in Kraft.

**Art. 5. Berlin-Klausel.** Dieses Gesetz gilt nach Maßgabe des § 13 Abs. 1 des Dritten Überleitungsgesetzes auch im Land Berlin.

**Art. 6. Inkrafttreten.** Dieses Gesetz tritt am ersten Tage des auf die Verkündung[1] folgenden Kalendermonats in Kraft.

---

\* Abkürzung des Verfassers.

[1] Das Gesetz wurde am 23. 12. 1982 verkündet.

# Anhang II
## Übersichten, Musterbeispiele u. a.*
### Gliederung

|  | Übersicht | Seite |
|---|---|---|
| A. Schaubild 1: Räumungsanspruch .......................... |  | 512 |

Übersichten der Voraussetzungen des Räumungsanspruchs des Vermieters gem. § 556 Abs. 1 BGB:

I. bei ordentlicher Beendigung eines Wohnraummietverhältnisses auf folgende Art:

|  | Übersicht | Seite |
|---|---|---|
| 1) unbefristet, geschützt, ordentl. Kündigung des Vermieters ....... | RV | 513 |
| 2) unbefristet, geschützt, ordentl. Kündigung des Mieters .......... | RM | 518 |
| 3) unbefristet, geschützt, Sonderkündigung bei Einliegerwohnraum .. | RE | 518 |
| 4) unbefristet, nicht geschützt, ordentl. Kündigung des Vermieters ... | RN | 519 |
| 5) unbefristet, Sonderkündigung bei Werkwohnungen ............. | RW | 520 |
| 6) Zeitmietverhältnis, geschützt, gewöhnliches .................. | RZ | 522 |
| 7) Zeitmietverhältnis, geschützt, bei Einliegern .................. | REZ | 524 |
| 8) besonderes Zeitmietverhältnis ............................. | RBZ | 524 |
| 9) Zeitmietverhältnis, ungeschützt ........................... | RNZ | 525 |

II. bei außerordentlicher Beendigung eines Wohnraummietverhältnisses (gleichgültig welcher Art):

|  | Übersicht | Seite |
|---|---|---|
| 1) durch fristlose Kündigung einer Partei ..................... | R1 | 526 |
| 2) durch außerordentliche befristete (vorzeitige) Kündigung einer Partei ............................................ | R2 | 527 |
| 3) durch sonstige Umstände ................................ | R3 | 528 |

|  | Übersicht | Seite |
|---|---|---|
| III. Räumungsanspruch des Vermieters gegen den Untermieter von Wohnraum (§ 556 Abs. 3 BGB) ............................. | RU | 529 |
| IV. Räumungsanspruch des Vermieters gegen den Geschäftsraummieter .. | RG | 531 |

|  |  | Seite |
|---|---|---|
| B. Schaubild 2: Mieterhöhungsanspruch ........................ |  | 532 |
| Übersicht Mieterhöhungsanspruch gem. § 2 MHG-Voraussetzungen . |  | 533 |
| Fristenschema gem. § 2 MHG ............................. |  | 534 |
| Fortschreibung der Hinweise für die Aufstellung von Mietspiegeln ... |  | 535 |
| Hinweise für die Erstellung eines Sachverständigengutachtens ....... |  | 548 |
| Musterbeispiele für eine Mieterhöhungserklärung nach |  |  |
| § 2 MHG (bis zur ortsüblichen Vergleichsmiete) ............... |  | 556 |
| § 3 MHG (Umlegung von Modernisierungskosten) ............. |  | 557 |
| § 5 MHG (Umlegung von Kapitalkostenerhöhungen) ........... |  | 558 |
| DIN-Norm 283 über Wohnflächenberechnung ................. |  | 559 |
| C. Praktische Tips für Vermieter und Mieter ...................... |  | 564 |

---

* Bei streitigen Rechtsfragen ist jeweils die herrschende Meinung zugrundegelegt. Soweit die Übersichten auf eine andere Übersicht Bezug nehmen, sind nur die Abweichungen von der in Bezug genommenen Übersicht angegeben; alle nicht ausdrücklich aufgeführten Ziffern sind daher aus der Grundübersicht zu entnehmen.

## Schaubild 1: Räumungsanspruch

### Schaubild 1: Räumungsanspruch des Wohnraumvermieters gegen den Mieter (§ 556 Abs. 1 BGB)*

(Beachte: Bei allen Beendigungsfällen kommt zur Anwendung: Verlängerung des Mietverhältnisses bei Gebrauchsfortsetzung (§ 568 BGB) – wenn nicht abbedungen –, Räumungsschutz gem. §§ 721, 794 a ZPO (ausgenommen besonderes Zeitmietverhältnis) und Vollstreckungsschutz gem. § 765 a ZPO.

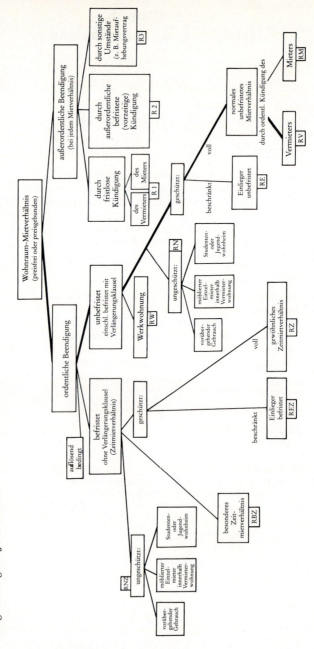

* Die Buchstabenabkürzungen (z. B. RV, RBZ) geben die Bezeichnung der auf den folgenden Seiten abgedruckten Übersichten über die Voraussetzungen des Räumungsanspruchs der betreffenden Art des Mietverhältnisses an.

**Räumung (Vermieterkündigung)**

# Übersicht RV

**Räumungsanspruchsvoraussetzungen bei geschütztem unbefristetem Wohnraummietverhältnis auf Grund ordentlicher Kündigung des Vermieters**

A. **Materiell-rechtliche Voraussetzungen des Räumungsanspruchs des Vermieters (§ 556 Abs. 1 BGB)**

I. Ordentliche Kündigung des Vermieters:

1. Bestehen eines Mietverhältnisses (auch Untermietverhältnis, nicht: Leihe, Pacht, Eigentümer-Besitzer-Verhältnis)

2. über Wohnraum.
Bei Misch-Mietverhältnis (teils Wohnraum, teils Geschäftsraum) findet Wohnraummietrecht Anwendung, wenn Nutzung des Wohnraumanteils überwiegt.

3. zwischen den Parteien. (Beachte: Erwerber erlangt Vermieterstellung erst mit Grundbucheintragung)

4. unbefristet (auf unbestimmte Zeit) oder befristet mit Verlängerungsklausel

5. geschütztes Mietverhältnis.
Ungeschützt ist es (§ 564 b Abs. 7 BGB), wenn:

   a) Überlassung zu vorübergehendem Gebrauch,

   b) möbliertes Einzelmietverhältnis innerhalb der Vermieterwohnung, oder

   c) Wohnraum Teil eines Studenten- oder Jugendwohnheims ist.

6. Vorliegen eines normalen Mietverhältnisses (kein Einliegermietverhältnis gemäß § 564 b Abs. 4 BGB, kein Werkmietverhältnis gemäß § 565 b BGB).

7. Kündigungserklärung des Vermieters gegenüber Mieter. Diese muß eindeutig und unbedingt sein. Teilkündigung ist unzulässig.

8. Zugang der Kündigungserklärung beim Mieter.

9. Fehlen von Kündigungsausschlußgründen. Solche liegen vor:

   a) bei Gesetzesverstoß (§ 134 BGB), z. B. Kündigung zum Zweck der Mieterhöhung (§ 1 S. 1 MHG), Kündigung vor Ablauf der 3jährigen Wartefrist in Umwandlungsfällen (§ 564 b Abs. 2 Nr. 2 S. 2 BGB), Kündigung zwecks Erzielung einer höheren Wohnraummiete (§ 564 b Abs. 2 Nr. 3 S. 2 BGB), Kündigung in Veräußerungsabsicht nach Umwandlung in Wohnungseigentum (§ 564 b Abs. 2 Nr. 3 S. 3 BGB), Kündigung entgegen dem Zweckentfremdungsverbot (Art. 6 MRVerbG), Kündigung durch Bevollmächtigten ohne Vorlage einer Vollmachtsurkunde im Falle unverzüglicher Zurückweisung durch den Kündigungsempfänger aus diesem Grund (§ 174 BGB), Kündigung ohne erforderliche Zustimmung eines Dritten (Betriebsrat bei Sonderkündigung einer Werkmietwohnung gem. § 87 Abs. 1 Nr. 9 BetrVG, Arbeitgeber, LAG-Behörde), vgl. §§ 182, 111 S. 2 u. 3 BGB,

   b) bei Verstoß gegen Treu und Glauben (§ 242 BGB), insbesondere unzulässiger Rechtsausübung bei widersprüchlichem Verhalten,

# Räumung (Vermieterkündigung)

   c) bei Verstoß gegen die guten Sitten (§ 138 BGB),

   d) bei Kündigung entgegen vertraglichem Kündigungsausschluß.

10. Schriftliche Kündigungserklärung (§ 564 a Abs. 1 S. 1 BGB), daher mit eigenhändiger Unterschrift des Vermieters. Kündigungsfrist muß nicht genannt sein; bei falsch angegebener Kündigungsfrist wirkt die Kündigung mit richtiger Frist.

   Widerspruchsbelehrung nicht notwendig, aber zweckmäßig, da bei fehlender Widerspruchsbelehrung bis zum Ablauf der Widerspruchsfrist der Mieter noch im ersten Termin des Räumungsrechtsstreits Kündigungswiderspruch erklären kann (§ 556 a Abs. 6 S. 2 BGB). Belehrung sollte über Möglichkeit, Form und Frist des Kündigungswiderspruchs erfolgen (§ 564 a Abs. 2 BGB).

11. Benennung von berechtigten Interessen (Kündigungsgründen) im Kündigungsschreiben (falls Kündigungsgrund nicht erst nach Kündigungsausspruch entstanden ist), § 564 b Abs. 3 BGB, vgl. auch § 564 a Abs. 1 S. 2 BGB. Beachte: Bei Kündigungswiderspruch des Mieters sind für die Abwägung der beiderseitigen Interessen nur diejenigen Kündigungsgründe des Vermieters zu berücksichtigen, die im Kündigungsschreiben genannt sind (§ 556 a Abs. 1 S. 3 BGB).

12. Vorhandensein berechtigter Interessen des Vermieters an der Beendigung des Mietverhältnisses (§ 564 b Abs. 1 und 2 BGB):

    a) nicht unerhebliche schuldhafte Pflichtverletzung des Mieters,

    b) Eigenbedarf für Vermieter, dessen Familien- oder Hausstandsangehörige,

    c) Hinderung angemessener wirtschaftlicher Verwertung des Grundstücks mit erheblichen Nachteilen durch Fortsetzung des Mietverhältnisses,

    d) „sonstige" (im Gesetz nicht genannte) berechtigte Interessen (z. B. Betriebsbedarf, Heimbedarf, öffentlich-rechtliche Erfordernisse, Wegfall der Zweckbindung beim Mieter).

13. Kündigungsfrist muß abgelaufen sein. Falls vertraglich keine längere Frist vereinbart ist, gilt die gesetzliche (§ 565 Abs. 2 S. 1 und 2 BGB): Zugang der Kündigung spätestens am 3. Werktag eines Kalendermonats mit (knapp) 3monatiger Frist, wobei sich diese Frist nach 5, 8 und 10 Jahren Überlassungsdauer um jeweils 3 Monate verlängert. Es kann auf das Ende jedes Kalendermonats gekündigt werden, auch wenn nach dem Vertrag die Kündigung nur für den Schluß bestimmter Kalendermonate zulässig ist (§ 565 Abs. 2 S. 4 BGB).

14. Bei befristetem Mietverhältnis mit Verlängerungsklausel: Schriftform und Kündigungsfrist (vgl. Ziff. 10 und 13) müssen zum Ablauf der Mietzeit bzw. zum Ablauf der Verlängerungszeit eingehalten sein (§§ 565 a Abs. 1 i. V. m. 565 Abs. 2, 564 b BGB).

## II. Ausschluß der Fortsetzung des Mietverhältnisses bei Weitergebrauch durch Mieter (§ 568 BGB):

Setzt der Mieter den Mietgebrauch nach Ablauf der Mietzeit (Kündigungsfrist) fort, so gilt das Mietverhältnis als auf unbestimmte Zeit verlängert, es sei denn, der Vermieter gibt kurze Zeit vor Ablauf der Mietzeit oder bis zum Ablauf von 2 Wochen nach seiner Kenntniserlangung von der Gebrauchsfortsetzung eine der Fortsetzung widersprechende Erklärung gegenüber dem Mieter ab (oder der Mieter widerspricht der Fortsetzung innerhalb von 2 Wochen ab der Mietvertragsbeendigung). Die Erklärung des Vermieters ist formlos wirksam, kann daher auch in einer Räumungsaufforderung oder in der Zustellung der Räumungsklage liegen. Die

# Räumung (Vermieterkündigung)

Regelung des § 568 BGB ist abdingbar. Die Nichtfortsetzung gemäß § 568 BGB ist Schlüssigkeitsvoraussetzung (vgl. jedoch die richterliche Hinweispflicht gemäß § 278 Abs. 3 ZPO).

Zu I. und II.:
Liegen nicht sämtliche Voraussetzungen zu I und II vor, ist der Räumungsanspruch unbegründet, ohne daß es auf das Vorliegen eines Kündigungswiderspruchs des Mieters (vgl. unten III) ankommt.

### III. Fortsetzungsbegehren (Kündigungswiderspruch) des Mieters gemäß § 556 a BGB

Voraussetzungen:

1. Kündigungswiderspruchserklärung des Mieters gegenüber Vermieter, gerichtet auf Fortsetzung des Mietverhältnisses auf bestimmte oder unbestimmte Zeit.

2. Zugang des Kündigungswiderspruchs beim Vermieter.

3. Schriftliche Widerspruchserklärung, daher mit eigenhändiger Unterschrift des Mieters. Angabe von Härtegründen des Mieters ist nicht erforderlich. Auf Verlangen des Vermieters soll jedoch darüber unverzüglich Auskunft erteilt werden, andernfalls der Mieter trotz seines Obsiegens im Rechtsstreit zur Tragung der Kosten gemäß § 93 b Abs. 2 ZPO verurteilt werden kann (§ 556 a Abs. 5 S. 2 BGB).

4. Kein Ausschluß des Kündigungswiderspruchsrechts. Dieses ist ausgeschlossen:

    a) wenn Vermieter zur fristlosen Kündigung berechtigt ist (§ 556 a Abs. 4 Nr. 2 BGB),

    b) bei Kündigungswiderspruchserklärung durch Bevollmächtigten ohne Vorlage einer Vollmachtsurkunde im Falle unverzüglicher Zurückweisung der Erklärung durch den Empfänger aus diesem Grunde (§ 174 BGB),

    c) bei treuwidrigem Verhalten des Mieters (§ 242 BGB), z. B. bei widersprüchlichem Verhalten infolge Verzichts auf Kündigungswiderspruch.

5. Vorliegen von Härtegründen für den Mieter oder seine Familie (Fehlen von angemessenem Ersatzwohnraum zu zumutbaren wirtschaftlichen oder persönlichen Bedingungen trotz Erfüllung der Ersatzraumbeschaffungspflicht, kurzfristiger Zwischenumzug, hohes Alter, Krankheit oder Gebrechen, schlechte wirtschaftliche Verhältnisse, hohe Aufwendungen des Mieters für die Wohnung mit Einverständnis des Vermieters, Schwangerschaft, Kinderreichtum, Umschulungs- oder Prüfungserschwerungen).

6. Rechtzeitigkeit des Kündigungswiderspruchs (Zugang spätestens 2 Monate vor Vertragsbeendigung), falls sich Vermieter darauf beruft (keine Ausschlußfrist). Bei verspätetem Widerspruch kann Vermieter die Fortsetzung ablehnen, es sei denn, daß rechtzeitige Belehrung durch den Vermieter über den Kündigungswiderspruch fehlt (§ 556 a Abs. 6 BGB): Nachholung des Widerspruchs ist noch im Räumungsrechtsstreit möglich.

7. Abwägung der berechtigten Interessen des Vermieters – nur die im Kündigungsschreiben angegebenen Interessen sind zu berücksichtigen, außer bei nachträglich entstandenen (§ 556 a Abs. 1 S. 3 BGB) – mit den Härtegründen eines wirksamen Widerspruchs des Mieters (oben zu III) ist vorzunehmen. Überwiegen die Vermieterinteressen, ist der Räumungsanspruch begründet, andernfalls unbegründet.

# Räumung (Vermieterkündigung)

## B. Verfahrensmäßige Voraussetzungen

### IV. Prozeßvoraussetzungen:

1. Räumungsklage des Vermieters gegen den Mieter (auch gegen einen von mehreren Mietern, § 431 BGB), regelmäßig gerichtet auf sofortige Räumung und Herausgabe der Wohnung. Ausnahmsweise — bei Besorgnis nicht rechtzeitiger Räumung (§ 259 ZPO) — kann auf künftige Räumung geklagt werden. Einstweilige Verfügung auf Räumung von Wohnraum ist unzulässig, ausgenommen, wenn Besitz durch verbotene Eigenmacht erlangt wurde (§ 940 a ZPO).

2. Örtlich und sachlich ausschließliche Zuständigkeit des Amtsgerichts des belegenen Wohnraums (§ 29 a ZPO)

3. Allgemeine Prozeßvoraussetzungen.

4. Möglichkeiten des Urteils im Räumungsrechtsstreit:

   a) Liegen nicht alle Voraussetzungen zu I und II vor, ist die Räumungsklage als unschlüssig abzuweisen.

   b) Liegen die Voraussetzungen zu I bis III vor, überwiegen jedoch die Interessen des Mieters, ist die Räumungsklage unbegründet und die Fortsetzung des Mietverhältnisses (auf bestimmte oder unbestimmte Zeit) durch Urteil auszusprechen, wobei auch eine Änderung der Vertragsbedingungen, insbesondere der Höhe des Mietzinses durch das Gericht ausgesprochen werden kann (§§ 556 a Abs. 2 S. 2, Abs. 3 S. 1 BGB, 308 a ZPO). Der Ausspruch über Dauer und Bedingungen der Vertragsfortsetzung ist mit Berufung selbständig anfechtbar (§ 308 a Abs. 2 ZPO).

   c) Liegen die Voraussetzungen zu I bis III vor und überwiegen die Vermieterinteressen, ist der Mieter zur Räumung zu verurteilen (vgl. dann unten V bis VIII).

### V. Gerichtliche Nebenentscheidungen bei bestehendem Räumungsanspruch:

1. **Festsetzung einer Räumungsfrist** von Amts wegen (bei Urteil gemäß § 721 ZPO, bei gerichtlichem Räumungsvergleich gemäß § 794 a ZPO):

   a) Dauer nach Ermessen des Gerichts, jedoch nicht länger als 1 Jahr.

   b) Verlängerung möglich, wenn Verlängerungsantrag spätestens 2 Wochen vor Ablauf der Räumungsfrist gestellt wird und Interessen des Mieters an Verlängerung gegenüber Interessen des Vermieters an Räumung überwiegen. Mehrfache Verlängerung bis zu 1 Jahr möglich. Abkürzung bzw. Wegfall der Räumungsfrist möglich.

2. Kostenentscheidung gemäß §§ 91, 92, 93, 93 b ZPO.

3. Vorläufige Vollstreckbarkeit gemäß §§ 708 Nr. 7, 711 ZPO.

4. Streitwert: einjähriger Mietzins (§ 16 Abs. 1 GKG).

### VI. Vollstreckungsschutz (§ 765 a ZPO)

Voraussetzungen:

1. begründeter Antrag des Schuldners,

2. sittenwidrige Härte für Schuldner durch Vollstreckung bei ganz besonderen Umständen (z. B. innerhalb kurzer Frist — ca. 2 Monate — verfügbare Ersatzwohnung, Krankheit, bevorstehende Entbindung),

### Räumung (Vermieterkündigung)

3. Schutzbedürfnis des Gläubigers an sofortiger Vollstreckung darf nicht entgegenstehen.

Entscheidung durch Rechtspfleger nach Anhörung des Gläubigers (§ 20 Nr. 17 RPflG). Einstweilige Einstellung der Zwangsvollstreckung bis zur Entscheidung zulässig entsprechend §§ 766 Abs. 1 S. 2, 732 Abs. 2 ZPO.

**VII. Möglich: Wiedereinweisung des Räumungsschuldners**

in die gleiche Wohnung durch Obdachlosenpolizeibehörde gemäß Polizeigesetz des Landes (bis zur Höchstdauer von z. B. 6 Monaten).

**VIII. Vollstreckung des Räumungsurteils gemäß § 885 ZPO (Zwangsräumung durch Gerichtsvollzieher):**

Gerichtsvollzieher kann Zwangsräumung bis zu einer Woche aufschieben, wenn ihm ein Härtegrund des Räumungsschuldners (vgl. oben VI) glaubhaft gemacht wird und Räumungsschuldner das Vollstreckungsgericht nicht mehr rechtzeitig anrufen konnte (§ 765 a Abs. 2 ZPO).

Vollstreckungstitel ist erst bei vollständig vollzogener Räumung verbraucht (nicht bei nur symbolischer Räumung, z. B. im Falle der Wiedereinweisung durch die Obdachlosenpolizei).

## C. Rechtsmittel gegen die Entscheidung des Amtsgerichts:

1. Gegen das Urteil über die Räumungsklage:

   Berufung an das Landgericht.

   Das Berufungsurteil des Landgerichts ist unanfechtbar. Es muß jedoch durch Vorlagebeschluß einen Rechtsentscheid des OLG herbeiführen, wenn es bezüglich einer Rechtsfrage des Wohnraummietrechts von einer Entscheidung des BGH oder eines OLG abweichen will oder eine grundsätzliche Rechtsfrage dieser Art durch Rechtsentscheid noch nicht entschieden ist (vgl. Art. III des 3. MietRÄndG).

2. Gegen die Entscheidung über die Räumungsfrist:

   Sofortige Beschwerde an das Landgericht (§§ 721 Abs. 6, 794 a Abs. 4 ZPO). Dagegen keine weitere Beschwerde.

3. Gegen die Vollstreckungsschutzentscheidung des Rechtspflegers:

   a) Antrag auf Aufhebung oder Änderung bei geänderter Sachlage (§ 765 a Abs. 3 ZPO)

   b) befristete Erinnerung binnen 2 Wochen an den Amtsrichter (§ 11 Abs. 1 RPflG). Hilft dieser der Entscheidung des Rechtspflegers nicht ab, gilt sie als sofortige Beschwerde, über die das Landgericht entscheidet (§§ 11 Abs. 2 RPflG, 793 ZPO).

**Räumung (Mieterkündigung; Einlieger)**

# Übersicht RM

## Räumungsanspruchsvoraussetzungen bei geschütztem unbefristetem Wohnraummietverhältnis auf Grund ordentlicher Kündigung des Mieters

Gegenüber der Übersicht RV ergeben sich folgende Abweichungen bei gleicher Bezifferung:

I. Ordentliche Kündigung des Mieters (statt des Vermieters als Kündigendem tritt jeweils der Mieter):

10. Widerspruchsbelehrung entfällt.
11. (Benennung von Kündigungsgründen) entfällt. (Nach § 564 a Abs. 1 S. 2 BGB soll zwar auch der Mieter Kündigungsgründe angeben, ein Verstoß hat jedoch keine Rechtsfolgen!).
12. (Vorhandensein berechtigter Kündigungsinteressen) entfällt. Mieter kann ohne Grund kündigen.
13. Vgl. RV. Die vertraglich vereinbarte Kündigungsfist, welche in erster Linie gilt, kann gegenüber der gesetzlichen (gestaffelten) kürzer sein (arg. § 565 Abs. 2 S. 3 BGB).
14. Vgl. RV, jedoch ohne Einhaltung der Schriftform der Beendigungserklärung.

III. (Kündigungswiderspruchsrecht des Mieters) entfällt (§ 556 a Abs. 4 Nr. 1 BGB).

# Übersicht RE

## Räumungsanspruchsvoraussetzungen bei geschütztem unbefristetem Wohnraummietverhältnis auf Grund einer Sonderkündigung des Vermieters bei Einliegerwohnraum (§ 564 b Abs. 4 BGB)

(Beachte: Das Sonderkündigungsrecht besteht wahlweise neben dem (normalen) ordentlichen Kündigungsrecht des Vermieters gem. § 564 b Abs. 1, 2 BGB (vgl. Übersicht RV). Zweck des Sonderkündigungsrechts ist eine erleichterte Kündigung bei besonders engem räumlichen Kontakt des Vermieters zum Mieter im Wohnbereich des Vermieters.

Gegenüber der Übersicht RV ergeben sich folgende Abweichungen bei gleicher Bezifferung:

6. Es muß ein Einliegermietverhältnis gem. § 564 b Abs. 4 BGB vorliegen, was voraussetzt:
  a) entweder (S. 1):
   aa) eine Wohnung des Mieters,
   bb) ein Wohngebäude mit nicht mehr als 2 Wohnungen (Zweifamilienhaus), wobei der Zeitpunkt der Begründung des Mietverhältnisses entscheidet (OLG Hamburg (RE) ZMR 82, 282). Entscheidend ist die objektive bauliche Struktur des Hauses, unerheb-

**Räumung (nicht geschützt)**

lich das Vorhandensein weiterer einzelner Wohnräume. Verneint bei 3geschossigem Gebäude mit gewerblicher Nutzung eines Stockwerks, während in den anderen die Wohnungen des Vermieters und Mieters liegen (OLG Frankfurt (RE) ZMR 82, 16), bejaht bei Haus mit 3 Wohnungen, wenn Mieter nachträglich eine weitere Wohnung dazumietet und diese baulich mit seiner bisherigen Wohnung zu einer einheitlich genutzten Raumeinheit verbindet (OLG Karlsruhe (RE) DWW 83, 173).

    cc) welches jetzt vom Vermieter bewohnt wird (gleichgültig, ob dieser die Wohnung schon bei Mietvertragsabschluß bewohnte, OLG Koblenz (RE) ZMR 81, 371).

b) oder (Satz 3) — sog. Einlieger in Vermieterwohnung —:

    aa) Einzelwohnraum des geschützten Mieters, gleichgültig, ob in einem Zweifamilien- oder Mehrfamilienhaus (KG (RE) ZMR 81, 243)

    bb) innerhalb vom Vermieter selbst bewohnter Wohnung (wobei „innerhalb" räumlich als auch funktional — Mitbenutzung von Küche, Bad oder WC des Vermieters — sein kann).

11. Angabe im Kündigungsschreiben, daß die Kündigung nicht auf berechtigte Interessen gestützt wird (§ 564 b Abs. 4 S. 4 BGB). Gleichwohl ist die Angabe berechtigter Interessen für den Vermieter ratsam (wegen Abwägung im Falle eines Kündigungswiderspruchs gem. § 556 a Abs. 1 S. 3 BGB). Die berechtigten Interessen genügen mit weniger hohen Anforderungen als sonst (h. M.).

Möglich ist in erster Linie Sonderkündigung, hilfsweise Kündigung wegen berechtigter Interessen gem. Abs. 1, ebenso umgekehrt (OLG Hamburg (RE) ZMR 82, 282; LG Wiesbaden WM 81, 162).

12. entfällt.
13. Vgl. RV. Kündigungsfrist ist jedoch um 3 Monate verlängert (§ 564 b Abs. 4 S. 3 BGB).
14. Vgl. RV, jedoch mit der um 3 Monate verlängerten Frist für die Beendigungserklärung des Vermieters.

## Übersicht RN

### Räumungsanspruchsvoraussetzungen bei ungeschütztem unbefristetem Wohnraummietverhältnis auf Grund ordentlicher Kündigung des Vermieters

Gegenüber der Übersicht RV ergeben sich folgende Abweichungen bei gleicher Bezifferung:

I.

5. ungeschütztes Mietverhältnis (vgl. §§ 564 b Abs. 7, 556 a Abs. 8, 565 Abs. 3 BGB) in 3 Fällen:

    a) Überlassung zu vorübergehendem Gebrauch,

    b) möbliertes Einzelmietverhältnis innerhalb der Vermieterwohnung (vgl. § 565 Abs. 3 BGB) oder

    c) Wohnraum, der Teil eines Studenten- oder Jugendwohnheims ist.

## Räumung (Werkwohnung)

6. entfällt. Für Einliegerwohnraum vgl. § 564 b Abs. 7 BGB. Die Sondervorschriften für Werkwohnungen gelten zwar auch bei nicht geschützten Mietverhältnissen, sind in diesem Falle aber wegen der einfacheren und kürzeren Kündigungsmöglichkeit bedeutungslos.

10. bis 12. entfallen. Kündigung ist formlos (mündlich, auch z. B. durch Klagerhebung) und ohne Gründe möglich! Ist jedoch vertraglich Schriftform vereinbart, so gilt diese.

13. Kündigungsfristen (die unbeschränkt abdingbar sind):

    a) bei Überlassung zu vorübergehendem Gebrauch: am 3. Werktag mit 3monatiger Frist (§ 565 Abs. 2 S. 1 BGB).

    b) bei möbliertem Einzelmietverhältnis innerhalb der Vermieterwohnung: Fristen gem. § 565 Abs. 3 BGB, bei Mietzinsbemessung nach Monaten (Regelfall) vom 15. zum Ende eines Monats (§ 565 Abs. 3 Nr. 3 BGB). § 193 BGB ist anwendbar.

14. vgl. RV. Schriftform und (gestaffelte) Kündigungsfrist sind jedoch abdingbar (§ 565 a Abs. 3 BGB).

III. entfällt (§ 556 a Abs. 8 BGB), nicht jedoch im Falle oben Ziff. 5 c.

IV.

2. entfällt (§ 29 a Abs. 2 ZPO).

4. Liegen die Voraussetzungen zu I und II vor, ist die Räumungsklage begründet, andernfalls unbegründet (Ausnahme oben Ziff. 5 c).

# Übersicht RW

## Räumungsanspruchsvoraussetzungen bei unbefristetem Wohnraummietverhältnis auf Grund Sonderkündigung des Vermieters bei Werkwohnung (§§ 565 b bis 565 e BGB)

Vorbemerkung:

Mietverhältnisse über Werkwohnungen genießen nach Beendigung des Arbeitsverhältnisses nur beschränkten Bestandsschutz: dem Vermieter steht dann ein erleichtertes (Sonder-)Kündigungsrecht zu. Wahlweise hat er jedoch das reguläre ordentliche Kündigungsrecht (§§ 565 c S. 2, 565 Abs. 2 BGB), auch schon während des Arbeitsverhältnisses, soweit nicht (Regelfall) ausgeschlossen. Ein Mietverhältnis über Werkwohnungen endet nicht automatisch mit Beendigung des Arbeitsverhältnisses. Ist dies so vereinbart (auflösende Bedingung), wird es nach Bedingungseintritt als unbefristetes fortgesetzt (§ 565 a Abs. 2 BGB) und ist dann auf beiderlei Art (vgl. oben) kündbar.

Gegenüber der Übersicht RV ergeben sich folgende Abweichungen bei gleicher Bezifferung:

## Räumung (Werkwohnung)

I.

4. vgl. RV. (Die §§ 565 b ff. gelten nicht für befristete Mietverhältnisse, h. M.)
5. entfällt. (Die §§ 565 b ff. gelten auch für ungeschützte Mietverhältnisse.)
6. Vorliegen eines Mietverhältnisses über eine **Werkwohnung** (= Überlassung von Wohnraum mit Rücksicht auf ein Arbeitsverhältnis, vgl. § 565 b BGB, wobei Vermieter und Arbeitgeber nicht identisch sein müssen; nicht: bei Dienstwohnungen für Angehörige des öffentlichen Dienstes). Man unterscheidet:

   a) **Werkmietwohnung** (§§ 565 b—565 d), und zwar:

   aa) **gewöhnliche** (= nicht funktionsgebundene) Werkwohnung (§ 565 c S. 1 Nr. 1), oder

   bb) **funktionsgebundene** Werkwohnung (§ 565 c S. 1 Nr. 2), z. B. bei Lagerhalter, Pförtner, Verwalter.

   b) **Werkdienstwohnung** (§ 565 e), bei welcher die Wohnungsüberlassung Teil der Vergütung ist, z. B. Hauswartwohnung:

   aa) Hat sie der Arbeitnehmer überwiegend möbliert oder führt er darin mit seiner Familie einen eigenen Hausstand, so erfolgt die Beendigung nach Wohnraummietrecht, i. d. R. wie bei funktionsgebundener Werkwohnung.

   bb) andernfalls: Wohnungsnutzung endet mit Beendigung des Dienstverhältnisses (ohne Kündigung).

7a. Erklärung des Vermieters, daß er von dem Sonderkündigungsrecht der Werkwohnung Gebrauch macht.

10. vgl. RV. Schriftformerfordernis gilt jedoch nur bei einem geschützten Mietverhältnis (§ 564 a Abs. 3 BGB).

11. vgl. RV. § 564 b Abs. 3 BGB ist anwendbar. Ein dem § 565 c inhaltlich entsprechender Betriebsbedarf ist nicht nur formelhaft mit dem Gesetzeswortlaut, sondern konkret anzugeben.

12. vgl. RV. Betriebsbedarf des Vermieters muß vorliegen wie folgt:

    aa) bei gewöhnlicher Werkwohnung: dringender Bedarf für anderen Bediensteten (betriebsbedingte Notwendigkeit),

    bb) bei funktionsgebundener Werkwohnung: Bedarf für Dienstverpflichteten wegen gleicher Funktion.

12a. Bei gewöhnlicher Werkwohnung: Mietverhältnis besteht noch keine 10 Jahre (bei Zugang der Kündigung), § 565 c S. 1 Nr. 1.

13. Besondere (kurze) Kündigungsfrist muß abgelaufen sein:

    aa) bei gewöhnlicher Werkwohnung: knapp 2monatig (vgl. § 565 c S. 1 Nr. 1)

    bb) bei funktionsgebundener Werkwohnung: knapp 1monatig (vgl. § 565 c S. 1 Nr. 2).

14. entfällt (da auf ordentliche reguläre Kündigung bezogen).

15. Rechtliche Beendigung des Dienstverhältnisses (gleichgültig, aus welchem Grunde) vor Ausspruch der Kündigung. (Schwebt darüber ein arbeitsgerichtliches Verfahren, ist Räumungsrechtsstreit auszusetzen [§ 148 ZPO]).

**Räumung (befristet)**

16. Sonderkündigung muß alsbald nach Beendigung des Dienstverhältnisses ausgesprochen werden (h. M.).
17. Bei öffentlich geförderten Werkwohnungen: Mietverhältnis mit diesem Mieter dauert noch nicht 5 Jahre. Danach entfällt das Sonderkündigungsrecht gem. §§ 565 b ff. (vgl. Art. 4 § 4 des 2. MRÄndG).
18. Bei Werkmietwohnungen muß bei Ausspruch der Sonderkündigung Zustimmung des Betriebsrats gem. § 87 Abs. 1 Nr. 9 BetrVG vorliegen (h. M.).
19. Bei Werkförderungsvertrag (Nichtübereinstimmung zwischen Vermieter und Arbeitgeber) muß für die Kündigung die Zustimmung des Arbeitgebers vorliegen.
20. Bei Einliegerwohnraum (§ 564 b Abs. 4 BGB) sind die Nrn. 11 und 12 (vgl. oben) entbehrlich, wenn sich Vermieter gem. § 564 b Abs. 4 S. 4 BGB auf diese Sondernorm beruft. Dann verlängert sich jedoch die Kündigungsfrist (oben Nr. 13) um 3 Monate (§ 564 b Abs. 4 S. 2).

**III.** vgl. RV. § 556 a BGB entfällt:

aa) bei gewöhnlicher Werkwohnung, wenn Mieter für Beendigung des Dienstverhältnisses verantwortlich ist (§ 565 d Abs. 3 Nr. 2 BGB),

bb) bei funktionsgebundener Werkwohnung überhaupt (§ 565 d Abs. 3 Nr. 1 BGB).

6. Kündigungswiderspruchsfrist beträgt jedoch nur einen Monat (§ 565 d Abs. 2 BGB).
7. Bei werkfremder Werkwohnung sind bei der Interessenabwägung auch die Interessen des Arbeitgebers zu berücksichtigen (§ 565 d Abs. 1 BGB).

**IV.**

2. vgl. RV. Entfällt jedoch bei nicht geschützten Mietverhältnissen (§ 29 a Abs. 2 ZPO). Gleichwohl Zuständigkeit des Amtsgerichts gegeben (nicht: Arbeitsgericht).
4. vgl. RV. Bezüglich III (Kündigungswiderspruch) gilt dies nur, soweit § 556 a BGB anwendbar (vgl. oben zu III).

# Übersicht RZ

## Räumungsanspruchsvoraussetzungen bei geschütztem befristetem Wohnraummietverhältnis nach Ablauf der Mietzeit

Gegenüber der Übersicht RV ergeben sich folgende Abweichungen bei gleicher Bezifferung:

**I.** Beendigung des Mietverhältnisses durch Ablauf der Mietzeit (ordentliche Kündigung während der Mietzeit ist ausgeschlossen, § 564 Abs. 1 BGB, ausgenommen nach Ablauf einer 30jährigen Mietdauer, § 567 BGB).

4. Befristetes Mietverhältnis ohne Verlängerungsklausel.

# Räumung (befristet)

7. bis 12. entfallen, jedoch 10. Widerspruchsbelehrung des Mieters durch Vermieter rechtzeitig vor den letzten 2 Monaten des Mietverhältnisses ist zweckmäßig (§ 564 a Abs. 2 BGB).

13. Vereinbarte Mietzeit muß abgelaufen sein (§ 564 Abs. 1 BGB).

14. entfällt

**III. Kündigungswiderspruchsrecht des Mieters anwendbar** (§§ 556 b Abs. 1, 556 a BGB), gerichtet auf bestimmte oder unbestimmte Zeit, auch nach geänderten Bedingungen (§ 308 a ZPO), jedoch bei der Interessenabwägung mit folgender Besonderheit:

Kannte der Mieter die tatsächlichen Umstände, die das Interesse des Vermieters an der fristgemäßen Rückgabe des Wohnraums begründen, schon beim Abschluß des Mietvertrages, so kann er sich nur auf Härtegründe stützen, die nachträglich eingetreten sind (§ 556 b Abs. 2 BGB).

**III. a Wahlweise** kann der Mieter anstelle des Kündigungswiderspruchs (oben III) das **Fortsetzungsverlangen gem. § 564 c Abs. 1 BGB** geltend machen (kombinierbar im Hilfsverhältnis zu III, wechselseitig). Dies setzt voraus:

a) 1. Fortsetzungsverlangen des Mieters gegenüber dem Vermieter auf unbestimmte Zeit (zu bisherigen Bedingungen).

    2. Schriftlich (ohne Angabe eines Grundes).

    3. 2 Monate vor Vertragsbeendigung (Ausschlußfrist).

b) Das Fortsetzungsverlangen kann vom Vermieter ausgeschlossen werden durch:

    4. Beendigungserklärung des Vermieters gegenüber Mieter.

    5. Schriftlich.

    6. Vor dem Ende der Mietzeit.

    7. Benennung berechtigter Interessen in der Beendigungserklärung (§ 564 b Abs. 3 BGB entsprechend anwendbar).

    8. Vorhandensein berechtigter Beendigungsinteressen des Vermieters (§ 564 b Abs. 1 und 2 BGB).

**IV.**

4. b) Liegen die Voraussetzungen zu I bis III bei überwiegenden Mieterinteressen oder zu I, II und IIIa Nr. 1–3 vor, ist durch Urteil die Fortsetzung des Mietverhältnisses auszusprechen (bei Klage des Mieters auf Abgabe einer Zustimmungserklärung des Vermieters zur Fortsetzung des Mietverhältnisses, da das Fortsetzungsrecht nicht als bloße Einwendung im Räumungsprozeß geltend gemacht werden kann).

c) Liegen die Voraussetzungen zu I bis III bei überwiegenden Vermieterinteressen vor oder liegen die Voraussetzungen zu I, II und IIIa (Nr. 1–8) vor, ist die Räumungsklage begründet.

**Räumung (Einlieger befristet; besonderes Zeitmietverhältnis)**

## Übersicht REZ

**Räumungsanspruchsvoraussetzungen bei geschütztem befristetem Wohnraummietverhältnis über Einliegerwohnraum (§ 564 b Abs. 4 BGB) nach Ablauf der Mietzeit**

Gegenüber der Übersicht RB ergeben sich folgende Abweichungen bei gleicher Bezifferung:

Vorbemerkung:

Neben der Beendigung gemäß Übersicht RB steht dem Vermieter die Möglichkeit einer besonderen Beendigung des Mietverhältnisses gem. §§ 564 c Abs. 1 S. 2, 564 b Abs. 4 BGB wahlweise zu (h. M.).

6. Vgl. Übersicht RE zu Nr. 6.

III a:

8. Angabe im Kündigungsschreiben, daß sich der Vermieter nicht auf das Vorliegen berechtigter Interessen beruft (Formvorschrift für Einliegerwohnraum).
9. entfällt.
10. Die Beendigungserklärung des Vermieters bewirkt eine um 3 Monate verlängerte Laufzeit des Mietverhältnisses gegenüber der vertraglichen Mietdauer (h. M.). Diese verlängerte Mietzeit muß abgelaufen sein.

## Übersicht RBZ

**Räumungsanspruchsvoraussetzungen bei besonderem Zeitmietverhältnis nach Ablauf der Mietzeit (§ 564 c Abs. 2 BGB)**

Gegenüber der Übersicht RZ ergeben sich folgende Abweichungen bei gleicher Bezifferung:

15. Voraussetzungen eines besonderen Zeitmietverhältnisses:
    1. Befristung höchstens auf 5 Jahre ab Mietbeginn.
    2. Verwendungsabsicht des Vermieters nach Mietzeitablauf:
       entweder:
       a) Eigennutzung für sich, Familienangehörige oder Hausstandsangehörige zum Wohnen
       oder:

### Räumung (ungeschützt befristet)

b) Bauabsicht auf zulässige Beseitigung (Abriß), wesentliche Veränderung oder Instandsetzung, wodurch Fortsetzung des Mietverhältnisses erheblich erschwert würde.
3. Mitteilung der Verwendungsabsicht bei Vertragsschluß (Anfangsmitteilung).
4. Mitteilung des Fortbestehens dieser Verwendungsabsicht 3 Monate vor Vertragsende (Schlußmitteilung).
5. Bestehen dieser Verwendungsabsicht bei Vertragsende.

**III. und III. a (Fortsetzungsrecht des Mieters) entfallen.**

Ausnahme: Verzögerung der Absichtsverwirklichung (S. 2): Unterscheide: kleine Verzögerung (Hs. 1) und große Verzögerung (Hs. 2).

V 1 (Räumungsfrist-Bewilligung) entfällt.

# Übersicht RNZ

## Räumungsanspruchsvoraussetzungen bei ungeschütztem befristetem Wohnraummietverhältnis nach Ablauf der Mietzeit

Gegenüber der Übersicht RZ, die wiederum auf Übersicht RV Bezug nimmt, ergeben sich folgende Abweichungen bei gleicher Bezifferung:

**I.**

5. Ungeschütztes Mietverhältnis (vgl. Übersicht RN zu 5).
6. entfällt. Die Sondervorschriften über Werkwohnungen gelten nicht für befristete Mietverhältnisse (h. M.).

**III. entfällt (§§ 556 b Abs. 1 S. 2, 556 a Abs. 8 BGB).**

**III a. entfällt (§§ 564 c Abs. 1 S. 2, 564 b Abs. 7 BGB)**

**IV.**

2. entfällt (§ 29 a Abs. 2 ZPO).
4. Liegen die Voraussetzungen zu I und II vor, ist die Räumungsklage begründet, andernfalls unbegründet.

**Räumung (fristlose Kündigung)**

## Übersicht R 1

**Räumungsanspruchsvoraussetzungen bei außerordentlicher Beendigung eines Wohnraummietverhältnisses durch fristlose Kündigung***

(Die Art des Mietverhältnisses ist gleichgültig, z. B. ob unbefristet oder befristet, geschützt oder ungeschützt, Einliegerwohnraum oder Werkwohnung). Beachte: Nach Überlassung der Mietsache wird das Rücktrittsrecht durch die Kündigung verdrängt (BGHZ 50, 312).

Gegenüber der Übersicht RV ergeben sich folgende Abweichungen bei gleicher Bezifferung:

I. **Fristlose Kündigung durch eine Vertragspartei:**
   4. bis 6. entfallen.
   7. Kündigungserklärung einer Partei gegenüber der anderen.
   8. Zugang der Kündigungserklärung beim Vertragsgegner.
   9. vgl. RV. Bei längerem Zuwarten mit der Kündigung auf Grund eines Vertragsverstoßes des Gegners kann das Kündigungsrecht verwirkt sein.
   10. Schriftliche Kündigungserklärung (mit Unterschrift des kündigenden Vertragspartners) bei einem geschützten Mietverhältnis (§ 564 a Abs. 1 S. 1, Abs. 3 BGB), sonst formlos möglich.
   11. entfällt. Die (substantiierte) Angabe eines Grundes zur fristlosen Kündigung ist nach h. M. nicht erforderlich (RE OLG Zweibrücken ZMR 82, 112). Die Stützung der Kündigung auf nachträgliche Gründe erfordert eine nachträgliche Kündigungserklärung. § 564 b Abs. 3 BGB gilt nicht entsprechend (RE OLG Karlsruhe ZMR 83, 133).
   12. Vorliegen eines fristlosen Kündigungsgrundes bei Wirksamkeit der Kündigung:
       a) für die Kündigung des **Vermieters** (abschließende gesetzliche Regelung, § 554 b BGB):
          1. Vertragswidriger Gebrauch durch den Mieter gemäß § 553 BGB trotz Abmahnung.
          2. Zahlungsverzug des Mieters gemäß § 554 BGB (beachte jedoch die Schonfrist gemäß Abs. 2 Nr. 2 dieser Vorschrift).
          3. Schwerwiegende schuldhafte Pflichtverletzung des Mieters gemäß § 554 a BGB.
          4. Sonstiger „wichtiger" Grund (z. B. schwere Störung des Hausfriedens durch geisteskranken Mieter).
       b) für die Kündigung des **Mieters**:
          1. Nichtgewährung des Gebrauchs durch den Vermieter gemäß §§ 542, 543 BGB.
          2. Gesundheitsgefährdung des Mieters gemäß § 544 BGB.
          3. Schwerwiegende schuldhafte Pflichtverletzung des Vermieters gemäß § 554 a BGB.
          4. Sonstiger „wichtiger" Grund (z. B. Wegfall der Geschäftsgrundlage).
          5. Sonstiger vertraglich vereinbarter fristloser Kündigungsgrund (arg. § 554 b BGB).

---

* Umdeutung einer unwirksamen fristlosen Kündigung in eine ordentliche Kündigung ist nur ausnahmsweise (bei zweifelsfrei erkennbarem Willen) möglich (BGH ZMR 81, 113 = WM 81, 106 = NJW 81, 976). Daher Empfehlung: im Kündigungsschreiben hilfsweise ordentliche Kündigung aussprechen!

## Räumung (außerordentliche befristete Kündigung)

13. Erklärung, daß fristlos gekündigt werden soll. Wird eine (kürzere) Frist eingeräumt, so muß diese abgelaufen sein.
14. entfällt.

III. (Kündigungswiderspruch): entfällt (§ 556 a Abs. 4 Nr. 2 BGB). Ebenso entfällt bei einem befristeten Mietverhältnis ein Fortsetzungsrecht des Mieters gemäß § 564 c Abs. 1 BGB.

V. Nach fristloser Kündigung hat der Schuldner (Mieter) mindestens eine Woche Zeit zur Beschaffung einer Ersatzwohnung, ehe er Veranlassung zur Klagerhebung (§ 93 ZPO) gibt (*Sternel* VI 38).

# Übersicht R 2

## Räumungsanspruchsvoraussetzungen bei außerordentlicher Beendigung eines Wohnraummietverhältnisses durch außerordentliche befristete Kündigung*

(Die Art des Mietverhältnisses ist gleichgültig, z. B. ob befristet oder unbefristet, geschützt oder ungeschützt, Einliegerwohnung oder Werkwohnung.)
Gegenüber der Übersicht R 1 ergeben sich folgende Abweichungen bei gleicher Bezifferung:

I.
11. Schlüssige Angabe eines außerordentlichen Kündigungsgrundes ist erforderlich bei geschütztem Mietverhältnis (vgl. §§ 564 b Abs. 3, 564 a Abs. 1 S. 2 BGB).
12. Vorliegen eines außerordentlichen Kündigungsgrundes
    a) für Mieter, wenn Vermieter Untermietung verweigert ohne wichtigen Grund in der Person des Dritten (§ 549 Abs. 1 S. 2 BGB),
    b) für beide Vertragspartner nach 30jähriger Mietdauer, wenn nicht auf Lebenszeit eines Teils geschlossen (§ 567 S. 1 BGB),
    c) für Vermieter und Erbe des Mieters nach dem Tod des Mieters zum 1. Termin (§ 569 Abs. 1 BGB); Ausnahmen: §§ 569 a, 569 b BGB,
    d) für Vermieter zum 1. Termin, wenn in der Person des eintretenden Ehegatten oder Familienangehörigen ein wichtiger Grund vorliegt (§ 569 a Abs. 5 BGB),
    e) für Vermieter und Erbe des Mieters zum 1. Termin bei Fortsetzung mit dem Erben des Mieters (§ 569 a Abs. 6 BGB),
    f) für überlebenden Ehegatten-Mieter zum 1. Termin (§ 569 b S. 3 BGB),
    g) für Mieter als Militärperson, Beamter, Geistlicher, Lehrer für 1. Termin bei Versetzung an anderen Ort (§ 570 BGB),
    h) für Vermieter als Eigentümer bei Mietverhältnis über das Ende des Nießbrauchs hinaus (§ 1056 Abs. 2 BGB),
    i) für Vermieter als Nacherben bei Mietverhältnis über das Ende der Vorerbschaft hinaus (§ 2135 BGB),

---

* Schrifttum: *Giese* WM 73, 197; *Staudinger/Sonnenschein* § 564 BGB Rn 32 ff.

**Räumung (sonstige Umstände)**

  j) für Vermieter als Eigentümer zum 1. Termin bei Erlöschen des Erbbaurechts (§ 30 ErbbauRVO),
  k) für Vermieter bei Konkurs des Mieters (§ 19 KO),
  l) für Vermieter bei Vergleichsverfahren des Mieters (§ 51 VerglO),
  m) für Vermieter als Ersteher eines Hausgrundstücks zum 1. Termin (§ 57 a ZVG).

Beachte: Zusätzlich zu den Tatbestandsvoraussetzungen der genannten Vorschriften, welche ein außerordentliches Kündigungsrecht gewähren, muß im Falle der Kündigung durch den Vermieter ein berechtigtes Interesse gemäß § 564 b Abs. 1, Abs. 2 BGB gegeben sein (h. M.).

13. Bei geschützten Mietverhältnissen: Ablauf der 3monatigen Kündigungsfrist (§ 565 Abs. 5 i. V. m. Abs. 2 S. 1 BGB).

    Bei möbliertem Einzelmieter innerhalb der Vermieterwohnung Kündigung vom 15. eines Monats für den Ablauf dieses Monats (§ 565 Abs. 3 Nr. 3 BGB; vgl. auch Abs. 5).

14. entfällt.

III. Kündigungswiderspruch (§§ 556 a, 556 b BGB) und Fortsetzungsrecht bei Zeitmietverträgen (§ 564 c Abs. 1 BGB) sind entsprechend anwendbar (RE BGH ZMR 82, 274; vgl. zum Streitstand *Staudinger/Sonnenschein* § 556 a BGB Rn 15 ff.).

# Übersicht R 3

## Räumungsanspruchsvoraussetzungen bei außerordentlicher Beendigung eines Wohnraummietverhältnisses auf Grund sonstiger Umstände*

Vorbemerkung: Soweit die folgenden Umstände überhaupt einen Räumungsanspruch des Vermieters begründen, gilt § 568 BGB (z. B. beim Mietaufhebungsvertrag).

1. Abschluß eines **Mietaufhebungsvertrages** der Mietvertragsparteien (§ 305 BGB), formlos, auch durch schlüssiges Verhalten möglich. Aber feste Vereinbarung der Aufhebung zu bestimmtem Zeitpunkt erforderlich (LG Köln WM 80, 101). Schweigen gilt i. d. R. nicht als Zustimmung zu einem Vertragsangebot (BGH NJW 81, 43). Zieht von mehreren Mietern einer aus, liegt nicht ohne weiteres ein Aufhebungsvertrag vor, der schlüssige Zustimmung aller Vertragspartner erfordert (BayObLG (RE) ZMR 83, 247 = WM 83, 107). Zum Mietaufhebungsvertrag vgl. § 564 b BGB Rn 215 a. Zum Abschluß ist Vermieter allenfalls bei langfristigen Verträgen gem. § 242 BGB verpflichtet.

2. Keine Beendigung durch Bedingungseintritt bei auflösend bedingtem Mietverhältnis. Bei nicht geschützten Mietverhältnissen gilt dies auch, jedoch abdingbar (§ 565 a Abs. 3 BGB). Bei Beendigung des Mietverhältnisses mit Bedingungseintritt (§ 158 Abs. 2 BGB) gilt es danach als unbefristetes Mietverhältnis fortgesetzt (§ 565 a Abs. 2 S. 1 BGB) mit der sich daraus ergebenden Rechtswirkung. Bei Kündigungswiderspruch des Mieters sind jedoch zu seinen Gunsten nur nach Vertragsabschluß eingetretene Umstände zu berücksichtigen (§ 565 Abs. 2 S. 2 BGB).

   Bei nicht geschützten Mietverhältnissen gilt dies auch, jedoch abdingbar (§ 565 a Abs. 3 BGB).

---

* Schrifttum: *Staudinger/Sonnenschein* § 564 BGB Rn 44 ff.

### Räumung (Untermieter)

3. Keine Beendigung durch Tod einer Mietvertragspartei. Statt dessen Fortsetzung mit Erben (§ 1922 BGB) oder anderen eintrittsberechtigten Angehörigen (§§ 569–569 b BGB). Beendigung jedoch durch Untergang einer juristischen Person als Mietvertragspartner.
4. Ausübung eines vertraglichen oder gesetzlichen Rücktrittsrechts vor Wohnraumüberlassung an den Mieter (§§ 346 ff., 325, 326 BGB). – Nach Wohnraumüberlassung wird das Rücktrittsrecht durch das Recht zur außerordentlichen fristlosen Kündigung verdrängt (vgl. § 570 a BGB).
5. Anfechtung wegen Irrtums, arglistiger Täuschung oder Drohung (§§ 119, 123, 142 Abs. 1 BGB) vor Wohnraumüberlassung an den Mieter.
6. Unmöglichwerden der Gebrauchsgewährung durch Zerstörung des Wohnraums ohne Verschulden des Vermieters (§§ 275 Abs. 1, 323 Abs. 1 BGB).
7. Erwerb von Eigentum oder Nießbrauch durch Mieter (Konfusion): dadurch entfällt Mietzahlungspflicht.
8. Erlöschen eines Dauerwohn- oder Dauernutzungsrechts nach Vermietung oder Verpachtung durch Dauerwohn- oder Dauernutzungsberechtigten (§§ 37 Abs. 1, 31 Abs. 3 WEG).
9. Eintritt des Grundstückserwerbers in das bisherige Mietverhältnis (§ 571 BGB) bewirkt Beendigung des Mietverhältnisses mit dem bisherigen Vermieter. Entsprechendes gilt bei Begründung eines Erbbaurechts, Nießbrauchs oder dinglichen Wohnrechts gem. § 577 BGB.
10. Beendigung durch Verwaltungsakt aus öffentlich-rechtlichen Gründen: bei Sanierung gem. §§ 27–29 StBFG, Bodenordnung gem. § 61 BBauG oder Enteignung gem. § 86 Abs. 1 Nr. 3 BBauG.
11. Entscheidung gem. HausratsVO.

## Übersicht RU

### Räumungsanspruchsvoraussetzungen bei Räumungsanspruch des Vermieters gegen den Untermieter von Wohnraum gem. § 556 Abs. 3 BGB

A) 1. Bestehen eines Hauptmietverhältnisses zwischen Vermieter und Mieter. Besteht der Zweck der Überlassung nicht im Bewohnen durch den Mieter, sondern in der Weitervermietung, so handelt es sich nicht um einen Wohnraum-, sondern um einen Geschäftsraummietvertrag (BGH ZMR 81, 332).
2. Bestehen eines Untermietvertrages zwischen dem Mieter und dem Untermieter (gleichgültig ob der Gebrauch ganz oder teilweise an den Dritten (Untermieter) überlassen wird). Ein auf längere Zeit als ein Jahr geschlossener Untermietvertrag bedarf der Schriftform gem. § 566 BGB (BGH ZMR 81, 311 = WM 81, 261).
3. Beendigung des Hauptmietverhältnisses zwischen Vermieter und Mieter, so daß der Mieter zur Räumung verpflichtet ist (OLG Hamm WM 81, 40).
4. Gegenwärtiger Besitz der Mietsache durch den Untermieter. (Entfällt, wenn Mietsache an Untervermieter herausgegeben ist, LG Hamburg WM 80, 199).

# Räumung (Untermieter)

5. Aufforderung des Vermieters an Untermieter zur Herausgabe (z. B. durch Zustellung der Räumungsklage).
6. Keine unzulässige Rechtsausübung des Herausgabeverlangens.

   Der Räumungsanspruch ist ausgeschlossen (vgl. BGH (RE) ZMR 82, 274 = WM 82, 178 = DWW 82, 211 = MDR 82, 747 = NJW 82, 1696*), wenn:

   aa) Vermieter und Mieter in unredlicher Weise das Mietverhältnis einverständlich beenden, um den Untermieter zum Auszug zu zwingen;

   bb) Hauptmietvertrag und Untermietvertrag von vornherein deshalb hintereinandergeschaltet werden, um dem Untermieter den Wohnraumkündigungsschutz abzuschneiden;

   cc) Untermieter beim Vertragsschluß keine Kenntnis von seiner Untermieterstellung (fehlende Eigentümerstellung seines Vermieters) hatte und Untermieter gegenüber einer Kündigung des Mieters bei einem Wohnraum-Untermietverhältnis Schutzrechte aus §§ 556 a, 564 b BGB hätte.

7. (Der Untermieter hat gegenüber dem (Haupt-) Vermieter keine Kündigungsschutzrechte gem. §§ 564 c Abs. 1, 564 b, 556 a, 556 b BGB (BGH a. a. O.; a. A. LG Köln WM 81, 252: Herausgabeanspruch bestehe gem. § 242 BGB nur, wenn beim Kläger die Voraussetzungen von § 564 b BGB vorliegen)).
8. Bei Wohnraum-Untermieter: Räumungsschutz gem. §§ 721, 794 a ZPO.
9. Vollstreckungsschutz gem. § 765 a ZPO.

B) Für den Schadenersatzanspruch des Vermieters gegen den Untermieter wegen Räumungsverzugs (Verzögerungsschaden) gem. § 286 Abs. 1 BGB ist eine Mahnung des Untermieters auch dann erforderlich, wenn der Hauptmieter kalendermäßig zu räumen hat (OLG Hamm WM 81, 40).

C) Verhältnis Hauptmieter zu Untermieter:

1. Der gutgläubige Untermieter hat − wegen der Sonderregelung gem. § 541 BGB − kein Rücktrittsrecht vor Überlassung bzw. Kündigungsrecht nach Überlassung wegen seines guten Glaubens an seine Mieterstellung (OLG Köln ZMR 81, 177 = WM 81, 103). Grundsätzlich berührt die Auflösung des Hauptmietverhältnisses die Wirksamkeit des Untermietverhältnisses nicht. Der Untermieter kann jedoch bei fehlender Aufklärung durch den Untervermieter einen Schadenersatzanspruch aus culpa in contrahendo haben.
2. Der Mieter (Untervermieter) kann bei einem Wohnraumuntermietverhältnis ein berechtigtes Interesse an der Beendigung gem. § 564 b Abs. 1 BGB geltend machen, wenn das Hauptmietverhältnis vom Hauptvermieter wirksam gekündigt wurde (LG Kiel WM 82, 194; a. A. *Lammel* BlGBW 82, 167: erst wenn gegen Hauptmieter Räumungsurteil erwirkt ist). Der Hauptmieter hat gegenüber dem Untermieter keine Pflicht, den Hauptmietvertrag aufrecht zu erhalten (LG Darmstadt WM 82, 194: bei erheblichen Gründen des Hauptmieters).

D) Ein Räumungsanspruch des Hauptvermieters gegen den Hauptmieter ist auch dann begründet, wenn nur der Untermieter das Mietobjekt in Besitz hat.

---

* a. A. OLG Karlsruhe (RE) ZMR 82, 208 = WM 81, 249 m. abl. Anm. *Wüstefeld* = NJW 82, 1290; OLG Hamm (VB) ZMR 82, 147 = DWW 82, 24; LG Stadte WM 80, 103; zu BGH vgl. OLG Karlsruhe (RE) DWW 83, 200 zum Werkförderungsvertrag; *Maute* WM 82, 287; *Mitzkus* ZMR 82, 197; *Nassall* MDR 83, 9; ZMR 83, 337; *Haase* JR 82, 456; *Hille* WM 83, 46; *Bartsch* ZMR 83, 256; *Gursky* JR 83, 265).

**Räumung (Geschäftsraummieter)**

# Übersicht RG

## Räumungsanspruchsvoraussetzungen bei Räumungsanspruch des Vermieters gegen Geschäftsraummieter

A) Voraussetzungen bei einem unbefristeten Mietverhältnis:
1. Mietverhältnis über Geschäftsraum zwischen den Parteien. (Bei Mischmietverhältnis: Überwiegen des Geschäftsraumanteils).
2. unbefristet.
3. Fehlen von Kündigungsausschlußgründen.
4. Kündigungserklärung im Zweifel formlos (mündlich) möglich (wenn nicht im Vertrag Schriftform vereinbart ist).
5. (Kündigungsgründe sind entbehrlich).
6. Ablauf der Kündigungsfrist: knapp (spätestens am 3. Werktag) 3 Monate zum Quartalsende (§ 565 Abs. 1 Nr. 3 BGB).
7. Ausschluß der Verlängerungsfiktion gem. § 568 BGB.
8. (Kein Kündigungswiderspruchsrecht des Mieters).
9. (Kein Räumungsschutz! Möglich jedoch Räumungsschutz bei Mischmietverhältnis für trennbaren Wohnraumanteil (bestr.)).
10. Vollstreckungsschutz gem. § 765 a ZPO möglich (z. B. bei Existenzgefährdung u. a.).

B) Bei befristetem Mietverhältnis:

Beendigung mit Ablauf der Mietzeit (§ 564 Abs. 1 BGB), es sei denn bei Vereinbarung einer Verlängerungsklausel. Beendigungsgründe des Vermieters sind nicht erforderlich. (Ziffer 7.–10. wie oben zu A).

C) Prozessuales:
1. Sachliche Zuständigkeit des Amtsgerichts unabhängig vom Streitwert (§ 23 Nr. 2 lit. a. GVG).

   Klage regelmäßig gerichtet auf sofortige Räumung und Herausgabe. Zulässig jedoch ohne weiteres auch Klage auf künftige Räumung und Herausgabe (§ 257 ZPO) ohne erforderliche Besorgnis nicht rechtzeitiger Räumung (vgl. § 259 ZPO). Vgl. aber § 93 ZPO.
3. Bei Räumungsklage verbunden mit Klage auf Zahlung des Mietzinses ist bei LG-Zuständigkeit für Zahlungsklage diese abzutrennen und an das Landgericht zu verweisen.
4. Streitwert der Räumungsklage: einjähriger Mietzins (§ 16 Abs. 2 GKG).

## Schaubild 2: Mieterhöhungsanspruch

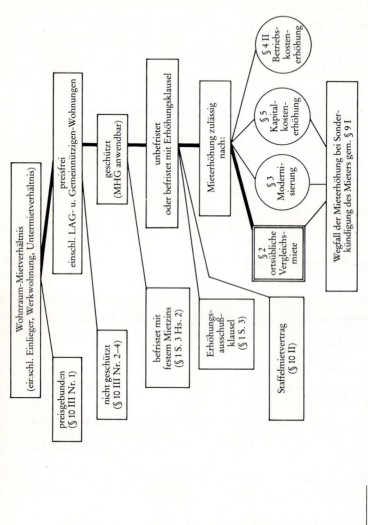

* Neben dem MHG ist eine Mieterhöhung möglich nach § 242 BGB (Wegfall der Geschäftsgrundlage), im Falle einer (ausnahmsweise) wirksamen Erhöhungsklausel (vgl. § 10 Abs. 1 Hs. 1 MHG), bei Zustimmung des Mieters zu einem konkreten Erhöhungsverlangen um einen bestimmten Betrag (vgl. § 10 Abs. 1 Hs. 2 MHG) oder im Falle eines Staffelmietvertrages (§ 10 Abs. 2 MHG).

## Mieterhöhungsanspruch gem. § 2 MHG; Voraussetzungen

## Mieterhöhungsanspruch gem. § 2 MHG: Voraussetzungen

### A. Materiellrechtliche Voraussetzungen:

**I. Wirksames Erhöhungsverlangen des Vermieters,** welches voraussetzt:
1. Wohnraummietverhältnis zwischen den Parteien,
2. geschütztes Mietverhältnis (kein Fall gem. § 10 Abs. 3 Nr. 2–4 MHG),
3. nicht preisgebunden (vgl. § 10 Abs. 3 Nr. 1 MHG),
4. unbefristet oder befristet mit Erhöhungsklausel (vgl. § 1 S. 3, 2. Fall MHG),
5. kein vertraglicher Mieterhöhungsausschluß (§ 1 S. 3 MHG),
6. kein Staffelmietvertrag (§ 10 Abs. 2 MHG),
7. Einhaltung der 1jährigen Wartefrist (§ 2 Abs. 1 S. 1 Nr. 1 MHG),
8. Schriftliche Erhöhungserklärung des Vermieters gegenüber dem Mieter (§ 2 Abs. 2 S. 1 MHG) und Zugang beim Mieter,
9. Schriftliche Begründung\*, daß die begehrte Mieterhöhung die ortsübliche Vergleichsmiete nicht überschreitet, durch:

   a) Mietspiegel,
   b) Sachverständigengutachten,
   c) drei Vergleichswohnungen oder
   d) sonstige Gründe.

**II. Sonstige Anspruchsvoraussetzungen:**
10. keine Zustimmung des Mieters,
11. keine Kündigung durch den Mieter gem. § 9 Abs. 1 MHG,
12. Nichtüberschreitung der ortsüblichen Vergleichsmiete (§ 2 Abs. 1 S. 1 Nr. 2 MHG),
13. Nichtüberschreitung der Kappungsgrenze (§ 2 Abs. 1 S. 1 Nr. 3 MHG).

Rechtswirkung: Wirksamkeit der Mieterhöhung ab Beginn des 3. Kalendermonats nach dem Monat des Zugangs des Erhöhungsverlangens (§ 2 Abs. 4 MHG).

### B. Prozessuale Voraussetzungen:

1. Klage des Vermieters gegen den Mieter auf Zustimmung zu bestimmter Mieterhöhung.
2. Ausschließliche örtliche und sachliche Zuständigkeit des Amtsgerichts des belegenen Wohnraums (§ 29 a ZPO).
3. Besondere Prozeßvoraussetzung: Einhaltung der Klagefrist von zwei Kalendermonaten, die auf die 2monatige Überlegungsfrist folgt (§ 2 Abs. 3 S. 1 MHG), ausgenommen bei einem im Rechtsstreit nachgeholten wirksamen Erhöhungsverlangen (vgl. § 2 Abs. 3 S. 2 MHG).
4. Sonstige (allgemeine) Prozeßvoraussetzungen.

---

\* Begründung ist bezüglich Einhaltung der 1jährigen Wartefrist und der Kappungsgrenze nicht erforderlich.

# Fristenschema zu § 2 MHG

## Fristenschema zu § 2 MHG

| Nr. | Monat (Beispiel) | | | | |
|---|---|---|---|---|---|
| 1 | (Januar) 1983 | Zugang des Erhöhungsverlangens innerhalb dieses Kalendermonats | | | |
| 2 | (Februar) 1983 | Mieter kann innerhalb 2monatiger Überlegungsfrist: | | | |
| 3 | (März) 1983 | zustimmen (nicht fristgebunden) | nicht zustimmen (schweigen oder ablehnen) | | kündigen gem. § 9 I MHG |
| 4 | (April) 1983 | Wirksamwerden der Mieterhöhung ab Beginn des 3. Kalendermonats nach Zugangsmonat | Vermieter kann klagen innerhalb 2monatiger Klagefrist Prozessuale Möglichkeiten: vorausgegangenes Erhöhungsverlangen ist: | | danach läuft 2monatige Kündigungsfrist |
| 5 | (Mai) 1983 | | a) wirksam | b) unwirksam, jedoch im Rechtsstreit Zugang eines neuen wirksamen Erhöhungsverlangens und Ablauf der 2monatigen Überlegungsfrist vor letzter mündlicher Verhandlung | c) unwirksam (ohne Nachholung durch neues wirksames Erhöhungsverlangen) |
| 6 | (Juni) 1983 | | → Verurteilung des Mieters (wirksam ab 3. Monat) oder Klageabweisung (z.B. mangels Erhöhungsanspruchs) | → Verurteilung des Mieters (wirksam gem. § 2 Abs. 4) oder Klageabweisung (z.B. mangels Erhöhungsanspruchs) | → Klageabweisung als unzulässig | Mietverhältnis ist beendet (Mieterhöhung entfällt) |

Bei neuem Erhöhungsverlangen ist nur die 1jährige Wartefrist einzuhalten nach Wirksamkeit des früheren. [Im Beispielsfalle kann ein neues Verlangen frühestens im April des Folgejahres 1984 gestellt werden mit Wirksamkeit für Anfang Juli 1984]. Zwischen Wirksamkeit der vorausgegangenen und einer folgenden Mieterhöhung liegen daher mindestens 15 Monate.

# Mietspiegel-Hinweise

# Fortschreibung der Hinweise für die Aufstellung von Mietspiegeln

Herausgegeben vom Bundesministerium für Raumordnung, Bauwesen und Städtebau
(abgedruckt BBauBl. 80, 357 = WM 80, 165)

## A. Vorbemerkungen des BMBau

I. Im Rahmen des Berichts betreffend die Ermöglichung einer vermehrten Aufstellung von Mietspiegeln durch die Gemeinden vom 6. Mai 1976 (BT-Drucksache 7/5160) hat die Bundesregierung Hinweise für die Aufstellung von Mietspiegeln vorgelegt.

Über die Erfahrungen bei der Anwendung des Vergleichsmietenverfahrens hat die Bundesregierung im Rahmen des Berichts über die Auswirkungen des Zweiten Wohnraumkündigungsschutzgesetzes (BT-Drucksache 8/2610) berichtet. Sie hat zum Ausdruck gebracht, daß sich Mietspiegel als die am besten geeigneten Instrumente für den Nachweis von ortsüblichen Vergleichsmieten erwiesen haben.

Sie hat aber auch zum Ausdruck gebracht, daß sich bei der Aufstellung von Mietspiegeln in der Praxis neue Fragen ergeben haben, die auf der Basis der bisherigen Hinweise für die Aufstellung von Mietspiegeln noch nicht gelöst werden können (vgl. Bericht der Bundesregierung über die Auswirkungen des Zweiten Wohnraumkündigungsschutzgesetzes, BT-Drucksache 8/2610, S. 12).

Dies betrifft insbesondere

1. die Frage, ob und in welchem Umfang die Mieten länger bestehender Mietverhältnisse in die Mietspiegel eingehen sollen, da bei diesen die Mieten in der Regel deutlich niedriger liegen, als für vergleichbare Wohnungen mit kürzeren Mietverhältnissen erzielt werden.
2. die Einbeziehung von Wohnungen in schlechterer Wohnlage, für die jedoch von bestimmten Bevölkerungsgruppen, z. B. Ausländern, höhere als sonst übliche Entgelte gezahlt werden (Diskriminierungsproblematik).
3. die Einordnung von Ein- und Zweifamilienhäusern, für die häufig keine Informationen über vergleichbare Objekte zur Verfügung stehen.

Die Bundesregierung hat in ihrem Bericht über die Auswirkungen des Zweiten Wohnraumkündigungsschutzgesetzes die Einberufung des Arbeitskreises „Mietspiegel" in Aussicht gestellt mit dem Ziel, die vorliegenden Empfehlungen für die Aufstellung von Mietspiegeln zu vervollständigen bzw. zu aktualisieren. Dabei sollten auch die zahlreichen Vorschläge der Verbände zu den Grundlagen und zum Inhalt der Mietspiegel sowie zum Aufstellungsverfahren überprüft werden. Dies ist zwischenzeitlich erfolgt.

II. Das Vergleichsmietenverfahren soll marktorientierte Mietanpassungen ermöglichen. Die zum Vergleich herangezogenen Mieten sollen für die entsprechenden Wohnungen in einer Gemeinde üblich sein. Für die Vergleichbarkeit sollen objektive, an den Eigenschaften der Wohnung anknüpfende Kriterien, nämlich Art, Größe, Ausstattung, Beschaffenheit und Lage maßgebend sein.

Daraus folgt, daß die in die Mietspiegel eingehenden Mieten sich durch Marktnähe, Vergleichbarkeit und Üblichkeit auszeichnen müssen. Dies bedeutet, daß die Qualität von Mietspiegeln um so stärker beeinträchtigt wird,

1. je weniger vergleichbar die erfaßten Wohnungen nach Art, Größe, Ausstattung, Beschaffenheit und Lage sind,

## Mietspiegel-Hinweise

2. je mehr subjektive Eigenschaften von Mietern oder Vermietern sowie mietvertraglich vereinbarte Sonderkonditionen Einfluß bei der Mietfestsetzung für die zu vergleichenden Wohnungen hatten,

3. je weiter der Zeitpunkt der Erstellung des Mietspiegels zurückliegt.

**III.** Die vom Arbeitskreis „Mietspiegel" vorgenommene Fortschreibung und Ergänzung seiner Empfehlung trägt den aufgetretenen Fragen Rechnung:

1. In der Praxis hat sich gezeigt, daß für vergleichbare Wohnungen in schlechten Wohnlagen zum Teil höhere Mieten gezahlt werden als in besseren Wohnlagen. Erfahrungsgemäß ist dies auch darauf zurückzuführen, daß dort bestimmte Bevölkerungsgruppen – z. B. Ausländer – wohnen, von denen vergleichsweise höhere Mieten verlangt werden. Ähnliches gilt auch für Mieten für Wohnungen schlechterer Ausstattung im Verhältnis zu solchen mit besserer Ausstattung.

Um zu gewährleisten, daß derartige, in der Person des Mieters begründete Mietpreisgestaltungen nicht die Mietspiegel beeinflussen, hat der Arbeitskreis „Mietspiegel" die Empfehlung ausgesprochen, daß die in die Mietspiegel eingehenden Mieten für Wohnungen in schlechten Lagen nicht höher sein sollten als die für vergleichbare Wohnungen in besseren Lagen. Entsprechendes wurde für Wohnungen schlechterer und besserer Qualität empfohlen. Allerdings ist nicht auszuschließen, daß objektive Teilmarktbesonderheiten trotz schlechter Qualität von Wohnung und Wohnumfeld zu einem verhältnismäßig hohen Mietpreisniveau führen können.

2. Der Arbeitskreis „Mietspiegel" hat entgegen anderer Vorschläge an der Empfehlung festgehalten, in Mietspiegel Mietspannen aufzunehmen. Wie schon in den Hinweisen von 1976 ausgeführt, ist auf Grund von Wohnwertunterschieden, die in der Merkmalsgliederung nicht erfaßt sind, sowie wegen der unterschiedlichen subjektiven Bewertung der Wohnung durch die Mieter in der Praxis eine Streuung der Mieten für vergleichbare Wohnungen festzustellen. Die alleinige Angabe eines Mittelwertes trüge der Üblichkeit solcher Abweichungen nicht Rechnung.

Für die Bildung von Mietspannen aus dem Datenmaterial hat der Arbeitskreis empfohlen, zunächst Mieten auszuschalten, die extreme Einzelfälle darstellen („Ausreißer-Mieten"). Derartige Mieten sind Sonderfälle, die somit nicht als üblich bezeichnet werden können. Es handelt sich in diesen Fällen erfahrungsgemäß z. B. um Gefälligkeits- bzw. Diskriminierungsmieten, um sehr lang bestehende Mietverhältnisse ohne oder mit geringen Mietanpassungen.

Durch das empfohlene Verfahren zur Spannenbildung und gleichzeitigen Bestimmung des Mittelwertes soll sichergestellt werden, daß einerseits einzelne extreme Mieten das ausgewiesene Mietniveau insgesamt nicht beeinflussen, andererseits eine hohe Repräsentativität für die Bandbreite üblicher Mieten gewährleistet wird.

Übliche Mieten unterschiedlicher Vertragsdauer, jüngst vereinbarte wie auch länger bestehende sind durch die Spannen repräsentiert. Von der Setzung einer „Höchstmietvertragsdauer", ab der Mieten bei der Aufstellung von Mietspiegeln unberücksichtigt bleiben sollen, ist abgesehen worden.

3. Die Ermittlung von Vergleichsmieten für Wohnungen jüngsten Baualters hat sich wegen der geringen Zahl an Vergleichsfällen häufig als schwierig erwiesen. Dies hatte zur Folge, daß das Mietpreisniveau der jüngsten Baualtersklasse in Mietspiegeln das tatsächliche

# Mietspiegel-Hinweise

Mietniveau für die neuesten Wohnungen nicht immer ausreichend wiedergibt. Hinzu kommt, daß sich für neu auf dem Markt angebotene Wohnungen zunächst ein Marktpreis bilden muß. Aus diesem Grunde wird empfohlen, die jüngsten in den Mietspiegeln einzubeziehenden Wohnungen auf den Baujahrgang zu begrenzen, der mindestens seit einem vollen Jahr bezugsfertig ist. D. h. anstelle einer üblicherweise offenen, jüngsten Baualtersklasse („ab 1972") wird im Mietspiegel eine geschlossene Baualtersklasse (z. B. 1972−1978) empfohlen. Durch dieses Vorgehen wird gewährleistet, daß sich für neu auf den Markt kommende Wohnungen zunächst ein Marktpreis bilden kann, und verhindert, daß marktorientierte Mietanpassungen in der kritischen Anfangsphase einer Investition behindert werden. Durch die bisherige Empfehlung einer „offenen" jüngsten Baualtersklasse war das in der Regel niedrigere Niveau der gesamten Gruppe für eine neue Wohnung im ersten möglichen Mietanpassungszeitpunkt Vergleichsbasis.

4. Mietspiegel sind nur dann ein praktikables Instrument zum Nachweis der ortsüblichen Vergleichsmiete, wenn sie die Marktverhältnisse zeitnah aufzeichnen. Eine regelmäßige Überprüfung und gegebenenfalls Anpassung des Mietspiegels an die Veränderungen auf dem Wohnungsmarkt ist daher erforderlich. Eine Überprüfung der Notwendigkeit einer Anpassung des Mietspiegels wird vom Arbeitskreis „Mietspiegel" für mindestens alle zwei Jahre empfohlen. Um einen sachgerechten Zeitpunkt für die Fortschreibung des Mietspiegels im Rahmen dieses Zeitraumes festzulegen, ist jedoch eine laufende Beobachtung der Veränderung der Wohnungsmarktverhältnisse unabdingbar.

5. Hinsichtlich der Frage nach der Aufnahme von Mieten für Wohnungen in Ein- und Zweifamilienhäusern hat es sich als ratsam erwiesen, wegen der häufig vorhandenen individuellen Besonderheiten solcher Wohnungen diese Mieten i. d. R. nicht in die Mietspiegel aufzunehmen. In Gemeinden, in denen Mietwohnungen in Ein- und Zweifamilienhäusern den Wohnungsmarkt wesentlich bestimmen, wird empfohlen, für diese Wohnungen einen eigenen Mietspiegel aufzustellen.

6. Über diese Empfehlungen hinaus enthalten die Hinweise zur Aufstellung von Mietspiegeln Anhaltspunkte für die Berücksichtigung von besonderen wohnungsgrößen- und ausstattungsbedingten Mietpreisunterschieden sowie die Berücksichtigung von modernisierten Wohnungen.

# Mietspiegel-Hinweise

## B. Hinweise für die Aufstellung von Mietspiegeln

### I. Gesetzliche Grundlage

Das als Bestandteil des Zweiten Wohnraumkündigungsschutzgesetzes (2. WKSchG) erlassene „Gesetz zur Regelung der Miethöhe" (MHG) schließt eine Kündigung von Mietverhältnissen über Wohnraum zum Zwecke der Erhöhung der Miete aus. Zur Erhaltung der Wirtschaftlichkeit des Hausbesitzes sollen jedoch marktorientierte und kostenbedingte Mieterhöhungen möglich sein. Dazu sind im Gesetz besondere Verfahren der Mieterhöhung im Rahmen bestehender Verträge vorgesehen. Danach kann der Vermieter vom Mieter die Zustimmung zu einer Erhöhung der Miete verlangen, wenn die bisherige Miete seit einem Jahr unverändert ist und die jetzt verlangte Miete „die üblichen Entgelte, die in der Gemeinde oder in vergleichbaren Gemeinden für nicht preisgebundenen Wohnraum (also nicht mit Wohnungsbauförderungsmitteln geförderten Wohnraum und in Berlin auch nicht für Altwohnraum) vergleichbarer Art, Größe, Ausstattung, Beschaffenheit und Lage gezahlt werden" (Vergleichsmiete), nicht übersteigt. Außerdem ist der Vermieter berechtigt, Erhöhungen der Betriebskosten und bestimmter Kapitalkosten durch einseitige schriftliche Erklärung anteilig auf die Mieter umzulegen sowie wegen seiner Aufwendungen für eine Modernisierung in bestimmtem Umfang eine Erhöhung des Mietzinses zu verlangen.

Während sich bei der Ermittlung und Begründung von Mieterhöhungen wegen Steigerungen der Betriebs- und Kapitalkosten oder wegen Modernisierungsaufwendungen kaum Schwierigkeiten ergeben, stellt sich bei der Bestimmung der Vergleichsmiete für Vermieter, Mieter und Gerichte das Problem der Beschaffung und Bewertung von Informationen.

Der Gesetzgeber hat vorgesehen, daß das Verlangen einer Erhöhung des Mietzinses bis zur Höhe des vergleichbaren Entgelts (Vergleichsmiete) insbesondere

— anhand von Übersichten über die ortsüblichen Entgelte für vergleichbaren Wohnraum, in der Praxis meist kurz „Mietspiegel" genannt,

— durch Gutachten oder

— durch Benennung von in der Regel 3 Vergleichswohnungen anderer Vermieter

begründet werden kann.

Der besondere Vorteil der Mietspiegel liegt darin, daß sie nicht nur punktuell Informationen über gezahlte Entgelte einzelner Wohnungen liefern. Sie geben auf wesentlich breiterer Informationsbasis Anhaltspunkte für die Ermittlung der Vergleichsmiete im Einzelfalle. Sie haben überdies den Vorzug, daß sie den bei der Benennung von Vergleichswohnungen notwendigen Eingriff in die Privatsphäre von Mieter und Vermieter dieser Wohnungen erübrigen.

### II. Aufgabe der Mietspiegel

Die Aufstellung von Mietspiegeln soll dazu dienen, das Mietpreisgefüge im nicht preisgebundenen Wohnungsbestand möglichst transparent zu machen, um

a) Streit zwischen Mietvertragsparteien, der sich aus Unkenntnis des Mietpreisgefüges ergeben kann, zu vermeiden,

b) Kosten der Beschaffung und Bewertung von Informationen über Vergleichsmieten im Einzelfall möglichst einzusparen,

c) den Gerichten die Entscheidung in Streitfällen zu erleichtern.

## Mietspiegel-Hinweise

Darüber hinaus sind Mietspiegel als zuverlässige Informationsquellen über das Mietpreisgefüge auch geeignet, Mietpreisüberhöhungen im Sinne des § 5 Wirtschaftsstrafgesetz vorzubeugen.

### III. Anforderungen an Mietspiegel und Folgerungen für die Aufstellung

1. Allgemeine Anforderungen an den Mietspiegel

Mietspiegel sollen einen Überblick über die in einer Gemeinde für nach Art, Größe, Ausstattung, Beschaffenheit und Lage vergleichbare Wohnungen üblicherweise gezahlten Entgelte geben.

Dies bedeutet, daß nur Mieten in den Mietspiegel aufgenommen werden sollen, deren Höhe durch die genannten objektiven Wohnungsmerkmale bestimmt sind und die mit einer gewissen Häufigkeit in der Gemeinde für den entsprechenden Wohnungstyp gezahlt werden.

Hieraus ergibt sich jedoch nicht, daß die Gliederungsmerkmale von Mietspiegeln die im Gesetz genannten mietpreisbildenden Faktoren (Art, Größe, Ausstattung, Beschaffenheit und Lage) vollständig enthalten müssen. Die Mietspiegel müssen aber grundsätzlich zusammen mit deren textlichen Erläuterungen eine Bestimmung der Vergleichsmiete im Einzelfall mit hinreichender Genauigkeit ermöglichen.

2. Datengrundlage

Die Mietspiegeldaten im Mietspiegel können sich auf

— statistische Repräsentativerhebungen und

— sonstige aus Anlage 2 ersichtliche Datenmaterialien stützen.

Es hat sich gezeigt, daß Mietspiegel eine Einigung der Mietvertragsparteien über den Mietpreis erleichtern. Aufgrund dieser positiven Erfahrungen mit Mietspiegeln wird in Städten mit mehr als 50 000 Einwohnern die Aufstellung eines Mietspiegels empfohlen.

In Großstädten empfiehlt es sich, bei der erstmaligen Aufstellung vorrangig auf Repräsentativerhebungen zurückzugreifen. Das gleiche gilt für Fortschreibungen, sofern sie bereits mehrfach nach der Erstaufstellung des Mietspiegels wiederholt wurden (vgl. Ziff. VII).

Verfahren der Aufstellung von Mietspiegeln, die sich auf sonstige Datenquellen stützen, kommen um so mehr zu befriedigenden Ergebnissen, je geringer die Zahl der Einwohner und je weniger differenziert der Wohnungsmarkt ist.

In kleineren Städten (mit weniger als 50 000 Einwohnern) kann auf die Erstellung von Mietspiegeln verzichtet werden, wenn eine ausreichende Transparenz des Mietgefüges gegeben ist.

3. Ersteller des Mietspiegels

Das MHG geht in § 2 Abs. 2 davon aus, daß der Mietspiegel „von der Gemeinde oder von Interessenvertretern der Vermieter und der Mieter gemeinsam erstellt oder anerkannt" wird.

Aus dieser Formulierung lassen sich folgende mögliche Aufstellungsarten für Mietspiegel ableiten:

— Der Mietspiegel wird von der Gemeinde erstellt;

— der Mietspiegel wird von der Gemeinde zusammen mit den Interessenvertretern erstellt;

## Mietspiegel-Hinweise

— der Mietspiegel wird von den Interessenvertretern der Mieter und Vermieter gemeinsam erstellt;

— eine Interessenvertretung erstellt den Mietspiegel allein, den die an der Erstellung nicht beteiligten Interessenvertretung oder die Gemeinde anerkennt;

— ein Dritter stellt den Mietspiegel auf, und die Interessenvertreter der Mieter und der Vermieter oder die Gemeinde erkennen ihn an.

Nach den bisherigen Erfahrungen empfiehlt sich — insbesondere im Falle der Durchführung einer Repräsentativerhebung — die Aufstellung des Mietspiegels durch die Gemeinde.

Dabei hat es sich als zweckmäßig erwiesen, daß die Gemeinde mit den beteiligten Verbänden Verfahren und Ergebnis der Aufstellung von Mietspiegeln erörtert, um eine möglichst breite Zustimmung für das gefundene Ergebnis zu erreichen und günstige Voraussetzungen für die Anwendung zu schaffen.

Wird die Datengrundlage für den Mietspiegel nicht durch eine Repräsentativerhebung gewonnen, so ist es für die Gemeinde zweckmäßig, sich soweit wie möglich des Sachverstandes der Interessenvertretungen der Mietvertragsparteien und des bei den Interessenvertretern vorhandenen Datenmaterials zu bedienen.

Falls die Gemeinde die Aufstellung des Mietspiegels den Verbänden überläßt, wird es auch hierbei zweckmäßig sein, daß Vertreter der Gemeinde bei der Erarbeitung mitwirken; denn auf diese Weise kann am besten beurteilt werden, ob die Voraussetzungen für eine etwa beabsichtigte Anerkennung des Mietspiegels durch die Gemeinde gegeben sind.

Eine Beteiligung weiterer Sachverständiger, die das örtliche Mietpreisgefüge kennen, z. B. Vertreter der unternehmerischen Wohnungswirtschaft und der Maklerorganisationen und von Mietrichtern hat sich vielfach als nützlich erwiesen.

Es empfiehlt sich, das für die Aufstellung des Mietspiegels verwendete Datenmaterial aufbereitet zur Verfügung zu halten. Unter Ausnutzung ihrer durch die Aufstellung des Mietspiegels gesammelten Kenntnisse und Erfahrungen kann so die den Mietspiegel aufstellende Stelle auf Anfrage durch weitere Erläuterungen und Anhaltspunkte die Anwendung des Mietspiegels im Einzelfalle erleichtern.

### IV. Mietbegriff

Der Inhalt von Mietpreisvereinbarungen ist sehr unterschiedlich. In der Regel schließen die vereinbarten Mieten einige der umlagefähigen Betriebskosten, manchmal sogar alle ein.

In Anbetracht des steigenden Gewichts der Betriebskosten und der Möglichkeit, die Erhöhung der Betriebskosten außerhalb des „Vergleichsmietenverfahrens" auf die Miete umzulegen, besteht eine Tendenz, aus der Kalt-Miete (Miete ohne Heizungs- und Warmwasserkosten) auch die übrigen Betriebskosten auszusondern.

Solange dieser Prozeß noch nicht abgeschlossen ist, kann es Schwierigkeiten verursachen, die Kalt-Miete ohne die übrigen Betriebskosten zu ermitteln. Unter diesen Umständen können die Mietspiegel und die entsprechenden Datenerhebungen nur auf Kalt-Mieten einschließlich der Betriebskosten (sog. Brutto-Kalt-Miete), die ortsüblich in der Miete enthalten sind, abstellen.

Das bedeutet für die Anwendung des Mietspiegels, daß von der tatsächlichen Kalt-Miete einschließlich der übrigen Betriebskosten jeweils Erhöhungen der Betriebskosten, die nach dem Stichtag des Mietspiegels umgelegt worden sind, vorweg abzuziehen sind.

### Mietspiegel-Hinweise

In Gemeinden, in denen die Vertragsparteien mehr und mehr dazu übergehen, Kalt-Mieten ohne Betriebskosten (sog. Netto-Kalt-Miete) zu vereinbaren, ist ein Übergang zu diesem Mietbegriff zu empfehlen.

Die Erläuterungen zum Mietspiegel müssen eine genaue Definition des verwendeten Mietbegriffs enthalten. Es muß auch eine Klarstellung erfolgen, auf welchen Fall der Mietvertragsgestaltung hinsichtlich der Übernahme der Kosten für Schönheitsreparaturen bzw. kleiner Instandsetzungen abgestellt wurde. In der Regel dürfte der dem Mietspiegel zugrundeliegende Mietbegriff die Übernahme der Schönheitsreparaturen und kleinen Instandsetzungen durch den Mieter beinhalten.

#### V. Struktur des Mietspiegels

Die Grundstruktur der Mietspiegel ist durch § 2 Abs. 1 Nr. 2 des MHG weitgehend vorgegeben. Danach müssen Mietspiegel einen Überblick über die üblichen Entgelte, die in der Gemeinde oder in vergleichbaren Gemeinden für nicht preisgebundenen Wohnraum vergleichbarer Art, Größe, Ausstattung, Beschaffenheit und Lage gezahlt werden, vermitteln.

Wegen der unterschiedlichen Größe und Differenziertheit der einzelnen regionalen Wohnungsmärkte lassen sich darüber hinaus keine allgemein gültigen Regeln für die

— Struktur der Mietspiegel und die zu berücksichtigenden Kriterien und deren Abstufung sowie für

— Art und Umfang des erforderlichen Datenmaterials aufstellen.

Die folgenden Ausführungen können nur als Leitlinie gelten, die jeweils auf ihre Anwendbarkeit für bestimmte Gemeinden überprüft werden muß.

Zur möglichst einfachen und genauen Bestimmung der „Vergleichsmiete" wäre es erwünscht, die Mietspiegel so stark zu differenzieren, daß für die Feststellung der „Vergleichsmiete" im Einzelfall nur noch ein kleiner Spielraum bleibt. Von einem bestimmten Grad an Differenzierung ab ergeben sich aber bei der Datenerhebung für die Aufstellung des Mietspiegels unverhältnismäßig hohe Kosten. Es ist deshalb notwendig, diejenigen Kriterien für den Mietspiegel auszuwählen, die in entscheidendem Maße die Unterschiedlichkeit der verschiedenen Mietpreise bedingten.

Bei der Umsetzung der vom Gesetzgeber aufgeführten Kriterien im Mietspiegel ist zweckmäßigerweise von folgendem auszugehen:[1]

#### 1. „Art"

Das Vergleichsmerkmal „Art" zielt insbesondere auf die Gebäudeart ab (Einfamilienhäuser, Zweifamilienhäuser, Hochhäuser, sonstige Mehrfamilienhäuser).

Bei Mietwohnungen in Ein- und Zweifamilienhäusern sind oft individuelle Besonderheiten zu berücksichtigen. Es liegt daher i. d. R. nahe, in die Mietspiegel lediglich Angaben über die Mieten von Wohnungen in Mehrfamilienhäusern aufzunehmen. Die Einengung auf Mietwohnungen in Mehrfamilienhäusern muß jedoch im Mietspiegel klar zum Ausdruck kommen.

In Gemeinden, in denen Mietwohnungen in Ein- und Zweifamilienhäusern den Wohnungsmarkt wesentlich bestimmen, empfiehlt es sich, für diese Wohnungen eine eigene Übersicht aufzustellen. Die Mietspiegel sollten auch Hinweise dafür enthalten, wie Besonderheiten von Hochhäusern zu berücksichtigen sind (z. B. durch Zu- und Abschläge).

---

[1] Anlage 1 ist das (nicht ausgefüllte) Muster eines Mietspiegels.

## Mietspiegel-Hinweise

### 2. „Größe"

Für das Vergleichsmerkmal „Größe" ist die Quadratmeterzahl der Wohnfläche einer Wohnung, also die Grundfläche der Räume, die ausschließlich zu der Wohnung gehören, am aussagefähigsten. Im allgemeinen werden für kleinere Wohnungen, insbesondere Appartements, deutlich höhere Quadratmetermieten als für größere Wohnungen gezahlt. Ein Appartement ist die in ihrer baulichen Anlage und Ausstattung auf die besonderen Bedürfnisse in der Regel eines 1-Personen-Haushalts ausgerichtete abgeschlossene Kleinwohnung, die nach örtlicher Üblichkeit genauer definiert werden sollte, um mietpreiswirksame Falschbezeichnungen zu verhindern. Als Definition bietet sich an:

„Unter einem Appartement ist eine abgeschlossene, gut ausgestattete Einzimmerwohnung zu verstehen, die Kochnische oder separate Kleinküche nebst separatem Bad oder Dusche sowie WC aufweist."

Relativ geringe größenbezogene Preisdifferenzen ergeben sich für die Masse der Wohnungen mittlerer Größe, also für 2- bis 4-Zimmer-Wohnungen, während signifikante Unterschiede wieder bei Großwohnungen zu beobachten sind. Demgemäß wird eine Aufteilung in etwa 5 Gruppen empfohlen; z. B.:

| | |
|---|---|
| Wohnungen mit weniger als | $25\ m^2$ |
| Wohnungen mit | $25\ m^2 - 40\ m^2$ |
| Wohnungen mit | $40\ m^2 - 60\ m^2$ |
| Wohnungen mit | $60\ m^2 - 80\ m^2$ |
| Wohnungen mit mehr als | $80\ m^2$ |

Wohnungsgrößenbedingten Mietpreisunterschieden, die durch eine solche Aufteilung nicht ausreichend berücksichtigt werden (dies ist z. B. denkbar bei Appartements im Vergleich zu anderen Kleinwohnungen), sollte durch entsprechende Hinweise in den Erläuterungen zum Mietspiegel Rechnung getragen werden.

### 3. „Ausstattung"

Das Vergleichsmerkmal „Ausstattung" bezieht sich auf eine Vielzahl von Ausstattungsmöglichkeiten (z. B. Heizungsart, Bad oder Dusche, Trennung von Bad und Toilette, Aufzug, Balkon, Art der Fußböden und der Verglasung). Zur Wahrung der Übersichtlichkeit der Mietspiegel und zur Vermeidung übermäßiger Erhebungskosten ist eine Beschränkung auf die wichtigsten Ausstattungsmerkmale notwendig. Es wird empfohlen, das Merkmal „Ausstattung" in der Tabelle in mindestens folgender Aufteilung zu berücksichtigen:

— Wohnungen mit Bad oder Duschraum und mit Sammelheizung

— Wohnungen mit Bad oder Duschraum oder Sammelheizung

— Wohnungen ohne Bad, Duschraum und Sammelheizung.

Weiteren Ausstattungsmerkmalen und Qualitätsunterschieden sollte durch entsprechende Erläuterungen zum Mietspiegel Rechnung getragen werden. Dies gilt auch für Qualitätsunterschiede durch Modernisierung und deren ortsübliche Bewertung in der Miethöhe: Möglich sind z. B. Hinweise zur Einordnung innerhalb der Mietspannen oder die Angabe von ortsüblichen Zuschlägen für modernisierte Wohnungen.

Bei der Bestimmung der Mieten nach Qualitätsmerkmalen ist darauf zu achten, daß die Mieten für Wohnungen in einer niedrigeren Qualitätsstufe nicht höher sind als die Mieten für ansonsten vergleichbare Wohnungen in einer höheren Qualitätsstufe. Soweit Mieten für schlechtere Wohnungen höher sind als Mieten für bessere Wohnungen, kommen nämlich in der Regel subjektive Besonderheiten der Mieterhaushalte zum Tragen, die bei der Bestimmung der Vergleichsmieten außer Betracht gelassen werden müssen.

### 4. „Beschaffenheit"

Das Merkmal „Beschaffenheit" bezieht sich auf Bauweise, Zuschnitt und baulichen Zustand (Instandhaltungsgrad des Gebäudes bzw. der Wohnung); die Beschaffenheit wird dabei in aller Regel zu schwierig zu fassen sein, als daß sie voll in die Gliederung des Mietspiegels eingehen könnte.

Da Bauweise und Zuschnitt oft vom Baualter abhängig sind, hat sich jedoch im allgemeinen eine Unterteilung nach dem Merkmal „Baualter" aus der Praxis als zweckmäßig erwiesen. Hierzu wird beispielhaft mindestens folgende Altersgruppierung empfohlen:

Baujahr (Jahr der Fertigstellung)

      bis 1948
1949 bis 1960
1961 bis 1971
1972 bis 19.. (Beispiel 1978).

Insbesondere im Bereich der jüngeren Neubauwohnungen kann es sich empfehlen, die Baualtersgruppen enger zu fassen, um zu große Mietspannen zu vermeiden.

Die jüngsten durch die letzte Baujahrgangsgruppe einbezogenen Wohnungen sollten am Stichtag der Erhebung der Mieten für den Mietspiegel seit mindestens einem vollen Kalenderjahr bezugsfertig sein. Ist der Stichtag der Mietenerhebung z. B. der 30. 6. 1979, so wäre der letzte einzubeziehende Baujahrgang 1977; ist der Stichtag z. B. der 1. 1. 1980, wäre es der Baujahrgang 1978.

Anhaltspunkte dafür, in welcher Weise im Einzelfall Besonderheiten der Beschaffenheit Rechnung getragen werden kann, sollten in entsprechenden Erläuterungen zum Mietspiegel gegeben werden. Insbesondere sollten die Erläuterungen Hinweise darauf geben, wie bei Wohnungen, deren Beschaffenheit durch Modernisierung nicht mehr mit der Beschaffenheit von Wohnungen derselben Baualtersgruppe vergleichbar ist, bei Anwendung des Mietspiegels zu verfahren ist. Durch umfassende Modernisierung kann eine Wohnung älteren Baualters durchaus mit Wohnungen jüngerer Baualtersklassen vergleichbar werden.

### 5. „Lage"

Für die Lagequalität sind in erster Linie die Verhältnisse des Wohngebietes, in dem die Wohnung liegt, von Bedeutung (ruhige Lage, verkehrsgünstige Lage, Nähe von Geschäftszentren, geringe Immissionen, starker Verkehr, Beeinträchtigung des Wohnens durch Handwerks- und Gewerbebetriebe, Fehlen von Frei- und Grünflächen). Für die Mietspiegel empfiehlt sich eine grobe Unterteilung nach „guten, mittleren, einfachen" Wohnlagen unter entsprechender Aufteilung des Gemeindegebiets. Örtlich enger begrenzten Lagekriterien, die bei den groben Aufteilungen des Gemeindegebiets nach der Wohnlage nicht berücksichtigt werden können, kann durch Zu- oder Abschläge Rechnung getragen werden.

Wie bei der Ausstattung kann die sich in der Miete widerspiegelnde Bewertung der Lagemerkmale überlagert sein von subjektiven Merkmalen bestimmter Bewohnergruppen, von denen trotz schlechter Lage höhere Mieten abverlangt werden als in besseren Lagen für sonst vergleichbare Wohnungen. Es sollte daher darauf geachtet werden, daß die in den Mietspiegel aufgenommenen Mieten für Wohnungen gleicher Größe und Qualität in schlechten Lagen nicht höher sind als die vergleichbarer Wohnungen in besseren Lagen.

# Mietspiegel-Hinweise

**Anlage 1**

Beispiel für den Aufbau eines Mietspiegels

| Baualter | Größe | einfach | | | mittel | | | gut | | |
|---|---|---|---|---|---|---|---|---|---|---|
| | | Wohnungen mit Bad od. Dusche und mit Sammelheizung | Wohnungen mit Bad od. Dusche oder Sammelheizung | Wohnungen ohne Bad, Dusche u. Sammelheizung | Wohnungen mit Bad od. Dusche und mit Sammelheizung | Wohnungen mit Bad od. Dusche oder Sammelheizung | Wohnungen ohne Bad, Dusche u. Sammelheizung | Wohnungen mit Bad od. Dusche und mit Sammelheizung | Wohnungen mit Bad od. Dusche oder Sammelheizung | Wohnungen ohne Bad, Dusche u. Sammelheizung |
| | | 1 | 2 | 3 | 4 | 5 | 6 | 7 | 8 | 9 |
| bis 1948 | bis 25 m² | 1 | | | | | | | | |
| | 25–40 m² | 2 | | | | | | | | |
| | 40–60 m² | 3 | | | | | | | | |
| | 60–80 m² | 4 | | | | | | | | |
| | mehr als 80 m² | 5 | | | | | | | | |
| 1949–1960 | bis 25 m² | 6 | | | | | | | | |
| | 25–40 m² | 7 | | | | | | | | |
| | 40–60 m² | 8 | | | | | | | | |
| | 60–80 m² | 9 | | | | | | | | |
| | mehr als 80 m² | 10 | | | | | | | | |
| 1961–1971 | bis 25 m² | 11 | | | | | | | | |
| | 25–40 m² | 12 | | | | | | | | |
| | 40–60 m² | 13 | | | | | | | | |
| | 60–80 m² | 14 | | | | | | | | |
| | mehr als 80 m² | 15 | | | | | | | | |
| 1972–1978 | bis 25 m² | 16 | | | | | | | | |
| | 25–40 m² | 17 | | | | | | | | |
| | 40–60 m² | 18 | | | | | | | | |
| | 60–80 m² | 19 | | | | | | | | |
| | mehr als 80 m² | 20 | | | | | | | | |

Beispiel: Baujahr
| 1949–1960 | 4,20 DM |
| 1961–1971 | 6,40 DM |

Baujahr 1959 oder 1962: ca. 5,30 DM

Anmerkung: Wenn die Wohnungen an den Abstufungsgrenzen von einer Untergliederung zur nächsten liegt, können zur genaueren Einordnung der Wohnung auch Werte zwischen den Mietangaben der einzelnen Untergliederung gebildet werden.

# Mietspiegel-Hinweise

## 6. Mietpreisspannen

Alle wohnungsstatistischen Erhebungen, bei denen das tatsächliche Ausmaß der Streuung der Quadratmetermieten ermittelt worden ist, zeigen eine große Spannbreite der gezahlten Quadratmetermieten. Selbst bei differenzierter Betrachtung und Bildung von Teilgruppen nach den genannten Kriterien bleibt ein Streuungsbereich der Quadratmetermieten feststellbar.

Die Streuung der Mietpreise erklärt sich

— aus Wohnwertunterschieden, die durch die Merkmalsgliederung im Mietspiegel nicht erfaßt sind. Solche Wohnwertunterschiede können sich z. B. aus der Ausstattung, der Beschaffenheit und der Lage der Wohnung im Gebäude ergeben und

— aus der Unschärfe des Preisbildungsmechanismus am Wohnungsmarkt, die zu unterschiedlichen Mieten für nahezu identische Wohnungen führen kann.

Diese Streuung kann aber auch aus dem Einfluß individueller Besonderheiten resultieren, der den Einfluß objektiver qualitativer Merkmale überlagert.

Auch die Mietangaben zu den Merkmalskombinationen (Tabellenfelder des Mietspiegels) müssen entsprechend den tatsächlich gezahlten Mieten gewisse Spannbreiten umfassen. Dies kann durch Angabe

— des unteren und oberen Wertes der Spanne,

— des Mittelwertes und der üblichen Abweichung nach unten und oben,

— des oberen und unteren Wertes der Spanne und des Mittelwertes

geschehen.

Um die Bedingungen zu erfüllen, daß die Mietspiegel die „üblichen Entgelte" wiedergeben, müssen die Spannbreiten so gewählt werden, daß zumindest zwei Drittel aller — mit Ausnahme der extremen „Ausreißer-Mieten" (vgl. unten) — erfaßten Mieten der betreffenden Merkmalkombination innerhalb der Spanne liegen. Je dichter die tatsächlich erfaßten Mieten beieinanderliegen, desto kleiner kann die Spanne sein. Je breiter die Streuung insbesondere der Mieten oberhalb des Mittelwertes tatsächlich ist, desto größer wäre bei zu kleiner Spanne die Zahl der außerhalb der Grenzwerte liegenden Fälle.

Es dürfen jedenfalls keine engen Spannen entgegen einer tatsächlich zu beobachtenden breiteren Streuung der üblichen Mieten festgelegt werden. Ein solches Vorgehen würde den gesetzlichen Anforderungen widersprechen. Es könnte unter anderem auch dazu führen, daß durchaus marktübliche Abweichungen einzelner Mieten von einem für bestimmte Wohnungstypen ermittelten Durchschnitt als Mietpreisüberhöhungen im Sinne des § 5 Wirtschaftsstrafgesetz erscheinen.

Es wird folgendes aus nachstehender Graphik ersichtliche Verfahren für die Spannenbildung empfohlen:

1. Aussonderung von extremen „Ausreißer-Mieten";
2. Bildung des Durchschnittswertes der verbleibenden Mieten;
3. Bestimmung des unteren und oberen Wertes der Spanne durch Kappen von je ⅙ der Fälle am oberen und unteren Ende der Mietenskala.

Zur leichteren Handhabung des Mietspiegels empfiehlt es sich, sowohl die Mietspannen als auch den Mittelwert der erfaßten Mieten im Mietspiegel anzugeben.

## Mietspiegel-Hinweise

Ergeben sich bei der Anwendung dieser Regeln dennoch zu große Spannen der einzelnen Merkmalkombinationen, die eine Anwendbarkeit des Mietspiegels erheblich erschweren, so sind folgende Lösungen möglich:

- Schärfere Fassung der Merkmalkombination, um homogenere Teilgruppen zu bilden.
- Aufstellung eines Katalogs positiver und negativer Merkmale, denen entsprechende Zu- oder Abschläge zugeordnet werden. Bei einem Zusammentreffen mehrerer positiver (negativer) Merkmale können durch die Anwendung solcher Zuschläge die im Normalfall geltenden Spannen über- bzw. unterschritten werden.

Um die Anwendung des Mietspiegels zu erleichtern, sollten mindestens in den Erläuterungen zum Mietspiegel Hinweise gegeben werden, inwieweit vom MHG genannte Kriterien (wie etwa Teile der Beschaffenheit), die nicht mit in die Gliederung des Mietspiegels eingehen, bei der Bestimmung der Vergleichsmiete im konkreten Einzelfall innerhalb der Spanne zu berücksichtigen sind.

### 7. Anpassung der Mietspiegel an den Markttrend

Bei der Verabschiedung des Wohnraumkündigungsschutzgesetzes ging der Gesetzgeber davon aus, daß zur Aufrechterhaltung der Wirtschaftlichkeit des Hausbesitzes marktorientierte Mieterhöhungen möglich sein müssen.

Mietspiegel geben die Marktverhältnisse zu einem bestimmten Zeitpunkt wieder. Sie veralten um so schneller, je höher die Preissteigerungsraten am Wohnungsmarkt sind, bzw. behalten ihre Gültigkeit um so länger, je langsamer das allgemeine Mietniveau steigt. Eine generell gültige Anpassungsfrist für die Mietspiegel kann daher nicht formuliert werden.

Unter den gegenwärtigen Verhältnissen des Wohnungsmarktes wird eine Anpassungsfrist durch Neuaufstellung in größeren Zeitabständen (mehrere Jahre) empfohlen. In der Zwischenzeit sind Anpassungen durch Fortschreibung erforderlich. Die Notwendigkeit einer Fortschreibung sollte mindestens alle zwei Jahre überprüft werden. Sie wird insbesondere erkennbar an Veränderungen des Mietniveaus bei neuabgeschlossenen Verträgen. Fortschreibungen können sich u. a. orientieren an

- Ergebnissen kleinerer Stichproben,
- Erkenntnissen aus sonstigen in Anlage 2 genannten Datenquellen.

Haben sich seit der letzten Neufestsetzung oder Fortschreibung größere Veränderungen bei den Wohnungsmieten ergeben, so können bei der Ermittlung der Vergleichsmiete im Einzelfall behelfsweise Veränderungen des entsprechenden Mietindex herangezogen werden. Bei Verwendung des Preisindex für die Miete sind jedoch zwischenzeitliche Anhebungen der Einzelmieten auf Grund von Betriebskostensteigerungen anzurechnen, soweit der Mietindex deren Erhöhungen einschließt.

### Anlage 2
**Sonstige Datenquellen für die Aufstellung eines Mietspiegels**

Die nachfolgend aufgeführten Quellen sind nicht als jeweils alleinige Informationsquelle geeignet.

1. Mietkataster

Mietkataster der Interessenvertretungen enthalten oft Extremfälle.

## Mietspiegel-Hinweise

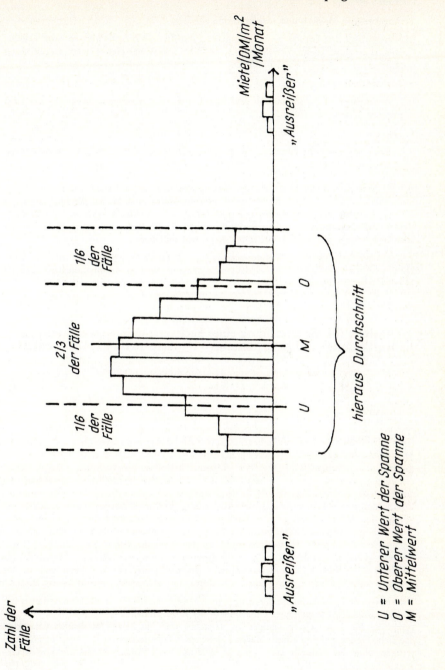

# Mietwertgutachten (Hinweise)

2. Angaben von Maklern und Maklervereinigungen

Makler stützen ihre Informationen weitgehend auf die aus Neuabschlüssen resultierenden Mieten. Das Gesetz geht jedoch davon aus, daß Neu- und Altverträge in einem ausgewogenen Verhältnis berücksichtigt werden müssen.

3. Mietangaben der Verbände

Die Mietangaben der wohnungswirtschaftlichen Verbände repräsentieren jeweils nur einen begrenzten Wohnungsbestand.

4. Datenmaterial der kommunalen Wohnungsvermittlungsstellen

5. Datenmaterial der Gutachterausschüsse bei den Städten und bei den Landkreisen

6. Wohngeldstatistik

Bei der Verwendung der Daten aus der Wohngeldstatistik ist zu berücksichtigen, daß diese Daten nicht durchweg repräsentativ für die gesamte Marktsituation sind. Wohngeld wird zu rd. zwei Dritteln an Nichterwerbstätige (Rentner) gezahlt. Daraus können sich systematische Verzerrungen gegenüber dem Durchschnitt ergeben. So dürfte die durchschnittliche Laufzeit aller Mietverträge kürzer sein als bei den Wohngeldempfängern.

Art und Beschaffenheit der Wohnungen bleiben mit hoher Wahrscheinlichkeit hinter dem Durchschnitt zurück. Die Wohngelddaten sind daher als alleinige Informationsbasis für einen Mietspiegel ungeeignet.

## Hinweise für die Erstellung eines Sachverständigengutachtens zur Begründung des Mieterhöhungsverlangens nach § 2 Abs. 2 MHG

Herausgegeben vom Bundesministerium der Justiz
(abgedruckt ZMR 80, 161 = WM 80, 189)

### I. Einleitung

Der Vermieter von Wohnraum hat seinen Anspruch gegen den Mieter auf Zustimmung zu einer Mieterhöhung schriftlich zu begründen (§ 2 Abs. 2 Satz 1 des Gesetzes zur Regelung der Miethöhe – MHG –). Zur Rechtfertigung seines Verlangens kann er unter anderem auf ein mit Gründen versehenes Gutachten eines öffentlich bestellten oder vereidigten Sachverständigen Bezug nehmen (§ 2 Abs. 2 Satz 2 MHG). Das Gutachten hat das übliche Entgelt zu ermitteln, das in der Gemeinde oder in vergleichbaren Gemeinden für nicht preisgebundenen Wohnraum vergleichbarer Art, Größe, Ausstattung, Beschaffenheit und Lage gezahlt wird. Stimmt der Mieter der begehrten erhöhten Miete nicht zu, muß der Vermieter seinen Anspruch im Wege einer Klage vor den ordentlichen Gerichten verfolgen. Im Rahmen dieses Rechtsstreites überprüft das Gericht vorab, ob der Vermieter sein Mieterhöhungsverlangen ordnungsgemäß begründet hat, d. h. bei der Bezugnahme auf ein Sachverständigengutachten, ob dieses ausreichend mit Gründen versehen ist. Entspricht das Gutachten dieser Anforderung nicht, so weist das Gericht die Klage in der Regel ohne Sachprüfung als unzulässig zurück.

Die anliegende Prüfliste mit Erläuterungen und Bewertungsbeispielen führt die Kriterien auf, die ein ausreichend begründetes Gutachten in der Regel enthalten sollte. Sie ist als Orientierungshilfe für den Sachverständigen zu verstehen und hat keinen bindenden Charakter. Sachliche Gesichtspunkte können davon abweichende Gliederungen und Bewertungen rechtfertigen, ohne daß dadurch das Gutachten fehlerhaft wird. Gutachten, die den Vorschlägen

# Mietwertgutachten (Hinweise)

der Prüfliste entsprechend abgefaßt werden, genügen der derzeitigen Rechtsprechung der meisten Gerichte. Einige Gerichte stellen jedoch weitere Anforderungen an Gutachten in diesem Bereich und verlangen vom Sachverständigen die Angabe einzelner Vergleichsobjekte. Auch für diese Fälle bieten Prüfliste, Erläuterungen und Bewertungsmuster Orientierungshilfen. Auf Feststellungen, die nach der Rechtsprechung des jeweils zuständigen Gerichts nicht erforderlich sind, sollte der Gutachter verzichten, damit unnötige Kosten vermieden werden.

Grundlage der anliegenden Prüfliste mit Erläuterungen und Bewertungsbeispielen war ein Entwurf, den Herr Dr. Hans Langenberg, Richter am Amtsgericht Hamburg, im Auftrag des Bundesministeriums der Justiz erarbeitet hat. Die endgültige Fassung beruht auf anschließenden Erörterungen mit den Landesjustizverwaltungen, mit Sachverständigen, Verbänden und Organisationen sowie dem Deutschen Industrie- und Handelstag und der Bundesarchitektenkammer.

## II. Prüfliste

### GUTACHTEN

über die ortsübliche Vergleichsmiete nach § 2 Abs. 2 MHG für die Wohnung ...

**1. Beteiligte, Auftrag, Unterlagen**

1.1. Auftraggeber

1.2. Vermieter

1.3. Mieter

1.4. Zweck des Gutachtens:
Begründung eines Mieterhöhungsverlangens nach § 2 Abs. 2 MHG

1.5. Ortsbesichtigung am:
Anwesend:

1.6. Unterlagen:
Mietvertrag vom ..., Nachträge und sonstige Vereinbarungen, gegebenenfalls Baubeschreibung, Wohnungsgrundriß

**2. Lage des Grundstücks**

2.1. Ortsteil, Verlauf der Straße, Entfernung zur Innenstadt, Art der umliegenden Bebauung (Bauperiode, Baudichte), Nutzung der benachbarten Grundstücke/des Straßenzuges, Baumbestand, Frei- und Grünflächen

Verkehrsverhältnisse (Anliegerstraße, Durchgangsstraße u. ä.), Parkplätze

Immissionen (Lärm, Geruch u. ä.)

2.2. Verkehrsverbindungen (Art des öffentlichen Beförderungsmittels, Verbindung zum Stadtzentrum oder Ortsteilzentrum bzw. zur nächsten Stadt)

2.3. Einkaufsmöglichkeiten

2.4. Schulen und andere öffentliche Einrichtungen

2.5. Spielmöglichkeiten für Kinder

2.6. Freizeit- und Erholungsmöglichkeiten

# Mietwertgutachten (Hinweise)

### 3. Gebäude

3.1. Art und Lage des Hauses

Baujahr, Geschoßzahl, Gestaltung der Straßenfront, Wohnungszahl/gewerbliche Mietparteien, Bauzustand, Wärme- und Schallschutz

3.2.. Außenanlagen

Hofanlage, Gartenflächen, seitlicher und hinterer Abstand zur Nachbarbebauung, Ver- und Entsorgungsanschlüsse

3.4. Hauseingang und Treppenhaus

3.5. Ausstattung mit technischen Einrichtungen und Gemeinschaftsanlagen

3.6. Pkw-Einstellplätze

### 4. Wohnung

4.1. Lage der Wohnung im Haus

4.2. Wohnfläche und räumliche Aufteilung

Zimmerzahl, Küche/Kochnische, Bad mit WC/getrenntes WC, zweites WC, Balkon o. ä., Kellerraum, Dachboden, Dachschrägen

4.3. Ausstattung

Fußboden
Türen
Fenster
elektrische Anlage
Art der Beheizung und Warmwasserbereitung
Thermostate
Küche
Bad/WC

4.4. Änderungen/Verbesserungen durch den Mieter

4.5. Mängel

behebbare Mängel/gravierende, kaum zu beseitigende Mängel mit Dauerbeeinträchtigung der Wohnung

### 5. Besondere Nutzungsrechte oder Zusatzverpflichtungen des Mieters

### 6. Bewertung

6.1. Bewertungsbasis (Darstellung der ortsüblichen Entgelte für vergleichbare Wohnungen)

6.1.1. Eigenes Vergleichsmaterial

6.1.2. Werte des Mietenspiegels

6.2. Berechnung der Miete für die zu bewertende Wohnung durch Beurteilung ihrer einzelnen mietbildenden Faktoren

6.2.1. Lage des Grundstücks, Gebäude, Wohnung, besondere Nutzungsrechte oder Zusatzverpflichtungen des Mieters

6.2.2. Änderungen/Verbesserungen durch den Mieter

# Mietwertgutachten (Hinweise)

6.2.3. Mängel der Mietsache

6.3. Hilfsweise: Ergänzungen der Ausführungen zu 6.1. durch Bezeichnung von Vergleichsobjekten, wenn dies von der örtlichen Rechtsprechung gefordert wird.

**7. Abwägung der Faktoren und Ergebnis**

**III. Erläuterungen**

Zu 1.5. Der Sachverständige soll die zu bewertende Wohnung grundsätzlich besichtigen. Andernfalls kann der Mieter den Eindruck gewinnen, daß der Sachverständige die besonderen Eigenheiten der Wohnung nicht genügend berücksichtigt hat. Dies gilt insbesondere für Altbauwohnungen, deren Ausstattung auch im selben Haus erfahrungsgemäß sehr unterschiedlich sein kann.

Bei der Bewertung von vergleichbaren Wohnungen einer Neubauanlage mit verschiedenen Wohnungstypen jeweils gleicher Ausstattung wird es allerdings genügen, wenn der Sachverständige einige Wohnungen jedes Wohnungstyps besichtigt und für jeden Typ ein generalisierendes Gutachten fertigt. Der Sachverständige sollte im Gutachten erwähnen, daß er sich von der Gleichartigkeit der Wohnungen eines bestimmten Typs z. B. anhand von Bauzeichnungen überzeugt hat; er sollte ferner die besichtigten Wohnungen, sofern deren Mieter damit einverstanden sind, genau bezeichnen, damit sich die Mieter anderer Wohnungen gegebenenfalls von der Übereinstimmung der besichtigten mit der von ihnen bewohnten Wohnung überzeugen können.

Zu 1.6. Der Sachverständige soll den Mietvertrag einsehen. Auf diese Weise erhält er schnell und zuverlässig einen Überblick darüber, ob Sonderleistungen durch den Mieter übernommen wurden, denen gegebenenfalls nach der Lage auf dem örtlichen Wohnungsmarkt Rechnung getragen werden kann, wenn sie nicht ortsüblich sind. Ebenso erhält er auf diese Weise verläßlich Kenntnis über etwaige Sonderrechte des Mieters.

Zu 2. Es ist allgemeine Auffassung, daß der Sachverständige die Wohnung zumindest entsprechend den gesetzlich in § 2 MHG vorgegebenen Bewertungskriterien zu beschreiben hat. Zur Lage zählt indes nicht nur die exakte Angabe der Belegenheit des Objekts, sondern es sind auch grobe Angaben zu den angeführten mietwertbildenden Faktoren erforderlich.

Zu 3.1. bis 4.3. Eine eingehende Objektbeschreibung erscheint grundsätzlich nicht erforderlich. Eine Kurzbeschreibung anhand der hier vorgeschlagenen Prüfliste reicht aus. Wenn sich allerdings Besonderheiten herausstellen, sind diese im einzelnen aufzuführen (z. B. reine Nord- bzw. Südlage; geringe Wandstärke oder Deckenstärken (Hellhörigkeit); Lage sämtlicher Wohnräume zu einer Hauptverkehrsstraße o. ä. m.).

Zu 4.2. Der Sachverständige soll anführen, auf wessen Angaben die ausgewiesene Wohnfläche beruht, da die Wohnungsgröße nicht selten ein besonderer Streitpunkt zwischen den Parteien ist. Auch wenn die Wohnfläche zwischen den Mietvertragsparteien streitig ist, braucht der Sachverständige grundsätzlich die Wohnung nicht auszumessen, es sei denn, sein Auftraggeber erweitert den Auftrag um diese Aufgabe.

Zu 4.3. Der Sachverständige hat den Bestand im Zeitpunkt der Anmietung und etwaige spätere Veränderungen durch den Vermieter zu beschreiben. Sofern Streit zwischen den Parteien besteht, ob einzelne Einrichtungen vom Vermieter oder Mieter beschafft oder beseitigt worden sind, sollte sich der Sachverständige darauf beschränken, den Streitpunkt festzuhalten, ohne etwa den Streit entscheiden zu wollen. Im Hinblick auf die zunehmende Bedeutung der

# Mietwertgutachten (Hinweise)

Heizkosten sollte der Sachverständige prüfen, ob Raumthermostate oder Thermostatventile an den Heizkörpern und sonstige energiesparende Ausstattungen vorhanden sind.

Zu 4.4. Der Sachverständige hat die Leistungen und Einbauten des Mieters in der Wohnung aufzuführen. Soweit dies nicht bereits in den beiden vorhergehenden Ziffern geschehen ist, sollte diese Aufzählung nunmehr erfolgen.

Streiten die Parteien darüber, ob es sich um eine bauseitig gestellte Einrichtung oder um eine Investition des Mieters handelt, so gilt das unter Ziffer 4.3. Gesagte. Zu der Notwendigkeit der Differenzierung zwischen dem vom Vermieter gestellten Objekt einerseits und den Änderungen/Verbesserungen des Mieters andererseits siehe unten Ziffer 6.2.2.

Zu 4.5. Wenn das zu bewertende Objekt Mängel aufweist, hat der Sachverständige diese anzuführen. Ob und wie der Sachverständige bei der Ermittlung der ortsüblichen Miete die festgestellten Mängel berücksichtigt, ist nicht im beschreibenden Teil des Gutachtens, sondern in dem bewertenden Teil zu entscheiden. Siehe dazu unten Ziffer 6.2.3.

Zu 5. Aus den besonderen Vereinbarungen der Mietvertragsparteien kann sich z. B. ergeben, daß bestimmte Vor- oder Nachteile im Rahmen der Mietzinsgestaltung nicht heranzuziehen sind oder daß der Mieter geldwerte Zusatzverpflichtungen übernommen hat. Derartige Besonderheiten sind in den beschreibenden Teil des Gutachtens aufzunehmen.

Zu 6.1.1. Der Sachverständige hat zunächst eine Ausgangsbasis zu bezeichnen, damit die spätere Bewertung des konkreten Objektes nachvollziehbar wird. Hier kann er auf Mietdaten zurückgreifen, welche er aus eigener Tätigkeit kennt, welche ihm z. B. Makler oder Hausverwalter aus ihren Wohnungsbeständen exakt nachgewiesen haben oder welche er bei einer seriösen Dateninformationszentrale abgerufen hat; diese Mietdaten müssen sich auf Objekte verschiedener Vermieter beziehen. Der Sachverständige hat allerdings immer darauf zu achten, daß eine möglichst weitgehende Vergleichbarkeit gemäß den in § 2 MHG vorgegebenen Bewertungsfaktoren vorhanden ist, und Abweichungen durch Zu- und Abschläge rechnerisch zu berücksichtigen. Den Verhältnissen auf dem örtlichen Wohnungsmarkt ist Rechnung zu tragen. Wesentlich ist ferner, daß das Datenmaterial nicht nur aus Neuvermietungen stammt; es ist vielmehr auf ein ausgewogenes Verhältnis von Mieten aus länger und kürzer bestehenden Mietverhältnissen zu achten.

Der Sachverständige soll genau angeben, welchen Mietbegriff er zugrundelegt, wobei in der Regel von einer Grundmiete ohne alle Betriebskosten ausgegangen wird. Es versteht sich, daß dieser Mietwert auf das zu bewertende Objekt und die Vergleichsobjekte gleichermaßen anzuwenden ist; wird z. B. von einer Grundmiete ohne alle Betriebskosten ausgegangen, so sind die Vergleichsmieten um etwa enthaltene Betriebskosten zu kürzen.

Zu 6.1.2. Soweit in der Gemeinde ein Mietspiegel vorhanden ist, sollte der Sachverständige auf die dort für die zu bewertende Wohnung ausgewiesenen Mieten eingehen und eine abweichende Feststellung eingehend begründen. Diese Forderung rechtfertigt sich daraus, daß einem Mietspiegel ein erhebliches Gewicht beikommt, welches der Sachverständige, dem oft nur weniges Material zur Verfügung steht, nicht ohne weiteres und jedenfalls nicht ohne Begründung aufwiegen kann.

Zu 6.2.1. Bei der Ermittlung des Mietwertes für das untersuchte Objekt empfiehlt es sich, die Bewertungsfaktoren nochmals im einzelnen zu behandeln, jetzt aber nicht mehr nur beschreibend, sondern bewertend: Dabei ist wiederum nicht nur kenntlich zu machen, welche Faktoren als günstig und welche als ungünstig angesehen werden, sondern es ist auch die Bedeutung der einzelnen Faktoren gegeneinander abzuwägen. Diese im eigentlichen Sinne wertende Tätigkeit darf nicht durch eine bloße Aufzählung der einzelnen Faktoren umgangen werden. Wesentlich ist dabei nicht, daß jeder Mieter von den Argumenten des Sachverständigen überzeugt wäre, sondern vielmehr, daß er auf Grund der vom Sachverständigen aufgezeigten Überlegungen in die Lage versetzt wird, die Gedankengänge und Schlußfolgerungen des Sachverständigen nachzuvollziehen, um einen eigenen Eindruck zu gewinnen.

Zu 6.2.2. Es entspricht fast allgemeiner Auffassung, daß Investitionen des Mieters zur Verbesserung der Wohnung nicht zugunsten des Vermieters bei der Mietwertermittlung anzusetzen sind. Es versteht sich, daß Einrichtungen des Mieters, welche der Vermieter, in der Regel gegen Wertersatz, vom Mieter übernommen hat und für deren Unterhaltung sowie ggf. Erneuerung er nun zuständig ist, der wirtschaftlichen Sphäre des Vermieters zuzurechnen sind. Sie können daher zu seinen Gunsten in Ansatz gebracht werden.

Besteht Streit zwischen den Parteien, ob es sich um eine vom Vermieter gestellte Einrichtung oder um eine Investition des Mieters handelt, so sollte der Sachverständige darlegen, ob der Streitpunkt sich überhaupt bei der Mietwertbildung auswirkt. Ist dies der Fall, so soll der Sachverständige, soweit irgend möglich, den Unterschied im Mietwert der Wohnung mit und ohne die streitige Einrichtung durch Angabe des Unterschiedsbetrages bezeichnen. Auf diese Weise erfüllt der Sachverständige seinen Auftrag, ohne in den Streit der Parteien einzugreifen.

Zu 6.2.3. Mängel behebbarer Art werden nach weit überwiegender Auffassung nicht negativ berücksichtigt. Eine Ausnahme wird nur dann angenommen, wenn faktisch eine Dauerbeeinträchtigung vorliegt, d. h., wenn die Mängelbeseitigung dem Vermieter technisch oder wirtschaftlich nicht zuzumuten ist. Hat der Sachverständige im beschreibenden Teil des Gutachtens unter Ziffer 4.5. Mängel aufgeführt, so sollte er nunmehr auch im wertenden Teil des Gutachtens darauf eingehen, ob und ggf. warum Mängel von ihm bei der Bewertung auf der Grundlage der vorstehenden Ausführungen berücksichtigt wurden oder nicht.

Zu 6.3. Einige Gerichte vertreten die Auffassung, der Sachverständige habe sein Gutachten nur dann nachprüfbar begründet, wenn er Vergleichsobjekte benannt oder sich z. B. mit Gründen auf den Mietenspiegel einer anderen Gemeinde bezogen hat. Zwar soll das Gutachten gemäß § 2 Abs. 2 MHG eine alternative Möglichkeit zur Begründung des Mieterhöhungsverlangens bieten; wenn dem Sachverständigen jedoch auf Grund seiner Erfahrung bekannt ist, daß die Gerichte des zuständigen Gerichtsbezirks diese zusätzliche Forderung aufstellen, sollte er doch hilfsweise mindestens drei Vergleichsobjekte benennen. Dem Vermieter ist nicht mit einem Gutachten gedient, das vom zuständigen Gericht ohne weitere Prüfung seines materiellen Inhalts als nicht ausreichend begründet zurückgewiesen wird.

An die vom Sachverständigen heranzuziehenden Vergleichsobjekte können jedoch nicht die Anforderungen gestellt werden, wie sie erhoben werden, wenn ein Mieterhöhungsverlangen nur mit drei Vergleichsobjekten begründet wird; anderenfalls würde eine der gesetzlich zur Verfügung gestellten Begründungsmöglichkeiten faktisch eliminiert. Der Sachverständige ist daher frei in der Wahl der Vergleichsobjekte, die Eignung der herangezogenen Objekte zum Vergleich ist allerdings ebenso von ihm zu begründen wie z. B. die Interpolation mit Werten aus einem Mietspiegel. Der Sachverständige kann daher auch Vergleichsobjekte heranziehen, bei denen sich nur ein Teil der gesetzlich vorgegebenen Bewertungsfaktoren deckt. Eine detaillierte Beschreibung der Vergleichswohnungen ist nicht erforderlich, sie braucht nicht ausführlicher zu sein als die Angaben, welche der Vermieter bei der Begründung durch die Benennung von drei Vergleichswohnungen üblicherweise erbringen sollte. Nur soweit sich die Vergleichsobjekte nach ihren gesetzlichen Bewertungsfaktoren von der zu beurteilenden Wohnung unterscheiden, hat der Sachverständige die Divergenzen durch Zu- und Abschläge, die der Höhe nach zu begründen sind, zur Geltung zu bringen.

Die Vergleichsobjekte sind vornehmlich aus derselben Gemeinde heranzuziehen. Erst wenn dies aus tatsächlichen Gründen nicht möglich ist, soll auf Objekte vergleichbarer Gemeinden zurückgegriffen werden. Die Gemeinden müssen dabei wohnungsmarktwirtschaftlich ver-

## Mietwertgutachten (Hinweise)

gleichbar sein. Die Vergleichbarkeit des Wohnungsmarktes ist vom Sachverständigen darzulegen.

Soweit der Sachverständige Wohnungen anführt, die er aus eigener früherer Sachverständigentätigkeit kennt, darf er diese hinsichtlich ihrer Belegenheit nur so grob bezeichnen, daß zwar die Lage des Objektes noch nachvollziehbar ist, das konkrete Vergleichsobjekt aber nicht bekannt wird; auf diese Weise vermeidet er jeden Konflikt mit der nach § 203 Abs. 2 Nr. 5 des Strafgesetzbuches strafbewehrten Schweigepflicht und den Bestimmungen des Datenschutzgesetzes.

### IV. Muster einer Bewertung

Wohnung in H-Stadt, Mozartgasse 5, Dachgeschoß rechts

#### 6.1. Bewertung

6.1.1. Mir sind aus meiner beruflichen Tätigkeit . . . Wohnungen bekannt, die mit dem hier zu bewertenden Objekt verglichen werden können. Diese Wohnungen sind zwischen 60 und 90 qm groß und etwa gleich ausgestattet. Sie stammen ferner aus derselben Baualterskategorie 1949–1957, freifinanziert.

Für diese Wohnungen wird zur Zeit im allgemeinen zwischen DM 3,10 und DM 5,30 je qm und Monat gezahlt. Es handelt sich dabei um Grundmieten ohne alle Betriebskosten. Einige wenige Mieten, die erheblich aus der genannten Spanne herausfallen, berücksichtige ich nicht. Neuvermietungen erfolgen in der Regel um DM 4,50 und höher. Die ortsübliche Vergleichsmiete setze ich zunächst mit dem Mittelwert von rund DM 4,20 an.

6.1.2. Die Überprüfung der von mir ermittelten ortsüblichen Vergleichsmiete anhand der Daten eines Mietspiegels ist nicht möglich, da in H-Stadt bislang noch kein Mietspiegel erstellt wurde.

#### 6.2.

6.2.1. Der günstigen Verkehrslage und den gut erreichbaren Einkaufsmöglichkeiten steht der Nachteil des Verkehrslärms von der Ludwigstraße, insbesondere während der Verkehrsspitzenzeiten, gegenüber. Da jedoch die Mozartgasse selbst nur relativ wenig Verkehr aufweist und sich die Störungen durch den Verkehrslärm von der Ludwigstraße im wesentlichen nur während der Spitzenzeiten deutlich störend bemerkbar machen, gehe ich trotz dieses Nachteils von einem geringen Lagevorteil aus. Wohnen im städtischen Bereich wird – von wenigen ausgezeichneten Wohnlagen abgesehen – immer, zumal während der Spitzenzeiten, durch Verkehrsimmissionen beeinträchtigt, ohne daß sich daraus immer auch Lagevorteile wie bei dem hier zu bewertenden Objekt ergeben.

Gebäude und Grundstück halten sich im Bereich des Normalen, so daß insoweit weder Zu- noch Abschläge angezeigt sind.

Der Zuschnitt der Wohnung genügt auch noch heutigen Anforderungen; als nachteilig sehe ich allenfalls das kleine und nicht direkt belichtete Bad an. Die Wohnräume und auch die Küche haben jedoch eine ansprechende Größe, die Gesamtgröße entspricht häufigen Mieterwünschen für eine 3-Zimmer-Wohnung, so daß nach meiner Auffassung das innenliegende Bad nicht negativ zu veranschlagen ist.

Die Installation und die Ausstattung der Wohnräume entsprechen dem Wohnungsbau der Baualtersklasse. Es ist gleichwohl anzumerken, daß sie heutigen Anforderungen nur mit Einschränkungen genügen: Die Installationen reichen zwar aus, sind aber sehr einfach gehalten, insbesondere werden E-Boiler im Bad wegen ihrer langen Aufheizzeit von zahlreichen Mietern als ungünstig empfunden; die Fenster sind einfachster Ausführung und alle

## Mietwertgutachten (Hinweise)

Fußböden sind nur mit einfacher PVC-Ware versehen. Die Fensterrolläden sind hier nicht als Vorteil in Ansatz zu bringen, da sie in H-Stadt schon seit langem allgemein eingebaut werden.

6.2.2. Die vom Mieter vorgenommenen Verbesserungen werden bei der Ermittlung der ortsüblichen Vergleichsmiete nicht berücksichtigt; ich ziehe insoweit nur die Leistungen des Vermieters heran.

6.2.3. Die vom Mieter angeführten Mängel (schwergängige Fensterverschlüsse, Boiler mit unzureichender Leistung) sind ohne weiteres behebbar; sie werden deshalb von mir bei der Ermittlung des für die Wohnung ortsüblichen Entgelts nicht berücksichtigt.

**Hilfsweise:**

6.3. Die Frage, ob in einem Gutachten der hier vorgelegten Art trotz der Begründung unter Ziffer 6.1. bis 6.2.3. noch einzelne Vergleichsobjekte anzugeben sind, wird vom zuständigen Amtsgericht anders beantwortet als vom zuständigen Landgericht. Vorsorglich ergänze ich daher meine Bewertung um die Angabe von Vergleichsobjekten. Unterschiede zu dem zu bewertenden Objekt habe ich durch Zu- bzw. Abschläge rechnerisch berücksichtigt. Die ersten beiden Vergleichsobjekte kenne ich aus früherer Sachverständigentätigkeit, das dritte Objekt wurde mir von einer Datenzentrale aufgegeben; ich habe das Haus von außen ebenso wie die Umgebung im Rahmen der Erstellung des vorliegenden Gutachtens besichtigt.

6.3.1. Wohnung im zweiten Obergeschoß, Haydnweg zwischen Händelweg und Rosenstraße, Mehrfamilienhaus, Baujahr 1950, Wohnfläche 62 qm mit Bad und Zentralheizung, Miete seit 1977 DM 4,70.

Das Objekt liegt ruhiger als die zu bewertende Wohnung. Durch ein in der Nähe liegendes Gewerbeareal tritt jedoch je nach Windrichtung bekanntermaßen gelegentlich eine Beeinträchtigung durch Gerüche ein. Die Wohnung wurde sieben Jahre früher bezugsfertig und ist etwas kleiner. Vorteilhaft ist die später eingebaute Sprechanlage. Bei Berücksichtigung des in H-Stadt üblichen Abschlages für Dachgeschoßwohnungen von 10% ergibt sich eine monatliche Miete von DM 4,23.

6.3.2. Dachgeschoßwohnung, hinteres Drittel der Straße Buchhügel, Mehrfamilienhaus, Baujahr 1954, Wohnfläche 65 qm mit Bad und Koks-Naraghheizung, Miete DM 4,50 seit 1976.

Das Objekt liegt sehr viel ruhiger und innerhalb einer Grünfläche mit Blick auf einen Weiher schöner. Es liegt verkehrsmäßig ungünstiger – weiter Fußweg zum Bus – und auch weiter vom Ortskern. Nachteilig ist die vermieterseitig gestellte Koks-Naraghheizung. Die schlechtere Verkehrsanbindung und die erheblich geringer zu bewertende Ausstattung gleichen die genannten Lagevorteile weitgehend aus, so daß für die Vergleichswohnung unter Berücksichtigung der notwendigen Zu- und Abschläge in jedem Falle mehr als DM 4,20 gezahlt werden.

6.3.3. Dachgeschoßwohnung, Hauptstraße, Mehrfamilienhaus, Baujahr 1957, Wohnfläche 77 qm, mit Bad und Zentralheizung, Miete DM 4,35 seit 1978.

Das Objekt liegt an einer durchgehend starkbefahrenen Straße; insbesondere der Lkw-Durchgangsverkehr sowie die Linienbusse stören beträchtlich. Verkehrsmäßig sehr gut mit zahlreichen Einkaufsmöglichkeiten. Keine Vorgärten, nur vereinzelt Bäume. Erheblich bessere Ausstattung mit Sprechanlage, zentraler Warmwasserversorgung und Fahrstuhl bis zum dritten Obergeschoß. Nach meiner Auffassung vermag die bessere Ausstattung die hohen ständigen Immissionen des Straßenverkehrs (Lärm, Abgase, Staub) allerdings nicht aufzuwiegen, wenn auch die Immissionen als Preis für die guten Verkehrsverbindungen und Einkaufsmöglichkeiten anzusehen sind. Unter Berücksichtigung der erforderlichen Zu- und Abschläge kann auch dieses Objekt nach meiner Auffassung zum Vergleich herangezogen werden, die

### Musterbeispiel für Mieterhöhungserklärung nach § 2 MHG

Miete liegt sogar geringfügig über der von mir für das zu bewertende Objekt ermittelten Miete.

**7. Abwägung der Faktoren und Ergebnis**

Zusammenfassend bin ich der Auffassung, daß der geringe Lagevorteil durch die etwas schlichte Ausstattung nivelliert wird. Ich gehe daher von einem Normalobjekt aus; die positiven und negativen Faktoren gleichen sich hier aus, günstige oder ungünstige Besonderheiten sind nicht feststellbar.

Unter Berücksichtigung dieser Umstände, meiner Fachkenntnis und Erfahrungen auf dem Gebiete des Mietpreiswesens sowie der daraus resultierenden Marktübersicht schätze ich die ortsübliche Miete auf DM 4,20 pro qm und Monat zuzüglich der Betriebs- und Heizkosten.


## Musterbeispiel für eine Mieterhöhungserklärung nach § 2 MHG (bis zur ortsüblichen Vergleichsmiete)

............., den 20. 5. 1983

Sehr geehrte(r) .........................

Der Mietzins für Ihre Wohnung in ................, Kaiserstraße 10 beträgt seit 1. 1. 1980 DM 320,– (einschl. Nebenabgaben, jedoch ohne Heizungs- und Warmwasserkosten). Gemäß § 2 des Gesetzes zur Regelung der Miethöhe bitte ich Sie, einer Erhöhung des Mietzinses auf DM 360,– monatlich (Grundmiete), wirksam ab 1. August 1983, zuzustimmen.

Die ortsübliche Vergleichsmiete, d. h. das übliche Entgelt für Wohnungen am örtlichen Wohnungsmarkt, die mit Ihrer Wohnung nach Art, Größe, Ausstattung, Beschaffenheit und Lage vergleichbar sind, beträgt DM 4,50 pro Quadratmeter (Nettomiete), so daß sich für Ihre 80 m² große Wohnung ein monatlicher Mietzins von DM 360,– (netto) ergibt.

Die nachfolgend aufgeführten Betriebskosten betragen für das Jahr 1982:

| | |
|---|---|
| Grundsteuer | ............. |
| Gebäudebrand- und Elementarschaden-Versicherung | ............. |
| Entwässerungsgebühr | ............. |
| Müllabfuhrgebühr | ............. |
| Schornsteinfegergebühr | ............. |
| Haftpflichtversicherung | ............. |
| Hausbeleuchtungskosten | ............. |
| ..................... | ............. |
| Gesamtbetrag jährlich | DM 1 536,– |

Dies entspricht einem monatlichen Betrag der Betriebskosten von DM 128,–. Dieser Betrag wird im Verhältnis der Wohnfläche Ihrer Wohnung zur Gesamtwohnfläche des Hauses (80 m²/320 m²) umgelegt, so daß auf Ihre Wohnung 25% entfallen = DM 32,–. Der neue Mietzins einschließlich der genannten Betriebskosten beträgt daher monatlich DM 392,–.

### Musterbeispiel für Mieterhöhungserklärung nach § 3 MHG

Die sog. Kappungsgrenze, wonach eine Mieterhöhung nach dem Vergleichsmietenverfahren innerhalb von drei Jahren nicht mehr als 30% betragen darf, ist eingehalten (Ausgangsmiete vom August 1980 = DM 320,–, verlangte Mieterhöhung = DM 392,–, also Erhöhung um 22,5%).

Daß die ortsübliche Vergleichsmiete DM 4,50 pro Quadratmeter beträgt, ergibt sich aus folgenden Vergleichswohnungen:[1]

1. Goethestr. 27, I. Stock links, 85 m², Grundmiete 365 DM = DM 4,29/m²;
2. Schillerstr. 5, III. Stock, Grundmiete DM 4,53/m²;
3. Lessingstr. 32, Erdgeschoß rechts, 83 m², Grundmiete DM 375,–.

Bitte senden Sie dieses Schreiben mit Ihrer Unterschrift an mich zurück.

Mit freundlichen Grüßen

............................

Mit der verlangten Mieterhöhung bin ich einverstanden.

.................., den ............          ............................


### Musterbeispiel für eine Mieterhöhungserklärung nach § 3 MHG (wegen Modernisierung)

(vgl. das Beispiel § 3 MHG Rn 31)

.................., den 10. 3. 1983

Sehr geehrte(r) ..........................

Wie Sie wissen, habe ich im Haus .................., Kaiserstraße 10 anstelle der früher vorhandenen Kachelofenheizung eine Zentralheizung einbauen lassen. Durch mein Schreiben vom ............ wurden Sie vor der Durchführung der Baumaßnahmen auf die voraussichtlichen Kosten und die sich daraus ergebende Mieterhöhung hingewiesen. Dieser Hinweis entspricht ungefähr den tatsächlich entstandenen Kosten. Die Baumaßnahme ist nunmehr abgeschlossen. Es handelt sich um eine bauliche Änderung, die den Gebrauchs-

---

[1] Begründung mit einem Mietspiegel (anstelle von Vergleichsobjekten):
Der Quadratmetersatz von DM 4,50 (ortsübliche Vergleichsmiete) ergibt sich aus dem in .............. gültigen Mietspiegel vom .............., veröffentlicht im Amtsblatt der Stadt ......... vom ....... Bei Ihrer Wohnung handelt es sich um eine Neubauwohnung, Baujahr 1958, in guter Lage, mit Bad und Zentralheizung. Für eine solche Wohnung enthält der Mietspiegel einen Rahmensatz von DM 4,30 bis DM 4,90/m² (Grundmiete), so daß der zugrundegelegte Satz von DM 4,50/m² etwa dem Durchschnittssatz des Mietspiegels entspricht.

### Musterbeispiel für Mieterhöhungserklärung nach § 5 MHG

wert Ihrer Wohnung nachhaltig erhöht. Gemäß § 3 des Gesetzes zur Regelung der Miethöhe bin ich daher berechtigt, den Mietzins für Ihre Wohnung zu erhöhen. Danach kann die Jahresmiete um 11% der für Ihre Wohnung aufgewendeten Kosten dieser Baumaßnahme erhöht werden.

Die Erhöhung berechnet sich wie folgt:

| | |
|---|---:|
| Baukosten insgesamt (vgl. beiliegende Berechnung) | DM 20 000,– |
| auf Ihre Wohnung entfallender Anteil = ein Viertel (80 m²) der Gesamtwohnfläche des Hauses (320 m²) = | DM 5 000,– |
| jährlicher Erhöhungsbetrag = 11% daraus | DM 550,– |
| bisherige Jahresmiete | DM 3 600,– |
| erhöhte (neue) Jahresmiete | DM 4 150,– |
| erhöhte (neue) Monatsmiete daraus | DM 345,83 |

Ich bitte Sie, diesen Betrag ab dem nächsten Monat laufend zu bezahlen.

Mit freundlichen Grüßen

....................

### Musterbeispiel für eine Mieterhöhungserklärung nach § 5 MHG (wegen Kapitalkostenerhöhung)

(vgl. das Beispiel § 5 MHG Rn 18)

........................, den ........

Sehr geehrte(r) ..............................

Zum Bau des Hauses Kaiserstraße 10 habe ich bei der .................. sparkasse ein hypothekarisch gesichertes Darlehen über DM 200 000,– aufgenommen. Der Zinssatz dieses Darlehens wurde während der letzten Jahre nicht unerheblich erhöht. Gemäß § 5 des Gesetzes zur Regelung der Miethöhe bin ich daher berechtigt, die Kapitalzinserhöhung auf die Mieten umzulegen. Als Ausgangspunkt der Mieterhöhung ist für das seit 1970 bestehende Mietverhältnis mit Ihnen der Zinssatz des Darlehens vom 1. 1. 1973 (gesetzlicher Stichtag) maßgebend. Dieser betrug 8% pro Jahr. Der am 1. 10. 1976 fällig gewordene Zinssatz beträgt dagegen 10% pro Jahr. Daraus ergibt sich eine Zinssatzerhöhung von 2%.

Die daraus sich ergebende Mieterhöhung berechnet sich wie folgt:

| | |
|---|---:|
| jährliche Kapitalkosten am 1. 1. 1973 = 8% aus dem nach Abzug der Tilgung damals bestehenden Restdarlehen von DM 182 000,– | DM 14 560,– |
| jährliche Kapitalkosten am 1. 10. 1976 = 10% aus derzeitigem Restdarlehen (nach Tilgung) von DM 168 500,– | DM 16 850,– |
| Differenz = Kapitalkostenerhöhung | DM 2 290,– |
| jährliche Mieterhöhung = Mieteranteil von 40% daraus (Anteil der Wohnfläche der Mietwohnung zu derjenigen des Hauses) | DM 916,– |
| monatliche Mieterhöhung daraus (= 1/12) | DM 76,33 |

Ihre bisherige Miete von monatlich DM 300,– erhöht sich daher ab Beginn des nächsten Monats auf DM 376,33. Ich bitte, diesen erhöhten Mietzins künftig zu bezahlen.

Mit freundlichen Grüßen

....................

## DIN-Norm über Wohnungen*

DIN-Norm 283[1])

Wohnungen

Teil 1 Begriffe

**1  Wohnungen**

**1.1** Eine Wohnung ist die Summe der Räume, welche die Führung eines Haushaltes ermöglichen, darunter stets eine Küche oder ein Raum mit Kochgelegenheit. Zu einer Wohnung gehören außerdem Wasserversorgung, Ausguß und Abort.
Die Eigenschaft als Wohnung geht nicht dadurch verloren, daß einzelne Räume vorübergehend oder dauend zu beruflichen oder gewerblichen Zwecken benutzt werden.

**1.1.1 Abgeschlossene Wohnungen** sind Wohnungen, die baulich vollkommen von fremden Wohnungen und Räumen abgeschlossen sind, z. B. durch Wände und Decken, die den Anforderungen der Bauaufsichtsbehörden (Baupolizei) an Wohnungstrennwände und Wohnungstrenndecken entsprechen und einen eigenen abschließbaren Zugang unmittelbar vom Freien, von einem Treppenhaus oder einem Vorraum haben. Zu abgeschlossenen Wohnungen können zusätzliche Räume außerhalb des Wohnungsabschlusses gehören. Auch Wasserversorgung, Ausguß und Abort können außerhalb der Wohnung liegen**.

**1.1.2 Nichtabgeschlossene Wohnungen** sind solche Wohnungen, die die Bedingungen des Abschnittes 1.1.1 nicht erfüllen**.

**2  Räume der Wohnung**

Unterschieden werden Wohn- und Schlafräume (Abschnitt 2.1), Küchen (Abschnitt 2.2) und Nebenräume (Abschnitt 2.3).

**2.1 Als Wohn- und Schlafräume** gelten nur solche Räume der Wohnung (auch Wohndielen und ausreichend beheizbare Wintergärten), die den Anforderungen der Bauaufsichtsbehörden (Baupolizei) an Räume zum dauernden Aufenthalt von Menschen entsprechen.

Nach Größe werden unterschieden:

**2.1.1 Wohn- und Schlafzimmer** von mindestens 10 m² Wohnfläche (s. DIN 283 Teil 2).

---

\* Die DIN-Norm kann Bedeutung haben für die Berechnung der Wohnfläche zur Ermittlung der ortsüblichen Vergleichsmiete gem. § 2 MHG (Größe der Wohnung), jedoch auch bei Mieterhöhungen gem. §§ 3–7 MHG, soweit Kosten entsprechend der Wohnungsgröße umgelegt werden.
\*\* Einliegerwohnungen können sowohl abgeschlossene wie nicht abgeschlossene Wohnungen sein.
[1]) Hinweis: DIN 283 Teil 2 wurde im August 1983 vom DIN ersatzlos zurückgezogen.

# DIN-Norm über Wohnungen

**2.1.2 Wohn- und Schlafkammern** von mindestens 6 und weniger als 10 m² Wohnfläche, deren kleinste Lichtweite auf wenigstens ⅔ der Grundfläche mindestens 2,1 m ist. (Kleinere Räume vergleiche Abschnitt 2.3.)

## 2.2 Küchen

**2.2.1 Wohnküchen** sind Räume von mindestens 12 m² Wohnfläche, die zum Wohnen geeignet, mit Einrichtung zum Kochen für hauswirtschaftliche Zwecke ausgestattet und beheizbar sind. Wohnräume mit Kochnischen werden ebenfalls zu den Wohnküchen gerechnet, wenn sie zusammen mindestens 12 m² Wohnfläche haben.

**2.2.2 Kochküchen** sind Räume, die mit einer Einrichtung zum Kochen für hauswirtschaftliche Zwecke ausgestattet sind und nicht unter Abschnitt 2.2.1 fallen.

**2.3 Nebenräume** sind Räume einer Wohnung, die nicht unter Abschnitt 2.1, 2.2, 3.1 oder 4 fallen, z. B. Dielen (Wohndielen siehe Abschnitt 2.1), Schrankräume, Abstellräume, Windfänge, Vorräume, Flure, Treppen innerhalb einer Wohnung einschl. Treppenabsätze, Galerien, Aborte, Wasch-, Dusch- und Baderäume, Spülküchen, Speisekammern, Besenkammern u. dgl., Veranden, nicht ausreichend beheizbare Wintergärten. Als Nebenräume gelten auch Hauslauben (Loggien), Balkone und gedeckte Freisitze.

## 3 Ausstattung der Wohnung

### 3.1 Räumliche Ausstattung

**3.1.1 ausschließlich zu einer Wohnung gehörende Räume:**
Bodenräume, Waschküche, Kellerräume, Trockenräume, Speicherräume, Garagen usw.

**3.1.2 zur gemeinsamen Benutzung verfügbare Räume:**
Vorplätze, Geschoßtreppen und Treppenhäuser, Waschküchen, Trockenräume, Bade- und Brauseräume, Backstuben, Plättstuben, Rollkammern, Fahrrad- und Kinderwagenräume usw.

### 3.2 Betriebliche Ausstattung
Wasserversorgung, Entwässerung, Elektrizitätsversorgung, Gasversorgung, Öfen, Herde, Fern- und Sammelheizungen, Warmwasserversorgung, Antennen und Rundfunkanlagen, Lasten- und Personenaufzüge, Müllschlucker, Hausfernsprecher usw.

### 3.3 Sonstige Ausstattung

**3.3.1 ausschließlich zu einer Wohnung gehörend:**

**3.3.1.1 innerhalb der Wohnung:**
eingebaute Ausstattungsstücke, wie Wandschränke, Möbel, Garderoben usw.

**3.3.1.2 außerhalb der Wohnung:**
Garten, Gartenlauben (Terrassen), Kinderspielanlagen usw.

**3.3.2 zur gemeinschaftlichen Benutzung:**
Kinderspielanlagen, Grünanlagen, Trockenplätze, Teppichklopfstangen, Wäschepfähle, Müllkästen, Dunggruben usw.

**3.3.3 Nutzungsrecht in Verbindung mit der Wohnung:**
Landwirtschaftliche oder gewerbliche Nutzung an Grundstücksflächen, Jagd-, Fischerei-, Bootsstegerechte mit zugehörigen Unterhaltungspflichten, Wiesen- und Weidennutzungen usw.

# DIN-Norm über Wohnungen

## 4 Wirtschaftsräume und gewerbliche Räume im Zusammenhang mit einer Wohnung

Mit einer Wohnung können Räume im Zusammenhang stehen, die keinen Wohnzwecken dienen und sich wegen ihrer Zweckbestimmung baulich wesentlich von den Wohnräumen unterscheiden.

### 4.1 Wirtschaftsräume:
Arbeitsräume, Vorratsräume, Backstuben, Räucherkammern, Futterküchen, Futterkammern, Ställe, Scheunen, Einstellräume für Fahrzeuge und Geräte usw.

### 4.2 Gewerbliche Räume:
Läden, Gaststättenräume, Werkstätten, Büro- und Lagerräume, Einstellräume für Fahrzeuge und Geräte usw.

## 5 Kennzeichnung der Wohnungsgröße

Die Größe einer Wohnung wird gekennzeichnet durch die Zahl der Zimmer (Abschnitt 5.1) oder die Zahl der Räume (Abschnitt 5.2). Neben der Zimmer- oder Raumzahl ist auch die gesamte Wohnfläche (s. DIN 283 Teil 2) anzugeben. Zusätzliche Räume außerhalb des Wohnungsabschlusses (Abschnitt 1.1.1) sind gesondert anzugeben.

### 5.1 Kennzeichnung nach der Zahl der Zimmer
Als Zimmer zählen **voll** die Wohn- und Schlafzimmer nach Abschnitt 2.2.1 und halb die Kammern nach Abschnitt 2.1.2. Küchen nach Abschnitt 2.2 sind besonders anzugeben. Z. B. Wohnung mit 2½ Zimmern und Wohnküche und mit 65 m² Wohnfläche oder Wohnung mit 3 Zimmern, Küche und ½ zusätzlichem Zimmer außerhalb der Wohnung (im Dachgeschoß) und mit 75 m² Wohnfläche.

### 5.2 Kennzeichnung nach der Zahl der Räume
Als Räume zählen bei der Angabe der Größe der Wohnung nur die Wohn- und Schlafräume nach Abschnitt 2.1 und die Küchen nach Abschnitt 2.2.
Z. B. Wohnung mit 4 Räumen mit 65 m² Wohnfläche oder Wohnung mit 4 Räumen und 1 zusätzlichen Raum außerhalb der Wohnung (im Dachgeschoß) und mit 75 m² Wohnfläche.

## 6 Angaben über Wirtschaftsräume und gewerbliche Räume

Für Wirtschaftsräume und gewerbliche Räume ist stets nur die gesamte Nutzfläche anzugeben (s. DIN 283 Teil 2).

## Teil 2 Berechnung der Wohnflächen und Nutzflächen

### Vorbemerkung

Bei Anwendung dieser Norm ist zu beachten:

Für den mit öffentlichen Mitteln geförderten und den steuerbegünstigten Wohnungsbau gilt im Gebiet der Bundesrepublik Deutschland die Zweite Berechnungsverordnung, die für die wohnungswirtschaftlichen Berechnungen ergänzende Bestimmungen enthält, insbesondere in bezug auf die anrechenbare Grundfläche.

### 1 Begriffe

1.1 **Wohnfläche** ist die anrechenbare Grundfläche der Räume von Wohnungen.

1.2 **Nutzfläche** ist die mit einer Wohnung im Zusammenhang stehende nutzbare Grundfläche von Wirtschaftsräumen und von gewerblichen Räumen.

# DIN-Norm über Wohnungen

## 2 Wohnfläche

Zunächst sind die Grundflächen nach Abschnitt 2.1 und daraus die Wohnflächen nach Abschnitt 2.2 zu ermitteln.

### 2.1 Ermittlung der Grundflächen

**2.1.1** Die Grundflächen von Wohnräumen sind aus den Fertigmaßen (lichte Maße zwischen den Wänden) zu ermitteln, und zwar in der Regel für jeden Raum einzeln, jedoch getrennt für (vgl. Abschnitt 4.1):

| | |
|---|---|
| Wohn- u. Schlafräume | (DIN 283 Teil 1 – Abschnitt 2.1)*** |
| Küchen | (DIN 283 Teil 1 – Abschnitt 2.2)*** |
| Nebenräume | (DIN 283 Teil 1 – Abschnitt 2.3)*** |

Werden die Maße aus einer Bauzeichnung entnommen, so sind bei verputzten Wänden die aus den Rohbaumaßen errechneten Grundflächen um 3% zu verkleinern.

**2.1.2** In die Ermittlung der Grundflächen sind **einzubeziehen** die Grundfläche von:

Fenster- und Wandnischen, die bis zum Fußboden herunterreichen und mehr als 13 cm tief sind, Erkern, Wandschränken und Einbaumöbeln,
Raumteilen unter Treppen, soweit die lichte Höhe mindestens 2 m ist, **nicht einzubeziehen** sind die Grundflächen der Türnischen.

**2.1.3** Bei der Ermittlung der Grundflächen nach Abschnitt 2.1.1 sind **abzurechnen** die Grundflächen von:
Schornstein- und sonstigen Mauervorlagen, frei stehenden Pfeilern, Säulen usw. mit mehr als 0,1 m² Grundfläche, die in ganzer Raumhöhe durchgehen,
Treppen (Ausgleichsstufen bis zu 3 Steigungen zählen nicht als Treppen);
**nicht abzurechnen** die Grundflächen von:
Wandgliederungen in Stuck, Gips, Mörtel u. dgl., Scheuerleisten, Tür- und Fensterbekleidungen und -umrahmungen, Wandbekleidungen, Öfen, Kaminen, Heizkörpern und Kochherden, Stützen und Streben, die frei stehen oder vor der Wand vortreten, wenn ihr Querschnitt (einschl. einer Umkleidung) höchstens 0,1 m² beträgt.

### 2.2 Ermittlung der Wohnflächen
Von den nach Abschnitt 2.1 berechneten Grundflächen der einzelnen Räume oder Raumteile sind bei Ermittlung der Wohnfläche anzurechnen:

#### 2.2.1 voll:
die Grundflächen von Räumen oder Raumteilen mit einer lichten Höhe von mindestens 2 m,

#### 2.2.2 zur Hälfte:
die Grundflächen von Raumteilen mit einer lichten Höhe von mehr als 1 m und weniger als 2 m und von nicht ausreichend beheizbaren Wintergärten,

#### 2.2.3 zu einem Viertel:
die Grundflächen von Hauslauben (Loggien), Balkonen, gedeckten Freisitzen,

#### 2.2.4 nicht:
die Grundflächen von Raumteilen mit einer lichten Höhe von weniger als 1 m und von nichtgedeckten Terrassen und Freisitzen.

---

\*** Ausgabe März 1951

# DIN-Norm über Wohnungen

**3 Nutzfläche**

Die Nutzflächen von Wirtschaftsräumen und von gewerblichen Räumen sind ebenfalls nach Abschnitt 2.1 und 2.2 zu berechnen*.

**4 Angabe der Wohnflächen und Nutzflächen**

**4.1** Die **Wohnflächen** sind wie folgt anzugeben:

| | | |
|---|---|---|
| Wohn- und Schlafräume | (DIN 283 Teil 1 Abschnitt 2.1)*** | .......... m² |
| Küchen | (DIN 283 Teil 1 Abschnitt 2.2)*** | .......... m² |
| Nebenräume | (DIN 283 Teil 1 Abschnitt 2.3)*** .. | . m² |
| | Gesamte Wohnfläche | .......... m² |

**4.2** Die **Nutzflächen** von Wirtschaftsräumen und von gewerblichen Räumen, die mit einer Wohnung in Zusammenhang stehen, sind wie folgt anzugeben:

| | | |
|---|---|---|
| Wirtschaftsräume | (DIN 283 Teil 1 Abschnitt 4.1)*** | .......... m² |
| Gewerbliche Räume | (DIN 283 Teil 1 Abschnitt 4.2)*** | .......... m² |

Wohnflächen und Nutzflächen sind nicht zusammenzuzählen**.

---

\* Für **selbständige** gewerbliche Räume sind die Nutzflächen gleichfalls nach Abschnitt 2.1 und 2.2 zu berechnen.
\*\* Für **selbständige** gewerbliche Räume ist stets nur die gesamte Nutzfläche anzugeben.
\*\*\* Ausgabe März 1951.

# Praktische Tips für Vermieter und Mieter*

## A. Tips für Vermieter

### I. Beim Abschluß des Mietvertrages

1. **Erwägungen zur** (zeitlichen) **Struktur des Mietvertrages.** Einen besonderen Zeitmietvertrag gem. § 564 c Abs. 2 BGB sollte der Vermieter abschließen, wenn er erreichen will, daß der Mieter auf jeden Fall zu einem bestimmten Termin ausziehen muß und die Voraussetzungen der genannten Vorschrift (Eigennutzungs- oder Bauabsicht, zu verwirklichen innerhalb von 5 Jahren) vorliegen. Auch wenn diese Voraussetzungen nicht vorliegen, kann der Vermieter einen (allgemeinen) Zeitmietvertrag (Mietverhältnis auf bestimmte Zeit) eingehen, der, wenn die Mietzeit länger als 1 Jahr sein soll, schriftlich geschlossen werden muß. Zu beachten ist, daß der Mieter bei Ablauf der Mietzeit die Fortsetzung des Mietverhältnisses (form- und fristgemäß) verlangen kann, während der Vermieter die Fortsetzung wiederum u. U. durch berechtigte Beendigungsinteressen verhindern kann. Hat der Vermieter schon bei Vertragsabschluß Gründe für die Beendigung des Mietverhältnisses nach Ablauf der Mietzeit, so sollte er diese bei Vertragsabschluß (z. B. im schriftlichen Mietvertrag) dem Mieter benennen, da dadurch für den Mieter die Geltendmachung von Härtegründen für die Verlängerung auf nachträglich entstandene Gründe beschränkt wird (§ 556 b Abs. 2 BGB). Beim Abschluß eines (allgemeinen oder besonderen) Zeitmietvertrages hat der Vermieter den Vorteil, daß die Wohnung für die gesamte Mietzeit fest vermietet ist, jedoch den Nachteil, (auch) selbst während der Mietzeit nicht (ordentlich) kündigen zu können. Dagegen kann ein Mietverhältnis auf unbestimmte Zeit – Regelfall – von beiden Parteien jederzeit gekündigt werden, vom Vermieter jedoch nur beim Vorliegen eines berechtigten Interesses (vgl. § 564 b BGB).

2. Grundsätzlich empfiehlt es sich für den Vermieter, beim Abschluß eines Mietvertrages den **§ 568 BGB** vertraglich **auszuschließen.** Dadurch wird die Gefahr vermieden, daß die Frist zur Abgabe der Nichtfortsetzungserklärung versäumt wird. Siehe auch Tip Nr. 13 (vgl. § 564 b BGB Rn 19; § 564 c BGB Rn 111).

3. Bei einem besonderen Zeitmietverhältnis (§ 564 c Abs. 2 BGB) sollte der Vermieter im Falle der **Eigennutzungsabsicht** für Familienangehörige den Kreis der **bezugsberechtigten Personen** (im Rahmen der rechtlichen Zulässigkeit – Vorsicht, die Meinung des entscheidenden Gerichts kann enger sein!) eher **weit fassen** (z. B. für meine Kinder, hilfsweise meine Eltern), da bei

---

* Die Tips beziehen sich nur auf die in diesem Kommentar behandelten Rechtsfragen. Daß die Tips für Vermieter zahlreicher als diejenigen für Mieter sind, liegt an der Verschiedenheit der aufgrund der geltenden Rechtslage bestehenden Gestaltungsmöglichkeiten.

### Tips für Vermieter

späterem Wegfall einer genannten Person eine Ersetzung durch eine andere Person nicht zulässig ist (vgl. § 564 c BGB Rn 103).

4. Bei der Mietzinsvereinbarung sollte der Vermieter überlegen, ob statt eines festen Mietzinses die Vereinbarung einer **Staffelmiete** (§ 10 Abs. 2 MHG) wirtschaftlich günstiger ist, wobei die wirtschaftlichen und rechtlichen Risiken gegeneinander abzuwägen sind (vgl. § 10 MHG Rn 51).

5. Wird ein **Mietverhältnis auf bestimmte Zeit** abgeschlossen (Zeitmietvertrag), so ist es für den Vermieter ratsam, eine **Klausel** in den Mietvertrag einzufügen, wonach eine **Mieterhöhung** gemäß dem Gesetz **zulässig** ist. Andernfalls ist jegliche Mieterhöhung während der gesamten Laufzeit des Vertrages ausgeschlossen, § 1 S. 3 MHG (vgl. § 1 MHG Rn 34).

6. Beim Mietvertragsabschluß sollte der Vermieter dafür sorgen, daß **klargestellt** wird, welche Arten von **Nebenkosten** der Mieter zusätzlich zum Mietzins zu zahlen hat (konkrete, eindeutige Bezeichnung der Betriebskostenart!), wie hoch eine eventuell zu leistende monatliche Vorauszahlung ist und nach welchem Umlegungsmaßstab die einzelnen Nebenkosten abzurechnen sind, da diese Punkte häufig Anlaß für Rechtsstreitigkeiten wegen ungenauer vertraglicher Vereinbarung sind (vgl. § 4 MHG Rn 7 ff.).

## II. Bei Beendigung des Mietverhältnisses

7. a) Wenn der Vermieter eine **ordentliche Kündigung** eines (unbefristeten) Mietverhältnisses (schriftlich!) ausspricht, sollte er darin **alle** ihm **bekannten Kündigungsgründe** (berechtigte Interessen gem. § 564 b BGB) konkret – nach Sachverhalt und Zeitpunkt – aufführen. Andernfalls bleiben diese Gründe unberücksichtigt (vgl. § 564 b BGB Rn 129–136).

   b) Für den Vermieter ist es ratsam, im Kündigungsschreiben den Mieter über Möglichkeit, Form und Frist des **Kündigungswiderspruchs** zu **belehren,** andernfalls kann der Mieter den Kündigungswiderspruch noch im Räumungsrechtsstreit erklären (vgl. § 564 b BGB Rn 15).

8. Liegen die Voraussetzungen einer **Einliegerwohnung** gem. § 564 b Abs. 4 BGB vor (**Sonderkündigungsrecht**) und hat der Vermieter berechtigte Interessen an der Beendigung des Mietverhältnisses gem. § 564 b Abs. 1, 2 BGB, so empfiehlt es sich für ihn, im Falle einer Kündigung diese in erster Linie als ordentliche Kündigung (unter **Angabe der berechtigten Interessen**) auszusprechen und sich nur hilfsweise (für den Fall der Unwirksamkeit der ordentlichen Kündigung) auf das Sonderkündigungsrecht gem. § 564 b Abs. 4 BGB zu stützen. Damit wird im Falle der Wirksamkeit der ordentlichen Kündigung eine um 3 Monate frühere Beendigung des Mietverhältnisses erreicht, andernfalls eine sichere Beendigung 3 Monate später (vgl. § 564 b BGB Rn 179). Macht der Vermieter jedoch nur das Sonderkündigungsrecht gem. § 564 b Abs. 4 BGB geltend, so empfiehlt es sich, gleichwohl im Kündigungsschreiben berechtigte Interessen, wenn vorhanden, anzugeben, ohne sich auf diese zu berufen. Denn

**Tips für Vermieter**

im Falle einer Abwägung der Vermieterinteressen mit etwaigen Härtegründen des Mieters sind nur die im Kündigungsschreiben aufgeführten berechtigten Interessen maßgebend, § 556 a Abs. 1 S. 3 BGB (vgl. § 564 b BGB Rn 174, 187 ff.).

9. Der Vermieter sollte bei einer **fristlosen Kündigung** im Kündigungsschreiben erklären, daß im Falle der Unwirksamkeit der fristlosen Kündigung die Kündigung **als ordentliche** gelten soll. Andernfalls liegt im Falle der Unwirksamkeit der fristlosen Kündigung überhaupt keine Kündigung vor, da die fristlose Kündigung normalerweise nicht in eine ordentliche umgedeutet werden kann (vgl. BGH ZMR 81, 113 = WM 81, 106 = NJW 81, 976). Auch sollte schon im fristlosen Kündigungsschreiben die Erklärung enthalten sein, daß das Mietverhältnis nicht fortgesetzt werde (vgl. § 568 BGB und Tip 13).

10. Macht der Mieter gegenüber einer Kündigung des Vermieters den **Kündigungswiderspruch** gemäß der Sozialklausel (§ 556 a BGB) geltend, ohne Härtegründe anzugeben, so sollte der Vermieter **Auskunft über** die geltend gemachten **Härtegründe** verlangen. Denn bei Kenntnis der Härtegründe des Mieters kann der Vermieter die Chancen seines Räumungsanspruchs besser beurteilen. Der Mieter muß zwar seine Härtegründe vor einem Rechtsstreit nicht angeben (vgl. § 556 a Abs. 5 S. 2 BGB), der Vermieter verbessert jedoch durch die Anfrage seine Stellung bezüglich eventueller Prozeßkosten (vgl. § 93 b Abs. 2 S. 1 ZPO).

11. Bei Beendigung eines **allgemeinen Zeitmietverhältnisses** sollte der Vermieter, wenn der Mieter spätestens 2 Monate vor dem Ende der Mietzeit ein schriftliches Fortsetzungsbegehren stellt, seine etwa vorhandenen **berechtigten Interessen** an der Beendigung des Mietverhältnisses **schriftlich bis** zum **Ablauf der Mietzeit** dem Mieter gegenüber geltend machen (§§ 564 c Abs. 1 S. 2, 564 b BGB). Dadurch kann er das Fortsetzungsrecht des Mieters u. U. ausschließen (vgl. § 564 c BGB Rn 22–36).

12. Bei einem **besonderen Zeitmietverhältnis** gem. § 564 c Abs. 2 BGB sollte der Vermieter den Termin der **Schlußmitteilung** (über das Fortbestehen der bei Mietvertragsschluß genannten Verwendungsabsicht) — viertletzter Monat vor dem Ende der Mietzeit — auf keinen Fall versäumen (vgl. § 564 c BGB Rn 101 f.).

13. Ist ein Mietverhältnis rechtlich beendet, gleichgültig aus welchem Grunde, und nutzt der Mieter die Wohnung über diesen Zeitpunkt hinaus, so sollte der Vermieter bis spätestens 2 Wochen nach Kenntnisnahme davon dem Mieter gegenüber **erklären, daß** das Mietverhältnis **nicht fortgesetzt werde**. Andernfalls gilt das Mietverhältnis gem. § 568 BGB als auf unbestimmte Zeit verlängert, so daß es erneut (z. B. durch Kündigung) beendet werden müßte! (vgl. § 564 b BGB Rn 19 und Tip Nr. 2).

14. Nutzt der Mieter nach Beendigung des Mietverhältnisses die Wohnung weiter und verlangt der Vermieter statt der **Nutzungsentschädigung in Höhe der bisherigen Miete** eine höhere ortsübliche Nutzungsentschädigung, so emp-

fiehlt es sich, **hilfsweise** für den Fall, daß wider Erwarten das Gericht später feststellt, daß das Mietverhältnis doch fortbesteht, eine **Mieterhöhung** gem. § 2 MHG auszusprechen (vgl. § 1 MHG Rn 23).

15. Stellt der Mieter nach beendetem Mietverhältnis ein mit Gründen versehenes, zeitlich konkretisiertes Räumungsfristgesuch, so sollte ihm der Vermieter eine angemessene **Räumungsfrist freiwillig einräumen.** Andernfalls kann er im Räumungsrechtsstreit bei gerichtlicher Bewilligung einer Räumungsfrist zur Kostentragung verurteilt werden (§ 93 b Abs. 3 ZPO), vgl. § 564 b BGB Rn 223, 230 a.

16. Verklagt der Vermieter den Mieter auf Räumung, so sollte er, wenn er die Wohnung auf jeden Fall frei bekommen will, einen eventuellen **Untermieter** des Mieters **mitverklagen,** denn ein mögliches Räumungsurteil gegen den Mieter kann nicht ohne weiteres auch gegen diesen vollstreckt werden (vgl. § 564 b BGB Rn 219 a). Dasselbe gilt bei nicht mietendem **Ehegatten** (oder Lebensgefährten) des Mieters, der infolge Getrenntlebens **Alleinbesitzer** geworden ist.

# B. Tips für Mieter

## I. Beim Abschluß des Mietvertrages

17. Wird dem Mieter der Abschluß eines **besonderen Zeitmietverhältnisses** (§ 564 c Abs. 2 BGB) angeboten, so sollte er **wohl überlegen,** ob er ein solches Mietverhältnis eingeht, da jeglicher Kündigungsschutz im Falle des Ablaufs der Mietzeit (Fortsetzungsbegehren, Räumungsfrist) entfällt (vgl. § 564 c BGB Rn 109–118).

## II. Während des Mietverhältnisses

18. Bei einer **Nebenkostenabrechnung** sollte der Mieter **kritisch überprüfen,** ob die neben dem Mietzins umgelegten Nebenkosten auch geschuldet werden, ob die Abrechnung verständlich ist, die Vorauszahlungen abgezogen sind und der richtige Umlegungsmaßstab zugrundegelegt worden ist (vgl. § 4 MHG Rn 7–14 b).

19. Ist ein **Mieterhöhungsverlangen** des Vermieters gem. § 2 MHG formell wirksam und der Höhe nach zumindest **zum Teil begründet** (z. B. bei Überschreitung der ortsüblichen Vergleichsmiete oder der Kappungsgrenze), so sollte der Mieter bezüglich des begründeten Teils seine **Zustimmung erteilen** und insoweit die erhöhte Miete bezahlen, um die ihn sonst treffenden Kosten eines Mieterhöhungsprozesses zu vermeiden (vgl. § 2 MHG Rn 135, 137, 201–

## Tips für Mieter

204). Die Zustimmung des Mieters sollte – wie auch sonst – aus Beweisgründen schriftlich erteilt werden.

20. Bei einer **fristlosen Kündigung** des Vermieters **wegen Zahlungsverzugs** sollte der Mieter **innerhalb der Schonfrist** (bis 1 Monat ab Zustellung der Räumungsklage, vgl. § 554 Abs. 2 Nr. 2 BGB) die bis zur Zahlung fälligen Mietzins- bzw. Nutzungsentschädigungsbeträge **bezahlen** oder eine Verpflichtungserklärung des Sozialamts vorlegen, um so die fristlose Kündigung unwirksam zu machen.

21. Wird die **Mietwohnung** durch den Vermieter **veräußert,** so kann der Mieter die Rechtsstellung am Besitz seiner Wohnung (Gefahr der Eigenbedarfskündigung durch den Erwerber!) verbessern, wenn er erreicht, daß der Vermieter gewisse Möglichkeiten der vertraglichen Gestaltung vornimmt (vgl. Näheres Einf. Rn 35 a).

22. Bei einem Räumungs- oder Mieterhöhungsbegehren des Vermieters kann der Mieter den Faktor Zeit nutzen, indem er **begründete Einwendungen,** mindestens jedoch eine, die den Anspruch des Vermieters ausschließen, bis zu einem eventuellen Rechtsstreit **zurückhält.** Dadurch verhindert er, daß von seiten des Vermieters alsbald eine neue und eventuell wirksame Erklärung nachgereicht wird. Der Mieter ist nicht verpflichtet, Einwendungen außergerichtlich geltend zu machen.

### III. Bei Beendigung des Mietverhältnisses

23. Ein **begründetes Räumungsbegehren** sollte der Mieter außergerichtlich oder gerichtlich – eventuell unter Verwahrung gegen die Kostenlast – **anerkennen,** u. U. verbunden mit einem begründeten Gesuch um Bewilligung einer bestimmten Räumungsfrist. Dies kann einen Räumungsrechtsstreit oder im Falle eines Anerkenntnisurteils höhere Prozeßkosten vermeiden (vgl. auch Tip Nr. 15).

24. Bei einem gewöhnlichen **Zeitmietvertrag** sollte der Mieter, wenn er über die Mietzeit hinaus eine Fortsetzung des Mietverhältnisses wünscht, nicht versäumen, spätestens zwei Monate vor Ende der Mietzeit schriftlich das **Begehren auf Fortsetzung des Mietverhältnisses** z. B. auf unbestimmte Zeit (eventuell unter Angabe von Härtegründen) zu stellen. Dies gilt auch bei einem besonderen Zeitmietvertrag (§ 564 c Abs. 2 BGB) für den Fall des Wegfalls der Verwendungsabsicht des Vermieters oder der unterlassenen Schlußmitteilung (Abs. 2 Nr. 4) oder bei Verlängerung in der Weise, daß die Mietzeit mehr als 5 Jahre beträgt (vgl. § 564 c BGB Rn 13–21, 55, 106, 138–140).

## C. Tips für beide Mietparteien

25. Alle **rechtserheblichen Erklärungen** (z. B. Kündigung, Mieterhöhungserklärung, Kündigungswiderspruch) sollten **in beweisbarer Form** (z. B. schriftlich mit Einschreiben, evtl. unter Zeugen für Inhalt oder mündlich unter Zeugen) abgegeben werden, da bei Bestreiten des Empfängers der Beweis des Zugangs zu führen ist.

26. Besteht eine **Mietpartei aus mehreren Personen,** so müssen rechtserhebliche Erklärungen von allen abgegeben bzw. an alle gerichtet werden, um rechtswirksam zu sein (vgl. für die Kündigung § 564 b BGB Rn 22, für die Mieterhöhungserklärung § 2 MHG Rn 62). Ist mietvertraglich eine Empfangsvollmachtsklausel vereinbart, so kann die Mieterhöhungserklärung gegenüber einem Mieter ausreichen (vgl. § 2 MHG Rn 62).

27. Werden rechtserhebliche **Erklärungen durch einen Vertreter** (z. B. Rechtsanwalt) abgegeben, so ist zu empfehlen, eine schriftliche **Vollmacht** in Urschrift (nicht Abschrift oder Fotokopie) der Erklärung **beizufügen.** Andernfalls ist die Erklärung unwirksam, wenn sie vom Empfänger unverzüglich aus diesem Grunde zurückgewiesen wird (§ 174 BGB). Vgl. § 564 b BGB Rn 17; § 2 MHG Rn 62.

# Sachverzeichnis (alphabetisch)

Hinweis: Zahlen ohne Zusatz bedeuten Randnummern

Abdingbarkeit von Schutzvorschriften § 564 b, 195—199; § 565 c, 43—45; § 10 MHG, 1—31, 81, 82
Abrechnung von Betriebskostenvorauszahlungen § 4 MHG 12—14, 53
abweichende Vereinbarungen gegenüber MHG § 10 MHG 1—46
angemessene Höhe der Betriebskostenvorauszahlung § 4 MHG 9—11
Anwendungsbereich des Miethöhegesetzes Einf. vor § 1 MHG 29—32; § 10 MHG 85—92
Ausschluß des Mieterhöhungsrechts: durch Gesetz § 10 MHG 85—92
—: durch Vertrag § 1 MHG 27—46
außerordentliche befristete Kündigung § 564 b, 20; Räumungsanspruch Anhang II, R 2
außerordentliches Kündigungsrecht des Mieters bei Mieterhöhung siehe Kündigungsrecht des Mieters bei Mieterhöhung
automatische Einrichtungen bei Erhöhungserklärung § 8 MHG
befristetes Mietverhältnis siehe Zeitmietverhältnis
befristetes Mietverhältnis mit festem Mietzins: Ausschluß des Mieterhöhungsrechts § 1 MHG, 34—36
befristetes Mietverhältnis mit Verlängerungsklausel § 564 b, 8 a
berechtigte Interessen des Vermieters an der Beendigung des Mietverhältnisses siehe Kündigung des Vermieters
Bergmannswohnungen der Ruhrkohle-AG, Mieterhöhungen § 7 MHG
Berlin, Geltung des 2., WKSchG für mieterschutzfreie Mietverhältnisse Art. 5
Berlin, Inkrafttreten des 2. WKSchG Art. 8 Abs. 2
Berlinklausel Art. 7
bestehende Mietverhältnisse, Anwendung des 2. WKSchG Art. 4
Betriebsbedarf § 564 b, 104—113
Betriebskostenerhöhung, Mieterhöhung § 4 MHG, 17—37
Betriebskostenvorauszahlung § 4 MHG 7—16
DIN-Norm über Wohnflächenberechnung Anhang II
Duldung der Baumaßnahme durch Mieter § 3 MHG 3
Eigenbedarf § 564 b, 67—88
Eigentumsgarantie Einf., 7—18 a
einheitlicher Mietvertrag Einf., 24
Einliegerwohnraum § 564 b, 148—194
Entstehungsgeschichte des Gesetzes Einf., 1
Erwerber der Vermieterstellung Einf., 35—35 b
Familienangehörige (bei Eigenbedarf) § 564 b, 79
Fortsetzungsverlangen des Mieters bei befristetem Mietverhältnis § 564 c, 13—21
Fristenschema zu § 2 MHG Anhang II
fristlose Kündigung, Räumungsanspruchsvoraussetzungen Anhang II, R 1
Gefälligkeitsmiete bei Mieterhöhung § 2 MHG, 45
Geltungsbereich des 2. WKSchG (räumlich und zeitlich) Einf., 38—43
Gemeinnützigen-Wohnungen § 2 MHG, 36, 38; § 10 MHG, 87
Geschäftsraummieter, Räumungsanspruchsvoraussetzungen Anhang II, RG
Geschäftsraummietverhältnis Einf., 28
Gleichheitssatz Einf., 19—21

# Sachverzeichnis

Hamburg, Sondervorschrift für die Mieterhöhung Art. 6
Hausstandsangehörige (bei Eigenbedarf) § 564 b, 80
Heimbedarf § 564 b, 114–116
Heizenergie-Einsparung § 3 MHG 11 a
Heizkostenabrechnung § 4 MHG, 7 a
Hinderung wirtschaftlicher Verwertung § 564 b, 89–101
Inkrafttreten des 2. WKSchG Art. 8
Jugendwohnheim, Mietverhältnis im –, § 564 b, 47
Kapitalkostenerhöhung (Mieterhöhung) § 5MHG
Kappungsgrenze § 2 MHG, 47–59
Klageantrag im Räumungsprozeß § 564 b, 204–214
Klagefrist bei Mieterhöhung § 2 MHG 162–165
Kritik am MHG Einf. vor § 1 MHG 33

## Kündigung des Vermieters (§ 564 b BGB):

— abweichende Vereinbarungen 195–199
— allgemeine Grundsätze 11–19
— Anwendungsbereich des Kündigungsschutzes 3–8, 20, 21
— ausgeschlossene Kündigungsgründe 99–101
— Benennung berechtigter Interessen im Kündigungsschreiben 129–136
— berechtigte Interessen des Vermieters 52–120
— Betriebsbedarf bei Werkwohnungen 104–113
— Beweislast 124, 194
— Eigenbedarf 67–88
— erhebliche Nachteile (bei Hinderung wirtschaftlicher Verwertung) 97, 98
— Familienangehörige (bei Eigenbedarf) 79
— „Form" der Sonderkündigung 174–179
— Hausstandsangehörige (bei Eigenbedarf) 80
— Heimbedarf 114–116
— Hinderung wirtschaftlicher Verwertung 89–101
— Klageantrag im Räumungsprozeß 204–214
— Kündigungsgrund, Zeitpunkt für das Vorliegen 125–128
— Kündigungsschreiben: Benennung berechtigter Interessen 129–136
— Kündigungswiderspruch des Mieters 48–51, 186–192
— Mietaufhebungsvertrag 195
— möblierter Wohnraum alleinstehender Mieter innerhalb Vermieterwohnung 33–46
— Nachschieben von Kündigungsgründen 137–147
— nicht geschützte Mietverhältnisse 24–47
— öffentlich-rechtliche Pflichten: berechtigtes Interesse 119, 120
— Pflichtverletzung des Mieters 55–66
— Räumungsfrist-Entscheidung 227–230
— Räumungsprozeß 200–237 b
— Rechtsmittel im Räumungsverfahren 231–233
— Schadenersatzpflicht bei unberechtigter Kündigung 73, 238–263
— Schlüssigkeit der Räumungsklage 215–219
— Sonderkündigung bei Einliegerwohnraum 148–194
— „sonstige" berechtigte Interessen 102–120
— Sozialklausel 48–51, 186–192
— Unabdingbarkeit 195–199
— Unzulässigkeit der Kündigung zum Zweck der Mieterhöhung § 1 MHG 3–7

# Sachverzeichnis

— Urteilsausspruch 220—226
— Vollstreckung des Räumungstitels 237—237 b
— Vollstreckungsschutz 234—236
— vom Vermieter selbst bewohntes Wohngebäude 160—167
— Vorhandensein berechtigter Interessen 121—128
— vorübergehender Gebrauch 26—32
— Wahrheitspflicht des Vermieters bei Benennung berechtigter Interessen 72
— Wartefrist bei Umwandlung von Miet- in Eigentumswohnungen 83—88
— Wegfall der Zweckbindung für bestimmte Personenkreise als berechtigtes Interesse 117, 118
— Wegfall des Kündigungsgrundes (nachträglich) 127
— Zahlungsverzug des Mieters bezügl. Mieterhöhung (fristlose Kündigung) § 9 MHG, 24—28
— Zeitpunkt für Vorliegen berechtigter Interessen 125—128
— Zuständigkeit für Räumungsprozeß 201—203
— Zweck des § 564 b 1, 2
— Zweifamilienhaus 153—159
Kündigungsfristen bei geschützten Mietverhältnissen § 565 Abs. 3, 2
— bei nicht geschützten Mietverhältnissen § 565 Abs. 3, 3—6
Kündigungsgrund siehe berechtigte Interessen des Vermieters

**Kündigungsrecht des Mieters bei Mieterhöhung (§ 9 MHG):**

— allgemeine Kündigungsvoraussetzungen 7
— Anwendungsbereich 2—5 a
— Beendigung des Mietverhältnisses 18, 19
— Kündigungsfrist 11, 12, 15—17
— Überlegungsfrist 8, 14
— Verhältnis zu sonstigen Kündigungsrechten des Mieters 6
— Wahlrecht des Mieters bei Vergleichsmietenverfahrens 9, 10
— Wegfall der Mieterhöhung 20—23 a
— Zweck 1
Kündigungsschreiben siehe Kündigung des Vermieters (§ 564 b BGB)
LAG-Wohnung § 564 b, 118
Mängel der Wohnung bei Mieterhöhung § 2 MHG 33
Mieter — Begriff Einf., 36, 37
Mietaufhebungsvertrag § 564 b, 195, 253

**Mieterhöhung, allgemeines (§ 1 MHG):**

— Arten der Mieterhöhung 13—15
— Ausschluß der Mieterhöhung bei Zeitmietverhältnissen 34—36
— gemeinsame Grundsätze aller Mieterhöhungen 19—22
— Mieterhöhung außerhalb des MHG Einf. vor § 1 MHG, 7—11
— nachträgliche Mieterhöhung 18 a
— nicht preisgebundener Wohnraum 9
— Streitwert der Mieterhöhungsklage 21
— Verhältnis der Mieterhöhungen zueinander 16—18
— vertraglicher Ausschluß des Erhöhungsrechts 27—44 a
— Wegfall der Mieterhöhung bei Mietvertragsbeendigung 24
— Zuständigkeit 20

# Sachverzeichnis

**Mieterhöhung bis zur ortsüblichen Vergleichsmiete (§ 2 MHG):**

— Abzug von Kürzungsbeträgen 61
— aktualisierte Vergleichsmiete 27—27 f.
— Anerkenntnisurteil 186
— Anspruch auf Zustimmung 9, 10, 116, 117
— Anwendungsbereich 3—5
— Bagatellgrenze 60
— Bandbreite 23, 60
— Begründetheit der Klage 167
— Begründung des Erhöhungsverlangens 66—115
— Begründung des Sachverständigengutachtens 95—97
— Berechnungsbeispiele 59
— Beweiserhebung über die Vergleichsmiete 175, 176
— Beweislast 208—210
— Einrichtung, vom Mieter geschaffene 46
— Ergänzung des Klagevorbringens 168
— Erhöhung des Erhöhungsverlangens 121
— Erledigung der Hauptsache 187, 188
— Ermäßigung des Erhöhungsverlangens 122
— Ermittlung der ortsüblichen Vergleichsmiete 39—42, 173—176
— Fortschreibung von Mietspiegeln 83
— Fristenschema zu § 2 MHG Anhang II
— Gefälligkeitsmiete 45
— Gemeinnützigen-Wohnungen 36, 38; § 10 MHG, 87
— gerichtliche Ermittlung der Vergleichsmiete 89, 173—176
— gerichtlicher Vergleich 194—196
— gerichtliches Erhöhungsverfahren 147—207
— Inkrafttreten der Kappungsgrenze 7—7 d, 48, 49
— Inkrafttreten der Neuregelung durch das MWoAEG 7—7 d, 24 d, 48, 49
— Kappungsgrenze 47—59
— Kappungsgrenze nach Wegfall der Preisbindung 52
— Kappungsgrenze, Verfassungsmäßigkeit 49, 50
— Klageantrag 149—151
— Klagefrist 162—165
— Kostenentscheidung 205, 206
— Mängel der Wohnung 33
— Marktorientierung der Vergleichsmiete 25—27 g
— Mietpreisüberhöhung (§ 5 WiStG) 24 d
— Mietspiegel 27 c, 27 d, 70—90, 174, Anhang II (Hinweise für Erstellung)
— Mietspiegel, entbehrliche Begründung innerhalb Spanne 88
— Mietwucher (§ 302 a StGB) 24 e
— Mietzinsbegriff 9
— möblierter Wohnraum, Zuschlag 34 a
— Nachholung eines Erhöhungsverlangens im Prozeß 168—172
— ortsübliche Vergleichsmiete als Obergrenze 58, 59
— ortsübliche Vergleichsmiete: Begriff, Wesen, Bedeutung 21—24 e
— Prozeßvoraussetzungen, besondere 152—165
— Rücknahme des Erhöhungsverlangens 119, 120
— Sachverständigengutachten 91—100, 174, 175
— Schlüssigkeit der Klage 166, 167

# Sachverzeichnis

— Schriftform des Erhöhungsverlangens 62—65
— Sperrfrist bei neuem Erhöhungsverlangen (entfällt) 12 a
— Streitwert 197—204
— teilweise Zustimmung des Mieters 131—137, 190—192
— Überlegungsfrist für Mieter 153—161
— Umfang des Erhöhungsanspruchs 58—61
— Urteilsspruch 177—185
— Vergleichbarkeit von Vergleichswohnungen 37, 38, 112
— Vergleichsmerkmale 28—35
— Vergleichsmiete siehe ortsübliche Vergleichsmiete
— Vergleichswohnungen 101—112, 173, 176
— Vergleichswohnungen des eigenen Bestandes 103, 104
— Verhältnis zu anderen Mieterhöhungsverfahren 8; § 1 MHG, 17 a
— vorläufige Vollstreckbarkeit 207
— Wartefrist (einjährige) 13—20
— Wirksamwerden der Mieterhöhung 140—146
— Zeitpunkt für Ermittlung der Vergleichsmiete 43, 44
— Zulässigkeit der Klage 166
— Zuschlag zu älteren Mietspiegeln 88, 27 d, 174
— Zuständigkeit des Gerichts 147, 148
— Zustimmung des Mieters 117—139
— Zweck der Vorschrift 1, 2

**Mieterhöhung wegen baulicher Änderungen (§ 3 MHG):**
— abweichende Vereinbarungen 6
— bauliche Maßnahme 7
— Begründung der Erhöhungserklärung 48—52
— Berechnungsbeispiele 30—32
— Beschränkung durch Mietpreisüberhöhung (§ 5 WiStG) 22 a
— Beweislast 57
— Duldung des Mieters bzw. Zustimmung 3
— Durchführung durch den Vermieter 13
— Erhöhungswirkung 53—55
— Finanzierungsbeiträge 24—29
— Form der Erhöhungserklärung 45—52
— Gebrauchswerterhöhung 9, 10
— gerichtliche Geltendmachung 58
— Heizenergie-Einsparung 11 a
— Instandmodernisierung: Kostenberechnung 7
— Kosten, vom Vermieter aufgewendete 14—16
— — für Wohnung des Mieters 18, 19
— Kostenbeitrag des Mieters 17
— Modernisierung, Begriff 8
— nachhaltige Erhöhung des Gebrauchswerts 9, 10
— Prozessuales 58
— Umfang der Erhöhung 20—32
— Umstände, vom Vermieter nicht zu vertreten 12
— unterlassener Hinweis, Folgen 40—44
— Unterrichtung des Mieters 33—44
— Verbesserung der allgemeinen Wohnverhältnisse 11

# Sachverzeichnis

— Verhältnis zu §§ 2, 4 und 5 MHG 4
— verringerter Erhöhungsbetrag bei Finanzierungsbeiträgen 24—29, 32
— vorzeitiges Kündigungsrecht des Mieters 5
— Zweck der Regelung 1, 1 a
— Zustimmung des Mieters 3

## Mieterhöhung wegen Betriebskostenerhöhung (§ 4 MHG):

— Auskunftsanspruch des Mieters 47, 52
— Begründungszwang 27, 28
— Betriebskosten 1—6
— Betriebskostenerhöhung 19—21
— Betriebskostenermäßigung 38
— Beweislast 49
— Entstehung von Betriebskosten 3—6 a
— Erhöhungswirkung 30—37
— Form der Erhöhungserklärung 25—29
— Gestaltungsklage des Mieters 51
— Inklusivmiete 18
— Klage auf ordnungsgemäße Abrechnung 53
— künftige Erhöhung 30—32
— Mietzinsherabsetzung bei Betriebskostenermäßigung 38—48
— Pauschale 7 b, 18
— Prozessuales 50—53
— Rechte des Mieters 47, 48
— rückwirkende Erhöhung 33—37
— Umfang der Erhöhung (Umlegungsmaßstab) 24
— Umfang der Herabsetzung 44, 45
— Umlegungsrecht 22, 23
— Wirkung der Herabsetzung 46
— Zahlungsklage des Vermieters 50

## Mieterhöhung wegen Kapitalkostenerhöhung (§ 5 MHG):

— Anfrage des Mieters 25—28
— Auskunftserteilung siehe Offenlegung
— Ausschluß des Erhöhungsrechts bei unterlassener Offenlegung 21—29
— Baudarlehen, dinglich gesichertes 4—7
— Beschränkung durch Mietpreisüberhöhung (§ 5 WiStG) 18 a
— Beweislast 38
— Eigentumsübergang, beschränkte Umlegung 15 a
— Erhöhung des Zinssatzes siehe Zinssatzerhöhung
— Erhöhungswirkung (Eintritt der Erhöhung) 20
— Ermäßigung des Zinssatzes siehe Zinssatzermäßigung
— Form der Erhöhung 19
— Kapitalkostenerhöhung 8—10
— Mietzinsherabsetzung bei nachträglicher Zinssatzermäßigung 30—37
— Offenlegung über Baudarlehen 21—29
— Prozessuales 39
— Stichtage der Zinssatzerhöhung 11—14
— Umfang der Erhöhung 17, 18
— Umfang der Herabsetzung 32—36

# Sachverzeichnis

— Umstände, vom Vermieter nicht zu vertreten 15
— Wirkung der Herabsetzung 37
— Zinssatzerhöhung 8–14
— Zinssatzermäßigung 30
— Zinsverbilligung, Wegfall 10
— Zweck der Regelung 1–3 a
Mieterhöhungsanspruch: Schaubild Anhang II
Mieterhöhungserklärung: Musterbeispiele Anhang II
Mieterhöhungsfristenschema (§ 2 MHG) Anhang II
Mieterhöhungsprozeß § 2 MHG 147–207
Mieterhöhungsverlangen, Begründung § 2 MHG 66–115
Mieterhöhungsvoraussetzungen (Übersicht) Anhang II
Mietpreisüberhöhung (§ 5 WiStG) § 2 MHG 24 d
Mietspiegel § 2 MHG 27 c, 27 d, 70–90, 174; Anhang II
Mietspiegelerstellung, fortgeschriebene Hinweise der Bundesregierung Anhang II
Mietverhältnis Einf., 24
Mietverhältnis, befristetes siehe Zeitmietverhältnis
Mietwucher (§ 302 a StGB) § 2 MHG 24 e

**Mietzins: Einf. vor § 1 MHG:**

— Anspruch auf Betriebskostenvorauszahlungen 4
— bei Bedienstetenwohnungen 26, 27
— Begriff 1–4
— Herabsetzung 12
— bei preisfreiem Wohnraum 5–13, 30
— bei preisgebundenem Wohnraum 14–28
— bei Sozialwohnungen 17–25
— Tragung von Nebenkosten, Pflicht des Mieters 3
— Vereinbarung über Mietzins bei Vertragsschluß 6
— Wegfall der Mietzahlungspflicht bei Mietvertragsbeendigung 13
Mischmietverhältnis Einf., 29
Modernisierungskosten siehe Mieterhöhung wegen baulicher Änderungen (§ 3 MHG)
möblierter Wohnraum alleinstehender Mieter innerhalb Vermieterwohnung § 10 MHG 53;
§ 564 b 33–46
München, Sondervorschrift für Mieterhöhung Art. 6
Musterbeispiele für Mieterhöhungserklärungen Anhang II
Nebenkosten siehe Betriebskosten
nicht geschützte Mietverhältnisse § 564 b, 24–47; § 564 c, 10; § 10 MHG, 85–92
Nutzungsentschädigung nach Mietvertragsbeendigung § 1 MHG 23
öffentlich-rechtliche Aufgabenerfüllung als berechtigtes Kündigungsinteresse § 564 b, 119, 119 a
ortsübliche Vergleichsmiete siehe Mieterhöhung bis zur ortsüblichen Vergleichsmiete
Pauschale bei Betriebskosten § 4 MHG 7
Pflichtverletzung des Mieters § 564 b, 55–66
preisgebundener Wohnraum § 10 MHG 86–89; Einf. vor § 1 MHG 14–28
Prozeßvoraussetzungen bei Mieterhöhungsklage § 2 MHG 152–165
räumlicher Geltungsbereich des Gesetzes Einf., 38, 39
Räumungsanspruch: Schaubild Anhang II; § 564 b, 215–219 a
Räumungsanspruchsvoraussetzungen (Übersichten zu einzelnen Fallgruppen) Anhang II
Räumungsfrist § 564 b, 227–230 a

# Sachverzeichnis

Räumungsprozeß § 564 b, 200–237
Rechtsstaatsprinzip Einf., 22
Rückforderung überhöhter Miete Einf. vor § 1 MHG 11 a
rückwirkende Betriebskostenerhöhung § 4 MHG 33–37
Rückzahlungspflicht des Vermieters bei unwirksamer Mieterhöhung § 10 MHG 26–31
Saarland, Sonderregelung für öffentlich geförderten und steuerbegünstigten Wohnraum § 6 MHG
Sachverständigengutachten bei Mieterhöhung § 2 MHG 91–100, 174, 175
Sachverständigengutachten, Hinweise der Bundesregierung für die Erstellung Anhang II

**Schadenersatzpflicht bei unberechtigter Kündigung (§ 564 b):**

— Beweislast 243, 252, 254
— Mitverschulden des Mieters 256–258
— positive Vertragsverletzung 242–244
— Schadensumfang (Schutzbereich) 255
— unerlaubte Handlung 245–250
— Verletzung der Leistungstreuepflicht 238–241
— Verschulden 251, 252
— wahrheitsgemäße Angabe des Kündigungsgrundes 238, 239
— Wegfall des Kündigungsgrundes (Mitteilungspflicht) 240
Sonderkündigungsrecht bei Einliegern § 564 b, 148–194
— des Mieters bei Mieterhöhung § 9 I MHG
Sonderregelung
— für Bergmannswohnungen der Ruhrkohle-AG bei Mieterhöhungen § 7 MHG
— für Berlin Art. 5 und Art. 8 Abs. 2
— für das Saarland bei öffentlich gefördertem und steuerbegünstigtem Wohnraum § 6 MHG
— für München und Hamburg Art. 6
„sonstige" berechtigte Interessen des Vermieters § 564 b, 120
Sozialbindung des Eigentums Einf., 11
Sozialklausel § 564 b, 48–51, 186–192, 216; § 2 MHG 24 a
Sozialwohnung Einf. vor § 1 MHG 17–25; § 564 b, 117

**Staffelmietvereinbarung (§ 10 Abs. 2 MHG):**

— Anwendungsbereich 55
— betragsmäßige Staffelsätze 61–64
— Beweislast 83
— Frist zwischen Staffelsätzen 65
— Höhe der Staffelsätze 66
— Inkrafttreten 47–50
— Kündigungsrecht des Mieters, Ausschlußvereinbarung 74–79
— Laufzeit (höchstens 10 Jahre) 60
— Mieterhöhungsausschluß 70–72
— neue Staffelmietvereinbarung 60
— Nichtigkeitsfolge 67–69
— Option auf Neuabschluß 60 a
— Prozessuales 84
— Risiken für Vermieter und Mieter 51, 52
— Schriftform 56–59
— Unabdingbarkeit 81, 82
— Vereinbarung für den Fall der Nichtigkeit 69

# Sachverzeichnis

— Vertragsschluß 56–59
— Zweck der Regelung 51–54
Streitwert bei Mieterhöhungsklage § 2 MHG 197–204
— bei Räumungsklage § 564 b, 226
Studentenwohnheim, Mietverhältnis im –, § 564 b, 47
Student, Mietverhältnis mit – § 564 b, 28, 29, 47
Teilzustimmung zur Mieterhöhung § 2 MHG 131–137, 190–192
Überlegungsfrist bei Mieterhöhung § 2 MHG 153–161
Umdeutung bei Kündigung § 564 b, 215 a
Umgehungsgeschäft, verbotenes § 564 b, 199
Umlegung von Betriebskostenerhöhungen § 4 MHG
— von Kapitalkostenerhöhungen § 5 MHG
— von Modernisierungskosten § 3 MHG
Umwandlung von Miet- in Eigentumswohnung, Sperrfrist für Kündigung § 564 b, 83–88
Unabdingbarkeit des MHG § 10 MHG 1–31
ungeschützte Mietverhältnisse siehe nicht geschützte Mietverhältnisse
Untermietverhältnis, Räumungsanspruchsvoraussetzungen Anhang II, RU
Unterschrift bei Mieterhöhungserklärungen § 8 MHG
Unwirksamkeit abweichender Vereinbarungen (MHG) siehe Vereinbarungen über Mieterhöhung, unwirksame
Vereinbarungen über Mieterhöhung: wirksame § 10 MHG 32–46
—: unwirksame § 10 MHG 1–31
Verfassungsmäßigkeit des 2. WKSchG Einf., 6–23
Vergleichsmietenverfahren § 2 MHG
Vergleichswohnungen § 2 MHG 101–112, 173, 176
Verlängerungsfiktion bei Gebrauchsfortsetzung nach Mietende § 564 b, 19
Verlängerungsklausel bei befristetem Mietverhältnis § 564 b, 8 a
Vermieter – Begriff Einf., 31–35
Vertragsverletzung durch Mieter siehe Pflichtverletzung des Mieters
Vertrauenstatbestand aus Höhe der Betriebskostenvorauszahlung § 4 MHG, 13
Verwirkung bei Nebenkostenabrechnung § 4 MHG, 14 b
Verzicht auf Räumungsfrist § 564 b, 229 a
Vollstreckbarkeit (vorläufige) bei Mieterhöhungsurteil § 2 MHG 207
Vollstreckung des Räumungsurteils § 564 b, 237–237 b
Vollstreckungsschutz § 564 b, 234–236
Vorauszahlung von Betriebskosten § 4 MHG 7–16
vorübergehender Gebrauch § 10 MHG 90; § 564 b, 26–32
vorzeitiges Kündigungsrecht des Mieters bei Mieterhöhung § 9 MHG
wahrheitsgemäße Angabe des Kündigungsgrundes § 564 b, 238–241
— — des Beendigungsgrundes § 564 c, 62, 156–159
Wartefrist (einjährige) bei Mieterhöhung § 2 MHG 13–20
Wegfall der Mieterhöhung durch Kündigung des Mieters § 9 MHG 20–23 a
Wegfall des Kündigungsgrundes (nachträglich) § 564 b, 127, 240
Werkwohnung § 564 b, 7, 104–113
Werkwohnungen: Räumungsanspruchsvoraussetzungen Anhang II RW
Wertverbesserung § 3 MHG 9, 10
wirksame konkrete Mieterhöhungsvereinbarung § 10 MHG 32–46
wirtschaftliche Verwertung als Kündigungsgrund § 564 b, 89–101
Wohnflächenberechnung, DIN-Norm 283 Anhang II
Wohngebäude § 564 b, 156
Wohnheime Einf., 27

# Sachverzeichnis

Wohnraum Einf., 26
Wohnraummietverhältnis Einf., 25—29
Wohnung § 564 b, 155
Zahlungsverzug § 564 b, 61
Zahlungsverzug des Mieters bzgl. Erhöhungsbetrag § 9 MHG 24—28
zeitlicher Geltungsbereich des Gesetzes Einf., 40—43

**Zeitmietverhältnis, allgemeines (§ 564 c Abs. 1):**
— abweichende Vereinbarungen 43—45
— Anwendung des § 564 b 28—33
— ausgenommene (nicht geschützte) Mietverhältnisse 10
— Beendigungsverlangen des Vermieters bei berechtigten Interessen 22—36
— Beendigungswirkung 11—12 b
— Begriff 1, 4—8
— Beweislast 42
— Form des Beendigungsverlangens des Vermieters 31—33
— Form des Fortsetzungsverlangens 19
— Fortsetzungsverlangen des Mieters 13—21
— Frist des Beendigungsverlangens des Vermieters 34
— Frist des Fortsetzungsverlangens des Mieters 20
— Prozessuales 46—49
— Räumungsanspruchsvoraussetzungen Anhang II, RZ
— Stichtagsvoraussetzung entfällt 9
— Wirkung des Fortsetzungsverlangens 37—41
— Zweck 2, 3

**Zeitmietverhältnis, besonderes (§ 564 c Abs. 2):**
— Abschluß 54
— Anwendungsbereich 52, 53
— Bauabsicht des Vermieters 80—89
— Beendigungswirkung, absolute 109—118
— Befristung auf höchstens 5 Jahre 56—59
— Beweislast 143—145
— Eigennutzungsabsicht des Vermieters 69—79
— Form 57
— Fortsetzungsrecht des Mieters bei Verzögerung 128—135, 138—140
— Kombination von Verwendungsabsichten 64, 89
— Konkretisierung der Verwendungsabsicht 78, 87
— Mitteilung der Verwendungsabsicht bei Vertragsabschluß (Anfangsmitteilung) 90—97
— Mitteilung der Verwendungsabsicht bei Vertragsende (Schlußmitteilung) 98—106
— Prozessuale Klagemöglichkeiten 146—155
— Räumungsanspruch, Voraussetzungen Anhang II RBZ
— Räumungsfrist entfällt 114
— Schadenersatzanspruch bei unwahrer Verwendungsabsicht 156—172
— Unabdingbarkeit 142
— Verwendungsabsicht bei Vertragsende 107, 108
— Verwendungsabsicht des Vermieters, allgemeines 60—68
— Verzögerung der beabsichtigten Verwendung 119—141
— Vollstreckungsschutz 115
— Voraussetzungen 55

## Sachverzeichnis

— Wechsel der Verwendungsabsicht 63
— Zweck der Regelung 50, 51
Ziele des Gesetzes Einf., 2—5
Zinssatzerhöhung siehe Mieterhöhung wegen Kapitalkostenerhöhung
Zulässige Miethöhe Einf. vor § 1 MHG 11 a
Zuständigkeit des Amtsgerichts § 564 b, 201 f., 253, 259; § 2 MHG 147
Zustimmung des Mieters zur Mieterhöhung § 2 MHG 117—139
— zu Baumaßnahme § 3 MHG 3
Zweifamilienhaus, Sonderkündigung § 564 b, 153—159

# Mietrechtssammlung (MRS)

Herausgegeben von Dr. Franz Otto.

Rechtsprechung des Bundesverfassungsgerichts, des Bundesverwaltungsgerichts, des Bundesgerichtshofes, der Verwaltungsgerichtshöfe und Oberverwaltungsgerichte, des Bayerischen Obersten Landesgerichts, des Kammergerichts und der Oberlandesgerichte

## Band 1: Rechtsprechung 1980/81
1982. 280 Seiten 148 mm × 210 mm, gebunden DM 86,-
Bestell-Nr.: 28157

## Band 2: Rechtsprechung 1981/82
1983. 344 Seiten, gebunden DM 140,-
Bestell-Nr.: 28165

Das Mietrecht war bisher durch die Rechtsprechung der Amts- und Landgerichte bestimmt; einheitlich war nur die Uneinheitlichkeit. Für fast jede Rechtsfrage konnte man eine entgegengesetzte Entscheidung finden. Rechtsunsicherheit war die Folge.

Diese langjährige, unerfreuliche Entwicklung hat den Gesetzgeber veranlaßt, Vorsorge für eine einheitliche Rechtsprechung im Mietrecht zu treffen. Die Oberlandesgerichte, das Bayerische Oberste Landesgericht und der Bundesgerichtshof haben nunmehr Gelegenheit, sich durch Rechtsentscheide zum Mietrecht zu äußern.

So liegt inzwischen eine Reihe von Rechtsentscheiden zum Wohnraummietrecht vor. Da diese Rechtsentscheide das Mietrecht ganz wesentlich bestimmen und gestalten, können die Entscheidungen nicht unbeachtet bleiben, wenn es um ein mietrechtliches Problem geht. Diese Überlegung war maßgebend dafür, diese Zusammenstellung von Mietrechtsentscheidungen vorzulegen.

Da die Mietrechts-Judikatur nicht nur aus Rechtsentscheiden besteht, war es angebracht, die andere höchstrichterliche bzw. obergerichtliche Rechtsprechung in die Sammlung aufzunehmen. Rechtsgrundsätzliches zum Mietrecht findet sich auch in Beschlüssen und Urteilen des Bundesverfassungsgerichts, des Bundesgerichtshofes und verschiedener Obergerichte. Wegen der weitgehenden Identität zwischen Miet- und Pachtrecht sind auch einzelne Entscheidungen zum Pachtrecht berücksichtigt worden, soweit sie mietrechtliche Aussagen enthalten.

Die Sammlung bietet damit eine einfache Möglichkeit, sich über die jeweilige ober- und höchstrichterliche Rechtsprechung zu informieren.

**Aus dem Inhalt:** Thematisches Inhaltsverzeichnis · Register der Entscheidungen in zeitlicher Reihenfolge · Die Entscheidungen · Stichwortverzeichnis.

**Erhältlich im Buchhandel!**

## Werner-Verlag
Postfach 85 29 · 4000 Düsseldorf 1

# Zeitschrift für Miet- und Raumrecht (ZMR)

einschl. **Wohnungs-Eigentumsrecht, Wohngeldrecht und Erschließungsbeitragsrecht**

Herausgeber: Richter am Oberverwaltungsgericht a. D. Dr. Groothold, Schapen (Ems).

**ZMR** gilt als führende Zeitschrift, die über das Gebiet des Miet- und Raumrechts erschöpfend und objektiv unterrichtet. Sie vermittelt die gesamte Rechtsprechung des Miet- und Raumrechts und gibt Aufschluß über das Mietpreisrecht, Wohnungs-Eigentumsrecht, Wohngeldrecht, Erschließungsbeitragsrecht und über das dazugehörende Zivil- und Verwaltungsprozeßrecht.

Alle wichtigen Entscheidungen des Bundesgerichtshofes, des Bundesverwaltungsgerichtes und anderer höchster Bundesgerichte sowie der ordentlichen Gerichte und Verwaltungsgerichte der einzelnen Bundesländer werden im Originaltext wiedergegeben.

Unabhängig von Interessengruppen und Körperschaften bringt sie durch allgemeinverständliche Kommentare und Aufsätze schnelle und umfassende Information über aktuelle Rechtsfragen.

**ZMR** vermittelt die Kenntnis, die für die gegenwärtige und zukünftige Arbeit eines jeden, der sich mit Fragen des Miet- und Raumrechts beschäftigt, notwendig und unerläßlich ist. Ihr regelmäßiger Bezug läßt gleichzeitig eine wertvolle Sammlung entstehen, die in Zweifelsfällen stets zu Rate gezogen werden kann.

37. Jahrgang 1984. Erscheint monatlich. Jahresbezugspreis DM 170,– zuzügl. DM 11,55 Versandkosten. Einzelheft DM 16,70 zuzügl. Porto.

**Werner-Verlag · 4000 Düsseldorf**

| | | |
|---|---|---|
| 30. OKT. 1985 | 08. JUN. 1988 | 29. Aug. 1991 |
| 11. DEZ. 1985 | 17. AUG. 1988 | 21. Sep. 1991 |
| 12. FEB. 1986 | 14. SEP. 1988 | |
| 12. MRZ 1986 | | 22. NOV. 1991 |
| 09. APR. 1986 | 23. NOV. 1988 | 09. JAN. 1992 |
| 23. JUL. 1986 | 15. DEZ. 1988 | 30. JAN. 1992 |
| 08. OKT. 1986 | | 04. MRZ 1992 |
| 12. NOV. 1986 | 18. OKT. 1989 | 24. MRZ 1992 |
| 07. JAN. 1987 | 13. Juli 1990 | |
| 25. FEB. 1987 | | |
| 29. APR. 1987 | −2. Okt. 1990 | |
| 10. JUN. 1987 | 08. NOV. 1990 | |
| 01. JUL. 1987 | | |
| 19. AUG. 1987 | 02. Jan. 1991 | |
| 16. SEP. 1987 | 11. Jan. 1991 | |
| 28. OKT. 1987 | 05. FEB. 1991 | |
| 25. NOV. 1987 | 13. MRZ 1991 | |
| 16. DEZ. 1987 | 11. April 1991 | |
| 13. JAN. 1988 | | |
| 17. FEB. 1988 | 25. JUN. 1991 | |
| 04. MAI 1988 | 21. April 1992 | |